GUIDE
MICHELIN

D1734733

DEUTSCHLAND

MICHELIN

INHALTSVERZEICHNIS

Westend 61/hemis.fr

LIEBE LESER,

2020 *war ein sehr spezielles Jahr, hat doch die Corona-Krise die Wirtschaft weltweit in einen Ausnahmezustand versetzt. Davon sind auch Gastronomie und Hotellerie nicht verschont geblieben. Der entbehrungsreiche „Lockdown"*

hat seine Spuren hinterlassen. Auch nach der Zeit des Stillstands wird nichts mehr sein wie vorher. Es ist an uns, die Hotels und Restaurants bei ihrem Comeback zu unterstützen, zu Ihrem und unserem Genuss und zur wirtschaftlichen Stabilität einer ganzen Branche.

● *Auch - oder gerade – in diesen schwierigen Zeiten und unter neuen Bedingungen verfolgen wir weiterhin unsere Mission, Ihnen ein treuer Reisebegleiter zu sein. Unser Ziel ist es, Sie überall im Land mit einem guten und sicheren Gefühl zurück an die Tische der Restaurants zu bringen.*

● *Die erste Etappe dieses Ziels ist erreicht: eine bedachte und faire Selektion 2021 – wie eh und je von unabhängig und anonym arbeitenden Michelin Inspektoren erstellt.*

● *Auch in diesem Jahr umfasst der Guide MICHELIN Deutschland verschiedene Komfort- und Preiskategorien, von gemütlichen Bistros und familiären Gasthäusern bis zu namhaften Restaurants und luxuriösen Hotels, auf dem Land ebenso wie in der Großstadt. Und auch in diesem Jahr haben unsere Auszeichnungen für die Qualität der Küche die gleiche Bedeutung*

Grafissimo/iStock - Michelin

*wie immer, von unseren MICHELIN Sternen – ❀, ❀❀
oder ❀❀❀ – über die Bib Gourmands ⊕ für das beste
Preis-Leistungs-Verhältnis bis hin zum Michelin Teller ‹
für „einfach gutes Essen".*

● *Auch Sie, liebe Leser, können bei der Unterstützung
der Gastronomie und Hotellerie einen wichtigen Beitrag
leisten, indem Sie nach der Wiedereröffnung der
Restaurants Ihren Lieblingsadressen die Treue halten
und vielleicht auch die ein oder andere Neuentdeckung
machen – berichten Sie uns gerne von Ihren
Erfahrungen!*

*Gwendal Poullennec,
Internationaler Direktor der Guides MICHELIN
und aller Teams der Guides MICHELIN*

Der Guide MICHELIN – Verpflichtung in guten wie in schlechten Zeiten

● Auch wenn die Wirtschaft in den kommenden Monaten langsam wieder Fahrt aufnimmt, die Folgen der Corona-Krise werden deutlich spürbar sein. Zahlreiche Betriebe kämpfen nach wie vor um ihre Existenz. Umso wichtiger ist es, ihnen den Rücken zu stärken. Hier sind die Michelin Inspektoren gefragt. Mit all ihrer Erfahrung, ihrem enormen Engagement und ihrer fundierten Kenntnis der hiesigen Hotel- und Restaurantlandschaft setzen sie alles daran, die Betriebe bei ihrer schrittweisen Rückkehr zu einer neuen Normalität zu unterstützen. Eine vernünftige, respektvolle und realistische Bewertung ist für sie Herzensangelegenheit und Verpflichtung gleichermaßen.

● „Seien Sie versichert, dass wir bei jedem Ihrer Schritte in die gastronomische Zukunft für Sie da sein werden", so die ermutigenden Worte von Gwendal Poullenec, internationaler Direktor des Guide MICHELIN, an die Gastronomen im Lande. Die fantastische Entwicklung, die die deutsche Gastronomie in den letzten Jahrzehnten erfahren hat, darf unter keinen Umständen einer Pandemie zum Opfer fallen, daher liegt das ganze Bestreben des Guide MICHELIN darin, die Gastronomie zu stärken und die Gäste zurückzuführen an all die schönen Orte der Begegnung, der Lebensfreude und nicht zuletzt des kulinarischen Genusses!

Juan Salvador Fernández Tamayo/iStock

Rocky89/iStock

Weitere Informationen rund um die Themen Küche und Restaurants sowie zum Guide MICHELIN finden Sie unter https://guide.michelin.com/de

Nachhaltigkeit im Aufwind

● Der Corona-Krise zum Trotz gewinnt gerade in der Gastronomie das Thema Nachhaltigkeit immer mehr an Bedeutung. Hier steht der respektvolle und ressourcenschonende Umgang mit der Natur im Fokus. Von der Verwendung biologisch-ökologisch erzeugter Produkte aus der Region über artgerechte Tierhaltung bis hin zu Recycling und sozialverträglichen Arbeitsbedingungen - die Aspekte der Nachhaltigkeit sind umfassend. Und sie beschreiben eine lobenswerte Philosophie, die von immer mehr Gastronomen konsequent umgesetzt wird, nicht zuletzt in den Küchen der Restaurants.
Hier wird verwendet, was die Saison gerade bietet und keine weiten Transportwege braucht. Da kommen Fleisch und Milch vom benachbarten Bio-Bauern, Gemüse und Kräuter aus dem Garten hinterm Haus, Honig vom eigenen Bienenvolk... Diesem Engagement trägt der Guide MICHELIN mit dem Symbol „MICHELIN Grüner Stern" Rechnung. Dieses Symbol kennzeichnet jene Betriebe, die sich um verantwortungsbewusstes und umweltschonendes Wirtschaften besonders verdient machen.

● Wir wünschen Ihnen auch in Zukunft viel Freude bei Ihren Reisen mit dem Guide MICHELIN Deutschland 2021 - und bleiben Sie gesund!

7

2021...
DIE TOP-ADRESSEN
DIE NEUEN STERNE...

Baiersbronn   temporaire - Schwarzwaldstube

Donaueschingen   Ösch Noir
Fellbach   Goldberg
Saarbrücken   Esplanade

Baiersbronn	temporaire - Köhlerstube
Berchtesgaden	PUR
Berlin	faelt
Berlin	Irma la Douce
Detmold	Jan´s Restaurant
Dortmund	der Schneider
Dortmund	Grammons Restaurant
Dortmund	luma
Fulda	Christian & Friends, Tastekitchen
Hamburg	Lakeside
Illschwang	Cheval Blanc
Köln	La Cuisine Rademacher
Köln	Pottkind
Leipzig	Frieda
Mainz	FAVORITE restaurant
Mainz	Stein's Traube
Moos bei Deggendorf	[KOOK] 36
Regensburg	Aska
Regensburg	Roter Hahn
Rottach-Egern	Haubentaucher
Salach	Gourmetrestaurant "fine dining RS"
Schluchsee	Oxalis
Timmendorfer Strand	Balthazar
Usedom / Heringsdorf	Kulmeck by Tom Wickboldt
Vogtsburg im Kaiserstuhl	Schwarzer Adler
Würzburg	KUNO 1408

Und finden Sie alle Sterne-Restaurants 2021 am Ende des Guide MICHELIN, Seite 650.

... DIE NEUEN
BIB GOURMAND 😋

Dietramszell	**Moarwirt**
Donaueschingen	**die burg**
Dresden	**Heiderand**
Düsseldorf	**EssBar**
Freiburg	**Gasthaus zur Linde**
Freiensteinau	**Landgasthof Zur Post**
Fürstenfeldbruck	**Fürstenfelder**
Hattingen	**Diergardts Kühler Grund**
Inzlingen	**Krone**
Lörrach	**Wirtshaus Mättle**
Maintal	**Fleur de Sel**
Meppen	**von Euch**
München	**Bar Mural**
Saarbrücken	**Schlachthof Brasserie**
Bad Tölz	**Schwingshackl HEIMATKÜCHE**
Weissenstadt	**Gasthaus Egertal**
Zell im Wiesental	**Berggasthof Schlüssel**

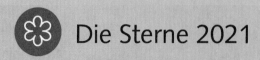

Die Sterne 2021

Dreis	✳✳✳	Ort mit mindestens einem 3-Sterne-Restaurant
Berlin	✳✳	Ort mit mindestens einem 2-Sterne-Restaurant
Bonn	✳	Ort mit mindestens einem 1-Stern-Restaurant

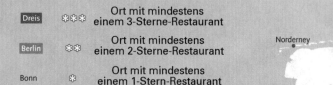

Norderney

Bad Zwischenahn

Münster
Haltern am See
Dorsten
Xanten
Essen
Dortmund
Velbert
Meerbusch
Odenthal
Düsseldorf
Gummersbach
Köln
Pulheim
Aachen
Niederkassel
Bergisch Gladbach
Nideggen
Bonn
Limburg an der Lahn
Euskirchen
Bad Neuenahr-Ahrweiler
Andernach
Koblenz
Darscheid
Dreis
Wiesbaden
Eltville
Kiedrich
Piesport
Naurath
Heidesheim am Rhein
Trittenheim
Selze
Trier
Bad Sobernheim
Perl
Neuhütten
Wallerfangen
Mannheim
Saarlouis
Blieskastel
Saarbrücken
Pirmasens
Sankt Wendel
Baiersbronn
Bad Peterstal-Griesbach
Rust
Lahr
Vogtsburg im Kaiserstuhl
Endingen
Freiburg im Breisgau
Pfaffenweiler
Horbe
Bad Krozingen
Sulzburg
Schluchsee
Efringen-Kirchen
Grenzach-Wyhlen
Bad Säckingen

Baden-Württemberg

Kirchheim an der Weinstraße
Neuleiningen
Weisenheim am Berg
Kallstadt
Mannheim
Heidelberg
Neustadt an der Weinstraße
Deidesheim
Zweiflingen
Wachenheim an der Weinstraße
Neupotz
Weingarten
Bietigheim-Bissingen
Karlsruhe
Vaihingen an der Enz
Schorndorf
Ettlingen
Asperg
Waiblingen
Kuppenheim
Waldbronn
Fellbach
Baden-Baden
Gernsbach
Stuttgart
Neuhausen
Kernen im Remstal
Bad Teinach-Zavelstein
Ehningen
Waldenbuch
Baiersbronn
Herrenberg
Tübingen
Bad Peterstal-Griesbach

12

Bib Gourmand 2021

• Orte mit mindestens
einem Bib-Gourmand-Haus.

List

Molfsee

Neuendorf bei Wilster

Tangstedt

Wremen

Hamburg

Dornum

Scheeßel

Schneverdingen

Verden

Meppen

Hannover

Twist

Bad Nenndorf

Osnabrück

Nienstädt

Rheine

Herford

Gehrden

Emsdetten

Horn-Bad Meinberg

Polle

Vreden

Harsewinkel

Coesfeld

Hövelhof

Rheda-Wiedenbrück

Rietberg

Waltrop

Rüthen

Hann. Münden

Neukirchen-Vluyn Hattingen

Dortmund Arnsberg

Brilon

Nettetal

Wuppertal Sprockhövel

Düsseldorf

Kürten

Schmallenberg

Köln

Gummersbach

Frankenberg

Marburg

Aachen

Lauterbach

Euskirchen

Hardert

Altenahr

Koblenz

Freiensteinau

A

Frankfurt am Main

Heidelberg

Saarbrücken

Karlsruhe

Stuttgart

Villingen-Schwenningen

Freiburg

14

Burg auf Fehmarn
Wustrow
Greifswald
Ahlbeck
Lübeck
Lütjensee
Waren
Lüneburg
Berlin
Magdeburg
Wernigerode
Einbeck
Nordhausen
Görlitz
Hoyerswerda
Wilthen
Dresden
Hartmannsdorf
Eisenach
Chemnitz
Blankenhain
Aue
Auerbach
Lichtenberg
Presseck
Weißenstadt
Küps
Kirchlauter
Bindlach
Schwarzach am Main
Forchheim
Heßdorf
Heroldsberg
Wernberg-Köblitz
Erlangen
Illschwang
Schwarzenfeld
Marktbergel
Rötz
Ansbach
Pilsach
Maxhütte-Haidhof
Cham
Spalt
Bad Abbach
Mintraching
Pappenheim
Passau
Neuburg an der Donau
Windorf
Hauzenberg
Höchstädt an der Donau
Kirchdorf an der Amper
Aldersbach
Neuburg am Inn
Ulm
Bergkirchen
Dachau
Forstinning
Fürstenfeldbruck
Wasserburg am Inn
Finning
München
Waging am See
Dießen am Ammersee
Zorneding
Gmund am Tegernsee
Frasdorf
Piding
Dietramszell
Bad Grönenbach
Bad Tölz
Samerberg
Wackersberg
Bad Wiessee
Neubeuern
Krün
Feldkirchen-Westerham
Oberstdorf
Lenggries
Garmisch-Partenkirchen

15

A

Darscheid

Meerfeld

Dudeldorf

Reil

Niederweis

Eltville am Rhein

Jugenheim in Rheinhessen

Bad Kreuznach

Meddersheim

Meisenheim

Neuhütten

Sankt Wendel

Sankt Ingbert

Saarbrücken

Blieskastel

Dernbach

Frankweiler

Durbac

Offenburg

Berghaupter

Friesenheim

Lahr

Ringsheim

Kenzingen

Freian

Endingen am Kaiserstuhl

Glotter

Waldkirch

Gottenheim

March

Ihringen

Freiburg

Kirchzarte

Staufen im Breisgau

Oberrie

Heitersheim

Sulzburg

Todtna

Bad Bellingen

Kleine

Wiesen

Kandern

Zell im Wiesenta

Lörrach

Schopfhe

Inzlingen

Grenzach-Wyhlen

Bib Gourmand 2021

● Orte mit mindestens einem Bib-Gourmand-Haus.

16

DIE GRUNDSÄTZE DES GUIDE MICHELIN

ERFAHRUNG IM DIENSTE DER QUALITÄT

Ob in Japan, in den Vereinigten Staaten, in China oder in Europa, die Inspektoren des Guide MICHELIN respektieren weltweit exakt dieselben Kriterien, um die Qualität eines Restaurants oder eines Hotels zu überprüfen. Dass der Guide MICHELIN heute weltweit bekannt und geachtet ist, verdankt er der Beständigkeit seiner Kriterien und der Achtung gegenüber seinen Lesern. Diese Grundsätze möchten wir hier bekräftigen:

Kritchanut/iStock

Der anonyme Besuch

Die oberste Regel. Die Inspektoren testen anonym und regelmäßig die Restaurants und Hotels, um das Leistungsniveau in seiner Gesamtheit zu beurteilen. Sie bezahlen alle in Anspruch genommenen Leistungen und geben sich nur zu erkennen, um ergänzende Auskünfte zu erhalten. Die Zuschriften unserer Leser stellen darüber hinaus wertvolle Erfahrungsberichte für uns dar und wir benutzen diese Hinweise, um unsere Besuche vorzubereiten.

Die Unabhängigkeit

Um einen objektiven Standpunkt zu bewahren, der einzig und allein dem Interesse des Lesers dient, wird die Auswahl der Häuser in kompletter Unabhängigkeit erstellt. Die Empfehlung im Guide MICHELIN ist daher kostenlos. Die Entscheidungen werden vom Chefredakteur und seinen Inspektoren gemeinsam gefällt. Für die höchste Auszeichnung wird zusätzlich auf europäischer Ebene entschieden.

Die Auswahl der Besten

Der Guide MICHELIN ist weit davon entfernt, ein reines Adressbuch darzustellen, er konzentriert sich vielmehr auf eine Auswahl der besten Hotels und Restaurants in allen Komfort- und Preiskategorien. Eine einzigartige Auswahl, die auf ein und derselben Methode aller Inspektoren weltweit basiert.

Die jährliche Aktualisierung

Alle praktischen Hinweise, alle Klassifizierungen und Auszeichnungen werden jährlich aktualisiert, um die genauestmögliche Information zu bieten.

Die Einheitlichkeit der Auswahl

Die Kriterien für die Klassifizierung im Guide MICHELIN sind weltweit identisch. Jede Kultur hat ihren eigenen Küchenstil, aber gute Qualität muss der einheitliche Grundsatz bleiben.

Denn unser einziges Ziel ist es, Ihnen bei Ihren Reisen behilflich zu sein. Mobilität im Zeichen von Vergnügen und Sicherheit ist die Mission von Michelin.

RESTAURANTS
DIE SYMBOLE
DES GUIDE MICHELIN

Auszeichnungen: die Qualität der Küche

Die bemerkenswertesten Küchen sind die mit MICHELIN Stern – einem ❀, zwei ❀❀ oder drei ❀❀❀. Von traditionell bis innovativ, von schlicht bis aufwändig – ganz unabhängig vom Stil erwarten wir immer das Gleiche: beste Produktqualität, Know-how des Küchenchefs, Originalität der Gerichte sowie Beständigkeit auf Dauer und über die gesamte Speisekarte hinweg.

❀❀❀ **DREI MICHELIN STERNE**
Eine einzigartige Küche – eine Reise wert!
Die Handschrift eines großartigen Küchenchefs! Erstklassige Produkte, Reinheit und Kraft der Aromen, Balance der Kompositionen: Hier wird die Küche zur Kunst erhoben. Perfekt zubereitete Gerichte, die nicht selten zu Klassikern werden – eine Reise wert!

❀❀ **ZWEI MICHELIN STERNE**
Eine Spitzenküche – einen Umweg wert!
Beste Produkte werden von einem talentierten Küchenchef und seinem Team mit Know-how und Inspiration in subtilen, markanten und mitunter neuartigen Speisen trefflich in Szene gesetzt – einen Umweg wert!

❀ **EIN MICHELIN STERN**
Eine Küche voller Finesse – einen Stopp wert!
Produkte von ausgesuchter Qualität, unverkennbare Finesse auf dem Teller, ausgeprägte Aromen, Beständigkeit in der Zubereitung – einen Stopp wert!

😊 **BIB GOURMAND**
Unser bestes Preis-Leistungs-Verhältnis.
Ein Maximum an Schlemmerei für bis 39€: gute Produkte, die schön zur Geltung gebracht werden, eine moderate Rechnung, eine Küche mit exzellentem Preis-Leistungs-Verhältnis.

🍴 **DER TELLER**
Eine Küche mit guter Qualität.
Qualitätsprodukte, fachkundig zubereitet: einfach ein gutes Essen!

Einrichtungen & Service

🍷	Besonders interessante Weinkarte
⇔	Restaurant vermietet auch Zimmer
≤	Schöne Aussicht
⛲	Park oder Garten
♿	Für Körperbehinderte leicht zugängliche Räume
🅰🅺	Klimaanlage
🏠	Terrasse mit Speiseservice
⇄	Privat-Salons
🅿 🚗	Parkplatz • Garage
🚫	Kreditkarten nicht akzeptiert
U	Nächstgelegene U-Bahnstation (in Berlin)
🆕	Neu empfohlenes Haus im Guide

Schlüsselwörter

Schlüsselwörter lassen auf den ersten Blick den Küchenstil und das Ambiente eines Hauses erkennen.

REGIONAL· DESIGN

Kategorien

In jeder Kategorie sind die Restaurants nach ihrem Komfort von 🕸🕸🕸🕸🕸 bis 🕸 sowie alphabetisch geordnet.
Rot: unsere schönsten Adressen.

DER GRÜNE STERN

Gastronomie und Nachhaltigkeit

Achten Sie in unserer Restaurantselektion auf das Symbol MICHELIN Grüner Stern: Es kennzeichnet Betriebe, die sich besonders für nachhaltige Gastronomie einsetzen.
Informationen über das besondere Engagement des Küchenchefs finden Sie unter den betreffenden Restaurants.

zocchi2/iStock

HOTELS

DIE SYMBOLE
DES GUIDE MICHELIN

Die Hotels sind nach ihrem Komfort von 🏨 *bis zu* 🏠
klassifiziert sowie alphabetisch geordnet.
Rot: unsere angenehmsten Häuser.

Einrichtungen & Service

🍴	Hotel mit Restaurant
🦢	Ruhige Lage
≼	Schöne Aussicht
🌲	Park oder Garten
🔲	Fahrstuhl
♿	Für Körperbehinderte leicht zugängliche Räume
AC	Klimaanlage
⛲ 🏊	Freibad oder Hallenbad
💮	Wellnesscenter
🐾	Sauna
🏋	Fitnessraum
🏛	Veranstaltungsraum
🅿	Parkplatz
🚗	Garage
🚫	Kreditkarten nicht akzeptiert
U	Nächstgelegene U-Bahnstation (in Berlin)

Schlüsselwörter

Schlüsselwörter lassen auf
den ersten Blick das Ambiente
eines Hauses erkennen.
LANDHAUS · GEMÜTLICH

Tablet.PLUS

Hotels mit diesem Logo sind Mitglieder des Clubs Tablet Plus.
Hier kommen Sie als Mitglied des Tablet Plus Travel Clubs in den Genuss
zahlreicher Privilegien.
Mehr Informationen finden Sie unter: www.tablethotels.com

LEGENDE
DER STADTPLÄNE

Sehenswürdigkeiten

Interessantes Gebäude

Interessantes Gotteshaus

Straßen

Autobahn • Schnellstraße

Numerierte Ausfahrten

Hauptverkehrsstraße

Gesperrte Straße oder Straße mit Verkehrsbeschränkungen

Fußgängerzone oder Einbahnstraße

P Parkplatz

Tunnel

Bahnhof und Bahnlinie

Standseilbahn

Luftseilbahn

Sonstige Zeichen

Informationsstelle

Gotteshaus

Turm • Ruine • Windmühle

Garten, Park, Wäldchen • Friedhof

Stadion • Golfplatz • Pferderennbahn

Freibad oder Hallenbad

Aussicht • Rundblick

Denkmal • Brunnen

Jachthafen

Leuchtturm

Flughafen

U-Bahnstation

Autobusbahnhof

Straßenbahn

Schiffsverbindungen:
Autofähre • Personenfähre

Hauptpostamt (postlagernde Sendungen)

Rathaus • Universität, Hochschule

CONTENTS

Introduction

Regional Maps   40

Restaurants & hotels   112

Thematic index   648

DEAR READER

2020 *has been an extraordinary year, with the coronavirus crisis drawing the global economy into a state of emergency – and the restaurant and hotel industries have not been left unscathed. The lockdown and its many restrictions have left their mark. Even as life resumes, nothing will ever be the same again. It is up to us to support the comeback of hotels and restaurants, not only for your enjoyment and ours, but for the economic stability of an entire industry.*

● Even – or perhaps especially – in these difficult times and under new circumstances, it remains our mission to be your loyal travel companion. Our aim is to give you the confidence to get back into restaurants up and down the country.

● The first stage of this goal has been achieved: a considered and fair selection for 2021 – made, as always, by independent and anonymous Michelin inspectors.

● This year again, the MICHELIN Germany Guide covers various comfort and price categories, from cosy bistros and family-run inns to renowned restaurants and luxury hotels, be it in the countryside or in the city. And this year, as every year, our awards for the quality of the cuisine have the same meaning, from our MICHELIN stars – ❀, ❀❀ or ❀❀❀ – to the Bib Gourmands ⊛ for the best value for money to the Michelin plate ‹ for "simply good food".

● You, dear readers, can also make an important contribution to supporting the restaurant and hotel industry by continuing to frequent your favourite places when they reopen, and perhaps by trying out somewhere new – then telling us about your experiences!

Gwendal Poullennec,
International director of MICHELIN Guides,
and all the MICHELIN Guide teams

The MICHELIN Guide – commitment in good times and bad

• Even if the economy slowly regains momentum in the coming months, the consequences of the coronavirus crisis will be clearly felt. Many businesses are still struggling to survive. This makes it all the more important to lend them support, and this is where the Michelin inspectors come into their own. With all their experience, unwavering commitment and thorough knowledge of the local hotel and restaurant scene, they are doing everything in their power to help businesses gradually return to a new normal. A reasonable, respectful and realistic evaluation is both a passion and an obligation for them.

• "Rest assured that we will be here for you every step of the way into the gastronomic future," were the encouraging words of Gwendal Poullennec, International Director of the MICHELIN Guide, to the country's restaurateurs. The fantastic development that German gastronomy has undergone in recent decades must not fall victim to a pandemic under any circumstances, so the whole aim of the MICHELIN Guide is to bolster restaurants and to bring guests back to all the great places where they can meet, enjoy life and, last but not least, relish culinary delights.

alicjane/iStock

Sustainability on the ascent

Further information concerning food and restaurants as well as the MICHELIN Guide can be found at:
https://guide.michelin.com/de

● Despite the coronavirus crisis, the issue of sustainability is gaining ever more importance, especially in the catering industry. The focus here is on treating nature with respect and conserving resources. From the use of organically and ecologically produced ingredients from the region and species-appropriate animal husbandry, to recycling and socially acceptable working conditions – the aspects of sustainability are wide-ranging. And they describe a laudable philosophy that is being consistently implemented by more and more restaurateurs, not least in the restaurant kitchens. Here they use foods that are in season and do not require long transit. Meat and milk from the neighbouring organic farmer, vegetables and herbs from the garden behind the house, honey from their own bee colony... The MICHELIN guide reflects this commitment with the MICHELIN Green Star icon. This symbol identifies those farms that have rendered outstanding services to responsible and environmentally friendly business.

● We wish you many pleasant trips in the future with the MICHELIN Guide Germany 2021 – and stay healthy!

THE MICHELIN GUIDE'S COMMITMENTS

EXPERIENCED IN QUALITY! ....

Whether they are in Japan, the USA, China or Europe, our inspectors apply the same criteria to judge the quality of each and every hotel and restaurant. The Michelin guide commands a worldwide reputation thanks to the commitments we make to our readers – and we reiterate these below:

ShotShare/iStock

Anonymous inspections

Our inspectors visit restaurants and hotels regularly and anonymously in order to fully assess the level of service offered to any customer – and they always pay their own bills. Comments from our readers also provide us with valuable feedback and information, and these too are taken into consideration when making our recommendations.

Independence

To remain totally objective for our readers, the selection is made with complete independence. Entry into the guide is free. All decisions are discussed with the Editor and our highest awards are considered at a European level.

Selection and choice

The guide offers a selection of the best hotels and restaurants in every category of comfort and price. This is only possible because all the inspectors rigorously apply the same methods.

Annual updates

All the practical information, classifications and awards are revised and updated every year to give the most reliable information possible.

Consistency

The criteria for the classifications are the same in every country covered by the MICHELIN guide.

The sole intention of Michelin is to make your travels safe and enjoyable.

RESTAURANTS
THE MICHELIN GUIDE'S SYMBOLS

The distinctions: the quality of the cuisine

Our famous one ✲, two ✲✲ and three ✲✲✲ stars identify establishments serving the highest quality cuisine – taking into account the quality of ingredients, the mastery of techniques and flavours, the levels of creativity and, of course, consistency.

✲✲✲ **THREE MICHELIN STARS**
Exceptional cuisine, worth a special journey!
Our highest award is given for the superlative cooking of chefs at the peak of their profession. The ingredients are exemplary, the cooking is elevated to an art form and their dishes are often memorable.

✲✲ **TWO MICHELIN STARS**
Excellent cooking, worth a detour!
The personality and talent of the chef and their team is evident in the expertly crafted dishes, which are refined and inspired.

✲ **ONE MICHELIN STAR**
High quality cooking, worth a stop!
Using top quality ingredients, dishes with distinct flavours are carefully prepared to a consistently high standard.

🅑 **BIB GOURMAND**
Good quality, good value cooking.
'Bibs' are awarded for simple yet skilful cooking for 39 €.

🍴 **THE PLATE**
Good cooking
Fresh ingredients, carefully prepared: simply a good meal.

Facilities & services

88	Particularly interesting wine list
⇦	Restaurant with bedrooms
⇐	Great view
⛬	Garden or park
⅙	Wheelchair access
AC	Air conditioning
🕭	Outside dining available
⇎	Private dining room
P	Car park
⇋	Garage
⇎	Credit cards not accepted
U	Nearest underground station (in Berlin)
N	New establishment in the guide

Key words

Each entry now comes with two keywords, making it quick and easy to identify the type of establishment and/or the food that it serves.

REGIONAL · DESIGN

Standing

Within each cuisine category, restaurants are listed by comfort, from XXXXX to X, and in alphabetical order.

Red: Our most delightful places.

THE MICHELIN GREEN STAR:

Gastronomy and sustainability

Look out for the MICHELIN Green Star symbol in our restaurant selection: it identifies establishments which make a special contribution towards sustainable gastronomy.

Information about the commitment of the chef can be found under each restaurant awarded a Green Star.

maxsol7/iStock

HOTELS

THE MICHELIN GUIDE'S SYMBOLS

Hotels are classified by categories of comfort, from 🏨 to 🏠, and in alphabetical order.
Red: our most delightful places.

Facilities & services

🍷	Particularly interesting wine list
🍴	Hotel with a restaurant
🌿	Peaceful establishment
🔭	Great view
🛏	Garden or park
🔼	Lift (elevator)
♿	Wheelchair access
🆒	Air conditioning
🏊 🏊	Swimming pool: outdoor or indoor
🌐	Wellness centre
♨	Sauna
🏋	Exercise room
🎪	Conference room
⇔	Private dining room
🚗	Valet parking
🅿	Car park
🚘	Garage
🚫	Credit cards not accepted
U	Closest underground station (in Berlin)

Key words

Two key words that depict the interior and vibe of an establishment in an instant...

LUXUS · MODERN

Tablet. PLUS

Hotels with this logo are members of the Tablet Plus Club. As a member of the Tablet Plus Travel Club, you can enjoy numerous privileges. Find out more at: www.tablethotels.com

TOWN PLAN KEY

● Hotels
● Restaurants

Sights

Place of interest

Interesting place of worship

Road

Motorway, dual carriageway

Junction: complete, limited

Main traffic artery

Unsuitable for traffic; street subject to restrictions

Pedestrian street

Car park

Tunnel

Station and railway

Funicular

Cable car, cable way

Various signs

Tourist Information Centre

Place of worship

Tower or mast • Ruins • Windmill

Garden, park, wood • Cemetery

Stadium • Golf course • Racecourse

Outdoor or indoor swimming pool

View • Panorama

Monument • Fountain

Pleasure boat harbour

Lighthouse

Airport

Underground station

Coach station

Tramway

Ferry services:
passengers and cars, passengers only

Main post office with poste restante

Town Hall • University, College

Deutschland in Karten

Regional maps

Ort mit mindestens...

- einem Hotel oder Restaurant
- ✸ einem Sterne-Restaurant
- 🌣 einem Bib-Gourmand-Restaurant
- 🏠 einem besonders angenehmen Hotel

Place with at least...

- one hotel or a restaurant
- ✸ one starred establishment
- 🌣 one restaurant « Bib Gourmand »
- 🏠 one particularly pleasant accommodation

7

15　**16**

26
25　**Dortmund**　**27**
Düsseldorf　**Essen**

Köln
Bonn
35　**36**　**37**

45　**46**

53

Freiburg im Breisgau
61

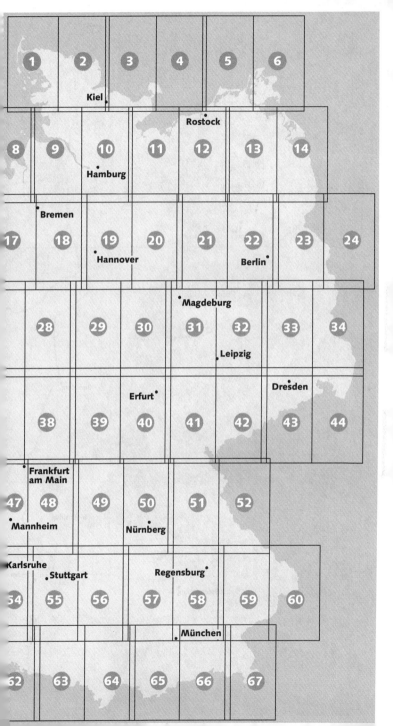

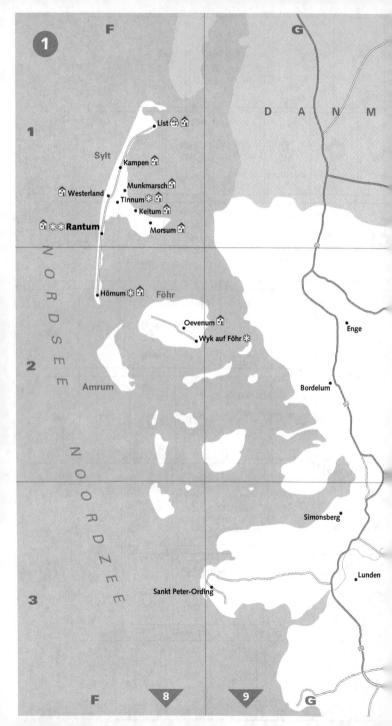

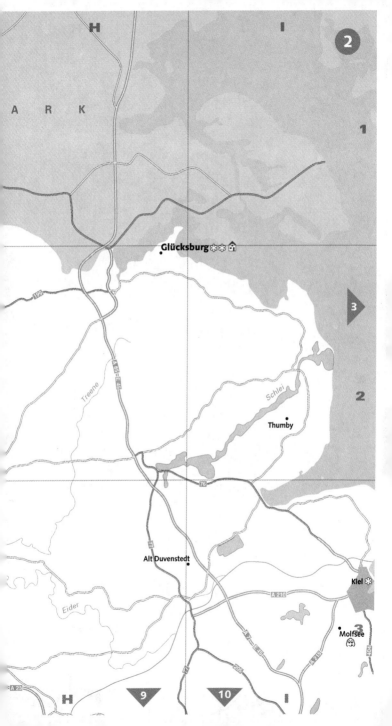

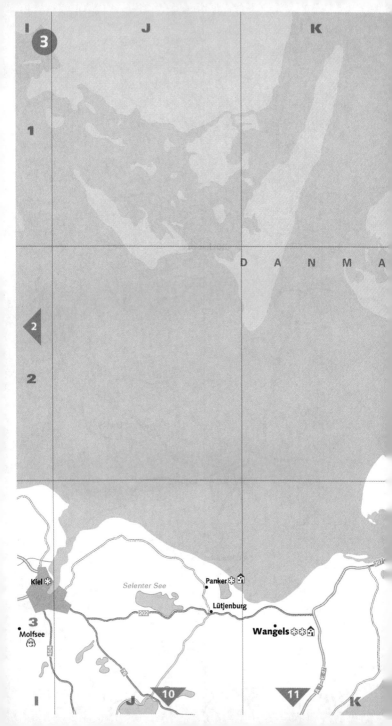

I J K

3

1

D A N M A

2

2

3

Kiel ❄

Selenter See

Panker ●❄🏠

Lütjenburg ●

Molfse ●
(符)

Wangels ●❄❄🏠

I J 10 11 K

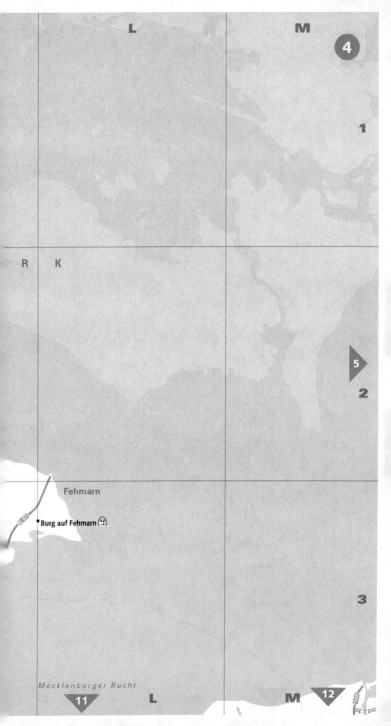

L   M   4

                               1

R   K

                              5 2

Fehmarn

Burg auf Fehmarn ☺

                               3

Mecklenburger Bucht ▼11   L   M ▼12

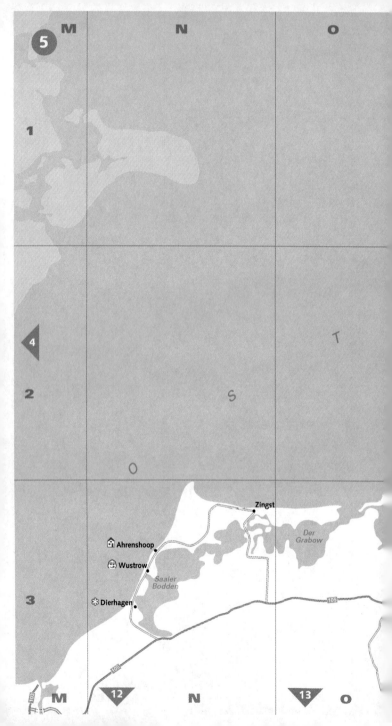

P

Q

1

E

E

S

iddensee

2

Rügen

Binz ✿ 🏠

Sellin 🏠

Stralsund 🏠

3

Greitswalder

Bodden

13

P

14

Q

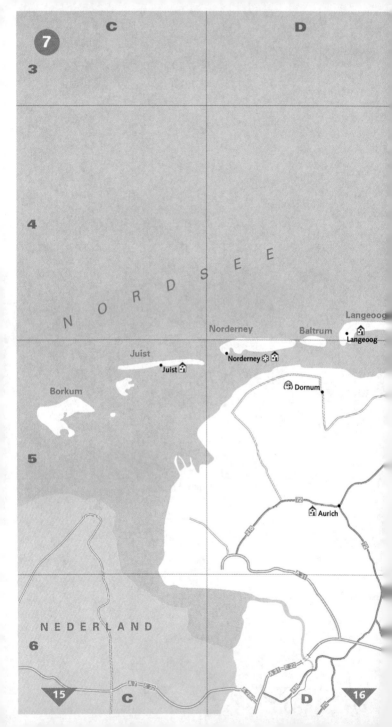

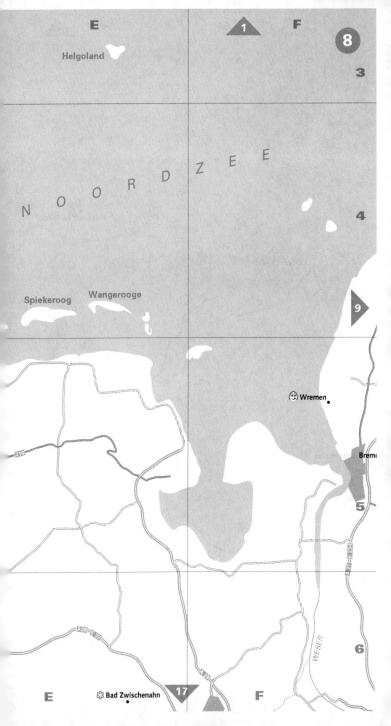

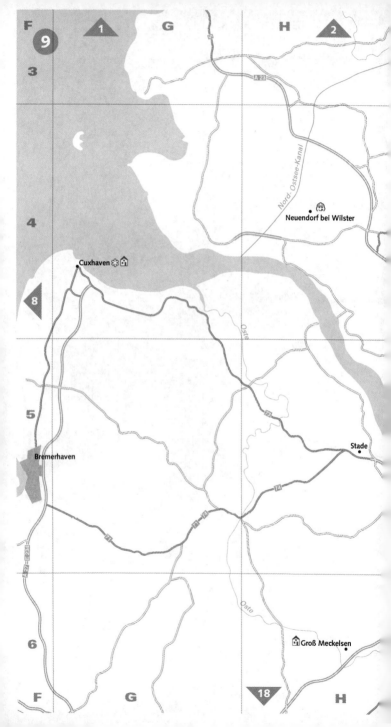

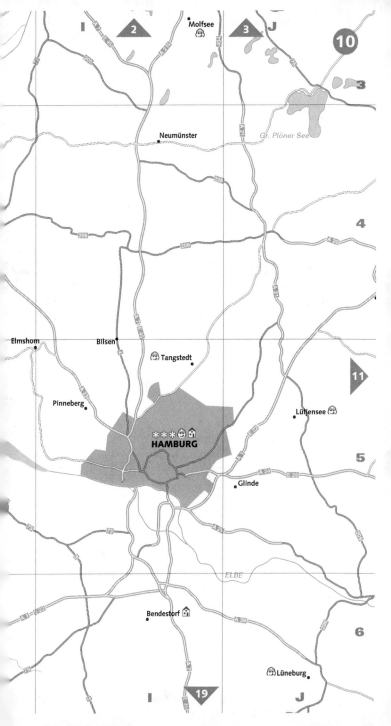

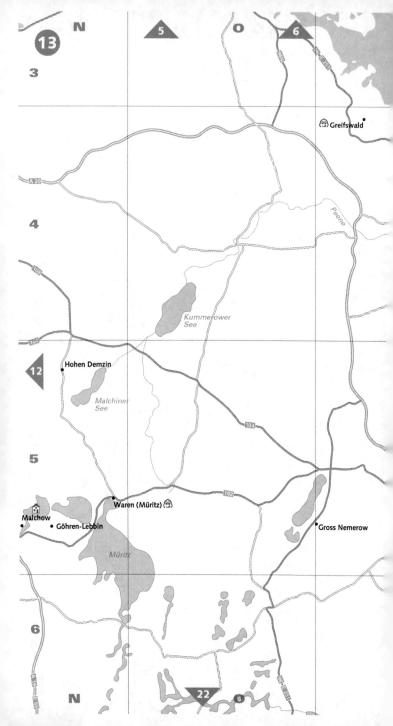

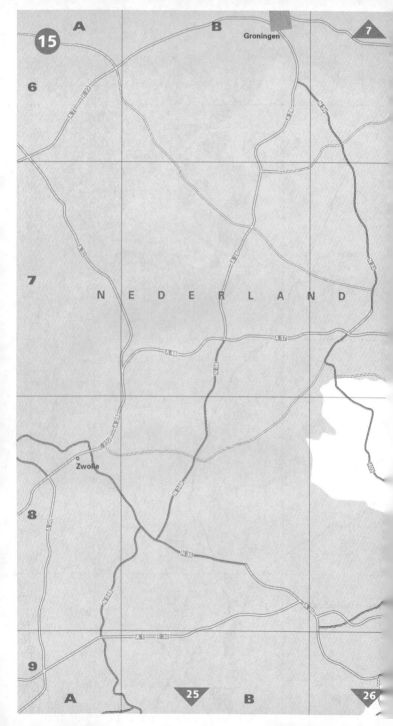

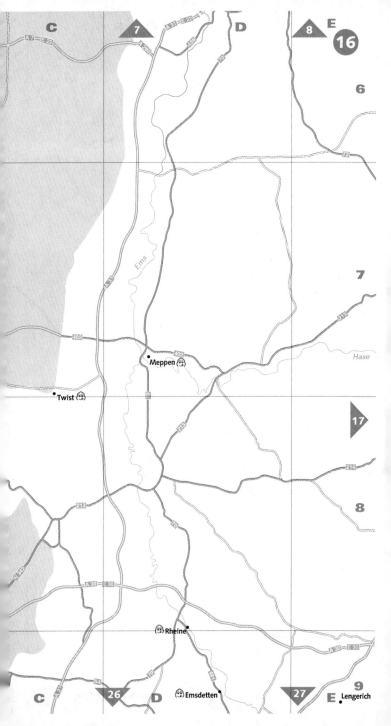

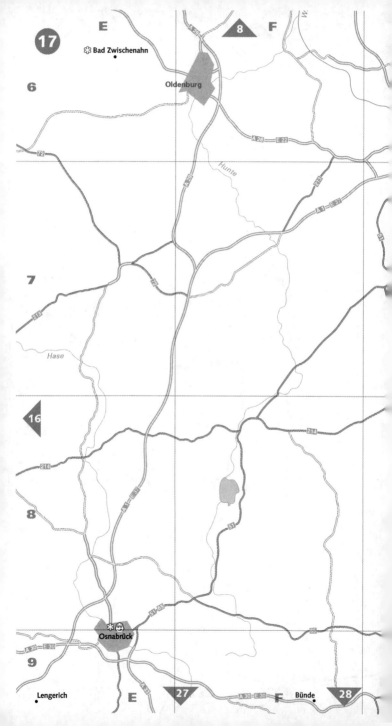

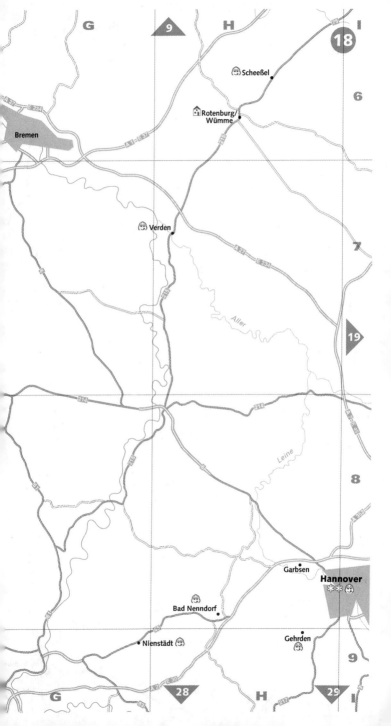

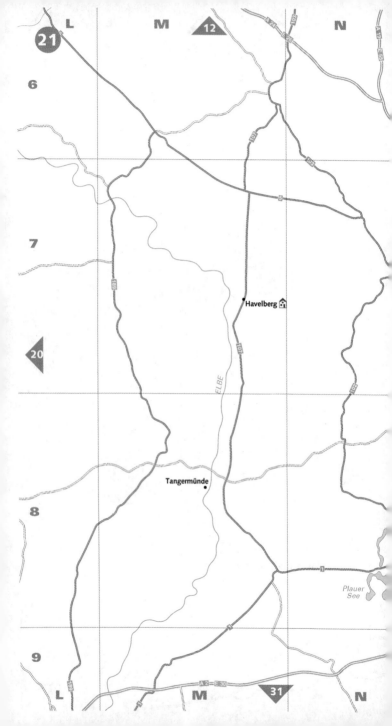

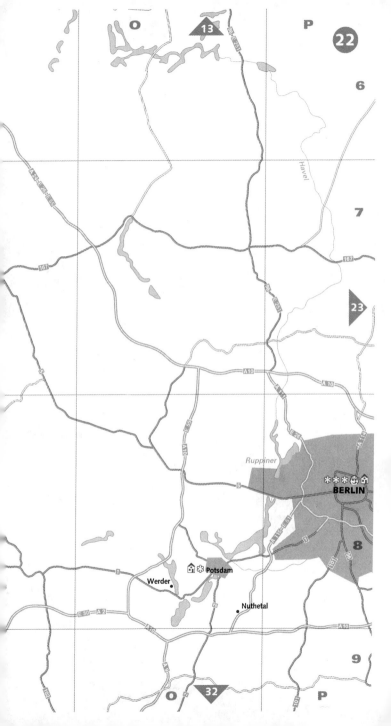

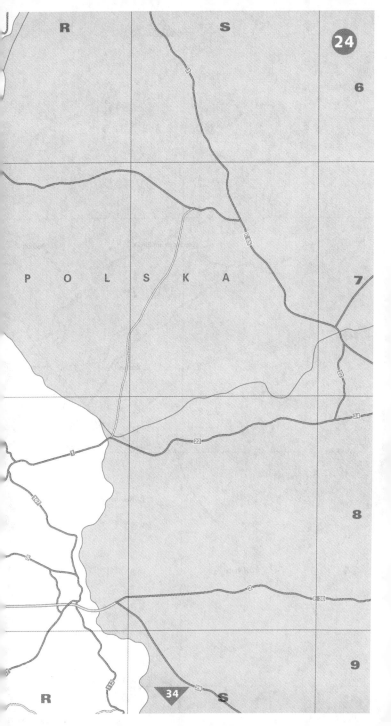

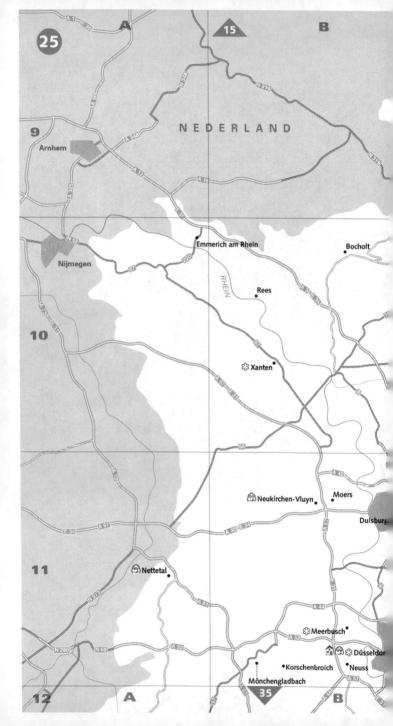

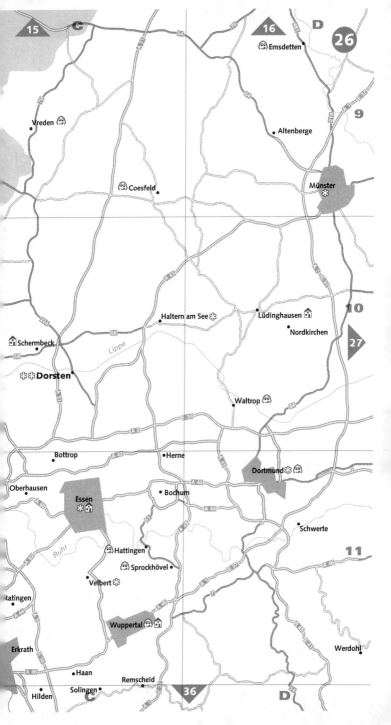

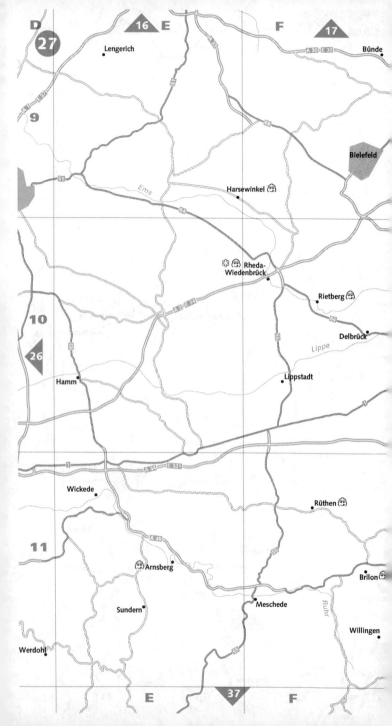

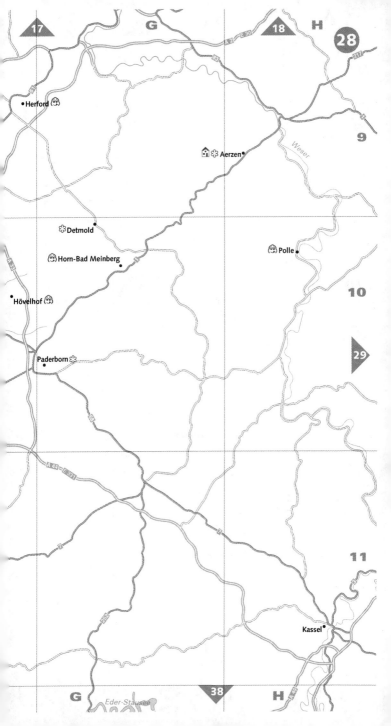

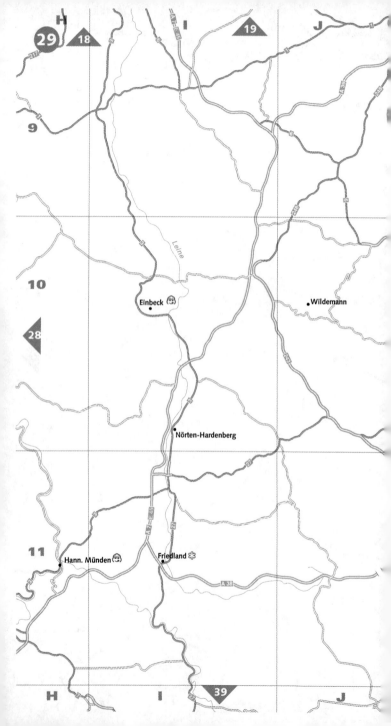

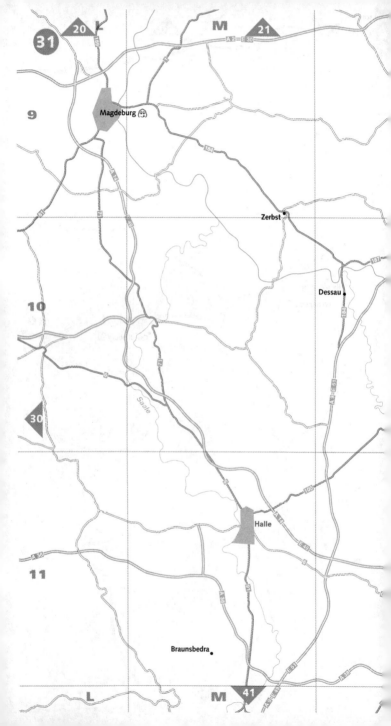

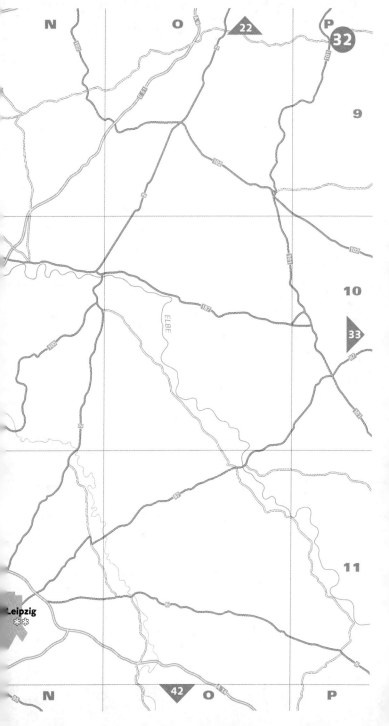

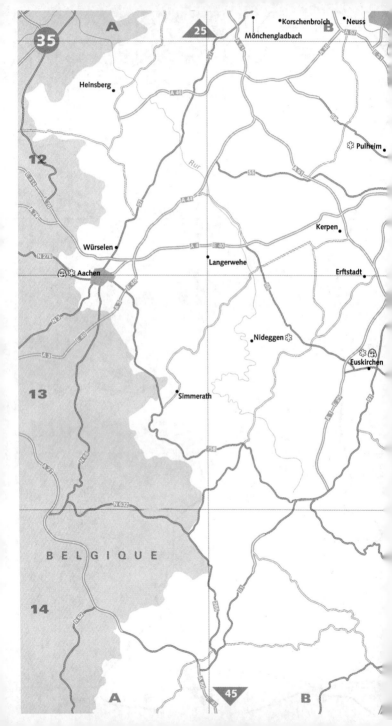

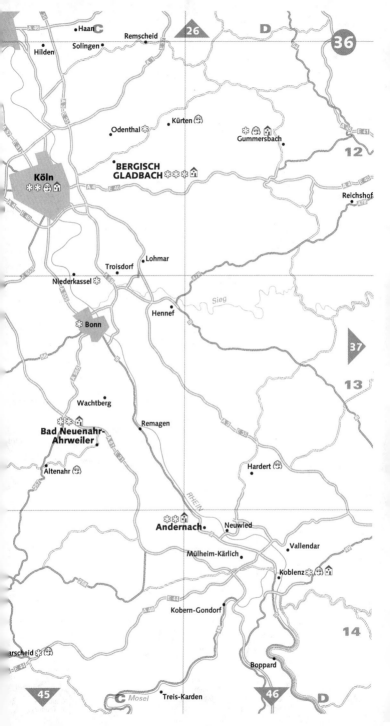

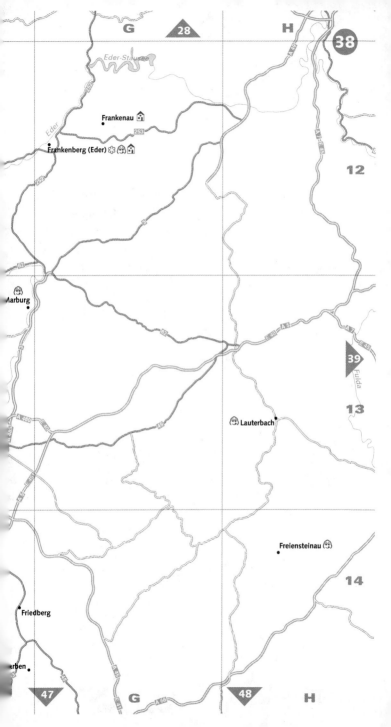

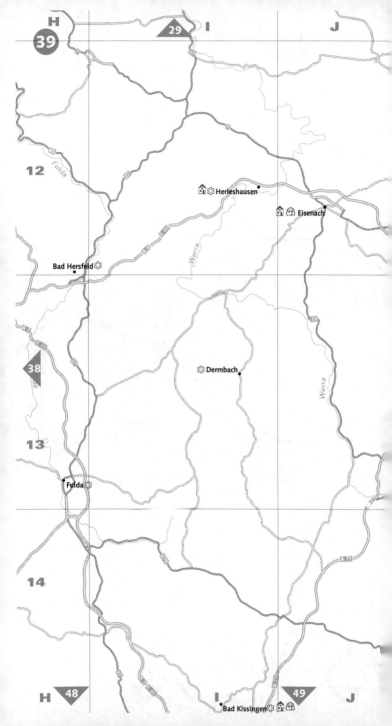

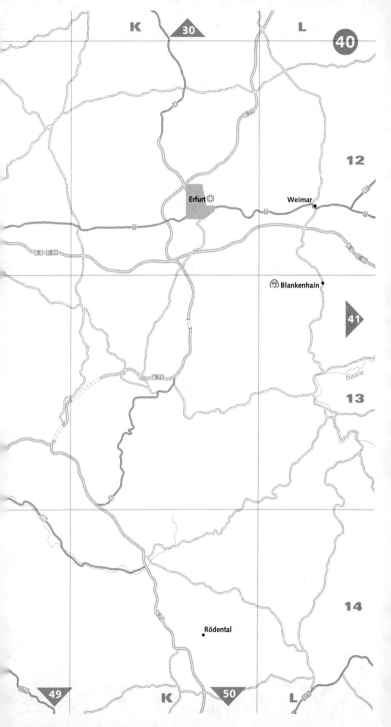

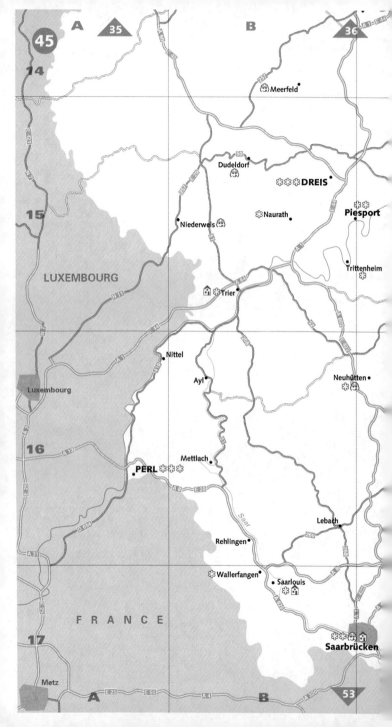

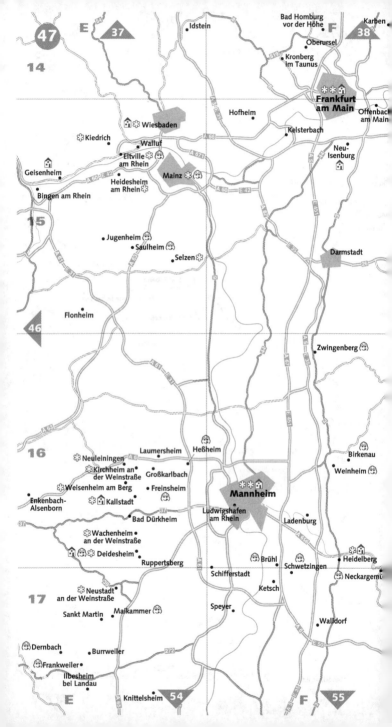

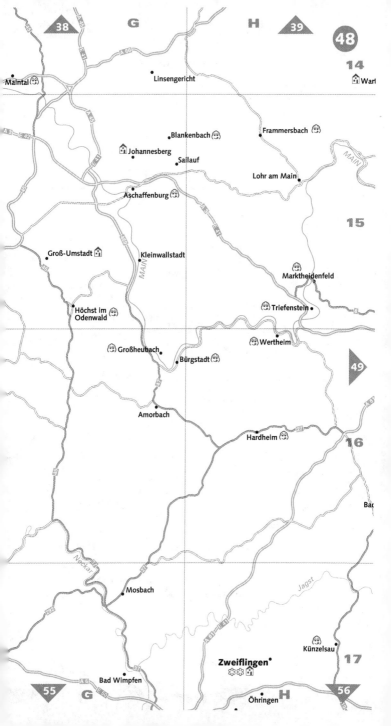

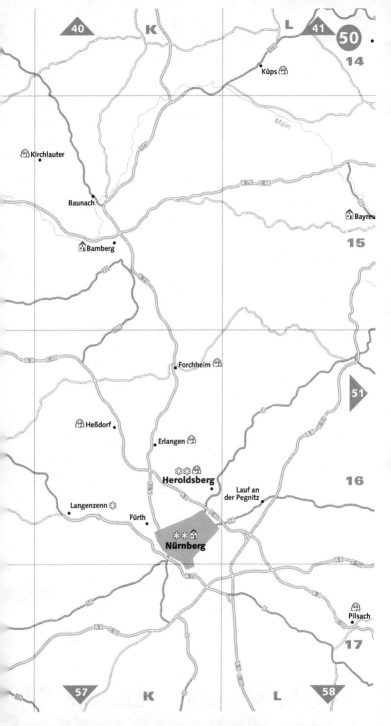

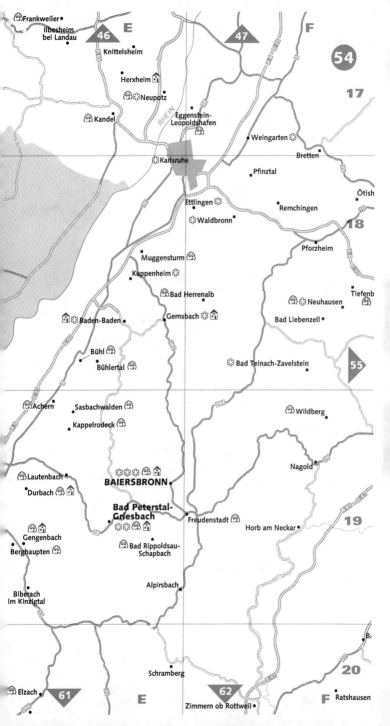

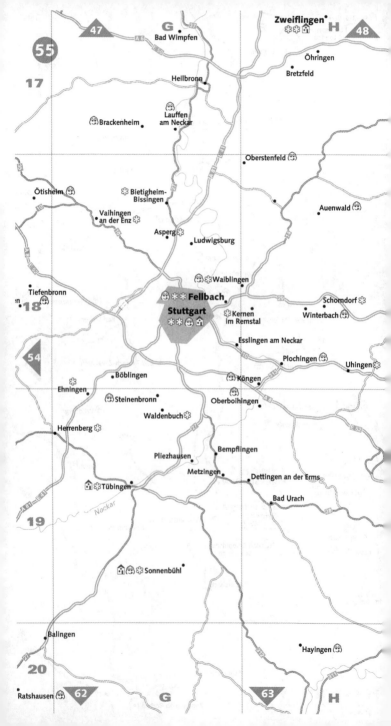

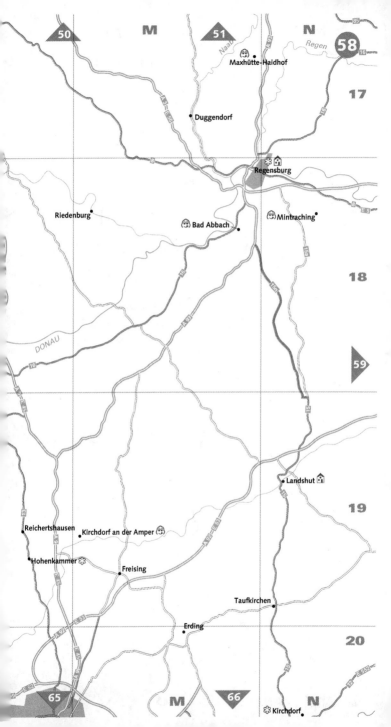

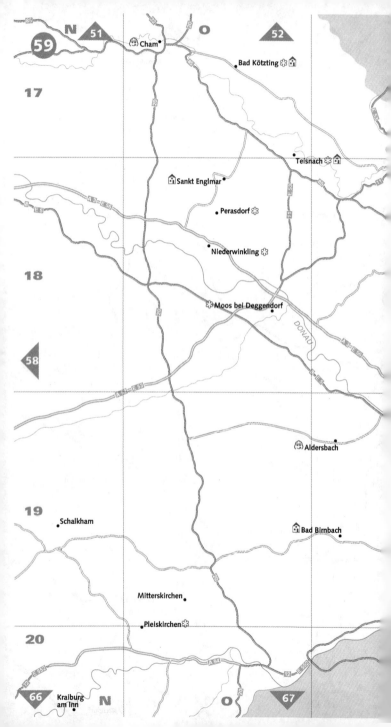

ČESKÁ REPUBLIKA

18

Freyung

Waldkirchen ✳

Hauzenberg

Windorf

Passau

Neuburg am Inn

19

ÖSTERREICH

Bad Füssing

INN

20

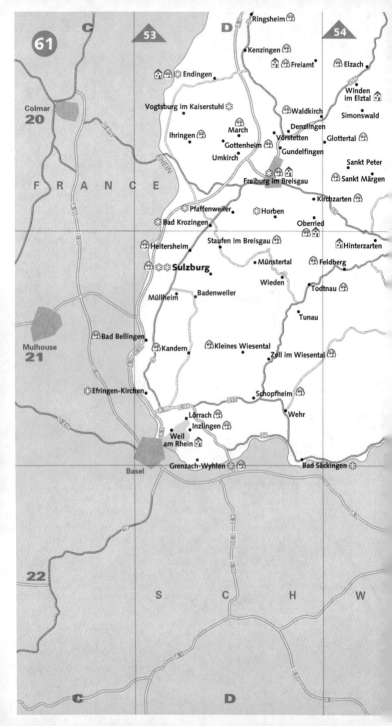

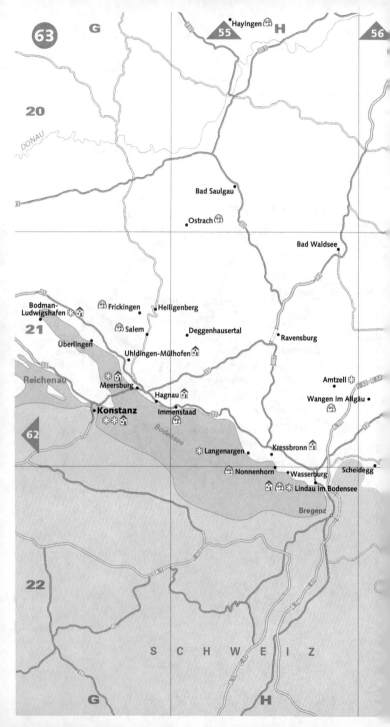

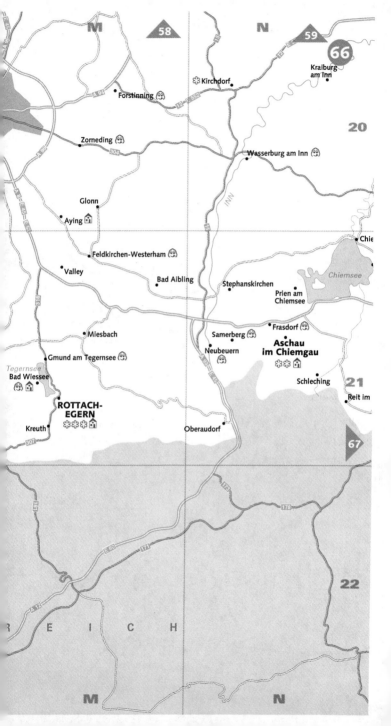

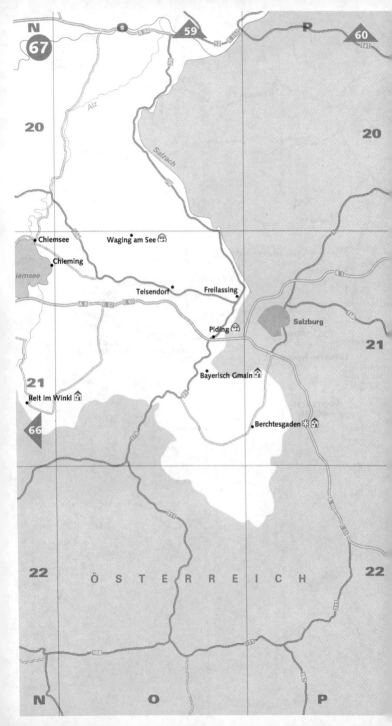

Restaurants & Hotels

Restaurants & hotels

Städte von A bis Z

Towns from A to Z

AACHEN

Nordrhein-Westfalen – Regionalatlas **35**–A12 – Michelin Straßenkarte 543

✿ LA BÉCASSE

Chef: Christof Lang

FRANZÖSISCH-KLASSISCH · BISTRO ✕✕ Auch wenn die Lage des Restaurants am Zentrumsrand recht unscheinbar ist, die Küche ist es keineswegs! Bereits seit 1981 empfängt Sie Patron Christof Lang in dem gepflegten Eckhaus. Er und sein Team um Küchenchef Andreas Schaffrath sorgen für reduzierte, geradlinig-klassische Küche, die hier und da auch mit modernen Elementen gespickt ist. Die Speisen sind unkompliziert, haben aber dennoch Finesse, vom Geschmack ganz zu schweigen! Selbstverständlich finden nur top Produkte Verwendung. Und dazu vielleicht einen der schönen französischen Weine? Diese bilden den Schwerpunkt der ansprechenden Weinauswahl. Der Service ist übrigens ausgesprochen aufmerksam, freundlich und charmant, alles läuft angenehm reibungslos. Ein guter Tipp für Mittagsgäste ist das günstige Lunchmenü.

Spezialitäten: Marinierte Jakobsmuscheln mit Kopfsalatsuppe, Kaviar. Taube, Wirsingpraline und Kirschsud. Tarte au citron mit Beeren und Karamell.

🅰🅒 – Menü 39 € (Mittags), 69/105 € – Karte 70/90 €

Hanbrucher Straße 1 ⊠ 52064 – ☎ 0241 74444 – www.labecasse.de –
Geschlossen 11.-16. Februar, Sonntag, mittags: Montag, Samstag

⑪○ ESTOR

MODERNE KÜCHE · TRENDY ✕ Zentral und doch etwas abseits des Geschehens liegt das angenehm legere Restaurant. Es gibt moderne Gerichte wie "gebratenes Wilddoradenfilet, Blumenkohl-Kalamansisauce, Salicorne, Topinambur, Zucchini", und zwar in einem frei wählbaren Menü oder à la carte.

🏮 – Menü 44/76 € – Karte 46/52 €

Gerlachstraße 20 ⊠ 52062 – ☎ 0241 47583261 – www.restaurant-estor.de –
Geschlossen 27. Dezember-7. Januar, Montag-Dienstag, Sonntag, nur Abendessen

⑪○ REUTERS HOUSE

INTERNATIONAL · BISTRO ✕ Internationale Speisen mit mediterranem Einfluss, zubereitet aus guten, frischen Produkten, nennen sich hier z. B. "Kalbstafelspitz-BBQ, Krenmousse, Frankfurter Grüne Sauce" oder "Kabeljau auf Rote-Bete-Pastasotto mit Tiroler Speck". Der Name stammt vom Gründer der berühmten Londoner Nachrichtenagentur.

🏮 ✿ – Menü 34/44 € – Karte 33/52 €

Pontstraße 117 ⊠ 52062 – ☎ 0241 1897666 – www.cusina-culinaria.com –
Geschlossen Montag, Dienstag

In Aachen-Kornelimünster Süd-Ost: 10 km

✿ SANKT BENEDIKT

Chef: Maximilian Kreus

KREATIV · FAMILIÄR ✕✕ Seit 1982 hat das Aachener „St. Benedikt" seinen festen Platz in der nordrhein-westfälischen Sternegastronomie. Das Händchen fürs Kochen wurde Maximilian Kreus wohl schon in die Wiege gelegt, denn wie bereits seine Mutter vor ihm hält er nun seit vielen Jahren den Stern. Basis für seine klassisch geprägten Menüs sind immer exzellente Produkte, die er gefühlvoll und mit einer gewissen eigenen Idee zubereitet, so z. B. beim Kalb mit Chimichurri und Mais. Wer mittags zum Essen kommt, wählt von der Bistrokarte. Der Service ist überaus freundlich, versiert die Weinberatung - man empfiehlt ausschließlich Weine deutscher Winzer. Zu finden ist das hübsche modern-elegante Restaurant in einem denkmalgeschützten Haus, das sich schön in den charmanten historischen Ortskern von Kornelimünster einfügt.

Spezialitäten: Jakobsmuschel, Curry, Tapioka. Wagyu-Rinderscherzel, Ochsenschwanz, Karotte. Pan-Dan Galgant, Tamarinde, Nishikireis, Kokos.

🍴 – Menü 95/155 € – Karte 116/128 €

Benediktusplatz 12 ✉ 52076 – ☎ 02408 2888 – www.stbenedikt.de –
Geschlossen 1.-5. Januar, 5.-19. April, Montag-Mittwoch,
mittags: Donnerstag-Sonntag

🏵 **Bistro** – Siehe Restaurantauswahl

🏵 **BISTRO**

KLASSISCHE KÜCHE · GEMÜTLICH 🏶 Kein Wunder, dass das nette Bistro in dem schmucken historischen Haus immer gut besucht ist, denn hier wird grundehrlich und mit richtig viel Geschmack gekocht! Professionell und mit sympathischer Natürlichkeit leitet die Chefin den Service. Schön auch die kleine Terrasse mit Blick auf Kirche und Marktplatz.

Spezialitäten: Hummersuppe, Miso-Aubergine mit Spinatsalat. Edelfische mit Asiasud und gegrilltem Lauch. Kokos-Panna-Cotta mit Mango.

🍴 – Menü 32 € (Mittags)/45 € – Karte 34/42 €

Sankt Benedikt, Benediktusplatz 12 ✉ 52076 – ☎ 02408 2888 – www.stbenedikt.de –
Geschlossen 1.-4. Januar, 5.-19. April, Sonntag, Montag, nur Mittagessen

AALEN

Baden-Württemberg – Regionalatlas **56**-I18 – Michelin Straßenkarte 545

🍴○ **WILDER MANN**

REGIONAL · LÄNDLICH 🏶 In dem langjährigen Familienbetrieb (inzwischen in 4. Generation) darf man sich auf frische regionale Küche mit modernen Einflüssen freuen - wie wär's z. B. mit "Rindertafelspitz, Meerrettichsauce, Röstkartoffeln, Preiselbeeren"? Im Sommer speist man gerne im herrlichen Garten! Zum Übernachten gibt es wertig eingerichtete Zimmer in schönem geradlinigem Design.

🔄 🍴 🅿 – Menü 20 € (Mittags), 39/68 € – Karte 25/57 €

Karlstraße 4 ✉ 73433 – ☎ 07361 71366 – www.wildermann-aalen.de –
Geschlossen Montag, Dienstag

In Aalen-Unterkochen Süd-Ost: 4 km über B 19, Richtung Heidenheim

🍴○ **LÄUTERHÄUSLE**

TRADITIONELLE KÜCHE · LÄNDLICH 🏶🏶 Die engagierten Gastgeber haben hier eine richtig nette Adresse samt hübscher Terrasse! Auf der Karte Schwäbisches wie Zwiebelrostbraten oder hausgemachte Maultaschen, aber auch Vegetarisches. Sonntags kocht man durchgehend von 12 - 20 Uhr! Und zum Übernachten gibt es wohnliche Zimmer.

🔄 🍴 ♿ 🅿 – Menü 29/45 € – Karte 26/49 €

Waldhäuser Straße 109 ✉ 73432 – ☎ 07361 98890 – www.laeuterhaeusle.de –
Geschlossen Montag, Dienstag, abends: Sonntag

ABBACH, BAD

Bayern – Regionalatlas **58**-M18 – Michelin Straßenkarte 546

🏵 **SCHWÖGLER**

ZEITGENÖSSISCH · ZEITGEMÄSSES AMBIENTE 🏶🏶 Mit Engagement wird das geradlinig gehaltene Restaurant geführt, das merkt man auch an der schmackhaften Küche - und die nennt sich "von basic bis spacig". Da macht "Schwögler's Zwiebelrostbraten vom Angus-Rind" ebenso Appetit wie "Beef Tatar Asia Style".

Spezialitäten: Lachs und Jakobsmuschel, Kokospolenta, gegrillte Wassermelone, Bimi, Thai-Currysud. In Waldmeister mariniertes Lammkarree aus dem Holzofen, Hummus, gepfefferte Johannisbeeren. Joghurt–Limettenkuppel, Beeren-Minzeragout, Himbeersorbet.

🍴 🅿 – Menü 37/75 € – Karte 38/64 €

Stinkelbrunnstraße 18 ✉ 93077 – ☎ 09405 962300 – www.schwoegler.de –
Geschlossen Montag, Dienstag, mittags: Mittwoch-Samstag, abends: Sonntag

ACHERN

Baden-Württemberg – Regionalatlas **54**–E19 – Michelin Straßenkarte 545

🕙 CHEZ GEORGES

REGIONAL • KLASSISCHES AMBIENTE XX Sie möchten bei freundlichem Service und gepflegter Atmosphäre richtig gut essen? Hier bietet man Ihnen regionale Klassiker und saisonale Gerichte aus Baden und dem Elsass. In der Weinstube "Kächele" sitzt man etwas legerer. Übernachten können Sie im Hotel "Schwarzwälder Hof".

Spezialitäten: Badische Schneckensuppe. Sauerbraten vom Ochsenbäckle. Schokoladenmousse mit Mangosorbet.

🖘 🛲 🕭 🎰 🌣 🅿 🚗 – Menü 28/45 € – Karte 34/60 €

Kirchstraße 38 ✉ 77855 – ☏ 07841 69680 – www.hotel-sha.de –
Geschlossen Montag, Sonntag

ADELSHOFEN

Bayern – Regionalatlas **49**–I16 – Michelin Straßenkarte 546

In Adelshofen-Tauberzell Nord-West: 5 km Richtung Creglingen

🕙 ZUM FALKEN

REGIONAL • GEMÜTLICH X Seit vielen Jahren betreibt Lars Zwick den gemütlich-rustikalen Gasthof im reizenden Taubertal. Gekocht wird regional und saisonal, donnerstags und freitags gibt's frische hausgemachte Würste. Man hat auch eigene Obstbrände und eine Imkerei. Alte Scheune für Feierlichkeiten, Weinproben im Gewölbekeller. Übernachten können Sie in hübschen Zimmern mit ländlichem Charme.

Spezialitäten: Feldsalat mit Walnüssen und Leindotter-Öl. Rehrücken mit glasierten Zwetschgen und Kartoffelkrapfen. Gebrannte Honig-Crème mit Eis.

🖘 🛲 🌣 🅿 – Menü 34 € – Karte 20/39 €

Tauberzell 41 ✉ 91587 – ☏ 09865 941940 – www.landhaus-zum-falken.de –
Geschlossen 24. Januar-24. Februar, 7.-16. November, Montag, Dienstag

AERZEN

Niedersachsen – Regionalatlas **28**–H9 – Michelin Straßenkarte 541

In Aerzen-Schwöbber Nord-West: 5 km

🕄 GOURMET RESTAURANT IM SCHLOSSHOTEL MÜNCHHAUSEN

KLASSISCHE KÜCHE • ELEGANT XxX Speisen bei echtem Schloss-Feeling! Könnte es einen stilvolleren Rahmen geben als das wunderbare historische Gemäuer des "Schlosshotels Münchhausen", einem herrschaftlichen, von einem Burggraben umgebenen Anwesen von 1570? Nehmen Sie zuerst einen Aperitif im imposanten Rittersaal, der Kaminlobby, ein, bevor Sie im eleganten Restaurant mit seinen Stuckdecken, Parkettboden und Gemälden an fein eingedeckten Tischen Platz nehmen. Freundlich und kompetent serviert man die aufwändig zubereiteten klassisch-modernen Gerichte von Achim Schwekendiek. Dass er ihm hervorragende Produkte, exaktes Handwerk und interessante Ideen Hand in Hand gehen, beweist z. B. das Kaninchen mit Cranberry-Eis, Rübchen und Buttermilch. Freuen darf man sich auch auf eine tolle Weinkarte mit so mancher Rarität.

Spezialitäten: Seeigel, Mandelmilch, Erbse, Huchen. Lamm, Mangoldwurzel, Steckrübe, fermentierte Stachelbeere. Manjari Schokolade, Mirabelle, Macadamia, Thymian.

🕸 🖘 🛲 🖃 🌣 🅿 🚗 – Menü 145/185 €

Schlosshotel Münchhausen, Schwöbber 9 ✉ 31855 – ☏ 05154 70600 –
www.schlosshotel-muenchhausen.com – Geschlossen 3.-17. Januar, Montag, Sonntag,
mittags: Dienstag-Samstag

🍴 SCHLOSSKELLER

MARKTKÜCHE · REGIONALES AMBIENTE 🗙🗙 Richtig gemütlich ist der liebevoll dekorierte Gewölbekeller, traumhaft die Terrasse am Schlossweiher! Man kocht regional und saisonal, vom klassischen Wiener Schnitzel bis zu "gebratenem Zanderfilet, Rahmsauerkraut, Schnittlauch-Kartoffeln, Rieslingsauce".

🛋 🖨 🌣 ⊡ 🅿 🚗 – Karte 41/71 €

Schlosshotel Münchhausen, Schwöbber 9 ⊠ 31855 – ☏ 05154 70600 –
www.schlosshotel-muenchhausen.com –
Geschlossen 2.-15. Januar

🍴 1570 - PETIT GOURMET

MODERNE KÜCHE · ELEGANT 🗙 Mit der Jahreszahl 1570 nimmt der Restaurantname Bezug auf die Grundsteinlegung des Schlosses - wunderschön der historische Rahmen! Eine kleine Besonderheit ist der Einheitspreis der Gerichte (17,50 €) - am besten wählt man vier pro Person, die Reihenfolge bestimmen Sie selbst. Gekocht wird modern-kreativ wie im Gourmetrestaurant des Hauses.

🛋 ⪡ 🖨 🅿 – Karte 53/70 €

Schlosshotel Münchhausen, Schwöbber 9 ⊠ 31855 – ☏ 05154 70600 –
www.schlosshotel-muenchhausen.com –
Geschlossen 3.-17. Januar, Montag, Sonntag, mittags: Dienstag-Samstag

🏰 SCHLOSSHOTEL MÜNCHHAUSEN

HISTORISCHES GEBÄUDE · ELEGANT Stilgerecht und edel kommt das Schloss a. d. 16. Jh. daher - Historie und moderner Komfort vereint. Beispielhafter Service, elegante Zimmer, geschmackvoller und großzügiger Spa, sehenswerter Schlosspark mit seltenen Pflanzenarten und tollem Baumbestand, Golf ganz in der Nähe. Für ruhige Momente: Kaffee/Tee in der Lobby, dem eindrucksvollen Rittersaal!

🏌 🐕 🖨 🗔 🕸 ⋒ ⊡ 🄰 🛁 🅿 🚗 – 60 Zimmer – 8 Suiten

Schwöbber 9 ⊠ 31855 – ☏ 05154 70600 – www.schlosshotel-muenchhausen.com
🌸 **Gourmet Restaurant im Schlosshotel Münchhausen** · 🍴 **Schlosskeller** ·
🍴 **1570 - Petit Gourmet** – Siehe Restaurantauswahl

AHLBECK – Mecklenburg-Vorpommern ➜ Siehe Usedom (Insel)

AHRENSHOOP
Mecklenburg-Vorpommern – Regionalatlas **5**-N3 – Michelin Straßenkarte 542

🍴 NAMENLOS

MARKTKÜCHE · LÄNDLICH 🗙🗙 Boddenzander, Borner Weidelamm, Darßer Wild... Gekocht wird mit regionalem und saisonalem Bezug. Tipp: Vom vorderen Teil des Restaurants hat man einen schönen Blick aufs Meer, dazu die hübsche Terrasse. Angenehm übernachten kann man im Hotel "Namenlos & Fischerwiege".

🛋 ⪡ 🌣 🕭 🄰 ⊡ 🅿 🚗 – Menü 39/78 € – Karte 35/62 €

Hotel Namenlos & Fischerwiege, Dorfstraße 44 ⊠ 18347 –
☏ 038220 6060 – www.hotel-namenlos.de –
Geschlossen 5.-25. Dezember

🏠 KÜNSTLERQUARTIER SEEZEICHEN

BOUTIQUE-HOTEL · MODERN Chic, modern, wertig - von den Zimmern und Suiten über die Apartmenthäuser bis zum Spa, dazu der schöne Garten und nicht zuletzt die tolle Dachterrasse mit Meerblick - beliebt für Hochzeiten! Über den Deich geht's zum Strand, wo Sie Ihren eigenen Strandkorb haben.

🖨 ⋒ ⊡ 🕭 🛁 🅿 🚗 – 64 Zimmer – 3 Suiten

Dorfstraße 22 ⊠ 18347 – ☏ 038220 678300 – www.seezeichen-hotel.de

AIBLING, BAD

Bayern – Regionalatlas **66**–M21 – Michelin Straßenkarte 546

⫍○ LINDNERS STUB'N

REGIONAL · HISTORISCHES AMBIENTE ✗✗ Schön gemütlich und elegant zugleich, so sind die historischen Stuben mit ihrer stilvollen Holztäfelung. Gute Produkte, wenn möglich in Bioqualität, werden hier zu schmackhaften regionalen Gerichten. "Beuschel vom Milchkalb" oder "Lindners Tatar vom Salzburger Alpenrind" sind hier ebenso lecker wie "im Salzteig gebackener Loup de mer".

🖙 🏠 ✿ 🅿 🚗 – Menü 39 € – Karte 33/59 €

Hotel Das Lindner, Marienplatz 5 ✉ 83043 – ℰ 08061 90630 – www.das-lindner.de – Geschlossen Sonntag

🏘 DAS LINDNER

TRADITIONELL · MONTAN Ein wunderschönes traditionelles Hotel im Herzen von Bad Aibling. Geschmackvoll und fast luxuriös wohnt man im Schloss, chic-modern kommen die neuen Zimmer im Anbau daher. Wer es besonders komfortabel mag, fragt nach den 12 Juniorsuiten! Hervorragend das Frühstück. Als gastronomische Ergänzung zu "Lindners Stub'n" gibt es noch die "Schwemme" mit rustikalen Gerichten.

🏋 🛏 🗐 🦺 🅿 🚗 – 56 Zimmer

Marienplatz 3 ✉ 83043 – ℰ 08061 90630 – www.das-lindner.com
⫍○ **Lindners Stub'n** – Siehe Restaurantauswahl

ALDERSBACH

Bayern – Regionalatlas **59**–P19 – Michelin Straßenkarte 546

🅐 DAS ASAM

MARKTKÜCHE · FREUNDLICH ✗ In eine jahrhundertealte Klosteranlage samt Brauerei hat man das Hotel mit Restaurant integriert. In der 1. Etage speisen Sie unter einer schönen hohen Decke mit Stuck und Malereien - attraktiv der Mix aus geradlinigem Interieur und historischem Rahmen. Geboten werden modern-regionale Gerichte mit Bezug zur Saison.

Spezialitäten: Zweierlei vom Rind, Schmorkürbis, Radicchio, Speck. Gebratener Hirschrücken, Rahmwirsing, Brezenknödel, Birnenchutney. Orangenvariation, dunkle Schokolade, Baileys.

🖙 🏠 🅿 – Menü 33/52 € – Karte 27/56 €

Freiherr-Von-Aretin-Platz 2 ✉ 94501 – ℰ 08543 6247624 – www.das-asam.de – Geschlossen 4.-28. Januar, Dienstag, Mittwoch, mittags: Montag und Donnerstag

ALPIRSBACH

Baden-Württemberg – Regionalatlas **54**–E19 – Michelin Straßenkarte 545

⫍○ RÖSSLE

REGIONAL · LÄNDLICH ✗ In dem Familienbetrieb (bereits in 4. Generation) wird regional-saisonal und mit internationalen Einflüssen gekocht, so z. B. "Hirschgulasch, Preiselbeersauce, Spätzle" oder "Kabeljau, Thai-Gemüse, Soja, Jasminreis". Und wie wär's mit einem Gästezimmer in frisch-modernem Schwarzwaldstil?

🖙 🏠 🦺 🗐 ✿ 🅿 🚗 – Menü 26/50 € – Karte 29/55 €

Aischbachstraße 5 ✉ 72275 – ℰ 07444 956040 – www.roessle-alpirsbach.de – Geschlossen 26. Februar-18. März, 23. Oktober-15. November, Mittwoch, Donnerstag

ALT DUVENSTEDT

Schleswig-Holstein – Regionalatlas **2**–I3 – Michelin Straßenkarte 541

🍴○ **LAMMBUTTRIND**

MARKTKÜCHE · LÄNDLICH ✗✗ Nordisch-leger ist die sympathische Atmosphäre hier. In der Küche stehen saisonale Produkte aus der Region absolut im Fokus. Die frischen Gerichte, darunter auch vegetarische, können Sie à la carte bestellen oder sich ein 3-Gänge-Menü zusammenstellen.

↩ ≼ 🍴 ↻ 🅿 – Menü 39 € – Karte 42/64 €

Seehotel Töpferhaus, Am See 2 ✉ 24791 – ☎ 04338 997177 –
www.lammbuttrind.com – Geschlossen mittags: Montag-Sonntag

🏠 **SEEHOTEL TÖPFERHAUS**

LANDHAUS · INDIVIDUELL Erholung und Ruhe pur! Die Lage könnte kaum malerischer sein, der schöne See samt privater Seewiese und eigenem Badesteg liegt direkt vor der Tür! Wohnliche Zimmer im Landhausstil (viele mit Terrasse oder Balkon). Für Kids: Spielzimmer mit Tischtennis, Kicker, Dart... Im Restaurant "Abendbrot" gibt es abends Buffet, sonntags auch am Mittag.

🦢 ≼ 🍴 🖙 🔥 ⚓ 🅿 – 46 Zimmer

Am See 1 ✉ 24791 – ☎ 04338 99710 – www.toepferhaus.com

🍴○ **LammButtRind** – Siehe Restaurantauswahl

ALTENAHR
Rheinland-Pfalz – Regionalatlas **36**–C13 – Michelin Straßenkarte 543

🕸 **GASTHAUS ASSENMACHER**

INTERNATIONAL · LÄNDLICH ✗✗ Bei Christian und Christa Storch spürt man das Engagement. Behaglich das Ambiente in Restaurant und Gaststube, herzlich und aufmerksam der Service, richtig gut die Küche. Man kocht geradlinig und fein, ohne Chichi, dafür mit viel Geschmack und Ausdruck. Man kann hier übrigens auch schön gepflegt übernachten.

Spezialitäten: Geräuchertes Saiblingsfilet mit Meerretticheis, Rote Bete und Crème fraîche. Gebratene Entenbrust mit Pfefferbirnen, Lauchgemüse und Frischkäsetortellini. Nougat Crème brûlée, Quitten und Vanilleeis.

↩ 🏠 – Menü 37/98 € – Karte 30/70 €

Brückenstraße 12 ✉ 53505 – ☎ 02643 1848 – www.gasthaus-assenmacher.de –
Geschlossen 3.-21. Februar, 13.-24. Juli, Montag, Dienstag

ALTENBERGE
Nordrhein-Westfalen – Regionalatlas **26**–D9 – Michelin Straßenkarte 543

🍴○ **PENZ AM DOM**

REGIONAL · FREUNDLICH ✗ In dem hübschen alten Bürgerhaus vis-à-vis dem Dom mischt sich Historisches mit Modernem. Ein schöner stimmiger Rahmen für die frische, schmackhafte und preislich faire Küche. Tipp: Kommen Sie mal montagabends zum "After Work Dinner", da gibt es ein 3-Gänge-Menü für rund 20 €. Mittags unter der Woche nur Business Lunch. Tolle Terrasse!

🏠 ↻ – Karte 42/57 €

Kirchstraße 13 ✉ 48341 – ☎ 02505 9399530 – www.penz-am-dom.de –
Geschlossen Sonntag, mittags: Samstag

AMORBACH
Bayern – Regionalatlas **48**–G16 – Michelin Straßenkarte 546

🍴○ **ABT- UND SCHÄFERSTUBE**

FRANZÖSISCH-KLASSISCH · RUSTIKAL ✗✗ Im kleinen Gourmetrestaurant des herrlich gelegenen Hotels "Der Schafhof" geht es strikt klassisch zu, das gilt für das Ambiente ebenso wie für die Küche. In liebevoll dekorierten Räumlichkeiten bietet man aus sehr guten Produkten zubereitete Gerichte und eine ausgezeichnete Weinauswahl! Sehr schön ist im Sommer auch die Terrasse mit Blick ins Tal!

🕸 ↩ 🍴 🏠 ↻ 🅿 – Karte 75/90 €

Hotel Der Schafhof, Schafhof 1 ✉ 63916 – ☎ 09373 97330 – www.schafhof.de –
Geschlossen mittags: Montag-Freitag

AMSTETTEN

Baden-Württemberg – Regionalatlas **56**–I19 – Michelin Straßenkarte 545

In Amstetten-Stubersteim Nord-Ost: 5,5 km über Hofstett-Emerbuch

🍴○ **STUBERSHEIMER HOF**

KLASSISCHE KÜCHE · GEMÜTLICH XX In dem liebevoll sanierten ehemaligen Bauernhof darf man sich auf geschmackvoll-ländliche Atmosphäre freuen. In der sehr netten Stube mit schönem Holzboden wird man freundlich umsorgt, während die Juniorchefin z. B. "geschmorte Ochsenbäckchen mit Blattspinat und getrüffelter Kartoffelmousseline" zubereitet. Charmant der Innenhof. Hübsche Gästezimmer hat man ebenfalls.

🗜 🏠 ⇔ 🅿 – Karte 31/59 €

Bräunisheimer Straße 1 ✉ *73340 –* 𝒞 *07331 4429970 – www.stubersheimer-hof.de – Geschlossen Montag, Dienstag, mittags: Mittwoch-Samstag*

AMTZELL

Baden-Württemberg – Regionalatlas **63**–H21 – Michelin Straßenkarte 545

In Amtzell-Geiselharz Süd-Ost: 1 km, jenseits der B 32

❀ **SCHATTBUCH**

KREATIV · TRENDY XX Bei der Frage nach einer trendigen Ausgeh-Adresse fällt bei Insidern der Allgäuer Gastro-Szene der Name "Schattbuch". Auf den Tisch kommen finessenreiche moderne Gerichte, bei denen das engagierte Küchenteam nie den Bezug zur Region verliert und auf sehr gute Produkte setzt. Da kommt die „Neuinterpretation" von Oma's Suppentopf ebenso gut an wie Wangemer Rehrücken oder der geangelte Wolfsbarsch. Während im selben Gebäude, quasi nebenan, Roboter entstehen, geht es hier doch angenehm natürlich und freundlich zu - leger und gleichermaßen fachkundig der Service. Im Sommer sitzt man auf der Terrasse richtig schön.

Spezialitäten: Edelkrebs, Traube, Moai Kaviar, Joghurt, Gurke. Wangemer Rehrücken, Williams Birne, Piemonteser Haselnuss, Topinambur. Waldorf Salat, Grüner Apfel, Walnuss, Sellerie, Rapsöl.

🏠 🎦 ⇔ 🅿 – Menü 85/105 € – Karte 61/107 €

Schattbucher Straße 10 ✉ *88279 –* 𝒞 *07520 953788 – www.schattbuch.de – Geschlossen Montag, Sonntag, mittags: Samstag*

ANDERNACH

Rheinland-Pfalz – Regionalatlas **36**–D14 – Michelin Straßenkarte 543

❀❀ **PURS**

MODERNE KÜCHE · DESIGN XxX In einer unscheinbaren Nebenstraße von Andernach versteckt sich dieses kleine Juwel, entstanden aus der "Alten Kanzlei" von 1677. Das geschmackvoll-moderne Design von Axel Vervoordt, das schon im Hotel für einen schicken Look sorgt, setzt sich im Restaurant fort. Hingucker sind Kunstwerke an der Wand sowie die - dank verglaster Front - gut einsehbare Küche. Christian Eckhardt zeigt hier seine herausragende Technik, wenn er z. B. Kaisergranat mit Chimichurri, Papaya und Avocado absolut ausdrucksstark und aromareich kombiniert. Zu erwähnen sei auch der überaus versierte Sommelier, der mit ausgezeichneten glasweisen Empfehlungen glänzt. Fragen Sie ihn auch mal nach seinem "Black Book" - hier notiert er sich von Hand seltene Tropfen! Nach dem Essen führt man Sie gerne durch die Küche an die Bar.

Spezialitäten: Entenleber, Artischocke, Traube, Plunderteig. Lamm, Bohnen, Aal, Johannisbeere. Erdbeere, Kakaofruchtsaft, Roggen, Joghurt.

🕸 🗜 🎦 ⇔ – Menü 155/195 €

Hotel Purs, Steinweg 30 ✉ *56626 –* 𝒞 *02632 9586750 – www.purs.com – Geschlossen 7.-23. Februar, 4.-24. August, Montag, Dienstag, Sonntag, mittags: Mittwoch-Samstag*

🕸 YOSO

ASIATISCH · GERADLINIG X "Yoso" - dieser etwas exotisch klingende Name ist koreanisch und steht für die Elemente Feuer, Wasser, Luft und Erde, und die werden in einem interessanten modernen Konzept umgesetzt. Verantwortlich dafür ist Sarah Henke. Sie kocht angenehm leicht, authentisch und gerne auch mal schön "hot" (als gebürtige Südkoreanerin liegt ihr das gewissermaßen im Blut!), bringt neben asiatischen Aromen aber auch regionale Elemente ein. Am Abend und samstagmittags gibt es ein Menü mit sechs Gängen - auch als vegetarische Variante. Sonst bietet man mittags ausschließlich Sushi-Lunch. Ein tolles Restaurant, das mit seinem urbanen Touch auch in eine Großstadt passen würde.

Spezialitäten: Hiramasa, Limette, Koriander. Ente, Pak Choi, Kimchi. Nougat, Sesam, Apfel.

🖘 ✤ – Menü 86/98 €

Hotel Am Ochsentor, Schafbachstraße 14 ✉ 56626 – ℰ 02632 4998643 – www.yoso-restaurant.de – Geschlossen 7.-22. Februar, 8.-30. August, Montag, Sonntag

🟠 RISTORANTE AI PERO

MODERNE KÜCHE · CHIC XX Das chic designte und zugleich angenehm ungezwungene "Ristorante" ist die Gourmet-Variante des "Ai Pero". Man bietet ambitionierte moderne Küche, die internationale Einflüsse mischt. Für das Menü kommen sehr gute Produkte zum Einsatz. Und dazu ein Wein aus Italien? Umsorgt wird man aufmerksam, freundlich und geschult.

🖘 🍴 �& 🅰🅲 🅿 – Menü 89/119 €

Hotel Am Ochsentor, Schafbachstraße 20 ✉ 56626 – ℰ 02632 9894060 – www.aipero.de – Geschlossen 25. Februar-10. März, 15. Juli-4. August, Dienstag-Donnerstag, nur Abendessen

🏠 PURS

BOUTIQUE-HOTEL · DESIGN Das luxuriöse und mit persönlicher Note gestaltete kleine Boutique-Hotel trägt die Handschrift des Designers Axel Vervoordt - ausgesprochen chic und wertig! Ganz besonderen Charme versprühen die Zimmer im 300 Jahre alten Stammhaus. Attraktiv auch die Bar - hier wird morgens à la carte gefrühstückt.

🏡 🖃 🅰🅲 – 9 Zimmer – 2 Suiten

Steinweg 30 ✉ 56626 – ℰ 02632 9586750 – www.purs.com

🕸🕸 PURS – Siehe Restaurantauswahl

🏠 AM OCHSENTOR

URBAN · MODERN Hier überzeugt zum einen die Lage in der Altstadt, zum anderen das wertige Interieur aus schickem, stimmigem Design und moderner Technik. Sehr nett die ungezwungen-trendige "Trattoria Ai Pero" mit italienischer Küche. Gegenüber dem Hotel: "Rufus Bar & Lounge". Tipp: Besuchen Sie den 60 m hohen Kaltwasser-Geysir!

🏡 🖃 �& 🅰🅲 🄪 🅿 🚗 – 22 Zimmer – 2 Suiten

Schafbachstraße 20 ✉ 56626 – ℰ 02632 9894060 – www.hotel-ochsentor.de

🟠 **Ristorante Ai Pero** · 🕸 **YOSO** – Siehe Restaurantauswahl

ANSBACH

Bayern – Regionalatlas **49**-J17 – Michelin Straßenkarte 546

🙂 LA CORONA

MARKTKÜCHE · MEDITERRANES AMBIENTE XX Mit Herzblut führt Familie Gerg ihr gemütliches Restaurant samt Vinothek, das etwas versteckt im Kronenhof (einst Stadtpalais der Grafen von Seckendorff a. d. 17. Jh.) liegt. Die Küche orientiert sich an Themenwochen wie z. B. "Regenbogenküche vom Kap" oder "Mallorca" - schmackhaft und aus guten Produkten. Dazu eine Auswahl von rund 1400 Weinen und ca. 140 Digestifs.

Spezialitäten: Samtsüppchen vom geräucherten Aal mit Zanderbäckchen. Medaillons vom Rehrücken mit Rosenkohl und getrüffeltem Kartoffelgratin. Lebkuchen-Schokoladen-Trifle mit Orangenfilets.

⅄ 🎕 ✂ – Menü 32/45 € – Karte 37/69 €

Johann-Sebastian-Bach-Platz 20 ✉ 91522 – ☏ 0981 9090130 – www.lacorona.de –
Geschlossen Montag, Dienstag, Mittwoch, Sonntag, mittags: Donnerstag-Samstag

ARNSBERG
Nordrhein-Westfalen – Regionalatlas **27**–E11 – Michelin Straßenkarte 543

 MENGE

MARKTKÜCHE · FREUNDLICH ✕✕ Christoph Menge kocht geschmackvoll und ambitioniert, von gefragten Klassikern wie dem "Sauren Schnitzel" bis zu gehobeneren Gerichten wie "Wolfsbarsch mit Petersilienwurzel und Rote Beete". Je nach Saison gibt's auch Galloway-Rind, Wild und Lamm - natürlich aus der Region. In dem traditionsreichen Familienbetrieb kann man auch gepflegt übernachten.
Spezialitäten: Tatar vom Rinderfilet, gebackenes Wachtelei, Meerrettichcrème. Rosa gebratenes vom Frischling mit Gemüse und Selleriepüree. Sorbet und Gelee von Rosen aus unserem Garten mit Sekt, Himbeere und Mandel.

↩ 🎕 ✿ 🅿 – Menü 38/75 € – Karte 34/62 €

Ruhrstraße 60 ✉ 59821 – ☏ 02931 52520 – www.hotel-menge.de –
Geschlossen Montag, Sonntag, mittags: Dienstag-Samstag

ASCHAFFENBURG
Bayern – Regionalatlas **48**–G15 – Michelin Straßenkarte 546

😊 **OECHSLE**

TRADITIONELLE KÜCHE · FREUNDLICH ✕✕ Hier wird mit regionalem und saisonalem Bezug gekocht - gut und preislich fair. Auf der Karte z. B. "Wiener Schnitzel mit fränkischem Kartoffelsalat". Tipp: Kommen Sie auch mal zum Gänseessen! Und das Ambiente? Ein Mix aus modern und rustikal - hübsch der Kachelofen von 1840. Gepflegt übernachten kann man ebenfalls.
Spezialitäten: Salat von Ziegenfrischkäse, Rhabarber, Rote Bete und Walnüsse. Gesottener Kalbstafelspitz mit Gemüse, Grießnockerl, Frankfurter Soße und Meerrettich. Mousse von der Herrenschokolade mit Marillenragout, Himbeersorbet und Eierlikör.

↩ ✿ 🅿 – Menü 37/58 € – Karte 28/66 €

Karlstraße 16 ✉ 63739 – ☏ 06021 23132 – www.zumgoldenenochsen.de –
Geschlossen 1.-5. Januar, 1.-7. Juni, 30. August-13. September, Montag, Sonntag,
mittags: Dienstag-Samstag

ASCHAU IM CHIEMGAU
Bayern – Regionalatlas **66**–N21 – Michelin Straßenkarte 546

❀❀ **RESTAURANT HEINZ WINKLER**

FRANZÖSISCH-KLASSISCH · ELEGANT ✕✕✕ Heinz Winkler - dieser Name ist untrennbar mit kulinarischer Klassik auf Spitzenniveau verbunden. 1991 nahm hier im herrlichen Chiemgau alles seinen Anfang, als der gebürtige Südtiroler seine „Residenz" eröffnete. In der Küche hat der Patron ein engagiertes Team, das seine Leidenschaft für klassische Küche teilt, aber auch offen ist für moderne Akzente. Dabei arbeitet man überaus präzise und bringt die ausgesuchten Produkte toll zur Geltung. Das umfangreiche Angebot lässt auch nicht die bewährten Klassiker vermissen, die die Gäste ebenso schätzen wie das venezianisch-elegante Ambiente. Souverän leitet Junior Alexander Winkler den Service - von der ausgewogenen Weinkarte empfiehlt er sowohl große Namen als auch kleine Winzer.
Spezialitäten: Carpaccio von der Garnele mit Vinaigrette. Taube auf Barolorisotto. Timbale von Schokolade und Vanille mit Mokkasauce.

⅄ ↩ 🎕 🅿 – Menü 105 € (Mittags), 175/205 € – Karte 90/210 €

Hotel Residenz Heinz Winkler, Kirchplatz 1 ✉ 83229 – ☏ 08052 17990 –
www.residenz-heinz-winkler.de – Geschlossen mittags: Montag-Freitag

RESIDENZ HEINZ WINKLER

GASTHOF · ELEGANT Mitten im Ort und doch eine eigene Welt... Ein jahrhundertealtes Anwesen, gleich nebenan die Kirche, ringsum die wunderbare Bergkulisse - Heinz Winkler hat hier die perfekte Verbindung von elegantem Luxus und traditionell-bayerischem Gasthaus-Charme geschaffen. So groß seine Leidenschaft fürs Kochen, so intensiv sein Engagement als Gastgeber.

☆ ⍩ ≼ ⇔ 🖾 👘 🖸 **P** 🕭 – 19 Zimmer – 13 Suiten

Kirchplatz 1 ✉ *83229 –* 𝒞 *08052 17990 – www.residenz-heinz-winkler.de*

✵✵ **Restaurant Heinz Winkler** – Siehe Restaurantauswahl

ASPERG

Baden-Württemberg – Regionalatlas **55**-G18 – Michelin Straßenkarte 545

✵ SCHWABENSTUBE

FRANZÖSISCH-KLASSISCH · ELEGANT ✗✗ Hinter all dem Engagement, der Herzlichkeit und der Beständigkeit, die im Hause Ottenbacher eine Selbstverständlichkeit sind, steht eine lange Familientradition, genau genommen vier Generationen! Man pflegt das Bewährte und bleibt dennoch nicht stehen – so trifft in dem schmucken Fachwerkhaus mit den grünen Fensterläden historischer Charme auf moderne-elegante Elemente. Die Küche von Max Speyer (ehemals Souschef hier im Haus) ist klassisch ausgelegt, bezieht aber auch die Region mit ein. Auf den Teller kommen durchdachte, ausdrucksstarke und stimmige Speisen mit saisonalen Einflüssen. Wer zum Essen gerne einen feinen Tropfen genießt, darf sich auf eine sehr gut sortierte Weinkarte und eine ebensolche Beratung freuen.

Spezialitäten: Thunfisch und Kingfish mit Zitrusaromen, Räucherfischmousse, Verbene und Kaviar. Rückenmedaillon und geschmortes Bäckchen vom Kalb, Rahmspinat, Kartoffelcrème und Senffrüchte. Guanaja Schokolade mit Zwetschgen, Yuzu und Muscovadozucker.

❀ ⇔ 🎬 🖸 **P** – Menü 58/110 € – Karte 64/91 €

Hotel Adler, Stuttgarter Straße 2 ✉ *71679 –* 𝒞 *07141 26600 – www.adler-asperg.de –*
Geschlossen 1.-10. Januar, 23. Mai-6. Juni, 1.-31. August, Montag, Dienstag,
Sonntag, mittags: Mittwoch-Samstag

ⅼ○ AGUILA

SPANISCH · GEMÜTLICH ✗ Was entsteht, wenn Spanien auf Schwaben trifft? "Schwabbas"! Viele Neugierige probieren in angenehm ungezwungener Atmosphäre diesen Küchenmix! Sie können aber auch gerne "entweder-oder" essen.

⇔ 🎬 🖸 **P** – Menü 36/45 € – Karte 30/51 €

Hotel Adler, Stuttgarter Straße 2 ✉ *71679 –* 𝒞 *07141 26600 – www.adler-asperg.de –*
Geschlossen 1.-31. August, 23. Dezember-6. Januar, Samstag,
mittags: Montag-Freitag und Sonntag

ADLER

GASTHOF · MODERN Seit über 100 Jahren sind die Ottenbachers hier und investieren stetig! Schön die modern-elegante Lobby und der Frühstücksraum - die Bar "RicharZ" wird morgens zum Buffet. Wie wär's mit einem Themenzimmer? "Daimler", "Bosch" oder "Porsche"?

☆ 🖾 👘 🖸 🎬 ⚒ **P** 🕭 – 70 Zimmer

Stuttgarter Straße 2 ✉ *71679 –* 𝒞 *07141 26600 – www.adler-asperg.de*

✵ **Schwabenstube** · ⅼ○ **Aguila** – Siehe Restaurantauswahl

AUE

Sachsen – Regionalatlas **42**-O13 – Michelin Straßenkarte 544

✵ TAUSENDGÜLDENSTUBE

REGIONAL · LÄNDLICH ✗✗ Das Hotel "Blauer Engel" beherbergt neben schönen Gästezimmern auch dieses Restaurant. 340 Jahre Tradition, da spürt man historischen Charme! Kachelofen und Holzvertäfelung schaffen Gemütlichkeit, man wird persönlich umsorgt und isst gut, z. B. "Saibling in Rieslingsauce". Beliebt: die Terrasse der hauseigenen Brauerei "Lotters Wirtschaft".

Spezialitäten: Kürbis-Orangen-Süppchen mit Curry und Ingwer. In Burgunder geschmorte Schweinebäckchen, krosser Speck, Zwiebelconfit, Kartoffelgratin. Weißes Schokoladenparfait mit Kirschkompott.

🍴 🅿 – Menü 40 € – Karte 35/49 €

Hotel Blauer Engel, Altmarkt 1 ✉ *08280 –* ☎ *03771 5920 –*
www.hotel-blauerengel.de – Geschlossen 1.-31. Januar, 1. Juli-31. August, Montag,
Sonntag, mittags: Dienstag-Samstag

AUENWALD
Baden-Württemberg – Regionalatlas **55**–H18 – Michelin Straßenkarte 545

In Auenwald-Däfern

⊛ LANDGASTHOF WALDHORN

MARKTKÜCHE · GASTHOF ✕✕ Es ist die gute saisonal-regionale und internationale Küche, die immer wieder zahlreiche Stammgäste in das ländlich-elegante Restaurant lockt. "In Rotwein geschmorte Ochsenbäckle" schmecken hier ebenso gut wie "Tatar vom geräucherten Lachs". Herrlich die Gartenterrasse!

Spezialitäten: Mild geräucherte Maispoulardenbrust und gebratene Wachtelbrust auf gepickeltem Gemüse mit Kräuterdip. Medaillons vom Seeteufel unter Basilikumcrumble mit dreierlei Mais und Kartoffel-Knoblauchmousseline. Aprikosenmousse, Aprikosenragout, Himbeercreme, Himbeerreiskrapfen, Honig-Lavendeleis.

🍴 🍴 🅿 – Menü 36/56 € – Karte 35/56 €

Hohnweilerstraße 10 ✉ *71549 –* ☎ *07191 312312 – www.waldhorn-daefern.de –*
Geschlossen 1.-15. September, Dienstag, Mittwoch, mittags: Samstag

AUERBACH IN DER OBERPFALZ
Bayern – Regionalatlas **51**–L16 – Michelin Straßenkarte 546

⊛ SOULFOOD

Chef: Michael Laus

KREATIV · TRENDY ✕✕ "SoulFood" - das bedeutet "Nahrung für die Seele", und genau die bieten Christine Heß und Michael Laus. Nach ihrer gemeinsamen Zeit in der Frankfurter "Villa Merton" haben sich die beiden direkt neben dem Rathaus von Auerbach den Traum vom eigenen Restaurant erfüllt. Und womit tun sie hier der Seele ihrer Gäste etwas Gutes? Zum einen mit ihrer sympathischen und herzlichen Art, die für eine angenehm ungezwungene Atmosphäre sorgt, zum anderen mit ausgezeichneter kreativer Küche aus sehr guten saisonalen Produkten, die es auch noch zu einem fairen Preis gibt. Sie können "DasEine" oder "DasAndere" Menü wählen oder sich daraus "DasGanzAndere" zusammenstellen. Eine schöne moderne Adresse, die einfach Spaß macht!

Spezialitäten: Geflämmte Jakobsmuscheln mit gelber und roter Bete, mariniertem grünem Apfel und Apfelessig-Sorbet. Seeteufelfilet mit Honig karamellisiert, gegrillter Weinbergpfirsich, Thymian und Kartoffelcrème. Parfait von weißer Schokolade mit Himbeeren und grünem Sauerrahmeis.

🍴 – Menü 42 € (Mittags), 69/76 € – Karte 58/67 €

Unterer Markt 35 ✉ *91275 –* ☎ *09643 2052225 – www.restaurant-soulfood.com –*
Geschlossen 1.-31. Januar, Montag, Dienstag

AUERBACH (VOGTLAND)
Sachsen – Regionalatlas **42**–N13 – Michelin Straßenkarte 544

In Auerbach-Schnarrtanne Ost: 6 km Richtung Schönheide

⊛ RENOIR

KLASSISCHE KÜCHE · ELEGANT ✕✕ Wo bekommt man noch "Krabben-Cocktail" oder eine Vorspeisen-Etagere? Hier setzt man ganz auf Klassik! Der Gastgeber stilvoll im Anzug, die Atmosphäre gediegen, aber dennoch unkompliziert. Vertrauen Sie der Weinempfehlung - der Chef ist auch ausgebildeter Sommelier! Tipp: Besichtigen Sie die Bildergalerie mit Werken von Baldauf, Liebermann, Monet...

Spezialitäten: Gebratene Jakobsmuscheln mit Chicorée-Fenchelsalat, Orangen und Trauben. Rotbarbe mit gegrillter Riesengarnele, confierten Tomaten und hausgemachten Basilikum-Nudeln. Holunderblüten-Panna Cotta mit Himbeer-Rosensorbet.

🅿 – Menü 47/69 € – Karte 34/62 €

Schönheider Straße 235 ✉ 08209 – 𝒞 03744 215119 – www.restaurant-renoir.de – Geschlossen 4.-12. Januar, 6.-13. April, 16.-31. August, 25. Oktober-2. November, Montag, Dienstag, mittags: Mittwoch-Samstag, abends: Sonntag

AUGSBURG

Bayern – Regionalatlas 57–K19 – Michelin Straßenkarte 546

✿✿ AUGUST

Chef: Christian Grünwald

KREATIV · KLASSISCHES AMBIENTE XX Koch oder Künstler? Auf Christian Grünwald trifft beides zu. Wenn er für seine Gäste kocht, kommt das schon einer Inszenierung gleich. Seine spezielle Sicht auf die Welt bringt er auch in seiner Küche zum Ausdruck, unverwechselbar sein Stil. Aber nicht nur die Küche verdient die Bezeichnung "Kunst": Die Gerichte werden auf eigens für das Restaurant designtem Geschirr angerichtet und serviert werden sie auf beleuchteten "Schaufenster"-Tischen, unter deren Glasplatte Deko und Essbares präsentiert wird. All das erlebt man in der denkmalgeschützten Haag-Villa von 1877, wo man in stilvollen Räumen mit hohen Decken, Parkettboden und Kunst Platz nimmt. Dazu ein angenehm ruhiger und eingespielter Service - Christian Grünwald und seine Köche sind auch selbst "am Gast" und erklären ihre Kreationen.

Spezialitäten: Lardo vom Stör, glasierter Rauchaal, Wurzelgemüse-Meerrettichwasser, Walnüsse, Kaviar, Kapuzinerkresse. Lammrücken und Bauch knusprig, Aubergine, Pimiento, Artischockensenf, Brebis. Augsburger Wasser, Wassermelone, Rum-Berberitzeneis, Himbeere, Erdbeerblätterbisquit, Limoncellogelee.

🖢 🛖 🅿 – Menü 179/210 €

Stadtplan: B1-a – *Johannes-Haag-Straße 14 (in der Haag-Villa)* ✉ 86153 – 𝒞 0821 35279 – *www.restaurantaugust.de* – *Geschlossen Montag, Dienstag, Sonntag, mittags: Mittwoch-Samstag*

✿ SARTORY

KLASSISCHE KÜCHE · ELEGANT XxX Geradliniger Stil und schicke Grautöne, stilvolle Kronleuchter an der Decke und alte Portraits an den Wänden... Das intime kleine Gourmetrestaurant des geschichtsträchtigen Hauses, dem heutigen Hotel „Maximilian's", verbindet gelungen Eleganz mit Moderne. Unter der Leitung von Simon Lang (zuvor u. a. bei Alfons Schuhbeck, Holger Bodendorf oder auch Ali Güngörmüs) wird hier klassische Küche modern umgesetzt. Dabei legt man Wert auf saisonalen Bezug und sehr gute Produkte. Das angebotene Menü gibt es am Abend jeweils zu zwei Servicezeiten. Draußen sitzt man ebenfalls angenehm auf der urbanen Terrasse - Blick auf das historische Schaezlerpalais inklusive! Benannt ist das Restaurant übrigens nach Johann Georg Sartory, dem berühmten Augsburger Küchenchef a. d. 19. Jh.

Spezialitäten: Zander, Krustentiermayonnaise, Tomatengel, Gurkensorbet, Seefenchel, Dillöl. Entenbrust, Sauce von fermentiertem Pfeffer, Topfen, karamellisierte Ananas, Sellerie, wilder Brokkoli, Blaukrautchutney. Interpretation vom Zwetschgendatschi.

🖙 🛖 🖗 🅰 🚗 – Menü 108/165 € – Karte 70/96 €

Stadtplan: A2-a – *Steigenberger Hotel Drei Mohren, Maximilianstraße 40 (Eingang Katharinengasse)* ✉ 86150 – 𝒞 0821 50360 – *www.sartory-augsburg.de* – *Geschlossen 1.-31. Januar, 1.-31. August, Montag, Dienstag, Mittwoch, Sonntag, mittags: Donnerstag-Freitag*

AUGSBURG

0 — 400 m

(Map labels:)

ULM, DONAUWÖRTH · MÜNCHEN — A · B — MÜNCHEN, FÜRSTENFELDBRUCK

Reischlestraße · Schillstr. · Ulrichsbrücke · Lützowstraße · Yorckstraße · Wartenburger Str.

Brücken-Bleich-Str. · Bert-Brecht-Str. · Berliner Allee · Lech · Radetzkystraße

Georgenstraße · Mozartheus/Kolping · Fugger und Welser Erlebnismuseum · Berliner Allee

Hoher Dom · FRONHOF · Peutinger-Str. · Pilgerhausstraße · Jakobertor · Johannes-Haag-Str. · Provantbachstr.

Theater / altes Justizpalast · Barfüßerbrücke · Jakoberstr. · a · Argonstraße · Schäfflerbach

Perlachturm · Brechthaus · Rathaus · Fuggerei · Amagasaki-Allee

St.-Anna-Kirche · Rathausplatz · Weberhaus · Oberer Graben

KÖNIGS-PLATZ · M² · Moritzplatz · a · Maximilianstr. · Vogeltor

Staatsgalerie · Katharinenkirche · M¹ · Bäckergasse · Provinostr.

Frohsinnstraße · Welte Gasse · Forsterstraße · Naglerama-Allee

Theodor-Heuss-Platz/IHK · St. Ulrich und St. Afra · Textil- und Industriemuseum · Am Färberturm · Textilmuseum

Wassertürme am Roten Tor · Hochschule Augsburg · Rates Tor · Neidhartstr.

Schaezlerpalais .... M¹
Maximilianmuseum ...... M²

LANDSBERG, SCHONGAU · A · MÜNCHEN, FÜRSTENFELDBRUCK · B

🍽 MAXIMILIAN°S

INTERNATIONAL · BISTRO ✕✕ Ein trendig-urbanes Restaurant, in dessen Show-küche neben Klassikern auch moderne Gerichte entstehen. "Kalbsleber Berliner Art" ist ebenso beliebt wie z. B. "gebratener Wolfsbarsch in Tomaten-Limetten-sud". Zusätzlich wechselndes Lunchangebot. Sonntags Brunch. Terrassen gibt es zwei: im Innenhof mit Blick auf das historische Schaezlerpalais oder zur Maximilianstraße.

🌳 ⌖ 🖨 🚬 – Menü 49€ – Karte 36/69€

Stadtplan: A2-a – *Steigenberger Hotel Drei Mohren, Maximilianstraße 40* ⊠ *86150* – ☏ *0821 50360* – *www.maximilians-augsburg.de* – *Geschlossen Sonntag*

🏨 MAXIMILIAN'S

TRADITIONELL · MODERN Mit seiner rund 500-jährigen Geschichte ist das Haus quasi das Denkmal unter den Augsburger Hotels, im Inneren aber sehr modern! Großzügig und elegant die Lobby, sehr geschmackvoll und wohnlich die Zimmer, chic der Spa, nicht zu vergessen die vielfältige Gastronomie, zu der auch die Bar "3M" gehört.

🍴 🏊 🛝 🖨 ⌖ 🎧 🧖 🚬 – 132 Zimmer – 5 Suiten

Stadtplan: A2-a – *Maximilianstraße 40* ⊠ *86150* – ☏ *0821 50360* – *www.hotelmaximilians.com*

🍽 **Maximilian°s** · ❀ **Sartory** – Siehe Restaurantauswahl

AURICH (OSTFRIESLAND)

Niedersachsen – Regionalatlas **7**–D5 – Michelin Straßenkarte 541

🏠 HOCHZEITSHAUS

HISTORISCHES GEBÄUDE · INDIVIDUELL Die im 19. Jh. als Bürgermeisterhaus erbaute Villa mit der weißen Fassade liegt beim Stadtwall. Die Zimmer sind individuell und sehr geschmackvoll (chic in Schwarz-Weiß, toll der alte Dielenboden...), einige befinden sich im Kutscherhaus. Eine kleine grüne Oase zum Relaxen: der charmante Garten!

⇐ 🅿 – 14 Zimmer

Bahnhofstraße 4 ✉ 26603 – ☎ 04941 604460 – www.hochzeitshaus-aurich.de

AYING

Bayern – Regionalatlas **66**–M20 – Michelin Straßenkarte 546

🍴 AUGUST UND MARIA

MARKTKÜCHE · GEMÜTLICH XX Schön hat man hier regionalen Charme mit stimmiger wertiger Einrichtung kombiniert. Gekocht wird ebenfalls mit Anspruch: regional-saisonale Gerichte aus sehr guten Produkten, so z. B. "Seeforelle aus dem Lechtal in Nussbutter confiert, Schnittlauchsauce, Kartoffel-Meerrettichpüree, Staudensellerie & Malzbrot".

🕸 ⇐ 🏠 ⇔ 🅿 – Menü 49/59€ – Karte 35/71€

Hotel Brauereigasthof Aying, Zornedinger Straße 2 ✉ 85653 – ☎ 08095 90650 – www.august-und-maria.de

🏠 BRAUEREIGASTHOF HOTEL AYING

GASTHOF · INDIVIDUELL Der Inbegriff eines bayerischen Brauereigasthofs! Lange Tradition und ehrliche Herzlichkeit gehen hier Hand in Hand! Man wohnt so geschmackvoll wie individuell - im alten Herrenhaus (Urhaus der Inhaberfamilie) auch etwas exklusiver! Toll das Frühstück! Urig-bodenständig: Bräustüberl mit Biergarten.

🕯 🕸 ⅃₆ 🎯 ♿ ⚙ 🅿 – 48 Zimmer – 2 Suiten

Zornedinger Straße 2 ✉ 85653 – ☎ 08095 90650 – www.brauereigasthof-aying.de

🍴 **August und Maria** – Siehe Restaurantauswahl

AYL

Rheinland-Pfalz – Regionalatlas **45**–B16 – Michelin Straßenkarte 543

🍴 WEINRESTAURANT AYLER KUPP

MARKTKÜCHE · FREUNDLICH XX Während man sich frische saisonale Gerichte wie "Variation vom Lamm mit Paprikagemüse" schmecken lässt, schaut man auf die Weinberge und den schönen Garten. Dazu vielleicht ein Riesling vom Weingut nebenan? Das Mittagsmenü ist etwas günstiger. Der Hotelbereich bietet gepflegte, freundliche Gästezimmer.

🕸 ⇐ 🏠 🅿 – Menü 29€ (Mittags), 49/68€ – Karte 37/66€

Trierer Straße 49a ✉ 54441 – ☎ 06581 988380 – www.saarwein-hotel.de – Geschlossen 4. Januar-4. Februar, 4.-11. November, Dienstag, Mittwoch

BADEN-BADEN

Baden-Württemberg – Regionalatlas **54**–E18 – Michelin Straßenkarte 545

❀ LE JARDIN DE FRANCE

Chef: Stéphan Bernhard

FRANZÖSISCH-KLASSISCH · **ELEGANT** ✗✗✗ Seit 1998 sind Sophie und Stéphan Bernhard mit Engagement in der Stadt im Einsatz, da ist in dem hübschen Restaurant schon so mancher zum Stammgast geworden! Und das
liegt nicht nur an dem einladenden lichten Raum mit modern-elegantem Interieur und dekorativen wechselnden Bildern. In erster Linie kommt man wegen
der klassisch-französischen Küche, die dem Patron, einem gebürtigen Franzo-
sen, gewissermaßen im Blut liegt. Die Gerichte sind produktorientiert, klar im
Aufbau und schön harmonisch. Der Service samt Chefin ist herzlich und versiert, auch in Sachen Wein wird man trefflich beraten - man hat eine richtig
gute Auswahl. Und dann ist da noch die Lage im sehenswerten Innenhof des
"Goldenen Kreuzes" a. d. 19. Jh. - im Sommer ein Traum von Terrasse, eingerahmt von schmucken Backsteinfassaden!

Spezialitäten: Ceviche vom geangelten Seewolf mit Himbeeren und Avocado.
Gegrillter Hummerschwanz an rosa Pfeffer, Hummerravioli und Zitronencrème.
Île Flottante mit schwarzem Trüffel, Parfait Glacé Haselnuss.

&& 🍽 🅰🅲 – Menü 42 € (Mittags), 90/115 € – Karte 70/110 €

Lichtentaler Straße 13 ✉ *76530 –*
☎ 07221 3007860 – www.lejardindefrance.de –
Geschlossen 1.-12. Januar, 15.-23. Februar, 1.-11. August, Montag, Sonntag

🍽○ FRITZ & FELIX

MODERNE KÜCHE · **CHIC** ✗✗ Elegant, wertig und zugleich angenehm entspannt
ist dieses moderne Konzept aus Bar und Restaurant. Die Vorspeisen sind zum
Teilen geeignet, die Hauptgerichte stellt man sich nach dem Baukasten-Prinzip
selbst zusammen. Blickfang und Herzstück des Restaurants: der markante verglaste "Charcoa"-Holzkohlegrill!

⇔ 🍴 & 🚗 – Karte 51/82 €

Brenners Park-Hotel & Spa, Schillerstraße 4 ✉ *75630 –*
☎ 07221 900999 – www.fritzxfelix.com –
Geschlossen nur Abendessen

🍽○ MALTES HIDDEN KITCHEN

MODERNE KÜCHE · **GEMÜTLICH** ✗✗ Interessantes Doppelkonzept aus Kaffeehaus und Restaurant: Tagsüber werden Kaffee und Kuchen serviert, an vier Abenden in der Woche bietet man moderne Gerichte - zubereitet in der hinter einer
verschiebbaren Wand versteckten Küche, der "hidden kitchen". Freundlicher Service, sympathisch-gemütliche Atmosphäre.

🍽 🅰🅲 – Menü 79/109 € – Karte 76/105 €

Gernsbacher Straße 24 (Im Kaffeehaus - Baden Baden) ✉ *76530 –*
☎ 07221 7025020 – www.malteshiddenkitchen.com –
Geschlossen 3.-19. Januar, Montag, Dienstag, Sonntag, mittags: Mittwoch-Samstag

🍽○ MORIKI

ASIATISCH · **TRENDY** ✗✗ Nur einen kurzen Fußweg vom Kurpark entfernt
bekommt man hier im Restaurant des Hotels "Roomers" panasiatische Gerichte
und eine schöne Sushi-Auswahl. Auf der Karte z. B. "Ebi Udon - Riesengarnelen,
Udon-Nudeln, Pak Choi, Butter-Soja-Sake-Sauce, Bonito-Flocken". Betreut wird
man von einem jungen motivierten Serviceteam.

⇔ 🍽 & 🅰🅲 ✿ 🚗 – Menü 69/99 € – Karte 33/65 €

Hotel Roomers, Lange Straße 100 ✉ *76530 –*
☎ 07221 90193901 – www.roomers-badenbaden.com

ⅈ○ WINTERGARTEN ❶

ZEITGENÖSSISCH · ELEGANT ✕✕ In dem geschmackvollen Wintergarten des ehrwürdigen "Brenners" speist man mit herrlichem Blick in den Kurpark - toll auch die Terrasse! Aus sehr guten Produkten entsteht z. B. "Seeteufel, Champagner, Pancetta, Fregola Sarda". Tipp: Lassen Sie etwas Platz für den "Apfelpfannkuchen" - ein Klassiker der Patisserie!

⇦ ⇐ 🏠 🄰🄲 ⇕ 🚗 – Karte 60/109 €

Brenners Park-Hotel & Spa, Schillerstraße 4 ✉ 76530 – ☎ 07221 900890 – www.https://www.oetkercollection.com

ⅈ○ KLOSTERSCHÄNKE

ITALIENISCH · GEMÜTLICH ✕ Ein sympathisches kleines Restaurant, in dem man regional und italienisch kocht. Appetit machen z. B. "Cordon bleu mit Schwarzwälder Schinken und Bergkäse" oder "Piccata milanese". Terrasse mit wunderbarem Blick auf die Rheinebene!

⇐ 🏠 🅿 – Karte 44/64 €

Klosterschänke 1 (an der Straße nach Steinbach) ✉ 76530 – ☎ 07221 25854 – www.restaurant-klosterschaenke.de – Geschlossen 9.-16. April, 28. Dezember-14. Januar, Montag

ⅈ○ WEINSTUBE BALDREIT

TRADITIONELLE KÜCHE · RUSTIKAL ✕ Sie liegt schon etwas versteckt, diese nette Weinstube, doch das Suchen lohnt sich - vor allem im Sommer, denn da ist der Innenhof das Herzstück! Man kocht traditionell, vom Rindstatar über Flammkuchen bis zum geschmorten Schweinebäckchen.

🏠 ⇕ – Karte 23/50 €

Küferstraße 3 ✉ 76530 – ☎ 07221 23136 – Geschlossen Montag, Sonntag, mittags: Dienstag-Samstag

🏨 BRENNERS PARK-HOTEL & SPA

GROßER LUXUS · KLASSISCH Ein klassisches Grandhotel mit stilvoll-luxuriöser Einrichtung in unterschiedlichen Zimmerkategorien und weitläufigem modern-elegantem Spa. Klasse die Lage: Park, Kunst, Kongresshaus und Zentrum befinden sich ganz in der Nähe. Und wie wär's mit dem exklusiven "Medical Care"-Angebot in der "Villa Stéphanie"?

🐎 🏊 ⇐ ⇦ 🖥 🕸 🕷 🛗 ⬆ 🄰🄲 🧖 🚗 – 103 Zimmer – 15 Suiten

Schillerstraße 4 ✉ 76530 – ☎ 07221 9000 – www.brenners.com

ⅈ○ **Fritz & Felix** · ⅈ○ **Wintergarten** – Siehe Restaurantauswahl

🏨 ROOMERS `Tablet.PLUS`

LUXUS · DESIGN Nur wenige Schritte vom Festspielhaus hat Piero Lissoni chic-luxuriöses Design geschaffen. Die Zimmer wertig, wohnlich-modern, "state of the art". Top: "Prestige Suite" und "Master Suite". Klasse auch die "Rooftop Bar" samt Infinity Pool! "Roomers Bar" (für Raucher) mit DJ. Dazu Kosmetik und Massage. Sicher das coolste und stylischste Hotel der Stadt!

🐎 🍸 🕸 🕷 ⬆ 🛗 🄰🄲 🧖 🚗 – 130 Zimmer – 9 Suiten

Lange Straße 100 ✉ 76530 – ☎ 07221 901930 – www.roomers-badenbaden.com

ⅈ○ **moriki** – Siehe Restaurantauswahl

🏛 DER KLEINE PRINZ

TRADITIONELL · INDIVIDUELL Ein stilvolles Haus, das mit vielen Antiquitäten und ganz persönlicher Note geschmackvoll eingerichtet ist, gediegen die Lobby im 1. Stock. Die zahlreichen Bilder des "Kleinen Prinzen" (die Erzählung von Antoine de Saint-Exupéry war hier namengebend) stammen übrigens vom Künstler Lars van Meerwijk. Im Restaurant serviert man klassische Küche.

🐎 ⬆ 🄰🄲 🧖 🅿 – 32 Zimmer – 8 Suiten

Lichtentaler Straße 36 ✉ 76530 – ☎ 07221 346600 – www.derkleineprinz.de

Im Stadtteil Neuweier Süd-West: 10 km

🍴○ **GOLDENES LOCH IM SCHLOSS NEUWEIER** ⓝ

MARKTKÜCHE · KLASSISCHES AMBIENTE ✗✗ Einen besonderen Rahmen bietet das jahrhundertealte Schloss des angesehenen Weinguts. Das Restaurant - inzwischen mit neuem Namen und neuem Betreiber - setzt auf gehobene und zugleich bodenständige Küche, die gerne mit regionalen Produkten arbeitet - Appetit machen z. B. "geschmorte Kalbsbäckchen, Wurzelgemüse, Pilze". Dazu schöne eigene Weine.

🖙 🏠 ♿ 🅿 - Menü 49/98 € - Karte 35/73 €

Mauerbergstraße 21 ✉ *76534 - 𝄐 07223 800870 - www.schloss-neuweier.de - Geschlossen 9.-25. Februar, mittags: Montag, Dienstag, Mittwoch, mittags: Donnerstag-Samstag, abends: Sonntag*

🍴○ **HEILIGENSTEIN**

REGIONAL · FREUNDLICH ✗✗ Hier sitzt man in geschmackvoll-modernem Ambiente bei saisonal-internationaler Küche. Tipp: regionales Menü zu gutem Preis-Leistungs-Verhältnis - da gibt's z. B. "Hirschragout mit Preiselbeeren, Rotkraut und Spätzle". Dazu eine gut sortierte Weinkarte (über 400 Positionen). Schön die Terrasse. Zum Übernachten hat das ruhig gelegene Haus hübsche wohnliche Gästezimmer.

🐾 🖙 ⬿ 🏠 ⊡ ♿ 🅿 - Menü 35/52 € - Karte 35/59 €

Heiligensteinstraße 19a ✉ *76534 - 𝄐 07223 96140 - www.hotel-heiligenstein.de - Geschlossen 22.-25. Dezember, Donnerstag*

BADENWEILER

Baden-Württemberg - Regionalatlas **61**-D21 - Michelin Straßenkarte 545

🍴○ **SCHWARZMATT**

KLASSISCHE KÜCHE · GEMÜTLICH ✗✗ Hier darf man sich auf klassische Küche mit saisonalem Bezug freuen. Dazu stimmiges Ambiente mit hübschen Stoffen, Farben und Accessoires, nicht zu vergessen der herrliche Garten. Ein Muss am Nachmittag: Kuchen nach altem Rezept von Hermine Bareiss! Im gleichnamigen Ferienhotel stehen Zimmer im eleganten Landhausstil bereit.

🖙 🏠 Ⓜ 🅿 ☕ - Menü 34 € (Mittags), 45/64 € - Karte 34/52 €

Schwarzmattstraße 6a ✉ *79410 - 𝄐 07632 82010 - www.schwarzmatt.de*

Baden-Württemberg
Regionalatlas **54**–E19
Michelin Straßenkarte 545

BAIERSBRONN

Highlight des Jahres sind die nach einem Brand wiedereröffneten Restaurants der **Traube Tonbach**: Hier gibt es nun die gelungenen Übergangslösungen **temporaire - Schwarzwaldstube** und **temporaire - Köhlerstube**. Nach wie vor lohnenswert ist die Gastronomie im Hotel **Bareiss**. Zur Wahl stehen die klassische 3-Sterne-Kulinarik des **Restaurant Bareiss** und die richtig gute Bib-Gourmand-Küche der charmanten **Dorfstuben**. Wer es einfacher mag, kann bei einer Wanderung in der herrlichen Schwarzwaldlandschaft im **Forellenhof** einkehren und frischen Fisch essen - übrigens ein gastronomischer Ableger des "Bareiss". Im **Schlossberg** genießt man die Sackmann'sche Gourmetküche nun in neuem schickem Ambiente. Gemütlich hat man es im Restaurant und in den Gästezimmern des historischen Gutshofs **Meierei im Waldknechtshof**.

In Baiersbronn-Tonbach Nord: 2 km

✿✿✿ TEMPORAIRE - SCHWARZWALDSTUBE ⓝ

FRANZÖSISCH-KLASSISCH • ELEGANT ✕✕ Die "Schwarzwaldstube" ist zurück - und wie! Innerhalb kürzester Zeit hat Familie Finkbeiner mit unbeirrbarem Eifer für sie auf dem Parkhausdach ein vorübergehendes Zuhause geschaffen. Über einen kleinen gepflasterten Weg erreicht man das geradlinig gehaltene Restaurant, in dem Ihnen der tolle Blick ins Tal und auf den Schwarzwald ebenso gewiss ist wie das hohe Niveau der Küche. Torsten Michel und sein Team überzeugen nach wie vor mit einer Kombination aus klassischer Basis, besten Produkten und exaktem Handwerk. Neben den drei Menüs - darunter ein vegetarisches - gibt es auch noch eine Karte mit interessanten Klassikern und Spezialitäten. Und dann sind da noch Maître David Breuer und Chef-Sommelier Stéphane Gass, die gewohnt souverän und angenehm locker den Service leiten!

Spezialitäten: Kurz pochierte Austern mit Kaviar und jungem Lauch, Austernnage, Champagneressig. Mosaik von Rebhuhn und Moorhuhnbrust mit Entenleber, eingelegten Navetten und Pfeffersauce. Zuckerperle mit Sorbet von weißem Pfirsich, Pistazienbisquit, Quarkschaum mit Verbene und Brombeereis, Pfirsichcoulis mit Lavendel.

🕸 ⇆ ⇇ 🅰🅲 🅿 🚗 – Menü 185/245 € – Karte 150/202 €

Hotel Traube Tonbach, Tonbachstraße 237 ✉ 72270 –
☏ 07442 4920 - www.traube-tonbach.de –
Geschlossen 11. Januar-11. Februar, 2.-26. August, Montag, Dienstag,
mittags: Mittwoch-Sonntag

✿ TEMPORAIRE - KÖHLERSTUBE ⓪

MODERNE KÜCHE · ENTSPANNT ✗✗ Sie ist wieder da, die "Köhlerstube" der "Traube Tonbach". Nach dem Brand Anfang 2020 kann man sie nun als "Pop-up"-Restaurant auf dem Dach des Parkhauses erleben. Und diese Lösung auf Zeit hat ihren Reiz: Durch große Fenster schaut man ins Tal, während man freundlich und geschult umsorgt wird. Die Atmosphäre ist lebendig und leger, aber dennoch niveauvoll. Was auf den Teller kommt, kann sich ebenfalls sehen lassen: Florian Stolte und sein Team bieten eine moderne deutsche Küche mit kräftigen asiatischen Einflüssen. Serviert wird diese spannende Kombination als Menü mit sieben Gängen sowie als vegetarische Alternative. Dazu eine tolle, fair kalkulierte Weinkarte.

Spezialitäten: Thunfisch, Rettich, Nori Alge, Soja-Ingwer-Sud. US-Beef, Zwiebel, Shiitake, Backenjus. Thaimango, Grüner Reis, Guave, Pandan.

🦂 ⇦ 🅰️ 🅿️ – Menü 125/155 €

Hotel Traube Tonbach, Tonbachstraße 237 ✉ 72270 – ☎ 07442 492622 – www.traube-tonbach.de – Geschlossen mittags: Montag-Sonntag

🏯 TRAUBE TONBACH   `Tablet.PLUS`

LUXUS · INDIVIDUELL Unermüdlich verjüngt und verschönert Familie Finkbeiner ihre "Traube", chic z. B. die geradlinig designten Appartements im Haus Kohlwald! Klasse der individuelle Service samt Kinderbetreuung ("Kids Court", Outdoor-Aktivitäten...), top der Spa (Beauty, Quellwasser-Außenpool, Panoramasauna...). Und wie wär's mal mit Vesper oder Kuchen in der "Blockhütte" im Wald? Restaurant "Silberberg" für Hausgäste.

🏡 🐾 ⇐ 🛋 ⚒ 🖥 💆 👫 🎱 🅿️ 🍽️ – 134 Zimmer – 17 Suiten

Tonbachstraße 237 ✉ 72270 – ☎ 07442 4920 – www.traube-tonbach.de

✿✿✿ temporaire - Schwarzwaldstube · ✿ temporaire - Köhlerstube – Siehe Restaurantauswahl

Im Murgtal, Richtung Forbach
In Baiersbronn-Klosterreichenbach Nord-Ost: 3 km

🍴 MEIEREI IM WALDKNECHTSHOF

REGIONAL · RUSTIKAL ✗✗ Gebälk, Natursteinwände und dekorative Accessoires machen den ehemaligen Gutshof des Klosters richtig gemütlich! Auf der Karte z. B. "gebratenes Schwarzwälder Störfilet, Spargelrisotto, Wildkräuter-Mojo-Espuma, pochiertes Ei", in der "Hofscheuer" gibt's u. a. Flammkuchen und Vesper. Zum Übernachten: charmante Zimmer mit freiliegenden Holzbalken, auch Maisonetten.

⇦ 🏠 🐾 🛋 🅿️ – Menü 38/95 € – Karte 42/89 €

Baiersbronner Straße 4 ✉ 72270 – ☎ 07442 8484400 – www.waldknechtshof.de – Geschlossen Dienstag, Mittwoch

🏠 HESELBACHER HOF

FAMILIÄR · AUF DEM LAND Sympathisch-engagiert wird das charmante gewachsene Ferienhotel etwas oberhalb des Ortes geführt. Schöne ruhige Lage, wohnlich-individuelle Zimmer (viele mit Balkon und Talblick) und attraktiver Spa, dazu ein Naturbadeteich. Im Restaurant mit Sonnenterrasse gibt's saisonal-regionale Küche mit mediterranen Einflüssen.

🏡 🐾 ⇐ 🛋 ⚒ 🖥 💆 🔥 👫 🅿️ 🍽️ – 41 Zimmer

Heselbacher Weg 72 ✉ 72270 – ☎ 07442 8380 – www.heselbacher-hof.de

Achten Sie auf Hotels mit diesem Logo: Es weist auf den **Club Tablet.Plus** hin. Hier kommen Sie als Mitglied des Tablet Plus Travel Clubs in den Genuss zahlreicher Privilegien.

In Baiersbronn-Schwarzenberg Nord: 13 km

⟨⟩ SCHLOSSBERG

Chef: Jörg und Nico Sackmann

KREATIV · ELEGANT XXX Seit Jahrzehnten ist das "Schlossberg" eine kulinarische Institution im idyllischen Murgtal, jetzt hat es einen neuen Look bekommen: moderne Formen, helles Holz und ruhige Grau- und Beigetöne, dazu dezente Kunst an den Wänden. Als eingespieltes Vater-Sohn-Team bieten Jörg und Nico Sackmann international geprägte Kreationen, die meist einen modernen Touch haben und mal reduziert, mal komplex daherkommen. Dabei finden natürlich nur beste Produkte Verwendung. Die einzelnen Gänge der beiden Menüs - eines davon vegetarisch - kann man auch austauschen. Umsorgt wird man von einem geschulten, hilfsbereiten und präsenten Serviceteam. Sie möchten länger bleiben? Dafür sind die schönen Gästezimmer und der schicke Spa-Bereich des Hotels "Sackmann" bestens geeignet.

Spezialitäten: Ochsenherztomate, Mozzarella, Gurkenrelish, Safrangelee. Somafer Lammrücken, confierte Aubergine, Apfelcrunch, Schafsmilchsjoghurt, Hummus. Shiso-Sorbet, Verbene, Yuzu, Limette, Minzschnee, Matchatee.

⇦ ⒜ⓒ 🅿 – Menü 128/172 €

Murgtalstraße 602 ✉ 72270 – ☏ 07447 2890 – www.hotel-sackmann.de –
Geschlossen 13.-27. Januar, 30. Juni-14. Juli, 17.-24. November, Montag, Dienstag,
mittags: Mittwoch-Samstag, Sonntag

Im Murgtal, Richtung Schwarzwaldhochstraße
In Baiersbronn-Obertal-Buhlbach West: 2 km

ⅠⅠ◯ FORELLENHOF

REGIONAL · REGIONALES AMBIENTE X Die Bareiss'sche Gastromomie-Vielfalt kennt keine Grenzen: Aus dem historischen Forellenhof in idyllischer Lage hat man ein charmantes Lokal für jedermann gemacht, geöffnet von 11.30 - 17.30 Uhr. Der Schwerpunkt liegt auf Süßwasserfischen, und die stammen aus eigener Zucht. Daneben gibt es auch Vesper. Tipp: Fischverkauf im "Forellenlädle" (9 - 12 Uhr).

🏠 ⅋ ⇆ 🅿 – Karte 27/43 €

Schliffkopfstraße 64 ✉ 72270 – ☏ 07442 470 – www.forellenhof-buhlbach.com –
Geschlossen abends: Montag-Sonntag

In Baiersbronn-Mitteltal West: 4 km

⟨⟩ ⟨⟩ ⟨⟩ RESTAURANT BAREISS

FRANZÖSISCH-KLASSISCH · LUXUS XXXX Claus-Peter Lumpp - wer da ganz großes Kino erwartet, wird nicht enttäuscht! Seit März 1992 ist der gebürtige Schwabe Küchenchef im Bareiss'schen Gourmetrestaurant und gehört gewissermaßen zum Inventar des Hauses. Er hat hier bereits seine Ausbildung absolviert und kehrte nach Stationen u. a. bei Eckart Witzigmann und Alain Ducasse zurück ins Murgtal. Er bleibt seiner Linie treu: klassische Küche, die aber mit eigener Idee daherkommt. Die Produkte vom Feinsten. Beeindruckend, wie er z. B. bretonischem Steinbutt oder Taube aus dem Elsass eine fantastische Geschmacksintensität verleiht. Eine Küche ohne Chichi und doch aufwändig bis ins Detail. Dazu stilvolles Ambiente, exzellenter Service und interessante, gerne auch mal seltene Weine. Ebenfalls klasse: Confiserie und Pralinen vom Wagen!

Spezialitäten: Confierter Kabeljau mit gebratenen Steinpilzen, Steinpilzpüree und Schnittlauch. Taube mit Sellerie, eingelegten Zedra-Zitronen und Tonkabohnenglace. Topfensoufflé mit Passionsfruchtsauce, Cheesecakemousse, Ananas-Tamarindensorbet, Limettensablé und Bananeneis.

⚶ ⇦ ⅋ ⒜ⓒ 🅿 – Menü 130 € (Mittags), 210/258 € – Karte 208/319 €

Hotel Bareiss, Hermine-Bareiss-Weg 1 ✉ 72270 – ☏ 07442 470 – www.bareiss.com –
Geschlossen 8. Februar-4. März, 26. Juli-26. August, Montag, Dienstag

⊛ DORFSTUBEN

REGIONAL · GEMÜTLICH X "Uhren-Stube" und "Förster-Jakob-Stube", so heißen die wirklich reizenden, mit Liebe zum Detail originalgetreu eingerichteten Bauernstuben a. d. 19. Jh. Ausgesprochen herzlicher Service im Dirndl umsorgt Sie mit richtig guter saisonal-regionaler Küche samt Wild aus eigener Jagd und Forellen aus eigener Zucht. Beliebt die Dorfstuben-Klassiker.

Spezialitäten: Mild geräucherte Rehkeule aus eigener Jagd mit Preiselbeeren und Kracherle. Schulter vom Älbler Lamm in Thymiansauce mit Petersilienwurzeln, Perlzwiebeln und Kartoffelnocken. Nougatmousse mit Zimtpflaumen und Butterstreusel.

⇆ 🏠 **P** – Menü 52 € – Karte 32/58 €

Hotel Bareiss, Hermine-Bareiss-Weg 1 ⊠ 72270 – 𝒞 07442 470 – www.bareiss.com

⫯○ KAMINSTUBE

FRANZÖSISCH-KLASSISCH · FREUNDLICH XX Schön sitzt man in der stilvolleleganten Stube mit dem namengebenden Kamin. Geboten wird klassisch-traditionelle Küche mit internationalen Einflüssen - auch kleine Portionen sind möglich. Beliebt ist im Sommer die Terrasse mit Blick ins Ellbachtal.

🕸 ⇆ ≼ 🏠 ⅙ 🄰🄲 ⊡ **P** 🚗 – Menü 56/78 € – Karte 51/73 €

Hotel Bareiss, Hermine-Bareiss-Weg 1 ⊠ 72270 – 𝒞 07442 470 – www.bareiss.com – Geschlossen mittags: Montag-Freitag

🏨 BAREISS

LUXUS · INDIVIDUELL Schlichtweg imponierend, was Familie Bareiss im Laufe der Jahre geschaffen hat! Ein Anwesen von beachtlichen 10 000 qm, Luxus in den Zimmern, Spa- und Freizeitangebote für jeden Geschmack, tolle Garten-Poolanlage. Einkaufsboutiquen samt Bareiss'scher Eigenmarke, zuvorkommende Mitarbeiter... Für Kids: Baumhaus, Spielhaus, Piratenschiff im Waldpark. HP inkl.

🏹 🐾 ≼ 🛁 🎣 🔲 💯 🎿 🏊 ⊡ **P** 🚗 – 89 Zimmer – 10 Suiten

Hermine-Bareiss-Weg 1 ⊠ 72270 – 𝒞 07442 470 – www.bareiss.com

⫯○ **Kaminstube** · ⊛ **Dorfstuben** · ❀❀❀ **Restaurant Bareiss** – Siehe Restaurantauswahl

In Baiersbronn-Obertal Nord-West: 7 km

⫯○ ENGELWIRTS-STUBE

MARKTKÜCHE · GEMÜTLICH XX Ein hübsches ländlich-gediegenes Restaurant mit schöner Terrasse zum Garten. Geboten wird regional-saisonale Küche mit internationalem Einfluss, vom "Schwarzwälder Vesper" über "geschmorte Milchkalbsbäckchen in Spätburgundersauce" bis zum "gegrillten Lachs mit Safransauce". Stilvolle Gästezimmer hat das komfortable Ferien- und Wellnesshotel "Engel Obertal" ebenfalls.

⇆ 🛁 🏠 ⅙ ⊡ **P** 🚗 – Menü 36/75 € – Karte 34/60 €

Rechtmurgstraße 28 ⊠ 72270 – 𝒞 07449 850 – www.engel-obertal.de

BALDUINSTEIN

Rheinland-Pfalz – Regionalatlas **37**–E14 – Michelin Straßenkarte 543

⫯○ RESTAURANT ZUM BÄREN

REGIONAL · WEINSTUBE X Wo möchten Sie speisen? In der gemütlichen holzgetäfelten Kachelofenstube, in der etwas rustikaleren Weinstube oder lieber in der Bibliothek? Es gibt regionale Küche mit internationalen Einflüssen - auf der Karte z. B. "geräucherter Lachs mit Fenchelsalat und Safranmayonnaise" oder "Rehragout mit Wirsing und Spätzle".

🕸 ⇆ 🏠 ✿ **P** – Menü 45/99 € – Karte 41/75 €

Landhotel Zum Bären, Bahnhofstraße 24 ⊠ 65558 – 𝒞 06432 800780 – www.landhotel-zum-baeren.de – Geschlossen 11. Januar-4. Februar, Montag, Dienstag

LANDHOTEL ZUM BÄREN

LANDHAUS · GEMÜTLICH Nicht nur die herzliche Familie Buggle samt Team macht dieses Traditionshaus aus, auch die idyllische Lage (nur Bahnlinie und Straße trennen das Haus von der Lahn) sowie die schöne wohnlich-elegante Einrichtung. Abends kann man dem Glockenspiel lauschen.

✿ 🅿 – 10 Zimmer

Bahnhofstraße 24 ✉ *65558 –* ☎ *06432 800780 – www.landhotel-zum-baeren.de*

🍴 **Restaurant zum Bären** – Siehe Restaurantauswahl

BALINGEN

Baden-Württemberg – Regionalatlas **55**–F20 – Michelin Straßenkarte 545

🍴 COSITA

SPANISCH · DESIGN ✕✕ In dem schönen modern designten Restaurant des schicken gleichnamigen kleinen Hotels ("Cosita" ist übrigens der Spitzname der Tochter) darf man sich auf spanische Küche freuen. Auf Vorbestellung gibt es z. B. "Paella à la manera de mama Gonzalez". Der Patron empfiehlt dazu gerne die passenden Weine: über 200 Positionen aus Spanien. Tipp: die gereiften Jahrgänge!

🕸 ⇐ 🌤 ⇗ 🅿 – Menü 59 € – Karte 22/59 €

Gratweg 2 ✉ *72336 –* ☎ *07433 902170 – www.cosita-balingen.de –*
Geschlossen 24. Mai-6. Juni, 9.-22. August, Montag, mittags: Dienstag-Donnerstag,
Sonntag

BAMBERG

Bayern – Regionalatlas **50**–K15 – Michelin Straßenkarte 546

VILLA GEYERSWÖRTH

PRIVATHAUS · KLASSISCH Das Villenflair dieses Anwesens hat schon von außen etwas Exklusives - ganz stilgerecht ist da die wertige elegante Einrichtung. Und wer es gerne besonders ruhig hat, nimmt ein Zimmer zum Fluss (hinter dem Haus fließt ein Arm der Regnitz)! In die Altstadt sind es übrigens nur wenige Gehminuten.

✿ 🕸 🖿 ⑀ 🎰 🛁 🚗 – 39 Zimmer – 1 Suite

Geyerswörthstraße 15 ✉ *96047 –* ☎ *0951 91740 – www.villageyerswoerth.de*

BAUNACH

Bayern – Regionalatlas **50**–K15 – Michelin Straßenkarte 546

🍴 ROCUS

INTERNATIONAL · FAMILIÄR ✕✕ In dem hübschen ehemaligen Bahnhof von 1904 wird ambitioniert gekocht, z. B. "Kalbsentrecôte, Morchelsauce, Petersilienwurzel". Terrasse im Innenhof oder zur Bahnlinie. Tipp: Buchen Sie einen Tisch im Weinkeller, umgeben von vielen spanischen Rotweinen!

🕸 🌤 🅿 – Menü 66/99 € – Karte 50/82 €

Bahnhofstraße 16 ✉ *96148 –* ☎ *09544 20640 – www.restaurant-rocus.de –*
Geschlossen Montag, Dienstag, mittags: Mittwoch-Samstag

BAYERISCH GMAIN

Bayern – Regionalatlas **67**–O21 – Michelin Straßenkarte 546

KLOSTERHOF

SPA UND WELLNESS · MODERN Der historische Klosterhof hat sich zu einem tollen Urlaubs- und Wellness-Hideaway entwickelt - herrlich die Alleinlage nebst Bergpanorama! Schön das alpenländisch-moderne Ambiente aus Naturmaterialien, warmen Tönen und klaren Formen. Im "GenussArt" und in den Stuben serviert man eine anspruchsvolle HP, es gibt aber auch ein kleines A-la-carte-Angebot.

✿ 🐾 ⇐ 🖙 🎿 🖵 🆂🅿🅰 🕸 🛁 🖿 ⑀ 🎰 🛁 🅿 🚗 – 65 Zimmer – 6 Suiten

Steilhofweg 19 ✉ *83457 –* ☎ *08651 98250 – www.klosterhof.de*

BAYREUTH

Bayern – Regionalatlas **51**–L15 – Michelin Straßenkarte 546

🕴️○ GOLDENER ANKER

KLASSISCHE KÜCHE · TRADITIONELLES AMBIENTE ✕✕ In klassischem Ambiente bietet man hier eine ebenso klassische Küche. Alles ist stimmig, auf moderne Spielerei verzichtet man. Herzlich umsorgt man seine Gäste mit schmackhaften Gerichten von "Karpfen blau" bis "Vitello tonnato".

🍽️ 🍷 – Menü 45/85€ – Karte 38/59€

Hotel Goldener Anker, Opernstraße 6 ⊠ 95444 – ℰ 0921 7877740 – www.anker-bayreuth.de – Geschlossen 23. Dezember-31. Januar, Montag-Dienstag, nur Abendessen

🏨 GOLDENER ANKER

TRADITIONELL · KLASSISCH Familientradition seit 13 Generationen - jede Menge Historie und stilvolle Details, wohin man schaut. Schön die Lage im Herzen der Stadt, elegant das Interieur, das Frühstück wird am Tisch serviert. Besonderheit: Tagungsbereich mit offener Landhausküche und Dachterrasse!

🔧 🛎️ 🍷 – 35 Zimmer – 2 Suiten

Opernstraße 6 ⊠ 95444 – ℰ 0921 7877740 – www.anker-bayreuth.de

🕴️○ **Goldener Anker** – Siehe Restaurantauswahl

BELLINGEN, BAD

Baden-Württemberg – Regionalatlas **61**–D21 – Michelin Straßenkarte 545

😊 LANDGASTHOF SCHWANEN

REGIONAL · GASTHOF ✕✕ Ein Landgasthof im besten Sinne! Familie Fräulin ist hier mit Engagement für Sie da, das ganze Haus ist sehr gepflegt, von der Gastronomie bis zu den wohnlichen Gästezimmern. Gekocht wird schmackhaft, unkompliziert und mit regionalem Einfluss, das Ambiente dazu ist traditionell-ländlich oder moderner.

Spezialitäten: Marinierte Avocado mit gegrillten Garnelen. Medaillon vom Seeteufel mit Grauburgundersoße. Mousse au chocolat von der Tonkabohne.

🍽️ 🏡 🛎️ ✿ 🅿️ – Menü 19€ (Mittags), 37/60€ – Karte 32/59€

Rheinstraße 50 ⊠ 79415 – ℰ 07635 811811 – www.schwanen-bad-bellingen.de – Geschlossen Dienstag, mittags: Montag und Mittwoch

🕴️○ BERGHOFSTÜBLE

MARKTKÜCHE · FREUNDLICH ✕✕ Sehr schön liegt das Haus etwas außerhalb des Ortes, toll die Aussicht auf die Hügellandschaft ringsum - da sitzt man gerne auf der herrlichen Terrasse! Drinnen gibt es im vorderen Bereich die gemütliche Gaststube, hinten den eleganteren Wintergarten. Hier wie dort serviert man einen Mix aus gutbürgerlich und klassisch. Beliebt ist u. a. das Cordon bleu!

🍃 🏡 🅿️ – Menü 36/85€ – Karte 39/77€

Markus-Ruf-Straße ⊠ 79415 – ℰ 07635 1293 – www.berghofstueble-bad-bellingen.de – Geschlossen Montag, Dienstag

BEMPFLINGEN

Baden-Württemberg – Regionalatlas **55**–G19 – Michelin Straßenkarte 545

🕴️○ KRONE

FRANZÖSISCH-KLASSISCH · RUSTIKAL ✕✕✕ In dem langjährigen Familienbetrieb spürt man das Engagement der Gastgeber. In Sachen Produktqualität geht man keine Kompromisse ein und was auf den Teller kommt, schmeckt richtig gut! Kein Wunder, dass das Restaurant weithin bekannt und beliebt ist - reservieren Sie also lieber. Tipp: das sehr günstige Mittagsmenü.

🏡 ✿ 🅿️ – Menü 22€ (Mittags)/59€ – Karte 40/83€

Brunnenweg 40 ⊠ 72658 – ℰ 07123 31083 – www.kronebempflingen.de – Geschlossen 1.-6. Januar, 30. Mai-7. Juni, 8.-24. August, 24.-31. Dezember, Montag, Sonntag, mittags: Dienstag-Mittwoch

BENDESTORF
Niedersachsen – Regionalatlas **10**–I6 – Michelin Straßenkarte 541

 MEINSBUR BOUTIQUE HOTEL

LANDHAUS · ELEGANT Wirklich charmant ist dieses 400 Jahre alte reetgedeckte Bauernhaus - einst Herberge von Filmstars wie Hildegard Knef! Die Zimmer sind geschmackvoll, wohnlich und zum Teil sehr großzügig, herrlich das Gartengrundstück, freundlich der Service. Das Restaurant bietet internationale Küche. Auch Trauungen sind möglich.

🦡 🛋 🅿 – 12 Zimmer – 3 Suiten

Gartenstraße 2 ⊠ 21227 – ☎ 04183 77990 – www.meinsbur.de

BENZ
Mecklenburg-Vorpommern – Regionalatlas **12**–L4 – Michelin Straßenkarte 542

In Benz-Gamehl Nord-Ost: 5 km über B 105

 SCHLOSS GAMEHL

HISTORISCHES GEBÄUDE · KLASSISCH Das herrschaftliche Anwesen ist eine echte Augenweide, außen wie innen! In den Zimmern eleganter Landhausstil in Weiß und Beige - wertig und wohnlich. Frühstück gibt's im Wintergarten mit Blick zum Park und zum kleinen See samt Insel (über Brücke erreichbar) - hier oder im Schloss selbst kann man auch heiraten. Stilvolle Atmosphäre auch im Restaurant.

🍴 🦡 🛋 🐟 📶 🧖 🅿 – 14 Zimmer – 5 Suiten

Dorfstraße 26 ⊠ 23970 – ☎ 038426 22000 – www.schloss-gamehl.de

BERCHTESGADEN
Bayern – Regionalatlas **67**–P21 – Michelin Straßenkarte 546

❀ **PUR** 🆕

KLASSISCHE KÜCHE · DESIGN XXX Aus dem "Le Ciel" ist das Gourmetrestaurant "PUR" geworden. Und der Name ist nicht die einzige Veränderung in dem Restaurant des "Kempinski Hotels". Das Interieur ist noch schicker geworden: Mit hochwertigen Materialien, klaren Formen, eleganten Grau- und Brauntönen sowie einem markanten Lüster hat man ein überaus attraktives modern-reduziertes und dennoch warmes Design geschaffen. Doch nicht alles ist neu. Geblieben ist Küchenchef Ulrich Heimann und mit ihm sein Talent, Klassik modern umzusetzen - fein ausbalanciert, geschmacksintensiv und mit besten Produkten. Auch der charmante Service kann mithalten, gut die Weinberatung. An schönen Sommertagen sitzt man natürlich gerne auf der herrlichen Terrasse!

Spezialitäten: Huchen, Spitzkohl, Estragon. Hirschkalbsrücken, Walnuss, Topfenknödel, Kirsche. Apfel, Kiwi, Sauerrahm, Dill.

🐾 ⇆ 🏡 🅿 🍷 – Menü 85/175 €

Kempinski Hotel Berchtesgaden, Hintereck 1 ⊠ 83471 – ☎ 08652 97550 –
www.kempinski.com/berchtesgaden – Geschlossen 8.-23. März, 21. Juni-6. Juli,
8. November-7. Dezember, Montag, Dienstag, mittags: Mittwoch-Samstag, Sonntag

🍴○ **BERCHTESGADENER ESSZIMMER**

REGIONAL · GEMÜTLICH X Jede Menge Charme und Atmosphäre stecken in dem historischen Gasthaus, das von Maximilian und Roxana Kühbeck mit Herzblut und Sinn für Nachhaltigkeit geführt wird. Mit ausgewählten Produkten aus der direkten Umgebung wird geschmackvoll und ambitioniert gekocht. Bei den Stammgästen sind die "kitchen tables" beliebt: zwei Hochtische mit Blick in die offene Küche!

❀ *Engagement des Küchenchefs:* "Regionalität steht in meiner Küche neben der Qualität der Speisen an erster Stelle, Fleisch kommt vom Metzger mit eigener Zucht, die anderen Produkte aus maximal 20 km Entfernung, Obst und Kräuter oft aus dem eigenen Garten! Unsere Gäste sollen glücklich, aber auch mit gutem Gefühl nach Hause gehen!"

⇔ – Menü 59/79 € – Karte 43/81 €

Nonntal 7 ⊠ 83471 – ☎ 08652 6554301 – www.esszimmer-berchtesgaden.com –
Geschlossen Montag, Sonntag, mittags: Dienstag-Samstag

⟟◯ LOCKSTEIN 1

VEGETARISCH · GEMÜTLICH ✗ Das ist schon eine besondere Adresse: Durch die schöne Küche gelangt man in das 500 Jahre alte Bauernhaus. Hier wird mit Liebe und Können gekocht, und zwar ein vegetarisches Menü mit leckeren Gerichten wie "Polentaschnittchen, mit Spinat gefüllte Tomaten, Aurorasauce". Tipp: Auch die beiden Gästezimmer sind gefragt.

⇦ 🏠 🖨 – Menü 35/50 €

Locksteinstraße 1 ✉ 83471 – ☎ 08652 9800 – www.biohotel-kurz.de – Geschlossen mittags: Montag-Sonntag

🏘 KEMPINSKI HOTEL BERCHTESGADEN

LUXUS · MODERN Die Lage in 1000 m Höhe und die tolle Bergkulisse sind kaum zu toppen, aber auch das Interieur ist sehenswert: stimmiges chic-modernes Design und wertige Materialien. Top z. B. die Maisonette-Suiten mit Dachterrasse, klasse der Spa. Gastronomisch wählt man zwischen dem Restaurant "Johann Grill" und dem geradlinig-eleganten Gourmetrestaurant "PUR".

🏔 🐾 ⇐ 🛏 🖼 ⌇ 🔲 🏮 🍽 ♨ 🛁 🖨 ᵴ 🏧 👜 🅿 🚗 – 126 Zimmer – 12 Suiten

Hintereck 1 ✉ 83471 – ☎ 08652 97550 – www.kempinski.com/berchtesgaden

❀ PUR – Siehe Restaurantauswahl

BERGHAUPTEN

Baden-Württemberg – Regionalatlas **54**–E19 – Michelin Straßenkarte 545

🙂 HIRSCH

REGIONAL · LÄNDLICH ✗✗ Der "Hirsch" ist ein äußerst gepflegter und gut geführter Familienbetrieb, in dem man sehr gut übernachten, aber vor allem auch sehr gut essen kann. Das Repertoire der Küche reicht vom "panierten Schweineschnitzel" bis zum "Seezungenfilet mit Garnele und Rieslingsauce". Ein wirklich freundlicher und charmanter Service rundet das Bild des idealen Landgasthofs ab!

Spezialitäten: Crèmesuppe von Steinpilzen. Rindertafelspitz mit Meerrettichsauce, Preiselbeeren und Kartoffeln. Grießknödel mit Rotweinzwetschgen und Vanilleeis.

⇦ 🏠 ᵴ 🖨 ⇄ 🅿 🚗 – Menü 44/54 € – Karte 25/55 €

Dorfstraße 9 ✉ 77791 – ☎ 07803 93970 – www.hirsch-berghaupten.de – Geschlossen Montag, mittags: Dienstag, abends: Sonntag

BERGISCH GLADBACH

Nordrhein-Westfalen – Regionalatlas **36**–C12 – Michelin Straßenkarte 543

In Bergisch Gladbach-Bensberg Süd-Ost: 4 km

❀❀❀ VENDÔME

KREATIV · LUXUS ✗✗✗✗ Dass Joachim Wissler Koch wurde, verdankt er nicht zuletzt seiner Familie, die auf der Schwäbischen Alb einen landwirtschaftlichen Betrieb mit angeschlossenem Gasthof besaß. Nach seiner Ausbildung in der „Traube" in Baiersbronn-Tonbach und Stationen in den besten Restaurants der Republik übernahm der bodenständige und sympathische Schwabe - ausgestattet mit dem Wissen über die Raffinessen der Haute Cuisine - im Jahr 2000 die Leitung des luxuriösen und eleganten Restaurants im "Althoff Grandhotel Schloss Bensberg". Joachim Wissler hat seinen ganz eigenen Stil, er kocht kreativ, technisch sehr geschickt und präzise bis ins Detail. In Gerichten wie "Langoustine, Lemon-Pepper-Gin-Sud, Calamarettisalat, Tandoori-Masalacreme" bringt er eine Fülle an Aromen auf den Teller.

Spezialitäten: Landei, Trüffel, gestockter Schinkensaft, Nussbutterschaum. Rostbraten vom Angus Rind mit Zitronen-Thymianjus. Banane, karamellisiertes Erdnusseis und Jivara-Gewürzganache.

🕭 ⇦ ᵴ 🏧 ⇄ 🚗 – Menü 165 € (Mittags), 240/320 €

Althoff Grandhotel Schloss Bensberg, Kadettenstraße ✉ 51429 – ☎ 02204 421940 – www.schlossbensberg.com – Geschlossen 15. Februar-4. März, 26. Juli-19. August, Montag, Dienstag, mittags: Mittwoch-Freitag

🏨 ALTHOFF GRANDHOTEL SCHLOSS BENSBERG

GROßER LUXUS · KLASSISCH Ein imposantes jahrhundertealtes Schloss als wunderschöner klassischer Rahmen für luxuriöses Interieur und professionellen Service. Fantastisch die exponierte Lage über Köln mit Domblick. Auch eine tolle Kulisse für Hochzeiten! Schöne Abendbar.

🕏 🕭 ⇐ 🛏 🖳 🕙 ⚘ 🥂 🗐 ⅃ ⚙ ⪢ – 84 Zimmer – 36 Suiten

Kadettenstraße ✉ 51429 – ℰ 02204 420 – www.schlossbensberg.com

❀❀❀ **Vendôme** – Siehe Restaurantauswahl

In Bergisch Gladbach-Herrenstrunden Nord-Ost: 2,5 km

🍴 DRÖPPELMINNA

MARKTKÜCHE · GEMÜTLICH ⅄ Gemütlich-rustikal ist die Atmosphäre in dem hübschen Fachwerkhaus, charmant die Deko aus antiken Stücken und allerlei Zierrat samt der namengebenden dreifüßigen Kaffeekannen aus Zinn. Aus der offenen Küche kommt ein wechselndes klassisch geprägtes Menü. Dazu schöne Weine, darunter eine gute Auswahl aus dem Elsass - der Patron ist Sommelier. Lauschige Terrasse.

❀ 🏠 🅿 🛒 – Menü 55/65 €

Herrenstrunden 3 ✉ 51465 – ℰ 02202 32528 – www.restaurant-droeppelminna.de – Geschlossen Montag, Dienstag, mittags: Mittwoch-Samstag

BERGKIRCHEN

Bayern – Regionalatlas **65**–L20 – Michelin Straßenkarte 546

In Bergkirchen-Unterbachern Nord-West: 5 km

🍴 GASTHAUS WEIßENBECK

TRADITIONELLE KÜCHE · GEMÜTLICH ⅄ Lauter zufriedene Gesichter! Kein Wunder, denn Mutter und Tochter Weißenbeck kochen richtig gut und preislich fair - dafür verwenden sie regionale und saisonale Produkte. Richtig gemütlich sitzt man in dem netten Wirtshaus auch noch, und im Sommer lockt draußen die schöne Gartenterrasse.

Spezialitäten: Lauwarmer Oktopussalat auf Kartoffel-Kräuterstampf. Medaillons vom Reh mit Schwammerl-Gemüsegröstl, Kürbispüree und eingemachter Kürbis. Bayrische Crème mit marinierten Beeren und Waldbeereneis.

🏠 ✿ 🅿 – Menü 48 € – Karte 33/57 €

Ludwig-Thoma-Straße 56 ✉ 85232 – ℰ 08131 72546 – www.weissenbeck.de – Geschlossen Montag, Dienstag, mittags: Mittwoch-Freitag

BERLEBURG, BAD

Nordrhein-Westfalen – Regionalatlas **37**–F12 – Michelin Straßenkarte 543

🍴 ALTE SCHULE

KLASSISCHE KÜCHE · ZEITGEMÄßES AMBIENTE ⅄ Gemütlich sitzt man in dem ehemaligen Schulgebäude in schönem modernem Ambiente und lässt sich freundlich und aufmerksam umsorgen. Serviert werden saisonale Gerichte aus regionalen Produkten wie z. B. "Wittgensteiner Hirschgulasch, Serviettenknödel, Apfelkompott".

🍴 – Menü 26/36 € – Karte 33/46 €

Goetheplatz 1 ✉ 57319 – ℰ 02751 9204780 – www.hotel-alteschule.de – Geschlossen 23.-24. Dezember, Mittwoch-Donnerstag, nur Abendessen

🏨 ALTE SCHULE

HISTORISCHES GEBÄUDE · INDIVIDUELL Ein geschmackvolles und wertiges Hotel mit viel Charme, das sich dem Thema Schule verschrieben hat. Sie wohnen modern-elegant oder etwas schlichter, und zwar im "Museum", im "Fliegenden Klassenzimmer" oder in der "Alten Schule" - hier auch das hübsche Restaurant.

🕏 ⚙ 🅿 – 39 Zimmer

Goetheplatz 1 ✉ 57319 – ℰ 02751 9204780 – www.hotel-alteschule.de

🍴 **Alte Schule** – Siehe Restaurantauswahl

BERLIN

Die Berliner Gastro-Szene macht einfach Spaß! Das liegt natürlich nicht zuletzt an den Top-Restaurants der Stadt, und die gibt es von leger im **tulus lotrek** und im **Bandol sur mer** bis klassisch-elegant im **FACIL** - hier isst man übrigens auch am Mittag sehr gut. Sie mögen es international? Dann ist der modern-asiatische Küchen-Mix des **893 Ryotei** genau richtig. Niveauvoll-französisch speist man im klassisch-unkomplizierten **Irma la Douce**.

Und wenn es mal schön rustikal sein darf, sollten Sie in die gemütlichen **Kurpfalz Weinstuben** einkehren - der Name lässt es bereits vermuten: Hier gibt es eine tolle Weinauswahl.

Einen Besuch wert ist auch die hip-lebendige **Monkey Bar** im 10. Stock des coolen **25hours Hotel Bikini** - klasse der Blick über Zoo und Stadt, und verpassen Sie nicht den Sonnenuntergang auf der Terrasse. Tipp: Machen Sie eine Stadtrundfahrt in einem der vielen Doppeldecker-Busse.

- Berlin – Regionalatlas 22 B2
- Michelin Straßenkarte 545

STERNE-RESTAURANTS

Eine einzigartige Küche – eine Reise wert!

Eine Spitzenküche - einen Umweg wert!

Eine Küche voller Finesse - seinen Stopp wert!

BIB GOURMAND 😊

ALLE RESTAURANTS VON A BIS Z

Der neue Mercedes-AMG GT Black Series.

BORN ON THE RACETRACK.

Mercedes-AMG GT Black Series: Kraftstoffverbrauch innerorts/außerorts/kombiniert:
16,8/10,4/12,8 l/100 km; CO_2-Emissionen kombiniert: 292 g/km

Der Mercedes-AMG GLS 63 4MATIC+.

NO LIMITS.
POSSIBILITIES.

Großzügiges Platzangebot und Komfort auf S-Klasse-Niveau.
Der Mercedes-AMG GLS bringt Sie zum Durchatmen. Genießen Sie das
unvergleichliche AMG Fahrgefühl im Oberhaupt der AMG SUV-Familie.

Kraftstoffverbrauch innerorts/außerorts/kombiniert: 15,3/10,0/11,9 l/100 km;
CO_2-Emissionen kombiniert: 273 g/km

TommL / E+ / Getty Images

145

RESTAURANTS AM SONNTAG GEÖFFNET

UNSERE HOTELAUSWAHL

F. Cirou / PhotoAlto Agency RF Collections / Getty Images

A   HAMBURG, ROSTOCK   B   GARTENSTADT, FROHNAU

NIEDER-NEUENDORF

A 111

BERLINER FORST TEGEL

Hermsdorf

MÄRKISCHE VIERTEL

Alt-Heiligensee

Ruppiner Chaussee

Heiligenseestraße

Waidmannsluster Damm

Hermsdorfer Damm

Wilhelmsruhe

Schönwalder

Niedernneuendorfer Allee

Sandhauser Str.

Villa Borsig

Wittenau

Oranienburger Str.

Riedemannstr.

BERLINER FORST SPANDAU

Villa Borsig

TEGELORT

TEGELER SEE

Berliner Str.

Eichbornndamm

Barfussstr.

1

Radelandstraße

Flughafensee

Waldstr.

REINICKENDORF

Dorfkir

Pionierstraße

Bernauer

Volkspark Jungfernheide

Seidel Str.

Gorkhardtstr.

GARTENSTADT STAAKEN

Zitadelle

BERLIN-TEGEL

9

Müllerstr.

Barfus

Seestr.

Neuendorfer Allee

Am Juliusturm

Hohenzollernkanal

A 111

11 10

Damm

SPANDAU

Saatwinkle

12 A 100

1

Brunsbütteler Damm

Freiheit

ALTE SPREE

3

2

Seeburger Str.

Rhenaner

9

Turmstraße

Bessel Str.

Heerstraße

Wilhelm Str.

Olympia-stadion

Reichsstraße

Kurt-Schumacher

Weg

Otto-Suhr-Allee

6

Saltzufer

Naue

HAMBURG, LÜBECK

Stößensee

T

Heerstraße

7

Bismarckstr.

Kantstraße

2

WEINMEISTERHORN

MESSEGELÄNDE

8

9

Kurfürstendamm

Schildhorn

Teufelsberg

120

11

12

Konstanzer Str.

Uhlandstraße

Martin-Luther-Str.

POTSDAM

Gatow

BERLINER FORST GRUNEWALD

A 115

Eichkampf

13

Grunewaldturm

GRUNEWALD

Hagenstr.

3

15

16

A 100

A 10

LINDWERDER

2

Grunewaldsee

Wiesbadener Str.

SACROW

Kladower

Brücke-Museum

Jesus Christus

c

Bergstraß

Kladow

Havel

Krumme Lanke

Onkel Kampp Str.

DAHLEM

Pacelliallee

Schildstr.

Steg Dan

Havelchaussee

Onkel Toms Hütte

Gary Str.

Thielallee

S

Schlachtensee

Herz Jesu

Berliner Str.

Drakestraße

3

MEXIKOPL.

Potsdamer Str.

Mühlen Weg

Ringstraße

Geerzallee Hindenburgdamm Klingsorstr.

Großer Wannsee

Nikolassee

Potsdamer Chaussee

ZEHLENDORF

Seehof

LICHTERFELDE

Kaiser

WANNSEE

a

Teltower Damm

Dahlemer Weg

Lilienthalpark

POTSDAM

BERLINER FORST DÜPEL

Ernst-Thälmann-Str.

Lichterfelder Allee

Lichterf Rin

Oscarallee

KLEINMACHNOW

HALLE, LEIPZIG   A   B

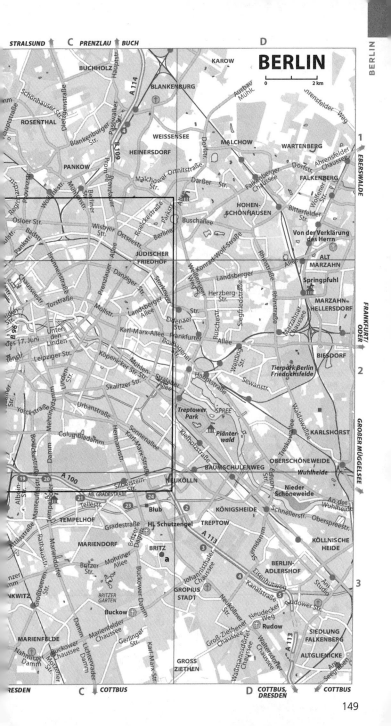

BERLIN

0   2 km

1

2

3

EBERSWALDE

FRANKFURT/ ODER

GROBER MÜGGELSEE

KAROW

BUCHHOLZ

BLANKENBURG

A 114

ROSENTHAL

Schönhauser Str.

Dietzgenstraße

Blankenburger Str.

Pankower

B 109

WEISSENSEE

HEINERSDORF

PANKOW

Prenzlauer Prom.

Berliner Str.

Mühlenstr.

Wollankstr.

Regininenstr.

Provinzstr.

Osloer Str.

Badstr.

Pankstr.

Brunnenstraße

Chausseestr.

Wisbyer Str.

Ostseestr.

Prenzlauer Allee

Danziger Str.

Roelckestraße

Stortkower Str.

Berliner

Berliner

Pankstr.

Buschallee

JÜDISCHER FRIEDHOF

MALCHOW

Dorfstr.

Ornitstraße

Malchower

Darßer Str.

Darßer Str.

Falkenberger Chaussee

HOHEN-SCHÖNHAUSEN

Wartenberger Weg

Weißenseer Weg

Konrad-Wolf-Straße

WARTENBERG

Ahrensfelder Weg

Dorfstr.

FALKENBERG

Wolfener Str.

Bitterfelder Str.

Rhinstraße

Von der Verklärung des Herrn

ALT MARZAHN

Landsberger Allee

Allee

MARZAHN-HELLERSDORF

Marzahner Chaussee

Springpfuhl

Herzberg-Str.

Siegfriedstraße

Torstraße

Mollstr.

Landsberger Allee

Eldenaer Str.

Karl-Marx-Allee   Frankfurter

Boxhagener Str.

Allee

Ruschestr.

Weitling Str.

Sewanstr.

BIESDORF

Tierpark Berlin Friedrichsfelde

Unter den Linden

des 17. Juni

Leipziger Str.

Köpenicker Str.

Mühlen-

Linden-Str.

Skalitzer Str.

straße

Allee

Hauptstraße

Treskowallee

KARLSHORST

Yorckstraße

Mehringdamm

Urbanstraße

Sonnenallee

Hermannstr.

Karl-Marx-Straße

Columbiadamm

Bouchéstr.

Damm

A 100

Treptower Park

SPREE

Kiefholzstraße

Plänter-wald

Edisonstr.

Waldowallee

OBERSCHÖNEWEIDE

Wuhlheide

An der Wuhlheide

BAUMSCHULENWEG

Silberstein-Str.

19

20

AB. GRADESTRAßE

21

Tellstr.

23

24

Blub

NEUKÖLLN

2

Nieder Schöneweide

Schnellerstr.

Oberspreestr.

TEMPELHOF

Gradestraße

HL Schutzengel

KÖNIGSHEIDE

TREPTOW

KÖLLNISCHE HEIDE

Attilastraße

Mariendorfer

Rathausstr.

Manteuffelstr.

Tempelhofer Damm

MARIENDORF

Britzer Str.

Mohriner Allee

BRITZ

a

Buckower Damm

Johannisthaler Chaussee

A 113

Neuköllner Str.

Gerdenstr.

Eisenhutweg

BERLIN-ADLERSHOF

Am Studio

NKWITZ

Großbeeren

Butzer Str.

BRITZER GARTEN

Buckow

Marienfelder Chaussee

GROPIUS STADT

3

4

Kanalstraße

5

Rudower Str.

MARIENFELDE

Buckower Chaussee

Lichtenrader Damm

Mottenstr.

Gerlinger Str.

Karl-Marx-Str.

GROSS ZIETHEN

Rudow

Groß-Ziethener Chaussee

Waltersdorfer Chaussee

Neudecker Weg

Waldmannsdorfer Chaussee

SIEDLUNG FALKENBERG

ALTGLIENICKE

A 113

Am Seegraben

Nahmitzer Damm

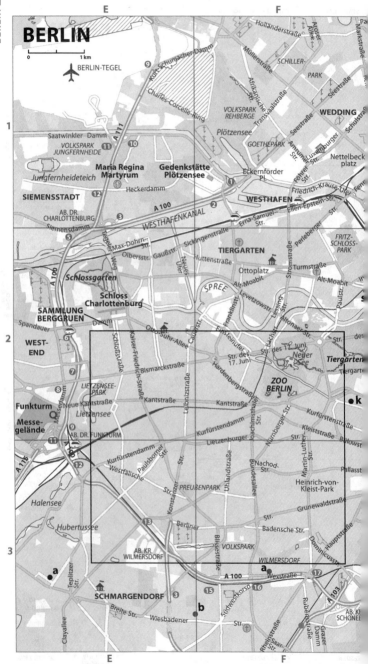

BERLIN

0   1 km

BERLIN-TEGEL

Kurt-Schumacher-Damm

Charles-Corcelle-Ring

9

Holländerstraße

Müllerstraße

SCHILLER-
PARK

Afrikanische

Seestraße

Transvaalstraße

VOLKSPARK
REHBERGE

Seestraße

WEDDING

1

Plötzensee

GOETHEPARK

Seestraße

Amrumer

Luxemburger

Str.

Föhrer
Str.

Nettelbeck
platz

Saatwinkler Damm

A 111

11 **10**

VOLKSPARK
JUNGFERNHEIDE

**Maria Regina
Martyrum**

**Gedenkstätte
Plötzensee**

Eckernförder
Pl.

Friedrich-Krause-Ufer

Jungfernheideteich

Heckerdamm

SIEMENSSTADT

12

A 100

WESTHAFEN

AB. DR.
CHARLOTTENBURG

3

WESTHAFENKANAL

Erna-Samuel-
Str.

Ellen-Epstein-Str.

FRITZ-
SCHLOSS-
PARK

Siemensdamm

5

Tegeler Weg

Max-Dohrn-Str.

Sickingenstraße

2

Olbersstr. Gaußstr.

Neues
Ufer

Huttenstraße

TIERGARTEN

Stromstraße

Perleberger

Str.

Ottoplatz

Turmstraße

Alt-Moabit

Schlossgarten

SPREE

Alt-Moabit

Levetzowstr.

Lessing

Str.

**Schloss
Charlottenburg**

Franklinstr.

Altonaer Str.

Bachstr.

**SAMMLUNG
BERGGRUEN**

Spandauer
Damm

Otto-Suhr-Allee

Cauerstr.

Einsteinufer

Str. des

17. Juni

Str. des 17. Juni

Neuer
See

Str.

Tiergarten

**WEST-
END**

6

Schloßstraße

Kaiser-Friedrich-Straße

Bismarckstraße

Hardenbergstraße

**ZOO
BERLIN**

Tiergart

7

LIETZENSEE-
PARK

Leibnizstraße

Kantstraße

Funkturm

8

Neue Kantstraße

Kantstraße

Joachimstaler Str.

Numberger Str.

Kurfürstenstraße

● k

Lietzensee

Kleiststraße

Bülowst

**Messe-
gelände**

9

AB. DR. FUNKTURM

11

Kurfürstendamm

Lietzenburger Str.

Martin-Luther

Str.

Pallasst

A 100

12

Kurfürstendamm

Paulsborner Str.

Westfälische

Uhlandstraße

Nachod-
Str.

Bundesallee

Heinrich-von-
Kleist-Park

Konstanzer Str.

PREUSSENPARK

Str.

Grunewaldstraße

Halensee

Hubertussee

13

Berliner

Str.

Badensche Str.

Hauptstraße

Dominicusstraße

AB. KR.
WILMERSDORF

VOLKSPARK

Bundesallee

Bundesstraße

WILMERSDORF

17

3

● a

Teltower Str.

SCHMARGENDORF

3

15

16

Wexstraße

A 100

A 103

AB. KR
SCHÖNE

Clayallee

Breite Str.

● b

Wiesbadener

Str.

Südwestkorso

Rheinbaben

Str.

Rüdesheimer

Platz

Grazer
Damm

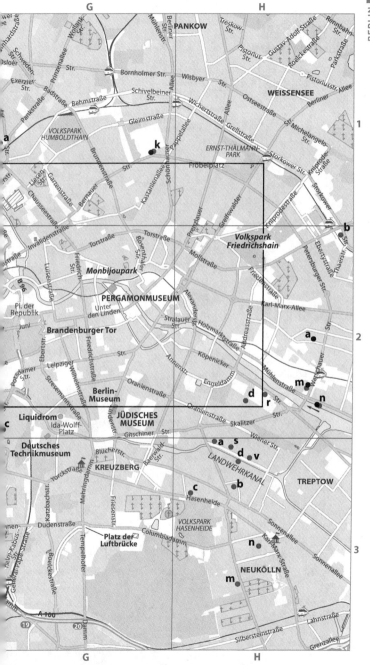

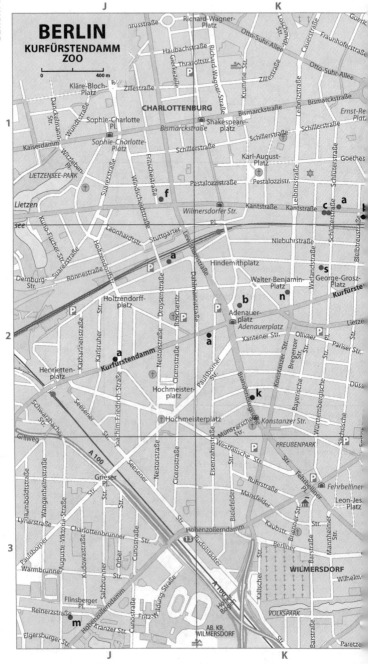

BERLIN
KURFÜRSTENDAMM
ZOO

0 ——— 400 m

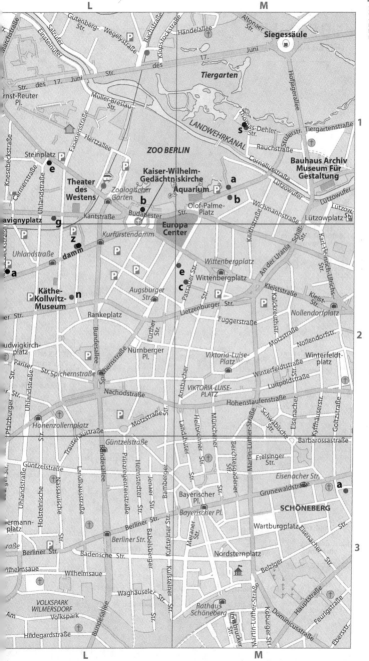

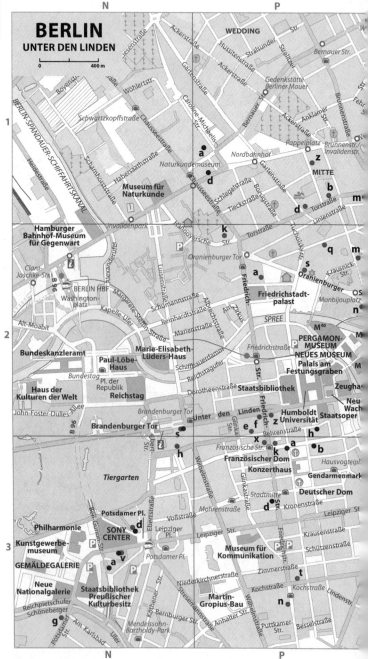

BERLIN
UNTER DEN LINDEN

0   400 m

WEDDING

Ackerstraße

Hussitenstraße

Stralsunder

Str.

Bernauer Str.

Gedenkstätte
Berliner Mauer

Wiesenstraße

Wöhlertstr.

Gartenstraße

Ackerstraße

Bernauer Str.

Ackerstraße

Anklamer

Brunnenstraße

Pappelplatz

Brunnenstr./
Invalidenstr.

a

Naturkundemuseum

Nordbahnhof

z

MITTE

Habersaathstraße

Chausseestraße

Scharnhorststraße

Boyenstr.

Schwartzkopffstraße

Caroline-Michaelis-
Str.

d

Museumsstraße

Schlegelstraße

Gartenstraße

Borsigstraße

b

m

**Museum für
Naturkunde**

d

Tieckstraße

Torstraße

Linienstraße

Invalidenpark

**Hamburger
Bahnhof-Museum
für Gegenwart**

Hannoversche

Str.

Torstraße

k

q

m

Clara-
Jaschke-Str.

Alexanderufer

Luisenstraße

Oranienburger Tor

a

s

Krausnick-
Str.

Oranienburger

BERLIN HBF

Washington-
platz

Kapelle-Ufer

Margarete-Steffin-Straße

Schumannstraße

Friedrichstraße

**Friedrichstadt-
palast**

Monbijouplatz

n

Alt-Moabit

Reinhardtstraße

Albrechtstraße

Am Zirkus

SPREE

M40

**PERGAMON-
MUSEUM**

M

Bundeskanzleramt

**Marie-Elisabeth-
Lüders-Haus**

Marienstraße

Schiffbauerdamm

Friedrichstraße

Str.

NEUES MUSEUM

**Palais am
Festungsgraben**

M

**Paul-Löbe-
Haus**

Bundestag

Reichstagufer

Zeughaus

**Haus der
Kulturen der Welt**

Pl. der
Republik

Reichstag

Dorotheenstraße

Staatsbibliothek

**Neue
Wache**

John-Foster-Dulles-Allee

Unter

den

Linden

Friedrichstr.

**Humboldt
Universität**

Staatsoper

Brandenburger Tor

Brandenburger Tor

e

f

z

Glinka-
Str.

x

Behrenstraße

h

s

Tiergarten

h

Französische Str.

k

a

b

Französischer Dom

Hausvogteipl.

Konzerthaus

Gendarmenmarkt

Wilhelmstraße

Stadtmitte

Deutscher Dom

Potsdamer Pl.

d

Mohrenstraße

Glinkastraße

Kronenstraße

Philharmonie

**SONY
CENTER**

d

Ebertstraße

Leipziger
Pl.

Voßstraße

Leipziger Str.

Leipziger St

**Kunstgewerbe-
museum**

Krausenstraße

Friedrichstr.

Schützenstraße

GEMÄLDEGALERIE

a

v

Potsdamer Pl.

**Museum für
Kommunikation**

**Neue
Nationalgalerie**

**Staatsbibliothek
Preußischer
Kulturbesitz**

Niederkirchnerstraße

Zimmerstraße

t

Reichpietschufer
Schöneberger

Stresemannstraße

Kochstraße

Kochstraße

Lindenstr.

g

Am Karlsbad

potsdamer
Str.

Bernburger Str.

**Martin-
Gropius-Bau**

Anhalter Str.

Wilhelmstraße

n

Puttkamer-
Str.

Besselstraße

Mendelssohn-
Bartholdy-Park

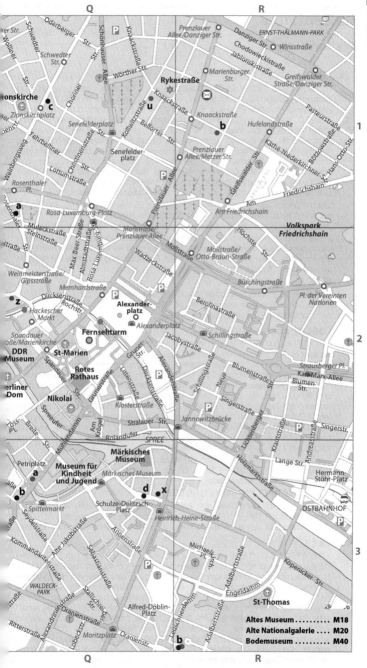

Altes Museum	M18
Alte Nationalgalerie	M20
Bodemuseum	M40

Im Zentrum

Restaurants

✿✿✿ RUTZ

MODERNE KÜCHE · DESIGN XX Alles hier ist modern, vom chic-urbanen Ambiente bis zur Küche. Es gibt ein Inspirationsmenü, das es in sich hat, und zwar beste regionale Produkte. Für Marco Müller sind ausgesuchte Zutaten das A und O, man legt großen Wert auf Nachhaltigkeit und Herkunft, manches wird sogar speziell für das Restaurant erzeugt. Auch vermeintlich Einfaches wie z. B. Kohl wird toll zur Geltung gebracht. Von der über Holzkohle gegrillten Taube über fermentierte Pfifferlinge bis zur krossen Hühnerhaut, aus top Produkten entstehen ganz außergewöhnliche Gerichte mit angenehmer Leichtigkeit und geschmacklicher Tiefe. Ein zweites Mal findet man das so nirgends! Sie können sechs oder acht Gänge wählen - gerne lässt man sich zur großen Variante verleiten! Serviert wird das Menü übrigens auf beiden Ebenen des Restaurants.

Spezialitäten: Quellforelle, Lardo und Bottarga, Blumenkohl. Pilzaromen, Weidehuhn und Haut, Seegras. Lärche, Holz und Nadeln, Himbeere und Frische.

✿ *Engagement des Küchenchefs: "In meiner Küche verarbeite ich nur das Beste Produkt, allerdings ist mir die Nachhaltigkeit, die visuelle wie auch die geschmackliche Authentizität meiner Waren genauso wichtig wie die Frische und die Herkunft! Daher arbeite ich mit kleinen Erzeugern eng zusammen und suche den ständigen Austausch!"*

🕯 🛋 🅰🅲 – Menü 180/220 €

Stadtplan: P2-r – *Chausseestraße 8* ✉ *10115* – **U** *Oranienburger Tor* –
✆ *030 24628760* – *www.rutz-restaurant.de* – *Geschlossen 4.-11. Januar, Montag, mittags: Dienstag-Samstag, Sonntag*

✿✿ LORENZ ADLON ESSZIMMER

KREATIV · LUXUS XXX Was könnte man im noblen "Adlon Kempinski" am Brandenburger Tor anderes erwarten als kulinarisches Spitzenniveau? Dafür steht Küchenchef Hendrik Otto, der neben seinem unumstrittenen Talent auch einen reichen Erfahrungsschatz aus Top-Adressen ("Schwarzwaldstube" in Baiersbronn, "La Vision" im Wasserturm in Köln...) zum Besten gibt. In seiner Küche geht es ums Produkt, und das ist über jeden Zweifel erhaben. Mit beachtlicher Präzision, technischem Aufwand und viel Kreativität kombiniert er die tollen Aromen exzellenter Zutaten. Da darf man nicht nur auf norwegischen Lachs mit Rapssaat, Armaranth, Szechuan-Pfeffer, Emulsion von Olivenöl, Tannenhonig und Dill gespannt sein. Auch für ausgezeichneten Service ist gesorgt, klasse Weinempfehlungen aus einem umfangreichen Angebot inklusive.

Spezialitäten: Beef Tatar, gelierte Kalbsschwanzessenz, Kaviar. Rehrücken, Heidelbeere, Pfifferlinge, Sellerie. Birne, Eis von gesalzener Macadamianuss und Nougat, Passionsfrucht, Schokolade.

🕯 ⇦ ♿ 🅰🅲 🎫 ↔ 🚗 – Menü 135/250 €

Stadtplan: N2-s – *Adlon Kempinski, Unter den Linden 77 (1. Etage)* ✉ *10117* –
U *Brandenburger Tor* – ✆ *030 22611960* – *www.lorenzadlon-esszimmer.de* –
Geschlossen 1.-10. Januar, Montag, Dienstag, mittags: Mittwoch-Samstag, Sonntag

✿✿ FACIL

KREATIV · CHIC XX Eine wahre Oase mitten in Berlin! Hier oben im 5. Stock des Hotels "The Mandala" sitzt man einfach herrlich auf der kleinen Terrasse mit Kastanienbäumen und Springbrunnen! Sie gehört zu dem schicken, luftig-lichten Dachgarten-Restaurant, in dem man sich dank Rundumverglasung auch drinnen fast wie im Freien fühlt. "Top" ist neben der Location auch die Küche von Michael Kempf (Küchendirektor) und Joachim Gerner (Küchenchef). Sie hat eine klassische Basis und integriert gekonnt asiatische und mediterrane Einflüsse. Neben kreativen Gerichten wie "Felsenoktopus, Miso, Salzzitrone und Bohnenkraut" seien auch die tollen Desserts erwähnt. Sie sind eher traditionell, aber keinesfalls minder interessant - da steckt z. B. "Johannisbeere, Arabica-Kaffee und Haselnuss" voller Geschmack und Aroma!

Spezialitäten: Gillardeau-Auster und Imperial-Kaviar, Bauch vom Schwäbisch-Hällischen Schwein. Brust von der Taube, Mangold, Bockshornklee und Tamarillo. Kirsche, Pistazie und Shiso.

🏵 ⟵ 🏠 ⚙ AC 🍴 ⇔ 🍃 – Menü 62 € (Mittags), 92/215 €

Stadtplan: N3-v – *THE MANDALA, Potsdamer Straße 3 (5. Etage)* ✉ *10785 –*
U *Potsdamer Platz – ☏ 030 590051234 - www.facil.de –*
Geschlossen Samstag, Sonntag

❀ 5 - CINCO BY PACO PÉREZ

KREATIV · DESIGN XXX Nicht jeder hat die Gelegenheit, im Restaurant "Miramar" in Spanien zu speisen. Kein Problem, denn die tolle Küche des katalanischen Sternekochs Paco Pérez gibt es auch in Berlin! Genauer gesagt im Gourmetrestaurant des schönen Hotels "Das Stue". Es befindet sich im denkmalgeschützten Gebäude der ehemaligen Dänischen Gesandtschaft aus den 30er Jahren. Hingucker sind 86 mittig an der Decke hängende Kupfertöpfe, dazu interessante Einblicke in die durch Glasscheiben einsehbare Küche. Unter den aromatischen und ausdrucksstarken Gerichten des Meisters von der Costa Brava findet sich durchaus auch das ein oder andere Signature Dish. Klasse auch der Service samt top Weinberatung - da spürt man das Bemühen um den Gast!

Spezialitäten: Kaisergranat, Steinpilze, Feigen und Molé. Wolfsbarsch, Flusskrebs und Waldpilze. Yuzu, Mango, Yoghurt.

🏵 ⟵ ⚙ AC – Menü 100/165 €

Stadtplan: M1-s – *SO/ Berlin Das Stue, Drakestraße 1* ✉ *10178 –*
U *Wittenbergplatz – ☏ 030 3117220 –*
www.so-berlin-das-stue.com/restaurants-bars/cinco-by-paco-perez/ –
Geschlossen Montag, Dienstag, mittags: Mittwoch-Samstag, Sonntag

❀ GOLVET

KREATIV · DESIGN XX Wer hier in der 8. Etage aus dem Lift steigt, wird erst einmal beeindruckt sein von der 1a-Aussicht über den Potsdamer Platz! Doch das ist nicht alles, was den Blick auf sich zieht: Das großzügige Restaurant samt offener Küche und 13 m langer Bar (hier die vermutlich größte Aquavit-Auswahl Deutschlands!) kommt ausgesprochen stylish daher. Und dann sind da noch der Service und das Essen - beides top. Das Küchenteam kocht modern-kreativ und setzt auf Produktqualität und eigene Ideen. Dazu gibt es eine interessante Weinkarte mit kleinen ökologischen Betrieben. Oder darf es als Getränkebegleitung vielleicht mal ein hausgemachter Kombucha sein?

Spezialitäten: Panna Cotta von Pilzen mit Petersilie, Quinoa und Johannisbeere. Geröstetes Kaninchen mit roter Bete, Meerrettich, Beuscherl und Bockshornklee. Eingelegte Pflaumen mit Shiso, Burrata und Petersilienwurzel.

🏵 ⟵ 🏠 AC 🍴 ⇔ – Menü 60/120 € – Karte 85/105 €

Stadtplan: N3-g – *Potsdamer Straße 58 (8. Etage)* ✉ *10785 –*
U *Potsdamer Brücke – ☏ 030 89064222 - www.golvet.de –*
Geschlossen Montag, Dienstag, Mittwoch, mittags: Donnerstag-Samstag, Sonntag

❀ HUGOS

MODERNE KÜCHE · CHIC XX Die klasse Aussicht genießen und dabei hervorragend speisen? Im 14. Stock des Hotels "InterContinental" erwartet Sie in chic designtem Ambiente eine modern inspirierte klassische Küche - ursprünglich übrigens unter dem Namen "Zum Hugenotten", später als "Hugenotte" und nun als "Hugos". Eberhard Lange steht hier bereits seit 1998 mit am Herd, seit 2015 als Küchenchef. Er setzt auf ausgesuchte Produkte, wie z. B. beim saftigen Zander mit Perigord-Trüffel und Lardo di Colonnata. Harmonisch die feinen Kontraste und verschiedenen Texturen. Auf Vorbestellung bekommen Sie auch ein vegetarisches Menü. Der Service charmant-leger und kompetent. Versiert auch die Weinberatung - man hat eine sehr gut sortierte Karte.

Spezialitäten: Norwegische Königskrabbe, braune Butter, Mais, Kohlrabi, Kimizu. Filet vom Wagyu-Rind, karamellisierte Zwiebel, Pflaume, Spitzkohl, gesäuerte Karotte. Abate Birne, Süßholz, Kerbel, Vanille.

🚲 🔄 ⟨ ♿ Ⓜ 🔲 💬 ⟳ 🚗 – Menü 110/175 €

Stadtplan: M1-a – *Budapester Straße 2 (14. Etage)* ✉ *10787* – **U** *Wittenbergplatz* – 📞 *030 26021263* – *www.hugos-restaurant.de* – *Geschlossen Montag, mittags: Dienstag-Samstag, Sonntag*

✿ EINSUNTERNULL

KREATIV · DESIGN ✕✕ Frischer Wind im "einsunternull"! Mit Silvio Pfeufer hat sich Inhaber (und wahre Gastgeberpersönlichkeit!) Ivo Ebert im März 2019 einen jungen Küchenchef an den Herd geholt, der die Vielfalt Berlins auf den Teller bringt. Modern, kreativ und international inspiriert sind seine Gerichte. Bei der Produktwahl setzt man nach wie vor auf ausgezeichnete Qualität, was Zander und Spanferkel ebenso beweisen wie die vegetarischen Speisen. Heimische Zutaten spielen ebenso eine wichtige Rolle wie die für Berlin so typische Weltoffenheit. Silvio Pfeufer, dessen prägendste Station die bei Jan Hartwig im Münchner "Atelier" war, ist übrigens wie auch Ivo Ebert gebürtiger Berliner - da haben sich die zwei Richtigen zusammengetan, um Berlin kulinarisch widerzuspiegeln! Zum Menü gibt es eine schöne Weinkarte. Oder darf es vielleicht eine alkoholfreie Begleitung sein?

Spezialitäten: Kaisergranat, Wunderlauch, Vin Jaune. Aubrac-Rind, Kartoffel, Lauch, Knochenmark. Kirsche, Schokolade, Mädesüß.

🚲 ♿ 💬 – Menü 139 €

Stadtplan: P2-k – *Hannoversche Straße 1* ✉ *10115* – **U** *Oranienburger Tor* – 📞 *030 27577810* – *www.restaurant-einsunternull.de* – *Geschlossen 26. Januar-4. Februar, Dienstag-Mittwoch, nur Abendessen*

✿ IRMA LA DOUCE 🆕

FRANZÖSISCH-MODERN · KLASSISCHES AMBIENTE ✕✕ Im November 2019 hat die Gastro-Szene um den Potsdamer Platz interessanten Zuwachs bekommen, und zwar in Gestalt eines klassisch-zeitgemäßen Restaurants mit moderner französischer Küche. Für hohes kulinarisches Niveau sorgt Küchenchef Michael Schulz. Mitgebracht ins "Irma" hat er Sterne-Erfahrungen aus den Berliner Restaurants "Govet", "Rutz" und "VAU". Seine Gerichte basieren auf ausgezeichneten Produkten, sind aromareich, aber keinesfalls überladen, ganz im Fokus steht der Geschmack. In ungezwungener und zugleich anspruchsvoller Atmosphäre wird man geschult umsorgt, auch mit schönen Weinen aus Frankreich. Benannt ist das Restaurant übrigens nach dem US-amerikanischen Film "Irma la Douce", der auf dem gleichnamigen Musical basiert.

Spezialitäten: Rindertatar, Brot, eingelegte Tomate, Schalotte, Kapern. Meeräsche, Lauchzwiebeln, Toskanischer Speck, Olive, Rucola. Pfirsich, Estragon, Ziegenmilch, weiße Schokolade.

🚲 🍴 – Karte 52/88 €

Stadtplan: F2-a – *Potsdamer Straße 102* ✉ *10785* – **U** *Kurfürstenstrasse* – 📞 *030 23000555* – *www.irmaladouce.de* – *Geschlossen mittags: Montag-Sonntag*

✿ PAULY SAAL

FRANZÖSISCH-MODERN · TRENDY ✕✕ Sie mögen es elegant und dennoch ungezwungen? Dann wird es Ihnen in dem herrlichen hohen Saal in der ehemaligen jüdischen Mädchenschule gefallen. Markante Details - und echte Hingucker! - sind hier eine dekorative Rakete über dem Fenster zur Küche sowie stilvolle Murano-Kronleuchter an der Decke. Das Team um Küchendirektor Dirk Gieselmann sorgt für klassische Gerichte mit modernen Einflüssen, bei denen Ihnen tolle Produktqualität gewiss ist. Sehr gut auch der Sommelier - man hat viele namhafte Weine. Wenn Sie gerne im Freien speisen: Ein schöner Innenhof dient als Terrasse. Und wie wär's mit einem selbst kreierten Cocktail in der Bar? Bar Food vom Chefkoch gibt es ebenfalls.

Spezialitäten: Kartoffelterrine im Noriblatt, Lauch-Wasabi-Mayonnaise, Salicornes mit Roter Bete. Zanderklößchen, Flusskrebse, Spinat und Kräuterseitling. Schokoladen und Haselnüsse in verschiedenen Texturen.

&& 斎 – Menü 85/115 €

Stadtplan: P2-q – Auguststraße 11 ⊠ 10117 – **U** Weinmeisterstraße –
✆ 030 33006070 – www.paulysaal.com – Geschlossen 1.-16. Januar, Montag, Dienstag, mittags: Mittwoch-Samstag, Sonntag

✿ PRISM

Chef: Gal Ben Moshe

ISRAELISCH · CHIC ✗✗ Nach dem Umzug vom Restaurant "Glass" in der Uhlandstraße hierher ins "prism" bietet Patron Gal Ben Moshe in minimalistisch-schickem Ambiente eine spannende Küche, die sowohl seine israelische Heimat als auch modernen europäischen Stil miteinander kombiniert! So entstehen interessante kontrastreiche Gerichte aus hervorragenden Produkten. Da hat z. B. die Komposition aus trocken gereifter Mieral-Taube, Gariguette-Erdbeeren und Baharat eine tolle geschmackliche Vielfalt und eine ganz persönliche Note, die man sonst nirgends bekommt. Harmonisch begleitet wird das Ganze von den trefflichen Weinempfehlungen der ausgesprochen freundlichen Gastgeberin und ausgezeichneten Sommelière Jacqueline Lorenz. Unter den 230 Positionen finden sich u. a. auch schöne Weine aus Israel, Syrien, dem Libanon...

Spezialitäten: Ur-Tomaten, Pistazien, Labane, Sumac. Entrecôte, Malfouf, Gelbe Datteln, Kampot Pfeffer. Sahlab, Melone, Joghurt, Mandeln.

&& – Menü 70/150 €

Stadtplan: J1-f – Fritschestraße 48 ⊠ 10627 – **U** Wilmersdorfer Straße –
✆ 030 54710861 – www.prismberlin.de – Geschlossen Montag,
mittags: Dienstag-Samstag, Sonntag

✿ BIEBERBAU

Chef: Stephan Garkisch

MODERNE KÜCHE · GEMÜTLICH ✗ Einzigartig das Ambiente, absolut sehenswert das Stuckateurhandwerk von Richard Bieber! In dem wunderbar restaurierten denkmalgeschützten Gastraum von 1894 wird man unter der Leitung der sympathischen Gastgeberin und Sommelière Anne Garkisch aufmerksam umsorgt, während Patron Stephan Garkisch am Molteni-Herd moderne Gerichte zaubert. Wirklich gelungen, wie er Kräuter und Gewürze in Szene setzt - vieles kommt aus dem eigenen Garten. Ein Faible, das aus der Zeit im "Strahlenberger Hof" in Schriesheim stammt. So bekommt z. B. Fläminger Wildschwein mit Panisse, Mangold, Möhre und Curry durch Koriandersaat und Korianderkresse eine ganz unerwartete Note. Nicht zu vergessen das hausgebackene Brot vorneweg - mal mit Anis, mal mit Körnern und Fenchel... wirklich lecker! Und die Preise sind fair!

Spezialitäten: Landei mit Nordseekrabben, Sellerie, Apfel, Limette und Schnittlauch. Campo Beef mit Senfkohl, Körniger Frischkäse, Kirsche und Roter Strauchbasilikum. Kamille, Blaubeeren, Mandeln und Rosmarin.

斎 – Menü 53/78 €

Stadtplan: F3-a – Durlacher Straße 15 ⊠ 10715 – **U** Bundesplatz – ✆ 030 8532390 –
www.bieberbau-berlin.de – Geschlossen mittags: Montag-Freitag, Samstag, Sonntag

✿ CORDO

KREATIV · CHIC ✗ Durch und durch hochwertig und unprätentiös! Da wäre zum einen das Ambiente: trendig und zugleich gemütlich, schönes Gedeck auf blanken Naturholztischen, dekorative Weinregale... Passend dazu der Service: charmant und locker, gelegentlich kommt auch Küchenchef Yannic Stockhausen (zuletzt im "Aqua" in Wolfsburg) selbst an den Tisch und erklärt seine Gerichte. Seine Küche passt ebenso ins moderne Bild: ein kreatives Menü mit 3, 5 oder 8 Gängen, kontrastreich in Aromen und Texturen und gleichzeitig absolut harmonisch. Interessant die umfangreiche Weinkarte, auf der sich u. a. eine große Riesling-Auswahl findet. Sie können übrigens auch an der markanten Bar auf Hockern Platz nehmen und die Menü-Gerichte als kleine Snack-Variante genießen.

Spezialitäten: Eigelb, Topinambur, Zwiebeln. Deutsche Färse, Spitzkohl, Pilze. Weiße Schokolade, Pfirsich, Fichte.

🕸 **P** – Menü 75/120 €

Stadtplan: P2-m – *Große Hamburger Straße 32* ✉ *10115* – **U** *Hackescher Markt* – ✆ *030 27581215* – *www.cordo.berlin* – *Geschlossen Montag, mittags: Dienstag-Samstag, Sonntag*

⌘ BANDOL SUR MER

Chef: Andreas Saul

FRANZÖSISCH-MODERN · NACHBARSCHAFTLICH 🍴 Sie würden in diesem ungezwungen-legeren Restaurant mit "shabby Chic" keine Sterneküche erwarten? Zugegeben, der kleine Raum kommt schon etwas „rough" daher: Die Einrichtung ist dunkel gehalten und sehr schlicht, die blanken Tische stehen recht eng, an den schwarzen Wänden sind die Gerichte angeschrieben. In der offenen Küche zeigt Andreas Saul (zuvor Souschef in der "Rutz Weinbar") bemerkenswerte Leidenschaft, Präzision und Originalität. Er kocht mit Bezug zur Region und bindet vergessene Kräuter und Gemüse mit ein. Haben Sie schon mal Bärlauch-Kimchi oder Brennnesselpüree probiert? Die Gerichte sind äußerst durchdacht, harmonisch bis ins Detail und stecken voller einzigartiger Aromen. Das ist richtig hohes Niveau gepaart mit sympathischer Bodenständigkeit.

Spezialitäten: Gereifter Stör, Speckdashi, gesalzene grüne Pflaume. Rehbock aus der Schorfheide, gegrillte Morcheln, Brennnessel. Kirschen, Kopfsalat, karamellisierte Schokolade.

🕸 – Menü 109/139 €

Stadtplan: P1-b – *Torstraße 167* ✉ *10115* – **U** *Rosenthaler Platz* – ✆ *030 67302051* – *www.bandolsurmer.de* – *Geschlossen mittags: Montag, Dienstag, Mittwoch, mittags: Donnerstag-Sonntag*

⌘ COOKIES CREAM

VEGETARISCH · HIP 🍴 Speziell ist schon der Weg hierher: Über Hinterhöfe erreicht man eine unscheinbare Tür, an der man klingeln muss. Über alte Treppen gelangt man in den 1. Stock, und hier in ein lebendiges Restaurant im "Industrial Style". Früher war diese trendige Location ein angesagter Nachtclub, heute gibt es zu elektronischer Musik rein vegetarische Sterneküche. Stephan Hentschel heißt der Chef am Herd. Ausgesprochen durchdacht und exakt verbindet er z. B. gebackene Aubergine mit Edamame, Papadam, Liebstöckel und Zwiebel - schön die Würze! Der Service ist cool und lässig, aber ebenso professionell und sehr gut organisiert. Ein jugendliches und gleichermaßen hervorragendes Konzept, das ankommt - das gemischte Publikum vom Hipster über den Banker bis zur Familie spricht für sich!

Spezialitäten: Onseneigelb mit Algenkaviar. Gebackene Aubergine mit Papadam. Aprikosen-Safraneis mit Kürbiskernöl.

🆎 – Menü 79/149 €

Stadtplan: P2-e – *Behrenstraße 55 (im Hinterhof vom Hotel Westin Grand)* ✉ *10115* – **U** *Französische Straße* – ✆ *030 680730448* – *www.cookiescream.com* – *Geschlossen Montag, mittags: Dienstag-Samstag, Sonntag*

🍴○ **Crackers** – Siehe Restaurantauswahl

⌘ KIN DEE

THAILÄNDISCH · DESIGN 🍴 Diese urbane, jugendlich-legere Adresse wird ihrem Namen ("Kin Dee" bedeutet "gut essen") voll und ganz gerecht. Was Sie in dem äußerlich recht unscheinbaren Haus abseits der Touristenpfade erwartet, ist geradezu einzigartig! Eine derart authentische Thai-Küche findet man in Deutschland vermutlich kein zweites Mal. Hier treffen Top-Produkte aus Brandenburg (meist in Bio-Qualität) auf gelungene Kontraste aus typischen asiatischen Aromen. Einfach klasse, wie man z. B. den Curry-Kokossud würzig, aber nicht zu scharf abschmeckt und mit säuerlichem Thai-Basilikum abrundet! Da merkt man das Gefühl für stimmige Kombinationen ebenso wie die ganz eigene Idee. Küchenchefin Dalad Kambhu ist übrigens Quereinsteigerin. Ehemals Model, hat die gebürtige Thailänderin im Kochen ihre wahre Berufung gefunden!

Spezialitäten: Heilbutt, Zitronengras, Chili und Koriander. Grünes Hähnchen-Curry, Aubergine, Zucchini, Basilikum. Pochierte Birne mit Lemongras und Kokos.

⌂ – Menü 65 €

Stadtplan: F2-k – *Lützowstraße 81* ⊠ *10785 –* **U** *Kurfürstenstraße – ℰ 030 2155294 – www.kindeeberlin.com – Geschlossen 1.-10. Januar, Montag, mittags: Dienstag-Samstag, Sonntag*

GÄRTNEREI

MODERNE KÜCHE · CHIC ※ Das schicke Restaurant liegt quasi direkt auf einer Restaurantmeile in Berlin-Mitte. Gekocht wird modern, geschmackvoll und frisch. Auf der Karte findet sich viel Vegetarisches wie z. B. "Tomatengazpacho" oder "Erdäpfelgulasch", aber auch "Ceviche aus der Ostsee" oder "Wiener Schnitzel vom Linumer Kalb". Dazu überwiegend österreichische Weine - der Patron ist Steirer!

Spezialitäten: Geräucherte Spitzpaprika, Artischocke, Salzzitrone, Kalamata Olive. Wiener Schnitzel, Kartoffel- und Feldsalat. Kaiserschmarrn, Apfelkompott, Vanille-eis, Zwetschgenröster.

Menü 35 € – Karte 34/56 €

Stadtplan: P1-d – *Torstraße 179* ⊠ *10115 –* **U** *Rosenthaler Platz – ℰ 030 24631450 – www.gaertnerei-berlin.com – Geschlossen nur Abendessen*

NUSSBAUMERIN

ÖSTERREICHISCH · GEMÜTLICH ※ Ein Stück Österreich mitten in Berlin gibt es in dem gemütlichen "Edel-Beisl" von Johanna Nußbaumer, und zwar in Form von Backhendl, Wiener Schnitzel oder Tafelspitz, nicht zu vergessen leckere Mehlspei-sen wie Kaiserschmarrn oder Marillenknödel. Auch die guten Weine stammen aus der Heimat der Chefin. Man betreibt in Berlin übrigens auch noch einen Heurigen.

Spezialitäten: Gratinierter Ziegenkäse mit Zwetschkenconfit, Vogerlsalat. Wiener Schnitzel mit Erdäpfel-Gurkensalat. Kaiserschmarrn mit Zwetschkenröster und Apfelmus.

Karte 30/47 €

Stadtplan: K2-n – *Leibnizstraße 55* ⊠ *10629 –* **U** *Adenauerplatz – ℰ 030 50178033 – www.nussbaumerin.de – Geschlossen abends: Samstag-Sonntag*

ⅈ○ GRACE

INTERNATIONAL · CHIC ※※ "The place to be" in Berlin! Ein wirklich tolles stilvol-les Restaurant voller Glamour - Hollywood-Stars geben sich hier die Klinke in die Hand. Serviert werden Gerichte mit asiatisch-kalifornischen und europäischen Aromen. Ein Muss: nach dem Essen auf einen Cocktail in die Rooftop-Bar-Lounge!

↫ ⌂ ⅊ 🅰 – Menü 69/99 € – Karte 53/113 €

Stadtplan: L2-z – *Hotel Zoo Berlin, Kurfürstendamm 25* ⊠ *10719 –* **U** *Uhlandstr. – ℰ 030 88437750 - www.grace-berlin.com – Geschlossen Montag-Mittwoch, Sonntag, nur Abendessen*

ⅈ○ BOCCA DI BACCO

ITALIENISCH · ELEGANT ※※ Außen die schmucke historische Fassade, drinnen ein schönes modern-elegantes Restaurant mit Bar und Lounge. In der durch Fenster einsehbaren Küche kocht man italienisch, so z. B. "flambiertes Rinderfilet mit Pfeffer" oder "Fusilloni mit Pfifferlingen und Guanciale Speck". Die Pasta ist natürlich hausgemacht. Und dazu vielleicht einen der tollen toskanischen Weine?

🕸 🅰 ⇷ – Menü 20 € (Mittags), 54/76 € – Karte 41/70 €

Stadtplan: P3-x – *Friedrichstraße 167* ⊠ *10117 –* **U** *Französische Straße – ℰ 030 20672828 - www.boccadibacco.de – Geschlossen Sonntag*

🍴○ **DUKE**

FRANZÖSISCH-MODERN · TRENDY ✗✗ Die Karte des modern-freundlichen Restaurants ist zweigeteilt: "Légère" mit Salaten und Klassikern wie Wiener Schnitzel oder Pasta, "Logique" mit kreativen Gerichten wie "Mieral-Taube, Kiefernzapfen, Heidelbeeren, Getreide, Shiitake, Vogelmiere", dazu am Abend ein monatlich wechselndes Menü. Einfacheres preiswertes Angebot am Mittag. Nett sitzt man im Innenhof.

⇔ 🛋 ♿ 🅰🅲 🔄 🚗 – Menü 22 € (Mittags), 55/75 € – Karte 45/75 €

Stadtplan: LM2-e – *Hotel Ellington, Nürnberger Straße 50* ✉ 10789 – **U** *Wittenbergplatz* – ℰ *030 683154000* – *www.duke-restaurant.com* – *Geschlossen abends: Montag, Sonntag*

🍴○ **INDIA CLUB**

INDISCH · ELEGANT ✗✗ Absolut authentische indische Küche gibt es auch in Berlin! Sie nennt sich "rustic cuisine" und stammt aus dem Norden Indiens - das sind z. B. leckere Curries wie "Lamb Shank Curry" oder original Tandoori-Gerichte wie "Maachi Tikka". Edel das Interieur: dunkles Holz und typisch indische Farben und Muster.

🛋 🅰🅲 🚗 – Karte 43/67 €

Stadtplan: N3-h – *Behrenstraße 72* ✉ 10178 – **U** *Brandenburger Tor* – ℰ *030 20628610* – *www.india-club-berlin.com*

🍴○ **THE NONAME** ⓝ

MODERNE KÜCHE · DESIGN ✗✗ Eine ganz spezielle Adresse! Gelungen verbindet sich in diesem Restaurant in den Heckmann-Höfen der stilvolle historische Rahmen samt toller hoher Stuckdecken mit schickem geradlinig-modernem Design. Es gibt modern-kreative Küche mit internationalen Akzenten, angeboten in Menüform. Dazu gute Weinempfehlungen.

🛋 🅰🅲 🔄 – Menü 35 € (Mittags), 79/129 €

Stadtplan: P2-s – *Oranienburger Straße 32* ✉ 10117 – **U** *Oranienburger Straße* – ℰ *030 279099027* – *www.the-noname.de* – *Geschlossen 1.-16. Januar, Sonntag-Montag*

🍴○ **POTS**

DEUTSCH · CHIC ✗✗ Locker und stylish-chic! Hingucker im Restaurant des "Ritz-Carlton" sind die markante Deko und die große offene Küche. Hier werden deutsche Gerichte modern interpretiert, so z. B. "Klopse, Bayerische Garnele, Rieslingsauce" - auch zum Teilen geeignet. Oder lieber das Überraschungsmenü? Preiswert das Mittagsmenü. Patron ist übrigens kein Geringerer als Dieter Müller.

🕷 ⇔ 🛋 ♿ 🍽 🚗 – Menü 26 € (Mittags)/59 € – Karte 22/59 €

Stadtplan: N3-d – *The Ritz-Carlton, Potsdamer Platz 3* ✉ 10785 – **U** *Potsdamer Platz* – ℰ *030 337775402* – *www.potsrestaurant.com*

🍴○ **RESTAURANT 1687**

MEDITERRAN · DESIGN ✗✗ In einer kleinen Seitenstraße zu "Unter den Linden" ist dieses geschmackvoll-stylische Restaurant samt netter Terrasse zu finden. Gekocht wird überwiegend mediterran mit internationalen Einflüssen. Mittags ist die Karte reduziert. Frühstücken können Sie hier übrigens auch.

🛋 🅰🅲 – Menü 37/50 € – Karte 42/52 €

Stadtplan: P2-s – *Mittelstraße 30* ✉ 10117 – **U** *Friedrichstraße* – ℰ *030 20630611* – *www.1687.berlin* – *Geschlossen 1.-4. Januar, Samstag, Sonntag*

🍴○ **BRASSERIE LAMAZÈRE**

FRANZÖSISCH · BRASSERIE ✗ Hier im Herzen von Charlottenburg fühlt man sich fast wie in Frankreich, dafür sorgt nicht zuletzt die wirklich charmante unkomplizierte und lebhafte Bistro-Atmosphäre. Von der Tafel wählt man wechselnde Gerichte, die sich an der Saison orientieren. Gut und fair kalkuliert die Weinkarte - die Passion des Patrons!

Menü 42/56 € – Karte 44/60 €

Stadtplan: J2-a – *Stuttgarter Platz 18* ✉ 10627 – **U** *Wilmersdorfer Str.* – ℰ *030 31800712* – *www.lamazere.de* – *Geschlossen 24.-28. Dezember, Montag, mittags: Dienstag-Sonntag*

🍴○ **893 RYOTEI** ❶

JAPANISCH ZEITGENÖSSISCH · **TRENDY** 🗶 Nicht ganz einfach zu finden: Hinter der verspiegelten, mit Graffiti besprühten Fassade vermutet man kein Restaurant! Das Interieur: trendig, in Schwarz gehalten, kleine Tische. Mittelpunkt ist die offene Küche. Hier bietet The Duc Ngu eine breit ausgelegte japanische Küche, gespickt mit anderen asiatischen, aber auch südamerikanischen und europäischen Einflüssen.

 ♿ 🅺 – Karte 49/79 €

Stadtplan: K1-c – *Kantstraße 135* ✉ *10623* – **U** *Wilmersdorfer Straße* – ✆ *030 91703132* - *www.893-ryotei.de* – *Geschlossen 23. Dezember-2. Januar, Montag, mittags: Dienstag-Samstag, Sonntag*

🍴○ **BLEND**

INTERNATIONAL · **CHIC** 🗶 "Blend" steht für die Vermischung der verschiedenen Kulturen und Küchen, die es in Berlin gibt. So bietet die moderne internationale Karte z. B. "Asian Carbonara". Dazu erwartet Sie im Restaurant des schicken Hotels "Pullmann Berlin Schweizerhof" stylisches Design und trendige Bistro-Atmosphäre. Mittags: günstiges Lunch-Menü und einige Klassiker.

 ♿ 🅺 🍽 – Menü 35 € (Mittags)/45 € – Karte 21/57 €

Stadtplan: M1-b – *Budapester Straße 25* ✉ *10787* – **U** *Wittenbergplatz* – ✆ *030 26962696* - *www.restaurant-blend.com*

🍴○ **BORCHARDT**

KLASSISCHE KÜCHE · **BRASSERIE** 🗶 Eine Institution am Gendarmenmarkt - nicht selten trifft man hier auf Prominente und Politiker. Man sitzt gemütlich und isst Internationales sowie Klassiker, gerne auch im Innenhof. Tipp: "Wiener Schnitzel mit Kartoffel- und Gurkensalat".

 🍽 – Karte 30/103 €

Stadtplan: P3-p – *Französische Straße 47* ✉ *10117* – **U** *Französische Straße* – ✆ *030 81886262* - *www.borchardt-restaurant.de*

🍴○ **BRASSERIE COLETTE TIM RAUE**

FRANZÖSISCH-KLASSISCH · **BRASSERIE** 🗶 Tim Raue - wohlbekannt in der Gastroszene - hat hier eine moderne, sympathisch-unkomplizierte Brasserie geschaffen, die man eher in Paris vermuten würde. Probieren Sie z. B. "Bouillabaisse", "Steak Frites" oder "Tarte Tatin".

 ♿ – Menü 26 € (Mittags)/29 € – Karte 39/77 €

Stadtplan: M2-c – *Passauer Straße 5* ✉ *10789* – **U** *Wittenbergplatz* – ✆ *030 21992174* - *www.brasseriecolette.de*

🍴○ **CHRISTOPHER'S**

MARKTKÜCHE · **BISTRO** 🗶 Ein trendig-urbanes Restaurant, in dem man sich auf ambitionierte saisonorientierte Küche freuen darf, z. B. in Form von "Kalbsfilet, Parmesankruste, Blattspinat". Das frische, junge Konzept und die persönliche Atmosphäre kommen gut an. Groß geschrieben wird auch das Thema Wein - und coole Drinks gibt's ebenfalls!

 🍽 – Menü 45/65 € – Karte 53/61 €

Stadtplan: K2-s – *Mommsenstraße 63* ✉ *10629* – **U** *Adenauerplatz* – ✆ *030 24356282* - *www.christophers.online* – *Geschlossen mittags: Montag-Samstag, Sonntag*

🍴○ **CRACKERS**

INTERNATIONAL · **HIP** 🗶 Eine Etage unter dem "Cookies Cream" geht es ebenso trendig zu. Nach dem Klingeln gelangt man durch die Küche in ein großes lebhaftes Restaurant mit hoher Decke und schummrigem Licht. Auf der Karte ambitionierte Fleisch- und Fischgerichte.

 🅺 – Menü 36/125 € – Karte 36/125 €

Stadtplan: P2-f – *Cookies Cream, Friedrichstraße 158* ✉ *10117* – **U** *Französische Straße* – ✆ *030 680730488* - *www.crackersberlin.com* – *Geschlossen mittags: Montag-Sonntag*

🍴 DAE MON

FUSION · TRENDY 🍴 Eine interessante Adresse ist dieses schicke und recht sty-lische Restaurant. Man nennt seinen Küchenstil "open minded cuisine": europäi-sche Küche mit japanischen und koreanischen Einflüssen, geschmackvoll und aro-matisch abgestimmt. Probieren Sie z. B. "Oktopus, Daikon, Wakame, Rhabarber" oder "Rinderfilet, Bete, Rübe".

🍴 – Menü 81/89 € – Karte 48/69 €

Stadtplan: P2-n – *Monbijouplatz 11* ✉ *10178* – **U** *Weinmeisterstraße* – ☎ *030 26304811* – *www.dae-mon.com* – *Geschlossen 1.-17. Januar, 24.-27. Dezember, Sonntag-Montag, nur Abendessen*

🍴 FUNKY FISCH ⓝ

WESTLICH / ASIATISCH · HIP 🍴 Lust auf Fisch? Unkompliziert und asiatisch inspiriert? Dann auf ins trendig-lebendige "Funky Fisch" von The Duc Ngo. Mittel-punkt ist die große Fischtheke. Hier suchen Sie sich Fisch und Meeresfrüchte aus, die dann in der offenen Küche zubereitet werden. Man bietet einen breiten asiati-schen Mix von chinesisch bis vietnamesisch, dazu Einflüsse aus der ganzen Welt.

🍴 – Karte 38/65 €

Stadtplan: K1-c – *Kantstraße 135* ✉ *10625* – **U** *Kantstraße* – ☎ *0163 9382215* – *funky-fisch.de* – *Geschlossen Montag, Sonntag*

🍴 KATZ ORANGE

INTERNATIONAL · GEMÜTLICH 🍴 Ganz speziell, angenehm natürlich und voller Leben präsentiert sich das ausgesprochen charmante, etwas versteckt liegende Restaurant. Auf zwei Etagen gibt es ambitionierte, schmackhafte Küche - darf es vielleicht "Duroc-Schwein 'Katz-Orange'" sein? Reizend auch der Innenhof.

🍴 🅰🅲 ⇔ – Karte 32/51 €

Stadtplan: P1-z – *Bergstraße 22 (Eingang im Hof)* ✉ *10115* – **U** *Rosenthaler Platz* – ☎ *030 983208430* – *www.katzorange.com* – *Geschlossen mittags: Montag-Sonntag*

🍴 KURPFALZ WEINSTUBEN ⓝ

REGIONAL · RUSTIKAL 🍴 Eine typische Pfälzer Weinstube mitten in Berlin? Am Adenauerplatz beim Ku'damm liegt etwas versteckt in einem Hinterhof diese tra-ditionelle Adresse. In gemütlich-rustikalen Stuben gibt es bürgerliche Küche samt regionalen Klassikern, dazu 50 offene Weine und 800 auf der Weinkarte. Mittags kleine Tageskarte.

🐝 🍴 ৬ ⇔ – Menü 17 € (Mittags), 36/45 € – Karte 27/39 €

Stadtplan: K2-b – *Wilmersdorfer Straße 93* ✉ *10629* – **U** *Adenauerplatz* – ☎ *030 8836664* – *www.kurpfalz-weinstuben.de* – *Geschlossen Montag, mittags: Sonntag*

🍴 MADAME NGO - UNE BRASSERIE HANOI ⓝ

SÜDOSTASIATISCH · BRASSERIE 🍴 Das Warten auf einen der begehrten Tisch lohnt sich! Das charmant-ungezwungene Lokal ist sehr beliebt für seine einfache, aber gute vietnamesische Küche, die auch noch preiswert ist. Verlockend der Duft aus den brodelnden Töpfen in der offenen Küche - da ist eine große Schüssel authentische "Pho" praktisch ein Muss!

🥢 – Karte 31/45 €

Stadtplan: K1-a – *Kantstraße 30* ✉ *10623* – **U** *Uhlandstraße* – ☎ *030 60274585* – *madame-ngo.de*

🍴 MINE

ITALIENISCH · BRASSERIE 🍴 In St. Petersburg und in Moskau hat sie bereits Restaurants, nun bietet die Betreiberfamilie hier ganz in der Nähe des Ku'damms diese chic-legere Adresse. Die Küchenphilosophie ist italienisch, trotzdem zeigen sich Einflüsse der russischen Heimat - probieren Sie z. B. "Ravioli del Plin mit Rindfleisch". Dazu eine schöne Weinauswahl samt erstklassiger offener Weine.

🍴 🅰🅲 – Karte 44/56 €

Stadtplan: L2-n – *Meinekestraße 10* ✉ *10719* – **U** *Kurfürstendamm* – ☎ *030 88926363* – *www.minerestaurant.de*

¶○ OH PANAMA

MARKTKÜCHE · TRENDY ✗ Durch einen Hof gelangt man in das trendig-leben-dige Restaurant auf zwei Etagen. Hier erwarten Sie sympathisch-lockerer Service und moderne deutsche Küche. Auf der Karte z. B. "Schweinsbraten, Roter Grün-kohl, Saure Pfifferlinge". Schöne Innenhofterrasse, dazu die "Tiger Bar". Vis-à-vis: Varieté-Theater "Wintergarten".

🍽 ⇔ – Menü 39/57€ – Karte 49€

Stadtplan: G2-c – *Potsdamer Straße 91* ✉ *10785* – **U** *Kurfürstenstraße* –
✆ *030 983208435* – *www.oh-panama.com* – *Geschlossen mittags: Montag-Sonntag*

¶○ OTTENTHAL

ÖSTERREICHISCH · KLASSISCHES AMBIENTE ✗ Das Restaurant (benannt nach dem Heimatort des Patrons) hat eine angenehm legere Atmosphäre und ist bekannt für seine österreichische Küche: Wiener Schnitzel, Tafelspitz, Apfelstru-del..., zudem Saisonales wie Wild- oder Spargelgerichte. Integrierte kleine Wein-handlung. Mittags kleine Tageskarte und Business Lunch.

🅰🅲 – Menü 25€ (Mittags)/34€ – Karte 38/66€

Stadtplan: L1-g – *Kantstraße 153* ✉ *10623* – **U** *Zoologischer Garten* –
✆ *030 3133162* – *www.ottenthal.com*

¶○ PARIS-MOSKAU

FRANZÖSISCH · GEMÜTLICH ✗ Das denkmalgeschützte Fachwerkhaus steht vor dem Neubau des Innenministeriums, nett die Terrasse. Auf der Karte französische Gerichte mit modernen Einflüssen, z. B. "Steinbuttfilet, Erbsenpüree, Passepierre-Algen, Estragon, Chips". Mittags gibt es eine kleinere einfachere Karte, die sehr gut ankommt.

🍽 ⇔ – Menü 19€ (Mittags), 42/69€ – Karte 51/68€

Stadtplan: F2-s – *Alt-Moabit 141* ✉ *10557* – **U** *Hauptbahnhof* – ✆ *030 3942081* –
www.paris-moskau.de – *Geschlossen 1.-5. Januar, Sonntag, mittags: Samstag*

¶○ ROTISSERIE WEINGRÜN

INTERNATIONAL · FREUNDLICH ✗ Lust auf Spezialitäten vom Flammenwand-grill? Vielleicht "Spareribs vom Havelländer Apfelschwein"? Serviert wird in sym-pathisch-moderner Atmosphäre, dekorativ das große Weinregal. Im Sommer lockt die Terrasse zur Spree.

🍽 ♿ – Menü 35/55€ – Karte 34/69€

Stadtplan: Q3-a – *Gertraudenstraße 10* ✉ *10178* – **U** *Spittelmarkt* –
✆ *030 20621900* – *www.rotisserie-weingruen.de* – *Geschlossen Sonntag,*
mittags: Montag-Samstag

¶○ ZENKICHI

JAPANISCH · INTIM ✗ Über eine Treppe erreichen Sie dieses intim-gediegene Restaurant, das wie ein Wald aus Bambus und Spiegeln erscheint. Sie sitzen ganz für sich in typisch japanischen kleinen Boxen mit Sichtschutz, rufen den freundlichen Service per Klingel. Omakase-Menü und schöne Sake-Auswahl dür-fen da nicht fehlen.

🅰🅲 – Menü 75/105€

Stadtplan: P2-a – *Johannisstraße 20* ✉ *10117* – **U** *Oranienburger Tor* –
✆ *030 24630810* – *www.zenkichi.de*

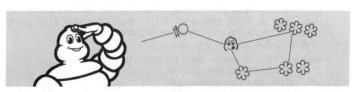

Hotels

▦ ADLON KEMPINSKI

GROßER LUXUS · KLASSISCH Das schon äußerlich majestätische "Adlon" direkt neben dem Brandenburger Tor ist nach wie vor eines der Flaggschiffe unter den deutschen Grandhotels. Schon die Hotelhalle, das "Wohnzimmer" der Berliner Gesellschaft, hat ein ganz besonderes Flair, und wenn dann abends das Piano erklingt... Exklusivität pur - auch dank Butler-Service. Klassische Küche im "Quarré".

⌂ ▦ ⑩ ⍲ ▣ ⌑ ⌑ ⒜ ⌑ ⌕ – 307 Zimmer – 78 Suiten

Stadtplan: N2-s – *Unter den Linden 77* – ✉ *10117* – **U** *Brandenburger Tor* – ✆ *030 22610* – *www.kempinski.com/adlon*

❀❀ **Lorenz Adlon Esszimmer** – Siehe Restaurantauswahl

▦ THE RITZ-CARLTON

GROßER LUXUS · KLASSISCH Eine der elegantesten Adressen Deutschlands. Nobel und repräsentativ die Halle mit freitragender Marmortreppe - hier trifft man sich nachmittags in der stilvollen Lounge zur klassischen "Teatime". Exklusive Bar mit vielen Eigenkreationen.

⌂ ▦ ⍲ ▣ ⌑ ⌑ ⒜ ⌑ ⌕ – 278 Zimmer – 25 Suiten

Stadtplan: N3-d – *Potsdamer Platz 3* – ✉ *10785* – **U** *Potsdamer Platz* – ✆ *030 337777* – *www.ritzcarlton.com*

⑩ **POTS** – Siehe Restaurantauswahl

▦ GRAND HYATT BERLIN

GROßER LUXUS · DESIGN Das in Trapezform erbaute Hotel am Potsdamer Platz besticht mit technisch sehr gut ausgestatteten Zimmern in puristischem Design. Beachtung verdient auch der "Club Olympus Spa" samt eindrucksvollem Schwimmbad über den Dächern von Berlin! Moderne Küche und Sushi im "Vox". In der schicken Bar gibt es Cocktails und lokale Speisen.

⌂ ▦ ⑩ ⍲ ▣ ⌑ ⌑ ⒜ ⌑ – 326 Zimmer – 21 Suiten

Stadtplan: N3-a – *Marlene-Dietrich-Platz 2 (Eingang Eichhornstraße)* – ✉ *10785* – **U** *Potsdamer Platz* – ✆ *030 25531234* – *grandhyattberlin.com*

▦ HOTEL DE ROME

HISTORISCHES GEBÄUDE · DESIGN Ein Luxushotel mit dem repräsentativen Rahmen eines a. d. J. 1889 stammenden Gebäudes, dem früheren Sitz der Dresdner Bank. Der Tresorraum dient heute als Pool. Genießen Sie im Sommer die Aussicht von der Dachterrasse - hier Snackangebot. Mediterrane Küche im "La Banca". Ideal die Lage direkt gegenüber der Staatsoper.

⌂ ▦ ⍲ ▣ ⌑ ⌑ ⒜ ⌑ ⌕ – 110 Zimmer – 35 Suiten

Stadtplan: P2-h – *Behrenstraße 37* – ✉ *10117* – **U** *Französische Straße* – ✆ *030 4606090* – *www.roccofortehotels.com*

▦ THE MANDALA

BUSINESS · DESIGN Günstig die Lage des Hotels am Potsdamer Platz gegenüber dem Sony-Center. Sehr geräumige, dezent luxuriös gestaltete Zimmer und Suiten, dazu der aparte, hochwertige Spa. Trendig die Bar "QIU" - hier gibt es das gute Frühstück und ein kleines Speisenangebot.

⌂ ⑩ ⍲ ▣ ⌑ ⌑ ⒜ ⌑ – 158 Zimmer

Stadtplan: N3-v – *Potsdamer Straße 3* – ✉ *10785* – **U** *Potsdamer Platz* – ✆ *030 590050000* – *www.themandala.de*

❀❀ **FACIL** – Siehe Restaurantauswahl

TITANIC GENDARMENMARKT

URBAN · MODERN Sie wohnen mitten in der Stadt und doch ein bisschen in einer eigenen Welt: Das ehemalige Kostümhaus der Staatsoper ist chic designt, von der Lobby in hellem Marmor über die stilvoll-modernen Zimmer bis zum gro-ßen Hamam. Im stylischen "Beef Grill Club by Hasir" gibt's gute Steaks. Dazu die "Schinkel Bar".

🏝 🐎 ⅙ 🔁 ♿ 🅰 🗜 – 208 Zimmer

Stadtplan: P3-b – *Französische Straße 30* ✉ *10117* – **U** *Hausvogteiplatz* – ✆ *030 20143700* – *www.titanic.com.tr/titanicgendarmenmarktberlin*

ZOO BERLIN

LUXUS · DESIGN Die bekannte Designerin Dayna Lee hat ein Stück Berliner Hotelgeschichte "wiederbelebt": Das Hotel verbindet überaus elegant und wertig Altes mit Neuem. Man wohnt in geschmackvollen, opulent gestalteten und den-noch funktionellen Zimmern und genießt die Atmosphäre eines Grandhotels. Im Sommer Rooftop Bar!

🏝 ⅙ 🔁 ♿ 🅰 🗜 **P** – 141 Zimmer

Stadtplan: L2-z – *Kurfürstendamm 25* ✉ *10178* – **U** *Uhlandstraße* – ✆ *030 884370* – *www.hotelzoo.de*

🍴 **GRACE** – Siehe Restaurantauswahl

SO/ BERLIN DAS STUE   `Tablet.PLUS`

LUXUS · DESIGN Richtig "stylish" und "cosy" ist das denkmalgeschützte Gebäude der ehemaligen Dänischen Gesandtschaft aus den 30er Jahren. Geschmackvolles topmodernes Design, dazu Ruhe trotz Großstadt. Auf Wunsch wohnt man mit Blick auf den Berliner Zoo! "The Casual": locker und niveauvoll, Internationale Küche im Tapas-Stil.

🏝 🔲 🌐 🐎 ⅙ 🔁 ♿ 🅰 🗜 – 78 Zimmer

Stadtplan: M1-s – *Drakestraße 1* ✉ *10787* – **U** *Wittenbergplatz* – ✆ *030 3117220* – *www.das-stue.de*

✾ **5 - Cinco by Paco Pérez** – Siehe Restaurantauswahl

AM STEINPLATZ

LUXUS · ELEGANT Einst das Künstlerhotel der Spreemetropole, heute ein exklu-sives Boutiquehotel im Herzen Charlottenburgs. Die Zimmer wertig, chic, wohn-lich, der Service aufmerksam und individuell, dazu der Altbau-Charme hoher, teils stuckverzierter Decken. Mittags einfacher Lunch, abends ambitioniertere Küche. Schwerpunkt bei Wein und Sekt ist Deutschland. Toll auch die Bar!

🏝 🐎 ⅙ 🔁 ♿ 🅰 🗜 – 84 Zimmer – 3 Suiten

Stadtplan: L1-e – *Steinplatz 4* ✉ *10623* – **U** *Ernst-Reuter-Platz* – ✆ *030 5544440* – *www.restaurantsteinplatz.com*

BOUTIQUE HOTEL I-31

BUSINESS · INDIVIDUELL Trendig-chic ist das Design in dem Boutique-Hotel im Stadtteil Mitte. Die Zimmer: frisch, wohnlich, modern - von "Pure Cozy" bis "Comfort plus". Sie suchen das Spezielle? Auf dem Dach des Nebengebäudes hat man "Comfort Container"! Tipp: Man verleiht E-Autos und E-Scooter.

🐎 ⅙ 🔁 ♿ 🅰 🗜 – 121 Zimmer

Stadtplan: P1-d – *Invalidenstraße 31* ✉ *10115* – **U** *Naturkundemuseum* – ✆ *030 3384000* – *www.hotel-i31.de*

🏛 LOUISA'S PLACE

URBAN · INDIVIDUELL Sie mögen es geschmackvoll, diskret und durchaus luxuriös, und das in eher kleinem und persönlichem Rahmen? Direkt am Ku'damm liegt das schön restaurierte Stadthaus von 1904 mit seinen großzügigen Suiten, die alle mit individueller Note und sehr wohnlich gestaltet sind! Man hat auch eine stilvolle Bar.

🔲 🐎 🔁 ⅙ – 47 Suiten

Stadtplan: K2-a – *Kurfürstendamm 160* ✉ *10709* – **U** *Adenauerplatz* – ✆ *030 631030* – *www.louisas-place.de*

THE MANDALA SUITES ⓪

LUXUS · MODERN Sie möchten länger bleiben oder mögen es einfach etwas groß-zügiger? Dann ist das zum "THE MANDALA" gehörende Suitehotel genau richtig. Die geräumigen Studios und Suiten sind wohnlich-komfortabel eingerichtet, haben eine Pantryküche und teilweise einen Balkon und liegen zum Innenhof oder zur Seitenstraße.

🕎 ⊡ – 80 Zimmer

Stadtplan: P3-d – *Friedrichstraße 185* ✉ *10117* – **U** *Stadtmitte* – ☎ *030 202920* – *www.themandalasuites.de*

TITANIC CHAUSSEE

BUSINESS · ELEGANT Sehr geschmackvolles modernes Design mit Retro-Touch von der großzügigen Lobby bis in die wohnlichen Zimmer, dazu Wellness auf 3000 qm (gegen Gebühr) sowie die Restaurants "Pascarella" (italienische Küche) und "Hasir Burger" - und das alles nur wenige Gehminuten von der trendigen Oranienburger Straße.

🍴 ⛶ 🕎 *f₆* ⊡ ⅗ 🄰🄲 ⅍ 🚗 – 389 Zimmer – 6 Suiten

Stadtplan: P1-a – *Chausseestraße 30* ✉ *10178* – **U** *Naturkundemuseum* – ☎ *030 31168580* – *www.titanic.com.tr*

25HOURS HOTEL BIKINI

BUSINESS · DESIGN Einer der interessantesten Hotel-Hotspots Berlins - ange-baut an die Bikini-Mall, trendig der "Urban Jungle"-Style, freie Sicht in den Zoo (von der Sauna in der 9. Etage schaut man ins Affengehege!). "Woodfire Bakery" und loungige "Monkey Bar" mit tollem Stadtblick. Im 10. Stock: "NENI" mit medi-terraner und arabischer Küche. Tipp: kostenfreier Fahrradverleih!

🍴 🕎 ⊡ ⅗ 🄰🄲 ⅍ – 149 Zimmer

Stadtplan: L1-b – *Budapester Straße 40* ✉ *10178* – **U** *Zoologischer Garten* – ☎ *030 1202210* – *www.25hours-hotels.com*

AMANO

BUSINESS · MODERN Trendig und stylish ist alles in diesem Hotel nicht weit von den Hackeschen Höfen, von der schicken Lobby in gedeckten Tönen mit Metallic-Schimmer über die geradlinig-modernen Zimmer mit schönem Parkett-boden bis zur Panorama-Dachterrasse mit fantsatischem Blick auf Berlin. Die chil-lige AMANO Bar lockt auch Einheimische an.

⊡ ⅗ 🄰🄲 🚗 – 163 Zimmer – 20 Suiten

Stadtplan: Q1-a – *Auguststraße 43* ✉ *10178* – **U** *Rosenthaler Platz* – ☎ *030 8094150* – *www.amanogroup.de*

AMANO GRAND CENTRAL

BUSINESS · MODERN In Anlehnung an die Grand Central Station in New York wurde in direkter Nähe des Hauptbahnhofs ein modernes Businesshotel geschaffen. Studios und Apartments bieten besonderen Komfort. Internationale Küche und günstiger Lunch im Bistro. Highlight: "Apartment Bar" im 6. Stock samt Dachterrasse darüber!

🍴 *f₆* ⊡ 🄰🄲 ⅍ 🚗 – 237 Zimmer – 13 Suiten

Stadtplan: A3-a – *Heidestraße 62* ✉ *10557* – **U** *Hauptbahnhof* – ☎ *030 304003000* – *www.amanograndcentral.de*

CATALONIA

BOUTIQUE-HOTEL · DESIGN Das ist das "Pilot-Projekt" der katalanischen Hotelgruppe in Deutschland. Interessant: Die Lobby spiegelt mit ihrem speziellen Look die Vielfalt und die Veränderung Berlins wider, auf den Fluren sehenswerte Graffitis. Das Restaurant bietet einen Mix aus regionaler und spanischer Küche samt Tapas.

🍴 🕎 *f₆* ⊡ ⅗ 🄰🄲 ⅍ – 131 Zimmer

Stadtplan: Q3-x – *Köpenicker Straße 80* ✉ *10179* – **U** *Heinrich-Heine-Straße* – ☎ *030 24084770* – *www.cataloniahotels.com*

COSMO HOTEL BERLIN MITTE ⓝ

BUSINESS · DESIGN Das Hotel ist ein guter Ausgangspunkt für Stadterkundungen und hat zudem ein attraktives Interieur. In den Zimmern bestimmen moderne Formen und ruhige Töne das Bild, dazu große Fenster zum Spittelmarkt oder zum Park. Tipp: schicke geräumige Suite in der obersten Etage.

🍴 🛎 ♨ 🖥 🏋 – 84 Zimmer

Stadtplan: Q3-b – *Spittelmarkt 13* ✉ *10117* – **U** *Spittelmarkt* – ☎ *030 58582222* – *www.cosmo-hotel.de*

THE DUDE

URBAN · INDIVIDUELL Ein "American Townhouse" zwischen Mitte und Kreuzberg - charmant, stilvoll, individuell, diskret. Einzigartig der Mix aus historischen Details (das Haus wurde 1822 erbaut) und Design-Elementen. Im "YADA YADA breakfast club": morgens Frühstücksbuffet, tagsüber Kleinigkeiten. "The Brooklyn" bietet Grillgerichte in New-York-Steakhouse-Atmosphäre.

🖥 📺 🅿 – 26 Zimmer

Stadtplan: Q3-d – *Köpenicker Straße 92* ✉ *10179* – **U** *Märkisches Museum* – ☎ *030 411988177* – *www.thedudeberlin.com*

KU' DAMM 101 ⓝ

URBAN · DESIGN Mit seinem bewusst schlichten trendigen Design kommt das Hotel richtig urban daher, dazu die günstige zentrale Lage direkt am Kurfürstendamm. Die Zimmer sind nicht nur technisch modern ausgestattet, dank Naturkautschuk-Böden sind sie auch für Allergiker ideal.

🖥 ♿ 📺 🏋 🚗 – 170 Zimmer

Stadtplan: J2-a – *Kurfürstendamm 101* ✉ *10711* – **U** *Adenauerplatz* – ☎ *030 5200550* – *www.kudamm101.com*

MONBIJOU ⓝ

BOUTIQUE-HOTEL · DESIGN Toll die Lage nur wenige Gehminuten von den Hackeschen Höfen entfernt, geschmackvoll-modern das Ambiente in ruhigen warmen Tönen. Die Zimmer sind zwar teilweise nicht sehr groß, aber hübsch gestaltet und gut ausgestattet. Schön der Blick von der Dachterrasse.

🖥 – 101 Zimmer – 2 Suiten

Stadtplan: Q2-a – *Monbijouplatz 1* ✉ *10178* – **U** *Weinmeisterstraße* – ☎ *030 61620300* – *www.monbijouhotel.com*

PROVOCATEUR

BOUTIQUE-HOTEL · INDIVIDUELL Glamouröser 20er-Jahre-Chic, edel und geschmackvoll! Mit dem historischen Lift geht es in die Zimmer, und die gibt es in diversen Varianten von "Petite" bis zu den tollen Suiten "Terrace" und "Maison". Morgens Frühstück à la carte, abends franko-chinesische Küche im "Golden Phoenix". Stilvolle "tempting Bar".

🍴 🖥 ♿ 📺 – 58 Zimmer – 2 Suiten

Stadtplan: K2-k – *Brandenburgische Straße 21* ✉ *10707* – **U** *Konstanzer Straße* – ☎ *030 22056060* – *www.provocateur-hotel.com*

Q!

BOUTIQUE-HOTEL · DESIGN Ideal die Lage nur wenige Schritte vom Kürfürstendamm, richtig stylish das Interieur. In dem Designhotel wohnt man in schicken, minimalistisch-modernen und technisch sehr gut ausgestatteten Zimmern - Badewanne teils in den Raum integriert.

🍴 🛎 🖥 📺 🏋 – 77 Zimmer

Stadtplan: L2-a – *Knesebeckstraße 67* ✉ *10623* – **U** *Uhlandstraße* – ☎ *030 8100660* – *www.hotel-q.com*

SIR SAVIGNY

URBAN · DESIGN Was für dieses Haus spricht? Zentrale Lage (ideal für Stadt-erkundungen), persönlicher Service, richtig schickes stilvoll-modernes Design... Zum Verweilen: "The Library" und "The Lounge". Hungrige können in "The But-cher" z. B. Burger essen.

⌂ ⊡ 𝐀𝐂 – 44 Zimmer

Stadtplan: K2-b – *Kantstraße 144* ✉ *10623* – **U** *Uhlandstraße* – ✆ *030 21782638* – *www.hotel-sirsavigny.de*

⌂ MANI

BOUTIQUE-HOTEL · DESIGN "Schlaf, Design & Rock 'n' Roll" - nach diesem Motto kommt das günstig gelegene Boutique-Hotel mit stylish-mondänem und wertigem Interieur daher. Die Zimmer sind nicht allzu groß, aber sehr funktionell und geschmackvoll mit ihren klaren Linien und Echtholzparkett. Gut das Früh-stück. Und wer zum Essen nicht ausgehen möchte, bekommt im Restaurant inter-nationale Küche.

⌂ ⊡ ⅙ 𝐀𝐂 – 63 Zimmer

Stadtplan: P1-m – *Torstraße 136* ✉ *10119* – **U** *Rosenthaler Platz* – ✆ *030 53028080* – *www.amanogroup.de*

Außerhalb des Zentrums

In Berlin-Britz

ⅢO BUCHHOLZ GUTSHOF BRITZ

REGIONAL · FREUNDLICH ⅹ Unter dem Motto "legere Landhausküche" gibt es auf dem schönen, ruhig gelegenen Gutshof des Schlosses Britz regional-saisonale Küche, z. B. in Form von "Kartoffelkloß gefüllt mit Entenfleisch auf Rotkohl". Tipp: Speisen Sie im Sommer im hübschen Garten!

🍴 – Menü 27/69 € – Karte 27/51 €

Stadtplan: C3-a – *Alt-Britz 81* ✉ *12359* – **U** *Parchimer Allee* – ✆ *030 60034607* – *www.matthias-buchholz.de* – *Geschlossen Dienstag, Mittwoch*

In Berlin-Friedrichshain

ⅢO MICHELBERGER

MODERNE KÜCHE · BISTRO ⅹ Lassen Sie sich von der schlichten Fassade des gleichnamigen Hotels nicht täuschen! Im Restaurant werden regionale Bio-Pro-dukte verarbeitet, und zwar zu modernen Gerichten im Tapas-Stil - ideal zum Tei-len! Die Atmosphäre ist hip und trendig, das passt gut zum legeren "Sharing"-Konzept. Mittags kleinere Auswahl. Toll der Innenhof.

🔄 🍴 ⅙ ♻ – Menü 20 € (Mittags), 32/45 €

Stadtplan: H2-m – *Warschauer Straße 39* ✉ *10243* – **U** *Warschauer Straße* – ✆ *030 29778590* – *www.michelbergerhotel.com* – *Geschlossen abends: Montag, mittags: Samstag, Sonntag*

⌂⌂ NHOW

BUSINESS · DESIGN In diesem Hotel am Osthafen sind Musik und Lifestyle zu Hause! Außen klare Architektur, innen peppiger Look - alles ganz im Stil von Star-Designer Karim Rashid. Top: "State of the Art"-Veranstaltungs-technik, Tonstudio über der Stadt, jeden ersten SA im Monat Live-Konzert in der Halle...

⌂ 𝕏 ⅙ ⊡ ⅙ 𝐀𝐂 ♨ **P** 🚗 – 304 Zimmer

Stadtplan: H2-n – *Stralauer Allee 3* ✉ *10245* – **U** *Warschauer Straße* – ✆ *030 2902990* – *www.nhow-berlin.com*

🏠 MICHELBERGER ❶

FAMILIÄR · GEMÜTLICH Schlicht, praktisch, trendig. Die hellen, in puristischem Stil eingerichteten Zimmer gibt es vom kleinen "Cosy" (12 qm) bis zu den 50 qm großen Zimmern "Hideout" (mit Sauna) und "Big One". Einige mit Hochbetten, teilweise mit Blick zum Innenhof.

🏠 🛏 ☑ **P** – 130 Zimmer – 4 Suiten

Stadtplan: H2-m – *Warschauer Straße 39* ✉ *10243* – **U** *Warschauer Straße* – ✆ *030 29778590* – *www.michelbergerhotel.com*

🍴 **Michelberger** – Siehe Restaurantauswahl

In Berlin-Grunewald

❀ FRÜHSAMMERS RESTAURANT

MODERNE KÜCHE · FREUNDLICH ✕✕✕ Das passt zum wohlhabenden Berliner Stadtteil Grunewald mit dem gleichnamigen Forst und den schmucken historischen Gebäuden: eine attraktive Villa auf dem Gelände des Tennisclubs. Was die hübsche rote Fassade schon von außen an Niveau vermuten lässt, bewahrheitet sich im Inneren: Da wäre zum einen die klassisch-elegante Einrichtung, zum anderen die moderne Küche, in die aber auch klassische Elemente einfließen. Die Produktqualität steht außer Frage. Inhaberin und Küchenchefin Sonja Frühsammer bietet hier das Menü "Sonja kocht", das am Tisch mit dem Gast besprochen und abgestimmt wird - dabei geht man auch gerne auf Wünsche ein. Im Service mit von der Partie ist übrigens Ehemann Peter als souveräner und charmanter Gastgeber.

Spezialitäten: Variation von der Roten Bete mit Dilleis. Kotelett vom Brandenburger Reh mit confierter Wacholderkartoffel, Grünkohl aus dem Garten und fermentierten Steinpilzen. Schokolade in verschiedenen Texturen mit Ingwereis.

🐌 🌳 – Menü 135 €

Stadtplan: J3-m – *Flinsberger Platz 8* ✉ *14193* – ✆ *030 89738628* – *www.fruehsammers.de* – *Geschlossen Montag, Dienstag, mittags: Mittwoch-Samstag, Sonntag*

🐌 **Grundschlag** – Siehe Restaurantauswahl

🍴 GRUNDSCHLAG

MARKTKÜCHE · GEMÜTLICH ✕ Dies ist die Bistro-Variante der Frühsammer'schen Gastronomie: In sympathisch-gemütlicher Atmosphäre gibt es international beeinflusste Küche sowie beliebte Klassiker - lassen Sie sich nicht die tolle Sardinenauswahl entgehen!

Spezialitäten: Salat aus unseren eingeweckten Bohnen mit Kalbsherzstreifen. Schulterstück vom Rothirschkalb mit Wirsing und Spätzle. Milchreiseis mit Zimtpflaumen.

🌳 – Menü 36 € – Karte 26/46 €

Stadtplan: J3-m – *Frühsammers Restaurant, Flinsberger Platz 8* ✉ *14193* – ✆ *030 89738628* – *www.fruehsammers.de* – *Geschlossen Sonntag-Montag*

🏨 PATRICK HELLMANN SCHLOSSHOTEL

LUXUS · DESIGN Schon von außen beeindruckt das Palais von 1911, innen dann stilvoll-elegantes Ambiente von den öffentlichen Bereichen mit historischem Flair über das Restaurant, die "Champagner Lounge" und die "GQ Bar" bis zu den schönen individuellen Zimmern, die Moderne und Klassik überaus stimmig verbinden. Dazu die ideale Lage: ruhig und doch nur 10 Auto-Minuten vom Ku'damm.

🏠 🛎 � 🔲 🛏 ⚒ ☑ 🅰🅲 ♨ **P** – 43 Zimmer – 10 Suiten

Stadtplan: E3-a – *Brahmsstraße 10* ✉ *14193* – ✆ *030 895840* – *www.schlosshotelberlin.com*

In Berlin-Kreuzberg

❀❀ TIM RAUE

ASIATISCH · TRENDY ✕✕✕ Europäische Küche, asiatisch inspiriert – diesen modernen und erfrischenden Twist schafft Tim Raue auf einzigartige Weise. Der gebürtige Berliner hat einen ganz eigenen, in Deutschland sicher einmaligen Stil. Für seine kraftvollen Kompositionen (übrigens auch als veganes Menü erhältlich) hat er ein eingespieltes Team an seiner Seite. In geradlinig-schickem Ambiente erlebt man unbestritten eine Küche, die man zur Kunst erhoben hat. Eine Location, die ihren Reiz im Anderssein hat. Dabei steht das hohe Niveau der Küche in keinerlei Widerspruch zur lebendig-urbanen Atmosphäre. Auch dank Gastgeberin Marie-Anne Raue und ihrem charmanten Serviceteam fühlt man sich hier wohl. Weinliebhaber dürfen sich über eine schöne Auswahl an offenen Weinen freuen - Beratung mit fundiertem Sommelier-Wissen inklusive!

Spezialitäten: Imperial Gold Kaviar, Gurke und Mandel. Zander, Sake, grüner Rettich. Kiwi, Kokosnuss, Shiso.

🕸 ᐕ 🆎 – Menü 88 € (Mittags), 188/218 €

Stadtplan: P3-t – *Rudi-Dutschke-Straße 26* ✉ *10969* – **U** *Kochstraße –*
📞 *030 25937930 – www.tim-raue.com –*
Geschlossen 19. Juli-1. August, 24. Dezember-3. Januar, Montag,
mittags: Dienstag-Donnerstag, Sonntag

🕸🕸 HORVÁTH

Chef: Sebastian Frank

KREATIV · GERADLINIG 🕸🕸 Der Liebe wegen kam der aus dem österreichischen Mödling stammende Sebastian Frank nach Berlin, der Heimat seiner Lebensgefährtin Jeannine Kessler. Hier wurde er im "Horváth" zunächst Küchenchef, bevor beide das Restaurant übernahmen. Sebastian Frank hat seine ganz eigene Handschrift, fast schon unspektakulär und vielleicht gerade deshalb so bemerkenswert: Klar und reduziert setzt er hochwertige Zutaten in Szene, wobei er jedes Produkt gleichwertig behandelt und auch gerne Gemüse in den Mittelpunkt stellt. Er konzentriert sich auf wenige Bestandteile, die er zu Gerichten voller Aromen, Harmonie und Kraft verbindet. Hohen Erinnerungswert hat da z. B. "Pilzleber & Butterstriezel". Angenehm ungezwungen die Atmosphäre, freundlich und kompetent der Service samt interessanter Weinempfehlungen.

Spezialitäten: Dampfmelanzani, Kümmel-Knoblauchessig, geräuchertes Schmalz. Kalbstafelspitz, Rosenseitling und weißer Spargel. Zwetschgenröster, Steinpilznougat, Estragoneis.

🕸 *Engagement des Küchenchefs: "Als Mitbegründer des Vereins „Die Gemeinschaft" stehe ich für die Förderung eines regionalen Händler-Netzwerks! Ziel ist es, ein neues Ess-Bewusstsein zu verbreiten, eine Esskultur, die das Handwerk ehrt, Ressourcen schützt, die Natur in den Mittelpunkt stellt und in der man klare Kante zeigen darf!"*

🕸 🍴 ᐕ – Menü 140/160 €

Stadtplan: H3-a – *Paul-Lincke-Ufer 44a* ✉ *10999* – **U** *Kottbusser Tor –*
📞 *030 61289992 – www.restaurant-horvath.de –*
Geschlossen 11. Januar-15. März, Montag, mittags: Dienstag-Sonntag

---

🕸 RICHARD

FRANZÖSISCH-MODERN · TRENDY 🕸🕸 Im einstigen "Köpenicker Hof" von 1900 hat Hans Richard (ursprünglich Maler) im Jahr 2012 dieses schicke Restaurant eröffnet, das seit 2016 mit einem MICHELIN Stern ausgezeichnet ist. Die Gäste sitzen hier unter einer kunstvoll gearbeiteten hohen Decke, allerlei Accessoires, Designerlampen und schöne Bilder (sie stammen übrigens vom Patron selbst) setzen dekorative Akzente. In der Küche kann Patron Hans Richard, der zwar gelegentlich auch mit am Herd steht, sich aber vornehmlich im Restaurant um die Gäste kümmert, auf das eingespielte Team um Küchenchef Francesco Contiero vertrauen. Es gibt ein französisch-modern inspiriertes Menü, auch vegetarisch, in dem geschmacklich intensive und fein abgestimmte Gänge exaktes Handwerk beweisen.

Spezialitäten: Kalbsbries mit Morcheln, Erbsen und Buttermilch. Glattbutt mit Artischocken. Dessert von Erdbeeren und Pistazien.

Menü 74/118 €

Stadtplan: H3-r – *Köpenicker Straße 174* ✉ *10997* – **U** *Schlesisches Tor –*
📞 *030 49207242 – www.restaurant-richard.de –*
Geschlossen Montag, mittags: Dienstag-Samstag, Sonntag

⍟ TULUS LOTREK

Chef: Maximilian Strohe

MODERNE KÜCHE · HIP ⅹ Warum das Restaurant von Maximilian Strohe und Partnerin Ilona Scholl so gefragt ist? Zum einen hat man in dem hübschen Altbau in Kreuzberg mit hohen stuckverzierten Decken, Holzboden, Kunst und originellen Tapeten ein schönes Interieur geschaffen, zum anderen sorgt der lockere und dabei sehr kompetente Service unter der Leitung der Chefin für eine sympathisch-ungezwungene Atmosphäre. In erster Linie lockt aber natürlich die Küche. Der Patron und sein Team kreieren ausgesprochen interessante Kombinationen aus exzellenten Produkten. Das Geheimnis ihrer Küche: kraftvolle Saucen und Fonds, die die verschiedenen Aromen wunderbar verbinden und den Gerichten das gewisse Etwas verleihen! Da möchte man am liebsten noch einen weiteren Gang bestellen!

Spezialitäten: Kaisergranat, Bouillabaissesud und Korianderöl. Pigeon à la Ficelle, Wacholderholz und vergorener Honig. Piemonteser Haselnuss, Meersalz.

🕸 🍴 – Menü 130/165 €

Stadtplan: H3-c – *Fichtestraße 24 ✉ 10967 –* **U** *Südstern –*
☏ 030 41956687 – www.tuluslotrek.de – Geschlossen 1.-7. Januar, Dienstag-Mittwoch, nur Abendessen

⍟ NOBELHART & SCHMUTZIG

KREATIV · HIP ⅹ In dem unscheinbaren Haus in der Friedrichstraße verfolgt man eine ganz eigene Philosophie. Für Patron und Sommelier Billy Wagner (zuvor im Berliner "Rutz" tätig) und Küchenchef Micha Schäfer (zuvor in der "Villa Merton" in Frankfurt) haben Wertschätzung und Herkunft der Produkte größte Bedeutung. So verwendet man beste saisonale Zutaten, natürlich aus der Region. Butter stellt man sogar selbst her. Gekocht wird durchdacht und reduziert, jeder Bestandteil eines Gerichts hat seine Geschichte. Und die wird Ihnen von den Köchen selbst erklärt, entweder am Tisch oder an der Theke direkt an der offenen Küche - die Plätze hier sind übrigens besonders gefragt! Es gibt ein Menü mit 10 Gängen, dazu überaus interessante Weine, Biere und Destillate.

Spezialitäten: Gurke, Dillblüten. Kalb, Salbei. Himbeere, Sauerkirschkernöl.

🍀 *Engagement des Küchenchefs:* "Bereits seit Anfang 2015 gehen wir vom Namen bis zum Konzept ganz eigene Wege, „brutal lokal" wurde zu unserer Marke und wir bleiben mit unserer Küche diesem Slogan treu! „Berliner Umland at its best" wollen wir Ihnen servieren, dazu schulen wir unser Personal und arbeiten so ökologisch wie möglich!"

🕸 ♿ 🅰🅲 – Menü 105/130 €

Stadtplan: P3-n – *Friedrichstraße 218 ✉ 10969 –* **U** *Kochstraße –*
☏ 030 25940610 – www.nobelhartundschmutzig.com – Geschlossen 6.-20. Juli, Montag, mittags: Dienstag-Samstag, Sonntag

☺ CHICHA

PERUANISCH · VINTAGE ⅹ Belebt, laut, rustikal, hier und da ein bisschen "shabby"... Bewusst hat man eine lockere, authentische südamerikanische Atmosphäre geschaffen, die wunderbar zur sehr schmackhaften modern-peruanischen Küche passt. Gekocht wird ambitioniert und mit guten, frischen Produkten.

Spezialitäten: Ceviche vom Adlerfisch mit Süßkartoffel, geröstetem Mais und gelben Chilis. Gegrillter Oktopus in peruanischer Marinade, Maispüree, Saubohnen, peruanische Minze, Chili und Erdnuss. Kokosnussparfait, Dulce de Leche, Aprikose und karamellisierte Schokolade.

🍴 – Menü 31/60 € – Karte 30/43 €

Stadtplan: H3-d – *Friedelstraße 34 ✉ 12047 –* **U** *Schönleinstraße –*
☏ 030 62731010 – www.chicha-berlin.de – Geschlossen Montag, Dienstag, mittags: Mittwoch-Sonntag

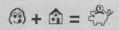

⅟◯ ORANIA.BERLIN

MODERNE KÜCHE · ELEGANT ✕✕ Stylish, warm und relaxt kommt das Restaurant daher, Blickfang ist die große offene Küche. Man kocht modern und kreativ, auf der Abendkarte z. B. "Kabeljau, grünes Curry, verbrannter Lauch". Der Service aufmerksam und versiert. Tipp: das Signature Dish "Xberg Duck", zubereitet im Pekingenten-Ofen (4-Gänge-Menü ab 2 Pers.). Ab mittags gibt es Lunch und Snacks.

⇦ 🕭 AC ⬆ – Menü 54 € – Karte 58/64 €

Stadtplan: R3-b – *Hotel Orania.Berlin, Oranienplatz 17* ✉ *10999 –* **U** *Moritzplatz –*
✆ *030 69539680 – www.orania.berlin – Geschlossen mittags: Montag-Sonntag*

⅟◯ LODE & STIJN

MODERNE KÜCHE · NACHBARSCHAFTLICH ✕ Eine sympathische und ebenso spezielle Adresse. Das Restaurant ist mit viel Holz geradlinig, klar und wertig eingerichtet, gekocht wird modern. Es gibt ein festes Menü, die Speisen sind ausgesprochen reduziert, fast schon puristisch und haben einen leicht skandinavischen Akzent. Saisonale Zutaten von ausgesuchten Produzenten stehen hier absolut im Vordergrund.

🍃 *Engagement des Küchenchefs:* "*In meiner Küche geht es recht streng zu, also bezogen auf die Regionalität und Qualität meiner Produkte! Sie kommen ausschließlich von Kleinerzeugern, welche mit ihrer Arbeit unser Fundament bilden! Wir verarbeiten überwiegend das ganze Tier und Nordsee-Fisch. Massentierhaltung lehne ich strikt ab!*"

Menü 68 €

Stadtplan: H3-s – *Lausitzer Straße 25* ✉ *10999 –* **U** *Görlitzer Bahnhof –*
✆ *030 65214507 – www.lode-stijn.de – Geschlossen Montag-Dienstag, Sonntag, nur Abendessen*

⅟◯ LONG MARCH CANTEEN

CHINESISCH · TRENDY ✕ Eine coole, lebendige Adresse. Aus der einsehbaren Küche kommen chinesisch-kantonesische Gerichte in Form von verschiedenen Dim Sum und Dumplings - ideal zum Teilen. "Dim Sum" steht für "kleine Leckereien, die das Herz berühren" - dieses Konzept lebt man hier. Große Auswahl an Wein, Spirituosen, Cocktails, Longdrinks.

🍴 🕭 – Menü 35/44 € – Karte 35/49 €

Stadtplan: H2-d – *Wrangelstraße 20* ✉ *10969 –* **U** *Schlesisches Tor –*
✆ *0178 8849599 – www.longmarchcanteen.com –*
Geschlossen mittags: Montag-Sonntag

⅟◯ VOLT

MODERNE KÜCHE · DESIGN ✕ Zum interessanten Industrie-Chic in dem ehemaligen Umspannwerk am Landwehrkanal kommt eine moderne Küche, die es z. B. in Form von "Stör, Zwiebel, Spitzkohl" oder als "Schaufel, Schwarzwurzel, Haselnuss" gibt. Ein vegetarisches Menü wird ebenfalls angeboten.

🍴 🕭 ♻ – Menü 69/79 € – Karte 55/72 €

Stadtplan: H3-v – *Paul-Lincke-Ufer 21* ✉ *10999 –* **U** *Schönleinstraße –*
✆ *030 338402320 – www.restaurant-volt.de – Geschlossen Montag, Dienstag, Mittwoch, mittags: Donnerstag-Sonntag*

🏚 ORANIA.BERLIN   `Tablet.`**`PLUS`**

BOUTIQUE-HOTEL · MODERN In dem schmucken Gebäude von 1912 (hier gab es einst das "Café Oranienpalast" - daher der Name) heißt es Wohlfühlen! Geschmackvolles modernes Interieur aus schönem Holz, wertigen Stoffen und warmen Farben sowie zurückhaltende Elemente aus aller Welt versprühen ein besonderes Flair. Der charmante Service tut ein Übriges. Tipp: Konzerte von Musikern aus Berlin.

🧘 Ⅰ♨ ⬆ 🕭 AC 💆 – 32 Zimmer – 9 Suiten

Stadtplan: R3-b – *Oranienplatz 17* ✉ *10999 –* **U** *Moritzplatz –* ✆ *030 69539680 –*
www.orania.berlin

⅟◯ **Orania.Berlin** – Siehe Restaurantauswahl

In Berlin-Lichtenberg

⊕ SKYKITCHEN

MODERNE KÜCHE • TRENDY XX Die Fahrt nach Lichtenberg lohnt sich: Hier oben im 12. Stock des "Vienna House Andel's" hat man bei chic-urbaner Atmosphäre einen klasse Blick über Berlin, zudem überzeugt die Küche von Alexander Koppe. Der waschechte Berliner (zuletzt Souschef im "Lorenz Adlon Esszimmer") verbindet in den modernen Menüs "Voyage Culinaire" und "Vegetarian" mediterrane, asiatische und auch regionale Akzente. Das Ergebnis ist z. B. die gebeizte und abgeflämmte Jakobsmuschel mit Buchenpilzen, Kohlrabi und Miso. Dazu eine Weinkarte mit einer Besonderheit: Neben Deutschland und Österreich spezialisiert man sich nur auf Slowenien, die Slowakei, Polen und Bulgarien. Übrigens: Nicht nur das Restaurant mit seinem stylischen Vintage-Look ist erlebenswert, noch ein bisschen höher lockt das "Loft14" zum Degistif!

Spezialitäten: Saibling aus Grünheide, Senfgurke, Pumpernickel. Brandenburger Reh, Vogelbeere, wilder Brokkoli, Schwarzwurzel. Müsli, Joghurt, Cranberry, grüner Apfel.

🖙 ⇆ ㊐ 🎵 🗔 🚗 – Menü 99/139 €

Stadtplan: H2-b – *Landsberger Allee 106 (12. Etage) ⊠ 10369 –*
U *Landsberger Allee – ℰ 030 4530532620 – www.skykitchen.berlin –*
Geschlossen 1.-17. Januar, Montag, mittags: Dienstag-Samstag, Sonntag

In Berlin-Neukölln

⊕⊕ CODA DESSERT DINING

Chef: René Frank

KREATIV • INTIM X Die Lage ist nicht die schönste und die Fassade des mit Graffiti besprühten Hauses in der Neuköllner Friedelstraße ist nicht gerade einladend. Sterneküche würde man hier eher nicht vermuten. Das "CODA" ist ganz puristisch gehalten und wirkt etwas schummrig, von der Bar kann man in die große Küche schauen. So speziell wie die Location ist auch das Konzept: Patisserie-Handwerk steht im Fokus. Küchenchef René Frank, zuvor sechs Jahre Chef-Patissier im 3-Sterne-Restaurant "La Vie" in Osnabrück, kocht ausgesprochen kreativ. Gerichte wie Amelonado-Kakao mit Reis, Bonito und Cashewkernen bieten eine Fülle an Aromen und gelungenen Kontrasten und sind keineswegs zu süß - alles ist toll ausbalanciert! Zum 7-Gänge-Menü gibt es eine perfekt abgestimmte Getränkebegleitung aus Sake, Cocktails oder auch Wein.

Spezialitäten: Gelbe Tomate, Kichererbse, Verena Zitrone. Waffel, Raclette, Joghurt, Mais, Salzgurke. Gegrillte Feige, Piemonteser Haselnuss, Anchovis.

Menü 93/158 €

Stadtplan: H3-b – *Friedelstraße 47 ⊠ 12047 – U Hermannplatz – ℰ 030 91496396 –*
www.coda-berlin.com – Geschlossen Montag- Dienstag, Sonntag, nur Abendessen

⊛ BARRA

KREATIV • GERADLINIG X Ein durch und durch unkompliziertes trendiges Konzept, angefangen beim minimalistisch-urbanen Look über die lockere, sympathisch-nachbarschaftliche Atmosphäre bis hin zur angenehm reduzierten modernen Küche in Form von kleinen "Sharing"-Gerichten. Aus hochwertigen, möglichst regionalen Produkten entsteht z. B. "Lachsforelle, Himbeer & Koriander".

Spezialitäten: Pfifferlinge, Brombeere und Weide Ei. Simmenthaler Roastbeef, Tomate und Sardellen. Mousse au Chocolat, Kardamom und Olivenöl.

Karte 35/49 €

Stadtplan: H3-m – *Okerstraße 2 ⊠ 12049 – U Leinestraße – ℰ 030 81860757 –*
www.barraberlin.com – Geschlossen 1.-6. Januar, 9.-17. März, 6.-21. Juli,
21.-29. Dezember, Dienstag-Donnerstag, nur Abendessen

⊛ TISK

DEUTSCH • FREUNDLICH X Das "TISK" (altdeutsch für "Tisch") nennt sich selbst "Speisekneipe", und das trifft es ganz gut. In einer ruhigeren Seitenstraße in Neukölln findet sich dieses junge urbane Konzept, das deutsche Küche modernisiert und geschmacklich aufgepeppt präsentiert. Ein Großteil des verarbeiteten Gemüses stammt übrigens von der eigenen Farm in der Nähe von Brandenburg.

Spezialitäten: Tomaten, Oxalis, Olivenöl. Rinderbrust, Wirsing, Kartoffeln. Kürbiskuchen, Ringelblüten, Ahorn.

🍃 *Engagement des Küchenchefs:* "Unsere eigene Tisk-Farm in Brandenburg lässt uns ein „Farm to table"-Konzept leben, welches perfekt in unsere Speisekneipe passt! Handgeerntete Gemüse und Kräuter veredeln unsere Gerichte bzw. werden auch als Fassbrausen und Limonaden angesetzt. „Zero Waste" gehört in unserer Küche zur Normalität!"

🍴 – Menü 39/59 € – Karte 32/43 €

Stadtplan: H3-n – *Neckarstraße 12* ✉ *12053* – **U** *Rathaus Neukölln –*
☏ *030 398200000 – www.tisk-speisekneipe.de – Geschlossen Montag, mittags: Dienstag-Samstag, Sonntag*

In Berlin-Prenzlauer Berg

🏵 KOCHU KARU

KOREANISCH · GERADLINIG 🍴 So ungewöhnlich der Mix aus spanischer und koreanischer Küche auch sein mag, die Kombination von Aromen ist überaus gelungen! Am besten beginnt man mit Gerichten im Tapas-Stil (ideal zum Teilen), und danach vielleicht "Bibimbab" oder "geschmortes Ochsenbäckchen"? Ein wirklich charmantes puristisches kleines Restaurant.
Spezialitäten: Algentofu, gereifter Rettich, Feldkaviar. BBQ vom Apfelschwein nach koreanischer Art. Gedämpfte koreanische Brioche mit Jujube und Cashewnutsfüllung mit Ingwer-Zimt-Birne.

🍴 – Menü 39/75 €

Stadtplan: G1-k – *Eberswalder Straße 35* ✉ *10178* – **U** *Eberswalder Straße –*
☏ *030 80938191 – www.kochukaru.de – Geschlossen 3.-7. Januar, 24.-27. Dezember, Montag, mittags: Dienstag-Samstag, Sonntag*

🏵 LUCKY LEEK

VEGAN · NACHBARSCHAFTLICH 🍴 Vegan, frisch, saisonal und mit persönlicher Note - so wird in dem charmanten Restaurant gekocht. Probieren Sie z. B. "Pilzrisotto, Chicorée, gegrillte Paprika, Haselnuss-Hokkaido, Spinatpesto" oder "Miso-Blondie, Erdnuss-Fudge, Waldbeer-Eis". Hinweis: Barzahlung nur bis 100€.
Spezialitäten: Aubergine, Dill-Gurkensalat, Remoulade, Radieschen, Röstkartoffel. Kichererbsen, Kürbis, Rahmsauerkraut, Erbsenpüre, Steinpilzjus. Mango-Grießflammerie, Zwetschge, Schokoladeneis.

🍴 – Menü 39/63 €

Stadtplan: Q1-u – *Kollwitzstraße 54* ✉ *10405* – **U** *Senefelderplatz –*
☏ *030 66408710 – www.lucky-leek.com – Geschlossen Montag, Dienstag, mittags: Mittwoch-Sonntag*

🏠 LINNEN

BOUTIQUE-HOTEL · GEMÜTLICH Wie möchten Sie wohnen? Zur Wahl stehen ganz unterschiedliche Räume vom charmanten kleinen Zimmer zum Hof bis zur stilvollen großen Suite mit Südbalkon - allesamt mit hübschen Details individuell eingerichtet. Oder bevorzugen Sie die geräumige 3-Zimmer-Wohnung "Cuba" oder das ebenerdige Studio-Apartment "Lego"?
5 Zimmer

Stadtplan: G1-k – *Eberswalder Straße 35* ✉ *10437* – **U** *Eberswalder Straße –*
☏ *030 47372440 – www.linnenberlin.com*

In Berlin-Schöneberg

❀ FAELT

Chef: Björn Swanson
REGIONAL · FREUNDLICH 🍴 Locker, professionell und durchdacht geht es in dem denkmalgeschützten Altbau von 1903 zu, und das gilt für Atmosphäre, Service und Küche gleichermaßen. Ein sympathisch-lebhaftes kleines Restaurant, die Küche befindet sich quasi im Raum. Da kann man den Köchen bei der Arbeit zusehen - sie servieren und erklären ihre Speisen selbst. Man bietet ein modernes Menü, daneben noch ein günstigeres "Snackmenü". Schön unkompliziert: Sie können Weine probieren und vergleichen. Alle Positionen gibt es auch glasweise. Der Name des Restaurants ist übrigens das schwedische Wort für "Feld" und nimmt Bezug auf die nordischen Wurzeln von Küchenchef Björn Swanson und seinen produktorientierten Kochstil.

Spezialitäten: Zander und Brühe. Reh und Kohl. Apfel und Hefe.

☺ – Menü 75/89 €

Stadtplan: M3-a – *Vorbergstraße 10A (Berlin)* ✉ *10823* – **U** *Mohrenstraße* –
☏ *030 78959001* – *www.faelt.de* – *Geschlossen 1.-15. Februar, Montag,*
mittags: Dienstag-Samstag, Sonntag

In Berlin-Steglitz

🍴○ JUNGBLUTH

MODERNE KÜCHE · NACHBARSCHAFTLICH 𝕏 Freundlich-leger und ungezwungen ist hier die Atmosphäre, schmackhaft und frisch das saisonal ausgerichtete Speiseangebot. Wie wär's z. B. mit "Adlerfisch, Perlgraupenrisotto, Zucchini,
Radicchio Trevisano"?

🍽 ☺ – Karte 43/53 €

Stadtplan: B3-c – *Lepsiusstraße 63* ✉ *12163* – **U** *Steglitzer Rathaus* –
☏ *030 79789605* – *www.jungbluth-restaurant.de* – *Geschlossen Montag,*
mittags: Dienstag-Freitag

In Berlin-Wedding

✺ ERNST

Chef: Dylan Watson-Brawn

KREATIV · GERADLINIG 𝕏 Die Location ist dieselbe, der Look hat sich etwas
verändert: An der langen, breiten Holztheke gibt es nur acht Plätze, und die sind
gefragt, denn hier sitzt man direkt gegenüber der offenen Küche, hat stets Kontakt zum Team und erlebt mit, wie die Köche zahlreiche kleine Gerichte zubereiten. Das Inhaber- und Küchenchef-Duo Dylan Watson-Brawn und Spencer Chris-
tenson beeindruckt mit einem klaren, puren und oftmals subtilen Stil, der sich an
der japanischen Küche orientiert. Auf dem Teller wird das Produkt zelebriert,
unterstützt von angenehm dezenten Aromaten. Da wird ein 3-stündiges Essen
zu einer kurzweiligen Genuss-"Experience". Spaß macht auch die Weinbegleitung - auf der Karte einige interessante Gewächse. Hinweis: Reservierung über
Online-Tickets!

Spezialitäten: Überraschungsmenu.

☺ 🅺 – Menü 195 €

Stadtplan: G1-a – *Gerichtstraße 54* ✉ *13347* – **U** *Wedding* – *www.ernstberlin.de* –
Geschlossen Montag, mittags: Dienstag-Samstag, Sonntag

In Berlin-Wilmersdorf

🙂 PASTIS WILMERSDORF

FRANZÖSISCH-KLASSISCH · BRASSERIE 𝕏 Diese authentische "Brasserie fran-
çaise" erfreut sich nicht zufällig großer Beliebtheit, denn hier werden frische, gute
Produkte geschmackvoll zubereitet. Probieren sollte man z. B. "Seeteufel mit
Muscheln, grünem Spargel und Artischocken". Dazu kommen die quirlig-leben-
dige Atmosphäre und der freundliche Service unter der Leitung der charmanten
Patronne.

Spezialitäten: Ceviche von der Dorade mit Granny Smith, Avocado und Cashewkernen. Seeteufel mit lauwarmer Aioli, Safran-Kartoffeln und Zuckerschoten. Warmes Schokoladenküchlein mit flüssigem Kern.

🍽 – Menü 19 € (Mittags), 37/47 € – Karte 35/65 €

Stadtplan: E3-b – *Rüdesheimer Straße 9* ✉ *14197* – **U** *Rüdesheimer Platz* –
☏ *030 81055769* – *www.restaurant-pastis.de* – *Geschlossen Montag*

BERNKASTEL-KUES

Rheinland-Pfalz – Regionalatlas **46**–C15 – Michelin Straßenkarte 543

Im Ortsteil Bernkastel

🍴○ **RATSKELLER** ⓝ

ITALIENISCH · CHIC ✕✕ Schön fügt sich das Rathaus von Bernkastel in das Marktplatzbild mit den hübschen Fachwerkhäusern. Hinter der schmucken erhaltenen Fassade von 1608 hat man eine sehr gelungene Melange aus historischer Architektur und stylischen Designelementen geschaffen. Geboten wird eine ambitionierte modern-mediterrane Küche.

Menü 95 € – Karte 48/64 €

Markt 30 ⊠ 54470 – ℰ 06531 9731000 – www.bernkastel-ratskeller.de –
Geschlossen 3.-18. November, Montag

🍴○ **ROTISSERIE ROYALE**

INTERNATIONAL · FREUNDLICH ✕ In dem denkmalgeschützten Fachwerkhaus (ehemalige Küferei a. d. 16. Jh.) bekommt man in gemütlicher Atmosphäre internationale Küche mit regionalen Einflüssen serviert. Am besten parken Sie am Moselufer und laufen ca. 5 Minuten zum Restaurant. Übernachtungsgäste können die nahen hauseigenen Stellplätze nutzen.

🏡 – Menü 28/48 € – Karte 26/54 €

Burgstraße 19 ⊠ 54470 – ℰ 06531 6572 – www.rotisserie-royale.de –
Geschlossen 4. Januar-22. März, Mittwoch

BIBERACH IM KINZIGTAL

Baden-Württemberg – Regionalatlas **54**–E19 – Michelin Straßenkarte 545

In Biberach-Prinzbach Süd-West: 4 km, Richtung Lahr

🍴○ **LANDGASTHAUS ZUM KREUZ**

TRADITIONELLE KÜCHE · LÄNDLICH ✕✕ Der attraktive Mix aus regional und modern ist hier allgegenwärtig - vom gemütlichen Restaurant über die Küche bis zum wohnlichen Gästehaus "Speicher" nebenan. Auf den Tisch kommen Klassiker und Saisonales - interessant sind z. B. die "Mini-Versucherle". Schön auch die großzügige Terrasse.

⇦ 🏡 ✿ 🅿 – Menü 35/68 € – Karte 25/57 €

Untertal 7 ⊠ 77781 – ℰ 07835 426420 – www.kreuz-prinzbach.de –
Geschlossen mittags: Montag-Dienstag, Mittwoch, mittags: Donnerstag

BIELEFELD

Nordrhein-Westfalen – Regionalatlas **27**–F9 – Michelin Straßenkarte 543

🍴○ **GEISTREICH**

INTERNATIONAL · ELEGANT ✕✕ Stilvoll-zeitgemäß und angenehm ungezwungen kommt das Restaurant daher. Gekocht wird mit internationalen und saisonalen Einflüssen. Tagsüber gibt es eine kleine Bistrokarte in der Bar. Im Hotel "Bielefelder Hof" stehen zudem gut ausgestattete Gästezimmer bereit.

⇦ 🏡 ⅙ 🄰🄲 🔲 ✿ 🚗 – Menü 52/99 €

Am Bahnhof 3 ⊠ 33602 – ℰ 0521 5282635 – www.bielefelder-hof.de –
Geschlossen Sonntag-Montag, nur Abendessen

🍴○ **GUI**

MEDITERRAN · FREUNDLICH ✕✕ Reservieren Sie hier lieber, denn das lebhafte Bistro mitten in Bielefeld hat viele Stammgäste. Neben der ansprechenden Karte kommen auch die Tagesempfehlungen am Mittag gut an. Und lassen Sie sich nicht den tollen Espresso entgehen! Übrigens: "GUI" steht in der internationalen Plansprache Esperanto für "Genießen".

🏡 🄰🄲 – Menü 35 € (Mittags), 60/75 € – Karte 51/73 €

Gehrenberg 8 ⊠ 33602 – ℰ 0521 5222119 – www.gui-restaurant.de –
Geschlossen Montag, Sonntag

ⅠO **KLÖTZER'S**

INTERNATIONAL · ZEITGEMÄßES AMBIENTE XX Einladend ist hier nicht nur das chic-moderne Ambiente, interessant auch die Küche mit mediterranen und asiatischen Einflüssen. Aus guten Produkten entstehen z. B. "Karree vom irischen Salzwiesenlamm, Honig-Rosmarinsauce, Ratatouille, Kartoffelgratin". Auch im Feinkostladen nebenan lockt allerlei Leckeres!

🍽 🗚 ⇔ – Menü 39/69 € – Karte 37/65 €

Ritterstraße 33 ✉ 33602 – ☏ 0521 9677520 – www.kloetzer-delikatessen.de – Geschlossen Sonntag

In Bielefeld-Kirchdornberg West: 8 km

ⅠO **TOMATISSIMO**

ITALIENISCH · FREUNDLICH XX Etwas außerhalb des Zentrums findet man diese beliebte Adresse. Gemütlich sitzt man in freundlich-modernem Ambiente bei mediterraner Küche. Gefragt ist auch Dry Aged Beef vom Holzkohlegrill - aus dem eigenen Reifeschrank. Tipp: Kleinere Gruppen können sich auf Vorreservierung an "Bernhards Küchentisch" bekochen lassen.

🍽 ⇔ 🅿 – Menü 65/95 € – Karte 37/74 €

Am Tie 15 ✉ 33619 – ☏ 0521 163333 – www.tomatissimo.de – Geschlossen Montag, Dienstag, mittags: Mittwoch-Samstag

In Bielefeld-Quelle Süd-West: 5 km

ⅠO **BÜSCHER'S RESTAURANT**

REGIONAL · GASTHOF X Hier legt man Wert auf hochwertige, nachhaltig erzeugte Lebensmittel, und die finden sich in saisonal-internationalen Gerichten wie "gegrilltem Felchenfilet, Süßkartoffel, Ananas, Yuzu" oder auch in Klassikern wie "Wiener Schnitzel". Schön die Terrasse zum Garten. Gepflegt übernachten kann man ebenfalls.

🖙 🍽 ⇔ 🅿 – Menü 35/55 € – Karte 22/46 €

Carl-Severing-Straße 136 ✉ 33649 – ☏ 0521 946140 – www.hotel-buescher.de – Geschlossen Sonntag, mittags: Montag-Samstag

In Bielefeld-Schildesche Nord: 5 km

ⅠO **HÖPTNERS ABENDMAHL**

INTERNATIONAL · FREUNDLICH X Das Restaurant hat schon Charme: Mit Liebe zum Detail hat man rustikale Elemente mit modernen Einrichtungsdetails und netter Deko kombiniert - schön der offene Kamin. Gekocht wird mit Bezug zur Saison. Alternativ können Sie nebenan im urig-legeren "Erbsenkrug" speisen. Angeschlossene Weinhandlung und hübsche Terrasse.

🍽 – Menü 75/98 €

Johannisstraße 11a ✉ 33602 – ☏ 0521 86105 – www.abendmahl-restaurant.de – Geschlossen Montag, Sonntag, mittags: Dienstag-Samstag

BIETIGHEIM-BISSINGEN

Baden-Württemberg – Regionalatlas **55**–G18 – Michelin Straßenkarte 545

Im Stadtteil Bietigheim

❀ **MAERZ - DAS RESTAURANT**

Chef: Benjamin Maerz

FRANZÖSISCH-KREATIV · GEMÜTLICH XX So stimmig kann ein Mix aus regional und modern sein! Und diese Mischung bieten die Brüder Benjamin und Christian Maerz im Gourmetrestaurant ihres Hotels "Rose" gleich in zweifacher Hinsicht. Da ist zum einen das Interieur, das mit seiner schönen warmen Holztäfelung und klaren Formen gemütlich und zugleich trendig-chic daherkommt. Auch in der Küche findet sich sowohl der Bezug zur Region als auch der moderne Aspekt. Unter dem Motto "Hommage an Schwaben" bietet man z. B. "Blaue Garnele aus Bayern, Kohlrabi, Granny Smith". Dafür verwendet man erstklassige Produkte, die man vorzugsweise aus der Umgebung bezieht. Diese kreativen "Erlebnisse" - so nennt man die einzelnen Gänge des Menüs - sind angenehm klar aufgebaut und verbinden geschickt tolle Aromen.

Spezialitäten: Saibling gebeizt, Rettichgewächse, Limette, Hüttenkäse. Rinderflanke, Blumenkohl, Samosa, Chakalaka. Schokolade, gegrillte Aprikose, Kapuzinerkresseblüten, Shiso.

🚗 🛋 ✿ 🚘 – Menü 99/119 €

Kronenbergstraße 14 ✉ 74321 – ☎ 07142 42004 – www.maerzundmaerz.de –
Geschlossen Montag, Sonntag, mittags: Dienstag-Samstag

🍴○ **FRIEDRICH VON SCHILLER**

FRANZÖSISCH-KLASSISCH • GEMÜTLICH ✗✗ Ein schöneres Plätzchen hätte aus dem jahrhundertealten Haus in der Altstadt kaum entstehen können! Man wird herzlich umsorgt, gekocht wird regional, klassisch, schmackhaft. Wie wär's z. B. mit Wild aus eigener Jagd? Tipp: die nette kleine Terrasse zur Fußgängerzone! Übernachten kann man in liebenswerten Zimmern, benannt nach Stücken von Schiller.

🐾 🚗 🛋 ⊡ ✿ – Menü 38/89 € – Karte 38/78 €

Marktplatz 1 ✉ 74321 – ☎ 07142 90200 – www.friedrich-von-schiller.com –
Geschlossen Sonntag-Montag, nur Abendessen

BILSEN

Schleswig-Holstein – Regionalatlas **10**–I4 – Michelin Straßenkarte 541

🍴○ **JAGDHAUS WALDFRIEDEN**

INTERNATIONAL • ELEGANT ✗✗ Gemütliches Kaminzimmer, luftiger Wintergarten oder die schöne Terrasse mit schattenspendenden Bäumen? Auf der Karte liest man z. B. "Kalbsschulter, sous vide gegart (57°/36h) mit Bärlauchsauce". Tipp: das preislich faire Mittagsmenü. Sie möchten übernachten? Man hat hübsche, sehr wohnliche und individuelle Zimmer.

🚗 🚶 🛋 ✿ 🅿 – Menü 24 € (Mittags), 40/64 € – Karte 30/59 €

Kieler Straße 1 ✉ 25485 – ☎ 04106 61020 – www.waldfrieden.com –
Geschlossen Montag

BINDLACH

Bayern – Regionalatlas **51**–L15 – Michelin Straßenkarte 546

In Bindlach-Obergräfenthal Nord: 10 km

🌿 **LANDHAUS GRÄFENTHAL**

SAISONAL • GASTHOF ✗ In dem langjährigen Familienbetrieb, inzwischen unter der Leitung von Sohn Peter Lauterbach, bietet man eine zeitgemäß umgesetzte regionale und mediterrane Küche. Drinnen sorgen helles Holz, Kachelofen und nette Deko für Gemütlichkeit, draußen hat man eine schöne Gartenterrasse. Freundlich der Service.

Spezialitäten: Matjes mit Buttermilchvinaigrette, Grafensteiner Apfel und Meerrettich. Gefüllte Wachtel mit Sellerie, schwarzem Trüffel und Entenleber. Heumilcheis mit Sauerampfergranité, Gerste und karamellisierter Milch.

🛋 ✿ 🅿 – Karte 34/62 €

Obergräfenthal 7 ✉ 95463 – ☎ 09208 289 – www.landhaus-graefenthal.de –
Geschlossen Dienstag, mittags: Montag und Mittwoch-Freitag

BINGEN AM RHEIN

Rheinland-Pfalz – Regionalatlas **47**–E15 – Michelin Straßenkarte 543

🍴○ **DAS BOOTSHAUS** ⬤

ZEITGENÖSSISCH • VINTAGE ✗✗ Das Restaurant des Lifestyle-Hotels "Papa Rhein" verbindet geschmackvollen maritimen Vintage-Look mit guter, frischer Küche, z. B. als "Kabeljau in der Kartoffelkruste mit Balsamico-Gemüselinsen und Pistou". Toll der Blick auf den Rhein und die umliegenden Weinberge - da lockt im Sommer die herrliche Terrasse!

🚗 ✚ 🛋 🅿 – Menü 49 € – Karte 41/64 €

Papa Rhein Hotel, Hafenstraße 47a ✉ 55411 – ☎ 06721 35010 –
www.paparheinhotel.de – Geschlossen Montag, Dienstag

🏨 PAPA RHEIN HOTEL 🅝

SPA UND WELLNESS · DESIGN Sie suchen die ideale Mischung aus Lifestyle und Wellness? Die finden Sie hier in herrlicher Lage direkt am Rhein! Das Interieur ist ein schicker Mix aus modern-maritimem Design und trendigem Vintage-Stil. Sie wohnen in Kojen, Suiten und Lodges, relaxen im attraktiven "Hafen Spa" und genießen eine gute Gastronomie.

☆ ⋖ ⊒ 🖾 🕤 🕸 🖭 & 🅿 – 114 Zimmer

Hafenstraße 47a ⊠ 55411 – 𝒞 06721 35010 – www.paparheinhotel.de

🍴 **Das Bootshaus** – Siehe Restaurantauswahl

BINZ – Mecklenburg-Vorpommern ➜ Siehe Rügen (Insel)

BIRKENAU

Hessen – Regionalatlas **47**–F16 – Michelin Straßenkarte 543

😊 DREI BIRKEN

MARKTKÜCHE · FREUNDLICH XX Seit 1976 wird das Haus von Karl und Christine mit Engagement betrieben. Man isst richtig gut hier, es gibt schmackhafte Küche mit klassischer Basis, dazu gehört z. B. "Kalbsbäckchen in Spätburgunder geschmort". Interessant: Versucherlemenü in sechs kleinen Gängen. Freundliche Atmosphäre und charmanter Service.

Spezialitäten: Kirschtomatensalat, Blumenkohlpüree, pochiertes Ei, Kräutermousseline. Rehkeule, Rehragout, Pfifferlinge, Spätzle. Gratiniertes Limoneneisparfait, Beerenschaum.

🏡 ⇄ 🅿 – Menü 35/80 € – Karte 37/72 €

Hauptstraße 170 ⊠ 69488 – 𝒞 06201 32368 – www.restaurant-drei-birken.de – Geschlossen 28. Januar-13. Februar, Montag, Dienstag, mittags: Mittwoch

In Birkenau-Löhrbach Süd-West: 4 km, Richtung Absteinach

🍴 WILD X BERG

KREATIV · ELEGANT XX In dem wertig-schicken kleinen Gourmetstübchen in der 1. Etage des Hotels "Lammershof" erwartet Sie eine ambitionierte und technisch äußerst exakte moderne Küche in Form eines Menüs mit vier bis sieben Gängen - auch als Vegi-Variante. Ausgesucht die Produkte, darunter Fleisch der selbst gezüchteten Bisons. Übernachten können Sie in geschmackvollen Zimmern.

⇐ 🏡 ⇄ 🅿 – Menü 79/129 €

Absteinacher Straße 67 ⊠ 69488 – 𝒞 06201 845030 – www.lammershof.de – Geschlossen Montag, Dienstag, Sonntag, mittags: Mittwoch-Samstag

🍴 **STUBEN** – Siehe Restaurantauswahl

🍴 STUBEN

MARKTKÜCHE · GEMÜTLICH X Im kleinen Hotel "Lammershof" befindet sich das täglich geöffnete Restaurant mit seinen gemütlichen Stuben. In rustikaler Atmosphäre mit gewissem Chic lässt man sich z. B. den "Bison-Burger" schmecken, dazu leckere Desserts wie Topfenknödel. Herrlich die Terrasse. Im Biergarten "Bisonwirtschaft" geht es schlichter zu.

🍀 *Engagement des Küchenchefs: "Ich kann hier nicht nur was die herrlichen Produkte aus der eigenen Bisonzucht angeht aus dem Vollen schöpfen, sondern Nachhaltigkeit wird hier vielfältig gelebt. Eigene Holzschnitzelanlage, Nassmüllanlage zur Biogasproduktion und große Teile der Möblierung wurden aus eigenem Altholz gefertigt."*

⇐ 🏡 & ⇄ 🅿 – Karte 39/96 €

WILD X BERG, Absteinacher Straße 67 ⊠ 69488 – 𝒞 06201 845030 – www.lammershof.de – Geschlossen mittags: Montag-Samstag

BIRNBACH, BAD

Bayern – Regionalatlas **59**–P19 – Michelin Straßenkarte 546

 HOFGUT HAFNERLEITEN

LANDHAUS · INDIVIDUELL Traumhaft wohnt man hier, und zwar in seinem eigenen Haus! Zur Wahl stehen das Haus am Feld, das Haus am Wald, das Bootshaus, das Baumhaus... Eines schöner als das andere, alle wertig und individuell. Alternativ: Suiten und Einzelzimmer. Außerdem Naturbadeteich, verschiedene "Wellness-Würfel" sowie Hofladen mit regionalen, teils eigenen Produkten. Abends speist man an einer großen Tafel im Haupthaus.

令 ⑤ ⇔ ⌐ 分 **P** – 15 Zimmer

Brunndobl 16 ✉ *84364 –* ✆ *08563 91511 – www.hofgut.info*

BLANKENBACH

Bayern – Regionalatlas **48**–G15 – Michelin Straßenkarte 546

BRENNHAUS BEHL

REGIONAL · LÄNDLICH ※ Das Engagement, mit dem Familie Behl ihr Haus betreibt, zeigt sich nicht zuletzt in der guten Küche, für die man gerne regionale Produkte verwendet, so z. B. Blankenbacher Bachsaibling oder Ziegenkäse vom Berghof Schöllkrippen. Schön der schattige Innenhof! Tipp: Brennabende in der eigenen Destille. Zum Übernachten: freundliche, wohnliche Zimmer.

Spezialitäten: Karamellisierter Ziegenkäse, Honig und Lavendel. Filet vom Blankenbacher Bachsaibling, Safranschaum, Blattspinat, Wildkräuterpüree. Kahlgründer Herzkirschen, Silvanerschaum, Vanilleeiscrème.

⇔ 分 ⇔ **P** – Menü 35/78 € – Karte 34/55 €

Krombacher Straße 2 ✉ *63825 –* ✆ *06024 4766 – www.behl.de –*
Geschlossen mittags: Montag, abends: Sonntag

BLANKENHAIN

Thüringen – Regionalatlas **40**–L13 – Michelin Straßenkarte 544

ZUM GÜLDENEN ZOPF

REGIONAL · FREUNDLICH ※ Das jahrhundertealte Gasthaus kommt heute in chic-modernem Design daher, der Charme von einst ist aber dennoch zu spüren. In angenehm ungezwungener, freundlicher Atmosphäre serviert man Thüringer Küche. Dabei setzt man auf regionale Produkte und präsentiert traditionelle Gerichte neu. Auf der Karte auch Biere, Weine und Brände aus der Region.

Spezialitäten: Würzfleisch Ragout von der Duroc Sau mit Worcestersauce und Zitrone. Roulade vom Weiderind mit Rotkohl und Thüringer Klößen. Kirschofenschlupfer mit Kirschragout und Joghurteis.

P – Karte 27/49 €

Rudolstädter Straße 2 ✉ *99444 –* ✆ *036459 61644800 – www.zumzopf.de –*
Geschlossen 17.-24. Januar, Dienstag, Mittwoch, mittags: Montag und
Donnerstag-Samstag

МASTERS

FRANZÖSISCH-MODERN · CHIC ※※ Bis zu 12 Gäste finden in dem kleinen Restaurant Platz. Freundlich und chic das Ambiente - durch bodentiefe Fenster schaut man auf die Golfplätze. Gekocht wird frankophil-mediterran, modern-kreativ interpretiert und angenehm reduziert. Schön die Weinauswahl, besonders Saale-Unstrut und Franken.

⊗ ⇔ ≤ ⇔ ⅙ AC **P** – Menü 67/148 €

Spa & Golf Hotel Weimarer Land, Weimarer Straße 32 ✉ *99444 –*
✆ *036459 61640 – www.golfresort-weimarerland.de – Geschlossen 17.-24. Januar,*
mittags: Montag-Sonntag

⌂ SPA & GOLF HOTEL WEIMARER LAND

SPA UND WELLNESS · AUF DEM LAND Die Lage an einer 36-Loch-Golfanlage ist gefragt bei Golfern! Nicht minder attraktiv: wertige Zimmer (Tipp: Wellness-Suiten) und geschmackvoller Spa samt Pool mit Blick ins Grüne, Ruheräumen, Anwendungen. Überall gemütlich-eleganter Stil. Für Kinder großes Spielhaus und kostenlose Betreuung. Rustikal: "GolfHütte" (saisonale Küche) und "KornKammer" (Vesper-Angebot).

🍴 🦢 ♿ 🛗 🛗 🛏 🏊 ♨ 🏋 🛗 🗓 🕎 ♨ 🎿 **P** – 94 Zimmer – 7 Suiten

Weimarer Straße 60 ✉ *99444 –* ☎ *036459 61640 – www.golfresort-weimarerland.de*

🍴 **Masters** – Siehe Restaurantauswahl

BLIESKASTEL

Saarland – Regionalatlas **46**–C17 – Michelin Straßenkarte 543

⸙ HÄMMERLE'S RESTAURANT - BARRIQUE

FRANZÖSISCH-MODERN · ELEGANT ✕✕✕ Ein sympathischer langjähriger Familienbetrieb, der seiner Linie treu bleibt, nämlich der klassischen Küche von Cliff Hämmerle. Welch hohen Stellenwert die Produktqualität hat, zeigt sich z. B. bei "Thunfisch mit Langustine, Bunte Bete und Avocado" oder bei "Steinbutt mit Artischocken und Soße Pistou" und natürlich auch bei der vegetarischen Menü-Variante. Gut abgestimmt die Weinempfehlungen dazu. Dafür sorgt Gastgeberin und Sommelière Stéphanie Hämmerle, die gemeinsam mit Tochter Emely herzlich und aufmerksam den Service leitet. Geschmackvoll das klare modern-elegante Interieur samt schönem gläsernem Weinschrank. Tipp: Im Zweitrestaurant "Landgenuss" kann man auch am Mittag speisen. Übernachten ist ebenfalls möglich: Man hat zwei schicke, wohnlich-moderne Gästezimmer.

Spezialitäten: Steinbutt mit Artischocken und Pistou. Taubenbrust mit Lauch und Zwetschgenröster. Flambierte Tarte Tatin.

🍴 **P** – Menü 79/98 €

Bliestalstraße 110a ✉ *66440 –* ☎ *06842 52142 – www.haemmerles-restaurant.de –*
Geschlossen 12.-23. Juli, Montag, Samstag-Sonntag, nur Abendessen

🍴 **Landgenuss** – Siehe Restaurantauswahl

🍴 LANDGENUSS

REGIONAL · LÄNDLICH ✕✕ Nicht ohne Grund ist das Restaurant so gefragt: In dem sympathischen Familienbetrieb der Hämmerles darf man sich auf freundliches Landhaus-Flair und richtig gute klassisch-regionale Küche freuen. Letztere ist aufwändig und dennoch unkompliziert. Schöne Terrasse.

Spezialitäten: Kartoffel-Ravioli mit Pilzen, Tomaten-Olivenvinaigrette. Königin Pastetchen mit Reh, Bratapfel, Rotkraut. Cannelés Waffeln mit Beeren und Eis.

🍴 🌿 **P** – Menü 37/54 € – Karte 35/62 €

Hämmerle's Restaurant - Barrique, Bliestalstraße 110a ✉ *66440 –* ☎ *06842 52142 –*
www.haemmerles-restaurant.de – Geschlossen 19.-23. Juli, 26. Dezember-1. Januar,
Samstag-Sonntag, Montagabend

BOCHOLT

Nordrhein-Westfalen – Regionalatlas **25**–B10 – Michelin Straßenkarte 543

🍴 MUSSUMER KRUG

MARKTKÜCHE · NACHBARSCHAFTLICH ✕✕ Sympathisch-leger ist es in dem alten Backsteinhaus - Modernes und Rustikales hat man charmant kombiniert. Gekocht wird von trendig bis traditionell, man legt Wert auf hochwertige Produkte, gerne aus der Region. Darf es vielleicht Nordsee-Steinbeißer oder Feersisch Rind sein? Freundlicher Service.

🌿 🍴 **P** – Menü 36/45 € – Karte 27/52 €

Mussumer Kirchweg 143 ✉ *46395 –* ☎ *02871 13678 – www.mussumerkrug.de –*
Geschlossen 1. Januar, 24.-26. Dezember, Montag, Dienstag,
mittags: Mittwoch-Sonntag

BOCHUM

Nordrhein-Westfalen – Regionalatlas **26**–C11 – Michelin Straßenkarte 543

🍴 **LIVINGROOM**

INTERNATIONAL • HIP ✕✕ Ob "Dry Aged Ribeye", "Wiener Schnitzel" oder "kalt geräuchertes Filet vom Label Rouge Lachs", in dem lebendig-modernen großen Restaurant mit Bar und Bistro wird frisch und schmackhaft gekocht. Tipp: Mittagstisch zu fairem Preis. Als zweites Konzept hat man noch das kleine "FIVE": zwei Menüs in stylischem Ambiente.

🍴 – Menü 15 € (Mittags), 35/59 € – Karte 30/65 €

Luisenstraße 9 ✉ 44787 – ☎ 0234 9535685 – www.livingroom-bochum.de – Geschlossen Sonntag

BODMAN-LUDWIGSHAFEN

Baden-Württemberg – Michelin Straßenkarte 545

Im Ortsteil Bodman – Regionalatlas **63**–G21

🌼 **S'ÄPFLE**

MODERNE KÜCHE • GEMÜTLICH ✕✕ Nicht nur Hotelgäste zieht es die stilvollcharmante "Villa Linde" am Bodensee, und das hat einen guten Grund: das Gourmetrestaurant mit seiner überaus modernen Küche. Für die ist Kevin Leitner verantwortlich. Sein volles Engagement zeigt sich bei der Wahl ausgesuchter Produkte ebenso wie bei seinem handwerklichen Können und seinem Gespür für gelungene Kombinationen, die zudem auch noch sehr schön präsentiert werden. Dass man sich hier wohlfühlt, liegt auch am Restaurant selbst: ein luftig-lichter Raum mit wohnlicher Einrichtung und unkomplizierter Atmosphäre. Und dann ist da noch das Serviceteam - herzlich, aufmerksam und geschult. Lassen Sie sich im Sommer nicht die Terrasse entgehen!

Spezialitäten: Saibling, geräucherte Fenchelcrème, eingelegte Birne und Röstzwiebelvinaigrette. Rehrücken, Kürbisdonut, Sanddornbeeren und Kapuzinerkresse. Essigzwetschge, Quarkbällchen, karamellisierte Pekannuss und Thymianöl.

🍸 ⦿ 🍴 Ⓜ 🅰 ↻ 🚗 – Menü 99/159 € – Karte 82/94 €

Villa Linde, Kaiserpfalzstraße 50 ✉ 78351 – ☎ 07773 959930 – www.seehotelvillalinde.de – Geschlossen 10. Januar-22. Februar, Montag, Sonntag, mittags: Dienstag-Samstag

🏨 **VILLA LINDE**

BOUTIQUE-HOTEL • GEMÜTLICH "Klein & fein" trifft es hier ebenso wie "luxuriös & stilvoll". Ein echtes Hotel-Schmuckstück, erbaut nach dem Vorbild des einstigen "Hotel Linde" a. d. 1920er Jahren. Wertig-geschmackvolle Zimmer, ausgezeichnetes Frühstück, tolle Sicht auf den Bodensee... Tipp: das historische Badehaus mit Seezugang! Und gastronomisch? Gourmetrestaurant "s'Äpfle" und "Seerestaurant".

⦿ ⦿ 🏨 🅰 🚗 – 12 Zimmer – 2 Suiten

Kaiserpfalzstraße 48 ✉ 78351 – ☎ 07773 959930 – www.seehotelvillalinde.de
🌼 **s'Äpfle** – Siehe Restaurantauswahl

BÖBLINGEN

Baden-Württemberg – Regionalatlas **55**–G18 – Michelin Straßenkarte 545

🍴 **ZUM REUSSENSTEIN**

TRADITIONELLE KÜCHE • GEMÜTLICH ✕✕ Hier geht es schwäbisch zu: Die Karte ist nicht nur regional ausgerichtet, sondern auch im Dialekt geschrieben - Tipp: die "Mauldaschasubb"! Die Glaswand zur Küche gewährt interessante Einblicke, dazu wirklich freundlicher Service. Im Gewölbe: Wein-"Schatzkämmerle" und Kochschule. Der langjährige Familienbetrieb bietet auch wohnliche Zimmer in ländlich-modernem Stil.

🍸 🅰 Ⓜ 🅰 ↻ 🅿 🚗 – Menü 30/45 € – Karte 28/54 €

Kalkofenstraße 20 ✉ 71032 – ☎ 07031 66000 – www.reussenstein.com – Geschlossen Montag, abends: Sonntag

BONN

Nordrhein-Westfalen – Regionalatlas **36**–C13 – Michelin Straßenkarte 543

ⅰ○ OLIVETO

ITALIENISCH · ELEGANT XX In dem geschmackvoll-eleganten Restaurant im UG des "Ameron Hotel Königshof" sitzt man besonders schön an einem der Fenstertische oder auf der Rheinterrasse. Gut die italienische Küche, aufmerksam der Service. Gerne kommt man auch zum Business Lunch. Die wohnlich-zeitgemäßen Gästezimmer bieten teilweise Rheinblick.

🖘 ⋖ 🛋 ♿ ☎ ⊡ ⇄ 🚗 – Menü 35/76 € – Karte 35/76 €

Adenauerallee 9 ⊠ 53111 – ☏ 0228 2601541 – www.hotel-koenigshof-bonn.de

ⅰ○ STRANDHAUS

MARKTKÜCHE · FREUNDLICH XX Ein "Strandhaus" mitten in Bonn? Für maritimes Flair sorgt die charmante Einrichtung, und auch die angenehm-ungezwungene Atmosphäre passt ins sympathische Bild. Nicht zu vergessen die lauschige geschützte Terrasse. Gekocht wird auf klassischer Basis, mit saisonalem Bezug und modernen Akzenten.

🛋 – Menü 46/73 € – Karte 50/68 €

Georgstraße 28 ⊠ 53111 – ☏ 0228 3694949 – www.strandhaus-bonn.de –
Geschlossen 22. Juli-15. August, Montag, Sonntag, mittags: Dienstag-Samstag

In Bonn-Bad Godesberg Süd-Ost: 9 km

❀ HALBEDEL'S GASTHAUS

FRANZÖSISCH-MODERN · ELEGANT XxX Ein nobles Viertel in Bad Godesberg, eine Gründerzeitvilla mit stilvoller gelb-weißer Fassade, wertig-elegantes Interieur samt Deckenstuck, Parkettboden und modernen Akzenten - die perfekte Kulisse für die Küche von Rainer-Maria Halbedel. Gewissermaßen eine Legende der deutschen Gastro-Szene, begann er 1966 mit dem Kochen, 1984 bekam er in seinem damaligen Restaurant „Korkeiche" einen MICHELIN Stern, und den hält er seither. Er ist ein Koch, der nicht stehenbleibt. In seine klassisch-französische Küche bindet er moderne Elemente ein, schafft ausgewogene Kombinationen und zugleich interessante Kontraste. Für seine Menüs (eines ist vegetarisch) verwendet er beste Produkte, vieles stammt aus dem eigenen großen Gemüsegarten. Gerne kommt der Patron selbst an den Tisch und erklärt seine Gerichte.

Spezialitäten: Yellow fin Thunfisch, Rettichspitzen, Avocado, Wasabi. Angus-Beef-Filet, getrüffelter Spitzkohl, Pastinake, Gänselebersauce. Grüner Apfel, Mandeln, Fenchel.

❀ 🛋 ⇄ – Menü 85/150 €

Rheinallee 47 ⊠ 53173 – ☏ 0228 354253 – www.halbedels-gasthaus.de –
Geschlossen 10.-17. Februar, 15. Juli-15. August, Montag,
mittags: Dienstag-Sonntag

ⅰ○ REDÜTTCHEN

MODERNE KÜCHE · GEMÜTLICH X In dem ehemaligen Gärtnerhäuschen des Ball- und Konzerthauses "La Redoute" a. d. 18. Jh. erwartet Sie nicht nur eine charmante Atmosphäre, man kocht hier auch ambitioniert. Zu modernen Gerichten wie z. B. "Taube vom Holzkohlegrill, Bete, Zwetschge, Hirse" gibt es gute Weinempfehlungen.

❀ 🛋 🛋 ♿ ⇄ 🅿 – Menü 57/93 € – Karte 59/92 €

Kurfürstenallee 1 ⊠ 53117 – ☏ 0228 68898840 – www.reduettchen.de –
Geschlossen 1.-6. Januar, 11. Juli-2. August, Montag, Sonntag,
mittags: Dienstag-Samstag

In Bonn-Oberkassel Süd-Ost: 4,5 km

❀ YUNICO

JAPANISCH · ELEGANT XX "Einzigartig" - so die Bedeutung des Namens, der sich aus dem japanischen Wort "Yu" und dem italienischen Wort "unico" zusammensetzt. Damit nimmt man Bezug auf das hohe Niveau des Restaurants. Untergebracht in der obersten Etage des Lifestyle-Hotels "Kameha Grand", bietet es dank der raumhohen Fensterfront einen tollen Blick auf den Rhein - der ist von der Terrasse natürlich besonders schön. Dazu kommen wertig-schickes Design in Rot, Schwarz und Weiß sowie ein versiertes, gut eingespieltes Serviceteam. Küchenchef Christian Sturm-Willms kocht japanisch, und zwar auf modern-kreative Art einschließlich westeuropäischer Einflüsse. Da lässt man sich gerne mit dem Omakase-Menü überraschen. Alternativ gibt es das Ösentikku-Menü. Oder lieber Filet & Roastbeef vom Kobe-Rind?

Spezialitäten: Sashimi "Arai". Filet vom US-Prime Beef mit Umamikruste. Ananas in Texturen.

⇔ ≼ 🏠 ♿ 🅰🄺 – Menü 89/149 € – Karte 79/115 €

Hotel Kameha Grand, Am Bonner Bogen 1 (5th Floor) ✉ 53227 –
☏ *0228 43345500 – www.kamehabonn.de –*
Geschlossen Sonntag-Montag, nur Abendessen

🏨 KAMEHA GRAND

LUXUS · DESIGN Klasse die Lage direkt am Rhein, ein Hingucker die glasbetonte Architektur von Karl-Heinz Schommer und das außergewöhnliche Interior-Design von Marcel Wanders. Toll: Themensuiten sowie King-, Queen- und Royal-Suite, dazu Spa mit Pool auf dem Dach! Modern das Restaurant "Next Level", schön die Aussicht von der Terrasse.

✿ ⅃ 🅿 🕭 🛗 🎬 ♿ 🅰🄺 🎣 🚗 ⇔ – 223 Zimmer – 30 Suiten

Am Bonner Bogen 1 ✉ 53227 – ☏ *0228 43345500 – www.kamehabonn.de*

❀ **Yunico** – Siehe Restaurantauswahl

BONNDORF

Baden-Württemberg – Regionalatlas **62**–E21 – Michelin Straßenkarte 545

🕸 SOMMERAU

REGIONAL · REGIONALES AMBIENTE X Was bei Familie Hegar aus der Küche kommt, ist regional-saisonal ausgerichtet und basiert auf sehr guten Produkten, zu denen z. B. heimisches Wild zählt. Gourmet-Tipp: das 5-Gänge-Feinschmeckermenü. Sie möchten hier umgeben von Wald und Wiesen übernachten? Im gleichnamigen Hotel hat man mit viel Holz gemütlich-modern eingerichtete Zimmer.

Spezialitäten: Pastete vom Wildschein, Pfefferpreiselbeeren und Blattsalat. Rahmgulasch vom Schwarzwälder Wagyu, Pilze und Butternüdele. Topfenknödel mit Aprikosenragout und Lavendelblüteneis.

🕸 *Engagement des Küchenchefs: "Schon die Anreise zu unserem Haus verrät etwas über unsere Philosophie! Als Vater & Sohn stehen wir für herrliche Produkte aus eigener Jagd, Fisch aus dem nahen Forellenteich, Kräuter aus dem Garten und alles, was bei uns nicht wächst, beziehen wir von Erzeugern, die den nachhaltigen Ansatz leben!"*

⇔ 🏠 ☰ 🅿 – Menü 37/95 € – Karte 32/71 €

Sommerau 1 ✉ 79848 – ☏ *07703 670 – www.sommerau.de –*
Geschlossen 1.-23. März, Montag, Dienstag

BOPPARD

Rheinland-Pfalz – Regionalatlas **46**–D14 – Michelin Straßenkarte 543

⁑○ LE CHOPIN

FRANZÖSISCH-KLASSISCH · ELEGANT XXX Stilvolles Ambiente, geschulter Service und dazu das regionale oder das Degustationsmenü - hier z. B. "Breyer Rehrücken & Topinambur". Oder bevorzugen Sie einen Klassiker wie "Chateaubriand mit Sauce Béarnaise"? Das an der Rheinpromenade gelegene "Bellevue Rheinhotel" von 1887 bietet auch schöne Zimmer.

⇔ ≼ 🛏 🕮 🖵 – Menü 64/84 € – Karte 46/65 €

Rheinallee 41 ✉ 56154 – ☎ 06742 1020 – www.lechopin-boppard.de – Geschlossen 4.-26. Januar, 2.-17. August, 1.-16. November, Montag, Dienstag, mittags: Mittwoch-Sonntag

🏨 JAKOBSBERG

HISTORISCHES GEBÄUDE · INDIVIDUELL Tagungsgäste, Urlauber, Golfer... - das einstige Klostergut ist gefragt. Die Zimmerkategorien reichen von Classic bis zur Suite, die Themen von Montgolfière über Benetton bis Afrika. Im Hauptrestaurant genießt man die schöne Aussicht auf die Rheinschleife. Ambitionierte Küche im Gourmetrestaurant "Der Jakob".

🐎 🐎 ≼ 🖼 🖥 🕮 🖵 ⅄ 🛗 🖵 – 95 Zimmer – 6 Suiten

Im Tal der Loreley ✉ 56154 – ☎ 06742 8080 – www.jakobsberg.de

BORDELUM

Schleswig-Holstein – Regionalatlas **1**-G2 – Michelin Straßenkarte 541

⁑○ NORDITERAN

MEDITERRAN · FREUNDLICH X In angenehm ungezwungener Atmosphäre serviert man Ihnen regional und mediterran beeinflusste Gerichte. Dazu hat man noch ein Feinkostgeschäft samt Bistro - hier gibt's mittags und abends Burger sowie Pizza & Pasta.

🛗 🖵 – Menü 45/65 € – Karte 39/61 €

Dorfstraße 12 (in Ost-Bordelum) ✉ 25852 – ☎ 04671 9436733 – www.norditeran.com

BOTTROP

Nordrhein-Westfalen – Regionalatlas **26**–C11 – Michelin Straßenkarte 543

⁑○ BAHNHOF NORD

INTERNATIONAL · TRENDY XX Warum das Restaurant in dem schön sanierten historischen Bahnhofsgebäude so gefragt ist? Stimmig der moderne Landhausstil, herzlich der Service, mediterran-international die Küche - es gibt z. B. "Kabeljau mit Kartoffel-Parmesanstampf".

🛖 ⇔ 🖵 – Menü 35/59 € – Karte 33/67 €

Am Vorthbach 10 ✉ 46240 – ☎ 02041 988944 – www.bahnhofnord.de – Geschlossen Montag, Dienstag, mittags: Mittwoch-Sonntag

BRACKENHEIM

Baden-Württemberg – Regionalatlas **55**–G17 – Michelin Straßenkarte 545

In Brackenheim-Botenheim Süd: 1,5 km

🏵 ADLER

TRADITIONELLE KÜCHE · LÄNDLICH XX Hier wird schwäbische Tradition groß geschrieben, man macht aber auch Ausflüge in die internationale Küche. Klassik wird ambitioniert umgesetzt und modern präsentiert, toll die Produkte. Das Restaurant ist hochwertig eingerichtet, auffallend gepflegt und mit seinem regionalen Charme überaus gemütlich. Sehr schön sitzt man auch im Innenhof unter Bäumen.

Spezialitäten: Duo von Avocado mit gebeiztem Lachs. Schwäbischer Zwiebelrostbraten mit Maultäschle, Spätzle vom Brett und Salat. Weißes Kaffee-Eis mit Zwetschgenragout und gerösteten Haselnüssen.

⇔ 🛖 🖵 – Karte 39/54 €

Hotel Adler, Hindenburgstraße 4 ✉ 74336 – ☎ 07135 98110 – www.adlerbotenheim.de – Geschlossen mittags: Dienstag

ADLER

GASTHOF · TRADITIONELL In dem Gasthaus a. d. 18. Jh. steckt jede Menge Herzblut - und zwar das von Familie Rembold, die hier schon seit einigen Jahrzehnten mit Engagement bei der Sache ist! Das zeigt sich bei der schicken und wertigen Einrichtung ebenso wie beim freundlichen Service und beim guten Frühstück.

❖ **P** – 17 Zimmer

Hindenburgstraße 4 ✉ 74336 – ℰ 07135 98110 – www.adlerbotenheim.de

🏵 **Adler** – Siehe Restaurantauswahl

BRAUNSBEDRA

Sachsen-Anhalt – Regionalatlas **31**–M11 – Michelin Straßenkarte 542

🍴○ **WARIAS AM MARKT**

MARKTKÜCHE · FREUNDLICH 🅇 Hier erwartet Sie regional und saisonal beeinflusste Küche aus guten Produkten - gerne wählt man die Tagesempfehlungen. Freundlich die Atmosphäre im Restaurant, draußen sitzt man schön auf der Terrasse. Praktisch: Zum Übernachten hat man sehr gepflegte, helle Gästezimmer.

↩ � ❖ **P** – Menü 19 € (Mittags), 29/49 € – Karte 24/51 €

Markt 14 ✉ 06242 – ℰ 034633 9090 – www.hotel-geiseltal.de

BRAUNSCHWEIG

Niedersachsen – Regionalatlas **30**–J9 – Michelin Straßenkarte 541

🍴○ **DAS ALTE HAUS**

MODERNE KÜCHE · ZEITGEMÄSSES AMBIENTE 🅇🅇 In dem schönen gemütlichmodernen Restaurant wird ambitioniert, kreativ und mit internationalen Einflüssen gekocht. Die Gerichte auf der Karte können Sie als Menü mit vier bis sieben Gängen wählen. Dazu eine interessante Auswahl an deutschen Weinen. Hübsche Terrasse.

� 🆔 – Menü 83/119 €

Alte Knochenhauerstraße 11 ✉ 38100 – ℰ 0531 6180100 – www.altehaus.de – Geschlossen Montag, Sonntag, mittags: Dienstag-Samstag

🍴○ **ÜBERLAND**

ZEITGENÖSSISCH · CHIC 🅇🅇 Ein echter Hotspot ist das Restaurant in der 18. Etage des "BraWoParks" nahe dem Hauptbahnhof. Trendig-chic das Ambiente, klasse die Aussicht, modern die Küche. Probieren Sie z. B. schöne Cuts von ausgezeichnetem hausgereiftem Rindfleisch, aber auch Rinderschmorbraten oder gegrillten Steinbutt. Das Konzept stammt übrigens von TV-Koch und Gastro-Vollprofi Tim Mälzer.

� 🆔 📲 ❖ **P** – Menü 55/65 € – Karte 31/67 €

Willy-Brandt-Platz 18 (Im BraWoPark, 18. Etage) ✉ 38102 – ℰ 0531 18053410 – www.ueberland-bs.de – Geschlossen mittags: Montag-Sonntag

🍴○ **ZUCKER**

MARKTKÜCHE · BRASSERIE 🅇🅇 Die hübsche moderne Brasserie (attraktiv das freiliegende Mauerwerk) befindet sich in einer ehemaligen Zuckerfabrik - der Name lässt es bereits vermuten. Geboten werden aromatische saisonal inspirierte Gerichte à la carte, ergänzt durch ein Menü. Der Service: angenehm unkompliziert, sehr freundlich und gut organisiert.

� 📲 ❖ – Menü 45 € (Mittags), 56/74 € – Karte 46/73 €

Frankfurter Straße 2 (im ARTmax) ✉ 38122 – ℰ 0531 281980 – www.zucker-restaurant.de – Geschlossen Sonntag

BREMEN

Bremen – Regionalatlas **18**–G6 – Michelin Straßenkarte 541

‖○ **DAS KLEINE LOKAL**

KLASSISCHE KÜCHE · NACHBARSCHAFTLICH ✗✗ Ein wirklich nettes, gemüt-lich-modernes kleines Restaurant in einer lebhaften Wohngegend. Sowohl in der Küche als auch im Service ist man mit Engagement bei der Sache. Es gibt zwei Menüs mit aromareichen Gerichten wie z. B. "Kaninchenmaultaschen mit Erbsen, Mais und Karotte". Schöne Auswahl an halben Flaschen Wein.

⅋ 🏠 – Menü 57/83 € – Karte 58/71 €

Besselstraße 40 ⊠ 28203 – ✆ 0421 7949084 – www.das-kleine-lokal.de –
Geschlossen 2.-16. August, Montag, Sonntag, mittags: Dienstag-Samstag

‖○ **AL PAPPAGALLO**

ITALIENISCH · FAMILIÄR ✗✗ In dem eleganten Restaurant mit tollem lichtem Wintergarten und wunderbarem Garten kann man sich wohlfühlen. Aus der Küche kommen klassisch italienische Gerichte, zubereitet aus sehr guten Produk-ten - besonderes Highlight ist die Pasta! Freundlich der Service.

🏠 – Menü 18 € (Mittags), 35/72 € – Karte 40/82 €

Außer der Schleifmühle 73 ⊠ 28203 – ✆ 0421 327963 – www.alpappagallo.de –
Geschlossen Sonntag, mittags: Samstag

‖○ **WELS**

REGIONAL · GEMÜTLICH ✗✗ Sie mögen Fisch und Wild? Neben diesen Speziali-täten bietet man aber auch regionale Klassiker wie "Bremer Knipp", Labskaus oder Oldenburger Ente. Blickfang ist das Süßwasseraquarium - natürlich mit lebenden Welsen! Das Restaurant befindet sich im Hotel "Munte am Stadtwald" - hier hat man es gepflegt und wohnlich.

⬅ 🏠 🔲 🅿 🚗 – Karte 33/64 €

Parkallee 299 ⊠ 28213 – ✆ 0421 2202666 – www.hotel-munte.de –
Geschlossen Sonntag, mittags: Montag-Samstag

‖○ **GRASHOFFS BISTRO**

FRANZÖSISCH-KLASSISCH · BISTRO ✗ Seit 1872 gibt es diese Institution in Bremen: Delikatessengeschäft und Restaurant unter einem Dach. Charmante fran-zösische Bistro-Atmosphäre, schmackhafte Klassiker aus hervorragenden Produk-ten und gute Weine (hier vor allem Bordeaux) bescheren dem Haus so manchen Stammgast.

⅋ 🏠 🅰🅲 – Karte 49/69 €

Contrescarpe 80 (neben der Hillmann-Passage) ⊠ 28195 – ✆ 0421 14749 –
www.grashoff.de – Geschlossen Montag, abends: Samstag, Sonntag

🏘 **ÜBERFLUSS**

BUSINESS · DESIGN Im Zentrum direkt an der Weser steht das schicke Designhotel mit technisch modern ausgestatteten Zimmern, viele mit Flussblick. Suite mit Sauna und Whirlpool. Das Restaurant "ÜberFluss Grill" bietet eine inter-nationale Karte samt Burger und Steaks.

🕴 🔲 🏋 🎮 🎮 🅰🅲 🛁 – 50 Zimmer – 1 Suite

Langenstraße 72 ⊠ 28195 – ✆ 0421 322860 – www.ueberfluss.de

BREMERHAVEN

Bremen - Regionalatlas **9**-F5 - Michelin Straßenkarte 541

‖○ **MULBERRY ST - FINE DINING BY PHILLIP PROBST**

ZEITGENÖSSISCH · DESIGN ✗✗ Im Hotel "The Liberty" befindet sich dieses geschmackvoll-moderne Fine-Dining-Restaurant - dekorativ die vielen Bildmotive aus der namengebenden Straße in Downtown Manhattan. An vier Abenden in der Woche bietet man ein sehr interessantes kreatives Menü mit Gerichten wie "Brust und Keule von der Etouffée-Taube, Sellerie, Blaubeere, Haselnuss".

⬅ 🅰🅲 🔲 🚗 – Menü 39/109 € – Karte 34/109 €

Columbusstraße 67 ⊠ 27568 – ✆ 0471 902240 –
www.liberty-bremerhaven.com/mulberry-de

🍽️ **PIER 6**

INTERNATIONAL · CHIC ❌ In dem stylischen Restaurant an den Havenwelten wird modern-international gekocht, so z. B. "Steinbutt & Miesmuscheln, Safran-Risotto, grüner Spargel, Blumenkohl, Pernod-Schaum". Dazu umsichtiger Service samt trefflicher Weinberatung. Kleinere Mittagskarte.

🦐 🌿 ♿ – Menü 25/52 € – Karte 35/58 €

Barkhausenstraße 6 ⊠ 27568 – ☏ 0471 48364080 – www.restaurant-pier6.de –
Geschlossen 3.-10. Januar, Sonntag

BRETTEN
Baden-Württemberg – Regionalatlas **54**–F17 – Michelin Straßenkarte 545

🍽️ **MAXIME DE GUY GRAESSEL**

KLASSISCHE KÜCHE · ELEGANT ❌❌ Tagsüber findet man hier das "Café Hessel-bacher" mit Frühstück, kleiner Mittagskarte und leckerer Pâtisserie, abends ein wertig-schickes Restaurant mit intimer Atmosphäre (Hingucker das Deckenge-mälde!). Auf der Karte elsässisch-badische Klassiker wie z. B. "geschmorte Kalbs-bäckle mit handgeschabten Spätzle". Tipp: das lauschige "Gärtle" hinterm Haus!

🌿 – Menü 60 € – Karte 33/60 €

Melanchthonstraße 35 ⊠ 75015 – ☏ 07252 7138 – www.guy-graessel.de –
Geschlossen Montag, Dienstag

BRETZFELD
Baden-Württemberg – Regionalatlas **55**–H17 – Michelin Straßenkarte 545

In Bretzfeld-Brettach Süd-Ost: 9 km, Richtung Mainhardt

🍽️ **LANDHAUS RÖSSLE**

INTERNATIONAL · TRENDY ❌❌ Haben Sie Lust auf Schmackhaftes aus der Region? Oder lieber ein saisonales Menü? Dazu gibt es gute Weine und charmanter Service durch die Chefin. Das Ambiente ist modern-elegant, beliebt im Winter die Plätze am Kamin ein paar Stufen tiefer. Für Übernachtungsgäste hat man hübsche Zimmer.

🛎️ 🌿 ✥ 🅿️ 🍴 – Menü 58/73 € – Karte 40/64 €

Mainhardter Straße 26 ⊠ 74626 – ☏ 07945 911111 – www.roessle-brettach.de –
Geschlossen 24. Mai-8. Juni, Montag, Dienstag, mittags: Donnerstag-Samstag

BRIESEN (MARK)
Brandenburg – Regionalatlas **23**–R8 – Michelin Straßenkarte 542

In Briesen-Alt Madlitz

🏰 **GUT KLOSTERMÜHLE**

LANDHAUS · MODERN Idyllisch die Lage am Madlitzer See - das ist schon eine ländliche Oase, perfekt für alle, die Ruhe suchen! Freuen Sie sich auf geschmack-volle Zimmer und ein vielfältiges Angebot im "BRUNE BALANCE med & SPA". Gastronomisch gibt es die "Klostermühle" mit modern-internationaler Küche und die "Klosterscheune" mit regionaler Karte.

🎋 🐾 🍸 🛋️ 🖥️ ♨️ 🏋️ 🎱 🧖 🅿️ – 66 Zimmer – 3 Suiten

Mühlenstraße 11 ⊠ 15518 – ☏ 033607 59290 – www.gutklostermuehle.com

BRILON
Nordrhein-Westfalen – Regionalatlas **27**–F11 – Michelin Straßenkarte 543

In Brilon-Alme Nord: 5 km

😊 **ALMER SCHLOSSMÜHLE**

SAISONAL · LÄNDLICH ❌ Hier wird schmackhaft gekocht - regional-saisonal und Klassiker aus der Heimat des Chefs. Da probiert man gern "Backhendl mit Kartof-fel-Gurkensalat" oder Wiener Schnitzel. Und dazu Wein aus Österreich? Im Som-mer gibt's mittwochs Mühlen-BBQ.

Spezialitäten: Lachstatar asiatisch mariniert mit Koriander und Wasabimayonnaise. Ragout vom Damwild mit Brokkoli, Haselnussspätzle und Preiselbeeren. Vanilleeis, Kernöl, karamellisierte Kürbiskerne, Vanillesahne.

🏡 ✿ 🅿 – Menü 37/45 € – Karte 31/69 €

Schlossstraße 13 ✉ 59929 – ☎ 02964 9451430 – www.almer-schlossmuehle.de – Geschlossen 4.-17. Januar, Montag, Dienstag

BRÜHL (BADEN)

Baden-Württemberg – Regionalatlas **47**–F16 – Michelin Straßenkarte 545

🏵 KRONE DAS GASTHAUS

KLASSISCHE KÜCHE · GASTHOF ✗ Andreas Bretzel trifft hier genau den Nerv der Zeit: schmackhafte Küche vom vegetarischen Menü bis zum "Sauerbraten von der Ochsenbacke" und dazu ein sympathischer ländlich-schlichter Rahmen mit Flair! Im Sommer geht's raus in den schönen, teils überdachten Hofgarten.

Spezialitäten: Gemüsetatar mit Bulgursalat und Falafel. Glasierte Entenbrust und Saté-Spieß, Gemüse-Curry, Jasminreis. Kleiner Apfelkuchen mit Eierlikör-Eis und Kaffee-Crème-brûlée.

🏡 – Menü 58/67 € – Karte 37/68 €

Ketscher Straße 17 ✉ 68782 – ☎ 06202 6070252 – www.krone-dasgasthaus.de – Geschlossen Montag, mittags: Dienstag-Samstag

BÜHL

Baden-Württemberg – Regionalatlas **54**–E18 – Michelin Straßenkarte 545

In Bühl-Oberbruch Nord-West: 5,5 km, jenseits der A 5

🏵 POSPISIL'S GASTHOF KRONE

REGIONAL · GEMÜTLICH ✗ Seit 1996 betreiben Pavel Pospisil und seine Frau ihre "Krone" und erfreuen die Gäste mit saisonalen Klassikern. In behaglichen Räumen wird man aufmerksam und freundlich umsorgt. Und wenn Sie übernachten möchten, finden Sie hier auch nette, gepflegte Zimmer.

Spezialitäten: Wildterrine mit Apfel-Meerrettich. Variation vom Reh, Preiselbeerensoße, Gemüse und Spätzle. Böhmische Zwetschgenknödel, Zwetschgensorbet.

🐾 ⬅ 🏡 ✿ 🅿 – Menü 37/59 € – Karte 35/59 €

Seestraße 6 ✉ 77815 – ☎ 07223 93600 – www.pospisilskrone.de – Geschlossen Montag, mittags: Dienstag-Freitag

BÜHLERTAL

Baden-Württemberg – Regionalatlas **54**–E18 – Michelin Straßenkarte 545

🏵 BERGFRIEDEL

REGIONAL · FAMILIÄR ✗✗ Seit Jahren ein engagiert geführter Familienbetrieb! Man wird herzlich umsorgt und genießt neben richtig guter, frischer Küche auch die Aussicht über das Bühlertal. Das Speiseangebot reicht von badisch-regional über vegetarisch/vegan bis zum Feinschmecker-Menü. Dazu eine umfangreiche Weinkarte. Schön übernachten kann man ebenfalls.

Spezialitäten: Carpaccio vom Schwarzwälder Weiderind. Rehrückenfilet aus dem Naturpark mit Maultäschle. Parfait von Waldhonig aus eigener Imkerei.

🍃 *Engagement des Küchenchefs: "Im Nordschwarzwald fest verwurzelt, biete ich meinen Gästen eine Naturparkküche mit Fleisch vom Metzger im Ort, Wild aus der Umgebung, regionalem Süßwasserfisch, Gemüse, Pilzen, Kräutern und Obst aus dem Bühlertal, frischer und saisonaler geht es nicht und mein Haus ist als Klimahotel zertifiziert!"*

🐾 ⬅ ⬅ 🏡 ✿ 🅿 – Menü 35/85 € – Karte 32/68 €

Haabergstraße 23 (Obertal) ✉ 77830 – ☎ 07223 72270 – www.bergfriedel.de – Geschlossen Montag, Dienstag

⊛ REBSTOCK

REGIONAL · GASTHOF X Seit über 100 Jahren sorgt Familie Hörth mit vollem Engagement für das Wohl ihrer Gäste. Im bürgerlich-gemütlichen Restaurant und auf der netten Terrasse fühlt man sich wohl, nicht zuletzt dank des aufmerksamen Service. Gekocht wird regional, international und klassisch, und immer schmackhaft! Gut übernachten kann man ebenfalls - besonders ruhig die Zimmer zum Garten.

Spezialitäten: Salatvariation mit gebratenen Gambas, Pesto. Kalbsfilet mit Morchelrahmsoße, buntes Gemüse und Kartoffelkrusteln. Kleine Schwarzwälder im Glas.

⇔ 🛖 ⊡ ⇔ 🅿 – Menü 25/43 € – Karte 30/53 €

Hauptstraße 88 (Obertal) ✉ *77830 – ☏ 07223 99740 – www.rebstock-buehlertal.de – Geschlossen 15.-28. Februar, 28. Juni-10. Juli, Montag, Donnerstag*

BÜRGSTADT

Bayern – Regionalatlas **48**–G16 – Michelin Straßenkarte 546

⊛ WEINHAUS STERN

REGIONAL · FAMILIÄR XX Zu Recht eine gefragte Adresse: Da wären zum einen die gemütlich-rustikale Atmosphäre und der hübsche Innenhof, zum anderen die gute saisonale Küche von Patron Klaus Markert, nicht zu vergessen die eigenen Edelbrände und die schöne Weinauswahl. Tipp: Wild- und Gänsegerichte! Man bietet auch charmante Gästezimmer, und zum Frühstück gibt's hausgemachte Fruchtaufstriche!

Spezialitäten: Mediterraner Salat mit gebratener Königsbrasse und Fenchelsüppchen. Dreierlei vom Kalb mit Wirsing, Pfifferlingen und gerösteten Eschalotten. Passionsfrucht-Karamellcrème mit Waldheidelbeeren und Gruyèreeis.

⇔ 🛖 ⇔ 🅿 – Menü 27/75 € – Karte 37/56 €

Hauptstraße 23 ✉ *63927 – ☏ 09371 40350 – www.hotel-weinhaus-stern.de – Geschlossen Dienstag, Mittwoch, mittags: Montag und Donnerstag-Sonntag*

BÜNDE

Nordrhein-Westfalen – Regionalatlas **27**–F9 – Michelin Straßenkarte 543

🍴○ ZUM ADLER

ZEITGENÖSSISCH · HIP XX Mit dem Namen von einst trägt das moderne Restaurant der Tradition des ursprünglichen Gasthauses "Zum Adler" a. d. 19.Jh. Rechnung. Heute ist es hier schön licht und geradlinig-chic. Im Fokus steht hochwertiges Fleisch wie z. B. "dry aged Ribeye vom Angus Rind vom biozertifizierten Gut Klepelshagen". Fisch oder Veganes gibt es aber auch.

🛖 – Menü 17 € (Mittags), 33/72 € – Karte 40/76 €

Moltkestrasse 1 ✉ *32257 – ☏ 05223 4926453 – www.adler-restaurant.de*

BURG – Schleswig-Holstein → Siehe Fehmarn (Insel)

BURG (SPREEWALD)

Brandenburg – Regionalatlas **33**–R10 – Michelin Straßenkarte 542

🏨 BLEICHE RESORT UND SPA

LUXUS · INDIVIDUELL Auf dem tollen parkähnlichen Grundstück samt Blumen- und Kräutergärten erwartet Sie Landhausstil in wohnlichster Form - wie wär's mit der SPA-Suite auf 180 qm mit eigener Sauna und Hamam? Dazu umfassender Spa, top Service, Kino und Outdoor-Aktivitäten (Kahnfahrten, "Stand Up Paddling"...). Abendliche Halbpension nach frühzeitiger Reservierung auch für externe Gäste.

✿ 🐾 🛄 ⬛ 🌐 ♨ 🛁 ⊡ 🕭 ♨ 🅿 – 74 Zimmer – 16 Suiten

Bleichestraße 16 ✉ *03096 – ☏ 035603 620 – www.bleiche.de*

In Burg-Kauper Nord-West: 9 km

⅛○ SPEISENKAMMER

MODERNE KÜCHE · FREUNDLICH ⅞ Das kleine Restaurant ist schön leger und gemütlich, draußen sitzt man idyllisch im Grünen. Gekocht wird modern, produktbezogen und schmackhaft - wie wär's mit "rosa Rücken vom Brandenburger Reh, wildes Gemüse, Pfifferlinge, Quitte"? Oder lieber das vegetarische Menü? Weine empfiehlt man mündlich. Übernachten können Sie im "Ferienhof Spreewaldromantik" gleich nebenan.

🏡 🛬 – Menü 69/79 €

Waldschlößchenstraße 48 ✉ 03096 – ☎ 035603 750087 – www.speisenkammer-burg.de – Geschlossen 1.-15. Februar, 11.-28. Oktober, Montag, Sonntag, mittags: Dienstag-Samstag

BURGRIEDEN

Baden-Württemberg – Regionalatlas **64**-I20 – Michelin Straßenkarte 545

⅛○ EBBINGHAUS

INTERNATIONAL · ELEGANT ⅞⅞ Ein freundliches und modernes Ambiente erwartet Sie in dem Restaurant gegenüber dem Rathaus. Was hier aus frischen, guten Produkten entsteht, nennt sich z. B. "Keule vom Osterberger Lamm mit Kräuterkruste und Rosmarinjus".

🏡 ⅙ 🅿 🛬 – Menü 82/90 € – Karte 42/63 €

Bahnhofplatz 2 ✉ 88483 – ☎ 07392 6041 – www.restaurant-ebbinghaus.de – Geschlossen 1.-13. Januar, 23. August-14. September, Montag, Dienstag, Mittwoch, mittags: Donnerstag-Samstag, abends: Sonntag

BURGWEDEL

Niedersachsen – Regionalatlas **19**-I8 – Michelin Straßenkarte 541

In Burgwedel-Thönse

⅛○ GASTHAUS LEGE

KLASSISCHE KÜCHE · LÄNDLICH ⅞⅞ Neben behaglichem Ambiente (schön die dekorativen Bilder) darf man sich hier auf herzliche Gastgeber freuen und nicht zuletzt auf gute saisonal-klassische Küche, z. B. als "Rotbarschfilet mit Meerrettichmayonnaise und Petersilienwurzel".

🏡 ⟳ 🅿 – Menü 44/89 € – Karte 44/54 €

Engenserstraße 2 ✉ 30938 – ☎ 05139 8233 – www.gasthaus-lege.de – Geschlossen 19. Juli-19. August, Montag, Dienstag, mittags: Mittwoch-Freitag

BURRWEILER

Rheinland-Pfalz – Regionalatlas **47**-E17 – Michelin Straßenkarte 543

⅛○ RITTERHOF ZUR ROSE

MARKTKÜCHE · GEMÜTLICH ⅞⅞ Typisch südpfälzisches Flair versprüht das schöne Haus auf dem Anwesen des Weinguts Meßmer - da sitzt man natürlich auch gerne auf der Terrasse mit Weinbergblick! Die Küche bietet saisonal geprägte Speisen in Form unterschiedlicher Menüs. Darf es vielleicht das Menü "Biosphäre Pfälzerwald" sein? Dazu gibt's tollen Pfälzer Wein.

🏡 ⟳ 🅿 – Menü 44/75 € – Karte 35/54 €

Weinstraße 6A (1. Etage) ✉ 76835 – ☎ 06345 407328 – www.ritterhofzurrose.de – Geschlossen 13. Juli-2. August, 12.-22. Oktober, Dienstag, Mittwoch, mittags: Donnerstag-Freitag

CELLE

Niedersachsen – Regionalatlas **19**-I8 – Michelin Straßenkarte 541

🍴○ **DAS ESSZIMMER** ⑩

MODERNE KÜCHE · ZEITGEMÄßES AMBIENTE XX Ein schmuckes kleines Haus am Zentrumsrand beherbergt dieses hübsche geradlinig-moderne Restaurant. Modern ist auch die Küche, eines der Menüs ist vegetarisch. Als Getränkebegleitung gibt es neben Wein auch eine alkoholfreie Alternative. Der Service ist angenehm entspannt, freundlich und professionell.

🛜 – Menü 32 € – Karte 45/58 €

Hostmannstraße 37 ⊠ 29221 – ℰ 05141 9777536 – www.dasesszimmer-celle.de –
Geschlossen 1.-19. Januar, 18. Oktober-2. November, Montag, Dienstag,
mittags: Mittwoch-Samstag

🍴○ **SCHAPERS**

MARKTKÜCHE · FAMILIÄR XX In dem Familienbetrieb (4. Generation) wird mit regional-saisonalem Bezug gekocht, so z. B. "gebratenes Zanderfilet auf jungem Rahmkohlrabi". Dazu freundliches Ambiente mit moderner Note, schön die Terrasse. Sie möchten über Nacht bleiben? Es stehen wohnlich-funktionale Zimmer bereit, verteilt auf zwei Häuser.

⇦ 🛜 🅿 – Menü 45/55 € – Karte 39/60 €

Heese 6 ⊠ 29225 – ℰ 05141 94880 – www.hotel-schaper.de –
Geschlossen 1.-10. Januar, Montag, mittags: Dienstag-Samstag, Sonntag

🍴○ **TAVERNA & TRATTORIA PALIO**

ITALIENISCH · MEDITERRANES AMBIENTE X Richtig nett sitzt man hier in legerer Trattoria-Atmosphäre, aus der offenen Küche kommen frische italienische Speisen - probieren Sie unbedingt eines der Pasta-Gerichte! Interessant auch die saisonalen Menüs. Sehr schöne Terrasse unter alter Kastanie.

🐾 ⇦ 🛜 🎬 🅿 🚗 – Menü 50/65 € – Karte 37/65 €

Althoff Hotel Fürstenhof, Hannoversche Straße 55 ⊠ 29221 – ℰ 05141 2010 –
www.fuerstenhof-celle.com –
Geschlossen Montag, Dienstag

🏨 **ALTHOFF HOTEL FÜRSTENHOF**

HISTORISCH · INDIVIDUELL Nicht nur die beispielhafte Gästebetreuung ist sehr angenehm, das Ambiente im Haus ist es ebenso! Passend zum Flair des jahrhundertealten Palais setzt man auf klassische Eleganz. Tipp: die neueren stilvollmodernen Zimmer! Und wenn Sie bummeln gehen möchten: In die Innenstadt sind es nur wenige Minuten!

🍳 🖥 🛎 🔁 ♿ 🎬 ⚒ 🅿 🚗 – 62 Zimmer – 3 Suiten

Hannoversche Straße 55 ⊠ 29221 – ℰ 05141 2010 - www.fuerstenhof-celle.com
🍴○ **Taverna & Trattoria Palio** – Siehe Restaurantauswahl

In Celle-Altencelle Süd-Ost: 3 km

🍴○ **DER ALLERKRUG**

REGIONAL · LÄNDLICH XX Bei den freundlichen Gastgebern Sven Hütten und Petra Tiecke-Hütten dürfen Sie sich auf sorgfältig und gekonnt zubereitete Gerichte freuen. Ländliche Küche findet sich hier ebenso wie internationale Einflüsse. Schön sitzt man auf der nach hinten gelegenen Terrasse.

🛜 ♻ 🅿 – Menü 38/58 € – Karte 35/65 €

Alte Dorfstraße 14 ⊠ 29227 – ℰ 05141 84894 - www.allerkrug.de –
Geschlossen Montag, Dienstag, mittags: Mittwoch

In Celle-Boye Nord-West: 4 km

🍴○ **KÖLLNER'S LANDHAUS**

TRADITIONELLE KÜCHE · LÄNDLICH XX Ein Anwesen wie aus dem Bilderbuch: ein charmantes Fachwerkhaus von 1589, drum herum ein 11000 qm großer Garten - da könnte das Landhaus-Interieur nicht besser passen! Und dazu gute regional-internationale Küche, z. B. in Form von "Färöer Lachsfilet im Pergament gegart, Gemüsestreifen, Kräuterdrillinge". Schön auch die wohnlich-modernen Gästezimmer.

⇦ 🛏 🏠 ⇧ **P** – Menü 36/75 € – Karte 34/59 €

Im Dorfe 1 ✉ 29223 – ☏ 05141 951950 – www.koellners-landhaus.de – Geschlossen 1.-12. Januar, Montag, Dienstag, mittags: Mittwoch-Freitag, abends: Sonntag

CHAM

Bayern – Regionalatlas **59**–O17 – Michelin Straßenkarte 546

In Cham-Chammünster Süd-Ost: 4 km über B 85 in Richtung Passau

😊 **GASTHAUS ÖDENTURM**

REGIONAL · LÄNDLICH X Ein Bilderbuch-Gasthof: schön die Lage am Waldrand, sympathisch-familiär die Atmosphäre, reizvoll die Terrasse, und gekocht wird richtig gut, von regional bis mediterran, von "rosa gebratenem Frischlingsrücken mit Haselnusskruste" bis "gegrillte Calamaretti, Rucola, Balsamico, Kirschtomaten". Zum Übernachten hat man gemütlich-moderne Zimmer.

Spezialitäten: Gebeizte heimische Lachsforelle, Fenchel, Pfirsich, Limonencrème. Knusprig gebratene Gänsebrust, Reiberknödel, Blaukraut. Zwetschgenknödel, Bröselbutter, Sauerrahmeis.

⇦ ≤ 🏠 ⇧ **P** – Menü 28/49 € – Karte 22/50 €

Am Ödenturm 11 ✉ 93413 – ☏ 09971 89270 – www.oedenturm.de – Geschlossen 15.-20. März, 5. Oktober-26. November, Montag, mittags: Dienstag, mittags: Donnerstag, abends: Sonntag

CHEMNITZ

Sachsen – Regionalatlas **42**–O13 – Michelin Straßenkarte 544

😊 **VILLA ESCHE**

INTERNATIONAL · TRENDY XX Interessant das Angebot von Klassikern wie "Königsberger Klopse" bis zu Internationalem wie "kanadische Jakobsmuscheln, Curry-Blumenkohl, Pinienkerne". Dazu wird man wirklich sehr aufmerksam und hilfsbereit umsorgt! Schöner Rahmen: die 1903 erbaute Orangerie einer einstigen Unternehmer-Villa (hier das Henry-van-de-Velde-Museum) nebst Terrasse zum Park.

Spezialitäten: Rosa Thun, Kimchi, Kokos und Granny Smith. Seeteufel, Rote Zwiebel, Portulak und Ananastomate. Geeister Mascarpone-Mangoguglhupf.

🛏 🏠 ⇧ **P** – Menü 45/65 € – Karte 35/60 €

Parkstraße 58 (Eingang Rich.-Wagner-Straße) ✉ 09120 – ☏ 0371 2361363 – www.restaurant-villaesche.de – Geschlossen 1.-10. Januar, Montag, abends: Dienstag, mittags: Samstag, Sonntag

CHIEMING

Bayern – Regionalatlas **67**–N21 – Michelin Straßenkarte 546

In Chieming-Ising Nord-West: 7 km

🍴○ **USINGA**

KREATIV · GEMÜTLICH XX Das Gourmetstübchen ist das kulinarische Aushängeschild des geschmackvollen Hotels "Gut Ising". In unkomplizierter und gemütlicher Atmosphäre serviert man eine kreativ inspirierte Küche mit regionalem und internationalem Einfluss. Auf der Karte z. B. "Munzinger Huhn mit Kashmircurry". Gut abgestimmt die Weinbegleitung.

⇦ 🏠 **P** – Menü 68/109 € – Karte 59/78 €

Hotel Gut Ising, Kirchberg 3 ✉ 83339 – ☏ 08667 790 – www.gut-ising.de – Geschlossen Montag, Dienstag, Sonntag, mittags: Mittwoch-Samstag

🍴 **ZUM GOLDENEN PFLUG**

REGIONAL · LÄNDLICH ҂ In einem der ältesten Gasthäuser der Region schreibt man Tradition groß, ohne stehen zu bleiben. In unterschiedlichen charmanten Stuben gibt es z. B. "Rindertafelspitz aus dem Kupferpfandl, Röstkartoffeln, Apfelmeerrettich, Schnittlauchsauce, Rahmspinat" oder auch "Millirahmstrudel, Vanilleschaum, Brombeereis".

🖐 🍽 🏠 ↔ 🅿 🚗 – Menü 33/86 € – Karte 33/65 €

Hotel Gut Ising, Kirchberg 3 ✉ 83339 – ☎ 08667 790 – www.gut-ising.de

🏯 **GUT ISING**

HISTORISCH · INDIVIDUELL Abwechslung ist Ihnen hier gewiss! Auf einem herrlich angelegten, über 170 ha großen Anwesen unweit des Chiemsees finden Sie neben ganz individuellen Zimmern Reitsport inklusive Polo, eine Segelschule, einen 9-Loch-Golfplatz, eine Tennishalle und Spa auf 2500 qm! Dazu gastronomische Vielfalt vom Ristorante "Il Cavallo" bis zum Grillrestaurant "Derby" mit tollen Steaks und Burgern.

🐎 🐕 🍽 ▣ 🎣 🏊 🌐 🏇 🛁 ⊡ 🏋 🅿 🚗 – 105 Zimmer – 2 Suiten

Kirchberg 3 ✉ 83339 – ☎ 08667 790 – www.gut-ising.de

🍴 **Zum Goldenen Pflug** · 🍴 **USINGA** – Siehe Restaurantauswahl

COESFELD

Nordrhein-Westfalen – Regionalatlas **26**–C9 – Michelin Straßenkarte 543

🕙 **FREIBERGER IM GASTHAUS SCHNIEDER-BAULAND**

TRADITIONELLE KÜCHE · GEMÜTLICH ҂҂ Wem Schmackhaftes wie "westfälisches Zwiebelfleisch" oder "pochierte Hechtklößchen mit Hummerravioli" Appetit macht, ist bei Benedikt Freiberger genau richtig. Kommen Sie ruhig auch mal zum preiswerten Mittagsmenü. Das rote Ziegelsteinhaus liegt übrigens schön im Grünen - da lockt auch die Terrasse.

Spezialitäten: Salatkomposition mit Strudel von Ziegenfrischkäse auf Gemüse. Geschmorte Rinderbäckchen mit Semmelknödel. Desserttrilogie.

🏠 ↔ 🅿 – Menü 29 € (Mittags), 45/65 € – Karte 29/70 €

Sirksfeld 10 ✉ 48653 – ☎ 02541 3930 – www.restaurant-freiberger.de –
Geschlossen 15. Februar-1. März, Montag, Dienstag

CUXHAVEN

Niedersachsen – Regionalatlas **9**–G4 – Michelin Straßenkarte 541

In Cuxhaven-Duhnen Nord-West: 6 km über Strichweg

🏵 **STERNECK**

KREATIV · KLASSISCHES AMBIENTE ҂҂҂ Atemberaubend der Blick auf die Nordsee, den Weltschifffahrtsweg und das Weltnaturerbe Wattenmeer - so sieht im "Badhotel Sternhagen" die Kulisse für hochstehende Kulinarik aus. Zuständig dafür ist Küchenchef Marc Rennhack. Zu seinen Stationen zählten u. a. einige Restaurants von Juan Amador, zuletzt stand er im "Heritage by Juan Amador" in Bukarest am Herd. Er kocht modern, ohne dabei die klassische Basis aus den Augen zu verlieren. Geschickt gibt er den Gerichten eine kreative Note und schafft interessante Geschmackskombinationen. Sein Menü können Sie mit drei bis sieben Gängen wählen. Auf den elegant eingedeckten Tisch kommt da beispielsweise "Steinbutt, Secreto, Tomate, Erbse, Mairübchen".

Spezialitäten: Kabeljau, Dorumer Krabben, Kohlrabi, Karotte, Dill. Filet vom Arenscher Weideochsen, Kichererbse, Zwiebel, Backpflaume. Apfel, Mandel, Süßholz, Rahm.

🖐 ⊰ ♿ 🎦 🅿 – Menü 85/190 €

Badhotel Sternhagen, Cuxhavener Straße 86 ✉ 27476 – ☎ 04721 4340 –
www.badhotel-sternhagen.de –
Geschlossen 11.-25. April, 21. November-22. Dezember, Montag, Dienstag,
Mittwoch, mittags: Donnerstag-Samstag

⫯◯ PANORAMA-RESTAURANT SCHAARHÖRN

INTERNATIONAL · ELEGANT ⵝⵝ In hanseatisch-elegantem Ambiente genießt man bei schönem Nordsee-Blick regionale Küche mit Niveau, z. B. als "Zweierlei vom Arenscher Weideochsen". Und lassen Sie sich am Nachmittag nicht die Kuchen aus der eigenen Konditorei entgehen!

⇦ ⪪ 🛏 ⅋ 🄰🄲 ⊡ 🄿 – Menü 42/64 € – Karte 42/68 €

Badhotel Sternhagen, Cuxhavener Straße 86 ✉ *27476 – ℰ 04721 4340 – www.badhotel-sternhagen.de – Geschlossen 21. November-22. Dezember*

🏠 BADHOTEL STERNHAGEN

FAMILIÄR · INDIVIDUELL Herzlich wird man in dem seit über 50 Jahren beste-henden Familienbetrieb umsorgt. Toll der Service, traumhaft die Lage direkt hin-term Deich, herrlich der Blick auf die Nordsee, dazu ein umfassendes Spa-Ange-bot mit Meerwasser-Konzept. Besonders chic die neueren Zimmer! Eine gemütlich-rustikale Restaurant-Alternative zu "Sterneck" und "Schaarhörn" ist das "Ekendöns".

⌁ ⪪ 🛏 🖥 🕮 ⽊ ⅋ 🄰🄲 🄿 – 47 Zimmer – 11 Suiten

Cuxhavener Straße 86 ✉ *27476 – ℰ 04721 4340 – www.badhotel-sternhagen.de*

⫯◯ **Panorama-Restaurant Schaarhörn** · ✿ **Sterneck** – Siehe Restaurantauswahl

DACHAU

Bayern – Regionalatlas **65**-L20 – Michelin Straßenkarte 546

In Dachau-Webling Nord-West: 2 km

🐵 SCHWARZBERGHOF

MARKTKÜCHE · GASTHOF ⵝⵝ Hier isst man richtig gut, entsprechend gefragt ist das charmante holzgetäfelte Restaurant - reservieren Sie also lieber! Auf der Karte liest man z. B. "Zanderfilet mit Rieslingcremesauce". Schön sitzt man im Sommer auf der Gartenterrasse.

Spezialitäten: Avocadofächer und gegrillte Scampi, Tomaten-Vinaigrette, Basili-kum. Lammkarree in der Kräuterkruste, Gemüsebündchen und Kartoffelgratin. Mousse von weißer und brauner Schokolade, Mokkasauce, Früchte.

⇦ 🍽 ⇎ 🄿 – Menü 26/78 € – Karte 26/69 €

Augsburger Straße 105 ✉ *85221 – ℰ 08131 338060 – www.schwarzberghof.eu – Geschlossen 1.-6. Januar, Montag*

DARMSTADT

Hessen – Regionalatlas **47**-F15 – Michelin Straßenkarte 543

⫯◯ ORANGERIE

MEDITERRAN · ELEGANT ⵝⵝ Im Orangerie-Park steht das historische Gebäude mit lichtem, elegantem Interieur - gefragt auch die Terrasse und die Lounge! Gekocht wird mediterran - von der Tafel wählt man z. B. "Seezunge im Wildkräu-termantel". Für Weinfreunde: schöne Auswahl an Magnumflaschen.

⅋⅋ 🍽 ⅋ ⇎ 🄿 – Menü 48/89 € – Karte 47/93 €

Bessunger Straße 44 ✉ *64285 – ℰ 06151 3966446 – www.orangerie-darmstadt.de – Geschlossen Montag*

⫯◯ TRATTORIA ROMAGNOLA DANIELA

ITALIENISCH · TRATTORIA ⵝⵝ Seit über 30 Jahre steht die sympathische Chefin am Herd. Probieren Sie die hausgemachte Pasta oder den Klassiker "Kalbsrücken Daniela Art"! Haben Sie die charmante Terrasse mit der freigelegten historischen Mauer gesehen?

🍽 – Menü 46/65 € – Karte 44/109 €

Heinrichstraße 39 ✉ *64283 – ℰ 06151 20159 – www.trattoria-romagnola.de – Geschlossen mittags: Samstag, Sonntag*

DARSCHEID

Rheinland-Pfalz – Regionalatlas **36**–C14 – Michelin Straßenkarte 543

⅏ KUCHER'S GOURMET

KLASSISCHE KÜCHE · **ELEGANT** XX Seit über 30 Jahren betreibt Familie Kucher dieses Haus mit Leidenschaft und Engagement, immer wieder wird investiert und verbessert. Inzwischen bringen Sohn Florian Kucher und Tochter Stefanie Becker frischen Wind ins Gourmetrestaurant. In geschmackvoller und eleganter Atmosphäre werden Sie mit zwei verschiedenen Menüs verwöhnt: zum einen "Florian's Klassik Menü", zum anderen das "Modern Art Menü". Feine Kontraste und intensive Aromen kennzeichnen die Küche des jungen Chefs. Die Weinauswahl gehört sicher zu den Top-Karten in Deutschland - mit über 1300 Positionen geradezu ein Eldorado für Weinliebhaber! Sie möchten übernachten? Zur Wahl stehen Zimmer im Stammhaus und im Neubau.

Spezialitäten: Wachtel, Bohne, Cassis, Mandel. Kalb, Petersilienwurzel, Pfifferling, Holunder. Cheesecake, Dulce de Leche, Heidelbeere.

🕸 ⇆ 🏠 ⊡ 🅿 – Menü 66/119 € – Karte 73/89 €

Karl-Kaufmann-Straße 2 ✉ *54552 – ℰ 06592 629 – www.kucherslandhotel.de –*
Geschlossen 4.-18. Januar, Montag, Dienstag, Sonntag, mittags: Mittwoch-Samstag
🍴 **Kucher's Weinwirtschaft** – Siehe Restaurantauswahl

⅏ KUCHER'S WEINWIRTSCHAFT

REGIONAL · **FAMILIÄR** X Charmant die unterschiedlichen antiken Tische und Stühle, die hübsche Deko und die fast familiäre Atmosphäre. Seit jeher gibt es hier "Saure Nierle mit Bratkartoffeln" - ein Klassiker, der treue Anhänger hat! Für die regional-saisonale Küche wird generell nur Fleisch aus der Eifel verarbeitet.

Spezialitäten: Crèmesuppe von Pfifferlingen mit Kräuterschmand und Brandteigkrapfen. Königsberger Klopse mit Löwenzahnblütenkapernsauce, Rahmlauch und Grünkernrisotto. Crema Catalana mit Safran-Pfirsichen und Pistazieneis.

🕸 ⇆ 🏠 🅿 – Menü 19 € (Mittags) – Karte 34/56 €

Kucher's Gourmet, Karl-Kaufmann-Straße 2 ✉ *54552 – ℰ 06592 629 –*
www.kucherslandhotel.de – Geschlossen Montag, mittags: Dienstag

DEGGENHAUSERTAL

Baden-Württemberg – Regionalatlas **63**–H21 – Michelin Straßenkarte 545

In Deggenhausertal-Limpach

⅏O MOHREN

REGIONAL · **GEMÜTLICH** X Hier kocht man regional, und zwar ausschließlich mit biozertifizierten Zutaten - Obst, Gemüse, Fleisch etc. stammen aus dem eigenen Bio-Betrieb. Chef Jürgen Waizenegger, Landwirt und Koch, bietet z. B. Rinderschmorbraten, hausgemachte Maultaschen oder Cordon bleu. Zum Übernachten bietet man hübsche, wohnliche Zimmer in angenehmen Naturtönen.

⅏ *Engagement des Küchenchefs:* "Bereits seit 1988 steht bei uns nicht nur überall „BIO" drauf, sondern es steckt auch drin! Eigenes Feldgemüse, Getreide, Obst und unsere Black-Angus-Rinderzucht kommen von unserem Bioland-Gutshof und von dort direkt auf meinen Küchentisch! Im eigenen Wald gewinnen wir Nutzholz und Brennmaterial."

⇆ 🍴 🏠 ⅙ ⊡ ⇄ 🅿 – Menü 28/45 € – Karte 31/68 €

Kirchgasse 1 ✉ *88693 – ℰ 07555 9300 – www.mohren.bio –*
Geschlossen Montag, Dienstag

DEIDESHEIM

Rheinland-Pfalz – Regionalatlas **47**–E16 – Michelin Straßenkarte 543

⌘ L.A. JORDAN

KREATIV · DESIGN ✗✗✗ Hotel, Restaurants, Eventlocation - all das vereint das ehemalige Bassermann-Jordan-Weingut an der Deutschen Weinstraße. Küchenchef im Gourmetrestaurant des schön restaurierten historischen Anwesens ist Daniel Schimkowitsch. Sein Handwerk ist absolut präzise, die Produktqualität großartig. In seinen kreativen Speisen findet sich so manch ungewöhnliche Aromenkombination. Zum Menü gibt es die passende Weinbegleitung aus der Pfalz oder - als "Premium" - auch mit internationalen Gewächsen. Umsorgt wird man leger und gleichermaßen professionell. Chic-modern die Räume (mal elegant, mal trendiger), toll die Plätze am Fenster zum Hof.

Spezialitäten: Japanischer Hamachi, Myoga, Avocado und Yuzu-Kokosvinaigrette. Ente, Bohnen, Heidelbeeren und Sauce Roiyaru. Matcha, exotische Früchte, Joghurt, Schokolade.

🕸 ⇦ 🛋 🏠 🕭 🕮 🅿 – Menü 95/190 €

Hotel Ketschauer Hof, Ketschauerhofstraße 1 ☒ 67146 – 𝒞 06326 70000 –
www.ketschauer-hof.com – Geschlossen Montag, Sonntag,
mittags: Dienstag-Samstag

ⓐ ST. URBAN

REGIONAL · RUSTIKAL ✗✗ In den behaglichen Restaurantstuben spürt man den traditionellen Charme eines Pfälzer Gasthofs. Serviert wird gute regional-saisonale Küche, vom Vesper bis zum Menü. Auf der Karte z. B. "Ravioli vom Hasenpfeffer mit Rosenkohl, glasierten Kastanien und Wacholderschaum" oder "gebratener Bachsaibling mit Vanille-Wirsing".

Spezialitäten: Rinderkraftbrühe mit Markklößchen, Gemüse und Liebstöckel. Strudel von Blut- und Leberwurst auf Apfel-Meerrettich-Gemüse, Senfsauce und Preiselbeeren. Törtchen von Quitte und Buttermilch mit Vanille-Quitten-Ragout und Calvados-Thymianeis.

⇦ 🏠 🖸 ⇔ 🅿 🚗 – Menü 34 € (Mittags)/68 € – Karte 36/67 €

Hotel Deidesheimer Hof, Am Marktplatz 1 ☒ 67146 – 𝒞 06326 96870 –
www.deidesheimerhof.de – Geschlossen 11.-21. Januar

⍥ SCHWARZER HAHN

FRANZÖSISCH-MODERN · ELEGANT ✗✗✗ Die moderne Tischkultur und das farbenfrohe Ambiente stehen hier in Kontrast zum historischen Kreuzgewölbe – und das funktioniert richtig gut! Die Speisekarte bietet für jeden etwas, ob klassisches Menu, "flotte Teller" (Kleinigkeiten im Duett serviert) oder „Heimatliebe" mit Pfälzer Spezialitäten – da darf natürlich auch der Saumagen nicht fehlen.

🕸 ⇦ 🏠 🕮 🖸 🅿 🚗 – Menü 85/149 € – Karte 85/105 €

Hotel Deidesheimer Hof, Marktplatz 1 ☒ 67146 – 𝒞 06326 96870 –
www.deidesheimerhof.de – Geschlossen 1. Januar-2. Februar, 3. Juli-26. August,
Montag, Dienstag, Sonntag, mittags: Mittwoch-Samstag

⍥ RIVA

INTERNATIONAL · HIP ✗✗ Geradliniges Interieur in hellen Naturtönen, dazu angenehm legerer Service und international-mediterrane Küche. Neben Steaks, Pizza und Pasta liest man auf der Karte z. B. "Paillard vom Kalb, Spargelragout, junge Kartoffeln, Bärlauch".

⇦ 🛋 🏠 🕭 🕮 🅿 – Karte 49/99 €

Kaisergarten Hotel & Spa, Weinstraße 12 ☒ 67146 – 𝒞 06326 700077 –
www.kaisergarten-deidesheim.com

⍥ FUMI

JAPANISCH · FREUNDLICH ✗ Im Weingut Josef Biffar hat sich ein kleines japanisches Restaurant etabliert. Authentisch die Küche, einschließlich Sushi und Sashimi. Tipp: Das "Fünferlei aus der japanischen Küche" gibt einen schönen Einblick. Dazu empfiehlt man hauseigene Weine.

🏠 ⇔ 🅿 – Menü 26 € (Mittags), 66/87 € – Karte 66/87 €

Im Kathrinenbild 1 (im Weingut Biffar) ☒ 67146 – 𝒞 06326 7001210 –
www.josef-biffar.de – Geschlossen Montag, Dienstag, mittags: Mittwoch-Freitag

⅋○ LEOPOLD

INTERNATIONAL · GERADLINIG ⅄ Der aufwändig sanierte ehemalige Pferdestall des Weinguts von Winning (übrigens ein Teil des Bassermann-Jordan-Imperiums) ist ein schön modernes und überaus beliebtes Restaurant, in dem man gut isst. Auf der Karte finden sich internationale und Pfälzer Gerichte - mögen Sie z. B. "hausgemachte Rinderroulade, Rahmkohlrabi, Kartoffelstampes"? Ideal auch für Hochzeiten.

⅋⅋ 🛋 🐧 AK ⇦ P – Karte 32/124 €

Weinstraße 10 ⊠ 67146 – ℰ 06326 9668888 – www.von-winning.de –
Geschlossen 1.-15. Februar

⅋○ RESTAURANT 1718

INTERNATIONAL · TRENDY ⅄ Im "White Room" und im "Black Room" treffen stilvolle Altbau-Elemente auf hochwertige Designereinrichtung. Im Sommer speist man schön im ruhigen Innenhof umgeben von viel Grün. Zur französisch-internationalen Küche gibt es eine tolle Auswahl an Weinen aus der Pfalz und Österreich.

⅋⅋ ⇦ 🛋 🛋 🐧 AK P – Menü 44/69 € – Karte 34/62 €

Hotel Ketschauer Hof, Ketschauerhofstraße 1 ⊠ 67146 – ℰ 06326 70000 –
www.restaurant1718.de – Geschlossen Montag, Dienstag,
mittags: Mittwoch-Donnerstag

⌂⌂⌂ DEIDESHEIMER HOF

FAMILIÄR · KLASSISCH Größtes Engagement legt Familie Hahn hier an den Tag, und das bereits seit 1971! Stetige Investitionen zeigen sich in geschmackvollen und wohnlich-eleganten Zimmern, tollen Veranstaltungsorten vom Kellergewölbe bis zum Gartenhaus sowie in Tagungsräumen mit Niveau.

♔ ⊡ AK 🛋 P 🚗 – 25 Zimmer – 3 Suiten

Am Marktplatz 1 ⊠ 67146 – ℰ 06326 96870 – www.deidesheimerhof.de
⅋○ **Schwarzer Hahn** · 🏵 **St. Urban** – Siehe Restaurantauswahl

⌂⌂⌂ KETSCHAUER HOF

HISTORISCH · MODERN Hotel, Restaurants, Eventlocation - all das vereint das ehemalige Bassermann-Jordan-Weingut. Modernste Technik und exklusives Design vermitteln einen Hauch Luxus, ebenso der kleine, aber feine Spa, ganz zu schweigen vom tollen A-la-carte-Frühstück! Kochatelier für Kochkurse.

♔ ⇦ 🛋 ⊡ AK 🛋 P – 18 Zimmer – 1 Suite

Ketschauerhofstraße 1 ⊠ 67146 – ℰ 06326 70000 – www.ketschauer-hof.com
⅋○ **Restaurant 1718** · 🏵 **L.A. Jordan** – Siehe Restaurantauswahl

⌂⌂ KAISERGARTEN HOTEL & SPA

BUSINESS · MODERN Für Wochenendurlauber, Business- und Tagungsgäste gleichermaßen interessant ist das Hotel im Herzen des historischen Weinstädtchens mit seiner wertigen chic-modernen Einrichtung. Wie wär's mit einer der vielen Anwendungen im schönen Spa?

♔ ⇦ 🖥 🌀 🛋 🛁 ⊡ 🐧 AK 🛋 P 🚗 – 77 Zimmer – 8 Suiten

Weinstraße 12 ⊠ 67146 – ℰ 06326 700077 – www.kaisergarten-deidesheim.com
⅋○ **riva** – Siehe Restaurantauswahl

DELBRÜCK

Nordrhein-Westfalen – Regionalatlas **27**–F10 – Michelin Straßenkarte 543

⅋○ WALDKRUG

TRADITIONELLE KÜCHE · LÄNDLICH ⅄⅄ Ob leger-rustikale Bierstube oder klassisch gehaltenes Restaurant, man bekommt hier saisonale Küche mit internationalen Einflüssen sowie regionale Gerichte, von "Spargelravioli mit Bärlauchbutter" bis "Rinderroulade Bürgerliche Art". Hübsche Terrasse vor und hinter dem Haus. In dem traditionsreichen Familienbetrieb (4. Generation) kann man auch schön übernachten.

⇦ 🛋 🐧 ⊡ ⇦ P – Karte 32/54 €

Graf-Sporck-Straße 34 ⊠ 33129 – ℰ 05250 98880 – www.waldkrug.de –
Geschlossen 3.-10. Januar, 25. Juli-11. August, mittags: Montag-Samstag

In Delbrück-Schöning Nord-West: 6 km über B 64 Richtung Rietberg, dann rechts abbiegen

🍴○ **ESSPERIMENT**

MODERNE KÜCHE · HIP XX Hier wird eine ambitionierte weltoffene Küche geboten, die Einflüsse aus unterschiedlichen Ländern vereint. Geradlinig-modern das Ambiente, freundlich der Service. Im Sommer sitzt man schön auf der Terrasse. Sonntagmittags gibt es eine Bistrokarte.

🌳 ⇄ – Menü 33 € (Mittags), 48/99 € – Karte 34/64 €

Schöninger Straße 74 ⊠ 33129 – ℰ 05250 9956377 –
www.restaurant-essperiment.de – Geschlossen Montag, Dienstag, Mittwoch,
mittags: Donnerstag-Samstag

DENZLINGEN

Baden-Württemberg – Regionalatlas **61**–D20 – Michelin Straßenkarte 545

🍴○ **REBSTOCK-STUBE**

KLASSISCHE KÜCHE · GEMÜTLICH XX Bei Familie Frey wird klassisch gekocht, und das kommt an! "Filetspitzen mit Steinpilzen" oder "Hechtklößchen mit Hummersoße" sind schöne Beispiele für die frisch zubereiteten, schmackhaften Gerichte. Dazu wird man freundlich und geschult umsorgt.

🌳 🅿 – Menü 36/86 € – Karte 44/82 €

Hauptstraße 74 ⊠ 79211 – ℰ 07666 2071 – www.rebstock-stube.de –
Geschlossen Montag, mittags: Dienstag-Samstag, Sonntag

DERMBACH

Thüringen – Regionalatlas **39**–I13 – Michelin Straßenkarte 544

🍀 **BJÖRNSOX**

KREATIV · RUSTIKAL XX Björn Leist, vormals Sternekoch in Hilders, bleibt seinem 1-Menü-Konzept treu. Und hier spürt man die Verbundenheit mit seiner Rhöner Heimat. Aus erstklassigen, meist regionalen Produkten entsteht ein kreatives Überraschungsmenü ohne Schnickschnack. Hochwertiges Fleisch steht ganz klar im Mittelpunkt - der heimische Weideochse darf da natürlich nicht fehlen! Aber auch die zarte Lammkeule mit mediterranem Gemüse und Gremolata zeugt von bester Qualität. Serviert wird in einer historischen kleinen Stube, die mit Holztäfelung und Fachwerk, umlaufender Sitzbank und kleinen Nischen so richtig gemütlich ist. Dazu wird man aufmerksam, aber dennoch angenehm zurückhaltend umsorgt. Daneben bietet der "SaxenHof" freundliche und moderne Gästezimmer und als Restaurant-Alternative gibt es das "Wohnzimmer".

Spezialitäten: Überraschungsmenü.

⇦ ♿ 🎁 🅿 – Menü 129 €

Bahnhofstraße 2 ⊠ 36466 – ℰ 036964 869230 – www.rhoener-botschaft.de –
Geschlossen 17. Februar-16. März, 6.-10. April, 16. Dezember-5. Januar, Montag,
Dienstag, Sonntag, mittags: Mittwoch-Samstag

DERNBACH (KREIS SÜDLICHE WEINSTRASSE)

Rheinland-Pfalz – Regionalatlas **47**–E17 – Michelin Straßenkarte 543

🍀 **SCHNEIDER**

REGIONAL · RUSTIKAL XX 1884 als Gaststube eröffnet und seit jeher in Familienhand. Inzwischen hat der Junior in der Küche das Zepter übernommen - er legt Wert auf gute saisonale Produkte. Und dazu einen Pfälzer Wein? Serviert wird in gemütlich-freundlichen Räumen und auf der schönen Terrasse hinterm Haus. Tipp zum Übernachten: das kleine Hotel "Sonnenhof" im Nachbarort.

Spezialitäten: Gegrillter Pulpo, Fenchel, Melone, Safran. Milchkalbsfilet, Artischo-cke, Spitzpaprika, geräucherte Kartoffel. Pfirsich und Aprikose, weiße Schokolade, Himbeere, Zitrone, Mandel.

🏠 ⅃ ⟳ 🅿 – Menü 68 € – Karte 37/70 €

Hauptstraße 88 ✉ 76857 – ☏ 06345 8348 – www.schneider-dernbachtal.de –
Geschlossen 11.-25. Januar, Montag, Dienstag, mittags: Mittwoch

DESSAU-ROSSLAU
Sachsen-Anhalt – Regionalatlas **31**–N10 – Michelin Straßenkarte 542

In Dessau-Roßlau - Ziebigk Nord-West: 1 km

🍴○ **ALTE SCHÄFEREI**

INTERNATIONAL · **LANDHAUS** ⅹ Viele Jahre war das ehemalige Freigut von 1743 für feine Küche bekannt und auch heute isst man in dem schön restaurierten Fachwerkhaus auf gehobenem Niveau. Auf der Karte macht z. B. "Eismeer-Lachs-forelle, Thaispargel, Sonnenblumenkerne, Passionsfrucht" Appetit. Tipp für Som-mertage: die weinberankte Gartenterasse!

🏠 ⟳ – Menü 39/46 € – Karte 35/62 €

Kirchstraße 1 ✉ 06846 – ☏ 0340 21727809 –
Geschlossen Montag, mittags: Dienstag, abends: Sonntag

DETMOLD
Nordrhein-Westfalen – Regionalatlas **28**–G10 – Michelin Straßenkarte 543

🌸 **JAN´S RESTAURANT** ⓞ

SAISONAL · **BRASSERIE** ⅹ Nach Stationen u. a. in "Victor's FINE DINING by Christian Bau" in Perl-Nennig und "The Table Kevin Fehling" in Hamburg hat sich Jan Diekjobst als Betreiber und Küchenchef des "Detmolder Hofs" in sei-ner Heimatstadt selbständig gemacht. In dem a. d. 16. Jh. stammenden Haus mitten in der Stadt erwartet Sie eine stilvolle und lebhafte Atmosphäre. Wenn Sie nahe der Küche sitzen, sind Ihnen interessante Eindrücke von der Zubereitung Ihrer Speisen gewiss - und die kommen ambitioniert, durchdacht und mit einer frechen Leichtigkeit daher. Jan Diekjobst versteht sich auf eine moderne, kreative und zugängliche Küche. Der "Detmolder Hof" ist übrigens nicht nur ein Restaurant, sondern auch ein Hotel, und das bietet richtig geschmackvolle Gästezimmer.

Spezialitäten: Lippisches Herbstgemüse, Ziegenfrischkäse, Rote-Beete-Sorbet. Rinderfilet, Topinambur, Café de Paris Aromen, schwarzer Herbsttrüffel. Variation von der Schokolade, Kirschen, warmer Kramellschaum, Rote Shisokresse.

↪ – Menü 49 € – Karte 54/56 €

Lange Straße 19 ✉ 32756 – ☏ 05231 980990 – www.detmolder-hof.de –
Geschlossen 1.-14. Januar, Montag, mittags: Dienstag-Samstag, Sonntag

DETTINGEN AN DER ERMS
Baden-Württemberg – Regionalatlas **55**–H19 – Michelin Straßenkarte 545

🍴○ **RÖßLE**

REGIONAL · **RUSTIKAL** ⅹ Gemütlich hat man es in dem schönen Fachwerk-haus von 1864 - traditionell-rustikal in der netten Gaststube, modern im Anbau, dazu die einladende Gartenterrasse. Aus der Küche kommt Schwäbi-sches à la Kutteln, Rostbraten oder Spinatmaultaschen, aber auch "Milchlamm-rücken in der Petersilien-Bärlauchkruste". Sehr gepflegt übernachten kann man übrigens auch.

↪ 🏠 ⟳ 🅿 – Menü 21 € (Mittags), 28/54 € – Karte 34/55 €

Uracher Straße 30 ✉ 72581 – ☏ 07123 97800 – www.hotel-metzgerei-roessle.de –
Geschlossen 24.-28. Dezember, Montag, mittags: Dienstag-Mittwoch,
mittags: Samstag, abends: Sonntag

DIERHAGEN
Mecklenburg-Vorpommern – Regionalatlas **5**–N3 – Michelin Straßenkarte 542

In Dierhagen-Strand West: 2 km

❁ OSTSEELOUNGE

MODERNE KÜCHE · ELEGANT XxX Wo soll man da anfangen zu schwärmen? Bei der herrlichen Lage nebst fantastischer Aussicht? Beim bemerkenswerten Service samt erstklassiger Weinberatung? Bei der entspannten Atmosphäre? Highlights gibt es in der 4. Etage des luxuriösen Ferienhotels hinter den Dünen am Meer so einige, dennoch steht die kreative Küche im Fokus. Am Herd hat der gebürtige Mecklenburger Pierre Nippkow, zuvor Souschef in der Rügener "niXe", die Leitung. Hier gelingt es ihm und seinem Team die tollen Aromen ausgesuchter Produkte zu unterstreichen. Tipp: Versäumen Sie es nicht, auf der wunderbaren Terrasse einen Aperitif einzunehmen!

Spezialitäten: Makrele, Soja mariniert und geflämmt, Tomatengrütze, Sojamayonnaise, eingelegte Buchenpilze. Mecklenburger Rehnuss, Wildjus, Kakao, Kirschbalsam, Röstbrotcrème, Pfifferlinge. Geeister Sauerampfer, griechischer Joghurt, Holunderblüte, Gurke, Minze.

⅙ ⇦ ⟨ 🛖 🄿 – Menü 128/148 €

Strandhotel Fischland, Ernst-Moritz-Arndt-Straße 6 ✉ 18347 – ☎ 038226 520 – www.strandhotel-fischland.de – Geschlossen 11. Januar-12. Februar, Montag, Sonntag, mittags: Dienstag-Samstag

🏨 STRANDHOTEL FISCHLAND

SPA UND WELLNESS · ELEGANT Schön liegt das engagiert geführte Urlaubsresort samt Ferienhausanlage hinter den Dünen am Meer. Wohnlich-elegante Zimmer (meist mit Seesicht), großer Spa und Dachterrasse. Tennisfreunde kommen drinnen wie draußen auf ihre Kosten. Und für die kleinen Gäste gibt's Kinderfrühstück, Betreuung etc. HP inkl.

❖ ⊗ ⟨ 🛖 🖥 ⓦ 🛁 ☰ 🏊 🄿 – 56 Zimmer – 12 Suiten

Ernst-Moritz-Arndt-Straße 6 ✉ 18347 – ☎ 038226 520 – www.strandhotel-ostsee.de

❁ **Ostseelounge** – Siehe Restaurantauswahl

DIESSEN AM AMMERSEE

Bayern – Regionalatlas **65**-K21 – Michelin Straßenkarte 546

In Dießen-Riederau Nord: 4 km

🏡 SEEHAUS

INTERNATIONAL · GEMÜTLICH XX Hier speist man wirklich schön, nur einen Steinwurf vom Seeufer entfernt. Serviert wird moderne internationale Küche, z. B. als "gebratener Lachs, Rettich und Radieschen, Rhabarber-Reisrolle". Und am Nachmittag leckeren Kuchen? Im Sommer lockt die hübsche Terrasse.

Spezialitäten: Wakamealgen-Spinatsalat, gebratene Garnele, knusprige Glasnudeln, gerösteter Sesam. Steak vom Hirschkalbsrücken, Schwarzwurzelragout, Sauerrahm–Serviettenknödel. Birne Helene im Glas.

⟨ 🛖 🄿 – Menü 37/80 € – Karte 34/59 €

Seeweg-Süd 12 ✉ 86911 – ☎ 08807 7300 – www.seehaus.de

DIETRAMSZELL

Bayern – Regionalatlas **65**-L21 – Michelin Straßenkarte 546

In Dietramszell-Hechenberg

🏡 MOARWIRT ⓝ

MARKTKÜCHE · GEMÜTLICH X Richtig gut kocht man hier im "Bio-Landhotel Moarwirt", dafür verwendet man meist Bio-Produkte - man ist Mitglied bei Naturland und Slow Food. Sehr hübsch die modern-alpenländischen Stuben, im Sommer ist die Terrasse der Renner. Nett übernachten kann man ebenfalls. Hinweis: veränderte Ruhetage außerhalb der Saison.

Spezialitäten: Tomatensupperl mit Enzian-Sahne. Böfflamott vom Ox mit zweierlei Kartoffelknödel. Kaiserschmarrn mit zweierlei hausgemachtem Kompott.

🍴 *Engagement des Küchenchefs: „„Regionalität", „Saisonalität" und „Bio" sind für mich keine werbewirksamen Begrifflichkeiten, sondern meine ganz natürliche Lebensphilosophie. Daher ziehe ich u. a. Hühner, Rinder und Schweine biologisch groß, züchte Bienen und verarbeite nur entsprechende zugekaufte Produkte in meinem Gasthof."*

🥢 🏠 ✿ **P** – Menü 40/54 € – Karte 37/57 €

Sonnenlängstraße 26 ✉ *83623 –* 🕿 *08027 1008 – www.moarwirt.de –*
Geschlossen Montag, Dienstag, mittags: Mittwoch-Donnerstag

DILLINGEN AN DER DONAU
Bayern – Regionalatlas **56**–J19 – Michelin Straßenkarte 546

In Dillingen-Fristingen Süd-Ost: 6 km Richtung Wertingen

🍴○ **STORCHENNEST**

KLASSISCHE KÜCHE · RUSTIKAL XX In dem familiär geführten Gasthof sitzt man in gemütlich-ländlichem Ambiente und lässt sich klassisch-regional geprägte Küche mit internationalen Einflüssen schmecken, vom "Steinbutt mit Safran-Champagnersauce" bis zum "geschmorten Rehpfeffer mit Pilzen". Schön die Terrasse unter schattenspendenden Kastanien.

🏠 ✿ **P** – Menü 25 € (Mittags), 32/50 € – Karte 33/47 €

Demleitnerstraße 6 ✉ *89407 –* 🕿 *09071 4569 – www.storchen-nest.de –*
Geschlossen 1.-12. Januar, 29. August-15. September, Montag, Dienstag

DINKELSBÜHL
Bayern – Regionalatlas **56**–J17 – Michelin Straßenkarte 546

😊 **ALTDEUTSCHES RESTAURANT**

REGIONAL · RUSTIKAL XX Seine Karte teilt Florian Kellerbauer in "Unsere Heimat" und "Unsere Leidenschaft", hier wie dort legt man Wert auf die Qualität der Produkte. Dazu wird man freundlich-charmant umsorgt. Dank der Lage im historischen Zentrum sitzt man auf der Terrasse mitten im Geschehen. Zum Übernachten bietet das Hotel "Deutsches Haus", ein Patrizierhaus von 1440, wohnliche Zimmer. Spezialitäten: Sellerieschaumsüppchen mit Walnüssen, Rosmarin und Parmesanravioli. Filet vom Schwäbisch-Hällischen Landschwein, gebratene Pfifferlinge, Apfel-Spitzkohl, Kartoffelecken. Zwetschgentarte mit weißem Schokoladeneis und Szechuanpfeffer.

🥢 🏠 ✿ 🍷 – Menü 31/54 € – Karte 24/63 €

Weinmarkt 3 ✉ *91550 –* 🕿 *09851 6058 – www.deutsches-haus-dkb.de*

DOBERAN, BAD
Mecklenburg-Vorpommern – Regionalatlas **12**–M4 – Michelin Straßenkarte 542

In Bad Doberan-Heiligendamm Nord-West: 7 km

🌸 **FRIEDRICH FRANZ**

MODERNE KÜCHE · LUXUS XXXX Ein Tipp vorneweg: Versuchen Sie einen Tisch am Fenster mit Blick aufs Meer zu bekommen! Aber auch der stilvoll-noble Raum selbst mit seinen feinen Seidentapeten und eleganten Kronleuchtern an hohen Decken ist schön anzuschauen und wird dem Grandhotel-Flair voll und ganz gerecht. Ebenso natürlich die Küche von Ronny Siewert. 2008 wurde er (übrigens Sohn eines Kochs) hier Küchenchef und hält seitdem den MICHELIN Stern. Gekonnt bindet man moderne Elemente in die sehr exakt gearbeiteten Gerichte ein, top die Produktqualität. Dazu wird man charmant und aufmerksam umsorgt, versiert auch die Weinberatung - man hat eine gut sortierte Karte.

Spezialitäten: Kaviar Trilogie, Royal Oscietra. Brust und gepresste Keule vom Mecklenburger Bauerngockel, Petersilie, Steinpilz, Crème von gedörrten Aprikosen, Brathähnchenjus. Dessert von Schwarzkirschen, Mandel, griechischer Limonenjoghurt.

🕸 🖘 & 🎞 ⊡ ⇆ 🄿 – Menü 149/239€ – Karte 130/205€

Grand Hotel Heiligendamm, Prof.-Dr.-Vogel-Straße 6 ✉ 18209 –
☏ 038203 7400 – www.grandhotel-heiligendamm.de –
Geschlossen 25. Januar-3. März, 15. November-8. Dezember, Montag-Dienstag,
Sonntag, nur Abendessen

🏛️ GRAND HOTEL HEILIGENDAMM

GROSSER LUXUS · KLASSISCH Die "Weiße Stadt am Meer" ist ein imposantes Resort direkt an der Ostsee! Sie wohnen in eleganten Zimmern, relaxen im tollen großen Spa, für Kids gibt's die separate schöne Kindervilla. Zur vielfältigen Gastronomie gehören u. a. das klassische "Kurhaus Restaurant", die "Sushi Bar" oder auch die "Beach Bar". Bäderbahn "Molli" hält nur einen Steinwurf entfernt.

🏝 🐾 🍸 🍳 🔲 ⊛ 🄰 🝜 ⊡ & 🄰 🄿 – 152 Zimmer – 47 Suiten

Prof.-Dr.-Vogel-Straße 6 ✉ 18209 – ☏ 038203 7400 –
www.grandhotel-heiligendamm.de

❀ **Friedrich Franz** – Siehe Restaurantauswahl

DÖRSCHEID

Rheinland-Pfalz – Regionalatlas **46**–D15 – Michelin Straßenkarte 543

🍴 FETZ

TRADITIONELLE KÜCHE · TRENDY ✗ Hier hat sich nicht nur der Name geändert, man hat auch ein wertiges, geschmackvolles, geradlinig-modernes Interieur geschaffen. Dazu die herrliche Aussicht. Zu regional-saisonalen Gerichten wie z. B. "Frikassee vom Eifeler Prachthahn" gibt es Weine und Brände vom eigenen Weingut samt Destillerie. Schön wohnen kann man ebenfalls, von ländlich-gemütlich bis topmodern.

🖘 ⇐ 🍴 & ⊡ ⇆ 🄿 🚗 – Menü 29€ (Mittags)/55€ – Karte 32/54€

Oberstraße 19 ✉ 56348 – ☏ 06774 267 – www.landgasthaus-bluecher.de –
Geschlossen 18. Februar-5. März

DONAUESCHINGEN

Baden-Württemberg – Regionalatlas **62**–F20 – Michelin Straßenkarte 545

❀ ❀ ÖSCH NOIR

MODERNE KÜCHE · CHIC ✗✗✗ Das "Ösch Noir" sticht deutlich aus der hiesigen Restaurantlandschaft heraus. Zum einen durch sein wertig-stylisches Interieur (für diese ländliche Gegend eher ungewöhnlich), vor allem aber durch die Küche von Manuel Ulrich. Der junge Donaueschinger hat im "Öschberghof" seine Ausbildung gemacht und ist nach seinen Wanderjahren mit Stationen in Lech am Arlberg und Baiersbronn hierher zurückgekehrt, als die Betreiber des Hauses dieses schicke Gourmetrestaurant eröffneten. Absolut gekonnt bringt Manuel Ulrich genau das richtige Maß an Moderne in die klassisch basierte Küche, nichts ist übertrieben kreativ, alles ist ausgewogen und zugleich kraftvoll. Geschmackliche Tiefe und Aroma pur z. B. bei "Rouget Barbet, Paprika, Jalapeno, Olive". Interessant: "Weinreise" oder "Grand Cru" als Begleitung.

Spezialitäten: Thunfisch, Kartoffel, Petersilie, Zwiebel, Senf. Taube, Mais, Bohnen, BBQ. Zwetschge, Haselnuss, Shiso, Quark.

🕸 🖘 & 🎞 🄿 🚗 – Menü 119/169€

Der Öschberghof, Golfplatz 1 (Nord-Ost: 4,5 km Richtung Aasen) ✉ 78166 –
☏ 0771 846100 – www.oeschberghof.com –
Geschlossen 11. Januar-9. Februar, 9.-31. August, Montag, Dienstag,
mittags: Mittwoch-Sonntag

BAADER'S SCHÜTZEN

MARKTKÜCHE · BÜRGERLICH X Im Herzen der Stadt dürfen sich die Gäste von Emma und Clemens Baader auf frische und unkomplizierte feine Wirtshausküche freuen, die sich am Markt orientiert und stark regional geprägt ist. Lust auf "Filetgulasch & Kalbsnierle in Pommery-Senfsauce" oder "Atlantik-Seezunge in Weißweinsauce"?

Spezialitäten: Matjes von der Bodensee Lachsforelle mit Äpfel, Gürkle, Zwiebeln und Schmand. Rehragout, buntes Gemüse, Dinkelspätzle. Panna Cotta mit Beerle.

🌳 – Menü 17 € (Mittags) – Karte 30/63 €

Josefstraße 2 ✉ *78166 –* 🖀 *0771 89795820 – www.schuetzen-donaueschingen.de – Geschlossen Mittwoch, abends: Dienstag*

DER ÖSCHBERGHOF

GROẞER LUXUS · ELEGANT Nach Komplettrenovierung und Neubau hat sich der "Öschberghof" zu einem Hotel der Extraklasse gemausert: Auf 470 ha Grund erwarten Sie geschmackvoll-luxuriöse Zimmer und beispielhafter Service, Spa auf über 5000 qm, drei Golfplätze (45-Loch-Anlage), ein hochwertiger Tagungsbereich sowie eine vielfältige Gastronomie von der Pizzeria bis zum Gourmetrestaurant.

🏡 🐕 🤸 🛏 📻 ⚒ 🕸 🏌 ♨ 🪑 ⬆ Ⓜ 🛁 🅿 🚬 – 110 Zimmer – 16 Suiten

Golfplatz 1 (Nord-Ost: 4,5 km Richtung Aasen) ✉ *78166 –* 🖀 *0771 840 – www.oeschberghof.com*

❀❀ **Ösch Noir** – Siehe Restaurantauswahl

In Donaueschingen-Aasen Nord-Ost: 6,5 km

DIE BURG

MARKTKÜCHE · DESIGN XX Mitten in dem kleinen Ort haben die Brüder Grom ihr Restaurant. Einladend das schicke Design, schmackhaft die Küche mit regional-saisonalem Bezug - als Menü (auch vegetarisch) oder als Klassiker à la carte. Mittags reduziertes Angebot samt günstigem Lunchmenü. In der "Weinba(a)r am Abend Barfood und Burger. Zum Übernachten hat man im Hotel modern-funktionelle Zimmer.

Spezialitäten: Leicht geräuchertes Filet vom Stör mit fermentiertem Spargel, Haselnuss, Johannisbeere und Radicchio. Mit Speck gebratener Rücken vom Poltinger Spanferkel mit gegrilltem Lauchherz, Dörrbirne, Steinpilzen, Trüffel und Kartoffelschaum. Eingemachte Zwetschgen mit Earl Grey, Riesling-Traubensorbet und dunkler Schokolade.

↩ 🌳 Ⓜ 🅿 – Menü 20 € (Mittags), 45/99 € – Karte 32/66 €

Burgring 6 ✉ *78166 –* 🖀 *0771 17510050 – www.burg-aasen.de – Geschlossen 1.-10. Januar, 15.-28. März, 23. August-5. September, Montag, Dienstag, mittags: Samstag*

DORNUM

Niedersachsen – Regionalatlas **7**–D5 – Michelin Straßenkarte 541

In Dornum-Nessmersiel Nord-West: 8 km über Schatthauser Straße

FÄHRHAUS

REGIONAL · RUSTIKAL X Das gemütlich-rustikale Restaurant im Hotel "Fährhaus" am Deich ist beliebt, man sitzt nett hier und isst gut, und zwar traditionell-regionale Küche mit internationalem Einfluss. Dazu gehört natürlich viel fangfrischer Fisch! Schön ist auch der Terrassenbereich.

Spezialitäten: Makrelencarpaccio in Limonenmarinade mit Wattenmeer-Queller und Labskaus. Weißes Heilbuttfilet auf Pfifferlings-Tomatenfondue mit Süßkartoffelstampf, Rettichblattpesto. Rahmeis von Grootheider Bitter mit Dornumer Boskopapfel.

↩ 🌳 ❀ 🅿 🍽 – Karte 37/60 €

Dorfstraße 42 ✉ *26553 –* 🖀 *04933 303 – www.faehrhaus-nessmersiel.de – Geschlossen 6. Januar-21. März, 5. November-25. Dezember, mittags: Montag-Samstag*

DORSTEN

Nordrhein-Westfalen – Regionalatlas **26**–C10 – Michelin Straßenkarte 543

✸ GOLDENER ANKER

KLASSISCHE KÜCHE · ELEGANT XX Als sympathischer TV-Koch ist er wohl jedem bekannt: Björn Freitag. 1997 hat er im Alter von 23 Jahren die alteingesessene Gaststätte übernommen, frischen Wind in die Küche gebracht und 2002 einen MICHELIN Stern erkocht, was ihm und seiner Küchenbrigade seither Jahr für Jahr aufs Neue gelingt. Und schön ist es hier auch noch: wertig und chic-elegant ist das Ambiente, und das passt wunderbar zu den modern inspirierten klassischen Speisen. Hier werden die tollen Aromen ausgezeichneter Produkte ausgesprochen stimmig kombiniert. Charmant und geschult begleiten Sommelière Marion Nagel und ihr Serviceteam Sie durch den Abend. Übrigens: Man hat auch eine Kochschule direkt im Haus.

Spezialitäten: Carpaccio vom Lachs mit Blumenkohl, rosa Grapefruit und Erdnuss-Chili-Crunch. Filet vom Zander mit Sauerkraut-Beurre blanc, Mango und Thymiangnocchi. Aprikose, Mascarpone, Zitronenmelisse.

🌣 ⇔ 🅿 – Menü 85/127 €

Lippetor 4 (Zufahrt über Ursulastraße) ✉ *46282 – ☏ 02362 22553 –*
www.bjoern-freitag.de – Geschlossen 24. Dezember-5. Januar, Montag, Sonntag,
mittags: Dienstag-Samstag

⫶◯ HENSCHEL

FRANZÖSISCH-KLASSISCH · ELEGANT XX Mit Herzblut betreiben die Henschels ihr gemütlich-elegantes Restaurant. Seit 1963 steht Leonore Henschel bereits am Herd und bleibt ihrer klassischen Küche treu. Auf der Karte z. B. "Bretonischer Steinbutt, weißer Spargel, Curry-Hollandaise". Im Service Sohn Marco Henschel - trefflich seine Empfehlungen aus der guten Weinauswahl.

🅰🅲 🅿 – Menü 65/79 € – Karte 58/88 €

Borkener Straße 47 ✉ *46284 – ☏ 02362 62670 – www.restaurant-henschel.de –*
Geschlossen 1.-14. Januar, Montag, Dienstag, Sonntag, mittags: Mittwoch-Samstag

In Dorsten-Wulfen Nord-Ost: 7 km

✸✸ ROSIN

KREATIV · CHIC XX Wer kennt ihn nicht? TV-Koch Frank Rosin. Im Alter von 24 Jahren hat der gebürtige Dorstener das schicke Restaurant eröffnet und bildet hier mit seinem Küchenchef und längjährigem Weggefährten Oliver Engelke ein eingespieltes Team. Gekocht wird klassisch, aber auch mit kreativen Einflüssen. Bemerkenswert, wie harmonisch man beispielsweise beim kalt gegarten Loch-Duart-Lachs mit Granatapfel, Kaffee und Mandel-Ayran die unterschiedlichen Aromen hochwertiger Produkte kombiniert - das bleibt in Erinnerung! Absolut erwähnenswert ist auch der Service: Angenehm entspannt und ebenso professionell begleitet Sie das Team um Maître Jochen Bauer und Sommelière Susanne Spies durch den Abend - Letztere empfiehlt auch gerne die eigenen Weine der "Rosin & Spies"-Edition.

Spezialitäten: Schweinebauch mit Hummer und Papaya. Müritz Lamm mit Ratatouille-Lasagne und Buchenpilzen. Aufgeschlagene Topfenknödel mit Meerrettich Marille.

🐾 🅰🅲 🅿 – Menü 95/310 €

Hervester Straße 18 ✉ *46286 – ☏ 02369 4322 – www.frankrosin.de –*
Geschlossen 5.-26. Juli, 24.-31. Dezember, Montag, Sonntag,
mittags: Dienstag-Samstag

DORTMUND

Nordrhein-Westfalen – Regionalatlas **26**–D11 – Michelin Straßenkarte 543

ⅠO **LA CUISINE MARIO KALWEIT**

FRANZÖSISCH-KLASSISCH · ELEGANT XX In dem schönen lichten hohen Raum im ehemaligen Tennisclubhaus bietet man modern-klassische Küche. Dabei setzt man auf ausgesuchte Produkte: Rinder und Schweine regionaler Züchter, Bio-Gemüse aus der Umgebung... Ein besonderes Faible hat der Chef für Tomaten: Unzählige alte Sorten hat er bereits selbst gezüchtet! Reizvoll die Terrasse hinterm Haus.

🍃 🅿 – Menü 70/72 € – Karte 55/88 €

Lübkestraße 21 (1. Etage) ✉ *44141 –* ✆ *0231 5316198 – www.mariokalweit.de –*
Geschlossen 1.-15. Januar, Montag, mittags: Dienstag-Samstag, Sonntag

In **Dortmund-Barop** Süd-West: 7 km

🏵 **DER LENNHOF**

MEDITERRAN · FREUNDLICH XX Richtig gemütlich ist es in dem historischen Fachwerkhaus mit altem Gebälk. Gekocht wird frisch und schmackhaft, saisonal und mediterran inspiriert. Hübsch: Wintergarten und Terrasse. Im gleichnamigen Hotel lässt es sich in geradlinig gehaltenen Zimmern schön übernachten.

Spezialitäten: Geflügelessenz mit Gartengemüse und Eierstich. Steinbutt mit Zuckerschoten und Erdäpfel-Risotto. Dreierlei von der Zwetschge.

⇦ 🍃 🆔 ⇕ 🅿 – Menü 45/75 € – Karte 31/61 €

Menglinghauser Straße 20 ✉ *44227 –* ✆ *0231 758190 – www.der-lennhof.de*

In **Dortmund-Brackel** Ost: 6,5 km

✿ **GRAMMONS RESTAURANT** ⑩

ZEITGENÖSSISCH · CHIC XX Dirk Grammon ist kein Unbekannter in der Region. Vor Jahren war er bereits in der "Villa Suplie" in Werne sehr ambitioniert, inzwischen hat er sich hier in Dortmund-Brackel selbstständig gemacht. Inmitten eines gepflegten Wohnviertels hat er dieses schöne moderne und lichtdurchflutete Restaurant nebst hübscher Terrasse und zugehöriger Weinbar, in der man auch gerne kleine Gerichte essen kann. Im Restaurant serviert man ein Degustationsmenü. Die Küche hat eine ganz klassische Basis, ist finessenreich und trumpft mit vollmundigen Aromen. Die Weinkarte ist gut bestückt und fair kalkuliert. Kurzum: eine Adresse, die Freude macht!

Spezialitäten: Carabinero, Kohlrabi, Kerbel. Seeteufel, Artischocken, Tomaten, Kapern, Sauce Barigoule. Manjari Schokolade, Kirsche, Holunderblüte.

🍃 – Menü 54/99 € – Karte 59/80 €

Wieckesweg 29 ✉ *44309 –* ✆ *0231 93144465 – www.grammons.de –*
Geschlossen 1.-11. Januar, Montag, mittags: Dienstag, mittags: Freitag-Samstag,
Sonntag

In **Dortmund-Kirchhörde** Süd: 6 km

✿ **IUMA**

FUSION · CHIC XX Das kleine Restaurant mit der intimen Atmosphäre ist - wie auch das "VIDA" im selben Gebäude - ein Projekt des Sternekochs Michael Dyllong aus dem Dortmunder "Palmgarden". Was aus der einsehbaren offenen Küche kommt, ist nicht nur klar und intensiv, ausdrucksstark und kontrastreich, es ist durchaus auch eine kleine Reise um die Welt, nämlich eine Fusion aus Europäischem und Japanischem. Mediterrane und klassische Akzente mischen sich mit den prägnanten Aromen aus dem Land der aufgehenden Sonne. Man verarbeitet beste Produkte, kocht fokussiert und wunderbar in die Tiefe - das beweist Küchenchef Pierre Beckerling nicht nur bei "Schweinebauch-Tataki, Unagi, Yuzu-koshō, Kombu". Sehr freundlich, unkompliziert und ebenso kompetent der Service, interessante Weinempfehlungen inklusive.

Spezialitäten: Thunfisch, Trüffel, Ponzu, Aubergine, Hojikami. Heimisches Rind, Saba, Blumenkohl, Umeboshi. Süßkartoffel, Itakuja, Yuzu, Koriander.

🏮 🅰🄲 – Menü 74/105 €

Hagener Straße 231 ✉ 44229 – ☏ 0231 95009942 – www.iuma-dortmund.com –
Geschlossen 1.-12. Januar, Montag, Dienstag, Sonntag, mittags: Mittwoch-Samstag

🍴○ VIDA

KREATIV · DESIGN ✖✖ Das kommt an: hochwertig-stylisches Ambiente, kreative internationale Küche und freundlicher Service, und dazu noch ein gutes Preis-Leistungs-Verhältnis. Geradezu ein Signature-Dish: "Rote Garnele geröstet mit Koriander, Pak Choi, rotem Curry und Praline von roter Garnele". Etwas legerer sitzt man an den Hochtischen oder an der Bar bei ambitioniertem "Bar Food".

🏮 ♿ 🅰🄲 🅿 – Menü 64/73 € – Karte 48/88 €

Hagener Straße 231 ✉ 44229 – ☏ 0231 95009940 – www.vida-dortmund.com –
Geschlossen 1.-11. Januar, Montag, Sonntag, mittags: Dienstag-Samstag

In Dortmund-Syburg Süd: 13 km

❀ PALMGARDEN

KREATIV · CHIC ✖✖ So einiges erwartet Sie hier im 1. Stock der Spielbank Hohensyburg: Neben der tollen Lage über dem Ruhrtal - schön die Terrasse! - ist auch das chic-moderne Design des Restaurants ein Hingucker - dunkle, warme Töne schaffen in dem halbrunden Raum eine angenehm intime Atmosphäre. Michael Dyllong heißt der Chef am Herd. Er ist in Dortmund geboren und hat hier auch seine Ausbildung absolviert, 2011 übernahm er dann die Leitung der "Palmgarden"-Küche. Wie aufwändig und detailverliebt er kocht und welch hohen Stellenwert die Produktqualität bei seinen kreativen Gerichten hat, beweisen z. B. "bretonischer Steinbutt, Chorizo, Fenchel, Erbse" oder "Müritz-Lamm, Radieschen, Zwiebel, Kopfsalat". Tipp: Reservieren Sie mal den Chef's Table direkt an der offenen Küche!

Spezialitäten: Glasierter Aal, Avocado, Sesam, Alge. Reh, Kartoffel, Miso, Malz. Pflaume, Mandel, Topfen, Petersilie.

🏮 ✧ 🅿 – Menü 64/114 €

Hohensyburgstraße 200 (in der Spielbank Hohensyburg) ✉ 44265 –
☏ 0231 7740735 – www.palmgarden-restaurant.de –
Geschlossen Montag, Dienstag, mittags: Mittwoch-Sonntag

In Dortmund-Wambel Ost: 6 km

❀ DER SCHNEIDER

MODERNE KÜCHE · TRENDY ✖✖ Modern und unkompliziert, wie man es gerne hat! Und das gilt sowohl für die Küche als auch fürs Ambiente. So sitzt man im Restaurant des Businesshotels "ambiente" im Ortsteil Wambel in angenehm trendig-legerer Atmosphäre, wobei man im Sommer auch durchaus die geschützte, nach hinten hinaus gelegene Terrasse vorzieht. Namensgeber Phillip Schneider "schneidert" für Sie sein "tailored food": moderne, feine, schön ausbalancierte und kontrastreiche Gerichte, die Ihnen in Form zweier Menüs präsentiert werden. Eines ist komplett vegetarisch, das andere überzeugt mit ausgesuchten Fisch- und Fleischprodukten. Beide zeigen ganz klar, der Patron steht für erstklassige Küche, die jung und gesund daherkommt. Dazu werden Sie zuvorkommend und kompetent betreut und auch die Weinempfehlungen sind stimmig.

Spezialitäten: Spargel, Portulak, Erbse. Zander, Zucchini, Sauce Verde. Quark, Stachelbeere, Kamille.

🍽 🏮 🅿 – Menü 60/99 €

Am Gottesacker 70 ✉ 44143 – ☏ 0231 4773770 – www.derschneider-restaurant.com –
Geschlossen 1.-12. Januar, Montag, Sonntag, mittags: Dienstag-Samstag

DREIS (KREIS BERNKASTEL-WITTLICH)
Rheinland-Pfalz – Regionalatlas 45–B15 – Michelin Straßenkarte 543

✿✿✿ WALDHOTEL SONNORA

Chef: Clemens Rambichler

FRANZÖSISCH-KLASSISCH · LUXUS XxxX Mit Clemens Rambichler ist hier einer der besten Köche des Landes für die Sonnora-Küche verantwortlich. Er ist jung, was seiner Souveränität am Herd aber keinerlei Abbruch tut! Geschickt sorgt er gemeinsam mit seinem Team für moderne Einflüsse auf dem Teller. Aber auch Klassiker sind auf der Karte vertreten - da gönnt man sich gerne mal das Törtchen vom Rinderfilet-Tatar mit Imperial-Gold-Kaviar - einzigartig und schlichtweg perfekt! Wunderbar ins niveauvolle Bild passt auch der professionelle und angenehm ungezwungene Service. Kein Wunder, dass es nach wie vor viele internationale Gäste ins beschauliche kleine Örtchen Dreis zieht!

Spezialitäten: Langoustines Royal mit Vinaigrette von gereifter Soja-Sauce, Avocado und Kopfsalat. Sauté vom Kalbsbries mit kleinen gefüllten Champignons, Petersilienjus und Vin Jaune. Délice von Himbeeren mit weißer Schokolade und Joghurt-Estragoneis.

🐝 ⇔ ⇐ 🅿 – Menü 205/230 € – Karte 163/218 €

Auf'm Eichelfeld 1 ✉ *54518 –* ☎ *06578 98220 – www.hotel-sonnora.de –*
Geschlossen 1. Januar-18. Februar, 21. Juli-5. August, Montag, Dienstag, Mittwoch,
mittags: Donnerstag

🏚 WALDHOTEL SONNORA

FAMILIÄR · KLASSISCH Über einen Waldweg erreicht man eine richtige Oase, nicht nur kulinarisch, denn man hat hier auch schöne, hochwertig und wohnlich eingerichtete Zimmer in verschiedenen Kategorien. Dazu kommen engagierte Gästebetreuung, ruhige Lage und ein toller Garten!

🍴 ⌂ ⇐ ⇔ 🅿 – 15 Zimmer

Auf'm Eichelfeld 1 ✉ *54518 –* ☎ *06578 98220 – www.hotel-sonnora.de*

✿✿✿ **Waldhotel Sonnora** – Siehe Restaurantauswahl

R. Sala/age fotostock

Sachsen
Regionalatlas **43**–Q12
Michelin Straßenkarte 544

DRESDEN

Schon beim Schlendern durch die wunderschöne Altstadt von „Elbflorenz" freut man sich auf ausgezeichnete Gastronomie: Auf der anderen Seite der Elbe können Sie zwischen den drei 1-Stern-Restaurants **Caroussel**, **Elements** und **Genuss-Atelier** wählen. Ein kulinarisches Erlebnis der anderen Art ist der Besuch der Neustädter Markthalle. Nicht weit von Semperoper, Zwinger und Residenzschloss, fast neben der Frauen-

kirche kann man im Hotel **Suitess** nicht nur stilvoll wohnen: Gin-Liebhaber zieht es in die Bar "Gin House". Interessant auch das Restaurant **Heiderand** in Dresden-Bühlau - schlesisch-deutsche Küche auf moderne Art heißt es hier. Gut und preislich fair essen kann man auch im **DELI**, im **VEN** und im **Daniel**. Ebenso lohnenswert ist die Fahrt zum herrlich direkt an der Elbe gelegenen Schloss Pillnitz.

Restaurants

❀ **CAROUSSEL**

FRANZÖSISCH-KLASSISCH · ELEGANT ✗✗✗ Stardesigner Carlo Rampazzi hat dem Fine-Dining-Restaurant des Hotels "Bülow Palais", einem wunderschönen, nach original Plänen wieder aufgebauten Gebäude im Dresdner Barockviertel, einen stilvoll-modernen Look gegeben, zu dem neben warmem Parkettboden und schicken Stühlen auch Kunst gehört. Ins Auge stechen hier wechselnde Bilder und Skulpturen, die leihweise zur Verfügung gestellt werden. Doch auch das geschmackvolle Design kann der Küche von Benjamin Biedlingmaier nicht die Show stehlen. Auf dem Teller - serviert wird nach wie vor auf Meissener Porzellan! - fehlen weder moderne Ideen noch die klassische Basis.

Spezialitäten: Faux Gras, Topinambur, Bergamotte, Rucola. Lammschulter, Mangold, Quinoa, Dijon Senf. Weiße Schokolade mit Tonkabohne, Ananas, Kalamansi, Mandel.

❀ ⇆ ৬ 🅰🅲 ⊡ ⇕ 🚗 – Menü 105/150 €

Stadtplan: F1-c – *Hotel Bülow Palais, Königstraße 14* ✉ *01097 –*
☏ *0351 8003140 – www.buelow-palais.de –*
Geschlossen Montag, Dienstag, mittags: Mittwoch-Samstag, Sonntag

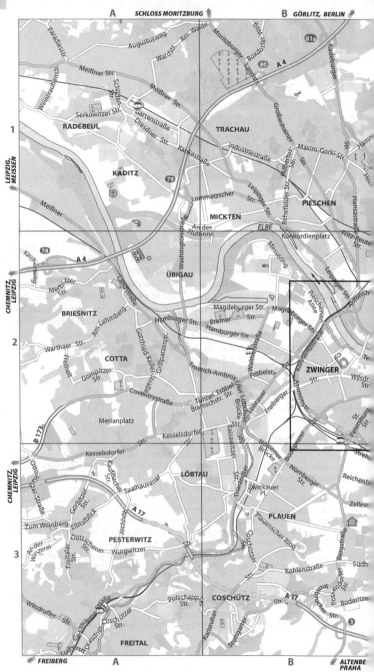

Paradiesstr.
Augustusweg
Waldstr. Am Walde
Moritzburger Landstr.
Boxdor
Radeburger
81a
80
A 4
Weintraubenstr.
Meißner Str.
Schildenstr
Meißner Str.
Gartenstraße
Dresdner Str.
Serkowitzer Str.
Großenhainer Str.
Maxim-Gorki-Str.
RADEBEUL
Rankestraße
Industriestraße
TRACHAU
Albertus Str.
1
KADITZ
79
Lommatzscher
Leipziger Str.
Rehefelder Str.
PIESCHEN
Hansastraße
Fritz-Reuter-Str.
Meißner
MICKTEN
An der
Flutrinne
ELBE
Konkordienplatz
Messering
Leipziger Str.

Kirchenweg
78
A 4
Washingtonstraße
ÜBIGAU
Magdeburger Str.
Magdeburger Str.
Pieschener Allee
Antonstr.
Merbitzer Str.
Leipziger Str.
Bremer
Hamburger Str.
Waltherstraße
Kohlenstraße
BRIESNITZ
Am Lehmberg
Hamburger Str.
Magdeburger Str.
ZWINGER
2
Warthaer Str.
Freiheit
Gottfried-Keller-Str.
Grillparzerstr.
COTTA
Emerich-Ambros-Ufer
Löbtauer
Fröbelstr.
Freiberger
Ammonstr.
Wilsdr
Str.
Gompitzer Str.
Bramschstr.
Coventrystraße
Tunnel Fröbel-
Löbtauer Brücke
St. Petersburg
Merianplatz
Kesselsdorfer
Reisewitzer
Teplitzer
Nossener
Budapester
Strehl
Kesselsdorfer
Nürnberger Str.
Reichenb
3
LÖBTAU
Zwickauer Pl.
Zellesc
Kaufbacher
Saalhausener
B 173
Coschützer
PLAUEN
Plauenscher Ring
Bergstraße
Süd
Zum Weinberg
Görbizer Str.
A 17
Elbtalblick
Dölzschener Str.
Kohlenstraße
An der Winzerei
Freitaler Str.
Wurgwitzer Str.
PESTERWITZ
Karlsruher Str.
COSCHÜTZ
A 17
Boderitze
3
Stuttgarter Str.
Wilsdruffer Str.
Coschützer Str.
potschapp-
Str.
Dresdner Str.
FREITAL

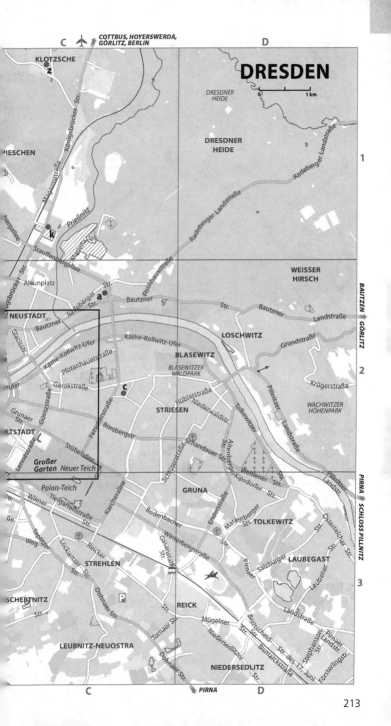

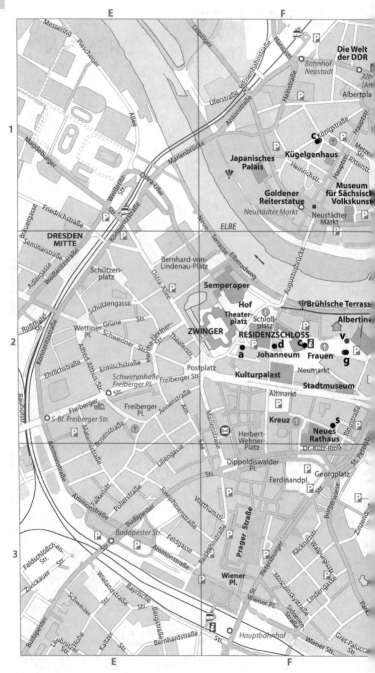

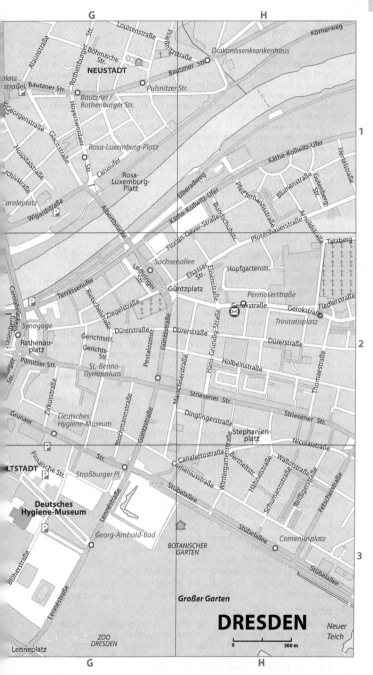

DRESDEN

0   300 m

✿ ELEMENTS

Chef: Stephan Mießner

MODERNE KÜCHE · FREUNDLICH XX Industrie-Architektur, Loft-Flair, trendig-elegantes Design - das ist richtig chic! Im Juni 2010 haben Stephan Mießner und seine Frau Martina im geschichtsträchtigen "Zeitenströmung"-Gebäudeensemble ihr "Elements" eröffnet - er leitet die Küche, sie kümmert sich sympathisch und versiert um die Gäste. Und die sitzen in einem großzügigen Raum mit bodentiefen Rundbogenfenstern und schönem Dielenboden unter einer hohen offenen Decke auf bequemen braunen Ledersesseln im Vintage-Stil. Serviert werden moderne Gerichte, die sich an der Saison orientieren und klassische sowie mediterran-internationale Einflüsse zeigen. Schön die Terrasse am Platz "Times Square". Wer schon mittags essen möchte, für den hat man das legere "DELI". Praktisch: Die Straßenbahn hält vor dem Haus.

Spezialitäten: Jakobsmuschel-Tatar, Kokos-Passionsfruchtdressing. Glasiertes Rinderfilet, cremige Polenta und Steinpilze. Œufs à la Neige, Rhabarber und Schokolade getoastet.

⅏ 🛋 & 🅿 – Menü 55/77 € – Karte 51/70 €

Stadtplan: C1-k – *Königsbrücker Straße 96 (Zeitenströmung Haus 25 - 26)* ✉ *01099 – ℰ 0351 2721696 – www.restaurant-elements.de – Geschlossen Sonntag, mittags: Montag-Samstag*

🍴 **DELI** – Siehe Restaurantauswahl

✿ GENUSS-ATELIER

Chef: Marcus Blonkowski

MODERNE KÜCHE · INTIM X 14 Stufen geht es hinab in das freundlich-gemütliche Kellerrestaurant, in dem Sandsteinmauern und Ziegelgewölbe eine besondere Atmosphäre schaffen. In der schmucken alten Villa in der Neustadt beweisen die Geschwister Marcus und Nicole Blonkowski, wie wunderbar ungezwungene Atmosphäre und Sterneküche zusammenpassen - die genießt man auch gerne auf der hübschen Terrasse. Marcus Blonkowski (er war u. a. bei Silvio Nickol im Gourmerestaurant des "Palais Coburg" in Wien oder auch bei Christian Bau im "Schloss Berg" in Perl-Nennig tätig) überzeugt mit einer interessanten modern-kreativen Küche aus sehr guten Produkten - überaus erfreulich das Preis-Leistungs-Verhältnis! Auf der Weinkarte nur ostdeutsche Winzer, darunter auch bewusst weniger bekannte. Praktisch: Bus-/Bahn-Haltestelle am Haus.

Spezialitäten: Pfifferling, Mais, Kohlrabi. Seeteufel, Kartoffel, wilder Brokkoli. Grüner Apfel, Limette.

🛋 – Menü 49/89 € – Karte 45/59 €

Stadtplan: C2-a – *Bautzner Straße 149* ✉ *01099 – ℰ 0351 25028337 – www.genuss-atelier.net – Geschlossen 1.-25. Januar, Montag, Sonntag, mittags: Dienstag-Freitag*

⊕ VEN

INTERNATIONAL · TRENDY XX Puristisch-urbaner Chic mit Loft-Flair, das hat schon was! Gekocht wird international mit regionalem und saisonalem Einfluss. Dazu wird man sehr freundlich umsorgt. Draußen lockt die geschützte Innenhofterrasse. Das "VEN" befindet sich übrigens im Hotel "Innside by Meliá" mit stylischen Zimmern.

Spezialitäten: Kürbis-Chaisuppe, Entenfilet, Chiasamen. Saibling aus Sarlhusen, Chinakohl, Okra, Mais, Macairekartoffeln, Kaktusfeige. Nussparfait, Cranberry, Zartbitterschokolade, Fichte, Minze.

🖙 🛋 & 🅐🅒 ✿ 🚗 – Menü 37/59 € – Karte 41/50 €

Stadtplan: F2-v – *Rampische Straße 9* ✉ *01067 – ℰ 0351 795151021 – www.ven-dresden.de – Geschlossen Montag, mittags: Dienstag-Samstag, Sonntag*

⊕ DELI

INTERNATIONAL · TRENDY X Sie sitzen in unkomplizierter, lockerer Atmosphäre und genießen eine interessante internationale und saisonale Küche aus guten Produkten. Für den Hunger zwischendurch gibt es mittags und abends eine kleine Zusatzkarte, hier z. B. die "Deli-Box". Nett die Terrasse am Niagaraplatz mit Wasserfall. Strandkörbe zum Chillen.

MANCHMAL IST TRADITION DIE BESTE INNOVATION.

Naturnahe Produktion in heimischen landwirtschaftlichen Betrieben ist vielerorts eine erstrebenswerte Vision. Für uns ist es das, was wir immer schon gemacht haben – und das macht Spezialitäten wie den Vorarlberger Bergkäse einzigartig. Gestern, heute und morgen.

DIE KÖSTLICHE SEITE DER ZEIT.

Die wichtigen Dinge des Lebens. Zeit gehört dazu – gerade in der Spitzenkulinarik. Gemeinsam mit dem Können in der Küche und der Qualität der Produkte bildet Zeit dort die alles beherrschende Dreifaltigkeit. Während Reife oft Jahre benötigt, entscheiden am Herd Sekunden.

Zwischen Terminen und Zoom-Konferenzen entgleitet uns häufig die Kontrolle über die Zeit. Das ist ihr alltägliches Paradoxon: Sie ist knapp und unendlich. Was Zeit außerdem noch ist: wertvoll. Auch weil sie gütige Herrscherin über den Geschmack ist. Allein was die Zeit mit Wein macht, ist bewundernswert.

Ebenso wie ihre Arbeit am Bergkäse aus dem Land der Berge. Kaum ist das Lab in der Milch, schon feiern die Mikroorganismen fröhliche Urständ'. Und je länger sie feiern, desto intensiver und komplexer wird der Bergkäse.

Damit das gelingen kann, braucht es besondere Qualitäten: Es braucht erstklassige Milch. Nur sie kann zu einem lange – bis zu zwei Jahre – reifenden Käse verarbeitet werden.

Es braucht die besten Käsemacher. Traditionelles handwerkliches Können ist unersetzbar.

Es braucht ideale Reifebedingungen, nur dann wird's was mit der herausragenden Güte, wie man sie von Bergkäse aus dem Land der Berge kennt und erwartet.

Und es braucht eben Zeit. Tage ziehen vorüber, Wochen gehen vorbei, Monate reihen sich aneinander. Der Käse wird regelmäßig gepflegt. Die Zeiger drehen sich. Jahreszeiten kommen und gehen. Was bleibt, ist die Zeit. Zeit für die wichtigen Dinge des Lebens. Unser Vorschlag: Erfreuen Sie sich am Bergkäse! Er steht auf der köstlichen Seite der Zeit.

Spezialitäten: Avokado-Gurkenkaltschale. 48 Stunden Short Rib London Style, Zwiebelmarmelade und Selleriepüree. Walnuss-Brownie, Feigen und Mascarpone-crème.

🌡 ⅙ 🅿 – Karte 31/48 €

Stadtplan: C1-k – *Elements, Königsbrücker Straße 96 (Zeitenströmung Haus 25 - 26)* ✉ 01099 – ✆ 0351 2721696 – www.restaurant-elements.de – *Geschlossen Sonntag*

🍴 MORITZ

INTERNATIONAL · ELEGANT XxX Wenn das Wetter es zulässt, sollten Sie auf der Terrasse speisen, denn es ist eine der lauschigsten der Stadt - schön ruhig und mit Blick auf die Kuppel der Frauenkirche! Auf der Karte macht z. B. "Taubenbrust, Kirsche, Portwein, Sellerie, Rauch" Appetit.

🖙 🌡 🕮 ⇔ 🚗 – Menü 45/75 €

Stadtplan: F2-g – *Hotel Suitess, An der Frauenkirche 13 (5. Etage)* ✉ 01067 – ✆ 0351 417270 – www.moritz-dresden.de – *Geschlossen mittags: Montag-Sonntag*

🍴 BÜLOW'S BISTRO

TRADITIONELLE KÜCHE · ELEGANT XX Auch die wohnlich-elegante Bistro-Variante der Bülow'schen Gastronomie verwöhnt ihre Gäste mit schmackhafter Küche - probieren Sie z. B. "Pomelosalat mit gebratenen Garnelen" oder "geschmorte Schweinebäckchen, Paprikapolenta, Cipollini".

🖙 🌡 ⅙ 🕮 🚗 – Menü 44/58 € – Karte 23/63 €

Stadtplan: F1-c – *Hotel Bülow Palais, Königstraße 14* ✉ 01097 – ✆ 0351 8003140 – www.buelow-palais.de

🍴 PALAIS BISTRO

FRANZÖSISCH-KLASSISCH · BISTRO XX Stilvoll und leger-gemütlich ist es hier, stimmig das Bistroflair mit chic-modernen Einrichtungsdetails. Auf der Karte französische Speisen und Regionales, z. B. "angemachtes Rindertatar, Pommes Frites, Sauce Béarnaise" oder "gebratenes Zanderfilet mit Rotwein, Ratatouille, Bandnudeln, Oliventapenade".

🖙 🌡 ⅙ 🕮 🚗 – Menü 49 € – Karte 44/84 €

Stadtplan: F2-a – *Hotel Taschenbergpalais Kempinski, Taschenberg 3* ✉ 01067 – ✆ 0351 4912710 – www.kempinski.com

Hotels

🏨 TASCHENBERGPALAIS KEMPINSKI

GROßER LUXUS · KLASSISCH Ein prächtiges rekonstruiertes Barockpalais, das nicht nur für Luxus steht, auch der Charme von einst steckt hier drin! "High Tea" im "Vestibül", rauchen können Sie in der "Karl May Bar". Schön der Freizeitbereich im obersten Stock. Und im Winter zum Eislaufen in den Innenhof?

🎿 🖥 🏊 🕳 🖃 ⅙ 🕮 🛎 🚗 – 195 Zimmer – 17 Suiten

Stadtplan: F2-a – *Taschenberg 3* ✉ 01067 – ✆ 0351 49120 – www.kempinski.com/dresden

🍴 **Palais Bistro** – Siehe Restaurantauswahl

🏨 BÜLOW PALAIS

HISTORISCH · KLASSISCH Sie suchen einen Ort voller Charme und persönlicher Gastlichkeit? In dem intensiv geführten Haus im Barockviertel werden Service, Wohnkomfort und Stil groß geschrieben. Die Zimmer sind wertig und liebevoll eingerichtet, das Frühstück ist exzellent und zum Relaxen gibt es den kleinen Spabereich in der obersten Etage.

🎿 🏊 🕳 🖃 ⅙ 🕮 🛎 🚗 – 55 Zimmer – 3 Suiten

Stadtplan: F1-c – *Königstraße 14* ✉ 01097 – ✆ 0351 80030 – www.buelow-palais.de

🍴 **Bülow's Bistro** · 🌸 **Caroussel** – Siehe Restaurantauswahl

GEWANDHAUS DRESDEN

BOUTIQUE-HOTEL · DESIGN Mit Geschmack und Gefühl für die Historie des Hauses entstand dieses schicke Boutique-Hotel. Stilvoll designte Zimmer von Standard bis zur Juniorsuite. Stylish das Restaurant "(m)eatery" mit Internationalem wie Dry Aged Beef, Tatar, Fisch und Burgern. Hausgebackenes im "Kuchen Atelier".

令 ⛶ 𝔑 ⅃ṣ 🔂 ⛭ 𝗔 🅿 – 97 Zimmer

Stadtplan: F2-s – *Ringstraße 1* ✉ *01067* – ✆ *0351 49490* – *www.gewandhaus-hotel.de*

SUITESS

LUXUS · KLASSISCH Eindrucksvoll die schön rekonstruierte Fassade, das Interieur geschmackvoll und edel. Perfekt die Lage einen Steinwurf von der Frauenkirche! Im obersten Stock: kleiner Sauna- und Fitnessbereich sowie Barbier. Der Service zuvorkommend und angenehm unaufdringlich. Frühstück im Wintergarten des Restaurants "Moritz" oder auf der Dachterrasse. Chic: Bar "Gin House".

令 𝔑 ⅃ṣ ⛭ 𝗔 𝗔 🚗 – 68 Zimmer – 8 Suiten

Stadtplan: F2-g – *An der Frauenkirche 13* ✉ *01067* – ✆ *0351 417270* –
www.suitess-hotel.com

🍽 **Moritz** – Siehe Restaurantauswahl

HYPERION HOTEL AM SCHLOSS

URBAN · DESIGN Ein ausgezeichnet geführtes Stadthotel! Außen ist das Gebäude dem historischen Vorbild nachempfunden, innen bestechen chic-modernes Design sowie Großzügigkeit in Zimmern und öffentlichen Bereichen. Schön relaxen kann man im jahrhundertealten Gewölbe. In der "Wohnstube" serviert man regionale Küche.

令 𝔑 ⅃ṣ ⛭ 🔂 𝗔 𝗔 🚗 – 235 Zimmer

Stadtplan: F2-d – *Schlossstraße 16* ✉ *01067* – ✆ *0351 501200* – *www.h-hotels.com*

VIENNA HOUSE QF

BOUTIQUE-HOTEL · MODERN Die Lage an der Frauenkirche könnte kaum besser sein! Und das schicke, angenehm diskrete Boutique-Hotel hat noch mehr zu bieten: modern-komfortable Zimmer designt by Bellini! Dazu die moderne Bar im 6. Stock, und das Frühstück kann sich ebenfalls sehen lassen.

⛭ 🔂 𝗔 𝗔 – 95 Zimmer – 2 Suiten

Stadtplan: F2-c – *Neumarkt 1* ✉ *01067* – ✆ *0351 5633090* – *www.viennahouse.com*

In Dresden-Bühlau/Weißer Hirsch

🏵 HEIDERAND ⑩

DEUTSCH · FAMILIÄR 𝕏 Nahe der namengebenden Dresdner Heide leitet Martin Walther in 4. Generation den elterlichen Betrieb, Mutter und Vater sind nach wie vor mit von der Partie. In dem stattlichen Haus von 1905 erwartet Sie eine modern interpretierte deutsch-schlesische Küche mit interessanten, dezent eingebundenen internationalen Einflüssen. Tipp: Straßenbahnlinie 11 hält vor der Tür.

Spezialitäten: Gebeizter Saibling, saures Gemüse, Meerrettich. Knuspriger Schweinebauch, Sauerkrautpiroggi, Senf. Weiße Schokolade, schwarze Johannisbeere, Haselnuss.

🌇 ⟳ 🅿 – Menü 39 € – Karte 26/43 €

außerhalb Stadtplan – *Ullersdorfer Platz 4 (Nord-Ost: 9 km über Bautzner Landstraße D2)* ✉ *01324* – ✆ *0351 2683166* – *www.heiderand.restaurant* –
Geschlossen Montag, Dienstag, mittags: Mittwoch-Freitag

In Dresden-Hellerau

⅋○ SCHMIDT'S

KREATIV · BISTRO ⅍ Wer hätte gedacht, dass in den Hellerauer Werkstätten für Handwerkskunst (1909 von Karl Schmidt gegründet) einmal gekocht wird? In moderner Bistro-Atmosphäre gibt es z. B. "Variation von Langburkersdorfer Fischen im Bouillabaisse-Sud". Preislich interessant: das Menü "Schmidt's Karte rauf und runter".

🛋 & 🅿 – Menü 44/54 € – Karte 39/51 €

Stadtplan: C1-z – *Moritzburger Weg 67 (in den Hellerauer Werkstätten)* ⊠ 01109 – ☏ 0351 8044883 – www.schmidts-dresden.de – *Geschlossen Sonntag, nur Abendessen*

In Dresden-Striesen

☺ DANIEL

KLASSISCHE KÜCHE · FAMILIÄR ⅍ In dem hellen geradlinigen Restaurant samt hübscher Terrasse gibt es mittags einfachen Lunch, abends kocht man gehobensaisonal - probieren Sie z. B. klassische Terrinen oder auch "gebratenen Wels, Noilly-Prat-Sauce, Fenchelgemüse, Kartoffelstampf". Auf Reservierung bekommt man auch mittags die Abendkarte.

Spezialitäten: Fasanenterrine mit Maronen, Bittersalate und Ebereschendressing. Kohlrouladen und Petersilienkartoffeln. Kokos-Panna cotta und Blaubeergrütze.

🛋 🄰🄲 – Menü 19 € (Mittags), 37/48 € – Karte 22/52 €

Stadtplan: C2-c – *Gluckstraße 3* ⊠ 01309 – ☏ 0351 81197575 – www.restaurant-daniel.de – *Geschlossen 22.-28. Februar, Montag, Sonntag, mittags: Samstag*

DUDELDORF

Rheinland-Pfalz – Regionalatlas **45**-B15 – Michelin Straßenkarte 543

☺ TORSCHÄNKE

REGIONAL · FREUNDLICH ⅍ Das Gasthaus liegt direkt am alten Obertor des kleinen Dorfes. Ein sympathisches Lokal, urig und gemütlich. Mit ausgesuchten Zutaten wird frisch und lecker gekocht - da macht z. B. "Zander mit Blattspinat, Pinienkernen und Kartoffeln" Appetit.

Spezialitäten: Gebratene Jakobsmuscheln mit Wakamesalat, Forellenkaviar und Sauerrahm. Geschmortes Ochsenbäckchen mit Chorizo und Kräuterseitlingen, Kartoffel-Selleriemousseline. Warme Apfelklöße mit Zimt und Zucker, Vanillerahmeis.

🛋 🅿 – Menü 32/45 € – Karte 36/46 €

Philippsheimer Straße 1 ⊠ 54647 – ☏ 06565 2024 – www.torschaenke-dudeldorf.de – *Geschlossen 15.-25. Februar, 2.-11. November, Montag, mittags: Dienstag-Samstag, Sonntag*

DÜRKHEIM, BAD

Rheinland-Pfalz – Regionalatlas **47**-E16 – Michelin Straßenkarte 543

⅋○ WEINSTUBE BACH-MAYER

REGIONAL · WEINSTUBE ⅍ In der gut geführten historischen Weinstube (schön das Portal a. d. 18. Jh.) darf man sich auf gemütliche Atmosphäre und Gerichte mit saisonalem und regionalem Bezug freuen. Appetit macht z. B. geschmorte Ochsenschulter - oder wie wär's im Winter mit Gans?

🛋 🍽 – Menü 29/49 € – Karte 41/46 €

Gerberstraße 13 ⊠ 67098 – ☏ 06322 92120 – www.bach-mayer.de – *Geschlossen 11.-22. September, Dienstag, Mittwoch, mittags: Montag und Donnerstag-Freitag*

Nordrhein-Westfalen
Regionalatlas **25**–B11
Michelin Straßenkarte 543

DÜSSELDORF

Kulinarisch überaus interessant ist die Landeshauptstadt Nordrhein-Westfalens nicht zuletzt wegen seiner zehn mit MICHELIN Stern ausgezeichneten Restaurants. Mit dem **Nagaya** und dem **Yoshi by Nagaya** hat Düsseldorf übrigens als einzige Stadt in Deutschland gleich zwei Restaurants mit japanischer Sterneküche. Nicht selten trifft Sterne-Niveau auf ganz legere Atmosphäre, so z. B. im **DR.KOSCH**, im **Fritz's Frau Franzi** oder auch im herrlich französischen **Le Flair**. Einen Besuch wert sind auch das **Weinhaus Tante Anna** mit seinem historischen Charme und der tollen Weinauswahl oder das neu erwähnte **Rubens** als österreichischer Hotspot der Stadt. Und wer einen guten Italiener sucht, ist z. B. im **L'arte in cucina** richtig. Sie bleiben über Nacht? Dann bieten sich das herrliche Grandhotel **Breidenbacher Hof** oder das edle **De Medici** an.

Restaurants

☆ **NAGAYA**

JAPANISCH · FREUNDLICH ✗✗✗ Ohne Zweifel ist die Küche von Yoshizumi Nagaya etwas Besonderes. Durchdacht, klar und präzise fügt er japanische und westliche Elemente zusammen. Während seiner Ausbildung in Osaka lehrte Toshiro Kandagawa ihn die traditionelle japanische Küche, den innovativen Stil lernte er bei Takada Hasho in Gifu kennen. Daraus entwickelte er seine eigene Handschrift, die beides vereint. Exzellente Produkte sind Ehrensache, vom Wagyu-Rind bis Sushi und Sashimi. Ein Signature Dish ist hier z. B. "Gebratener, in Miso marinierter kanadischer schwarzer Kabeljau mit Saikyo-Miso Sauce". Neben guten Weinen darf auch eine schöne Sake-Auswahl nicht fehlen. Dazu wird man in dem sehr modern und wertig eingerichteten Restaurant aufmerksam und professionell umsorgt.

Spezialitäten: Carpaccio von Gelbschwanzmakrele mit Yuzu-Sojasauce. Leicht angegartes Sashimi vom Wagyu-Rind. Weißer Pfirsich, Joghurtsorbet, Crumble von Matchatee.

🕸 AC – Menü 89 € (Mittags), 159/198 € – Karte 79/138 €

Stadtplan: K2-n – *Klosterstraße 42* ✉ *40211* –
✆ *0211 8639636* – *www.nagaya.de* –
Geschlossen Montag, Sonntag

✺ AGATA'S

MODERNE KÜCHE · TRENDY ✕✕ Sie mögen es modern-kreativ? Dann dürfte Sie der interessante Mix aus europäischer und asiatischer Küche ansprechen. Alles, was hier auf den Teller kommt, basiert auf hervorragenden Produkten und sprüht geradezu vor Finesse und eigenen Ideen. Dass man hier auch noch richtig nett sitzt, liegt an der schicken und zugleich warmen Atmosphäre. Modernes Design, erdige Töne, florale Deko..., das komplette Interieur ist geschmackvoll und überaus wertig! Und für kompetenten Service samt ebensolcher Weinberatung ist ebenfalls gesorgt, denn Patronne Agata Reul - übrigens gebürtige Polin - hat hier ein charmantes und versiertes Team um sich. Tipp: Man bietet jetzt auch einen Foodtruck für Events.

Spezialitäten: Blackmore Wagyu Tri Tip, Auberginentatar, Perlzwiebel, Shiitake. Turbutt gegrillt, Meeresspargel, fermentierte Salsa, Haselnuss. Kaffeeparfait, Milch, Pekannuss.

🍽 – Menü 85/116 €

Stadtplan: F3-g – *Kirchfeldstraße 59* ✉ *40217 –*
☎ 0211 20030616 – www.agatas.de –
Geschlossen Montag, Sonntag, mittags: Dienstag-Samstag

✺ BERENS AM KAI

MODERNE KÜCHE · TRENDY ✕✕ Bereits seit 1998 ist das "Berens am Kai" hier im Medienhafen ansässig und zählt damit schon zu einem der Klassiker unter den Düsseldorfer Sternerestaurants. Nach einem "Facelift" kommt das Restaurant wohnlich und zugleich chic-modern daher, alles ist hochwertig und geschmackvoll - ein Ort der legeren Spitzengastronomie. Herzstück ist natürlich die Küche von Patron Holger Berens. Er bietet klassisch geprägte Gerichte mit modernen sowie italienischen und regionalen Einflüssen, und die schmeckt man z. B. bei "Agnolotti mit Comté und krosser Hühnerhaut" oder beim herrlichen "Steinbutt mit Austern-Béarnaise". Dazu genießt man dank raumhoher Fensterfront den Hafenblick - im Sommer ist die Terrasse ein schönes Fleckchen!

Spezialitäten: BBQ vom Octopus, Mais, Tomatenchutney, Kräutersalat. Kross gebratenes Juvenil Ferkel, Bohnen Cassoulet, Liebstöckel, Pfifferlinge. Baiser, Mohn, wilde Heidelbeeren.

🍴 – Menü 55 € (Mittags), 74/110 € – Karte 76/115 €

Stadtplan: F3-d – *Kaistraße 16* ✉ *40213 –*
☎ 0211 3006750 – www.berensamkai.de –
Geschlossen Sonntag, mittags: Samstag

✺ LE FLAIR

Chef: Dany Cerf

FRANZÖSISCH · FREUNDLICH ✕✕ Da hat jemand ein Faible für die klassischfranzösische Küche! Gemeint ist Dany Cerf. Der Patron und Küchenchef des inzwischen recht puristisch und mit elegantem Touch designten Restaurants stammt aus der französischsprachigen Schweiz und hat zuvor in renommierten Adressen wie dem "Baur au Lac" in Zürich oder bei Jean-Claude Bourgueil gekocht. Im "Le Flair", das er gemeinsam mit Partnerin Nicole Bänder führt, beeindruckt er in einem 4- oder 6-Gänge-Menü mit angenehmer Geradlinigkeit und hervorragenden Produkten. Durchdacht und gelungen wird z. B. bretonischer Hummer mit Kamillearoma, jungem Spinat und Zitronenperlen kombiniert. Dabei entstehen schöne Kontraste und gleichzeitig eine tolle geschmackliche Harmonie. Das ist Sterneküche ohne Schnörkel!

Spezialitäten: Milchkalbsbries, Teriyaki, Blue Cheese. Perlhuhn, Vin Jaune, Kartoffel Boulangere. Staudensellerie, Gurke, Apfel, Ananas-Pastissorbet.

🍴 – Menü 85/125 €

Stadtplan: G1-d – *Marc-Chagall-Straße 108* ✉ *40477 –*
☎ 0211 51455688 – www.restaurant-leflair.de –
Geschlossen Montag, Dienstag, mittags: Mittwoch-Sonntag

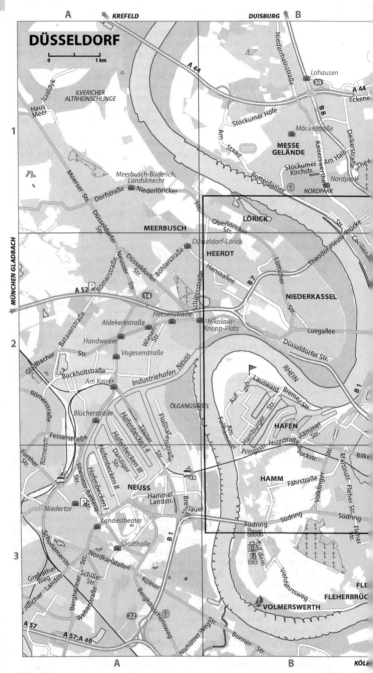

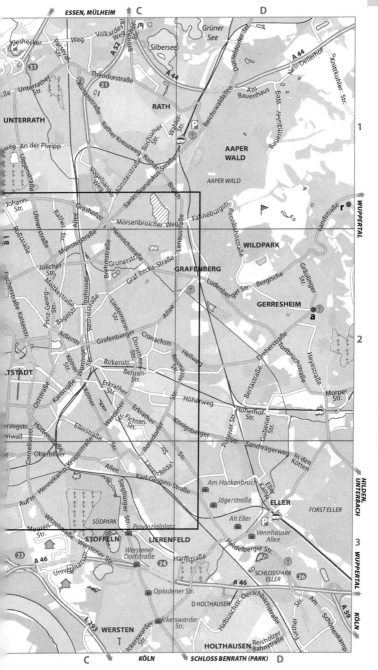

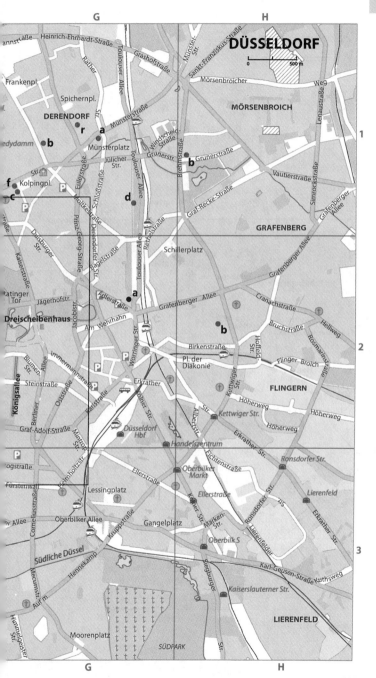

DÜSSELDORF

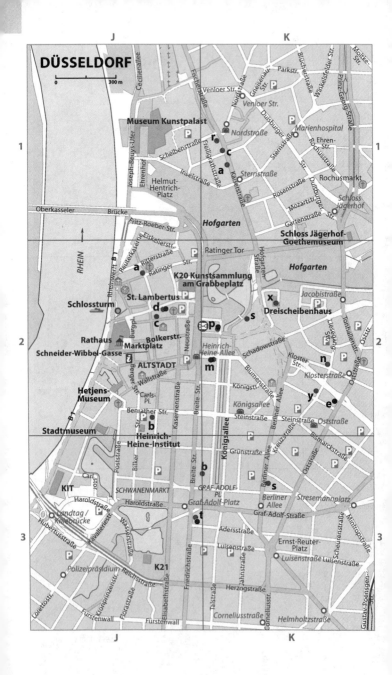

❀ SETZKASTEN

MODERNE KÜCHE · CHIC ✗✗ Sternerestaurant im Supermarkt? Dieses Gastro-Konzept ist ein absolutes Novum in Düsseldorf! Zu erleben im UG des "Crown", einem der größten Lebensmittelmärkte Europas! Nicht nur die Location ist erwähnenswert: Zum schicken Ambiente samt teils einsehbarer Küche (besondere Einblicke hat man vom Chefstable) bieten Küchenchef Anton Pahl und sein Team kreativ-moderne Gerichte. Der gebürtige Kasache setzt auf top Produkte - schön ausgewogen und klar die Zubereitung. Gelungen und nicht überladen ist z. B. die Kombination aus Seezunge, Sellerie, Wasabi und Sudachi-Limone. Am Abend wählen Sie ein 3-, 4- oder 5-Gänge-Menü, mittags gibt es eine legere Speisekarte. Interessant: der namengebende "Setzkasten": Hier serviert man alle Gerichte zusammen im Setzkasten.

Spezialitäten: Dorade, Myoga, Hühnerhaut, Kirschblüte. Rehrücken, Wareniki, Butterapfel, Wasabi. Cru Virunga, Hokkaido, Vanilleeis.

🆔 – Menü 39 € (Mittags), 52/99 € – Karte 45/77 €

Stadtplan: K3-s – Berliner Allee 52 ✉ 40212 – ✆ 0211 2005716 – www.restaurant-setzkasten.de – Geschlossen Sonntag

❀ 1876 DANIEL DAL-BEN

KREATIV · FREUNDLICH ✗✗ Moderne und Klassik gehen bei Daniel Dal-Ben Hand in Hand. Der gebürtige Düsseldorfer mit italienischen Wurzeln hat im November 2002 als kleine Restaurant im Zooviertel (direkt am Zoopark und ganz in der Nähe des Eisstadions) eröffnet und beweist seither als Patron und Küchenchef volles Engagement. Sehr gelungen verbindet er beim Kochen die klassische Basis mit der richtigen Portion Kreativität. Dabei kombiniert er ausgesuchte Produkte zu stimmig ausbalancierten, vollmundigen und finessenreichen Gerichten. Geboten wird ein Menü, bei dem die Gäste die Anzahl der Gänge selbst wählen. Neben dem tollen Essen genießt man auch die angenehm entspannte Atmosphäre. Umsorgt wird man aufmerksam und geschult.

Spezialitäten: Hummer, Reiscrème, Erbsen, Ackerchampignons, Yuzusesam. Gewürz-Taube, Kerbelknolle, Rosenkohl, Trüffel. Kirsche, Valrhona-Schokolade, Amarant, Haselnuss.

🍴 🆔 – Menü 90/180 €

Stadtplan: H1-b – Grunerstraße 42a ✉ 40239 – ✆ 0211 1717361 – www.1876.restaurant – Geschlossen 1.-10. Januar, Montag, Sonntag, mittags: Dienstag-Samstag

❀ FRITZ'S FRAU FRANZI

KREATIV · CHIC ✗ Ganz schön cool und trendy! Das Restaurant im stylischen Boutique-Hotel "The Fritz" kommt geschmackvoll und sehr wertig, aber keineswegs steif daher! Das frische moderne Konzept gilt auch für die Küche. Die kreativen Gerichte gibt es in Einheitsportionen, alle zu ähnlichen Preisen - da ist Mischen und Experimentieren erwünscht! Und das wird bei der Meeräsche mit Artischocken-Variation und Rucola zu einer ebenso aromareichen Erfahrung wie beim gegrillten Roastbeef vom "Big Green Egg" mit Tomatensalsa und Mais. Sie können die Gerichte des Menüs auch à la carte wählen. Chef am Herd ist Sauerländer Benjamin Kriegel, der zuvor bei Christian Jürgens im "Restaurant Überfahrt" in Rottach-Egern und im "Victorian" in Düsseldorf tätig war.

Spezialitäten: Lachsforelle, Mousse, Gurke, Verjus und Meerrettich. Gebratener Lammrücken und Bacon, Bohnen, Süßkartoffelpüree, Jus mit fermentiertem Chili. Helle und dunkle Schokoladenganache, eingelegte Kirschen, Kirsch-Lakritzeis, Salzkaramell.

👄 🆔 – Menü 84/119 € – Karte 58/70 €

Stadtplan: J3-t – Hotel The Fritz, Adersstraße 8 ✉ 40215 – ✆ 0211 370750 – www.fritzs-frau-franzi.de – Geschlossen 1.-14. Januar, 26. Juli-16. August, Montag, Sonntag, mittags: Dienstag-Samstag

✿ YOSHI BY NAGAYA

JAPANISCH · GERADLINIG ✗ Sterneküche von Yoshizumi Nagaya gibt es in Düsseldorf gleich zweimal! Unweit des Stammhauses, ebenfalls in "Japantown", findet man seit Oktober 2016 das "Yoshi". Gekocht wird hier klassisch japanisch, ganz ohne westliche Einflüsse. Mit absolut produktorientierter und überaus exakter Zubereitung beeindruckt z. B. das Thunfischtatar mit Kaviar und Nori. Dazu bietet man eine große Auswahl an Sake. Das Ambiente ist gewissermaßen ein Spiegelbild des klaren Küchenstils: Stilvoll-puristisch hat man das Restaurant gestaltet. Tipp: Kommen Sie ruhig auch mal mittags - da gibt es ein günstigeres Menü. Und auch die zusätzlichen "einfacheren" Gerichte bieten ein tolles Preis-Leistungs-Verhältnis! Übrigens: Viele der Gäste hier sind Japaner - das spricht für sich!

Spezialitäten: Sashimi von der Gelbschwanzmakrele. Tatar von der Königskrabbe mit Caviar. Rib Eye vom Wagyu-Rind.

🆎 – Menü 64 € (Mittags)/128 € – Karte 63/145 €

Stadtplan: K2-y – *Kreuzstraße 17* ✉ *40213* – ☎ *0211 86043060* – *www.nagaya.de* – *Geschlossen Montag, Sonntag*

⊛ ESSBAR ⓝ

INTERNATIONAL · ENTSPANNT ✗ Nur wenige Schritte vom Hofgarten entfernt liegt das äußerlich unscheinbare Restaurant von Küchenchef Daniel Baur und Olga Jorich. Sympathische Atmosphäre, aromatische Gerichte aus guten Produkten und ein faires Preis-Leistungs-Verhältnis - das kommt an! Auch in Sachen Wein wird man nicht enttäuscht. Nett die geschützte, nach hinten gelegene Terrasse.

Spezialitäten: Jakobsmuschel, geschmorter Chicorée, Passionsfrucht und alter Balsamico. Gebratener Adlerfisch in Weißwein-Kräuternage mit Dicken Bohnen. Zwetschgen Crumble, Vanilleeis, Schlagsahne und Zimt-Zucker.

� – Menü 42/50 € – Karte 33/57 €

Stadtplan: K1-a – *Kaiserstraße 27* ✉ *40479* – ☎ *0211 91193905* – *www.hm-essbar.de* – *Geschlossen 24. Dezember-7. Januar, Montag, mittags: Samstag, Sonntag*

⊛ MÜNSTERMANNS KONTOR

INTERNATIONAL · BRASSERIE ✗ Mit Eier- und Butterhandel sowie Feinkost fing alles an, heute hat man hier ein sympathisch-schlichtes Bistro mit lebendiger urbaner Atmosphäre und offener Küche. Man kocht schmackhaft, ohne Chichi und mit ausgesuchten Produkten, dabei lässt man diverse Stilrichtungen einfließen. Gute offene Weine und freundlicher Service. Hinweis: mittags keine Reservierung möglich.

Spezialitäten: Sashimi und Tatar vom Thunfisch mit asiatischem Gemüsesalat, Mango, Wakame und Ingwergurke. Wiener Schnitzel mit Kartoffel-Gurkensalat, Zitrone und Preiselbeeren. Mousse au chocolat.

Karte 19/65 €

Stadtplan: J2-b – *Hohe Straße 11* ✉ *40213* –
☎ *0211 1300416* – *www.muenstermann-kontor.de* –
Geschlossen 24. Dezember-4. Januar, Montag, Sonntag, abends: Samstag

⫸○ ARTISTE

KLASSISCHE KÜCHE · LUXUS ✗✗✗ Im Trubel der Kö finden Sie hier ein ruhiges Plätzchen im eleganten Wintergarten und genießen mit Blick auf den Hofgarten saisonal-klassische Küche - Appetit macht da z. B. "Linumer Kalbsfilet, Maccheroni-Gratin, Erbse & Lavendel, Carbonara-Sauce".

🖛 🆎 🚗 – Menü 49/125 € – Karte 56/77 €

Stadtplan: K2-p – *Steigenberger Parkhotel, Königsallee 1a* ✉ *40212* –
☎ *0211 1381611* – *www.duesseldorf.steigenberger.de* –
Geschlossen 4. Juli-16. August, Montag, Sonntag

🍴○ THE DUCHY

FRANZÖSISCH-KLASSISCH · BRASSERIE XXX Aus der "Brasserie 1806" ist das stylische Restaurant "The Duchy" geworden - eine Brasserie "de luxe" mit edler Atmosphäre. Geboten wird europäische Küche mit asiatischen und italienischen Einflüssen, z. B. "Tagliarini mit frischen Steinpilzen". Und vorab etwas Leckeres von der "Raw Bar"? Dazu eine schöne Weinauswahl samt "Offenen", wie man sie nicht überall findet!

⇔ 👌 AC ⬆ ⇕ 🚗 – Karte 58/125 €

Stadtplan: K2-m – *Hotel Breidenbacher Hof, Königsallee 11 ✉ 40212 – ☎ 0211 160900 – www.theduchy-restaurant.com – Geschlossen Montag, Sonntag*

🍴○ WEINHAUS TANTE ANNA

REGIONAL · GEMÜTLICH XX In dem traditionsreichen Familienbetrieb (7. Generation) speisen Sie in der beeindruckenden historischen Atmosphäre einer einstigen Kapelle a. d. 16. Jh. Es gibt gehobene regionale Speisen wie "geschmorte Lammhaxe, Bärlauch-Kartoffelstampf, Variation von der Karotte". Und dazu einen der vielen deutschen Weine?

🍷 – Menü 59/89 € – Karte 44/58 €

Stadtplan: J2-c – *Andreasstraße 2 ✉ 40213 – ☎ 0211 131163 – www.tanteanna.de – Geschlossen Sonntag-Montag, nur Abendessen*

🍴○ BRASSERIE STADTHAUS

FRANZÖSISCH-KLASSISCH · BRASSERIE XX Eine schöne Adresse im Herzen der Altstadt. Unter einer markanten hohen Kassettendecke oder im hübschen Innenhof serviert man Ihnen französische Küche. Appetit machen z. B. "Hummerschaumsuppe" oder "Entrecôte mit Sauce Béarnaise". Dazu Weine aus Frankreich.

⇔ 🏡 AC – Menü 19 € (Mittags)/24 € – Karte 38/70 €

Stadtplan: J2-d – *Hotel De Medici, Mühlenstraße 31 ✉ 40213 – ☎ 0211 16092815 – www.brasserie-stadthaus.de – Geschlossen Montag, Sonntag*

🍴○ KÖ59 MASTERMINDED BY BJÖRN FREITAG ⓝ

DEUTSCH · BRASSERIE XX Björn Freitag, bekannt aus dem "Goldenen Anker" in Dorsten, hat direkt an der "Kö" sein neuestes gastronomisches Projekt. Die schicke Brasserie im "InterContinental" hat sich neu interpretierte deutsche Klassiker auf die Fahnen geschrieben, so z. B. "Königsberger Klopse" oder "Senfbraten von der Weideochsenlende".

⇔ AC – Menü 49 € – Karte 46/85 €

Stadtplan: J_K3-b – *Königsallee 59 ✉ 40215 – ☎ 0211 82851220 – www.koe59.com*

🍴○ PHOENIX

INTERNATIONAL · DESIGN XX In Düsseldorfs bekanntem Dreischeibenhaus bietet man zwei Konzepte: Mittags einfacherer "PHOENIX Lunch", am Abend "PHOENIX Restaurant & Weinbar" mit aromatischen Gerichten wie "Müritzer Hirschkalbsrücken & schwarze Johannisbeeren, Rübchen, Mangoldroulade". Das Ambiente: ein stilvoller Mix aus 60er-Jahre-Design und modernen Elementen, dazu die einsehbare Küche.

🏡 👌 AC ⇕ – Menü 42 € (Mittags), 56/93 € – Karte 36/93 €

Stadtplan: K2-x – *Dreischeibenhaus ✉ 40211 – ☎ 0211 30206030 – www.phoenix-restaurant.de – Geschlossen Sonntag, Montagabend, Samstagmittag*

🍴○ ROSSINI

ITALIENISCH · FAMILIÄR XX Seit 1978 gibt es diese Adresse - eine feste Größe in der italienischen Gastronomie der Stadt! Stimmig-elegantes Interieur, aufmerksamer Service und ambitionierte klassische Küche. Letztere gibt es z. B. als "Steinbutt, Hummersauce, grüne Linsen, Kartoffeln".

🍷 🏡 AC 🚗 – Menü 42 € (Mittags), 48/68 € – Karte 40/59 €

Stadtplan: K1-r – *Kaiserstraße 5 ✉ 40479 – ☎ 0211 494994 – www.rossini-gruppe.de – Geschlossen Sonntag*

ⅈ○ RUBENS ⓝ

ÖSTERREICHISCH · ENTSPANNT ✕✕ Gewissermaßen ein "alpenländischer Hot-spot" ist das hübsche Restaurant der sympathischen Gastgeber Cornelia Stolzer und Ruben Baumgart - sie Österreicherin, er Deutsch-Österreicher. Entsprechend bietet der Chef modern inspirierte, aber auch traditionelle Gerichte aus Österreich. Dazu charmanter, geschulter Service und eine schöne österreichische Weinkarte.

🏠 ♧ – Menü 54/65 € – Karte 39/62 €

Stadtplan: K1-c – *Kaiserstraße 5* ✉ *40479 –* ☏ *0211 15859800 –*
www.rubens-restaurant.de – Geschlossen Montag, mittags: Dienstag-Samstag,
Sonntag

ⅈ○ PARLIN

MARKTKÜCHE · BRASSERIE ✕ Mitten in der Altstadt ist dieses nette, angenehm unkomplizierte und lebendige Restaurant zu finden - ein Hingucker ist die tolle Stuckdecke. Aus der Küche kommen frische, schmackhafte saisonale Gerichte sowie Klassiker - Appetit macht z. B. "Perlhuhnbrust, Orangen-Chicorée & Süß-kartoffel".

🏠 🍴 – Menü 36/43 € – Karte 34/92 €

Stadtplan: J2-a – *Altestadt 12* ✉ *40213 –* ☏ *0211 87744595 – www.parlin-weinbar.de –*
Geschlossen Montag

ⅈ○ ROB'S KITCHEN

MARKTKÜCHE · GEMÜTLICH ✕ Das Restaurant in einer lebhaften Gegend kommt gut an mit seiner angenehm ungezwungenen modernen Atmosphäre. Gekocht wird saisonal und mit internationalen Einflüssen - auf der Karte liest man z. B. "Pulled Pork, Belgische Fritten, Spitzkohlsalat, Trüffelmayo".

🏠 🍴 – Menü 35/85 € – Karte 33/57 €

Stadtplan: F3-r – *Lorettostraße 23* ✉ *40219 –* ☏ *0211 54357428 –*
www.robs-kitchen.de – Geschlossen mittags: Montag-Samstag, Sonntag

ⅈ○ ROKU - JAPANESE DINING & WINE ⓝ

JAPANISCH ZEITGENÖSSISCH · HIP ✕ Dies ist das dritte Restaurant von Yoshi-zumi Nagaya in der Landeshauptstadt. Die Atmosphäre ist trendig-modern und entspannt, das Angebot reicht von Sushi und Sashimi über Tempura bis zu japa-nischen Fisch- und Fleischgerichten. Dazu eine schöne überwiegend deutsche Weinauwahl.

🏠 – Karte 42/107 €

Stadtplan: G1-c – *Schwerinstraße 34* ✉ *40477 –* ☏ *0211 15812444 –*
www.roku-dining.com – Geschlossen Montag, mittags: Dienstag-Freitag, Sonntag

ⅈ○ SANSIBAR BY BREUNINGER

INTERNATIONAL · BRASSERIE ✕ Sylt-Feeling an der Kö? In der 1. Etage des noblen Kaufhauses hat man einen schicken Ableger des Insel-Originals geschaf-fen. Speisen kann man ab 11 Uhr durchgehend, von der legendären Currywurst über "Filets vom Salzwiesenlamm, Ratatouille, Rosmarinjus" bis zu exklusiven Cuts vom U.S. Beef.

🅰🅲 – Menü 39 € – Karte 29/76 €

Stadtplan: K2-s – *Königsallee 2 (Kö-Bogen)* ✉ *40212 –* ☏ *0211 566414650 –*
www.sansibarbybreuninger.de – Geschlossen Sonntag

ⅈ○ ZWEIERLEI

KREATIV · FREUNDLICH ✕ In dem modernen kleinen Restaurant wird mit guten Produkten und kreativen Akzenten gekocht, von "Kalbsrücken, Waldpilze, Polen-ta, Brombeere" bis "Langoustino à la Provençale". Oder lieber vegetarisch? Dazu es eine schöne Weinkarte mit Schwerpunkt Deutschland.

Menü 54/86 €

Stadtplan: G1-f – *Schwerinstraße 40* ✉ *40213 –* ☏ *0171 3478321 –*
www.zweierlei-restaurant.de – Geschlossen Montag, Sonntag,
mittags: Dienstag-Samstag

Hotels

BREIDENBACHER HOF

GROßER LUXUS · ELEGANT Service und Privatsphäre stehen hier klar im Vordergrund: von der schicken Capella Bar und der exklusiven Cigar Lounge über den Afternoon Tea bei Pianomusik und den Personal Assistant bis hin zu verschiedenen Frühstücksformen. Attraktiv auch der Pool- und Saunabereich.

🍴 📺 🕸 🛁 👤 ♿ 🅰 🏋 🚗 – 85 Zimmer – 21 Suiten

Stadtplan: K2-m – *Königsallee 11* ✉ *40212* – ✆ *0211 160900* – *www.breidenbacherhofcapella.com*

🍴 **The Duchy** – Siehe Restaurantauswahl

DE MEDICI

LUXUS · ELEGANT Eine Art Kunsthotel mit historischen Schätzen und luxuriöser Ausstattung. Die Zimmer sind sehr unterschiedlich geschnitten und wohnlich-elegant, attraktiv der Wellnessbereich mit ägyptischem Flair, und die Halle erinnert an einen Palazzo in Florenz!

🍴 🕸 🛁 👤 ♿ 🅰 🏋 🚗 – 165 Zimmer – 5 Suiten

Stadtplan: J2-d – *Mühlenstraße 31* ✉ *40213* – ✆ *0211 160920* – *www.living-hotels.com*

🍴 **Brasserie Stadthaus** – Siehe Restaurantauswahl

HYATT REGENCY

BUSINESS · MODERN Zeitgemäß-elegant designtes Hotel am Medienhafen, an der Spitze einer Landzunge. Suchen Sie sich ein Plätzchen mit Aussicht: Die haben Sie z. B. in der Club-Lounge on top (bei gutem Wetter schauen Sie bis zum Kölner Dom) oder in den "View"- oder "Deluxe"-Zimmern! Im "DOX" gibt es internationale Küche nebst Sushi.

🍴 ⬅ 🏊 🕸 👤 ♿ 🅰 🏋 🚗 – 303 Zimmer – 13 Suiten

Stadtplan: F3-a – *Speditionstraße 19* ✉ *40221* – ✆ *0211 91341234* – *www.hyatt.com*

STEIGENBERGER PARKHOTEL

LUXUS · KLASSISCH Man spürt es bereits in der Lobby: Die "Grande Dame" der Düsseldorfer Hotellerie ist ein Klassiker mit stilvoll-moderner Note. Die Zimmerkategorien reichen von etwas kleineren Superior-Einzelzimmern über Deluxe-Zimmer bis zu schicken Suiten. Eines der Restaurants ist das "Steigenberger Eck", das mit 40 Sorten Champagner beeindruckt! Tipp: Terrasse zum Kö-Bogen.

🍴 🕸 🛁 👤 ♿ 🅰 🏋 🚗 – 119 Zimmer – 11 Suiten

Stadtplan: K2-p – *Königsallee 1a* ✉ *40212* – ✆ *0211 13810* – *www.steigenberger.com*

🍴 **Artiste** – Siehe Restaurantauswahl

ME AND ALL

BOUTIQUE-HOTEL · MODERN Sehr gelungen dieses junge Hotel-Konzept mitten in "Japantown": die Mitarbeiter locker und kompetent, die Zimmer hochwertig und durchdacht, in der Lobby "Co-Working Area" und Tischtennisplatte, Lounge im 11. Stock mit toller Sicht (hier Burger, Sandwiches & Co. sowie einmal pro Woche After-Work-Party).

🛁 👤 🅰 🚗 – 177 Zimmer

Stadtplan: K2-e – *Immermannstraße 23* ✉ *40210* – ✆ *0211 542590* – *www.meandallhotels.com*

25 HOURS HOTEL DAS TOUR `Tablet.`PLUS

KETTENHOTEL · DESIGN Hier ist die deutsch-französische Freundschaft das Thema, entsprechend der Style der Zimmer: mal französisch-charmant, verspielt und in warmen Tönen, mal deutsch mit geradlinigem und eher technisch inspiriertem Design. Fitness- und Saunabereich in der 14. Etage. Ganz oben im 17. Stock die Bar mit tollem Stadtblick, darunter das Restaurant mit französischer Küche. Fahrrad- und "Mini"-Verleih.

🍴 🕸 🛁 👤 🅰 🏋 🚗 – 198 Zimmer

Stadtplan: G2-a – *Louis-Pasteur-Platz 1* ✉ *40211* – ✆ *0211 9009100* – *www.25hours-hotels.com*

THE FRITZ

BOUTIQUE-HOTEL · TRENDIG Richtig stylish wohnt man hier in zentraler und dennoch relativ ruhiger Lage. Die Zimmer sind mit erlesenen Materialien ausgestattet und chic designt - darf es vielleicht ein "Balkonzimmer" sein? Di. - Sa. gibt es in der Bar ein Lunch-Angebot.

⌂ ⊡ 🅰 – 31 Zimmer

Stadtplan: J3-t – *Adersstraße 8* ✉ *40215* – ☏ *0211 370750* – *www.thefritzhotel.de*

✸ **Fritz's Frau Franzi** – Siehe Restaurantauswahl

In Düsseldorf-Derendorf

✸ **DR.KOSCH**

Chef: Volker Drkosch

MODERNE KÜCHE · HIP ✗ Das Konzept kommt richtig gut an: Eine sehr schöne moderne Gastro-Bar mit sympathisch-ungezwungener Atmosphäre, gepaart mit nicht alltäglicher Küche und fairen Preisen. All das bietet Volker Drkosch. Der aus dem mittelfränkischen Lauf a. d. Pegnitz stammende Sternekoch hat schon viel von der Spitzengastronomie gesehen, so war er z. B. Küchenchef in den besternten Restaurants "Portalis" in Berlin, "Brick Fine Dining" im Hotel "Main Plaza" in Frankfurt und "Victorian" in Düsseldorf. Aus hervorragenden Produkten kreiert er spannende, geschmacksintensive und überaus interessant kombinierte Gerichte. Ein echtes Signature Dish: "Unsere Umami-Bolognese vom roten Höhenvieh, gereifter Parmesan, Wasabisalat, Anischampignons". Tipp: Von der Theke haben Sie direkten Blick zu den Köchen.

Spezialitäten: Variation von Krustentieren à la Citronelle. Filet vom Wolfsbarsch mit Spinat, roter Portweinbutter und Estragon-Beurre Blanc. Dessert aus Erdbeeren, Rhabarber und Verveine.

🏠 ♻ 🚭 – Menü 86/120 €

Stadtplan: G1-b – *Roßstraße 39* ✉ *40476* – ☏ *0176 80487779* – *www.dr-kosch.de* – Geschlossen 19. Juli-3. August, Mittwoch, Sonntag, nur Abendessen

🍴 **ROCAILLE**

MARKTKÜCHE · BISTRO ✗ Gemütlich hat man es hier in charmanter Bistro-Atmosphäre bei Klassikern wie Boeuf Bourguignon, Tartes oder Kleinigkeiten zum Teilen. Dazu gibt's 1800 Positionen Wein. Morgens kommt man auch gerne zum Frühstücken. Tipp: Im eigenen kleinen Laden kann man hausgemachte Macarons, Kuchen etc. für zu Hause kaufen.

🕏 🏠 – Menü 45/85 € – Karte 28/99 €

Stadtplan: G1-r – *Weißenburgstraße 19* ✉ *40476* – ☏ *0211 97711737* – *www.rocaille.de* – Geschlossen 24. Dezember-1. Januar

🍴 **STAUDI'S** ⓝ

ZEITGENÖSSISCH · BISTRO ✗ Früher eine Metzgerei, heute ein hübsches kleines Restaurant mit Bistro-Flair. Dekorative Relikte von einst wie historischer Fliesenboden und Glasmalerei an der Decke machen sich gut zur charmanten Einrichtung. Dazu herzlicher Service und modern beeinflusste Gerichte wie z. B. "Berliner Curry-Krake mit Pommeswürfeln". Deutlich einfachere Lunchkarte.

🏠 ♻ 🚭 – Karte 28/59 €

Stadtplan: G1-a – *Münsterstraße 115* ✉ *40476* – ☏ *0211 15875065* – *www.staudisrestaurant.de* – Geschlossen 30. März-6. April, 1.-16. August, Montag, mittags: Samstag, Sonntag

In Düsseldorf-Flingern

✸ **BISTRO FATAL**

FRANZÖSISCH · BISTRO ✗ Dieses angenehm unprätentiöse Bistro von Alexandre und Sarah Bourgeuil nicht zu kennen, wäre "fatal", denn hier isst man nicht nur richtig gut, sondern auch zu einem hervorragend fairen Preis! Probieren Sie z. B. "Pot au Feu vom Marktfisch, Sauce Rouille, Croûtons, Gruyère".

Spezialitäten: Fasan Teriyaki, Bunte Bete, Miso, Sesam. Mille- feuille vom geschmorten Rind im Trüffelduft mit karamellisierten Schalotten. Soufflé au chocolat.

🏠 🎴 – Menü 45/50 € – Karte 38/68 €

Stadtplan: H2-b – *Hermannstraße 29* ✉ *40233 –* ☎ *0211 36183023 –*
www.bistro-fatal.com – Geschlossen Montag, Dienstag, Mittwoch, mittags: Sonntag

In Düsseldorf-Gerresheim

🍴⃝ **L'ARTE IN CUCINA**

ITALIENISCH · GEMÜTLICH ⅄ Das findet man nicht allzu oft: In dem hübschen Ristorante gegenüber der Basilika St. Margareta wird die Küche der Toskana wirklich authentisch umgesetzt, mit Liebe und Fingerspitzengefühl! Richtig lecker sind z. B. Spezialitäten aus der toskanischen Heimat des Chefs wie "Gnudi" (eine Art Gnocchi) oder "Il Coniglio" (Kaninchen).

🏠 – Menü 39/54 € – Karte 42/72 €

Stadtplan: D2-a – *Gerricusplatz 6* ✉ *40625 –* ☎ *0211 52039590 –*
www.arteincucina.de – Geschlossen Mittwoch-Donnerstag, Sonntagmittag

In Düsseldorf-Golzheim

🍴⃝ **ROSATI BY FUSCO** ⓝ

ITALIENISCH · CHIC ⅄⅄ Richtig chic! In dem geschmackvollen, stylischen Restaurant - im Sommer mit sehr schöner Terrasse - wird man von einem klassisch-italienischen Serviceteam betreut, und zwar mit ebenso italienischer Küche. Aus hervorragenden Produkten entstehen z. B. "Tagliolini mit Steinpilzen" oder "Loup de Mer mit Kräutern".

🏠 ⅙ 🆎 ➕ – Menü 40/68 € – Karte 42/61 €

Stadtplan: F1-a – *Felix-Klein-Straße 1* ✉ *40468 –* ☎ *0211 42993838 –*
www.rossini-gruppe.de – Geschlossen mittags: Samstag

In Düsseldorf-Kaiserswerth Nord: 9 km über B1, Richtung Duisburg

❀ **IM SCHIFFCHEN**

Chef: Jean-Claude Bourgueil

MEDITERRAN · ELEGANT ⅄⅄ Wenn von Sterneküche in einem wunderschönen barocken Backsteinhaus am Kaiserswerther Markt die Rede ist, kann es sich nur um das "Schiffchen" von Jean-Claude Bourgueil handeln. Seit 1977 am Herd, kann man getrost vom Altmeister der Düsseldorfer Hochgastronomie sprechen. Bourgueil und sein bewährtes Team setzen auf kreative französische Küche. Gambas, Hummer, Taube..., die Produkte sind von ausgesuchter Qualität und werden zu Gerichten mit reichlich Aroma und feiner Würze verarbeitet. Dazu erwartet Sie aufmerksamer und geschulter Service samt guter Weinempfehlung - sehr schön die Auswahl!

Spezialitäten: Schnecken von Philippe Hertier in Bordier-Butter. Gebratene baskische Milchlammkeule mit dicken Bohnen. Crème brûlée von der Arcona-Mandel mit roten Früchten

🕸 – Menü 134/160 € – Karte 61/165 €

außerhalb Stadtplan – *Kaiserswerther Markt 9* ✉ *40489 –* ☎ *0211 401050 –*
www.im-schiffchen.com – Geschlossen Montag, Sonntag, mittags: Dienstag-Samstag

In Düsseldorf-Ludenberg

🍴⃝ **REINHARDT'S AUF GUT MOSCHENHOF**

REGIONAL · FREUNDLICH ⅄⅄ Das könnte kaum schöner zusammenpassen: ein gemütlich-ländliches Restaurant inmitten eines Gestüts! Gekocht wird regional und international - macht Ihnen vielleicht "Eifeler Lammrücken, Speckbohnen, Paprika-Pfannkuchen, geröstete Artischocken" Appetit? Tipp: Am Wochenende gibt's nachmittags Kaffee und Kuchen.

🏠 ☕ – Menü 33 € (Mittags), 70/95 € – Karte 21/82 €

Stadtplan: D1-r – *Am Gartenkamp 20 (im Gut Moschenhof)* ✉ *40629 –*
☎ *0211 30337747 - www.reinhardts-restaurant.de –*
Geschlossen Mittwoch, Donnerstag

In Düsseldorf-Niederkassel

⊕○ OSTERIA SAITTA AM NUSSBAUM

ITALIENISCH · GEMÜTLICH ‰ Gemütlich ist es in dem kleinen gelben Häuschen in fast schon dörflicher Lage. Es gibt frische authentisch italienische Küche - wie wär's z. B. mit "Tagliatelle mit weißem Kalbsragout" oder "Steinbutt im krossen Teig mit Kirschtomaten und Basilikum"?

🅰️ – Karte 48/62 €

Stadtplan: F1-e – *Alt-Niederkassel 32* ✉ *40547* – ✆ *0211 574934* – *www.saitta.de* – *Geschlossen Sonntag, mittags: Samstag*

In Düsseldorf-Oberkassel

⊕○ PRINZINGER BY SAITTAVINI

ITALIENISCH · CHIC ‰‰ Sie mögen ehrliche italienische Küche? In schönem modernem Ambiente serviert man Klassiker wie "Vitello Tonnato" oder auch "Wolfsbarschfilet mit Kürbis-Risotto". Täglich wechselndes Mittagsangebot mit saisonalen Produkten - beliebt auch der Business Lunch.

Karte 43/67 €

Stadtplan: F2-p – *Leostraße 1A* ✉ *40545* – ✆ *0211 50670801* – *www.prinzinger-saittavini.de* – *Geschlossen 24.-26. Dezember, Sonntag*

⊕○ SAITTAVINI

ITALIENISCH · FREUNDLICH ‰‰ Ein Klassiker unter den italienischen Restaurants in Düsseldorf, immer auf der Suche nach neuen Produkten und Weinen. Besonders zu empfehlen ist das Filet vom Piemonteser Rind! Schön sitzen Sie hier zwischen Weinregalen, Theke und Antipastibuffet, über Ihnen toller Stuck.

🕸 🛋 ⇄ – Karte 44/73 €

Stadtplan: F2-s – *Luegallee 79* ✉ *40545* – ✆ *0211 57797918* – *www.saittavini.de*

DUGGENDORF
Bayern – Regionalatlas **58**–M17 – Michelin Straßenkarte 546

In Duggendorf-Wischenhofen Nord-West: 3, 5 km, Richtung Kallmünz,
dann links ab

⊕○ HUMMELS GOURMETSTUBE Ⓝ

MARKTKÜCHE · FREUNDLICH ‰‰ Richtig chic: Klare Linien, schöne Naturmaterialien und helle, warme Töne schaffen eine moderne und zugleich gemütliche Atmosphäre. Beim Betreten des Restaurants können Sie in die Küche schauen, wo ein saisonales Menü aus meist regionalen Produkten entsteht - gut das Preis-Leistungs-Verhältnis. Herzlich der Service.

⇦ 🅿 – Menü 75/85 €

Heitzenhofener Straße 16 ✉ *93182* – ✆ *09473 324* – *www.gasthaushummel.de* – *Geschlossen 15.-24. Februar, 9.-25. August, 1.-16. November, Montag, Dienstag, Mittwoch, mittags: Donnerstag-Sonntag*

⊕○ **Gasthaus Hummel - Alter Saal** – Siehe Restaurantauswahl

ⅰ○ GASTHAUS HUMMEL - ALTER SAAL

REGIONAL · GASTHOF ⅩⅩ Zwei Restaurants unter einem Dach: Das traditionsreiche "Gasthaus Hummel" bietet zum einen die schicke "Gourmetstube", zum anderen den "Alten Saal". Hier setzt man auf den ursprünglichen Wirtshauscharakter und serviert regionale Küche - sonntagmittags gibt's auch Braten. Nett die Terrasse. Zum Übernachten hat man vier einfache Gästezimmer.

🕸 🏠 ⇔ – Karte 33/65 €

Hummels Gourmetstube, Heitzenhofenerstraße 16 ⊠ 93182 – 𝒞 09473 324 – www.gasthaushummel.de – Geschlossen 15.-24. Februar, 9.-25. August, 1.-16. November, Montag, Dienstag, mittags: Mittwoch-Samstag

ⅰ○ **Hummels Gourmetstube** – Siehe Restaurantauswahl

DUISBURG

Nordrhein-Westfalen – Regionalatlas **25**–B11 – Michelin Straßenkarte 543

ⅰ○ KÜPPERSMÜHLE RESTAURANT

MODERNE KÜCHE · TRENDY Ⅹ Eine tolle Location: altes Industrieflair, Blick auf den Innenhafen, eine Terrasse am Wasser! In urbaner Atmosphäre gibt es ambitionierte klassisch-moderne Küche mit internationalen Einflüssen - auf der Karte z. B. "Fjordlachs & geflämmte Jakobsmuschel mit Schnittlauch-Beurre-blanc". Mittags einfacheres Angebot. Tipp: Besuch im Museum Küppersmühle gleich nebenan.

🏠 ㅎ 🗒 ⇔ 🅿 – Menü 69/89 € – Karte 47/88 €

Philosophenweg 49 ⊠ 47051 – 𝒞 0203 5188880 – www.kueppersmuehle-restaurant.de – Geschlossen 27. Dezember-10. Januar, Montag

In Duisburg-Duissern Ost: 3 km

ⅰ○ VILLA PATRIZIA

ITALIENISCH · ELEGANT ⅩⅩ Die vielen Stammgäste schätzen das Engagement der Betreiber und ihres Teams, die in der klassisch-eleganten Villa für italienische Küche und herzlich-familiäre Atmosphäre sorgen. Auf der Karte z. B. "gegrilltes Fassona-Kalbskotelett mit Lorbeer und Thymian". Oder lieber hausgemachte Pasta? Hübsch der Pavillon. Gediegene Smoker Lounge im OG.

🏠 ⇔ 🅿 – Karte 39/105 €

Mülheimer Straße 213 ⊠ 47058 – 𝒞 0203 330480 – www.villa-patrizia.de – Geschlossen Sonntag, mittags: Samstag

DURBACH

Baden-Württemberg – Regionalatlas **54**–E19 – Michelin Straßenkarte 545

☺ [MAKI:'DAN] IM RITTER

ZEITGENÖSSISCH · STUBE ⅩⅩ Das Restaurant ist eine sehr geschmackvolle und gemütliche Gaststube im historischen Teil des Hotels "Ritter". Hier erlebt man am Abend das spezielle "Mezze-Style"-Konzept. Eine klassische Menüfolge gibt es nicht, stattdessen moderne Gerichte in der Größe eines Zwischengangs - da ist Mischen und Probieren angesagt!

Spezialitäten: Rote Bete, Apfel, Aal. Flanksteak, Aubergine, Miso, Gyoza. Erdbeeren, Basilikum, Crème Fraîche, Balsamico.

❀ 🕸 🏠 ⇔ 🅿 – Menü 20/76 € – Karte 37/52 €

Hotel Ritter, Tal 1 ⊠ 77770 – 𝒞 0781 9323229 – www.ritter-durbach.de/makidan – Geschlossen nur Abendessen

ⅰ○ REBSTOCK

REGIONAL · LÄNDLICH ⅩⅩ Man sitzt in behaglich-ländlichen Stuben, wird aufmerksam umsorgt und lässt sich regionale Gerichte wie Schneckensuppe, Hechtklöße oder Rehragout servieren. Im Sommer schaut man von der traumhaften Terrasse auf Park und Schwarzwald - ein Renner ist die große Auswahl an hausgemachten Torten und Kuchen!

🕸 ㈕ 🏠 ㅎ ⇔ 🅿 – Menü 42/56 € – Karte 29/49 €

Hotel Rebstock, Halbgütle 30 ⊠ 77770 – 𝒞 0781 4820 – www.rebstock-durbach.de – Geschlossen 11.-31. Januar, Montag

RITTER

TRADITIONELL · MODERN Tradition wahren und trotzdem mit der Zeit gehen, das gelingt hier seit über 350 Jahren, z. B. in Form von schönen, modern und doch zeitlos designten Zimmern sowie Wellness auf 1200 qm samt Spa-Dachgeschoss mit Weinberg-Blick! Tipp: Spaziergang zum Schloss Staufenberg - hier hat man eine Weinstube.

🏇 🐿 🖥 🌐 🕸 ⚿ 🖃 ⚿ 🎰 ⚒ 🅿 🚗 – 80 Zimmer – 7 Suiten

Tal 1 ⊠ 77770 – 𝒞 0781 93230 – www.ritter-durbach.de

🦞 **[maki:'dan] im Ritter** – Siehe Restaurantauswahl

 REBSTOCK

LANDHAUS · INDIVIDUELL Neben der wunderbaren Schwarzwaldlandschaft ringsum und der wertigen Einrichtung liegt es nicht zuletzt an der herzlich-engagierten Familie Baumann, dass man sich richtig wohlfühlt! Schön die wohnlichen, individuellen Zimmer (teilweise mit Kachelofen), gemütlich die Bibliothek, toll der Park mit Teich.

🏇 🐿 🍴 🕸 ⚿ 🖃 🎰 🅿 – 38 Zimmer – 6 Suiten

Halbgütle 30 ⊠ 77770 – 𝒞 0781 4820 – www.rebstock-durbach.de

🍴 **Rebstock** – Siehe Restaurantauswahl

EFRINGEN-KIRCHEN

Baden-Württemberg – Regionalatlas **61**–D21 – Michelin Straßenkarte 545

🍴 **WALSERS**

REGIONAL · LÄNDLICH ✕✕ Hier wird schmackhaft und regional-saisonal gekocht, so z. B. "geschmorte Kalbsbäckle, Gemüse, Tagliatelle" oder "hausgemachte Ravioli, Schalottensauce, gegrillter Spargel". Schön sitzt man z. B. im licht-modernen Wintergarten! Ebenso freundlich die Gästezimmer - auch im Neubau "Walsers Zweites".

🔄 🍴 🅿 – Karte 27/73 €

Bahnhofstraße 34 ⊠ 79588 – 𝒞 07628 8055244 – www.walsers-hotel.de –
Geschlossen Mittwoch, mittags: Donnerstag

Im Ortsteil Blansingen Nord-West: 5 km

 TRAUBE

Chef: Brian Wawryk

MODERNE KÜCHE · CHIC ✕✕ Ein wunderschönes historisches Haus in einem kleinen Weindorf. Das Betreiberpaar kommt aus der Spitzengastronomie ("Maaemo" in Oslo, "La Vie" in Osnabrück) und man merkt sofort, dass hier Profis am Werk sind. Der Service durch die charmante Daniela Hasse ist angenehm ungezwungen, wortgewandt und höchst professionell - da fühlt man sich gleich willkommen und perfekt umsorgt. Respekt verdient auch Küchenchef Brian Wawryk. Der gebürtige Kanadier zeigt von Beginn an hohes Niveau. Seine moderne Küche hat einen klaren nordischen Einschlag und ist handwerklich äußerst exakt und harmonisch. Man setzt auf Regionalität und Nachhaltigkeit, von den eingeweckten Schattenmorellen aus dem Vorjahr bis zum frischen Spargel. Übrigens: Die "Traube" ist auch zum Übernachten eine tolle Adresse.

Spezialitäten: Wels, Zucchini, Liebstöckel und Buttermilch. Rind, Brokkoli und schwarzer Knoblauch. Feige, braune Butter und Ahorn.

🔄 🅿 – Menü 89/119 €

Alemannenstraße 19 ⊠ 79588 – 𝒞 07628 9423780 – www.traube-blansingen.de –
Geschlossen Montag, Dienstag, mittags: Mittwoch-Sonntag

EGGENSTEIN-LEOPOLDSHAFEN

Baden-Württemberg – Regionalatlas **54**–F17 – Michelin Straßenkarte 545

Im Ortsteil Eggenstein

⊛ ZUM GOLDENEN ANKER

REGIONAL · FREUNDLICH ✕✕ In dem Gasthof a. d. 18. Jh. wohnt man nicht nur gut (Tipp: die neueren Zimmer), er ist auch als ländlich-modernes Restaurant gefragt. Frisch und schmackhaft z. B. "geschmorte Rinderroulade 'Oma Emelle' mit Burgundersoße, Apfelrotkraut und Spätzle". Die Hauptgänge gibt es auch als kleine Portion.

Spezialitäten: Trilogie vom Ziegenkäse mit Apfel-Chutney, gerösteten Nüssen und Wildkräutersalat. Lammrücken in der Kräuterkruste, Burgundersoße, Speckbohnen und Kartoffelgratin. Apfel, Limette, Sauerrahm.

⇦ 🛋 🔡 ⇩ 🅿 – Menü 37/66 € – Karte 27/66 €

Hauptstraße 16 ✉ 76344 – ☏ 0721 706029 – www.hotel-anker-eggenstein.de – Geschlossen Samstag

ⅠⅠ◯ DAS GARBO IM LÖWEN

MARKTKÜCHE · LÄNDLICH ✕✕ Ländlich-elegant das Ambiente, charmant und kompetent der Service, ambitioniert die Küche. Auf der Karte z. B. "Das Eggensteiner Landei - gebackener Ochsenschwanz, pochiertes Landei, junger Spinat, Kartoffel-Nussbutterschaum & Trüffel". Schöne Weinkarte mit rund 300 Positionen. Mittags zusätzlich Business-Lunch. Gepflegte Gästezimmer.

🐌 ⇦ 🛋 ⇩ – Menü 39 € (Mittags), 49/109 € – Karte 44/56 €

Hauptstraße 51 ✉ 76344 – ☏ 0721 780070 – www.garbo-loewen.de – Geschlossen 4.-10. Januar, 26. Juli-8. August, Sonntag-Dienstag, mittags: Mittwoch

EHNINGEN

Baden-Württemberg – Regionalatlas **55**–G19 – Michelin Straßenkarte 545

✣ LANDHAUS FECKL

FRANZÖSISCH-KLASSISCH · FREUNDLICH ✕✕✕ Manuela und Franz Feckl sind wirklich beispielhafte Gastgeber. Seit 1985 leiten sie ihr Haus und man spürt ihr Engagement - nicht zuletzt in der Küche. Hier heißt es hochwertige Produkte, ausgezeichnetes Handwerk, viel Gefühl... Zu "Franz Feckl's Klassikern" gesellt sich Interessantes wie ein vegetarisches Menü, das kohlenhydratarme Menü "Innovativ" und ein beliebtes preiswertes Mittagsmenü. Weinfreunde schätzen die gute Auswahl mit der ein oder anderen Rarität. Nicht weniger ansprechend ist die Atmosphäre: Eleganter Landhausstil macht das Restaurant mit seinen schönen Sitznischen richtig wohnlich - von den Fensterplätzen kann man auf die Felder schauen. Im Service ist auch die freundliche Chefin mit von der Partie. Tipp: Übernachten Sie doch in einem der hübschen Gästezimmer.

Spezialitäten: Landei mit Trüffel und Kohlrabi-Spaghetti. Rinderfilet und Short Rip vom US-Beef mit Mais, Auberginensalsa und gebackener Polentaterrine. Falscher Topfenknödel mit Zwetschge und gesalzenem Karamelleis.

🐌 ⇦ & ⇩ 🅿 🚗 – Menü 47 € (Mittags), 74/108 € – Karte 66/98 €

Hotel Landhaus Feckl, Keltenweg 1 ✉ 71139 – ☏ 07034 23770 – www.landhausfeckl.de – Geschlossen 1.-6. Januar, Montag, Sonntag

🏠 LANDHAUS FECKL

LANDHAUS · GEMÜTLICH Herzlich wird das Haus von der Familie geleitet. Die Zimmer gibt es in den Kategorien "Komfort" und "Business" - alle sind freundlich und zeitgemäß eingerichtet und verfügen über eine gute technische Ausstattung. Am Morgen darf man sich auf ein schönes Frühstück freuen.

🔡 & 🏋 🅿 🚗 – 49 Zimmer

Keltenweg 1 ✉ 71139 – ☏ 07034 23770 – www.landhausfeckl.de
✣ **Landhaus Feckl** - Siehe Restaurantauswahl

EIBELSTADT

Bayern – Regionalatlas **49**–I16 – Michelin Straßenkarte 546

GAMBERO ROSSO DA DOMENICO

ITALIENISCH • FREUNDLICH XX Seit über 20 Jahren ist Domenico schon in italienischer Mission in Franken unterwegs, seit 2012 hier am kleinen Yachthafen, wo er und seine Frau Teresa sympathisch und herzlich ihre Gäste umsorgen. Die authentische Küche gibt es z. B. als „Polposition": Oktopus vom Grill mit sizilianischer Caponata. Der Chef empfiehlt den passenden Wein. Schön die Terrasse zum Main.

Spezialitäten: Tatar vom Thunfisch und Rind mit Avocadocreme. Geschmorte Schweinebäckchen mit Wurzelgemüsepüree. Tiramisu mit Haselnüssen.

🏤 🅿 – Menü 48/55 € – Karte 37/55 €

Mühle 2 ⊠ 97246 – 𝒞 09303 9843782 – www.gambero-rosso.eu –
Geschlossen Montag, Dienstag, mittags: Mittwoch-Sonntag

EINBECK

Niedersachsen – Regionalatlas **29**–I10 – Michelin Straßenkarte 541

GENUSSWERKSTATT

INTERNATIONAL • BISTRO X Nicht alltäglich ist die Kombination von Restaurant und "PS.SPEICHER". Gleich neben der Ausstellung zum Thema "Fortbewegung auf Rädern" liest man auf der "Werkstattkarte" z. B. "Rinderfiletsteak vom Grill" oder "PS.Speicher-Burger", zubereitet in der Show-"Werkstatt". Reduzierte Mittagskarte. Zum Übernachten hat man das geradlinig-modern designte Hotel.

Spezialitäten: Pilzcrèmesuppe. Zanderfilet, Zwiebelsud, Mangold, Sellerie. Vanillecrème, Zwetschgensorbet, Haselnusscrumble.

🔙 🏤 ♿ 🅰🅲 ⇄ – Karte 34/57 €

Tiedexer Tor 5 (im PS. Speicher) ⊠ 37574 – 𝒞 05561 3199970 –
www.freigeist-einbeck.de – Geschlossen Montag, abends: Sonntag

EISENACH

Thüringen – Regionalatlas **39**–J12 – Michelin Straßenkarte 544

WEINRESTAURANT TURMSCHÄNKE

MARKTKÜCHE • ROMANTISCH XX In dem Restaurant im Nicolaiturm schaffen schöne historische Details wie Gemälde und original Mobiliar von 1912 eine rustikal-elegante Atmosphäre. Da lässt man sich gerne saisonal-internationale Gerichte wie "geschmorte Rinderhaxe mit Frühlingsgemüse und Kartoffelgratin" schmecken. Wie wär's mit einem Fest im "Kerker"?

Spezialitäten: Gebratene Steinpilze mit Kartoffelschaum, Brotchips und altem Balsamico. Geschmortes Zicklein mit mediterranem Gemüse und Rosmarinpolenta. Gierstädter Kirschen mit Schokoladenmousse und Estragon-Sauerrahmeis.

🐾 ⇄ 🅿 – Menü 37/49 € – Karte 39/54 €

Karlsplatz 28 (1. Etage) ⊠ 99817 – 𝒞 03691 213533 –
www.turmschaenke-eisenach.de – Geschlossen 18. Juli-12. August, Sonntag,
mittags: Montag-Samstag

LANDGRAFENSTUBE

INTERNATIONAL • RUSTIKAL XX Speisen in einmaligem Rahmen! Die stilvollen Räume werden ganz dem herrschaftlichen Charakter der a. d. 11. Jh. stammenden Burg gerecht. Grandios: die Aussicht vom Restaurant und der Terrasse! Dazu am Abend ambitionierte internationale Küche, mittags kleineres bürgerlich-regionales Angebot.

🔙 ≼ 🏤 ♿ ⇄ 🅿 – Menü 55 € – Karte 40/64 €

Hotel Auf der Wartburg, Auf der Wartburg 2 (Shuttle-Bus zum Hotel, Süd-West:
4 km) ⊠ 99817 – 𝒞 03691 7970 – www.wartburghotel.de

AUF DER WARTBURG

HISTORISCH · INDIVIDUELL Wirklich klasse ist die ruhige und exponierte Lage über der Stadt! Es erwarten Sie freundlicher Service, schöne hochwertig einge-richtete Zimmer und ein wunderbarer Blick. Hübsch auch das Kaminzimmer und der Saunabereich. Und wie wär's mit Kosmetik und Massage?

⫯ ⏩ ⬅ 🏠 🖽 🅿 – 36 Zimmer – 1 Suite

Auf der Wartburg 2 (Shuttle-Bus zum Hotel, Süd-West: 4 km) ⊠ 99817 –
☎ 03691 7970 – www.wartburghotel.de

🍴○ **Landgrafenstube** – Siehe Restaurantauswahl

ELMSHORN

Schleswig-Holstein – Regionalatlas **10**–H5 – Michelin Straßenkarte 541

🍴○ **SETTE FEINBISTRO**

INTERNATIONAL · BISTRO ✕ Etwas versteckt liegt das nette Bistro in der Fuß-gängerzone hinter einem kleinen Feinkostgeschäft - von hier kommen die münd-lich empfohlenen Weine. Unter den frischen internationalen Gerichten findet sich z. B. "Thunfisch, Rucola-Couscous, Mango & Avocado". Tipp: Probieren Sie auch ein Dessert!

🍴 🏃 – Menü 32/69 € – Karte 24/47 €

Marktstraße 7 ⊠ 25335 – ☎ 04121 262939 – www.sette-feinbistro.de –
Geschlossen Montag, Sonntag, abends: Samstag

ELTVILLE AM RHEIN

Hessen – Regionalatlas **47**–E15 – Michelin Straßenkarte 543

🟢 **JEAN**

Chef: Johannes Frankenbach

FRANZÖSISCH-KLASSISCH · FREUNDLICH ✕✕ Im Familienbetrieb der Franken-bachs gibt es neben dem Hotel und dem Café auch das "Jean" in der ehemaligen Weinstube. Nach Stationen in renommierten Adressen wie dem „Ikarus" in Salz-burg oder dem „Restaurant Heinz Winkler" in Aschau steht Johannes Franken-bach (die 3. Generation) hier seit 2012 am Herd. Schon der Name „Jean" (franzö-sische Kurzform von Johannes) lässt die Liebe zu Frankreich erkennen, und die steckt ebenso in der produktorientierten, mediterran beeinflussten Küche von Johannes Frankenbach wie sein Händchen für Würze und feine Kontraste. Dazu vielleicht ein Wein aus eigenem Anbau? Schön auch der Rahmen: halbhohe Holz-täfelung, gepflegte Tischkultur, alte Fotos..., und draußen der hübsche Platanen-hof. Überaus freundlich und natürlich ist der Service durch die junge Chefin!

Spezialitäten: Thunfisch, Avocado, Ingwer, Rettich, Granny Smith. Kalbsfilet, Ris de Veau, Pfifferlingrahm, junger Lauch, Blutkarottenpüree, Gnocchi. Valrhona Abiano, Cassis, Veilchensorbet.

⬅🍴 ⭯ 🅿 – Menü 49/109 € – Karte 60/82 €

Wilhelmstraße 13 ⊠ 65343 – ☎ 06123 9040 – www.hotel-frankenbach.de –
Geschlossen 25.-30. Dezember, Montag, Dienstag, Mittwoch,
mittags: Donnerstag-Samstag

🟢 **GUTSAUSSCHANK IM BAIKEN**

SAISONAL · WEINSTUBE ✕ Schon die Lage ist einen Besuch wert: inmitten von Reben, mit Blick auf die Weinberge und Eltville. Da isst man am liebsten auf der Terrasse - die ist sogar teilweise regenfest! Aus der Küche kommt z. B. "gebra-tene Brust und geschmorte Keule vom Landhuhn, gebackener weißer Spargel, Estragon-Gnocchi, weiße Tomatensauce". Dazu reibungsloser, charmant-lockerer Service.

Spezialitäten: Tatar von der Avocado mit grünem Apfel auf einem Erbsen-Gemü-se-Salat mit Chili-Minz-Dip. Geschmorte Lammschulter, cremige Polenta und wil-der Brokkoli. Sauerampfereis mit Erdbeeren und Vanilleschmand.

⬅ 🍴 🏃 – Karte 34/52 €

Wiesweg 86 ⊠ 65343 – ☎ 06123 900345 – www.baiken.de –
Geschlossen 1. Februar-3. März, Montag, Dienstag, mittags: Mittwoch-Freitag

In Eltville-Hattenheim West: 4 km über B 42

⫯⊙ KRONENSCHLÖSSCHEN

ZEITGENÖSSISCH · ELEGANT XxX Das hat Stil: unter der sehenswerten bemalten Decke in edlem Ambiente sitzen und sich fachkundig umsorgen lassen! Sehr schön ist aber auch die Terrasse mit angrenzendem Garten. Sie wählen das Degustations-Menü oder das Kronenschlösschen-Menü - oder lieber à la carte daraus? Dazu eine der bestsortierten Weinkarten in Deutschland! Alternativ gibt es das Bistro.

⅏ ⇦ 🖗 🛱 ⇧ 🅿 – Menü 108/132 €

Hotel Kronenschlösschen, Rheinallee ✉ 65347 – ☎ 06723 640 –
www.kronenschloesschen.de – Geschlossen 2. Januar-4. Februar, Montag, nur
Abendessen

⫯⊙ ADLER WIRTSCHAFT

REGIONAL · RUSTIKAL X Die "Adler Wirtschaft" von Franz Keller ist eine Institution in der Region. Reizend das kleine Fachwerkhaus, gemütlich und unkompliziert die Atmosphäre - hier lebt man noch Wirtshauskultur. Das Konzept: Zu einem Fixpreis stellt man sich sein Menü zusammen. Gut zu wissen: Bentheimer Schweine sowie Charolais- und Limousin-Rinder kommen vom eigenen Falkenhof im Taunus.

🛱 ⅋ 🗹 – Menü 61/93 €

Hauptstraße 31 ✉ 65347 – ☎ 06723 7982 – www.franzkeller.de –
Geschlossen Montag, Dienstag, mittags: Mittwoch-Sonntag

⫯⊙ ZUM KRUG

SAISONAL · FAMILIÄR X Hinter der hübschen historischen Fassade sitzt man in gemütlichen Gasträumen bei regionaler und internationaler Küche mit Bezug zur Saison. Auf der Karte liest man z. B. "Sauerbraten vom Bio-Weiderind mit Kartoffelklößen und Preiselbeeren". Dazu gibt's schöne Rheingau-Weine. Gepflegt übernachten kann man ebenfalls - einige Zimmer sind besonders modern.

⅏ ⇦ 🛱 ⇧ 🅿 🗹 – Menü 55/85 € – Karte 40/71 €

Hauptstraße 34 ✉ 65347 – ☎ 06723 99680 – www.zum-krug-rheingau.de –
Geschlossen 25. Juli-9. August, 20. Dezember-19. Januar, Montag,
mittags: Dienstag, abends: Sonntag

🏠 HOTEL & RESTAURANT KRONENSCHLÖSSCHEN

HISTORISCH · KLASSISCH Nur die Bundesstraße trennt das hübsche Hotel a. d. J. 1894 vom Rhein. Die Zimmer sind individuell, allesamt schön stilvoll, wertig und wohnlich, dazu am Morgen ein frisches Frühstück. Passend zum Rahmen die historischen Salons.

🍽 ⇦ 🕃 🅿 – 29 Zimmer – 4 Suiten

Rheinallee ✉ 65347 – ☎ 06723 640 – www.kronenschloesschen.de
⫯⊙ **Kronenschlösschen** – Siehe Restaurantauswahl

ELZACH

Baden-Württemberg – Regionalatlas **61**-E20 – Michelin Straßenkarte 545

🐵 RÖSSLE

REGIONAL · FAMILIÄR X In dem Familienbetrieb kommen regional-internationale Gerichte aus guten Zutaten auf den Tisch, darunter auch "Leibspeisen" wie Cordon bleu oder Schwarzwaldforelle aus Oberprechtäler Aufzucht. Und das Ambiente? Freundlich und mit mediterraner Note - vorne leger, weiter hinten aufwändiger eingedeckt. Tipp: Gästezimmer mit schönem Mix aus warmem Holz und klaren Linien.

Spezialitäten: Marinierte Rote Bete mit gereiftem Balsamico, Olivenöl, Ziegenkäse und geröstete Mandeln. Rinderfilet mit Rotweinzwiebelsauce, Pfannengemüse und Kartoffelkrapfen. Lauwarmer Schokoladenkuchen, Birnen und Vanilleeis.

⇦ 🛱 ⅋ ⇧ – Menü 37 € – Karte 29/53 €

Hauptstraße 19 ✉ 79215 – ☎ 07682 212 – www.roessleelzach.de –
Geschlossen Dienstag, Mittwoch

In Elzach-Oberprechtal Nord-Ost: 7,5 km über B 294 Richtung Freudenstadt, dann rechts ab Richtung Triberg am Ortsausgang rechts Richtung Hornberg

🎖 SCHÄCK'S ADLER

REGIONAL · ROMANTISCH XX Ein Gasthof wie aus dem Bilderbuch! Richtig gemütlich die ganz in Holz gehaltenen Stuben, ambitioniert und geschmackvoll die Küche - hier setzt man auf Produkte aus der Region und orientiert sich an der Saison. Schön auch die "Strumbel-Bar". Sehr gepflegt übernachten kann man ebenfalls.

Spezialitäten: Tatar vom heimischen Weiderind. Roulade von der Elz Forelle. Pfirsich, Rieslingsabayon, Vanilleeis.

🍴 🏠 ✿ 🅿 – Menü 38/58€ – Karte 34/68€

*Waldkircher Straße 2 ✉ 79215 – ✆ 07682 1291 – www.schaecks-adler.de –
Geschlossen 1. Februar-1. März, Montag, Dienstag*

EMMERICH AM RHEIN

Nordrhein-Westfalen – Regionalatlas **25**–A10 – Michelin Straßenkarte 543

In Emmerich-Praest Ost: 6,5 km über B8, Richtung Rees

🍴🔘 ZU DEN DREI LINDEN - LINDENBLÜTE

INTERNATIONAL · ELEGANT XX Richtig gut isst man bei Familie Siemes, und zwar internationale Speisen mit saisonalen Einflüssen - da lässt man sich z. B. "gebackenen Kabeljau mit Garnelencurry und Blumenkohl an Bärlauchpüree" schmecken. Vor allem die Menüs sind preislich wirklich fair. Und das Ambiente? Freundlich, mit eleganter Note.

🏠 🎦 ✿ 🅿 – Menü 40/49€ – Karte 37/53€

*Reeser Straße 545 ✉ 46446 – ✆ 02822 8800 – www.zu-den-3-linden.de –
Geschlossen 28. März-14. April, 11.-29. Juli, mittags: Montag, Dienstag, Mittwoch,
mittags: Donnerstag-Samstag*

EMSDETTEN

Nordrhein-Westfalen – Regionalatlas **26**–D9 – Michelin Straßenkarte 543

🎖 LINDENHOF

REGIONAL · GEMÜTLICH XX Wie das Hotel mit seinen individuellen, wohnlichen Zimmern erfreut sich auch das Restaurant der Hankhs großer Beliebtheit. Grund ist die gute regional und mediterran beeinflusste saisonale Küche. Auch die klassische "Rinderroulade nach Großmutters Rezept" fehlt nicht auf der Karte. Charmant der Service. Schöne kleine Terrasse vor und hinter dem Haus.

Spezialitäten: Französische Zwiebelsuppe. Zanderfilet und Nordseekrabben, Butternutkürbis, Petersilienwurzel, Risotto. Vanillecrêpes mit Moro Blutorangenragout, Schokoladenerde, Vanillesauce, Nougateis.

🍴 🏠 ⅃ ✿ 🅿 🍽 – Menü 39/50€ – Karte 30/55€

*Alte Emsstraße 7 ✉ 48282 – ✆ 02572 9260 – www.lindenhof-emsdetten.de –
Geschlossen 1.-6. Januar, 11.-25. Juli, 23.-31. Dezember, Sonntag,
mittags: Montag-Samstag*

ENDINGEN AM KAISERSTUHL

Baden-Württemberg – Regionalatlas **61**–D20 – Michelin Straßenkarte 545

⁂ MERKLES RESTAURANT

MODERNE KÜCHE · GEMÜTLICH XX Thomas Merkle hätte keine bessere Entscheidung treffen können, als den elterlichen Betrieb zu übernehmen und gemeinsam mit seiner Frau die seit über 30 Jahren gepflegte Gastlichkeit fortzuführen. Als gebürtiger Endinger zeigt er seine Heimatverbundenheit gerne mit der Wahl regionaler Zutaten, daneben bringt seine Weltoffenheit aber auch ein Faible für Aromen aus fernen Ländern mit sich. Beides verbindet er handwerklich sehr präzise, durchdacht und kreativ, klasse die Produktqualität. Versiert der Service, schön die glasweisen Weinempfehlungen. Man speist übrigens in einem historischen Pfarrhaus, das mit schickem geradlinig-elegantem Interieur seine moderne Seite zeigt. Tipp: Leckeres à la Merkle gibt's auch für daheim in Form von Hausgemachtem wie Saucen, Ölen, Salzen...

Spezialitäten: Thunfisch, Melone, Chili, Soja. Rind Dry Aged, Birne, Bohne, Speck. Original Beans Virunga 70%, Mirabelle, Yuzu.

🏠 🅿 – Menü 89/129 €

Hauptstraße 2 ✉ 79346 – ☏ 07642 7900 – www.merkles-restaurant.de –
Geschlossen 8.-21. Februar, 23.-29. August, Montag, Dienstag, Sonntag,
mittags: Mittwoch-Samstag

🦪 **Die Pfarrwirtschaft** – Siehe Restaurantauswahl

😊 **DIE PFARRWIRTSCHAFT**

REGIONAL · TRENDY 🍴 Modern-rustikal kommt das zweite Restaurant im Hause Merkle daher, und auch hier kocht man anspruchsvoll. In der einsehbaren Küche entsteht ein abwechslungsreiches Angebot mit regionalem und saisonalem Bezug. Geschult der Service. Günstige Mittagskarte.

Spezialitäten: Brotsalat, Tomate, Pesto, Mozzarella. Kalbsrücken mit Pfifferlingkruste überbacken. Apfeltarte, Rahmeis vom Schmand.

🏠 ♻ 🅿 – Menü 35/45 € – Karte 37/66 €

Merkles Restaurant, Hauptstraße 2 ✉ 79346 – ☏ 07642 7900 –
www.pfarrwirtschaft.de – Geschlossen 8.-21. Februar, Montag, Dienstag

🏨 **ZOLLHAUS**

FAMILIÄR · INDIVIDUELL Sie suchen ein individuelles und mit Liebe geführtes kleines Hotel? Klares Design und hochwertige Materialien treffen auf Historie, und zwar die eines denkmalgeschützten über 200 Jahre alten Hauses. Frisch und wirklich gut das Frühstück, gemütlich die kleine Weinlounge unter dem Gewölbe (mit Selbstbedienung).

🅿 🛏 – 4 Zimmer

Hauptstraße 3 ✉ 79346 – ☏ 07642 9202343 – www.zollhaus-endingen.de

In Endingen-Kiechlinsbergen Süd-West: 5,5 km über Königschaffhausen

😊 **DUTTERS STUBE**

REGIONAL · FREUNDLICH 🍴🍴 Schon die 4. Generation der Dutters leitet den charmanten Gasthof a. d. 16. Jh. Gut die saisonal-regionale Küche, z. B. als "Kalbsnierle in Senfsauce" oder "Lachsschnitte in Weißburgunderschaum". Etwas bodenständiger: "Dorfwirtschaft" mit Vesper, Flammkuchen, Rumpsteak. Terrassen-Alternative: die hübsche Sommerlaube!

Spezialitäten: Hausgemachte Schäufelesülze mit Meerrettichcreme. Rücken und geschmorte Schulter vom Wiesenlamm, Laugenbrezelroulade und Gemüse. Zimt-Mohn-Eisgugelhupf mit warmen Schattenmorellen.

🗪 🏠 – Menü 46/58 € – Karte 30/61 €

Winterstraße 28 ✉ 79346 – ☏ 07642 1786 – www.dutters-stube.de –
Geschlossen Montag, Dienstag, mittags: Mittwoch-Samstag, Sonntag

ENGE-SANDE

Schleswig-Holstein – Regionalatlas 1-G2 – Michelin Straßenkarte 541

🍴 **BERGER'S LANDGASTHOF**

REGIONAL · GASTHOF 🍴🍴 Charmant-rustikal ist hier das Ambiente, hübscher Zierrat unterstreicht die gemütliche Atmosphäre. Da lässt man sich gerne regionale Küche mit internationalem Einfluss servieren - bei gutem Wetter natürlich im schönen Gartenrestaurant. Zum Übernachten stehen frisch und hell gestaltete Gästezimmer bereit.

🗪 🏠 ♻ 🅿 – Menü 24/96 € – Karte 31/51 €

Dorfstraße 28 ✉ 25917 – ☏ 04662 3190 – www.bergers-landgasthof.de

ENKENBACH-ALSENBORN

Rheinland-Pfalz – Regionalatlas 47-E16 – Michelin Straßenkarte 543

Im Ortsteil Enkenbach

ⅠO KÖLBL

INTERNATIONAL · LÄNDLICH ⅩⅩ Viele Stammgäste mögen die regionale und internationale Küche bei den Kölbls. Auch ein vegetarisches Menü wird angeboten - und der günstige Business Lunch kommt ebenfalls gut an. Serviert wird in den gemütlichen Gaststuben oder auf der Hofterrasse. Zum Übernachten hat man funktionale Gästezimmer.

⇦ 🛋 ✿ – Menü 15 € (Mittags), 32/55 € – Karte 28/55 €

Hauptstraße 3 ✉ 67677 – ✆ 06303 3071 – www.hotel-restaurant-koelbl.de –
Geschlossen Montag, mittags: Samstag

ERDING

Bayern – Regionalatlas **58**–M20 – Michelin Straßenkarte 546

🏨 VICTORY THERME ERDING

SPA UND WELLNESS · THEMENBEZOGEN Ein luxuriöses Hotel mit Yacht-Flair direkt an der riesigen Therme Erding mit beachtlichen 185 000 qm Spa-Fläche! Die "Kabinen" sind wertig, individuell und richtig komfortabel. Einmaliger Eintritt in die Therme inklusive. Internationale Küche im eleganten "Empire". Tipp für Langzeitgäste: Gästehaus vis-à-vis (Therme kostenpflichtig).

🐾 🦢 🛋 🎙 🔲 🌐 🏋 🕬 🖃 & 🅰 🕍 🅿 – 128 Zimmer

Thermenallee 1a ✉ 85435 – ✆ 08122 5503550 – www.victory-hotel.de

ERFTSTADT

Nordrhein-Westfalen – Regionalatlas **35**–B13 – Michelin Straßenkarte 543

In Erftstadt-Lechenich

ⅠO HAUS BOSEN

KLASSISCHE KÜCHE · BÜRGERLICH Ⅹ In dem gemütlichen Fachwerkhaus, seit über 120 Jahren gastronomisch genutzt, bietet man Mediterranes, Regionales und Klassisches: "Calamares Mallorquinische Art", "Jahrgangssardinen mit Landbrot", "Königsberger Klopse", "geschmorte Schweinebäckchen"...

🍽 – Menü 33 € – Karte 31/48 €

Herriger Straße 2 ✉ 50374 – ✆ 02235 691618 – www.haus-bosen.de –
Geschlossen 1.-8. Januar, Montag

ERFURT

Thüringen – Regionalatlas **40**–K12 – Michelin Straßenkarte 544

⚘ CLARA - RESTAURANT IM KAISERSAAL

MODERNE KÜCHE · ELEGANT ⅩⅩⅩ Erinnern Sie sich noch an den 100-DM-Schein? Hier war Namensgeberin Clara Schumann abgebildet. Sie ziert in Form eines dekorativen großen Portraits den eleganten Gastraum. Neben dem attraktiven Ambiente erwartet Sie modern-kreative Küche. Am Herd beweist ein engagiertes Team ausgezeichnetes Handwerk und ein sicheres Gespür, tolle Produkte aromareich zu kombinieren - da sind Ihnen überaus geschmacksintensive Gerichte gewiss. Die ansprechende Weinbegleitung dazu gibt's auch glasweise. Tipp: Lassen Sie sich bei schönem Wetter nicht die reizvolle Gartenterrasse hinter dem Kaisersaal entgehen!

Spezialitäten: Krustentierbisque, Melone, Croustillant, Koriander. Entenbrust, Gewürzjus, Sellerie, Portweinkirschen. Karotten-Cheesecake, Haselnüsse, Brombeere.

🐾 🛋 & 🕍 – Menü 88/95 €

Futterstraße 15 ✉ 99084 – ✆ 0361 5688207 – www.restaurant-clara.de –
Geschlossen 2.-22. August, Montag, Sonntag, mittags: Dienstag-Samstag

¶O IL CORTILE

ITALIENISCH · GEMÜTLICH ⅩⅩ Über einen netten kleinen Innenhof erreicht man das Restaurant. Hier ist es gemütlich und man bekommt frische mediterrane Küche - da hat man natürlich so manchen Stammgast. Auf der Karte z. B. "Wolfsbarschfilet mit Artischocken". Oder lieber leckere Pasta?

🏠 – Karte 53/69 €

Johannesstraße 150 (Signal-Iduna-Passage) ✉ *99084 –* ☎ *0361 5664411 –*
www.ilcortile.de – Geschlossen Sonntag-Dienstag, nur Abendessen

¶O DAS BALLENBERGER

MARKTKÜCHE · FREUNDLICH Ⅹ Ein sympathisch-modernes Restaurant mitten in der Altstadt nahe der historischen Krämerbrücke. Man bietet saisonal-internationale Gerichte wie "Jakobsmuschel, zweierlei Spargel, Orange". Außerdem locken hausgebackene Kuchen, und ab 9 Uhr kann man hier schön frühstücken! Zum Übernachten hat man 5 charmante Apartments.

Menü 27 € (Mittags), 36/69 € – Karte 27/59 €

Gotthardtstraße 25 ✉ *99084 –* ☎ *0361 64456088 – www.das-ballenberger.de –*
Geschlossen Sonntag

¶O RESTAURANT UND WEINSTUBE ZUMNORDE

MEDITERRAN · FREUNDLICH Ⅹ Wer nach der Stadtbesichtigung gut essen möchte, bekommt im Restaurant des Hotels "Zumnorde am Anger" z. B. Tatar, Flammkuchen, Steaks... Einiges gibt's als kleine "Tapas"-Probierportion. Bei schönem Wetter ist der Biergarten richtig charmant! Unter der Woche kleine Mittagskarte. "Tabakskolleg" für Zigarrenliebhaber. Klassisch-elegant die Gästezimmer.

🖛 🏠 ⅰ 🍽 ⇔ – Menü 40 € – Karte 31/61 €

Grafengasse 2 ✉ *99084 –* ☎ *0361 5680426 – www.hotel-zumnorde.de –*
Geschlossen Sonntag

ERKRATH

Nordrhein-Westfalen – Regionalatlas **26**–C11 – Michelin Straßenkarte 543

In Erkrath-Hochdahl Ost: 3 km, jenseits der Autobahn

¶O HOPMANNS OLIVE

MEDITERRAN · GEMÜTLICH ⅩⅩ Direkt beim historischen Lokschuppen (ideal für Feiern) liegt das gemütliche Restaurant der Hopmanns - einladend das frische Olivgrün des Raumes, ebenso der Sommergarten! Gekocht wird regional und mediterran inspiriert, so z. B. "gebratenes Kalbsrückensteak und Garnelenravioli".

🏠 ⅰ ⇔ 🅿 – Menü 55/69 € – Karte 38/65 €

Ziegeleiweg 1 ✉ *40699 –* ☎ *02104 803632 – www.hopmannsolive.de –*
Geschlossen 24. Mai-9. Juni, 12.-27. Oktober, Dienstag, Mittwoch, mittags: Montag und Donnerstag-Samstag

ERLANGEN

Bayern – Regionalatlas **50**–K16 – Michelin Straßenkarte 546

In Erlangen-Kosbach West: 6 km

🏡 GASTHAUS POLSTER

REGIONAL · FREUNDLICH Ⅹ In dem traditionsreichen Haus - Familienbetrieb seit 1839 - hat man Gourmet-Restaurant und Stube zusammengelegt und bietet auf der Karte nun viele fränkisch-regionale Gerichte, aber auch klassische Speisen. An Vegetarier ist ebenfalls gedacht. Übernachtungsgäste dürfen sich auf hübsche, wohnliche Zimmer freuen.

Spezialitäten: Kartoffel-Steinpilzsuppe. Spanferkelgeschnetzeltes in Senfsauce mit Zwiebel-Senfrösti und leckerem Gemüse. Topfen-Nougatknödel mit hausgemachtem Zwetschgenröster.

🖛 🏠 ⅰ ⇔ 🅿 – Menü 42/50 € – Karte 27/49 €

Restaurant Polster, Am Deckersweiher 26 ✉ *91056 –* ☎ *09131 75540 –*
www.gasthaus-polster.de – Geschlossen Montag

ESSEN

Nordrhein-Westfalen – Regionalatlas **26**–C11 – Michelin Straßenkarte 543

ⅰ◯ PAUL'S BRASSERIE

FRANZÖSISCH · BRASSERIE ℜ Lust auf geschmackvoll-freundliche Brasserie-Atmosphäre? Hier nahe Philharmonie und Aalto-Musiktheater darf man sich auf französisch-traditionelle Gerichte wie "Tartare et frites", "Bouillabaisse" oder "Coq au vin" freuen, nicht zu vergessen die Austern und den Plat du jour! Übrigens: Name und Logo des Lokals sollen an den verstorbenen Hund des Inhabers erinnern.

Karte 40/71 €

Huyssenallee 7 ⊠ 45128 – ℰ 0201 26675976 – www.pauls-brasserie.de – Geschlossen Montag, Sonntag, mittags: Samstag

In Essen-Bredeney Süd: 6 km

ⅰ◯ PARKHAUS HÜGEL

MARKTKÜCHE · FREUNDLICH ℜℜ Das von Familie Imhoff seit Jahren mit Engagement geführte traditionsreiche Anwesen a. d. 19. Jh. liegt direkt gegenüber dem Baldeneysee - sowohl das geradlinig-elegante Restaurant als auch die Terrasse bieten Seeblick. Es gibt saisonal-internationale Küche, aber auch "Vergessene Klassiker" wie "Milchkalbsleber Berliner Art". Wohnliche Hotelzimmer hat man ebenfalls.

⇔ ≤ 🏠 ✿ **P** – Menü 40/70 € – Karte 46/62 €

Freiherr-Vom-Stein-Straße 209 ⊠ 45133 – ℰ 0201 471091 – www.parkhaus-huegel.de – Geschlossen 27. Dezember-5. Januar

In Essen-Heisingen Süd-Ost: 8 km

ⅰ◯ ANNELIESE

MODERNE KÜCHE · TRENDY ℜ Sympathisch, trendig und angenehm ungezwungen. Das gut geführte Lokal liegt in einem eher unscheinbaren Haus in einer Wohngegend und hat viele Stammgäste - kein Wunder, denn man kocht hier ambitioniert, modern-saisonal und mit ausgesuchten Zutaten.

Menü 49/76 € – Karte 52/64 €

Petzelsberg 10 ⊠ 45259 – ℰ 0201 61795081 – www.restaurant-anneliese.de – Geschlossen 17. Juli-18. August, Montag-Mittwoch, Sonntag, mittags: Donnerstag-Samstag

In Essen-Horst Ost: 3 km

❀ HANNAPPEL

MODERNE KÜCHE · ELEGANT ℜℜ Solch ein elegantes Restaurant würde man in der ehemaligen Eckkneipe nicht unbedingt erwarten. Schon seit 1993 sind Ulrike und Knut Hannappel hier Ihre Gastgeber. Das ungebrochene Engagement merkt man nicht zuletzt an der ambitionierten Küche, einem schönen Mix aus Moderne und Klassik. Mit Tobias Weyers (zuvor Souschef im Restaurant "Am Kamin" in Mülheim an der Ruhr) hat der Patron einen talentierten Küchenchef an seiner Seite. Unter ihrer Leitung werden ausgezeichnete Produkte mit feinen Kontrasten und dennoch harmonisch kombiniert, wie z. B. beim tollen Filet vom Island-Kabeljau mit Grünkohl, gelber Bete, Orange und Rauchaal. Dazu darf man sich auf freundlichen und versierten Service freuen. Tipp: Probieren Sie unbedingt die Pralinen zum Kaffee!

Spezialitäten: Bachsaibling, Gurke, Auster, Ziegenkäse. Wagyu-Ochsenbrust, Sellerie, Morchel, Miso-Hollandaise. Rhabarber, Lakritz, Vanille, Buchweizen.

🄐🄲 ✿ – Menü 59/105 € – Karte 55/70 €

Dahlhauser Straße 173 ⊠ 45279 – ℰ 0201 534506 – www.restaurant-hannappel.de – Geschlossen 1.-7. Januar, 5.-22. Juli, Dienstag, mittags: Montag und Mittwoch-Samstag

In Essen-Kettwig Süd-West: 11 km

ⅱ○ HUGENPÖTTCHEN

REGIONAL · GEMÜTLICH ✗✗ Die frische und schmackhafte Küche gibt es hier z. B. als "Hugenpoeter Fischeintopf mit Aioli" oder als "Frikassee von der Maispoularde, Navetten, weiße Beete, Champignons" - und zwar von 12.00 - 23.00 Uhr. Von der Terrasse schaut man zum Schlosspark. Freundlich der Service. Günstiger Lunch. "Baronie" für den Aperitif.

⇦ 🦽 🔥 ⇄ 🅿 – Menü 36/48 € – Karte 39/62 €

Hotel Schloss Hugenpoet, August-Thyssen-Straße 51 ✉ 45219 – ℰ 02054 12040 – www.hugenpoet.de

🏰 SCHLOSS HUGENPOET

HISTORISCHES GEBÄUDE · KLASSISCH Hinter den historischen Mauern des a. d. 17. Jh. stammenden Wasserschlosses verbergen sich reichlich Kunst und antike Möbel, alte Fliesen und schöne Holzböden - herrschaftlich schon die große Halle mit mächtigem Granittor und Lounge mit offenem Kamin. Nicht zu vergessen der tolle Park. Modern die neueren Zimmer.

🎋 🦽 🕭 🔥 🆖 🛎 🅿 – 36 Zimmer

August-Thyssen-Straße 51 ✉ 45219 – ℰ 02054 12040 – www.hugenpoet.de
ⅱ○ **HUGENpöttchen** – Siehe Restaurantauswahl

In Essen-Rüttenscheid Süd: 3, 5 km

🍃 SCHOTE

Chef: Nelson Müller

MODERNE KÜCHE · CHIC ✗✗ Es hat sich was getan bei Nelson Müller! Der sympathische Gastronom und TV-Koch hat seine "Schote" in sein zweites Essener Restaurant, das "MÜLLERS auf der Rü" am Rüttenscheider Stern, integriert. Gourmetrestaurant und Bistro hat man jetzt also unter einem Dach, dennoch ist die "Schote" räumlich abgetrennt. Das Ambiente: modern und zugleich gemütlich. Das Motto lautet unverändert "Roots & Culture": Traditionelle und filigranmoderne Elemente werden interessant und handwerklich präzise kombiniert, hochwertige Produkte sind dabei selbstverständlich. Kleine Tischkärtchen erklären die einzelnen Gänge des Menüs. Nelson Müller steht so oft wie möglich selbst am Herd, hat aber ein engagiertes Küchenteam an seiner Seite, auf das er sich auch in seiner Abwesenheit voll und ganz verlassen kann.

Spezialitäten: Gelierte Bouillabaisse und Sauce Rouille. Crépinette vom Stubenküken, Hummermedaillon, gratinierter Lauch, Zitronenconfit. Schokolade und Kirsche.

Menü 122/189 €

Rüttenscheider Straße 62 ✉ 45130 – ℰ 0201 780107 – www.restaurant-schote.de –
Geschlossen Montag, mittags: Dienstag-Donnerstag und Samstag,
abends: Sonntag

ⅱ○ ROTISSERIE DU SOMMELIER

FRANZÖSISCH-KLASSISCH · BISTRO ✗ Richtig sympathisch ist das in der Fußgängerzone gelegene Bistro mit französischem Flair - beliebt die Hochtische bei der Theke. Auf der Karte liest man z. B. "Maultasche vom Sauerbraten auf Elsässer Rahmkraut", "Frikassee von Bio-Huhn" oder die Spezialität "Rührei mit Trüffel aus dem Burgund". Die Leidenschaft des Chefs für Wein sieht man an den rund 300 Positionen.

🎱 🔥 🍴 – Menü 49/65 € – Karte 36/64 €

Wegenerstraße 3 ✉ 45131 – ℰ 0201 9596930 – www.rotisserie-ruettenscheid.de –
Geschlossen Montag, mittags: Dienstag-Samstag, Sonntag

🍃🍃🍃, 🍃🍃, 🍃, 😊 & ⅱ○

⫟○ TATORT ESSEN

MODERNE KÜCHE · TRENDY ⅹ Nach Stationen bei berühmten Köchen wie Alain Ducasse und Jean-Claude Bourgueil sowie in weiteren Restaurants ist Jean-Edouard Mathis in dem lebhaften Rüttenscheid sesshaft geworden. Trendig-leger das Ambiente, ambitioniert und modern-kreativ die Gerichte auf der nach Markteinkauf wechselnden Speisekarte.

🍴 – Menü 32/62 € – Karte 49/64 €

Rüttenscheider Straße 182 ✉ 45131 – ✆ 0201 32039980 – www.tatort-essen.de –
Geschlossen 22. Dezember-2. Januar, Montag, Sonntag

ESSLINGEN AM NECKAR

Baden-Württemberg – Regionalatlas **55**-G18 – Michelin Straßenkarte 545

⫟○ POSTHÖRNLE

INTERNATIONAL · FREUNDLICH ⅹ In einem der ältesten Wirtshäuser der Stadt ist dieses geradlinig-leger gehaltene kleine Restaurant zu finden. Aus der Küche kommen frische saisonale Gerichte, von der "Rehfrikadelle mit schwarzem Senf" bis zum "gebratenen Zander auf Orangen-Chicorée".

🍴 – Menü 23/66 €

Pliensaustraße 56 ✉ 73728 – ✆ 0711 50629131 – www.posthoernle.de –
Geschlossen 1.-6. Januar, 23. Mai-2. Juni, 26. Juli-18. August, 25.-26. Dezember,
Montag, Dienstag, mittags: Mittwoch-Samstag

ETTLINGEN

Baden-Württemberg – Regionalatlas **54**-F18 – Michelin Straßenkarte 545

✿ ERBPRINZ

KLASSISCHE KÜCHE · ELEGANT ⅹⅹⅹ Der „Erbprinz" ist ohne Zweifel eine Institution im Raum Karlsruhe - nicht nur für die zahlreichen Tagungsgäste, die hier gerne logieren. Das Haus ist eine kulinarische Adresse, die Wert legt auf stilvolles Ambiente und hervorragende Küche. Für die ist Ralph Knebel verantwortlich. Der gebürtige Regensburger und sein Team kochen klassisch und mit internationalen Einflüssen. Für die aromareichen Gerichten kommen ausgesuchte Produkte zum Einsatz, die sich an der Jahreszeit orientieren. Mit von der Partie ist übrigens auch Ralph Knebels Frau Jasmina, die als Chef-Patissière für feine Desserts sorgt. Besonders hübsch ist im Sommer die blumengeschmückte Terrasse, auf der man an warmen Tagen entspannt sein Essen genießen kann.

Spezialitäten: Paprika und Zwetschge, gepresste Terrine, Chutney, gebeizter Heilbutt. Seezunge und Steinpilz, geräucherter Sud, Kartoffelravioli, Apfel. Traube und Vanille mit Marzipanbiskuit.

🔄 🍴 Ⓜ 🔄 🅿 🍷 – Menü 118/158 € – Karte 104/117 €

Hotel Erbprinz, Rheinstraße 1 ✉ 76275 – ✆ 07243 3220 - www.erbprinz.de –
Geschlossen 10.-26. Januar, 14.-23. Februar, 23. Mai-8. Juni,
27. August-14. September, Montag, Dienstag, mittags: Mittwoch-Samstag, Sonntag

⫟○ HARTMAIER'S VILLA

INTERNATIONAL · ELEGANT ⅹⅹ In einer schönen Villa von 1818 befindet sich das moderne Restaurant. Das Ambiente mal elegant, mal legerer, schöne Terrassen vor und hinter dem Haus. Auf der Karte liest man z. B. "Rumpsteak, Bohnen, Kartoffelgratin" oder "rosa gebratener Hirschrücken, Gemüse, Selleriepüree". Lunch zu gutem Preis-Leistungs-Verhältnis.

🕸 🍴 ✿ 🅿 – Menü 34 € (Mittags), 61/71 € – Karte 42/72 €

Pforzheimer Straße 67 ✉ 76275 – ✆ 07243 761720 - www.hartmaiers.de –
Geschlossen Dienstag

ⅱ◯ WEINSTUBE SIBYLLA

REGIONAL · WEINSTUBE ✗✗ Eine gute Adresse für unkomplizierte Küche und Klassiker. Das Angebot reicht von Wiener Schnitzel über Rinderroulade bis zu "Gourmet-Tradition" wie "Pot au feu von Hummer". Oder ziehen Sie eines der vegetarischen Gerichte vor? Schöner alter Holzfußboden, getäfelte Wände und hübsche Deko versprühen Charme.

⇦ 🛋 🄰🄲 ⊡ 🄿 🚗 – Menü 37/75 € – Karte 42/67 €

Hotel Erbprinz, Rheinstraße 1 ✉ 76275 – ✆ 07243 3220 – www.erbprinz.de

🏨 ERBPRINZ

LUXUS · KLASSISCH Unter engagierter Leitung wird das gewachsene Hotel mit Ursprung im Jahre 1780 immer wieder erweitert und verschönert. So wohnt man hier von klassisch-gediegen bis modern-elegant, gönnt sich Beauty-Behandlungen, Fitness-Programm und Medical Spa, genießt hausgebackenen Kuchen im eigenen Café...

🏌 🔲 🕸 🕊 � ⊡ ⅋ 🄰🄲 🛁 🄿 🚗 – 123 Zimmer – 5 Suiten

Rheinstraße 1 ✉ 76275 – ✆ 07243 3220 – www.erbprinz.de

🌸 **Erbprinz** · ⅱ◯ **Weinstube Sibylla** – Siehe Restaurantauswahl

EUSKIRCHEN

Nordrhein-Westfalen – Regionalatlas **35**-B13 – Michelin Straßenkarte 543

In Euskirchen-Flamersheim Süd-Ost: 7, 5 km

🌸 BEMBERGS HÄUSCHEN

Chef: Oliver Röder

MODERNE KÜCHE · KLASSISCHES AMBIENTE ✗✗ Steht Ihnen der Sinn nach etwas herrschaftlichem Flair? Das vermittelt die schöne jahrhundertealte Schlossanlage der Familie von Bemberg. Der angegliederte Gutshof a. d. 18. Jh. beherbergt ein ausgesprochen hübsches modern-elegantes Restaurant, das mit geradlinigem und zugleich stilvollem Interieur dem Charakter des historischen Wirtschaftsgebäudes gut zu Gesicht steht. Sternekoch Oliver Röder und sein Team bereiten hier exquisite Produkte aromareich zu und sorgen so für stimmige, ausdrucksstarke Gerichte. Dass man sich rundum wohlfühlt, liegt nicht zuletzt auch am überaus aufmerksamen, charmanten und kompetenten Service. Sie möchten diesen geschmackvollen Rahmen noch ein bisschen länger genießen? Im "Nachtquartier", ehemals Kuhstall, gibt es fünf individuelle und richtig wohnliche Zimmer!

Spezialitäten: Tomate, weißer Tee, Safran, Jasminblüte. Lamm, Sonnenblume, Chicorée, Schwarzkümmel. Milch aus dem Milchhäuschen, Crèmeeis, Fenchel, Stachelbeere.

⇦ ❖ 🄿 – Menü 90/150 €

Burg Flamersheim (Zufahrt über Sperberstraße) ✉ 53881 – ✆ 02255 945752 – www.burgflamersheim.de – Geschlossen Montag, Dienstag, Sonntag, mittags: Mittwoch-Samstag

🍴 **Eiflers Zeiten** – Siehe Restaurantauswahl

🍴 EIFLERS ZEITEN

REGIONAL · RUSTIKAL ✗ Gemütlich kommt die sympathisch-rustikale Alternative zu "Bembergs Häuschen" daher. Lust auf "gebratenes Lachsfilet mit Rahmschwarzwurzeln" oder Klassiker wie "Milchkalbsleber Berliner Art"? Es gibt auch wechselnde Tagesgerichte wie z. B. Sonntagsbraten. Hingucker: die beiden Flaschenkronleuchter! Schön auch der Blick durch die Fensterfront auf den Teich.

Spezialitäten: Weinbergschnecken mit Salbeibutter gratiniert und Croûtons. Filet vom Eifelschwein mit gebratener Polenta und Bohnenragout. Dessertbowl mit Rhabarber-Cassis, Buttermilcheis und Butterstreusel.

⇦ 🛋 ⅋ ❖ 🄿 – Menü 36 € – Karte 30/52 €

Bembergs Häuschen, Burg Flamersheim (Zufahrt über Sperberstraße) ✉ 53881 – ✆ 02255 945752 – www.burgflamersheim.de – Geschlossen Montag, Dienstag, mittags: Mittwoch-Donnerstag

FEHMARN (INSEL)

Schleswig-Holstein – Michelin Straßenkarte 541

Burg – Regionalatlas **4**-L3

In Burg-Neujellingsdorf

🏵 MARGARETENHOF

REGIONAL · **GEMÜTLICH** XX Das einstige Bauernhaus ist nicht ganz einfach zu finden, dafür liegt es schön idyllisch! Drinnen liebevoll dekorierte Räume, draußen eine herrliche Gartenterrasse. Dazu engagierte Gastgeber und gute Küche von regional bis asiatisch, von "Fehmaraner Rehgulasch" bis "Garnelen im Tempurateig mit Wokgemüse". Tipp: sonntags Sushi-Abend.

Spezialitäten: Japanische Pizza Margaretenhof Style. Gebratenes Dorschfilet mit Venusmuschelragout, karamellisierter Fenchelsamen und Bratkartoffelstampf. Plattpfirsiche mit Pfirsichcrème und bretonischem Crumble überbacken, Vanilleeis.

🏡 ✿🌱 – Menü 39/54 € – Karte 35/59 €

Dorfstraße 7 (Neujellingsdorf 7) ✉ 23769 – ✆ 04371 87670 –
www.restaurant-margaretenhof.com – Geschlossen 10. Januar-11. Februar,
15.-25. November, Montag, Dienstag

FELDBERG IM SCHWARZWALD

Baden-Württemberg – Regionalatlas **61**-E21 – Michelin Straßenkarte 545

In Feldberg-Bärental

🏵 ADLER BÄRENTAL

REGIONAL · **RUSTIKAL** XX In den netten Gaststuben heißt es Schwarzwälder Gemütlichkeit, wie man sie von früher kennt. Aus der Küche kommen leckere badische Gerichte wie "Geschnetzeltes aus der Rehkeule mit Haselnusskartoffelknödeln". Tipp: das günstige regionale Menü. Übrigens: Von den Fenstertischen hat man eine schöne Aussicht! Zum Übernachten: wohnliche Zimmer von rustikal bis modern.

Spezialitäten: Carpaccio vom Hirschrücken mit Fleur de Sel und altem Balsamico. Dry Aged Rumpsteak mit bunter Pfefferbutter, Pommes frites und Gemüse vom Markt. Crème brûlée mit Schwarzwälder Beerengrütze und Himbeersorbet.

🔄 🏡 **P** – Menü 26/52 € – Karte 31/59 €

Feldbergstraße 4 ✉ 79868 – ✆ 7655933933 – www.adler-feldberg.de –
Geschlossen 9.-26. November, Dienstag, Mittwoch

FELDBERGER SEENLANDSCHAFT

Mecklenburg-Vorpommern – Regionalatlas **14**-P6 – Michelin Straßenkarte 542

Im Ortsteil Fürstenhagen

✿ ALTE SCHULE - KLASSENZIMMER

Chef: Daniel Schmidthaler

MODERNE KÜCHE · **FREUNDLICH** XX Da geht man doch richtig gerne zur Schule! Zu verdanken ist das Daniel Schmidthaler. Den Oberösterreicher hat es nach Stationen in Sterne-Adressen auf Mallorca, in Kitzbühel und in Berlin im März 2010 in die mecklenburg-vorpommersche Provinz verschlagen. Wo früher gepaukt wurde, gibt es heute ein modernes Überraschungsmenü mit 6 - 9 Gängen. Regionale Produkte der Saison stehen absolut im Fokus - man kocht quasi mit der Natur. Gekonnt setzt man aromatische Kräuter und die Säure von Früchten ein. Und das Ambiente? Mit Stil hat man das einstige Klassenzimmer in dem schmucken historischen Backsteinhaus gestaltet. Hübsche Details: ein alter Kachelofen, schöner Parkettboden, hohe Sprossenfenster... Übrigens: Man hat hier auch freundliche Zimmer zum Übernachten.

Spezialitäten: Bete, Kürbiskern, wilde Pflaume. Gebeizter Zander, Erbse, Douglasie. Brombeere, Fenchel, Blütenpollen.

⇔ 🏠 ✿ 🅿 – Menü 100/130 €

Zur Alten Schule 5 ✉ *17258 –* 𝄞 *039831 22023 – www.hotelalteschule.de –*
Geschlossen 17. Januar-11. Februar, 4.-10. Oktober, Montag, Dienstag,
mittags: Mittwoch-Sonntag

FELDKIRCHEN-WESTERHAM
Bayern – Regionalatlas **66**–M21 – Michelin Straßenkarte 546

Im Ortsteil Aschbach Nord-West: 3 km ab Feldkirchen in Richtung München

🅰 ASCHBACHER HOF

MARKTKÜCHE · LÄNDLICH 🗶 Der schmucke Landgasthof von Familie Lechner bietet Ihnen nicht nur eine schöne Aussicht auf die Region sowie geschmackvolle, wohnliche Zimmer, sondern auch eine wirklich gute und frische Küche. Es gibt regional-saisonale Gerichte samt Wild oder auch Klassiker wie Zwiebelrostbraten. Toll die Terrasse.
Spezialitäten: Gebackene Wildpraline mit Petersilienwurzelpüree, Rote Bete und Salat. Gebratene Rinderlende mit knusprigen Röstzwiebeln und Käsespätzle. Vanille-Joghurtmousse mit Portwein-Feigen und karamellisierten Pekannüssen.

⇔ ≼ 🏠 🖼 ✿ 🅿 – Menü 25/42 € – Karte 34/56 €

Aschbach 3 ✉ *83620 –* 𝄞 *08063 80660 – www.aschbacher-hof.de –*
Geschlossen 11.-24. Januar

FELLBACH
Baden-Württemberg – Regionalatlas **55**–G18 – Michelin Straßenkarte 545

⊛⊛ GOLDBERG

MODERNE KÜCHE · HIP 🗶 Hinter der doch eher sachlichen Fassade der Schwabenlandhalle verbirgt sich ein schickes, elegantes Restaurant. Philipp Kovacs (er kochte u. a. bei Richard Stöckli im „Gourmetstübli" in Interlaken, bei Otto Koch im „KochArt" in Zürs am Arlberg sowie in der „Vila Joya" von Dieter Koschina im portugiesischen Albufeira) begeistert seine Gäste hier in der 1. Etage mit sehr durchdachten Kombinationen. „Im Hier und Jetzt" lautet das Motto des gebürtigen Heilbronners: Das "Hier" steht für Regionalität sowie für die Wünsche der Gäste, das "Jetzt" für den saisonalen Bezug und die Moderne. Charmant der Service - er empfiehlt übrigens alternativ zum Wein auch gerne eine vorzügliche alkoholfreie Saftbegleitung.
Spezialitäten: Gelbschwanzmakrele, Honigmelone, Minigurke, Austernchips. Rinderrücken, Aubergine, Radieschen. Mojito, Aprikose, Kokos, Beeren.

🏠 🖾 ✿ 🅿 – Menü 59/129 €

Guntram-Palm-Platz 1 (Schwabenlandhalle) ✉ *70734 –* 𝄞 *0711 57561666 –*
www.goldberg-restaurant.de – Geschlossen Montag, Sonntag,
mittags: Dienstag-Samstag

⊛ GOURMET RESTAURANT AVUI

Chef: Armin Karrer

KREATIV · ELEGANT 🗶 Bekannt ist das schmucke historische Fachwerkhaus im Ortskern von Fellbach nicht zuletzt für seine Gastronomie. Im Gourmetrestaurant "avui" des Hotels „Zum Hirschen" kochen Patron Armin Karrer und sein engagiertes Team überaus harmonisch, handwerklich präzise und ohne große Schnörkel. Dass hier nur ausgesuchte Produkte verarbeitet werden (beispielsweise beim Zander mit Spitzkraut, Linsen und Avocado), steht völlig außer Frage. Und die Servicecrew tut ein Übriges: Freundlich und geschult kümmert sie sich um die Gäste. Das Restaurant wirkt schon allein durch das aparte flache Tonnengewölbe äußerst attraktiv, dazu geradliniges, modern-elegantes Interieur und angenehm warmes Licht.

Spezialitäten: Gambas, Gurke, Kaffee, Passionsfrucht. Steinbutt, Topinambur, Sonnenblume. Apfeltarte, Safran, süße Olive.

🍴 – Menü 75/185 € – Karte 71/116 €

Gasthaus zum Hirschen, Hirschstraße 1 ⊠ 70734 – ℰ 0711 9579370 –
www.zumhirschen-fellbach.de –
Geschlossen 1.-10. Januar, 15.-21. Februar, 25. Mai-6. Juni,
24. August-5. September, Montag, Dienstag, Sonntag,
mittags: Mittwoch-Samstag

🐎 ALDINGERS

REGIONAL · GEMÜTLICH XX Geschickt verbinden Volker und Susanne Aldinger hier Tradition und Gegenwart. Gekocht wird so richtig schmackhaft, von à la carte bis zur "Innereienwoche", und auch "Nasi Goreng" liest man durchaus mal auf der Karte. Unbedingt probieren sollten Sie den schwäbischen Kartoffelsalat oder die Flädlesuppe! Tipp: Weine vom eigenen Weingut!
Spezialitäten: Wolfsbarschfilet gebraten auf Kartoffel- und Gurkensalat mit Rucola in Balsamico. Kalbsrückensteak mit frischen Pfifferlingen in Rahm, dazu feine Nudeln und Gemüse. Crème brûlée mit lauwarmen Portweinzwetschgen und Tonkabohneneis.

🍴 ⇄ 🚭 – Menü 45/58 € – Karte 37/55 €

Schmerstraße 6 ⊠ 70734 – ℰ 0711 582037 – www.aldingers-restaurant.de –
Geschlossen 21. Februar-9. März, 10. August-7. September, Montag, Sonntag

🐎 GASTHAUS ZUM HIRSCHEN

TRADITIONELLE KÜCHE · LÄNDLICH X Angenehm leger hat man es hier. Man fühlt sich wohl, wenn man zwischen all den einheimischen Stammgästen sitzt und richtig gut isst. Regionales schmeckt ebenso wie Internationales. Lust auf "Zwiebelrostbraten mit Spätzle" oder "Skrei, Spitzkraut-Linsen, Guacamole, Chorizofond"? Übrigens: In dem schmucken historischen Fachwerkhaus kann man auch sehr gut übernachten.
Spezialitäten: Ceviche vom Eismeersaibling. Rehkeule mit Honig und Salbei, Wacholderrahmsoße, Wildbroccoli und Spätzle. Variation vom Topfen mit Marillen.

🍴 🍴 – Menü 35 € (Mittags), 54/75 € – Karte 31/74 €

Hirschstraße 1 ⊠ 70734 – ℰ 0711 9579370 – www.zumhirschen-fellbach.de –
Geschlossen 1.-10. Januar, 15.-21. Februar, 25. Mai-6. Juni,
24. August-5. September, Montag

❀ **Gourmet Restaurant avui** – Siehe Restaurantauswahl

In Fellbach-Schmiden

❀ OETTINGER'S RESTAURANT

FRANZÖSISCH-MODERN · LÄNDLICH XX "Edel, aber nicht steif" lautet das Motto hier. Entsprechend angenehm sind das wohnliche Landhaus-Ambiente und die sympathisch-lockere Gästebetreuung. Michael Oettinger (er leitet den Familienbetrieb mit über 150-jähriger Tradition gemeinsam mit seinem Bruder Martin) war in renommierten Adressen wie z. B. dem "Burgrestaurant Staufeneck" in Salach oder dem "Louis C. Jakob" in Hamburg tätig, bevor er 2005 hier die Küchenleitung übernahm. Gekocht wird mit modernem Touch und absolut hochwertigen Zutaten. Zur Wahl stehen die Menüs "TeamWork", "OldSchool" und "AbInsBeet" (die Vegi-Variante). Sie möchten übernachten? Mit dem Hotel "Hirsch" bietet man auch schöne Gästezimmer.
Spezialitäten: Bouillabaisse von Krustentieren mit Steinbutt, Jakobsmuschel und Kaisergranat. Rücken und Schmorschulter vom Lamm, Thymianjus, Bohnen, gratinierte Kartoffeln. Weiße Schokolade, Mango, Purple Shiso, Kokos.

🍴 🥂 – Menü 64/108 €

Fellbacher Straße 2 ⊠ 70736 – ℰ 0711 9513452 – www.hirsch-fellbach.de –
Geschlossen 26. Juli-5. September, 21. Dezember-12. Januar, Montag, Dienstag,
Sonntag, mittags: Mittwoch-Freitag

FEUCHTWANGEN
Bayern – Regionalatlas **56**–J17 – Michelin Straßenkarte 546

⑬ GREIFEN-POST

MARKTKÜCHE · GASTHOF X Die drei Stuben sprühen förmlich vor historischem Flair und Gemütlichkeit. Man kocht mit Bezug zur Saison und bezieht viele Produkte aus der Region. Die gute Küche gibt es à la carte oder als Menü - darf es vielleicht das Überraschungsmenü mit Weinbegleitung sein? Hotelgäste wählen zwischen schönen Renaissance-, Romantik-, Biedermeier- oder Landhauszimmern.

Spezialitäten: Gezupfte heißgeräucherte Forelle auf Avocadomus. Knuspriges Spanferkelschäufele mit Karotten-Kartoffelknödel und Coleslaw vom Merkendorfer Kraut. Pochierter Weinbergpfirsich mit Vanilleeis und Mandelbaiser.

⇦ 🏠 🖼 ⇧ 🚗 – Menü 45 € – Karte 31/49 €

Marktplatz 8 ⊠ 91555 – ☏ 09852 6800 – www.hotel-greifen.de –
Geschlossen 3.-11. Januar, 21.-25. Dezember, Montag, abends: Sonntag

FICHTENAU
Baden-Württemberg – Regionalatlas **56**–I17 – Michelin Straßenkarte 545

In Fichtenau-Neustädtlein

🏨 VITAL-HOTEL MEISER

SPA UND WELLNESS · GEMÜTLICH Ein Wellnesshotel wie aus dem Bilderbuch! Möchten Sie geschmackvoll-alpenländisch wohnen oder lieber gemütlich-modern? Wirklich schön auch die Lobby mit Kamin und nicht zuletzt der wertige Spa auf 1000 qm! Internationale und regionale Küche im Restaurant. Tipp: Veranstaltungen in der ″Tanzmetropole″ (150 m entfernt).

🏌 🏊 ⛵ 🧖 🌀 🕸 🖼 ♿ 🏋 🅿 – 67 Zimmer – 3 Suiten

Grenzstraße 43 ⊠ 74579 – ☏ 07962 711940 – www.vitalhotel-meiser.de

FINNING
Bayern – Regionalatlas **65**–K20 – Michelin Straßenkarte 546

⑬ ZUM STAUDENWIRT

REGIONAL · GASTHOF X Das gewachsene Gasthaus mit gepflegtem kleinem Hotel ist ein Familienbetrieb in 3. Generation. Ganz unterschiedlich die Räume, von ländlich bis geradlinig-zeitgemäß. Gekocht wird regional und bürgerlich, aber auch modern-saisonal. Macht Ihnen z. B. ″Kalbsfilet & Thunfisch auf Kartoffel-Olivenpüree″ Appetit?

Spezialitäten: Gegrillter Pulpo mit lauwarmem Romanasalat und Tomaten. Lammkeule mit Paprikagemüse und Olivenjus. Crème brûlée von der Tonkabohne und Granatapfelsorbet.

⇦ 🏠 ♿ ⇧ 🅿 – Menü 65/95 € – Karte 24/58 €

Staudenweg 6 ⊠ 86923 – ☏ 08806 92000 – www.staudenwirt.de –
Geschlossen Mittwoch

FINSTERWALDE
Brandenburg – Regionalatlas **33**–Q10 – Michelin Straßenkarte 542

⑪○ GOLDENER HAHN

SAISONAL · FREUNDLICH XX Seit über 20 Jahren sind Frank und Iris Schreiber die sympathischen Gastgeber in dem traditionsreichen Haus. Man bietet klassische Küche mit regional-saisonalen Einflüssen. Besonderheit: ″Die kulinarische Lesung″ einmal im Monat - hier liest die Chefin eigene Geschichten und Gedichte zu den dazu abgestimmten Gerichten ihres Mannes. Gepflegt übernachten kann man auch.

⇦ 🏠 ⇧ – Menü 55/95 € – Karte 58/62 €

Bahnhofstraße 3 ⊠ 03238 – ☏ 03531 2214 – www.goldenerhahn.com –
Geschlossen Sonntag-Montag, nur Abendessen

FISCHEN IM ALLGÄU
Bayern – Regionalatlas **64**–J22 – Michelin Straßenkarte 546

TANNECK

SPA UND WELLNESS · INDIVIDUELL Dieses gut geführte Haus hat so manches zu bieten: schön die erhöhte Lage nebst reizvoller Sicht auf Berge und Tal, wohnlich die Zimmer (teils neu gestaltet), nicht zu vergessen jede Menge Wellness samt Naturbadeteich. Zudem gibt es verschiedene Restaurantbereiche von modern-rustikal bis elegant.

⌖ ⌃ 🛁 🖥 📺 🌐 ⓓ 🐕 ♨ ⛳ 🖼 ⚙ 🅿 🚗 – 62 Zimmer – 5 Suiten

Maderhalm 20 ✉ *87538 – ☎ 08326 9990 – www.hotel-tanneck.de*

FLONHEIM

Rheinland-Pfalz – Regionalatlas **47**-E15 – Michelin Straßenkarte 543

🍴 ZUM GOLDENEN ENGEL

MEDITERRAN · TRENDY ✗ Die ehemalige Poststation beherbergt ein sympathisches geradlinig-modernes Restaurant, in dem es Spaß macht, zu essen! Die frische, richtig gute Küche gibt es z. B. als "Zanderfilet, Limonenpolenta, Schwarzwurzeln, Brokkoli". Dazu die charmante Chefin im Service. Tipp: der idyllische Innenhof! Eigene Vinothek.

🌳 🍽 – Karte 43/55€

Marktplatz 3 ✉ *55237 – ☎ 06734 913930 – www.zum-goldenen-engel.com – Geschlossen Mittwoch, Donnerstag, mittags: Montag-Dienstag*

In Flonheim-Uffhofen Süd-West: 1 km

🍴 WEINWIRTSCHAFT ESPENHOF

REGIONAL · WEINSTUBE ✗ Die Weinwirtschaft ist schon ein besonderes Fleckchen, das man so auch in der Toskana finden könnte - einfach zum Wohlfühlen der reizende Innenhof und die helle Weinstube mit rustikalem Touch! Serviert wird z. B. "Apfel-Blutwurststrullo mit karamellisierten Äpfeln und Stampf", dazu schöne eigene Weine!

🍃 🌳 🅿 – Menü 34/58€ – Karte 32/55€

Landhotel Espenhof, Poststraße 1 ✉ *55237 – ☎ 06734 962730 – www.espenhof.de – Geschlossen 2.-17. Januar, Montag, mittags: Dienstag, Mittwoch, mittags: Donnerstag-Samstag*

LANDHOTEL ESPENHOF

FAMILIÄR · GEMÜTLICH Weingut, Weinwirtschaft, Hotel... Familie Espenschied ist omnipräsent, charmant und stets um ihre Gäste bemüht. Geschmackvoll wohnen kann man nicht nur im kleinen Hotel, auch im Weingut hat man Zimmer: chic, modern, hochwertig! Nehmen Sie das leckere Frühstück im Sommer auf der netten Terrasse ein!

⌖ ⚙ 🅿 – 15 Zimmer – 2 Suiten

Poststraße 1 ✉ *55237 – ☎ 06734 94040 – www.espenhof.de*

🍴 **Weinwirtschaft Espenhof** - Siehe Restaurantauswahl

Der Grüne Stern:
Gastronomie und Nachhaltigkeit!

Achten Sie in unserer Restaurantselektion auf dieses Symbol. Es kennzeichnet Betriebe, die sich besonders für nachhaltige Gastronomie einsetzen. Informationen über das besondere Engagement des Küchenchefs finden Sie unter den betreffenden Restaurants.

FÖHR (INSEL)

Schleswig-Holstein – Regionalatlas 1–F2 – Michelin Straßenkarte 541

Wyk

❀ ALT WYK

Chef: René Dittrich

KLASSISCHE KÜCHE · ELEGANT XX Ausgezeichnet essen, und das in echter Wohlfühl-Atmosphäre? Beides ist Ihnen in dem gepflegten Backsteinhaus in der Fußgängerzone gewiss. Ein bisschen Wohnzimmer-Flair vermitteln die ausgesprochen geschmackvollen gemütlich-eleganten Stuben mit ihrem friesischen Charme. Für die niveauvolle Küche ist René Dittrich verantwortlich. Er kocht klassisch, seine Gerichte überzeugen mit handwerklichem Können und schönen Aromen. Richtig gut umsorgt wird man hier auch noch. Das liegt nicht zuletzt an der herzlichen Gastgeberin Daniela Dittrich, die das geschulte, aufmerksame und gut eingespielte Serviceteam leitet. Möchten Sie die reizvolle Lage nahe dem Meer gerne etwas länger genießen? Dann buchen eine der beiden wirklich hübschen Ferienwohnungen.

Spezialitäten: Variation von der Tomate mit Saibling. Karree vom Lamm, Couscous, Fenchel und Koriander. Zwetschgen und Tonkabohne.

⇔🖾 – Menü 69 € (Mittags), 79/110 €

Große Straße 4 ⊠ 25938 – ℰ 04681 3212 – www.alt-wyk.de –
Geschlossen 17. Januar-3. März, 4.-20. Oktober, 21. November-15. Dezember,
Montag, mittags: Dienstag-Mittwoch, Sonntag

Oevenum

🏚 RACKMERS HOF

LANDHAUS · MODERN In vier Häusern (drei davon reetgedeckt) wohnt man in hübschen, modernen und hochwertigen Maisonetten und Suiten, alle mit Kitchenette. Dazu Sauna, ein kleiner Fitnessbereich sowie Private Spa (gegen Gebühr), und am Morgen ein schönes Frühstücksbuffet - die hausgemachte Marmelade gibt's auch für zu Hause!

🦢 🛁 🕸 🅿 – 15 Zimmer – 15 Suiten

Buurnstrat 1 ⊠ 25938 – ℰ 04681 746377 – www.rackmers.de

FORCHHEIM

Bayern – Regionalatlas 50–K16 – Michelin Straßenkarte 546

In Forchheim-Sigritzau Süd-Ost: 3 km in Richtung Erlangen und Pretzfeld

😊 ZÖLLNER'S WEINSTUBE

KLASSISCHE KÜCHE · LÄNDLICH XX Außen wie innen gleichermaßen charmant ist das auf einem herrlichen Gartengrundstück gelegene Bauernhaus a. d. 18. Jh. Unter einem markanten Kreuzgewölbe serviert man regional, aber auch mediterran inspirierte Gerichte, für die man sehr gute Produkte verwendet. Schön die Auswahl an Frankenweinen. Im Sommer ist die Terrasse eine Muss!

Spezialitäten: Gegrillter Pulpo, Erbsencrème, Zuckerschoten, asiatische Aromen. Bayrisches Bio Kalb, Pestojus, Steinpilze, Rote Beete, Gratin. Brombeer und Schokolade, Soufflé, Parfait, Mousse, Crumble.

🌿 ⇔ 🅿🖾 – Menü 52/75 € – Karte 34/58 €

Sigritzau 1 ⊠ 91301 – ℰ 09191 13886 – www.zoellners-weinstube.de –
Geschlossen 1.-14. Januar, 16. August-9. September, Montag, Dienstag,
mittags: Mittwoch-Sonntag

FORSTINNING

Bayern – Regionalatlas 66–M20 – Michelin Straßenkarte 546

In Forstinning-Schwaberwegen Süd-West: 1 km Richtung Anzing

🕥 ZUM VAAS

TRADITIONELLE KÜCHE · GASTHOF ⅄ Wo es lebendig, herzlich und familiär zugeht, kehrt man gerne ein! Was das engagierte Team als "Klassiker" oder "Heuer" auf den Tisch bringt, schmeckt und ist preislich fair! Wie wär's z. B. mit "Boeuf Bourguignon, Wurzelgemüse, Topfenspätzle"? Dazu eine überwiegend regionale Weinauswahl mit rund 500 Positionen. Im gleichnamigen Hotel kann man gepflegt übernachten.

Spezialitäten: Mild geräucherter Label Rouge Lachs mit eingelegter Gurke und Crème fraîche. Gebratene Entenbrust mit Muskatkürbis, Wirsingfleckerl und Gnocchi. Warmer Valrhona Schokoladenkuchen mit Zwetschgen und Haselnusseis.

🕸 ⇦ 🛱 ⅙ ✿ 🅿 – Karte 23/55 €

Münchener Straße 88 ✉ 85661 – ☎ 08121 5562 – www.zum-vaas.de –
Geschlossen Montag, Dienstag

FRAMMERSBACH

Bayern – Regionalatlas **48**–H15 – Michelin Straßenkarte 546

🕥 SCHWARZKOPF

REGIONAL · GASTHOF ⅄⅄ Frisch und schmackhaft ist die regionale Küche bei Stefan Pumm und seiner charmanten Frau Anja. Ein beliebter Klassiker: "Chateaubriand mit Sauce Béarnaise" für zwei Personen. Gediegen der holzgetäfelte Gastraum, hübsch die Terrasse. Gepflegt übernachten können Sie hier auch - fragen Sie nach den renovierten Zimmern.

Spezialitäten: Gebratene Scheiben vom Wildschweinrücken mit Räucherforellen-crème. Entenbrust karamellisiert mit Honig, Kürbis-Walnussgemüse. Crème brûlée mit Tonkabohneneis.

⇦ 🛱 🍲 – Menü 31/57 € – Karte 26/48 €

Lohrer Straße 80 ✉ 97833 – ☎ 09355 307 - www.schwarzkopf-spessart.de –
Geschlossen 27. Dezember-14. Januar, Montag, Dienstag, Mittwoch,
mittags: Donnerstag-Samstag

FRANKENAU

Hessen – Regionalatlas **38**–G12 – Michelin Straßenkarte 543

🏠 LANDHAUS BÄRENMÜHLE

LANDHAUS · INDIVIDUELL Sie mögen es individuell und romantisch? Dann ist die von viel Wald und Wiesen umgebene einstige Mühle genau richtig. Hier kann man sich wunderbar erholen - dazu tragen neben der idyllischen Lage auch die sehr charmanten, mit Liebe zum Detail eingerichteten Zimmer bei, ebenso die gemütliche Lobby mit Kamin. Dazu Badeteich und Saunahaus. Abendessen möglich.

🕏 ⑳ 🕀 ⅄ 🕪 🅿 – 14 Zimmer – 2 Suiten

Bärenmühle (West: 6 km, über Allendorf, Ellershausen und
Lengeltalstraße) ✉ 35110 – ☎ 06455 759040 - www.baerenmuehle.de

FRANKENBERG (EDER)

Hessen – Regionalatlas **38**–G12 – Michelin Straßenkarte 543

🕸 PHILIPP SOLDAN

KREATIV · TRENDY ⅄⅄ Ein echter Hingucker die drei liebenswert restaurierten historischen Häuser mitten in der charmanten Altstadt. Hier bietet das geschmackvolle Hotel "Sonne" seine vielfältige Gastronomie samt "Philipp Soldan". Chic, modern und angenehm leger ist das Restaurant im Souterrain des jahrhundertealten "Stadtweinhauses" - wer nicht durchs Hotel kommt, erreicht das Restaurant vom Untermarkt. In der einsehbaren Küche entstehen unter der Leitung von Erik Arnecke (zuvor Küchenchef des 2-Sterne-Restaurants "Résidence" in Essen) kreative Gerichte mit Charakter, die in Form eines Menüs angeboten werden, dazu schöne Weine. Tipp für "Gourmet-Einsteiger": das 3-Gänge-Menü sonntagmittags. Übrigens: Der Name stammt vom Bildhauer Philipp Soldan, dessen geschnitzte Holzfiguren das Rathaus zieren.

Spezialitäten: Kaisergranat und gegrillter Schweinebauch mit Sud von der Green Tiger Tomate. Rücken und Feines vom Lamm, Aprikose, Mandel, Aubergine. Geschmorter Weinbergpfirsich, Joghurt, Himbeere, Zitronenverbene.

🏖 ⇦ ᪲ ⅏ 🗗 ⇦ 🅿 🚗 – Menü 54 € (Mittags), 95/125 €

Hotel Die Sonne Frankenberg, Marktplatz 2 ⊠ 35066 – ☎ 06451 7500 – www.sonne-frankenberg.de – Geschlossen 10. Januar-10. Februar, Montag, Dienstag, Mittwoch, Donnerstag, mittags: Freitag-Samstag

🍴 SONNESTUBEN

REGIONAL · FREUNDLICH ✗ Sie mögen es regional-saisonal? Die Küche überzeugt mit Geschmack und gutem Handwerk. Serviert wird in gemütlichen Stuben mit Blick auf die historischen Fachwerkfassaden der Altstadt, nett die Dekorationen mit Bezug zur Region. Schön sitzt man auch auf der Terrasse zum Marktplatz.

Spezialitäten: Salat von bunten Tomatensorten mit mariniertem Ziegenkäse, getrockneten Datteln und geröstetem Brot. Gebratener Rücken vom Hirsch auf Kartoffel-Schalottenpüree mit Thymianjus und Tomaten-Junglauchragout. Variation von Sorbets mit marinierten Früchten.

⇦ 🍴 ᪲ ⅏ 🗗 ⇦ 🅿 🚗 – Menü 35/54 € – Karte 38/60 €

Hotel Die Sonne Frankenberg, Marktplatz 2 ⊠ 35066 – ☎ 06451 7500 – www.sonne-frankenberg.de – Geschlossen 10.-17. Januar

🏨 DIE SONNE FRANKENBERG

HISTORISCH · MODERN Wirklich einladend sind die schön sanierten historischen Gebäude mitten im Zentrum. Man wird sehr freundlich umsorgt, das Ambiente ist herrlich wohnlich und auf drei Etagen Spa kann man toll entspannen. Restaurants hat man gleich drei, darunter das "Philippo" mit regional-mediterranem Tapasangebot.

🍴 ⇦ 🌐 ⅏ ✗ ⅏ ᪲ ⅏ 🅿 🚗 – 55 Zimmer – 4 Suiten

Marktplatz 2 ⊠ 35066 – ☎ 06451 7500 – www.sonne-frankenberg.de

🍴 **SonneStuben** · ❀ **Philipp Soldan** – Siehe Restaurantauswahl

Hessen
Regionalatlas **47**–F14
Michelin Straßenkarte 543

FRANKFURT AM MAIN

Direkt am Main bei schöner Aussicht ambitionierte Küche genießen? Das können Sie in der **Frankfurter Botschaft** samt toller Terrasse. Im charmanten **Bidlabu** sitzt man im Sommer bei einem guten Menü und ebensolchem Wein draußen in einer kleinen Gasse. Wie gut ungezwungene Atmosphäre und Gourmetküche zusammenpassen, erlebt man im 2-fach besternten **Gustav**. Ebenfalls interessant ist der Partnerbetrieb **Weinsinn** im Bahnhofsviertel. Das **Lohninger** in Sachsenhausen lockt mit einem Mix aus österreichischer und internationaler Küche. Und danach in eines der Äppelwoi-Lokale in der Nachbarschaft? Kunst- und Kultur-Freunde sollten sich nicht das Museumsufer entgehen lassen – über den „Eisernen Steg" können Sie die Uferseite wechseln. In der Altstadt sind „Römer" und "Kaiserdom" zwei echte Wahrzeichen der Stadt. Do. und Sa. lädt zudem der Bauernmarkt an der Konstablerwache zum Bummeln ein.

Restaurants

✿✿ LAFLEUR

FRANZÖSISCH-MODERN · ELEGANT XXX Beste Produkte, durchdachte Speisen mit subtilem Ausdruck, ein spannungsreiches Aromenspiel... Die MICHELIN Sterne kommen nicht von ungefähr! Da darf man auch beim veganen Menü Top-Niveau erwarten! Andreas Krolik (zuletzt Küchenchef im Frankfurter "Tiger-Gourmetrestaurant", davor viele Jahre in "Brenners Park-Restaurant" in Baden-Baden") steht für Präzision, eine klare Linie und absolutes Qualitätsbewusstsein. Begleitet werden die interessanten Kombinationen - Krolik selbst nennt seine Küche "zeitgemäße Klassik" - von einer über 1000 Positionen umfassenden Weinauswahl. Das Ganze hat einen stimmigen Rahmen, nämlich den modern-eleganten Glasanbau des „Gesellschaftshauses Palmengarten", nicht zu vergessen das professionelle Serviceteam um Boris Häbel, Miguel Martin und Alexandra Himmel.

Spezialitäten: Salat von Topinambur mit Trüffelvinaigrette, Quittenchutney und Feldsalat. Rehrücken mit Briochekruste, Feigenblattjus und junger Sellerie. Marinierte Feigen, Brombeersorbet, Haselnussbiskuit, Fencheleis und Schokoladenkrokant.

🕸 🏠 & 🛗 ⇔ 🅿 – Menü 172/208 €

Stadtplan: E1-r – *Palmengartenstraße 11* ✉ *60325 -* ✆ *069 90029100 - www.restaurant-lafleur.de – Geschlossen 1.-9. Januar, 6.-16. April, 19. Juli-27. August, 11.-23. Oktober, Montag, Dienstag, mittags: Mittwoch-Sonntag*

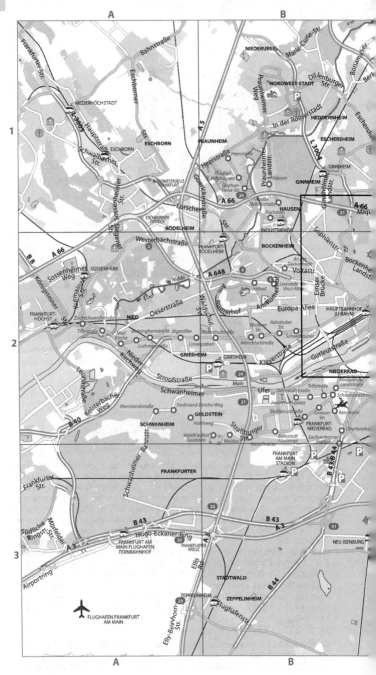

FRANKFURT
AM MAIN

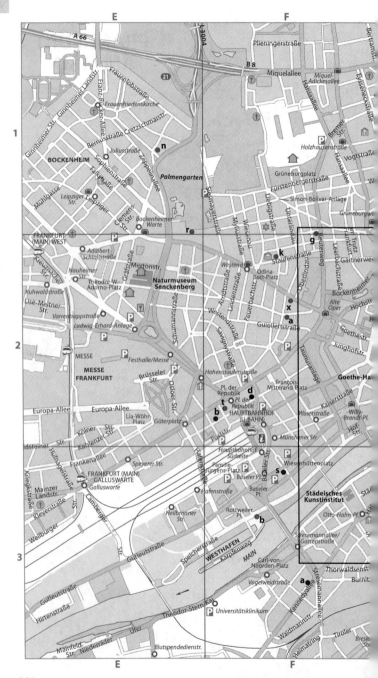

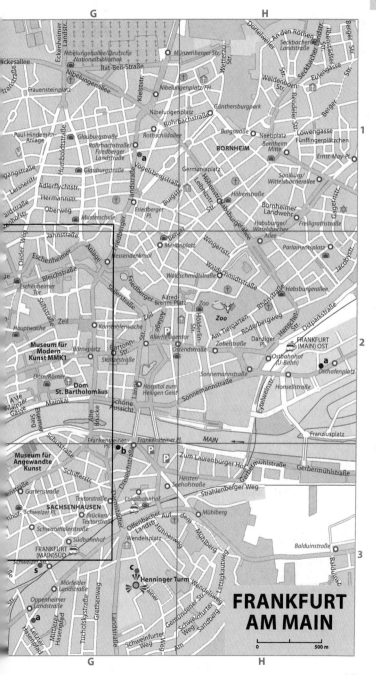

FRANKFURT
AM MAIN

0   500 m

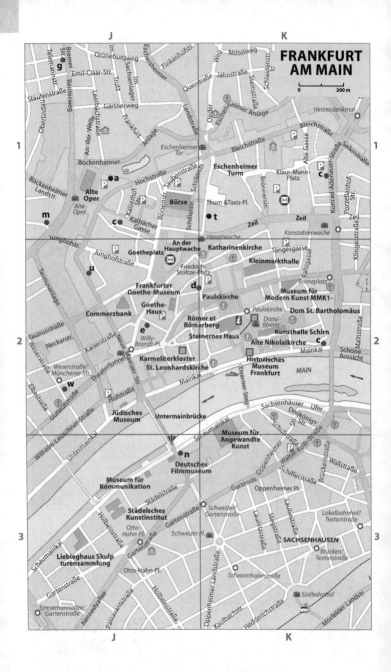

FRANKFURT AM MAIN

0   200 m

✿✿ GUSTAV

KREATIV · GERADLINIG ✖✖ Das ist Küche mit Charakter! Modern ist sie, und sie hat vor allem eins: eine eigene Handschrift. Es ist die Handschrift von Jochim Busch, der vor der Übernahme der "Gustav"-Küche schon in der Spitzengastronomie tätig war. Er kocht mit Mut zur Reduktion. Das Ergebnis sind kraftvolle Speisen mit einem schönen Zusammenspiel von Kontrasten und Texturen. Sehr wichtig ist ihm die Verwendung von regionalen Produkten der Saison. Ebenso hochwertig ist auch das stylische Interieur des denkmalgeschützten Stadthauses im Westend: ruhige Grautöne und klare Formen, schicke Designer-Stühle und dekorative Werke Frankfurter Künstler... Angenehm unkompliziert die Atmosphäre. Tipp: Von einigen Tischen hat man einen guten Blick auf den Küchenpass!

Spezialitäten: Mild geräucherte Lachsforelle, Rettichgewächse und Holunderblütenöl. Rib Eye von Wagyu und Milchkuh über Holzkohle gegrillt, Junger Sellerie, Maitake und Zwiebelgewächse. Wacholdereis, Vogelbeere, Fichte und Pilz.

Engagement des Küchenchefs: "Meiner Meinung nach gibt es auch in der globalisierten Welt noch Raum für Entdeckungen, gleich vor den Toren der Stadt. Aber meine Expeditionen führen mich auch in die Rhön, den Odenwald oder die Wetterau, wichtig sind mir kurze Wege, unabdingbar Saisonalität, Frische und Ehrlichkeit der Erzeuger."

�びん – Menü 115/155 €

Stadtplan: F1-g – Reuterweg 57 ✉ 60323 – 𝒞 069 74745252 – www.restaurant-gustav.de – Geschlossen 30. März-8. April, 27. Juli-21. August, Montag, mittags: Dienstag-Samstag, Sonntag

✿ FRANÇAIS

FRANZÖSISCH-MODERN · ELEGANT ✖✖✖ Wie könnte das Restaurant dem historischen Prachtbau des "Steigenberger Frankfurter Hofs" besser gerecht werden als mit wahrhaft stilvollem Interieur. Doch bei aller klassischer Eleganz kommt auch die Moderne nicht zu kurz, das beweist die Küche von Patrick Bittner - zuvor u. a. im 3-Sterne-Restaurant von Dieter Müller im "Schlosshotel Lerbach". Er kocht subtil, markant, stimmig und trifft genau das richtige Maß an Kreativität. Spielereien stehen bei Patrick Bittner nicht im Vordergrund, vielmehr legt er den Fokus auf den Geschmack! Sehr gut die Weinkarte dazu, ebenso die Beratung mit bewährten, mitunter auch gewagten Empfehlungen, die aber immer wunderbar mit den Speisen harmonieren! Im Sommer sollten Sie unbedingt einen Platz im Ehrenhof wählen! Tipp: fair kalkulierter Lunch.

Spezialitäten: Königskrabbe, Kichererbsen, Blumenkohl, grüne Mango. Reh, Kopfsalatherzen, Salzzitrone, Boudin noir. Quitte, Olive, Schokolade, Haselnuss.

👒 ⇦ 🏠 ⴟ Ⓜ 🚗 – Menü 59 € (Mittags), 119/162 € – Karte 105/147 €

Stadtplan: J2-e – Am Kaiserplatz (Zugang über Bethmannstraße) ✉ 60311 – 𝒞 069 215118 – www.restaurant-francais.de – Geschlossen 1.-11. Januar, 4.-19. April, 9.-17. Mai, 18. Juli-23. August, Sonntag-Montag, mittags: Samstag

✿ RESTAURANT VILLA MERTON

KLASSISCHE KÜCHE · TRENDY ✖✖✖ Dass André Großfeld auf Stern-Niveau kocht, hat er schon in seinem Restaurant "Grossfeld" in Friedberg bewiesen und zeigt dies auch in der eleganten "Villa Merton". Wie stimmig der Patron und Küchenchef Klassik und Moderne kombiniert und dabei auch seine kreative Ader zum Einsatz bringt, zeigt z. B. das Filet vom Wolfsbarsch mit Rotweinjus, Erbsen, Minze und Frisée-Pilzen. Dass die Produktqualität außer Frage steht, muss wohl kaum erwähnt werden. Mit der denkmalgeschützten Villa im noblen Diplomatenviertel ist auch für einen repräsentativen Rahmen zum feinen Essen gesorgt: hohe Stuckdecke, schöner Parkettboden, stilvolle Tapete, Kamin... Nicht zu vergessen der stets präsente und dennoch unaufdringliche Service, der Sie an den hochwertig eingedeckten Tischen freundlich und geschult umsorgt.

Spezialitäten: Zweierlei vom Hummer, Granny-Smith-Sorbet, Grüne Papaya, Mango. Irischer Salzwiesen Lammrücken, Saubohne, Tropeazwiebel, Buchenpilze. Eingelegte Mirabellen, Gewürzmousse, Joghurt-Limetteneis, Smoked Brombeere.

🏠 ✤ – Menü 85/115 €

Stadtplan: E1-n – *Am Leonhardsbrunn 12 (Ecke Ditmarstraße im Union International Club)* ✉ *60487* – ☎ *069 703033* – *www.restaurant-villa-merton.de* – *Geschlossen Sonntag, mittags: Montag-Samstag*

🍽️ **Bistro Villa Merton** – Siehe Restaurantauswahl

❀ WEINSINN

MODERNE KÜCHE · FREUNDLICH ✕✕ Man muss klingeln, um in das Restaurant im lebendig-umtriebigen Bahnhofsviertel zu gelangen - übrigens Partnerbetrieb des "Gustav". Richtig chic ist es hier: ein großer heller hoher Raum in puristisch-urbanem Design - dekorative Details setzen ansprechende Akzente. Von fast überall kann man den Köchen in der offenen Küche zusehen. Hier entstehen modern-kreative Gerichte aus exzellenten Zutaten. Verantwortlich ist seit März 2020 Jochim Busch, Küchenchef des "Gustav". Seinen dortigen Souschef Daniel Pletsch hat er nun an den "Weinsinn"-Herd geholt. Man wird sehr freundlich und versiert umsorgt - zum aufmerksamen Serviceteam gehört auch ein Sommelier, der mit fundiertem Wissen eine schöne glasweise Weinbegleitung empfiehlt.

Spezialitäten: Saibling in Zitronenöl gegart, mild geräucherte Saiblingskaviarmarinade und gebeizter Fenchel. Gebratener Lammrücken, Salat von grünen Bohnen, Estragon und fermentierter Senfsaat. Weiße Schokoladenchantilly, marinierte Feige, Zitronenverbene und Pistazien-Basilikumeis.

✤ – Menü 90/120 €

Stadtplan: J2-w – *Weserstraße 4* ✉ *60329* – ☎ *069 56998080* – *www.weinsinn.de* – *Geschlossen 30. März-7. April, 27. Juli-21. August, Montag, Sonntag, mittags: Dienstag-Samstag*

❀ ERNO'S BISTRO

FRANZÖSISCH-KLASSISCH · BISTRO ✕ Seit vielen Jahren eine feste kulinarische Größe in Frankfurt - und dazu noch eine wirklich charmante, denn hier fühlt man sich wie in einem Bistro in Frankreich! Zu verdanken ist die liebenswert-nachbarschaftliche Atmosphäre zum einen der Einrichtung (hübsche Holztäfelung und dekorative Accessoires wie Weinflaschen, Bilder und Lampen), zum anderen dem sympathisch-lockeren und gleichermaßen versierten Team um Patron Eric Huber. Unter der Leitung von Küchenchef Valéry Mathis wird geradlinig und aromareich gekocht - französisch mit saisonalen und modernen Einflüssen, top die Produkte. Dazu passt die sehr gut sortierte, ebenfalls französische Weinkarte, tolle Beratung inklusive. All das kommt bei einem internationalen Business-Publikum ebenso an wie bei Stammgästen aus der Gegend.

Spezialitäten: Artischocken à la Barigoule mit Ziegenfrischkäse, Gemüse Bouillabaisse und Basilikum. Tranchen vom Kalbskotelett mit Steinpilzen, Kartoffeln, Rosmarinjus und Linsenvinaigrette. Mascarponecrème mit pochiertem Rhabarber, Chili-Himbeeren und Rhabarbersorbet.

🕸 🏠 – Menü 55 € (Mittags), 115/145 € – Karte 102/165 €

Stadtplan: F2-k – *Liebigstraße 15* ✉ *60323* – ☎ *069 721997* – *www.ernosbistro.de* – *Geschlossen 2.-22. August, 23. Dezember-10. Januar, Samstag, Sonntag*

❀ SEVEN SWANS

VEGAN · DESIGN ✕ Speziell die Location, ganz eigen die Küchen-Philosophie! Zu finden im schmalsten, aber immerhin sieben Etagen hohen Gebäude der Stadt! Stylish und klar das Design, toll der Blick zum Main durch ein großes Fenster, das die komplette Breite und Höhe des Raumes einnimmt. Auf dem Teller rein Veganes aus Bio-Produkten. "Permakultur" heißt das Konzept, und dafür kommen ausschließlich regionale Zutaten zum Einsatz, die ökologisch und im Einklang mit der Natur erzeugt werden. Passend zu dieser Ideologie stammen viele Produkte vom eigenen Bauernhof in der Nähe! Küchenchef Ricky Saward hat ein Händchen für interessante kreative Kombinationen, die auf den ersten Blick eher ungewöhnlich erscheinen, aber fantastisch harmonieren! Den Service übernehmen die Köche selbst.

Spezialitäten: Kohlrabi, Apfel, Hanf, Fichte. Tomate, Kiefer, Distel, Anis-Ysop. Felsen-Kirsche, Fenchel, Mahonie, Wacholder.

🍃 *Engagement des Küchenchefs: "Meine Küche ist nicht vegan "geboren", sondern sie hat sich dahin entwickelt, vor allem durch die tollen Produkte vom eigenen Feld! Dadurch sind für mich Begriffe wie Regionalität, Saisonalität, "farm to table", "root to leaf" ebenso Selbstverständlichkeiten wie die Bemühung, Ressourcen zu schonen."*

🔠 – Menü 129 €

Stadtplan: K2-c – *Mainkai 4* ✉ *60311* – 𝒞 *069 21996226* – *www.sevenswans.de* – *Geschlossen 1.-18. Januar, 6.-19. Juli, Montag, Sonntag, mittags: Dienstag-Samstag*

🍽️ AUREUS ⓝ

MODERNE KÜCHE · HISTORISCHES AMBIENTE ✕✕ Ein Bijou mitten im Westend Frankfurts, nicht weit von der Alten Oper. Früher Kindertagesstätte, beherbergt die sehenswerte Gründerzeitvilla heute neben dem "Goldkammer"-Museum auch dieses schicke Restaurant - „79 AU" nimmt Bezug auf das chemische Kürzel für Gold. Im 1. Stock serviert man moderne Küche, toll die Dachterrasse. Tagsüber leckere Pâtisserie im Café im EG.

🌿 ♿ 🎁 – Menü 29 € (Mittags), 80/140 € – Karte 45/81 €

Stadtplan: F2-a – *Kettenhofweg 27* ✉ *60325* – 𝒞 *069 79533979* – *www.aureus-restaurant-im-goldmuseum.de* – *Geschlossen 1.-10. Januar, 23.-30. Mai, 26. September-3. Oktober, Sonntag*

🍽️ FRANKFURTER BOTSCHAFT

INTERNATIONAL · HIP ✕✕ Absolut top die Lage am Westhafenplatz! Vom schicken, rundum verglasten Restaurant und von der Terrasse schaut man aufs Wasser, dazu international-asiatisch beeinflusste Küche, z. B. "Tatar vom Weideochsen und gelierte OX Tail Soup mit Bio-Eigelb, Kartoffelschaum und geräuchertem Schwarzbrot". Gut die Weinberatung. Bei schönem Wetter Drinks und Snacks am Privatstrand.

🌿 – Menü 32 € (Mittags), 35/75 € – Karte 44/78 €

Stadtplan: F3-b – *Westhafenplatz 6* ✉ *60327* – 𝒞 *069 15342522* – *www.frankfurterbotschaft.de* – *Geschlossen Montag, Dienstag, mittags: Samstag, Sonntag*

🍽️ MAIN TOWER RESTAURANT & LOUNGE

MODERNE KÜCHE · TRENDY ✕✕ Einmalig die Aussicht! Die Fahrt in den 53. Stock ist bei Tischreservierung kostenfrei, ebenso der Zugang zur Aussichtsplattform. Abends stellen Sie sich zum festen Preis Ihr Menü frei von der Karte zusammen. Mittags bietet man ein günstiges Businessmenü.

🔽 🔠 🎁 – Menü 88/119 €

Stadtplan: J2-u – *Neue Mainzer Straße 52 (53. Etage)* ✉ *60311* – 𝒞 *069 36504777* – *www.maintower-restaurant.de* – *Geschlossen 1.-14. Januar, 19. Juli-2. August, 24.-30. Dezember, Montag, mittags: Dienstag-Samstag, Sonntag*

🍽️ MEDICI

INTERNATIONAL · FREUNDLICH ✕✕ Schon seit 2004 stehen die Brüder Simiakos in ihrem Restaurant mitten im Zentrum am Herd und bieten internationale Küche mit mediterranen und asiatischen Einflüssen. Macht Ihnen z. B. "Skreifilet auf Paprika-Zucchinigemüse mit Granatapfel und Parmesan-Gnocchi" Appetit? Sehr beliebt: das günstige Lunch-Menü!

🌿 🔠 – Menü 21 € (Mittags)/54 € – Karte 21/62 €

Stadtplan: J_K2-d – *Weißadlergasse 2* ✉ *60311* – 𝒞 *069 21990794* – *www.restaurantmedici.de* – *Geschlossen Sonntag*

⫟○ **MON AMIE MAXI**

FRANZÖSISCH · BRASSERIE XX Chic, fast schon opulent kommt die Brasserie in der schönen Villa von 1925 daher - toll die lebendige Atmosphäre, klassisch der Service. Mittig die "Raw Bar", dazu die einsehbare Küche. Das französische Angebot reicht von Austern (frisch vom Meeresfrüchte-Buffet) bis "Steak à la Strindberg". Gute Weinkarte. Mittags zusätzlich günstiger "Plat du jour".

🍽 🅰🅲 ⇔ – Karte 40/140 €

Stadtplan: F2-x – *Bockenheimer Landstraße 31* ✉ *60325 –*
☏ *069 71402121 - www.mook-group.de –*
Geschlossen mittags: Samstag

⫟○ **ZENZAKAN**

ASIATISCH · HIP XX Elegant und gediegen geht es hier zu: dunkle Töne und gedimmtes Licht, fernöstliche Deko, die Atmosphäre lebhaft, aber dennoch angenehm anonym. Auf der Karte pan-asiatische Speisen wie "Crispy Nori Taco mit Tuna" oder das scharfe "General Tso´s Chicken". Daneben gibt es auch Sushi, Currys und Grillgerichte.

🍽 ♿ 🅰🅲 ⇔ 🚗 – Menü 70/144 € – Karte 55/144 €

Stadtplan: J1-m – *Taunusanlage 15* ✉ *60325 –*
☏ *069 97086908 - www.mook-group.de –*
Geschlossen 1.-7. Januar, 24.-31. Dezember, Sonntag, mittags: Montag-Samstag

⫟○ **BIDLABU**

MARKTKÜCHE · BISTRO X Das sympathische Bistro liegt etwas versteckt im Herzen der Stadt, charmant die Terrasse in der kleinen Gasse. Dass hier Fachleute am Werk sind, merkt man an der ambitionierten Marktküche, z. B. in Form von "Rind, Steinpilze, Sellerie & Blaubeere". Das Menü gibt es auch als Vegi-Variante. Fair kalkulierte Mittagskarte.

🍽 – Menü 30 € (Mittags), 50/90 € – Karte 32/41 €

Stadtplan: J1-c – *Kleine Bockenheimer Straße 14* ✉ *60313 –*
☏ *069 95648784 - www.bidlabu.de –*
Geschlossen 23. Dezember-3. Januar, mittags: Montag-Mittwoch, mittags: Sonntag

⫟○ **BISTRO VILLA MERTON**

REGIONAL · ELEGANT X Mit dem Bistro hat die Villa Merton eine schöne Alternative in Küchenstil und Preis. Man kocht regional und international mit saisonalen Einflüssen. Mittags gibt es unter der Woche auch ein Lunchmenü.

🍽 ⇔ – Menü 34 € (Mittags), 44/49 € – Karte 36/54 €

Stadtplan: E1-n – *Restaurant Villa Merton, Am Leonhardsbrunn 12*
(Ecke Ditmarstraße im Union) ✉ *60487 –*
☏ *069 703033 - www.restaurant-villa-merton.de –*
Geschlossen mittags: Samstag, Sonntag

⫟○ **CARTE BLANCHE**

MARKTKÜCHE · NACHBARSCHAFTLICH X Eine feste Speisekarte gibt es hier nicht. Man lässt sich auf die Tagesempfehlungen ein und wählt aus einem Überraschungsmenü drei bis sieben Gänge - auf Wunsch auch mit korrespondierenden Weinen. Gekocht wird modern-saisonal und möglichst mit Produkten aus der Region. Schön der Rahmen: ein schmuckes historisches Eckhaus, in dem man unter einer hohen Stuckdecke sitzt.

🍽 – Menü 74 € – Karte 24/39 €

Stadtplan: G1-a – *Egenolffstraße 39* ✉ *60316 –*
☏ *069 27245883 - www.carteblanche-ffm.de –*
Geschlossen Montag, Dienstag, mittags: Mittwoch-Sonntag

ⅱ◯ STANLEY

MODERNE KÜCHE · HIP ✗ Attraktiv das wertige, geradlinig-moderne Interieur, ein Hingucker die Werke lokaler Künstler, die hier regemäßig ausstellen. In der Küche liegt der Fokus auf Fisch, den man gerne aus der Region bezieht. Umsorgt wird man angenehm unkompliziert und versiert.

🍽 ⅇ – Karte 26/59 €

Stadtplan: F2-t – *Ottostraße 16* ✉ *60329 –* ☏ *069 26942892 –*
www.stanleydiamond.com – Geschlossen Montag, Sonntag,
mittags: Dienstag-Samstag

ⅱ◯ SUSHIMOTO

JAPANISCH · GERADLINIG ✗ Das Ambiente ist authentisch schlicht, wie man es von einem japanischen Restaurant erwartet. Sushi, Teppanyaki und vor allem die interessanten "Omakase" bringen Ihnen die vielen Facetten der Kulinarik Japans nahe.

ⅇ 🅼 🚗 – Menü 13 € (Mittags), 45/120 € – Karte 21/75 €

Stadtplan: K1-c – *Konrad-Adenauer-Straße 7 (Eingang: Große Friedberger Straße,*
Arabella Galerie-Passage) ✉ *60313 –* ☏ *069 1310057 – www.sushimoto.eu –*
Geschlossen Montag, mittags: Sonntag

Hotels

🏨 SOFITEL FRANKFURT OPERA

LUXUS · ELEGANT Beste Lage am Opernplatz. Der schicke "Hôtel Particulier"-Stil vermittelt französisches Flair. Geräumig die Zimmer, modern-elegant das Design. Bar "Lili's" mit klassischen Cocktails und 80 Sorten Gin. Das Restaurant "Schönemann" bietet französische Küche.

📶 🕸 🛁 🗖 ⅇ 🅼 🛎 – 134 Zimmer – 16 Suiten

Stadtplan: J1-a – *Opernplatz 16 (Zufahrt über Bockenheimer Anlage oder*
Hochstraße) ✉ *60313 –* ☏ *069 2566950 – www.sofitel-frankfurt.com*

🏨 JUMEIRAH

LUXUS · MODERN Toll die zentrale Lage, ausgesucht das moderne Interieur. Echtes Highlight: die "Presidential Suite" mit 220 qm! Dazu hochwertiger "Talise Spa" sowie direkter Zugang zum benachbarten "Fitness First Frankfurt". Etwas Besonderes: selbst produzierter Honig zum Frühstück! Libanesische Küche im "El Rayyan", angeschlossen an die Shopping-Mall "MyZeil". Internationales im schicken "Max on One Grillroom".

📶 🕸 🗖 ⅇ 🅼 🛎 🚗 – 200 Zimmer – 18 Suiten

Stadtplan: K1-t – *Thurn-Und-Taxis-Platz 2 (Zufahrt über Große Eschenheimer*
Straße 8) ✉ *60313 –* ☏ *069 2972370 – www.jumeirah.com/frankfurt*

🏨 ROOMERS   `Tablet.PLUS`

BUSINESS · DESIGN Alles hier ist chic designt und wertig, von den durchdachten Zimmern bis zum edlen Sauna- und Fitnessbereich. Klasse der Service: Man geht eine auf Wünsche ein, Ihr Auto wird geparkt, auch "Late Check-Out" ist möglich... Tipp: Die trendige Bar ist ein echter Hotspot - auch für Einheimische.

📶 🕸 🛁 🗖 🅼 🛎 🚗 – 113 Zimmer – 3 Suiten

Stadtplan: F3-s – *Gutleutstraße 85* ✉ *60329 –* ☏ *069 2713420 –*
www.roomers-frankfurt.com

🏨 25HOURS HOTEL THE TRIP   `Tablet.PLUS`

URBAN · DESIGN Das beim Hauptbahnhof gelegene Designhotel widmet sich Reisen um die ganze Welt - entsprechend individuell sind die Zimmer: Afrika, Asien, Ozeanien, Arktis, Tropen, Berge. Zum Relaxen: die tolle Dachterrasse im 6. Stock. Das charmant-lebendige Restaurant "Bar Shuka" bietet israelisch-orientalische Küche.

📶 🗖 ⅇ 🅼 🛎 – 150 Zimmer – 2 Suiten

Stadtplan: F2-d – *Niddastraße 58* ✉ *60329 –* ☏ *069 2566770 –*
www.25hours-hotels.com

THE PURE

URBAN · DESIGN Richtig chic ist das puristische Design in Weiß, das in diesem Hotel in Bahnhofsnähe dominiert. Die ansprechenden modern-eleganten Gästezimmer sind teilweise nicht sehr großzügig geschnitten. Einige Zimmer liegen zum Innenhof.

🕸 ⅃⅃ 🔁 ⅍ 🚗 – 50 Zimmer

Stadtplan: F2-b – *Niddastraße 86* ✉ *60329* – ☏ *069 7104570* – *www.the-pure.de*

25HOURS HOTEL THE GOLDMAN   `Tablet.`**PLUS**

URBAN · DESIGN Ein Haus für Junge und Junggebliebene. Die Atmosphäre locker und persönlich, man ist per du. Individuell: Die "West"-Zimmer sind nach den Ideen diverser Frankfurter Persönlichkeiten designt, die "East"-Zimmer "vergessenen internationalen Helden" gewidmet. "Oost Bar" für Frühstück und als Treffpunkt, regelmäßig Live-Musik. International-mediterrane Küche im Restaurant.

🍽 🔁 ⅍ 🛎 🅿 – 97 Zimmer

Stadtplan: H2-a – *Hanauer Landstraße 127* ✉ *60314* – ☏ *069 40586890* – *www.25hours-hotels.com*

In Frankfurt-Oberrad

GERBERMÜHLE

HISTORISCH · DESIGN Die a. d. 14. Jh. stammende Mühle direkt am Main (in der Bar findet sich übrigens der alte Mühlstein) wurde zu einem schönen kleinen Hotel, wertig und stimmig in geschmackvoll-modernem Stil. Puristisch-elegant das Restaurant. An den Wintergarten schließt sich die Terrasse an, ums Eck der Biergarten zum Fluss!

🍽 🔁 ⅊ ⅍ 🛎 🅿 – 19 Zimmer – 6 Suiten

Stadtplan: C2-a – *Gerbermühlstraße 105* ✉ *60594* – ☏ *069 68977790* – *www.gerbermuehle.de*

In Frankfurt-Ostend

LINDLEY LINDENBERG 🟢

BUSINESS · DESIGN Richtig stylish und sehr urban ist alles in diesem Hotel im Frankfurter Ostend - ideal für Geschäftsreisende, aber auch für Langzeitgäste. Neben praktischen Zimmern hat man zwei Gemeinschaftsküchen, ein Café mit Bäckerei und eine Bibliothek, dazu gute Tagungsbedingungen. Außerdem: schöne Dachterrasse mit Aussicht.

🍽 🔁 ⅊ ⅍ 🛎 🅿 🚗 – 100 Zimmer

Stadtplan: C2-b – *Lindleystraße 17* ✉ *60311* – ☏ *069 506086050* – *thelindenberg.com*

In Frankfurt-Sachsenhausen

CARMELO GRECO

ITALIENISCH · ELEGANT XX Folgen Sie den kleinen Hinweis-Schildern, dann finden Sie das etwas versteckt liegende Restaurant recht einfach. Bei Carmelo Greco sind alle goldrichtig, die italienische Küche und Lebensart lieben. In Sizilien geboren und im Piemont aufgewachsen, fühlt er sich auch kulinarisch mit seiner Heimat verbunden. Ein Glas Spumante als Auftakt, hausgebackenes Brot, professioneller Service mit italienischem Charme... "La dolce vita" lässt grüßen! Ausgesuchte Produkte treffen hier auf Kreativität, tadelloses Handwerk und eine gute Portion Finesse - so gelungen kann man klassisch-italienische Küche modern interpretieren. Dem ebenbürtig: modern-elegantes Interieur mit edlen Grau- und Goldtönen, schicken Deckenleuchten und der silbrig schimmernden Bar, die gleich im Eingangsbereich die Blicke auf sich zieht.

Spezialitäten: Tatar von Gambero Rosso, Wassermelone, Tomatenwasser. Reh, Sellerie, Kirsche, Chioggia Bete. Mandelparfait, Aprikose.

🍴 ⅍ – Menü 75/95 € – Karte 73/97 €

Stadtplan: G3-a – *Ziegelhüttenweg 1* ✉ *60598* – ☏ *069 60608967* – *www.carmelo-greco.de* – *Geschlossen Sonntag, mittags: Samstag*

Ⅰ○ **FRANZISKA**

TRADITIONELLE KÜCHE · CHIC XX 40 Sekunden sind es mit dem Lift hinauf in den Henninger Turm. Bei grandiosem Blick auf die Frankfurter Skyline gibt es modern interpretierte "German Vintage Cuisine": "Russische Eier", "Wagyu-Sauerbraten", "Falscher Hase"... Der Name "Franziska" stammt übrigens von der Großtante des Mook-Group-Gründers. Cocktails in der "Barrel Bar". Terrasse eine Etage tiefer. Hinweis: nur online buchbar.

⇐ 斋 ら 囮 🎛 – Menü 34 € (Mittags), 80/120 € – Karte 34/120 €

Stadtplan: G3-c – *Hainer Weg 72 (39. Etage im Henninger Turm)* ✉ 60599 –
℘ 069 66377640 – www.mook-group.de –
Geschlossen mittags: Montag-Donnerstag

Ⅰ○ **LOHNINGER**

ÖSTERREICHISCH · FREUNDLICH XX Sehr chic hat man hier klassisches Altbau-Flair samt schönen hohen Stuckdecken mit moderner Geradlinigkeit verbunden. In der Küche trifft "Die Heimat" auf "Die Welt". Wie wär's z. B. mit "gegrilltem Miso-Lachs, Shiitake-Pilze, Orangen-Ingwer-Marinade, Wasserkressesalat"? Oder lieber einen österreichischen Klassiker wie Wiener Schnitzel?

斋 囮 ⇔ – Menü 48 € (Mittags)/108 € – Karte 43/116 €

Stadtplan: J3-n – *Schweizer Straße 1* ✉ 60594 –
℘ 069 247557860 – www.lohninger.de

Ⅰ○ **THE SAKAI**

JAPANISCH ZEITGENÖSSISCH · EXOTISCHES AMBIENTE X Mit Hiroshi Sakai steht hier ein echter Sushi-Meister am Herd! Das Restaurant im Souterrain ist im authentischen "Wabi-Sabi"-Style gehalten: "Wabi" steht für den typischen Minimalismus, "Sabi" für eine gewisse Wehmut in der japanischen Kultur. Umsorgt wird man von einem sehr freundlichen, sympathischen und gut geschulten Serviceteam. Stattlich die Sake-Auswahl.

囮 – Menü 85 €

Stadtplan: G3-s – *Hedderichstraße 69* ✉ 60594 –
℘ 069 89990330 – www.the-sakai.com –
Geschlossen Montag, Sonntag, mittags: Dienstag-Samstag

🏨 **VILLA KENNEDY**

GROSSER LUXUS · KLASSISCH Gelungen wurde die Villa Speyer von 1901 zum eindrucksvollen Luxushotel erweitert. Das Interieur überaus individuell und geschmackvoll, schöne Details verweisen auf die 60er Jahre. Die Zimmer sehr geräumig (teils zum tollen Innenhof), Spa auf 1000 qm. Tipp: Cappuccino vom Barista in der "JFK Bar"! Italienische Küche im "Gusto" - sonntags "Domenica Italiana"-Lunch.

🍴 ⇦ 🔲 ⊕ 🏛 ♨ 🎛 ら 囮 🏋 🍸 – 127 Zimmer – 36 Suiten

Stadtplan: F3-a – *Kennedyallee 70* ✉ 60596 – ℘ 069 717120 –
www.roccofortehotels.com/hotels-and-resorts/villa-kennedy

LIBERTINE LINDENBERG

BOUTIQUE-HOTEL · DESIGN Im Schwesterhotel des "Lindley Lindenberg" erwarten Sie wohnlich-moderne Zimmer (darunter Maisonetten und ein Apartment im 5. Stock mit Dachschräge und Küchenzeile), das "Wohnzimmercafé", die "Kochlandschaft" und ein eigenes Tonstudio. Tipp: Fahrradverleih.

🛗 – 27 Zimmer

Stadtplan: G3-b – *Frankensteiner Straße 20* ✉ *60594 –*
℘ 069 66161550 – www.das-lindenberg.de

FRANKWEILER

Rheinland-Pfalz – Regionalatlas **54**–E17 – Michelin Straßenkarte 543

 WEINSTUBE BRAND

REGIONAL · GEMÜTLICH ⅙ Was diese rustikale Weinstube samt nettem Innenhof so beliebt macht? Hier ist es gemütlich und unkompliziert, die Gastgeber sind sympathisch und man kocht schmackhaft und frisch. Es gibt z. B. "geschmorte Schulter vom Wildkaninchen auf Cassisrotkraut". Das Wild stammt von befreundeten Jägern aus der Region.

Spezialitäten: Ravioli mit gebratenen Blumenkohlröschen und Riesengarnelen. Rotbarsch mit Teriyakikürbis, Shiitake, Gewürzquinoa und mildem Tom Kha-Schaum. Schokolade mit gepfefferter Ananas und Safraneis.

🌳 🍽 – Karte 27/53 €

Weinstraße 19 ✉ *76833 – ℘ 06345 959490 –*
Geschlossen 20. Juli-3. August, 24.-31. Dezember, 24. Dezember-4. Januar,
Montag, Sonntag, mittags: Dienstag

FRASDORF

Bayern – Regionalatlas **66**–N21 – Michelin Straßenkarte 546

 MICHAEL'S LEITENBERG

ZEITGENÖSSISCH · RUSTIKAL ⅩⅩ Wer würde in dem kleinen Ortsteil von Frasdorf ein solches Restaurant erwarten? Der junge Chef "Michael" kocht klassisch und modern inspiriert. Seine Gerichte sind geschmackvoll, frisch und durchdacht. Attraktiv auch das freundliche und moderne Interieur.

Spezialitäten: Lachs, Soja, Avocado, Lemongras. Lamm, Polenta, Shisoessig, Pak Choi, Zitrus. Nussbuttereis, Karotte, Sanddorn.

🌳 🅿 – Menü 79/110 € – Karte 32/65 €

Weiherweg 3 ✉ *83112 – ℘ 08052 2224 – www.michaels-leitenberg.de –*
Geschlossen Mittwoch, Donnerstag, mittags: Montag-Dienstag und
Freitag-Samstag

In Frasdorf-Wildenwart Nord-Ost: 3 km, jenseits der A 8

🍴🅾 **SCHLOßWIRTSCHAFT WILDENWART**

REGIONAL · GASTHOF ⅙ Sie suchen urige Wirtshausatmosphäre und regionale Küche? Probieren Sie z. B. Schweinsbraten, Backhendl, Fleischpflanzerl & Co. Und danach vielleicht ein Spaziergang in der schönen Natur ringsum? Hier gehen Tradition und Naturverbundenheit Hand in Hand.

🌳 ♿ 🅿 🍽 – Karte 22/56 €

Ludwigstraße 8 ✉ *83112 – ℘ 08051 2756 – www.schlosswirtschaft-wildenwart.de –*
Geschlossen 7.-23. März, 22. August-12. September, Montag, Dienstag

FREIAMT

Baden-Württemberg – Regionalatlas **61**–D20 – Michelin Straßenkarte 545

In Freiamt-Brettental

 LUDINMÜHLE

SPA UND WELLNESS · INDIVIDUELL Wirklich schön, was die gewachsene Hotelanlage alles bietet: zuvorkommende Gästebetreuung, wohnlich-komfortable Zimmer und die beliebte "Verwöhnpension" (ganztägig Snacks im "Genießergärtchen"), Spa auf 2000 qm samt Blockhaus-Stubensauna im Garten, Floating, Beauty sowie Kinderparadies mit Betreuung.

⟡ ⟡ ⟡ ⟡ ⟡ ⟡ ⟡ ⟡ ⟡ ⟡ ⟡ ⟡ **P** – 60 Zimmer – 5 Suiten

Brettental 31 ⊠ 79348 – ℰ 07645 91190 – www.ludinmuehle.de

In Freiamt-Mussbach

⟡ **ZUR KRONE**

REGIONAL · GASTHOF ✕ In dem gemütlichen Landhaus isst man gut und wohnt richtig nett. Seit über 200 Jahren und inzwischen in 9. Generation wird es engagiert und mit Sinn für Tradition geführt. Gekocht wird mit saisonalem Bezug - auf der Karte machen z. B. Wild- oder Spargelgerichte Appetit. Oder vielleicht das "Gizzi-Menü"?

Spezialitäten: Carpaccio vom Lachs. Rinderfiletspitzen mit Senfrahmsauce und Spätzle. Meringe mit Sahne und Vanilleeis.

⟡ ⟡ ⟡ **P** ⟡ – Menü 26/44 € – Karte 29/50 €

Mussbach 6 ⊠ 79348 – ℰ 07645 227 – www.krone-freiamt.de –
Geschlossen 11.-31. Januar, mittags: Montag-Dienstag, Mittwoch, Donnerstag, mittags: Freitag

Baden-Württemberg
Regionalatlas **61**–D20
Michelin Straßenkarte 545

FREIBURG IM BREISGAU

Die Breisgau-Metropole und über 900 Jahre alte Zähringerstadt hat nicht nur jede Menge Charme und Historie zu bieten, sondern auch eine vielfältige Gastronomie. Da sind die zahlreichen Lokale rund um den bekannten Münsterplatz mit seiner sehenswerten, in der Zeit von ca. 1200 - 1513 erbauten Bischofskirche zu nennen. Dass es die Freiburger locker-leger, aber dennoch mit Stil mögen, bringen zum einen die vielen Studentenkneipen zum Ausdruck, zum anderen auch die kulinarische Nr. 1 der Stadt, das Sternerestaurant **Wolfshöhle**. Wer die französische Klassik favorisiert, ist im **Colombi Restaurant** mit seinen gemütlichen Stuben gut aufgehoben - zu finden im **Colombi**, dem Highend-Hotel Freiburgs. Und lassen Sie sich nicht den Traumblick schlechthin entgehen – den gibt's auf der Terrasse des **Chez Eric**, begleitet von französischer Küche. Ausflugstipps: Kaiserstuhl, Markgräfler Land und Dreisamtal.

Restaurants

✿ WOLFSHÖHLE

Chef: Sascha Weiss

FRANZÖSISCH-MODERN · FAMILIÄR ⚓ Nur einen Steinwurf vom Freiburger Münster entfernt liegt dieses Traditionshaus, dessen geradliniges und (dank Holztäfelung und Parkettboden) gleichzeitig warmes Interieur ein bisschen was von einem chic-modernen Bistro hat. Die klassisch basierte Küche von Patron Sascha Weiss und seinem langjährigen Team kommt angenehm reduziert und mit einer gewissen Leichtigkeit daher. Da verwundert es nicht, dass zahlreiche Feinschmecker angesichts schön klar strukturierter und finessenreicher Gerichte wie Saibling im Escabeche-Sud zu "Wiederholungstätern" werden. Mittags gibt es übrigens neben einer gepflegten A-la-carte-Auswahl ein sehr attraktiv kalkuliertes Lunchmenü.

Spezialitäten: Rindertatar mit Senfeis, Eigelb-Crème und Radieschen. Schwarzfederhuhn, Couscous und Artischocke. Zwetschgen-Sacher mit Topfeneis.

🌳 🅼 ⇄ – Menü 39 € (Mittags), 54/125 € – Karte 69/93 €

Stadtplan: B1_2-t - *Konviktstraße 8* ✉ *79098 -*
📞 *0761 30303 - www.wolfshoehle-freiburg.de -*
Geschlossen Montag, Sonntag

COLOMBI RESTAURANT

FRANZÖSISCH-KLASSISCH • GEMÜTLICH XXX Ob elegante holzvertäfelte „Zirbelstube", traditionelle „Falkenstube" oder die aus einer historischen Schwarzwälder Bauernstube entstandene „Hans-Thoma-Stube", gemütlich sitzt man hier überall. Geboten wird klassische Küche aus guten Produkten. Hinweis: leicht abweichende Öffnungszeiten der einzelnen Stuben.

- Menü 89/139 € - Karte 65/88 €

Stadtplan: A1-r - *Colombi Hotel, Rotteckring 16 (Am Colombi Park) 79098 - 0761 21060 - www.colombi.de - Geschlossen 1.-31. August, Montag, mittags: Dienstag-Samstag, Sonntag*

DREXLERS

KLASSISCHE KÜCHE • HIP XX Seit 2007 ist das schicke, recht edle Bistro nahe dem Colombipark gewissermaßen eine Institution in Freiburg. In lebendiger Atmosphäre bietet man schmackhafte klassisch basierte Küche, z. B. in Form von "rosa gebratener Taube mit Blattspinat, Pilzen und Petersilienwurzelpüree". Toll die Weinauswahl - der eigenen Weinhandlung sei Dank! Mittags nur einige Tagesgerichte.

- Menü 54/66 € - Karte 54/76 €

Stadtplan: A1-b - *Rosastr. 9 79098 - 0761 5957203 - www.drexlers-restaurant.de - Geschlossen 9.-31. August, mittags: Samstag, Sonntag*

STADT FREIBURG

INTERNATIONAL • BRASSERIE XX Hier darf man sich in schicker Brasserie-Atmosphäre auf geschmackvolle Frischeküche freuen, und die gibt es z. B. als "Loup de mer mit geröstetem Kalbskopf und Pfifferling-Maultaschen". Bei schönem Wetter lockt die Terrasse. Übernachten kann man in attraktiven zeitgemäßen Gästezimmern.

- Menü 25 € (Mittags), 38/65 € - Karte 25/65 €

außerhalb Stadtplan - *Breisacher Straße 84 79110 - 0761 89680 - www.hotel-stadt-freiburg.de - Geschlossen Sonntag*

BASHO-AN

JAPANISCH • GERADLINIG X Ganz in der Nähe der Fußgängerzone gibt es in typisch puristischem Ambiente beliebte klassisch japanische Küche, z. B. in Form von "Seehecht mit Gemüse in Sojabrühe" oder "Tempura von Steingarnele", zudem Sushi. Kleinere Mittagskarte.

Menü 30 € (Mittags), 78/120 € - Karte 23/74 €

Stadtplan: B1-f - *Merianstraße 10 79098 - 0761 2853405 - www.bashoan.com - Geschlossen 1.-4. Januar, Montag, Sonntag*

KREUZBLUME

KLASSISCHE KÜCHE • GEMÜTLICH X Schön die Lage in der Altstadt sowie das moderne Ambiente (sowohl im Restaurant als auch in den Gästezimmern), frisch und angenehm unkompliziert die Küche. Probieren Sie z. B. "Rote-Bete-Risotto mit Meerrettich" oder "Entenbrust auf getrüffeltem Topinamburpüree". Park-Tipp: Schlossberggarage um die Ecke.

- Menü 40/50 € - Karte 43/63 €

Stadtplan: B2-r - *Konviktstraße 31 79098 - 0176 23214632 - www.kreuzblume-freiburg.de - Geschlossen Montag, Dienstag, mittags: Mittwoch-Sonntag*

KURO MORI

ASIATISCHE EINFLÜSSE • CHIC X "Kuro Mori" ist japanisch und bedeutet "Schwarzer Wald", entsprechend das Motto in dem stylischen Restaurant des Horbener Sternekochs Steffen Disch: "Black Forest meets Asia". Die interessante und nicht alltägliche Küche reicht von "Sweet Chili Pork" bis zum Topfenknödel. Mittags reduzierte Karte. Schön die Lage in der Freiburger Altstadt.

- Menü 28 € (Mittags), 56/68 € - Karte 35/51 €

Stadtplan: B2-a - *Grünwalderstraße 2 79098 - 0761 38848226 - www.kuro-mori.de - Geschlossen Sonntag*

Hotels

COLOMBI HOTEL

LUXUS · KLASSISCH Das überaus elegante Hotel ist das Flaggschiff der Breisgau-Metropole und vereint so einiges unter einem Dach: luxuriöses Wohnen, Spa, schöne Restaurantstuben, Café (toll die Kuchen und Pralinen!), Tagungsmöglichkeiten, top Service. Von Nov. - Febr. hat man ein rustikales Chalet im Innenhof - hier gibt's Regionales.

⌂ ▤ ⑩ ⋔ ⌸ ⬆ ⅙ 🅰 ⚔ 🚗 – 112 Zimmer – 16 Suiten

Stadtplan: A1-r – Rotteckring 16 (Am Colombi Park) ✉ 79098 – ☎ 0761 21060 – www.colombi.de

🍴 **Colombi Restaurant** – Siehe Restaurantauswahl

THE ALEX HOTEL

BUSINESS · MODERN Klein, individuell und persönlich. Ein modernes, chic-urbanes Stadthotel, das in einer ruhigen Seitenstraße in Bahnhofsnähe liegt. Die Zimmer sind nicht groß, aber wertig, zum Frühstück gibt's hausgemachte Marmelade - schön sitzt man auf der Terrasse! Regionale Weine in der "Winery29".

⬆ 🅰 🚗 – 39 Zimmer

Stadtplan: A1-a – Rheinstraße 29 ✉ 79104 – ☎ 0761 296970 – www.the-alex-hotel.de

274

In **Freiburg-Herdern** Nord: 1 km über Karlstraße B1

⭕ **CHEZ ERIC**

FRANZÖSISCH-KLASSISCH · FREUNDLICH XX Hoch über Freiburg thront das "Panorama Hotel" mit seinen gut ausgestatteten Zimmern und diesem eleganten Restaurant - einmalig der Blick von der tollen Terrasse! Die Küche ist klassisch-französisch, Spezialität sind Krusten- und Schalentiere, frische Austern und ganze Fische vom Grill. Oder lieber "Kalbsroulade, gefüllt mit Steinpilzen in Rosmarinrahm"?

🕸 ⇦ ≼ 🖢 🏠 🖾 🗊 🅿 – Menü 44/84 € – Karte 58/96 €

außerhalb Stadtplan – *Wintererstraße 89* ✉ *79104* – ℰ *0761 51030* – *www.chez-eric.de*

⭕ **EICHHALDE**

ITALIENISCH · FAMILIÄR XX Nach gelungenem Facelift und unter neuen Betreibern gibt es in der "Eichhalde" nun frische klassisch-italienische Küche, die angenehm reduziert daherkommt. Probieren Sie z. B. "Pasta mit Rindersugo" oder "Saltimbocca vom Kalbsfilet mit Pfifferlingen". Nett sitzt man auch auf der kleinen Terrasse.

🏠 🖾 ✿ – Menü 58/98 € – Karte 42/69 €

außerhalb Stadtplan – *Stadtstraße 91* ✉ *79104* – ℰ *0761 58992920* – *www.eichhalde-freiburg.de* – *Geschlossen Mittwoch, mittags: Donnerstag, mittags: Samstag*

In **Freiburg-Lehen** West: 3 km über Dreisamstraße A2

⭕ **HIRSCHEN**

MARKTKÜCHE · GEMÜTLICH XX Möchten Sie in der gemütlichen Gaststube speisen oder lieber im eleganteren Restaurant? Kulinarisch geht es klassisch zu, da heißt es z. B. "Hummerravioli, Blattspinat, Beurre blanc". Wer es bürgerlicher mag, freut sich z. B. über "saure Kalbsleber". Tipp: zur Gänse-Saison zeitig reservieren!

⇦ 🏠 🖾 🅿 🛋 – Menü 73/140 € – Karte 46/99 €

außerhalb Stadtplan – *Hotel Hirschen, Breisgauer Straße 47* ✉ *79110* – ℰ *0761 8977690* – *www.hirschen-freiburg.de*

In **Freiburg-Munzingen** Süd-West: 13 km über Basler Straße A2, jenseits der A 5

⭕ **REGIONAL** Ⓝ

REGIONAL · TRENDY XX Ins ehemalige "Herrehus" des "Schlosses Reinach" ist nach Renovierung und Verjüngung das "Regional" eingezogen. Der Name ist Programm: Für die schmackhaften, ausdrucksstarken Gerichte verarbeitet man fast nur badische und Schwarzwälder Produkte, überwiegend in Bioqualität. Herrlich sitzt man auf der Innenhofterrasse! Jan. - April: Do. zusätzlicher Ruhetag.

⇦ 🏠 ✿ 🅿 – Menü 48/61 € – Karte 28/75 €

außerhalb Stadtplan – *Hotel Schloss Reinach, St.-Erentrudis-Straße 12* ✉ *79112* – ℰ *07664 4070* – *www.schlossreinach.de* – *Geschlossen 5. Januar-13. Februar, 2.-17. November, Dienstag, Mittwoch*

🏠 **SCHLOSS REINACH**

HISTORISCH · MODERN Hier wird stetig investiert und modernisiert, dennoch hat das schöne Anwesen von 1607 seinen Gutshof-Charme bewahrt. Die Zimmer sind chic-modern oder klassischer, überaus attraktiv der Spa. Im Sommer: Veranstaltungen und Konzerte im Innenhof. Gastronomisch gibt es neben dem "Regional" das italienische "Vivothek" und das schicke "Cross-over" mit internationaler Küche.

🔾 ⌇ 📶 🏯 🖾 🗊 🖾 🛋 🅿 🛋 – 96 Zimmer – 2 Suiten

außerhalb Stadtplan – *Sankt-Erentrudis-Straße 12* ✉ *79112* – ℰ *07664 4070* – *www.schlossreinach.de*

⭕ **Regional** – Siehe Restaurantauswahl

In Freiburg-Sankt Georgen

😊 GASTHAUS ZUR LINDE ⑩

ZEITGENÖSSISCH · GASTHOF 🗴 Mit Renee Rischmeyer hat kein Unbekannter das historische Gasthaus im Ortsteil St. Georgen übernommen - er war bereits im Freiburger "Colombi" erfolgreich und auch in der Schweiz. Das Ambiente ländlich-modern (schön die Kachelöfen), die Atmosphäre angenehm unkompliziert. Gekocht wird international und mit regionalen Einflüssen, und das zu fairen Preisen.

Spezialitäten: Tatar vom Kalbsfilet mit Tomate, Mozzarella, Avocado, Feige und Rucola. Duett vom Lamm mit Hummus, Bohnengemüse, Speck und Fetakäse. Crème von Mascarpone, Schokolade und Amaretto mit marinierten Waldbeeren und Schokoladensorbet.

🛱 ✿ – Menü 24 € (Mittags), 36/55 € – Karte 34/56 €

außerhalb Stadtplan – *Basler Landstr. 79* ⊠ *79111 –* ☏ *0761 4702831 – www.zur-linde-freiburg.de – Geschlossen 4.-24. Januar, 2.-29. August, Montag, Dienstag*

FREIENSTEINAU

Hessen – Regionalatlas **38**–H14 – Michelin Straßenkarte 543

In Freiensteinau - Nieder-Moos

😊 LANDGASTHOF ZUR POST ⑩

REGIONAL · RUSTIKAL 🗴 Seit 1870, bereits in 6. Generation, befindet sich das Haus in Familienbesitz. Geboten wird eine bodenständige regional-saisonale Küche aus guten Produkten. Gemütlich-ländlich das Ambiente, im Sommer lockt die Terrasse mit schönem Blick ins Grüne. Man hat auch ein paar Gästezimmer und eine Ferienwohnung - der Naturpark Vogelsberg lädt zu Ausflügen ein!

Spezialitäten: Blattsalate, Crème aus Ziegenfrischkäse, Rote-Bete-Chutney, Pistazien und Kartoffelbrot. Geschmorte Lammschulter mit Paprika-Kirschtomaten-Gemüse, Gnocchi und Grilltomatenjus. Crèmiger Schokoladenkuchen mit eingelegten Sauerkirschen, Sauerkirschsorbet und Verbene-Schmand.

🕼 🛱 ✿ – Menü 22/34 € – Karte 19/39 €

Zum See 10 ⊠ *36399 –* ☏ *06644 295 – www.gasthofzurpost-nieder-moos.de – Geschlossen 1.-21. Februar, mittags: Montag, Dienstag*

FREILASSING

Bayern – Regionalatlas **67**–O21 – Michelin Straßenkarte 546

🍴 MOOSLEITNER

REGIONAL · GASTHOF 🗴 Seit Jahrhunderten pflegt man hier die Wirtshaustradition. Die sehr hübschen gemütlichen Stuben mit ihrem ländlichen Charme sind ebenso einladend wie die frische regionale Küche - Lust auf "ausgelöstes Kräuterbackhendl mit Sauce Tartare"? Auch zum Übernachten eine schöne Adresse.

🌿 *Engagement des Küchenchefs: "In meiner Küche werden regionale Produkte klar favorisiert, Honig von Nachbar Otto's Bienen, eigene Marmeladen, Säfte & Bier aus der Umgebung, auch Ressourcenschonung steht mit eigenem Blockheizkraftwerk, Stromtankstellen, Abwärmenutzung und kostenlosen Leihrädern im Fokus. Wald- & Moorführungen."*

🕼 🛋 🛱 🖬 ✿ 🅿 🚗 – Karte 28/54 €

Wasserburger Straße 52 ⊠ *83395 –* ☏ *08654 63060 – www.moosleitner.com – Geschlossen 1.-3. Januar, Sonntag, mittags: Samstag*

FREINSHEIM

Rheinland-Pfalz – Regionalatlas **47**–E16 – Michelin Straßenkarte 543

⊛ WEINREICH

REGIONAL · WEINSTUBE ✗ Mitten in dem hübschen kleinen Weinort findet man eine etwas andere Weinstube: modern-puristisch kommt sie daher und kulinarisch schaut man auch etwas über den Pfälzer Tellerrand hinaus! Probieren Sie z. B. "Pfälzer Matjes-Forelle mit süß-saurem Kürbis und Rösti". Und als Dessert vielleicht leckere Topfenknödel? Zum Übernachten: richtig nette, individuelle Zimmer.

Spezialitäten: Schaumsuppe von Hokkaidokürbis, Rote Linsen, Harissa. Rückensteak vom Schwein, Rahmwirsing, Spätzle mit Brie de Meaux und Preiselbeeren überbacken. Topfenknödel, Vanillesauce, Apfelkompott.

🍴 🏠 – Menü 35/37 € – Karte 32/47 €

Hauptstraße 25 ⊠ 67251 – ☎ 06353 9598640 – www.weinstube-weinreich.de –
Geschlossen 25. Januar-14. Februar, Sonntag-Montag, mittags: Dienstag-Mittwoch
und Freitag

⫶○ FREINSHEIMER HOF

INTERNATIONAL · LÄNDLICH ✗✗ Schön hat man es in dem Winzerhof a. d. 18. Jh. - sowohl in den einstigen Stallungen mit tollem Kreuzgewölbe als auch im herrlichen Innenhof. Aus der Küche kommen geschmackvolle Gerichte wie „gebratene Perlhuhnbrust und Wachtel, mediterranes Gemüse, Risoleekartoffeln". Zudem laden nette Gästezimmer zum Übernachten ein.

🍴 🏠 🍸 – Menü 32/59 € – Karte 31/61 €

Breite Straße 7 ⊠ 67251 – ☎ 06353 5080410 - www.freinsheimerhof.com –
Geschlossen mittags: Montag-Dienstag, Mittwoch, Donnerstag, mittags: Freitag

⫶○ VON-BUSCH-HOF

INTERNATIONAL · KLASSISCHES AMBIENTE ✗✗ International ist die Küche in diesem klassisch gehaltenen Restaurant hinter ehrwürdigen Klostermauern. Appetit auf "geschmorte Rinderbacke in Rotweinsauce" oder "Winterkabeljau mit Zitronensauce"? Tipp für den Sommer: der schöne Innenhof!

🏠 🍸 – Menü 35/50 € – Karte 33/48 €

Von-Busch-Hof 5 ⊠ 67251 – ☎ 06353 7705 – www.von-busch-hof.de –
Geschlossen 15.-28. Februar, mittags: Montag-Freitag

FREISING

Bayern – Regionalatlas **58**–M19 – Michelin Straßenkarte 546

In Freising-Haindlfing Nord-West: 5 km über B 301, in Erlau links

⫶○ GASTHAUS LANDBRECHT

MARKTKÜCHE · RUSTIKAL ✗ So stellt man sich einen bayerisch-ländlichen Gasthof vor: In dem Familienbetrieb herrscht eine ungezwungene Atmosphäre, gekocht wird mit regionalen Produkten. Im Winter wärmt der Kachelofen, im Sommer sitzt es sich angenehm im Biergarten!

🏠 ♿ 🅿 – Menü 26/49 € – Karte 25/47 €

Freisinger Straße 1 ⊠ 85354 – ☎ 08167 8926 – www.gasthaus-landbrecht.de –
Geschlossen 10.-20. April, 10.-20. Mai, 15.-30. August, Montag, Dienstag

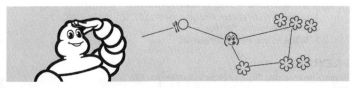

FREITAL

Sachsen – Regionalatlas **43**–Q12 – Michelin Straßenkarte 544

In Freital-Wurgwitz Nord-West: 4,5 km

🍴○ **BRASSERIE EHRLICH**

MARKTKÜCHE · BRASSERIE ✗ Die Bezeichnung "Brasserie" trifft es genau. Das kleine Restaurant wird persönlich geführt, der Service ist freundlich und die Atmosphäre gemütlich. Das kommt ebenso an wie die gute saisonale Küche - da sollte man rechtzeitig reservieren. Im Sommer deckt man den überdachten Balkon ein. Tipp: sonntäglicher Mittagsschmaus nach dem Motto "Essen wie bei Oma zuhause".

🍽 ۞ – Menü 35 € (Mittags), 49/65 € – Karte 42/49 €

Wiesenweg 1 ✉ 01705 – ☎ 0351 30934232 – www.brasserie-ehrlich.de –
Geschlossen 24.-27. Dezember, Montag, Dienstag, mittags: Mittwoch-Samstag,
abends: Sonntag

FREUDENSTADT

Baden-Württemberg – Regionalatlas **54**–F19 – Michelin Straßenkarte 545

😊 **WARTECK**

FRANZÖSISCH-KLASSISCH · TRADITIONELLES AMBIENTE ✗✗ Oliver Gläßel bringt hier klassische Küche mit bürgerlichen Einflüssen auf den Tisch. Freuen darf man sich da z. B. auf "Kalbsrahmgulasch mit Pfifferlingen und Spätzle" oder "Kabeljau mit Champagnerkraut und Kartoffelmousseline". Neben dem gediegenen Restaurant gibt es auch schöne Gästezimmer - und ein gutes Frühstück.
Spezialitäten: Artischocke mit Kalbsbries und Jakobsmuschel. Ganzes Täubchen, Gemüse und Selleriepüree. Mohnparfait mit Aprikosencoulis.

🔚 Ⓜ ۞ – Menü 49 € – Karte 34/77 €

Stuttgarter Straße 14 ✉ 72250 – ☎ 07441 91920 – www.hotelwarteck.de –
Geschlossen Dienstag, Mittwoch

In Freudenstadt-Lauterbad Süd-Ost: 4,5 km über B 28 und B 294 Richtung Freiburg

🍴○ **STÜBLE**

REGIONAL · LÄNDLICH ✗✗ Das "Stüble" ist das geschmackvoll-rustikale A-la-carte-Restaurant des schicken Wellnesshotels "Lauterbad"! Die ganz in Holz gehaltene Stube versprüht heimelige Atmosphäre, die Küche bietet frische traditionelle, aber auch modernere Gerichte, so z. B. „Maronen-Kartoffeltarte mit Feldsalat & Ziegenkäsemousse" oder "Zanderfilet, Pommerysenf, Kürbisgemüse, Limonensauce".

🔚 🍽 ⅖ 🅿 – Menü 34/42 € – Karte 29/52 €

Hotel Lauterbad, Amselweg 5 (Zufahrt über Kinzigtalstraße) ✉ 72250 –
☎ 07441 860170 – www.lauterbad-wellnesshotel.de

🏨 **LAUTERBAD**

SPA UND WELLNESS · INDIVIDUELL Chic-modern sind hier sowohl die Zimmer (fast alle mit Balkon) als auch der Spa (verschiedene Ruhezonen, beheizter Außenpool, Massagen, Kosmetik...). Für Liebhaber des klassischen Schwarzwaldstils hat man auch ein paar Zimmer. Tipp: Wanderung (ca. 30 Min.) zur "Berghütte" mit Vesper, Burger & Co.

🐾 🕊 ⌂ 🛁 🖼 🌐 🎿 🚽 🔹 ⅖ 🏛 🅿 – 37 Zimmer – 4 Suiten

Amselweg 5 (Zufahrt über Kinzigtalstraße) ✉ 72250 – ☎ 07441 860170 –
www.lauterbad-wellnesshotel.de

🍴○ **Stüble** – Siehe Restaurantauswahl

FREYUNG

Bayern – Regionalatlas **60**–Q18 – Michelin Straßenkarte 546

In Freyung-Ort Süd-West: 1 km

ⓘ○ LANDGASTHAUS SCHUSTER

KLASSISCHE KÜCHE · FREUNDLICH ✗✗ Durch und durch charmant geht es im Landgasthaus der Familie Schuster zu! Das liegt in erster Linie an der herzlichen Chefin und der geschmackvollen Einrichtung. Und dann ist da noch die angenehm reduzierte klassische Küche des Patrons, die es z. B. als "Steinköhler mit Scallops-Schuppen in Speckrauchsoße" gibt. Schöne Weinauswahl mit guten "Offenen".

🅿 – Menü 38/88€ – Karte 43/74€

Ort 19 ✉ 94078 – ℰ 08551 7184 – www.landgasthaus-schuster.de –
Geschlossen Montag, Dienstag, Mittwoch, abends: Sonntag

FRICKENHAUSEN

Bayern – Regionalatlas **49**–I16 – Michelin Straßenkarte 546

ⓘ○ EHRBAR-FRÄNKISCHE WEINSTUBE

REGIONAL · RUSTIKAL ✗ Das nette Fachwerkhaus ist ein Traditionsbetrieb mit Charme. Gemütlich die liebenswert-rustikalen Stuben, regional die Küche. Lust auf "Fränkische Versucherle" oder "Sauerbraten, Rotkohl, Klöße"? Im Sommer ein Muss: die reizende Hofterrasse.

🌭 ⇄ – Karte 23/53€

Hauptstraße 17 ✉ 97252 – ℰ 09331 651 – www.ehrbar-weinstube.de –
Geschlossen Montag, Dienstag, mittags: Mittwoch-Freitag

FRICKINGEN

Baden-Württemberg – Regionalatlas **63**–G21 – Michelin Straßenkarte 545

In Frickingen-Altheim Nord-West: 2 km über Leustetter Straße

⊛ LÖWEN

INTERNATIONAL · GEMÜTLICH ✗ Hier ist inzwischen die 4. Generation im Haus, und die sorgt für regional-internationale Küche mit Bezug zur Saison. Für das schmackhafte und abwechslungsreiche Angebot verwendet man frische, gute Produkte. Man kümmert sich sehr freundlich um die Gäste. Gemütlich das Ambiente, lauschig die Terrasse unter Kastanien.

Spezialitäten: Tatar von der Lachsforelle. Gegrillter Bugdeckel vom Strohschwein mit Curryjus und Miso-Nudeln. Vanille-Crêpe mit Zwetschgenröster und Walnusseis.

🌭 ⇄ 🅿 – Menü 33/45€ – Karte 30/50€

Hauptstraße 41 ✉ 88699 – ℰ 07554 8631 – www.loewen-altheim.de –
Geschlossen 16. Februar-1. März, 13.-20. September, Montag,
mittags: Dienstag-Samstag, abends: Sonntag

FRIEDBERG

Bayern – Regionalatlas **57**–K19 – Michelin Straßenkarte 546

In Friedberg-Rohrbach Süd-Ost: 9 km, Richtung Ried, dann links abbiegen

ⓘ○ GASTHAUS GOLDENER STERN

REGIONAL · GEMÜTLICH ✗ Das gestandene Gasthaus in dem kleinen Ort wird in 3. Generation mit Engagement von Familie Fuß geleitet. Schön die gemütlich-modernen Räume, ebenfalls modern inspiriert die regional-saisonale Küche. Dazu charmanter Service im Dirndl. Interessanter Rahmen für verschiedene Anlässe: die schicke Vinothek im UG. Angenehm auch der Biergarten - hier etwas kleinere Karte.

🐟 *Engagement des Küchenchefs: "Es geht in meiner Küche immer um Qualität und die garantiert mein regionales Netzwerk von Erzeugern! Zudem ziehen wir vieles an Kräutern, Gemüsen und Obst selbst, Fleischprodukte sind nie aus Massentierhaltung. Dazu wird kompostiert und dank eigenem Wald rechnet sich auch die Hackschnitzelheizung!"*

🌭 ⇄ 🅿 ◁ – Menü 37/59€ – Karte 22/59€

Dorfstraße 1 ✉ 86316 – ℰ 08208 407 – www.gasthaus-goldenerstern.de –
Geschlossen Montag, Dienstag, abends: Sonntag

FRIEDBERG (HESSEN)
Hessen – Regionalatlas **38**–F14 – Michelin Straßenkarte 543

In Friedberg-Dorheim Nord-Ost: 3 km über B 455

🍴○ **BASTIAN'S RESTAURANT**

KLASSISCHE KÜCHE · GEMÜTLICH ✕✕ Das Landgasthaus mit dem geschmackvollen hellen Interieur und der schönen teilweise überdachten Terrasse setzt auf kulinarische Klassik mit saisonalen Einflüssen. Sie können à la carte wählen oder ein Überraschungsmenü. Auf der Karte z. B. "Taube, Wirsing, Pastinake, Trüffel". Sehr freundlich und charmant der Service.

🌤 – Menü 49/89 € – Karte 41/64 €

Erbsengasse 16 ✉ *61169 – 𝒞 06031 6726551 – www.bastians-restaurant.de – Geschlossen Montag, Sonntag, mittags: Dienstag-Samstag*

FRIEDLAND
Niedersachsen – Regionalatlas **29**–I11 – Michelin Straßenkarte 541

🌼 **GENIEßER STUBE**

Chef: Daniel Raub

KLASSISCHE KÜCHE · LÄNDLICH ✕✕ Daniel Raub ist bereits die 3. Generation in dem engagiert geführten Familienbetrieb. Nachdem er u. a. bei Dieter Müller im "Schloss Lerbach" in Bergisch Gladbach kochte, übernahm er 2011 die Küche der kleinen "Genießer Stube" im "Landhaus Biewald". Hier sitzt man in geschmackvoll-klassischem Ambiente (hübsche Details sind freiliegende alte Holzbalken an der Decke sowie dekorative Bilder an den Wänden) und lässt sich professionell und charmant umsorgen. In der Küche stellt Daniel Raub das Produkt in den Mittelpunkt und kocht ohne viel Schnickschnack. So entsteht z. B. aus schönen Wildgarnelen, würzigem Krustentierfond und kleinen Zucchiniwürfeln ein angenehm puristisches Gericht, das die tollen Aromen ausgesuchter Zutaten zur Geltung bringt. Ein Blick auf die Weinkarte lohnt sich ebenfalls.

Spezialitäten: Gebratene Jakobsmuscheln und knusprige Blutwurst, Bärlauchschaum, Salat. Rehrücken mit Tonkabohnenjus, Steinpilzen und Nussbutter. Belgische Schokolade und Rhabarber.

🥢 ⇦ 🅿 – Menü 80/145 € – Karte 83/93 €

Weghausstraße 20 ✉ *37133 – 𝒞 05504 93500 – www.geniesserstube.de – Geschlossen Sonntag*

In Friedland - Groß-Schneen Süd: 10 km

🍴○ **SCHILLINGSHOF**

MARKTKÜCHE · ELEGANT ✕✕ Das elegante Restaurant in dem Fachwerkhaus von 1648 ist ein engagiert geführter Familienbetrieb. Gekocht wird klassisch und aufs Wesentliche reduziert, ausgesucht die Produkte. Der Service freundlich-charmant, gut die Weinberatung - der Chef ist übrigens Riesling-Fan. Für Übernachtungsgäste hat man schöne Zimmer.

⇦ 🌤 ⟷ 🅿 – Menü 48/128 € – Karte 54/93 €

Lappstraße 14 ✉ *37133 – 𝒞 05504 228 – www.schillingshof.de – Geschlossen 4. Januar-4. Februar, Montag, Dienstag, mittags: Mittwoch-Samstag, abends: Sonntag*

FRIESENHEIM
Baden-Württemberg – Regionalatlas **53**–D19 – Michelin Straßenkarte 545

In Friesenheim-Oberweier

🤍 **MÜHLENHOF**

REGIONAL · GASTHOF ✕✕ Das familiengeführte Restaurant des gleichnamigen Hotels ist gefragt, denn hier isst man gut und preislich fair und der Service ist freundlich und flott. Gekocht wird regional-bürgerlich und saisonal - dafür verwendet man gerne heimische Produkte. Beliebt ist auch der günstige Lunch.

Spezialitäten: Kastaniensüpple mit Schwarzwälder Kirschwasser. Rehmedaillons aus eigener Jagd mit Wacholderrahmsoße und Spätzle. Karamellisierte Dampfnudel mit Zimteis und Zwetschgen.

⇦ 🏠 🖨 ⇔ 🅿 🚗 – Menü 37/47 € – Karte 24/38 €

Oberweierer Hauptstraße 33 ⊠ 77948 – ☎ 07821 6320 –
www.landhotel-muehlenhof.de –
Geschlossen 8.-23. Februar, 9.-24. August, Dienstag

FÜRSTENFELDBRUCK

Bayern – Regionalatlas **65**–L20 – Michelin Straßenkarte 546

🕲 FÜRSTENFELDER

REGIONAL · FREUNDLICH 🍴 Eine schöne Location ist diese Klosteranlage. Drinnen sitzt man unter dem tollen böhmischen Kappengewölbe des ehemaligen Klosterstalls, draußen im Hof des Zienserklosters. Gekocht wird mit Bioprodukten aus der Region. Mittags gibt es ein richtig gutes Lunchbuffet, am Abend ebenso schmackhafte moderne Gerichte. Auch Vegetarier/Veganer kommen auf ihre Kosten.

Spezialitäten: Carpaccio vom Kalb, Birnenvinaigrette, Koriandersaat, Staudensellerie. "Backfisch vom Birnbaum", Kartoffelkroketten, Thaivinaigrette. Schokoladen-Kürbiskernmousse, Berberitzen, Kürbiskernkrokant.

🍀 *Engagement des Küchenchefs:* *"Ich möchte genau wissen, wie meine Bio-Produkte entstehen, das betrifft sowohl die Haltung, Fütterung und Schlachtung tierischer Produkte wie auch Feldfrüchte, die ich aus ökologischer Landwirtschaft verarbeite. Genauso wichtig ist mir fairer Handel und die Lebensqualität meiner Mitarbeiter!"*

⇦ 🏠 ᵹ ⇔ 🅿 – Menü 24/60 € – Karte 34/57 €

Fürstenfeld 15 ⊠ 82256 – ☎ 08141 88875410 – www.fuerstenfelder.com –
Geschlossen Montag, Dienstag, mittags: Mittwoch-Samstag, abends: Sonntag

FÜRTH

Bayern – Regionalatlas **50**–K16 – Michelin Straßenkarte 546

🍽 KUPFERPFANNE

KLASSISCHE KÜCHE · RUSTIKAL 🍴🍴 Seit Jahrzehnten ist das zentral gegenüber dem Rathaus gelegene Restaurant von Erwin Weidenhiller ein Klassiker der Fürther Gastronomie. In gemütlich-elegantem Ambiente serviert man klassische Küche mit saisonalen und international-mediterranen Einflüssen, gut die Produktqualität. Tipp: fair kalkuliertes Mittagsmenü.

⇔ – Menü 33 € (Mittags), 74/78 € – Karte 56/72 €

Königstraße 85 ⊠ 90762 – ☎ 0911 771277 – www.ew-kupferpfanne.de –
Geschlossen Sonntag

FÜSSING, BAD

Bayern – Regionalatlas **60**–P19 – Michelin Straßenkarte 546

🍽 GLOCKENTURM

KLASSISCHE KÜCHE · ELEGANT 🍴🍴 Stilvoll-elegant und modern zugleich kommt das Restaurant des attraktiven Hotels "Holzapfel" daher - man beachte die sehenswerte alte Schiffsglocke in der Kuppel! Gekocht wird klassisch-saisonal mit internationalen und regionalen Einflüssen. Wie wär's mit "Ganze Seezunge Müllerin Art" oder "Holzapfel's Schnitzel"?

⇦ 🏠 🅰 🖨 ⇔ 🅿 🚗 – Menü 49/82 € – Karte 39/66 €

Thermalbadstraße 4 ⊠ 94072 – ☎ 08531 9570 – www.hotel-holzapfel.de –
Geschlossen mittags: Montag-Freitag

FULDA

Hessen – Regionalatlas **39**–H13 – Michelin Straßenkarte 543

❀ CHRISTIAN & FRIENDS, TASTEKITCHEN ⓝ

MODERNE KÜCHE · INTIM ⅩEines vorweg: Sie sollten reservieren, denn die Plätze sind begrenzt - und sehr gefragt! Das verwundert nicht, denn in dem schmucken kleinen Stadthaus in schöner Altstadtlage kann man sich nur wohlfühlen. In den vor ein paar Jahren noch als Wohnung genutzten Räumlichkeiten ist ein hübsches Restaurant entstanden. Alles wirkt angenehm familiär, fast privat: Man muss klingeln, wird herzlich empfangen und die Atmosphäre hat ein bisschen was von einem Wohnzimmer. Mittig die offene Küche. Hier führt Christian Steska Regie, im Service Jens Diegelmann. Freitags und samstags bietet man am Abend ein modernes 6-gängiges "Signature Menü". Dieses Gourmetmenü gibt es nach Absprache (ein paar Tage im Voraus) auch mittags, ansonsten wählt man von einer ambitionierten Lunch-Karte.

Spezialitäten: Jakobsmuschel, Sellerie, Melone, Algen, Miso. US-Beef, Kartoffel, Rosenkohl, Rote Bete. Purple Curryeis, Pfirsich, Pistazie, Hibiskus.

Menü 30 € (Mittags)/75 €

Nonnengasse 5 ✉ 36037 – ℰ 0162 4139588 – www.christianandfriends.de –
Geschlossen Montag, abends: Dienstag-Donnerstag, Sonntag

ⅠⓄ GOLDENER KARPFEN

INTERNATIONAL · FREUNDLICH ⅩⅩ In dem historischen Haus bietet man saisonal-internationale Küche mit klassisch-regionalen Wurzeln, zubereitet aus frischen, ausgesuchten Produkten. Tipp: der Klassiker "Beeftatar". Dazu internationale Weine. Das Atmosphäre ist elegant und zugleich gemütlich, im Sommer sitzt man draußen schön. Zum Übernachten: wohnliche Zimmer von stilvoll-gediegen bis chic-modern.

⇐ 🛖 ও 🄰🄲 🖪 ⇦ 🄿 🚗 – Menü 35 € (Mittags), 55/85 € – Karte 34/98 €
Simpliziusbrunnen 1 ✉ 36037 – ℰ 0661 86800 – www.hotel-goldener-karpfen.de

GARBSEN

Niedersachsen – Regionalatlas **18**–H8 – Michelin Straßenkarte 541

In Garbsen-Berenbostel

ⅠⓄ LANDHAUS AM SEE

KLASSISCHE KÜCHE · ELEGANT ⅩⅩ So speist man gerne: schönes Interieur im Landhausstil, tolle Terrasse, Blick in den Garten Richtung See. Gekocht wird mit saisonalem und mediterranem Einfluss, so z. B. "Zanderfilet, Krustentiersauce, Blumenkohlgraupen, Mandelbutter". Zum Übernachten hat man richtig hübsche individuelle Zimmer.

🕸 ⇐ ⋖ 🛖 🛖 ও 🄿 – Menü 55/96 € – Karte 55/110 €
Seeweg 27 ✉ 30827 – ℰ 05131 46860 – www.landhausamsee.de –
Geschlossen 2.-5. April, 23. Dezember-3. Januar, Sonntag

GARMISCH-PARTENKIRCHEN

Bayern – Regionalatlas **65**–K22 – Michelin Straßenkarte 546

☺ JOSEPH NAUS STUB'N

REGIONAL · GEMÜTLICH ⅩⅩ Das gemütlich-ländliche Restaurant (übrigens benannt nach dem Erstbesteiger der Zugspitze) ist nicht einfach nur ein nettes Stüberl, in dem man sehr freundlich umsorgt wird, man isst hier auch wirklich gut, und das zu einem fairen Preis. Zum Übernachten bietet das Hotel "Zugspitze" gepflegte Zimmer im Landhausstil.

Spezialitäten: Weideochsenessenz mit Praline und Gemüse. Kalbsgulasch mit Spätzle und Karotten. Zwetschgentarte mit Mascarponeeis und Zimtsoße.

⇐ 🛖 🖪 🚗 – Menü 37/52 € – Karte 36/57 €
Klammstraße 19 ✉ 82467 – ℰ 08821 9010 – www.hotel-zugspitze.de –
Geschlossen mittags: Montag-Samstag

🍴 HUSAR

KLASSISCHE KÜCHE · GEMÜTLICH XX Schon von außen ist das über 400 Jahre alte Gasthaus mit seiner bemalten Fassade ein Hingucker, drinnen dann charmante Stuben, in denen man aufmerksam mit klassischer Küche umsorgt wird - und die gibt es z. B. als "im Speckmantel gebratene Fasanenbrüstchen auf Champagnerkraut".

🕸 🈳 ⇔ 🅿 – Menü 40/90 € – Karte 40/90 €

Fürstenstraße 25 ✉ 82467 – ℰ 08821 9677922 – www.restauranthusar.de –
Geschlossen Montag, Dienstag, mittags: Mittwoch-Samstag

🏨 WERDENFELSEREI

BOUTIQUE-HOTEL · REGIONAL Hotspot unter den Garmischer Hotels! Am Michael-Ende-Kurpark liegt das reine Vollholz-Hotel, das regionale Akzente, liebevolle Details und Großzügigkeit gelungen vereint - wunderschön und wertig. Darf es eine Suite mit eigenem Spa oder Kamin sein? Dazu toller Ruheraum unter hoher Dachschräge, Ganzjahres-Außenpool, Bar "neun10". Moderne Regionalküche im "Wurzelwerk".

🏔 🈳 🍹 🈺 🕸 🈲 🈴 🚗 – 51 Zimmer – 8 Suiten

Alleestraße 28 ✉ 82467 – ℰ 08821 6869390 – www.werdenfelserei.de

🏨 STAUDACHERHOF

SPA UND WELLNESS · INDIVIDUELL Die Staudachers sind Hoteliers aus Leidenschaft, und das merkt man an den individuellen, geschmackvoll-wohnlichen und sehr hochwertigen Zimmern, am tollen Spa auf 1400 qm, am richtig guten Frühstück und an der 3/4-Pension, die vor allem beim Abendessen kaum Wünsche offen lässt - wie wär's mal mit "bayurvedisch"? Schöne Weinempfehlungen.

🏔 🈸 🈷 🈳 🍹 🈵 🈺 🕸 🈲 🈴 🅿 🚗 – 49 Zimmer – 4 Suiten

Höllentalstraße 48 ✉ 82467 – ℰ 08821 9290 – www.staudacherhof.de

GEHRDEN

Niedersachsen – Regionalatlas **18**–H9 – Michelin Straßenkarte 541

🐤 BERGGASTHAUS NIEDERSACHSEN

KLASSISCHE KÜCHE · LÄNDLICH XX Das historische Anwesen auf dem Gehrdener Berg bietet richtig gute Küche: ein interessanter Mix aus bürgerlichen und feinen klassischen Gerichten, von "Hannoverschem Zungenragout" bis "Steinbutt mit Krustentier-Béarnaise". Tolle Terrasse! Tipp: werktags ab 15 Uhr sowie am Wochenende durchgehend warme Küche.

Spezialitäten: Mariniertes Gemüse mit Jakobsmuschel und Estragonvinaigrette. Rehrücken und Ragout mit grünem Gemüse und Kartoffelpüree. Sommerbeeren-Pavlova mit Sauerrahmsorbet.

🈳 🅿 – Menü 37/89 € – Karte 32/56 €

Köthnerberg 4 ✉ 30989 – ℰ 05108 3101 – www.berggasthaus-niedersachsen.de –
Geschlossen Montag, Dienstag, Mittwoch, mittags: Donnerstag-Freitag

GEISENHEIM

Hessen – Regionalatlas **47**–E15 – Michelin Straßenkarte 543

In Geisenheim-Johannisberg Nord: 4, 5 km in Richtung Presberg

🍴 MÜLLERS AUF DER BURG 🆕

KLASSISCHE KÜCHE · CHIC XXX Mit seiner schicken Brasserie im verglasten Pavillon auf Burg Schwarzenstein hat Nelson Müller seine Gastro-Philosophie in den Rheingau gebracht. Bei herrlichem Ausblick genießen Sie frische klassisch-mediterrane Küche mit einem Hauch Bodenständigkeit, denn neben "Bretonischer Bouillabaisse" oder "Entenbrust aus der Dombes" gibt es z. B. auch Curry-Kalbsbratwurst.

🚗 🈳 🈴 🈳 🈷 ⇔ 🅿 – Karte 33/88 €

Hotel Burg Schwarzenstein, Rosengasse 32 ✉ 65366 – ℰ 06722 99500 –
www.burg-schwarzenstein.de – Geschlossen 1.-19. Januar, Montag, Dienstag

BURG SCHWARZENSTEIN

HISTORISCHES GEBÄUDE · ELEGANT Was aus der historischen Burganlage entstanden ist, verdient die Bezeichnung Luxushotel! Traumhafte Lage in den Weinbergen mit weiter Sicht, wunderschöne, wertige Zimmer, meist in chic-geradlinigem Design (klasse die Panoramasuite!), und last but not least das ungebrochene Engagement der Familie Teigelkamp. Highlight für Gäste des "Burgrestaurants": die Terrasse!

⚒ ≤ 🚪 🖥 🛗 🏧 🏋 🅿 – 49 Zimmer – 2 Suiten

Rosengasse 34 ✉ 65366 – ☎ 06722 99500 – www.burg-schwarzenstein.de

🍴 **Müllers auf der Burg** – Siehe Restaurantauswahl

GEISINGEN

Baden-Württemberg – Regionalatlas **62**–F21 – Michelin Straßenkarte 545

🍴 **ZUM HECHT**

MARKTKÜCHE · GASTHOF XX Hinter der markant roten Fassade dürfen Sie eine der besten Küchen der Region erwarten! Die mediterran geprägten Speisen nennen sich z. B. "Ligurische Fischsuppe mit Gambas" oder "Lamm, Artischocken, Bohnen, Püree".

🌳 🚭 – Menü 48/68 € – Karte 42/64 €

Hauptstraße 41 ✉ 78187 – ☎ 07704 281 – www.zumhecht.de –
Geschlossen Montag, Dienstag

GENGENBACH

Baden-Württemberg – Regionalatlas **54**–E19 – Michelin Straßenkarte 545

😊 **PONYHOF**

REGIONAL · LÄNDLICH X Ein Restaurant, das man sich in der Nachbarschaft wünscht, denn hier isst man richtig gut! In dem langjährigen Familienbetrieb hat inzwischen die nächste Generation die Leitung übernommen. Aus der Küche kommen moderne Gerichte, aber auch Klassiker wie Cordon bleu sowie "Dry Aged"-Rind vom Holzkohlegrill.

Spezialitäten: Beef Tatar, fermentierte Pommes, Liebstöckel. Räucheraal, junge Erbsen, Holunderblütenessig, Pfifferlinge. Heu, Feige, Dinkel.

🌳 ♻ 🅿 – Menü 60/100 € – Karte 37/69 €

Mattenhofweg 6 ✉ 77803 – ☎ 07803 1469 – www.ponyhof.co –
Geschlossen Montag, mittags: Dienstag-Donnerstag

🍴 **DIE REICHSSTADT**

KLASSISCHE KÜCHE · FREUNDLICH XX In dem charmanten historischen Gasthaus der Familie Hummel genießt man gute saisonal beeinflusste Küche, z. B. in Form von "Seeteufel, Kimchi, Hokkaido" oder auch vegetarisch/vegan - sowie ein sehr geschmackvolles Ambiente. Im Sommer ist der Garten ein Traum!

⬅ 🌳 ♻ – Menü 69/110 € – Karte 65/82 €

Hotel Die Reichsstadt, Engelgasse 33 ✉ 77723 – ☎ 07803 96630 –
www.die-reichsstadt.de – Geschlossen Montag, mittags: Dienstag-Samstag, Sonntag

 DIE REICHSSTADT

HISTORISCHES GEBÄUDE · MODERN Sie wohnen direkt in der Altstadt in einem ganz reizenden, schicken Hotel, das Altes und Neues gelungen miteinander verbindet. Individuell und sehr geschmackvoll hat man die Zimmer eingerichtet, dazu gibt es eine hübsche Sauna und einen schönen Garten sowie eine tolle Skylounge auf dem Dach mit Blick über die Stadt! Nicht zu vergessen der herzliche Service.

⚒ 🛀 🏠 🖥 🛗 🏧 🏋 🛋 – 26 Zimmer – 5 Suiten

Engelgasse 33 ✉ 77723 – ☎ 07803 96630 – www.die-reichsstadt.de

🍴 **Die Reichsstadt** – Siehe Restaurantauswahl

GERNSBACH

Baden-Württemberg – Regionalatlas **54**–E18 – Michelin Straßenkarte 545

⌘ WERNERS RESTAURANT

FRANZÖSISCH-KLASSISCH · ELEGANT ⅩⅩ Ist ein Schloss nicht genau die richtige Kulisse für ein Essen auf Sternniveau? Hoch über dem Murgtal thront „Schloss Eberstein" auf einer Bergkuppe, ringsherum Weinreben, klasse der Schwarzwaldblick! Genau hier vereint Familie Werner mit ihrem Hotel und der dazugehörigen Gastronomie Historie und moderne Eleganz. Highlight ist das seit 2007 besternte Gourmetrestaurant. In puncto kulinarischer Anspruch sind sich Patron Bernd Werner und sein Küchenchef Andreas Laux einig, beiden sammelten zuvor schon Erfahrungen in Sternerestaurants. Ihr Stil: klassische Küche mit modernen Elementen. Gerichte wie "confierter Saibling & 'Frankfurter Grüne Soße', grüner Spargel, Kalbskopf, Kartoffelrisotto" zeugen von ausgezeichneter Produktqualität und präzisem Handwerk.

Spezialitäten: Glasiertes Kalbsbries, Wurzelgemüse, Champignon, Petersilienbutter. Gebratener Rehrücken, Sellerie, Steinpilz, Rehschinken-Kraut. Interpretation von der Schwarzwälder Kirschtorte.

⅏ ⇦ ⇐ 🍴 ⇔ 🅿 – Menü 87/105 € – Karte 73/90 €

Hotel Schloss Eberstein, Schloss Eberstein 1 ✉ 76593 – ☎ 07224 995950 – www.schlosseberstein.com –
Geschlossen 1.-7. Januar, Montag, Dienstag, Mittwoch, Donnerstag,
mittags: Freitag-Samstag

🏠 SCHLOSS EBERSTEIN

HISTORISCHES GEBÄUDE · GEMÜTLICH Das Schloss in wunderbarer Aussichtslage am hauseigenen Weinberg hat Charme und Atmosphäre. Moderne, sehr wohnliche und hochwertige Zimmer, dazu eine reizvolle kleine Liegewiese zwischen historischen Mauern - exklusiv für Hotelgäste.

⌂ ⅏ ⇐ 🛎 🖨 🅰🅲 ♨ 🅿 – 16 Zimmer

Schloss Eberstein 1 ✉ 76593 – ☎ 07224 995950 – www.schlosseberstein.com

⌘ **Werners Restaurant** – Siehe Restaurantauswahl

GIESSEN

Hessen – Regionalatlas **37**–F13 – Michelin Straßenkarte 543

⅃🄾 HEYLIGENSTAEDT

INTERNATIONAL · TRENDY ⅩⅩ Hohe Decken, Stahlträger, große Sprossenfenster, hier und da freigelegte Backsteinwände... Den Industrie-Charme der einstigen Fabrik hat man bewusst bewahrt, dazu chic-modernes Design und schmackhafte Speisen wie "Isländischer Saibling, Schwarzwurzel, Urkarotte". Mittags kleinere Karte. Angeschlossen: Boutiquehotel mit trendigen Zimmern und Saunabereich auf dem Dach!

⇦ 🍴 ⅙ 🅰🅲 ⇔ 🅿 – Menü 25 € (Mittags), 50/84 € – Karte 39/86 €

Aulweg 41 ✉ 35392 – ☎ 0641 4609650 – www.restaurant-heyligenstaedt.de –
Geschlossen Sonntag, mittags: Montag-Mittwoch und Samstag

⅃🄾 RESTAURANT TANDREAS

INTERNATIONAL · FREUNDLICH ⅩⅩ In schönem geradlinig-modernem Ambiente bestellt man hier z. B. US-Beef-Burger, Grillgerichte vom "Big Green Egg" oder auch "Zanderfilet, Krabben-Dill-Sud, Granny Smith, Kartoffel". Freundlich und engagiert der Service. Die Flaschen von der Weinkarte kann man auch kaufen. Zum Übernachten hat man wohnliche Zimmer.

⇦ 🍴 ⅙ 🅰🅲 🖨 ⇔ 🅿 – Menü 54/64 € – Karte 26/70 €

Licher Straße 55 ✉ 35394 – ☎ 0641 94070 – www.tandreas.de –
Geschlossen Sonntag, mittags: Montag und Samstag

GLINDE

Schleswig-Holstein – Regionalatlas **10**–J5 – Michelin Straßenkarte 541

🍴○ **SAN LORENZO**

ITALIENISCH · KLASSISCHES AMBIENTE XX Zum Wohlfühlen ist die schmucke Villa mit ihrem stilvollen Interieur und dem lichten Wintergarten. Charmant wird man mit frischer gehobener italienischer Küche umsorgt - Pastagerichte sind ebenso schmackhaft wie z. B. "Loup de mer mit Mönchsbart". Tipp: sehr interessantes Tagesmenü mit Weinbegleitung!

🌤 ⇔ 🅿 – Menü 56/98 € – Karte 49/81 €

Kupfermühlenweg 2 ✉ 21509 – 𝒞 040 7112424 – www.san-lorenzo-glinde.de – Geschlossen 1.-5. Januar, Montag, Sonntag

GLONN

Bayern – Regionalatlas **66**–M20 – Michelin Straßenkarte 546

In Glonn-Herrmannsdorf Nord-Ost: 3 km über Rotter Straße, nach Mecking links

🍴○ **WIRTSHAUS ZUM HERRMANNSDORFER SCHWEINSBRÄU**

MARKTKÜCHE · LÄNDLICH X Hier setzt man auf Bio-Qualität, Bezug zur Saison und Verbundenheit mit der Region. Entsprechend dieser Philosophie kommen hochwertige Produkte des eigenen Hofguts zum Einsatz. Ein Hingucker auch das Restaurant selbst: ein großer hoher Raum mit modern-rustikalem Scheunen-Ambiente samt Balkenkonstruktion bis unters Dach.

🍃 *Engagement des Küchenchefs: "In meiner Küche dreht es sich um den Geschmack, daher gibt es bei uns nur Bio-Qualität aus naturnaher Lebensmittelerzeugung, das ist mein Verständnis von Gastfreundschaft. Wir kennen die Lieferanten und machen uns ein Bild vor Ort, um zu wissen, was bei uns serviert wird. Gemüse ernten wir vom Feld."*

🌤 ♿ 🎦 🅿 🚭 – Menü 46/149 € – Karte 44/77 €

Herrmannsdorf 7 ✉ 85625 – 𝒞 08093 909445 – www.biorestaurant-steirereck.de – Geschlossen Montag, Dienstag

GLOTTERTAL

Baden-Württemberg – Regionalatlas **61**–E20 – Michelin Straßenkarte 545

🕸 **ZUM GOLDENEN ENGEL**

REGIONAL · RUSTIKAL XX Absolut originalgetreu hat man das Traditionsgasthaus a. d. 16. Jh. direkt neben der Kirche nachgebaut. Dass man sich in den liebevoll dekorierten Stuben wohlfühlt, liegt nicht nur an der Atmosphäre und am kompetent-charmanten Service, sondern natürlich auch an der schmackhaften Küche mit regionalem und internationalem Einfluss. Wohnliche Gästezimmer hat man ebenfalls

Spezialitäten: Essenz vom Reh mit Kürbis-Crêpesroulade und gebackenem Wildfleischküchle. Rinderrücken „Café de Paris" mit Perlzwiebelsoße, Bohnengemüse und Kartoffelgratin. Schwarzwälder Kirschtörtle im Glas.

⇦ 🌤 ⇔ 🅿 – Menü 40/68 € – Karte 31/63 €

Friedhofweg 2 (im Ortsteil Unterglottertal) ✉ 79286 – 𝒞 07684 250 – www.goldener-engel-glottertal.de – Geschlossen 15. Februar-3. März, 25. August-1. September, 10.-24. November, 20.-24. Dezember, Mittwoch

🕸 **WIRTSHAUS ZUR SONNE**

REGIONAL · FAMILIÄR X Seit über 300 Jahren ist der Gasthof bereits in Familienhand. Drinnen sitzt man in einer wunderschönen holzgetäfelten Stube, draußen lockt die hübsche Gartenterrasse. Auf den Tisch kommt Schmackhaftes wie "Tafelspitzsülze auf Radieschen-Carpaccio" oder "Skrei mit Tomaten und Kräutern gebraten".

Spezialitäten: Vitello tonnato mit Bruschetta. Rehbock mit Holundersauce, Wirsing, Kräuterknödel und Pfifferlingen. Dreierlei zur Jahreszeit.

🏠 🅿 🍴 – Menü 30 € (Mittags), 40/50 € – Karte 33/55 €

Talstraße 103 ✉ 79286 – 𝒞 07684 242 – www.sonne-glottertal.de –
Geschlossen Mittwoch, Donnerstag

🏵 **GASTHAUS ADLER**

REGIONAL · GASTHOF ✕✕ Was passt besser zum Schwarzwald als badische Küche in urgemütlichen Stuben? Auch der herzliche Service sorgt dafür, dass man sich wohlfühlt, während man sich z. B. die winterlichen Wild- und Gänsegerichte schmecken lässt. Zum Übernachten: wohnliche, teils auch einfache Zimmer.

🔁 🏠 ✿ 🅿 – Menü 34/44 € – Karte 30/68 €

Talstraße 11 ✉ 79286 – 𝒞 07684 90870 – www.adler-glottertal.de –
Geschlossen 18. Januar-2. Februar, Montag, Dienstag

🏵 **HIRSCHEN** ⓝ

KLASSISCHE KÜCHE · FREUNDLICH ✕✕ Das Restaurant und das gleichnamige Hotel zählen zu den Klassikern hier im Tal! In ländlich-eleganten Stuben werden Sie von einem freundlichen Team umsorgt. Gekocht wird teils mit badischer, teils mit eher französischer Note. Neben heimischem Wild schmeckt z. B. auch "Wolfsbarsch, Pfifferlingsrisotto, Safransauce".

🔁 🏠 🖃 ✿ 🅿 – Menü 42/56 € – Karte 21/75 €

Rathausweg 2 ✉ 79286 – 𝒞 07684 810 – www.hirschen-glottertal.de –
Geschlossen Montag

GLÜCKSBURG

Schleswig-Holstein – Regionalatlas **2**-H2 – Michelin Straßenkarte 541

🏵 **FELIX**

REGIONAL · FREUNDLICH ✕✕ Hier sitzt man angenehm leger in stimmiger Atmosphäre, schaut auf die Förde und lässt sich mediterran und regional inspirierte Gerichte wie "Seezunge, Algen, Crunch, Allerlei Möhre" oder "Sauerbraten vom Reh, Rote Bete, Arme Ritter" schmecken. Schöne Terrasse!

⩽ 🏠 ♿ 🖃 ✿ 🅿 – Menü 48/84 € – Karte 34/73 €

Strandhotel, Kirstenstraße 6 ✉ 24960 – 𝒞 04631 6141500 –
www.strandhotel-gluecksburg.de

🏨 **STRANDHOTEL**

HISTORISCH · MODERN 1872 als Kurhotel erbaut und nach einem Brand 1914 wiedereröffnet, ist die schöne Ferienadresse heute als "weißes Schloss am Meer" bekannt. Geschmackvoll der skandinavische Stil, alles sehr wohnlich - fragen Sie nach den Zimmern mit Fördeblick! Erholung findet man auch in der hübschen "Wellness-Lounge".

🕊 🦢 ⩽ 🛏 🐚 🅕 🖃 🧖 🅿 – 46 Zimmer – 3 Suiten

Kirstenstraße 6 ✉ 24960 – 𝒞 04631 61410 – www.strandhotel-gluecksburg.de
🏵 **Felix** – Siehe Restaurantauswahl

In Glücksburg-Meierwik Süd-West: 3 km

❀❀ **MEIEREI DIRK LUTHER**

KLASSISCHE KÜCHE · ELEGANT ✕✕✕ Auch nach dem Umzug des Restaurants in andere Räumlichkeiten sitzen Sie in elegantem Ambiente an schönen Holztischen und schauen durch bodentiefe Fenster - von einigen Plätzen hat man einen besonders guten Blick auf die Flensburger Förde. Doch neben der Aussicht begeistert hier vor allem die Küche von Dirk Luther. Fantastisch verbindet der gebürtige Hamburger klassische und moderne Elemente. Den ein oder anderen fast schon genialen Moment bringt er beispielsweise beim Milchkalbsherzbries mit Gewürzlack, Limonenblätterjus, Chicorée und Passionsfruchtgel auf den Teller - ein klasse Gericht, das nur so strotzt vor Kraft und Vollmundigkeit! Angenehm entspannt der Service: professionell, charmant-aufmerksam und diskret.

Spezialitäten: Scheiben von der Jakobsmuschel, Apfel, Passe pierre, Crème fraî-che. Filet von der Seezunge, schwarzer Trüffel, Lauch, Kopfsalat. Dessert von der Schokolade, Kalamansisorbet, Physalis.

🕸 ⇔ ≼ ⅙ 🎟 🅿 🏠 – Menü 178/198 €

Vitalhotel Alter Meierhof, Uferstraße 1 ✉ *24960 –* 🕿 *04631 6199411 – www.alter-meierhof.de – Geschlossen 22. Juni-31. Juli, Montag, Sonntag, mittags: Dienstag-Samstag*

🍴 **BRASSERIE**

INTERNATIONAL · LÄNDLICH XX Eine schöne Alternative zur Gourmetküche der "Meierei". In freundlicher Atmosphäre gibt es international-regionale Küche. Auf der Karte z. B. "Tatar vom Glücksstädter Matjes", "in Rotwein geschmorte Rinderbacke" oder "Seesaibling mit Zitronen-Thymianschaum".

⇔ ≼ ⌂ 🏠 ⅙ ☷ 🅿 🏠 – Menü 50/66 €

Vitalhotel Alter Meierhof, Uferstraße 1 ✉ *24960 –* 🕿 *04631 6199410 – www.alter-meierhof.de*

🏨 **VITALHOTEL ALTER MEIERHOF**

SPA UND WELLNESS · GEMÜTLICH Was für ein Haus! Viel stilvoller und wer-tiger kann man an der Ostsee nicht wohnen. Elegante Einrichtung mit skandina-vischem Touch, sehr guter, aufmerksamer Service, beeindruckendes Frühstück, ein orientalischer Spa auf rund 1400 qm und dann auch noch die Lage direkt an der Förde!

🍴 ≼ ⌂ 🗙 🔲 🕸 ⌘ ☷ 🕸 🅿 🏠 – 53 Zimmer – 1 Suite

Uferstraße 1 ✉ *24960 –* 🕿 *04631 61990 – www.alter-meierhof.de*

❀❀ **Meierei Dirk Luther** · 🍴 **Brasserie** – Siehe Restaurantauswahl

GMUND AM TEGERNSEE

Bayern – Regionalatlas **66**–M21 – Michelin Straßenkarte 546

🍴 **JENNERWEIN**

REGIONAL · GEMÜTLICH X Eine wirklich nette Adresse mit charmant-rustikaler Gasthaus-Atmosphäre - richtig gemütlich ist es hier. Die frische und saisonal-bayerische Küche gibt es z. B. als "geschmortes Böfflamott" oder "Kälberne Fleischpflanzerl". Oder lieber Fisch nach Tageseinkauf?

🏠 ❖ 🅿 ⊟ – Karte 38/56 €

Münchner Straße 127 ✉ *83703 –* 🕿 *08022 706050 – www.gasthaus-jennerwein.de – Geschlossen Dienstag, Mittwoch*

In Gmund-Ostin

😊 **OSTINER STUB'N**

INTERNATIONAL · GASTHOF XX Gemütlich sitzt man in dem regionstypischen Gasthaus in hübschem freundlichem Ambiente und wird aufmerksam umsorgt. Auf der Karte finden sich international-saisonale Gerichte sowie bayerische Schmankerl. Gerne kocht man mit Produkten aus der Region. Im Sommer ist die schöne Terrasse zum Garten gefragt.

Spezialitäten: Scampi, Melone, Mango, Erdbeervinaigrette. Gegrilltes Kalbskote-lett, Steinpilze, Kartoffelkrapfen, kräftige Jus. Blätterteig-Feigentarte, Tonkaboh-nenrahmeis.

🏠 ❖ 🅿 – Menü 50/89 € – Karte 28/55 €

Schlierseer Straße 60 ✉ *83703 –* 🕿 *08022 7059810 – www.ostiner-stubn.de – Geschlossen 1.-10. November, Dienstag, mittags: Mittwoch*

GNOTZHEIM

Bayern – Regionalatlas **57**–K17 – Michelin Straßenkarte 546

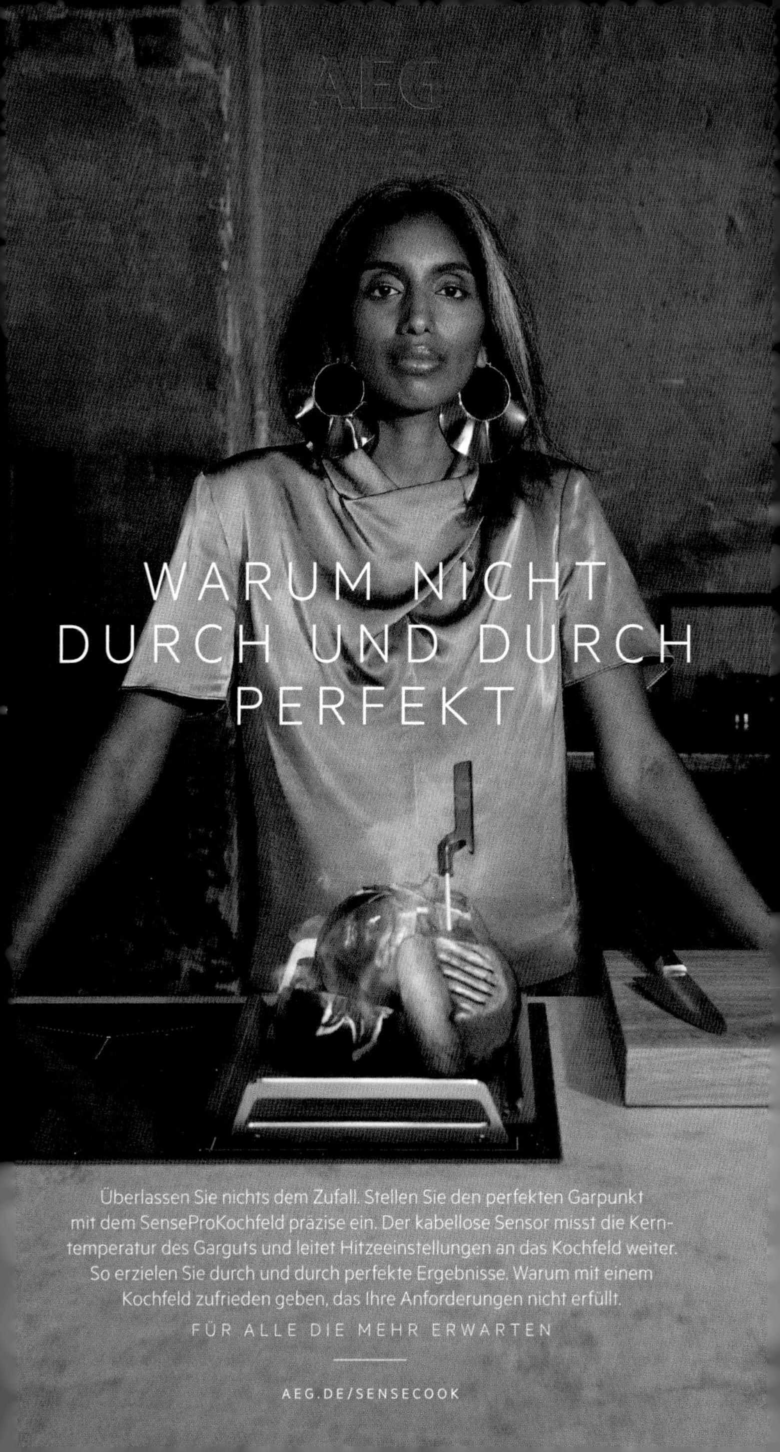
AEG
WARUM NICHT DURCH UND DURCH PERFEKT
Überlassen Sie nichts dem Zufall. Stellen Sie den perfekten Garpunkt mit dem SenseProKochfeld präzise ein. Der kabellose Sensor misst die Kerntemperatur des Garguts und leitet Hitzeeinstellungen an das Kochfeld weiter. So erzielen Sie durch und durch perfekte Ergebnisse. Warum mit einem Kochfeld zufrieden geben, das Ihre Anforderungen nicht erfüllt.
FÜR ALLE DIE MEHR ERWARTEN
AEG.DE/SENSECOOK

Meine Eiweißbrote+ Toastbrötchen

„Mestemacher ist Weltmarktführer ungeöffnet lang haltbarer Vollkornprodukte und Förderer der Gleichstellung Frau + Mann."

Initiatorin Aktivitäten Gleichstellung Prof. Dr. Ulrike Detmers
Gesellschafterin, Vorsitzende der Geschäftsführung Mestemacher Management GmbH,
Sprecherin der Gruppe

Förderer
Gleichstellung
**Frau
+
Mann**
www.mestemacher.de/
gleichstellungsaktivitaeten

www.mestemacher.de

⍥○ GASTHOF GENTNER

REGIONAL · GASTHOF ⅄ Der familiengeführte Gasthof gibt ein stimmiges Bild ab: ein traditionsreiches Haus, Produkte aus der Region, "Slow Food"-Mitglied... und das Obst kommt von der eigenen Streuobstwiese. Sie speisen in sorgsam restaurierten Stuben und übernachten in hübschen geräumigen Zimmern mit ländlichem Charme. Hinweis: Die Ruhetage ändern sich je nach Saison.

⇔ 🛗 ⇔ 🅿 – Menü 35/45 € – Karte 23/30 €

Spielberg 1 ⊠ 91728 – ℰ 09833 988930 – www.gasthof-gentner.de –
Geschlossen 11.-22. Januar, 15. Februar-5. März, 7.-18. Juni, Montag, Dienstag,
Mittwoch, mittags: Donnerstag-Samstag, abends: Sonntag

GÖHREN-LEBBIN

Mecklenburg-Vorpommern – Regionalatlas **13**–N5 – Michelin Straßenkarte 542

🏰 SCHLOSS FLEESENSEE

HISTORISCHES GEBÄUDE · KLASSISCH Ein richtig schönes herrschaftliches Anwesen ist das Schloss von 1842 nebst verschiedenen Dependancen. Die hochwertigen Zimmer gibt es chic-modern oder klassisch. Tipp: Spa-Suiten mit eigener Sauna. Stilvoll designt die Lobby und die Lounge "Wine and Book". Internationale Küche in der luftig-lichten "Orangerie", im "Blüchers" setzt man auf regionale Produkte.

⚑ 🦢 ⇔ ◼ 🖥 🌐 🛕 ʄ 🖃 ⅃ 🖩 🛝 🅿 ⍝ – 179 Zimmer – 16 Suiten

Schlossstraße 1 ⊠ 17213 – ℰ 039932 80100 – www.schlosshotel-fleesensee.com

GÖRLITZ

Sachsen – Regionalatlas **44**–S12 – Michelin Straßenkarte 544

🙂 SCHNEIDER STUBE

REGIONAL · GEMÜTLICH ⅄⅄ Das "Tuchmacher" (ein schönes Renaissance-Bürgerhaus) ist mit seiner gemütlichen Stube eine Institution in der Stadt. Lust auf saisonal-internationale Küche? Oder lieber einen Klassiker? Auf der Karte z. B. "Filet vom Kalb mit Jakobsmuschel und Hummersauce" oder "Rindsroulade in Bautz'ner Senfsauce". Ein Traum: der Innenhof!

Spezialitäten: Tatar vom Lachs auf Zuckerschotenmousse und Koriandereis. Ochsenbäckchen in Rotweinjus geschmort mit Möhren und Kartoffelpüree. Grießflammerie mit Beerenragout und weißem Kaffeeeis.

⇔ 🛗 🖃 ⇔ 🅿 – Menü 31/52 € – Karte 29/50 €

Hotel Tuchmacher, Peterstraße 8 ⊠ 02826 – ℰ 03581 47310 – www.tuchmacher.de –
Geschlossen mittags: Montag

GOTTENHEIM

Baden-Württemberg – Regionalatlas **61**–D20 – Michelin Straßenkarte 545

🙂 ZUR KRONE

REGIONAL · GEMÜTLICH ⅄⅄ Die Stuben in dem schmucken Gasthaus a. d. 18. Jh. haben nicht nur eine nette Atmosphäre, man isst auch gut, nämlich klassisch-saisonale Gerichte wie "Wildkraftbrühe, Reh-Steinpilzravioli, Gemüseperlen" oder "Filet vom arktischen Saibling, aromatische Gartenkräutersauce, Kohlrabi, Butterkartoffeln". Gepflegt übernachten kann man hier ebenfalls.

Spezialitäten: Schaumsuppe von der Petersilienwurzel, gebackene Gravedlachs-Praline. Perlhuhnbrüstchen, Steinpilzrahmsauce, glasierte Gemüsezwiebeln, Kartoffelroulade. Waldbeerblume, Topfen, Champagner, Crumble.

⇔ 🛗 ⇔ 🅿 – Menü 37/65 € – Karte 32/59 €

Hauptstraße 57 ⊠ 79288 – ℰ 07665 6712 – www.krone-gottenheim.de –
Geschlossen 7.-22. Februar, Montag, Sonntag, mittags: Dienstag-Samstag

GREIFSWALD

Mecklenburg-Vorpommern – Regionalatlas **13**–P4 – Michelin Straßenkarte 542

😊 TISCHLEREI

REGIONAL · FREUNDLICH ✗ Eine absolut sympathische Adresse, die etwas versteckt zwischen Segelmachern und Werften liegt (Tipp: Parkplatz des "Marina Yachtzentrums"). Leger sitzt man an langen Tischen und wählt von der Tafel Leckeres wie "geschmorte Ochsenschulter auf Pilzrisotto". Mittags kommt man gerne zum günstigen Tagesessen. Im Sommer ist die Terrasse zum Hafen ein Muss!
Spezialitäten: Kalbsfilet und Thunfischsashimi mit Kapernmayo. Hirschrücken mit Rapsölstampf und gelben Bohnen. Gelierte Holunderblütenbowle mit Weinbergpfirsich und griechischem Yoghurteis.

🏛 – Karte 34/45 €

Salinenstraße 22 ✉ *17489 –* ☎ *03834 884848 – Geschlossen Sonntag*

⁍○ GOLDMARIE

DEUTSCH · BISTRO ✗ Der Partnerbetrieb der "Tischlerei" setzt ebenfalls auf das bewährte Konzept aus ungezwungener, lebhafter Atmosphäre und Speisenangebot von der Tafel. Hier liest man z. B. Garnelenburger, Soljanka oder Königsberger Klopse. Sie mögen Bier? Man hat eine große Auswahl an Craft-Bieren (auch gezapft).

🏛 🍴 – Karte 17/35 €

Fischstraße 11 ✉ *17489 –* ☎ *03834 8876103 – Geschlossen Sonntag*

GRENZACH-WYHLEN

Baden-Württemberg – Regionalatlas **61**–D21 – Michelin Straßenkarte 545

😊 RÜHRBERGER HOF

KLASSISCHE KÜCHE · TRENDY ✗✗ Dass das historische Anwesen einmal landwirtschaftlich genutzt wurde, sieht man dem heutigen Restaurant mit seiner hübschen modernen Einrichtung nicht mehr an. Ein attraktiver Rahmen für die richtig gute klassisch basierte Küche. Und wer übernachten möchte, findet hier funktionelle Gästezimmer in zeitgemäßem Design.
Spezialitäten: Gebratener Pulpo mit Hummus, Aubergine und weißem Tomatenschaum. Heilbutt mit Riesling-Beurre blanc mit Kürbis und Kartoffelpüree. Schokoladenvariation mit Nougat und Blutorange.

⇦ 🏛 ⇕ 🅿 – Menü 23/60 € – Karte 31/74 €

Hotel Rührberger Hof, Inzlinger Straße 1 (Nord: 3 km im Ortsteil Rührberg) ✉ *79639 –* ☎ *07624 91610 – www.ruehrbergerhof.com – Geschlossen mittags: Montag-Dienstag*

🏠 RÜHRBERGER HOF

FAMILIÄR · MODERN Der Landgasthof a. d. 19. Jh. hat eine lange gastronomische Tradition. Heute beherbergt er geschmackvolle moderne Zimmer, die wohnlich und funktionell zugleich sind. Wer einen Balkon mit schöner Sicht möchte, bucht das Zimmer "Alpenblick", noch etwas mehr Platz bietet die Juniorsuite, ebenfalls im DG.

🏔 🦮 🖬 & 🅿 – 19 Zimmer

Inzlinger Straße 1 ✉ *79639 –* ☎ *07624 91610 – www.ruehrbergerhof.com*
😊 **Rührberger Hof** – Siehe Restaurantauswahl

Im Ortsteil Grenzach

❀ ECKERT

Chef: Nicolai Peter Wiedmer

KREATIV · DESIGN ✕✕ So chic wie das gleichnamige Designhotel ist auch das Gourmetrestaurant. Ob Wintergarten ober Loungebereich, das Interieur ist stilvoll-modern, reduziert und zugleich gemütlich. In der Küche zeigt der junge Patron Nicolai Peter Wiedmer, dass er sich auf klassisches Handwerk ebenso versteht wie auf kreative Elemente. Ein bisschen merkt man seinem Kochstil auch noch seine Zeit im Basler "Stucki" an - hier war er Schüler von Tanja Grandits. Gerne lässt er in seine sehr kontrastreichen und klasse ausbalancierten Gerichte asiatische Aromen einfließen. Schön die Weinkarte mit rund 350 Positionen, stimmig die empfohlenen Weinbegleitungen. Tipp: Im Sommer hat man eine hübsche Terrasse. Mi. bis Fr. gibt es mittags nur Business-Lunch, sonntags auch am Mittag das abendliche Tasting-Menü sowie à la carte.

Spezialitäten: Gelbschwanzmakrele, Tomatenessenz, Yuzu, Kohlrabi. Gedämpfter Heilbutt, Gurkensauce, Shiso-Tempura. Brombeersorbet, Verveine, Joghurt.

🐜 ⇦ 🏠 ✿ 🅿 – Menü 34 € (Mittags), 80/132 € – Karte 62/82 €

Hotel Eckert, Basler Straße 20 ✉ 79639 – 𝓒 07624 91720 –
www.eckert-grenzach.de – Geschlossen Montag, Dienstag, mittags: Samstag

🏠 ECKERT

FAMILIÄR · DESIGN Der Familienbetrieb ist ein echtes Schmuckstück mit seiner ausgesprochen hochwertigen modernen Designereinrichtung! Draußen kann man auf der Liegewiese entspannen, dazu ein Außenpool mit Gegenstromanlage. Praktisch: Ladestationen für Elektrofahrzeuge.

✿ ⇦ ⤸ 🌿 🖥 🔥 🎦 🛁 🅿 – 46 Zimmer

Basler Straße 20 ✉ 79639 – 𝓒 07624 91720 – www.eckert-grenzach.de

❀ Eckert – Siehe Restaurantauswahl

GRÖNENBACH, BAD

Bayern – Regionalatlas 64-I21 – Michelin Straßenkarte 546

☺ CHARLYS TOPF-GUCKER

REGIONAL · GEMÜTLICH ✕ Bei Charly Bittner wird mit regionalem und saisonalem Bezug gekocht, und das richtig lecker! Tipp: Kommen Sie mal donnerstags zum "Topf-Gucker-Burger"! Oder wie wär's mit dem guten Sonntagsbraten? Das charmante Restaurant hat auch eine schöne Terrasse direkt auf dem Marktplatz.

Spezialitäten: Gebeizter Lachs mit Meerrettich und Rösti. Filet vom Edelrind mit Kässpatzen und Zwiebelsauce. Kaiserschmarren mit Preiselbeeren.

🏠 ✿ – Karte 34/63 €

Marktplatz 8 ✉ 87730 – 𝓒 08334 259725 – www.topf-gucker.com –
Geschlossen Montag, Dienstag, mittags: Mittwoch-Freitag

GROSS MECKELSEN

Niedersachsen – Regionalatlas 9-H6 – Michelin Straßenkarte 541

In Groß Meckelsen-Kuhmühlen West: 5 km, jenseits der A 1, über Lindenstraße, hinter Groß Meckelsen rechts abbiegen

🏠 ZUR KLOSTER-MÜHLE

LANDHAUS · MODERN Idyllisch liegt der Gutshof mit seinen charmanten Häusern an einem kleinen Weiher. In den schönen modernen Zimmern (darunter ein hochwertiges Wellnesszimmer mit Whirlpool!) steht sogar Wein und Sekt bereit. Am Morgen gibt es ein reichhaltiges Frühstücksbuffet. Regional-mediterrane Küche im Restaurant.

✿ 🌿 🛁 🅿 – 17 Zimmer

Kuhmühler Weg 7 ✉ 27419 – 𝓒 04282 594190 – www.kloster-muehle.de

GROSS NEMEROW

Mecklenburg-Vorpommern – Regionalatlas **13**–P5 – Michelin Straßenkarte 542

ⅺO RÄTHRO ⓝ

MODERNE KÜCHE · CHIC XX Chic das geradlinig-moderne Design des "Räthro", durch raumhohe Fenster genießt man die Aussicht - der Restaurantname nimmt Bezug auf Küchenchef Torsten Räth. Bei Gerichten wie "Damhirsch, Waldpilze, Pastinake" richtet er sich nach der Saison und setzt auf regionale Produkte, Wild bezieht er aus der nächsten Umgebung.

🕲 🅿 – Karte 69/109 €

Hotel Bornmühle, Bornmühle 35 ✉ 17094 – 𝒞 039605 600 – www.bornmuehle.de –
Geschlossen 1.-31. Januar, 24.-31. Dezember, Montag, Dienstag,
mittags: Mittwoch-Samstag, Sonntag

⌂⌂⌂ BORNMÜHLE

LANDHAUS · MODERN Ruhig liegt das gut geführte Hotel oberhalb des Tollensesees - ideal für Ausflüge in die schöne Umgebung. Alternativ locken der hübsche Garten und der attraktive Wellness- und Fitnessbereich. Die modernen Zimmer liegen see- oder landseitig, teils mit wertigem "Schlaf-Gesund-Konzept". Neben dem "Räthro" gibt es noch das Hotelrestaurant "The View" mit schöner Aussicht.

🕆 🐾 🕭 🖃 🕸 🕏 ⅃₆ 🖪 🖈 🅿 – 97 Zimmer – 10 Suiten

Bornmühle 35 ✉ 17094 – 𝒞 039605 600 – www.bornmuehle.de
ⅺO **Räthro** – Siehe Restaurantauswahl

GROSSHEUBACH

Bayern – Regionalatlas **48**–G16 – Michelin Straßenkarte 546

⊛ ZUR KRONE

MARKTKÜCHE · GASTHOF XX Schon seit 1969, inzwischen in 2. Generation, wird das Gasthaus von Familie Restel geführt. Ihr Engagement merkt man nicht zuletzt an der guten Küche, die es z. B. als "Tafelspitz mit Frankfurter Grüner Soße und Bratkartoffeln" gibt. Dazu eine gut sortierte Weinkarte mit Bezug zur Region. Schön die begrünte Terrasse. Gepflegt übernachten kann man ebenfalls.
Spezialitäten: Kokos Currysuppe mit gebackener Garnele. Geschmortes Ochsenbäckchen auf Rahmgemüse mit neuen Kartoffeln. Dreierlei Crème brûlée.

🕲 🕭 ♻ 🅿 – Menü 35/90 € – Karte 35/90 €

Miltenberger Straße 1 ✉ 63920 – 𝒞 09371 2663 – www.gasthauskrone.de –
Geschlossen 2.-15. Februar, 2.-12. November, Montag, mittags: Freitag

GROSSKARLBACH

Rheinland-Pfalz – Regionalatlas **47**–E16 – Michelin Straßenkarte 543

ⅺO KARLBACHER

KLASSISCHE KÜCHE · GEMÜTLICH XX Einladend ist hier schon das 400 Jahre alte Fachwerkhaus mit seinem reizenden überdachten Innenhof und dem Mix aus gemütlicher Weinstube und Gourmetrestaurant. Ebenso gut kommen die Gerichte an - probieren Sie z. B. "Winter-Kabeljau-Rücken auf Grünkohl, schwarzer Trüffel-Velouté und sardischen Gnocchetti" oder "Topinambur und Mais mit bretonischem Hummer".

🕭 ♻ 🅿 – Menü 39 € (Mittags), 58/86 € – Karte 52/96 €

Hauptstraße 57 ✉ 67229 – 𝒞 06238 3737 – www.karlbacher.info –
Geschlossen 2.-20. Januar, Montag, Dienstag

GROSS-UMSTADT

Hessen – Regionalatlas **48**–G15 – Michelin Straßenkarte 543

🍴⭕ **FARMERHAUS**

AFRIKANISCH · EXOTISCHES AMBIENTE ✗✗ Wenn man die original afrikanischen Spezialitäten auf der Terrasse genießt und dabei auf die Weinberge schaut, hat man fast ein bisschen das Gefühl, im "Grande Roche" in Paarl (Südafrika) zu sein! Authentisch auch die Deko im Restaurant.

⇦ 🏠 **P** – Menü 65/110 € – Karte 58/86 €

Am Farmerhaus 1 ✉ 64823 – 𝒞 06078 911191 – www.farmerhaus.de –
Geschlossen 1.-15. Januar, Montag, Sonntag, mittags: Dienstag-Samstag

🏠 **FARMERHAUS LODGE**

LANDHAUS · DESIGN Rund 2 km vom Restaurant "Farmerhaus" findet man in einer ehemaligen Hofreite im Zentrum ein nicht alltägliches Designhotel. Mit Liebe zum Detail hat man überall afrikanische Kunst und dekorative Accessoires aufs Stimmigste arrangiert. Toller Innenhof. 800 m weiter: das Gästehaus "Blumeins" - eine überaus geschmackvoll eingerichtete Jugendstilvilla mit großem Garten.

🏞 ⇦ **P** – 8 Zimmer

Carlo-Mierendorffstraße 5 ✉ 64823 – 𝒞 06078 9307570 – www.farmerhaus-lodge.de

GRÜNWALD

Bayern – Regionalatlas **65**–L20 – Michelin Straßenkarte 546

🍴⭕ **ALTER WIRT**

REGIONAL · FREUNDLICH ✗✗ Sympathisch-leger ist es hier! In der "Wirtschaft" gibt es durchgehend warme Küche - beliebt der Mittags-Imbiss. Etwas besser eingedeckt ist das "Restaurant" mit urigem Charme. Man setzt auf Bioprodukte - auf der Karte z. B. "geschmorter Tafelspitz vom Weiderind". Zum Übernachten: mit Naturmaterialien nach ökologischen Gesichtspunkten ausgestattete Zimmer.

🐝 *Engagement des Küchenchefs: "Familie Portenländer ermöglicht mir die Verarbeitung bester Bio-Produkte vom Brot bis zum Fleisch aus der Region. Aber „Bio" und „Nachhaltigkeit" werden auch gelebt, Solarstrom, keine Einwegprodukte, regelmäß persönlicher Austausch mit den Erzeugern, selbst die Hotelzimmer sind „baubiologisch"."*

⇦ 🏠 📳 ⇔ **P** 🚗 – Menü 24/54 € – Karte 24/54 €

Marktplatz 1 ✉ 82031 – 𝒞 089 6419340 – www.alterwirt.de

🍴⭕ **CHANG** Ⓝ

ASIATISCH · ORIENTALISCHES AMBIENTE ✗ Von Thailand über China bis Japan reicht hier die breite Palette an asiatischen Gerichten. Neben den Sushi-Variationen sind Currys die Highlights, nicht zu vergessen die leckeren Desserts! Drinnen klares puristisches Ambiente samt Bar und einsehbarer Küche, draußen die schöne große überdachte Terrasse.

🏠 – Karte 33/82 €

Marktplatz 9 ✉ 82031 – 𝒞 089 64958801 – chang-restaurant.de –
Geschlossen Dienstag, mittags: Samstag

GSCHWEND

Baden-Württemberg – Regionalatlas **56**–H18 – Michelin Straßenkarte 545

😊 **HERRENGASS**

REGIONAL · CHIC ✗✗ In dem ehemaligen Kolonialwarenladen sitzt man in frischer moderner Atmosphäre und wird freundlich umsorgt. Auf den Tisch kommen schmackhafte Gerichte mit saisonalem und regionalem Bezug. Probieren Sie z. B. "gebratenen Kalbsrücken mit Pilzkruste, Portweinjus, Kerbelknollen, Kartoffel-Schnittlauchstrudel".

Spezialitäten: Schaumsüppchen vom Hokkaido Kürbis mit gerösteten Kernen und Öl. Lammrücken in Paprika-Ingwersauce auf wildem Brokkoli und Kartoffelnocken. Weinbergpfirsich im Holunderblütensud mit Joghurteis.

🏠 ⇔ **P** – Menü 38/90 € – Karte 36/65 €

Welzheimer Straße 11 ✉ 74477 – 𝒞 07972 912520 – www.herrengass-gschwend.de –
Geschlossen 1.-15. Januar, Montag, Dienstag

GÜSTROW

Mecklenburg-Vorpommern – Regionalatlas **12**–M4 – Michelin Straßenkarte 542

 KURHAUS AM INSELSEE

LANDHAUS · GEMÜTLICH In ruhiger Lage am Inselsee wohnt man stilvoll-klassisch, Zimmer zur Seeseite mit Balkon. Dazu aufmerksamer Service, gutes Frühstück sowie Restaurant mit Brasserie-Flair und Terrasse zum Park. 200 m weiter, ebenfalls am Strand, liegt das etwas einfachere Schwesterhotel. Auch Radfahrer schätzen das Haus.

🍴 🐾 ⛱ 🗙 🐱 🖃 ₺ 🎿 🅿 – 45 Zimmer – 3 Suiten

Heidberg 1 ✉ 18273 – ☎ 03843 8500 – www.kurhaus-guestrow.de

GUMMERSBACH

Nordrhein-Westfalen – Regionalatlas **36**–D12 – Michelin Straßenkarte 543

In Gummersbach-Dieringhausen Süd: 7 km über B 55

🅒🅑 **MÜHLENHELLE**

Chef: Michael Quendler

FRANZÖSISCH-MODERN · ELEGANT 🏵🏵 Was für ein tolles Anwesen! Mit dieser herrlichen Villa haben sich Michael und Brigitta Quendler einen absolut repräsentativen Ort ausgesucht, um ihre Gäste zu verwöhnen. Eleganter Stil, warme Töne, schöner Holzfußboden, große Sprossenfenster... - wirklich einladend das Ambiente. Dazu kommt noch der aufmerksame und kompetente Service. Und dann ist da noch die Küche von Michael Quendler. Er kocht auf klassischer Basis, aber dennoch modern und angenehm unkompliziert - schön, wie er die verschiedenen Aromen der ausgezeichneten Produkte auf dem Teller zusammenbringt. Es gibt zwei Menüs (eines davon vegetarisch/vegan), deren Gerichte Sie auch mischen können. Dazu die passende Weinbegleitung. Mit wohnlichen Zimmern sind die Quendlers übrigens auch bestens auf Übernachtungsgäste eingestellt.

Spezialitäten: Gurke, Dill, Senf, Lachsforelle. Kalb, Zuckererbse, Meerrettich, Minze. Blaubeere, Original Beans Edelweiß, Mandel.

🐾 🤝 🏠 ₺ 🆎 🅿 – Menü 52/139 € – Karte 50/81 €

Hotel Die Mühlenhelle, Hohler Straße 1 ✉ 51645 – ☎ 02261 290000 –
www.muehlenhelle.de – Geschlossen 2.-18. Januar, 12. Juli-12. August, Montag,
Dienstag, Mittwoch, mittags: Donnerstag-Samstag

🅒🅑 **MÜHLENHELLE - BISTRO**

MARKTKÜCHE · BISTRO 🏵🏵 Das schöne Restaurant mit der angenehm luftigen Atmosphäre ist eine richtig nette Alternative zum Gourmet. Auch hier isst man gut, in der einsehbaren Küche entstehen schmackhafte saisonale Speisen aus frischen Produkten - da bestellt man z. B. gerne Wild.

Spezialitäten: Mühlenhelle Bouillabaisse mit Sauce Rouille und Knoblauchbrot. Kalbsragout mit Spätzle, geschmortem Wurzelgemüse und gebratenen Pfifferlingen. Topfenknödel mit Zwetschkenröster und Vanilleeis.

🐾 🤝 🏠 ₺ 🆎 🅿 – Menü 36 € – Karte 37/59 €

Hotel Die Mühlenhelle, Hohler Straße 1 ✉ 51645 – ☎ 02261 290000 –
www.muehlenhelle.de – Geschlossen 2.-18. Januar, 12. Juli-12. August

 MÜHLENHELLE

LANDHAUS · ELEGANT Hübsch ist die denkmalgeschützte Villa, in der sich Familie Quendler überaus charmant und persönlich um ihre Gäste kümmert. Geräumige, hochwertige und geschmackvolle Zimmer mit schicken Bädern, dazu nette kleine Aufmerksamkeiten überall im Haus!

🍴 🅿 – 8 Zimmer

Hohler Straße 1 ✉ 51645 – ☎ 02261 290000 – www.muehlenhelle.de

🅒🅑 Mühlenhelle · 🅒🅑 Mühlenhelle - Bistro – Siehe Restaurantauswahl

GUNDELFINGEN

Baden-Württemberg – Regionalatlas **61**–D20 – Michelin Straßenkarte 545

🍴○ **BAHNHÖFLE**

FRANZÖSISCH-KLASSISCH · LÄNDLICH ✗ In dem kleinen Häuschen am Gundelfinger Bahnhof sitzt man in legerer Atmosphäre (dekorativ die Bilder einer jungen polnischen Künstlerin), sehr schön die Terrasse vor dem Haus! Thierry Falconnier ist einer der großen Klassiker im Raum Freiburg, entsprechend seiner Herkunft kocht er französisch - angenehm reduziert und schmackhaft. Tipp: die Enten- oder Fischgerichte.

� ✿ – Karte 40/65 €

Bahnhofstraße 16 ⊠ 79194 – ℰ 0761 5899949 – www.bahnhoeflegundelfingen.de –
Geschlossen Mittwoch, mittags: Montag-Dienstag und Donnerstag-Samstag

In Gundelfingen-Wildtal

🍴○ **SONNE WILDTAL**

MARKTKÜCHE · GERADLINIG ✗✗ In dem hübschen Fachwerkhaus werden Sie in freundlichem modernem Ambiente richtig gut bekocht! Man versteht sein Handwerk - ambitioniert und schmackhaft bereitet man z. B. "Ceviche vom Kabeljau" oder "Rücken vom Salzwiesenlamm" zu. Auf der Vesperkarte z. B. Flammkuchen oder Wurstsalat. Schöne Terrasse am Dorfplatz.

� ✿ – Menü 37/120 € – Karte 33/78 €

Talstraße 80 ⊠ 79194 – ℰ 0761 61257060 – www.sonnewildtal.com –
Geschlossen Montag, Dienstag, mittags: Mittwoch-Freitag

HAAN

Nordrhein-Westfalen – Regionalatlas **36**–C11 – Michelin Straßenkarte 543

🍴○ **ESSENSART**

INTERNATIONAL · FREUNDLICH ✗✗ Trotz der etwas versteckten Lage hat man sich hier mit saisonaler Küche einen Namen gemacht. Das Angebot reicht vom vegetarischen Menü bis zu internationalen Gerichten. Die Gastgeber sind herzlich-engagiert, das Ambiente freundlich, draußen die nette überdachte Terrasse.

� 🅿 – Menü 47/70 € – Karte 46/66 €

Bachstraße 141 ⊠ 42781 – ℰ 0212 9377921 – www.essensart-haan.de –
Geschlossen Montag, Dienstag, mittags: Mittwoch-Samstag

HÄUSERN

Baden-Württemberg – Regionalatlas **62**–E21 – Michelin Straßenkarte 545

🍴○ **KAMINO**

MEDITERRAN · GEMÜTLICH ✗✗ Aus dem einstigen "Chämi-Hüsli" der Familie Zumkeller (Betreiber des "Adlers") ist das gemütliche "Kamino" entstanden. Hier gibt es frische mediterrane Küche mit Tapas und Gerichten wie "gebratener Pulpo & Garnelen, Mojosauce, marokkanischer Couscous". Oder lieber etwas Klassisches wie "gebratenes Milchkalbsbries mit Merlotjus, Tagliatelle und Kaiserschoten"? Zum Übernachten hat man zwei hübsche, wohnliche Zimmer.

🛏 � 🗓 ✿ 🅿 – Menü 36/70 € – Karte 42/70 €

Sankt-Fridolin-Straße 1 ⊠ 79837 – ℰ 07672 4819970 – www.restaurant-kamino.de –
Geschlossen Mittwoch, Donnerstag

🏘 **ADLER**

SPA UND WELLNESS · INDIVIDUELL Wie schön sich Tradition und Moderne verbinden lassen, sieht man hier z. B. an den tollen zeitgemäß-puristisch und gleichzeitig ländlich designten Zimmern. Doch keine Sorge, der geschätzte "Adler"-Charme ist erhalten geblieben! Ebenso natürlich die Wertigkeit überall im Haus, vom Spa über Frühstück und Halbpension (im Preis inkl.) bis zum Service!

🍴 🍷 🖥 📶 🏋 ♨ 🗓 🈺 🅿 🚗 – 39 Zimmer – 4 Suiten

St.-Fridolin-Straße 15 ⊠ 79837 – ℰ 07672 4170 – www.adler-schwarzwald.de

HAGNAU

Baden-Württemberg – Regionalatlas **63**–G21 – Michelin Straßenkarte 545

 BURGUNDERHOF

LUXUS • AUF DEM LAND Hotel, Weingut, Distillerie - alles in Bio-Qualität! Dazu die klasse Lage zwischen Weinbergen und Obstwiesen, Blick zum Bodensee inklusive! Seit über 40 Jahren wird man von Familie Renn mit Herzblut betreut. Geschmackvoll die liebenswert gestalteten Zimmer und die "Spa Suite", herrlich der Garten samt Außenpool, wirklich toll das Frühstück! Mindestalter 18 Jahre.

🦢 ⇆ 🛏 🌊 🐾 **P** – 15 Zimmer

Am Sonnenbühl 70 ✉ *88709 –* ☎ *07532 807680 – www.burgunderhof.de*

HAIGER

Hessen – Regionalatlas **37**–E13 – Michelin Straßenkarte 543

🍽 **VILLA BUSCH**

INTERNATIONAL • ELEGANT ХХ Wirklich schön: In einer ausgesprochen aufwändig sanierten Villa hat man eine angenehme, geradlinige und stilvolle Atmosphäre geschaffen, in der man internationale Küche bietet. Probieren Sie die Fischgerichte - hier liegt der Schwerpunkt der Karte.

� – Menü 23 € (Mittags), 58/80 € – Karte 42/68 €

Westerwaldstraße 4 ✉ *35708 –* ☎ *02773 9189031 – www.villabusch.com –*
Geschlossen Montag

HALTERN AM SEE

Nordrhein-Westfalen – Regionalatlas **26**–C10 – Michelin Straßenkarte 543

🏵 **RATSSTUBEN**

Chef: Daniel Georgiev

MODERNE KÜCHE • FREUNDLICH ХХ Das kleine "Ratshotel" mitten in der Altstadt ist auch gastronomisch interessant. Patron und Küchenchef Daniel Georgiev kocht modern, mit ausgesuchten Zutaten und internationalen Einflüssen wie z. B. bei Calamaretti und Schweinebauch mit Asia-Sud und Creme von schwarzem Knoblauch. Oder mögen Sie statt dem Gourmet-Menü lieber mal ein Steak vom Grill? Dazu eine gut sortierte Weinkarte mit rund 250 Positionen. In Sachen Ambiente ist das Restaurant zweigeteilt: vorne eher bürgerlich mit Theke, hinten geradlinig-elegant in warmen Erdtönen. Draußen hat man ein paar Tische auf dem Gehsteig zur Fußgängerzone. Sie haben es mittags unter der Woche etwas eilig? Zu dieser Zeit wird die Sterneküche zwar nicht angeboten, stattdessen ist bei Stammgästen und Stadtbesuchern der einfache Lunch sehr beliebt.

Spezialitäten: Caviar, Kartoffel, Frischkäse, Aalschaum. Rehrücken, Haselnuss, Pfifferlinge, Sellerie, Kirschen. Zitronentarte, Meringue, Wildheidelbeeren, Frischkäseeis.

⇨ 🍴 – Menü 59/159 € – Karte 50/88 €

Hotel Ratshotel, Mühlenstraße 3 ✉ *45721 –* ☎ *02364 3465 – www.hotel-haltern.de –*
Geschlossen 1.-15. Januar, Montag, Sonntag

HAMBERGE

Schleswig-Holstein – Regionalatlas **11**–J4 – Michelin Straßenkarte 541

🍽 **RESTAURANT HAUCK**

INTERNATIONAL • ELEGANT ХХ Schön das helle, freundliche und geradlinige Ambiente hier, aufmerksam der Service. Gekocht wird saisonal und mit mediterranen Einflüssen, so z. B. "Garnelenbällchen, Spinat, Safran-Orangencreme" oder auch "Damhirschrücken, Wacholderjus, Spitzkohl". Gute Weinempfehlungen - der langjährige Gastgeber ist auch Sommelier.

� 🍴 **P** – Menü 38/58 € – Karte 36/67 €

Stormarnstraße 14 ✉ *23619 –* ☎ *0451 8997110 – www.restaurant-hauck.de –*
Geschlossen Montag, Dienstag, Mittwoch, mittags: Donnerstag-Freitag

HAMBURG

Vom locker-urbanen **100/200 Kitchen** mit Loft-Flair über
das luxuriöse **Haerlin** an der Binnenalster bis zur absoluten
Top-Adresse, dem einzigartigen **The Table Kevin Fehling**
in der modernen Speicherstadt - Sterneküche kann man in
Hamburg gleich mehrfach genießen. Auch neue Restaurants
sind hinzugekommen: das stylish-elegante **Lakeside** mit
Blick auf die Außenalster und das puristische **Zeik** im schönen
Winterhude. Ebenso bereichert das relaxt-moderne **Jellyfish**
im Szeneviertel Schanze die vielfältige Gastronomie der
Hansestadt. Und dann ist da noch die trendig-unkomplizierte
XO Seafoodbar, ein Ableger des **haebel** auf St. Pauli. Ein Tipp in
Sachen Sehenswertes: Neben dem «Michel», dem Wahrzeichen
Hamburgs schlechthin, sollten Sie auch das ca. 350 m entfernte
Brahms-Museum im schmucken Komponistenquartier mit
seinen historischen Gebäuden ansteuern.

J. Loïc / Photononstop

• Hamburg – Regionalatlas 10-I5
• Michelin Straßenkarte 541

UNSERE BESTEN RESTAURANTS

STERNE-RESTAURANTS

❀ ❀ ❀

Eine einzigartige Küche - eine Reise wert!

❀ ❀

Eine Spitzenküche - einen Umweg wert!

❀

Eine Küche voller Finesse - einen Stopp wert!

BIB GOURMAND 🍽

UNSERE RESTAURANTAUSWAHL

ALLE RESTAURANTS VON A BIS Z

J. Hoersch / Picture Press / Getty Images

HAMBURG

M. Möller / EyeEm / Getty Images

RESTAURANTS AM SONNTAG GEÖFFNET

UNSERE HOTELAUSWAHL

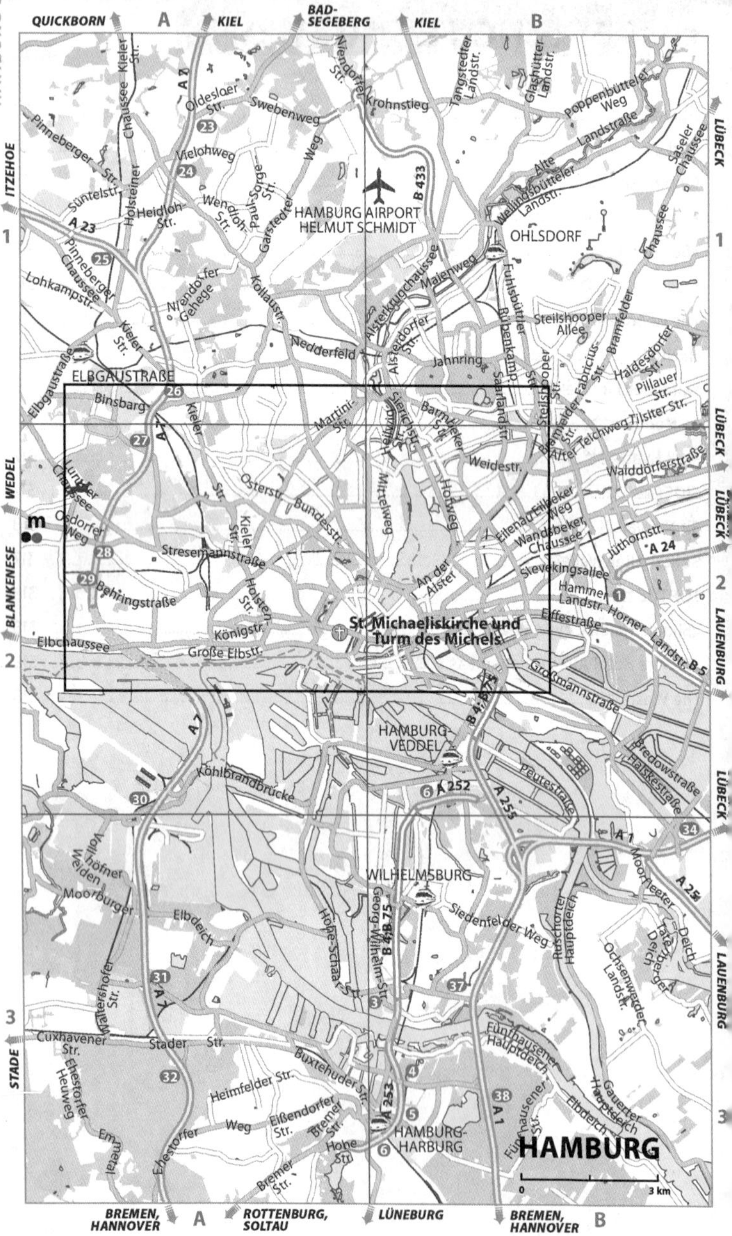
QUICKBORN
A
KIEL
BAD-SEGEBERG
KIEL
B
ITZEHOE
LÜBECK
WEDEL
BLANKENESE
LÜBECK
LÜBECK
LAUENBURG
LÜBECK
LAUENBURG
STADE
BREMEN, HANNOVER
ROTTENBURG, SOLTAU
LÜNEBURG
BREMEN, HANNOVER
1
2
3
HAMBURG AIRPORT HELMUT SCHMIDT
OHLSDORF
ELBGAUSTRASSE
St. Michaeliskirche und Turm des Michels
HAMBURG-VEDDEL
WILHELMSBURG
HAMBURG-HARBURG
HAMBURG
0
3 km
Pinneberger Str.
Sünteltstr.
Holsteiner Chaussee
Kieler Str.
Oldesloer Str.
Swebenweg
Niendorfer Str.
Krohnstieg
Tangstedter Landstr.
Glashütter Landstr.
Poppenbütteler Weg
Alte Landstraße
Wellingsbütteler Landstr.
Saseler Chaussee
Vielohweg
Heidloh-Str.
Wendloh-Str.
Paul-Sorge-Str.
Garstedter Weg
Pinneberger Chaussee
Lohkampstr.
Niendorfer Gehege
Kollaustr.
Alsterkrugchaussee
Maienweg
Fuhlsbüttler Str.
Steilshooper Allee
Bramfelder Chaussee
Nedderfeld
Alsterdorfer Str.
Jahnring
Barmbeker Str.
Saarlandstr.
Fabricius-Str.
Haldesdorfer Str.
Pillauer Str.
Tilsiter Str.
Elbgaustraße
Binsbarg
Martini-Str.
Heilwig-Str.
Sierichstr.
Weidestr.
Alter Teichweg
Walddörferstraße
Lurup Chaussee
Osdorfer Weg
Osterstr.
Bundesstr.
Mittelweg
Hofweg
Eilbeker Weg
Wandsbeker Chaussee
Jüthornstr.
Stresemannstraße
Kieler Str.
Behringstraße
Holsten-Str.
An der Alster
Sievekingsallee
Hammer Landstr.
Horner Landstr.
Königstr.
Elbchaussee
Große Elbstr.
Eiffestraße
Großmannstraße
Köhlbrandbrücke
Peutestraße
Bredowstraße
Halskestraße
Vollhöfner Weiden
Moorburger Elbdeich
Hohe-Schaar-Str.
Georg-Wilhelm-Str.
Siedenfelder Weg
Ruschorter Hauptdeich
Moorfleeter Deich
Tatenberger Deich
Ochsenwerder Landstr.
Waltershofer Str.
Cuxhavener Str.
Stader Str.
Buxtehuder Str.
Fünfhausener Hauptdeich
Gauerter Hauptdeich
Elbdeich
Ehestorfer Heuweg
Heimfelder Str.
Eißendorfer Str.
Bremer Str.
Hohe Str.
Ehestorfer Weg
Fünfhausener Str.
A 7
A 23
A 24
A 25
A 1
A 252
A 253
A 255
B 433
B 4; B 75
B 5

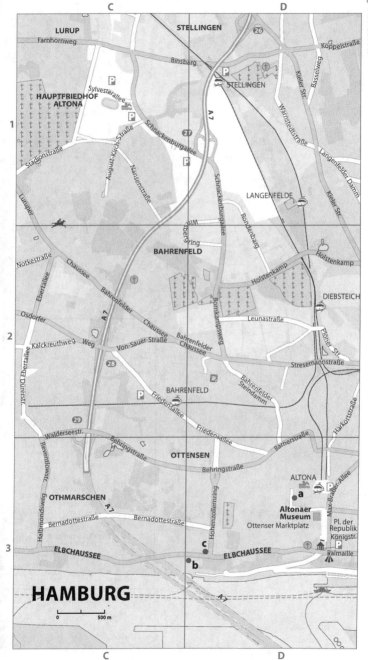

E

F

Koppelstraße

Hagenbecks Tierpark

Lohkoppelweg

Grandweg

Lokstedter

Tarpenbekstraße

c

p

Martinistraße

Str.

Kellinghusenstr.

P

Steindamm

Breitenfelder Str.

EPPENDORF

Stresemannallee

Lenzweg

Troplowitzstraße

HOHELUFT

a

Eppendorfer Baum

e

Hoheluftchaussee

Lehmweg

Kieler Str.

Langenfelder Damm

Lutterothstraße

Eidelstedter Weg

Eidelstedter Weg

Else-Rauch-Platz

h

Quickbornstr.

Mansteinstraße

z

Heußweg

Klosterstern

Hohalllee

Grindelberg

Hoheluftbrücke

HARVESTEHUDE

Müggenkamp-Str.

Methfessel-Str.

Osterstraße

Osterstraße

Geffcken

Bogenstraße

Hallerstraße

Hallerstraße

Hall

Lappenbergsallee

Fanny-Mendelssohn-Platz

P

Holstenkamp

EMSBÜTTEL

P

Grindelallee

Bundesstraße

Rothenbaumchaussee

Emilienstraße

Kieler Str.

Emsbütteler Chaussee

(✝) *Christuskirche*

Weidenallee

w

P

a

Schlump

Schröderstiftstr.

Penzelstraße

DIEBSTEICH

Plöner Str.

Harkortstraße

Holstenstraße

Altona-Alsen-Pl.

STERNSCHANZE (MESSE)

Schanzenstr.

Karolinenstr.

Petersburger Str.

Stresemannstraße

HOLSTENSTR.

Stresemannstraße

Max-Brauer-Allee

Fernsehturm

Stresemannstraße

Neuer Pferdemarkt

Neuer Kamp

Feldstraße

Gorch-Fock-Wall

Jung

Max-Brauer-Allee

n

ALTONA

h

Paulinenplatz

h

Glacischaussee

Museum für Hamburgische Geschichte

Große Bleichen

Jessenstraße

S. Bahn Königstr.

P

Reeperbahn

Reeperbahn

P

Pl. der Republik

(✝)

Gebrüder-Wolf-Pl.

e

P

St. Michaeliskirche und Turm des Michels

Willy-B

P

Palmaille

Breite Str.

St. Pauli Fischmarkt

m

d

r

Pauli Elbtunnel

Vorsetzen

HAFEN

Hohe Brücke

Am

k

ELBPHILHARMONIE

a

E

F

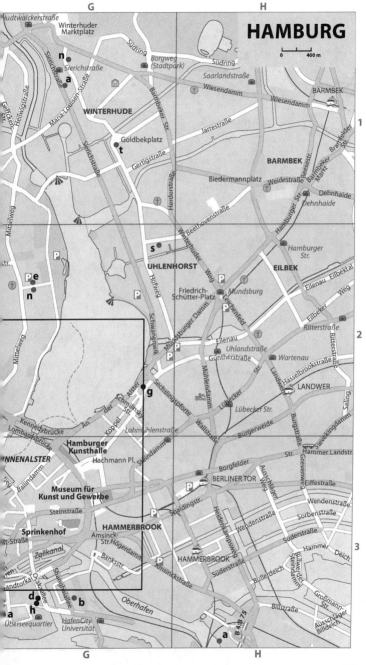

HAMBURG

0 — 400 m

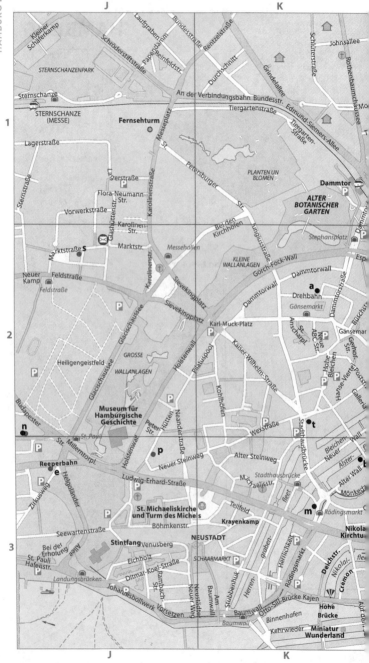

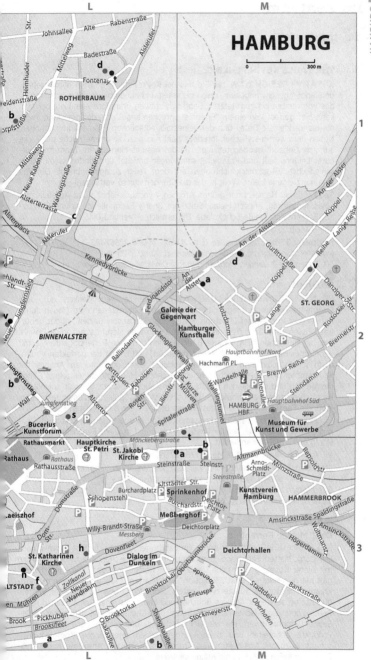

HAMBURG

0   300 m

Im Zentrum

Restaurants

✿✿✿ THE TABLE KEVIN FEHLING

KREATIV · DESIGN ✗✗✗ Waren Sie mal bei Kevin Fehling an dem namengebenden langen geschwungenen Tresen gesessen und haben bei relaxter Atmosphäre das vom ersten bis zum letzten Gang schlichtweg grandiose Menü erlebt? Man kann hier getrost von einem "Erlebnis" sprechen angesichts der perfekten Technik bis ins kleinste Detail und der keinesfalls alltäglichen Aromenkombinationen. Neben dem wertig-stylischen Interieur zieht natürlich die offene Küche die Blicke auf sich: Gebannt beobachtet man, wie das bestens eingespielte Team mit spürbarer Leidenschaft und Kreativität seine Ideen umsetzt und eindrucksvoll unterschiedlichste Geschmacksrichtungen auf dem Teller zusammenbringt. Definitiv eine ganz eigene kleine Welt, in der die Stunden nur so verfliegen!

Spezialitäten: Hamachi mit grünen Aromen, Avocado, Paprika und Apfel-Jalapeñoeis. Rehrücken, Pfirsich Melba, Spitzkohl, Sherry-Essighollandaise und Gewürzjus. Gurkensalat, Weiße Schokolade, Buttermilch, Apfel und Dill.

🕸 – Menü 230 €

Stadtplan: G3-b – *Shanghaiallee 15* ✉ *20457* – ☎ *040 22867422* –
www.the-table-hamburg.de – *Geschlossen 5.-11. April, 5.-25. Juli,*
20. Dezember-2. Januar, Montag, mittags: Dienstag-Samstag, Sonntag

✿✿ HAERLIN

FRANZÖSISCH-KREATIV · LUXUS ✗✗✗ Nicht mehr wegzudenken aus dem Gourmetrestaurant des legendären Hotels „Vier Jahreszeiten" am Neuen Jungfernstieg ist Küchenchef Christoph Rüffer. Charakteristisch für den Stil des gebürtigen Esseners: präzise Technik, Kreativität und jede Menge aufwändige Details. Das beginnt schon beim Amuse Bouche (hier z. B. eine Regenbogenforelle mit gebräunter Butter und gegrilltem Tomatensud) und ist mit der perfekten Verbindung fernöstlicher und heimischer Produkte einer geschmorten Ananas mit Sauerampfer und Kokos noch nicht ausgeschöpft! Man kann die einzelnen Gänge des großen und des kleinen Menüs übrigens auch tauschen. Absolut stilvoll und klassisch-elegant das Interieur, Hingucker ist die opulente Blumendekoration. Tipp: die Fensterplätze mit fantastischem Blick auf die Binnenalster.

Spezialitäten: Bachforelle mit Bergamotte, Kerbel und Erdartischockensud. Rehrücken mit Hefecrème, weiße Cassisbeeren und Pistazien. Fenchelganache mit Honig und Apfel-Koriandersud.

🕸 ⇦ ⇐ ♿ ▣ ⇕ 🚗 – Menü 175/220 €

Stadtplan: L2-v – *Fairmont Hotel Vier Jahreszeiten, Neuer Jungfernstieg*
9 ✉ *20354* – ☎ *040 34943310* – *www.restaurant-haerlin.de* –
Geschlossen 1.-10. Januar, 1.-7. März, 12. Juli-8. August, 4.-10. Oktober, Montag,
mittags: Dienstag-Samstag, Sonntag

✿✿ BIANC

Chef: Matteo Ferrantino

KREATIV · DESIGN ✗✗✗ Hier bringt ein gebürtiger Italiener südliche Aromen nach Hamburg. Matteo Ferrantino, der zuvor im portugiesischen Albufeira zusammen mit Dieter Koschina die Küche des 2-Sterne-Restaurants der "Vila Joya" leitete, gibt mit den Menüs "Markt", "Emotion" und "Garten" (vegetarisch) eine modernkreative mediterrane Küche zum Besten. Jedes Menü beginnt mit einer Vielzahl gleichzeitig servierter Amuses Bouches und endet mit einer Reihe ebenso feiner Petits Fours. Dazwischen z. B. Rotbarbe und Chipirones mit schwarzer Pil-Pil-Sauce. Bemerkenswert, mit wie viel Geschmack und technischer Finesse er top Produkte zubereitet und dabei ausgesprochen interessante Kombinationen schafft. Dazu hat Architektin Julia Erdmann ein schickes Ambiente mit Piazza-Flair geschaffen - Blick in die Küche inklusive.

Spezialitäten: Jakobsmuschel mit Grapefruit in Olivenölsud. Iberico Secreto mit Chipirones, Olive und Chorizo. Geeister Yoghurt mit Himbeere in verschiedenen Texturen und weißer Schokolade.

  🐚 – Menü 150/180 €

Stadtplan: L3-a – *Am Sandtorkai 50* ✉ *20457* – 𝒞 *040 18119797* – *www.bianc.de* – *Geschlossen Montag, mittags: Dienstag-Samstag, Sonntag*

🍴 LAKESIDE ⓝ

MODERNE KÜCHE · DESIGN 𝕏𝕏 Ein Restaurant, das in seiner Art sicher einzigartig ist in Hamburg. Das wird deutlich, sobald man in der 7. Etage des imposanten Hotels "The Fontenay" aus dem Lift steigt. Das "Lakeside" ist ein luftiger, lichtdurchfluteter Raum, der zum einen mit schickem klarem Design in elegantem Weiß besticht, zum anderen mit einer schlichtweg grandiosen Aussicht über die Stadt und die Außenalster. Ihre volle Aufmerksamkeit verdient aber auch die Küche von Julian Stowasser, der zuletzt im Frankfurter "Weinsinn" für Sterneküche sorgte. Er kocht klassisch und modern inspiriert, seine Gerichte sind logisch aufgebaut und zeigen schöne Details, ohne zu verspielt zu sein. Der Service ist gut organisiert und geschult, aufmerksam und zuvorkommend. Sehr passend die glasweise Weinempfehlung zum Menü.

Spezialitäten: Grüner Apfel, Gänseleber, Aal, Rauch-Bouillon. BBQ Short Ribs, Bohne, Zwiebel, Kartoffel. Schokolade, Haselnuss, Zwetschge, Passionsfrucht.

  🐚 ⇆ ≼ 🆖 🗄 ⇄ 🅿 🚗 – Menü 135/165 €

Stadtplan: L1-d – *Hotel The Fontenay, Fontenay 10* ✉ *20354* – 𝒞 *040 60566050* – *www.thefontenay.com* – *Geschlossen Montag, mittags: Dienstag-Samstag, Sonntag*

🍴 SE7EN OCEANS

FRANZÖSISCH-KLASSISCH · CHIC 𝕏𝕏 Nicht nur zum Shoppen ist die Europa-Passage eine gefragte Adresse, Gourmets zieht es vor allem in die 2. Etage des Einkaufszentrums. Hier bietet das "SE7EN OCEANS" bei tollem Blick auf den Jungfernstieg eine modern inspirierte internationale Küche, die auf erstklassigen Produkten basiert. Verantwortlich dafür ist seit Mitte Juni 2019 Stefan Beiter. Bevor es den gebürtigen Baden-Württemberger in den hohen Norden verschlug, bescherte er dem "Esszimmer" in Coburg und zuletzt der "Alten Post" in Nagold einen Stern. Nicht nur das Essen ist klasse: aufmerksam und versiert der Service, chic das geradlinige Interieur. Im Sommer lassen sich die großen Glastüren zur Alster hin öffnen. Tipp: der Business-Lunch. Es gibt übrigens auch einen Bar-/Bistro-Bereich, eine Sushi-Bar und eine Cigar Lounge.

Spezialitäten: Zander, Fenchel, Artischocke, Chorizo. Kalb, Mais, Paprika. Pflaume, Karamell-Schokoladen, Chili.

  ≼ ⅙ 🆖 – Menü 72/129 € – Karte 74/94 €

Stadtplan: L2-s – *Ballindamm 40 (2. Etage)* ✉ *20038* – 𝒞 *040 32507944* – *www.se7en-oceans.de* – *Geschlossen 8.-21. Februar, 9.-22. August, Montag, Sonntag*

😊 DIE GUTE BOTSCHAFT

KREATIV · TRENDY 𝕏 Angenehm ungezwungen geht es hier im ehemaligen US-Generalkonsulat zu. In der einsehbaren Küche lautet das Motto "modernes Wirtshaus" - asiatische Einflüsse inklusive. Oder wie wär's mit Fleisch vom Holzkohlegrill? Dazu freundlicher und geschulter Service.

Spezialitäten: Süß-sauer eingelegte Gemüsesorten. Wildragout mit eingemachten Preiselbeeren. Canelé de Bordeaux mit angeschlagenem Vanillerahm.

Menü 66 € – Karte 24/68 €

Stadtplan: L1-c – *Alsterufer 3* ✉ *20354* – 𝒞 *040 28410014* – *www.dgb.hamburg* – *Geschlossen Montag, Sonntag*

🍴 JAHRESZEITEN GRILL

FRANZÖSISCH-KLASSISCH · ELEGANT 𝕏𝕏 Eine stilvolle Hamburger Institution mit Art-déco-Ambiente, die neben Klassikern wie "Hamburger Pannfisch, Senfsauce, Bratkartoffeln" auch Feines wie "Atlantik-Hummer mit Frisée und Kräutern" sowie Grillgerichte bietet - immer aus erstklassigen Produkten.

  ⇆ ≼ ⅙ 🆖 🗄 🚗 – Menü 33 € (Mittags), 72/115 € – Karte 35/98 €

Stadtplan: L2-v – *Fairmont Hotel Vier Jahreszeiten, Neuer Jungfernstieg 9* ✉ *20354* – 𝒞 *040 34940* – *www.hvj.de*

¡!O NIKKEI NINE

JAPANISCH · CHIC XX Einer der angesagtesten kulinarischen Hotspots der Elb-metropole! Die Atmosphäre ist stylish und warm zugleich, gekocht wird japa-nisch mit peruanischen Einflüssen: "Toban Yaki von Meeresfrüchten", "kalte Soba-Nudeln, Ei, Kaviar, Dashi-Soja", Wagyu-Steak, Sushi & Sashimi... Die Pro-dukte sind top!

⟵ – Menü 79/115 € – Karte 36/195 €

Stadtplan: L2-v – *Fairmont Hotel Vier Jahreszeiten, Neuer Jungfernstieg 9* ✉ 20354 – ℰ 040 34943399 – *www.nikkei-nine.de* – *Geschlossen mittags: Samstag-Sonntag*

¡!O ANNA SGROI

ITALIENISCH · ELEGANT XX Charmant ist die Atmosphäre in dem aufwändig renovierten Haus von 1897. Angenehm reduziert ist sowohl das stilvoll-gemütliche Interieur als auch die klassisch italienische Küche. Letztere gibt es z. B. als "Ra-violi von Sylter-Royal-Austern und Spinat mit Schnittlauch". Zusätzliches güns-tiges Mittagsangebot.

🛏 – Menü 77/89 € – Karte 42/68 €

Stadtplan: G2-e – *Milchstraße 7* ✉ 20148 – ℰ 040 28003930 – *www.annasgroi.de* – *Geschlossen Sonntag-Montag, mittags: Samstag*

¡!O BOOTSHAUS BAR & GRILL

FLEISCH · ZEITGEMÄßES AMBIENTE XX Das "Bootshaus" liegt mitten in der HafenCity. Gemütlich sitzt man im "Boot" mit Blick in die offene Küche - oder möchten Sie lieber vom luftig-lichten Barbereich auf den Grasbrookhafen schau-en? Im Mittelpunkt steht Fleisch vom Josper-Grill: "New York Strip", "Rib Eye"... - genau richtig zubereitet! Dazu eine große Auswahl an Beilagen und gute Saucen.

🛏 🅰 – Karte 33/84 €

Stadtplan: G3-c – *Am Kaiserkai 19 (Vasco da Gama Platz)* ✉ 20457 – ℰ 040 33473744 – *www.bootshaus-hafencity.de* – *Geschlossen Montag, mittags: Dienstag-Samstag, Sonntag*

¡!O HENRIKS

INTERNATIONAL · DESIGN XX In dem chic designten Restaurant wird ambitio-niert gekocht. Das Angebot ist ein Mix aus asiatischer, mediterraner und regiona-ler Küche und reicht von Wiener Schnitzel bis Hummer. Dazu eine gute Weinaus-wahl. Beliebt die großzügige Terrasse samt Lounge.

🛏 ♿ 🅰 – Menü 29 € (Mittags), 69/109 € – Karte 40/117 €

Stadtplan: L1-b – *Tesdorpfstraße 8* ✉ 20148 – ℰ 040 288084280 – *www.henriks.cc*

¡!O HERITAGE

GRILLGERICHTE · TRENDY XX Das Restaurant bietet nicht nur einen fantasti-schen Ausblick auf die Alster, auch die Küche lockt. Es gibt Internationales wie "Nordsee-Steinbutt mit Belugalinsen und Limonen-Hollandaise" oder erstklassige gereifte Steaks mit besonderem Aroma - dem 800°-US-Southbend-Broiler sei Dank!

⟵ ♿ 🅰 🔲 🚗 – Menü 69/89 € – Karte 56/90 €

Stadtplan: M2-d – *Hotel Le Méridien, An der Alster 52* ✉ 20099 – ℰ 040 21001070 – *www.heritage-hamburg.com* – *Geschlossen Montag, mittags: Dienstag-Samstag, Sonntag*

¡!O PETIT BONHEUR

FRANZÖSISCH-KLASSISCH · BRASSERIE XX Draußen die geschmackvolle Jugendstilfassade, drinnen eine charmant-elegante Brasserie, die französische Lebensart nach Hamburg bringt: Chansons, stilvolle Ölgemälde aus der Kunst-sammlung des Chefs und natürlich klassisch-französische Küche. Lust auf "Beef Tartare" oder "Kalbsbries mit Portweinjus"? Und als Dessert am Tisch zubereitete Crêpes Suzette?

🛏 ♿ ⇔ – Menü 45/89 € – Karte 44/87 €

Stadtplan: J3-p – *Hütten 85* ✉ 20355 – ℰ 040 33441526 – *www.petitbonheur-restaurant.de* – *Geschlossen Sonntag*

⫪○ STRAUCHS FALCO

INTERNATIONAL · TRENDY XX In den Elbarkaden mitten in der HafenCity finden Sie dieses stylish-schicke Restaurant. Gekocht wird international - schmackhaft z. B. "Ceviche von der Eismeerforelle, Verjus, Trauben, Meerrettichespuma, Forellenkaviar", "Vitello Tonnato Spezial" oder auch "Rib Eye vom US Prime Beef". Im OG eine Tapasbar.

🖾 – Menü 69 € – Karte 38/78 €

Stadtplan: L3-b – *Koreastraße 2 ✉ 20457 – ☎ 040 226161511 – www.falco-hamburg.de*

⫪○ TSCHEBULL

ÖSTERREICHISCH · ZEITGEMÄßES AMBIENTE XX In der 1. Etage der exklusiven Einkaufspassage ist der Bezug zu Österreich allgegenwärtig: als Deko in Form von Kuhglocken und Edelweiß-Motiv an der Decke sowie Bergpanorama-Wandbild, auf dem Teller in Form von Klassikern wie Wiener Schnitzel, Kaiserschmarrn & Co. Dazu auch modernere Gerichte wie "warm gebeizter Saibling". Legerer: "Beisl" mit "Austrian Tapas".

🍴 – Menü 50/60 € – Karte 42/79 €

Stadtplan: M2-t – *Mönckebergstraße 7 (1. Etage) ✉ 20095 – ☎ 040 32964796 – www.tschebull.de – Geschlossen Sonntag*

⫪○ YOSHI IM ALSTERHAUS

JAPANISCH · FREUNDLICH XX In der 4. Etage des noblen Einkaufszentrums finden Sie diesen Treffpunkt für Freunde japanischer Esskultur. Japanische Köche bringen hier Tradition und Moderne in Einklang, z. B. mit "Kamo-Nabe", "Blaukrabben-Tempura mit Matcha-Salz" oder Sushi. Gefragte Dachterrasse!

🖾 ㋐ 🎴 ⎙ – Menü 28 € (Mittags), 48/98 € – Karte 36/104 €

Stadtplan: L2-b – *Jungfernstieg 16 (Alsterhaus 4. OG - Direkter Lift-Zugang Poststraße 8) ✉ 20354 – ☎ 040 36099999 – www.yoshi-hamburg.de – Geschlossen Sonntag*

⫪○ BROOK

INTERNATIONAL · BISTRO X Hier wird mit internationalen, deutschen und klassischen Einflüssen gekocht, z. B. "Lammcarré mit Schneidebohnen und Parmesankartoffeln" oder "Reh mit Rosenkohl und Maronen". Abends ist die hübsch angestrahlte Speicherstadt vis-à-vis ein schöner Anblick!

🖾 – Menü 18 € (Mittags), 41/47 € – Karte 23/52 €

Stadtplan: L3-f – *Bei den Mühren 91 ✉ 20457 – ☎ 040 37503128 – www.restaurant-brook.de – Geschlossen Montag, Sonntag*

⫪○ BUTCHER'S AMERICAN STEAKHOUSE

FLEISCH · FAMILIÄR X Steak-Liebhaber aufgepasst! Hier setzt man auf exklusives Nebraska-Beef, und das steht auf dem Teller absolut im Mittelpunkt! Wer Seafood vorzieht, bekommt ebenfalls tolle Qualität. Tipp: Besonders gemütlich hat man es im Winter am Kamin.

🍴 – Karte 68/217 €

Stadtplan: G2-n – *Milchstraße 19 ✉ 20148 – ☎ 040 446082 – www.butchers-steakhouse.de – Geschlossen Sonntag*

⫪○ COAST BY EAST

FUSION · FREUNDLICH X Schön am Wasser gelegen, an den "Marco-Polo-Terrassen" am Rand der HafenCity! Ein weiterer Trumpf ist das Konzept: euro-asiatische Speisen und kreative Sushiküche. Im UG gibt es noch mehr Gastronomie: die Enoteca mit italienischem Angebot. Ab 18 Uhr parken Sie in der Unilever-Garage nebenan.

🐾 🖾 ㋐ – Karte 46/85 €

Stadtplan: G3-a – *Großer Grasbrook 14 ✉ 20457 – ☎ 040 30993230 – www.coast-hamburg.de*

ⅱ◯ COX

INTERNATIONAL · BISTRO ⅹ Sympathisch-leger - ein Bistro im besten Sinne! Das bunt gemischte Publikum bestellt hier z. B. "Lammfilets mit Basilikum-Pesto im Brickteig gebraten, Ratatouille, frittierte Kapern". Freundlich und aufmerksam der Service. Beliebt: das günstige Mittagsangebot.

Karte 21/54 €

Stadtplan: M2-v – *Lange Reihe 68* ✉ 20099 –
✆ 040 249422 – www.restaurant-cox.de

ⅱ◯ HELDENPLATZ

FRANZÖSISCH-MODERN · TRENDY ⅹ Hier bietet man bis Mitternacht die gesamte Karte! Wie wär's z. B. mit "Bresse-Taube, Topinambur, eingelegte Holunderbeeren, Pistazie"? Und als Dessert vielleicht "Zitruskuchen"? Ebenso ansprechend das Ambiente: geradlinig-modernes Design und markante Bilder an den Wänden.

🔠 – Menü 63/75 € – Karte 45/72 €

Stadtplan: L3-h – *Brandstwiete 46* ✉ 20457 –
✆ 040 30372250 – www.heldenplatz-restaurant.de –
Geschlossen 21. Dezember-7. Januar, Montag, Dienstag,
mittags: Mittwoch-Sonntag

ⅱ◯ KINFELTS KITCHEN & WINE

MARKTKÜCHE · CHIC ⅹ In unmittelbarer Nähe zur Elbphilharmonie betreibt der aus dem "Trüffelschwein" bekannte Kirill Kinfelt sein zweites Restaurant. Chic-modern die Einrichtung, ambitioniert und zugleich bodenständig die regional-sai-sonale Küche. Die schöne Weinauswahl zeigt fundiertes Sommelierwissen. Preiswerte Mittagskarte.

🐾 🍴 – Menü 49/79 € – Karte 35/69 €

Stadtplan: F3-k – *Am Kaiserkai 56* ✉ 20457 –
✆ 040 30068369 – www.kinfelts.de –
Geschlossen Montag, mittags: Dienstag-Samstag

Hotels

🏨 FAIRMONT HOTEL VIER JAHRESZEITEN

GROßER LUXUS · ELEGANT Ein Grandhotel alter Schule mit über 120 Jahren Tradition - das spiegelt sich in Stil, Eleganz, Service und hanseatischer Diskretion wider! Keine Frage, hier wohnt man absolut wertig und geschmackvoll, und das direkt an der Binnenalster. Highlight in Sachen Design ist die exklusive "Ralph Lauren Suite"! Legendär: Afternoon Tea in der stilvollen "Wohnhalle".

🍽 ≼ 🛏 💯 🏋 🛗 📶 🚡 ⚗ 🛗 – 139 Zimmer – 17 Suiten

Stadtplan: L2-v – *Neuer Jungfernstieg 9* ✉ 20354 –
✆ 040 34940 – www.hvj.de

ⅱ◯ **Jahreszeiten Grill** · ✿✿ **Haerlin** · ⅱ◯ **NIKKEI NINE** – Siehe Restaurantauswahl

🏨 THE FONTENAY

GROßER LUXUS · ELEGANT Edel-modernes Design gepaart mit hanseatischer Zurückhaltung, das hat Stil! Schön licht die Architektur, äußerst hochwertig die Ausstattung. Alles hier vermittelt Exklusivität, von den großzügigen Zimmern (teils mit herrlichem Blick zur Alster) über den Spa samt tollem Pool in der 6. Etage bis zum Service.

🍽 ≼ 🛏 🏊 📺 💯 🏋 🛗 📶 🚡 ⚗ 🛗 – 113 Zimmer – 17 Suiten

Stadtplan: L1-t – *Fontenay 10* ✉ 20354 –
✆ 040 60566050 – www.thefontenay.com

✿ **Lakeside** – Siehe Restaurantauswahl

🏨 ATLANTIC

GROSSER LUXUS · KLASSISCH Das "Weiße Schloss an der Alster" zeigt sich so richtig luxuriös! Sie betreten eine Lobby voll purer Klassik, nächtigen in Zimmern von edler Zeitlosigkeit (feines Ebenholz, topmoderne Technik...) und tagen oder feiern in stilvollen Salons! Das elegante Restaurant bietet klassische Küche, modern-saisonales Angebot im chic-legeren "Atlantic Grill & Health".

🍴 ⊰ 🔲 🕤 🖥 🏧 🔩 🚗 – 221 Zimmer – 33 Suiten

Stadtplan: M2-a – *An der Alster 72* ✉ 20099 – 📞 040 28880 –
brhhh.com/atlantic-hamburg

🏨 PARK HYATT

GROSSER LUXUS · MODERN Im 1. Stock empfängt man in dem einstigen Kontorhaus von 1912 seine Gäste. Von der geschmackvollen Lounge bis in die Zimmer überzeugt das Luxushotel mit Wertigkeit und zeitgemäßer Eleganz. Das Restaurant "Apples" lädt mit seiner Showküche zum Zuschauen ein.

🍴 🔲 🌐 🕤 ᴌ 🖥 🔩 🚗 – 283 Zimmer – 21 Suiten

Stadtplan: M3-b – *Bugenhagenstraße 8 (im Levantehaus)* ✉ 20095 –
📞 040 33321234 – *parkhyatthamburg.com*

🏨 FRASER SUITES

HISTORISCHES GEBÄUDE · GROSSER LUXUS Ein wahrhaft imposanter Bau! Bei der Konversion des ehemaligen Sitzes der Oberfinanzdirektion hat man wunderschöne historische Details sorgsamst restauriert und so einen beeindruckenden Rahmen für dieses luxuriöse Hotel geschaffen. Prächtig die Marmor-Lobby, stilvoll-modern und großzügig die Zimmer und Suiten (viele mit Kitchenette), elegant "The Dining Room".

🍴 🕤 ᴌ 🖥 🔩 – 154 Zimmer – 44 Suiten

Stadtplan: K3-m – *Rödingsmarkt 2* ✉ 20459 – 📞 040 3808636888 –
www.frasershospitality.com

🏨 LE MÉRIDIEN

KETTENHOTEL · MODERN Der attraktive klare Stil zieht sich von den Zimmern (hier speziell entworfene therapeutische Betten) bis in den Wellnessbereich. Was halten Sie von einem Panorama-Zimmer zur Alster in einer der oberen Etagen? Ebenso schön ist die Sicht von Restaurant und Bar im 9. Stock (auch per Außen-Glaslift erreichbar!).

🍴 🔲 🕤 ᴌ 🖥 🔩 🚗 – 275 Zimmer – 14 Suiten

Stadtplan: M2-d – *An der Alster 52* ✉ 20099 – 📞 040 21000 –
/www.lemeridienhamburg.com

🍴○ **Heritage** – Siehe Restaurantauswahl

🏨 SIDE

LUXUS · DESIGN "SIDE 2.0" trifft es auf den Punkt, denn hinter der schicken Glas-Naturstein-Fassade hat Matteo Thun ein topmodernes, klares, exklusives Design geschaffen, angefangen bei der 28 m hohen Lobby über die geräumigen Zimmer samt neuester Technik bis zum tollen Spa und der farbenfrohen Sky Lounge mit Dachterrasse! Im trendigen "[m]eatery" kommen Fleischfans auf ihre Kosten.

🔲 🌐 🕤 ᴌ 🖥 🏧 🔩 🚗 – 178 Zimmer – 10 Suiten

Stadtplan: K2-a – *Drehbahn 49* ✉ 20354 – 📞 040 309990 – *www.side-hamburg.de*

🏨 SOFITEL ALTER WALL

KETTENHOTEL · DESIGN Puristisch und luxuriös zugleich ist der klare moderne Style. Das Alsterfleet hat man gleich vorm Haus - das genießt man am besten auf der Terrasse direkt über dem Wasser! Dazu ein schicker Spa. Im "Ticino" gibt es italienisch-mediterrane Küche.

🍴 🔲 🌐 🕤 ᴌ 🖥 🔩 🚗 – 223 Zimmer – 18 Suiten

Stadtplan: K3-b – *Alter Wall 40* ✉ 20457 – 📞 040 369500 – *www.sofitel.com*

THE WESTIN

LUXUS · TRENDIG Das neue Wahrzeichen Hamburgs, die Elbphilharmonie, ist eine wirklich spektakuläre Location: unten alter Speicher, oben futuristisches Bauwerk, im Übergang die "Plaza". Grandios der Blick auf Hafen und HafenCity, hell, topmodern, puristisch die Zimmer, chic der Spa. Norddeutsche Küche im Restaurant "Fang & Feld".

⚡ ← 🔲 💮 🕸 🛁 🖨 👤 🅰️ 🚗 – 244 Zimmer – 39 Suiten

Stadtplan: F3-a – *Am Platz der Deutschen Einheit 2* ✉ *20457 – ✆ 040 8000100 – www.westinhamburg.com*

 THE GEORGE

URBAN · DESIGN Modern-britisch der Stil - cool und urban. Ob Bibliothek, Bar oder Zimmer, überall gedeckte Töne und Details wie Bilder, Bezüge, Tapeten. Geräumig die "M"-Zimmer, die "S"-Zimmer kleiner und zur Straße gelegen. Genießen Sie von der Dachterrasse den Blick über Hamburg! Mediterran-italienische Küche im "DaCaio".

⚡ 🕸 🅰️ 🛁 🚗 – 125 Zimmer – 2 Suiten

Stadtplan: G2-g – *Barcastraße 3* ✉ *20038 – ✆ 040 2800300 – www.thegeorge-hotel.de*

 SIR NIKOLAI

URBAN · ELEGANT Direkt am Nikolai-Fleet liegt dieses zunächst unscheinbar wirkende Gebäude. Drinnen erwartet Sie ein attraktives Interieur: trendy, modern, hochwertig. Die Zimmer sind zwar nicht allzu groß, aber fast schon luxuriös ausgestattet.

🅰️ – 94 Zimmer – 7 Suiten

Stadtplan: L3-n – *Katharinenstraße 29* ✉ *20457 – ✆ 040 29996660 – www.sirhotels.com/nikolai*

 TORTUE

BOUTIQUE-HOTEL · ELEGANT Wertiges modern-elegantes Design von der Lobby über die Zimmer bis zu den Restaurants! In der "brasserie" speist man französisch, im "JIN GUI" asiatisch. Dazu ein herrlicher Innenhof sowie Bars, in denen regelmäßig angesagte After-Work-Partys stattfinden. Überall im Haus präsent: das Markenzeichen Schildkröte (frz. "tortue") in Form von Statuen, Lampen, Bildern...

⚡ 🖨 🅰️ 🛁 – 120 Zimmer – 6 Suiten

Stadtplan: K2-t – *Stadthausbrücke 10* ✉ *20355 – ✆ 040 33441400 – www.tortue.de*

 HENRI

URBAN · VINTAGE Ein Hotel mit besonderer Atmosphäre: Hochwertig und mit dem Komfort von heute lässt man in dem einstigen Kontorhaus die 50-60er Jahre wieder aufleben. Charmant: Lounge mit Wohnzimmer-Flair, Küche mit Snacks und Getränken sowie täglichem "Abendbrod" und Kuchen am Wochenende!

🕸 🛁 🖨 🅰️ 🅿️ 🚗 – 65 Zimmer – 8 Suiten

Stadtplan: LM3-a – *Bugenhagenstraße 21* ✉ *20095 – ✆ 040 5543570 – www.henri-hotel.com*

25HOURS HAFEN CITY `Tablet.PLUS`

URBAN · INDIVIDUELL An Individualität kaum zu überbieten! Da trifft junges klares Design auf Nostalgisches. Alles dreht sich um Seemanns- und Hafengeschichten, von der trendigen Lounge über die Sauna im 6. Stock bis zu den Zimmern - die sind natürlich Kojen! Ideal die innenstadtnahe Lage. Tipp: Fahrrad- und "MINI"-Verleih (Letzterer für 4 Std. pro Aufenthalt kostenfrei).

⚡ 🕸 🖨 👤 🅰️ 🛁 🚗 – 170 Zimmer

Stadtplan: G3-h – *Überseeallee 5* ✉ *20457 – ✆ 040 2577770 – www.25hours-hotels.com*

🏨 **25HOURS HOTEL ALTES HAFENAMT** · Tablet.`PLUS`

BOUTIQUE-HOTEL · TRENDIG Trendig-urbanes Design mit Industrie-Flair und maritimen Details - so kommt das Boutique-Hotel im denkmalgeschützten ältesten Gebäude der HafenCity daher. Die individuellen Zimmer nennen sich "Stuben". Leseratten werden in der "mare Schmökerstube" fündig. Das Restaurant "NENI" bietet ostmediterrane Küche.

🛎 – 47 Zimmer

Stadtplan: G3-d – *Osakaallee 12* ✉ *20038* – ☎ *040 5555750* –
www.25hours-hotels.com/hotels/hamburg/altes-hafenamt

Außerhalb des Zentrums

In Hamburg-Altona

🌼 **LANDHAUS SCHERRER**

Chef: Heinz O. Wehmann

FRANZÖSISCH-KLASSISCH · ELEGANT 🌂🌂 Heinz O. Wehmann gehört zum "Landhaus Scherrer" (übrigens mit frischem neuem Äußeren!) wie der "Michel" zu Hamburg! Schon seit 1980 ist er Küchenchef in dem 1976 von Armin und Emmi Scherrer eröffneten Restaurant (bereits seit 1978 mit einem, zeitweise sogar mit zwei MICHELIN Sternen ausgezeichnet!). Seit Jahren eine Selbstverständlichkeit: herausragende regionale, oftmals biozertifizierte Produkte! So klassisch wie das Ambiente - Hingucker ist nach wie vor das große erotische Gemälde! - sind auch die Speisen. Absolut fantastisch z. B. das Holsteiner Reh mit exzellenter Rosmarin-Sauce. Dazu beeindruckt der gewachsene Weinkeller mit über 10.000 Flaschen! Der Service aufmerksam und professionell, aber keineswegs steif. Alternative zur Gourmetküche: gute regionale Gerichte in "Wehmann's Bistro".

Spezialitäten: Blattsalate mit lauwarmem Hummer. Gebratene Seezungenfilets mit Schmorgurken und Senfaromen. Knödel mit Quark, Zwetschgen und Tonkabohneneis.

🌼 *Engagement des Küchenchefs: "Seit 40 Jahren steht für mich Regionalität neben Qualität an oberster Stelle und dass wir bereits seit mehr als 10 Jahren biozertifiziert sind, macht mich stolz! Aber nicht nur meine Sterneküche profitiert davon, sondern auch die Umwelt, viele langjährige Mitarbeiter und natürlich die Ökonomie!"*

🕸 🆔 ⇔ 🅿 – Menü 89/125 € – Karte 79/139 €

Stadtplan: D3-c – *Elbchaussee 130* ✉ *22763* – ☎ *040 883070030* –
www.landhausscherrer.de – *Geschlossen Sonntag*

🌼 **PETIT AMOUR**

Chef: Boris Kasprik

FRANZÖSISCH-KREATIV · CHIC 🌂🌂 "Petit Amour" - ein kleines Restaurant, in dem jede Menge Liebe steckt. Und zwar die von Boris Kasprik. Der gebürtige Hamburger kochte u. a. bei Alain Ducasse im "Le Jules Vernes" in Paris, im "Nihonryori RyuGin" in Tokio oder auch im "Louis C. Jacob" hier in der Hansestadt, bevor er in dem hübschen Eckhaus dieses wertig-moderne und gleichermaßen gemütliche Restaurant eröffnete. Die Atmosphäre ist recht intim, der Service freundlich und versiert - da fühlt man sich wohl. Ebenso viel Hingabe zeigt Patron Boris Kasprik am Herd: Mit Gefühl verarbeitet er top Produkte, geschickt bindet er moderne Elemente in seine klassische Küche ein. Ein besonderes Händchen hat er für Saucen und Essenzen - gerne reicht man Ihnen einen Löffel! Geöffnet hat man April - Sept. von Do. - Sa., Okt. - März von Di. - Sa.

Spezialitäten: Konfierte Felsenbarbe. Bouillabaissesud und wilder Fenchel. Kalb, Artischocke und konfierte Zitrone. Aprikose mit Matchatee-Eis und Mandelganache.

🍴 – Menü 159/185 €

Stadtplan: D3-a – *Spritzenplatz 11* ✉ *22765* – ☎ *040 30746556* –
www.petitamour-hh.com – *Geschlossen Sonntag-Montag, nur Abendessen*

⏐○ LE CANARD

INTERNATIONAL · GERADLINIG XxX In dem nach einem Brand in schickem Design wiedereröffneten Restaurant darf man sich auf international beeinflusste, produktorientierte Küche freuen. Klasse auch der Rahmen: Der halbrunde Bau in Dampfer-Form bietet einen faszinierenden Blick auf die Elbe und den Container-hafen - da ist die Terrasse ein Muss!

≼ 🛱 ⇔ 🅿 – Menü 89/129 € – Karte 68/82 €

Stadtplan: D3-b – Elbchaussee 139 ⊠ 22763 – ℰ 040 88129531 – www.lecanard-hamburg.de – Geschlossen 1.-15. Januar, Sonntag-Montag, nur Abendessen

⏐○ FISCHEREIHAFEN RESTAURANT

FISCH UND MEERESFRÜCHTE · KLASSISCHES AMBIENTE XxX Es ist und bleibt eine Institution - gewissermaßen das Hamburger "Wohnzimmer" für Fisch-liebhaber, ob Alt oder Jung! In elegantem hanseatisch-traditionellem Ambiente samt Hafenblick kommen topfrische Qualitätsprodukte vom Fischmarkt auf den Tisch, von "Nordsee-Steinbutt in Senfsauce" bis "Hummerragout mit Cognac".

≼ 🛱 ⇔ 🅿 – Menü 25 € (Mittags), 46/75 € – Karte 42/110 €

Stadtplan: E3-d – Große Elbstraße 143 ⊠ 22767 – ℰ 040 381816 – www.fischereihafenrestaurant.de

⏐○ RIVE

FISCH UND MEERESFRÜCHTE · BRASSERIE XX Die Betreiber des "Tschebull" leiten auch dieses direkt am Hafen gelegene Restaurant. Es gibt Seafood und Grillgerichte mit Geschmack und Niveau, aber auch Klassiker wie Hamburger Pannfisch und Wiener Schnitzel sind zu haben. Im Sommer ist die wunderbare Terrasse praktisch ein Muss! Durchgehend warme Küche.

≼ 🛱 – Menü 24 € (Mittags)/32 € – Karte 38/88 €

Stadtplan: E3-r – Van-der-Smissen-Straße 1 ⊠ 22767 – ℰ 040 3805919 – www.rive.de – Geschlossen 1.-10. Januar, Montag

⏐○ AM KAI

FISCH UND MEERESFRÜCHTE · HIP X Trendig, hip und relaxed geht es hier direkt am Wasser zu, toll der Blick auf den Containerhafen - vor allem im Sommer von der Terrasse! Aus der Küche kommt modernes Seafood in Zwischenportions-Größe - ideal zum Probieren und Teilen. Mittags gibt es die etwas günstigere "Deli"-Karte.

≼ 🛱 🅿 – Karte 43/89 €

Stadtplan: E3-m – Große Elbstraße 145 b ⊠ 22767 – ℰ 040 38037730 – www.amkai.hamburg – Geschlossen 1.-5. Januar, 24. Dezember-5. Januar, Sonntag-Montag, mittags: Samstag

In Hamburg-Duvenstedt Nord-Ost: 21 km über B1, Richtung Kiel

⏐○ LENZ

REGIONAL · FREUNDLICH X Hier bietet man in freundlicher und moderner Atmosphäre regionale Küche von Labskaus über geschmorte Kalbsbäckchen bis zur roten Grütze. Dazu aufmerksamer Service. Der lichte Wintergarten lässt sich übrigens im Sommer öffnen!

🛱 🎦 🅿 – Menü 40 € (Mittags), 28/68 € – Karte 23/68 €

außerhalb Stadtplan – Poppenbütteler Chaussee 3 ⊠ 22397 – ℰ 040 60558887 – www.restaurant-lenz.de – Geschlossen Dienstag, Mittwoch

In Hamburg-Eimsbüttel

⊛ ZIPANG

JAPANISCH · GERADLINIG X "Zipang" bedeutet "Reich der aufgehenden Son-ne", entsprechend fernöstlich ist hier das Konzept vom modern-puristischen Ambiente bis zur Küche. Neben typisch Japanischem wie Sushi, Sashimi und Tempura erwarten Sie aber auch westliche Einflüsse. Gut die Auswahl an hoch-wertigen Sake! Freundlich der Service. Einfacheres Lunch-Angebot.

Spezialitäten: Japanische Vorspeisen-BentoBox. Entenbrust, Roastbeef, Steinpilz. Crème Brûlée, Grüner-Tee mit Mascarpone.

Menü 29 € (Mittags), 54/72 € – Karte 31/50 €

Stadtplan: F1-z – *Eppendorfer Weg 171* ✉ *20253 –* ✆ *040 43280032 – www.zipang.de – Geschlossen Montag, Sonntag*

⅋○ HEIMATJUWEL

KREATIV · GERADLINIG ⅍ Marcel Görke, in Hamburg kein Unbekannter, hat hier ein geradlinig-rustikales und ganz legeres kleines Restaurant. Die kreativ-regionale Küche gibt es z. B. als "Fischbrötchen à la Heimatjuwel" oder "Blumenkohl-Raviolo". Reduzierter und einfacher Mittagstisch. Kleine Terrasse auf dem Gehweg.

🍴 – Menü 25 € (Mittags), 49/80 €

Stadtplan: E1-h – *Stellinger Weg 47* ✉ *20255 –* ✆ *040 42106989 – www.heimatjuwel.de – Geschlossen 4.-12. April, 23.-28. Dezember, Montag, mittags: Dienstag-Mittwoch, mittags: Samstag, Sonntag*

⅋○ JELLYFISH ⓝ

FISCH UND MEERESFRÜCHTE · TRENDY ⅍ Bekannt und beliebt ist das "Jellyfish" nahe dem Schanzenpark für seine Fisch- und Meeresfrüchte-Küche. Am Abend gibt es ein modern-kreatives Menü mit fünf bis sieben Gängen, unter denen sich auch ein Fleischgericht findet. Das Ambiente ist puristisch und charmant-trendig, der Service versiert, freundlich und angenehm locker. Mittags bietet man Bistroküche.

Menü 139/169 €

Stadtplan: F2-a – *Weidenallee 12* ✉ *20357 –* ✆ *040 4105414 – www.jellyfish-restaurant.de – Geschlossen mittags: Montag, Dienstag, mittags: Mittwoch*

⅋○ WITWENBALL

MODERNE KÜCHE · BISTRO ⅍ Ein chic-modernes "Bistro deluxe" in einem ehemaligen Tanzlokal: hellgrüne Stühle und azurblaue Bänke, glänzende Marmortische, eine markante weiße Marmortheke, dazu dekorative Weinregale... Die themenbezogene Karte wechselt alle paar Wochen. Zu den richtig leckeren Gerichten gibt es über 300 Weine - hier legt man Wert auf ökologischen Anbau. Tipp: die Desserts!

🕸 🍴 – Menü 38/45 € – Karte 25/40 €

Stadtplan: F2-w – *Weidenallee 20* ✉ *20357 –* ✆ *040 53630085 – www.witwenball.com – Geschlossen Montag, mittags: Dienstag-Sonntag*

In Hamburg-Eppendorf

⸬ PIMENT

Chef: Wahabi Nouri

KREATIV · NACHBARSCHAFTLICH ⅍⅍ Immer engagiert, immer auf Verbesserung bedacht - Wahabi Nouri hat eine unbestechliche Leidenschaft fürs Kochen! Ausgangspunkt sind immer die Zutaten: Seine beiden Menüs basieren auf den besten saisonalen Produkten, die der Markt zu bieten hat, vom saftigen Lamm bis zur köstlichen Makrele. Und welche Aromen auch immer er hinzufügt, das im Mittelpunkt stehende Produkt wird keinesfalls überlagert, sondern vielmehr hervorgehoben. Wahabi Nouri ist auch ein geschickter Techniker, doch die Technik geht nie auf Kosten des Geschmacks - seine Gerichte sind mühelos und einfach zu essen. Die persönliche Note verdankt seine Küche dem Respekt vor seinen familiären Wurzeln. Nouri stammt aus Casablanca, so lässt er hier und da feine nordafrikanische Akzente einfließen, die vielen seiner Speisen eine besondere Dimension verleihen.

Spezialitäten: Orientalisches Tatar, Tomate-Anis-Sud, Gartenkräuter. Tajine vom Kalb mit Ras el-Hanout-Jus. Holunderschaum mit marinierten Kirschen und Rosengel.

🍴 – Menü 88/124 € – Karte 82/90 €

Stadtplan: F1-a – *Lehmweg 29* ✉ *20251 –* ✆ *040 42937788 – www.restaurant-piment.de – Geschlossen mittags: Montag-Dienstag, Mittwoch, mittags: Donnerstag-Samstag, Sonntag*

☺ BRECHTMANNS BISTRO

ASIATISCHE EINFLÜSSE · GERADLINIG ፠ Ausgesprochen beliebt ist das sympathische modern-puristische Bistro der Brechtmanns. Gekocht wird asiatisch inspiriert, aber auch Regionales findet sich auf der Karte. Tipp: Probieren Sie mal die Gerichte von der Oldenburger Ente. Im Sommer kann man auch im Freien sitzen.

Spezialitäten: Satay von der Maispoularde, Erdnuss und grüne Thai Papaya. Knusprige Flugente in Varianten. Gratinierter Pfirsich, Mascarpone und Vanille.

🛱 – Menü 39 € (Mittags), 36/55 € – Karte 39/46 €

Stadtplan: F1-c – *Erikastraße 43* ✉ *20251* –
☏ *040 41305888 – www.brechtmann-bistro.de* –
Geschlossen mittags: Samstag-Sonntag

⅃○ STÜFFEL

MARKTKÜCHE · CHIC ፠ So attraktiv wie die Lage direkt am Isekai ist auch die saisonale Küche mit mediterranem und regionalem Einfluss. Aus guten Produkten entsteht z. B. "Steinbeißerfilet mit Tomaten-Brot-Salat & Basilikum". Dazu eine gut sortierte Weinkarte - der Chef berät Sie auch gerne selbst. Serviert wird in stylish-modernem Bistro-Ambiente oder auf der Terrasse am Kai.

🏵 – Karte 47/66 €

Stadtplan: F1-e – *Isekai 1* ✉ *20249* – ☏ *040 60902050 – www.restaurantstueffel.de* –
Geschlossen Montag, Dienstag

⅃○ CORNELIA POLETTO

ITALIENISCH · FREUNDLICH ፠ Cornelia Poletto bringt hier ein Stück Italien nach Hamburg, und zwar in Form eines gemütlich-modernen Restaurants mit ambitionierter Küche. Die Speisekarte teilt sich in "Cornelia Poletto Classico" und "Menu degustazione". Tipp: Man hat auch eine Kochschule.

Karte 59/99 €

Stadtplan: F1-p – *Eppendorfer Landstraße 80 (Eingang Goernestraße)* ✉ *20249* –
☏ *040 4802159 – www.cornelia-poletto.de – Geschlossen 1.-11. Januar, Montag*

In Hamburg-Flottbek

☺ ZUR FLOTTBEKER SCHMIEDE

PORTUGIESISCH · BISTRO ፠፠ Lust auf ein bisschen Portugal in Hamburg? In der denkmalgeschützten alten Schmiede trifft traditionell-deutsches Ambiente (samt authentischer Deko und offener Feuerstelle von einst) auf südländisch-familiäre Atmosphäre und portugiesisch-mediterrane Küche in Form von leckeren Tapas.

Spezialitäten: Burrata, Tomate, Wassermelone. Calamaris fritos, plancha. Pluma Iberico, Meersalz, Marinade.

🛱 🅿 – Karte 26/55 €

außerhalb Stadtplan – *Baron-Voght-Straße 79* ✉ *20038* –
☏ *040 20918236 – www.zurflottbekerschmiede.de* –
Geschlossen Montag, mittags: Dienstag-Sonntag

☺ HYGGE BRASSERIE & BAR

REGIONAL · BRASSERIE ፠፠ "Hygge" (dänisch) steht für Geborgenheit, Vertrautheit, Gemeinschaft... Chic, stylish und entspannt ist es in dem hübschen Fachwerkhaus, Herzstück der mittige Kamin. Serviert werden richtig gute saisonal-regionale Gerichte. Auch die trendige Bar-Lounge kommt an.

Spezialitäten: Wildbratwurst, Aprikosensenf und Spitzkohlsalat. Frischlingskarree, Pfefferjus, Zwetschgen und Graupen. Muscovado-Crème brûlée, Brombeersorbet.

⇦ 🖢 🛱 🅿 – Menü 36/48 € – Karte 38/73 €

Stadtplan: A2-m – *Hotel Landhaus Flottbek, Baron-Voght-Straße 179* ✉ *22607* –
☏ *040 82274160 – www.hygge-hamburg.de – Geschlossen mittags: Montag-Sonntag*

LANDHAUS FLOTTBEK

FAMILIÄR · GEMÜTLICH Das geschmackvolle Ensemble aus mehreren Bauernhäusern a. d. 18. Jh. beherbergt neben dem guten Restaurant auch schöne wohnliche Zimmer mit nordischem Touch - vielleicht eines zum Garten hin? Am Morgen lockt ein leckeres Frühstück.

☆ 🛏 ♨ **P** – 26 Zimmer

Stadtplan: A2-m – *Baron-Voght-Straße 179* ✉ *22607* – ☎ *040 82274110* –
www.landhaus-flottbek.de

🍴 **HYGGE Brasserie & Bar** – Siehe Restaurantauswahl

In Hamburg-Lemsahl-Mellingstedt Nord: 20 km über B1, Richtung Lübeck

❀ **STOCKS RESTAURANT**

FISCH UND MEERESFRÜCHTE · DESIGN XX Ein charmantes Fachwerkhaus, unter dessen Reetdach man schön gemütlich sitzt. Freundlich umsorgt lässt man sich leckere Fischgerichte schmecken. Oder haben Sie Lust auf Sushi? Fleischliebhaber werden auf der Karte ebenfalls fündig.

Spezialitäten: Lachstatar, Avocado, Mango, Sesam, Koriander, Süßkartoffelrösti. Rinderroulade, Rotkohl, Püree, Apfelkompott. Crème brûlée, Heidelbeersorbet.

🌣 ✿ **P** – Karte 34/69 €

außerhalb Stadtplan – *An der Altersschleife 3* ✉ *22399* – ☎ *040 6113620* –
www.stocks.de – *Geschlossen Montag*

🍴 **Stocks Kaminstube** – Siehe Restaurantauswahl

🍴 **STOCKS KAMINSTUBE**

ÖSTERREICHISCH · GEMÜTLICH X Warmes Holz, Felle auf Stühlen und Bänken, Geweih als Deko - modern-alpenländisches Flair in nordischen Gefilden! Passend dazu österreichische Gerichte wie "Wiener Schnitzel mit Gurkensalat und Bratkartoffeln", aber auch "Barbecue Spareribs" oder Sushi. Mit Dachterrasse. Mi. - Fr. ab 15 Uhr geöffnet.

🌣 **P** – Menü 39/54 € – Karte 35/58 €

außerhalb Stadtplan – *Stocks Restaurant, An der Alstersschleife 3 (1. Etage)*
✉ *22399* – ☎ *040 61136217* – *www.stocks.de* –
Geschlossen Montag, Dienstag, mittags: Mittwoch-Freitag

In Hamburg-Rothenburgsort

❀ **100/200 KITCHEN**

Chef: Thomas Imbusch

KREATIV · CHIC XX Knapp zehn Sekunden sind es mit dem Lift in den 3. Stock des unscheinbaren Fabrikgebäudes. Hier heißt es "Industrial Chic", in der Mitte des loftähnlichen Raumes die einsehbare Küche - da fühlt man sich ganz ins Geschehen eingebunden. Am tollen Molteni-Herd entsteht bei 100 bzw. 200 Grad (daher der Name) ein kreatives Überraschungsmenü. Die Themen: "Die Saison" - vegetarisch (Juli - Okt.), "Feuer & Rauch" (Okt. - Dez.), "Wasser & Salz" (Feb. - April), "Feld & Flur" (April - Juli). Man setzt auf Nachhaltigkeit, Respekt vor den Lebensmitteln wird hier groß geschrieben. Mit seinem eigenen Stil gibt Thomas Imbusch den Gerichten Ehrlichkeit und Natürlichkeit - seine Liebe zum Kochen ist ganz offensichtlich! Hinweis: Reservierung über Ticketsystem.

Spezialitäten: Überraschungsmenü.

❀ *Engagement des Küchenchefs:* *"Als Koch, Unternehmer, aber auch als Mensch aus Leidenschaft arbeite ich mit meinem Team mit allem Respekt vor dem Klima, der Natur, den Gezeiten, der Saison und der Heimat. Wir wollen für den Gast und uns selbst Genuss ohne Reue und da ist das „Nose to tail"-Handeln für uns mehr als ein Konzept!"*

← 🅰🅲 ⊞ **P** – Menü 144 €

Stadtplan: H3-a – *Brandshofer Deich 68* ✉ *20539* – ☎ *040 30925191* –
www.100200.kitchen – *Geschlossen Sonntag-Dienstag, nur Abendessen*

In Hamburg-St. Pauli

HAMBURG

NIL

INTERNATIONAL · NACHBARSCHAFTLICH X In dem Restaurant im Szeneviertel "Schanze" sitzt man schön gemütlich. Dazu bekommt man gute Gerichte wie "Zickleinbratwurst mit Linsen und Pastinaken-Apfelsenf" oder "gebratener Skrei mit Ofenmöhren und Koriander" serviert. Hübsch der nach hinten gelegene Garten. Kochkurse nebenan.
Spezialitäten: Hausgemachter Schinken mit gedörrter Wassermelone, Parmesan, Oliven und Rauke. Geschmorte Rinderbacke mit Ofenpastinake, Spitzkohl, karamellisierten Perlzwiebeln und Kartoffeln. Safranbirne mit Vanille-Ingwereis und Sesam.
🌤 – Menü 36/45 € – Karte 35/56 €
Stadtplan: F3-n – *Neuer Pferdemarkt 5* ✉ *20359* – ✆ *040 4397823* – *www.restaurant-nil.de* – *Geschlossen mittags: Montag-Sonntag*

PHILIPPS

INTERNATIONAL · HIP X Eine wirklich nette Adresse, etwas versteckt in einer Seitenstraße. Über ein paar Stufen nach unten gelangt man in ein freundlich-puristisches Lokal mit niedrigen Decken. Locker und engagiert der Service, modern-saisonal die Karte - hier z. B. "Sashimi von der Eismeerforelle, Soja, Ingwer, grüner Spargel, Navetten".
Spezialitäten: Tatar vom Thunfisch mit Soja, Ingwer und Avocado. Geschmorte Ochsenbacke mit Kartoffel-Lauchpüree und Wurzelgemüse. Philipps kaputter Zitronenkuchen.
🌤 – Menü 39/68 € – Karte 35/64 €
Stadtplan: J2-s – *Turnerstraße 9* ✉ *20357* – ✆ *040 63735108* – *www.philipps-restaurant.de* – *Geschlossen Montag, mittags: Dienstag-Samstag, Sonntag*

EAST

FUSION · DESIGN XX Ein echter Hingucker ist das Restaurant mit der tollen Industrie-Architektur und dem geradlinig schicken Interieur. Zentrales Element in der einstigen Werkshalle ist der Sushitresen. Auf der Karte moderne Gerichte wie "Red Snapper süß-sauer" sowie feine Steaks vom Southbend-Grill.
↩ 🌤 ⟺ 🅿 🚗 – Menü 39/69 € – Karte 32/104 €
Stadtplan: J2-n – *Hotel East, Simon-von-Utrecht-Straße 31* ✉ *20359* – ✆ *040 309933* – *www.east-hamburg.de* – *Geschlossen mittags: Montag-Sonntag*

CLOUDS - HEAVEN'S BAR & KITCHEN

INTERNATIONAL · DESIGN X In gerade mal 50 Sekunden sind Sie mit dem Lift in der 23. Etage - der Blick ist schlichtweg grandios! In urbanem Ambiente speist man modern, schön die Auswahl an Fleisch-Cuts. Ein Klassiker ist z. B. Tatar (auch vegetarisch). Dazu eine gute Bar und im 24. Stock "haeven's nest" mit Snackkarte. Mittags "Clouds Lunch".
↢ ⟺ – Menü 29 € (Mittags) – Karte 53/125 €
Stadtplan: J3-e – *Reeperbahn 1 (im 23. Stock der Tanzenden Türme)* ✉ *20359* – ✆ *040 30993280* – *www.clouds-hamburg.de* – *Geschlossen mittags: Samstag-Sonntag*

HACO

MODERNE KÜCHE · GEMÜTLICH X Trendig und relaxed geht es in dem sympathischen Eck-Restaurant zu. Herzstück der offenen Küche ist ein Buchenholzgrill. Neben dem "wood fire concept" steht der saisonale und regionale Bezug des Menüs im Mittelpunkt - auch an Vegetarier ist gedacht. Alternativ zum Wein bietet man eine alkoholfreie Getränkebegleitung.

🌱 *Engagement des Küchenchefs: "In meinem Restaurant in St. Pauli ist mir Nachhaltigkeit sehr wichtig, so verarbeite ich Obst und Gemüse von vier Bio-Händlern, Wild aus der Lüneburger Heide, Rind, Schwein und Geflügel aus dem Hamburger Umland, sorge für wenig Verpackung und Abfall, geputzt wird ebenfalls mit Öko-Mitteln."*

🍴 – Menü 42/119 €

Stadtplan: F3-h – *Clemens-Schultz-Straße 18* ✉ *20359* – ☎ *040 74203939* – *www.restaurant-haco.com* – *Geschlossen Montag, mittags: Dienstag-Samstag, Sonntag*

🍴 HAEBEL

FRANZÖSISCH-KREATIV · **ZEITGEMÄßES AMBIENTE** Ein sehr kleines Restaurant im charmant-modernen Bistrostil, aus dessen offener Küche ein nordisch-französisch inspiriertes Überraschungsmenü kommt - die Karte verrät nur die ausgezeichneten Zutaten, die dann kreativ und angenehm reduziert zubereitet werden.

🌱 *Engagement des Küchenchefs: "Als Südbadener bin ich der Kulinarik verbunden, doch ein Herzensthema ist die Nachhaltigkeit. So verarbeite ich oft eigene Gemüse, Wild aus nachhaltiger Jagd, leinengeangelten Fisch, setze aus Abschnitten Getränke an, mein Motto lautet „das Beste zur Saison" und lasse auch gerne mal Unnötiges weg!"*

Menü 89/109 €

Stadtplan: E3-h – *Paul-Roosen-Straße 31* ✉ *22767* – ☎ *01517 2423046* – *www.haebel.hamburg* – *Geschlossen Sonntag-Montag, nur Abendessen*

🍴 **XO Seafoodbar** – Siehe Restaurantauswahl

🍴 XO SEAFOODBAR 🔘

FISCH UND MEERESFRÜCHTE · **TRENDY** Mitten im Kiez hat Fabio Haebel neben seinem "haebel" - gleich schräg gegenüber - auch dieses trendig-lockere Restaurant. Die unkomplizierte internationale Küche ist auf Seafood und Vegetarisches spezialisiert. Die Karte gibt keine Reihenfolge vor, man wählt nach Lust und Laune! Nett die Terrasse im lebhaften Treiben.

🌱 *Engagement des Küchenchefs: "Transparenz unserer Produkte ist mir wichtig, wir verarbeiten kein Fleisch, allerdings hochwertigen Fisch aus nachhaltiger Zucht oder leinengeangelt, natürlich Gemüse von uns bekannten Produzenten und Manufakturen, bieten Bio-Spirituosen an, beziehen grünen Strom und sorgen für unsere Mitarbeiter."*

🍴 – Karte 42/78 €

Stadtplan: E3-h – *haebel, Paul-Roosen-Straße 22* ✉ *20038* – ☎ *01517 2423046* – *www.thisisxo.de* – *Geschlossen mittags: Montag-Freitag, abends: Sonntag*

🏨 EMPIRE RIVERSIDE HOTEL

BUSINESS · DESIGN Ideal für Touristen und Businessgäste ist das Hotel zwischen Landungsbrücken und Reeperbahn mit seinem puristischen Design von David Chipperfield. Tipp: Zimmer mit Hafenblick! Den bieten auch die angesagte Panorama-Bar "20 up" im 20. Stock sowie das Restaurant "Waterkant" - hier kommt Fisch aus der offenen Showküche.

🎾 ≼ 🍴 ⅃⫶ 🔲 ♿ 🆂 🅰 ⦿ – 327 Zimmer

Stadtplan: F3-e – *Bernhard-Nocht-Straße 97* ✉ *20359* – ☎ *040 311190* – *www.empire-riverside.de*

🏨 EAST

BUSINESS · DESIGN Einst Eisengießerei, heute Trendhotel! Topmodern und wertig: neueste Technik, sehr spezielles Design, durchdacht bis ins kleinste Detail! Nicht minder stylish: "Sporting Club".

🍴 ⅃⫶ 🔲 ♿ 🔲 🅰 ⦿ – 171 Zimmer – 8 Suiten

Stadtplan: J2-n – *Simon-von-Utrecht-Straße 31* ✉ *20359* – ☎ *040 309930* – *www.east-hamburg.de*

🍴 **East** – Siehe Restaurantauswahl

In Hamburg-Sülldorf West: 15 km über A2, Richtung Wedel

○ MEMORY

INTERNATIONAL · FAMILIÄR XX Hier fühlt man sich eher wie in einem Privathaus. Der leicht mediterrane Touch sorgt für freundliche Atmosphäre und die Betreiber sind seit Jahren sehr um ihre Gäste bemüht. Die Küche ist angenehm reduziert und konzentriert sich auf das Wesentliche, probieren Sie z. B. "Jakobsmuscheln mit Blattspinat und Rotwein" oder "Hirschrücken mit Roter Bete".

🍴 🅿 – Menü 49/89 €

außerhalb Stadtplan – *Sülldorfer Landstraße 222* ✉ *22589* – 𝒸 *040 86626938* – *www.memory-hamburg.de* – *Geschlossen Montag, Freitag, Sonntag, mittags: Dienstag-Donnerstag und Samstag*

In Hamburg-Uhlenhorst

○ WOLFS JUNGE

MARKTKÜCHE · FREUNDLICH X Hier setzt man auf Regionalität und Nachhaltigkeit - da passt das "Nose to Tail"-Konzept gut ins Bild! Die Zutaten bezieht man von ausgewählten Produzenten, Gemüse und Kräuter baut man zum Teil selbst an. Mittags gibt es einfache Kost wie "hausgemachte Bratwurst", abends ein ambitioniert-kreatives Menü mit Gerichten wie "Angler Sattelschwein, Kimchi, Zwiebelferment".

✤ *Engagement des Küchenchefs:* *"Die Begriffe „Regionalität" & „Saisonalität" werden aus meiner Sicht zu inflationär genutzt, bei mir ist das Programm. Eigene Bio-Produkte kommen vom Gut Wulfsdorf, dazu „Urban-Gardening" ums Restaurant. Die Saison schreibt meine Speisekarte und beim Fleisch steht nicht nur Demeter drauf!"*

🍴 – Menü 21 € (Mittags), 50/85 €

Stadtplan: G2-s – *Zimmerstraße 30* ✉ *22085* – 𝒸 *040 20965157* – *www.wolfs-junge.de* – *Geschlossen Montag, mittags: Samstag, Sonntag*

In Hamburg-Volksdorf Nord-Ost: 16 km über Wandsbecker Chaussee B2, Richtung Lübeck

○ DORFKRUG

MARKTKÜCHE · RUSTIKAL XX Richtig charmant ist das historische Haus am Museumsdorf mit seinen alten Bauernwerkzeugen, Holzbalken und offenem Kamin. Auf der Karte finden sich Klassiker wie "Zwiebelrostbraten mit Spätzle", aber auch Asiatisches wie "Lachs-Sashimi".

🍴 ✧ 🅿 – Menü 44/58 € – Karte 43/59 €

außerhalb Stadtplan – *Im alten Dorfe 44* ✉ *22359* – 𝒸 *040 6039294* – *www.dorfkrug-volksdorf.com* – *Geschlossen Montag, Dienstag, mittags: Mittwoch-Sonntag*

In Hamburg-Winterhude

○ PORTOMARIN

SPANISCH · GEMÜTLICH XX Seit Jahren setzt man hier auf ambitionierte spanische Küche. Dafür kommen sehr gute, frische Produkte zum Einsatz, bei "Jakobsmuscheln, Lardo Ibérico de Bellota, Beluga-Linsen-Ragout" ebenso wie bei "Rinderfilet von LAFINA Natural Beef, Portwein-Jus, Sellerie-Orangen-Emulsion". Die Atmosphäre ist gemütlich und charmant, der Service herzlich. Schön die Weinauswahl.

🍷 🍴 – Menü 52 € – Karte 42/54 €

Stadtplan: G1-n – *Dorotheenstraße 180* ✉ *22299* – 𝒸 *040 46961547* – *www.portomarin.de* – *Geschlossen 4.-24. Juli, Montag, Sonntag, mittags: Dienstag-Samstag*

❄○ **TRÜFFELSCHWEIN**

MODERNE KÜCHE · FREUNDLICH ✗✗ Hier kocht man modern, saisonal orientiert und mit internationalen Einflüssen. Zur guten Küche kommen ein kompetenter und herzlicher Service samt guter Weinberatung sowie ein freundliches, angenehm geradliniges Ambiente. Auf der Terrasse sitzt man sehr nett mitten im Geschehen des schönen Winterhude.

🌤 – Menü 99/139 €

Stadtplan: G1-t – *Mühlenkamp 54* ✉ *22303* – ☎ *040 69656450* – *www.trueffelschwein-restaurant.de* – *Geschlossen 1.-10. Januar, 1.-7. März, 5.-18. Juli, Sonntag-Dienstag, nur Abendessen*

❄○ **ZEIK** ⓝ

MODERNE KÜCHE · HIP ✗ Geradlinig und durchdacht, modern-kreativ, betont regional und mit saisonalem Einfluss, so kocht Maurizio Oster. Geboten wird ein Menü, auch als vegetarische Variante. Als Begleitung gibt es neben Wein auch Alkoholfreies. Und als Abschluss einen richtig guten echten Filterkaffee? Freundlich-leger der Service, puristisch-stilvoll das Ambiente, nett die Terrasse.

🌤 – Menü 75/85 €

Stadtplan: G1-a – *Sierichstraße 112* ✉ *22299* – ☎ *040 46653531* – *www.zeik.de* – *Geschlossen Montag, mittags: Dienstag-Samstag, Sonntag*

HAMM IN WESTFALEN
Nordrhein-Westfalen – Regionalatlas **27**–E10 – Michelin Straßenkarte 543

In Hamm-Wiescherhöfen

🕙○ **WIELAND-STUBEN**

FRANZÖSISCH-KLASSISCH · **ELEGANT** ✗✗ Pure Klassik - dafür stehen die "Wieland-Stuben" seit 1965! In den geschmackvoll-eleganten Räumen sitzt man ebenso schön wie auf der herrlichen Gartenterrasse. In die "cuisine française classique" von Lukas Erfurth und seinem Team kommen nur ausgesuchte Produkte. Dazu sehr guter Service unter der Leitung seiner Frau.

🍽 ✿ 🅿 – Menü 30 € (Mittags), 45/119 € – Karte 49/76 €

Wielandstraße 84 ✉ *59077 – ℰ 02381 401217 – www.wielandstuben.de –*
Geschlossen 1.-17. Januar, Montag, Dienstag, mittags: Samstag

HANN. MÜNDEN
Niedersachsen – Regionalatlas **29**–H11 – Michelin Straßenkarte 541

In Hann. Münden-Laubach Süd-Ost: 6 km über Hedemündener Straße

😊 **FLUX - BIORESTAURANT WERRATAL**

REGIONAL · **LÄNDLICH** ✗ Ungekünstelt, natürlich, einfach und ehrlich, so das Motto hier. Die Bio-Küche gibt es z. B. als "Duett vom Lamm mit Kohlrabispaghetti und Zitronenpolenta". Oder lieber vegetarisch/vegan? Gluten- und laktosefrei ist auch kein Problem. Idyllischer Garten. Das dazugehörende "Biohotel Werratal" bietet wohnliche Zimmer.

Spezialitäten: Kürbis-Tomatensalat mit Paprika und mariniertem Feta. Geschmorte Pastinaken mit sautiertem Grünkohl und Birnenvelouté. Veganer Brownie mit Erdnusseis und Karamellsoße.

🍳 *Engagement des Küchenchefs: "In meiner Küche verwende ich ausschließlich Zutaten aus biologisch-kontrolliertem Anbau, frei von Gentechnik, aus Bioland- und Demeterbetrieben, vorzugsweise aus der Region, dazu eigene Streuobstwiese und Kräutergarten! Ebenso wichtig ist uns Ressourcenschonung durch unser Blockheizkraftwerk."*

⇦ 🍽 ઇ ✿ 🅿 – Menü 33/55 € – Karte 30/45 €

Buschweg 40 ✉ *34346 – ℰ 05541 9980 – www.flux-biohotel.de –*
Geschlossen 3.-12. Januar, Montag, mittags: Dienstag-Samstag, Sonntag

HANNOVER
Niedersachsen – Regionalatlas **19**–I8 – Michelin Straßenkarte 541

❀❀ **JANTE**

Chef: Tony Hohlfeld

KREATIV · **GEMÜTLICH** ✗✗ Effekthascherei? Show? Fehlanzeige! Das Küchenteam um Tony Hohlfeld kocht aufwändig, durchdacht bis ins Detail und äußerst komplex, dennoch haben die Gerichte eine angenehme Leichtigkeit - absolut bemerkenswert und nicht alltäglich! Alle Komponenten auf dem Teller passen perfekt zusammen, wunderbar die geschmackliche Tiefe. So ungezwungen wie die Küche ist auch die Atmosphäre. Dazu trägt das skandinavisch-geradlinige Interieur ebenso bei wie der charmante Service. Hier sind übrigens neben Gastgeberin und Sommelière Mona Schrader auch die Köche mit von der Partie und erklären die Gerichte. Tipp: Wählen Sie statt Wein mal eine alkoholfreie Begleitung! Etwas ungewöhnlich: Der halbrunde Bau, in dem sich das "Jante" befindet, ist ein ehemaliges Toilettenhäuschen aus der 60ern.

Spezialitäten: Saibling, Kopfsalat, Molke. Wachtel, Paprika, Feddersens Käse. Pfirsich, Süßdolde, Kaffee.

🍽 – Menü 125/140 €

Stadtplan: H2-j – *Marienstraße 116* ✉ *30171 – ℰ 0511 54555606 –*
www.jante-restaurant.de – Geschlossen 20. Dezember-10. Januar, Montag, Sonntag,
mittags: Dienstag-Samstag

🍴 **BISTRO SCHWEIZERHOF**

KLASSISCHE KÜCHE · BISTRO XX Ansprechend die helle, freundliche Atmosphäre, interessant der Blick in die offene Küche - hier entstehen Klassiker sowie Modernes. Schmackhaft und frisch sind z. B. "Kabeljau mit Senfsauce und Schnittlauchstampf" oder "Wiener Schnitzel mit Bratkartoffeln und Preiselbeeren". Untergebracht ist das Restaurant im "Crowne Plaza" mit sehr komfortablen modernen Zimmern.

🔄 🛋 🗐 🚗 – Menü 40/79 € – Karte 30/56 €

Stadtplan: G2-d – *Hinüberstraße 6* ✉ *30175* –
📞 *0511 3495253 - www.schweizerhof-hannover.de* –
Geschlossen 1.-15. August, 27.-31. Dezember, mittags: Samstag, Sonntag

🍴 **WEINBASIS**

MARKTKÜCHE · TRENDY XX Lebendig, leger und trendig-stilvoll - so die Atmosphäre. Gutes Essen und guter Wein gehen hier Hand in Hand: die Küche modern-saisonal ("Dorade & Vadouvan", "Lamm & Soubise"...), das Weinangebot international. Dekorative Gemälde zeigen die Liebe zu Südafrika. Kleine Terrasse auf dem Gehsteig.

🐝 🍴 💬 – Menü 48/70 €

Stadtplan: G1-w – *Lärchenstraße 2* ✉ *30161* –
📞 *0511 89711735 - www.wein-basis.de* –
Geschlossen Montag, Sonntag, mittags: Dienstag-Samstag

🍴 **HANDWERK**

MODERNE KÜCHE · CHIC X Ein erfrischendes, junges Konzept: modern-kreative Küche, trendig-schickes Bistro-Ambiente und dazu ein locker-unkomplizierter und zugleich geschulter Service, der eine angenehm persönliche Note schafft. Aus der einsehbaren Küche kommen recht puristische und sehr produktorientierte Speisen, die es als Menü mit bis zu sieben Gängen gibt - und das zu einem fairen Preis.

Menü 75/95 €

Stadtplan: C3-h – *Altenbekener Damm 17* ✉ *30173* – 📞 *0511 26267588* –
www.handwerk-hannover.com –
Geschlossen 27. Dezember-4. Januar, Montag, Dienstag,
mittags: Mittwoch-Sonntag

🏨 **DORMERO**

BUSINESS · MODERN Das Hotel liegt nahe dem Maschsee und nicht weit von der Innenstadt. Hier erwartet Sie klares, puristisches Design in Weiß, Grau und Rot, dazu moderne Technik. Der geradlinige Stil setzt sich im Restaurant "RED GRILL" fort. Nett: die "SONDERBAR".

🍴 🛖 🕍 🗐 ♿ 🅰🅲 🚴 🚗 – 293 Zimmer

außerhalb Stadtplan – *Hildesheimer Straße 34* ✉ *30169* – 📞 *0511 544200* –
www.dormero-hotel-hannover.de

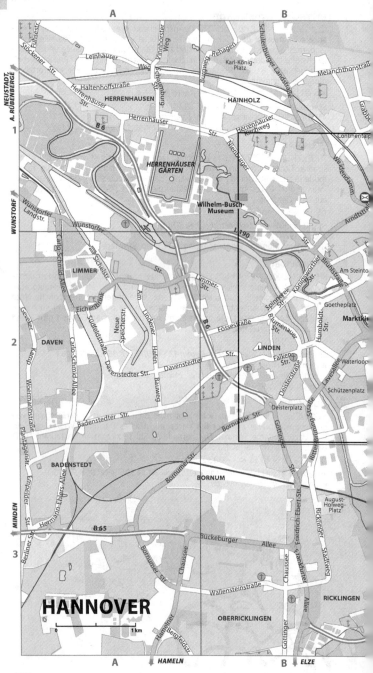

HANNOVER

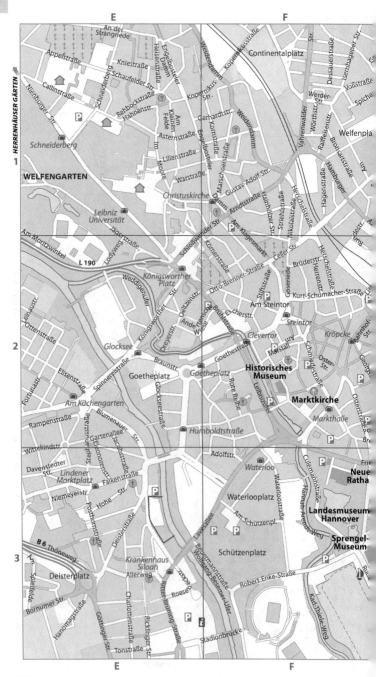

HANNOVER

In Hannover-List

🏵️ BOCA

MODERNE KÜCHE · TRENDY X Hier ist es schlicht, trubelig und hip! In der offenen Küche der etwas schummrigen Gastro-Bar wird lecker und unkonventionell gekocht: vegetarisches Menü auf Wunsch mit Fleisch- oder Fisch-"Upgrade" oder A-la-carte-Gerichte wie "Thunfischsteak, Sellerie-Wasabi-Püree, Rettich, Apfel, Sesam-Soja-Vinaigrette".

Spezialitäten: Karottensalat mit pochierter Birne und Ziegenkäse. Gefüllte Zwiebel mit Polenta, Kürbis und Paprika. Savarin von Zitrusfrüchten mit Schokoladenespuma und Blutorangensorbet.

🛖 – Menü 37/59 €

Stadtplan: G1-b – *Kriegerstraße 43a (Eingang Kriegerstraße 43)* ✉ *30161 –* ☎ *0511 64209778 – www.boca-gastrobar.de – Geschlossen Montag, Dienstag, Mittwoch, Sonntag, mittags: Donnerstag-Samstag*

HARDERT
Rheinland-Pfalz – Regionalatlas **36**–D13 – Michelin Straßenkarte 543

🏵️ CORONA - HOTEL ZUR POST

MEDITERRAN · GASTHOF XX Hier isst man richtig gerne! Sergio und Kerstin Corona sorgen als eingespieltes Team für charmanten Service und mediterran inspirierte Küche. Schmackhaft und kraftvoll sind z. B. "Vitello tonnato" oder "Hähnchenbrust mit gebratenem Spargel und Gnocchi", und das Preis-Leistungs-Verhältnis ist bemerkenswert!

Spezialitäten: Gegrillter Pulpo und frittierter Calamari mit gelierter Kürbis-Minestrone. Hirschrückenmedaillon mit Portweinperlzwiebeln, Petersilienwurzelpüree und offener Pilzmaultasche. Dessert-Trilogie.

⇦ 🍴 🛖 ⚙ ✿ **P** 🍽 – Menü 17 € (Mittags), 38/48 € – Karte 29/54 €

Mittelstraße 13 ✉ *56579 –* ☎ *02634 2727 – www.restaurantcorona.de – Geschlossen Montag, Dienstag*

HARDHEIM
Baden-Württemberg – Regionalatlas **48**–H16 – Michelin Straßenkarte 545

🏵️ WOHLFAHRTSMÜHLE

REGIONAL · GASTHOF XX Ländlichen Charme versprüht dieses hübsche Anwesen: draußen Teiche, Bachläufe und viel Grün, drinnen gemütliche Stuben, in denen man gut isst, so z. B. Wild aus eigener Jagd und Forellen aus eigener Zucht. Wenn Sie übernachten möchten: Man hat gepflegte, wohnliche Gästezimmer.

Spezialitäten: Rehcarpaccio mit Trüffelcrème. Forellenfilet auf Pastinakenpüree mit Rosa Butter und feinen Nudeln. Nougatmousse mit Vanillebuchteln und weißem Schokoladeneis.

⇦ 🍴 🛖 ✿ **P** – Karte 37/54 €

Wohlfahrtsmühle 1 ✉ *74736 –* ☎ *06283 22220 – www.wohlfahrtsmuehle.com – Geschlossen Montag, Dienstag, Sonntag*

HARSEWINKEL
Nordrhein-Westfalen – Regionalatlas **27**–F9 – Michelin Straßenkarte 543

🏵️ POPPENBORG'S STÜBCHEN

TRADITIONELLE KÜCHE · GASTHOF X Dies ist die etwas legerere Restaurantvariante des Poppenborg'schen Traditionsbetriebs. Appetit machen hier z. B. "Seewolf mit Senfsauce" oder "Tafelspitz westfälisch". Hübsch die Terrasse im Grünen!

Spezialitäten: Pochiertes Ei Benedikt , Schinken, Spinat, Sauce Hollandaise. Schollenfilet, Weißweinsauce, Salzkartoffeln, Salat. Crème brûlée, Tonkabohnen-eis.

🖙 🏠 ⇔ 🅿 🍹 – Karte 34/58 €

Poppenborg, Brockhäger Straße 9 ✉ 33428 – ☎ 05247 2241 – www.poppenborg.com – Geschlossen 1.-13. Januar, 23. März-2. April, 27. Juli-5. August, 6.-28. Oktober, Mittwoch, mittags: Dienstag

🍴 **POPPENBORG**

FRANZÖSISCH-KLASSISCH · ELEGANT ✗✗ Ein echter Klassiker! Die Poppen-borgs betreiben das Haus seit vielen Jahren und sind bekannt für klassische Küche. Die genießt man in eleganter Atmosphäre, serviert wird z. B. "Hummer mit Spargelrisotto" oder "Kalbsrücken mit Morcheln und Kartoffelgratin". Roman-tische Gartenterrasse.

❀ 🖙 🏠 🗐 ⇔ 🅿 🍹 – Menü 69/99 € – Karte 67/86 €

Brockhäger Straße 9 ✉ 33428 – ☎ 05247 2241 – www.poppenborg.com – Geschlossen 1.-13. Januar, 23. März-2. April, 27. Juli-5. August, 28. Oktober-6. November, Mittwoch, mittags: Montag-Dienstag und Donnerstag-Freitag

🍴 **Poppenborg's Stübchen** – Siehe Restaurantauswahl

HARTMANNSDORF

Sachsen – Regionalatlas **42**–O12 – Michelin Straßenkarte 544

🍴 **LAURUS**

MARKTKÜCHE · FREUNDLICH ✗ In dem hellen, modernen Restaurant setzt man auf Produkte aus der Region und saisonalen Bezug - da kommt sächsisches Wagyu-Rind (dry aged) ebenso gut an wie heimisches Wild. Hübsch die Terrasse zum Kräutergarten. Tipp: Man bietet auch Kochkurse an.

Spezialitäten: Gebeiztes Saiblingsfilet, Gurke, Fenchel, Frischkäse, Pumpernickel. Rehrücken, Pilze, Reh-Jus, Brombeere, Hefeknödel. Pflaume mariniert, Mohn-Vanille-Soße, Haselnusskrokant, Sauerrahmeis.

🏠 ⇔ 🅿 – Menü 37/85 €

Limbacher Straße 19 ✉ 09232 – ☎ 03722 505210 – www.restaurant-laurus.de – Geschlossen Montag, Sonntag, mittags: Dienstag-Samstag

HATTINGEN

Nordrhein-Westfalen – Regionalatlas **26**–C11 – Michelin Straßenkarte 543

🍴 **DIERGARDTS KÜHLER GRUND**

KLASSISCHE KÜCHE · GEMÜTLICH ✗✗ Seit Philipp Diergardt in dem tollen Familienbetrieb (4. Generation) das Küchenzepter übernahm, hat er - nicht zuletzt dank erstklassiger Ausbildung - das vorher bereits gute Niveau nochmals gesteigert. Mit Leidenschaft kocht man gehoben-bürgerlich - klasse z. B. "gebra-tene Blutwurst vom Juvenilferkel"! Dazu geschmackvolles Landhausambiente und aufmerksamer Service.

Spezialitäten: Hummerravioli mit weißem Tomatenschaum, Melone und Lardo. Variation vom Ferkel mit Paprika, Himbeere, Pinie und Olive. Karamell-Cremeux mit Waldbeerensorbet, Malzessig und Hopfen.

🏠 🎬 ⇔ 🅿 – Menü 19 € (Mittags), 35/79 € – Karte 34/55 €

Am Büchsenschütz 15 ✉ 45527 – ☎ 02324 96030 – www.diergardt.com – Geschlossen Montag, Dienstag

HAUSEN OB VERENA
Baden-Württemberg – Regionalatlas **62**–F20 – Michelin Straßenkarte 545

⫟○ **HOFGUT HOHENKARPFEN**

INTERNATIONAL · FREUNDLICH ✗✗ Herrlich die Lage, wirklich klasse der Blick - da sollten Sie auf der Terrasse speisen! Wenn das Wetter nicht mitspielt, genießt man die Aussicht vom Panorama-Pavillon. Gekocht wird international und saisonal. In der einstigen Scheune des denkmalgeschützten Anwesens übernachtet man in schönen geradlinig-wohnlichen Zimmern. Tipp: Besuchen Sie das Kunstmuseum.

⇔ ⪡ 🛋 ⇦ 🅿 – Menü 55/89 € – Karte 40/61 €

Am Hohenkarpfen 1 (Süd-West: 2 km) ✉ 78595 –
☏ 07424 9450 – www.hohenkarpfen.de –
Geschlossen 1.-6. Januar

HAUZENBERG
Bayern – Regionalatlas **60**–Q19 – Michelin Straßenkarte 546

😊 **LANDGASTHAUS GIDIBAUER-HOF**

REGIONAL · RUSTIKAL ✗ Richtig gut isst man hier, und die regionale Küche gibt es zudem zu wirklich fairen Preisen. Appetit macht z. B. das Rindfleisch aus eigener Zucht. Freundlich und gemütlich-rustikal das Ambiente. Für Gesellschaften: schöner ehemaliger Ochsenstall. Im gleichnamigen Hotel erwarten Sie mit Naturholzmöbeln wohnlich eingerichtete Zimmer.

Spezialitäten: Roh marinierte Angusröllchen mit Kürbisstreifen, Heidelbeervinaigrette und Ziegenkäsecrostini. Filet vom Bachsaibling auf Meerrettichpolenta und Senfkohl. Zwetschgenknödel von der Hofzwetschge mit cremigem Mohnpudding.

⇔ 🛋 ⇦ 🅿 – Karte 25/46 €

Grub 7 ✉ 94051 – ☏ 08586 96440 – www.gidibauer.de –
Geschlossen Montag

In Hauzenberg-Haag Süd: 8 km

😊 **ANETSEDER**

REGIONAL · GERADLINIG ✗ Schön sitzt man hier unter einer hohen Decke in trendig-modernem Ambiente und wird freundlich umsorgt. Gekocht wird frisch und richtig gut, dabei legt man Wert auf saisonale Produkte, vorzugsweise aus der Region. Lecker z. B. "Zweierlei vom bayerischen Rind, Kartoffel-Röstzwiebelpüree, gegrillter Mais, Lauchzwiebel".

Spezialitäten: Marinierter Tafelspitz vom Bio-Ochsen, mediterraner Bohnensalat, Paprikaemulsion. Gebratener Seesaibling, Linsen-Haselnussragout, Gewürzkürbis-Käferbohnensoße. Schokoladenmousse, Erdnusscrème, Tamarinde, Salzkaramelleis.

🛋 ⌙ ⇦ 🅿 – Menü 29/48 € – Karte 23/45 €

Lindenstraße 15 ✉ 94051 – ☏ 08586 1314 – www.anetseder-wirtshauskultur.de –
Geschlossen 11.-27. Januar, Montag, mittags: Dienstag-Samstag

HAVELBERG
Sachsen-Anhalt – Regionalatlas **21**–M7 – Michelin Straßenkarte 542

🏚 **ART HOTEL KIEBITZBERG**

BOUTIQUE-HOTEL · MODERN Der Name lässt es bereits vermuten: Hier sorgt Kunst für eine individuelle Note. Neben tollen wohnlichen Zimmern (wie wär's mit der Wellness-Juniorsuite?) genießt man auch die sehr schöne Lage an der Havel. Tipp: Im modernen Restaurant sind Gerichte vom Wagyu-Rind beliebt! Herrlich sitzt man auf der Terrasse.

⚔ ⏍ ⪑ 𝕸 ⊡ ⌙ ⚒ 🅿 – 34 Zimmer – 4 Suiten

Schönberger Weg 6 ✉ 39539 – ☏ 039387 595151 – www.arthotel-kiebitzberg.de

HAYINGEN

Baden-Württemberg – Regionalatlas **63**–H20 – Michelin Straßenkarte 545

In Hayingen-Ehestetten

ⓐ ROSE

BIO · ZEITGEMÄßES AMBIENTE ✗✗ Bei Familie Tress dreht sich alles um das Thema Bio sowie die Verwertung von Tieren nach dem "Nose to Tail"-Prinzip. Man kocht regional und saisonal, gerne auch vegetarisch. Dazu gibt es ausschließlich Demeter-Weine. Mit im Haus: Shop mit Kochbüchern, Suppen, Eintöpfen, Pasta... Zum Übernachten: Gästehaus gegenüber.

Spezialitäten: Gemüse-Acker mit Dinkelbrotstaub und Kichererbsen-Crème. Gebratener Lammrücken unter Olivenkruste, Praline von der Haxe mit Ratatouille und cremiger Polenta. Birnen-Basilikumparfait mit Allerlei vom Apfel, Zitronenverbenepesto, Schokostreuseln und Vanilleschaum.

🌿 *Engagement des Küchenchefs: "Dass ich auf den Spuren meines Opas wandle und das weiter führe, was er bereits 1950 begann, macht mich stolz. Ökologischer Landbau passt zu uns, steht im Einklang mit der Natur der Region und wir garantieren 100% nachhaltigen Genuss und ordnen ökonomische Entscheidungen unseren Prinzipien unter."*

↤ 🅿 – Karte 34/50 €

Aichelauer Straße 6 ✉ 72534 – ☎ 07383 94980 – www.biorestaurant-rose.de – Geschlossen 11.-29. Januar, Montag, Dienstag, mittags: Mittwoch-Freitag

🍽○ **Restaurant 1950** – Siehe Restaurantauswahl

🍽○ RESTAURANT 1950 ⓝ

REGIONAL · ZEITGEMÄßES AMBIENTE ✗✗ Angenehm gesellig ist es in dem hellen modernen Raum mit hoher Decke und offener Küche, nicht zuletzt dank Patron und Küchenchef Simon Tress, der herzlich am Gast ist. Es gibt ein vegetarisches Basis-Menü, das um Fleisch-Komponenten erweiterbar ist - nahezu alles Bio- oder Demeter-Produkte ganz aus der Nähe. Zum Übernachten hat man liebevoll eingerichtete Zimmer.

🌿 *Engagement des Küchenchefs: "Im Gourmet-Restaurant unseres Demeter- & Biolandbetriebs arbeite ich ebenso streng nach ökologisch-biologischen Vorgaben, wie es meine gesamte Familie im komplett durchzertifizierten Unternehmen tut und womit bereits mein Großvater 1950 begann! Nachhaltigkeit gepaart mit Qualität ist meine Passion!"*

↤ 🅿 – Menü 89/137 €

ROSE, Aichelauer Straße 6 ✉ 72534 – ☎ 07383 94980 – www.tress-gastronomie.de – Geschlossen 11. Januar-7. Februar, Montag, Dienstag, Mittwoch, mittags: Donnerstag-Sonntag

Baden-Württemberg
Regionalatlas **47**-F16
Michelin Straßenkarte 545

HEIDELBERG

Wer es klassisch-traditionell mag, ist im Grand Hotel **Europäischer Hof** bestens aufgehoben. Diese Adresse ist eine Institution in der Stadt, deren Historie sich auch im Restaurant **Kurfürstenstube** wiederfindet. Moderner geht es im **Chambao** mit seiner mediterran-international beeinflussten Crossover-Küche zu – gleich vis-à-vis gibt es noch das **Chambino** mit köstlichen Tapas. Eine gute regionale Alternative ist die **Backmulde**. Auf Gourmetküche braucht man ebenfalls nicht zu verzichten - die bietet das mit Liebe zum Detail eingerichtete Restaurant **oben**, das reizvoll oberhalb von Heidelberg im historischen "Kohlhof" zu finden ist. Lohnenswert ist immer ein Spaziergang auf dem hochgelegenen Philosophenweg, traumhaft die Aussicht über die gesamte Altstadt. Oder Sie fahren mit der Bergbahn hinauf zum Königstuhl hoch über dem berühmten Schloss.

Restaurants

✿ LE GOURMET

KREATIV • ROMANTISCH XXX Ein wirklich reizvolles Anwesen mit langer Tradition: Schon 1472 wurden in der Hirschgasse auf der gegenüberliegenden Seite des Schlosses Gäste empfangen. Dem Flair dieser geschichtsträchtigen Adresse wird das Ambiente des Restaurants voll und ganz gerecht. Einige hübsche historische Details wie schöner Parkettboden und ein wertvoller Kachelofen sind erhalten und verleihen dem stilvollen Interieur eine besondere Note. In diesem attraktiven Rahmen genießt man die Küche von Mario Sauer, der zuvor Souschef im 3-Sterne-Restaurant „Waldhotel Sonnora“ war. Die gibt es z. B. als "Bretagne-Seezungenfilet, kleine Artischocken & Pinienkernvinaigrette". Er kocht klassisch, bindet aber auch moderne Elementen mit ein. Das Ergebnis sind durchdachte Kombinationen aus sehr guten Produkten.

Spezialitäten: Garnele, Pfirsich-Pfifferlingssalat und knuspriger Speck. Filet, Backe und Bries vom Milchkalb nach Burgunderart. Joghurt, Himbeere und Pastis.

- Menü 83/152€

Stadtplan: E1-s - *Hirschgasse 3 ✉ 69120 -*
✆ 06221 4540 - www.hirschgasse.de -
Geschlossen 1.-26. Januar, 9. August-8. September, Montag, Sonntag, mittags: Dienstag-Samstag

✿ OBEN

KREATIV · CHIC XX Nach einer gut 10-minütigen Fahrt durch den Wald oberhalb von Heidelberg kommt man zum historischen "Kohlhof", idyllisch zwischen Wiesen und Obstbäumen gelegen. Der gepflasterte Innenhof mit ländlichem Flair lädt zum Aperitif ein, danach geht's in den charmanten Gastraum mit liebevollen Details und angenehm intimer Atmosphäre. In der einsehbaren Küche entsteht ein Menü mit 13 durchdachten modernen Gerichten wie z. B. "Schweinewedel, Boskop, Schnittlauch, Kren". Küchenchef Robert Rädel kocht sehr kreativ und legt Wert auf die gute Qualität der Produkte, darunter viel Gemüse von Bauern aus der Region. Die Köche servieren mit und erklären die Speisen. Die Weine empfiehlt man mündlich - oder Sie wählen im Weinkeller selbst! Hinweis: weder Karte noch Barzahlung, man überweist bequem von zu Hause.

Spezialitäten: Fetter Kohl und Saiblingskaviar. Ente und Steinklee mit Kornellkirschen. Johannisbeerstraucheis und Hafer.

🏡 🅿 🍴 – Menü 130 €

außerhalb Stadtplan – *Am Kohlhof 5* ✉ *69117* –
☏ *0172 9171744* – *www.restaurant-oben.de* –
Geschlossen 8.-28. Februar, 17.-30. Mai, 16.-29. August, Montag, Dienstag, Sonntag, mittags: Mittwoch-Samstag

🍴 DIE KURFÜRSTENSTUBE

FRANZÖSISCH-KLASSISCH · ELEGANT XxX Ein Klassiker der Stadt! Die mächtige Kassettendecke und Wandvertäfelungen mit schönen Intarsienarbeiten bewahren ein Stück Geschichte. Gekocht wird klassisch mit modernen Einflüssen. In der warmen Jahreszeit hat das Sommerrestaurant geöffnet.

🐾 ⇦ ♿ 🅰 ⊡ 🍷 – Menü 75/110 € – Karte 59/81 €

Stadtplan: B2-u – *Der Europäische Hof Heidelberg, Friedrich-Ebert-Anlage 1* ✉ *69117* – ☏ *06221 5150* – *www.europaeischerhof.com*

🍴 HERRENMÜHLE

INTERNATIONAL · RUSTIKAL XX In einer kopfsteingepflasterten Straße in der Altstadt finden Sie dieses Restaurant mit freundlich-rustikalem Ambiente und schmackhafter bodenständiger Küche. Romantisch hat man es draußen auf der Terrasse.

🏡 – Menü 68/98 € – Karte 52/75 €

Stadtplan: E1-e – *Hauptstraße 239* ✉ *69117* – ☏ *06221 602909* –
www.herrenmuehle.net – *Geschlossen mittags: Montag-Samstag*

🍴 RESTAURANT 959

ZEITGENÖSSISCH · CHIC XX Das Revival des Stadtgarten-Pavillons von 1936! Trendig-chic das Ambiente - eine gute Portion Glamour inklusive! Angenehm reduziert und produktorientiert die modern-klassische Küche am Abend. Auf Nachfrage (wenn vorrätig) gibt es auch spezielle Fleisch-Cuts vom "Big Green Egg". Mittags einfachere Karte. Bar-Klassik in "Pino's Bar" samt Außenlounge.

🐾 🏡 ♻ – Menü 105/125 € – Karte 47/86 €

Stadtplan: B2-c – *Friedrich-Ebert-Anlage 2* ✉ *69117* – ☏ *06221 6742959* –
www.959heidelberg.com – *Geschlossen mittags: Montag, Sonntag*

🍴 WEIßER BOCK

INTERNATIONAL · GEMÜTLICH XX Für Gemütlichkeit sorgen in dem traditionsreichen Haus hübsche Details wie Holztäfelung und historische Fotos. Aus der Küche kommen internationale und regionale Gerichte wie "gegrilltes Steinbuttfilet, Kräuterschaum, Schwarzwurzel, Kürbis-Gnocchi". Zum Übernachten bietet das gleichnamige Hotel geschmackvoll-wohnliche Zimmer.

🐾 ⇦ 🏡 ⊡ ♻ – Menü 40/75 € – Karte 40/80 €

Stadtplan: D2-g – *Große Mantelgasse 24* ✉ *69117* –
☏ *06221 90000* – *www.weisserbock.de* –
Geschlossen Montag, Sonntag, mittags: Dienstag-Samstag

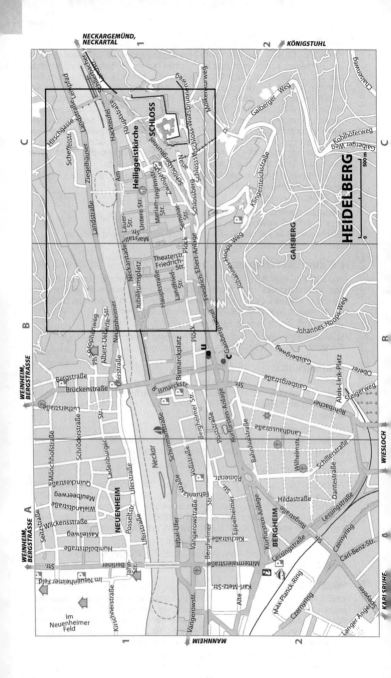

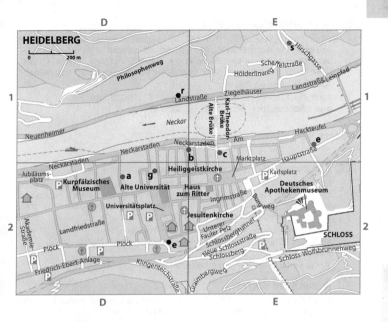

🍴 MENSURSTUBE

KLASSISCHE KÜCHE · GEMÜTLICH 🅇 Blanke Holztische mit Schnitzereien einstiger Studenten, freigelegtes Mauerwerk und allerlei Zierrat prägen das Bild der historischen Stube. In gemütlicher Atmosphäre wählen Sie von einer wechselnden Tageskarte saisonale Gerichte - mal klassisch, mal moderner.

🏠 🔌 🅿 – Menü 50 € – Karte 44/56 €

Stadtplan: E1-s – *Hirschgasse 3 ✉ 69120 – 𝒞 06221 4540 – www.hirschgasse.de –* *Geschlossen 15. August-3. September, 1. Dezember-31. Januar, Montag, Sonntag, mittags: Dienstag-Samstag*

🍴 BACKMULDE

REGIONAL · GEMÜTLICH 🅇 In der ehemaligen Schifferherberge a. d. 17. Jh. gibt es nicht nur wohnliche Hotelzimmer, hier kann man auch gut essen - probieren Sie z. B. "Zwiebelrostbraten, Maultasche und Spätzle" oder "Kabeljaufilet auf Rahmwirsing". Im Sommer sitzt man auf der Terrasse genauso nett wie im geschmackvollen Restaurant, dazu wird man aufmerksam umsorgt.

🔁 🍽 – Menü 36/59 € – Karte 41/65 €

Stadtplan: D2-a – *Schiffgasse 11 ✉ 69117 –* *𝒞 06221 53660 – www.gasthaus-backmulde.de –* *Geschlossen Montag, Sonntag, mittags: Dienstag-Samstag*

🍴 CHAMBAO

KREATIV · MEDITERRANES AMBIENTE 🅇 Auch wenn es hier leger und ungezwungen zugeht, braucht man auf gute Küche nicht zu verzichten. Gekocht wird schmackhaft und mit ausgesuchten Produkten. Das Ergebnis sind unkomplizierte Gerichte wie "Iberico-Kinn, Rotkohlschaum, Koriander". Dazu gibt es im "Chambino" eine schöne Auswahl an Tapas. Tipp: Terrasse mit Blick auf die Alte Brücke!

🏠 🍽 – Menü 50/85 €

Stadtplan: DE1-b – *Dreikönigstraße 1 ✉ 69117 –* *𝒞 06221 7258271 – www.chambao-heidelberg.com –* *Geschlossen Montag, mittags: Dienstag-Samstag, Sonntag*

🍴 WIRTSHAUS ZUM NEPOMUK

TRADITIONELLE KÜCHE · ROMANTISCH 🍴 Schön gemütlich ist das Restaurant im Hotel "Zur Alten Brücke": Viel Holz schafft typische Wirtshausatmosphäre, dazu hübsche Deko, Kissen, Bilder an den Wänden... Auf dem Teller z. B. klassischer Rostbraten oder auch halbe Ente. Gerne sitzt man im hübschen Innenhof.

🛋 🏠 ♻ – Karte 31/59€

Stadtplan: E1-c – *Obere Neckarstraße 2* ✉ *69117* – ☎ *06221 739130* – *www.altebruecke.com* – *Geschlossen 1.-2. Januar*

Hotels

🏨 DER EUROPÄISCHE HOF HEIDELBERG

LUXUS · INDIVIDUELL Grandhotel-Tradition seit 1865. Seit jeher ein Haus mit Stil, in dessen klassisches Flair man behutsam Moderne einbindet. Fitness und Relaxen mit Stadtblick heißt es im "Panorama Spa" auf 600 qm samt toller Dach-Liegeterrasse! Repräsentativ die Veranstaltungsräume.

🍽 📺 🛁 🕭 🔼 🚭 🅰🅲 🔥 🚗 – 118 Zimmer – 3 Suiten

Stadtplan: B2-u – *Friedrich-Ebert-Anlage 1* ✉ *69117* – ☎ *06221 5150* – *www.europaeischerhof.com*

🍴 **Die Kurfürstenstube** – Siehe Restaurantauswahl

🏨 HEIDELBERG SUITES

BOUTIQUE-HOTEL · MODERN Was könnte man aus drei eleganten Stadtvillen in wunderbarer Neckarlage Schöneres machen als ein niveauvolles Boutique-Hotel? Highlight ist die "Sky Suite"! Auf dem Wasser dient die restaurierte historische "H.S. Patria" als Weinlounge/Cocktailbar.

🍽 🕭 🛁 🔼 🅰🅲 🅿 – 26 Zimmer – 15 Suiten

Stadtplan: D1-r – *Neuenheimer Landstraße 12* ✉ *69120* – ☎ *06221 655650* – *www.heidelbergsuites.com*

🏨 ARTHOTEL

BOUTIQUE-HOTEL · MODERN Sehr gelungen die Verbindung von Alt und Neu, alles ist wertig und chic - ein Boutique-Hotel im besten Sinne! Besonders schön wohnt man im Erkerzimmer, relaxen kann man auf der Dachterrasse. Geradlinig-modern auch das Restaurant, toll der Innenhof. Übrigens: Trotz Altstadtlage hat man eine Tiefgarage!

🍽 🔼 🅰🅲 🔥 🚗 – 24 Zimmer

Stadtplan: D2-e – *Grabengasse 7* ✉ *69117* – ☎ *06221 650060* – *www.arthotel.de*

In Heidelberg-Grenzhof Nord-West: 8 km über A1, Richtung Mannheim

🍴 GUTSSTUBE

MARKTKÜCHE · LÄNDLICH 🍴🍴 Mögen Sie es ländlich-charmant oder lieber moderner? Die regional-internationale Küche kann man sich sowohl in der Stube als auch im Wintergarten schmecken lassen - oder aber draußen im Freien! Mittags nur Lunchbuffet. Tolle Festscheune. Hübsch und wohnlich sind die Landhaus- und die Themenzimmer im Hotel "Grenzhof".

🛋 🏠 🔼 ♻ 🅿 – Menü 35/95€ – Karte 51/71€

außerhalb Stadtplan – *Grenzhof 9* ✉ *69123* – ☎ *06202 9430* – *www.grenzhof.de* – *Geschlossen 24.-29. Dezember, Sonntag*

In Heidelberg-Rohrbach Süd : 6 km über Rohrbacher Straße B1

⁑○ TRAUBE

INTERNATIONAL · GEMÜTLICH ⅹ Ein gemütliches Lokal, das von einem jungen Team engagiert geführt wird. Auf der saisonal beeinflussten Karte liest man z. B. "Freilandhuhn, Bimi, Reiscreme". Tipp: öffentlicher Parkplatz bei der Thorax-Klinik drei Gehminuten entfernt.

Karte 37/65 €

außerhalb Stadtplan – *Rathausstraße 75* ✉ *69126* – ☎ *06221 6737222* – *www.traube-heidelberg.de* – *nur Abendessen*

HEIDESHEIM AM RHEIN

Rheinland-Pfalz – Regionalatlas **47**–E15 – Michelin Straßenkarte 543

✿ GOURMETRESTAURANT DIRK MAUS

FRANZÖSISCH-KLASSISCH · CHIC ⅩⅩ Mit dem denkmalgeschützten Sandhof a. d. 12. Jh. hat sich Dirk Maus ein tolles Objekt für sein gastronomisches Doppelkonzept ausgesucht. Neben dem ebenerdig angelegten "Landgasthaus" mit regionaler Küche hat man ein paar Stufen höher den kleinen "Fine Dining"-Bereich. Nachdem er zuvor im Mainzer "Maus im Mollers" und im Essenheimer "Domherrenhof" Sterneküche bot, gibt es die nun hier - natürlich aus exzellenten Produkten und mit saisonalem Bezug. Schön dazu die fair kalkulierte Weinkarte. Und auch das Drumherum stimmt: Historische Bruchsteinwände und klare Formen harmonieren wunderbar und sorgen ebenso wie der charmante Service unter der Leitung von Tina Maus für Wohlfühl-Atmosphäre.

Spezialitäten: Gebeizter Lachs, Melone, Guacamole, Yuzu, Senf, Saiblingskaviar, Gurken-Spaghettinis. Gebratener Rehrücken, Sumatra-Pfefferjus, Pfifferlinge, Sellerie, Nudeltäschle. Schokolade, Dreierlei von der Kirsche.

🏵 🅿 – Menü 95/140 €

Sandhof 7 ✉ *55262* – ☎ *06132 4368333* – *www.dirk-maus.de* – *Geschlossen Montag, Dienstag, mittags: Mittwoch-Sonntag*

⁑○ **Landgasthaus Sandhof** – Siehe Restaurantauswahl

⁑○ LANDGASTHAUS SANDHOF

INTERNATIONAL · GEMÜTLICH ⅹ Ein kleines bisschen legerer ist es im zweiten Maus'schen Restaurant. Hier wird man aber nicht weniger freundlich umsorgt und die Küche kann sich ebenfalls sehen lassen - wie wär's z. B. mit "Filetscheiben vom spanischen Landschwein, Schwarzwurzel in Rahm und Gnocchi"?

🏵 ⇔ 🅿 – Menü 45/75 € – Karte 44/72 €

Gourmetrestaurant Dirk Maus, Sandhof 7 ✉ *55262* – ☎ *06132 4368333* – *www.dirk-maus.de* – *Geschlossen Montag, Dienstag*

HEILBRONN

Baden-Württemberg – Regionalatlas **55**–G17 – Michelin Straßenkarte 545

⁑○ MAGNIFICO DA UMBERTO

ITALIENISCH · FREUNDLICH ⅩⅩ Umberto Scuccia ist kein Unbekannter in Heilbronn. In dem attraktiven, geradlinig und wertig eingerichteten Restaurant im 12. Stock des WTZ-Turmes bietet man italienische Küche, die angenehm reduziert ist und das Produkt in den Mittelpunkt stellt. Dazu gibt's einen tollen Blick auf die Stadt!

🐾 ≼ 🏵 🔲 🅿 – Menü 75/105 € – Karte 70/86 €

Im Zukunftspark 10 (12. Etage) ✉ *74076* – ☎ *07131 74564140* – *www.wtz-magnifico.de* – *Geschlossen Montag, Sonntag, mittags: Dienstag-Samstag*

Ⅰ○ BACHMAIER

MARKTKÜCHE • TRENDY ✗ Seit vielen Jahren betreiben Ulrike und Otto Bachmaier ihr Restaurant. Zu modernem Ambiente in warmen Farben kommen der freundlich-kompetente Service unter der Leitung der Chefin sowie die saisonale Küche des Patrons. Es stehen verschiedene Menüs zur Wahl, nach Absprache auch vegetarisch. Gut die Weinbegleitung.

🍴 – Menü 49/71€

Untere Neckarstraße 40 ✉ 74072 – ☎ 07131 6420560 –
www.restaurant-bachmaier.de – Geschlossen 30. März-6. April, 25. Mai-10. Juni,
14. September-2. Oktober, 21.-31. Dezember, Montag, mittags: Dienstag-Samstag,
Sonntag

Ⅰ○ BEICHTSTUHL

ZEITGENÖSSISCH • FARBENFROH ✗ Bereits seit 1979 gibt es das Restaurant mit dem ausgefallenen Namen. Angenehm ungezwungen und gemütlich-modern ist es hier. Gekocht wird ambitioniert, durchdacht und kreativ, top das Preis-Leistungs-Verhältnis. Möchten Sie ein Menü essen oder lieber à la carte? Auch "Sharing" (ab 2 Pers.) ist beliebt. Der Chef serviert auch gerne mal mit und erklärt die Gerichte.

🍴 – Menü 27€ (Mittags), 45/68€ – Karte 41/55€

Fischergasse 9 ✉ 74072 – ☎ 07131 2758985 – www.beichtstuhl-hn.de –
Geschlossen 1.-7. Januar, Sonntag, mittags: Montag-Mittwoch und Samstag

HEILIGENBERG

Baden-Württemberg – Regionalatlas **63**–G21 – Michelin Straßenkarte 545

Ⅰ○ BAYERISCHER HOF

REGIONAL • BÜRGERLICH ✗ Wirklich sehr gepflegt ist dieser Gasthof. Hier bekommt man regional-bürgerliche Küche, z. B. in Form von "geschmorter Kalbshaxe mit Waldpilzrahm". Es gibt auch eine rustikale Stube, in der man leger bei einem Bier sitzen kann. Sie möchten übernachten? Man hat praktische, neuzeitliche Zimmer.

⇦ 🍴 ⇔ 🅿 – Menü 19€ (Mittags), 25/35€ – Karte 22/50€

Röhrenbacherstraße 1 ✉ 88633 – ☎ 07554 217 –
www.bayerischerhof-heiligenberg.de – Geschlossen 18.-31. Januar, Dienstag, Mittwoch

HEINSBERG

Nordrhein-Westfalen – Regionalatlas **35**–A12 – Michelin Straßenkarte 543

In Heinsberg-Unterbruch Nord-Ost: 3 km, über B 221 Richtung Wassenberg

Ⅰ○ ALTES BRAUHAUS

KLASSISCHE KÜCHE • TRADITIONELLES AMBIENTE ✗✗ Ein schönes Haus von 1779, drinnen sehenswerte elegant-traditionelle Stuben mit Holztäfelung und Schnitzereien. Von mobilen Tafeln wählt man Klassiker wie "Rinderfilet, Selleriepüree, Rosenkohlblätter" oder saisonale, kreative und mediterrane Tagesangebote wie "Steinbutt und Seeteufel, gelbe Paprika, Fenchel, Passionsfrucht". Gefragt: die kleine Innenhofterrasse!

🍴 ⇔ – Menü 33€ (Mittags), 49/69€ – Karte 43/74€

Wurmstraße 4 ✉ 52525 – ☎ 02452 61035 – www.altesbrauhaus-heinsberg.de –
Geschlossen Montag, Dienstag, mittags: Samstag, abends: Sonntag

HEITERSHEIM

Baden-Württemberg – Regionalatlas **61**–D21 – Michelin Straßenkarte 545

⊛ LANDHOTEL KRONE

MARKTKÜCHE • LÄNDLICH ✗✗ Hier sitzen Sie in schönen gemütlichen Stuben und lassen sich badische Spezialitäten wie "Duo vom Wild mit gebratenen Pilzen und Spätzle" schmecken. Mittags reduziertes Angebot mit preislich fairem "Bistromenü". In dem gepflegten Familienbetrieb stehen auch hübsche, individuell und wohnlich gestaltete Gästezimmer und Appartements zur Verfügung.

Spezialitäten: Gutedel-Senf-Schaumsüppchen. Gefüllte Kalbsbrust, Rahmwirsing. New York Cheesecake, Zwetschgenröster.

🗣 🏠 **P** 🚗 – Menü 25 € (Mittags), 42/58 € – Karte 36/65 €

Hauptstraße 12 ⊠ 79423 – ☎ 07634 51070 – www.landhotel-krone.de –
Geschlossen mittags: Dienstag-Donnerstag

HENNEF (SIEG)

Nordrhein-Westfalen – Regionalatlas **36**–C13 – Michelin Straßenkarte 543

In Hennef-Heisterschoß Nord-Ost: 7 km, über B 478 Richtung Waldbröhl, in Bröl links nach Happerschloss abbiegen

🍴○ **SÄNGERHEIM - DAS RESTAURANT**

MARKTKÜCHE · FREUNDLICH ✗✗ Das sympathische Restaurant in netter nachbarschaftlich-dörflicher Umgebung bietet eine aromareiche saisonale Küche zu einem guten Preis-Leistungs-Verhältnis. Gerne verwendet man regionale Produkte. Herzlich der Service. Hinter dem Haus die schöne Terrasse.

🏠 ♻ **P** – Menü 32/55 € – Karte 33/46 €

Teichstraße 9 ⊠ 53773 – ☎ 02242 3480 – www.das-saengerheim.de –
Geschlossen Dienstag, Mittwoch, mittags: Montag und Donnerstag-Samstag

HERFORD

Nordrhein-Westfalen – Regionalatlas **28**–F9 – Michelin Straßenkarte 543

😊 **AM OSTERFEUER**

REGIONAL · FREUNDLICH ✗✗ Schon viele Jahre ist das Haus von Hans-Jörg Dunker für seine gute Küche bekannt. Man kocht regional und mit mediterranen Einflüssen - darf es vielleicht "Filet vom Wollschwein mit Rahmpilzen" sein? Oder lieber "gegrillter weißer Heilbutt, Safranschaum, Serrano-Schinken, cremiges Risotto"?

Spezialitäten: Wildkräutersalat mit Mango und Jakobsmuscheln. Filet und Bäckchen vom Wollschwein mit Pfifferlingen, Gemüse und Rösti. Beeren mit Parfait von der Vanille unter der Baiserhaube.

🏠 ♻ **P** 🍴 – Menü 40/60 € – Karte 35/55 €

Hellerweg 35 ⊠ 32052 – ☎ 05221 70210 – www.am-osterfeuer.de –
Geschlossen Montag, Dienstag, mittags: Mittwoch-Samstag

HERINGSDORF – Mecklenburg-Vorpommern ➜ Siehe Usedom (Insel)

HERLESHAUSEN

Hessen – Regionalatlas **39**–I12 – Michelin Straßenkarte 543

In Herleshausen-Holzhausen Nord-West: 8 km über Nesselröden

🍃 **LA VALLÉE VERTE**

Chef: Peter Niemann

KREATIV · CHIC ✗✗ Das kulinarische Aushängeschild des Hotels "Schloss Hohenhaus". Wunderbar ist schon das aus einem Rittergut entstandene herrschaftliche Anwesen samt Schloss von 1901, das so malerisch in herrlicher Wald- und Wiesenlandschaft liegt! Hier gibt es ein kleines Restaurant mit Stil und Chic, in dem Sie zwischen zwei Menüs wählen können: Das "Hohenhausmenü - unser Ringgau" setzt auf nachhaltig-regional, im "Feinschmeckermenü aux breton" kommen hervorragende Produkte direkt von Freunden und Bekannten aus Frankreich auf den Teller. Hier merkt man das Faible von Patron und Küchenchef Peter Niemann für die Bretagne. Interessant auch die glasweise Weinbegleitung aus dem gut sortierten Weinkeller. Im Sommer nimmt man gerne einen Apero im Freien ein, im Winter gemütlich am brennenden Kamin in der Lobby.

Spezialitäten: Essenz von Demeter Gemüse, Strauchtomaten, Bioland Ziegen-frischkäse, Basilikum. Kabeljau in Bienenwachs gegart, Kohlrabi, Kaffee, blaue Kartoffel. Gutskirsche, Holunderblüte, Kirschessig, Mandelkuchen.

🕸 ⇦ 🅿 – Menü 104/184 € – Karte 42/64 €

Hotel Hohenhaus, Hohenhaus 1 ⊠ 37293 – ✆ 05654 9870 – www.hohenhaus.de –
Geschlossen 20. Dezember-3. Februar, Montag, Dienstag, Sonntag,
mittags: Mittwoch-Samstag

🍴 **HOHENHAUS GRILL**

REGIONAL • RUSTIKAL ✖✖ Das zweite Hohenhaus'sche Restaurant kommt mit klassisch-rustikaler Note und warmer Atmosphäre daher - schön der Kachelofen a. d. 18. Jh. Aus tollen, überwiegend regionalen Produkten entsteht hier z. B. "Ter-rine vom Hohenhauser Wild, Honig-Kohlrabi, Haselnuss-Selleriecreme". Von der Terrasse schaut man ins Grüne.

❀ *Engagement des Küchenchefs: "Im „Hessischen Märchenland" habe ich mein persönliches El Dorado gefunden und kann aus dem Vollen schöpfen, Bergschafe, Wild, Kartoffeln, Obst, Honig, Getreide, Schlachthaus, da wird „Farm to table" Wirklichkeit! Unsere Mitarbeiter liegen uns am Herzen, wie man am eigenen Betriebskindergarten sieht!"*

⇦ 🌲 ✿ 🅿 – Menü 38/45 € – Karte 33/84 €

Hotel Hohenhaus, Hohenhaus 1 ⊠ 37293 – ✆ 05654 9870 – www.hohenhaus.de –
Geschlossen 5.-26. Januar, Montag, Sonntag, mittags: Dienstag-Samstag

🏠 **HOHENHAUS**

HISTORISCHES GEBÄUDE • KLASSISCH Man muss es inmitten des weitläufigen hauseigenen Wald- und Wiesengebiets erst einmal finden, doch es lohnt sich, denn das einstige Rittergut a. d. 16. Jh. ist ein wahres Idyll und ein komfortables Hotel mit klassisch-gediegenen Zimmern und gutem Service. Morgens genießt man ein leckeres Frühstück, am Abend lässt es sich schön am Kamin verweilen.

🎣 🐾 ⇐ 🚗 📺 🏐 🖂 🔥 🏋 🅿 🍽 – 28 Zimmer

Hohenhaus 1 ⊠ 37293 – ✆ 05654 9870 – www.hohenhaus.de

❀ La Vallée Verte • 🍴 Hohenhaus Grill – Siehe Restaurantauswahl

HERNE

Nordrhein-Westfalen – Regionalatlas **26**–C11 – Michelin Straßenkarte 543

🍴 **GUTE STUBE IM PARKHOTEL**

MODERNE KÜCHE • ELEGANT ✖✖ In einem hübschen Palais-Gebäude beim Stadtgarten findet man das modern-elegante Restaurant nebst Dachterrasse. Gekocht wird modern-international, so z. B. "Seezunge mit Kaperngremolata, Bouillabaisse-Nage, Pfifferlinge, Fenchelcotta, wilder Brokkoli". Einfachere Alter-native am Abend: das "Stübchen", dazu der Biergarten. Gepflegt übernachten kann man im "Parkhotel".

⇦ 🌲 🔥 ✿ 🅿 – Menü 59/98 € – Karte 59/78 €

Schäferstraße 109 ⊠ 44623 – ✆ 02323 9550 – www.parkhotel-herne.de –
Geschlossen Montag, Dienstag, mittags: Mittwoch-Sonntag

HEROLDSBERG

Bayern – Regionalatlas **50**–K16 – Michelin Straßenkarte 546

❀❀ **SOSEIN.**

KREATIV • TRENDY ✖✖ Man muss klingeln, um in das historische Fachwerkhaus zu gelangen. Schön das Interieur, ein Mix aus rustikal und modern. Wer hier isst, lässt sich auf eine ganz eigene Philosophie ein. Die Küche von Felix Schneider ist nicht einfach nur kreativ, was auf den Teller kommt, ist außergewöhnlich: voll-kommene Klarheit und Reduzierung auf das Wesentliche, Effekthascherei gibt es nicht! Alles wird selbst gemacht. Verwendet wird, was die Saison bietet, und das in bester Qualität. Absolut klasse ist schon das Brot zu Beginn. Dies wird ebenso umfassend erklärt wie alle folgenden Gänge des Menüs. Da wird z. B. topfrischer Saibling nach respektvoller "Ike Jime"-Methode geschlachtet und z. B. als Sashimi serviert. Und dazu vielleicht mal einen tollen Saft statt Wein?

Spezialitäten: Gartengemüse. Huhn und Heu. Kiwai und Petersilie.

🌿 *Engagement des Küchenchefs: "Mein Restaurant soll nicht nur ein Ort des Genusses und die Umsetzung eines Konzepts sein, sondern ein „Place to be", an dem beste Grundprodukte zur idealen Zeit serviert werden, Ressourcen durch strenge Regionalität geschont werden, professionelles Handwerk sichtbar und Frische schmeckbar ist."*

🕸 🎪 ⇔ 🅿 – Menü 195 €

Hauptstraße 19 ⊠ 90562 – ℰ 0911 95699680 – www.sosein-restaurant.de – Geschlossen 1.-7. Januar, 10.-19. Mai, 16. August-9. September, Sonntag-Mittwoch, nur Abendessen

🔘 **FREIHARDT**

INTERNATIONAL · ZEITGEMÄßES AMBIENTE ✗✗ Hier macht es Freude, zu essen! Gekocht wird international und saisonal, Highlight sind die Cuts vom bayerischen Rind. Freundlich die Atmosphäre im Restaurant mit Wintergarten, auf der Terrasse an der belebten Straße heißt es "sehen und gesehen werden". Gleich nebenan die eigene Metzgerei.

Spezialitäten: Kürbiscrèmesuppe mit Kokosschaum und gegrillten Garnelen. Hirschmedaillon mit Haselnusscrumble, weißer Selleriecrème, rotem Zwiebelconfit, eingelegtem Muskatkürbis und Zwetschgen. Gratinierte Waldbeeren mit Vanilleeis.

🎪 – Menü 37/60 € – Karte 33/84 €

Hauptstraße 81 ⊠ 90562 – ℰ 0911 5180805 – www.freihardt.com – Geschlossen Montag, Dienstag, mittags: Mittwoch-Donnerstag

HERRENALB, BAD
Baden-Württemberg – Regionalatlas **54**–F18 – Michelin Straßenkarte 545

In Bad Herrenalb-Rotensol Nord-Ost: 5 km

🔘 **LAMM**

REGIONAL · LÄNDLICH ✗✗ "Zwiebelrostbraten vom Albtäler Weiderind" oder "Zanderfilet aus dem Ofen mit Pfifferlingen"? Man kocht richtig gut, und zwar schwäbisch-badisch und saisonal. Dazu schöne Weine, nicht zu vergessen das spezielle Whisky-Angebot. Viel warmes Holz sorgt für Gemütlichkeit, im Sommer genießt man von der Terrasse die Sicht. Gepflegt übernachten kann man übrigens auch.

Spezialitäten: Ochsenzungencarpaccio mit Tomaten-Meerrettich-Vinaigrette, kleinem Zupfsalat und frischen Pfifferlingen. Kalbslende an Steinpilzrisotto und buntem Gemüse. Hausgemachtes Sauerrahmeis mit Himbeerschaum und frischen Früchten.

🕸 ⇦ 🎪 🔲 ⇔ 🅿 🚗 – Menü 25 € (Mittags), 33/65 € – Karte 34/61 €

Hotel Lamm, Mönchstraße 31 ⊠ 76332 – ℰ 07083 92440 – www.lamm-rotensol.de – Geschlossen Montag

HERRENBERG
Baden-Württemberg – Regionalatlas **55**–G19 – Michelin Straßenkarte 545

In Herrenberg-Gültstein

🌸 **NOVA**

KREATIV · CHIC ✗✗ Dieses kleine, fast schon intime Restaurant würde man hier im Gewerbegebiet nicht unbedingt vermuten! Im Hotel "Römerhof" wollte man seinen Gästen mehr als das Übliche bieten, und genau das gelingt mit dem "noVa". Unter der Leitung von Küchenchef David Höller (er kochte zuvor u. a. in den Berliner Restaurants "Lorenz Adlon Esszimmer" und „Horváth") entsteht aus erstklassigen Produkten ein kreatives Menü mit bis zu sieben Gängen – und jeder glänzt mit gelungenen Kontrasten und schöner Balance. Bleibenden Eindruck hinterlässt da z. B. der fein gewürzte, saftige Steinbutt mit sautierten Blumenkohlrosen, feinem Apfelragout und intensiver Brunnenkressecreme! Die Atmosphäre dazu ist chic-modern, der Service freundlich und aufmerksam.

Spezialitäten: Salatherz, Eigelb, Roscoff Zwiebel, Haselnuss. Hirschkalbsrücken, Topinambur, Pflaume, Ingwer. Schokolade, Kalamansi, Shiso, Mandel.

⇦ 🅿 – Menü 95/132 €

Rigipsstraße 1 ✉ *71083 –* ☎ *07032 77344 – www.nova-gourmet.de –*
Geschlossen 22.-31. Dezember, Montag, Sonntag, mittags: Dienstag-Samstag

HERRSCHING AM AMMERSEE

Bayern – Regionalatlas **65**–L20 – Michelin Straßenkarte 546

🍴 CHALET AM KIENTAL

KREATIV · CHIC 🕸🕸 Als reizvoller Mix aus Alt und Neu kommt das schöne moderne Restaurant in dem historischen Bauernhaus daher, und hier bietet man Ihnen kreativ inspirierte Menüs. Möchten Sie vielleicht auch über Nacht bleiben? Die Gästezimmer sind mit Geschmack und Liebe zum Detail individuell eingerichtet.

⇦ 🏡 & ⇧ 🅿 – Menü 35/128 € – Karte 37/67 €

Andechsstraße 4 ✉ *82211 –* ☎ *08152 982570 – www.chaletamkiental.de –*
Geschlossen Mittwoch

HERSFELD, BAD

Hessen – Regionalatlas **39**–H12 – Michelin Straßenkarte 543

🕸 L'ÉTABLE

KLASSISCHE KÜCHE · ELEGANT 🕸🕸 Dass man hier in einem ehemaligen Kuhstall (frz.: "l'étable") speist, lässt nur noch der Name des Restaurants vermuten. Das schmucke historische Haus mitten in der beschaulichen Altstadt war früher eine Postkutschenstation. Wo einst Stallungen untergebracht waren, sitzt man heute freundlich und aufmerksam umsorgt in zurückhaltend elegantem Ambiente. Ein engagiertes Küchenteam sorgt für ausdrucksstark, klar und handwerklich exakt zubereitete Gerichte, wobei ausgesuchte Produkte zum Einsatz kommen. Dazu reicht man eine gut sortierte Weinkarte. Sie möchten übernachten? Das Hotel "Zum Stern" bietet dafür unterschiedlich geschnittene, wohnliche Zimmer. Parken können Sie im Hof.

Spezialitäten: Jakobsmuschel, Melone, Eisenkraut, Erdnuss. Reh, Steinpilze, Petersilienwurzel, Spitzkohl. Heidelbeere und Vanille, Ingwereis, Mandelcrumble, Zitrone.

🕸 ⇦ 🄰🄲 🅿 – Menü 59 € (Mittags), 79/119 € – Karte 88/92 €

Linggplatz 11 (Zufahrt über Webergasse) ✉ *36251 –*
☎ *06621 1890 - www.zumsternhersfeld.de –*
Geschlossen Montag, Dienstag, Mittwoch, mittags: Donnerstag-Samstag
🍴 **Stern's Restaurant** – Siehe Restaurantauswahl

🍴 STERN'S RESTAURANT

REGIONAL · GEMÜTLICH 🕸🕸 Dies ist die "gute Stube" des historischen Hotels "Zum Stern", ländlich-charmant das Ambiente mit Holztäfelung und schönem weißem Kachelofen. Aus der Küche kommen regionale Gerichte mit internationalem Einfluss - wie wär's z. B. mit "gebratenem Rhönforellenfilet, Spinatpüree, Kartoffelgnocchi"?

⇦ 🏡 & 🖃 🅿 – Menü 23 € (Mittags), 35/58 € – Karte 29/68 €

L'étable, Linggplatz 11 (Zufahrt über Webergasse) ✉ *36251 –* ☎ *06621 1890 –*
www.zumsternhersfeld.de

HERXHEIM

Rheinland-Pfalz – Regionalatlas **54**–E17 – Michelin Straßenkarte 543

In Herxheim-Hayna Süd-West: 2, 5 km Richtung Kandel

🏠 KRONE

FAMILIÄR · GEMÜTLICH In dem schmucken Landhotel heißt es wohlfühlen in geschmackvollen, individuellen Zimmern, beim ausgedehnten Frühstück und im schönen Wellnessbereich. Und gastronomisch? In den "Pfälzer Stuben" isst man regionstypisch mit internationalem Einfluss, in der "Kroneria" Holzofenpizza und hausgemachte Pasta. Freitag- und samstagabends Gourmetküche im "Kronen-Restaurant".

🍴 🐾 🛆 ⚒ 🗵 🕬 ⚲ 🗲 🏧 🆗 🅿 🚗 – 62 Zimmer – 4 Suiten

Hauptstraße 62 ✉ 76863 – 𝒞 07276 5080 – www.hotelkrone.de

HESSDORF

Bayern – Regionalatlas **50**–K16 – Michelin Straßenkarte 546

In Heßdorf-Dannberg Nord-West: 4 km, über Hannberg, in Niederlinberg links abbiegen

😊 WIRTSCHAFT VON JOHANN GERNER

REGIONAL · GEMÜTLICH ✗ Der Weg hier hinaus aufs Land lohnt sich, denn Detlef Gerner und seine Frau Tanja leben in den gemütlichen Stuben Gastlichkeit "par excellence". Die gute regional-saisonale Küche gibt es z. B. als "Kalbsröllchen mit Süßkartoffel und Rosenkohl". Im Sommer sitzt man schön auf der Terrasse vor dem Haus. Übernachten kann man im hübschen "Häusla" (für 2-7 Personen).

Spezialitäten: Octopus mit Gurke und Karottenkaviar. Rehnüsschen mit Steckrübe und Pecannuss. Karamellisierte Lavendelcrème mit Aprikosensorbet.

🏡 ⇄ 🅿 – Menü 56/64 € – Karte 35/55 €

Dannberg 3 ✉ 91093 – 𝒞 09135 8182 – www.wvjg.de –
Geschlossen 16. August-5. September, Montag, Dienstag,
mittags: Mittwoch-Freitag

HESSHEIM

Rheinland-Pfalz – Regionalatlas **47**–E16 – Michelin Straßenkarte 543

😊 ELLENBERGS

REGIONAL · GEMÜTLICH ✗ In dem Gasthaus mit der gelben Fassade sorgen die Ellenbergs für freundlichen Service und gute regional-saisonal beeinflusste Küche, so gibt es hier in ländlich-gemütlichem Ambiente z. B. "Kalbsfilet im Fleischfond gegart mit Bouillongemüse und frischem Meerrettich". Schön übernachten kann man ebenfalls.

Spezialitäten: Carpaccio vom Rinderfilet, Parmesan, Rucola. Kabeljau, Stangenbohnen, Krebsbutter, Kartoffelwürfel. Schokoladenmousse.

⇐ 🏡 ⛛ ⇄ – Menü 28/53 € – Karte 33/53 €

Hauptstraße 46a ✉ 67258 – 𝒞 06233 61716 – www.ellenbergs-restaurant.de –
Geschlossen 15.-31. Juli, Montag, mittags: Dienstag-Samstag, abends: Sonntag

HILDEN

Nordrhein-Westfalen – Regionalatlas **36**–C12 – Michelin Straßenkarte 543

🍴 PUNGSHAUS

MARKTKÜCHE · GEMÜTLICH ✗ Richtig gemütlich hat man es in dem netten Fachwerkhäuschen und gut essen kann man hier ebenfalls. Gekocht wird mit saisonalen Einflüssen. Auf der Karte liest man z. B. "Lammhüfte unter der Curry-Ingwer-Kruste".

🏡 🅿 ⛛ – Menü 45/55 € – Karte 45/62 €

Grünstraße 22 ✉ 40723 – 𝒞 02103 61372 – www.pungshaus.de –
Geschlossen Montag, Dienstag

HINTERZARTEN

Baden-Württemberg – Regionalatlas **61**–E21 – Michelin Straßenkarte 545

🍴 ADLER STUBEN

MARKTKÜCHE · **ELEGANT** ✕✕ Mit ihren alten Holztäfelungen und niedrigen Decken kommen die Stuben des historischen Schwarzwaldhauses schön gemütlich daher, gut macht sich dazu der moderne Touch. Traditionelles und Modernes findet sich auch auf der Karte - hier liest man z. B. "Naturpark-Kalbsleber, krosse Zwiebeln, Apfelchutney, Püree".

🔜 🛏 🏠 & ♻ **P** 🍽 – Menü 34/59 € – Karte 41/65 €

Parkhotel Adler, Adlerplatz 3 ✉ 79856 – ℰ 07652 1270 - www.parkhoteladler.de

🏨 PARKHOTEL ADLER

BOUTIQUE-HOTEL · **INDIVIDUELL** Ein Schwarzwald-Klassiker zum Wohlfühlen, dafür sorgen ein stilvoller Mix aus Tradition und Moderne, wohnlich-elegante Zimmer und ein attraktives Angebot im schönen Wellnesspavillon, nicht zu vergessen der 4 ha große Park samt Wildgehege. Für Tagungen: "Pavillon Diva".

✿ 🐾 🛏 ⟦ ⬛ 🔟 💨 ♨ ⽊ 🖶 🔄 **P** 🍽 – 64 Zimmer – 19 Suiten

Adlerplatz 3 ✉ 79856 – ℰ 07652 1270 - www.parkhoteladler.de

🍴 **Adler Stuben** - Siehe Restaurantauswahl

🏨 THOMAHOF

SPA UND WELLNESS · **INDIVIDUELL** Ein Wellness- und Ferienhotel par excellence hat die engagierte Familie Thoma hier. Reizvoll die Lage am Kurpark, wohnlich und individuell die Zimmer im eleganten Landhausstil, hübsch der öffentliche Bereich und der Spa. Die 3/4-Pension mit hochwertigem Abendmenü ist im Preis enthalten.

✿ 🛏 ⬛ 💨 ♨ 🔄 **P** 🍽 – 49 Zimmer – 4 Suiten

Erlenbrucker Straße 16 ✉ 79856 – ℰ 07652 1230 - www.thomahof.de

In Hinterzarten-Bruderhalde Süd-Ost: 7, 5 km über B 31

🍴 ALEMANNENHOF

MARKTKÜCHE · **RUSTIKAL** ✕✕ Möchten Sie in hübschen rustikalen Stuben speisen oder lieber auf der herrlichen See-Terrasse? Die Abendkarte macht z. B. mit "Süppchen von der Petersilienwurzel, Piment d'Espelette" oder "Barbarie-Entenbrust, fermentierter Pfeffer" Appetit. Mittags ist die Karte kleiner. Zum Übernachten: Zimmer mit einem schönen Mix aus Moderne und Tradition.

🔜 ⟨ 🛏 🏠 & 🔄 **P** – Menü 45/89 € – Karte 35/130 €

Bruderhalde 21 ✉ 79856 – ℰ 07652 91180 - www.hotel-alemannenhof.de

HÖCHST IM ODENWALD

Hessen – Regionalatlas **48**–G15 – Michelin Straßenkarte 543

In Höchst-Hetschbach Nord-West: 2 km über B 45 Richtung Groß-Umstadt

🍲 GASTSTUBE

REGIONAL · **BÜRGERLICH** ✕ Lust auf frische regional-bürgerliche Küche? In der gemütlichen, angenehm unkomplizierten Gaststube der "Krone" lässt man sich z. B. "Kalbstafelspitz, Kohlrabi, Spätzle, Senfsoße" oder "Odenwälder Forellenfilet, Blattspinat, Apfelwein-Kräutersoße" schmecken.

Spezialitäten: Zanderravioli auf Lauchgemüse mit Meerrettich und Kürbisöl. Odenwälder Wildschweinbraten mit Wirsinggemüse, gebackene Semmelknödel und Pflaumen. Warmer Schokoladenkuchen mit Kokoseis und Ananas.

🐾 🔜 🏠 ♻ **P** – Menü 30 € – Karte 28/55 €

Krone, Rondellstraße 20 ✉ 64739 – ℰ 06163 931000 - www.krone-hetschbach.de – Geschlossen 1.-7. Januar, 26. Juli-10. August, 28.-31. Dezember, Montag, Donnerstag

⫶○ KRONE

KLASSISCHE KÜCHE · ELEGANT ✕✕ Modern, klassisch und saisonal sind z. B. "Zander, Kalbsbries, Spargel" oder "Lammrücken, Bohnen, Bärlauch" - gerne kocht man in dem geradlinig-eleganten Restaurant mit heimischen Produkten. Freundlicher Service samt guter Weinberatung (400 Positionen). Gepflegt übernachten kann man ebenfalls.

⅏ ⇦ 🛱 ⇔ 🅿 – Menü 52/120 € – Karte 53/77 €

Rondellstraße 20 ✉ 64739 – ☏ 06163 931000 – www.krone-hetschbach.de –
Geschlossen 26. Juli-10. August, 28. Dezember-7. Januar, Montag, Donnerstag,
mittags: Dienstag-Mittwoch

⊛ **Gaststube** – Siehe Restaurantauswahl

HÖCHSTÄDT AN DER DONAU

Bayern – Regionalatlas **56**–J19 – Michelin Straßenkarte 546

⊛ ZUR GLOCKE

MARKTKÜCHE · CHIC ✕ Mit Herzblut ist Familie Stoiber in dem trendig-modernen Restaurant bei der Sache. Das merkt man nicht zuletzt an der guten Küche, für die man sehr gute Produkte verwendet und auf saisonalen Bezug achtet. Zum Übernachten gibt es Classic-Zimmer im Haupthaus sowie Design-Zimmer im schicken Neubau.

Spezialitäten: Variation vom BIO-Ziegenkäse mit Rhabarber-Chutney, karamellisierte Nüsse, Pflücksalat und Himbeervinaigrette. Rinderfilet BBQ mit Maiscreme, Ofenkartoffel, gefüllte Kirschtomate. Aprikosenknödel mit Aprikosenröster und Vanilleeis.

⇦ 🛱 ⇔ 🅿 ⊟ – Menü 33 € (Mittags), 48/65 € – Karte 32/55 €

Friedrich-von-Teck-Straße 12 ✉ 89420 – ☏ 09074 957885 – www.glocke.one –
Geschlossen Montag, Sonntag, mittags: Dienstag-Freitag

HÖVELHOF

Nordrhein-Westfalen – Regionalatlas **28**–F10 – Michelin Straßenkarte 543

⊛ GASTHOF BRINK

FRANZÖSISCH-KLASSISCH · FAMILIÄR ✕✕ Seit 1880 ist Familie Brink in diesem schönen Haus aktiv. Eine Bastion klassisch-französischer Küche, unkompliziert und sehr schmackhaft. Hausgemachte Pasteten und Terrinen sind ebenso gefragt wie "Kalbsrückensteak mit Sauce Béarnaise" und "Seezunge Müllerin" oder das 5-Gänge-Menü in kleinen Portionen.

Spezialitäten: Salatvariation. Rehrücken mit Apfelrotkohl und Selleriepüree. Himbeersorbet mit Vanilleschaum und Früchten.

⇦ ⇔ 🅿 🚗 ⊟ – Menü 40/65 € – Karte 31/65 €

Allee 38 ✉ 33161 – ☏ 05257 3223 –
Geschlossen 1.-14. Januar, 1.-17. August, Montag, Dienstag, mittags:
Mittwoch-Sonntag

In Hövelhof-Riege Nord-West: 5 km Richtung Kaunitz, dann rechts ab

⫶○ GASTHAUS SPIEKER

REGIONAL · GASTHOF ✕✕ In geschmackvollen, wirklich liebenswert dekorierten Räumen lässt man sich regionale Küche mit mediterranem Touch schmecken, so z. B. "Spiekers leckere Tapas" oder "Lammragout auf Bulgur, grüner Spargel, Crème fraîche". Und wer dazu ein bisschen mehr Wein trinken möchte, kann auch gepflegt übernachten.

⇦ 🛱 ⅙ ⇔ 🅿 – Menü 25/45 € – Karte 25/51 €

Detmolder Straße 86 ✉ 33161 – ☏ 05257 2222 – www.gasthaus-spieker.de –
Geschlossen Montag, Dienstag, abends: Mittwoch-Samstag

HOFHEIM AM TAUNUS

Hessen – Regionalatlas **47**–F15 – Michelin Straßenkarte 543

🍴○ DIE SCHEUER

REGIONAL · GEMÜTLICH 🍴 Richtig charmant, die einstige "Hammelsche Scheune" a. d. 17. Jh., das mögen auch die zahlreichen Stammgäste! In gemütlicher Atmosphäre gibt es Leckeres wie Wild aus eigener Jagd oder auch "Zwiebelrostbraten mit Maultasche, Sauerkraut und Spätzle". Im Sommer lockt die Terrasse.

🌣 🍽 – Karte 45/68 €

Burgstraße 12 ✉ 65719 – ☎ 06192 27774 – www.die-scheuer.de –
Geschlossen Montag, Dienstag, abends: Sonntag

HOHEN DEMZIN

Mecklenburg-Vorpommern – Regionalatlas **13**–N5 – Michelin Straßenkarte 542

🍴○ WAPPEN-SAAL

KLASSISCHE KÜCHE · ELEGANT 🍴🍴🍴 Sie wollten schon immer mal in herrschaftlichem Rahmen speisen? Hier im Schlosshotel auf Burg Schlitz dinieren Sie in einem eindrucksvollen hohen historischen Saal und genießen charmanten, versierten Service. Aus der Küche kommen klassisch-französisch basierte Speisen mit Bezug zur Saison.

🐌 🍷 🅿 🍽 – Menü 85/115 € – Karte 73/168 €

Schlosshotel Burg Schlitz, Burg Schlitz 2 ✉ 17166 – ☎ 03996 12700 –
www.burg-schlitz.de – Geschlossen Montag, Sonntag, mittags: Dienstag-Samstag

🏨 SCHLOSSHOTEL BURG SCHLITZ

LUXUS · KLASSISCH Das imposante Schloss auf dem 180 ha großen Anwesen wurde 1806 von Graf Schlitz erbaut und ist heute ein aufwändig und edel mit Stil und Geschmack eingerichtetes Hotel. Klassisch-elegant sind die großen Zimmer mit meist wunderschönen Decken, toll der Spa. Brasserie "Louise" mit französischer Küche.

🍽 🐟 🛋 🖾 🖥 🎱 ♨ 🅿 🍽 – 21 Zimmer – 7 Suiten

Burg Schlitz 2 ✉ 17166 – ☎ 03996 12700 – www.burg-schlitz.de

🍴○ **Wappen-Saal** – Siehe Restaurantauswahl

HOHENKAMMER

Bayern – Regionalatlas **58**–L19 – Michelin Straßenkarte 546

🕸 CAMERS SCHLOSSRESTAURANT

MEDITERRAN · ELEGANT 🍴🍴 Ganz schön herrschaftlich! Wie es dem eleganten Schloss gebührt, muss man zuerst den Wassergraben überqueren, bevor man durch den Innenhof (hier die wahrscheinlich schönste Terrasse im Freistaat!) in einen angenehm geradlinig gehaltenen Raum mit schmuckem weißem Gewölbe kommt. Florian Vogel (zuvor u. a. im "Kastell" in Wernberg-Köblitz und im "Dallmayr" in München) gibt hier eine moderne Küche zum Besten, in der sich klassische, mediterrane und asiatische Einflüsse finden. Das Konzept könnte man als "Weltreise mit bayerischen Wurzeln" bezeichnen. Die Produkte sind top, viele kommen vom nahen Gut Eichethof. Umsorgt wird man fachlich gut geschult, mit Charme und Niveau, interessante Weinempfehlungen inklusive. Übrigens: Im angeschlossenen Hotel finden Sie attraktive Zimmer in klarem Design.

Spezialitäten: Geiste Entenleber, Mango süß und salzig, Brioche. Rehkeule vom Gutshof Polting, Schwarzwurzel, Rotkohl, Aronia. Mieze-Schindler-Erdbeere, Buttermilch, Vanillemousse, gepuffter Reis.

🌣 🅿 – Menü 110/130 €

Schlossstraße 25 ✉ 85411 – ☎ 08137 934443 – www.camers.de –
Geschlossen 1.-14. Januar, 24.-31. Mai, 16. August-7. September, 27.-31. Dezember,
Montag, Sonntag, mittags: Dienstag-Samstag

HOMBURG VOR DER HÖHE, BAD

Hessen – Regionalatlas **47**–F14 – Michelin Straßenkarte 543

⊩○ SÄNGER'S RESTAURANT

FRANZÖSISCH-KLASSISCH • KLASSISCHES AMBIENTE ✕✕ Seit Jahrzehnten ist das Restaurant von Klaus Sänger eine konstante kulinarische Größe in Sachen klassische Küche. Hinter wilhelminischer Fassade gibt es in elegantem Ambiente am Mittag ein fair kalkuliertes 3-Gänge-Menü, abends das große Menü und ein A-la-carte-Angebot. Und dazu vielleicht einen schönen Bordeaux oder Burgunder?

⊗ 🛋 ⇔ – Menü 60 € (Mittags), 90/125 € – Karte 97/105 €

Kaiser-Friedrich-Promenade 85 ✉ 61348 – ☏ 06172 928839 –
www.saengers-restaurant.de – Geschlossen 1.-7. Februar, Montag, Sonntag,
mittags: Samstag

In Bad Homburg-Dornholzhausen West: 4 km

⊩○ LINDENALLEE

INTERNATIONAL • CHIC ✕✕ Der Weg in diesen Stadtteil lohnt sich, denn hier werden Sie in geschmackvollem geradlinig-elegantem Ambiente freundlich umsorgt. Serviert wird z. B. "Fjord-Forellenfilet mit Blattspinat und Senfsoße" oder "Schulter vom Spanferkel mit Selleriepüree".

🛋 🅿 ⇜ – Menü 38/48 € – Karte 35/65 €

Lindenallee 2 ✉ 61350 – ☏ 06172 8506601 – www.restaurant-lindenallee.de –
Geschlossen Montag, Sonntag, mittags: Dienstag-Samstag

HORB

Baden-Württemberg – Regionalatlas **54**–F19 – Michelin Straßenkarte 545

⊩○ QUARTIER 77

MARKTKÜCHE • FREUNDLICH ✕ In einer ehemaligen Kaserne finden Sie dieses geradlinig gehaltene Lokal. Gekocht wird schmackhaft, frisch und saisonal. Neben Gerichten wie "gebratenes Zanderfilet, Spinatcreme, Thymian-Tomaten-Gnocchi" macht auch das "Regionale Menü" Appetit. Passende Räume für Events gibt es ebenfalls.

🛋 ⇔ 🅿 – Menü 45 € – Karte 34/62 €

Am Garnisonsplatz 4 ✉ 72160 – ☏ 07451 6230977 – www.quartier77.de –
Geschlossen 1.-6. Januar, 27.-31. Dezember, Samstag, Sonntag

HORBEN

Baden-Württemberg – Regionalatlas **61**–D20 – Michelin Straßenkarte 545

✿ GASTHAUS ZUM RABEN

Chef: Steffen Disch

FRANZÖSISCH-KLASSISCH • GEMÜTLICH ✕ Viele Gäste, die zum ersten Mal in dem reizenden Bauerngehöft von 1728 einkehren, denken bei der Kulisse an eine alte Postkarte aus einer längst vergangenen Zeit – so idyllisch wirkt dieser Ort. Im Inneren sorgen bemalte Holzdecken, rustikale Holztische und -bänke sowie ein alter Kachelofen für heimelige Gemütlichkeit. Wie schön, dass man in diesem schmucken Haus auch noch hervorragend isst. Dafür sorgt Patron Steffen Disch mit seinem Küchenteam. Bei den klassisch-französischen Gerichten legt man Wert auf Produkte aus der Region und bindet geschickt internationale Einflüsse mit ein. Wer angesichts der wunderbaren Schwarzwaldlandschaft gerne etwas länger verweilen möchte, kann in dem charmanten Gasthaus in hübschen, wohnlichen Zimmern übernachten.

Spezialitäten: Zander, Erbse, Pfifferlinge, Kalbskopf, Krustentiertortellini. Lamm, Bohnen, Rosmarin, Schalotten, Kartoffel. Original Beans Schokolade, Himbeere, Pistazie, Tonkabohne.

⇜ 🛋 ⇔ 🅿 – Menü 45 € (Mittags), 72/108 €

Dorfstraße 8 ✉ 79289 – ☏ 0761 556520 – www.raben-horben.de –
Geschlossen Montag, Dienstag, Mittwoch, mittags: Donnerstag-Samstag

HORN-BAD MEINBERG

Nordrhein-Westfalen – Regionalatlas **28**–G10 – Michelin Straßenkarte 543

Im Stadtteil Fissenknick

🏵 DIE WINDMÜHLE

REGIONAL · LÄNDLICH 🗶 In der einstigen Getreidemühle sitzt man heute bei Familie Lemke gemütlich in der Mühlenstube, im Kaminzimmer oder auf der Terrasse und lässt sich Leckeres wie "Seeteufelmedaillon auf Morchelrisotto" oder "geschmortes Ochsenbäckchen mit Spitzkohl" schmecken. Mit Hingabe empfiehlt man Ihnen ausgesuchte deutsche Weine.

Spezialitäten: Gebratene Jakobsmuscheln mit Kürbispesto, herbstlichen Blattsalaten und Reibeküchlein. Hirschrückenmedaillon mit Pumpernickelkruste, Holundersoße, jungem Spitzkohl und Serviettenknödeln. Heidelbeercrumble mit Heidelbeeren, Vanillesauce und Eis.

🕸 🛋 🅿 – Menü 37/55 € – Karte 29/45 €

Windmühlenweg 10 ✉ *32805 – 𝒸 05234 919602 – www.diewindmuehle.de –*
Geschlossen 11.-31. Januar, Montag, Dienstag, mittags: Mittwoch-Donnerstag

HORNBACH

Rheinland-Pfalz – Regionalatlas **53**–C17 – Michelin Straßenkarte 543

🍴 REFUGIUM

INTERNATIONAL · ELEGANT 🗶🗶🗶 Im Gourmetrestaurant der Kloster-Gastronomie trifft ein tolles altes Kreuzgewölbe auf moderne Eleganz. Geboten werden ambitionierte wechselnde Menüs, bei denen man sich gerne an der Saison orientiert - eine vegetarische Variante gibt es ebenfalls.

🔁 🛋 ♿ 🖃 🅿 – Menü 62/125 € – Karte 67/89 €

Hotel Kloster Hornbach, Im Klosterbezirk ✉ *66500 –*
𝒸 06338 910100 – www.kloster-hornbach.de –
Geschlossen 1. Januar-10. Februar, 24. Mai-9. Juni, 25. Oktober-10. November,
Montag-Mittwoch, nur Abendessen

🏨 KLOSTER HORNBACH

HISTORISCH · INDIVIDUELL Eine gelungene Einheit von Historie und Moderne ist das Kloster a. d. 8. Jh. Ganz individuell die Zimmertypen: Remise, Shaker, Mediterran, Asien, Ethno. Oder wie wär's mit einer bewusst schlichten "Pilgerzelle"? Die Mitarbeiter auffallend herzlich, ein Traum die Gartenanlage samt Kräutergarten! Regional-internationale Küche in der gemütlichen "Klosterschänke".

🍽 🕸 🖃 🛎 🅿 – 31 Zimmer – 3 Suiten

Im Klosterbezirk ✉ *66500 –*
𝒸 06338 910100 – www.kloster-hornbach.de
🍴 **Refugium** – Siehe Restaurantauswahl

🏨 LÖSCH FÜR FREUNDE

GROßER LUXUS · INDIVIDUELL Ein einzigartiger Ort voller Individualität: von Plätzen der Begegnung ("Wohnzimmer", Weinlounge oder die lange Tafel für gemeinsame Abendessen) über tolle, durch Paten erschaffene Wohnwelten wie "Literarium", "Jagdzimmer", "Konrads Salon"... bis zum Service samt Vollpension inkl. Snacks, Kaffee & Kuchen!

🔁 🕸 🖃 🛎 🅿 – 15 Zimmer – 7 Suiten

Hauptstraße 19 ✉ *66500 – 𝒸 06338 91010200 – www.loesch-fuer-freunde.de*

HOYERSWERDA

Sachsen – Regionalatlas **34**–R11 – Michelin Straßenkarte 544

In Hoyerswerda-Zeißig Süd-Ost: 3 km Richtung Bautzen über die B 96

🛁 WESTPHALENHOF

INTERNATIONAL · FREUNDLICH 👯 Etwas versteckt liegt das stilvoll-gediegene Restaurant in einem Wohngebiet. Hier sorgen die Brüder Westphal (der eine Küchenchef, der andere Sommelier) für saisonal-internationale Küche (z. B. "Roastbeef, grüner Pfeffer, Kräuterseitling") und gute Weinberatung - im begehbaren Weindepot hat man rund 150 Positionen. Mittags etwas reduziertes Speisenangebot.

Spezialitäten: Gebratene Garnele und gebackene Praline, Gurken, Erbsen und Krustentiermayonnaise. Königsberger Klopse mit Kapern, Rote Beete und Kartoffelpüree. Schafsjoghurt Panna cotta, Limonencrème und Waldbeerensorbet.

🦟 🍴 – Menü 38/75 € – Karte 34/60 €

Dorfaue 43 ⊠ 02977 – 𝓒 03571 913944 – www.westphalenhof.de –
Geschlossen 11.-17. Januar, 22.-28. Februar, Montag, Dienstag

HÜFINGEN

Baden-Württemberg – Regionalatlas **62**–F21 – Michelin Straßenkarte 545

In Hüfingen-Mundelfingen Süd-West: 7,5 km über Hausen

🛁 LANDGASTHOF HIRSCHEN

REGIONAL · FAMILIÄR 👯 Das Engagement von Chefin Verena Martin und ihrer Brigade spürt und schmeckt man. Die Gäste sitzen in charmanter Atmosphäre, werden herzlich umsorgt und genießen gute Küche, für die man gerne Produkte aus der Region verwendet und sich von der Jahreszeit inspirieren lässt.

Spezialitäten: Jakobsmuschel im Speckmantel mit Bohnenallerlei. Geschmortes Lammschäufele mit Senf-Rahmsoße und Parmesangnocchi. Birnenravioli mit Herbstkompott und weißem Schokoladeneis.

🍴 ⇄ 🅿 🍴 – Menü 38/72 € – Karte 35/66 €

Wutachstraße 19 ⊠ 78183 – 𝓒 07707 99050 – www.hirschen-mundelfingen.de –
Geschlossen Mittwoch, Donnerstag

IDSTEIN

Hessen – Regionalatlas **47**–E14 – Michelin Straßenkarte 543

🍽 HENRICH HÖER'S SPEISEZIMMER

KLASSISCHE KÜCHE · ROMANTISCH 👯 Der "Höerhof" hat einfach Charme, das gilt für die hübschen Gästezimmer ebenso wie für die historischen Restauranträume mit rustikalem Touch und den lauschigen Lindenhof! Und dann ist da noch die gute Küche - es gibt z. B. "Rücken vom Kalb mit Apfel, Wasabi und Zwiebel". Tipp: Kommen Sie auch mal zum Business Lunch, das Preis-Leistungs-Verhältnis ist wirklich fair!

⇄ 🍴 ⇄ 🅿 – Menü 37 € (Mittags)/45 € – Karte 57/68 €

Obergasse 26 ⊠ 65510 – 𝓒 06126 50026 – www.hoerhof.de –
Geschlossen 1.-10. Januar, 15.-17. Februar, Sonntag

IHRINGEN

Baden-Württemberg – Regionalatlas **61**–D20 – Michelin Straßenkarte 545

🛁 HOLZÖFELE

REGIONAL · GASTHOF 👯 In diesem Traditionshaus in Ihringen kommt auch unter neuer Leitung reichlich Geschmack auf den Teller! Man kocht badisch und international-französisch inspiriert, z. B. "Iberico Schwein - gebackenes Kotelett, provenzalisches Gemüse, Thymiankartoffeln" oder "Lachs - Steak gegrillt, Paella-Risotto, grüner Spargel, Tomatenschaum". Nett die Terrasse vor dem Haus.

Spezialitäten: Thunfischröllchen mit mariniertem Wokgemüse gefüllt, Avocado, Mangocrème, Wasabi-Teriyakisoße. Maispoulardenbrust, Trüffeljus, Artischockenrisotto, Blattspinat, konfierte Kirschtomaten. Schokoladenmousse, Passionsfruchtsorbet, Streusel.

🍴 – Menü 45/80 € – Karte 35/64 €

Bachenstraße 46 ✉ 79241 – ☎ 07668 207 – www.holzoefele-ihringen.de – Geschlossen Montag, Dienstag

ILBESHEIM BEI LANDAU IN DER PFALZ
Rheinland-Pfalz – Regionalatlas **47**–E17 – Michelin Straßenkarte 543

🍴○ **HUBERTUSHOF**

MODERNE KÜCHE · GEMÜTLICH 🅧 Die sympathischen Gastgeber Sandra Bernhard und Jochen Sitter haben hier ein charmantes Restaurant. Sandstein, Fachwerk und Kamin machen es drinnen richtig gemütlich, draußen lockt ein traumhafter Innenhof. Gekocht wird modern und mit regional-saisonalen Einflüssen, z. B. "Saiblingsfilet mit Rote-Beete-Risotto, Walnüssen und Meerrettich".

🍴 🍽 – Menü 52/75 € – Karte 45/68 €

Arzheimer Straße 5 ✉ 76831 – ☎ 06341 930239 – www.restaurant-hubertushof-ilbesheim.de – Geschlossen Montag, mittags: Dienstag-Samstag, Sonntag

ILLERTISSEN
Bayern – Regionalatlas **64**–I20 – Michelin Straßenkarte 546

In Illertissen-Dornweiler Süd-West: 1,5 km Richtung Dietenheim

🐸 **VIER JAHRESZEITEN RESTAURANT IMHOF**

MARKTKÜCHE · GASTHOF 🅧 Bei Andreas Imhof isst man richtig gut, da ist der "Rostbraten mit Kraut-Krapfen" praktisch ein Muss! Oder mögen Sie lieber "Schweinefilet mit Maultäschle"? Zusätzlich gibt's auch immer Leckeres zum Vesper wie z. B. "Alb-Linsen mit Wienerle und Spätzle". Drinnen ist das Gasthaus hell und modern, draußen im Biergarten sitzt man unter einen schönen großen Linde!

Spezialitäten: Rinderkraftbrühe mit Grießklößchen und Wurzelgemüse. Zanderfilet mit buntem Gemüse und Kürbismaultäschle. Apfel-Rumrosinen-Schnitte mit Butterkekseis.

🍴 🍴 ⚙ ⟷ 🅿 – Menü 42/62 € – Karte 25/52 €

Dietenheimer Straße 63 ✉ 89257 – ☎ 07303 9059600 – www.vier-jahreszeiten-illertissen.de – Geschlossen Mittwoch, mittags: Samstag

ILLSCHWANG
Bayern – Regionalatlas **51**–M16 – Michelin Straßenkarte 546

🕸 **CHEVAL BLANC**

KLASSISCHE KÜCHE · CHIC 🅧🅧 Die ausgezeichnete gastronomische Seite des traditionsreichen "Weißen Roßes" zeigt sich in Form dieser modernen kleinen Gourmet-Stube. Richtig chic ist es hier: Das wertige geradlinige Interieur und ein rustikal-eleganter Touch schaffen einen gelungenen Mix aus Alt und Neu. Geboten werden ambitionierte und interessante klassische Gerichte mit moderner Note. Man kocht mit ausgesuchten Produkten und kombiniert sie ohne viel Spielerei, so sind die Gerichte schön auf das Wesentliche konzentriert und nicht überladen. Charmant-aufmerksam der Service, auch die herzliche Chefin ist am Gast. Auf Übernachtungsgäste ist man übrigens auch eingestellt: Man hat hübsche Zimmer in klarem, wohnlichem Design und einen attraktiven Wellnessbereich.

Spezialitäten: Stör, Kaviar, Feldsalat, Buchweizen. Steinpfalz Rind, Zwiebel, Kartoffel. Schokolade, Cassis, Feige.

🍴 🍴 🅿 – Menü 109/125 € – Karte 73/83 €

Am Kirchberg 1 ✉ 92278 – ☎ 09666 188050 – www.weisses-ross.de – Geschlossen 10.-18. Januar, Montag, Dienstag, mittags: Mittwoch-Sonntag

🐸 **Weißes Roß** – Siehe Restaurantauswahl

🏵 WEIßES ROß

REGIONAL · GASTHOF ⅩⅩ Was im zweiten Restaurant der Familie Nägerl auf den Tisch kommt, ist regional und saisonal, frisch und aromatisch - das Fleisch stammt übrigens aus der eigenen Metzgerei! Und das Ambiente? Gemütlich und ländlich-charmant ist es hier.

Spezialitäten: Oberpfälzer Leberknödelsuppe. Schweinebraten, Kartoffelknödel, Salat. Gellerts Butterbirne, Sauerrahm, Blüten.

🔄 🏠 🎛 ⇄ 🅿 – Karte 26/61 €

Cheval Blanc, Am Kirchberg 1 ✉ 92278 – ☎ 09666 188050 – www.weisses-ross.de –
Geschlossen 10.-18. Januar, Montag

ILSENBURG

Sachsen-Anhalt – Regionalatlas **30**–J10 – Michelin Straßenkarte 542

🏯 LANDHAUS ZU DEN ROTHEN FORELLEN

LANDHAUS · KLASSISCH Schon von außen ein Blickfang, attraktiv die zentrale Lage am Forellensee. Man wohnt in exklusiver Landhaus-Atmosphäre, toll die Badehaus-Juniorsuiten direkt am Wasser! Dazu leckeres Frühstück, entspannende Spa-Anwendungen und richtig guter Service! Schön das "Landhaus-Restaurant" mit Wintergarten und Terrasse zum See. Einen Besuch wert: das Kloster im Ort.

🏡 🛏 🏊 🕊 🎛 🕭 🏋 🅿 – 76 Zimmer

Marktplatz 2 ✉ 38871 – ☎ 039452 9393 – www.rotheforelle.de

IMMENSTAAD AM BODENSEE

Baden-Württemberg – Regionalatlas **63**–H21 – Michelin Straßenkarte 545

🏵 HEINZLER

REGIONAL · GASTHOF ⅩⅩ Ob in der Jagdstube, im Panorama-Restaurant oder auf der tollen Terrasse (fast direkt am Wasser!), bei den Brüdern Heinzler ist Ihnen gute saisonal beeinflusste Küche gewiss. Es gibt z. B. "geräuchertes Filet vom Bodenseefelchen auf Rote-Bete-Salat mit Meerrettichmousse und Reibeküchle" oder "Zweierlei vom Kalb in Pfeffersoße mit Rosenkohl und Bratkartoffeln".

Spezialitäten: Gebratene Wachtelbrust mit glaciertem Apfel und Feldsalat. Gebratenes Kalbskotelett mit Sauce béarnaise, Vichy-Karotten und Rosmarinkartoffeln. Dreierlei von der Schokolade mit Ragout von Zitrusfrüchten.

🕊 🏠 🕭 🎛 ⇄ 🅿 – Karte 35/64 €

Hotel Heinzler, Strandbadstraße 3 ✉ 88090 – ☎ 07545 93190 –
www.heinzleramsee.de

🏵 SEEHOF

REGIONAL · GEMÜTLICH ⅩⅩ Herrlich die Seelage beim Yachthafen. Neben der gefragten Terrasse hat man die "Badische Weinstube" und das Panoramarestaurant "Alois". Gekocht wird schmackhaft und handwerklich klassisch, so z. B. "Salemer Lammleber mit Quitten-Balsamessigjus" oder "Egli mit Pfifferlingen". Schön übernachten kann man ebenfalls - Tipp: Panoramazimmer und "Bootshäuser"!

Spezialitäten: Feldsalat mit mariniertem Kürbis und Speck-Crôutons. Tafelspitz vom Allgäuer Weiderind, Apfel-Meerrettich-Sauce und Bouillon-Kartoffeln. Akaziensamen-Crème brûlée, Röster von Bodensee-Mirabellen, Pistazieneis.

🔄 🕊 🏡 🏠 🕭 ⇄ 🅿 – Menü 50/62 € – Karte 30/64 €

Bachstraße 15 (Am Yachthafen) ✉ 88090 – ☎ 07545 9360 – www.seehof-hotel.de

🏯 HEINZLER

FAMILIÄR · AM SEE Wunderbar die Lage am See (hier eigener Strandbereich, Liegewiese, Bootsanleger), schön die wohnlich-modernen Zimmer - meist mit Seesicht. Toll: Panoramasuiten mit top Ausblick! Freier Eintritt ins Strandbad gegenüber sowie in den "BALANCE. Fitness Club". Tipp: Mieten Sie die "Stingray 250 CR"-Yacht! 10 Autominuten entfernt: 3 luxuriöse Appartements am See!

🏡 🛁 🕊 🏡 🕭 🎛 🅿 – 34 Zimmer – 2 Suiten

Strandbadstraße 3 ✉ 88090 – ☎ 07545 93190 – www.heinzleramsee.de

🏵 **Heinzler** – Siehe Restaurantauswahl

INZLINGEN

Baden-Württemberg – Regionalatlas **61**–D21

⊛ KRONE

MARKTKÜCHE · **CHIC** ХХ In die "Krone" wurde richtig investiert: Von der Fassade bis zu den Hotelzimmern ist alles chic und wertig, das Restaurant modern und geradlinig. Gekocht wird sehr gut, ausgesuchte Produkte werden zu aromareichen Gerichten mit reichlich Geschmack. Mittags zusätzliches interessantes kleines Angebot. Sie bleiben länger? Basel und Elsass liegen ganz in der Nähe.
Spezialitäten: Zweierlei vom Kalbskopf, Gemüse-Vinaigrette, Rucola. Rehrücken, Topinambur, Haselnuss, Spätzli. Joghurttörtchen, Kaffee, Beeren.

⇦ 🏠 🅰🅲 ✧ 🅿 – Menü 22 € (Mittags), 44/79 € – Karte 30/62 €

Riehenstraße 92 ⊠ 79594 – ℰ 07621 2226 – www.krone-inzlingen.de –
Geschlossen Donnerstag, mittags: Freitag

🍴○ INZLINGER WASSERSCHLOSS

KLASSISCHE KÜCHE · **HISTORISCHES AMBIENTE** ХхХ Das Wasserschloss nahe der Schweizer Grenze mit über 500-jähriger Historie und stilvollem Interieur ist seit Jahren ein Synonym für klassisch-französische Küche. Aus sehr guten Produkten entstehen z. B. "geschmorter Pulpo in Curry und Limonengras" oder "knusprig gebratene Ente, Rotkraut, Kartoffelpüree". Schöne Weine. Tipp: tolle Zimmer im 150 m entfernten Gästehaus.

⇦ 🏠 ✧ 🅿 – Menü 35 € (Mittags), 67/88 € – Karte 64/96 €

Riehenstraße 5 ⊠ 79594 – ℰ 07621 47057 – www.inzlinger-wasserschloss.de –
Geschlossen Montag, Dienstag

IPHOFEN

Bayern – Regionalatlas **49**–J16 – Michelin Straßenkarte 546

🍴○ ZEHNTKELLER

REGIONAL · **GEMÜTLICH** ХХ In dem traditionsreichen Haus mitten im Ort bekommt man gute regionale Küche mit internationalen und saisonalen Einflüssen wie z. B. "Zanderfilet, Grillgemüse, Tomatenrisotto" oder "Fränkischen Zwiebelrostbraten", dazu eigene Bio-Weine. Gemütlich die Stuben, schön die Terrasse unter Glyzinien. Im gleichnamigen Hotel hat man stilvoll-klassische Zimmer.

⇦ 👜 🏠 ✧ 🅿 – Menü 60/75 € – Karte 34/74 €

Bahnhofstraße 12 ⊠ 97346 – ℰ 09323 8440 – www.zehntkeller.de –
Geschlossen Montag

🍴○ ZUR IPHÖFER KAMMER

MARKTKÜCHE · **LÄNDLICH** Х Mit persönlicher Note leiten die engagierten Gastgeber das hübsche historische Gasthaus direkt am Marktplatz des netten Weinortes. Gekocht wird ausdrucksstark und ambitioniert, so z. B. "Rotbarsch, Polenta, Mangold" oder "Rehragout, Steinpilzgnocchi, Pfifferlinge". Dazu gibt es sehr schöne Weine vom Weingut Wirsching.

🏠 🖂 – Menü 34/49 € – Karte 39/52 €

Marktplatz 24 ⊠ 97346 – ℰ 09323 8772677 – www.kammer-iphofen.com –
Geschlossen 10. Februar-3. März, 7.-22. Juli, Montag, Dienstag,
mittags: Donnerstag

🍴○ 99ER KULINARIUM

MARKTKÜCHE · **FREUNDLICH** Х Im Herzen der Stadt, nahe Marktplatz und Kirche heißt es in gemütlichen Stuben regional-saisonale Küche. Lust auf "gratiniertes Lammkarree mit Minz-Cashewkruste" oder "Forellenfilet im Bierteig gebacken"? Etwas kleinere Mittagskarte. Terrassen hat man zwei: charmant und ruhig hinterm Haus, etwas lebhafter vor dem Haus.

🏠 – Menü 20/40 € – Karte 26/42 €

Pfarrgasse 18 ⊠ 97346 – ℰ 09323 804488 – www.99er-kulinarium.de –
Geschlossen 1. Januar-1. März, Montag

In Iphofen-Birklingen Ost: 7 km

⚫ AUGUSTINER AM SEE

REGIONAL · GEMÜTLICH X Schön liegt das Haus zwischen der Kirche St. Maria und dem kleinen Dorfsee im ehemaligen Klosterbereich. Ob im Klassenzimmer oder im Klosterstüble, man sitzt gemütlich bei saisonal-regionaler Küche. Tipp: Spezialitäten von der Kalbsleber jeden ersten Montag im Monat. Gekocht wird ganztägig, ab 20 Uhr nur noch kalte Gerichte. Beliebt: die Terrasse zum See!

🛖 ⇔ 🅿 – Menü 30/40 € – Karte 27/45 €

Klostergasse 6 ✉ 97346 – ☎ 09326 978950 – www.augustiner-am-see.de – Geschlossen Mittwoch, Donnerstag

ISNY

Baden-Württemberg – Regionalatlas **64**-I21 – Michelin Straßenkarte 545

🏵 ALLGÄUER STUBEN

REGIONAL · GEMÜTLICH XX Das Restaurant des Hotels "Hohe Linde" heißt zwar "Allgäuer Stuben", dennoch merkt man die Passion der Juniorchefin für die mediterrane Küche. Probieren Sie z. B. hausgemachte Pasta, Gnocchi oder Risotti! Aber auch der Bezug zur Region kommt nicht zu kurz. Umsorgt wird man freundlich und zuvorkommend. Herrlich die Terrasse. Tipp: Montag ist Pasta-Tag.

Spezialitäten: Gnocchi mit Pfifferlingen und Kräutern. Rumpsteak in der Kräuterkruste, Gemüse, Kartoffelplätzchen. Mascarponemousse mit Aprikosenragout.

⇦ 🛖 ⇔ 🅿 🍽🍴 – Menü 40/90 € – Karte 36/57 €

Lindauer Straße 75 ✉ 88316 – ☎ 07562 97597 – www.hohe-linde.de – Geschlossen Sonntag, mittags: Montag-Samstag

JENA

Thüringen – Regionalatlas **41**-L12 – Michelin Straßenkarte 544

⚫ LANDGRAFEN

REGIONAL · FREUNDLICH XX Einen fantastischen Blick über die Stadt bietet dieses Restaurant, das zu Recht als "Balkon Jenas" bezeichnet wird. Gekocht wird international mit regional-saisonalen Einflüssen. Schön auch der Biergarten vor dem Haus. Drei individuelle Gästezimmer zum Übernachten: Landhaus-, Artdéco- oder Hochzeitszimmer.

⇦ ⇖ 🛖 🅿 – Karte 30/50 €

Landgrafenstieg 25 (Zufahrt über Am Steiger) ✉ 07743 – ☎ 03641 507071 – www.landgrafen.com – Geschlossen Montag, mittags: Dienstag-Donnerstag

⚫ SCALA - DAS TURM RESTAURANT

INTERNATIONAL · CHIC XX Wer hier in 128 m Höhe am Fenster sitzt, genießt eine traumhafte Aussicht auf die Stadt und die Umgebung! Nicht minder beachtenswert ist die modern-internationale Küche - hier setzt man auf sehr gute Produkte und verzichtet auf unnötige Spielerei. Tipp: Am besten parkt man im Parkhaus "Neue Mitte", dann über die Fahrstühle bis hinauf ins Restaurant (ausgeschildert).

⇦ ⇖ ♿ 🅰 ⇔ – Menü 39 € (Mittags), 58/109 € – Karte 58/72 €

SCALA - Das Turm Hotel, Leutragraben 1 (im JenTower, 28. Etage) ✉ 07743 – ☎ 03641 356666 – www.scala-jena.de – Geschlossen abends: Sonntag

🏨 SCALA - DAS TURM HOTEL

URBAN · MODERN Wo könnte der Blick über Jena eindrucksvoller sein als hoch oben im "JenTower", einem der Wahrzeichen der Stadt? Tolle Sicht von jedem der Zimmer (hier klares, reduziertes Design) sowie beim Frühstück. Gut die Lage mitten im Zentrum.

🍽 ⇖ 🛗 🅰 🧖 🚗 – 17 Zimmer

Leutragraben 1 (im JenTower, 27. Etage) ✉ 07743 – ☎ 03641 3113888 – www.scala-jena.de

⚫ **SCALA - Das Turm Restaurant** – Siehe Restaurantauswahl

JOHANNESBERG

Bayern – Regionalatlas **48**–G15 – Michelin Straßenkarte 546

⊫○ HELBIGS GASTHAUS

MARKTKÜCHE · FREUNDLICH ⅄ "Casual Fine Dining" heißt das Konzept der sehr freundlichen und engagierten Betreiber. Angenehm leger die Atmosphäre, aufmerksam und geschult der Service. Das Angebot reicht von traditionellen Gasthausgerichten bis zum abendlichen "Genussmenü". Man beachte auch die umfangreiche Kunstsammlung im Haus! Eine Kochschule hat man ebenfalls.

&& ⇦ & **P** – Menü 91/127 € – Karte 46/93 €

Hotel Auberge de Temple, Hauptstraße 2 ⊠ 63867 – ℰ 06021 4548300 – www.auberge-de-temple.de – Geschlossen 5.-18. Februar, 22. August-6. September, Montag, mittags: Dienstag-Freitag, Sonntag

🏠 AUBERGE DE TEMPLE

GASTHOF · INDIVIDUELL Sie sollten nicht nur zum Essen zu den Helbigs kommen, denn geschmackvoller kann man kaum übernachten! Neben den wertigen, individuellen und geräumigen Zimmern (sie tragen übrigens die Namen von Künstlern) genießt man eine liebevolle Betreuung durch die Familie samt persönlich serviertem Frühstück.

⊱ ⇷ 🖃 **P** – 6 Zimmer

Hauptstraße 2 ⊠ 63867 – ℰ 06021 4548300 – www.auberge-de-temple.de

⊫○ **Helbigs Gasthaus** – Siehe Restaurantauswahl

JUGENHEIM

Rheinland-Pfalz – Regionalatlas **47**–E15 – Michelin Straßenkarte 543

🥨 WEEDENHOF

MEDITERRAN · WEINSTUBE ⅄ Schön gemütlich hat man es in dem mit Holz und Bruchstein hübsch gestalteten Restaurant. Dazu gibt es schmackhafte mediterran-regionale Küche aus sehr guten Produkten. Macht Ihnen z. B. "Lammhüfte, Mittelmeergemüse, Rosmarin-Polenta" Appetit? Übernachten können Sie übrigens auch richtig nett und gepflegt.

Spezialitäten: Rosa Kalbfleisch, Thunfischsauce, gebackene Stielkapern, Rucola. Lammrückenfilet mit Kräuterkruste, Rahmwirsing, Aprikose, Kartoffeltürmchen. Zwetschgenmousse, Sabayone, Amarettini, Schokoladencrumble, Pistazieneis.

⇦ 🍴 **P** – Menü 32/60 € – Karte 33/65 €

Mainzerstraße 6 ⊠ 55270 – ℰ 06130 941337 – www.weedenhof.de – Geschlossen 28. Juli-10. August, mittags: Montag-Dienstag

JUIST (INSEL)

Niedersachsen – Regionalatlas **7**–C5 – Michelin Straßenkarte 541

⊫○ DANZER'S

INTERNATIONAL · FREUNDLICH ⅄⅄ Schon das zeitgemäße Ambiente in geradlinigem und zugleich wohnlichem Stil ist ansprechend - ganz zu schweigen von der Terrasse mit Deichblick! Dazu gibt es international-regionale Küche wie "Wolfsbarschfilet in Speckbutter mit Wirsinggemüse aus dem Wok und Gnocchi". Kleinere Mittagskarte.

⇦ 🍴 🖃 ⇔ – Menü 32 € (Mittags), 42/75 € – Karte 26/63 €

Hotel Achterdiek, Wilhelmstraße 36 ⊠ 26571 – ℰ 04935 8040 – www.hotel-achterdiek.de – Geschlossen 15. November-22. Dezember

🏠 ACHTERDIEK

SPA UND WELLNESS · GEMÜTLICH Ein Ferienhotel wie man es sich wünscht! Ruhige Lage, warme, angenehme Atmosphäre, schöne, individuelle Zimmer (meist mit Blick aufs Wattenmeer) und ein Service, der dem geschmackvollen Interieur in nichts nachsteht!

⊱ 🏊 ⇷ 🖼 🚇 🏋 🖃 – 46 Zimmer – 3 Suiten

Wilhelmstraße 36 ⊠ 26571 – ℰ 04935 8040 – www.hotel-achterdiek.de

⊫○ **Danzer's** – Siehe Restaurantauswahl

KAISHEIM

Bayern – Regionalatlas **57**–K18 – Michelin Straßenkarte 546

In Kaisheim-Leitheim Süd-Ost: 6 km

🍴○ **WEINGÄRTNERHAUS**

INTERNATIONAL · GERADLINIG ✗✗ Im schönen Weingärtnerhaus von 1542 (benannt nach den unterhalb gelegenen Weinbergen) liest man auf der Speisekarte z. B. "Spanferkelrücken mit Soja-Teriyaki-Lack" oder "Wolfsbarschfilet mit Vanille-Zitronen-Schaum". Tipp: Man hat auch diverse südafrikanische Weine.

🖙 🏛 ⚄ 🛠 **P** – Menü 38/70 € – Karte 37/51 €

Hotel Schloss Leitheim, Schlossstraße 1 ⊠ 86687 – ℰ 09097 485980 –
www.schloss-leitheim.de – Geschlossen 1.-17. Januar, mittags: Montag-Samstag

🏨 **SCHLOSS LEITHEIM**

HISTORISCHES GEBÄUDE · ELEGANT In herrlicher exponierter Weitsicht-Lage steht dieses ausgesprochen geschmackvolle Hotel, das sich gelungen in das historische Anwesen des Schlosses einfügt. Die Zimmer sind elegant, hell und wohnlich. Toll das Frühstück, chic der Freizeitbereich samt Außenpool und Kosmetik-/Massage-Angebot. Tipp: Im Sommer Konzerte im prächtig verzierten Rokokosaal im Schloss.

🏌 🍽 🛖 ⚒ 🏠 🛠 🖙 ⚄ 🛠 **P** 🚗 – 47 Zimmer – 3 Suiten

Schlossstraße 1 ⊠ 86687 – ℰ 09097 485980 – www.schloss-leitheim.de
🍴○ **Weingärtnerhaus** – Siehe Restaurantauswahl

KALLSTADT

Rheinland-Pfalz – Regionalatlas **47**–E16 – Michelin Straßenkarte 543

❀ **INTENSE**

Chef: Benjamin Peifer

KREATIV · FREUNDLICH ✗✗ "S' werd gesse, was uff de Disch kummt!" - nach diesem Motto gibt es hier ein Menü mit 15 Gängen, allesamt durchdacht, sehr saisonal ausgerichtet und voller Aromen. Verantwortlich dafür ist Benjamin Peifer, der bereits im "Urgestein" in Neustadt a. d. Weinstraße einen MICHELIN Stern erkochte. Entsprechend dem japanischen Vorbild der "Omakase"-Menüs heißt es hier "überraschen lassen"! Fernöstliche Einflüsse sind in der Peifer'schen Küche allgegenwärtig, wobei der gebürtige Speyerer sie gekonnt mit typischen Speisen aus seiner pfälzischen Heimat verbindet. Der schöne Rahmen: Ein hübsches Fachwerk-Sandsteinhaus mitten in dem bekannten Weinort, in dem ein tolles altes Gewölbe auf modernes Design trifft. Dazu umsorgt Sie ein junges Serviceteam freundlich, professionell und locker.

Spezialitäten: Überraschungsmenü.

Menü 150 €

Weinstraße 80 (im Weissen Ross) ⊠ 67169 – ℰ 06322 9591150 –
www.restaurant-inten.se – Geschlossen 1.-15. Januar, 17.-27. August, Montag,
Sonntag, mittags: Dienstag-Samstag

🍴○ **VINOTHEK IM WEINGUT AM NIL**

INTERNATIONAL · CHIC ✗✗ Wertig und chic der Mix aus rustikal und modern in dem historischen Gemäuer, dazu ein Traum von Innenhof! Auf der Karte z. B. "gebratene Jakobsmuscheln mit Paprikaschaum und Chorizo-Couscous" oder "Tagliata vom Rinderfilet mit Rucola, Büffelmozzarella und bunten Tomaten". Sehr gut die Weinauswahl vom eigenen Weingut. Tipp: die edlen Gästezimmer!

🖙 🏛 ⚄ **P** – Karte 31/59 €

Neugasse 21 ⊠ 67169 – ℰ 06322 9563160 – www.weingutamnil.de –
Geschlossen 1.-3. Januar, 15. Februar-7. März, 27.-31. Dezember, Montag, Dienstag,
mittags: Mittwoch-Samstag

🍴○ **WEINHAUS HENNINGER**

REGIONAL • WEINSTUBE ⅹ Es ist schon wirklich gemütlich hier. Es gibt Pfälzer Klassiker, und das in liebenswerten Stuben, im schönen Innenhof oder im ehemaligen Barrique-Keller mit spezieller Atmosphäre. Probieren Sie sich durch die hiesige Küchen- und Weinlandschaft, von Saumagen bis Rumpsteak, von Riesling bis Spätburgunder.

🖙 🏠 🅿 – Menü 32 € (Mittags), 45/70 € – Karte 31/55 €

Hotel Weinhaus Henninger, Weinstraße 93 ✉ 67169 – ☎ 06322 2277 –
www.weinhaus-henninger.de – Geschlossen Montag

🏠 **WEINHAUS HENNINGER**

HISTORISCH • MODERN Über vier Jahrhunderte gibt es den Vierkanthof schon, heute ein geschmackvolles Hotel mit schönen, hochwertigen Zimmern - attraktiv auch der moderne Landhausstil im Gästehaus "Weinkastell" vis-à-vis. Am Morgen ein frisches Landfrühstück.

🕌 🎬 🔌 🅿 – 13 Zimmer

Weinstraße 93 ✉ 67169 – ☎ 06322 2277 – www.weinhaus-henninger.de

🍴○ **Weinhaus Henninger** – Siehe Restaurantauswahl

KANDEL

Rheinland-Pfalz – Regionalatlas **54**–E17 – Michelin Straßenkarte 543

🕲 **ZUM RIESEN**

REGIONAL • TRENDY ⅹ Recht stylish und frisch kommt das Restaurant der Familie Wenz daher, im Sommer ergänzt durch die hübsche begrünte Terrasse. Die freundliche Chefin leitet den Service selbst, aus der Küche kommt Schmackhaftes wie "Perlhuhnbrust mit Waldpilzen und Graupenrisotto". Und danach vielleicht "Mandel-Rumküchlein mit Beerensorbet"? Zum Übernachten: schöne individuelle Zimmer.

Spezialitäten: Barbarie Entenbrust aus dem Smoker. Medaillons vom Kalbsfilet mit Pfifferlingen. Geschmorte Feige vom eigenen Baum, Marsalasabayon, Kalamansieis.

🖙 🏠 ⟳ 🅿 🍽 – Menü 45/68 € – Karte 37/73 €

Rheinstraße 54 ✉ 76870 – ☎ 07275 3437 – www.hotelzumriesen.de –
Geschlossen Montag, Sonntag, mittags: Dienstag-Samstag

KANDERN

Baden-Württemberg – Regionalatlas **61**–D21 – Michelin Straßenkarte 545

In Kandern-Egerten Süd: 8 km, Richtung Lörrach, in Wollbach links ab

🍴○ **JÄGERHAUS**

INTERNATIONAL • FREUNDLICH ⅹⅹ In dem kleinen Haus am Waldrand kocht man schmackhaft, frisch und mit australischem Einfluss. Auf der Karte z. B. "Aussie's prime"-Rinderfilet oder "Surf'n turf", und zum Nachtisch "Pavlova", ein leckeres Schaumkuchendessert! Dazu freundlicher Service. Etwas für Kunstfreunde: eigenes Max-Böhlen-Museum!

🏠 ⟳ 🅿 🍽 – Menü 49 € – Karte 34/72 €

Wollbacher Straße 30 ✉ 79400 – ☎ 07626 8715 – www.restaurant-jaegerhaus.de –
Geschlossen 1.-31. Januar, 1.-31. August, Montag, Dienstag, Mittwoch,
mittags: Donnerstag-Samstag, abends: Sonntag

In Kandern-Wollbach Süd: 6 km, Richtung Lörrach

🕲 **PFAFFENKELLER**

MARKTKÜCHE • FAMILIÄR ⅹ Wohnzimmeratmosphäre im besten Sinne: liebevoll arrangierte Deko, ein heimeliger Kachelofen, alte Holzbalken und dazu gute produktorientierte Küche mit regional-saisonalem Bezug. Draußen im lauschigen Garten sitzt es sich nicht weniger schön! Neben dem Restaurant bietet das historische Anwesen auch stilvoll-charmante Gästezimmer mit ganz eigener Note.

Spezialitäten: Gegrillte Zucchini, Limettenvinaigrette, Pinienkerne. Ochsenbäckchen, Wurzelgemüse, Kartoffelpüree, Merlotsoße. Zwetschgenparfait, Beeren.

⇔ 🏠 ✿ **P** – Menü 55/75 € – Karte 35/55 €

Rathausstraße 9 ✉ *79400 – ℰ 07626 9774290 – www.pfaffenkeller.de –*
Geschlossen 1.-28. Februar, 9.-22. August, Montag, Dienstag,
mittags: Mittwoch-Samstag, abends: Sonntag

KAPPELRODECK

Baden-Württemberg – Regionalatlas **54**–E19 – Michelin Straßenkarte 545

In Kappelrodeck-Waldulm Süd-West: 2, 5 km

😊 ZUM REBSTOCK

REGIONAL · GASTHOF ✗✗ Eine Adresse, die Spaß macht! In dem historischen Fachwerkhaus (seit 1750 in Familienhand) sitzt man in reizenden holzgetäfelten Stuben bei charmantem Service und richtig guter badischer Küche. Tipp: Vorspeise und Dessert als kleine "Versucherle"! Schön die Weinauswahl. Für daheim: selbstgebranntes Kirsch- und Zwetschgenwasser. Gepflegt übernachten kann man ebenfalls.

Spezialitäten: Badisches Schneckenrahmsüppchen. Entrecôte vom Weiderind mit Pfeffer-Thymiankruste. Eisparfait von Walnuss im Baumkuchenmantel.

⇔ 🏠 ✿ **P** – Menü 38/69 € – Karte 37/65 €

Kutzendorf 1 ✉ *77876 – ℰ 07842 9480 – www.rebstock-waldulm.de –*
Geschlossen mittags: Montag-Samstag

KARBEN

Hessen – Regionalatlas **47**–F14 – Michelin Straßenkarte 543

🍴 NEIDHARTS KÜCHE

REGIONAL · FREUNDLICH ✗✗ Etwas versteckt in einem Gewerbegebiet liegt das Restaurant der Neidharts. Möchten Sie etwas legerer im Bistrobereich sitzen oder lieber eleganter im klassisch eingedeckten Restaurant mit Wintergarten? Schön auch die Terrasse hinterm Haus. Gekocht wird saisonal-regional, charmant der Service durch die Chefin.

🏠 – Menü 29/50 € – Karte 32/48 €

Robert-Bosch-Straße 48 ✉ *61184 – ℰ 06039 934443 – www.neidharts-kueche.de –*
Geschlossen 2.-10. Januar, Montag, Dienstag, mittags: Mittwoch-Samstag

KARLSRUHE

Baden-Württemberg – Regionalatlas **54**–F18 – Michelin Straßenkarte 545

🕸 SEIN

Chef: Thorsten Bender

MODERNE KÜCHE · INTIM ✗✗ Das kleine Restaurant liegt in einer recht ruhigen Wohnstraße, im Sommer hat man ein paar kleine Tische draußen auf den Gehsteig. Die Einrichtung ist wertig und modern-puristisch, aber keineswegs kühl. Das kommt ebenso an wie die kreative Küche von Thorsten Bender. Was der Patron und Küchenchef auf den Teller bringt, ist klar strukturiert und zeugt von richtig gutem Handwerk, so z. B. der Pulpo, zu dem man u. a. eine cremige, überaus intensive Basilikum-Pesto-Sauce serviert. Von ausgesuchter Qualität ist auch das Stubenküben, dem asiatischen Aromen von fruchtig-süß bis pikant gelungene Kontraste bringen. Da merkt man die sehr guten Stationen des Chefs, wie z. B. den "Teufelhof" in Basel. Auch die zahlreichen Stammgäste sprechen eine eindeutige Sprache. Hinweis: mittags nur Lunchmenü.

Spezialitäten: Thunfisch, Jalapeño, Rote Zwiebel, Seidentofu. Ente, Rote Bete, Pflaume, Sojasauce. Schokolade, Litschi, Kokos, Passoa.

🏠 **AC** – Menü 35 € (Mittags), 110/130 €

Scheffelstraße 57 ✉ *76135 – ℰ 0721 40244776 – www.restaurant-sein.de –*
Geschlossen 25. Januar-9. Februar, 21. Juni-7. Juli, 27. September-13. Oktober,
Montag, Dienstag, mittags: Samstag-Sonntag

ⅠⅠⓄ EIGENART

INTERNATIONAL · FREUNDLICH ✕✕ In dem gepflegten alten Stadthaus nahe dem Marktplatz sitzt man in legerer Bistro-Atmosphäre oder im geradlinig-eleganten Restaurant und speist saisonal, z. B. "FlussZanderFilet, RoteBeteRisotto, SafranSchaum, BabyMangold". Reduzierte, günstigere Mittagskarte.

🛖 – Menü 65/123 € – Karte 40/95 €

Hebelstraße 17 ✉ 76133 – ☏ 0721 5703443 – www.eigenart-karlsruhe.de –
Geschlossen 1.-10. Januar, 25. Mai-5. Juni, 16.-28. August, Donnerstag, Sonntag,
mittags: Montag-Dienstag und Freitag-Samstag

ⅠⅠⓄ ERASMUS

ITALIENISCH · GEMÜTLICH ✕✕ In einem denkmalgeschützten Gebäude von 1928 erwartet Sie eine nicht alltägliche, ambitionierte Küche, die modern, durchdacht und mit klarem italienischem Einfluss daherkommt. Hier wird Nachhaltigkeit gelebt, nahezu alle Produkte sind biozertifiziert. Toll z. B. "Arancino aperto, Salsiccia, Pistazien" oder "Zunge vom Kalb, Marsala, Blumenkohl, rote Bete".

❀ *Engagement des Küchenchefs: "Mein Restaurant ist biozertifiziert, daher verarbeite ich vom Bio-Ei bis zu MSC-zertifiziertem Fisch nur beste Ware, die Prinzipien „Nose to tail" und „Root to leaf" setze ich um, wo immer es geht, so möchte ich meinen Gästen gelebte Genussvielfalt ohne Reue, aber auch ohne Radikalität ermöglichen."*

🛖 & – Menü 55 € (Mittags), 65/190 € – Karte 45/90 €

Nürnberger Straße 1 ✉ 76133 – ☏ 0721 40242391 – www.erasmus-karlsruhe.de –
Geschlossen Dienstag, mittags: Samstag

ⅠⅠⓄ OBERLÄNDER WEINSTUBE

KLASSISCHE KÜCHE · GEMÜTLICH ✕✕ Das Stadthaus von 1826 sprüht nur so vor Charme: drinnen sitzt man in gemütlich-traditionellen holzgetäfelten Stuben, draußen lockt der reizende Innenhof. Was hier aus der Küche kommt, ist der Saison angepasst und richtig schmackhaft. Mittags wählt man von einer kleineren Karte.

🛖 – Menü 30 € (Mittags), 49/69 € – Karte 39/61 €

Akademiestraße 7 ✉ 76133 – ☏ 0721 25066 – www.oberlaender-weinstube.de –
Geschlossen 30. März-12. April, 29. August-13. September, 24. Dezember-3. Januar,
Montag, Sonntag

ⅠⅠⓄ IL TEATRO2 🅝

ITALIENISCH · KLASSISCHES AMBIENTE ✕ In dem langjährigen Familienbetrieb unweit des Staatstheaters darf man sich auf eine ambitionierte italienische Küche freuen, deren klassische Basis die guten Stationen des Küchenchefs, Sohn des Inhabers, erkennen lässt. Mittags zusätzliches günstiges Angebot mit Klassikern wie "Spaghetti Carbonara" (mit Guanciale!).

🛖 – Menü 54/59 € – Karte 51/70 €

Ettlingerstraße 2c ✉ 76137 – ☏ 0721 356566 – www.ilteatro.de –
Geschlossen 1. Januar, 24. Dezember, Dienstag, mittags: Samstag

In Karlsruhe-Durlach Ost: 7 km

ⅠⅠⓄ ANDERS AUF DEM TURMBERG

INTERNATIONAL · FREUNDLICH ✕✕ Herrlich die Lage, wunderbar der Blick über Karlsruhe! Noch mehr fürs Auge (und natürlich für den Gaumen) bietet man mit dem schönen Mix aus kreativer, klassischer und saisonaler Küche - auch an Vegetarier ist gedacht. Und das alles bei modernem Ambiente und freundlichem Service.

🐾 🛖 ✿ – Menü 35 € (Mittags), 65/105 € – Karte 42/68 €

Reichardtstraße 22 ✉ 76227 – ☏ 0721 41459 – www.anders-turmberg.de –
Geschlossen Dienstag, Mittwoch, mittags: Montag und Donnerstag-Samstag

🟙○ **TAWA YAMA FINE** Ⓝ

MODERNE KÜCHE · HIP ✕✕ "FINE" nennt sich hier der schicke Gourmetbereich, in dem man am Abend ein ambitioniertes international geprägtes Menü bietet, das auch vegetarisch zu haben ist, mittags nur Business Lunch. Daneben gibt es das trendige "EASY" mit einfacherer Karte. Der japanische Name "TAWA YAMA" bedeutet übrigens "Turm Berg" und nimmt Bezug auf den gleichnamigen Karlsruher Berg.

🆔 ⇄ 🅿 🚗 – Menü 39 € (Mittags), 75/99 € – Karte 72/93 €

Amalienbadstraße 41b BAU B ✉ 76227 – ☎ 0721 9088950 – www.tawayama.de – Geschlossen Montag, Sonntag

In Karlsruhe-Grötzingen

🟙○ **RESTAURANT 1463** Ⓝ

KLASSISCHE KÜCHE · GEMÜTLICH ✕ Das Fachwerkhaus a. d. J. 1463 war früher eine feine Weinstube, heute geht es hier in gemütlich-rustikalem Ambiente gehobener zu. Auf der klassisch geprägten Karte liest man z. B. "Wolfsbarsch mit Artischocken-Gemüseragout". Richtig lauschig ist der Innenhof! Zum Übernachten gibt es sechs schöne wohnliche Apartments.

⇜ 🏠 ⇄ – Menü 45/75 € – Karte 44/63 €

Friedrichstraße 10 ✉ 76229 – ☎ 0721 66050650 – www.1463.de – Geschlossen Montag, Dienstag, mittags: Mittwoch-Donnerstag, abends: Sonntag

In Karlsruhe-Grünwinkel West: 5 km

🟙○ **KESSELHAUS3**

MODERNE KÜCHE · BISTRO ✕ In dem schön sanierten Backstein-Kesselhaus mit seiner denkmalgeschützten Industrie-Architektur haben der Küchenchef, seine Frau und sein Bruder die Leitung übernommen. Das Konzept: moderne Küche mit eigener Idee und geschmacklichem Pfiff. Mittags gibt es eine einfachere Bistrokarte. Auf der Empore mit Lounge serviert man Tapas zu Wein.

🏠 ♿ ⇄ 🅿 – Menü 28 € (Mittags), 55/75 € – Karte 29/67 €

Griesbachstraße 10C ✉ 76185 – ☎ 0721 6699269 – www.kesselhaus-ka.de – Geschlossen Montag, Sonntag, mittags: Samstag

In Karlsruhe-Neureut Nord: 7 km

🟙○ **NAGELS KRANZ**

REGIONAL · GEMÜTLICH ✕ Hier setzt man auf erstklassige Produkte, die sich z. B. in "Hirschrücken, Serviettenknödel, Rahmwirsing, Macadamia-Crumble" finden. Tipp: das "Wilde Welt"-Menü. Nett die Atmosphäre, ob im gemütlichen Lokal oder auf der lauschigen Terrasse im Hof.

🏠 ⇄ – Menü 58/68 € – Karte 39/75 €

Neureuter Hauptstraße 210 ✉ 76149 – ☎ 0721 705742 – www.nagels-kranz.de – Geschlossen Sonntag-Montag, mittags: Dienstag, Samstag

KASSEL

Hessen – Regionalatlas 28-H11 – Michelin Straßenkarte 543

🟙○ **VOIT**

MODERNE KÜCHE · HIP ✕✕ Sie sitzen hier unter einer hohen Decke, schön klar das Design, durch große Fenster schaut man zur Straße. Die Küche ist frisch und modern, das Produkt steht im Mittelpunkt. Aus dem angebotenen Menü können Sie auch à la carte wählen. Gut die kleine Weinkarte.

Menü 65/120 € – Karte 60/94 €

Friedrich-Ebert-Straße 86 ✉ 34119 – ☎ 0561 50376612 – www.voit-restaurant.de – Geschlossen 1.-6. Januar, Montag, Sonntag, mittags: Dienstag-Samstag

KEHL

Baden-Württemberg – Regionalatlas **53**–D19 – Michelin Straßenkarte 545

🍴○ **GRIESHABER'S REBSTOCK**

FRANZÖSISCH-MODERN • FREUNDLICH ✗✗ Eine schöne Mischung aus Tradition und Moderne - das gilt sowohl für das charmante Ambiente als auch für die schmackhafte Küche mit reichlich Aroma und Ausdruck sowie ausgesuchten Produkten - egal ob "Saltimbocca vom Seeteufel mit Thymiansauce" oder "Rehragout mit Pilzen". Ein Muss: die Terrasse hinterm Haus!

🖦 🛱 🕅 🛅 🅿 – Menü 55 € – Karte 40/69 €

Hotel Grieshaber's Rebstock, Hauptstraße 183 ✉ 77694 – ☏ 07851 91040 – www.rebstock-kehl.de – Geschlossen 1.-17. Januar, 14.-21. Februar, 1.-16. August, Montag, mittags: Dienstag-Sonntag

🏠 **GRIESHABER'S REBSTOCK**

FAMILIÄR • INDIVIDUELL Zum Wohlfühlen: Die Zimmer ("Spiegel", "Journal", "Schwarzwaldmädel", "Hilde"...) sind so schön wie individuell (fragen Sie nach den ruhigeren zum Garten!), man wird herzlich umsorgt und genießt ein reichhaltiges Frühstücksbuffet. Tipp: Mieten Sie das Beetle Cabrio samt Picknickkorb! Montagabends Pasta für Hotelgäste.

🕹 🖦 🕂 ⅙ 🔏 🅿 🚗 – 49 Zimmer – 3 Suiten

Hauptstraße 183 ✉ 77694 – ☏ 07851 91040 – www.rebstock-kehl.de

🍴○ **Grieshaber's Rebstock** – Siehe Restaurantauswahl

KELSTERBACH

Hessen – Regionalatlas **47**–F15 – Michelin Straßenkarte 543

🍴○ **AMBIENTE ITALIANO IN DER ALTEN OBERFÖRSTEREI**

ITALIENISCH • ELEGANT ✗✗ In der schmucken Villa von 1902 sitzt man in einem eleganten Wintergarten mit Blick auf Kirche und Main. Ambitionierte italienische Speisen sind hier z. B. "gegrillter Seeteufel in Nusskruste, Artischocken-Barigoul, Petersilienkartoffelpüree", dazu gute Weine. Toll die wettergeschützte Terrasse! Business Lunch.

🕹 🛱 🅿 – Menü 24 € (Mittags), 35/105 € – Karte 49/73 €

Staufenstraße 16 ✉ 65451 – ☏ 06107 9896840 – www.ambienteitaliano.de – Geschlossen 1. Januar, 11.-21. Oktober, Sonntag, mittags: Samstag

🍴○ **Trattoria Alte Oberförsterei** – Siehe Restaurantauswahl

🍴○ **TRATTORIA ALTE OBERFÖRSTEREI**

ITALIENISCH • FREUNDLICH ✗ Sie essen gern traditionell-italienisch? In der gemütlich-modernen Trattoria bietet man neben "Vitello Tonnato", "Lasagnetta Tradizionale" oder "Saltimbocca alla Romana" auch "Pizze Classiche". Glutenfreie Gerichte bekommt man übrigens ebenfalls.

🕹 🛱 🅿 – Menü 29 € (Mittags)/35 € – Karte 28/49 €

Ambiente Italiano in der Alten Oberförsterei, Staufenstraße 16 ✉ 65451 – ☏ 06107 9896840 – www.ambienteitaliano.de – Geschlossen 1.-10. Januar, 11.-21. Oktober, mittags: Samstag, Sonntag

KENZINGEN

Baden-Württemberg – Regionalatlas **61**–D20 – Michelin Straßenkarte 545

🕸 **SCHEIDELS RESTAURANT ZUM KRANZ**

KLASSISCHE KÜCHE • TRADITIONELLES AMBIENTE ✗ Die lange Familientradition (7. Generation) verpflichtet und so geht es hier engagiert und zugleich traditionell-bodenständig zu. Historisch-charmant die Gaststube, herzlich der Service. Auf den Tisch kommen schmackhafte schnörkellose Gerichte mit regionalem und saisonalem Bezug. Es gibt auch ein vegetarisches Menü.

Spezialitäten: Vitello Tonnato. Zanderfilet mit Rieslingsoße, Gemüse und Butternudeln. Mokka-Eisparfait mit Kirschwasser.

🕹 🖦 🛱 🅿 – Menü 36/62 € – Karte 36/62 €

Offenburger Straße 18 ✉ 79341 – ☏ 07644 6855 – www.scheidels-kranz.de – Geschlossen 8.-25. Februar, 1.-25. November, Montag, Dienstag

KERNEN IM REMSTAL

Baden-Württemberg – Regionalatlas **55**–H18 – Michelin Straßenkarte 545

In Kernen-Stetten

✿ MALATHOUNIS

MEDITERRAN · STUBE XX Griechische Küche mit Stern? "Modern greek cuisine" liest man an der Haustür, und die findet man in dem geschmackvoll-charmanten Restaurant der Eheleute Malathounis dann auch vor. Filigran und mit mediterraner Leichtigkeit kommen die Gerichte daher. Wohldosiert bringt Patron Joannis Malathounis Aromen aus seiner griechischen Heimat mit ein, und das wirkt nie überladen oder forciert. Nicht fehlen darf da das hochwertige Olivenöl! Spannend, wie man hier die Küche Griechenlands interpretiert. Aus den Menüs können Sie übrigens frei wählen - vegetarische Optionen gibt es ebenfalls. Umsorgt wird man in den gemütlichen Gasträumen überaus herzlich, und zwar von Chefin Anna Malathounis persönlich. Sie empfiehlt Ihnen auch gerne einen der schönen Weine aus Griechenland.

Spezialitäten: Jakobsmuschel-Carpaccio mit Tsatsiki-Macaron und Taramascrème. Milchlamm mit Granatapfeljus, Mavrodaphne-Zwiebel und zweierlei Kichererbsen. Olivenöl-Schokolade mit Rosmarinsand, kandierten Zitrusfrüchten, Rosenwasser-Marshmallow und Bergamottensorbet.

🕸 🏠 ✿ **P** ⛾ – Menü 49/98 € – Karte 49/90 €

Gartenstraße 5 ⊠ 71394 – ☎ 07151 45252 – www.malathounis.de –
Geschlossen Montag, Sonntag

⫶○ ZUM OCHSEN

INTERNATIONAL · GASTHOF XX Viele Stammgäste mögen das über 300 Jahre alte Gasthaus, und das liegt nicht zuletzt an Fleisch- und Wurstwaren aus der eigenen Metzgerei. Darf es vielleicht das interessante "Schwäbische Menü" sein? Es gibt auch nicht ganz Alltägliches wie z. B. Kalbsherz. Sie möchten übernachten? Man hat ein Gästehaus im Ort.

🏠 ✿ – Karte 32/63 €

Kirchstraße 15 ⊠ 71394 – ☎ 07151 94360 – www.ochsen-kernen.de –
Geschlossen Montag, Dienstag

KERPEN

Nordrhein-Westfalen – Regionalatlas **35**–B12 – Michelin Straßenkarte 543

⫶○ SCHLOSS LOERSFELD

FRANZÖSISCH-KLASSISCH · ELEGANT XxX Das jahrhundertealte Schloss samt 10 ha großem Park ist schon ein prächtiger Rahmen für diese kulinarische Institution in der Region. In stilvoll-historischen Räumen genießt man ambitionierte klassische Küche, die zeitgemäß interpretiert ist und auch internationale Einflüsse zeigt. Tipp: Übernachten kann man in drei hübschen Appartements in einem Nebenhaus.

⇌ 👨‍🍳 🏠 ✿ **P** – Menü 54 € (Mittags), 75/145 € – Karte 97/103 €

Schloss Loersfeld 1 ⊠ 50171 – ☎ 02273 57755 – www.schlossloersfeld.de –
Geschlossen 11.-16. Februar, 4.-22. Juli, 19. Dezember-6. Januar, Montag, Sonntag

KETSCH

Baden-Württemberg – Regionalatlas **47**–F17 – Michelin Straßenkarte 545

⫶○ GASTHAUS ADLER

REGIONAL · FREUNDLICH XX Die Leute mögen das gepflegte Gasthaus, und im Sommer die nette Hofterrasse! Ob in den gemütlichen Stuben oder im gediegenen Restaurant, es gibt einen Mix aus bürgerlicher und gehobener Küche. Für besondere Anlässe hat man separate Räume.

🏠 ✿ – Menü 30/60 € – Karte 25/61 €

Schwetzinger Straße 21 ⊠ 68775 – ☎ 06202 609004 – www.adler-ketsch.de –
Geschlossen Montag, abends: Sonntag

KIEDRICH

Hessen – Regionalatlas **47**–E15 – Michelin Straßenkarte 543

✿ WEINSCHÄNKE SCHLOSS GROENESTEYN

Chef: Dirk Schröer

MODERNE KÜCHE · GEMÜTLICH ✗ Etwas versteckt liegt das historische Fachwerkhaus im beschaulichen Kiedrich. In der ehemaligen Gutsschänke hat man es schön gemütlich, dafür sorgt viel warmes Holz. An blanken alten Holztischen wird man bei wertiger Tischkultur freundlich und aufmerksam umsorgt. Patron und Küchenchef Dirk Schröer (zuvor im "Caroussel" in Dresden und im Gourmetrestaurant der "Burg Schwarzenstein" in Geisenheim) bietet moderne Gerichte mit klassischer Basis. Sein angenehm unkomplizierter Kochstil zeigt sich z. B. bei "Hummer, klarer Zitronenfond, Shiitake, Kopfsalat" oder "Sauerbraten vom Rinderfilet, Weizenkörner, Saubohne, Ziegenkäse". Die Chefin empfiehlt dazu so manch guten Wein aus der Region. Auf der Terrasse genießt man die Aussicht auf die Weinberge und Burg Scharfenstein.

Spezialitäten: Wildgarnele, Mango, Zuckerschoten, Sauerrahm. Lamm Orientalisch, Berberitzen, Couscous. Salziges Erdnusseis, Rosine, Krokant, Sellerieschaum.

🍴 ♻ 🅿 – Menü 75/145 € – Karte 66/103 €

Oberstraße 36 ✉ *65399 – ℰ 06123 5590675 – www.groenesteyn.net –*
Geschlossen 18. Januar-15. Februar, Dienstag-Mittwoch, mittags: Montag und
Donnerstag-Samstag

KIEL

Schleswig-Holstein – Regionalatlas **3**–I3 – Michelin Straßenkarte 541

✿ AHLMANNS

KREATIV · CHIC ✗✗ Das hat Stil: Eine schmucke ehemalige Bankiersvilla a. d. J. 1911, die das historische Flair bewahrt und gelungen mit moderner Geradlinigkeit und warmen Tönen kombiniert. Die Rede ist vom "Ahlmanns", das im Jahre 2016 im geschmackvollen Hotel "Kieler Kaufmann" eröffnet wurde und sich mit seiner produktorientierten Küche schnell einen Namen als Gourmetrestaurant gemacht hat. Umsorgt wird man sehr aufmerksam, freundlich und geschult, gut auch die glasweise Weinempfehlung. Sie speisen gerne im Freien? Von der Terrasse am Park genießt man den Blick. Als legere Alternative gibt es übrigens noch den "Kaufmannsladen" mit Steak- und Burger-Angebot.

Spezialitäten: Dänische Gelbschwanz Makrele, Zwiebelvinaigrette, Ponzu und Topinambur. Rehrücken und Rehpfeffer, Steckrübe, Speck und eingelegte Birne. Apfel, Misokaramell, Kaffee und Zitrone.

🍴 ♿ 🅿 – Menü 72/162 €

Hotel Kieler Kaufmann, Niemannsweg 102 ✉ *24105 – ℰ 0431 88110 –*
www.kieler-kaufmann.de – Geschlossen Montag, Dienstag, Sonntag,
mittags: Mittwoch-Samstag

🏨 KIELER KAUFMANN

HISTORISCH · KLASSISCH Die hübsche, im Jahre 1911 erbaute Bankiersvilla hat dank stetiger Investitionen so einiges zu bieten. Wohnlich und geschmackvoll die Zimmer im Marienflügel, in der Villa oder im Parkflügel. Zum Relaxen: Sauna, Beauty & Co. Im modern-legeren "Kaufmannsladen" gibt's z. B. Steaks und Burger.

🍴 🐾 🛏 📺 🎵 ♨ ⬆ ♿ 🆔 🎿 🅿 – 57 Zimmer – 1 Suite

Niemannsweg 102 ✉ *24105 – ℰ 0431 88110 – www.kieler-kaufmann.de*

✿ **Ahlmanns** – Siehe Restaurantauswahl

KIRCHDORF AN DER AMPER

Bayern – Regionalatlas **58**–M19

🙂 ZUM CAFÉWIRT

MARKTKÜCHE · FREUNDLICH ✗ In dem traditionellen Gasthaus mit der hübschen Fassadenmalerei sitzt man in schlichtem, freundlichem Ambiente bei regional-saisonaler Küche, und die reicht vom "Backhendl Caféwirt" über "Hirschmedaillons unter der Nusskruste mit Schwarzbrotknödel" bis zum sonntäglichen Schweinebraten. Preiswertes Tagesmenü.

Spezialitäten: Gegrillte Steinpilze mit Zwetschgenchutney und geräucherter Entenbrust. Lammrücken unter der Ziegenkäsekruste auf zweierlei Bohnen und gebackener Polentapraline. Eingeweckte bayerische Heidelbeeren mit Haselnusseis und Tiramisucreme.

🖤 🅰🅲 ⇔ 🅿 🍴 – Menü 25/37 € – Karte 25/44 €

Hirschbachstraße 9 ✉ 85414 – ☏ 08166 9987222 – www.cafewirt.de –
Geschlossen 1.-14. Januar, 23. August-9. September, Montag, mittags: Dienstag,
Mittwoch, mittags: Donnerstag-Samstag, abends: Sonntag

KIRCHDORF AN DER ILLER

Baden-Württemberg – Regionalatlas **64**-I20

In Kirchdorf-Oberopfingen Süd: 3 km

🕮 LANDGASTHOF LÖWEN

KLASSISCHE KÜCHE · LÄNDLICH 🗙🗙 Alexander Ruhland leitet das Haus mittlerweile in 4. Generation und sorgt in dem traditionsreichen Landgasthof für richtig gute Küche. Er verbindet klassische und moderne Einflüsse, wobei regionaler und saisonaler Bezug eine große Rolle spielen. Tipp: Man bietet auch zeitgemäß-wohnliche Gästezimmer.

Spezialitäten: Gebeizter Lachs, Melone, Guacamole, Yuzu, Senf, Saiblingskaviar, Gurken-Spaghettinis. Gebratener Rehrücken, Sumatra-Pfefferjus, Pfifferlinge, Sellerie, Nudeltäschle. Schokolade, Dreierlei von der Kirsche.

↩ 🖤 ⅀ ⇔ 🅿 – Menü 39/90 € – Karte 32/59 €

Kirchdorfer Straße 8 ✉ 88457 – ☏ 08395 667 – www.loewen-oberopfingen.de –
Geschlossen 11.-24. Januar, 3.-23. Mai, 20. September-3. Oktober, Montag,
mittags: Dienstag-Samstag

KIRCHDORF (KREIS MÜHLDORF AM INN)

Bayern – Regionalatlas **66**-N20 – Michelin Straßenkarte 546

🕸 CHRISTIAN'S RESTAURANT - GASTHOF GRAINER

KLASSISCHE KÜCHE · GEMÜTLICH 🗙🗙 Seit dem 16. Jh. betreibt Familie Grainer den stattlichen historischen Gasthof, inzwischen ist mit Christian F. Grainer und seiner Frau Christiane ein echtes "Dreamteam" am Ruder! Er ist verantwortlich für die exquisite klassisch-französische Küche, die sich aber auch Ausflüge in die Moderne erlaubt, sie ist Gastgeberin mit Leib und Seele! Serviert wird ein Überraschungsmenü, das schön aufs Wesentliche reduziert ist, im Fokus top Produkte. Die persönliche Atmosphäre in dem gemütlich-eleganten Restaurant ist der herzlichen Chefin zu verdanken, ihrem vollen Charme und ihrer fachlichen Kompetenz. Als Sommelière hat sie auch treffliche Weinempfehlungen parat - über 1000 Positionen (darunter Raritäten und Großflaschen) lagern im alten Gewölbe-Weinkeller. Tipp: Sonntags Gourmetmenü von 12 - 18 Uhr.

Spezialitäten: Jakobsmuschel mit Blumenkohlvariation. Zander mit tomatisierten Linsen. Mohnbuchteln mit Zwetschge und Sauerrahmeis.

🕸 ↩ 🖤 ⇔ 🅿 – Menü 65/115 €

Dorfstraße 1 (Anfahrt über Alte-Schul-Straße 2) ✉ 83527 – ☏ 08072 8510 –
www.christians-restaurant.de – Geschlossen Montag, Dienstag,
mittags: Mittwoch-Freitag

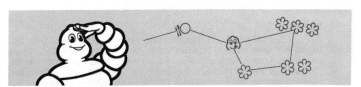

KIRCHHEIM AN DER WEINSTRASSE

Rheinland-Pfalz - Regionalatlas **47**-E16

SCHWARZ GOURMET

FRANZÖSISCH • INTIM XX Wo die Deutsche Weinstraße beginnt, hat Manfred Schwarz im März 2017 in einem charmanten roten Sandsteinhaus dieses geradlinig-schicke kleine Restaurant eröffnet. Dass der gebürtige Waiblinger sein Metier versteht, stellte er schon Jahre zuvor u. a. mit den ebenfalls besternten Häusern "schwarz Das Restaurant" in Heidelberg und "Schwarzberg - Lammershof by Schwarz" in Löhrbach bei Birkenau unter Beweis. Nach wie vor hat Altmeister Manfred Schwarz ein Händchen dafür, einzelne Komponenten zu ehrlichen und geschmacklich klar strukturierten Gerichten zu verbinden, die einen nicht mit Kreativität erschlagen. Hervorragende Produkte sind selbstverständlich, das ist nicht nur bei "Prime Beef und Kalbsbacke, wilder Brokkoli, Süßkartoffel, Karotte" ganz klar zu erkennen.

Spezialitäten: Trüffelburrata und Bisontatar. Primebeef und Kalbsbacke. Schokoschnitte mit Baileysschaum.

- Menü 89/130€

Weinstraße Süd 1 ✉ 67281 - ✆ 06359 9241702 - www.schwarz-restaurant.de - Geschlossen 1.-7. Januar, Montag, Dienstag, Mittwoch, mittags: Donnerstag-Sonntag

Schwarz Restaurant - Siehe Restaurantauswahl

SCHWARZ RESTAURANT

INTERNATIONAL • CHIC X Ein bisschen Wohnzimmerflair vermittelt die im schicken Bistrostil gehaltene Restaurant-Alternative im Hause Schwarz. Die Küche bietet internationale Einflüsse, aber auch regionale Klassiker wie der berühmte Saumagen werden hier kreativ interpretiert.

- Menü 89/130€ - Karte 44/78€

Schwarz Gourmet, Weinstrasse Süd 1 ✉ 67281 - ✆ 06359 9241702 - www.schwarz-restaurant.de - Geschlossen 1.-7. Januar, Montag, Dienstag, Mittwoch

KIRCHLAUTER

Bayern - Regionalatlas **50**-K15 - Michelin Straßenkarte 546

In Kirchlauter-Pettstadt

GUTSHOF ANDRES

REGIONAL • FAMILIÄR X Ein denkmalgeschützter Gutshof mit Familientradition seit 1839, eingerahmt von altem Baumbestand und mit kleinem Weiher vor der Tür - hier der schöne Biergarten. Gekocht wird frisch, regional und modern. Dazu können Sie hausgemachte Aufstriche und Brände kaufen. Zwei Appartements im einstigen Brauhaus, geradlinig-schicke Doppelzimmer in der ehemaligen Remise.

Spezialitäten: Kalbsleber, Schwarztee-Rauch, Wildkräuter, Brioche, Essigzwetschge. Rehrücken aus heimischer Jagd, Aprikosen-BBQ, Schmorzwiebel, Spitzkohl, Kartoffelkissen. Zwetschgen-Auflauf, Sauerrahmeis, Gewürz-Brombeersoße.

- Menü 30/65€ - Karte 23/55€

Pettstadt 1 ✉ 96166 - ✆ 09536 221 - www.gutshof-andres.de - Geschlossen 1.-28. Februar, 1.-18. August, Montag, Dienstag, mittags: Mittwoch-Freitag

KIRCHZARTEN

Baden-Württemberg - Regionalatlas **61**-D20 - Michelin Straßenkarte 545

SONNE

REGIONAL • BÜRGERLICH X Gemütlich sitzt man bei den Rombachs (Familienbetrieb in 7. Generation!) in hübschen Stuben mit Holztäfelung und Dielenboden. Gekocht wird richtig gut, und zwar ein Mix aus Traditionellem und modernen Ideen, der Fokus liegt auf Produkten aus der Region. Schön die Terrasse. Zum Übernachten bietet das gleichnamige Hotel freundliche, wohnliche Gästezimmer.

Spezialitäten: Jakobsmuscheln im Hummersud mit grünem Spargel und Karotten-Vanille-Püree. Hirschrücken mit Preiselbeer-Crème-fraîche, Spitzkohl und Haselnuss-Spätzle. Variation von Herbstfrüchten, Zwetschgensorbet, Quittengelee, eingelegte Birne und Nusskuchenbrösel.

⇔ 🏠 **P** – Menü 32/49 € – Karte 21/60 €

Hauptstraße 28 ⊠ 79199 – ✆ 07661 901990 – www.sonne-kirchzarten.de –
Geschlossen mittags: Freitag-Samstag

In Kirchzarten - Burg-Höfen Ost: 1 km

🕪 **SCHLEGELHOF**

MARKTKÜCHE · LÄNDLICH XX Freundlich das Ambiente, herzlich der Service (auch die Chefs sind stets präsent), richtig gut die Küche. Neben Regionalem wie "Rostbraten Schlegelhof Art" gibt es auch ambitionierte, finessenreiche Gerichte wie "arktischer Saibling, Pfifferlinge, schwarze Berglinsen". Interessante Weinauswahl. Schön sitzt man hinterm Haus auf der Terrasse oder der weitläufigen Wiese.

🕸 ⇔ 🏠 **P** – Menü 42/77 € – Karte 44/77 €

Höfener Straße 92 ⊠ 79199 – ✆ 07661 5051 – www.schlegelhof.de –
Geschlossen Mittwoch, mittags: Montag-Dienstag und Donnerstag-Samstag

KIRKEL

Saarland – Regionalatlas **46**–C17 – Michelin Straßenkarte 543

In Kirkel-Neuhäusel

🕪 **RESSMANN'S RESIDENCE**

MODERNE KÜCHE · FREUNDLICH XX Das moderne Ambiente mit klaren Formen und hellen warmen Tönen kommt bei den Gästen gut an, ebenso die ambitionierte international-saisonal beeinflusste Küche sowie die schöne kleine Weinkarte. Einer der Räume ist klimatisiert. Oder sitzen Sie lieber draußen? Der nette Biergarten liegt ruhig hinterm Haus. Gepflegt übernachten kann man ebenfalls.

🕸 ⇔ 🏠 ⇪ **P** – Menü 31 € (Mittags), 45/85 € – Karte 32/69 €

Kaiserstraße 87 ⊠ 66459 – ✆ 06849 90000 – www.ressmanns-residence.de –
Geschlossen Dienstag, Mittwoch

KISSINGEN, BAD

Bayern – Regionalatlas **49**–I14 – Michelin Straßenkarte 546

🛱 **LAUDENSACKS GOURMET RESTAURANT**

FRANZÖSISCH-KLASSISCH · ELEGANT XX Schön elegant wie der Rest des Laudensack'schen Parkhotels kommt auch das Gourmetrestaurant daher. Bereits 1994 wurde die Küche erstmals mit Stern gewürdigt, seit 2009 wird er von Küchenchef Frederik Desch (zuvor bei Dieter Müller in Bergisch Gladbach, in der „Zirbelstube" in Freiburg sowie im „Louis C. Jakob" in Hamburg tätig) Jahr für Jahr bestätigt. Sein Kochstil: ein gelungener Mix aus Klassik und Moderne. Dafür verwendet er sehr gute Produkte wie Rhöner Lachsforelle, heimisches Reh oder Bresse-Poularde, deren Eigengeschmack er schön in den Vordergrund stellt. Tipp: Kommen Sie mal im Sommer - feines Essen und herzlichen Service samt guter Weinberatung gibt's dann auf der herrlichen Terrasse! Interessant: Man kann auch eine Genuss-Stadtführung buchen.

Spezialitäten: Saibling, Gurkenvinaigrette, Bronzefenchel, Salzzitrone. Gebratener Rehrücken und geschmorte Rehkeule, Rehjus, Rotweinbirne, Kerbelknollenpüree, wilder Brokkoli, Mohnschupfnudeln. Zwetschge und Zitronenthymian.

🕸 ⇔ 🍴 🏠 **P** 🍷 – Menü 84/108 €

Laudensacks Parkhotel, Kurhausstraße 28 ⊠ 97688 – ✆ 0971 72240 –
www.laudensacks-parkhotel.de – Geschlossen 20.-31. Dezember, Montag, Sonntag,
mittags: Dienstag-Samstag

😊 SCHUBERTS WEIN & WIRTSCHAFT

REGIONAL · WEINSTUBE 🍴 Richtig schön und angenehm leger sitzt man hier in fünf charmanten Stuben und im hübschen Innenhof. Eine Besonderheit ist die original Weinstube a. d. 19. Jh. mit Wand- und Deckenmalerei. Sehr nett auch die Nische im Weinfass! Aus der Küche kommt Schmackhaftes wie "Kalbstafelspitz mit Schnittlauchsauce und Nudeln". Und dazu vielleicht einen Frankenwein?

Spezialitäten: Zweierlei Kalbskopf, Linsen, Sellerie, Trüffel. Odefey Huhn, Brust und Keule, Süßkartoffel, Mais. Schokolade, Mandelkuchen, Aprikose, Himbeere.

🌿 ⟳ – Menü 30/59 € – Karte 33/59 €

Kirchgasse 2 ✉ 97688 – ☏ 0971 2624 – www.weinstube-schubert.de –
Geschlossen Montag, Dienstag, Mittwoch, mittags: Donnerstag

🏨 LAUDENSACKS PARKHOTEL

BOUTIQUE-HOTEL · GEMÜTLICH Seit fast drei Jahrzehnten ist Familie Laudensack nicht nur ein Garant für kulinarische Höhen, auch geschmackvolles und komfortables Wohnen samt erstklassigem Frühstück ist Ihnen hier gewiss. Nicht zu vergessen der schöne Wellnessbereich (Tipp: das Beauty-Angebot der Chefin) und der 4000 qm große Park. Halbpension auch an Ruhetagen des Gourmetrestaurants.

🍴 🧖 🏡 🔄 Ⓟ – 21 Zimmer – 1 Suite

Kurhausstraße 28 ✉ 97688 – ☏ 0971 72240 – www.laudensacks-parkhotel.de
❀ **Laudensacks Gourmet Restaurant** – Siehe Restaurantauswahl

KLEINES WIESENTAL

Baden-Württemberg – Regionalatlas **61**–D21 – Michelin Straßenkarte 545

Im Ortsteil Schwand

😊 SENNHÜTTE

REGIONAL · FREUNDLICH 🍴🍴 Mit echtem Engagement und Herzblut führt Familie Grether ihr Haus! Aus der Küche kommt ein Mix aus schmackhaften bürgerlichen und leicht gehobenen Gerichten, für die man gerne regionale Produkte verwendet. Serviert wird in verschiedenen gemütlichen Stuben oder auf der netten begrünten Terrasse. Zum Übernachten hat der traditionsreiche Gasthof hübsche wohnliche Zimmer.

Spezialitäten: Sashimi von der Bernsteinmakrele, Ponzu-Vinaigrette, Radiesle süß-sauer. Wiesentäler Poulardenbrust, Sommertrüffel, Portweinjus, Pastinakencreme, handgerollte Schupfnudeln. Holunderblüteneis, eingemachte Mirabellen, Orangen-Krokant.

🔄 ⟨ 🌿 ♿ 🅰 ⟳ Ⓟ 🚗 – Menü 30/55 € – Karte 25/65 €

Schwand 14 ✉ 79692 – ☏ 07629 91020 – www.sennhuette.com –
Geschlossen 8.-26. Februar, Montag, Dienstag

KLEINWALLSTADT

Bayern – Regionalatlas **48**–G15 – Michelin Straßenkarte 546

🍴 LANDGASTHOF ZUM HASEN

MARKTKÜCHE · GASTHOF 🍴 Gemütlich ist es in dem Gasthof von 1554: rustikale Einrichtung mit hübscher Deko, draußen der schöne Innenhof! Sie werden herzlich umsorgt und bekommen regional geprägte Küche mit internationalen Einflüssen serviert. Sie möchten übernachten? So liebenswert wie der Gastraum sind auch die Zimmer.

🔄 🌿 ♿ ⟳ Ⓟ – Menü 25/65 € – Karte 26/58 €

Marktstraße 3 ✉ 63839 – ☏ 06022 7106590 – www.kleinwallstadt-zumhasen.de –
Geschlossen 12.-24. Februar, 31. August-16. September, Montag, Dienstag

KLEINWALSERTAL

✉ 6993 – Vorarlberg – Regionalatlas **64**–I22 – Michelin Straßenkarte 730

In Hirschegg

⚜ KILIAN STUBA

KREATIV · ELEGANT XxX Service auf top Niveau begleitet Sie hier im absolut schick designten Gourmetrestaurant des tollen "Travel Charme Ifen Hotel" vom ersten Moment an! Dazu kommen aus der Küche international angehauchte Kreationen. Bei der Produktwahl bezieht man die Region mit ein, schaut aber auch über die Grenzen des Kleinwalsertals hinaus. Sascha Kemmerer (einst Schüler von Ortwin Adam, der 1978 bereits im ursprünglichen "Ifen Hotel" einen Stern erkochte) bietet Ihnen ein Menü mit vier bis sechs Gängen, angenehm aufs Wesentliche reduziert und technisch ausgezeichnet - toll die Saucen! Gerne kommt der Küchenchef auch selbst an den Tisch serviert den ein oder anderen Gang. Alternativ zum Menü gibt's den Ifen-Klassiker: am Tisch tranchiertes Rinderkotelett für zwei Personen.

Spezialitäten: Steinbutt in schäumender Butter gebraten, Kaviar, Erdäpfelschaum, Sauerrahm. Wachtelbrust mit Petersilie souffliert, Steinpilz-Gnocchi, Zwetschge, Madeiraglace. Marille und Mandelmilch, weiße Schokolade, Gebirgsenzian, Mohnsablé, Pistazienöl.

🕸 ⇆ ⇇ 🛋 🎄 ♿ 🅰🅲 🅿 🚗 – Menü 110/140 €

Travel Charme Ifen Hotel, Oberseitestraße 6 –
℘ 00435517 6080 – www.travelcharme.com –
Geschlossen 3.-13. April, 8.-14. August, 7.-23. November, Montag, Dienstag,
mittags: Mittwoch-Samstag, Sonntag

🐱 CARNOZET

REGIONAL · FREUNDLICH XX In dem geschmackvollen modern-alpinen Restaurant wird man nicht nur herzlich umsorgt, man isst auch noch richtig gut. Auf der Karte eine schöne Auswahl an Gerichten, für die man größtenteils Produkte von regionalen Erzeugern verwendet. Wenn Sie Glück haben, gibt es Tagesempfehlungen wie das spitzenmäßige "Beuscherl mit Serviettenknödel"!

Spezialitäten: Gepöckelte Tatarwürfel vom Grauvieh mit süß-saurem Essiggemüse. Saiblingsfilet mit Veltlinersauce, Wurzelspinat und Erdäpfel. Zwetschgensorbet, Mandelstreusel und Schokoladenschaum.

⇆ ⇇ 🛋 🅿 🚗 – Menü 39/59 € – Karte 34/62 €

Travel Charme Ifen Hotel, Oberseitestraße 6 – ℘ 0043 5517 6080 –
www.travelcharme.com –
Geschlossen mittags: Montag-Sonntag

🍴 SONNENSTÜBLE

REGIONAL · LÄNDLICH XX Hier im Restaurant des ruhig gelegenen Ferienhotels "Birkenhöhe" sorgen warmes Holz und Kachelofen für Gemütlichkeit, während man Sie z. B. mit "Tatar vom Walser Rind" oder "Heimertinger Saibling mit Rieslinggemüse" verwöhnt. Dazu eine sehr gute Weinauswahl samt Raritäten aus Italien und Frankreich.

🕸 ⇆ ⇇ 🎄 🅿 🚗 – Menü 35/95 € – Karte 45/100 €

Oberseitestraße 34 – ℘ 00435517 5587 – www.birkenhoehe.com –
Geschlossen 6. April-30. Mai, 31. Oktober-19. Dezember, Montag, Dienstag

🏨 TRAVEL CHARME IFEN HOTEL

SPA UND WELLNESS · MODERN Alpiner Charme und Moderne vereint: Der geradlinig-elegante Stil des Designers Lorenzo Bellini trifft hier auf schöne Naturmaterialien wie Holz und Stein. Schicke Zimmer mit Balkon oder Terrasse, toller "PURIA Premium Spa" auf 2300 qm, klasse Aussicht. HP im Restaurant "Theo's".

🏌 ⇇ 🛋 🖥 ⊕ 🦢 🛁 ♿ 🅰🅲 🛋 🅿 🚗 – 117 Zimmer – 8 Suiten

Oberseitestraße 6 – ℘ 00435517 6080 – www.travelcharme.com
🐱 Carnozet · ⚜ Kilian Stuba – Siehe Restaurantauswahl

In Mittelberg

🍽️ **WIRTSHAUS HOHENECK**

TRADITIONELLE KÜCHE · GEMÜTLICH ⅄ Ein charmant-rustikales Gasthaus, unten und oben ist es gleichermaßen gemütlich, hier wie dort mit herrlicher Bergblick-Terrasse. Gekocht wird regional-saisonal, so z. B. "Golasch vom Hirschegger Rend mit Serviettenknödel", dazu schöne Weine aus Österreich. Tipp: nachmittags Kaffee und hausgebackener Kuchen.

🌳 **P** – Menü 37/86 € – Karte 29/55 €

Walserstraße 365 – 𝒞 0043 5517 55225 – www.hoheneck.at –
Geschlossen 8. November-7. Dezember, Dienstag

In Riezlern

🏡 **HUMBACHSTUBE IM ALPENHOF JÄGER**

REGIONAL · GEMÜTLICH ⅩⅩ Richtig gemütlich sitzt man in der kleinen Stube bei schmackhafter regionaler Küche, z. B. in Form von "Rumpsteak vom Walser Jungrind mit Chili-Frischkäsekruste und Frühlingsgemüse". Beliebt sind auch Wildgerichte. Charmant der Service samt guter Weinberatung.

Spezialitäten: Kalbskopf mit Kalbsbries, Balsamicovinaigrette und Feldsalat. Gebratenes Rehnüsschen, Pilze, Rahmwirsing, Spätzle und Gewürzpreiselbeeren. Grießknödel, Nussbrösel, Röster von Zwetschgen, Vanilleschaum.

🔁 ⪪ 🛏️ 🌳 **P** – Menü 39/95 € – Karte 45/90 €

Unterwestegg 17 – 𝒞 0043 5517 5234 – www.alpenhof-jaeger.de –
Geschlossen 11. April-12. Mai, 1.-29. Juli, 8. November-15. Dezember, Dienstag,
Mittwoch, mittags: Montag und Donnerstag-Sonntag

KLETTGAU

Baden-Württemberg – Regionalatlas **62**–E21 – Michelin Straßenkarte 545

In Klettgau-Grießen

🏡 **LANDGASTHOF MANGE**

MARKTKÜCHE · FREUNDLICH ⅩⅩ Eine der besten Adressen der Region! Hier isst man nicht nur richtig gut, die Preise sind auch noch ausgesprochen fair. Gekocht wird überwiegend regional und mit Bezug zur Saison, dabei legt man Wert auf ausgesuchte Produkte. Tipp: Probieren Sie auch mal Schnaps, Torten oder Brot aus der eigenen Produktion der Familie.

Spezialitäten: Zander-Maultäschle, Tomaten, Bärlauch, Parmesan. Entrecôte Café de Paris, Gratin Dauphinoise, Marktgemüse. Mascarpone-Mousse im Krokantmantel mit Passionsfruchtsorbet.

🌳 ♻️ **P** – Karte 31/54 €

Kirchstraße 2 ✉ 79771 – 𝒞 07742 5417 – www.mange-griessen.de –
Geschlossen Montag, Sonntag, mittags: Dienstag-Freitag

KNITTELSHEIM

Rheinland-Pfalz – Regionalatlas **54**–E17 – Michelin Straßenkarte 543

🍽️ **STEVERDING'S ISENHOF**

KLASSISCHE KÜCHE · RUSTIKAL ⅩⅩ Wer beim Anblick dieses reizenden historischen Fachwerkhauses ein gemütliches und charmantes Interieur erwartet, liegt ganz richtig. Hübsche rustikale Elemente verbinden sich hier gelungen mit einer eleganten Note, in der Küche mischen sich klassische und moderne Einflüsse.

🌳 **P** 🚫 – Menü 69/79 €

Hauptstraße 15a ✉ 76879 – 𝒞 06348 5700 – www.isenhof.de – Geschlossen Montag,
Dienstag, Mittwoch, mittags: Donnerstag-Samstag, abends: Sonntag

KOBERN-GONDORF

Rheinland-Pfalz – Regionalatlas **36**–D14 – Michelin Straßenkarte 543

🍽️○ ALTE MÜHLE THOMAS HÖRETH

REGIONAL · ROMANTISCH 🗴 Ein echtes Bijou: Die Stuben sind liebevoll dekoriert, dazu ein Innenhof, der idyllischer kaum sein könnte, und ein eigenes Weingut! Möchten Sie da nicht etwas länger bleiben? Man hat individuelle und sehr wohnliche Gästezimmer, die schön ruhig liegen! Am Wochenende kann man hier auch standesamtlich heiraten.

🛋️ 🏡 ✿ **P** – Karte 28/61 €

Mühlental 17 ✉ 56330 – 𝒸 02607 6474 – www.altemuehlehoereth.de –
Geschlossen mittags: Montag-Samstag

KOBLENZ

Rheinland-Pfalz – Regionalatlas **36**–D14 – Michelin Straßenkarte 543

🌿 DA VINCI

FRANZÖSISCH · DESIGN 🗴🗴 Modern ist das Konzept dieses Restaurants in bester Innenstadtlage gegenüber dem Kurfürstlichen Schloss. Puristisch das Ambiente, kreativ die Küche. Letztere gibt es in Form eines finessenreichen Menüs mit internationalen Einflüssen, für das Küchenchef Daniel Pape verantwortlich zeichnet. Seine bisherige Laufbahn führte ihn von einem Spitzenkoch zum nächsten, von Dirk Luther über Thomas Bühner und Christian Jürgens zu Joachim Wissler. Welch hohen Stellenwert Produktqualität bei ihm hat, zeigt beispielsweise das rosa gebratene Filet vom Kalb mit einer fabelhaften Begleitung aus Schalotte und Karotte. Neben dem Genuss kommen auch Charme und Herzlichkeit nicht zu kurz - dem geschulten Serviceteam sei Dank! Da können Sie auch getrost den regionalen Weinempfehlungen folgen.

Spezialitäten: Lachs, Gurke, Buttermilch. Reh, Topinambur, Blaubeere. Brombeere, Vanille, Nussbutter.

𝟪𝟪 **AC** – Menü 129/158 €

Deinhardplatz 3 ✉ 56068 – 𝒸 0261 9215444 – www.davinci-koblenz.de –
Geschlossen Montag, Dienstag, Mittwoch, mittags: Donnerstag-Sonntag

🌿 SCHILLER'S MANUFAKTUR

MODERNE KÜCHE · ELEGANT 🗴🗴 Das gastronomische Konzept im Hotel "Stein" hat sich etwas verändert: Während man ab 16 Uhr Kleinigkeiten essen kann, stehen am Abend Highlights aus 15 Jahren Gourmetküche sowie saisonale Spezialitäten zur Wahl - Sie können à la carte bestellen. Für Vegetarier hält Patron und Küchenchef Mike Schiller ein entsprechendes Menü bereit. Im Restaurant sorgt seine Frau Melanie Stein-Schiller für zuvorkommenden Service und entspannte Atmosphäre. Zum Essen macht sich übrigens auch mal eine alkoholfreie Getränkebegleitung gut - die ist wirklich interessant und nicht "von der Stange". Attraktiv ist auch der Rahmen: Ein heller, freundlicher Wintergarten mit Blick in den Garten. Tipp: Hausgemachtes für daheim.

Spezialitäten: Kaninchenvariation mit gegrillten Gemüsen. Poelierter Steinbutt, getrocknete Kirschtomaten, Oliven und Kräuter. Karamellisierter Apfelpfannkuchen mit Vanillesorbet.

🛋️ 🏡 ✿ **P** – Menü 48/150 € – Karte 56/107 €

Mayenerstraße 126 ✉ 56070 – 𝒸 0261 963530 – www.schillers-restaurant.de –
Geschlossen 1.-10. Januar, 2.-9. Mai, 1.-8. August, mittags: Montag-Samstag,
Sonntag

😊 GERHARDS GENUSSGESELLSCHAFT

KLASSISCHE KÜCHE · FREUNDLICH 🗴 Zu Klosterzeiten wurde hier, nicht weit vom Deutschen Eck, wo Rhein und Mosel zusammenfließen, Proviant gelagert, heute gibt es in dem schönen alten Gewölbe mit modernem Interieur richtig gute Küche: "Rinderfilet mit Rotwein-Pfeffersauce", "Skreifilet mit Petersilien-Graupen"... Herrlich die Terrasse.

Spezialitäten: Roh marinierte Forelle mit Miso-Fond, Fenchel-Orangensalat, knuspriger Amaranth. Rücken und Bäckchen vom Eifel Schwein mit weißer Bohnencrème, glasierten Aprikosen und Blutwurstravioli. Gin Fizz mal anders mit Haselnussküchlein, Zitronenthymianglace und Gin-Limonenschaum.

🛗 & ♻ – Menü 30 € (Mittags), 39/58 € – Karte 37/56 €

Danziger Freiheit 3 (im Blumenhof) ✉ *56068 – ℰ 0261 91499133 –*
www.gerhards-genussgesellschaft.de – Geschlossen Montag, Dienstag

🍴○ **LANDGANG**

FRANZÖSISCH · CHIC XX Das moderne Restaurant in der 1. Etage des Hotels "Fährhaus" zieht schon allein durch seine herrliche Lage Gäste an. Sie genießen den Blick auf die Mosel, während Sie sich eine französisch-mediterran geprägte Küche mit regionalen Einflüssen schmecken lassen. Eine Vinothek mit sehr guten Weinen gibt es ebenfalls. Mittags einfachere Karte.

⇦ ⋖ 🛗 & 🅰🅲 ♻ 🅿 – Menü 50/58 € – Karte 39/77 €

Fährhaus, An der Fähre 3 ✉ *56072 – ℰ 0261 20171920*

🍴○ **VERBENE**

MODERNE KÜCHE · TRENDY XX Mit dem schmucken kleinen Restaurant im Herzen der Altstadt hat Koblenz eine wirklich interessante kulinarische Adresse! Es gibt ein modernes, regional inspiriertes Menü mit sehr ambitionierten Gerichten wie "Blaue Garnelen aus Bayern, gerösteter Topinambur, Gartenkresse". Tipp für den Sommer: der Innenhof!

🛗 – Menü 68/136 €

Brunnenhof Königspfalz ✉ *56068 – ℰ 0261 10046221 – www.restaurant-verbene.de –*
Geschlossen abends: Montag-Dienstag, abends: Sonntag

🏨 **FÄHRHAUS**

LUXUS · MODERN Wie ein Schiff liegt der moderne weiße Bau am Moselufer - die Sonnensegel auf der Terrasse unterstreichen diesen Eindruck. Chic die Zimmer - zur Flussseite mit wunderbarem Ausblick. Wie wär's mit dem tollen Panorama-Penthouse? Attraktiv auch der Wellnessbereich im 5. Stock. Angenehm ruhige Lage ohne Durchgangsverkehr.

🍾 🛎 ⋖ 🗔 ⊛ 🛗 🕬 🖃 & 🅰🅲 🛀 🅿 – 45 Zimmer – 2 Suiten

An der Fähre 3 ✉ *56072 – ℰ 0261 201710 – www.faehr.haus*

🍴○ **Landgang** – Siehe Restaurantauswahl

Nordrhein-Westfalen
Regionalatlas **36**–C12
Michelin Straßenkarte 543

KÖLN

Geradezu ein Muss für Gourmets ist unser All-Time-Sterneklassiker **Le Moissonnier**. Wer Beef und Seafood liebt, sollte sich das **Pure White** nicht entgehen lassen - hier gibt's Spezialitäten vom Josper-Grill. Oder lieber österreichische Küche? Dann auf in **Gruber's Restaurant** oder ins **Gasthaus Scherz**! Im **maximilian lorenz** geht es kulinarisch deutsch zu, das Weinlokal **heinzhermann** nebenan gehört auch zum Haus.

Interessant: japanische Washoku-Küche im **Appare**. Das **Pottkind** bietet Sterneküche als "Carte Blanche". Am Mülheimer Hafen isst man gut im **Lokschuppen by Julia Komp** - angeschlossen das Bistro **Anker 7**. Planen Sie in Köln auch einen Besuch in einer der vielen Kölsch-Kneipen in der Altstadt ein. Tipp für Übernachtungsgäste: das ganz speziell designte **25hours Hotel the Circle** samt **Monkey Bar** über der Stadt.

Restaurants

❀❀ **OX & KLEE**

Chef: Daniel Gottschlich

MODERNE KÜCHE · CHIC ✗✗ Eine absolut coole Location: Das Restaurant befindet sich im mittleren Kranhaus. Industrie-Architektur und Hafenblick gehören da ebenso zum hippen, modernen Bild wie das trendig-schicke Interieur samt Chef's Table. Ebenso modern die Küche, die es als "Experience Taste Menü" gibt. Top Produkte, ein klarer Stil und reichlich Kreativität stecken hier drin - und bisweilen auch die ein oder andere recht gewagte Kombination. Gerne lässt man sich überraschen, wie wunderbar z. B. Forelle und Banane oder Schweinekinn und Grapefruit harmonieren! Verantwortlich dafür ist Küchenchef Daniel Gottschlich. Kompetent erklärt der charmante Service die Gerichte.

Spezialitäten: Forelle, weißer Tee, Banane, Eisenkraut. Lamm, Thai-Pfeffer, Kirsche, Gundermann. Mais, Dulcey, Safran, weiße Johannisbeere.

🅰🅺 – Menü 145/185 €

Stadtplan: G3-x – *Im Zollhafen 18 (im Kranhaus 1)* ✉ 50678 –
📞 *0221 16956603* – *www.oxundklee.de* –
Geschlossen Montag, Sonntag, mittags: Dienstag-Samstag

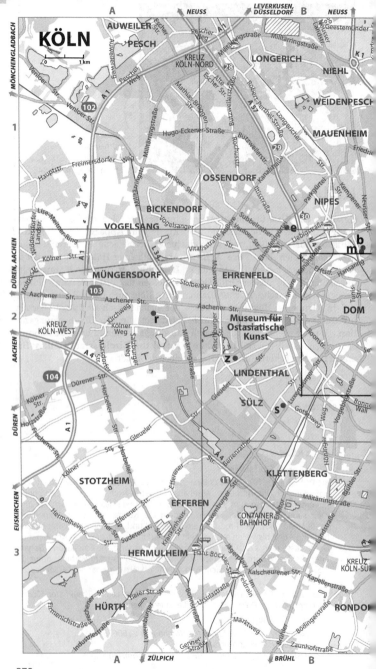

KÖLN

0   1 km

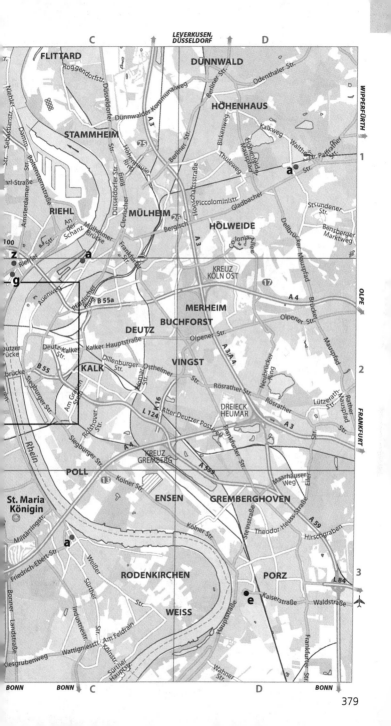

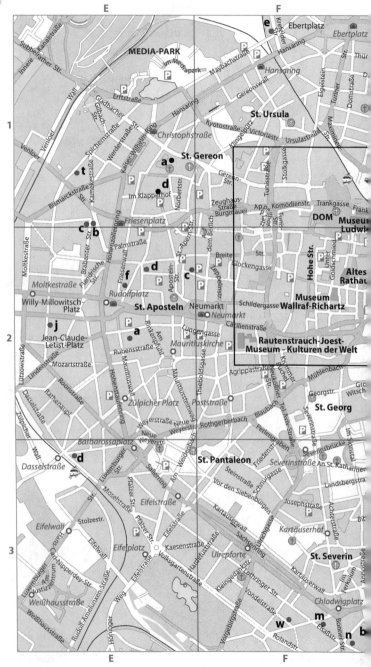

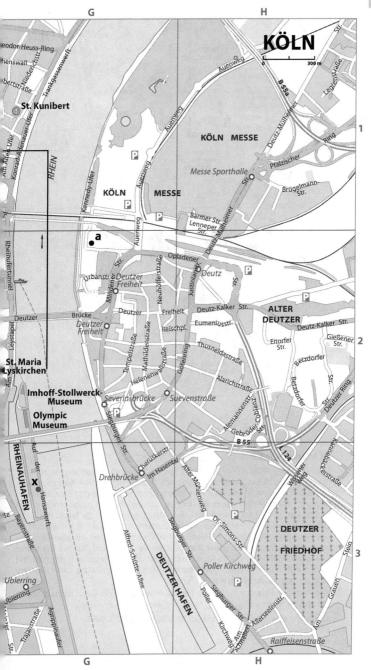

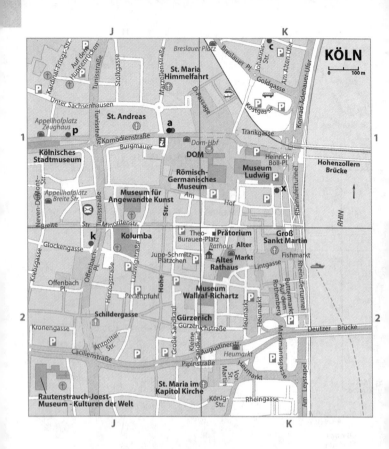

✿✿ LE MOISSONNIER

FRANZÖSISCH-KREATIV · BISTRO X Seit 1987 heißt es in dem angenehm legeren Restaurant "Savoir-vivre". Man fühlt sich direkt in das quirlige Paris mit seinen
entzückenden Bistros versetzt. Charmante Jugendstilelemente und hübsches Interieur mit aparter Patina tragen ihr Übriges dazu bei. Äußerst zuvorkommend und
schlichtweg perfekt im Umgang mit den Gästen zeigen sich die herzlichen Gastgeber Liliane und Vincent Moissonnier. Landsmann Monsieur Eric Menchon ist
seit Beginn als Küchenchef mit von der Partie und begeistert mit einer aromen-
intensiven Küche, die auf seiner französischen Heimat basiert. Raffiniert bringt er
z. B. beim exzellenten wilden Kabeljau mit cremiger Kräutersauce, Blattspinat und
Risotto mit Parmesan seine unverkennbare Handschrift ein, ohne dabei das Produkt an sich aus den Augen zu verlieren.

Spezialitäten: Foie gras de canard Maison. Pigeonneau rôti. Ganache au chocolat.

⒜ – Menü 30 € (Mittags), 110/165 € – Karte 90/135 €

Stadtplan: F1-e – Krefelder Straße 25 ⊠ 50670 – Ⓔ 0221 729479 –
www.lemoissonnier.de –
Geschlossen Montag, Sonntag

Chef: Roberto Carturan

ITALIENISCH · FREUNDLICH XX Wer in Köln tolle italienische Küche ohne große Schnörkel sucht, kommt an Roberto Carturan nicht vorbei. Sein Vater Alfredo hat 1973 den Grundstein für gehobene italienische Kulinarik gelegt, und die pflegt man hier in zweiter Generation mit einem geradlinigen und reduzierten Kochstil. Für eine freundliche, ungezwungene und zugleich elegante Atmosphäre sorgt nicht zuletzt der Chef selbst: Gerne ist er am Gast und erklärt seine Gerichte. Neben dem Kochen hat Roberto Carturan übrigens ein weiteres Talent: Er ist ausgebildeter Sänger – freitagabends gibt's die „musikalisch-kulinarische Soirée": 5-Gänge-Menü mit Gesang als Finale! Praktisch: Parken können Sie in den "Opern-Passagen" hinter dem Restaurant. Hier liegt übrigens auch das sehenswerte "4711"-Stammhaus samt Glockenspiel.

Spezialitäten: Tagliatelle mit Zitrone aromatisiert, Sardellensauce. Kabeljau mit zweierlei Sellerie und Bottarga. Joghurtmousse, Aprikose.

AC – Karte 65/81 €

Stadtplan: J2-k – *Tunisstraße 3 ⌧ 50667 – ☎ 0221 2577380 – www.ristorante-alfredo.com – Geschlossen Samstag, Sonntag*

⁂ ASTREIN

Chef: Eric Werner

KLASSISCHE KÜCHE · CHIC XX Nach Stationen im Kölner "Himmel und Äd" und der "Résidence" in Essen bereichert Eric Werner seit August 2019 nun mit seinem eigenen kleinen Restaurant die Gastro-Szene der Domstadt. In der halboffenen Küche wird modern-kreativ gekocht. Kräftige Aromen und schöne Würze kommen bei vegetarischen Gerichten wie der gefüllten Gemüsezwiebel mit Nussbutterschaum, bergischem Hühnerei, Mangold und Röstzwiebeln ebenso harmonisch auf den Teller wie beispielsweise beim Zweierlei vom Münsteraner Weiderind mit geschmortem Chicorée und Purple-Curry-Sauce. Sie können in Menüform speisen oder à la carte wählen. Auch die Atmosphäre stimmt: Locker und entspannt ist es hier, der Service kompetent, freundlich, unprätentiös.

Spezialitäten: Scheiben vom Rind mit Bohnensalat , Steinpilzen und Trüffel. Felsenbarbe mit Zucchini, Safran-Fenchel und Sepiarisotto. Schokoladentarte mit Blaubeeren und Fichtensprosseneis.

Menü 99/129 € – Karte 92/117 €

Stadtplan: B2-m – *Krefelder Straße 37 ⌧ 50670 – ☎ 0221 95623990 – www.astrein-restaurant.de – Geschlossen 2.-16. Februar, Montag, mittags: Dienstag-Samstag, Sonntag*

⁂ MAXIMILIAN LORENZ

MODERNE KÜCHE · CHIC XX Sie haben sich ganz der deutschen Küche verschrieben: Maximilian Lorenz (bekannt aus dem "L'escalier") und Küchenchef Enrico Hirschfeld (zuletzt Souschef im Kölner "maiBeck"). Hier, nahe Hauptbahnhof, Dom und Rhein, bilden sie die kreative Doppelspitze am Herd. Ihr Menü ist ein Mix aus Moderne und Tradition. Wie gekonnt und facettenreich man diese Kombination umsetzt, zeigt z. B. die "kurze Rippe von der Münchener Färse mit Rotkraut, Berliner Sojasauce und Roter Bete" - top in Produktqualität, Handwerk und Geschmack! Dazu gibt es eine schöne große Weinkarte mit sehr guter Champagner- und Sektauswahl. Und das Restaurant selbst? Wertig, chic, geradlinig. Interessant für Weinliebhaber ist übrigens auch das locker-moderne Weinlokal "heinzhermann" nebenan mit rund 1500 internationalen Weinen.

Spezialitäten: Gelbschwanzmakrele, Melone, Buttermilch und milder Jalapeño. Brust vom Hahn, wilder Brokkoli, Pilze und fermentierte Brombeeren. Kochbirne mit Sonnenblumen und Zimtrinde.

❀❀ – Menü 123/152 €

Stadtplan: K1-c – *Johannisstraße 64 ⌧ 50668 – ☎ 0221 37999192 – www.restaurant-maximilianlorenz.de – Geschlossen Montag, Sonntag, mittags: Dienstag-Samstag*

⇜○ **heinzhermann** – Siehe Restaurantauswahl

❀ LA SOCIÉTÉ

MODERNE KÜCHE · NACHBARSCHAFTLICH ❌❌ Seit 1987 ein Ort für Gourmets, und die lassen sich auch von der zugegebenermaßen nicht gerade attraktiven Lage in einer Nebenstraße nahe dem Bahnhof Süd nicht abschrecken. Zu Recht, denn hier im "Kwartier Latäng" hat zwischen zahlreichen Kneipen und Gaststätten auch Grischa Herbig seine Wirkungsstätte, der zuvor u. a. im "Seven Seas" und im "The Table Kevin Fehling" in Hamburg tätig war. Das Ambiente ist vielleicht ein bisschen speziell mit seinem interessanten Deko-Mix, versprüht aber durchaus Charme und die Atmosphäre ist angenehm unprätentiös - auch dank des sehr freundlichen und professionellen Service. An hochwertig eingedeckten Tischen genießt man eine aromareiche modern-internationale Küche mit saisonalem Bezug. Lecker: die "Kölschen Tapas", die es hier zum Auftakt gibt!

Spezialitäten: Taco mit lila Mais, Bachsaibling, Avocado, fermentierter Salsa. Variation vom Ochsen, Paprika, Aubergine, Kartoffel. Kokos, Mandel, Lavendel, Original Beans Edelweiß.

❀ 🍷 – Menü 135 €

Stadtplan: E3-d – *Kyffhäuser Straße 53* ✉ *50674* – ☎ *0221 232464* – *www.restaurant-lasociete.de* – *Geschlossen Dienstag, Mittwoch, mittags: Montag und Donnerstag-Sonntag*

❀ TAKU

ASIATISCH · GERADLINIG ❌❌ Würden Sie in einem klassischen Grandhotel wie dem "Excelsior Ernst" von 1863 ein Restaurant in puristisch-asiatischer Geradlinigkeit vermuten? Bei aller Klassik hat das Traditionshaus direkt beim Dom auch eine stilvoll-moderne Seite, und da passt das "taku" perfekt ins Bild! Zum klaren eleganten Design gesellen sich die durchdachten Gerichte von Mirko Gaul. Mit der richtigen Dosis Schärfe verbindet er die Küchen verschiedener asiatischer Länder mit klassischen und mediterranen Einflüssen. Neben dem Degustationsmenü gibt es "medium-sized" Gerichte à la carte, die frei wählbar und nach Lust und Laune kombinierbar sind - eine ideale Begleitung zum Wein.

Spezialitäten: Softshell-Crab Sando mit Chili-Toastbrot, XO-Mayo und Wasabi. Lamm mit Couscous, Garam Masala und wildem Brokkoli. Rote Beeren mit Yuzu und Sesam.

❀ 🍷 🚗 – Menü 95/130 € – Karte 50/60 €

Stadtplan: J1-a – *Excelsior Hotel Ernst, Trankgasse 1* ✉ *50667* – ☎ *0221 2701* – *www.taku.de* – *Geschlossen Montag, Sonntag, mittags: Dienstag-Samstag*

❀ MAIBECK

Chef: Jan C. Maier und Tobias Becker

MODERNE KÜCHE · TRENDY ❌ Mit ihrer fair kalkulierten Gourmetküche treffen Jan Cornelius Maier und Tobias Becker (kurz "maiBeck") bei den Gästen voll ins Schwarze. Und auch die Altstadtlage zwischen Dom und Rhein ist nicht die schlechteste. Dazu gesellt sich eine angenehm unprätentiöse Atmosphäre. Nicht minder gut kommen die beiden Betreiber mit ihrer superfreundlichen Art an. Da passt die unkomplizierte Küche wunderbar ins sympathisch-legere Bild. Man kocht geradlinig und ohne Chichi, dafür mit Kraft und Ausdruck, Produktqualität hat oberste Priorität. Immer wieder findet sich auf der modernen Karte auch ein deutlicher regionaler Bezug. Die meisten Gerichte gibt's übrigens auch als kleine Portion. "Sehen und gesehen werden" heißt es auf der netten Terrasse zur Touristenmeile.

Spezialitäten: Tatar vom Ochs, Matjes, Blumenkohl, Eigelb. Kalbsschulter aus dem Ofen, Bohnen, Pfifferlinge. Apfeltarte, gebranntes Milcheis.

🍴 – Menü 49 € – Karte 43/62 €

Stadtplan: K1-x – *Am Frankenturm 5* ✉ *50667* – ☎ *0221 96267300* – *www.maibeck.de* – *Geschlossen Montag*

NEOBIOTA

Chef: Sonja Baumann und Erik Scheffler

MODERNE KÜCHE · HIP 𝕏 Frühstück oder lieber Gourmetküche? Hier finden Sie beides unter einem Dach. Von ihrer gemeinsamen Station im Sternerestaurant "Gut Lärchenhof" in Pulheim hat es das Gastgeber- und Küchenchef-Duo Sonja Baumann und Erik Scheffler in die Kölner Innenstadt verschlagen, wo die beiden seit Mai 2018 dieses Kombi-Konzept umsetzen. Es ist ein modernes und gänzlich unprätentiöses Restaurant mit offener Küche, dessen unkomplizierte Atmosphäre richtig gut ankommt. Von 10 - 14.30 Uhr gibt es im "Neo" ein gutes Frühstück, leckeres hausgemachtes Brot in die Abend bekommt man im "Biota" ein ausgezeichnetes saisonales Menü, das als konventionelles oder als Veggie-Menü zu haben ist.

Spezialitäten: Gelbe Bete mit Sanddorn, Mandel und Petersilie. Gegrillte Kalbszunge mit Pomelo, Spitzkohl und Liebstöckel. Gurke mit Holunder, Dill und schwarzem Knoblauch.

🏠 – Menü 85/145 €

Stadtplan: E2-d – *Ehrenstraße 43c (Ecke kleine und große Brinkgasse)* ✉ 50672 – ☎ 0221 27088908 – www.restaurant-neobiota.de –
Geschlossen 1.-11. Januar, 7.-16. Februar, 11.-26. Juli, 24. Oktober-1. November, Montag, Sonntag, mittags: Dienstag-Samstag

POTTKIND

Chef: Enrico Sablotny

KREATIV · GERADLINIG 𝕏 Das kleine Restaurant, benannt nach den aus dem Ruhrgebiet stammenden Betreibern Enrico Sablotny und Lukas Winkelmann, steht für ambitionierte, locker-unprätentiöse Gastronomie. Besonders beliebt sind die Theken-Plätze an der offenen Küche. Hier wird modern-kreativ gearbeitet, die Gerichte zeigen interessante Kontraste, sind durchdacht und nicht überladen. Bei den ausgezeichneten Zutaten richtet man sich nach der Jahreszeit, aber auch fermentierte und selbst eingemachte Produkte aus der vorherigen Saison werden gekonnt eingebunden. Da lässt man sich gerne vom "Carte Blanche"-Menü überraschen. Dazu gibt's gute glasweise Weinempfehlungen. Gefragt ist auch die Terrasse inmitten des lebendigen Treibens der Kölner Südstadt.

Spezialitäten: Lachsforelle, Sauerkraut mit Rosinen und Croûtons, gepickelte Kartoffeln, Meerrettichschaum. Lamm mit Buchweizen, Mangold und Holunderbeere. Confierte Aprikose mit Pistazien, gegrillter Milch und Basilikum.

🏠 – Menü 75/90 €

Stadtplan: F3-n – *Darmstädter Straße 9* ✉ 50678 – ☎ 0221 42318030 – www.pottkind-restaurant.de –
Geschlossen Montag, Sonntag, mittags: Dienstag-Samstag

CAPRICORN [I] ARIES BRASSERIE

FRANZÖSISCH-KLASSISCH · BISTRO 𝕏 Eine Brasserie, wie man sie sich wünscht: sympathisch-ungezwungen, gemütlich, lebendig! Und genauso unkompliziert ist auch die schmackhafte Küche, z. B. in Form von "Poularde, Gemüse, Kartoffelpüree". Charmant der Service.

Spezialitäten: Salat mit Roquefort, Nüssen und Birnen. Gebratener Hirschrücken mit Steinpilzen und Kartoffelpüree. Cremetörtchen von Bergamotte mit Himbeersorbet.

🏠 ✿ 🍽 – Menü 35/49 € – Karte 33/58 €

Stadtplan: F3-b – *Alteburgerstraße 31* ✉ 50678 – ☎ 0221 3975710 – www.capricorniaries.com –
Geschlossen 1.-7. Januar, Montag-Dienstag, nur Abendessen

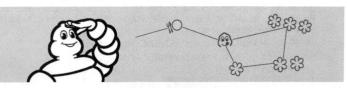

ⅱ○ PURE WHITE

GRILLGERICHTE · GEMÜTLICH ⅩⅩ Das "Pure White" ist mit seinem locker-legeren Konzept in die Räumlichkeiten des ehemaligen Schwesterbetriebs "Food Club" umgezogen. Unverändert der hohe Anspruch an die Produktqualität: Vom Josper-Grill kommt hochwertiges Beef, u. a. aus den USA, Australien und Japan. Oder lieber Seafood? Das Angebot reicht von Kingcrab über Fjord-Austern bis Wildfang-Fisch.

Karte 54/131 €

Stadtplan: E1-c – *Brabanter Straße 48* ✉ *50672* – ✆ *0221 96026556* – *www.pure-white-food.de* – *Geschlossen Montag, mittags: Dienstag-Samstag, Sonntag*

ⅱ○ ACHT

INTERNATIONAL · TRENDY Ⅹ Eine trendig-urbane Adresse in den Spichernhöfen am Rande des Belgischen Viertels. Man sitzt an blanken Holztischen, schaut in die Küche und speist Saisonal-Internationales wie "Tatar vom U.S. Beef" oder "Fischsuppe ACHT". Schöner Innenhof.

🍴 – Menü 45/57 € – Karte 41/67 €

Stadtplan: E1-t – *Spichernstraße 10* ✉ *50672* – ✆ *0221 16818408* – *www.restaurant-acht.de* – *Geschlossen 1.-2. Januar, 24.-31. Dezember, Sonntag, mittags: Montag-Samstag*

ⅱ○ APPARE ⊕

JAPANISCH · GERADLINIG Ⅹ Gekonnt verbindet man hier traditionelle japanische Washoku-Küche mit modernen Einflüssen und kombiniert fernöstliche Gewürze und Kochmethoden mit europäischen Lebensmitteln. Mittags gibt es eine kleine Lunch-Karte, abends ist das Angebot aufwändiger. "Appare" ist im Japanischen übrigens ein Ausruf der Begeisterung.

Menü 16 € (Mittags), 38/45 €

Stadtplan: E2-a – *Balduinstraße 10* ✉ *50676* – ✆ *0221 27069058* – *www.appare.de* – *Geschlossen 14.-17. Februar, 30. Dezember-6. Januar, Mittwoch, mittags: Sonntag*

ⅱ○ CHRISTOPH PAULS RESTAURANT

INTERNATIONAL · GERADLINIG Ⅹ Christoph Paul, kein Unbekannter in der rheinischen Gastro-Szene, leitet hier im Hotel "Hopper" zusammen mit Ehefrau Juliane dieses modern-trendige Restaurant (markant das sakrale Motiv an der Wand!). Gekocht wird international-saisonal, so z. B. "Label Rouge Lachs, Zitronenrisotto, Safran-Limonenschaum". Schön die Terrasse unter alten Bäumen.

🍴 🛏 – Menü 46/50 € – Karte 46/56 €

Stadtplan: E2-j – *Brüsseler Straße 26* ✉ *50674* – ✆ *0221 34663545* – *www.christoph-paul.koeln* – *Geschlossen Montag, mittags: Dienstag-Samstag, Sonntag*

ⅱ○ GRUBER'S RESTAURANT

ÖSTERREICHISCH · FREUNDLICH Ⅹ In dem charmanten Restaurant mit seinen verschiedenen geschmackvoll dekorierten Räumen und der hübschen Terrasse wird österreichisch gekocht - mal traditionell (klasse die Schnitzel, nicht zu vergessen der Kaiserschmarrn), mal modern (z. B. "Kärtner Kasnudel, Spitzkohl, Blaubeeren"), immer mit ausgesuchten Produkten. Mittags reduziertes Angebot samt "Schnitzel-Menü".

🐾 🍴 ♿ – Menü 32 € (Mittags), 52/92 € – Karte 28/65 €

Stadtplan: C2-g – *Clever Straße 32* ✉ *50668* – ✆ *0221 7202670* – *www.grubersrestaurant.de* – *Geschlossen Sonntag, mittags: Samstag*

ⅰ◯ HEINZHERMANN

INTERNATIONAL · CHIC Ⅹ In dem Weinlokal macht es Spaß zu essen, denn man sitzt in moderner Bistro-Atmosphäre (Blickfang sind die dekorativen Weinschränke) und isst richtig gut. Dazu rund 1500 internationale Weine. Freundlich der Service samt engagiertem Sommelier. Mittags kommt man gerne zum beliebten Business-Lunch.

&& – Menü 42 € (Mittags)/77 € – Karte 42/77 €

Stadtplan: K1-c – *maximilian lorenz, Johannisstraße 64 ⊠ 50668 –*
&0221 37999192 – www.weinlokal-heinzhermann.de – Geschlossen Sonntag-Montag

ⅰ◯ HENNE.WEINBAR

INTERNATIONAL · BRASSERIE Ⅹ Im Herzen der lebendigen Altstadt hat Hendrik ("Henne") Olfen sein sympathisches Lokal mit Bistro-Atmosphäre - und das ist richtig gefragt! Mittags gibt es eine einfache Karte, am Abend laden modernsaisonale Gerichte im Tapas-Stil zum Teilen ein. Nett die mittige kleine Terrasse.

🛧 – Menü 26 € (Mittags)/39 € – Karte 24/59 €

Stadtplan: E2-f – *Pfeilstraße 31 ⊠ 50672 – &0221 34662647 –*
www.henne-weinbar.de – Geschlossen Sonntag

ⅰ◯ METZGER & MARIE

FLEISCH UND MEERESFRÜCHTE · TRENDY Ⅹ Ein gelernter Metzger und ein ehemaliges Funkenmariechen bieten hier ambitionierte Küche, bei der Fleisch in Form von schönen Cuts, Innereien, Schnitzel etc. im Fokus steht. Es gibt aber auch Seafood und Vegetarisches. Die Atmosphäre ist angenehm leger - sympathisch der Mix aus rustikal und modern. Hinweis: nur Kartenzahlung möglich.

🛧 – Karte 44/64 €

Stadtplan: B2-b – *Kasparstraße 19 ⊠ 50667 – &0221 99879353 –*
www.metzgermarie.de – Geschlossen Dienstag, Mittwoch, mittags: Montag und
Donnerstag-Sonntag

ⅰ◯ PHAEDRA

MEDITERRAN · TRENDY Ⅹ Lust auf mediterrane Küche mit griechischen Einflüssen? Es gibt z. B. "weißen Heilbutt vom Lavasteingrill mit Balsamico-Beurre-Blanc und Tomatenrisotto" oder auch hausgemachte "Mezze". Man verwendet gute Produkte wie Fleisch von Franz Keller oder Wildfang-Garnelen. Schön der trendige Bistro-Look, angenehm locker die Atmosphäre. Tipp: öffentliches Parkhaus gegenüber.

Karte 49/61 €

Stadtplan: F3-m – *Elsaßstraße 30 ⊠ 50677 – &0221 16826625 –*
www.phaedra-restaurant.de – Geschlossen Montag, Sonntag

ⅰ◯ POISSON

FISCH UND MEERESFRÜCHTE · BISTRO Ⅹ Der Name sagt es bereits, hier stehen Fisch und Meeresfrüchte im Mittelpunkt: Austern, gebratene Calamaretti, bretonischer Seeteufel oder geangelter Wolfsbarsch... Lassen Sie die erstklassigen Produkte vor Ihren Augen in der offenen Küche zubereiten! Tipp: das preiswerte Lunch-Menü. Praktisch: Parkhaus gleich nebenan.

🛧 ᴀᴄ – Menü 35 € (Mittags), 68/85 € – Karte 60/108 €

Stadtplan: E2-c – *Wolfsstraße 6 ⊠ 50667 – &0221 27736883 –*
www.poisson-restaurant.de – Geschlossen Montag, Sonntag

ⅰ◯ ZIPPIRI GOURMETWERKSTATT

SARDISCH · FREUNDLICH Ⅹ Die Betreiberfamilie - Gastronomen mit Leib und Seele - hat sardische Wurzeln, und die lässt man auch in schmackhafte Gerichte wie "Malloreddus mit Salsiccia-Ragout" einfließen. Dazu eine gute Weinauswahl. Hinweis: Die "Gourmetwerkstatt" ist Corona-bedingt vorübergehend in die eigene Weinbar in der Aachener Straße 259 umgezogen.

🛧 – Menü 60/110 € – Karte 55/99 €

Stadtplan: C2-z – *Riehler Straße 73 ⊠ 50667 – &0221 92299584 – www.zippiri.de –*
Geschlossen 1.-6. Januar, 9.-18. Februar, Dienstag, nur Abendessen

Hotels

EXCELSIOR HOTEL ERNST `Tablet.`PLUS

GROßER LUXUS · KLASSISCH Das Grandhotel von 1863 - direkt gegenüber dem Dom - ist das Flaggschiff der Kölner Hotellerie und ein Ort mit Charme, Stil und unaufdringlichem Luxus, klassisch und modern zugleich. Der Service sucht seinesgleichen, in den Classic-Zimmern ebenso wie in den edlen Suiten.

会 茆 ﾚ ⊡ AC 𝗌 ⌂ – 136 Zimmer – 22 Suiten

Stadtplan: J1-a – *Domplatz/Trankgasse 1* ⊠ *50667* – ☎ *0221 2701* – *www.excelsiorhotelernst.com*

❀ **taku** – Siehe Restaurantauswahl

THE QVEST HIDEAWAY

BOUTIQUE-HOTEL · DESIGN Kein Hotel von der Stange ist das einstige Stadtarchiv a. d. 19. Jh. Allgegenwärtig der überaus schicke Mix aus Neogotik, Design und Kunst, dazu legere Atmosphäre und sehr gute individuelle Gästebetreuung. Charmant die Lage an einem Platz mit schönem Baumbestand, direkt gegenüber die sehenswerte romanische Kirche St. Gereon.

⊡ 占 𝗌 ⌂ – 33 Zimmer – 1 Suite

Stadtplan: E1-a – *Gereonskloster 12* ⊠ *50670* – ☎ *0221 2785780* – *www.qvest-hotel.com*

25HOURS HOTEL THE CIRCLE `Tablet.`PLUS

BUSINESS · THEMENBEZOGEN "Retro-Futurismus" nennt sich das trendig-urbane Design in dem beeindruckenden denkmalgeschützten Rundbau a. d. 50er Jahren. Wer das Besondere sucht, bucht das "Gigantic"-Zimmer mit Blick über Köln! In der Lobby Co-Working-Spaces und Shop, im 7. Stock der Saunabereich, in der 8. Etage das Restaurant "NENI" und die "Monkey Bar". Praktisch: Fahrrad- und "MINI"-Verleih.

会 茆 ⊡ 占 AC 𝗌 ⌂ – 207 Zimmer

Stadtplan: E1-d – *Im Klapperhof 22* ⊠ *50670* – ☎ *0221 162530* – *www.25hours-hotels.com*

In Köln-Dellbrück

❀ LA CUISINE RADEMACHER

FRANZÖSISCH-MODERN · TRENDY ✕✕ Die Gegend hier ist zwar nicht die attraktivste und das Zentrum von Köln ist auch nicht gerade um die Ecke, dennoch ist ein Besuch absolut lohnenswert. In einem äußerlich eher unauffälligen Eckhaus leitet ein junges engagiertes Team dieses sympathische Restaurant in trendig-schickem Bistrostil. Nach Stationen in Top-Adressen (u. a. "Waldhotel Sonnora" in Dreis-Wittlich und "Wein am Rhein" in Köln) beweist Küchenchef Marlon Rademacher nun im eigenen Restaurant, dass er sein Handwerk versteht. Sein Stil: klassische Basis gepaart mit wohldosierten modernen Akzenten. Dabei steht das Produkt im Mittelpunkt. Am Mittag können Sie günstiger essen, da gibt es ein einfacheres Lunchmenü. Wer beim Reservieren nachfragt, bekommt aber auch einzelne Gerichte von der Abendkarte.

Spezialitäten: Tatar vom Rind, asiatische Aromen, Passe-pierre, Buchenpilze. Wolfsbarsch, Sauce béarnaise, Artischoke. Karamell, Haselnüsse, Zitrone, Blattgold.

Menü 23 € (Mittags), 70/100 € – Karte 62/75 €

Stadtplan: D1-a – *Dellbrücker Hauptstraße 176* ⊠ *51069* – ☎ *0221 96898898* – *www.la-cuisine-koeln.de* –
Geschlossen Montag, Dienstag, mittags: Samstag-Sonntag

In Köln-Deutz

⌂⌂⌂⌂ HYATT REGENCY

LUXUS · KLASSISCH Das Businesshotel liegt zwar auf der "Schäl Sick", also auf der "falschen" (rechten) Rheinseite, doch von hier hat man den besten Blick auf den Dom! Wohnliche Eleganz, äußerst komfortable Zimmer, sehr guter Service. Internationales im Restaurant "Glashaus" im 1. OG, mit Sushibar. Dazu "Legends Bar".

⌂ ⌂ ⌂ ⌂ ⌂ ⌂ ⌂ ⌂ ⌂ ⌂ ⌂ ⌂ – 289 Zimmer – 17 Suiten

Stadtplan: G2-a – *Kennedy-Ufer 2a* ✉ *50679* –
☎ *0221 8281234* – *www.hyatt.com*

In Köln-Ehrenfeld

⍔ CARLS

INTERNATIONAL · NACHBARSCHAFTLICH ⍓ Sie mögen's sympathisch-nachbarschaftlich? Dann wird Ihnen diese charmante bürgerlich-rustikale Adresse gefallen, und die Küche kommt auch an: international-regional, von "Thunfischsteak mit Chicorée-Zitronen-Risotto" bis "Himmel un Äd".

⌂ – Karte 30/50 €

Stadtplan: B1_2-e – *Eichendorffstraße 25 (Neu Ehrenfeld)* ✉ *50823* –
☎ *0221 58986656* – *www.carlsrestaurant.de* –
Geschlossen 14. Juni-4. Juli, Montag, Dienstag, mittags: Mittwoch-Sonntag

In Köln-Lindenthal

⍔ ZEN JAPANESE RESTAURANT

JAPANISCH · GERADLINIG ⍓ Das puristisch-legere Restaurant mitten in einem Wohngebiet kommt an. Es gibt eine modern inspirierte japanische Küche zu fairem Preis: Sushi, Sashimi und Ura-Maki (Inside-Out-Rolls) oder auch Gyoza (gebratene Teigtasche mit gemischtem Hackfleisch). Bei gutem Wetter hat man ein paar Tische auf dem Bürgersteig.

Karte 23/57 €

Stadtplan: B2-z – *Bachemer Straße 236* ✉ *50931* –
☎ *0221 28285755* – *www.restaurant-zen.de* –
Geschlossen Montag, mittags: Dienstag-Sonntag

In Köln-Müngersdorf

⌘ MAÎTRE IM LANDHAUS KUCKUCK

Chef: Erhard Schäfer

FRANZÖSISCH-KLASSISCH · ELEGANT ⍓⍓⍓ Erhard Schäfer ist einer der Großmeister der kulinarischen Klassik in der Domstadt. Seit 2009 hat er in schöner Lage beim Sportpark sein kleines Gourmetrestaurant, zuvor bot er im Kölner "Börsenrestaurant Maître" Sterneküche. Ein echter Klassiker ist sein "Tournedo 'Rossini' à la Escoffier" - da merkt man, dass Erhard Schäfer ein Koch alter Schule ist, der aber dennoch offen ist für wohldosierte moderne Einflüsse. Nicht zuletzt die Wahl ausgezeichneter Produkte und die sehr guten Saucen und Fonds beweisen seinen hohen Anspruch. So klassisch wie die Küche und das Restaurant selbst ist auch der aufmerksame, geschulte Service. Alternativ gibt es noch das Zweitrestaurant "Landhaus Kuckuck", und das trumpft mit seiner tollen Terrasse unter alten Bäumen und großen Sonnenschirmen.

Spezialitäten: Seezungenfilet mit Jakobsmuschelschuppen, Kerbelpüree, Nussbutter. Taube mit Pfifferlingen, Brombeeren und Sauce Riche. Dome von der Schokolade, Quarkbällchen, Passionsfruchteis.

 ♿ ⇳ 🅿 – Menü 138 € – Karte 74/109 €

Stadtplan: A2-r – *Olympiaweg 2 (Zufahrt über Roman-Kühnel-Weg)* ✉ *50933 –* ☎ *0221 485360 – www.landhaus-kuckuck.de – Geschlossen 17. Februar-1. März, 29. Juni-26. Juli, Montag, Dienstag, mittags: Mittwoch-Sonntag*

In Köln-Mülheim

🍴 **LOKSCHUPPEN BY JULIA KOMP** 🄽

INTERNATIONAL · TRENDY XX Es lohnt sich, die "Schäl Sick" anzusteuern, denn im Mülheimer Hafengebiet ist in dem ehemaligen Lokschuppen ein trendig-schickes Restaurant mit alter Industriearchitektur und urbanem Design entstanden. Hier bietet Julia Komp internationale Küche in Form eines Menüs. Schöne Terrasse. Interessant: Chef's Table (Fr. - So.). Alternativ gibt es das Bistro "Anker 7".

 🍽 ♿ 🄰🄲 🅿 – Menü 75/103 € – Karte 50/75 €

Stadtplan: C2-a – *Hafenstraße 7* ✉ *51063 –* ☎ *0221 9670039 – www.lindgens-gastronomie.de – Geschlossen Montag, Dienstag, mittags: Mittwoch-Freitag*

In Köln - Porz-Langel Süd: 17 km über Hauptstraße D3

⚜ **ZUR TANT**

Chef: Thomas Lösche

KLASSISCHE KÜCHE · FREUNDLICH XX Das gepflegte Fachwerkhaus in idyllischer Lage am Rhein ist schon lange als Feinschmecker-Adresse bekannt. 2014 übergaben Franz und Petra Hütter die Leitung des viele Jahre mit einem MICHELIN Stern ausgezeichneten Restaurants an ihren Küchenchef Thomas Lösche. So klassisch wie das Interieur ist auch die Küche des gebürtigen Dresdners. Präzise werden ausgesuchte Zutaten verarbeitet, wobei man angenehm schnörkellos kocht. So beweist z. B. das Salzwiesenlamm mit Strandflieder, Tomaten, Topinambur und Frike, dass hier das Handwerk und der Geschmack im Mittelpunkt stehen. Dazu bietet man gute Weine - darf es vielleicht einer der vielen österreichischen sein? Tipp: Lassen Sie sich bei schönem Wetter auf keinen Fall die Balkon-Terrasse entgehen - hier genießt man den Blick auf den Rhein!

Spezialitäten: Herzbries, Ei, Kürbis, Trüffel. Wyandotte, Karotte, Spitzkohl, Klößchen. Zwetschge, Joghurt, Vanillecrème, Pekannuss, Engelshaar.

 ≶ 🍽 🅿 – Menü 78/98 € – Karte 70/80 €

außerhalb Stadtplan – *Rheinbergstraße 49* ✉ *51143 –* ☎ *02203 81883 – www.zurtant.de – Geschlossen Mittwoch, Donnerstag*

🍴 **Piccolo** – Siehe Restaurantauswahl

🍴 **PICCOLO**

KLASSISCHE KÜCHE · FREUNDLICH XX Hier wird Klassisches modern interpretiert - regionale und mediterrane Einflüsse inklusive. Aus guten Produkten entstehen z. B. "Kalbsleber, Salbei-Butter, Spinat, Kartoffelpüree" oder "Entrecôte vom Eifeler Rind, Rotweinsauce, Bohnen". Sie können à la carte wählen oder sich ein 3-Gänge-Menü zu einem festen Preis zusammenstellen. Schöne Weine aus Österreich.

Spezialitäten: Pfifferlinge, Kartoffel, Ei, Bernsteinmakrele, Tomate, Fenchel. Zander, Krustentiersauce, Kohlrabi, Perlgraupen, Portweinsauce. Geeister Cappuccino, Blaubeeren, Amarettini, Schokoladentarte, Himbeere.

 ≶ 🍽 🅿 – Menü 37/44 € – Karte 36/50 €

außerhalb Stadtplan – *Zur Tant, Rheinbergstraße 49* ✉ *51143 –* ☎ *02203 81883 – www.zurtant.de – Geschlossen 8.-16. Februar, Mittwoch, Donnerstag*

In Köln-Rodenkirchen

ⅱ○ LUIS DIAS ⓝ

MEDITERRAN · ELEGANT ⅩⅩ Seit März 2020 ist Luis Dias zurück in Rodenkirchen. Er kocht unverändert mediterran, ambitioniert und schmackhaft, sehr gute Produkte sind für ihn dabei selbstverständlich. In netter, recht eleganter Atmosphäre serviert man z. B. "36h-Duroc-Bauch, Erbsenpüree, Trüffel" oder auch "Steinbutt und Artischockensalat". Tipp für Autofahrer: Parkhaus am Maternusplatz.

� – Menü 21€ (Mittags)/59€ – Karte 53/69€

Stadtplan: C3-a – *Wilhelmstr. 35a* ✉ *50996* – ☎ *0221 9352323* – *www.luis-dias.com* – *Geschlossen Montag, mittags: Samstag*

In Köln-Sülz

ⓒ GASTHAUS SCHERZ

ÖSTERREICHISCH · NACHBARSCHAFTLICH Ⅹ Als gebürtiger Vorarlberger setzt Michael Scherz - kein Unbekannter in der Kölner Gastro-Szene - auf österreichische Küche samt Klassikern wie Tafelspitz, Wiener Schnitzel oder Kaiserschmarrn. Dazu gibt's schöne Weine aus Österreich. Der Service flott, freundlicher und geschult. Sehr nett die Terrasse hinterm Haus.

Spezialitäten: Tafelspitzbouillon mit faschiertem Strudel und Grießnockerl. Rindsherz mit Madeirasauce, Wurzelgemüse und Mousseline. Kaiserschmarrn mit Zwetschgenröster.

� 🔠 ⇔ 🍽 – Menü 35/74€ – Karte 36/56€

Stadtplan: B2-s – *Luxemburger Straße 250* ✉ *50937* – ☎ *0221 16929440* – *www.scherzrestaurant.de* – *Geschlossen mittags: Montag-Donnerstag*

KÖNGEN

Baden-Württemberg – Regionalatlas **55**–H18 – Michelin Straßenkarte 545

ⓒ SCHWANEN

REGIONAL · ZEITGEMÄßES AMBIENTE ⅩⅩ Chic-modern das Ambiente, frisch und schmackhaft die Küche. Aus guten Produkten entstehen regionale und internationale Gerichte wie z. B. "Rostbraten, Zwiebel, Röstkartoffel" oder "Atlantik-Barsch, Rote-Beete-Risotto, Parmesan". Tipp: das Mittagsmenü. Zum Übernachten bietet der langjährige Familienbetrieb zeitgemäß-funktionale Zimmer.

Spezialitäten: Thunfischtatar, Limette, Baby Leaf. Kalbssteak, wilder Brokkoli, Schupfnudeln. Trilogie vom Granny Smith, Törtchen, Kompott, Eis.

⇐ � 🕭 🗄 ⇔ 🅿 – Menü 18€ (Mittags), 37/50€ – Karte 32/55€

Schwanenstraße 1 ✉ *73257* – ☎ *07024 97250* – *www.schwanen-koengen.de* – *Geschlossen 1.-6. Januar, mittags: Montag, abends: Sonntag*

ⓒ TAFELHAUS

REGIONAL · FREUNDLICH ⅩⅩ Geschmackvoll-modern zeigt sich das engagiert geführte Restaurant des Businesshotels "Neckartal". Auf der Karte finden sich neben Klassikern wie "Rahmschnitzel mit Spätzle" auch mediterrane oder asiatische Einflüsse, so z. B. beim "Thai-Curry-Süppchen mit Thunfisch und Algensalat".

Spezialitäten: Schaumsüppchen von Krustentieren mit Tatar von der Garnele. Saure Kutteln mit Bratkartoffeln. Zwetschgenknödel im Quarkteig, Sauerrahmeis und Zwetschgenröster.

⇐ � 🕭 🗄 ⇔ 🅿 – Menü 40€ (Mittags), 61/74€ – Karte 32/56€

Bahnhofstraße 19 ✉ *73257* – ☎ *07024 97220* – *www.hotel-neckartal.com* – *Geschlossen 1.-8. Januar, mittags: Montag*

KÖNIGSBRONN

Baden-Württemberg – Regionalatlas **56**–I18 – Michelin Straßenkarte 545

In Königsbronn-Zang Süd-West: 6 km

❀ URSPRUNG

Chef: Andreas Widmann

KREATIV · CHIC ✗ Gastronomisch fahren Andreas und Anna Widmann (übrigens schon die 8. Generation hier) zweigleisig - und dies ist die Gourmet-Variante. Im ältesten Teil des "Widmann's Löwen", nämlich in der einstigen Dorfmetzgerei, hat man ein kleines Restaurant mit fast schon intimer Atmosphäre eingerichtet. Wertig-chic der Mix aus modern und heimisch-rustikal! Passend dazu trifft in der Küche schwäbische Heimat auf gehobene Kulinarik. Die ausgezeichneten Zutaten bezieht man von Produzenten aus der Umgebung und bereitet sie kreativ und mit eigener Idee zu. Toll, wie man z. B. das feine Wildaroma des Rehs aus der Ostalb-Jagd zur Geltung bringt. Interessant auch, was man aus Hanfsamen so machen kann! Im Service sorgt die sympathische Gastgeberin als ausgebildete Sommelière für die richtige Weinbegleitung.

Spezialitäten: Saibling und Forelle mit Rucola, Haselnuss, Roggen. Rehkeule und Pfifferlinge mit Waldbeeren, Mangold. Aprikose und Honig mit Frischkäse.

❀ *Engagement des Küchenchefs: "Ich bin auf der Schwäbischen Alb verwurzelt, lebe, handle und arbeite „landbewusst"! Im Gourmetrestaurant spielt Nachhaltigkeit eine große Rolle, auch hier verarbeite ich regionale Produkte, oft Demeter-Ware ausgesuchter Erzeuger, auch Eigenanbau und die Schulung meiner Mitarbeiter sind mir wichtig!"*

⇦ & ✧ **P** – Menü 98/135 €

Hotel Wildmann's Löwen, Struthstraße 17 ✉ 89551 – ☏ 07328 96270 – www.widmanns-albleben.de – Geschlossen Montag, Dienstag, Mittwoch, mittags: Donnerstag-Sonntag

☺ GASTHAUS WIDMANN'S LÖWEN

TRADITIONELLE KÜCHE · LÄNDLICH ✗ Hier serviert man in gemütlicher Atmosphäre schmackhafte regionale und traditionelle Gerichte aus guten, frischen Produkten. Probieren Sie z. B. Spezialitäten vom Ostalb-Lamm oder Klassiker wie Maultaschen oder Rostbraten - lecker die Soßen, und davon gibt's zum Glück reichlich! Lassen Sie sich nicht den herrlichen Biergarten entgehen! Schöner Spielplatz.

Spezialitäten: Das Beste vom Kocherursprung mit Wildkräutersalat, Miso und Gurke. Zweierlei vom Weideochsen mit Schalotten, Pfifferlingen und Kartoffeltörtchen. Sauerrahm mit Apfel und Karamell.

❀ *Engagement des Küchenchefs: "In unserem Gasthof steht die Genussregion Schwäbische Alb im Vordergrund! Traditionelle Küche aus Eigenanbau-Produkten, Demeter-Ware und Fleisch aus einer Kooperation zur Aufzucht von Rindern und Geflügel, dazu achte ich auf unser internes Ressourcenmanagement und den ökologischen Fingerabdruck."*

⇦ ⇧ 🍴 **P** – Menü 37/54 € – Karte 27/64 €

Hotel Wildmann's Löwen, Struthstraße 17 ✉ 89551 – ☏ 07328 96270 – www.widmanns-albleben.de – Geschlossen 30. August-14. September, Dienstag, mittags: Mittwoch

🏠 WIDMANN'S ALB.LEBEN

GASTHOF · AUF DEM LAND Nordic Walking, Radtouren, ein Besuch im Steiff-Museum…, das Hotel der engagierten Widmanns ist ein guter Ausgangspunkt. Wohnlich die Zimmer, mal ländlich, mal modern. Etwas Besonderes sind die schicken "LANDzeit"- und "LANDglück"-Zimmer oder die Lodges mit Blick auf die Streuobstwiese! Tipp für Feste: die gemütlich-urige Kerbenhofhütte am Waldrand.

⇧ ⇧ 🖥 ♨ **P** – 23 Zimmer – 2 Suiten

Struthstraße 17 ✉ 89551 – ☏ 07328 96270 – www.loewen-zang.de

❀ Ursprung · ☺ **Gasthaus Widmann's Löwen** – Siehe Restaurantauswahl

KÖNIGSFELD IM SCHWARZWALD

Baden-Württemberg – Regionalatlas **62**–E20 – Michelin Straßenkarte 545

In Königsfeld-Buchenberg

☺ CAFÉ RAPP

KLASSISCHE KÜCHE · FREUNDLICH ⚑ Ursprünglich als Bäckerei und Café geführt, ist der Familienbetrieb heute auch ein Restaurant, in dem Qualität, Geschmack und Preis stimmen. Man legt Wert auf regionale und saisonale Produkte - Gemüse und Fleisch bezieht man aus dem Ort, Kräuter hat man im eigenen Garten. Nachmittags ein Muss: die leckeren frischen Kuchen! Hübsche Gästezimmer.

Spezialitäten: Wolfsbarsch, Salbeibutter, Tomaten-Brotsalat, Basilikumschaum, Blattsalate. Rinderfilet, Blattspinat, Rosmarinkartoffeln, Portweinjus. Crème brûlée Schwarzwälder Art.

🔚 🛋 ♿ 🅿 – Menü 37/56 € – Karte 36/63 €

Dörfle 22 ✉ 78126 – ☎ 07725 91510 – www.cafe-rapp.de –
Geschlossen 1.-10. Januar, 8.-21. Februar, 26.-30. Mai, 2.-22. August, Montag,
Dienstag

KÖTZTING, BAD

Bayern – Regionalatlas **59**–O17 – Michelin Straßenkarte 546

In Bad Kötzting-Liebenstein Nord: 7 km in Richtung Ramsried

✿ LEOS BY STEPHAN BRANDL

KREATIV · GEMÜTLICH ✗✗✗ Rustikales Holz in Kombination mit wertig-geradlinigem Design und origineller Deko... Das "Leos" ist eine modern interpretierte kleine „Stube" mit gerademal fünf Tischen. Zum schicken Look und der angenehm ungezwungenen Atmosphäre gesellen sich ein lockerer und dennoch fachlich sehr kompetenter Service und die durchdachten, klar strukturierten Gerichte von Küchenchef Stephan Brandl. Dass der gebürtige Oberpfälzer kochen kann, beweist er mit einem Menü, dessen wahlweise 5 oder 8 Gänge allesamt aus herausragenden Produkten bestehen - da ist die Bresse-Taubenbrust mit Purple Curry, Portwein und Mango keine Ausnahme! Stimmig auch die Auswahl an offenen Weinen dazu. Übrigens: Wer als Hausgast hier speist, bekommt das Menü deutlich günstiger!

Spezialitäten: Thunfisch, Apfel, Ingwer, Tomate, Zucchini, Koriander. Rinderfilet, Röstzwiebel, Dashi-Rotweinsud, Powerade, Zwiebel. Himbeeere, Maracuja, Frischkäse, Mandelcrumble.

🔚 ♿ 🆎 🅿 🍽 – Menü 105/135 € – Karte 66/98 €

Hotel Bayerwaldhof, Liebenstein 25 ✉ 93444 – ☎ 09941 94800 –
www.bayerwaldhof.de –
Geschlossen 1.-8. Januar, 1. August-1. September, Montag, Dienstag, Sonntag,
mittags: Mittwoch-Samstag

🏨 BAYERWALDHOF

SPA UND WELLNESS · GEMÜTLICH Lust auf ruhige Lage, Aussicht und alpenländischen Charme? Für Erholung sorgen hier wohnliche Zimmer (traditionell oder modern), aufmerksames Personal und Spa-Vielfalt auf 10 000 qm. Einladend der Garten mit zwei Naturbadeteichen und Blockhaussauna. Einen Reitstall hat man übrigens auch. HP inklusive.

🍴 🐕 ⟨ 🛏 ⌇ ❄ 🌐 ♨ 🏋 🎱 🅿 🛋 – 88 Zimmer – 6 Suiten

Liebenstein 25 ✉ 93444 – ☎ 09941 94800 – www.bayerwaldhof.de
✿ **Leos by Stephan Brandl** – Siehe Restaurantauswahl

KONSTANZ

Baden-Württemberg – Regionalatlas **63**–G21 – Michelin Straßenkarte 545

✿✿ OPHELIA

FRANZÖSISCH-KREATIV · ELEGANT ✗✗ Hinsetzen und wohlfühlen - das trifft es ganz genau, nicht nur wenn Sie auf der wunderbaren Terrasse sitzen und den Blick auf den Bodensee genießen. Das Hotel "Riva" - und somit auch dieses Gourmetrestaurant - besticht nicht nur durch seine Lage direkt an der Uferpromenade, sondern vor allem durch die präzise und aromareiche Küche von Dirk Hoberg. In der schönen Jugendstilvilla von 1909 hat man mit dem "Ophelia" einen stilvollen modern-eleganten Rahmen dafür geschaffen. An wertig eingedeckten Tischen serviert man z. B. ein wunderbares Bisonfilet mit Artischocke, Paprika und fantastischer Jus - das vergisst man nicht so schnell! Sehr gut die glasweise Weinbegleitung zum Menü. Der Chef ist immer am Gast und serviert hin und wieder mit.

Spezialitäten: Taschenkrebs, Tomate, Olive, Salatherz, Pistazie. Reh, Steinpilz, Sellerie, Himbeere, Haselnuss. Mojito, Kokos, weiße Schokolade.

🍴 ⪜ 🏡 🅰🅲 ⇧ 🅿 – Menü 165/205€

Hotel RIVA, Seestraße 25 (Zufahrt über Kamorstraße) ✉ 78464 –
☎ 07531 363090 – www.hotel-riva.de – Geschlossen 2. Februar-10. März,
12.-27. Oktober, Dienstag, Mittwoch, mittags: Montag und Donnerstag-Sonntag*

✿ SAN MARTINO - GOURMET

Chef: Jochen Fecht

FRANZÖSISCH-KREATIV · FREUNDLICH ✗✗ Der Weg zum kreativen Menü von Patron und Küchenchef Jochen Fecht führt Sie ins Souterrain eines im Herzen von Konstanz gelegenen Stadthauses. Hier sitzen Sie umgeben von aparten Natursteinwänden in einem geradlinig-eleganten kleinen Gourmetrestaurant und werden überaus freundlich und ebenso kompetent umsorgt. Erstklassige Produkte sowie jede Menge Kraft und Geschmack stecken in der modern umgesetzten klassischen Küche. Bekommen Sie nicht auch Lust, wenn Sie auf der Karte Wohlklingendes wie z. B. "Steinbuttfilet & Kingsalmon, Orangen-Buchen-Rauch, Quinoa, Grapefruit, Koriander, Kapern" lesen?

Spezialitäten: Saibling Filet und Vadouvan, Rauch Aromen, Quinoa, Salty Fingers, Koriander. Kalb, Kohlrabi, Pfifferlinge. Pflaume und Schokolade, Limette, Schmand, Rum, Dinkel.

🏡 – Menü 146/182€

Bruderturmgasse 3 (Zugang über Schlachtторgasse) ✉ 78462 – ☎ 07531 2845678 –
www.san-martino.net – Geschlossen Montag, Dienstag, Sonntag,
mittags: Mittwoch-Samstag*

🍴○ **San Martino - Bistro** – Siehe Restaurantauswahl

🍴○ RIVA

INTERNATIONAL · FREUNDLICH ✗✗ Besonders toll ist hier die Terrasse mit Seeblick! Aber auch in dem hellen, eleganten Restaurant sitzt man richtig schön - die bodentiefen Fenster zum See lassen sich öffnen. Gekocht wird international-klassisch, von "Tom Kha Gai" über "Spaghetti Vongole" bis "Züricher Geschnetzeltes" oder "Filet von Bodenseefelchen". Schicke Bar und chillige Außen-Lounge.

🍴 ⪜ 🏡 ♿ 🅰🅲 ⇧ 🅿 🚗 – Karte 40/97€

Hotel RIVA, Seestraße 25 (Zufahrt über Kamorstraße) ✉ 78464 –
☎ 07531 363090 - www.hotel-riva.de – Geschlossen 1.-28. Februar*

🍴○ BRASSERIE COLETTE TIM RAUE

FRANZÖSISCH · BRASSERIE ✗ Ganz im Stil einer französischen Brasserie kommt sowohl die Atmosphäre als auch die Küche daher, typische Klassiker sind z. B. Austern oder "Steak Frites". Highlight hier im 1. Stock die Terrasse zur Fußgängerzone - die Plätze sind allerdings begrenzt! Drinnen sitzt man gerne an den versenkbaren Fenstern über dem geschäftigen Treiben der Stadt.

🏡 – Menü 26€ (Mittags)/29€ – Karte 36/71€

Brotlaube 2A ✉ 78462 – ☎ 07531 1285100 – www.brasseriecolette.de –
Geschlossen Montag, Dienstag*

‖○ PAPAGENO ZUR SCHWEIZER GRENZE ⓝ

KLASSISCHE KÜCHE · GASTHOF ⅹ Einen Steinwurf vom kleinen Grenzübergang Tägerwilen entfernt bietet Patrick Stier (zuvor schon im "Papageno" am alten Standort) klassische Küche mit mediterranem Einfluss. Gemütlich die Gaststube mit Holztäfelung und modernen Details. Nett: weinberankte Terrasse mit Lauben-Charme. Tipp: fair kalkuliertes Mittagsmenü.

� 🅿 – Menü 50/92 € – Karte 38/68 €

Gottlieber Straße 64 (nahe dem Grenzübergang Tägerwilen) ✉ 78462 –
☎ 07531 368660 – www.restaurant-papageno.net –
Geschlossen Montag, Dienstag

‖○ SAN MARTINO - BISTRO

INTERNATIONAL · FREUNDLICH ⅹ Auch in der Bistro-Variante der "San Martino"-Gastronomie isst man durchaus mit Niveau, ob "Coq au Vin", "Bouillabaisse", "Skrei vom Teppanyaki-Grill" oder "Kaiserschmarrn mit Rum-Rosinen" - geschulter Service und lockere Atmosphäre inklusive.

� – Menü 18 € (Mittags), 56/78 € – Karte 42/84 €

San Martino - Gourmet, Bruderturmgasse 3 ✉ 78462 –
☎ 07531 2845678 – www.san-martino.net –
Geschlossen Montag, Sonntag

⌂⌂⌂ RIVA

SPA UND WELLNESS · MODERN Modern-dezenter Luxus in absoluter Paradelage! Die Uferpromenade vor der Tür, wertig-schickes Interieur, exzellentes Frühstück, dazu eine tolle Lounge mit Seeblick und der klasse Spa, der kaum Wünsche offen lässt! Übrigens: Der beheizte Pool auf dem Dach ist ein ganzjähriges Vergnügen!

🏊 🦢 ⟨ 🛋 ⑩ ⋒ ⅃₅ ⊡ 🅱 ₥ ₰ 🅿 🖼 – 41 Zimmer – 5 Suiten

Seestraße 25 (Zufahrt über Kamorstraße) ✉ 78464 –
☎ 07531 363090 – www.hotel-riva.de

‖○ RIVA · ❀❀ Ophelia – Siehe Restaurantauswahl

⌂⌂⌂ HOTEL 47°

BUSINESS · MODERN Eine schöne Adresse am Seerhein: geradliniges Design, wertige Materialien, moderne Technik. Ganz oben: Wellnessbereich mit toller Dachterrasse. Im Restaurant "Friedrichs" schaut man durch die Fensterfront aufs Wasser, ebenso von der Terrasse. Am Abend international-saisonale Küche, mittags günstigeres Lunch-Angebot.

🏊 ⋒ ⊡ ₥ 🅱 ₰ – 99 Zimmer

Reichenaustraße 17 ✉ 78462 –
☎ 07531 127490 – www.47grad.de

⌂⌂⌂ STEIGENBERGER INSELHOTEL

HISTORISCH · KLASSISCH Das Dominikanerkloster a. d. 13. Jh. mit seinem wunderschönen Kreuzgang wird seit 1874 als Hotel geführt, seit 1966 ist es ein Steigenberger! Trumpf ist hier natürlich die Lage am See, herrlich die Liegewiese! Internationale Küche im schicken "Seerestaurant" mit hübscher Terrasse, Regionales in der "Dominikaner Stube".

🏊 ⟨ 🚋 ⋒ ⅃₅ ⊡ ₥ 🅱 ₰ 🅿 – 100 Zimmer – 2 Suiten

Auf der Insel 1 ✉ 78462 –
☎ 07531 1250 – www.konstanz.steigenberger.de

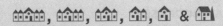

KORSCHENBROICH

Nordrhein-Westfalen – Regionalatlas **35**–B11 – Michelin Straßenkarte 543

In Korschenbroich-Steinhausen Ost: 10 km

🕽○ **GASTHAUS STAPPEN**

REGIONAL · **GASTHOF** 𝕏𝕏 Das gemütlich-moderne Restaurant in dem hübschen Backsteinhaus wird seit Generationen engagiert geführt. Die Küche ist regional-international und bietet z. B. "Thunfischsteak mit Süßkartoffel-Kürbis-Curry" oder auch "Wiener Schnitzel". Schöner Innenhof. Nach Vereinbarung kann man die Vinothek buchen. Tipp: Es gibt auch chic-moderne Gästezimmer!

⇦ 🛉 ⇧ 🅿 – Menü 43/52 € – Karte 43/56 €

Steinhausen 39 ✉ 41352 – ℰ 02166 88226 – www.gasthaus-stappen.de –
Geschlossen 27. Dezember-6. Januar, Montag, Dienstag

KRAIBURG AM INN

Bayern – Regionalatlas **66**–N20 – Michelin Straßenkarte 546

🕽○ **HARDTHAUS**

INTERNATIONAL · **ROMANTISCH** 𝕏𝕏 In dem denkmalgeschützten Haus umgibt Sie das charmante Ambiente eines ehemaligen Kolonialwarenladens. Ebenso einladend der gemütliche Gewölbe-Weinkeller und die schöne Terrasse am Marktplatz. Gekocht wird international und kreativ. Im Haus gegenüber hat man moderne, hochwertige Zimmer.

⇦ 🛉 – Menü 38 € (Mittags), 58/110 € – Karte 36/98 €

Marktplatz 31 ✉ 84559 – ℰ 08638 73067 – www.hardthaus.de –
Geschlossen Montag, Dienstag, Mittwoch, mittags: Donnerstag-Samstag

KRAKOW AM SEE

Mecklenburg-Vorpommern – Regionalatlas **12**–N5 – Michelin Straßenkarte 542

In Krakow-Kuchelmiß Nord-Ost: 9, 5 km

🕸 **ICH WEIß EIN HAUS AM SEE**

FRANZÖSISCH-KLASSISCH · **FAMILIÄR** 𝕏𝕏 Irgendwo im Nirgendwo zwischen Berlin und Rostock... Genau diese Abgeschiedenheit macht das wunderbare Grundstück direkt am See zu einem idyllischen Fleckchen Erde! Das charmant-elegante Landhausflair könnte da nicht besser passen, und die herzlichen Gastgeber kümmern sich aufmerksam, unaufdringlich und mit der richtigen Portion Witz um Sie. Jeden Abend bietet Küchenchef Raik Zeigner ein anderes Menü - klassisch und aus top Produkten, wie z. B. der zarte Steinbutt mit Pfifferlingen und Beurre Blanc. Für die ideale Begleitung dazu sorgt Adelbert ("Adi") König. Der Patron und Sommelier lebt gewissermaßen für Wein - fragen Sie nach seinen neuen Entdeckungen! Oder lieber eine der interessanten Raritäten von der Karte? Danach können Sie übrigens in richtig hübschen Gästezimmern übernachten.

Spezialitäten: Gegrillte Gambas und Jakobsmuschel, Avocadocrème, Mango und Paprikaschaum. Kalbsfilet und Tafelspitz mit Pfifferlingen, Sauce Marchand de Vin. Dessert von Kürbis und Orange.

🕷 ⇦ ≼ 🛉 🅿 🍴 – Menü 99 €

Paradiesweg 3 ✉ 18292 – ℰ 038457 23273 – www.hausamsee.de –
Geschlossen 1.-28. Februar, 1.-30. November, Montag, Sonntag,
mittags: Dienstag-Samstag

KRESSBRONN AM BODENSEE

Baden-Württemberg – Regionalatlas **63**–H21 – Michelin Straßenkarte 545

Alles

FÜR DIE
Crème de la Crème
DER GASTRONOMIE

⅂○ MEERSALZ

INTERNATIONAL · ELEGANT ✗ In dem ehemaligen Steinmetz-Betrieb kocht man für Sie modern und international-saisonal. Auf der Karte z. B. "klare Toma-tenessenz mit frischen Kräutern und gebratener Jakobsmuschel" oder "Kalbsfilet mit Ratatouille und Gnocchi". Geschmackvoll das geradlinig-schicke Ambiente, zuvorkommend und freundlich der Service.

⇦ 斎 🅿 – Menü 56/128 € – Karte 48/74 €

Boutique-Hotel Friesinger, Bahnhofstraße 5 ⊠ 88079 – ℰ 07543 9398787 –
www.restaurant-meersalz.de – Geschlossen Montag, Dienstag,
mittags: Mittwoch-Samstag

🏠 BOUTIQUE-HOTEL FRIESINGER

BOUTIQUE-HOTEL · MODERN Ein echtes kleines Bijou und geradezu ein "Vor-zeige"-Boutique-Hotel! In dem schmucken Landhaus in Seenähe wird man von engagierten Gastgebern überaus herzlich betreut und wohnt in ausgesprochen schönen und ganz individuellen Zimmern, die mit hochwertigen Materialien in stil-voll-modernem Design eingerichtet sind.

🎇 🅿 – 7 Zimmer – 3 Suiten

Bahnhofstraße 5 ⊠ 88079 – ℰ 07543 9398787 – www.boutique-hotel-friesinger.de

⅂○ **Meersalz** – Siehe Restaurantauswahl

KREUTH

Bayern – Regionalatlas **66**–M21 – Michelin Straßenkarte 546

In Kreuth-Weißach West: 1 km

⅂○ MIZU SUSHI-BAR

JAPANISCH · DESIGN ✗ In diesem fernöstlich-reduziert designten Restaurant des "Bachmair Weissach" gibt es einen Mix aus klassischer und moderner japa-nischer Küche. Traditionelles Sashimi und neue Sushi-Variationen sind da ebenso vertreten wie z. B. "Steinbutt, Yuzu, Austern-Ponzu-Sauce" oder auch "US Ribeye-Steak Mizu Style".

⇦ 斎 ઇ 🅿 – Menü 50/150 €

Hotel Bachmair Weissach, Wiesseer Straße 1 ⊠ 83700 – ℰ 08022 278523 –
www.bachmair-weissach.com – Geschlossen Montag-Dienstag, nur Abendessen

🏨 BACHMAIR WEISSACH   Tablet.PLUS

RESORT · MONTAN So wünscht man sich ein luxuriöses Ferien- & Wellness-resort: Zimmer und Suiten mit erstklassiger Technik und hochwertigem Interieur, ein 4500 qm großer Spa samt schickem japanischem "Mizu Onsen Spa" und dazu ein schönes gastronomisches Angebot, das im Winter durch die "Kreuther Fon-due Stube" abgerundet wird.

🎇 ⇔ ⚒ 🎭 ⊕ 🎴 Ⅰ🌳 🖸 ઇ 🛁 🅿 🍴 – 141 Zimmer – 72 Suiten

Wiesseer Straße 1 ⊠ 83700 – ℰ 08022 2780 – www.bachmair-weissach.com

⅂○ **MIZU Sushi-Bar** – Siehe Restaurantauswahl

KREUZNACH, BAD

Rheinland-Pfalz – Regionalatlas **46**–D15 – Michelin Straßenkarte 543

🕲 IM KITTCHEN

MEDITERRAN · WEINSTUBE ✗ Das kleine Restaurant liegt mitten in der Alt-stadt, in einer kleinen Gasse nahe dem Eiermarkt. Sowohl die charmante Atmo-sphäre als auch die ansprechende Auswahl an abwechslungsreichen Gerichten kommen an, ebenso die freundliche Chefin im Service. Tipp für Übernachtungen: das Hotel "Michel Mort" gleich nebenan.

Spezialitäten: Vichyssoise mit Chorizo. Geschmorte Kalbsbäckchen mit Kohlrabi. Aprikosen-Quarkknödel mit Vanilleeis.

Menü 36/81 € – Karte 39/64 €

Alte Poststraße 2 ⊠ 55545 – ℰ 0671 9200811 – Geschlossen 13.-28. Juni, Montag,
Sonntag, mittags: Dienstag-Samstag

ⅱ○ IM GÜTCHEN

MEDITERRAN · TRENDY ✕✕ Kaum zu glauben, dass dieser modern-elegante, luftig-hohe Raum mal ein Schweinestall war! Die freundlichen Gastgeber bieten in dem schön sanierten Gebäude a. d. 18. Jh. charmanten Service und aromatische saisonal und mediterran geprägte Küche aus guten Zutaten.

🏠 **P** ✂ – Menü 62/89 € – Karte 46/80 €

Hüffelsheimer Straße 1 ✉ *55545 – ℰ 0671 42626 – www.jan-treutle.de –*
Geschlossen 21. Februar-4. März, 20. September-1. Oktober, Dienstag, Mittwoch,
mittags: Montag und Donnerstag-Samstag

KRONBERG IM TAUNUS

Hessen – Regionalatlas **47**–F14 – Michelin Straßenkarte 543

ⅱ○ SCHLOSSRESTAURANT

FRANZÖSISCH · HISTORISCHES AMBIENTE ✕✕✕ In dem ehrwürdigen eleganten Saal spürt man die Historie des Anwesens. Zur Wahl stehen die Menüs "Reise" und "Zeitlos", auch à la carte ist möglich. Dazu eine sehr gute internationale Weinauswahl sowie Weine des hauseigenen Weinguts Prinz von Hessen. Wunderbar die Terrasse zum Park. Schön zum Übernachten: "Schlosshotel Kronberg" mit stilvoll-wertigem Interieur.

⇦ 🛏 🏠 🖥 ⇔ **P** – Menü 79/139 € – Karte 55/97 €

Hainstraße 25 ✉ *61476 – ℰ 06173 70101 – www.schlosshotel-kronberg.de*

ⅱ○ GRÜNE GANS

FRANZÖSISCH · FREUNDLICH ✕✕ Seit 2007 ist die ehemalige Schlosserei a. d. 17. Jh. eine kulinarische Konstante inmitten der Altstadt. In gemütlich-modernem Ambiente serviert man französisch-internationale Küche z. B. als "Filet vom Skrei mit Ingwer-Karottenpüree". Oder lieber Flammkuchen?

🏠 – Karte 42/57 €

Pferdstraße 20 ✉ *61476 – ℰ 06173 783666 – www.gruene-gans.com –*
Geschlossen mittags: Montag-Sonntag

ⅱ○ VILLA PHILIPPE - RESTAURANT HOFFMANN ①

MARKTKÜCHE · FREUNDLICH ✕ Schon von außen hübsch abzuschauen ist die klassische Villa a. d. 19. Jh. mit ihrem verglasten Anbau, drinnen setzt sich der Mix aus Tradition und Moderne fort. Gelungen hat man hier Restaurant, Bar, Weinkeller und Sommergarten vereint. Geboten wird eine naturbezogene regional-saisonale Küche. Gut sortierte Weinkarte.

🏠 – Menü 60/105 € – Karte 45/64 €

Hainstraße 3 (1. Etage) ✉ *61476 – ℰ 06173 993751 – www.villa-philippe.de –*
Geschlossen Montag, mittags: Dienstag-Samstag, Sonntag

KROZINGEN, BAD

Baden-Württemberg – Regionalatlas **61**–D20 – Michelin Straßenkarte 545

In Bad Krozingen-Schmidhofen Süd: 3,5 km über B 3

✿ STORCHEN

Chef: Fritz und Jochen Helfesrieder

KLASSISCHE KÜCHE · GASTHOF ✕✕ Wenn man an einem warmen Sommertag auf der Terrasse des schmucken Gasthofs von 1764 neben dem kleinen Teich sitzt und sich mit durchdachten, zeitgemäßen und harmonisch auf den Punkt gekochten Speisen verwöhnen lässt, dann möchte man sich bei Familie Helfesrieder am liebsten dafür bedanken, dass sie diesen gemütlichen badischen Gasthof hier draußen nun seit über 40 Jahren mit so viel Herzblut führt! Vater und Sohn sind ein eingespieltes Team am Herd. Sie konzentrieren sich ganz auf die Produkte und verzichten bewusst auf Schnickschnack. Ob "Der große Storch" oder "Einfach Storchen", der gelungene Mix aus Gourmet und Regionalem bietet für jeden etwas. Daneben gibt es noch die Tagesempfehlungen. Und dazu ein gutes Gläschen Wein? Vielleicht aus der Region? Einfach zum Genießen!

Spezialitäten: Tataki vom Thunfisch, Gartengurke, Mango, Passionsfrucht, Korian-der. Rücken vom Mangalica Wollschwein, Artischocken, Zucchiniröllchen, Kartof-felkrustel. Zwetschgenröster von der Bühler Zwetschge mit Quarktörtchen.

⇦ 🏠 ✿ **P** – Menü 38 € (Mittags), 68/116 € – Karte 50/96 €

Felix und Nabor Straße 2 ⊠ 79189 – ℰ 07633 5329 – www.storchen-schmidhofen.de –
Geschlossen Montag, Sonntag

KRÜN

Bayern – Regionalatlas **65**-L22 – Michelin Straßenkarte 546

🏵 DAS ALPENGLÜHN RESTAURANT

MODERNE KÜCHE · RUSTIKAL ⅈ Gelungen hat die 4. Generation der Familie Kriner hier Moderne und Tradition vereint - das gilt sowohl für das freundliche Ambiente mit rustikaler Note als auch für die Küche. Letztere reicht von krea-tiv inspirierten Gerichten wie "Regenbogenforelle, Sellerie, Apfel, Holunder" bis zu bayerischen Schmankerln wie "Rindersaftgulasch, Sauerrahm, Semmel-knödel".

Spezialitäten: Zander, Tamarinde, Basmati, Wassermelone. Schweinebauch, Erb-se, Speck. Erdbeer, Sauerampfer, Schokolade.

🏠 **P** – Menü 47/70 € – Karte 35/75 €

Kranzbachstraße 10 ⊠ 82494 – ℰ 08825 2374 – www.das-alpengluehn.de –
Geschlossen Donnerstag, mittags: Montag-Mittwoch und Freitag

In Krün-Elmau Süd-West: 9 km über Kais, nur über mautpflichtiger Straße zu erreichen

🏵🏵 LUCE D'ORO

MODERNE KÜCHE · CHIC ⅩⅩⅩ Was das einzigartige Hideaway "Schloss Elmau" im Hotel- und Spa-Bereich an Luxus bietet, findet im "Luce d'Oro" sein kulinari-sches Pendant. Es wird kreativ gekocht, die Produkte sind top. Christoph Rainer - er machte bereits mit 2-Sterne-Küche im Frankfurter "Tiger-Gourmetrestaurant" von sich reden - lässt sich bei seinen wechselnden Menüs von den Küchen Frank-reichs und Japans inspirieren. Interessante Kombinationen und feine Kontraste stehen dabei außer Frage. So niveauvoll die aromareichen Speisen, so wertig das Interieur: edles naturbelassenes Holz, geradliniges Design, warme Farben und das namengebende golden schimmernde Licht. Kurzum: ein Ort, der Klasse und Wohlfühl-Atmosphäre vereint!

Spezialitäten: Languste, Jasminreis, Papaya, Koriander. Wagyu vom Holzkohle-grill, Salzzitrone, Palmherz, Erdartischocke. Asiatisches Drachenauge, Kokosnuss, Pink Pitahaya, roter Shiso.

🏵 ⇦ 🖃 **P** – Menü 189/209 €

Hotel Schloss Elmau, Elmau 2 ⊠ 82493 –
ℰ 08823 180 – www.schloss-elmau.de – Geschlossen 17.-31. Januar, 11. April-2. Mai,
12.-26. September, 5.-12. Dezember, Montag, Dienstag, Sonntag,
mittags: Mittwoch-Samstag

🏯 SCHLOSS ELMAU ▐ Tablet.PLUS

GROSSER LUXUS · MODERN Das Nonplusultra in Sachen Großzügigkeit, Design und Wertigkeit, vom stilvollen historischen Schloss bis zum "Retreat" - hier hat man es etwas diskreter und intimer. Herrlich die Landschaft, top der Service, dazu pure Spa-Vielfalt. Die Restaurants "Summit", "Tutto Mondo" und "Ganesha" bieten italienische Küche, das "Fidelio" Asiatisches samt Sushi und Sashimi.

🍴 🌊 ⇐ ⌂ 🛋 🏊 ⦿ 🌀 Ⅰ🛋 🖃 ⅞ 🏋 **P** 🚗 – 162 Zimmer – 39 Suiten

Elmau 2 ⊠ 82493 – ℰ 08823 180 – www.schloss-elmau.de

🏵🏵 **Luce d'Oro** – Siehe Restaurantauswahl

KRÜN

In Krün-Kranzbach Süd-West: 7 km über Klais, nur über mautpflichtige Straße zu erreichen

🏠 DAS KRANZBACH

SPA UND WELLNESS · INDIVIDUELL Das "Schloss Kranzbach" von 1915 - mit dem Flair eines englisches Landsitzes - ist heute ein Wellnesshotel par excellence! Geschmackvolle Zimmer, ein Spa auf 3500 qm mit allem, was das Herz begehrt, dazu ein klasse Frühstück samt eigenem Saftraum sowie eine hervorragende 3/4-Pension (inkl.). Tipp: das Baumhaus im Wald oder die Suiten im modernen Gartenflügel!

🏯 🕭 🏌 📶 📺 🌐 🛎 📠 🔧 🛗 🅿 🚗 – 133 Zimmer – 4 Suiten

Kranzbach 1 ✉ 82494 – ☎ 08823 928000 – www.daskranzbach.de

KÜNZELSAU
Baden-Württemberg – Regionalatlas **48**–H17 – Michelin Straßenkarte 545

🙂 ANNE-SOPHIE

INTERNATIONAL · FREUNDLICH ✗ Ein Tipp vorweg: Nehmen Sie am besten im luftig-lichten Wintergarten Platz, hier hat man einen schönen Blick in den Garten! Gekocht wird schmackhaft und saisonal, beliebt auch Klassiker wie geschmorte Kalbsbäckchen. Mittags reduzierte Karte und preiswerte Tagesessen. Zu finden ist das Restaurant übrigens am Schlossplatz, ca. 150 m vom Haupthaus des Hotels.

Spezialitäten: Jakobsmuscheln mit Zweierlei vom Hokkaido Kürbis und Orangen-Fenchelsalat. Lammrücken im Gewürzmantel, Quittenchutney, Pastinake, Serviettenknödel. Vacherin Mont-d´Or, Feige, Pistazie, Honig, Pinienkerne.

🔄 🏯 🛗 🆎 🔧 🅿 🚗 – Menü 36/60 € – Karte 36/52 €

Hotel Anne-Sophie, Am Schlossplatz 9 ✉ 74653 – ☎ 07940 93462041 – www.hotel-anne-sophie.de

🍽 HANDICAP.

MODERNE KÜCHE · ELEGANT ✗✗ Hier ist der Name Programm: In dem geschmackvollen Restaurant werden Menschen mit Handicap integriert, und das mit Erfolg, wie das gute Team beweist! Stilvoll der Rahmen aus Geradlinigkeit und Kunst, an der Decke ein Himmelsgemälde von Markus Schmidgall. Einfachere Lunchkarte. An schönen Sommertagen sitzt man sehr angenehm auf der Terrasse.

🔄 🏯 🛗 🆎 🅿 – Menü 34 € (Mittags), 75/105 € – Karte 60/74 €

Hotel Anne-Sophie, Hauptstraße 22 ✉ 74653 – ☎ 07940 93460 – www.hotel-anne-sophie.de – Geschlossen 1.-14. Januar, 1.-23. August, Montag, Dienstag, abends: Sonntag

🏠 ANNE-SOPHIE

HISTORISCH · ELEGANT Die moderne Architektur des Neubaus ist ein gelungener Kontrast zum 300 Jahre alten Stadthaus und dem "Würzburger Bau" von 1710 samt diverser Kunstobjekte. Sie wohnen in großzügigen, geschmackvoll-eleganten Zimmern oder günstiger im Gästehaus Anne-Sophie. Schauen Sie sich auch im "Lindele-Laden" um!

🏯 📺 🔧 🛗 🅿 🚗 – 54 Zimmer

Hauptstraße 22 ✉ 74653 – ☎ 07940 93460 – www.hotel-anne-sophie.de

🍽 handicap. · 🙂 Anne-Sophie – Siehe Restaurantauswahl

KÜPS
Bayern – Regionalatlas **50**–L14 – Michelin Straßenkarte 546

🙂 WERNERS RESTAURANT

MEDITERRAN · FREUNDLICH ✗✗ Bereits seit 1983 sorgen Werner Hühnlein und seine Frau, gebürtige Sizilianerin, für kulinarisches Niveau. Gekocht wird stark mediterran geprägt, so z. B. "Kürbis-Minestrone mit Ricotta-Ravioli" oder "Porchetta" ("mediterranes Spanferkel-Schäufele").

Spezialitäten: Steinpilzlasagne. Gegrillter Oktopus, Fregola Sarda, Aioli. Grieß-flammeri, Weinbeereneis.

🛠 ⇔ ⌷ – Menü 48/60 € – Karte 39/58 €

Griesring 16 ✉ *96328 – ☏ 09264 6446 – www.werners-restaurant.de –*
Geschlossen 6.-22. September, Sonntag, mittags: Montag-Samstag

KÜRTEN

Nordrhein-Westfalen – Regionalatlas **36**–C12 – Michelin Straßenkarte 543

ZUR MÜHLE

INTERNATIONAL · GEMÜTLICH ✖✖ Hermann und Kerstin Berger sorgen in dem traditionsreichen Haus (Familienbetrieb seit 1895) für gute international inspirierte Küche, und die gibt es z. B. als "Lammhüfte unter der Nusskruste, Urkarotte, Pastinake, Blumenkohl-Currypüree". Tipp: Überraschungsmenü montagabends. Das Ambiente: gemütlich mit moderner Note.

Spezialitäten: ZWEIERLEI VOM ZIEGENKÄSE - Praline & gratiniert auf Crôuton - dreierlei vom Ziegenkäse (Praline / Crôuton / gebrannte Creme) an Wildkräutern und Pflaumen Chili Chutney. Lammhüfte unter einer Nusskruste / Blumenkohl-Currypüree / Urkarotte / Pastinake. Kaffeemousse auf Butterkeks-Crumble mit dreierlei von der Himbeere.

🛠 🅿 ⌷ – Menü 39/52 € – Karte 40/52 €

Wipperfürther Straße 391 ✉ *51515 – ☏ 02268 6629 –*
www.restaurant-zur-muehle.com – Geschlossen Dienstag, Mittwoch

KUPPENHEIM

Baden-Württemberg – Regionalatlas **54**–E18 – Michelin Straßenkarte 545

In Kuppenheim-Oberndorf Süd-Ost: 2 km Richtung Freudenstadt

RAUBS LANDGASTHOF

FRANZÖSISCH-KLASSISCH · LÄNDLICH ✖✖ Schon seit fünf Generationen gilt der Landgasthof in dem kleinen Ort zwischen Karlsruhe und Baden-Baden als sehr gute Einkehradresse - mit kurzer Unterbrechung wird man bereits seit 1989 vom Guide MICHELIN mit einem Stern ausgezeichnet. Bei Familie Raub kocht man klassisch nach alter Schule, beherrscht es aber auch, in die durchdachten Gerichte hier und da mediterrane Elemente einfließen zu lassen, wie man beispielsweise beim Atlantik-Wolfsbarsch mit sizilianischem Gemüseeintopf erkennen kann. Viele Stammgäste schätzen auch das vegatarische Menü sowie die zusätzliche Mittagskarte, die mit vorwiegend regionalen Spezialitäten zu einem attraktiven Preis lockt. Darüber hinaus hat sich das Haus ebenso als erstklassige Übernachtungsmöglichkeit etabliert.

Spezialitäten: Wolfsbarsch, Feines vom Blumenkohl mit Zitrusfrüchtenage und Szechuanpfeffer aus dem eigenen Garten. Kotelett und Medaillon vom Lamm mit Kaiserpilzen und Kompott von jungen Tropeazwiebeln. Ofenschlupfer von weißen Pfirsichen, Himbeeren und Haselnüssen mit Lavendeleis.

🐾 ⇦ 🛠 ⇔ 🅿 ⌷ – Menü 36 € (Mittags), 68/130 € – Karte 54/106 €

Hauptstraße 41 ✉ *76456 – ☏ 07225 75623 – www.raubs-landgasthof.de –*
Geschlossen Montag, Dienstag, Sonntag

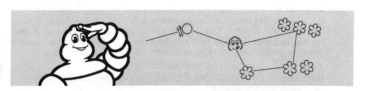

LAASPHE, BAD

Nordrhein-Westfalen – Regionalatlas **37**–F12 – Michelin Straßenkarte 543

In Bad Laasphe-Glashütte West: 14 km über B 62 sowie Feudingen und Volkholz, in Saßmannshausen links

⅋○ RÔTISSERIE JAGDHOF STUBEN

GRILLGERICHTE · GEMÜTLICH ⅩⅩ Schon allein der große Rôtisseriegrill neben der offenen Küche verbreitet in dem liebevoll dekorierten Restaurant Gemütlichkeit. Es gibt Leckeres vom Holzkohlegrill sowie traditionell-klassische und internationale Küche - auch das ein oder andere Lieblingsgericht von Patron Edmund Dornhöfer ist vertreten!

⇦ ⇔ 🛋 🗐 **P** – Menü 38 € (Mittags), 49/69 € – Karte 44/73 €

Hotel Jagdhof Glashütte, Glashütter Straße 20 ☒ 57334 – 𝒞 02754 3990 –
www.jagdhof-glashuette.de – Geschlossen Montag, mittags: Dienstag-Freitag

🏠 JAGDHOF GLASHÜTTE

LUXUS · GEMÜTLICH Die Dornhöfers sind beispielhafte und liebenswürdige Gastgeber! Dass man hier nicht stehenbleibt, zeigt u. a. der attraktive Spa. Dazu schöne Einrichtung mit ländlichem Charme und ruhige Lage umgeben von Wald und Wiese. Reizend: die "Fuhrmannskneipe", mit der hier einst alles begann! "Stammgastrevier" heißt die bürgerlich-regionale Wittgensteiner Küche. Interessant: Gastkoch-Konzept im "Ars Vivendi".

🦢 ⇔ 🖥 🕸 🗐 🛁 **P** 🛋 – 20 Zimmer – 9 Suiten

Glashütter Straße 22 ☒ 57334 – 𝒞 02754 3990 – www.jagdhof-glashuette.de

⅋○ **Rôtisserie Jagdhof Stuben** – Siehe Restaurantauswahl

LADENBURG

Baden-Württemberg – Regionalatlas **47**–F16 – Michelin Straßenkarte 545

⅋○ BACKMULDE

FRANZÖSISCH-MODERN · GEMÜTLICH Ⅹ So ein Lokal wünscht man sich in der Nachbarschaft: tolles Essen, ausgesuchte Weine nebst versierter Beratung und dazu die gemütliche Atmosphäre eines charmanten jahrhundertealten Fachwerkhauses! Tipp: Weinladen gegenüber.

🕸 🛋 – Menü 55/99 € – Karte 49/80 €

Hauptstraße 61 ☒ 68526 – 𝒞 06203 404080 – www.back-mul.de –
Geschlossen Montag, Dienstag, Mittwoch, mittags: Donnerstag-Samstag

⅋○ ZUM GÜLDENEN STERN

BÜRGERLICHE KÜCHE · FREUNDLICH Ⅹ Hier darf man sich auf freundliche Gastgeber und gute Küche zu fairen Preisen freuen. In dem eher schlicht gehaltenen Gasthaus a. d. J. 1598 (das älteste in Ladenburg) gibt es frische bürgerliche Gerichte wie "Pfifferlingssüppchen" oder "Wiener Schnitzel mit Kartoffel-Gurkensalat". Mittags ist das Tagesessen beliebt.

🛋 ⊟ – Menü 28/39 € – Karte 31/46 €

Hauptstraße 65 ☒ 68526 – 𝒞 06203 15566 – www.sternladenburg.de –
Geschlossen Dienstag, Mittwoch, mittags: Donnerstag, mittags: Samstag

LAHR (SCHWARZWALD)

Baden-Württemberg – Regionalatlas **53**–D19 – Michelin Straßenkarte 545

⅋○ GRÜNER BAUM

REGIONAL · GASTHOF Ⅹ Besonders schön sitzt man auf der Terrasse hinter dem über 300 Jahre alten Gasthof unter einer großen Kastanie, aber auch drinnen hat man es bei den engagierten Gastgebern gemütlich. Serviert werden saisonal geprägte Gerichte wie z. B. "Kalbsrücken mit Gemüse und Kartoffelnocken".

⇦ 🛋 ⇄ **P** – Menü 54/56 € – Karte 29/59 €

Burgheimer Straße 105 ☒ 77933 – 𝒞 07821 22282 – www.gruenerbaum-lahr.de –
Geschlossen abends: Sonntag

In Lahr-Reichenbach Ost: 3,5 km über B 415

✿ ADLER

Chef: Daniel Fehrenbacher

FRANZÖSISCH-MODERN · CHIC XX Familie Fehrenbacher führt ihr Gasthaus seit vier Generationen mit viel Charme und sicherer Hand und schreibt damit eine Erfolgsgeschichte, denn seit 1990 wird das gemütliche Lokal ununterbrochen mit einem MICHELIN Stern ausgezeichnet! Man verwöhnt seine Gäste mit einer vorzüglichen modern-französischen Küche - dafür verantwortlich ist Sohn Daniel Fehrenbacher, der das Ruder in der Sterneküche von seinem Vater Otto übernommen hat. Der Junior kocht stimmig und baut immer wieder dezent interessante Kontraste ein. Die gelungene Kombination von Moderne und Klassik gilt übrigens auch fürs Ambiente: ein Mix aus geradlinig-schickem Stil und Schwarzwald-Charme. Für Kenner edler Tropfen gibt es im „Adler" schöne Weinempfehlungen durch den Service.

Spezialitäten: Jakobsmuschel, Trüffel, Blutorange, Kartoffel und Haselnuss. Steinbutt, Kümmel und gerösteter Blumenkohl. Schokoladenkugel, Passionsfrucht, karamellisiertes Getreide und Chilikresse.

❀ ⇔ Ⓜ ⇔ 🅿 – Menü 82/132 €

Hotel Adler, Reichenbacher Hauptstraße 18 ✉ 77933 – ☏ 07821 906390 –
www.adler-lahr.de – Geschlossen 1.-31. August, Montag, Dienstag,
mittags: Mittwoch-Samstag

⊛ GASTHAUS

REGIONAL · GASTHOF X Wie das Gourmetrestaurant vereint auch das "Gasthaus" Moderne und Tradition, von der Einrichtung bis zur Speisekarte. Hier geht es etwas legerer zu, gekocht wird aber ebenfalls richtig gut - das merkt man nicht zuletzt am Geschmack der Saucen! Ihr Menü können Sie sich selbst zusammenstellen - auch vegetarisch. Freundlicher Service.

Spezialitäten: Kürbis-Kokossuppe mit Garnelen-Croustillon. Zwiebelrostbraten mit Spätzle. Warmes Schokoladentörtchen mit Passionsfrucht und Vanilleeis.

⇔ 🛋 ⇔ 🅿 – Menü 38/44 € – Karte 33/63 €

Hotel Adler, Reichenbacher Hauptstraße 18 ✉ 77933 – ☏ 07821 906390 –
www.adler-lahr.de – Geschlossen Montag, Dienstag

🏠 ADLER

FAMILIÄR · INDIVIDUELL Familientradition wird bei den Fehrenbachers groß geschrieben, und das seit 4 Generationen. Das Haus hat sehr zur Freude der Gäste über all die Jahre seinen badischen Charme bewahrt und trotzdem passt auch der ganz moderne Stil einiger Zimmer gut ins Bild!

✿ 🛌 🅿 🛋 – 20 Zimmer

Reichenbacher Hauptstraße 18 ✉ 77933 – ☏ 07821 906390 – www.adler-lahr.de
⊛ **Gasthaus •** ✿ **Adler** – Siehe Restaurantauswahl

LANDSHUT

Bayern – Regionalatlas **58**-N19 – Michelin Straßenkarte 546

🍽️ FÜRSTENZIMMER UND HERZOGSTÜBERL

FRANZÖSISCH-KLASSISCH · FREUNDLICH XX Ob im stilvoll-eleganten Fürstenzimmer, im Herzogstüberl mit bayerischem Flair oder auf der charmanten Terrasse, Sie werden stets mit frischer klassischer Küche umsorgt. Geschult und herzlich der Service durch die Chefin. Dazu eine gut sortierte Weinkarte - schön die glasweise Weinbegleitung zum Menü. Tipp: Man bietet auch Koch- und Grillkurse an.

⇔ 🛋 ⇔ 🅿 🛋 – Menü 62/86 € – Karte 58/89 €

Hotel Fürstenhof, Stethaimer Straße 3 ✉ 84034 – ☏ 0871 92550 –
www.hotel-fuerstenhof-landshut.de – Geschlossen 1.-18. Januar, 8.-23. August,
Montag, Sonntag, mittags: Dienstag-Samstag

ⅱ○ BELLINI

ITALIENISCH · MEDITERRANES AMBIENTE ✕✕ Der gebürtige Kalabrier Maurizio Ritacco hat das Lokal mit der herrlichen begrünten Hofterrasse schon über 25 Jahre. Er kocht klassisch-italienisch, unkompliziert, schnörkellos und mit sehr guten, frischen Produkten, so z. B. "Linguine mit Jakobsmuscheln". Seine zweite Leidenschaft: Wein, darunter tolle (Rot-) Weine aus seiner Heimat. Schön auch die Grappa-Auswahl.

🕮 – Menü 13 € (Mittags), 39/60 € – Karte 36/58 €

Papiererstraße 12 ✉ 84028 – ☎ 0871 630303 – www.bellini-landshut.de –
Geschlossen mittags: Samstag

🏠 FÜRSTENHOF

FAMILIÄR · INDIVIDUELL Ein Stadthotel zum Wohlfühlen! Das historische Haus von 1906 hat zwar nicht die schönste Lage, doch dafür stimmen die inneren Werte umso mehr! Sie wohnen in geschmackvollen Zimmern mit individuellem Touch, besonders interessant sind die Keramik-Suite oder das Tuchhändler-Zimmer. Dazu genießt man einen ausgezeichneten Service samt frischem, gutem Frühstück.

🍴 🏠 🆎 🅿 🚗 – 21 Zimmer – 1 Suite

Stethaimer Straße 3 ✉ 84034 – ☎ 0871 92550 – www.hotel-fuerstenhof-landshut.de
ⅱ○ **Fürstenzimmer und Herzogstüberl** – Siehe Restaurantauswahl

LANGENARGEN

Baden-Württemberg – Regionalatlas **63**–H21 – Michelin Straßenkarte 545

❀ SEO KÜCHENHANDWERK

MODERNE KÜCHE · CHIC ✕✕ Das hat schon eine gewisse Exklusivität: Das kleine Restaurant im "SeeVital Hotel Schiff" kommt mit sehr hochwertigem, schickem Interieur und gerademal vier Tischen daher und liegt zudem nur einen Steinwurf vom Wasser entfernt - richtig klasse ist da natürlich die Terrasse mit wunderbarem See- und Bergblick! Nicht minder erwähnenswert ist die moderne Küche von Roland Pieber. Der junge Österreicher beweist hier als Küchenchef echtes Talent, wenn er beispielsweise aus zartem geschmortem Lamm, arabischem Kraut, Tapenade und Riebel ein ausdrucksstarkes Gericht mit schöner Balance und feinen Kontrasten kreiert - regionale und alpenländische Akzente inklusive. Umsorgt wird man freundlich und kompetent, wobei auch für interessante Weinempfehlungen gesorgt ist.

Spezialitäten: Saibling, Mandelmilch, Schildampfer, Wilder Brokkoli, Grüne Mandeln, Rapsöl. Entrecôte vom Rind, Aubergine, Pfifferlinge, Schlangenzucchini, Pilzkraut. Pfirsich, Haselnuss, Sauerrahm, Zitronenverbene.

🔄 🕮 🆎 – Menü 144 €

SeeVital Hotel Schiff, Marktplatz 1 ✉ 88085 – ☎ 07543 93380 –
www.restaurant-seo.de –
Geschlossen 25. Juli-15. August, 20. Dezember-14. Februar, Sonntag-Dienstag, nur Abendessen

ⅱ○ MALERECK

INTERNATIONAL · LÄNDLICH ✕✕ Ausgesprochen schön ist es hier: wunderbar der eigene Park, toll die Terrasse zum Yachthafen mit Blick ins Grüne, elegant das Restaurant. Auf der internationalen und regional-saisonal beeinflussten Karte z. B. "gebratener Zander, Orangenquinoa risottata, Gemüse, Parmaschinken". Nicht entgehen lassen sollten Sie sich Desserts wie "Mandelmousse mit Beerensorbet"!

🕮 ♻ 🅿 – Menü 40/80 € – Karte 32/62 €

Argenweg 60 (im BMK-Yachthafen) ✉ 88085 – ☎ 07543 912491 –
www.restaurantmalereck.de –
Geschlossen 21. Dezember-31. Januar, Dienstag

ⅠⅠⓄ SCHUPPEN 13

ITALIENISCH · GEMÜTLICH ✗✗ Das stilvoll-maritime Restaurant ist eine feste Gastro-Größe direkt am Yachthafen - herrlich ist da natürlich die Terrasse! Aus richtig guten Produkten entstehen italienisch-saisonale Speisen wie "Acquerello-Risotto, Bisque, halber Hummer" oder "Kaninchen - Keule & Filet 'Cacciatora'".

🍴 🅿 – Menü 38 € (Mittags), 40/80 € – Karte 40/67 €

Argenweg 60 (im BMK-Yachthafen) ✉ 88085 – 𝒞 07543 1577 – www.schuppen13.de – Geschlossen 1. Januar-2. März, Montag

🏨 SEEVITAL HOTEL SCHIFF

BOUTIQUE-HOTEL · GEMÜTLICH Besser könnte das schmucke Lifestyle-Hotel kaum liegen: direkt am See mit herrlichem Blick - auch auf die Berge in der Ferne! Dazu wohnt man in schönen modernen Zimmern, frühstückt im Sommer auf der Terrasse und relaxt im gepflegten Wellnessbereich. An Restaurants hat man das hochwertige "SEO" und das "PASTA N°1" mit frischer mediterran-italienischer Küche.

🏋 ⟨ 🐾 ⊡ 🄰🄲 🚗 – 55 Zimmer

Marktplatz 1 ✉ 88085 – 𝒞 07543 93380 – www.seevital.de

🌸 **SEO Küchenhandwerk** – Siehe Restaurantauswahl

LANGENAU

Baden-Württemberg – Regionalatlas **56**-I19 – Michelin Straßenkarte 545

🌸 GASTHOF ZUM BAD

Chef: Hans Häge

FRANZÖSISCH-KLASSISCH · ZEITGEMÄSSES AMBIENTE ✗✗ Es war eine gute Entscheidung, den elterlichen Betrieb zu übernehmen! Seit 2007 führt Juniorchef Hans Häge am Herd Regie und bietet eine klassisch-saisonale Küche, in die er seinen eigenen Stil einfließen lässt, so z. B. bei "Kabeljau, Venusmuschel, Kalbszunge, Paprika, Bouillabaisse". Obwohl er nur ausgesuchte Zutaten verwendet, sind die Preise fair kalkuliert! Dass sich der Patron auch auf schwäbische Spezialitäten versteht, zeigt sich am Mittag - hier gibt's Regionales wie Maultaschensuppe und Zwiebelrostbraten. Übrigens: Der "Gasthof zum Bad" ist auch als zeitgemäße und wohnliche Übernachtungsadresse gefragt.

Spezialitäten: Rotbarbe und Oktopus, bunte Tomaten, Büffelmozzarella, Wassermelone. Rücken und geschmorte Schulter vom Lamm, Mais, Pfifferlinge, junger Lauch. Beeren und Schokolade, Vanille, Buttermilch, Sauerklee.

⟻ 🍴 ⅋ ⟷ 🅿 – Menü 45 € (Mittags), 50/130 €

Burghof 11 ✉ 89129 – 𝒞 07345 96000 – www.gasthof-zum-bad.de – Geschlossen 29. März-2. April, 28. Juni-13. August, 24.-31. Dezember, Montag, mittags: Dienstag, abends: Sonntag

LANGENZENN

Bayern – Regionalatlas **50**-K16 – Michelin Straßenkarte 546

In Langenzenn-Keidenzell Süd: 4 km

🌸 KEIDENZELLER HOF

Chef: Martin Grimmer

MODERNE KÜCHE · LÄNDLICH ✗✗ Richtig schön und gemütlich: Man hat dem ehemaligen Bauernhof in dem kleinen Örtchen ein bisschen was von seinem ursprünglichen Charakter bewahrt und mit moderner Note kombiniert. Der Küchenchef, ehemals Souschef im "Bayrischen Haus" in Potsdam, heißt Martin Grimmer. Er bietet nur ein Menü, und das verbindet klassische Wurzeln mit Kreativität sowie internationalen und regionalen Elementen. Das aromareiche Ergebnis nennt sich z. B. "geräucherte Melone mit Römersalat" oder "Saibling mit Blumenkohl und Haselnuss". Mit etwas zeitlichem Vorlauf ist auch eine vegetarische Alternative möglich. Zum Menü stellt man drei Weine zum Kennenlernen vor. Samstagmittags gibt es den "Gourmet Lunch" und wer es etwas bodenständiger mag, kommt zum Sonntagsbraten. Ideal für Feste: die Scheune.

Spezialitäten: Forellentatar, Estragon, Kartoffel. Stör, Sauerkraut. Zierquitte, Kräutereis, Süßholz.

🏠 ✿ – Menü 50 € (Mittags), 100/110 €

Fürther Straße 11 ✉ 90579 – ☏ 09101 901226 – www.keidenzeller-hof.de –
Geschlossen 1.-6. Januar, Montag, Dienstag, Mittwoch, mittags: Donnerstag-Freitag

LANGEOOG (INSEL)

Niedersachsen – Regionalatlas **7**-D4 – Michelin Straßenkarte 541

 NORDERRIFF

LANDHAUS · MODERN Ein echtes friesisches Schmuckstück: sehr wohnlich, sehr wertig und sehr geschmackvoll im nordischen Stil, die Führung angenehm persönlich, die Lage ruhig und nicht weit vom schönsten Strand! Dazu leckeres Frühstück und inkludierte Minibar.

◱⌷ 🖻 🏠 – 8 Zimmer – 6 Suiten

Willrath-Dreesen-Straße 25 ✉ 26465 – ☏ 04972 96980 – www.hotel-norderriff.de

LANGERWEHE

Nordrhein-Westfalen – Regionalatlas **35**-B12 – Michelin Straßenkarte 543

In Langerwehe-Merode Süd-Ost: 4,5 km Richtung Düren, über B 264 und Pier

 WETTSTEINS RESTAURANT

REGIONAL · LÄNDLICH XX Das nette Anwesen liegt ruhig etwas abseits - da sitzt es sich an warmen Tagen schön auf der Terrasse. Die freundlichen Gastgeber bieten Klassiker wie Schnitzel oder Rostbraten, aber auch ambitionierte mediterrane und kreative Gerichte wie z. B. "gegrillte Jakobsmuscheln mit Spitzkohl, Aprikose und Cashewkernen".

🏠 ✿ 🅿 – Menü 48/60 € – Karte 38/58 €

Schlossstraße 66 ✉ 52379 – ☏ 02423 2298 – www.wettsteins-restaurant.de –
Geschlossen 8.-16. Februar, 19. Juli-6. August, 11.-19. Oktober,
20. Dezember-5. Januar, Montag, Dienstag

LAUCHHEIM

Baden-Württemberg – Regionalatlas **56**-J18 – Michelin Straßenkarte 545

 ROTER OCHSEN

SAISONAL · RUSTIKAL X Lust auf gute Küche, herzlichen Service und nette ländlich-rustikale Atmosphäre? Bei Familie Groll legt man Wert auf frische Produkte, und die stammen teilweise sogar aus eigener Produktion - lecker z. B. "Züricher Kalbsgeschnetzeltes in Rahmsoße". Tipp: günstiger Mittagstisch. Gepflegt übernachten kann man ebenfalls.

⟿ 🏠 🖷 ✿ 🅿 – Karte 28/51 €

Hauptstraße 24 ✉ 73466 – ☏ 07363 5329 – www.roter-ochsen-lauchheim.de –
Geschlossen Montag

LAUF AN DER PEGNITZ

Bayern – Regionalatlas **50**-L16 – Michelin Straßenkarte 546

 WALDGASTHOF AM LETTEN

REGIONAL · LÄNDLICH XX Hier sitzen Sie in gemütlichen Nischen (charmant die rustikalen Holzbalken) und lassen sich bei freundlichem Service frische Regionalküche mit internationalen Einflüssen schmecken - von "Wildbratwurst mit Blaukraut" bis zum "Fischteller in Hummersauce". Auch zum Übernachten ist der am Waldrand und dennoch verkehrsgünstig gelegene Familienbetrieb ideal.

⟿ ◱⌷ 🏠 🖷 ✿ 🅿 – Menü 40 € (Mittags), 45/50 € – Karte 28/56 €

Letten 13 ✉ 91207 – ☏ 09123 9530 – www.waldgasthof-am-letten.de –
Geschlossen 1.-7. Januar, Sonntag

LAUFFEN AM NECKAR

Baden-Württemberg – Regionalatlas **55**–G17 – Michelin Straßenkarte 545

🏵 **ELEFANTEN**

REGIONAL · **BÜRGERLICH** ❌❌ Im Herzen der netten Stadt hat Familie Glässing ihr freundliches Gasthaus, und das schon in 4. Generation. Gekocht wird frisch, saisonal und schmackhaft, z. B. regionale Klassiker wie "Rostbraten mit Spätzle und Maultasche". Und vorneweg vielleicht ein "Hummersüppchen mit Gemüsestreifen"?

Spezialitäten: Riesengarnelen mit Salat von Wildkräutern und Fenchelstreifen. Brüstchen vom Perlhuhn mit Salbei und Parmaschinken gebraten, Gnocchi mit Baby-Spinat. Sherry-Syllabub mit marinierten Nektarinen.

🔁 🏠 🖨 ♻ **P** – Karte 30/60 €

Bahnhofstraße 12 ✉ 74348 – ℰ 07133 95080 – www.hotel-elefanten.de –
Geschlossen 1.-16. Januar, Freitag, mittags: Montag-Donnerstag und Samstag

LAUMERSHEIM

Rheinland-Pfalz – Regionalatlas **47**–E16 – Michelin Straßenkarte 543

🍽️ **ZUM WEIßEN LAMM**

REGIONAL · **GASTHOF** ❌❌ Seit vielen Jahren führen Sigrid und Kai Hofheinz mit Engagement dieses stattliche Anwesen in der Ortsmitte. Ob im ländlich-eleganten Restaurant oder im reizvollen Innenhof, freuen Sie sich auf regional-saisonale Küche mit internationalen Einflüssen, z. B. in Form von "Rumpsteak mit Zwiebel-Pfeffersauce" oder "Kabeljaufilet mit Kürbis-Kokoscurry".

🏠 ♻ – Menü 60/78 € – Karte 29/58 €

Hauptstraße 38 ✉ 67229 – ℰ 06238 929143 – www.lamm-laumersheim.de –
Geschlossen Dienstag, Mittwoch, mittags: Donnerstag-Samstag

LAUTENBACH (ORTENAUKREIS)

Baden-Württemberg – Regionalatlas **54**–E19 – Michelin Straßenkarte 545

🏵 **SONNE**

INTERNATIONAL · **LÄNDLICH** ❌❌ Wirklich gemütlich sitzt man in dem holzgetäfelten Restaurant des Hotels "Sonnenhof". Die gute regionale Küche gibt es z. B. als "hausgebeizten Lachs mit Rösti und Honig-Dill-Senfsauce" oder "Ragout vom Wild aus eigener Jagd". Haben Sie auch das Bodenfenster gesehen? Unter Ihnen lagern schöne Weine! Im "Sonnenstüble" Di.-Sa. tagsüber Klassiker und Vesper.

Spezialitäten: Getrüffeltes Linsensüppchen mit Zander-Knusperstick. Rehnüsschen im Pfeffermantel gebraten, Spitzkraut, Kartoffelkrusteln. Nougat-Grießknödel mit Butter-Nussbrösel, Birnen-Vanilleragout und Safraneis.

🔁 🏠 ♻ **P** – Menü 43/52 € – Karte 29/64 €

Hauptstraße 51 ✉ 77794 – ℰ 07802 704090 – www.sonnenhof-lautenbach.de –
Geschlossen mittags: Montag-Dienstag, Mittwoch, mittags: Donnerstag

LAUTERBACH

Hessen – Regionalatlas **38**–H13 – Michelin Straßenkarte 543

🏵 **SCHUBERTS**

REGIONAL · **BRASSERIE** ❌ Nett die legere Brasserie-Atmosphäre, gut die klassisch basierte, regional-saisonale Küche mit mediterranen Einflüssen. Eine Spezialität ist z. B. "Lauterbacher Beutelches mit gegrillter Kartoffelwurst und Zwiebelsauce". Beliebt auch die gemütliche Weinstube "Entennest" - die Karte ist hier dieselbe. Samstags Brunch. Das Haus direkt an der Lauter hat auch schöne individuelle Gästezimmer.

Spezialitäten: Tatar von der Rauchmakrele auf Pumpernickel, Spiegelei und Blattsalat. Hirschrücken unter der Wacholderkruste mit Spitzkohl, glasierte Feige und Kartoffelplätzchen. Zimtparfait mit Calvados Äpfeln, Apfelsorbet und Quittenschaum.

🔁 🏠 🖨 ♻ **P** – Menü 20/70 € – Karte 31/73 €

Kanalstraße 12 ✉ 36341 – ℰ 06641 96070 – www.hotel-schubert.de –
Geschlossen Sonntag

LEBACH

Saarland – Regionalatlas **45**–B16 – Michelin Straßenkarte 543

🍴○ **LOCANDA GRAPPOLO D'ORO**

MEDITERRAN · FREUNDLICH XX Hell und freundlich das Restaurant, sympathisch die Gastgeber, frisch und schmackhaft die mediterran inspirierte Küche. Pasta, Gnocchi, Brot..., alles ist hausgemacht. Und zum Abschluss gibt es einen richtig guten Espresso!

🌤 🅿 – Menü 52 € (Mittags), 69/96 € – Karte 52/82 €

Mottener Straße 94 (im Gewerbegebiet) ✉ *66822 –* 𝄢 *06881 3339 –*
Geschlossen 12.-23. Oktober, Montag, mittags: Samstag, abends: Sonntag

Linda Raymond//iStock

LEIPZIG

Wer ein rundum gelungenes gastronomisches Gesamtpaket erleben möchte, genießt im **Falco** Essen, Service und Aussicht – Sie speisen hier in der 27. Etage! Mit dem Restaurant **Stadtpfeiffer** können Sie im Neuen Gewandhaus auch mal die Gourmet-Seite des Konzerthauses kennen lernen. Sie mögen es urban? Dann auf ins **Restaurant 7010** im 7. Stock des „Lebendigen Hauses" – hier hat man einen klasse Blick auf den Augustusplatz! Freunde der französischen Kulinarik und Lebensart kommen im **C'est la vie** auf ihre Kosten. Und versäumen Sie auch nicht die anspruchsvoll-moderne Gastronomie des sympathischen Restaurants **Frieda** in Gohlis. Auf dem Weg dorthin liegt übrigens der Zoo - dieser ist bei Ihrer Stadterkundung ebenso einen Besuch wert wie das Völkerschlachtdenkmal und die Mädlerpassage.

Restaurants

❀❀ FALCO

KREATIV · DESIGN XxX Ein Schwarzwälder in Sachsen... Peter Maria Schnurr, geboren in Forbach im Murgtal, hat sein Handwerk in den besten Sternerestaurants der Republik gelernt. Nach seiner Ausbildung im Restaurant „Fallert" in Sasbachwalden folgten u. a. Stationen im „Hirschen" in Sulzburg, im „Waldhotel Sonnora" in Dreis, im „First Floor" in Berlin und bei Jean-Claude Bourgueil im Düsseldorfer „Schiffchen". Peter Maria Schnurr sprüht vor Ideen, die er im Gourmetrestaurant des Hotels "The Westin" als Menü oder à la carte präsentiert - fantastische kreative Kombinationen verschiedener Aromen! Da wird sogar der klasse Stadtblick von der 27. Etage zur Nebensache! Der herzliche und ausgezeichnete Service sowie die umfangreiche Weinauswahl mit sehr guter Jahrgangstiefe tun ein Übriges.

Spezialitäten: Blauer Hummer, junge Artischocken, grillter Suppenlauch. Rehrücken auf dem Salzstein gegrillt. Quitte, Grapefruit, Olivenöl, Pudding, Eiscrème von geschmortem Sellerie.

❀❀ ⇆ ⇇ 🆔 🔼 ⇯ **P** – Menü 99/273 € – Karte 290/450 €

Stadtplan: E1-a – *Hotel The Westin, Gerberstraße 15 (27. Etage)* ✉ 04105 – ☏ 0341 9882727 – www.falco-leipzig.de – *Geschlossen 1.-25. Januar, Montag, Sonntag, mittags: Dienstag-Samstag*

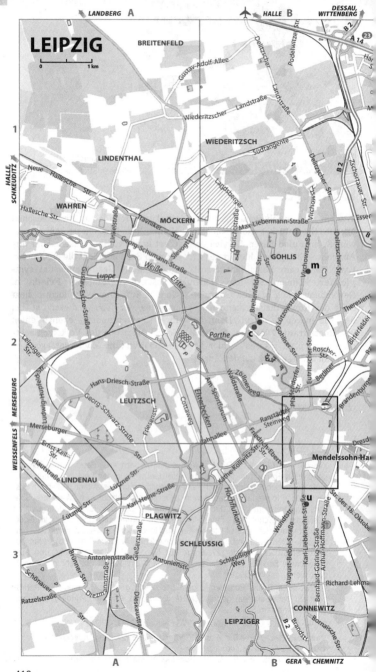

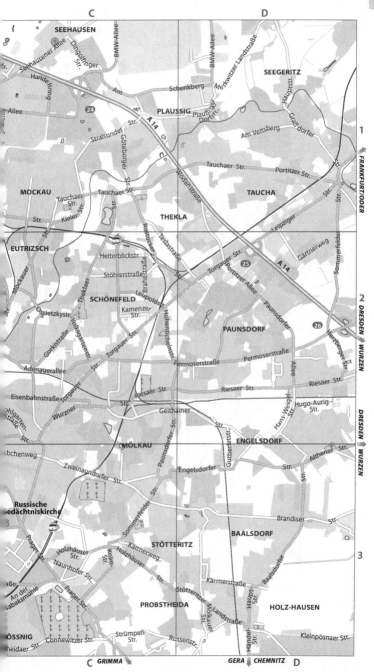

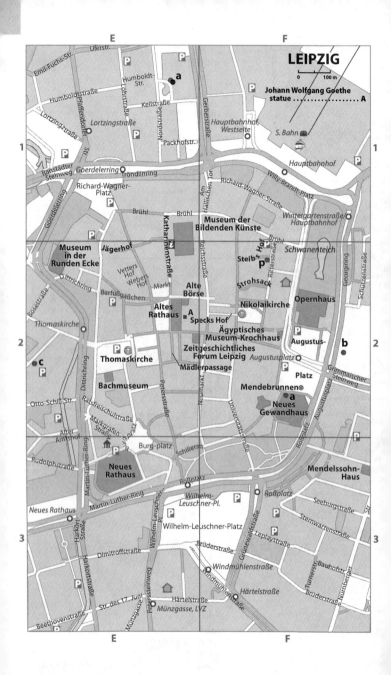

✿ STADTPFEIFFER
Chef: Detlef Schlegel

FRANZÖSISCH-MODERN · ELEGANT XxX Nicht nur Konzerte ziehen Besucher ins Neue Gewandhaus, auch die Küche des "Stadtpfeiffer" ist gefragt. Detlef Schlegel hat das Restaurant im Oktober 2001 zusammen mit Partnerin (und späterer Ehefrau) Petra Jürgens übernommen. Man investiert stetig in den Betrieb und bleibt auch kulinarisch am Ball. So interpretiert man hier klassisch-französische Küche auf moderne Art. Gekocht wird angenehm klar und ohne große Spielereien, dafür mit erstklassigen Produkten. Es stehen zwei marktfrische Menüs zur Wahl. Auch das Drumherum stimmt: diskret, freundlich und geschult das Serviceteam um Gastgeberin Petra Schlegel, zeitlos-elegant das Ambiente. Der Name des Restaurants geht übrigens auf die "Leipziger Stadtpfeifer" a. d. 18. Jh. zurück, den Vorläufern des Gewandhausorchesters.

Spezialitäten: Saibling, Muskatkürbis, Ingwer, Zuckerschote. Hirsch aus der Region, Bete, Moosbeere, Rettich. Bitterschokolade, Quitte, Edelkastanie.

🆔 – Menü 58/138 € – Karte 106/122 €

Stadtplan: F2-a – *Augustusplatz 8 (Neues Gewandhaus)* ✉ 04109 – ☎ 0341 2178920 - www.stadtpfeiffer.de – *Geschlossen 1. Juli-31. August, 20.-28. Dezember, Montag, Sonntag, mittags: Dienstag-Samstag*

ⓘ○ C'EST LA VIE
FRANZÖSISCH · ELEGANT XX Was man hier hinter großen Fenstern in stilvoll-modernem Ambiente serviert bekommt, ist ein Stück Frankreich. Sowohl die Küche als auch die Weinkarte sind französisch ausgerichtet - viele der Weine werden auch glasweise angeboten.

🍽 ✿ – Menü 70/115 €

Stadtplan: E2-c – *Zentralstraße 7* ✉ 04109 – ☎ 0341 97501210 – www.cest-la-vie.restaurant – *Geschlossen Montag, Sonntag, mittags: Dienstag-Samstag*

ⓘ○ RESTAURANT 7010
KREATIV · CHIC XX Im 7. Stock des "Lebendigen Hauses" bietet man in cooler, urbaner Atmosphäre kreative Gerichte. Dazu herrliche Sicht auf Augustaplatz, Oper und Gewandhaus sowie interessante Einblicke in die offene Küche. Eine Etage tiefer die Terrasse. Mit im Haus Apartment-Hotel, Event-Location, Fitnessstudio, Büros und Geschäfte.

⇦ ⇔ ♿ 🅿 ✿ – Menü 43/65 € – Karte 52/67 €

Stadtplan: F2-b – *Augustusplatz 1* ✉ 04109 – ☎ 0341 21829910 - www.dein-felix.de – *Geschlossen 15.-28. Februar, 30. August-12. September, Montag, Dienstag, Sonntag, mittags: Mittwoch-Samstag*

ⓘ○ MICHAELIS
INTERNATIONAL · KLASSISCHES AMBIENTE XX Gerne kommt man in das Restaurant des gut ausgestatteten gleichnamigen Hotels (übrigens ein sorgsam restauriertes Gebäude aus der Gründerzeit). Hier ist es dank vieler Fenster schön hell und freundlich. Sie speisen lieber draußen? Hinter dem Haus befindet sich eine nette Terrasse.

⇦ 🍽 ♿ 🅿 🚗 – Menü 39/49 € – Karte 42/58 €

Stadtplan: B3-u – *Paul-Gruner-Straße 44* ✉ 04107 – ☎ 0341 26780 – www.michaelis-leipzig.de – *Geschlossen Sonntag, mittags: Montag-Samstag*

ⓘ○ PLANERTS
INTERNATIONAL · GERADLINIG X "Casual fine dining" nahe Nikolaikirche und Oper. Hohe Decken, frei liegende Lüftungsschächte, urbaner Stil und offene Küche vermitteln trendigen "Industrial Style". Gekocht wird mit asiatischen Einflüssen. Mittags bietet man einen Tagesteller oder Empfehlungen am Tisch, abends ist das Angebot ambitionierter.

🍽 – Menü 40/73 € – Karte 39/56 €

Stadtplan: F2-p – *Ritterstraße 23* ✉ 04109 – ☎ 0341 99999975 – www.planerts.com – *Geschlossen Sonntag-Montag, nur Abendessen*

Hotel

🏨 THE WESTIN

BUSINESS · MODERN Das Tagungs- und Businesshotel liegt günstig im Zentrum, großzügig die Lobby, hochwertig die Zimmer, gut ausgestattet der Konferenzbereich. Besonders toll ist der Stadtblick von den Zimmern in den obersten Etagen. Und gönnen Sie sich auch eine Massage! Restaurant "GUSTO" mit international beeinflusster Küche.

🍽 ⇔ 📺 🐾 ♨ 🈁 🅰 ⚒ 🅿 – 404 Zimmer – 32 Suiten

Stadtplan: E1-a – *Gerberstraße 15* ✉ *04105* – ☎ *0341 9880 – www.westinleipzig.com*

❀❀ **Falco** – Siehe Restaurantauswahl

In Leipzig-Gohlis

❀ FRIEDA

Chef: Lisa Angermann und Andreas Reinke

KREATIV · BISTRO 🟐 Sympathisch, erfrischend, unprätentiös - da macht es richtig Spaß, zu essen. Neben der angenehm unkomplizierten Bistro-Atmosphäre ist natürlich auch die Küche der beiden Betreiber gefragt. Mit guten Adressen im Gepäck haben sich Lisa Angermann und Andreas Reinke hier im Dezember 2018 selbstständig gemacht und bieten moderne Gerichte in Form des monatlich wechselnden Menüs "Frieda En Vogue". Ausgesuchte Produkte und fein balancierte Kontraste stecken z. B. in "Duroc-Flanksteak, Mais, Zitronenschale, Jalapeño". Eine vegetarische Alternative gibt es auch. Freundlich und geschult der Service samt charmanter Chefin. Eine nette Terrasse nebst Orangerie hat man ebenfalls. Übrigens: Nebenbei betreibt man noch einen Genussbauernhof in Baldenhain: ein Mix aus Eventlocation, Landwirtschaft und Manufaktur.

Spezialitäten: Büffelfilet, Auster, Grapefruit, Kräuteremulsion. Zander, Sauerkrautfond, Kalbskopfgraupen. Blaubeere, Dinkel, Milchrahmeis, Verbene.

🌿 – Menü 69/98 €

Stadtplan: B2-a – *Menckestraße 48* ✉ *04155* – ☎ *0341 56108648* – *www.frieda-restaurant.de* – *Geschlossen 1.-17. Januar, Montag, Sonntag, mittags: Dienstag-Samstag*

🍽 SCHAARSCHMIDT'S

BÜRGERLICHE KÜCHE · GEMÜTLICH 🟐🟐 Das Restaurant ist wirklich hübsch und wird engagiert geführt. Hier isst man Tatar, Hirschrücken, Crêpe Suzette... Die Renner auf der Karte: Gohliser Filettopf oder Sächsische Rinderroulade! Mit Bäumchen begrünte kleine Terrasse zur Straße.

🌿 – Menü 36/45 € – Karte 38/69 €

Stadtplan: B2-m – *Coppistraße 32* ✉ *04157* – ☎ *0341 9120517* – *www.schaarschmidts.de* – *Geschlossen Sonntag, mittags: Montag-Samstag*

🍽 MÜNSTERS

MARKTKÜCHE · GEMÜTLICH 🟐 Gemütlich ist es hier: rustikale Backsteindecke, Bilder und Weinflaschen als Deko. In der ehemaligen Mühle serviert man Saisonales wie "Steinbutt unter der Kartoffelkruste, Hummerschaum, Anis-Kürbisgemüse". Das Lokal ist sehr gefragt, und der große Biergarten erst! Bar in der 2. Etage.

🌿 🅿 – Karte 42/59 €

Stadtplan: B2-c – *Platnerstraße 13* ✉ *04155* – ☎ *0341 5906309 – münsters.com* – *Geschlossen Sonntag, mittags: Montag-Samstag*

LENGERICH

Nordrhein-Westfalen – Regionalatlas **27**–E9 – Michelin Straßenkarte 543

⑪○ HINTERDING

FRANZÖSISCH-KLASSISCH · ELEGANT XxX Schon viele Jahre ist die stattliche ehemalige Ärztevilla für gute Gastronomie in stilvollem Rahmen bekannt. Sie sitzen in hohen wohnlich-eleganten Räumen oder auf der schönen Terrasse, charmant der Service unter der Leitung der Chefin. Klassisch die Küche des Patrons, ausgesucht die Produkte.

⇦ 🏠 ⇔ 🅿 – Menü 59/69 € – Karte 44/79 €

Bahnhofstraße 72 ⊠ 49525 –
𝄐 05481 94240 – www.hinterding-lengerich.de –
Geschlossen Montag, Donnerstag, mittags: Dienstag-Mittwoch und
Freitag-Samstag

LENGGRIES

Bayern – Regionalatlas **65**–L21 – Michelin Straßenkarte 546

In Lengggries-Schlegldorf Nord-West: 5 km, links der Isar in Richtung Bad Tölz, über Wackersberger Straße

⊛ SCHWEIZER WIRT

REGIONAL · GEMÜTLICH X Seit Jahren eine beständige Adresse für schmackhafte Küche. Gekocht wird frisch, regional und ohne Schnickschnack. Man verwendet gute Produkte und konzentriert sich auf das Wesentliche. Dazu charmante Atmosphäre und freundlicher Service. Das schön gelegene traditionsreiche Gasthaus hat auch eine tolle Terrasse.

Spezialitäten: Im Brot gebackener Ziegenkäse und Tomaten. Kalbstafelspitz, Meerrettichsahne, Röstkartoffeln und Rahmspinat. Dreierlei Sorbets und ihre Saucen.

🏠 ⇔ 🅿 – Karte 32/56 €

Schlegldorf 83 ⊠ 83661 –
𝄐 08042 8902 – www.schweizer-wirt.de –
Geschlossen Montag, Dienstag

LICHTENBERG (OBERFRANKEN)

Bayern – Regionalatlas **41**–M41 – Michelin Straßenkarte 546

⊛ HARMONIE

REGIONAL · FREUNDLICH XX Das charmante Haus von 1823 hat seinen traditionellen Charakter bewahrt – schönes altes Holz macht es richtig gemütlich! Freundlich umsorgt speist man hier regional-saisonale Gerichte wie z. B. "geschmorte Rehkeule". Beim Eingang kann man übrigens einen Blick in die Küche erhaschen.

Spezialitäten: Fränkische Schiefertrüffelsuppe. Duett vom Rind. Cassissorbet, Rauke, Balsamico.

🌱 *Engagement des Küchenchefs: "Ich züchte Ziegen und Hühner selbst, in meiner Küche verarbeiten wir ganze regionale Bio-Weiderinder und Strohschweine, das Biogemüse wird nur 3 km weiter angebaut und ich betreibe teils auch Eigenanbau. Ständiger persönlicher Kontakt zu den Erzeugern. Energie wird wo auch immer möglich eingespart."*

🏠 ⇔ – Menü 25 € (Mittags), 30/65 € – Karte 34/69 €

Schloßberg 2 ⊠ 95192 –
𝄐 09288 246 – www.harmonie-lichtenberg.com –
Geschlossen 6.-20. Januar, Montag, Dienstag, mittags: Mittwoch und Freitag

LIEBENZELL, BAD

Baden-Württemberg – Regionalatlas **54**–F18 – Michelin Straßenkarte 545

In Bad Liebenzell - Monakam Nord-Ost: 4,5 km

🍴○ **HIRSCH GENUSSHANDWERK**

MARKTKÜCHE · GASTHOF 🍽 Würden Sie in dem traditionsreichen Gasthaus in diesem kleinen Dörfchen eine solch interessante moderne Küche vermuten? Frisch und freundlich das Ambiente, auf der Karte z. B. "Hirschrücken & französische Blutwurst, Cranberries, Petersilienwurzel" oder "Maronenravioli, Topinambur, 70-Minuten-Ei, Chicorée".

🍸 ⇔ **P** – Menü 46/82 € – Karte 42/61 €

Monbachstraße 47 ✉ *75378 – ☎ 07052 2367 – www.hirsch-genusshandwerk.de – Geschlossen Dienstag, Mittwoch, mittags: Montag und Donnerstag-Freitag*

LIMBURG AN DER LAHN

Hessen – Regionalatlas **37**–E14 – Michelin Straßenkarte 543

❀ **360°**

Chef: Alexander Hohlwein

MODERNE KÜCHE · GERADLINIG 🍽🍽 "360°"... Wer denkt da nicht an eine tolle Aussicht? Highlight in dem Restaurant beim Einkaufszentrum "WERKStadt" ist die Dachterrasse! Aber auch drinnen genießt man dank großer Fenster die Sicht - beliebt sind die Tische mit Blick auf den Dom. Außerdem kann man Alexander Hohlwein und seinem Team beim Kochen zusehen. Mit Partnerin Rebekka Weickert eröffnete er 2016 nach einigen gemeinsamen Stationen wie z. B. "La Belle Epoque" in Travemünde dieses geradlinig-moderne Restaurant. Die herzliche Gastgeberin berät Sie auch kompetent in Sachen Wein. Geboten werden frische kreative Gerichte, die es auch noch zu einem sehr guten Preis-Leistungs-Verhältnis gibt! Das Menü "Entdeckungs-" bzw. "Weltreise" bietet man Fr., Sa. und So. auch mittags. Mi. bis Sa. zusätzliche einfachere Lunchkarte.

Spezialitäten: Jakobsmuschel, Hokkaido, Miso, Yuzu, Krustentiersud. Lamm-Frikandeau, Biryani, Raita, Cashewkern. Aprikose, Honig, Ziegenkäse, Bienenwachs, Fichtensprossen.

◁ 🍸 🅰🅲 🎂 – Menü 85/140 € – Karte 40/49 €

Bahnhofsplatz 1a ✉ *65549 – ☎ 06431 2113360 – www.restaurant360grad.de – Geschlossen 1.-14. Januar, Montag, Dienstag, abends: Sonntag*

LINDAU IM BODENSEE

Bayern – Regionalatlas **63**–H22 – Michelin Straßenkarte 546

🍴○ **VALENTIN**

ZEITGENÖSSISCH · CHIC 🍽🍽 In einer kleinen Seitengasse der Insel-Altstadt finden Sie dieses Restaurant in einem schönen Kellergewölbe. In geschmackvollem Ambiente gibt es ambitionierte moderne Küche z. B. in Form von "Nordsee-Seezunge mit Nordseekrabben-Cremolata, Algen und Kartoffelvariation". Tipp: Desserts wie das "Milchreis-Soufflé"!

🍸 – Menü 50/139 € – Karte 59/74 €

In der Grub 28A ✉ *88131 – ☎ 08382 5043740 – www.valentin-lindau.de – Geschlossen mittags: Montag, Dienstag, mittags: Mittwoch-Sonntag*

🍴○ **KARRISMA**

KREATIV · FREUNDLICH 🍽 Richtig chic ist das kleine Restaurant mit seinem charmant-modernen Interieur - ein Hingucker sind die zahlreichen Spiegel an der Wand. Umsorgt wird man sehr freundlich - der Chef kocht nicht nur, er ist auch mit im Service. Tipp: der eigene Wein zum wechselnden Menü. Schön ist auch die Terrasse hier in der Altstadt.

⇔ 🍸 🍽 – Menü 79/89 €

Hotel Adara, Alter Schulplatz 1 (auf der Insel) ✉ *88131 – ☎ 08382 9435041 – www.karrisma.de – Geschlossen Montag, Sonntag, mittags: Dienstag-Samstag*

HELVETIA

TRADITIONELL · MODERN Wie gemacht für Romantiker und Wellnessfans: geschmackvolle "Wellrooms", Themensuiten und tolle schwimmende "Yacht Rooms" im Hafen, sensationelle Panoramasauna nebst Infinity-Pool auf dem Dach, toller Relaxbereich... Tipp: Yacht für Ausflüge buchbar! Regional-mediterrane Küche im eleganten Restaurant, einfachere Mittagskarte. Exklusiv für Hotelgäste: "Habour Lounge".

☆ ⋖ 🛏 🖥 🔟 🕸 ⌇ 🖸 🕍 🛥 – 42 Zimmer – 5 Suiten

Seepromenade 3 ✉ 88131 – ℰ 08382 9130 – www.hotel-helvetia.com

ADARA

BOUTIQUE-HOTEL · GEMÜTLICH Jede Menge Charme hat das Boutique-Hotel in dem denkmalgeschützten Gebäudeensemble! Und das liegt nicht zuletzt am wertigen Interieur mit allerlei geschmackvollen Details. Gelungen der Mix aus alt und neu: rustikales Holz, Natursteine, moderner Stil. Tipp: Parkplatz "P5" bei der "Inselhalle". Ferienwohnung ab 3 Nächten.

☆ 🖸 – 16 Zimmer – 2 Suiten

Alter Schulplatz 1 (auf der Insel) ✉ 88131 – ℰ 08382 943500 – www.adara-lindau.de

🍴 **KARRisma** – Siehe Restaurantauswahl

In Lindau-Bodolz Nord-West: 4 km

VILLINO

MODERNE KÜCHE · FREUNDLICH �֎✖ Inmitten von Obstplantagen ist dieses schmucke Anwesen zu finden. Fast schon ein bisschen mediterran wirkt hier alles, vom stilvollen, luftig-hohen und hellen Raum mit Orangerie-Flair bis zum reizenden Innenhof mit Brunnen. In dieser geschmackvollen Atmosphäre ist eine Familie mit vollem Elan bei der Sache: Gastgeberin Sonja Fischer, Tochter Alisa sowie Bruder Rainer Hörmann, seines Zeichens Sommelier. Da darf man sich auf herzlichen und professionellen Service samt trefflichen Weinempfehlungen freuen - die Chefin ist auch immer selbst am Gast. Und die Küche? Hier ist Toni Neumann der Verantwortliche. Er arbeitet handwerklich äußerst sauber und bringt deutliche Einflüsse der italienischen sowie verschiedener asiatischer Küchen in seine modernen Gerichte mit ein.

Spezialitäten: Hamachi, Shiso, Salz-Pflaume. Steinbutt, Ricotta-Fontina-Ravioli, Pfifferlinge. Schokolade, Lavendel, Blaubeere.

🐿 ⇆ 🛏 🛋 🄿 – Menü 106/158 €

Hotel VILLINO, Mittenbuch 6 ✉ 88131 – ℰ 08382 93450 – www.villino.de –
Geschlossen 10. Januar-3. Februar, 20.-25. Dezember, mittags: Montag-Sonntag

VILLINO

LANDHAUS · GEMÜTLICH Umgeben von Wiesen und Obstplantagen finden Sie ein wahres Kleinod! Zeitloser italienischer Charme zieht sich durch das ganze Haus: elegante und romantische Zimmer, top Service, eine mit Liebe zum Detail gestaltete Saunalandschaft und nicht zuletzt ein mediterraner Traumgarten von 4000 qm!

☆ 🐾 🛏 🔟 🕸 🕍 🄿 – 21 Zimmer – 3 Suiten

Mittenbuch 6 ✉ 88131 – ℰ 08382 93450 – www.villino.de

🌸 **VILLINO** – Siehe Restaurantauswahl

In Lindau-Bad Schachen Nord-West: 4 km

🌐 SCHACHENER HOF

KLASSISCHE KÜCHE · FAMILIÄR ✖✖ Bei Familie Kraus darf man sich auf schmackhafte klassisch-saisonale Küche freuen, z. B. als "Felchenfilets vom Bodensee mit Weißweinsauce" oder "Rinderrücken, Bärlauchbutter, Schalottensauce". Darf es vielleicht das "schwäbische Menü" sein? Oder lieber das "Gourmetmenü"? Schön die Terrasse unter alten Kastanienbäumen. Gepflegt übernachten können Sie hier auch.

Spezialitäten: Apfelmost-Kürbissuppe. Entenbrust mit Kardamom und Kaffee, Wirsing und Brezelknödel. Unser Pfirsich Melba.

⇔ 🏠 ⇔ 🅿 – Menü 32/59 € – Karte 33/79 €

Schachener Straße 76 ✉ 88131 – ✆ 08382 3116 – www.schachenerhof-lindau.de –
Geschlossen 3. Januar-10. Februar, Dienstag, Mittwoch, mittags: Montag und
Donnerstag-Samstag

LINSENGERICHT
Hessen – Regionalatlas **48**–G14 – Michelin Straßenkarte 543

In Linsengericht-Eidengesäß Süd-Ost: 3 km

🍽️○ **DER LÖWE**

INTERNATIONAL · GASTHOF XX Seit Jahren wird das Haus der Sauters für seine schmackhafte regional-internationale Küche geschätzt. In gediegener Atmosphäre kommen z. B. "Skrei-Rückenstück mit geräuchter Petersiliensauce und Balsamicolinsen" oder "Ragout und Rücken vom Spessart-Rehbock mit Wildrahm und Pilzen" auf den Tisch.

🏠 ⇔ 🅿 – Menü 38/63 € – Karte 36/61 €

Dorfstraße 20 ✉ 63589 – ✆ 06051 71343 – www.derloewe.com –
Geschlossen 15.-25. Januar, Montag, Dienstag

LÖRRACH
Baden-Württemberg – Regionalatlas **61**–D21 – Michelin Straßenkarte 545

🕸️ **WIRTSHAUS MÄTTLE** Ⓝ

MARKTKÜCHE · DESIGN X Ein altes Wirtshaus in neuem Design! In schickem, geradlinig-modernem Ambiente genießt man Bodenständiges aus guten Produkten: eine frische Marktküche mit mediterranen und regionalen Akzenten. Schön die Terrasse. Im UG gibt es noch das "THEODOR": ein Mix aus Restaurant und Bar, auch für Veranstaltungen ideal.

Spezialitäten: Crèmige Burrata, Tomaten-Bohnensalat, gedünstete Pfifferlinge, Croûtons. Kalbsleber sauer mit Butterrösti. Passionsfrucht-Tarte.

🏠 ⇔ – Menü 35/55 € – Karte 32/65 €

Freiburger Straße 314 ✉ 79539 – ✆ 07624 91720 – www.maettle.de –
Geschlossen Montag, abends: Sonntag

In Lörrach-Brombach Nord-Ost: 4 km, über Brombacher Straße, jenseits der A 98

🍽️○ **VILLA FEER**

KREATIV · ELEGANT XX In der von Inhaberin Kathrin Bucher geführten schmucken alten Villa nahe der Lörracher Messe sitzt man in wohnlichen, lichtdurchfluteten Gasträumen oder im Sommer auf der herrlichen Terrasse. Die Chefin kocht auch selbst, und zwar geschmackvolle, aromatische Gerichte wie z. B. "gebratenes Filet vom Steinbutt mit Chicorée, Gerstenrisotto und Orangen-Safran-Schaum".

🍴 🏠 ⇔ 🅿 – Menü 21 € (Mittags), 62/83 € – Karte 52/76 €

Beim Haagensteg 1 ✉ 79541 – ✆ 07621 5791077 – www.villa-feer.com –
Geschlossen 14.-28. März, 17. Oktober-7. November, Montag, Dienstag, Mittwoch,
abends: Sonntag

LOHMAR
Nordrhein-Westfalen – Regionalatlas **36**–C12 – Michelin Straßenkarte 543

⑪○ GASTHAUS SCHEIDERHÖHE ⑩

MODERNE KÜCHE · BISTRO ⅹ Ein schönes Beispiel für "Bistronomie"! Während Patron und Küchenchef Daniel Lengsfeld aus tollen regionalen Zutaten feine moderne Bistrogerichte zubereitet, leitet seine Frau herzlich den Service. Zur Wahl stehen zwei Räume: lebhaft und gemütlich oder lichtdurchflutet im Anbau des Fachwerkhauses.

� ⅘ ⇄ 🅿 – Menü 44/66 € – Karte 42/62 €

Scheiderhöher Straße 49 ⌧ 53797 – ℰ 02246 18892 –
www.gasthaus-scheiderhoehe.de –
Geschlossen mittags: Montag, Dienstag, Mittwoch, mittags: Donnerstag-Sonntag

LOHR AM MAIN

Bayern – Regionalatlas **48**–H15 – Michelin Straßenkarte 546

In Lohr-Wombach Süd: 2 km über Westtangente

⑪○ SPESSARTTOR

TRADITIONELLE KÜCHE · GASTHOF ⅹ Der alteingesessene Familienbetrieb ist ein seriös geführtes Haus, in dem man in gemütlichen Stuben sitzt und regional isst. Auf der Karte macht Leckeres wie der "Hirschbraten mit Blaukraut und Knödel" Appetit. Im Gasthof sowie im 300 m entfernten Gästehaus kann man auch sehr gut übernachten.

⇐ � ⇄ 🅿 🕭 – Karte 20/45 €

Wombacher Straße 140 ⌧ 97816 – ℰ 09352 87330 – www.hotel-spessarttor.de –
Geschlossen Montag, Dienstag

LOTTSTETTEN

Baden-Württemberg – Regionalatlas **62**–F21 – Michelin Straßenkarte 545

In Lottstetten-Nack Süd: 1,5 km

⑪○ GASTHOF ZUM KRANZ

REGIONAL · GASTHOF ⅹⅹ Bereits in der 7. Generation ist der Gasthof von 1769 in Familienhand, schön die modern-elegante Einrichtung in klaren Linien. Aus der Küche kommen schmackhafte klassisch-internationale Speisen – im Herbst sollten Sie Wild probieren! Zum Übernachten hat man vier einfache, aber gepflegte Zimmer (ohne TV).

� ⅘ ⇄ 🅿 – Menü 24 € (Mittags)/38 € – Karte 38/60 €

Dorfstraße 23 ⌧ 79807 – ℰ 07745 7302 – www.gasthof-zum-kranz.de –
Geschlossen 15.-28. Februar, 9.-31. August, Dienstag, Mittwoch

LUDWIGSBURG

Baden-Württemberg – Regionalatlas **55**–G18 – Michelin Straßenkarte 545

⑪○ GUTSSCHENKE

INTERNATIONAL · FREUNDLICH ⅹⅹ Wirklich schön, wie man das geschmackvoll-moderne Interieur der "Gutsschenke" in den historischen Rahmen der Domäne Monrepos eingebunden hat. Das ist ebenso einladend wie die Küche – hier stehen Nachhaltigkeit und der Bezug zur Region im Vordergrund.

⇚ ⇄ 🅿 – Menü 69/79 € – Karte 43/58 €

Schlosshotel Monrepos, Monrepos 22 (beim Schloss Monrepos) ⌧ 71634 –
ℰ 07141 3020 – www.schlosshotel-monrepos.de –
Geschlossen 20.-24. Dezember, 23.-24. Dezember, 27. Dezember-5. Januar,
27. Dezember-5. Januar

🏨 SCHLOSSHOTEL MONREPOS

BUSINESS · GERADLINIG Hier genießt man attraktiven modernen Wohnkomfort inmitten einer hübschen Parkanlage samt Schloss und See sowie Golfplatz und Reitverein. Der Tag beginnt schön mit einem Frühstück im Wintergarten oder auf der Terrasse zum See.

💥 🍃 🛁 🍸 🌡 🖿 🛗 **P** – 75 Zimmer – 2 Suiten

Domäne Monrepos 22 (beim Schloss Monrepos) ✉ *71634 –* ☎ *07141 3020 –*
www.schlosshotel-monrepos.de

🍴 **Gutsschenke** – Siehe Restaurantauswahl

LUDWIGSHAFEN AM RHEIN

Rheinland-Pfalz – Regionalatlas **47**–F16 – Michelin Straßenkarte 543

🍴 A TABLE

KLASSISCHE KÜCHE · ZEITGEMÄSSES AMBIENTE XX Auf freundlich-versierten Service und modernes Ambiente darf man sich hier ebenso freuen wie auf klassisch-internationale Küche, und die gibt es z. B. als "Medaillon vom bretonischen Seeteufel mit Garnelenravioli und geschmortem Chicorée".

🍴 – Menü 32 € (Mittags), 56/90 € – Karte 55/78 €

Welserstraße 25 ✉ *67063 –* ☎ *0621 68556565 – www.atable.lu –*
Geschlossen Sonntag, mittags: Montag und Samstag

In Ludwigshafen-Friesenheim

🍴 DAS GESELLSCHAFTSHAUS

INTERNATIONAL · KLASSISCHES AMBIENTE XX Geradezu herrschaftlich kommt das historische Gesellschaftshaus der BASF daher. Klassisch das Interieur, freundlich und kompetent der Service. Auf der Karte liest man z. B. "Rindermittelbug in Traubenmost geschmort mit Muskatkürbis, Berberitzen und in Heu gegartem Sellerie mit Semmelstoppeln".

🏵 ♿ 🎦 ✧ **P** – Menü 58/102 € – Karte 53/69 €

Wöhlerstraße 15 ✉ *67063 –* ☎ *0621 6078888 – www.gesellschaftshaus.basf.de –*
Geschlossen Samstag, Sonntag, mittags: Montag-Freitag

LÜBBEN

Brandenburg – Regionalatlas **33**–Q9 – Michelin Straßenkarte 542

🏨 STRANDHAUS

BOUTIQUE-HOTEL · MODERN Toll die Lage direkt an der Spree. Die Einrichtung wertig und schön wohnlich-modern - darf es vielleicht eine Spa-Suite sein? Machen Sie auch mal eine Kahnfahrt oder mieten Sie ein Paddelboot! Öffentliches Strandbad ganz in der Nähe. Saisonale Küche im Restaurant mit herrlicher Terrasse. Hübsche Lounge.

💥 🍃 🛁 🍸 🌡 🎦 **P** – 20 Zimmer – 4 Suiten

Ernst-von-Houwald-Damm 16 ✉ *15907 –* ☎ *03546 7364 –*
www.strandhaus-spreewald.de

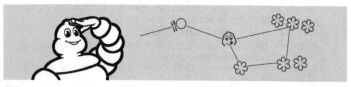

LÜBECK

Schleswig-Holstein – Regionalatlas **11**–K4 – Michelin Straßenkarte 541

⁂ WULLENWEVER

Chef: Roy Petermann

KLASSISCHE KÜCHE · ELEGANT XxX Bereits seit 1990 führt Roy Petermann sein "Wullenwever" in dem wunderschönen Patrizierhaus von 1585 und bietet hier feine klassische Küche. Effekthascherei und Chichi sind nicht sein Ding, vielmehr konzentriert er sich auf das Wesentliche, nämlich die erstklassigen Produkte. So entstehen angenehm reduzierte Gerichte voller Geschmack. Es gibt ein 14-tägig wechselndes Menü sowie - tischweise vorbestellt - ein Überraschungsmenü. An Vegetarier ist ebenfalls gedacht. Der gebürtige Hamburger leitet das geschmackvolle elegante Restaurant mitten in der Altstadt gemeinsam mit seiner sympathischen Frau Manuela, die sich aufmerksam und charmant um die Gäste kümmert. Ein herrliches Plätzchen ist im Sommer übrigens auch der Innenhof: Hier sitzt man auf einer mit Zierbäumen hübsch begrünten Terrasse.

Spezialitäten: Saibling mit Zitronenverveine, Karotte und Sanddorn. Hirschkalbsrücken mit Steinpilz-Gerstenrisotto und Heublütenschaum. Tami's Strandspaziergang.

🐾 🛋 ⇄ – Menü 75/115€

Beckergrube 71 ⊠ 23552 – ℰ 0451 704333 – www.wullenwever.de –
Geschlossen 1.-9. Januar, Montag, Sonntag, mittags: Dienstag-Samstag

⏻◯ JOHANNA BERGER

INTERNATIONAL · ELEGANT XX Etwas versteckt liegt das Haus aus der Gründerzeit mitten im Zentrum. Charmant das Interieur mit Dielenboden, Lüstern und elegantem Touch, draußen die schöne Terrasse. Aus der Küche kommt z. B. "Zanderfilet, grüner Spargel, Kräuterseitlinge". Mittags einfacheres Angebot - auf Wunsch auch die Abendkarte.

🛋 – Menü 47/55€ – Karte 43/61€

Doktor-Julius-Leber-Straße 69 ⊠ 23552 – ℰ 0451 58696890 –
www.restaurant-johanna-berger.de – Geschlossen Montag, Dienstag,
mittags: Mittwoch-Sonntag

In Lübeck-Travemünde Nord-Ost: 19 km

⊛ WEINWIRTSCHAFT

REGIONAL · RUSTIKAL X Nicht ohne Grund ist das Lokal so gut besucht: Die Atmosphäre ist locker und es gibt eine tolle Auswahl an offenen Weinen, zu denen man Leckeres aus deutschsprachigen Weinregionen serviert, z. B. "Sulz von blauen Zipfeln mit Kren" oder "Zander mit Blutwurstkruste". Oder lieber Klassiker wie "Fiaker-Gulasch"? Im Hotel "A-ROSA": moderne Zimmer und viel Wellness.

Spezialitäten: Tatar vom Weiderind mit Frankfurter Kräutermayonnaise und Röstifritten. Gebratene Scholle Finkenwerder Art mit grünem Bohnengemüse und gebratenen Drillingen. Gebrannte Crème von dunkler Schokolade mit marinierten Beeren und Brombeereis.

🖐 🛋 ⅄ 🅰 ⇄ 🅿 🚲 – Menü 39€ – Karte 36/59€

Hotel A-ROSA, Außenallee 10 ⊠ 23570 – ℰ 04502 3070847 –
www.a-rosa-resorts.de – Geschlossen Montag, Dienstag, mittags: Mittwoch-Freitag

🏨 A-ROSA

LUXUS · MODERN Traditionsreiches Seebad, modernes Ferienresort und Wellnesshotel par excellence! Letzteres zeigt sich auf 4500 m² von Ayurveda bis zum Meerwasserpool. Wohnen kann man im ehemaligen Kurhaus oder im Neubau, immer zeitgemäß, freundlich und komfortabel. Nicht alltägliche Cocktails in der "Fusion Bar".

🏌 ⛷ 🛀 🏊 ⛱ 🏴 🧖 🍸 ♨ 🍴 🅿 🚲 – 191 Zimmer – 40 Suiten

Außenallee 10 ⊠ 23570 – ℰ 04502 30700 – www.a-rosa-resorts.de/travemuende

⊛ **Weinwirtschaft** – Siehe Restaurantauswahl

LÜDINGHAUSEN

Nordrhein-Westfalen – Regionalatlas **26**–D10 – Michelin Straßenkarte 543

 HOTEL NO. 11

BOUTIQUE-HOTEL · DESIGN Das kleine Hotel in der Altstadt sorgt in seinen verschiedenen Häusern (eines a. d. 17. Jh.) mit ausgesprochen charmanter, wertiger und liebevoller Eirichtung für besonderes Flair. Die herzlichen Gastgeber haben hier Erlesenes und Originelles aus diversen Nachbarländern zusammengetragen. Öffentlicher Parkplatz am Haus.

17 Zimmer

Hermannstraße 11 ✉ *59348 –* ☎ *02591 7949176 – www.no11hotel.de*

LÜNEBURG

Niedersachsen – Regionalatlas **19**–J6 – Michelin Straßenkarte 541

⊕ **RÖHMS DELI**

MARKTKÜCHE · BISTRO ✗ Ein angenehm unkompliziertes Konzept. In freundlich-moderner Atmosphäre serviert man regional und international beeinflusste Gerichte, abends gibt es zusätzlich ein ambitioniertes 3-Gänge-Menü. Appetit macht auch die Feinkostheke mit hausgemachten Kuchen, Torten und Gebäck. Aufmerksam der Service. Nett sitzt man auf der Terrasse.

Spezialitäten: Sashimi vom Thunfisch mit Dashi-Mayonnaise. Geschmortes US-Beef, Buchenpilze, Kartoffel-Comté-Püree. Valhrona-Schokolandentörtchen mit Kalamansieis.

🌫 🎨 🚫 – Menü 58/72 € – Karte 28/50 €

Heiligengeiststraße 30 ✉ *21335 –* ☎ *04131 24160 – www.roehmsdeli.de –*
Geschlossen 2.-9. Januar, 30. März-3. April, 16. August-1. September, Montag,
Sonntag

LÜTJENBURG

Schleswig-Holstein – Regionalatlas **3**–J3 – Michelin Straßenkarte 541

⇧○ **PUR**

MARKTKÜCHE · BISTRO ✗ In dem netten geradlinig gehaltenen kleinen Bistro kocht man saisonal und gerne mit Produkten aus der Region, von Flammkuchen über Burger und Salate bis "Lammbraten vom Coburger Fuchsschaf, Ginsauce, Bärlauch-Ravioli, Gemüse". Tipp: Im Feinkostladen gibt's u. a. Wein und selbstgemachte Saucen und Marmeladen!

🌫 – Karte 29/56 €

Neuwerkstraße 9 ✉ *24321 –* ☎ *04381 404147 – www.einfachpurgeniessen.de –*
Geschlossen 1. Januar-2. Februar, Montag, Dienstag

LÜTJENSEE

Schleswig-Holstein – Regionalatlas **10**–J5 – Michelin Straßenkarte 541

⊕ **FISCHERKLAUSE**

REGIONAL · FREUNDLICH ✗✗ Hier angelt man noch selbst: Forelle, Aal, Hecht, Karpfen... Daraus entsteht Leckeres wie "Forelle Müllerin (gebraten) mit zerlassener Butter, Salzkartoffeln, Dill-Gurkensalat". Oder lieber Wild aus eigener Jagd? Dazu u. a. Weine aus Österreich. Herrliche Terrasse zum See. Im Sommer hausgemachtes Eis im Freien am Bootshaus. Moderne Zimmer im gleichnamigen Hotel.

Spezialitäten: Suppe von Holsteiner Flusskrebsen mit Zander-Raviolo. Hirsch Bolognese mit getrockneter Tomate und Tagliatelle. Variation von hausgemachtem Sorbet und Eis.

🏵 ⇦ ⇐ 🌫 🅿 🚗 – Karte 36/68 €

Am See 1 ✉ *22952 –* ☎ *04154 792200 – www.fischerklause-luetjensee.de –*
Geschlossen Montag, mittags: Dienstag-Mittwoch

LUNDEN

Schleswig-Holstein – Regionalatlas **1**–G3

ⅱ◯ LINDENHOF 1887

REGIONAL · FAMILIÄR ⅩⅩ An einem begrünten Platz mit Lindenbäumen steht der erweiterte Gasthof von 1887. In schönem modernem Ambiente (klare Formen und warme Farben) speist man regional-saisonal, z. B. "Nordseescholle mit Speck" oder "geschmorte Lammkeule, weiße Bohnen, grüner Spargel". Attraktiv auch die geradlinig-zeitgemäßen Gästezimmer.

⇦ 🛦 ⅙ ⇔ 🅿 – Menü 43/70 € – Karte 29/50 €

Friedrichstraße 39 ⊠ 25774 – ☏ 04882 407 – www.lindenhof1887.de –
Geschlossen mittags: Montag, Dienstag, mittags: Mittwoch

MAGDEBURG

Sachsen-Anhalt – Regionalatlas **31**-L9 – Michelin Straßenkarte 542

In **Magdeburg-Ottersleben** Süd-West: 7 km, Richtung Wansleben

⊛ LANDHAUS HADRYS

REGIONAL · FREUNDLICH ⅩⅩ Seit 2003 steht Sebastian Hadrys für anspruchsvolle Küche! Sein Restaurant ist geschmackvoll-elegant, aber keineswegs steif, dazu kommt ein aufmerksamer Service. Die richtig gute Küche gibt es z. B. als "Jakobsmuschel, Iberico-Schwein, Buchenpilze, Beete, Apfel". Tipp: Kochkurse kann man hier ebenfalls machen.

Spezialitäten: Kürbis, Quitte, Saibling. Entenbrust, Petersilienwurzel, gebratener Rosenkohl. Beeren, Mascarpone, Schokolade, Biskuit.

🛦 ⇔ 🅿 – Menü 45/80 € – Karte 36/58 €

An der Halberstädter Chaussee 1 ⊠ 39116 – ☏ 0391 6626680 –
www.landhaus-hadrys.de –
Geschlossen 8.-15. Februar, 26. Juli-9. August, Sonntag-Montag, mittags: Dienstag und Donnerstag

MAIKAMMER

Rheinland-Pfalz – Regionalatlas **47**-E17 – Michelin Straßenkarte 543

⊛ DORF-CHRONIK

MARKTKÜCHE · GEMÜTLICH Ⅹ Mitten im Ort liegt das schöne Winzerhaus von 1747 - drinnen gemütlich-rustikales Ambiente, draußen die charmante Hofterrasse. Gastgeberin Marion Schwaab und ihr Team umsorgen Sie aufmerksam mit saisonal-regionalen Gerichten wie "Kabeljaufilet mit Kürbisrisotto" oder "Rehgulasch, Spitzkohl, Butternudeln". Man hat auch eine Vinothek und gute Weine vom eigenen Weingut.

Spezialitäten: Keschde-Rahmsuppe mit Zwiebel-Kümmel-Stange. Rosa gegarte Entenbrust, Kastanienmus, Rote Zwiebel, Quitte, weißer Speckschaum. Mohn-Soufflé mit Traubenragout, Melissencrumble.

🛦 – Menü 30/60 € – Karte 37/50 €

Marktstraße 7 ⊠ 67487 – ☏ 06321 58240 – www.restaurant-dorfchronik.de –
Geschlossen 1.-17. Januar, 26. Juli-12. August, Mittwoch, Donnerstag

MAINTAL

Hessen – Regionalatlas **48**-G14 – Michelin Straßenkarte 543

In **Maintal-Dörnigheim**

⊛ FLEUR DE SEL

FRANZÖSISCH-KLASSISCH · LÄNDLICH Ⅹ Französisch-mediterranes Flair erwartet man nicht unbedingt in diesem Wohngebiet in Maintal. Doch genau das bieten sowohl das Ambiente als auch die saisonal beeinflusste Küche von Patrick Theumer. Dazu Crémant, Rosé, Bordeaux... Freundlich der Service. Nett die Terrasse mit wildem Wein und Olivenbäumen.

Spezialitäten: Gebackenes Kalbsbries an Kräuterseitlingen à la crème, Pesto, Feldsalat und Karotte. Ragout vom Lamm an Couscous und jungem Gemüse mit Olivenjus. Tarte au Citron mit Joghurteis und karamellisierten Mandeln.

🏠 **P** – Menü 37/46 € – Karte 37/55 €

Florscheidstraße 19 ✉ 63477 – ☎ 06181 9683385 – www.restaurant-fleurdesel.de –
Geschlossen 1.-12. Januar, 19. Juli-3. August, mittags: Montag, Dienstag,
mittags: Mittwoch-Samstag

MAINZ

Rheinland-Pfalz – Regionalatlas **47**–E15 – Michelin Straßenkarte 543

❀ FAVORITE RESTAURANT

FRANZÖSISCH-MODERN · ELEGANT XxX Nicht nur wohnen lässt es sich im "Favorite Parkhotel" niveauvoll, auch gastronomisch ist das im Mainzer Stadtpark gelegene Haus der engagierten Familie Barth eine gerne besuchte Adresse. Beim Küchenchef für ihr Gourmetrestaurant haben die Betreiber eine gute Wahl getroffen: Tobias Schmitt, ehemals Souschef im Frankfurter "Lafleur". Er kocht modern und mit tollen Produkten. Die Kombinationen sind nicht überladen und ergeben immer Sinn. Geboten werden die Menüs "Roots" und "Blossom" sowie eine vegetarische Alternative. Und das Restaurant selbst? Wertig-elegant ist das Ambiente hier. Fragen Sie am besten nach einem Platz am Fenster - oder speisen Sie auf der schönen Terrasse mit Blick auf Rhein und Taunus. Es gibt auch noch einen Biergarten, der ebenfalls sehr gefragt ist.

Spezialitäten: Konfierter Hummer, Gewürzkarotte, Chutney von grünen Tomaten, Erbsen, Vadouvan-Bisque. Schwarzfederhuhn, gebratene Brust und gebackenes Keulenragout, gepickelte Kürbisscheiben, Kürbispüree, eingelegte Kapstachelbeere, lila Kartoffeln, Oliven-Kakaobohnenjus. Marinierte Brombeeren und Cassis, Mandelcrème, Brombeer-Cassispraline, Kakaobiskuit, Süßlupinen-Vanilleeis.

⇦ ⇦ 🏠 ♿ 🅰🅲 🔼 **P** 🚗 – Menü 49 € (Mittags), 110/140 € – Karte 35/92 €

Favorite Parkhotel, Karl-Weiser-Straße 1 ✉ 55131 – ☎ 06131 8015133 –
www.favorite-mainz.de –
Geschlossen 8.-21. Februar, 21. Juni-11. Juli, 11.-17. Oktober, Montag,
mittags: Dienstag, Sonntag

㊉ GEBERTS WEINSTUBEN

KLASSISCHE KÜCHE · WEINSTUBE XX Frische, Geschmack, Aroma - dafür steht die Küche von Frank Gebert. Für seine klassischen Gerichte verwendet er gerne Produkte aus der Region. Das nahe Rhein und Stadt gelegene Restaurant hat ein hübsches elegantes Ambiente, draußen im Hof die weinberankte Terrasse.

Spezialitäten: Hausgebeizter Estragon-Lachs mit Sommersalat und Kaviarschmand. Knusprige Flugentenbrust mit Erbsenmousseline, Kroketten. Geeister Kaffee mit Praline und Mandelhippe.

🏠 – Menü 34/78 € – Karte 35/50 €

Frauenlobstraße 94 ✉ 55118 – ☎ 06131 611619 – www.geberts-weinstuben.de –
Geschlossen Montag, Dienstag

ⅠⅠ◯ HEINRICH'S DIE WIRTSCHAFT

TRADITIONELLE KÜCHE · BÜRGERLICH X Lebendig-gemütliche Kneipen-Atmosphäre zu frischer, unkomplizierter Küche? Man bietet hier z. B. Leberwurststrudel oder Ochsenbacke, dazu Weine aus Rheinhessen. Der Chef ist übrigens auch passionierter Maler und hat eine eigene Galerie.

Menü 11 € (Mittags)/14 € – Karte 34/55 €

Martinsstraße 10 ✉ 55116 – ☎ 06131 9300661 – www.heinrichs-die-wirtschaft.com –
Geschlossen 1.-7. Januar, 1.-12. Mai, mittags: Montag, mittags: Sonntag

⌂ FAVORITE PARKHOTEL

BUSINESS · MODERN Dies ist das Teamhotel des FSV Mainz 05 und Lebenswerk der engagierten Familie Barth. Und die investiert stetig: tolles Konferenzcenter, zeitgemäß designte Zimmer - zwei Suiten sind die luxuriösesten der Stadt. "Weinbar": moderne Küche und sehr gute Weine im Offenausschank. Biergarten direkt am Stadtpark.

⚑ ⬅ 🛋 📺 🛎 🖐 & 🅰 🦺 🅿 🚗 – 144 Zimmer – 7 Suiten

Karl-Weiser-Straße 1 ✉ 55131 – ☎ 06131 80150 – www.favorite-mainz.de

❀ **FAVORITE restaurant** – Siehe Restaurantauswahl

In Mainz-Finthen West: 7 km

❀ STEIN'S TRAUBE

MARKTKÜCHE · FREUNDLICH XX Was Anfang des 20. Jh. mit einer Dorfschänke begann, hat sich dank des Engagements der Familie Stein im Laufe der Jahrzehnte zu einem modernen Restaurant mit anspruchsvoller Küche gemausert. Mit Philipp Stein ist inzwischen die 6. Generation als Patron und Küchenchef am Ruder. Dass er kochen kann, steht völlig außer Frage. So finden sich auf dem Teller weder Show noch Spielerei. Was auf den ersten Blick einfach erscheinen mag, ist in Geschmack und Harmonie sehr komplex, aber stets zugänglich. Man kocht mit zurückhaltender Eleganz und der nötigen Portion Mut an den richtigen Stellen. Bei der Platzwahl fällt die Entscheidung nicht ganz leicht, denn das freundliche, geradlinig-schicke Ambiente drinnen ist ebenso einladend wie der schöne Innenhof. Angenehm: die herzliche Juniorchefin Alina Stein im Service.

Spezialitäten: Tataki vom Kalbsfilet, Kräuterseitlinge, Pilzdashi, Backpflaume, Algen. Seezunge, Bohnen, Tomaten, Schnittlauch, Pata Negra, braune Butter. Macadamiaküchlein, Tasmanischer Pfeffer, karamellisierte Bananencrème, Kokossorbet.

🍴 ✿ 🅿 – Menü 55/105 € – Karte 44/66 €

Poststraße 4 ✉ 55126 – ☎ 06131 40249 – www.steins-traube.de –
Geschlossen Montag, mittags: Dienstag

MAISACH

Bayern – Regionalatlas **65**–L20 – Michelin Straßenkarte 546

In Maisach-Überacker Nord: 3 km über Überackerstraße

�🍴O GASTHOF WIDMANN

INTERNATIONAL · GEMÜTLICH XX Man schmeckt, dass hier mit Freude gekocht wird. Es gibt Saisonales und Internationales mit Bezug zur Region - probieren Sie z. B. "Medaillon vom Kalbsfilet, geröstete Artischocken, Estragonsauce"! Serviert wird in zwei gemütlichen Stuben.

🅿 🍽 – Menü 72/85 € – Karte 25/36 €

Bergstraße 4 ✉ 82216 – ☎ 08135 485 –
Geschlossen 12. August-10. September, 24. Dezember-10. Januar,
Sonntag-Dienstag, nur Abendessen

MALCHOW

Mecklenburg-Vorpommern – Regionalatlas **13**–N5 – Michelin Straßenkarte 542

⌂ ROSENDOMIZIL

FERIENHOTEL · INDIVIDUELL Mit Geschmack hat man hier hochwertige und moderne Wohnräume geschaffen, wunderbar die Lage am See. Nur einen Steinwurf entfernt: Gästehaus "Hofgarten" mit tollem Loungegarten, Badesteg und Sauna. Wintergartenflair im Restaurant/Café zum Wasser hin. Hauseigene Bäckerei und Konditorei.

🛎 🦺 🚗 – 27 Zimmer

Lange Straße 2 ✉ 17213 – ☎ 039932 18065 – www.rosendomizil.de

MANDELBACHTAL

Saarland – Regionalatlas **53**–C17 – Michelin Straßenkarte 543

In Mandelbachtal-Gräfinthal

🍴○ **GRÄFINTHALER HOF** ⓝ

REGIONAL · LÄNDLICH XX Ein sehr gepflegtes Anwesen ist die schön gelegene einstige Klosteranlage a. d. 13. Jh. Drinnen hat man recht elegante Räume, draußen eine charmante Terrasse unter Bäumen. Man kocht mit guten regionalen Produkten wie Saibling aus Ballweiler, Ziegenkäse aus Erfweiler, Bliesgaulamm... Es gibt auch ein vegetarisches Menü.

🏡 ⇔ 🅿 – Menü 35/37 € – Karte 34/59 €

Gräfinthal ✉ *66399 – ℰ 06804 91100 – www.graefinthaler-hof.de – Geschlossen 15.-21. Februar, 18.-29. Oktober, Montag, Dienstag*

MANNHEIM

Baden-Württemberg – Regionalatlas **47**–F16 – Michelin Straßenkarte 545

🕸🕸 **OPUS V**

MODERNE KÜCHE · CHIC XXX Wer Shopping mit einem kulinarischen Erlebnis verbinden möchte, ist hoch oben im Modehaus „engelhorn Mode im Quadrat" absolut richtig. Der Küchenstil ist modern-kreativ. Man hat eine ganz klare Linie und konzentriert sich auf die ausgezeichneten Produkte, auf überflüssiges Beiwerk verzichtet man bewusst. Am Abend bietet man ein Menü mit drei bis sechs Gängen, mittags einen 4-gängigen Auszug daraus inklusive Wasser und Heißgetränk für 99€ - ein wirklich gutes Preis-Leistungs-Verhältnis! Zusätzlich zu den Menüs gibt es noch besondere Gerichte à la carte. Attraktiv auch das Interieur: geradlinig-modern und mit nordischer Note, dazu die einsehbare Küche und der tolle Blick über die Dächer der Stadt - da ist auch die Terrasse gefragt!

Spezialitäten: Blumenkohl, Koji, Eigelb. Rochen, Topinambur, Zitrone. Apfel, Vanille, Haselnuss.

🕸 ⪻ 🏡 🕭 🕮 🖪 ⇔ – Menü 99 € (Mittags), 153/195 €

O5, 9-12 (in der 6. Etage des Modehaus Engelhorn) ✉ *68161 – ℰ 0621 1671199 – www.restaurant-opus-v.de – Geschlossen 23. Februar-15. März, 2.-23. August, Sonntag-Dienstag, mittags: Mittwoch-Donnerstag*

🕸 **DOBLERS**

KLASSISCHE KÜCHE · ELEGANT XXX Wahrhaftig eine Institution in der Quadratestadt und immer gut gebucht! Seit über 30 Jahren erfreuen Gabriele und Norbert Dobler ihre Gäste mit tollen Gerichten aus exzellenten Produkten, die klassisch zubereitet werden, dabei aber keineswegs altbacken sind. Norbert Dobler setzt hier und da geschickt moderne Elemente ein und schafft schöne, auf den Punkt gebrachte Gerichte ohne viel Chichi. Man sitzt in hellen, modern-elegant eingerichteten Räumen, wo Gabriele Dobler charmant den Service leitet. Sicher ist dies mit ein Grund, weshalb so viele Stammgäste den sympathischen Gastgebern seit vielen Jahren die Treue halten. Mögen Sie Wein? Man hat eine attraktive Auswahl aus der Region.

Spezialitäten: Hummer mit Pfirsich-Curry-Coulis und eingelegten Gurken. Steinbutt mit gelbem Blumenkohlpüree, Erbsen und Beurre blanc. Mohnmousse mit karamellisiertem Blätterteig, Pfirsich-Basilikumsorbet und Kürbiskernöl-Schokoladensteinchen.

🏡 🕮 ⇔ – Menü 48 € (Mittags), 84/98 € – Karte 68/92 €

Seckenheimer Straße 20 ✉ *68159 – ℰ 0621 14397 – www.doblers.de – Geschlossen 1.-15. Januar, 21. Juni-3. Juli, Montag, Sonntag*

⊛ MARLY

Chef: Gregor Ruppenthal

KLASSISCHE KÜCHE · ELEGANT ✕✕✕ Monumental und spektakulär prägt der „Speicher 7" das Mannheimer Hafenbild. In dieser attraktiven modernen Location bietet Gregor Ruppenthal mit dem richtigen Maß an Kreativität zubereitete Gerichte, die sich an der mediterranen Küche orientieren. Man kocht handwerklich exakt und geschmacksintensiv, aber nicht überladen. Mit Know-how und Feingefühl werden hier tolle Produkte in den Mittelpunkt gestellt. Zu den frischen Zutaten gehören auch selbst angebaute Kräuter. Ein weiteres Highlight ist der begehbare Weinkühlschrank, der sich mit seiner riesigen Glasscheibe und rund 15 Quadratmetern über eine gesamte Wandbreite erstreckt. Angenehm der freundliche und professionelle Service.

Spezialitäten: Tatar vom Thunfisch, Harissa, Salzzitrone, Kapuzinerkresse. Lammrücken, Karotte, Bergbohnenkraut, Sesam. Weißer Pfirsich, Holunder, Verveine.

🌤 🄰🄲 ♿ – Menü 45 € (Mittags), 79/123 €

Rheinvorlandstraße 7 (am Hafen, im Speicher 7) ✉ 68159 – ☎ 0621 86242121 – www.restaurant-marly.com –
Geschlossen 5.-26. Juli, Montag, Sonntag

⊛ LE CORANGE

FRANZÖSISCH-MODERN · GERADLINIG ✕✕ „Top" ist dieses Restaurant gleich in zweifacher Hinsicht, gilt es doch für die Lage ebenso wie für die Küche. Sie sitzen hoch über den Dächern von Mannheim und genießen neben einer absolut fantastischen Aussicht über die Stadt auch noch eine ausgesprochen niveauvolle Küche. Was der gebürtige Ukrainer Igor Yakushchenko und sein Team hier auf den Teller bringen, ist eine moderne französische Küche aus exzellenten Produkten - im Fokus stehen Fisch und Meeresfrüchte. Mittags und abends bietet man zusätzlich zum Menü auch frische Austern. Übrigens: Das geradlinig-elegant designte „le Corange" ist neben dem „Opus V" das zweite Gourmetrestaurant im Modehaus Engelhorn.

Spezialitäten: Steinpilze, Chicorée und Sherry-Vinaigrette. Kabeljau, Senf-Beurre blanc, wilder Pak Choi und Bratkartoffelstampf. Kürbis-Crème brûlée mit Yuzusorbet und eingelegten Mirabellen.

⧼ ⅗ 🄰🄲 🄴 ♿ – Menü 59/104 €

O5, 9-12 (in der 6. Etage des Modehaus Engelhorn) ✉ 68161 – ☎ 0621 1671199 – www.corange-restaurant.de –
Geschlossen Donnerstag, Sonntag, mittags: Montag-Mittwoch

⊛ EMMA WOLF SINCE 1920

INTERNATIONAL · TRENDY ✕ Wer würde vermuten, dass man im Untergeschoss einer Einkaufspassage so gut isst!? Mitten in der Mannheimer City liegt das trendigcoole Restaurant mit entspannter Bistro-Atmosphäre und offener Küche. Hier ist die Wirkungsstätte von Dennis Maier, der schon Stationen wie das „Sra Bua by Juan Amador" in Frankfurt-Gravenbruch, das „Da Gianni" in Mannheim und das „Port Petit" in Cala d'Or auf Mallorca hinter sich hat. Er kocht leicht und modern, interessant das gekonnte Säurespiel. Die Menüs - man bietet auch ein vegetarisches - werden mit hausgefiltertem Mannheimer Tiefenbrunnenwasser serviert! Benannt ist das „Emma Wolf since 1920" übrigens nach der Großmutter des Chefs.

Spezialitäten: Hummer, Kürbis, Orange, Erdnuss. Reh, Trompetenpilz, Kohl, Radieschen. Buttermilch, Zitrone, Schokolade.

🍽 – Menü 45/119 € – Karte 51/71 €

Q6 Q7 (UG) ✉ 68161 – ☎ 0621 18149550 – www.emmawolf1920.com –
Geschlossen Montag, Sonntag

ⅠⓄ LE COMPTOIR 17

FRANZÖSISCH · BISTRO ✕ Französisch-mediterrane Lebensart prägt hier nicht nur die Speisekarte, sondern auch die quirlige Atmosphäre dieses äußerst netten Bistros. Als "Marly-Ableger" steht man für sehr gute Qualität - da überzeugen "gebratene Blutwurst von Christian Parra, pommes purée maison und Schalotten-Apfelragoût" oder klassische "Tarte au chocolat" ebenso wie die frischen Austern.

🌤 🥡 – Karte 40/52 €

Lameystraße 17 ✉ 68165 – ☎ 0621 73617000 – www.comptoir17.com –
Geschlossen 1.-23. August, Montag, Sonntag

🍴 C-FIVE

INTERNATIONAL · TRENDY ⅹ Modernes Restaurant mit schöner Terrasse auf dem Gelände des Zeughaus-Museums. Auf der Karte machen z. B. "Black Angus Rinderfilet, Rosmarinkartoffeln, Rotweinjus" oder "Seeteufel, Safransauce, Passepierre" Appetit.

🌿 ⅗ 🅰 – Karte 47/84 €

C5,1 ✉ 68159 – ☎ 0621 1229550 – *www.c-five.de* – *Geschlossen 19.-24. Dezember, Montag, Sonntag*

🏨 SYTE ⓝ

BOUTIQUE-HOTEL · MODERN Nicht weit vom Bahnhof liegt das Boutique-Hotel mit der schönen Sandsteinfassade. Hier erwarten Sie schicke Zimmer von "Small" bis "Extra Large", in denen hübsche Details und wertige Möbel für wohnliche Atmosphäre und eine individuelle Note sorgen. Einige Zimmer liegen ruhiger zum Hinterhaus, teilweise auch mit Balkon.

🛗 ⊟ 🅰 ⅗ – 39 Zimmer

Tattersallstraße 2 ✉ 68165 – ☎ 0621 4907670 – *www.sytehotel.de*

🏨 SPEICHER 7

BOUTIQUE-HOTEL · DESIGN Früher ein Getreidespeicher, heute ein attraktives und nicht alltägliches Hotel. Moderne Elemente mit kultigen Details der 50er und 60er Jahre - stylish, trendig und wirklich toll, von den großen Zimmern mit Loftflair (Tipp: "Silolounge" mit 12 m hohem Bad!) bis zur loungigen Bar. Und all das direkt am Rhein!

🍴 🛗 🅰 ⅗ 🅿 – 20 Zimmer

Rheinvorlandstraße 7 ✉ 68159 – ☎ 0621 1226680 – *www.speicher7.com*

🏨 STAYTION ⓝ

BOUTIQUE-HOTEL · TRENDIG Urbanes Design, wohin man schaut! Musik und "Industrial Style" - das sind die zwei großen Themen in diesem trendigen Hotel ganz in der Nähe des Bahnhofs. Der musikalische Bezug findet sich in Form von dekorativen Bildern in jedem Zimmer. Frühstück bietet man im Schwesterhotel "SYTE".

⅗ ⅌ – 43 Zimmer

Heinrich-Lanz-Straße 5 ✉ 68165 – ☎ 0621 49076780 – *www.staytion.de*

MARBURG

Hessen – Regionalatlas **38**–F13 – Michelin Straßenkarte 543

🅰 MARBURGER ESSZIMMER

INTERNATIONAL · CHIC ⅩⅩ Chic das modern-elegante Restaurant im EG des Hauptsitzes der Deutschen Vermögensberatung, schön die vorgelagerte Terrasse. Lust auf Klassiker wie "Navarin vom Lamm"? Oder lieber Sushi & Co. nach dem Motto "Esszimmer meets Asia"? Es gibt auch Vegetarisches wie "Israelische Shakshuka". Oder darf es das Überraschungsmenü sein?

Spezialitäten: Asiatische Entenessenz mit Shiitake-Tortellini. Geschmortes Schulterscherzel vom Almochsen mit Speckwirsing und leicht getrüffeltem Kartoffelpüree. Schoko-Churros mit Zimtzucker, Amarena-Kirschragout und Schokoladeneis.

🌿 ⅗ 🅰 – Menü 45/72 € – Karte 32/60 €

Anneliese Pohl Allee 1 ✉ 35037 – ☎ 06421 8890471 – *www.marburger-esszimmer.de* – *Geschlossen Montag, mittags: Dienstag-Samstag, Sonntag*

🏨 VILA VITA HOTEL ROSENPARK

LUXUS · MODERN Das geschmackvolle Grandhotel ist für Privatgäste, Tagungen und Geschäftsreisende gleichermaßen ideal. Schön die Lage an der Lahn, wohnlich die Zimmer, umfassend das Spa-Angebot, dazu Hotelbar & Lounge. In der gemütlich-rustikalen "Zirbelstube" speist man regional, im "OLIVA" gibt es mediterrane Küche. Tipp: Torten, Waffeln & Co. im angrenzenden "Café Rosenpark".

🍴 🍸 🔲 ⓢ 🍳 🛗 ⊟ ⅗ 🅰 ⅗ 🏊 – 148 Zimmer – 48 Suiten

Anneliese Pohl Allee 7 ✉ 35037 – ☎ 06421 60050 – *www.rosenpark.com*

MARCH

Baden-Württemberg – Regionalatlas **61**–D20 – Michelin Straßenkarte 545

In March-Neuershausen Nord-West: 1 km

🐸 JAUCH'S LÖWEN

REGIONAL · LÄNDLICH XX Bei Familie Jauch kocht man badisch mit internationalen Einflüssen - Lust auf "Thunfischtatar und gebratene Gamba mit Avocado und Salatbukett" oder "Cordon bleu vom Kalb mit Gemüse und Kroketten"? Hell, offen und freundlich hat man das Gasthaus gestaltet, draußen eine schöne Terrasse. Und zum Übernachten hat man gemütliche Zimmer.

Spezialitäten: Vitello vom Kalbsrücken an Kräuterschmand, Datteltomaten, Monte Ziego Frischkäse und Neuershauser Salat. Gegrillter Thunfisch mit Gremolatagemüse und Kalamata-Oliven-Risotto. Katalanisches Parfait mit Mirabellenröster und Schokoladenkuchen.

↩ 🏡 ✿ 🅿 – Menü 35/70 € – Karte 34/60 €

Eichstetter Straße 4 ✉ 79232 – ☎ 07665 92090 – www.jauch-loewen.de –
Geschlossen Mittwoch, Donnerstag

MARKTBERGEL

Bayern – Regionalatlas **49**–J16 – Michelin Straßenkarte 546

🐸 ROTES ROSS

REGIONAL · GASTHOF X Wer frische regional-saisonale Küche mit mediterranem Einfluss mag, ist bei Familie Bogner richtig. In ihrem freundlich-gemütlichen Restaurant (im Sommer mit begrünter Hofterrasse) gibt es z. B. "Sauerbraten, Rote Bete, Kartoffelkloß" oder "Ravioli mit Käse-Kräuterfüllung". Man hat auch wohnliche Gästezimmer, und mit E-Bike oder E-Smart können Sie die Region erkunden.

Spezialitäten: Kürbiscrèmesuppe. Zwiebelrostbraten, Butterspätzle, Blattsalate. Birnenragout, gebackenes Vanilleeis, Mus vom Ziegenkäse und Honig.

↩ 🏡 ⅋ ✿ – Menü 25/45 € – Karte 26/48 €

Würzburger Straße 3 ✉ 91613 – ☎ 09843 936600 – www.rotes-ross-marktbergel.de –
Geschlossen Montag, mittags: Dienstag-Samstag, abends: Sonntag

MARKTBREIT

Bayern – Regionalatlas **49**–I16 – Michelin Straßenkarte 546

🐸 ALTER ESEL

MARKTKÜCHE · FAMILIÄR X Das herzliche und engagierte Betreiberpaar bietet hier regionale Küche mit regionalen und mediterranen Einflüssen. Serviert wird in der gemütlichen, liebevoll dekorierten Gaststube oder an einem der wenigen Tische im Freien mit Blick auf die historischen Häuser des charmanten kleinen Städtchens.

Spezialitäten: Parmigiana, Brotsalat, Taggiasca-Oliven. Bio-Lamm, Buschbohne, Quinoa. Quitten-Crumble, Zwetschgenröster, Sauerrahmeis.

✿ – Menü 47/69 € – Karte 37/45 €

Marktstraße 10 ✉ 97340 – ☎ 09332 5949477 – www.altereesel-marktbreit.de –
Geschlossen Montag, Dienstag, mittags: Mittwoch-Samstag

🐸 MICHELS STERN

REGIONAL · TRADITIONELLES AMBIENTE X Seit jeher steckt Familie Michel jede Menge Engagement in ihr Gasthaus, inzwischen die 4. Generation. Wolfgang Michel kocht von bürgerlich bis fein, von "geschmorter Kalbshaxe" bis zu "gebratenem Wolfsbarschfilet mit Safranfenchel", sein Bruder Stefan empfiehlt mit Leidenschaft den passenden Frankenwein.

Spezialitäten: Zweierlei von der Lachsforelle. Rehbraten mit Kartoffelklößen und Blaukraut. Rotweinzwetschgen mit Grießflammerie und Zwetschgensorbet.

🏵 ↩ 🏡 ✿ – Menü 34/41 € – Karte 26/47 €

Bahnhofstraße 9 ✉ 97340 – ☎ 09332 1316 – www.michelsstern.de –
Geschlossen 26. Juli-10. August, mittags: Dienstag, Mittwoch, Donnerstag

MARKTHEIDENFELD

Bayern – Regionalatlas **48**–H15 – Michelin Straßenkarte 546

WEINHAUS ANKER

FRANZÖSISCH · GEMÜTLICH XX Ein Haus mit Tradition, das engagiert geführt wird. In schönen Stuben mit historischem Charme lässt man sich französisch-regionale Gerichte schmecken und wird freundlich umsorgt - Gastgeberin Elisabeth Deppisch ist übrigens auch Sommelière. Im Winter Do. - Sa. abends kleine fränkische Karte im rustikalen Gewölbe "Schöpple". Gepflegt übernachten kann man ebenfalls.

Spezialitäten: Gebackener Kalbskopf, Sauce Remoulade, Salat. Kalbsfilet mit Morchel-Pfifferlingrahmsauce, Gemüse, Kartoffelkrapfen. Schmandeis mit salziger Karamellsauce und Nüssen.

⇔ 🛱 🕹 ↻ 🅿 🛋 – Menü 32/89 € – Karte 30/75 €

Obertorstraße 13 ✉ 97828 – ℰ 09391 6004801 – www.weinhaus-anker.de – Geschlossen mittags: Montag, mittags: Freitag

MASELHEIM

Baden-Württemberg – Regionalatlas **64**–I20 – Michelin Straßenkarte 545

In Maselheim-Sulmingen Nord-West: 2,5 km

LAMM

REGIONAL · LÄNDLICH XX Einladend ist hier schon die sehr gepflegte Fassade. Drinnen wird man überaus freundlich empfangen, nimmt in charmantem Ambiente Platz und isst auch noch ausgesprochen gut! Der Chef kocht klassisch, reduziert und mit ausgesuchten Produkten. Probieren Sie z. B. "Zander auf getrüffeltem Erdfrüchteragout". Und als Dessert vielleicht "Schokoladentarte mit Bratapfeleis"?

Spezialitäten: Gebeizter Saibling, Kürbis, Ingwer, Steinpilze und schwarze Walnuss. Lamm, Artischocken, Aubergine und Thymiannocken. Zwetschge, Pistazie, Vanille.

🛱 ↻ 🅿 – Menü 54/69 € – Karte 34/54 €

Baltringer Straße 14 ✉ 88437 – ℰ 07356 937078 – www.sulminger-lamm.de – Geschlossen 1.-6. Januar, 15. August-10. September, Montag, Dienstag, mittags: Mittwoch-Samstag

MASSWEILER

Rheinland-Pfalz – Regionalatlas **46**–D17 – Michelin Straßenkarte 543

BORST

FRANZÖSISCH-KLASSISCH · FAMILIÄR XX Mit seiner ambitionierten klassischen Küche ist das moderne Restaurant gewissermaßen der kulinarische Leuchtturm der Region. Seit 1988 sind die Gastgeber freundlich und engagiert bei der Sache und bieten z. B. "Hirschrücken in Sommertrüffeljus auf Wirsinggemüse". Zum Übernachten: einfache, gepflegte Zimmer im Gästehaus gegenüber.

⇔ 🛱 ↻ 🅿 – Menü 48/85 € – Karte 53/77 €

Luitpoldstraße 4 ✉ 66506 – ℰ 06334 1431 – www.restaurant-borst.de – Geschlossen Montag, Dienstag

MAXHÜTTE-HAIDHOF

Bayern – Regionalatlas **58**–M17 – Michelin Straßenkarte 546

In Maxhütte-Haidhof - Ponholz

KANDLBINDER KÜCHE

REGIONAL · FREUNDLICH XX In der alten Post von 1766 macht es Spaß, zu essen! Ausgesprochen schön hat man hier den stilvollen Rahmen mit einer dezent modernen Note kombiniert. Chef Martin Kandlbinder bietet eine regional-saisonale Küche mit internationalen Einflüssen, gut die Produktqualität.

Spezialitäten: Taubenbrust, Chicorée, Orangen-Mokka-Butter. Steinbutt, Risotto, marinierter Fenchel, Beurre blanc. Variation von der Schokolade.

命 ⇔ 🄿 🍴 – Menü 37/80 € – Karte 32/66 €

Postplatz 1 ✉ 93142 – ☎ 09471 6050646 – www.kandlbinderkueche.de –
Geschlossen Dienstag, Mittwoch, mittags: Montag und Donnerstag-Samstag

MEDDERSHEIM
Rheinland-Pfalz – Regionalatlas **46**–D15 – Michelin Straßenkarte 543

⊛ LANDGASTHOF ZUR TRAUBE
REGIONAL · GASTHOF ⅄ Wer Klassik sucht, ist in dem hübschen historischen Naturstein-Fachwerk-Haus genau richtig! Die Küche von Herbert Langendorf überzeugt durch Handwerk, Geschmack und ein Gefühl für Aromen, toll z. B. die Entengerichte oder Hummerbisque. Dazu regionale Weine. Freundlich kümmert sich Chefin Ingrid Langendorf um die Gäste.

Spezialitäten: Ziegenkäseparfait mit Melonenragout und gebackenem Kalbsbries. Loup de mer mit Risotto, Hummerschaum und Blattsalat. Geeister Kaiserschmarren mit Topfenmousse und Zwetschgenröster.

命 ⇔ 🄿 🍴 – Menü 28/58 € – Karte 38/59 €

Sobernheimer Straße 2 ✉ 55566 – ☎ 06751 950382 – www.langendorfstraube.de –
Geschlossen 15. Juli-11. August, 23.-31. Dezember, Montag, Dienstag, Mittwoch, abends: Sonntag

MEERBUSCH
Nordrhein-Westfalen – Regionalatlas **25**–B11 – Michelin Straßenkarte 543

In Meerbusch-Büderich

⁂ ANTHONY'S KITCHEN
KREATIV · TRENDY ⅄ Einen schicken Mix aus Restaurant und Kochschule hat Gastgeber Anthony Sarpong hier. Der gebürtige Ghanaer kann sich auf ein tolles Team verlassen: Die Küchenbrigade verarbeitet ausgesuchte Zutaten zu kreativen Gerichten und bindet dabei südamerikanische und asiatische Einflüsse perfekt ein - klasse z. B. das peruanische Lable-Rouge-Lachs-Sashimi. Da merkt man nicht nur die Reisen des Chefs um die halbe Welt, man spürt auch die Liebe der Köche zum Beruf! Die Gerichte treffen ebenso den Zeitgeist wie das klare moderne Design und die legere Atmosphäre. Das motivierte junge Serviceteam gibt einem das Gefühl, wirklich willkommen zu sein - auch der Patron selbst ist im Restaurant präsent, und es macht ihm sichtlich Freude, sich um seine Gäste zu kümmern!

Spezialitäten: Das Ei des Anthony Columbus vom glücklichen Huhn. Regionale Rinderlende an Risotto. Tarte au Citron aus eigener Ernte.

⁂ *Engagement des Küchenchefs: "Als Mitglied des wissenschaftlichen Beirats und kulinarischer Botschafter der Gesellschaft für Prävention sorge ich mich ebenso um die Gesundheit meiner Gäste wie auch um ihren Genuss! Natürliche Ressourcen, Saisonalität und die Wahrung des natürlichen Gleichgewichts stehen dabei im Vordergrund."*

命 🎖 – Menü 95/145 €

Moerser Straße 81 ✉ 40667 – ☎ 02132 9851425 – www.anthonys.kitchen –
Geschlossen Montag, Dienstag, mittags: Mittwoch-Sonntag

ⅠО LANDHAUS MÖNCHENWERTH
KLASSISCHE KÜCHE · ELEGANT ⅄⅄ In dem einladenden Landhaus direkt am Rhein (toll die Terrasse!) bietet man mediterran und modern beeinflusste Küche - da macht z. B. "Maibock mit karamellisiertem Rhabarber und Marsala-Jus" Appetit. Sehr charmant der Service.

⇐ 命 ⇔ 🄿 – Menü 65/110 € – Karte 55/90 €

Niederlöricker Straße 56 ✉ 40667 – ☎ 02132 757650 – www.moenchenwerth.de –
Geschlossen Montag, mittags: Dienstag-Samstag

MEERFELD

Rheinland-Pfalz – Regionalatlas **45**–B14 – Michelin Straßenkarte 543

😊 POSTSTUBEN

INTERNATIONAL · GEMÜTLICH 🍴 Neben den guten Produkten erkennt man hier noch etwas ganz klar auf dem Teller: Talent und Handwerk. Beides beweist die regional beeinflusste Küche von Sven Molitor. Sie ist bodenständig, zeigt aber hier und da auch eine gewisse Finesse. Dazu aufmerksamer und charmanter Service. Zum Übernachten hat der traditionsreiche Familienbetrieb "Zur Post" gepflegte Gästezimmer.

Spezialitäten: Törtchen von der Himmeroder Räucherforelle, gepickelte Gartengurken, Senfeis. Gebratene Entenbrust und gebackenes Rilette, Purple- Curry Jus, Kohlrabi-Kartoffelspalten mit Rosmarin und Parmesan. Lauwarme Zwetschgentarte, gesalzenes Karamelleis.

🍴 🏡 **P** – Menü 35/60 € – Karte 28/52 €

Meerbachstraße 24 ⊠ 54531 – 𝒞 06572 931900 – www.die-post-meerfeld.de – Geschlossen Montag, Dienstag, mittags: Mittwoch-Samstag

MEERSBURG

Baden-Württemberg – Regionalatlas **63**–G21 – Michelin Straßenkarte 545

🌸 CASALA

MODERNE KÜCHE · ELEGANT 🍴🍴 Ist es nicht herrlich, hier bei schönem Wetter auf der Terrasse zu sitzen und auf den Bodensee zu schauen? Und wenn man dann auch noch Sterneküche genießen darf... Dass es die bei den engagierten Inhabern Manfred und Susanne Lang gibt, ist der Verdienst von Küchenchef Markus Philippi. Er kocht modern und saisonal. Sehr gut ausbalanciert und aromareich ist nicht nur der Hohentwieler Wasserbüffel mit toller Röstzwiebeljus, Kartoffelsoufflé und Gartengemüse. Dem niveauvollen Essen wird auch das hochwertige und wirklich geschmackvolle Interieur gerecht, zu dem sich auch noch ein ausgesprochen zuvorkommender, freundlicher und kompetenter Service gesellt. Hier trägt auch der versierte Sommelier mit seinen sehr guten Weinempfehlungen zum runden Bild bei.

Spezialitäten: Wolfsbarsch, Coco Bohne, Rouille, mediterrane Vinaigrette. Perlhuhn, Mandel, Zwetschge, Quatre Epices. Falsche Zitrone, Pistazie, Tropilia Schokolade, Prosecco.

🌸 🍴 🏡 🔲 **P** 🚗 – Menü 109/145 €

Hotel Residenz am See, Uferpromenade 11 ⊠ 88709 – 𝒞 07532 80040 – www.hotel-residenz-meersburg.com – Geschlossen 1. Februar-3. März, Montag, Dienstag, Mittwoch, mittags: Donnerstag-Sonntag

🍴 RESIDENZ AM SEE

ZEITGENÖSSISCH · ELEGANT 🍴🍴 Auch im Zweitrestaurant der "Residenz am See" erwartet Sie hochwertige Gastronomie! In elegantem Ambiente wird man aufmerksam umsorgt, z. B. mit "Hechtklößchen, Krustentierschaum, Pulpo, Blattspinat" oder "Allgäuer Reh, Kräuterpilze, Brokkoli, Topfenspätzle". Mittags etwas einfachere Karte. Schön die Plätze am Fenster oder auf der Terrasse mit Seeblick!

🍴 🔲 🔄 **P** 🚗 – Menü 32 € (Mittags), 41/85 €

Hotel Residenz am See, Uferpromenade 11 ⊠ 88709 – 𝒞 07532 80040 – www.hotel-residenz-meersburg.com – Geschlossen mittags: Montag, Dienstag, Mittwoch, mittags: Donnerstag

🏨 RESIDENZ AM SEE

BOUTIQUE-HOTEL · MODERN Das charmante Haus liegt nicht nur herrlich an der Seepromenade, sondern auch noch praktisch gegenüber der Therme Lindau! Sie wohnen in sehr geschmackvoller Atmosphäre in stilvollen und individuell gestalteten Zimmern, genießen ein wunderbares Frühstück und werden herzlich umsorgt. Dazu lässt das Haus gastronomisch kaum Wünsche offen!

🍴 🔲 ♿ **P** 🚗 – 25 Zimmer – 2 Suiten

Uferpromenade 11 ⊠ 88709 – 𝒞 07532 80040 – www.hotel-residenz-meersburg.com

🌸 **Casala** · 🍴 **Residenz am See** – Siehe Restaurantauswahl

VILLA SEESCHAU

VILLA · INDIVIDUELL Diese Villa ist ein Ort voller Stil und Charme! Die Liebe zum Detail und das Engagement der Gastgeberin merkt man an der geschmack-vollen, sehr persönlichen und individuellen Einrichtung (toll z. B. die "Grande Suite"), am schönen Frühstück und am aufmerksamen Service! Dazu der herrliche Blick auf Bodensee und Altstadt - diese erreicht man in nur 5 Gehminuten.

⅏ ⇐ 🗄 🖻 **P** 🚗 – 18 Zimmer

Von-Laßberg-Straße 12 ✉ 88709 – ☎ 07532 434490 – www.hotel-seeschau.de

MEISENHEIM

Rheinland-Pfalz – Regionalatlas **46**–D16 – Michelin Straßenkarte 543

🕸 **MEISENHEIMER HOF**

MARKTKÜCHE · GEMÜTLICH ✗✗ In den drei hübschen kleinen Restaurantstuben genießt man in ungezwungener Atmosphäre die ambitionierte klassische und regionale Küche von Chef Markus Pape. Dazu u. a. eine gute Auswahl vom eige-nen Weingut. Das Gebäudeensemble des "Meisenheimer Hofs" ist ein attraktiver Mix aus Historie und Moderne - im Restaurant wie auch in den Themenzimmern des Hotels.

Spezialitäten: Cappuccino von Steinpilzen, Gewürzschaum, Hackfrüchte, Wachtel-brust. Bäckchen vom Glantalrind à la Bourgignon, Pfeffer-Speck-Wirsing, Schales, Schmorjus. Quitte, Apfel, Birne.

⇔ 🛆 & ✿ **P** – Menü 37/139 € – Karte 38/82 €

Hotel Meisenheimer Hof, Obergasse 33 (Zufahrt über Stadtgraben) ✉ 55590 – ☎ 06753 1237780 – www.meisenheimer-hof.de – Geschlossen 4.-30. Januar, 21. Mai-21. Juni, 8.-29. Oktober, Montag, mittags: Dienstag-Sonntag

MEPPEN

Niedersachsen – Regionalatlas **16**–D7 – Michelin Straßenkarte 543

🕸 **VON EUCH**

INTERNATIONAL · FREUNDLICH ✗✗ Wirklich einladend: Hier sitzt man nicht nur schön in hellem, elegantem Ambiente oder auf der begrünten Terrasse hinterm Haus, man isst auch noch richtig gut. Alles, was auch der Küche kommt, ist frisch und reich an Aromen. Im gleichnamigen Hotel finden Sie tipptopp gepflegte, neu-zeitlich eingerichtete Zimmer.

Spezialitäten: Hausgebeizter Lachs, Rösti, Kräuterdip, Rucola. Kalbsschnitzel, Bratkar-toffeln, Preiselbeeren. Crème brûlée.

⇔ 🛆 & 🔢 🖻 ✿ 🚗 – Menü 29/49 € – Karte 31/44 €

Kuhstraße 21 ✉ 49716 – ☎ 05931 4950100 – www.voneuch.de – Geschlossen Sonntag, nur Abendessen

MERGENTHEIM, BAD

Baden-Württemberg – Regionalatlas **49**–I16 – Michelin Straßenkarte 545

🍴🍴 **BUNDSCHU**

MARKTKÜCHE · BÜRGERLICH ✗✗ Hier wird regional, saisonal und mit mediter-ranen Einflüssen gekocht. Nach wie vor ein Klassiker: die Bouillabaisse. Oder mögen Sie lieber "Schwäbischen Rostbraten, Röstzwiebelchen, Kalbsjus, Dinkel-spätzle, Maultasche"? Schön die Terrasse zum Garten. Familie Bundschu bietet in ihrem Haus auch sehr gepflegte Gästezimmer.

⇔ 🛆 & **P** 🚗 – Menü 30/46 € – Karte 24/51 €

Milchlingstraße 24 ✉ 97980 – ☎ 07931 9330 – www.hotel-bundschu.de – Geschlossen Montag

MESCHEDE

Nordrhein-Westfalen – Regionalatlas **27**–F11 – Michelin Straßenkarte 543

🕽🔾 **VON KORFF**

INTERNATIONAL · GERADLINIG ✕✕ Das Restaurant im gleichnamigen Hotel - ein Patrizierhaus von 1902 nebst architektonisch gelungener Erweiterung - bietet internationale Küche in ansprechendem geradlinigem Ambiente. Schöne Auswahl an Bordeaux-Weinen.

🏵 🖒🏠 ᔕ 🅿 – Menü 25/69 € – Karte 28/65 €

Le-Puy-Straße 19 ✉ 59872 – ℰ 0291 99140 – www.hotelvonkorff.de –
Geschlossen Sonntag

In Meschede-Remblinghausen Süd: 6 km

🕽🔾 **LANDHOTEL DONNER**

REGIONAL · LÄNDLICH ✕✕ Hier kocht man klassisch-regional, auf der Karte z. B. "geschmorte Wildschweinkeule in Wacholderjus". Gemütlich das Ambiente: hübsche ländliche Gaststuben mit hochwertigen Stoffen und warmem Holz. Und nachmittags selbst gebackenen Kuchen auf der schönen Gartenterrasse? Sehr gepflegt übernachten kann man ebenfalls.

🖒🏠 ᔕ 🖒 🅿 – Menü 36/52 € – Karte 26/42 €

Zur Alten Schmiede 4 ✉ 59872 – ℰ 0291 952700 – www.landhotel-donner.de –
Geschlossen 11.-28. Januar, Mittwoch, mittags: Montag-Dienstag und
Freitag-Sonntag

METTLACH

Saarland – Regionalatlas **45**–B16 – Michelin Straßenkarte 543

In Mettlach-Orscholz Nord-West: 6 km, jenseits der Saar, im Wald links

abbiegen

🕽🔾 **LANDHOTEL SAARSCHLEIFE - LANDKÜCHE IM KAMINZIMMER** 🔘

KLASSISCHE KÜCHE · GEMÜTLICH ✕✕ Das Restaurantkonzept im schmucken "Landhotel Saarschleife" teilt sich in die "Dorfküche" - hier nennt sich das Angebot "bodenständig & lecker" - sowie die "Landküche", die in gemütlichem Ambiente "feines Essen" bietet. Dazu eine gepflegte Weinkarte und aufmerksamer, freundlicher Service. Tipp: Abends kann man auch an "Christians Küchentisch" speisen.

🌿 *Engagement des Küchenchefs: "Mein kulinarisch-nachhaltiges Versprechen lautet „Kreative, frische Küche mit ökologischer Nachhaltigkeit, fairen Preisen und Zutaten von lokalen Erzeugern", aber nicht nur dafür stehe ich, sondern auch für die Nachhaltigkeitsstrategie unseres Landhotels, vom Mitarbeiter bis zur Stromgewinnung!"*

🖒🛏🏠 ᔕ 🖒 🅿 🚗 – Menü 29/85 € – Karte 45/72 €

Cloefstraße 44 ✉ 66693 – ℰ 06865 1790 – www.hotel-saarschleife.de

METZINGEN

Baden-Württemberg – Regionalatlas **55**–G19 – Michelin Straßenkarte 545

🕽🔾 **ZUR SCHWANE**

MARKTKÜCHE · LANDHAUS ✕ Hier wird das Thema Alb groß geschrieben. Beim saisonal wechselnden Speisenangebot legt man Wert auf gute Produkte aus der Region. Beliebt auch die "Mittags-Specials" von "Low Carb" bis "Vegi". Hingucker im Restaurant ist ein großes Panoramabild der Schwäbischen Alb. Tipp: Im Haus hat man auch schicke Gästezimmer, zudem ist die Lage in der "Outlet-City" interessant.

🖒🏠 ᔕ 🖒 🅿 🚗 – Menü 37/60 € – Karte 28/77 €

Bei der Martinskirche 10 ✉ 72555 – ℰ 07123 9460 – www.schwanen-metzingen.de

MIESBACH

Bayern – Regionalatlas **66**–M21 – Michelin Straßenkarte 546

🍴 **MANUELIS**

MARKTKÜCHE · NACHBARSCHAFTLICH 🕻 Richtig charmant ist das kleine Restaurant mit seiner legeren, lockeren Atmosphäre. Aus regionalen Produkten entsteht z. B. "Filet von der Lachsforelle geplankt, Zuckerschote, Gnocchi, Holundersauerrahm". Dazu ausschließlich deutsche Weine. Tipp: Fragen Sie nach den Themenmenüs am Wochenende. Man hat übrigens auch eine sehr geschmackvolle Ferienwohnung.

🏵 🍽 – Menü 79/109 € – Karte 22/55 €

Kolpingstraße 2 ✉ 83714 – ☎ 08025 9229693 – www.manuelis.de –
Geschlossen Montag, Dienstag, mittags: Mittwoch-Sonntag

MINTRACHING

Bayern – Regionalatlas **58**–N18

In **Mintrachting-Sengkofen** Süd-Ost: 6 km über Regensburgerstraße

🏵 **GASTHAUS ZUM GOLDENEN KRUG**

MODERNE KÜCHE · GEMÜTLICH 🕻 Man kann das Gasthaus an der Ortseinfahrt eigentlich nicht verfehlen! Drinnen ist es gemütlich-rustikal, draußen auf der Terrasse spenden im Sommer große Bäume Schatten. Gern kommt man auch aus der weiteren Umgebung, um hier richtig gut zu essen. Das Angebot reicht vom Schnitzel bis zum Waguy-Rind. Dazu gute Weinempfehlungen.

Spezialitäten: Eisbeinterrine im Schalotten-Essigsud, Brunnenkresse, Apfel und Kohlrabi. Zweierlei vom Reh mit Rosenkohl, Topinambur und Kroketten. Kürbis und Mirabelle mit karamellisierter weißer Schokolade, Kernöl und Joghurtsorbet.

🏵 🅿 🍽 – Menü 40/69 € – Karte 34/88 €

Brunnenstraße 6 ✉ 93098 – ☎ 09406 2855811 – www.zum-goldenen-krug.de –
Geschlossen Montag, Dienstag, mittags: Mittwoch-Samstag

MITTENWALD

Bayern – Regionalatlas **65**–L22 – Michelin Straßenkarte 546

🏵 **DAS MARKTRESTAURANT**

Chef: Andreas Hillejan

REGIONAL · GERADLINIG 🕻🕻 Ursprünglich stammt Andreas Hillejan vom Niederrhein, doch vor einigen Jahren verschlug es ihn nach Oberbayern, wo er in dem wunderschönen, von Alpengipfeln umgebenen Örtchen Mittenwald mit seinen bunt bemalten Häusern und seiner Geigenbaugeschichte ein eigenes Lokal eröffnete – und es hat sich gelohnt! Mit seiner eigenen verfeinerten Wirtshausküche kommt er richtig gut an. In legerer, unkomplizierter Atmosphäre gibt es finessenreiche, ausdrucksstarke Gerichte mit regionalem Anstrich. Die Gäste finden auf der Karte beispielsweise "geschmorte Poltinger Lammschulter, Löwenzahn, geschmorter Apfel, Lammravioli, Curry-Knuspermischung", aber auch Bodenständigeres wie Wiener Schnitzel - und all das auch noch zu einem hervorragenden Preis-Leistungs-Verhältnis!

Spezialitäten: Saibling, Wasabi, Rettich, Miso, Sanddorn. Knuspriger Schweinebauch, Schwarzwurzel, Zwiebel. Tonkabohne und Kaffee.

🏵 ✿ – Menü 81/105 € – Karte 42/76 €

Dekan-Karl-Platz 21 ✉ 82481 – ☎ 08823 9269595 – www.das-marktrestaurant.de –
Geschlossen Montag, Sonntag

MITTERSKIRCHEN

Bayern – Regionalatlas **59**–O19 – Michelin Straßenkarte 546

ً"○ **FREILINGER WIRT** ⓞ ⓝ

MARKTKÜCHE · **FREUNDLICH** ╳ Seit 1870 gibt es das traditionelle bayerische Wirtshaus, das heute mit einem schönen Mix aus geradlinig-modernem Stil und warmem Holz daherkommt. Der Patron und Küchenchef ist Metzgermeister und war schon in renommierten Restaurants tätig, das merkt man seinen guten saisonalen Gerichten an. Beliebt die große Terrasse.

ﾠ ⇔ **P** ⇆ – Karte 21/48 €

Hofmarkstraße 5 ⊠ 84335 – ℰ 08725 200 – www.freilinger-wirt.de –
Geschlossen Montag, Dienstag, mittags: Mittwoch-Donnerstag, mittags: Samstag

MÖNCHENGLADBACH

Nordrhein-Westfalen – Regionalatlas **35**–B11 – Michelin Straßenkarte 543

In Mönchengladbach-Hardt West: 6 km

ً"○ **LINDENHOF-KASTEEL**

MODERNE KÜCHE · **GASTHOF** ╳╳ Eine gefragte Adresse ist das familiengeführte Restaurant in dem gleichnamigen Hotel. In schönem Ambiente (die Deckenbalken sind ein Relikt aus dem ursprünglichen Haus von 1682) serviert man moderne, ambitionierte und produktorientierte Küche - alles ist hausgemacht!

⇦ **P** ⇆ – Menü 43/114 € – Karte 51/84 €

Vorster Straße 535 ⊠ 41169 – ℰ 02161 551122 – www.lindenhof-mg.de –
Geschlossen Montag, Sonntag, mittags: Dienstag-Samstag

MOERS

Nordrhein-Westfalen – Regionalatlas **25**–B11 – Michelin Straßenkarte 543

ً"○ **KURLBAUM**

KLASSISCHE KÜCHE · **ELEGANT** ╳╳ Über zwei Etagen verteilt sich das zeitlos-elegante Restaurant - im Sommer gibt es zudem einige Plätze draußen in der Fußgängerzone. Man hat hier zahlreiche Stammgäste, und die mögen die klassisch geprägte Küche. Gerne kommt man auch zur Mittagszeit - da gibt es ein 2-Gänge-Menü zu einem attraktiven Preis!

⇆ – Menü 25 € (Mittags), 55/75 € – Karte 49/67 €

Burgstraße 7 ⊠ 47441 – ℰ 02841 27200 – www.restaurant-kurlbaum.de –
Geschlossen 1.-9. Januar, Montag, Dienstag, mittags: Samstag-Sonntag

MOLFSEE

Schleswig-Holstein – Regionalatlas **3**–I3 – Michelin Straßenkarte 541

⊛ **BÄRENKRUG**

REGIONAL · **LÄNDLICH** ╳ Von der "Friesenstube" bis zum lauschigen Hofgarten, hier darf man sich auf einen Mix aus Holsteiner und gehoben-internationaler Küche freuen. Lust auf "Sauerfleisch mit Bratkartoffeln" oder "geschmorte Markeruper Entenbrust, Jus, Cashewnüsse, grüner Spargel"? Im gleichnamigen Hotel des langjährigen Familienbetriebs gibt es auch hübsche, wohnliche Zimmer.

Spezialitäten: Klare Schinkensuppe, Pinienkernklößchen, Backobst. Butt in Speck gebraten, zerlassene Butter, Salzkartoffeln, Salat. Gebrannter Baskischer Käsekuchen mit Beeren und Lemonsorbet.

⇦ ﾠ ⅋ ⇔ **P** – Menü 30/32 € – Karte 35/64 €

Hamburger Chaussee 10 ⊠ 24113 – ℰ 04347 71200 – www.baerenkrug.de –
Geschlossen Montag, Dienstag, mittags: Mittwoch-Sonntag

MOOS BEI DEGGENDORF

Bayern – Regionalatlas **59**–O18 – Michelin Straßenkarte 546

✿ [KOOK] 36

Chef: Daniel Klein

KREATIV · FREUNDLICH ✗✗ In dem freundlich-modernen Restaurant in einer ruhigen Wohngegend ist man mit Engagement bei der Sache. In der Küche orientiert sich Patron Daniel Klein an der Saison und bezieht die Produkte gerne aus der direkten Umgebung. Und was er auf den Teller bringt, ist nicht nur sehr schön angerichtet, vor allem kommt der Geschmack richtig toll zur Geltung. Das liegt an den ausgesuchten Zutaten, die z. B. in "Lamm, Sellerie, Pfifferlinge, Stachelbeere, Jus" stecken. Zum Menü können Sie ein "Upgrade" wählen, bestehend aus einer guten Weinbegleitung und Wasser. Die Partnerin des Chefs managt den Service und berät Sie herzlich und kompetent. Wem der Sinn nach einem Aperitif oder Digestif steht, kann dazu in der Lounge auf bequemen Chesterfield-Sesseln Platz nehmen. Hübsch auch die Terrasse.

Spezialitäten: Thunfisch, Erbse, Kalamansi, Miso. Lamm, Sellerie, Pfifferlinge, Stachelbeere. Rote Bete, Himbeere, grüner Apfel, Joghurt.

🛋 🅿 – Karte 50/95 €

Thundorfer Straße 36 ✉ *94554 –* ☎ *09938 9196636 – www.kook36.com –*
Geschlossen Montag, Dienstag, mittags: Mittwoch-Sonntag

MOSBACH

Baden-Württemberg – Regionalatlas **48**–G17 – Michelin Straßenkarte 545

In Mosbach-Nüstenbach Nord-West: 4 km Richtung Reichenbach

ⅠⅠ○ LANDGASTHOF ZUM OCHSEN

MARKTKÜCHE · GEMÜTLICH ✗✗ Auch unter den neuen Betreibern ist der traditionsreiche Gasthof in dem kleinen Ort im Grünen eine charmante Adresse. In gemütlichen Stuben oder auf der lauschigen Terrasse serviert man eine frische saisonale Küche mit mediterranen Einflüssen, so z. B. "Ragout vom Sommerbock" oder "Lammkarree unter der Olivenkruste". Für besondere Anlässe: die tolle "Ox-Scheune".

🛋 ♻ 🍽 – Menü 39/49 € – Karte 36/54 €

Im Weiler 6 ✉ *74821 –* ☎ *06261 15428 - www.restaurant-zum-ochsen.de –*
Geschlossen Montag, Dienstag, Mittwoch, mittags: Donnerstag

MÜLHEIM (MOSEL)

Rheinland-Pfalz – Regionalatlas **46**–C15 – Michelin Straßenkarte 543

🏨 WEINROMANTIKHOTEL RICHTERSHOF

HISTORISCH · INDIVIDUELL Schön das historische Gebäudeensemble (einst Weingut), hübsch die Zimmer von "Petit Charme" über "Flair", "Charme" und "Grand" bis zur Juniorsuite und Suite. Reizvolle Gartenanlage und römischer Spa nebst Beauty-Atelier. Sehenswert: Fassweinkran im Frühstücksraum sowie Kellergewölbe auf 1700 qm! Regional-internationale Küche in der "Remise".

🐾 🧖 🏠 🔲 🎱 🅿 – 40 Zimmer – 3 Suiten

Hauptstraße 81 ✉ *54486 –* ☎ *06534 9480 – www.weinromantikhotel.com*

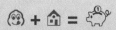

MÜLLHEIM

Baden-Württemberg – Regionalatlas **61**–D21 – Michelin Straßenkarte 545

⅋○ TABERNA

MARKTKÜCHE • HIP ⅙ Im Herzen von Müllheim leiten die sympathischen Birks'
(sie gebürtige Südafrikanerin, er Engländer) dieses charmante Restaurant.
Modern inspirierte Gerichte wie "geschmortes Färsenrind, confierte Chips, Béarnaise" können frei zum Menü kombiniert werden. Tipp: die Terrasse am bzw.
über dem Klemmbach!

🛋 – Menü 19 € (Mittags), 33/50 €

*Marktplatz 7 ✉ 79379 – ☎ 07631 174884 – www.taberna-restaurant.de –
Geschlossen Montag, Sonntag*

In Müllheim-Feldberg Süd-Ost: 6 km über Vögisheim

⅋○ OCHSEN

REGIONAL • GASTHOF ⅙ Der Gasthof ist seit seiner Gründung 1763 in Familienbesitz. Drinnen reizende Stuben, draußen eine hübsche Terrasse und ein Innenhof
(zur Weihnachtszeit mit kleinem Markt). Es wird frisch gekocht, z. B. "Kutteln in
Weißweinsoße" oder "gebratene Dorade auf mediterranem Gemüse". Schön übernachten kann man auch.

⇦ 🛋 ⇧ **Ⓟ** – Menü 30/59 € – Karte 26/65 €

*Bürgelnstraße 32 ✉ 79379 – ☎ 07631 3503 – www.ochsen-feldberg.de –
Geschlossen 4.-25. Februar, Donnerstag*

MÜNCHEN

Ob hypermodern oder klassisch-traditionell, in München werden Sie fündig! Einen besonderen Rahmen für Sterneküche - nämlich ein Streetart-Museum - bietet das **mural**. Dieselben Betreiber haben auch noch die **Bar Mural**: Wer es etwas lauter und lebendiger mag, darf sich hier auf schmackhaftes Essen und gute offene Weine freuen. Neues zu entdecken gibt's am Flughafen: das **Mountain Hub Gourmet**. Sie haben Lust, mal über den Dingen zu stehen? Dann bietet sich zum Frühstück oder am Nachmittag die Dachterrasse des Hotels **Bayerischer Hof** an. Gourmets schätzen das Haus auch für die 3-Sterne-Küche des Restaurants **Atelier**.

Bei Champagner und Sushi über der Stadt den Tag ausklingen lassen? Da lockt „The Terrace" im luxuriösen Hotel **Mandarin Oriental**. Auch ein Stück Münchner Tradition sollte man erlebt haben, eine charmante Adresse dafür ist das **Weinhaus Neuner**.

- München – Regionalatlas 65-L20
- Michelin Straßenkarte 546

UNSERE BESTEN RESTAURANTS

STERNE-RESTAURANTS

❀ ❀ ❀

Eine einzigartige Küche - eine Reise wert!

❀ ❀

Eine Spitzenküche - einen Umweg wert!

❀

Eine Küche voller Finesse - einen Stopp wert!

BIB GOURMAND

UNSERE RESTAURANTAUSWAHL

ALLE RESTAURANTS VON A BIS Z

LightFieldStudios/iStock

AngiePhotos / iStock

RESTAURANTS AM SONNTAG GEÖFFNET

UNSERE HOTELAUSWAHL

KhongkitWiriyachan / iStock

A KARLSFELD DACHAU B

STUTTGART, AUGSBURG

A 99

DR. MÜNCHEN-ALLACH
Lippweg
Ludwigsfelder Str.

Dachauer Str.

FASANERIE NORD

Max-Born-Straße

MOOSACH

Olympia-Einkaufszentrum

ALLACH

MOOSACH BF
Pelkovenstr.
Moosacher St.-Martins-Platz
Wintlichring

Wollrerstadelstraße
Paul-Ehrlich-Weg
Gotebodstraße

A 8

KR. MÜNCHEN-WEST

UNTERMENZING

Allacher Str.
Von-Kahr-Straße

Hugo-Troendle-Straße

Hanauer Str.

Westfriedhof

Langwieder Hauptstr.
LOCHHAUSEN
Lochhausen

A 99

Lochhausener
Mühlangerstraße
Str.

OBERMENZING

Menzinger Str.

Amalienburgstraße
Botanischer Garten
Maria-Ward-Straße
Dall'Armistraße
Gem

1

Bergsonstraße

Verdistraße

Menzinger
Nymphenburg

Schloss Nymphenburg
Renatastraße

NEUHAUSEN

AUBING

Bergson straße

PIPPING

Meyerbeer Str.
Alte Allee
Lipping str.

Romanplatz
Kriemhildenstraße

Hubertusstraße
Steubenplatz

Altostraße

Aubinger

MÜNCHEN-PASING

Rathaus Pasing
Pasing Bahnhof

Briefzentrum

NEUAUBING

Offenbachstraße
Gräfstraße

Am Knie
Westbad
Willibaldplatz
Lohensteinstraße

Landsberger

Fürstenrieder Str.

Am Schützeneck

Bodenseestraße

Bonham-Aubinger Str.
Pasinger Str.

PASING

Agnes-Bernauer-Platz

Lautensackstraße
Hans-Thonauer Straße
Westendstraße

2

AUGSBURG

Pasinger Str.
Planegger Str.

Blumenauer Str.

Laimer Pl.
Friedenheimer Str.
Siglstraße
Fachnerstraße

Laim

LINDAU

A 96

LOCHHAM

Lochhamer Str.

BLUMENAU

Stegener Weg
Senftenauerstraße

Ammerseestraße

Spülingstraße

UNTERSENDLIN

A 96

GRÄFELFING

Rathofstr.

KLEINHADERN

Gondrellplatz

Hoderner Str.

Westpark
Partnachplatz

GERMERING

Ruffinallee

Würmtalstraße

Großhadern

Holzapfelkreuth
Würmtalstraße

Waldfriedhof-Str.

Albert-R

MARTINSRIED

Pasinger Str.

Klinikum Großhadern

GROSSHADERN

b

Fürstenrieder Str.

B 2
MITTERSENDLIN

Germeringer Str.

Neurieder Weg

Fürstenrieder Str.

Fürstenrieder Wald

Südpark

Aidenbachstraße

Machtlinge

Forstenrieder Allee

Gautinger Str.

NEURIED

Gautinger Str.

Fürstenried West

A 95
Basler Str.

Stäblistraße

OBERSENDLIN
Lochhamer Str.

Si

3

Tischlerstr.
Forst-Kasten-Allee

FORST KASTEN

STOCKDORF

FORSTENRIED

Herterichstraße

Hofbrän Str.

SOLLN

MÜNCHEN

0   2 km

A GARMISCH-PARTENKIRCHEN, STARNBERG
B INNSBRUCK

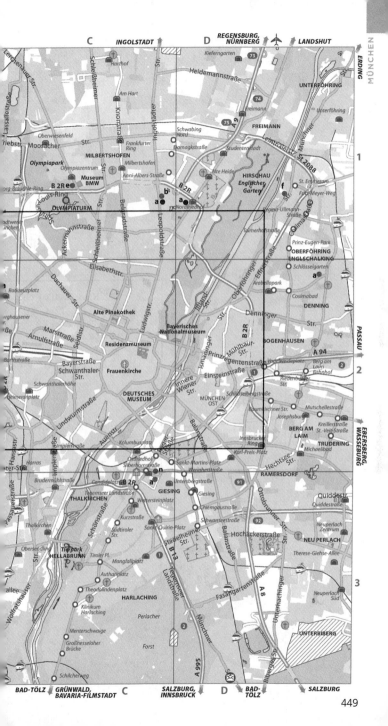

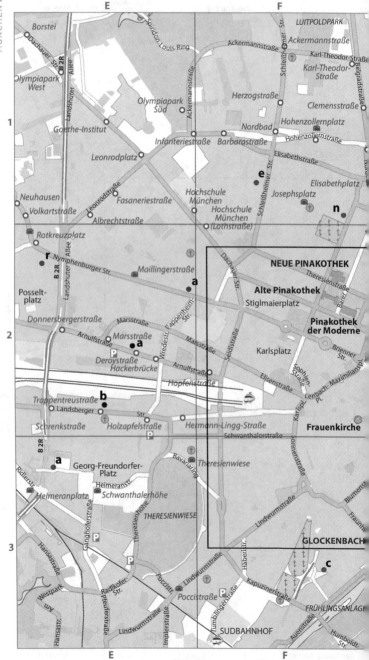

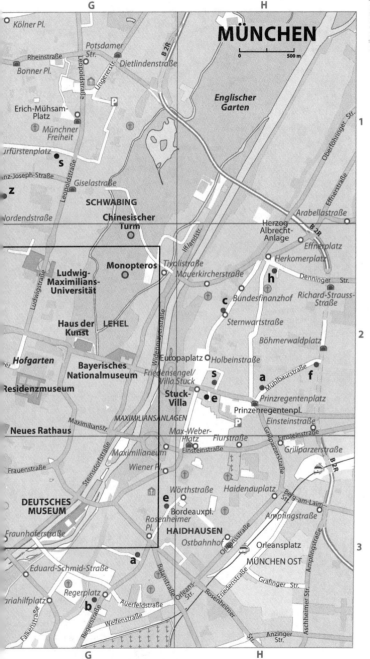

MÜNCHEN

0   500 m

Kölner Pl.

Potsdamer Str.

Rheinstraße

Bonner Pl.

Dietlindenstraße

Leopoldstraße

Ungererstr.

B 2R

Englischer Garten

Erich-Mühsam-Platz

Münchner Freiheit

Oberföhringer Str.

Effnerstraße

1

urfürstenplatz

s

nz-Joseph-Straße

z

Giselastraße

Leopoldstraße

Nordendstraße

SCHWABING

Chinesischer Turm

Ilmfeldstr.

Arabellastraße

Herzog Albrecht-Anlage

B 2R

Effnerplatz

Herkomerplatz

Monopteros

Tivolistraße

Mauerkircherstraße

Denninger Str.

h

Richard-Strauss-Straße

Ludwig-Maximilians-Universität

Ludwigstraße

c

Bundesfinanzhof

Sternwartstraße

Haus der Kunst

LEHEL

Böhmerwaldplatz

2

Hofgarten

Bayerisches Nationalmuseum

Widenmayerstr.

Europaplatz

Holbeinstraße

Friedensengel/Villa Stuck

s

a

Mühlbaurstraße

f

Residenzmuseum

Stuck-Villa

e

Prinzregentenplatz

Prinzregentenpl.

Einsteinstraße

Neues Rathaus

Maximilianstr.

MAXIMILIANSANLAGEN

Max-Weber-Platz

Flurstraße

Einsteinstraße

Grillparzerstraße

Grillparzerstraße

B 2R

Frauenstraße

Steinsdorfstraße

Maximilianeum

Wiener Pl.

Einsteinstraße

DEUTSCHES MUSEUM

e

Wörthstraße

Haidenauplatz

Belg-am-Laim

3

Fraunhoferstraße

Rosenheimer Pl.

Bordeauxpl.

HAIDHAUSEN

Ostbahnhof

Orleansstraße

Ampfingstraße

a

Orleanspl.

MÜNCHEN OST

Orleansplatz

Ampfingstraße

Eduard-Schmid-Straße

Rosenheimer Str.

Grafinger Str.

ariahilfplatz

Regerplatz

b

Regerstraße

Auerfeldstraße

Welfenstraße

Anzinger Str.

Aschheimer Str.

Falkenstraße

G   H

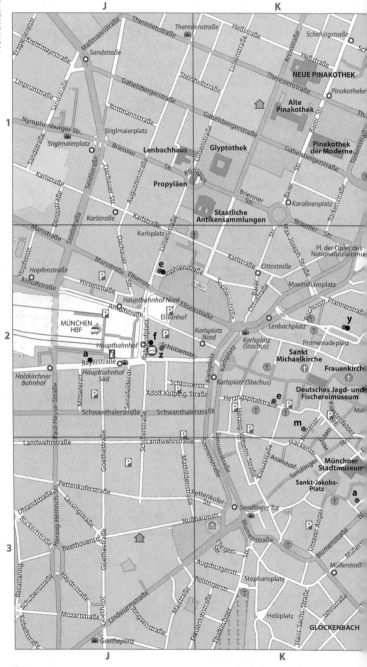

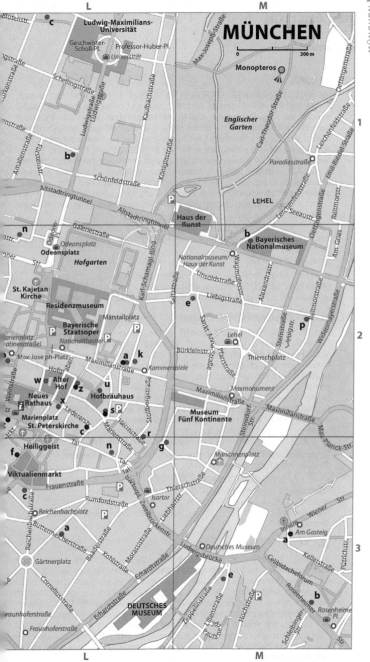

MÜNCHEN

0   300 m

L

c
Blütenstr.

Ludwig-Maximilians-Universität

Geschwister-Scholl-Pl.
Professor-Huber-Pl.
Universität

ngstraße
Schellingstraße

Amalienstraße
Fürstenstr.
Ludwigstraße
Ludwigstraße
Kaulbachstraße
Königinstraße

b

Schönfeldstraße

Altstadtringtunnel

Galleriestraße
Altstadtringtunnel

P

Haus der Kunst

n
Odeonsplatz
Odeonsplatz

Karl-Scharnagl-Ring

Hofgarten

St. Kajetan Kirche

Residenzmuseum

Marstallplatz

Bayerische Staatsoper

P
Nationaltheater
P
P

Max-Jose ph-Platz
Maximilianstraße

a
k

Hofgra
Alter Hof
w
z
u

Neues Rathaus
x
Hofbräuhaus

Ledererstr.
s
P

Marienplatz
St. Peterskirche
c
r

Weinstraße

Heiliggeist
f

n
Tal
Tal

g

Viktualienmarkt

Frauenstraße

P

Isartorplatz Zweibrückenstr.
Isartor
Thierschstraße

c

Reichenbachstraße
Reichenbachplatz
P

a
Buttermelcherstraße
Baaderstraße
Kohlstraße
Morassistraße
Erhardtstraße

Gärtnerplatz

Cornelliusstraße

raunhoferstraße
Fraunhoferstraße

DEUTSCHES MUSEUM

Ludwigsbrücke
Deutsches Museum

e

M

Max-Josephi-Straße
Oettingenstraße

Monopteros

Englischer Garten

Carl-Theodor-Straße
Lerchenfeldstraße
Emil-Riedel-Straße

Paradiesstraße

LEHEL

Oettingenstraße
Lerchenfeldstr.
Seeaustr.

b
Bayerisches Nationalmuseum

Am Glas

Nationalmuseum/
Haus der Kunst

Wagmüllerstr.

Unsöldstraße
Liebigstraße
Alexandrastr.
Sternstraße
Reitmorstraße

e

Sankt-Anna-Straße

Sankt-Anna-Straße
Pfarrstraße

Widenmayerstraße

Lehel

p

Bürkleinstraße

Thierschplatz

Stollbergstraße

Maxmonument

Maximilianstraße
Maximilianstraße

Museum Fünf Kontinente

Steinsdorf Str.

Max-Planck-Str.

Mariannenplatz

Innere Wiener Str.

a
Am Gasteig

Kellerstraße

Patrichstr.

Gasteig Celibidacheforum

Rosenheimer Str.

b
Rosenheimer Pl.

P
Hochstraße
Zeppelinstraße
Lilienstraße
st d
Paula

Schleißheimer Str.

1

2

3

L

M

453

Restaurants

✿✿✿✿ ATELIER

FRANZÖSISCH-KREATIV · ELEGANT XxX "Atelier" - wer denkt bei diesem Namen nicht an Kunst? Das ist auch durchaus gerechtfertigt. Mit dem absolut schicken wertigen Design von Axel Vervoordt ist schon das Restaurant selbst ein echter Hingucker, und die Küche steht dem in nichts nach! Im Gourmetrestaurant des „Bayerischen Hofs" hat Küchenchef Jan Hartwig seit seinem Start 2014 einen echten Durchmarsch in Sachen MICHELIN Sterne hingelegt. Bei seinen Speisen sind Ihnen ein eigener Stil ebenso gewiss wie hervorragende Produkte. Aus einzelnen, absolut reinen Aromen entstehen fantastisch ausgearbeitete Kombinationen, deren Kontraste recht provokant sind, aber dennoch exzellent harmonieren. Umsorgt wird man angenehm entspannt und professionell - Restaurantleiterin Barbara Englbrecht und Sommelier Jochen Benz geben dem Service Seele!

Spezialitäten: Forelle, Räucheraal, Rübenfond und Kapuzinerkresse. Ente, Vulkanspeck, Bohnenkraut, Apfel, Madagaskar Pfeffer. Apfel, gebrannte Mandeln und Tahiti Vanille.

🚗 ⇦ 🆎 🚙 – Menü 195/255 €

Stadtplan: K2-y – *Hotel Bayerischer Hof, Promenadeplatz 2*
✉ 80333 – ☎ 089 21200 – *www.bayerischerhof.de* –
Geschlossen 1.-31. August, Montag, mittags: Dienstag-Samstag, Sonntag

✿✿ ALOIS - DALLMAYR FINE DINING

FRANZÖSISCH-MODERN · ELEGANT XxX Delikatessengeschäft, Bistro, Café, Sterne-Restaurant - das „Dallmayr" ist schlichtweg ein „place to be"! Über 300 Jahre reicht die Erfolgsgeschichte zurück. Bei aller Tradition bringen wertige Designelemente auch eine moderne Note in die stilvollen Räume: Elegante Sessel zeugen ebenso von der Liebe zum Detail wie der markante Teppich oder die originelle Tapete mit eindrucksvollem Kranichmotiv. Küchenchef Christoph Kunz (vorher Souschef hier im Haus) bietet ein Menü mit sechs bis zehn Gängen; mittags gibt es eine verkürzte Version. Die Gerichte kommen mit wenigen Zutaten aus, deren Qualität im Mittelpunkt steht - großartig z. B. die Challans-Ente, die mit Mispel und geflämmter Sahne ohne viel Chichi zubereitet wird. Toll die Weinempfehlungen von Sommelier und Restaurantleiter Julien Morlat!

Spezialitäten: Oktopus, Brombeere, Olive. Adlerfisch, Löwenzahn, Koriander. Pflaume, Frankfurter Grüne, Cumin.

🚗 🆎 🔁 – Menü 69 € (Mittags), 136/195 €

Stadtplan: L2-w – *Dienerstraße 14 (1. Etage)* ✉ 80331 –
☎ 089 2135100 – *www.dallmayr.com/alois* –
Geschlossen 24. Dezember-6. Januar, Montag, Dienstag, mittags: Mittwoch, Sonntag

✿✿ LES DEUX

FRANZÖSISCH-MODERN · CHIC XX In dem schicken Restaurant in der 1. Etage sorgt ein engagiertes Küchenteam dafür, dass man vom Business Lunch bis zum großen Menü oder auch à la carte sowohl mittags als auch am Abend ein top Niveau geboten bekommt. Die Basis dafür sind beste Produkte, die mit reichlich Geschick zu fein ausbalancierten, geschmacksintensiven Gerichten mit intelligenten Kontrasten verarbeitet werden. Den Service leitet der Patron selbst, alles läuft wie ein Uhrwerk. Fabrice Kieffer ist ein Maître wie aus dem Bilderbuch: Der Gast geht ihm über alles! Hervorragend auch seine Weinempfehlungen, bei denen er aus rund 600 Positionen schöpfen kann. Dazu kommt natürlich die tolle Lage im Herzen der Stadt.

Spezialitäten: Gebratene Jakobsmuschel, Spargel, Avocado, Tomate. Rehrücken, Steinpilze, Pflaume, Sellerie. Cassis, Waldbeeren, Schokolade, Champagner.

⅊ 🛇 🅼 🖸 – Menü 79 € (Mittags)/155 € – Karte 102/193 €

Stadtplan: L2-p – *Maffeistraße 3a (1. Etage)* ✉ 80333 – ☏ 089 710407373 – *www.lesdeux-muc.de* –
Geschlossen 15.-21. Februar, 9.-22. August, mittags: Samstag, Sonntag

🍴 **Brasserie Les Deux** – Siehe Restaurantauswahl

❀ SCHWARZREITER

MODERNE KÜCHE · ELEGANT ✕✕ Frauenpower – so lautet das Motto im legendären Restaurant des Münchner Luxus-Hotels „Vier Jahreszeiten" an der berühmten Maximilianstraße. Chefin in der Küche ist Maike Menzel, die nach ihrem Vater und auch ihrem Großvater übrigens Köchin in 3. Generation ist. Hinter ihrer „Young Bavarian Cuisine" verbergen sich leichte, modern-reduzierte Gerichte, die sehr akkurat und stimmig zubereitet sind. Sie verwendet Produkte von ausgesuchter Qualität, und die bezieht sie vorzugsweise aus der Region - so gibt es z. B. Lamm vom Gutshof Polting mit Emmer, Sellerie, Hollerbeeren und Steinpilzen. Das Interieur ist chic in zarten Cremetönen gehalten, wertig-elegant und ebenso stylish-modern. Dabei ist die Atmosphäre keineswegs steif, sondern schön urban, der Service angenehm locker und geschult.

Spezialitäten: Felchen, Gurke, Ponzu, Holler, Sauerteig. Seeteufel, Rindercarpaccio, Saubohne, Zitronengras. Himbeere, Heumilch, Basilikum, Rose.

⟵ 🅼 🖸 🛋 – Menü 145/195 €

Stadtplan: L2-a – *Hotel Vier Jahrzeiten Kempinski, Maximilianstraße 17* ✉ 80539 – ☏ 089 21252125 – *www.schwarzreiter.com* –
Geschlossen Montag, mittags: Dienstag-Samstag, Sonntag

❀ TIAN

VEGETARISCH · TRENDY ✕✕ Eine wahre Freude für alle, die mal auf Fleisch und Fisch verzichten möchten, ist das schicke "Tian" direkt am Viktualienmarkt! Im Februar 2020 hat Viktor Gerhardinger, ehemals Souschef hier im Haus, die Küchenleitung übernommen. Auch wenn seine Gerichte komplett vegetarisch sind, lassen sie weder Geschmack noch Tiefgang oder Finesse vermissen. Sie sind durchdacht, unkompliziert und keinesfalls verkünstelt, sondern angenehm klar aufgebaut. Es gibt ein Menü, das Sie mit vier bis sechs Gängen wählen können. Geschäftsführer Paul Ivic leitet neben diesem Münchner Restaurant übrigens auch das "Tian" in Wien.

Spezialitäten: Bayerische Tomate, Bachkresse, Holunderblüte, Buchweizen. Hokkaidokürbis, Aubergine, Sonnenblumenkerne, Vogelbeere. Pfirsich Cremeux, Mandel, Estragon, Verveine.

❀ *Engagement des Küchenchefs:* *"Vegetarische Sterneküche zu bieten, ist nicht mein einziges Anliegen. Wir verarbeiten nur Bio-Produkte, was für Lebensmittel wie auch Weine gilt! Wir pflegen die „NO WASTE"-Kultur und vom Öko-Reinigungsmittel bis zur "Fair Trade"-Kleidung ist unser Betrieb 100%ig auf Nachhaltigkeit ausgerichtet."*

🛇 ♿ 🅼 – Menü 49 € (Mittags), 99/123 €

Stadtplan: L3-c – *Frauenstraße 4* ✉ 80331 – ☏ 089 885656712 – *www.tian-restaurant.com* –
Geschlossen Montag, mittags: Dienstag, Sonntag

❀ MURAL

KREATIV · GERADLINIG ✕ Was die Küche hier so besonders macht? Junger Esprit und echtes Talent! Untergebracht ist das Restaurant im MUCA, dem "Museum of Urban and Contemporary Art", daran angelehnt das Design des "mural". Eindrucksvoll setzt das engagierte Küchenteam eigene Ideen um. Jeder einzelne Gang des Menüs ist überaus kreativ und steckt voller Aromen. Die Produkte dafür stammen fast ausschließlich aus Bayern - ein Hochgenuss z. B. die Forelle in absoluter Spitzenqualität! Der Service macht ebenfalls Freude - das sympathisch-hippe und versierte Team empfiehlt auch offene Weine, die nicht unbedingt alltäglich sind. Toll die Rieslingauswahl!

Spezialitäten: Stör, Gurke, Zwiebel. Reh, Kirsche, Kohlrabi, Mohn. Mieze Schindler
Erdbeere, Milch, Nussbutter.

&& ⌂ – Menü 79 € (Mittags), 119/149 €

Stadtplan: K2-m – *Hotterstraße 12* ✉ *80331 –* ✆ *089 23023186 –*
www.mural.restaurant – Geschlossen Montag, Dienstag,
mittags: Mittwoch-Donnerstag

⌘ SPARKLING BISTRO

Chef: Jürgen Wolfsgruber

MODERNE KÜCHE · BISTRO ✗ Steife Etikette? Die brauchen Sie hier nicht zu
fürchten! Die Atmosphäre in dem hübschen kleinen Bistro in der Amalienpassage
ist schön entspannt und unkompliziert. Der Service ist zuvorkommend, angenehm
natürlich und sehr freundlich, mitunter wird man geduzt, und auch in Sachen
Weinberatung fühlt man sich gut aufgehoben. In der Küche sorgt ein engagiertes
Team für ein anspruchsvolles Menü, bei dem der Fokus auf Regionalem und Saisonalem liegt, die Zutaten sind erstklassig. Freitags und samstags können Sie hier
auch mittags speisen, da gibt es dann das kleinere "Bistro Lunch"-Menü.

Spezialitäten: Bachforelle, Gravensteiner Apfel, Leindotteröl, Artischocke. Milch-
lammsattel, Jus Gras, Vogelbeere, Saubohne. Honig, Wachauer Marille, Szechuan-
pfeffer, Sauerrahm.

⌂ – Menü 60 € (Mittags), 125/155 €

Stadtplan: L1-c – *Amalienstraße 79 (in der Amalien Passage)* ✉ *80799 –*
✆ *089 46138267 – www.sparklingbistro.de –*
Geschlossen 18. September-6. Oktober, 24. Dezember-10. Januar,
Sonntag-Montag, mittags: Dienstag-Donnerstag

⌘ MÉNAGE BAR

KREATIV · HIP ✗ Eine angesagte kleine Bar im Glockenbachviertel, urban und
doch wohnlich. Das Konzept: äußerst ausgefallene selbst kreierte Cocktails und
ebenso kreative kleine Speisen aus sehr guten Produkten. Neben dem A-la-carte-
Angebot gibt auch noch ein wechselndes Menü.

Spezialitäten: Jakobsmuschel mit Erbsencrème, Chorizo, Pinienkerne, Cassis.
Steinbutt mit Sommertrüffel, Zitrone, Zucchini und Tomaten-Beurre Blanc.
Gegrillter Pfirsich, Schafsmilch-Espuma, Zuckerschoten, Oliveneis.

⌂ – Menü 39/63 € – Karte 28/42 €

Stadtplan: L3-a – *Buttermelcherstraße 9* ✉ *80469 –* ✆ *089 23232680 –*
www.menage-bar.com –
Geschlossen mittags: Montag-Samstag, Sonntag

⍩ MATSUHISA MUNICH

JAPANISCH ZEITGENÖSSISCH · TRENDY ✗✗✗ Hochwertig wie alles im luxuriösen "Mandarin Oriental" ist auch das geradlinig-elegante Restaurant von
Nobuyuki Matsuhisa, der weltweit Restaurants betreibt. Die Küche ist modern-
japanisch und interessant mit peruanischen Aromen und Techniken verfeinert -
ein spannender Mix. Fast schon ein Muss: Sushi und Sashimi, aber auch der Klassiker schlechthin, "Black Cod"!

⇦ Ⓜ ⊡ ⇔ – Menü 39 € (Mittags), 95/125 € – Karte 41/178 €

Stadtplan: L2-s – *Hotel Mandarin Oriental, Neuturmstraße 1 (1. Etage)* ✉ *80331 –*
✆ *089 290981875 – www.mandarinoriental.com*

⍩ BLAUER BOCK

INTERNATIONAL · CHIC ✗✗ Der "Blaue Bock" steht schon seit Jahren für hohe
Kontinuität! Man sitzt hier in geschmackvollem, geradlinig-zeitgemäßem
Ambiente - dekorativ die markanten Bilder an den Wänden. Gekocht wird klas-
sisch mit modernen Einflüssen. Gepflegt übernachten können Sie ebenfalls.

⇦ ⌂ ⌘ – Menü 26 € (Mittags), 65/79 € – Karte 45/108 €

Stadtplan: K3-a – *Sebastiansplatz 9* ✉ *80331 –* ✆ *089 45222333 –*
www.restaurant-blauerbock.de –
Geschlossen Montag, Sonntag

⫶○ GALLERIA

ITALIENISCH · GEMÜTLICH ✗✗ Eine sehr sympathische Adresse! In dem liebevoll dekorierten kleinen Restaurant (ein Hingucker sind die farbenfrohen Bilder)
gibt es richtig gute italienische Küche. Auf der Karte macht z. B. "Tortelli mit Kar-
toffel-Bärlauch gefüllt und Spargel" Appetit.

🅰️🅲️ – Menü 16€ (Mittags), 59/89€ – Karte 45/59€

Stadtplan: L2-x – *Sparkassenstraße 11* ⊠ *80331* – *ℰ 089 297995* –
www.ristorante-galleria.de

⫶○ GARDEN-RESTAURANT

ZEITGENÖSSISCH · FREUNDLICH ✗✗ Ausgesprochen chic: Die hohe Wintergar-
tenkonstruktion mit ihrem Industrial-Style und der lichten Atmosphäre hat ein
bisschen was von einem Künstleratelier. Aus der Küche kommen neben Klassikern
auch moderne, leichte Gerichte. Lunchmenü.

🔄 🍴 🅰️🅲️ 🔲 🍷 – Menü 42€ (Mittags)/82€ – Karte 68/108€

Stadtplan: K2-y – *Hotel Bayerischer Hof, Promenadeplatz 2* ⊠ *80333* –
ℰ 089 21200 – *www.bayerischerhof.de*

⫶○ MUSEUM

SAISONAL · CHIC ✗✗ Eine angesagte Adresse im Bayerischen Nationalmusuem.
Am liebsten sitzt man im Freien auf der gemütlichen Terrasse, ansonsten unter
Kreuzgewölbe und hohen Decken in chic-modernem Brasserie-Ambiente. Mittags
kleinere, einfachere Karte, am Abend etwas ambitioniertere saisonal-mediterrane
Küche. Weinkarte mit Spezialitäten, aber auch Weinen für zwischendurch.

🕸 🍴 ♿ 🅿️ – Menü 65/89€ – Karte 38/67€

Stadtplan: M2-b – *Prinzregentenstraße 3 (im Bayerischen Nationalmuseum,
Zufahrt über Lerchenfeldstraße)* ⊠ *80538* – *ℰ 089 45224430* –
www.museum-muenchen.de – *Geschlossen Montag*

⫶○ NYMPHENBURGER HOF

INTERNATIONAL · FREUNDLICH ✗✗ Wirklich schön diese Traditionsadresse.
Der Chef ist gebürtiger Steirer und so finden sich auf der Karte auch Gerichte
aus seiner Heimat, dazu ausgewählte österreichische Weine. Nett sitzt man auf
der lauschigen Terrasse.

🍴 – Menü 36€ (Mittags), 78/105€ – Karte 29/45€

Stadtplan: E2-a – *Nymphenburger Straße 24* ⊠ *80335* – *ℰ 089 1233830* –
www.nymphenburgerhof.de – *Geschlossen 24.-27. Dezember, Sonntag,
mittags: Samstag*

⫶○ PAGEOU

MEDITERRAN · GEMÜTLICH ✗✗ Im Gebäude des CityQuartiers "Fünf Höfe" gibt
Ali Güngörmüs (ehemals am Herd des "Le Canard Nouveau" in Hamburg) mediterrane Küche mit nordafrikanischem Einfluss zum Besten. Dazu geschmackvolles
Interieur und entspannte Atmosphäre. Herrlich: die geschützte Terrasse im Innenhof! Mittags Business Lunch.

🍴 – Menü 39€ (Mittags)/89€

Stadtplan: K2-c – *Kardinal-Faulhaber-Straße 10 (1. Etage)* ⊠ *80333* –
ℰ 089 24231310 – *www.pageou.de* – *Geschlossen Montag, Sonntag*

⫶○ PFISTERMÜHLE

REGIONAL · REGIONALES AMBIENTE ✗✗ In der einstigen herzoglichen Mühle
(1573) serviert man in stilvoll-bayerischem Ambiente (schön das Kreuzgewölbe)
z. B. "in Nussbutter gebratene Renke, bayrische ‚Minestrone', Emmerkorn, junges
Gemüse". Tipp für den eiligen Mittagsgast: Mo. - Fr. günstiges "Pfistermühlen
Brettl"- Menü mit vier kleinen Gängen, die zusammen auf einem Holzbrett serviert werden - auch vegetarisch.

🔄 🍴 🔲 🍷 – Menü 19€ (Mittags), 59/90€ – Karte 50/70€

Stadtplan: L2-z – *Hotel Platzl, Pfisterstraße 4* ⊠ *80331* – *ℰ 089 23703865* –
www.pfistermuehle.de – *Geschlossen Sonntag*

ROCCA RIVIERA

MEDITERRAN · TRENDY XX Stylish-elegant kommt das Restaurant unweit des Odeonsplatzes daher, Blickfang die Bar im Retro-Style. Man bietet mediterrane Küche, die ideal ist zum Teilen. Tolles Fleisch und Fisch vom Holzkohlegrill, dazu typische italienische Gerichte, aber auch nordafrikanische und französische Einflüsse. Im Sommer serviert man vor dem Haus auf dem Wittelsbacherplatz.

🍽 ⅋ 🆊 ⇅ – Karte 45/82 €

Stadtplan: L2-n – *Wittelsbacherplatz 2* ⊠ *80331* – ☏ *089 28724421* – *www.roccariviera.com* – *Geschlossen mittags: Samstag, Sonntag*

SCHUHBECKS IN DEN SÜDTIROLER STUBEN

REGIONAL · RUSTIKAL XX Alfons Schuhbecks kleines Imperium am Platzl hat hier seine Keimzelle. In gewohnt elegantem Ambiente hat man sich der weltoffenen bayerischen Küche verschrieben - dazu gehört z. B. "Kabeljau auf lauwarmem Spargel-Linsensalat". Ebenfalls am Platzl zu finden: Eis, Schokolade, Gewürze...

🐌 🍽 🆊 ⇅ – Menü 33/99 € – Karte 35/70 €

Stadtplan: L2-u – *Platzl 6* ⊠ *80331* – ☏ *089 2166900* – *www.schuhbeck.de* – *Geschlossen Sonntag*

LE STOLLBERG

KLASSISCHE KÜCHE · FREUNDLICH XX Das sympathisch-lebendige kleine Restaurant wird nicht nur sehr persönlich geführt, man bekommt auch gute, frische Küche zu einem fairen Preis. Die Patronne kocht französisch inspiriert - schmackhaft z. B. "Onglet vom US-Beef, grüner Spargel, Oliven-Kartoffel-Frühlingsrolle". Kompetent die Weinempfehlung. Gegenüber: Kleinigkeiten im Tagesbistro "Le Petit Stollberg".

🍽 🆊 – Menü 20 € (Mittags), 50/80 € – Karte 50/64 €

Stadtplan: L2_3-r – *Stollbergstraße 2* ⊠ *80331* – ☏ *089 24243450* – *www.lestollberg.de* – *Geschlossen Montag, mittags: Samstag, Sonntag*

VECCHIA LANTERNA

MEDITERRAN · FAMILIÄR XX Das schicke kleine Restaurant liegt im komfortablen Stadthotel "domus" im Lehel. Aus der Küche kommen mediterrane Speisen mit italienischem Schwerpunkt - der Chef stammt aus Kalabrien. Probieren Sie z. B. "Tagliatelle mit Jakobsmuscheln" oder "Glattbutt mit frischen Morcheln"! Auch in Sachen Wein wird man hier fündig. Sehr nett die geschützt liegende Terrasse.

⇦ 🍽 – Menü 27 € (Mittags), 55/95 € – Karte 62/83 €

Stadtplan: M2-e – *Sankt-Anna-Straße 31* ⊠ *80538* – ☏ *089 81892096* – *www.vecchia-lanterna.de* – *Geschlossen 1.-6. Januar, 25. August-9. September, 24.-31. Dezember, Montag, Sonntag, mittags: Samstag*

SOPHIA'S RESTAURANT

MODERNE KÜCHE · CHIC X Ein luftig-hoher Raum in elegantem Bistrostil und ruhigen Naturtönen - die Deko nimmt Bezug auf den benachbarten Alten Botanischen Garten. Gekocht wird modern, saisonal und mit sehr guten Produkten, z. B. "Maishähnchenbrust vom Gutshof Polting, gerösteter Blumenkohl, Schnittlauch, Radieschen". Aufmerksam der Service. Mittags etwas reduziertes Angebot.

⇦ 🍽 🆊 ⇱ – Karte 43/69 €

Stadtplan: J2-e – *The Charles, Sophienstraße 28* ⊠ *80333* – ☏ *089 5445551200* – *www.sophiasmuenchen.de*

WEINHAUS NEUNER

TRADITIONELLE KÜCHE · TRADITIONELLES AMBIENTE X Ein hübsches Bild, wie Kreuzgewölbe, Fischgrätparkett und Holztäfelung den traditionellen Charme des historischen Hauses bewahren. Dazu Speisen, die zu einem gehobenen Münchner Wirtshaus passen - unangefochtener Klassiker ist "Hühnerfrikassee unter der Blätterteighaube". Schöne Weinkarte samt guter Champagnerauswahl.

🐌 🍽 🆊 ⇅ – Menü 25 € (Mittags), 54/79 € – Karte 37/66 €

Stadtplan: K2-e – *Herzogspitalstraße 8* ⊠ *80331* – ☏ *089 2603954* – *www.weinhaus-neuner.de*

ⅢO BRASSERIE COLETTE TIM RAUE

FRANZÖSISCH · BRASSERIE X Mit diesem Konzept trifft Tim Raue den Nerv der Zeit: Man fühlt sich wie in einer französischen Brasserie, die Atmosphäre gemütlich und angenehm ungezwungen, die Küche richtig gut und schmackhaft. Wie wär's z. B. mit "Huhn im Blätterteig, Trüffeljus, Topinambur"? Hochwertige Produkte sind selbstverständlich.

🏠 & – Karte 36/69 €

Stadtplan: F3-c – Klenzestraße 72 ✉ 80469 – ☎ 089 23002555 – www.brasseriecolette.de – Geschlossen mittags: Montag-Sonntag

ⅢO BRASSERIE LES DEUX

INTERNATIONAL · BISTRO X Sie mögen lebendige und moderne Bistro-Atmosphäre? Dann können Sie sich im EG des "Les Deux" international-saisonale Gerichte wie "Gnocchi mit Spargel und Black Tiger Garnelen" schmecken lassen. Oder lieber "alte" und "neue" Klassiker wie "Mini-Burger" und "Beef Tatar mit Imperial Caviar"?

🦪 🏠 – Karte 38/93 €

Stadtplan: L2-p – Les Deux, Maffeistraße 3a ✉ 80333 – ☎ 089 710407373 – www.lesdeux-muc.de – Geschlossen Sonntag

ⅢO JIN

ASIATISCH · GERADLINIG X Besonders ist hier sowohl das wertige geradlinig-fernöstliche Interieur als auch die aromenreiche panasiatische Küche, die chinesisch geprägt ist, aber auch japanische und europäische Einflüsse zeigt. Tipp: Mit dem Menü bekommen Sie den besten Eindruck vom Können des Chefs.

🏠 ⇔ – Menü 66/96 € – Karte 32/65 €

Stadtplan: L3-g – Kanalstraße 14 ✉ 80538 – ☎ 089 21949970 – www.restaurant-jin.de – Geschlossen 2.-22. August, Montag

ⅢO LITTLE LONDON

GRILLGERICHTE · FREUNDLICH X Lebendig geht es in dem Steakhouse am Isartor zu, vorne die große klassische Bar mit toller Whiskey- und Gin-Auswahl. Freuen Sie sich auf hochwertiges Fleisch - gefragt ist z. B. Black Angus Prime Beef vom Grill, aber auch Maispoulardenbrust oder Lammkarree.

🏠 – Karte 49/119 €

Stadtplan: L3-n – Tal 31 ✉ 80331 – ☎ 089 122239470 – www.little-london.de – Geschlossen mittags: Montag-Sonntag

ⅢO RÜEN THAI

THAILÄNDISCH · FAMILIÄR X Zahlreiche Stammgäste schätzen die südthailändische Küche, die man hier bereits seit 1990 bietet. Es gibt verschiedene Currys, Riesengarnelen, Ente, Rinderfilet... Wie wär's mit einem Menü mit Weinbegleitung? Auf Vorbestellung auch Fingerfood-Menü. Auf der großen Weinkarte finden sich auch Raritäten.

🦪 AC – Menü 56/86 € – Karte 31/57 €

Stadtplan: E3-a – Kazmairstraße 58 ✉ 80339 – ☎ 089 503239 – www.rueen-thai.de – Geschlossen 2.-23. August, mittags: Freitag-Sonntag

ⅠⅠ○ TOSHI

JAPANISCH · GERADLINIG ⅩⅩ Steht Ihnen der Sinn nach authentisch japanischer Küche? So typisch wie die puristische Einrichtung ist auch die Speisekarte: Hier findet man Schmackhaftes aus Fernost, Sushi, Teppanyaki und auch Pan-Pacific-Cuisine.

🅰🅲 – Menü 22 € (Mittags), 42/140 € – Karte 40/100 €

Stadtplan: L2-k – *Wurzerstraße 18* ✉ *80539* – ☏ *089 25546942 –*
www.restaurant-toshi.de –
Geschlossen 8.-16. August, 27. Dezember-11. Januar, Montag, mittags: Samstag,
Sonntag

ⅠⅠ○ TRICHARDS

FRANZÖSISCH-KLASSISCH · CHIC Ⅹ Im Quartier Lehel liegt das chic-moderne Restaurant, das gleichzeitig eine Weinbar ist! Der Patron stammt aus Frankreich, entsprechend ist auch seine Küche geprägt. Probieren Sie z. B. "Galantine von Ente mit Schalottenmarmelade und Salat" oder "Gambas, Rotbarbe, Loup de Mer auf 'Bouillabaisse Art' mit Rouille".

🌧 – Karte 32/57 €

Stadtplan: M2-p – *Reitmorstraße 21* ✉ *80538* – ☏ *089 54843526 –*
www.trichards.de – Geschlossen Montag, Sonntag, mittags: Dienstag-Samstag

ⅠⅠ○ VINOTHEK BY GEISEL

REGIONAL · RUSTIKAL Ⅹ Gemütlich-rustikal hat man es in der Vinothek des komfortablen Hotels "EXCELSIOR by Geisel", schön die Gewölbedecke. Zum tollen Weinangebot gibt es mediterran inspirierte Gerichte wie "Kabeljaufilet im Bouillabaissefond mit Artischocken, Fenchel und Rouilletortellini", dazu Pasta und Klassiker wie "Roastbeef mit Bratkartoffeln".

🕸 ⇔ 🌧 🅰🅲 🔆 🚗 – Menü 20 € (Mittags), 45/50 € – Karte 46/62 €

Stadtplan: J2-z – *Hotel EXCELSIOR by Geisel, Schützenstraße 11* ✉ *80335 –*
☏ 089 551377140 – vinothek.by-geisel.de – Geschlossen Sonntag

Hotels

🏨🏨 MANDARIN ORIENTAL

GROßER LUXUS · KLASSISCH Das wunderschöne Hotel im Herzen Münchens ist ein Paradebeispiel für die Serviceleistungen der "Mandarin Oriental Group" und ein Haus mit internationalem Ruf! Man fühlt sich wohl, vom "Wohnzimmer", der Lobby (hier z. B. Afternoon Tea), über die geschmackvollen, zeitlos-eleganten Zimmer bis zum exquisiten Frühstück. Nicht zu vergessen: Rooftop-Terrasse als Highlight!

🏋 🏊 🐟 ⅛ 🔆 🖐 🅰🅲 🔆 🚗 – 48 Zimmer – 25 Suiten

Stadtplan: L2-s – *Neuturmstraße 1* ✉ *80331* – ☏ *089 290980 –*
www.mandarinoriental.com/munich

ⅠⅠ○ **Matsuhisa Munich** – Siehe Restaurantauswahl

🏨🏨 THE CHARLES

GROßER LUXUS · ELEGANT Das Hotel am Alten Botanischen Garten ist zweifelsohne eine der Top-Adressen der Isarmetropole. Ein elegantes Haus mit geschmackvoller und wertiger Einrichtung, das alle Luxus-Standards erfüllt. Sehr geräumig schon die Classic-Zimmer, aufwändig die Suiten. Schön auch der großzügige Spa - der Pool ist auch für Schwimmer bestens geeignet! Ausgezeichnet das Frühstück.

🏋 🏊 💮 🐟 ⅛ 🔆 🖐 🅰🅲 🖐 🚗 – 136 Zimmer – 24 Suiten

Stadtplan: J2-e – *Sophienstraße 28* ✉ *80331* – ☏ *089 5445550 –*
www.roccofortehotels.com/hotels-and-resorts/the-charles-hotel/

ⅠⅠ○ **Sophia's Restaurant** – Siehe Restaurantauswahl

⌂⌂⌂⌂ BAYERISCHER HOF

GROSSER LUXUS · KLASSISCH Das Grandhotel von 1841 steht für Klassik, modernen Luxus, Individualität - Wertigkeit hat oberste Priorität! Szenetreff im Sommer: Dachgarten mit klasse Aussicht! Eindrucksvoll auch "Falk's Bar" im Spiegelsaal von 1839! Teil der vielfältigen Gastronomie: "Trader Vic's" mit polynesischer Küche, bayerisch-rustikal der "Palais Keller".

⌂ 🖵 🕙 🏋 🗚 🖃 🕭 🕮 🕴 🛳 – 337 Zimmer – 74 Suiten

Stadtplan: K2-y – *Promenadeplatz 2* ⌨ *80333* – ℰ *089 21200* –
www.bayerischerhof.de

🍽 **Garden-Restaurant** • ✿✿✿ **Atelier** – Siehe Restaurantauswahl

⌂⌂⌂⌂ VIER JAHRESZEITEN KEMPINSKI

LUXUS · KLASSISCH Der Klassiker der Münchner Grandhotels a. d. J. 1858 hat historischen Charme, wie man ihn nur noch selten findet. Doch auch die Moderne hat hier Einzug gehalten, in sehr komfortabler und wohnlicher Form. In der Tagesbar - zur Maximilianstraße hin gelegen - serviert man Internationales.

⌂ 🖵 🏋 🗚 🖃 🕭 🕮 🕴 🛳 – 245 Zimmer – 60 Suiten

Stadtplan: L2-a – *Maximilianstraße 17* ⌨ *80539* – ℰ *089 21250* –
www.kempinski.com/vierjahreszeiten

✿ **Schwarzreiter** – Siehe Restaurantauswahl

⌂⌂⌂⌂ ROOMERS   `Tablet. PLUS`

LUXUS · DESIGN Wohnlichkeit meets Glamour & Chic - das ist der typische "Roomers"-Charme! Wertig-durchdachte Zimmer (vielleicht mit Terrasse samt Jacuzzi?), dazu Beauty und Fitness, das Restaurant "IZAKAYA" mit japanisch-südamerikanischer Küche, eine coole Bar sowie der spezielle "Hidden Room" (Reservierung). 150 m vom Hotel isst man im "Servus Heidi" regional-mediterran.

⌂ 🗚 🖃 🕭 🕮 🕴 🛳 – 280 Zimmer – 4 Suiten

Stadtplan: E2-b – *Landsberger Straße 68* ⌨ *80339* – ℰ *089 4522020* –
www.roomers-munich.com

⌂⌂⌂⌂ SOFITEL MUNICH BAYERPOST   `Tablet. PLUS`

KETTENHOTEL · DESIGN Nur einen Steinwurf vom Hauptbahnhof entfernt liegt das imposante denkmalgeschützte Gebäude aus der Gründerzeit, in das man gelungen moderne Architektur und zeitgenössisches Design integriert hat. Darf es vielleicht eine "So FIT Suite" mit eigenen Fitnessgeräten sein? Als Restaurant hat man das "DÉLICE La Brasserie".

⌂ 🖵 🕙 🏋 🗚 🖃 🕭 🕮 🕴 🛳 – 339 Zimmer – 57 Suiten

Stadtplan: J2-a – *Bayerstraße 12* ⌨ *80335* – ℰ *089 599480* –
www.sofitel-munich.com

⌂⌂⌂ BEYOND BY GEISEL

LUXUS · ELEGANT Ein interessantes Konzept der "Geisel Privathotels": Die kleine Residenz vereint Luxus und "Wohlfühlen wie zuhause"! Toll die zentrale Lage direkt beim Rathaus, exklusiv die "Schlafzimmer", dazu ein Wohnzimmer mit Bibliothek und eine Wohnküche (hier Frühstück und auf Wunsch Ihr Lieblingsgericht) sowie 24-h-Concierge-Service - alles inklusive!

⌂ 🖃 🕮 – 19 Zimmer

Stadtplan: L2-t – *Marienplatz 22 (Zufahrt über Rindermarkt 17, 5. Etage)* ⌨ *80331* –
ℰ *089 700746700* – *www.beyond-muc.de*

⌂⌂⌂ CORTIINA

URBAN · ELEGANT Ein schönes Haus in etwas versteckter, aber doch sehr zentraler Lage: wertige Materialien, wohin man schaut - Holz, Schiefer, Jura-Marmor und Naturfarben absolut stimmig kombiniert! In der Weinbar "Grapes" gibt es zur guten Weinauswahl ein kleines Speiseangebot.

⌂ 🏋 🖃 🕮 🛳 – 70 Zimmer – 5 Suiten

Stadtplan: L2-c – *Ledererstraße 8* ⌨ *80331* – ℰ *089 2422490* – *www.cortiina.com*

PLATZL

TRADITIONELL · GEMÜTLICH Das Hotel mitten in der Altstadt hat schon einen gewissen Charme - das liegt an schön zeitgemäß designten, wohnlichen Zimmern sowie am attraktiven Erholungsbereich im Stil des Maurischen Kiosks von Ludwig II.

🌐 🏋 🖨 ♿ 🧖 🚗 – 166 Zimmer – 1 Suite

Stadtplan: L2-z – *Sparkassenstraße 10* ✉ *80331* – ☎ *089 237030* – *www.platzl.de*

🍴 **Pfistermühle** – Siehe Restaurantauswahl

LOUIS

URBAN · ELEGANT Die Lage direkt gegenüber dem Viktualienmarkt ist sicher mit die beste in München! Daneben bietet das "LOUIS" geschmackvolle wohnlich-modern designte Zimmer (teils mit Sicht zum Markt), die interessante und gut bestückte "Sparkling Bar" sowie das Restaurant "The LOUIS Grillroom" - hier gibt es schöne Cuts, vom Kobe-Beef bis zum bayerischen Rind.

🌐 🏋 📶 🖨 🆒 🧖 – 72 Zimmer

Stadtplan: L3-f – *Viktualienmarkt 6* ✉ *80331* – ☎ *089 41119080* – *www.louis-hotel.com*

25HOURS THE ROYAL BAVARIAN `Tablet.PLUS`

HISTORISCH · THEMENBEZOGEN Angesagtes "25hours"-Konzept im lebendigen Hauptbahnhof-Viertel. Im einstigen Telegraphenamt von 1869 wohnt man heute richtig chic: "Dienstbotenkammer", "Herrschaftszimmer", "Adelsgemach"... - jedes erzählt seine eigene kleine Geschichte. Tagsüber schmökert man in der Bibliothek, abends trifft man sich in der "Boilerman Bar". Frühstück im trendigen Restaurant "NENI".

🌐 🏋 📶 🖨 ♿ 🆒 🧖 – 164 Zimmer – 1 Suite

Stadtplan: J2-f – *Bahnhofplatz 1 (1. Etage)* ✉ *80335* – ☎ *089 9040010* – *www.25hours-hotels.com*

THE FLUSHING MEADOWS

BOUTIQUE-HOTEL · DESIGN Eine besondere Adresse! In dem äußerlich unscheinbaren Hotel im Glockenbachviertel gehen Künstler, Musiker und Trendmaker ein und aus! Die Zimmer sind sehr individuell, haben alle ihre eigene Note, teils wurden sie von Prominenten designt - modern, wohnlich und nicht alltäglich! Dazu eine Bar mit Blick über die Stadt.

🖨 🆒 🚗 – 16 Zimmer

Stadtplan: L3-b – *Frauenhoferstraße 32* ✉ *80469* – ☎ *089 55279170* – *www.flushingmeadowshotel.com*

Außerhalb des Zentrums

In München-Bogenhausen

ACQUARELLO

Chef: Mario Gamba

MEDITERRAN · FREUNDLICH 🍴🍴🍴 Was könnte besser zum südländischen Flair dieses freundlich-eleganten Restaurants passen als italienisch-mediterrane und französische Küche? Patron und Küchenchef Mario Gamba, ursprünglich gelernter Übersetzer, ist Autodidakt in Sachen Kochen, doch als Gastronomen-Sohn liegt ihm die Leidenschaft für diesen Beruf gewissermaßen im Blut. Im Mittelpunkt seiner "Cucina del Sole" steht die Produktqualität, da konzentriert sich der gebürtige Italiener bei Gerichten wie "Dombes-Poulardenbrust mit Gemüse und Sherry-Morchel-Sauce" ganz auf das Wesentliche. Dazu natürlich schöne Weine aus Italien. Während Sie auf stilvollen Polsterstühlen an wertig eingedeckten Tischen sitzen, werden Sie aufmerksam und geschult umsorgt. Mit von der Partie ist hier übrigens auch Massimo Gamba, der Sohn des Patrons.

Spezialitäten: Vitello Tonnato. Rinderschmorbraten mit Barolosauce und Sellerie-püree. Schokoladenravioli mit Pfefferminz-Eis und Orangensauce.

🌣 🎴 – Menü 55 € (Mittags), 115/185 € – Karte 82/102 €

Stadtplan: H2-f – *Mühlbaurstraße 36 ✉ 81677 – ☎ 089 4704848 -*
www.acquarello.com – Geschlossen 1.-3. Januar, Montag, mittags: Samstag-Sonntag

░ BOGENHAUSER HOF

KLASSISCHE KÜCHE · TRADITIONELLES AMBIENTE ░░░ In diesem schmucken 1825 erbauten Haus in einem schönen Stadtviertel hat man modernen Stil gelun-gen mit historischen Elementen kombiniert. Im Sommer sind die schattigen Plätze im hübschen Garten der Renner. Ein Klassiker auf der Karte ist die Hummer-schaumsuppe. Sehr freundlich und geschult der Service samt Chefin.

🌣 ⇆ – Menü 60/130 € – Karte 54/94 €

Stadtplan: H2-c – *Ismaninger Straße 85 ✉ 81675 – ☎ 089 985586 -*
www.bogenhauser-hof.de -
Geschlossen 1.-6. Januar, 2.-5. April, 24.-31. Dezember, Sonntag

░ HIPPOCAMPUS

ITALIENISCH · ELEGANT ░░ Das "Hippocampus" ist nicht irgendein Italiener im noblen Bogenhausen, sondern ein nettes, lebendiges Ristorante mit klassisch-ita-lienischer Cucina, in dem man die außergewöhnlich guten Pastagerichte ebenso empfehlen kann wie Seeteufel oder paniertes Milchkalbskotelett! Übrigens: Auch auf die Weinempfehlungen können Sie sich verlassen!

🌣 – Menü 29/62 € – Karte 54/65 €

Stadtplan: H2-a – *Mühlbaurstraße 5 ✉ 81677 – ☎ 089 475855 -*
www.hippocampus-restaurant.de -
Geschlossen Montag, mittags: Samstag

░ HUBER

INTERNATIONAL · TRENDY ░░ In dem modernen Restaurant (das schicke geradlinige Interieur stammt von einem Münchner Designer) bekommt man ambi-tionierte international-saisonale Gerichte. Es gibt z. B. "Maibockrücken, Artischo-cke, Puntarelle". Und als Dessert vielleicht "Erdbeere - gefüllt, weiße Schokolade, Eis"? Dazu schöne österreichische Weine.

🌣 ⇆ – Menü 79/95 € – Karte 48/76 €

Stadtplan: H2-h – *Newtonstraße 13 ✉ 81679 – ☎ 089 985152 -*
www.huber-restaurant.de -
Geschlossen Montag, Sonntag, mittags: Dienstag-Samstag

░ KÄFER-SCHÄNKE

SAISONAL · GEMÜTLICH ░░ Der Name "Käfer" gehört einfach zur Münchner Gastroszene! Der Feinkostladen unter einem Dach mit dem gemütlichen Restau-rant garantiert sehr gute Zutaten, aus denen man u. a. beliebte Klassiker zuberei-tet. Für besondere Anlässe: zahlreiche ganz individuelle Stuben.

⚶ 🌣 ⇆ – Menü 40 € (Mittags), 85/109 € – Karte 60/139 €

Stadtplan: H2-s – *Prinzregentenstraße 73 (1. Etage) ✉ 81675 – ☎ 089 4168247 -*
www.feinkost-kaefer.de/schaenke – Geschlossen Sonntag

▦ PALACE `Tablet.PLUS`

TRADITIONELL · KLASSISCH Ein geschmackvolles Hotel, das zahlreiche Musi-ker zu seinen Stammgästen zählt. Erdtöne und Dielenboden machen es hier aus-gesprochen wohnlich. Charmant der kleine Freizeitbereich mit Dachterrasse, hübsch der Garten. Täglich "Afternoon Tea" in der Palace Bar, klassisch-interna-tionale Küche im Restaurant.

🍸 𝔧 🔁 🎴 ⚶ 🔔 – 89 Zimmer – 6 Suiten

Stadtplan: H2-e – *Trogerstraße 21 ✉ 81675 – ☎ 089 419710 -*
www.hotel-muenchen-palace.de

In München-Englschalking

⫟○ **MARTINELLI**

ITALIENISCH · FREUNDLICH ✗ Sie mögen italienische Gastlichkeit und ebensolche Küche? In dem kleinen Restaurant kocht man mit modernen und saisonalen Einflüssen - da heißt es z. B. "Pecorino-Ravioli mit Walnuss und Balsamico" oder "Hirsch-Rücken mit Quitten". Als Auftakt gibt es immer luftgetrockneten Schinken und leckeres Brot!

�については – Menü 30 € (Mittags), 70/100 € – Karte 61/86 €

Stadtplan: D2-a – *Wilhelm-Dieß-Weg 2 (Ecke Englschalkinger Straße)* ✉ 81927 – ☎ 089 931416 – www.ristorantemartinelli.de –
Geschlossen 25.-31. Mai, 16.-29. Juni, Sonntag, mittags: Dienstag, Donnerstag und Samstag

In München-Giesing

🌿 **GABELSPIEL**

Chef: Florian Berger

MODERNE KÜCHE · GERADLINIG ✗ Sabrina und Florian Berger kommen mit ihrem kleinen Restaurant mitten in Giesing richtig gut an! Das liegt zum einen an der gänzlich unprätentiösen und angenehm familiären Atmosphäre - da spürt man das Herzblut der Gastgeber! Die sympathische Chefin ist mit im Service - unheimlich freundlich und fachlich geschult sorgt sie für einen reibungslosen Ablauf. Aber auch die moderne Küche aus regionalen Zutaten zieht Gäste an. Was man hier in Form eines Menüs bekommt, sind erstklassige Produkte wie z. B. der im Noriblatt servierte Saibling. Florian Berger zeigt wirklich tolles Handwerk und setzt seine Erfahrungen in der Sternegastronomie (u. a. "Hangar 7", "Tantris", "Restaurant N° 15") geschickt um.

Spezialitäten: Saibling, Pfifferlinge, Nektarine, fermentierter Knoblauch. Chuck Flap, Paprika, Chorizo, Pinienzapfen. Veilchen, Brombeere, Milch, Balsamessig.

🌿 – Menü 130/140 €

Stadtplan: C3-a – *Zehentbauernstraße 20* ✉ 81539 – ☎ 089 12253940 –
www.restaurant-gabelspiel.de –
Geschlossen Montag, mittags: Dienstag-Samstag, Sonntag

⫟○ **DER DANTLER**

MODERNE KÜCHE · HIP ✗ Man nennt sich selbst "Bayrisch' Deli". In ungezwungener, alpenländisch-charmanter Atmosphäre bekommt man mittags Snacks wie Pastrami-Sandwiches oder Ramen-Suppe, am Abend gibt es eine ambitioniertere modern-kreative Küche. Freitagabends ab 19 Uhr mehrgängiges Menü auf Reservierung per Ticket. Tipp: Feinkost-Verkauf.

🌿 ⇔ – Menü 24 € (Mittags), 60/90 €

Stadtplan: C3-n – *Werinherstraße 15* ✉ 81541 – ☎ 089 39292689 –
www.derdantler.de –
Geschlossen 1.-31. August, Montag, Samstag, Sonntag

In München-Großhadern

⫟○ **JOHANNAS**

SAISONAL · FREUNDLICH ✗✗ Einladend die freundlich-moderne Gasthaus-Atmosphäre, schön die Innenhof-Terrasse. Gekocht wird klassisch-französisch und mediterran, aber auch regional-saisonale Klassiker wie Wildgerichte. Für zwei Personen gibt es z. B. ganzen bretonischen Steinbutt. Dazu über 1000 Positionen Wein. Das Restaurant befindet sich übrigens im familiengeführten Hotel "Neumayr".

🌿 ⇔ 🌿 🔒 📶 🚗 – Menü 25 € (Mittags), 50/125 € – Karte 28/80 €

Stadtplan: B3-b – *Heiglhofstraße 18* ✉ 81377 – ☎ 089 7411440 –
www.hotel-neumayr.de

In München-Haidhausen

⸙ SHOWROOM

KREATIV · FREUNDLICH ⅄ Ein sehr modernes und urbanes Konzept, das Dominik Käppeler und sein Team hier bieten! Die Köche sind mit im Service, alles ist überaus persönlich und komplett auf den Gast zugeschnitten. Sie wählen ein Menü mit fünf bis acht aufwändigen Gängen, die durchaus eine verspielte Note zeigen. Sie sind ausdrucksstark, haben eine eigene Idee und basieren auf exzellenten Produkten! Auch auf die Weinempfehlungen des Sommeliers ist Verlass - (angenehme) Überraschungen inklusive! Dominik Käppeler wurde die Leidenschaft für gutes Essen schon in die Wiege gelegt, denn bereits seine Mutter besaß ein eigenes Restaurant. Er kochte in diversen Betrieben in Rottach-Egern (darunter die „Egerner Höfe" sowie die „Fährhütte am See"), bevor er das ehemalige "Schweiger2" zu seinem "Showroom" machte.

Spezialitäten: Garnele, Erdnuss, Ziegenkäse, Himbeere, Rucola. Angus, Blumenkohl, Shiitake, Nori, Ras el-Hanout. Mieze Schindler Erdbeere, Rose, Sahne, Filoteig.

🏠 – Menü 130/160 €

Stadtplan: M3-e – *Lilienstraße 6 ⊠ 81669 – ℰ 089 44429082 – www.showroom-restaurant.de – Geschlossen mittags: Montag-Freitag, Samstag, Sonntag*

ⅠⓄ MONA GOURMET ⓝ

MEDITERRAN · TRENDY ⅄⅄ Im Gourmetrestaurant des "Hilton München City" steckt die Ausrichtung der Speisekarte bereits im Namen: "MO" steht für Monaco, "NA" für Napoli. Ein ambitioniertes Team bereitet in der offenen Küche z. B. "Gelbschwanzmakrele, Tonda di Chioggia, Erbse, Salzzitrone" zu. Der Service sehr aufmerksam und kompetent geführt.

⇦ 🏠 Ⓚ – Menü 69/89 €

Stadtplan: M3-b – *Rosenheimer Straße 15 ⊠ 81667 – ℰ 089 44249500 – www.mona-restaurant.de – Geschlossen mittags: Montag-Samstag, Sonntag*

ⅠⓄ VINAIOLO

ITALIENISCH · GEMÜTLICH ⅄ Ein Stück Dolce Vita in der Altstadt von Haidhausen: Service mit südländischem Charme, die Küche typisch italienisch - lecker z. B. Pastagerichte wie "Pappardelle mit Lammragout". Komplett wird das gemütlich-authentische Bild durch Einrichtungsstücke eines alten Krämerladens aus Triest!

Menü 26 € (Mittags)/61 € – Karte 45/58 €

Stadtplan: G3-e – *Steinstraße 42 ⊠ 81667 – ℰ 089 48950356 – www.vinaiolo.de – Geschlossen mittags: Samstag*

ⅠⓄ ATELIER GOURMET

FRANZÖSISCH-KLASSISCH · BISTRO ⅄ Klein, eng, lebhaft, gut besucht - eben einfach nett! Das kulinarische Pendant zur sympathischen Atmosphäre: leckere und frische Gerichte wie "Rinderfilet, Artischocken, Graupen, Gremolata, Sardellen-Sabayon" - wählen Sie Ihr Menü von der Tafel. Dazu flotter Service und gute Weinberatung.

🏠 – Menü 45/89 €

Stadtplan: G3-a – *Rablstraße 37 ⊠ 81667 – ℰ 089 487220 – www.ateliergourmet.de – Geschlossen 29. März-5. April, 23. August-6. September, mittags: Montag-Samstag, Sonntag*

ⅠⓄ EBERT

KLASSISCHE KÜCHE · NACHBARSCHAFTLICH ⅄ Wirklich nett ist die Atmosphäre in dem kleinen Restaurant in Haidhausen. Hier wird man vom Chef selbst umsorgt, auch in Sachen Wein berät er Sie gerne. Gekocht wird klassisch und mit guten, frischen Produkten. Jede Woche gibt es ein neues Menü, z. B. mit "Crépinette vom Perlhuhn mit Gewürzpolenta".

🏠 – Menü 45/90 € – Karte 30 €

Stadtplan: G3-b – *Regerplatz 3 ⊠ 81541 – ℰ 089 44449940 – www.restaurantebert-muenchen.de – Geschlossen 1.-17. Januar, Samstag, Sonntag, mittags: Montag-Freitag*

JAMS MUSIC HOTEL 🔟

BOUTIQUE-HOTEL · DESIGN Dieses Boutique-Hotel ist so hip und cool, wie der Name vermuten lässt - Retro-Designelemente und Bezug zur Musik sind allgegenwärtig. Die Stockwerke sind legendären Künstlern gewidmet, in jeden Zimmer gibt es einen Plattenspieler (LPs zum Ausleihen in der Lobby). Im Restaurant mit Bar finden auch Live-Auftritte statt.

🔁 – 65 Zimmer

Stadtplan: M3-a – *Stubenvollstraße 2* ✉ *81667* – ☎ *089 458450* – *www.jams-hotel.com*

In München-Maxvorstadt

😊 BAR MURAL

ZEITGENÖSSISCH · HIP 🗙 In dieser Bar ist es laut, lebendig und trendig-leger, dazu 80er-Jahre-Disco-Musik - das hat schon Charme! Auf der kleinen Speisekarte finden sich verschiedene Aufschnitt-Teller sowie sehr schmackhafte und durchdachte Gerichte, die man auch als Menü anbietet. Tipp: Zur Saison gibt es frische Austern.

Spezialitäten: Saibling, Dill, Gurke. Ente, Haselnuss, Chicorée, Kohlrabi. Weiße Schokolade, Holunder, Gin.

🍴 🅰 – Menü 38/58 € – Karte 36/50 €

Stadtplan: L1-b – *Theresienstraße 1* ✉ *80333* – ☎ *089 27373380* – *www.barmural.com* – *Geschlossen Montag, Sonntag, mittags: Dienstag-Samstag*

🏘 EUROSTARS GRAND CENTRAL

BUSINESS · MODERN Ein modernes Businesshotel, nur eine S-Bahn-Station vom Hauptbahnhof entfernt. Zu den sehr komfortablen, wohnlichen und wertigen Zimmern gesellt sich ein großzügiger Hallenbereich mit Lounge/Bar und angeschlossenem Restaurant. Dazu ein kleiner Saunabereich auf dem Dach.

🍴 🖥 🔁 ♨ 🅰 🛁 🚗 – 243 Zimmer – 4 Suiten

Stadtplan: E2-a – *Arnulfstraße 35* ✉ *80331* – ☎ *089 5165740* – *www.eurostarsgrandcentral.com*

In München-Milbertshofen

❀❀ ESSZIMMER

FRANZÖSISCH-MODERN · CHIC 🗙🗙 Nicht nur Autos kann man hier bestaunen, denn was in der 3. Etage der BMW Welt am Fuße des Olympiaturms aus der Küche kommt, verdient Ihre volle Aufmerksamkeit! Mit einem Lift gelangt man in das schicke Restaurant, dessen elegantes Interieur das urbane Flair Münchens widerspiegelt. Doch bei aller Moderne kommen auch Wohnlichkeit und Ruhe nicht zu kurz - dazu trägt auch der Service bei, der sich aufmerksam und professionell um die Gäste kümmert - nicht zu locker und nicht zu steif. Auf dem Teller Kreativität à la Bobby Bräuer. Geschickt bringt man jede Menge Aromen und starke Kontraste in Einklang, angenehm reduziert der Stil. Es gibt auch ein vegetarisches Menü. Passend die Weine dazu dank versiertem Sommelier. Übrigens: Parken ist kostenfrei.

Spezialitäten: Hummer, Vanille-Beurre Blanc, Petersilienwurzel, Grünes Shiso. Huhn, Trüffel, Artischocke, Zwiebel. Ananas, Kokos, Kaffee, Limette.

🅰 🅰 🔁 🚗 – Menü 160/205 €

Stadtplan: C1-e – *Am Olympiapark 1 (3. Etage in der BMW Welt, über Lift erreichbar)* ✉ *80807* – ☎ *089 358991814* – *www.feinkost-kaefer.de* – *Geschlossen 1.-31. August, Montag, mittags: Dienstag-Samstag, Sonntag*

🍴 **Bavarie** – Siehe Restaurantauswahl

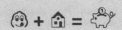

⬤ BAVARIE

MARKTKÜCHE · TRENDY ℅ Regionalität und Nachhaltigkeit sind zwei Grund-
gedanken der "Bavarie" hier in der BMW Welt. So setzt man beim Kombinieren
bayerischer und französischer Elemente auf hochwertige Produkte. Angenehm
die Atmosphäre in dem großzügigen hohen Raum, gute Luftqualität inklusive.
Schön auch die Terrasse mit Blick auf Olympiapark und -turm.

� 🔥 🅰 🖵 ⇄ 🚗 – Menü 36/48 € – Karte 38/50 €

Stadtplan: C1-e – *EssZimmer, Am Olympiapark 1 (2. Etage in der BMW Welt, über
Lift erreichbar)* ✉ 80331 –
𝄐 089 358991818 – www.feinkost-kaefer.de –
Geschlossen 1.-17. Januar, 2.-22. August, Sonntag

In München-Flughafen-Oberding

⬤ MOUNTAIN HUB GOURMET ⓝ

MODERNE KÜCHE · CHIC ℅℅℅ Im Gourmetrestaurant der "Mountain Hub"-
Gastronomie des Hotels "Hilton Munich Airport" begeistert Stefan Barnhusen
in seiner Küche mit herausragenden Produkten, Raffinesse und eigener Idee.
Dazu werden Sie aufmerksam und freundlich umsorgt. Nicht zu vergessen
das Restaurant selbst: halbrund angelegt, schön großzügig und chic-modern
im Design.

⇦ 🅰 🚗 – Menü 63 € (Mittags), 125/165 €

außerhalb Stadtplan – *Terminalstraße Mitte 20* ✉ 85356 –
𝄐 089 97824500 – www.mountainhub.de –
Geschlossen Montag, mittags: Dienstag, Samstag, Sonntag

In München-Nymphenburg

⬤ BROEDING

KLASSISCHE KÜCHE · GEMÜTLICH ℅℅ Das gemütlich-lebendige Lokal gehört
zu den Institutionen von Neuhausen, und was das Konzept und die bemerkenswerte, praktisch rein österreichische Weinauswahl angeht, sogar von ganz München. Jeden Abend gibt es ein neues Menü mit Gerichten wie "gegrilltem
Schwertfisch mit Artischocken und Tomaten". Dazu charmanter Service und eine
lauschige Innenhofterrasse.

🕸 🌀 – Menü 86/92 €

Stadtplan: E2-r – *Schulstraße 9* ✉ 80636 –
𝄐 089 164238 – www.broeding.de –
Geschlossen 24. Dezember-6. Januar, Sonntag

⬤ ACETAIA

ITALIENISCH · GEMÜTLICH ℅ Ein echtes Kleinod am Nymphenburger Kanal, und
noch dazu ein wirklich sympathisches! Hier genießt man italienische Küche und
gemütliche Atmosphäre mit tollem Jugendstil-Flair. Der Name stammt übrigens
vom alten Aceto Balsamico, den man hier auch kaufen kann.

🕸 🌀 – Menü 32 € (Mittags), 70/110 € – Karte 50/70 €

Stadtplan: C2-a – *Nymphenburger Straße 215* ✉ 80639 –
𝄐 089 13929077 – www.acetaia.de –
Geschlossen mittags: Samstag

In München-Oberföhring

🙂 FREISINGER HOF

REGIONAL · GASTHOF ℅℅ Der charmante Gasthof von 1875 ist immer gut
besucht, denn die Atmosphäre ist gemütlich und das Essen schmeckt! Es gibt Klassiker aus Bayern und Österreich - im Mittelpunkt steht Gekochtes vom Rind! Oder
lieber Backhendl? Gut übernachten kann man in tipptopp gepflegten Zimmern.

Spezialitäten: Ziegenkäse im Speckmantel, Feldsalat, Kürbis-Chutney und Kernöl. Backhendl vom Kärntner Bio-Huhn mit Kartoffel-Gurkensalat. Crème brûlée mit Pralineneis.

🍴 🏠 ⌂ **P** 🚗 – Menü 36 € – Karte 38/68 €

Stadtplan: D1-f – *Oberföhringer Straße 189* ✉ *81925 –* ☏ *089 189082400 – www.freisinger-hof.de*

In München-Pasing

🍴○ **ESSENCE**

KLASSISCHE KÜCHE · CHIC ✗✗ In dem geschmackvoll-modernen Restaurant samt Lounge und wunderbarer Innenhofterrasse kocht man französisch und mit mediterranen und asiatischen Einflüssen. Auf der Abendkarte liest man z. B. "Loch-Duart-Lachs, Curry, Mandel, Patisson". Mittags einfachere Gerichte.

🍴 🔳 🚗 – Menü 21 € (Mittags), 69/95 €

Stadtplan: A2-a – *Gottfried-Keller-Straße 35* ✉ *81245 –* ☏ *089 80040025 – www.essence-restaurant.de –*
Geschlossen 1.-10. Januar, Montag, mittags: Samstag-Sonntag

In München-Schwabing

🏵 **LE CÉZANNE**

FRANZÖSISCH · FAMILIÄR ✗ In dem sympathischen Restaurant an der Ecke kocht der Chef Speisen aus seiner Heimat Frankreich. Seine langjährige Gastronomie-Erfahrung merkt man seiner guten Küche an. Das Angebot wechselt häufig. Sehr angenehm: Im Sommer ist die Fensterfront geöffnet.

Spezialitäten: Tatar vom Thunfisch mit Avocado und Algen. Lamm mit Kräuter-Senfkruste. Flambierte Apfeltarte mit Calvados.

Menü 49/54 € – Karte 35/65 €

Stadtplan: G1-z – *Konradstraße 1* ✉ *80801 –* ☏ *089 391805 – www.le-cezanne.de –*
Geschlossen 1.-31. August, Montag, mittags: Dienstag-Sonntag

🍴○ **IL BORGO**

ITALIENISCH · ELEGANT ✗✗ Seit 1989 ist dieses italienische Restaurant eine schöne Konstante in Schwabing. Das Ambiente ist modern-elegant und gemütlich zugleich, gelungen hat man alte Wandfliesen und die ursprüngliche Theke integriert. Auf der Karte liest man z. B. "Steinbutt mit Basilikum-Scampi-Farce auf Schwarzwurzeln".

🍴 – Menü 24 € (Mittags)/64 € – Karte 46/66 €

Stadtplan: F1-e – *Georgenstraße 144* ✉ *80797 –* ☏ *089 1292119 – www.il-borgo.de –*
Geschlossen Sonntag-Montag, mittags: Samstag

🍴○ **LA BOHÈME**

FLEISCH · TRENDY ✗ Schön gesellig und locker ist es hier! Wer hochwertige Steak-Cuts schätzt, ist in dem trendig-urbanen Restaurant genau richtig. Es gibt sogar 1000-g-Steaks als "Sharing"-Variante. Ebenfalls zum Teilen sind die gemischten Platten. Sonntags kommt man gerne zum Brunch.

🍴 🚗 – Menü 29/59 € – Karte 35/119 €

Stadtplan: C1-b – *Leopoldstraße 180* ✉ *80804 –* ☏ *089 23762323 – www.boheme-schwabing.de –*
Geschlossen Montag, mittags: Dienstag, mittags: Samstag

🍴○ **PURE WINE & FOOD**

MEDITERRAN · TRENDY ✗ Angenehm locker ist es hier, trendig der Bistrostil. Aus der Küche kommen saisonal-mediterrane Gerichte - aus frischen Produkten klar und modern zubereitet, teils auch mit internationalen Einflüssen. Appetit macht da z. B. "Flanksteak vom Weiderind, Auberginencreme, Süßkartoffel, Johannisbeeren, Cumin-Jus". Toll: über 250 (Bio-) Weine - auch zum Mitnehmen.

🍷 – Menü 55/67 € – Karte 34/60 €

Stadtplan: F1-n – *Neureutherstraße 15* ✉ *80799 –* ☏ *089 399936 – www.pure-wine-food.de –*
Geschlossen 1.-6. Januar, Montag, mittags: Dienstag-Samstag, Sonntag

Lass das Salz weg, nimm Kaviar.

Imperial Caviar
von AKI

MÜNCHEN

ANDAZ MÜNCHEN SCHWABINGER TOR

LUXUS · DESIGN Ein angesagtes Lifestyle-Luxus-Hotel am aufstrebenden Schwabinger Tor - überall Designerstücke und topmoderne Ausstattung. Großzügige Zimmer und tolle Suiten, dazu Wellness und Spa auf 2000 qm samt Pool über den Dächern der Stadt. Restaurant "The Lonely Broccoli" mit hochwertigen Fleisch-Cuts, ansprechenden Tellergerichten und auch Burgern aus zwei offenen Showküchen.

 – 277 Zimmer

Stadtplan: C1-a – *Leopoldstraße 170* ✉ *80804* – ✆ *089 9042191234* – *andazmunich.com*

PULLMAN

BUSINESS · MODERN In dem modernen Businesshotel wohnen Sie schön komfortabel in schicken Zimmern, relaxen im kleinen Wellnessbereich und lassen sich im Restaurant "Theos" internationale Küche servieren. Im Sommer lockt der Innenhof mit Lounge, Terrasse und Beach-Bar.

 – 317 Zimmer – 14 Suiten

Stadtplan: D1-a – *Theodor-Dombart-Straße 4 (Ecke Berliner Straße)* ✉ *80805* – ✆ *089 360990* – *www.pullman-hotel-muenchen.de*

SCHWABINGER WAHRHEIT BY GEISEL

BUSINESS · MODERN Mitten im pulsierenden Schwabing findet man dieses "Hybrid-Hotel" der Privathotelier-Familie Geisel, das auf Businessgäste und Stadttouristen gleichermaßen ausgelegt ist. Das Design: geradlinig, jung, schnörkellos und dennoch mit gewissem Chic! Interessant für Familien: "Teamzimmer" für max. 6 Personen. Zum Relaxen: Innenhofterrasse mit Jacuzzi sowie moderne Sauna.

🕊 ⊞ ⚓ 🅰 🚗 – 79 Zimmer – 1 Suite

Stadtplan: G1-s – *Hohenzollernstraße 5* ✉ *80801* – ✆ *089 383810* – *www.schwabinger-wahrheit.de*

MÜNSTER (WESTFALEN)

Nordrhein-Westfalen – Regionalatlas **26**–D9 – Michelin Straßenkarte 543

✿ COEUR D'ARTICHAUT

FRANZÖSISCH-MODERN · CHIC XX Ein bisschen versteckt in einem Innenhof und doch nur einen Steinwurf entfernt von Rathaus und Dom findet man dieses attraktive "Casual Fine Dining"-Konzept: In wohnlicher Atmosphäre können die Gäste in die offene Küche schauen, wo der gebürtige Franzose Frédéric Morel (zuvor Küchenchef im Hamburger "Se7en Oceans") die Leidenschaft für seine bretonische Heimat zum Ausdruck bringt. Auf moderne Art verbindet er die Küche der Bretagne mit westfälischen Produkten und kreolischen Gewürzen - das Ergebnis sind sehr ausgewogene Gerichte mit Tiefe und Geschmack, und die gibt es als monatlich wechselndes Menü. Serviert wird übrigens von den Köchen selbst.

Spezialitäten: Makrele, Gurke, Meerrettich. Rind, Zwiebelgewächs, Massalé. Ananas, Kardamom, Kokosnuss.

Menü 80/130 €

Alter Fischmarkt 11A ✉ 48143 – ℰ 0251 39582823 – www.coeur-dartichaut.de –
Geschlossen 1.-6. Januar, 19. Juli-4. August, 24.-28. Dezember, Montag, Dienstag,
mittags: Mittwoch-Samstag, abends: Sonntag

ⅢO VON RHEMEN

FRANZÖSISCH-KLASSISCH · FREUNDLICH XXX Im Restaurant des stilvollen Hotels "Schloss Wilkinghege" sitzt man in einem eleganten hohen Raum mit historischem Flair unter einer schönen Stuckdecke. Es gibt A-la-carte-Gerichte wie "Filet vom Saibling, Thymianschaum, Rote-Bete-Risotto", das "Gourmetmenü" oder das "kleine Schlossmenü". Wer nicht bis abends warten möchte, bekommt eine kleinere Nachmittagskarte.

🖙 🕼 🕌 ✿ 🅿 – Menü 59/79 € – Karte 53/62 €

Hotel Schloss Wilkinghege, Steinfurter Straße 374 (Zufahrt über Wilkinghege 41,
über Steinfurter Straße A1) ✉ 48159 – ℰ 0251 144270 – www.schloss-wilkinghege.de –
Geschlossen Sonntag, nur Abendessen

ⅢO VILLA MEDICI

MEDITERRAN · CHIC XX In dieser Münsteraner Institution empfängt man Sie in stilvoll-modern designtem Ambiente zu ambitionierter und schmackhafter mediterraner Küche und italienischem Wein. Sie möchten übernachten? Man hat auch fünf schöne Gästezimmer.

🕌 ✿ 🅿 – Menü 38 € (Mittags), 49/64 € – Karte 50/79 €

Prozessionsweg 402 (über Warendorder Straße C1) ✉ 48155 – ℰ 0251 34218 –
www.villa-medici-muenster.de –
Geschlossen 1.-12. Januar, Montag, Dienstag, mittags: Samstag

ⅢO BOK RESTAURANT BRUST ODER KEULE

MARKTKÜCHE · FREUNDLICH X Es sind nur wenige Stufen hinab ins Parterre des gepflegten hellen Eckhauses. Hier befindet sich eine gastronomische Konstante der Stadt: ein hübsches modernes Restaurant mit saisonal-klassischer Küche und freundlichem Service samt guter Weinberatung. Nett die kleine Terrasse vor dem Haus.

🐾 🕌 – Menü 56/126 €

Melchersstraße 32 ✉ 48149 – ℰ 0251 9179656 – www.brustoderkeule.de –
Geschlossen Montag, Dienstag, mittags: Mittwoch-Donnerstag, abends: Sonntag

🏨 FACTORY HOTEL

BUSINESS · DESIGN Diese recht spezielle Lifestyle-Adresse - eine ehemalige Brauerei mit alter Industrie-Architektur und ein Neubau - bietet puristisch designte Zimmer - Tipp: die hochwertigen Komfortzimmer mit Regendusche. Dazu die trendige Bar "TIDE" sowie die Restaurants "EAT" mit regional-internationaler Küche und "la tapia" mit spanischem Angebot. Leger: "MOLE" als Speise-Kneipe.

🍽 🖃 ⅑ 🆎 ⅏ 🅿 🚗 – 128 Zimmer – 16 Suiten

An der Germania Brauerei 5 (Zufahrt über Grevener Straße 91, A1) ✉ 48159 –
ℰ 0251 41880 – www.factoryhotel.de

In Münster-Handorf Nord-Ost: 7 km

ⅱ○ LANDHAUS EGGERT

FRANZÖSISCH-MODERN · LANDHAUS ✕✕ Mögen Sie es westfälisch oder lieber moderner? Zur Wahl stehen "Heimat-" und "Genießer-Menü" sowie die vegetarische Alternative. Schön der elegante Landhausstil des Restaurants. Im Winter sitzt man gerne vor dem alten Kamin im "Westfälischen Raum", im Sommer auf der Terrasse mit Blick aufs Wersetal. Auf dem idyllischen historischen Anwesen kann man auch übernachten.

⇜ ⇞ 🛋 ⇄ 🅿 – Menü 36/69 € – Karte 37/62 €

Zur Haskenau 81 (Nord: 4 km über Dorbaumstraße) ✉ 48157 – ✆ 0251 328040 –
www.landhaus-eggert.de –
Geschlossen 23.-25. Dezember

ⅱ○ LINNENBOOM ⓝ

REGIONAL · TRADITIONELLES AMBIENTE ✕✕ Typisch westfälisch kommt das Restaurant "Lindenbaum" daher. Richtig urig-charmant der "Herdfeuerraum" a. d. J. 1648 mit offenem Kamin und allerlei rustikaler Deko. Gekocht wird regional-saisonal und mit international-mediterranem Einfluss. Mittags kleineres Angebot. Im Sommer lockt die Richtung Werse gelegene Terrasse. Schöne Salons und tolles "Torhaus" für Feiern.

⇜ ⇞ 🛋 🕭 ⇄ 🅿 – Menü 33 € (Mittags), 40/93 € – Karte 47/65 €

Hof zur Linde, Handorfer Werseufer 1 ✉ 48157 – ✆ 0251 32750 –
www.hof-zur-linde.de

🏠 HOF ZUR LINDE

LANDHAUS · INDIVIDUELL Idyllisch liegt das hübsche Anwesen (entstanden aus einem historischen Bauernhof) an der Werse - schöne Gartenanlage mit Liegewiese und Zugang zum Fluss inklusive. Jedes Zimmer ist anders, beliebt sind Fischerhaus und Waldhaus direkt am Wasser. Gediegen die Lobby mit Kamin. Modern-rustikaler Treffpunkt für Bier- und Weinfreunde: "Das Otto" mit kleiner Speisekarte.

🍴 🐾 ⇞ 🕯 Ⅰ₅ 🗄 🛎 🅿 – 44 Zimmer – 8 Suiten

Handorfer Werseufer 1 ✉ 48157 – ✆ 0251 32750 – *www.hof-zur-linde.de*
ⅱ○ **Linnenboom** – Siehe Restaurantauswahl

In Münster-Roxel West: 6,5 km

✾ FERMENT

KREATIV · FREUNDLICH ✕✕ Dass man hier häufig ausgebucht ist, hat seinen Grund. Familie Ackermann betreibt ihr Haus mit Herzblut, entsprechend hat man sich einen richtig guten Mann an den Herd geholt: Laurin Kux, zuvor Küchenchef im Hamburger "Jellyfish". Für sein modernes und sehr durchdachtes Menü verarbeitet er ausgesuchte, möglichst regionale Produkte wie z. B. beim zarten Reh aus heimischer Jagd mit Pilzen, Sellerie und Pfefferblatt-Jus. Auch der Weinkeller verdient Beachtung: Die schöne Auswahl ist eine Leidenschaft des Patrons. Eine freundliche und versierte Beratung ist Ihnen ebenso gewiss. Das hübsche Gourmetrestaurant im "Wiesenzimmer" hat übrigens auch eine reizvolle Terrasse mit Gartenblick. Alternativ gibt es noch das "Restaurant Ackermann" - auch hier sprechen die zahlreichen Stammgäste für sich!

Spezialitäten: Wagyu aus Münster, Kohlrabi, Senf, Tagetes. Seezunge, Kaviar, Spinat, Seeigelschaum. Pfirsich, Sauerampfer, Zitronengras, Pistazie.

🕸 🛋 🅿 – Menü 99/129 €

Roxeler Straße 522 ✉ 48161 – ✆ 02534 1076 – *www.restaurant-ackermann.de* –
Geschlossen Montag, Dienstag, mittags: Mittwoch-Sonntag

MÜNSTERTAL

Baden-Württemberg – Regionalatlas **61**–D21 – Michelin Straßenkarte 545

In Obermünstertal

🍴 **SPIELWEG**

FRANZÖSISCH-KLASSISCH · GEMÜTLICH ✕✕ Richtig gemütlich hat man es bei Familie Fuchs in dem 1705 erstmals urkundlich erwähnten "Spielweg"-Stammhaus. In charmanten Stuben im Schwarzwälder Stil wird man sehr freundlich und aufmerksam umsorgt. Gekocht wird regional, klassisch, aber auch mit asiatischem Einfluss, immer ambitioniert und mit Geschmack. Zum Übernachten hat man individuell eingerichtete Zimmer.

🐝 *Engagement des Küchenchefs: "Ich fühle mich der Tradition meines Vaters verpflichtet und lege größten Wert auf Regionalität! Als „Naturparkwirtin" verarbeite ich eigene saisonale Kräuter, Essblumen, Pflücksalate und etwas Gemüse, habe eigene Obstbäume, eine eigene Käserei mit Naturreifekeller und liebe das Hinterwälder Rind!"*

🍴 🏠 **P** 🚗 – Menü 54/95€ – Karte 25/46€

Spielweg 61 ✉ *79244 – ☎ 07636 7090 – www.spielweg.com –*
Geschlossen 17.-31. Januar

MUGGENSTURM

Baden-Württemberg – Regionalatlas **54**–E18 – Michelin Straßenkarte 545

😊 **LAMM**

INTERNATIONAL · GASTHOF ✕✕ Modernes Ambiente, angenehm legere Atmosphäre und traditionelle Gasthof-Herzlichkeit gehen hier Hand in Hand. Die Karte macht mit einem interessanten Mix aus badisch-regionalen und internationalen Gerichten Appetit. Schön auch die Menüs, darunter ein veganes. Eine sehr gefragte Adresse – für die Wochenenden sollten Sie frühzeitig reservieren!

Spezialitäten: Papaya-Mango und Radieschensalat mit gebratenen Riesengarnelen. Cognac-Rahmgeschnetzeltes von Schwein und Rind, Champignons, Tomaten und Dinkelspätzle. Sorbetvariation mit Beeren.

🏠 – Menü 38/65€ – Karte 36/67€

Hauptstraße 24 ✉ *76461 – ☎ 07222 52005 – www.lamm-muggensturm.de –*
Geschlossen Dienstag, mittags: Mittwoch, mittags: Samstag

MULFINGEN

Baden-Württemberg – Regionalatlas **49**–I17 – Michelin Straßenkarte 545

In Mulfingen-Ailringen Nord-West: 7, 5 km über Ailringer Straße

🏠 **ALTES AMTSHAUS**

LANDHAUS · MODERN Richtig gut wohnen lässt es sich in dem hübschen kleinen Hotel von 1650: geschmackvolles Ambiente, moderne Technik, ausgewähltes Frühstück..., und all das umgeben von schönem altem Fachwerk. Unter den wohnlichen Zimmern finden sich auch geräumige Maisonetten.

 – 15 Zimmer – 3 Suiten

Kirchbergweg 3 ✉ *74673 – ☎ 07937 9700 – www.amtshaus-ailringen.de*

In Mulfingen-Heimhausen Süd: 4 km Richtung Buchenbach

😊 **JAGSTMÜHLE**

REGIONAL · LÄNDLICH ✕ Mit seinem gemütlich-eleganten Interieur passt das Restaurant wunderbar ins charmante Jagstmühlen-Bild. Die helle, warme Holztäfelung, ein Kachelofen, hübsche Stoffe - all das sorgt für Behagen. Gekocht wird regional und saisonal - probieren Sie doch mal das "Regio-Tapas-Menü"! Schön übernachten kann man ebenfalls.

Spezialitäten: Ziegenfrischkäse mit Thymianhonig und Pinienkernen gratiniert. Brust vom Mäusdorfer Landgockel mit Pfefferkrautsoße und Bubenspitzle. Herzkirschen im Sherry-Schokoladensud mit Holunderblüteneis.

🥢 🖢 🍴 ⟳ 🅿 – Menü 45/84 € – Karte 30/58 €

Jagstmühlenweg 10 ⊠ 74673 – ☎ 07938 90300 – www.jagstmuehle.de – Geschlossen 10.-20. Januar

MURNAU

Bayern – Regionalatlas **65**–L21 – Michelin Straßenkarte 546

🍴○ **MURNAUER REITER**

REGIONAL · CHIC XX Auch gastronomisch bleibt der "Alpenhof" nicht stehen - darf es vielleicht das chic-moderne "Panorama-Restaurant" sein? Schön sind auch die anderen Räume, und die ambitionierte Küche gibt es überall. Aus sehr guten Produkten entsteht z. B. "gebratener Zander mit Sauerkraut und Blutwurst-Kartoffelstrudel".

🕸 🥢 🍴 🖢 ⅙ 🔟 🚗 – Menü 48/128 € – Karte 26/80 €

Hotel Alpenhof Murnau, Ramsachstraße 8 ⊠ 82418 – ☎ 08841 4910 – www.alpenhof-murnau.com

🏚 **ALPENHOF MURNAU**

LUXUS · MONTAN Ein Luxus-Ferienhotel im Wandel: Hier wird stetig investiert und erneuert, der Servicegedanke bleibt! Neben geschmackvollen Zimmern (Tipp: die ganz modernen!) bietet man ein tolles Frühstück (auch für Langschläfer) und reichlich Wellness. Dazu viel Natur ringsum und schöne Sicht auf Wetterstein und Estergebirge.

🏝 🕸 🥢 🖢 ⌇ 🔟 ⊕ ⋔ ⅙ 🔟 ⅚ 🛋 🚗 – 100 Zimmer – 4 Suiten

Ramsachstraße 8 ⊠ 82418 – ☎ 08841 4910 – www.alpenhof-murnau.com

🍴○ **Murnauer Reiter** – Siehe Restaurantauswahl

NAGOLD

Baden-Württemberg – Regionalatlas **54**–F19 – Michelin Straßenkarte 545

🍴○ **OSTARIA DA GINO**

ITALIENISCH · FAMILIÄR X Eine richtig sympathische familiäre Adresse! Typisch italienisch die Speisen, ungezwungen und charmant der Atmosphäre! Man berät Sie gerne bei der Auswahl von der Tafel, ebenso in Sachen Wein. Tipp: der günstige Mittagstisch. Und darf es vielleicht noch etwas Leckeres für zuhause aus dem Feinkostladen sein?

🍴 ⟳ – Menü 14 € (Mittags), 55/85 € – Karte 36/65 €

Querstraße 3 ⊠ 72202 – ☎ 07452 66610 – www.dagino-nagold.de – Geschlossen Sonntag

NAUMBURG

Sachsen-Anhalt – Regionalatlas **41**–M12 – Michelin Straßenkarte 542

🍴○ **GASTHOF ZUFRIEDENHEIT**

ZEITGENÖSSISCH · DESIGN XX Man kann dieses Haus schon als Design-Gasthof bezeichnen, denn das Ambiente ist richtig chic und ganz modern. Aus der Küche kommen frische, schmackhafte Gerichte wie z. B. "karamellisierter Fond aus Fenchelpollen und Hummer mit Hummer-Ravioli" oder auch "Königsberger Klopse mit Roter Bete und Schnittlauch". Charmant der Service, passend die Weinempfehlungen.

🥢 🍴 🅿 – Menü 18 € (Mittags), 48/98 € – Karte 39/64 €

Steinweg 26 ⊠ 06618 – ☎ 03445 7912051 – www.gasthof-zufriedenheit.de – Geschlossen Montag

GASTHOF ZUFRIEDENHEIT

BOUTIQUE-HOTEL · GEMÜTLICH Der schöne Gasthof im Herzen Naumburgs, nur wenige Schritte vom Dom, trägt den Namen "Zufriedenheit" zu Recht: Hier wird Wohnkomfort groß geschrieben. Wertige moderne Einrichtung, ausgezeichneter Service, sehr gutes Frühstück und ein Restaurant, in dem es Spaß macht, zu essen... All das sorgt für Wohlfühl-Atmosphäre!

🍴 ⬚ 🅿 – 17 Zimmer – 2 Suiten

Steinweg 26 ✉ *06618 – ☎ 03445 7912051 – www.gasthof-zufriedenheit.de*

🍴○ **Gasthof Zufriedenheit** – Siehe Restaurantauswahl

NAURATH (WALD)

Rheinland-Pfalz – Regionalatlas **45**–B15 – Michelin Straßenkarte 543

🏵 **RÜSSEL'S LANDHAUS**

KREATIV · CHIC 🕸🕸 Schon bei der Anfahrt über die kleine Brücke spürt man das Landhausflair - gelungen hat man den Charakter der idyllischen alten Mühle bewahrt! Hier zeigt sich das Herzblut, das Ruth und Harald Rüssel in ihr Haus stecken, ebenso wie in der Küche. Das starke Team um den Patron und Küchenchef Enrico Back bietet ein Menü mit fünf bis sieben Gängen, das nicht zuletzt durch die Qualität der Produkte besticht - und die bezieht man am liebsten von lokalen Produzenten, Wild sogar aus eigener Jagd! Die klassische Basis der Küche scheint immer durch, wird aber elegant durch kreative Elemente ergänzt, ohne verspielt oder gekünstelt zu wirken. Lassen Sie sich bei der Weinbegleitung überraschen - gerne empfiehlt man schöne Moselweine. Auf der Terrasse sitzt man herrlich an einem kleinen See!

Spezialitäten: Confierter Bachsaibling, Blumenkohl, Salzzitrone, Kaviar, Flusskrebssud. Reh, Haferwurzel, Karotte, Steinpilze, Schlehenjus. Apfel, Muskatblüteneis, Kürbis, Trester.

🐷 ⇔ 🛋 🎍 ⅚ 🅿 – Menü 135/165 € – Karte 72/110 €

Hotel Rüssel's Landhaus, Büdlicherbrück 1 ✉ *54426 – ☎ 06509 91400 – www.ruessels-landhaus.de –*
Geschlossen 4.-13. Januar, Dienstag, Mittwoch, mittags: Donnerstag

🍴○ **RÜSSEL'S HASENPFEFFER**

REGIONAL · LÄNDLICH 🕸 Eine wirklich hübsche Alternative zum Rüssel'schen Gourmetrestaurant und beliebt bei den Gästen, denn hier kocht man schmackhaft und mit guten Produkten. Gerne bestellt man z. B. Wild und Geschmortes - ein Hasengericht findet sich übrigens auch immer auf der regional-saisonalen Karte.

⇔ 🎍 ⅚ – Menü 135/165 € – Karte 51/69 €

Hotel Rüssel's Landhaus, Büdlicherbrück 1 ✉ *54426 – ☎ 06509 91400 – www.ruessels-landhaus.de –*
Geschlossen 3.-13. Januar, mittags: Montag, Dienstag, Mittwoch, mittags: Donnerstag

 RÜSSEL'S LANDHAUS

LANDHAUS · INDIVIDUELL Der Name Rüssel steht nicht nur für richtig gute Küche. Individuelle und wohnliche Gästezimmer erwarten Sie hier ebenso wie freundliche Mitarbeiter. Auch der kleine See direkt neben dem Haus passt ins charmante Bild. Praktisch: Man kann problemlos parken.

🍴 🦢 🛋 🅿 – 11 Zimmer – 3 Suiten

Büdlicherbrück 1 ✉ *54426 – ☎ 06509 91400 – www.ruessels-landhaus.de*

🏵 **Rüssel's Landhaus** · 🍴○ **Rüssel's Hasenpfeffer** – Siehe Restaurantauswahl

NECKARGEMÜND

Baden-Württemberg – Regionalatlas **47**–F17 – Michelin Straßenkarte 545

⫯○ CHRISTIANS RESTAURANT

FRANZÖSISCH-KLASSISCH · ZEITGEMÄßES AMBIENTE ✗✗ Schöne Rundbogenfenster geben in dem hellen, geradlinigen Restaurant den Blick auf den Neckar frei - auch für Feierlichkeiten ein hübscher Rahmen. Aus der Küche kommt Klassisches mit mediterranem Einfluss, so z. B. "Iberico-Schweinekotelett, Gorgonzola, Rosmarinsoße, Wild-Brokkoli, Kürbisravioli". Mittags ist das Angebot etwas einfacher und reduzierter.

🌳 ⇔ 🍴 – Menü 62/95 € – Karte 37/65 €

Neckarstraße 40 ⊠ 69151 – ℰ 06223 9737323 – www.restaurant-christian.de –
Geschlossen Dienstag, Mittwoch, mittags: Montag und Donnerstag-Freitag

In Neckargemünd-Waldhilsbach Süd-West: 5 km über B 45 Richtung

Sinsheim

🏵 ZUM RÖSSEL

REGIONAL · LÄNDLICH ✗ Gut essen kann man in der einstigen Poststation von 1642. In dem hübschen traditionell gehaltenen Restaurant gibt es Klassiker wie "Zander mit Kartoffel-Gurkensalat" oder "Medaillons vom Schweinefilet mit frischen Pilzen". Dazu interessante Monatsempfehlungen. Tipp: Auf Vorbestellung Gourmetmenü im "Zimmerle".

Spezialitäten: Thunfischcarpaccio. Rumpsteak, Sauce Béarnaise. Dreierlei Sorbet.

🌳 ⇔ 🄿 🚗 – Menü 33/66 € – Karte 28/64 €

Heidelberger Straße 15 ⊠ 69151 – ℰ 06223 2665 – www.roessel-waldhilsbach.de –
Geschlossen Montag, Dienstag, mittags: Mittwoch

NENNDORF, BAD

Niedersachsen – Regionalatlas **18**-H8 – Michelin Straßenkarte 541

In Bad Nenndorf-Riepen Nord-West: 4, 5 km über die B 65 Richtung Minden

🏵 AUGUST

INTERNATIONAL · GEMÜTLICH ✗✗ Lange Familientradition und richtig gute Küche - dafür stehen die Gehrkes. Gekocht wird frisch, saisonal und mit internationalem Einfluss: "Hirschkeulenbraten mit Waldpilzsauce", "Entenbrust und Spitzkohl mit Chorizo und Rosinen", "Seehechtfilet auf Bandnudel-Wokgemüse"... Weinschrank mit toller Auswahl! Zum Übernachten hat das "Schmiedegasthaus Gehrke" schöne Zimmer.

Spezialitäten: Gebratene Pfifferlinge, Rosmarin, Lauchzwiebeln, Gnocchi, Chorizo. Iberico Secreto, Gemüse mit mediterranen Aromen, Brasseriekartoffeln. Zwetschgen-Crumble mit Walnusseis.

🕸 ⇦ 🌳 ⇔ 🄿 🚗 – Menü 28/36 € – Karte 36/54 €

Riepener Straße 21 ⊠ 31542 – ℰ 05725 94410 – www.schmiedegasthaus.de –
Geschlossen 24. Dezember-6. Januar, mittags: Montag-Freitag

NETTETAL

Nordrhein-Westfalen – Regionalatlas **25**-A11 – Michelin Straßenkarte 543

In Nettetal-Hinsbeck

🏵 SONNECK

BÜRGERLICHE KÜCHE · FAMILIÄR ✗✗ 150 Jahre Familientradition hat das freundlich-gemütliche Restaurant von Birgit und Ernst-Willi Franken. Aus der Küche kommt Schmackhaftes wie "Spinatsalat mit gerösteten Pinienkernen, Parmesanspänen und Wachtelspiegelei" oder "gebratene Seezungenfilets mit Safran-Meeresfrüchtesauce, Broccoli und Basmati-Reis". Schön die Terrasse im Garten - hier wachsen auch Kräuter.

Spezialitäten: Variation vom schottischen Lachs. Fasanenbrust im Speckmantel gebraten mit Ananaskraut und Kartoffelpüree. Apfelpfannküchlein mit Vanilleeis.

🌳 ⇔ 🄿 – Menü 32/55 € – Karte 38/59 €

Schloßstraße 61 ⊠ 41334 – ℰ 02153 4157 – www.restaurantsonneck.de –
Geschlossen Montag, Dienstag

NEUBEUERN

Bayern – Regionalatlas **66**–N21 – Michelin Straßenkarte 546

AUERS SCHLOSSWIRTSCHAFT

REGIONAL · GASTHOF 🍴 Seit über 30 Jahren ist man hier mit Engagement im Einsatz. In dem netten ländlich-schlichten Gasthaus kocht man schmackhaft, frisch und konzentriert sich ganz auf die sehr guten Zutaten, darunter viele Bio-Produkte. Wie wär's z. B. mit "Kalbsbrieskrusteln, Petersilienwurzelpüree, Rübchenmarmelade"? Oder lieber gebratene Forellenfilets? Schöne Terrasse mit Bäumen.

Spezialitäten: Entenlebermousse, marinierte Pastinaken, Preiselbeervinaigrette. Ziegenbrätlein, Oliven-Parmesankruste, Artischockenragout. Ahornsirup-Parfait, Portweinzwetschgen, Schokoladenerde.

🍀 *Engagement des Küchenchefs: "Ich nenne meine Küche „Heimische Gourmetküche"! Will heißen, beste Produkte aus direkter Umgebung geschmackvoll und mit Pfiff verarbeitet, Fische aus hiesiger Zucht, Biogemüse, Wild kommt vom Heuberg und aus dem Chiemgau, Biogetreide und Mehl aus einer nahen Mühle, eben gelebte Nachhaltigkeit!"*

🏠 🕸 🅿 🚫 – Karte 35/54 €

Rosenheimer Straße 8 ✉ 83115 – 𝓒 08035 2669 – www.auers-schlosswirtschaft.de – Geschlossen 24. August-9. September, Montag, Sonntag, mittags: Dienstag-Samstag

NEUBURG AM INN

Bayern – Regionalatlas **60**–P19 – Michelin Straßenkarte 546

HOFTAFERNE NEUBURG

REGIONAL · GEMÜTLICH 🍴🍴 In der schön gelegenen Hoftaferne von 1440 wird richtig gut gekocht, und zwar bayerisch-österreichisch. Auf der Karte finden sich Klassiker und gehobenere Gerichte - Lust auf Tafelspitzsülze, Wiener Schnitzel, Kaiserschmarrn & Co.? Drinnen charmant-historisches Flair, draußen lockt im Sommer der Biergarten! Im gleichnamigen Hotel gibt es hübsche Gästezimmer.

Spezialitäten: Pastinakenschaumsuppe, geröstetes Schwarzbrot, Trüffel. Gegrilltes Filet vom Bachsaibling, Kartoffel-Linsenragout, Weißweinschaum. Bayerisches Tiramisu, Himbeeren, Kaffeeeis.

🛏 🍴 🏠 🕸 🅿 – Menü 23 € (Mittags), 29/62 € – Karte 31/55 €

Am Burgberg 5 ✉ 94127 – 𝓒 08507 923120 – www.hoftaferne-neuburg.de – Geschlossen 15. Februar-9. März, 1.-17. August, 1.-9. November, 24.-26. Dezember, Montag, Dienstag, abends: Sonntag

NEUBURG AN DER DONAU

Bayern – Regionalatlas **57**–L18 – Michelin Straßenkarte 546

In Neuburg-Bergen Nord-West: 8 km über Ried, im Igstetter Wald links

GASTSTUBE ZUM KLOSTERBRÄU

BAYRISCH · LÄNDLICH 🍴 So stellt man sich eine historische bayerische Gaststube vor: Holzbalken an der Decke, Dielenboden, Kachelofen - rustikal, wohnlich und herrlich gemütlich, oder wie man hier sagt: "zünftig"! Und draußen lockt eine wunderbare Terrasse. Gekocht wird regional, aber auch klassisch-international, dazu gibt es schöne Weine.

Spezialitäten: Tatar vom Bachsaibling mit Sauerrahm und Feldsalat. Ragout vom Usseltaler Rehbock mit Marillen, Kohlrabigemüse und Spinatknödel. Gratinierte Birne mit Vanilleeiscrème.

🛏 🍴 🏠 🅿 – Menü 35/65 € – Karte 35/75 €

Hotel Zum Klosterbräu, Kirchplatz 1 ✉ 86633 – 𝓒 08431 67750 – www.zum-klosterbraeu.de – Geschlossen 8.-21. Februar, 20.-29. Dezember, mittags: Montag

🏨 ZUM KLOSTERBRÄU

GASTHOF · GEMÜTLICH Familientradition seit 1744! Hübsch die Zimmer mit wertigem Vollholz und warmen Farben, toll das Kreuzgewölbe in Lobby und Malztenne (hier gibt es Frühstück), ein Traum der Klostergarten samt Outdoor-Pool. Chic: modern-rustikales Badehaus im historischen Zehntstadel.

🍴 🐾 🛌 🎿 🛋 ⊡ ♨ 🅿 – 22 Zimmer – 2 Suiten

Kirchplatz 1 ⊠ 86633 – ℰ 08431 67750 – www.zum-klosterbraeu.de

🏮 **Gaststube Zum Klosterbräu** – Siehe Restaurantauswahl

NEUENAHR-AHRWEILER, BAD

Rheinland-Pfalz – Regionalatlas **36**–C13 – Michelin Straßenkarte 543

Im Stadtteil Heppingen Ost: 4 km

✿✿ STEINHEUERS RESTAURANT ZUR ALTEN POST

FRANZÖSISCH-KLASSISCH · ELEGANT XxX Klares Anliegen von Familie Steinheuer: Alle sollen sich wohlfühlen! Kein Wunder, dass sich bei den engagierten Gastgebern seit vielen Jahren die (Stamm-) Gäste die Klinke in die Hand geben. Da ist zum einen das schöne hochwertig-elegante Interieur, zum anderen die Küche von Patron Hans Stefan Steinheuer und Schwiegersohn Christian Binder. Sie ist klassisch und hat Bezug zur Region, zeigt aber auch dezente internationale Einflüsse. Finesse, Harmonie und geschmackliche Tiefe gibt es als großes oder kleines Menü. Mit Gabriele Steinheuer und Tochter Désirée - ihres Zeichens Sommelière - leiten die Damen der Familie charmant und kompetent den Service. Gut zu wissen: Die junge Generation setzt die lange Tradition des Hauses auf professionelle und persönliche Art und Weise fort!

Spezialitäten: Kaisergranat mit Karotte, Kürbis und Kaffir-Limetten-Sud. Rehrücken mit Pfifferlingen und junger Bete. Weinbergpfirsich mit Mandeln, Sauerklee und Moscatosorbet.

🍸 🐾 🅰🅲 🅿 – Menü 140/180 € – Karte 117/135 €

Landskroner Straße 110 (Eingang Konsumgasse) ⊠ 53474 – ℰ 02641 94860 – www.steinheuers.de – Geschlossen 1.-14. Januar, 5. Juli-5. August, Dienstag-Mittwoch, mittags: Montag, Donnerstag-Samstag

🍴 STEINHEUERS LANDGASTHOF POSTSTUBEN

REGIONAL · ZEITGEMÄßES AMBIENTE XX Dies ist nicht "Steinheuer light", sondern ein ganz eigenständiges Restaurant, in dem ambitioniert gekocht wird. Die Küche ist regional-klassisch und hat saisonale Einflüsse, so z. B. "Rheinische Bohnensuppe" oder "Rehmedaillons mit Steinpilzen". Wer übernachten möchte, wählt die Doppelzimmer im Haupthaus oder das komfortable Gästehaus.

🐾 🍴 🅰🅲 🅿 – Menü 49/69 € – Karte 49/64 €

Landskroner Straße 110 ⊠ 53474 – ℰ 02641 94860 – www.steinheuers.de – Geschlossen 1.-14. Januar, Dienstag, Mittwoch

Im Stadtteil Walporzheim Süd-West: 4 km

✿ HISTORISCHES GASTHAUS SANCT PETER RESTAURANT BROGSITTER

MODERNE KÜCHE · ELEGANT XxX Schon im 13. Jh. war das Historische Gasthaus Sanct Peter als Hof- und Weingut des Kölner Domstifts für seinen Wein bekannt. Daran hat sich bis heute nichts geändert, denn das charaktervolle Anwesen wird von Familie Brogsitter mit der Erfahrung langer Winzertradition geführt. Die tolle Auswahl mit über 100 offen ausgeschenkten Weinen passt wunderbar zur Küche von Tobias Rocholl, zuvor Küchenchef im Restaurant "Heldmann" in Remscheid. Seine modernen Gerichte wie z. B. der bretonische Steinbutt mit Pak Choi, Parmesan, Dill und Sauce von gerösteten Pinienkernen bleiben nicht zuletzt dank erstklassiger Produktqualität in Erinnerung. Umsorgt wird man freundlich und geschult, und das in einem eleganten Ambiente, bei dessen Gestaltung man wirklich Geschmack bewiesen hat.

Spezialitäten: Hummer, Avocado, Wassermelone, Bisque. Reh, Sellerie, Pilze, Fichtenjus. Beeren, Hafer, Blütenhonig.

⅋ ⇦ & 🅿 – Menü 69 € (Mittags), 135/165 € – Karte 99/119 €

Walporzheimer Straße 134 ⊠ 53474 – ℰ 02641 97750 – www.sanct-peter.de –
Geschlossen 1.-18. Februar, Montag, Dienstag, mittags: Mittwoch-Freitag

⅋○ **Historisches Gasthaus Sanct Peter Restaurant Weinkirche** – Siehe Restaurantauswahl

⅋○ HISTORISCHES GASTHAUS SANCT PETER RESTAURANT WEINKIRCHE

INTERNATIONAL · LÄNDLICH XX Ein stilvolles Restaurant mit Galerie, dessen Historie bis ins 13. Jh. zurückgeht. Sehr schön speist man auch im schmucken Innenhof oder in der leger-modernen Raucherlounge mit Bar. Alternative: die Kaminstube mit Vesperangebot.

🍽 & 🔲 ⇦ 🅿 – Menü 39/69 € – Karte 47/83 €

Historisches Gasthaus Sanct Peter Restaurant Brogsitter, Walporzheimer Straße 134 ⊠ 53474 – ℰ 02641 97750 – www.sanct-peter.de

🏚 SANCT PETER

PRIVATHAUS · KLASSISCH Hier wohnt man klassisch-elegant im schmucken Romantik-Hotel oder geradlinig-zeitlos in den großzügigen Zimmern des modernen Landhotels. Zum schönen Ambiente kommen aufmerksamer Service, ein sehr gutes Frühstück und ein Traum von Garten!

⅊ ⇦ 🐾 🔲 🅿 – 23 Zimmer

Walporzheimer Straße 118 ⊠ 53474 – ℰ 02641 905030 – www.hotel-sanctpeter.de

NEUENDORF BEI WILSTER

Schleswig-Holstein – Regionalatlas **9**-H4 – Michelin Straßenkarte 541

In Neuendorf-Sachsenbande Süd-Ost: 2 km

😊 ZUM DÜCKERSTIEG

REGIONAL · LÄNDLICH XX Ein hübsches, gemütliches Restaurant mit ländlichem Flair, in dem saisonal und regional gekocht wird. Klassiker wie "gebratene Scholle in Speckbutter" schmecken ebenso gut wie "krosser Spanferkelrücken mit Estragonsoße, Rahmsteckrüben und Pilzen". Der traditionsreiche Familienbetrieb hat auch schöne wohnliche Gästezimmer für Sie.

Spezialitäten: Rindercarpaccio mit Sherryessig und geschmorter Haxenpraline. Wildragout mit Pilzen, Rotkohl und Spätzle. Apfel-Birne-Cranberry-Mandelcrumble mit Quarkeis.

⇦ 🍽 ⇦ 🅿 – Karte 31/49 €

Dückerstieg 7 ⊠ 25554 – ℰ 04823 92929 – www.dueckerstieg.de –
Geschlossen 1.-6. Januar, 27.-31. Dezember, Montag, Dienstag, mittags: Mittwoch-Donnerstag

NEUHARDENBERG

Brandenburg – Regionalatlas **23**-R8 – Michelin Straßenkarte 542

🏚 SCHLOSS NEUHARDENBERG

HISTORISCHES GEBÄUDE · MODERN Inmitten eines wunderbaren Parks wohnen Sie hier in einem Schloss a. d. 18. Jh. Die Zimmer sind modern-elegant, darunter Galerie-Zimmer auf zwei Ebenen - darf es vielleicht ein Sternenzimmer mit Glasdach sein? Die "Brennerei" ist ein sympathisch-rustikales Restaurant mit typischer Landgasthaus-Küche.

🌿 ⇦ 🐾 🔲 & ♨ 🅿 – 54 Zimmer – 2 Suiten

Schinkelplatz ⊠ 15320 – ℰ 033476 6000 – www.schlossneuhardenberg.de

NEUHAUSEN (ENZKREIS)

Baden-Württemberg – Regionalatlas **54**-F18 – Michelin Straßenkarte 545

In Neuhausen-Hamberg

⿸ ALTE BAIZ

MODERNE KÜCHE · CHIC ⓍⓍ Sie kennen bereits die gute Küche des Restaurants "Grüner Wald"? Dann dürfte Sie auch die gastronomische Gourmet-Variante hier im Haus interessieren. In dem gemütlich-schicken Restaurant gibt der in der Region wohlbekannte Küchenchef Claudio Urru modern-kreative Speisen zum Besten. Nachdem er schon in den Stuttgarter Restaurants "top air" und "5" Sterneküche bot, knüpft er nun in der "Alten Baiz" an dieses Niveau an und bringt neben handwerklichem Können auch noch seinen Ideenreichtum auf den Teller. Dazu empfiehlt man vorzugsweise deutsche Weine, gerne auch als passende Weinbegleitung.

Spezialitäten: Jakobsmuschel, Sellerie, Granny Smith, Lardo. Entrecôte vom Luma Beef, Aubergine, Miso, Wasabiöl. Weiße Kuvertüre, karamellisierte Kuvertüre, Zwetschgen, Hafermilch, Baguette.

🅿 – Menü 104/134 €

Grüner Wald, Hauptstraße 2 ✉ 75242 – ☏ 07234 9473899 – www.gruenerwald.de – Geschlossen 1.-31. Januar, 1.-31. August, Montag-Mittwoch, Sonntag

⊛ GRÜNER WALD

REGIONAL · RUSTIKAL ⓍⓍ Gelungen hat man hier hochwertiges geradliniges Interieur mit landlichem Charme verbunden. Auf schöne massive Holztische kommen schmackhafte regionale Klassiker wie z. B. "Rostbraten von der Färse mit handgeschabten Spätzle". Als etwas rustikalere Alternative gibt es das "Braustüble". Biere aus der eigenen Brauerei.

Spezialitäten: Erbsenschaumsuppe mit gepökelten Schweinebäckle. Gebratene Kalbsnieren mit Balsamicosauce und Kartoffelpüree. Waffel mit Erdbeer-Kompott, Vanille-Malzeis.

🍴 ✿ – Karte 37/60 €

Hauptstraße 2 ✉ 75242 – ☏ 07234 9473899 – www.gruenerwald.de – Geschlossen Montag

⿸ **Alte Baiz** – Siehe Restaurantauswahl

NEUHÜTTEN

Rheinland-Pfalz – Regionalatlas **45**-C16 – Michelin Straßenkarte 543

⿸ LE TEMPLE

Chef: Christiane Detemple-Schäfer

FRANZÖSISCH-MODERN · CHIC ⓍⓍ Seit 1992 sind die freundlichen Gastgeber Christiane Detemple-Schäfer und Oliver Schäfer hier mit beachtlichem Engagement im Einsatz und haben ihren "Tempel" zu einer festen gastronomischen Größe gemacht – nicht nur im kleinen Neuhütten, auch unter den rheinlandpfälzischen Sterne-Restaurants. Filigran, aufwändig und ausgesprochen präzise - so ist die kreative klassische Küche, die ganz klar Know-how, top Handwerk und ein Gefühl für moderne, harmonische Kompositionen beweist. Von Geschmack zeugt auch das Interieur, im geradlinig-eleganten Restaurant ebenso wie in der kleinen Cigar-Lounge nebenan. Und wer umgeben von der schönen Landschaft des Hunsrücks übernachten möchte, kann dies in wohnlichen, mit mediterraner Note eingerichteten Gästezimmern - ein leckeres Frühstück gibt's ebenfalls!

Spezialitäten: Carabinero, Pulpo, Citrus, Tomate in Texturen. Rehrücken, Buchenpilze, Lorbeerjus, Spitzkohl, Sellerie, Holunder. Komposition von Schwarze Johannisbeere, Schokolade und Mascarpone.

⬅ 🍴 🅿 – Menü 125/160 €

Saarstraße 2 ✉ 54422 – ☏ 06503 7669 – www.le-temple.de – Geschlossen 12. Juli-5. August, Mittwoch, mittags: Montag-Dienstag und Donnerstag-Samstag

⊛ **Bistro** – Siehe Restaurantauswahl

BISTRO

REGIONAL · BISTRO ☒ Das Bistro im Hause Detemple-Schäfer hat ein bisschen was von einer modernen Dorfwirtschaft, in der man richtig gut und zu fairen Preisen essen kann. Probieren Sie z. B. "Vitello Tonnato mit Rucola und Parmesan", "Kartoffelsuppe mit Garnelen" oder hochwertige Steaks vom "Ibérico Secreto Bellota".

Spezialitäten: Steinpilzravioli in Parmesansauce mit Heidelbeeren. Lammrücken mit Kräuterkruste auf Ratatouille und Rosmarinkartoffeln. Tonkabohnen Crème brûlée mit Pistazieneis und marinierten Erdbeeren.

🌤 🅿 – Menü 35/45 € – Karte 27/73 €

Le temple, Saarstraße 2 ☒ 54422 –
☏ 06503 7669 – www.le-temple.de –
Geschlossen 12. Juli-5. August, Mittwoch, mittags: Montag-Dienstag und
Donnerstag-Samstag

NEU-ISENBURG
Hessen – Regionalatlas **47**–F15 – Michelin Straßenkarte 543

In Neu-Isenburg-Gravenbruch Süd-Ost: 11 km

 KEMPINSKI HOTEL FRANKFURT GRAVENBRUCH

LUXUS · KLASSISCH Hier genießt man die Lage außerhalb im Grünen ebenso wie das geschmackvolle Interieur von der Lobby über die Smokers Lounge und den Spa bis in die Zimmer und Suiten. Schön: ab Mai Wasserlichtspiele auf dem kleinen See. Restaurant "Levante" mit libanesischer Küche. Internationales im "EssTisch", Regionales in der "Torschänke". Dazu das asiatische Steakhaus "NIU".

🍴 🛏 ⌦ 🖥 ☼ ⋔ ⊟ ⅙ ⚙ ⚒ 🅿 – 225 Zimmer – 26 Suiten

Graf zu Ysenburg und Büdingen-Platz 1 ☒ 63263 – ☏ 069 389880 –
www.kempinski.com/gravenbruch

NEUKIRCHEN-VLUYN
Nordrhein-Westfalen – Regionalatlas **25**–B11 – Michelin Straßenkarte 543

Im Stadtteil Vluyn

 LITTLE JOHN'S

MARKTKÜCHE · GEMÜTLICH ☒ In einem hübschen Wohnhaus von 1905 ist ein freundliches Restaurant im skandinavischen Stil entstanden, in dem es lebendig und gleichzeitig fast intim zugeht. Appetit macht schon die offene Küche im Eingangsbereich - hier kocht man bodenständig und zugleich modern, gerne mit regionalen und saisonalen Produkten. Mittags-Tipp: "Mini-Set-Lunch". Hinweis: nur Barzahlung!

Spezialitäten: Erdnussthunfisch, Belugalinsen, Marzipan-Wasabimayonnaise, Yuzu. Rheinischer Sauerbraten, Rotkohl, Apfelkompott, Kartoffelklöße. Zwetschgenröster, Pistazieneis, Schokoladenküchlein.

🌤 🥡 – Menü 37/56 € – Karte 29/54 €

Niederrheinallee 310 ☒ 47506 –
☏ 02845 7908210 – www.little-johns.de –
Geschlossen 6.-14. April, 10.-28. Juli, 9.-20. Oktober, 27.-30. Dezember, Montag,
Sonntag, abends: Dienstag-Mittwoch, mittags: Samstag

NEULEININGEN
Rheinland-Pfalz – Regionalatlas **47**–E16

☼ ALTE PFARREY

Chef: Silvio Lange

FRANZÖSISCH-MODERN · ELEGANT XX Wirklich reizend, wie sich das hübsche Anwesen des jahrhundertealten Pfarrhauses in das malerische Ortsbild einfügt. Hierher hat es Sternekoch Silvio Lange und seine Frau Bettina zurück verschlagen - Jahre zuvor leitete er nämlich schon einmal die "Pfarrey"-Küche. Was man bei den sympathischen Gastgebern geboten bekommt, ist kreativ, saisonal und besteht aus top Produkten. Zwei Menüs stehen zur Wahl. Möchten Sie in schönem klassisch-historischem Ambiente speisen oder lieber im lichten modern-eleganten Wintergarten an tollen schweren Holztischen mit Blick auf das alte Gemäuer? Draußen lockt zudem der herrliche Innenhof - und zum Übernachten laden so geschmackvolle wie individuelle Zimmer ein!

Spezialitäten: Tomate, Büffelmozzarella, Olive. Kalbsfilet, Spitzkohl, Ducca. Himbeere, Schokolade, Pistazie.

🛏 🎄 ✿ – Menü 80/120 €

Hotel Alte Pfarrey, Untergasse 54 ⊠ 67271 – ☎ 06359 86066 – www.altepfarrey.de – Geschlossen 21.-30. Juni, Montag, mittags: Dienstag-Donnerstag, abends: Sonntag

⫶○ H'MANNS

KLASSISCHE KÜCHE · LÄNDLICH XX Dieses wirklich charmante Haus der Hegmanns wird Sie begeistern! Aus der Küche kommen nur beste Produkte, und die werden mit Geschmack und Sorgfalt zubereitet. Probieren Sie z. B. "bretonischen Seeteufel mit Risotto und Kräuterseitlingen" oder "Lammravioli mit Schafskäse und Tomaten". An bestimmten Tagen gibt es auch spezielle Angebote wie Tapas oder Bratwurst.

⅋ 🎄 🅿 – Menü 59/85 € – Karte 48/73 €

Am Goldberg 2 ⊠ 67271 – ☎ 06359 5341 – www.hmanns.de – Geschlossen 1.-12. Januar, Montag-Dienstag, nur Abendessen

🏠 ALTE PFARREY

HISTORISCH · INDIVIDUELL Ein wirklich schönes Bild! Das schmucke Häuserensemble a. d. 16. Jh. birgt hübsche individuelle Zimmer mit historischem Charme - oder darf es vielleicht eine der beiden modernen Maisonetten mit Terrasse und Ausblick sein? Parken können Sie bei der Ortseinfahrt oder auf dem öffentlichen Parkplatz ca. 300 m vom Haus entfernt.

🐾 – 11 Zimmer

Untergasse 54 ⊠ 67271 – ☎ 06359 86066 – www.altepfarrey.de

☼ **Alte Pfarrey** – Siehe Restaurantauswahl

NEUMÜNSTER

Schleswig-Holstein – Regionalatlas **10**-I4 – Michelin Straßenkarte 541

⫶○ AM KAMIN

KLASSISCHE KÜCHE · ELEGANT XX Hier wird klassisch-saisonal gekocht, so z. B. "Mignon vom Kalbsfilet mit Mandelbutterkruste" oder "Skreifilet, Petersilienpüree, Beluga-Linsen". Zudem hat man es richtig gemütlich, vor allem an kalten Winterabenden am Kamin! Mittags interessantes Lunchmenü.

✿ – Menü 27 € (Mittags), 44/75 € – Karte 60/73 €

Propstenstraße 13 ⊠ 24534 – ☎ 04321 42853 – www.am-kamin.info – Geschlossen Montag, Sonntag

🏵🏵🏵, 🏵🏵, 🏵, 🉐 & ⫶○

NEUNBURG VORM WALD
Bayern – Regionalatlas **51**–N17 – Michelin Straßenkarte 546

In Neunburg-Hofenstetten West: 9 km Richtung Schwarzenfeld, in Fuhrn links

🌼🌼 OBENDORFER'S EISVOGEL

Chef: Hubert Oberndorfer

KREATIV · CHIC XXX Hubert Obendorfer verfolgt eine moderne Linie. Tolle Produkte werden dabei perfekt in Szene gesetzt, gelegentlich mit mediterranem Einschlag. Es gibt ein Menü, aus dem man fünf bis neun Gänge auswählen kann - der ein oder andere Extra-Gang kommt noch hinzu! Die Gerichte sind gut ausbalanciert und elegant, ein Gedicht ist z. B. das Label-Rouge-Lamm, das Ihnen mit Sicherheit in Erinnerung bleiben wird! Der Service ist charmant, geschult und überaus aufmerksam - auch der Patron selbst, Gastgeber mit Leib und Seele, hilft gelegentlich mit! Ein Hingucker in dem schicken Abendrestaurant ist der ellipsenförmige Weinschrank mitten im Raum. Und Dank der freien Lage auf einer Kuppe genießt man durch die großen Fenster den Blick auf die Oberpfälzer Hügellandschaft - grandiose Sonnenuntergänge inklusive!

Spezialitäten: Lachs gebeizt, Chicorée, Dill, Arganöl, Fenchelcrumble. Taube, Purple Curry, Pfifferlinge, Jackfruit, Kohlrabi, Macadamia. Aprikose, Sauerampfer, Gurke.

🐜 🛏 ⪦ ⪜ 🅿 🚗 – Menü 142/190 €

Landhotel Birkenhof, Hofenstetten 43 ✉ 92431 – ☎ 09439 9500 –
www.landhotel-birkenhof.de – Geschlossen Montag, Sonntag,
mittags: Dienstag-Samstag

ⅱ○ TURMSTUBE

REGIONAL · ELEGANT XX Freundlich und elegant hat man es hier, während man sich regionale und internationale Küche aus guten Produkten servieren lässt. Da machen "Rahmpfifferlinge mit Serviettenknödeln" ebenso Appetit wie "gebratener Adlerfisch mit Zucchini-Shrimpsragout und Parmesanrisotto". Tipp: Genießen Sie die Aussicht von der Terrasse.

🛏 ⪜ 🍴 🎎 ⪜ 🅿 🚗 – Menü 34/47 € – Karte 47/66 €

Landhotel Birkenhof, Hofenstetten 55 ✉ 92431 – ☎ 09439 9500 –
www.der-birkenhof.de

🏨 DER BIRKENHOF

SPA UND WELLNESS · GEMÜTLICH Seit über 30 Jahren betreut Familie Obendorfer hier mit Engagement ihre Gäste. Schön die Lage im Grünen, die wohnlich-eleganten Zimmer und großzügigen modernen Suiten sowie der Spa, der keine Wünsche offen lässt! Whisky-Liebhaber ziehen in die Hotelbar, Kochwillige ins "Genuss Atelier"!

🎯 🐜 ⪜ 🍴 🎎 🔲 ⦿ 🌀 ♨ 🅿 🚗 – 83 Zimmer – 24 Suiten

Hofenstetten 55 ✉ 92431 – ☎ 09439 9500 –www.der-birkenhof.de

🌼🌼 **Obendorfer's Eisvogel** • ⅱ○ **Turmstube** – Siehe Restaurantauswahl

NEUPOTZ
Rheinland-Pfalz – Regionalatlas **54**–E17 – Michelin Straßenkarte 543

🌼 ZUR KRONE

Chef: Faycal Bettioui

MARKTKÜCHE · FREUNDLICH XX Von Miami nach Neupotz. Im Oktober 2015 haben Kerstin und Faycal Bettioui nach vielen Jahren Gastronomie-Erfahrung in den USA hier im beschaulichen pfälzischen Neupotz (übrigens die Heimat der Gastgeberin) die traditionelle "Krone" übernommen und sie zu einer gemütlich-zeitgemäßen Adresse gemacht. Und dass die so gut ankommt, verwundert nicht, denn neben dem stets präsenten, freundlichen und geschulten Service überzeugt vor allem die modern angehauchte, geradlinige Küche von Faycal Bettioui, die es z. B. als sehr gute "Tristan-Languste mit Aprikose und Krustentierbisque" gibt. Der gebürtige Marokkaner konzentriert sich auf wenige Komponenten und deren Harmonie auf dem Teller. Tipp: Parken können Sie neben dem Haus oder auf der Hauptstraße.

Spezialitäten: Taschenkrebs, geräucherter Stör, Kaviar, Vin Jaune. Taube, Kürbis, Blaubeere, Taubenjus. Apfel, Yuzu, weiße Schokolade.

🏡 ⅃ 🅿 – Menü 110/120 €

Hauptstraße 25 ✉ 76777 – ☎ 07272 9337845 –
www.zurkroneneupotz.de –
Geschlossen Montag, Dienstag, mittags: Mittwoch-Sonntag

GEHRLEIN'S HARDTWALD

REGIONAL · LÄNDLICH XX Es liegt etwas versteckt, das Restaurant der Familie Gehrlein. Drinnen ist es schön gemütlich, im Garten die hübsche Terrasse. Hier wie dort gibt es Schmackhaftes wie die Spezialität Zander. Fisch kommt übrigens aus der eigenen Fischerei am Rhein. Tipp: richtig wohnliche Zimmer im Gästehaus vis-à-vis.

Spezialitäten: Tatar vom Hecht mit Essiggemüse. Geschmorte Rehschulter mit Gnocchi und Preiselbeeren. Pochierter Pfirsich mit weißer Schokolade und Biskuit.

🡸 🏡 ✿ 🅿 – Menü 29 € (Mittags), 39/78 € – Karte 32/53 €

Sandhohl 14 ✉ 76777 – ☎ 07272 2440 –
www.gehrlein-hardtwald.de –
Geschlossen 10.-22. Oktober, 27.-31. Dezember, Mittwoch, Donnerstag

ZUM LAMM

KLASSISCHE KÜCHE · LÄNDLICH X Ein Gasthof im besten Sinne! Ulrike und Manfred Kreger sind herzliche Gastgeber und führen ihr stets gut besuchtes Lokal mit großem Engagement. Aus der Küche des Patrons kommen regionale Gerichte wie „gebackener Zander mit Kartoffelsalat". Oder lieber „Entenbrust mit Sesam-Honigkruste"? Eine Sünde wert sind auch die Desserts! Zum Übernachten hat man gepflegte Zimmer.

Spezialitäten: Gänseleber, karamellisierte Salzdampfnudel, Zwetschgen. Zanderfilet mit Blutwurstkruste, zweierlei Kürbis und Kartoffeln. Tiramisu vom Boskop mit Salzkaramell-Eis.

🡸 🏡 ✿ 🅿 – Karte 31/58 €

Hauptstraße 7 ✉ 76777 – ☎ 07272 2809 –
www.gasthof-lamm-neupotz.de –
Geschlossen 3.-21. August, 23. Dezember-5. Januar, Dienstag, mittags: Montag und Freitag, abends: Sonntag

NEUSS

Nordrhein-Westfalen – Regionalatlas **35**–B11 – Michelin Straßenkarte 543

HERZOG VON BURGUND

MARKTKÜCHE · ELEGANT XX Außen schöne Villa, innen gemütliches klassisch-elegantes Ambiente. Der Service freundlich-versiert, die Küche saisonal - ein Klassiker ist das Wiener Schnitzel. Zusätzliches Mittagsmenü. Die Terrasse ist eine grüne Oase inmitten der Stadt!

🏡 ✿ – Menü 25 € (Mittags), 49/59 € – Karte 42/58 €

Erftstraße 88 ✉ 41460 – ☎ 02131 23552 –
www.herzogvonburgund.de –
Geschlossen 1.-10. Januar, Montag, Sonntag, mittags: Samstag

SPITZWEG

MARKTKÜCHE · BISTRO X Chic der geradlinig-moderne Look samt markantem Rot und dekorativen Bildern an den Wänden. Draußen an der Straße die lebendige Terrasse. Auf der Karte finden sich saisonale, regionale und internationale Gerichte.

🏡 ✿ – Menü 32/55 € – Karte 38/60 €

Glockhammer 43a ✉ 41460 – ☎ 02131 6639660 –
www.restaurant-spitzweg.de –
Geschlossen Sonntag, mittags: Montag-Samstag

NEUSTADT AN DER WEINSTRASSE

Rheinland-Pfalz – Regionalatlas **47**–E17 – Michelin Straßenkarte 543

🌿 URGESTEIN IM STEINHÄUSER HOF

Chef: Hedi Rink

MODERNE KÜCHE · ROMANTISCH XX Wirklich charmant, wie sich das Ensemble reizender historischer Fachwerkhäuser samt tollem Innenhof in das Altstadtbild einfügt. Es ist der älteste pfälzische Bürgerhof mit Ursprung im 13. Jh. Hier im ehemaligen Marstall mit wunderschöner Kreuzgewölbedecke aus Backstein und modernem Interieur (reizvoll der Kontrast!) bieten Patron Hanno und Küchenchefin Hedi Rink kreative Sterneküche. Exzellente Produkte, Mut zur Würze und eine eigene Idee stecken schon in den diversen "Amuses Bouches" vorab, gefolgt von aufwändig zubereiteten Gerichten. In den Menüs finden sich z. B. "Hummer, Tomate, Vanille" oder auch "Eisbein mit Sauerkraut". Die über 300 Weine - Klassiker, aber auch junge Winzer - gibt es übrigens auch in der Weinbar. Und zum Übernachten hat man hübsche Gästezimmer.

Spezialitäten: Wolfsbarsch, Hirse, Fenchel, Granny Smith. Seezunge, Pak Choi, Trüffel. Nektarine, Mandel, Kaffirlimette.

⇔ 🏡 ✿ – Menü 100/200 €

Rathausstraße 6A ✉ *67433* – ✆ *06321 489060* – *www.restaurant-urgestein.de* – *Geschlossen 17. Januar-1. Februar, Montag, Sonntag, mittags: Dienstag-Samstag*

🍽️ DAS ESSZIMMER

MEDITERRAN · INTIM X Richtig nett hat man es in dem Gasthaus in der Altstadt: hübsch das freundliche, geradlinig-moderne Ambiente, angenehm intim die Atmosphäre. Aus der offenen Küche kommen italienisch-mediterrane Gerichte wie "knuspriger Oktopus mit Kartoffelcreme und Bottarga". Schön sitzt man auch auf der Terrasse!

🏡 🚭 – Menü 26 € (Mittags), 36/62 € – Karte 44/62 €

Hintergasse 38 ✉ *67433* – ✆ *06321 354996* – *www.esszimmer-neustadt.de* – *Geschlossen Montag, Sonntag, mittags: Dienstag*

In Neustadt-Haardt Nord: 2 km

🍽️ SPINNE

REGIONAL · FREUNDLICH X In dem geradlinig gehaltenen Restaurant am Waldrand wird mit regional-saisonalem Bezug gekocht, dabei setzt man auf gute Produkte. Darf es vielleicht das Überraschungsmenü sein? Schön sitzt man auch auf der Terrasse. Sie möchten übernachten? Man hat freundliche, moderne Gästezimmer.

⇔ 🛏️ 🏡 🅿️ – Menü 45/60 € – Karte 34/63 €

Eichkehle 58 ✉ *67433* – ✆ *06321 9597799* – *www.restaurant-spinne.com* – *Geschlossen 1. Januar-11. Februar, 19.-29. Juli, 1.-10. November, Montag-Dienstag, mittags: Mittwoch-Samstag*

NEU-ULM

Bayern – Regionalatlas **56**–I19 – Michelin Straßenkarte 546

🍽️ STEPHANS-STUBEN

KLASSISCHE KÜCHE · CHIC XX Seit 1995 stehen Franziska und Siegfried Pfnür für ambitionierte Gastronomie. Auch über die Stadtgrenzen von Neu-Ulm hinaus sind sie bekannt für ihre saisonal, regional und mediterran beeinflusste Küche, z. B. als "Rinderfilet, rote Zwiebel, Pfifferlinge, Parmesan-Ravioli". Dazu gute Weine, freundliches Ambiente mit modern-mediterraner Note sowie charmanter Service.

Menü 32 € (Mittags), 54/115 € – Karte 31/73 €

Bahnhofstraße 65 ✉ *89231* – ✆ *0731 723872* – *www.stephans-stuben.de* – *Geschlossen 20.-30. Januar, 2.-15. August, Montag, Dienstag, mittags: Samstag, abends: Sonntag*

NEUWIED

Rheinland-Pfalz – Regionalatlas **36**–D14 – Michelin Straßenkarte 543

⫶○ BRASSERIE NODHAUSEN

MARKTKÜCHE · ELEGANT XX In der Brasserie des schmucken historischen Anwesens gibt es international, regional und saisonal geprägte Küche - auf der Karte z. B. "Kabeljau mit Blattspinat und Orangengnocchi". Oder darf es vielleicht ein Steak sein? Ansprechend auch das Wintergartenflair.

🐾 ⇄ 🅿 – Menü 35 € (Mittags), 42/65 € – Karte 34/82 €

Nodhausen 1 ⊠ 56567 – ℰ 02631 813423 – www.parkrestaurant-nodhausen.de –
Geschlossen Montag, Sonntag, mittags: Samstag

NIDEGGEN

Nordrhein-Westfalen – Regionalatlas **35**–B13 – Michelin Straßenkarte 543

⦿ BURG NIDEGGEN - BROCKEL SCHLIMBACH

MODERNE KÜCHE · LÄNDLICH XX Das Besondere hier? Da wäre zum einen die Lage in einer Burg a. d. 12. Jh. oberhalb von Nideggen - fantastische Aussicht inklusive! Zum anderen das äußerst attraktive Ambiente: eine komplett in Holz gehaltene historische kleine Stube, in der schickes Design und warme Atmosphäre Hand in Hand gehen. Und "last but not least" die Küche. Viele Ideen, viel Kraft, viel Leidenschaft - das steckt in dem modernen Menü der namengebenden Patrons Herbert Brockel (zuvor viele Jahre im Erftstadter "Husarenquartier" mit Stern) und Tobias Schlimbach (ebenfalls mit langjähriger Sterne-Erfahrung). Nicht zu vergessen die ausgesuchten Produkte, aus denen z. B. "gezupftes Kikokhuhn, Pistou, Dampfnudel" entsteht. Während die Chefs ihre Gerichte selbst servieren, empfehlen ihre Ehefrauen interessante Weine.

Spezialitäten: Seezunge und Kalb, Spinat, Blumenkohl, Krustentier. Rind, Wirsing, Pfifferlinge, Aprikose. Zitronentarte, Himbeere, Verbene, Schokolade.

⪡ 🐾 ⇄ 🅿 – Menü 110 € (Mittags)/125 €

Kirchgasse 10 a ⊠ 52385 – ℰ 02427 9091066 – www.burgrestaurant-nideggen.de –
Geschlossen 1.-16. Januar, Montag, Dienstag, Mittwoch, Donnerstag,
mittags: Freitag-Samstag, abends: Sonntag
⫶○ **Kaiserblick** – Siehe Restaurantauswahl

⫶○ KAISERBLICK

MARKTKÜCHE · TRENDY XX Das Hauptrestaurant des tollen Anwesens a. d. 12. Jh. kommt ebenfalls modern daher. Auf der regional und international geprägten Karte liest man z. B. "Bärlauchsuppe mit pochiertem Landei" oder "Eifeler Kaninchenkeule, Blumenkohl, Perlzwiebeln, confierte Kartoffeln". Schöne Terrasse im Burghof.

🐾 🅿 – Menü 46 € – Karte 40/60 €

Burg Nideggen - Brockel Schlimbach, Kirchgasse 10 a ⊠ 52385 –
ℰ 02427 9091066 – www.burgrestaurant-nideggen.de –
Geschlossen 1.-15. Januar, Montag, Dienstag, Mittwoch, mittags: Donnerstag

NIEDERHAUSEN

Rheinland-Pfalz – Regionalatlas **46**–D15 – Michelin Straßenkarte 543

⫶○ HERMANNSHÖHLE

KLASSISCHE KÜCHE · GEMÜTLICH XX Das ehemalige Fährhaus von 1517 hat so manchen Stammgast. Was Patron Wigbert Weck auf den Teller bringt, wird aus frischen Produkten zubereitet und schmeckt! Tipp: Überraschungsmenü (nur tischweise). Drinnen modernes Vinothek-Ambiente samt verglastem Weinkühlschrank (Schwerpunkt regionale Weine), draußen die nette Terrasse - nur durch die Straße von der Nahe getrennt.

🐾 ⇄ 🅿 🍴 – Menü 39/69 € – Karte 34/59 €

Hermannshöhle 1 ⊠ 55585 – ℰ 06758 6486 – www.hermannshoehle-weck.de –
Geschlossen 11. Januar-9. Februar, Montag

NIEDERKASSEL

Nordrhein-Westfalen – Regionalatlas **36**–C12 – Michelin Straßenkarte 543

In Niederkassel-Uckendorf Nord-Ost: 2 km über Spicher Straße

⸙ LE GOURMET

KREATIV · ELEGANT ⅩⅩ Über den tollen Innenhof des zum Hotel erweiterten denkmalgeschützten Vierseithofs gelangt man zum "Le Gourmet". Sie können direkt auf der herrlichen Terrasse Platz nehmen oder drinnen in etwas privaterer Atmosphäre speisen. Auf dem Weg in das geschmackvolle modern-elegante kleine Restaurant kommen Sie an der verglasten Küche vorbei, wo ein monatlich wechselndes Menü mit fünf bis sieben Gängen entsteht. Verantwortlich dafür ist Thomas Gilles, der hier seinen eigenen Stil umsetzt, feine Details und so manch ungewöhnliche Kombination inklusive. Er kocht mit regionalen Einflüssen und verwendet exzellente Produkte. Sehr angenehm der Service: auffallend freundlich und natürlich, trefflich die Weinempfehlungen dazu. Tipp: Übernachten Sie in den komfortablen Zimmern des Hotels "Clostermanns Hof".

Spezialitäten: Lachsforelle aus dem Bergischen Land, Portulak, Kohlrabi, Mirabellen, Meerrettich. Schwarzfederhuhn, Berglinsen, Champignons, Spitzkohl. Süßes Röggelchen, Kirsche, Kaffee, Valrhona Jivara.

⇔ 🛖 � ℗ – Menü 89/129 €

Heerstraße 2a ✉ *53859 –* ☎ *02208 94800 – www.clostermannshof.de –*
Geschlossen Montag, Dienstag, Sonntag, mittags: Mittwoch-Samstag

NIEDERWEIS

Rheinland-Pfalz – Regionalatlas **45**–B15 – Michelin Straßenkarte 543

⍟ SCHLOSS NIEDERWEIS

KLASSISCHE KÜCHE · LÄNDLICH ⅩⅩ In der ehemaligen Kornscheune des Schlosses a. d. 18. Jh. wird klassisch-saisonal gekocht. Dazu umsorgt man Sie freundlich in einem attraktiven modernen Ambiente - Hingucker der hohe historische Dachstuhl. Reizvoll der Garten. Einen schönen Festsaal und ein Standesamt gibt es auch. Praktisch: problemloses Parken.

Spezialitäten: Geflämmter Saibling, gepickeltes Gemüse, Buttermilch, Kräuter. Kross gebackener Schweinebauch, Tropea-Zwiebelcrème, Buchenpilze, Schupfnudeln. Tarte Tatin, Tahiti-Vanillesoße, Crumble, Sauerrahmeis.

🛖 ⅼ ✿ ℗ – Menü 39/49 € – Karte 38/54 €

Hauptstraße 9 ✉ *54668 –* ☎ *06568 9696450 – www.schloss-niederweis.de –*
Geschlossen Montag, Dienstag

NIEDERWINKLING

Bayern – Regionalatlas **59**–O18 – Michelin Straßenkarte 546

In Niederwinkling-Welchenberg Süd-West: 1,5 km

⸙ BUCHNER

Chef: Mathias Achatz

MODERNE KÜCHE · RUSTIKAL ⅩⅩ Wenn man sich den Werdegang von Patron Mathias Achatz anschaut, wundert es kaum, dass über dem elterlichen Betrieb, den er in 5. Generation mit großem Engagement führt, ein MICHELIN Stern leuchtet: Lehre bei Heinz Winkler in Aschau, dann Stationen in den 3-Sterne-Restaurants „Cheval Blanc" in Basel, „La Maison Troisgros" in Roanne und „Amador" in Mannheim. Sein Koch-Talent wurde ihm aber schon in die Wiege gelegt, denn seine Mutter hat hier zuvor auch schon auf gutem Niveau gekocht! Die angenehme Atmosphäre im Restaurant ist nicht zuletzt dem aufmerksamen und versierten Service zu verdanken. Für die Zusammenstellung der erstklassigen Weinauswahl ist Mathias' Bruder Andreas zuständig - er kümmert sich inzwischen vor allem um das eigene Hotel 2 km weiter.

Spezialitäten: Ceviche vom Wolfsbarsch, Apfel, Basilikum, Couscous, Safran. Lamm, Paprika, Polenta, Barbecuejus. Schokolade und Passionsfrucht, Kokos, Banane, Bellini.

🏖 🛋 ⇔ 🅿 – Menü 65/115 € – Karte 56/72 €

Freymannstraße 15 ⊠ 94559 – 𝄞 09962 730 – www.buchner-welchenberg.de –
Geschlossen 13.-21. Januar, Montag, Dienstag

NIENSTÄDT
Niedersachsen – Regionalatlas **18**–G9 – Michelin Straßenkarte 541

In Nienstädt-Sülbeck West: 2 km

🊠 **SÜLBECKER KRUG**

FLEISCH · FREUNDLICH ✗ Lust auf Prime Beef aus dem 800°-Ofen? Das Haus ist bekannt für richtig gutes Fleisch. Auf der Karte finden sich Klassiker wie Ribeye, Rumpsteak oder Flanksteak, dazu gibt es tolle Saucen - und alles wird auf dem Holzbrett serviert! Man hat auch eine Weinbar für Raucher und zum Übernachten stehen schlichte, gepflegte Gästezimmer bereit.

Spezialitäten: Lachsravioli, gebratene Garnelen, Dillschaum. U.S Flanksteak, Chimichurri, Thymian-Knoblauchbaguette, Caesar Salad. Crème Brûlée, Salzkaramelleis.

🍂 🛋 ⇔ 🅿 – Menü 39/55 € – Karte 36/99 €

Mindener Straße 6 ⊠ 31688 – 𝄞 05724 3992550 – www.suelbeckerkrug.de –
Geschlossen Montag, Dienstag, mittags: Mittwoch-Samstag

NITTEL
Rheinland-Pfalz – Regionalatlas **45**–A16 – Michelin Straßenkarte 543

🍽️ **CULINARIUM**

MARKTKÜCHE · ELEGANT ✗✗ Modern-elegant: klare Linien, warmer Holzfußboden, schicker Kaminofen, Deko zum Thema Kulinarik und Wein. Dazu regional-saisonale Küche von "Wiener Schnitzel mit Petersilienkartoffeln" bis "Lachsforelle, Chicorée, Schwarzwurzel". Neben dem Restaurant hat man auf dem familiengeführten Weingut auch wohnliche Gästezimmer.

🍂 🛋 🅿 – Menü 38/52 € – Karte 32/72 €

Weinstraße 5 ⊠ 54453 – 𝄞 06584 91450 – www.culinarium-nittel.de –
Geschlossen 1.-31. März, 11.-19. August, Montag, Dienstag,
mittags: Mittwoch-Samstag, abends: Sonntag

NÖRDLINGEN
Bayern – Regionalatlas **56**–J18 – Michelin Straßenkarte 546

🕸 **WIRTSHAUS MEYERS KELLER**

MARKTKÜCHE · LÄNDLICH ✗ Großes Gourmetmenü oder einfach ein Schnitzel? Es ist schon etwas Besonderes, das sympathische rustikal-trendige Restaurant, das Joachim (genannt Jockl) Kaiser zusammen mit seiner Frau Evelin bereits in 3. Generation betreibt. Kreativ und zugleich bodenständig ist das interessante Küchenkonzept, das man in einem Sterne-Restaurant nicht unbedingt erwartet. Neben feinen modernen Speisen gibt es auch Wirtshausküche à la Blutwurst-Gröstl! Das volle Kaiser'sche Engagement merkt man auch am sehr freundlichen, angenehm natürlich-unkomplizierten und gleichermaßen geschulten Service. Und wussten Sie, dass im ehemaligen Bierkeller unter Ihnen Culatello-Schinken reift? Den sollten Sie probieren! Seinen Lieblingsplatz hat man hier übrigens auch ganz schnell gefunden: Im Sommer unter alten Linden und Kastanien!

Spezialitäten: Gebeiztes Huchenfilet im Pilz-Gewürzmantel auf Steinpilzscheiben vom Rost mit grünem Knoblauchöl. Weidelammrücken, grüne Sommeraromen und Kräuter, Erbsenschoten-Püree. Eiskreation Meyers Keller.

🛋 ⇔ 🅿 – Menü 65/140 € – Karte 64/94 €

Marienhöhe 8 ⊠ 86720 – 𝄞 09081 4493 – www.jockl-kaiser.de –
Geschlossen Montag, Dienstag, mittags: Mittwoch

NÖRTEN-HARDENBERG

Niedersachsen – Regionalatlas **29**–I10 – Michelin Straßenkarte 541

🍴○ **NOVALIS**

FRANZÖSISCH-KLASSISCH · ELEGANT 🕸🕸 Drinnen sitzt man in schönem stil-
voll-elegantem Ambiente, draußen mit Blick auf den Reitplatz und die historische
Burganlage. Die Küche ist saisonal beeinflusst und basiert auf sehr guten Produkten, der Service ist aufmerksam und herzlich. Neben dem Restaurant hat das
"Hardenberg BurgHotel" auch geschmackvolle Zimmer.

🍴 🏠 🔲 ⇔ 🅿 🚗 – Menü 59/92 € – Karte 49/70 €

Hinterhaus 11a ✉ *37176 – ☎ 05503 9810 – www.hardenberg-burghotel.de –*
Geschlossen mittags: Montag-Sonntag

NOHFELDEN

Saarland – Regionalatlas **46**–C16 – Michelin Straßenkarte 543

In Nohfelden-Gonnesweiler Süd-West: 6 km

🏨 **SEEZEITLODGE HOTEL & SPA**

SPA UND WELLNESS · DESIGN Unmittelbar am malerischen Bostalsee und
direkt am Naturpark Saar-Hunsrück liegt dieses Spa-Hideaway. Wirklich schön
die modernen, großzügigen Zimmer, toll das Gesamtangebot einschließlich "Seele
baumeln lassen" - und das geht ganz wunderbar im bemerkenswerten Spa auf
2700 qm samt keltischem Saunadorf!

🕊 👙 ⇆ 🍴 🎋 🎐 🌐 👫 🕭 🔲 🗄 🅿 – 98 Zimmer – 2 Suiten

Am Bostalsee ✉ *66625 – ☎ 06852 80980 – www.seezeitlodge-bostalsee.de*

NONNENHORN

Bayern – Regionalatlas **63**–H22 – Michelin Straßenkarte 546

🍴 **TORKEL**

MARKTKÜCHE · GASTHOF 🕸🕸 Bei Familie Stoppel kocht man mit regionalem
und saisonalem Bezug - da schmecken z. B. "Zwiebelrostbraten vom Bioland-
Rind mit Bratkartoffeln" und "Bodensee-Felchenfilet in Dijonsenf". Serviert wird
in freundlichen Räumen oder auf der hübschen Terrasse.
Spezialitäten: Carpaccio vom Yellow Fin, Krenfäden, Radiesle, Avocado. Gebratene Allgäuer Lammhüfte, Buttererbsen, Salzzitrone, Sesam-Schupfnudeln. Zitrus-
früchte-Crème, Kalamansi, Limette, Sommerbeeren, Sorbet.

🍴 🎋 🏠 ⇔ 🅿 🚗 – Menü 39 € (Mittags), 69/99 € – Karte 36/65 €

Hotel Torkel, Seehalde 14 ✉ *88149 – ☎ 08382 98620 – www.hotel-torkel.de –*
Geschlossen Mittwoch

🏨 **TORKEL**

FAMILIÄR · ELEGANT Der engagiert geführte Familienbetrieb (bereits in
4. Generation) liegt nicht nur richtig toll, hier lässt es sich auch schön modern
wohnen, und zum Relaxen hat man einen attraktiven Freizeitbereich mit Massa-
ge- und Kosmetikanwendungen.

🕊 🎋 🍴 👫 🗄 🔲 🚗 – 21 Zimmer – 3 Suiten

Seehalde 14 ✉ *88149 – ☎ 08382 98620 – www.hotel-torkel.de*
🏵 **Torkel** – Siehe Restaurantauswahl

NORDERNEY (INSEL)

Niedersachsen – Regionalatlas **7**–D5 – Michelin Straßenkarte 541

❀ SEESTEG

MODERNE KÜCHE · CHIC XX Was für ein Glück, dass sich der gebürtige Baden-Württemberger Mark Kebschull an der Nordsee so wohlfühlt, dass er diesem schönen Fleckchen auch nach seiner Zeit im Cuxhavener "Sterneck" als Küchenchef erhalten bleibt. 2012 hat er auf Norderney die Regie am "Seesteg"-Herd übernommen. Untergebracht im gleichnamigen kleinen Boutique-Hotel direkt am Meer hätte er angesichts der hier allgegenwärtigen Exklusivität kaum einen passenderen Ort für seine niveauvolle Küche finden können. Sie ist modern und setzt auf ausgesuchte Produkte. Neben den schön präsentierten Gerichten gibt es in dem wertig-geschmackvollen Restaurant noch mehr fürs Auge: Da ist zum einen der Blick Richtung Nordsee (Tipp: die Seeterrasse), zum anderen garantiert die verglaste Showküche so manch interessanten Einblick.

Spezialitäten: Kaninchenrücken, Karotte, Trüffel. Taubenbrust, Kohl, Couscous, Melone. Semifreddo, Rotwein, Trauben, Haselnuss.

🍴 🍽 – Menü 50/98 €

Hotel Seesteg, Damenpfad 36a ✉ 26548 – ☎ 04932 893600 –
www.seesteg-norderney.de –
Geschlossen mittags: Montag-Samstag

🏨 STRANDHOTEL GEORGSHÖHE

SPA UND WELLNESS · MODERN Ein idealer Ort zum Urlaubmachen: die strandnahe Lage und der große Spa, der u. a. Saunen mit Meerblick bietet! Toll für Freunde modernen Designs: die Zimmerkategorien "Prestige" und "Sportive". Im Wintergarten "Seeterrasse" gibt es regional-traditionelle Küche (ab 13 Uhr durchgehend).

🍴 ♨ ≤ 🚪 �'s 🔲 💯 ⋔ 🛗 ⬚ 🅿 – 132 Zimmer – 25 Suiten

Kaiserstraße 24 ✉ 26548 – ☎ 04932 8980 - www.georgshoehe.de

🏨 INSELLOFT

LANDHAUS · MODERN Das frische, junge Konzept des schmucken Häuserensembles a. d. 19. Jh. kommt an: hochwertige Studios, Lofts und Penthouse-Zimmer in schickem nordisch-modernem Look, "Wohnzimmer"-Lounge, Spa-Shop nebst Anwendungen, "Design Shop 1837", "Wein & Deli", eigene Bäckerei und dazu locker-familiäre Atmosphäre.

🍴 ⋔ 🛗 ⬚ ♨ – 35 Zimmer – 7 Suiten

Damenpfad 37 ✉ 26548 – ☎ 04932 893800 - www.inselloft-norderney.de

🏨 SEESTEG

BOUTIQUE-HOTEL · MODERN Es gibt wohl nichts in diesem Boutique-Hotel, das nicht exklusiv ist! Lage am Strand, Wertigkeit und Design der Lofts, Studios und Penthouse-Zimmer, Highlights wie Private Spa und Rooftop-Pool. Tipp: Genießen Sie den Sonnenuntergang in der "Milchbar" nebenan! Wer einen Parkplatz wünscht, sollte reservieren!

🍴 ♨ ≤ 🔲 💯 ⋔ 🛗 🅿 🛏 – 16 Zimmer – 5 Suiten

Damenpfad 36a ✉ 26548 – ☎ 04932 893600 - www.seesteg-norderney.de

❀ **Seesteg** – Siehe Restaurantauswahl

🏠 HAUS NORDERNEY

PRIVATHAUS · GEMÜTLICH Die Villa von 1927 ist eines der schönsten Häuser der Insel und perfekt für Individualisten! Klares Design in warmen Tönen, Frühstück im kleinen Garten, relaxen am Kamin oder in der Sauna, dazu kostenfreie Fahrräder und nette Kleinigkeiten!

⋔ – 10 Zimmer

Janusstraße 6 ✉ 26548 – ☎ 04932 2288 - www.hotel-haus-norderney.de

Thüringen – Regionalatlas **30**–K11 – Michelin Straßenkarte 544

In Nordhausen-Rüdigsdorf

(😊) **FEINE SPEISESCHENKE**

MARKTKÜCHE · FREUNDLICH X Sie finden dieses freundliche Restaurant in einem von Wald und Wiesen umgebenen kleinen Ort in einem ruhigen Seitental. Serviert wird saisonale Küche mit regionalen und internationalen Einflüssen. Etwas Besonderes: Man züchtet schottische Hochlandrinder. Sie wählen aus verschiedenen Menüs (darunter ein vegetarisches) oder von der Klassiker-Karte.

Spezialitäten: Tatar vom Hochlandrind, Wachtelei, Kräutersalat. Wachtel in zwei Gängen serviert, Sherry, roter Spitzkohl, Pfifferlinge, Risotto. Heimische Zwetschge, Riesling, Mandel, Basilikum.

⇦ 🍴 🏠 🔄 **P** – Menü 28/92 € – Karte 32/54 €

Winkelberg 13 ✉ *99734 –* ☎ *03631 4736490 – www.speiseschenke.de –*
Geschlossen Montag, Dienstag, mittags: Mittwoch-Samstag, abends: Sonntag

NORDKIRCHEN

Nordrhein-Westfalen – Regionalatlas **26**–D10 – Michelin Straßenkarte 543

🍴○ **SCHLOSS RESTAURANT VENUS**

INTERNATIONAL · KLASSISCHES AMBIENTE XX Im "Westfälischen Versailles" finden Sie dieses klassisch-gediegene Gewölberestaurant - die zahlreichen Gemälde stammen übrigens von Patron Franz L. Lauter, einem passionierten Maler! Geboten werden Klassiker sowie ein ambitioniertes ("12-Stationen"-) Menü mit westfälischen Tapas. Eine nette legere Alternative ist das Bistro mit großer Terrasse.

🔄 **P** – Menü 38 € (Mittags), 79/109 € – Karte 41/50 €

Schloss 1 ✉ *59394 –* ☎ *02596 972472 – www.lauter-nordkirchen.de –*
Geschlossen 1.-30. Januar, Montag, Dienstag, mittags: Mittwoch-Samstag

M. Siepmann/imageBROKER/age fotostock

Bayern
Regionalatlas **50**–K16
Michelin Straßenkarte 546

NÜRNBERG

Wem der Sinn nach Spitzenküche steht, ist definitiv im **Essigbrätlein** richtig! Gefragt ist auch das **ZweiSinn Meiers**, das gleich zwei Optionen bietet: modern-kreativ im besternten **Fine Dining** oder französisch-mediterran im **Bistro**. Das **Würzhaus** kommt mit seinem Doppelkonzept aus Wirtshausküche am Mittag und ambitioniertem Menü am Abend gut an. Richtig nett hat man es im sympathisch-intimen **Einzimmer Küche Bar**. Zum Pflichtprogramm in Nürnberg gehört eines der typischen Bratwurst-Lokale, z. B. das **Bratwursthäusle** am Rathausplatz - hier heißt es Tradition erleben! Und machen Sie auf jeden Fall einen Spaziergang durch die historische Altstadt und schauen Sie sich den pyramidenförmigen Schönen Brunnen am Hauptmarkt, die gotische Frauenkirche oder die Kaiserburg an – nur ein paar der lohnenswerten Sehenswürdigkeiten. Tipp für "Süße": die kleine Eismanufaktur in der charmanten Weißgerbergasse!

Restaurants

❀❀ **ESSIGBRÄTLEIN**

Chef: Andree Köthe

KREATIV · GEMÜTLICH ✗✗ Man muss an der Glocke läuten, um in das kleine "Essigbrätlein" mitten in der Nürnberger Altstadt zu kommen. Ein schönes intimes Restaurant, bei dem man das Gefühl hat, als wäre man bei Freunden zu Besuch. Nur zu gerne nimmt man hier in gemütlich-heimeliger Atmosphäre Platz. Was folgt, ist eine ausdrucksstarke und ebenso feinfühlige kreative Naturküche, die von der Region und der Saison lebt. Patron Andree Köthe und Küchenchef Yves Ollech - seit Jahren ein eingespieltes Team am Herd - haben ein Faible für Kräuter, Gewürze und Gemüse. Man fermentiert und weckt ein. Immer steht bei ihnen der Eigengeschmack der Produkte im Mittelpunkt, und die sind erstklassig! Geschickt spielt man mit Säure und Aromen, kocht geradlinig und klar strukturiert, stimmig und modern, ohne Chichi oder Effekthascherei!

Spezialitäten: Saibling mit Essigkräutern. Gegrilltes Lamm. Kartoffeleis mit Kräutern.

❀ *Engagement des Küchenchefs:* "Wir sehen uns als Impulsgeber und als Schnittstelle zwischen Haute Cuisine und Nachhaltigkeit in der Küche. Wir beziehen unsere Ware von Bauern aus der Region, sehen diese Reduzierung als kreative Herausforderung, sind oft selbst auf dem Feld, tierische Produkte spielen eine immer geringere Rolle."

❀ – Menü 88 € (Mittags), 132/160 €

Stadtplan: K1-z – Weinmarkt 3 ⊠ 90403 – ☏ 0911 225131 – www.essigbraetlein.de – Geschlossen Montag, Sonntag

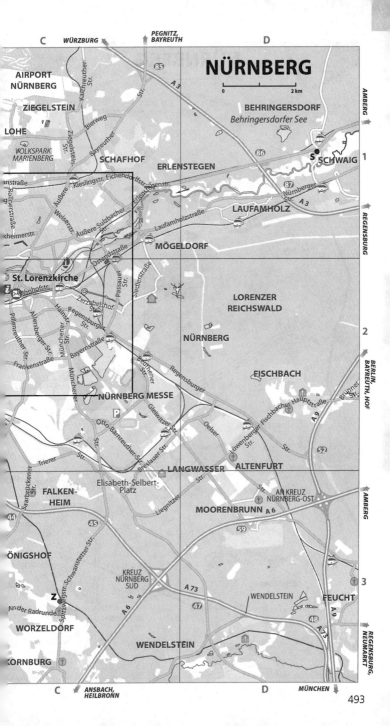

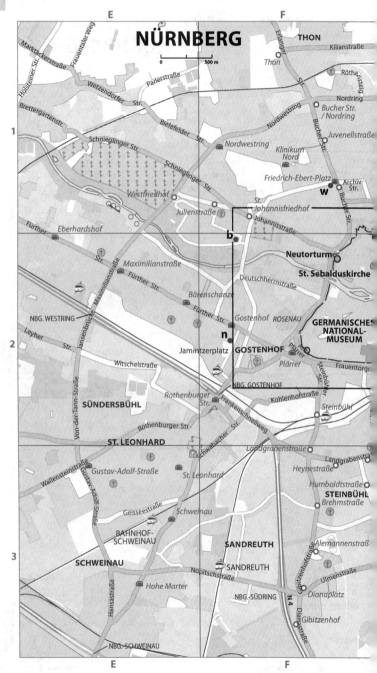

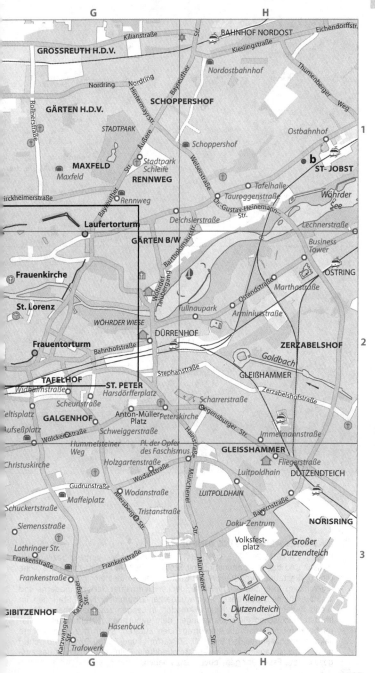

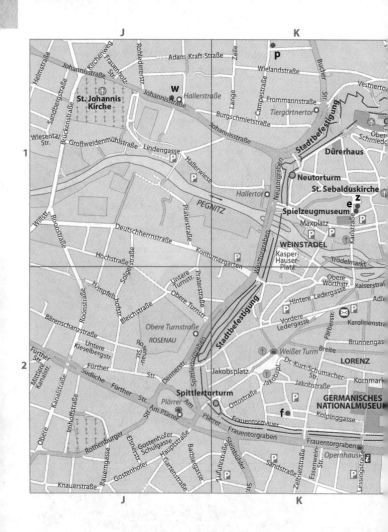

✿ ZWEISINN MEIERS | FINE DINING

KREATIV · ZEITGEMÄßES AMBIENTE XX Sie mögen es jung, ungezwungen, stylish? Und das in Kombination mit Sterneküche? Dann wird Ihnen das "Fine Dining"-Restaurant von Patron und Küchenchef Stefan Meier gefallen. Geradlinig-schickes Interieur, beispielhafter, locker-charmanter Service, moderne und kreative Küche... Das passt alles wunderbar zusammen. Nach Stationen im "Louis C. Jacob" in Hamburg, im "Amador" in Langen oder bei Johanna Maier im österreichischen Filzmoos gelingen dem gebürtigen Mittelfranken aromareiche Kombinationen aus hervorragenden Zutaten. So trifft z. B. getauchte Jakobsmuschel auf wilden Brokkoli, Süßkartoffel und Trüffel-Dashi. Und richtig hübsch anzuschauen sind die Gerichte obendrein. Rein vegetarisch ist das ausgezeichnete Essen übrigens ebenfalls zu haben.

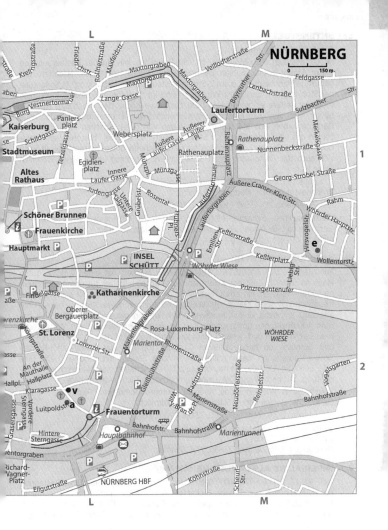

Spezialitäten: Hiramasa Kingfish, Kiwi, Joghurt, Gurke. US Prime Roastbeef, Kartoffel, Zwiebel, Steinpilz. Aprikose, Mandel, Schwarze Olive, Weiße Schokolade.
🕸 🏠 ⚷ – Menü 115/140 €

Stadtplan: H1-b – *Äußere Sulzbacher Straße 118* ✉ 90491 –
📞 0911 92300823 – www.meierszweisinn.de –
*Geschlossen 1.-12. Januar, 16. Mai-1. Juni, 22. August-14. September,
24.-27. Dezember, Montag, Sonntag, mittags: Dienstag-Samstag*
🍴 **ZweiSinn Meiers | Bistro** – Siehe Restaurantauswahl

ꗃ **ENTENSTUBEN**

Chef: Fabian Denninger

MODERNE KÜCHE · ELEGANT ✗✗ Sein Traum war ein eigenes Restaurant, und dieser Traum ist für Fabian Denninger in Erfüllung gegangen. Nachdem der gebürtige Mannheimer u. a. im 2-Sterne-Restaurant "Edsbacka krog" in Sollentuna bei Stockholm, in der "Burg Wernberg" und im "Waldhotel Sonnora" in Wittlich tätig war, leitete er hier in Nürnberg zuerst die Küche des "Koch und Kellner", bevor er im Juni 2014 Inhaber und Küchenchef der "Entenstuben" wurde. Seine Gerichte haben eine klassische Basis, leben von guten, frischen Produkten und zeigen das Faible des Chefs für Säurekontraste, so z. B. bei "bretonischem Steinbutt, Kürbis, Orange". Neben den sehr ansprechend präsentierten Speisen kann sich auch das Restaurant selbst sehen lassen: geradlinig und zugleich wohnlich ist es hier.

Spezialitäten: Fermentierter Spargel, Rehschinken, Weizen. Entenbrust, Sellerie, Brennnessel. Traube, Nougat, Balsamico.

❀ 🛱 – Menü 79/135 € – Karte 57/76 €

Stadtplan: M1-e – *Schranke 9* ✉ *90403* – *☎ 0911 5209128* – *www.entenstuben.de* – *Geschlossen 1.-6. Januar, 26. Juli-11. August, Montag, Sonntag, mittags: Dienstag-Samstag*

ꗃ **KOCH UND KELLNER**

MODERNE KÜCHE · BISTRO ✗ Patron Frank Mackert hat einen wirklich guten Mann an seiner Seite: Gerald Hoffmann. Als "Koch" bildet er zusammen mit "Kellner" Frank Mackert ein erfolgreiches Gespann. Letzterer kümmert sich nicht nur freundlich um seine Gäste, als Weinfreund (insbesondere Riesling hat es ihm angetan) empfiehlt er mit fundiertem Wissen den passenden Tropfen von der rund 400 Positionen umfassenden Karte. Gekocht wird klar und aufs Wesentliche reduziert, modern und dennoch mit klassischer Note. Auf dem Teller Fleisch, Fisch und Gemüse von hervorragender Qualität (top z. B. das Miéral-Label-Rouge-Schwarzfederhuhn), dazu vollmundig-würzige Saucen mit schöner Tiefe. Eine tolle Leistung! Und das Restaurant selbst? Hier schaffen geradlinig-schlichte Einrichtung und nette Wein-Deko eine sympathische Bistro-Atmosphäre.

Spezialitäten: Wassermelone, Avocado, Hummer. Rehrücken, Pastinake, Steinpilze, Kirsche. Heidelbeeren, Schokolade, Buttermilch.

❀ – Menü 60 € (Mittags), 85/130 € – Karte 60/73 €

Stadtplan: F2-n – *Obere Seitenstraße 4* ✉ *90429* – *☎ 0911 266166* – *www.kochundkellner.de* – *Geschlossen 1.-10. Januar, 23.-30. Mai, Sonntag*

🍴 **IMPERIAL BY ALEXANDER HERRMANN**

INTERNATIONAL · TRENDY ✗✗ Modern, chic und trendy kommt das Restaurant daher. Freundlich der Service, locker die Atmosphäre, mittig die offene Küche. Hier entstehen internationale Speisen mit fränkischem Einfluss, man kocht ausdrucksstark und ambitioniert. Im EG das "Fränk'ness" - "The Urban Fränkisch Taste".

🅰🅺 🍽 – Menü 99/159 €

Stadtplan: L2-a – *Königstraße 70 (1. Etage)* ✉ *90402* – *☎ 0911 24029955* – *www.ah-imperial.de* – *Geschlossen Montag-Dienstag, nur Abendessen*

🍴 **MINNECI LEONARDO**

ITALIENISCH · MEDITERRANES AMBIENTE ✗✗ Richtig schön verbindet sich der historische Charakter des alten Stadthauses von 1560 mit der Atmosphäre eines italienischen Ristorante. Auf der Karte z. B. "Lammcarré rosa gebraten, Caponata, römische Gnocchi", der Service freundlich und charmant.

🛱 – Menü 69/90 € – Karte 44/64 €

Stadtplan: K2-f – *Zirkelschmiedsgasse 28* ✉ *90402* – *☎ 0911 209655* – *www.minneci-ristorante.de* – *Geschlossen Montag, Sonntag*

⊓○ **WONKA**

MODERNE KÜCHE · HIP XX Fast schon urban kommt das trendig-reduzierte Interieur dieses sympathischen Restaurants daher - im Sommer sollten Sie sich nicht den hübschen Innenhof entgehen lassen! Die moderne Küche serviert man als Menü (auch als vegetarische Variante), am Mittag gibt es das Abendmenü in etwas abgewandelter und kleinerer Form.

🏤 ✿ – Menü 37 € (Mittags), 69/97 € – Karte 37/69 €

Stadtplan: J1-w – *Johannisstraße 38* ✉ *90419 –* ☎ *0911 396215 –*
www.restaurant-wonka.de –
Geschlossen 1.-6. Januar, 21. August-8. September, Montag, Sonntag,
mittags: Samstag

⊓○ **EINZIMMER KÜCHE BAR**

MODERNE KÜCHE · GERADLINIG X Ein kleiner Raum, charmant-intime Atmosphäre, freundlich-legerer Service. In der durch eine Glasscheibe einsehbaren Küche werden moderne, ausdrucksstarke und ungekünstelte Gerichte zubereitet, auch für Vegetarier. Mittags ist das Angebot einfacher. Tipp: Parkhaus direkt gegenüber.

Menü 30 € (Mittags), 55/98 € – Karte 28/83 €

Stadtplan: K1-e – *Schustergasse 10* ✉ *90403 –* ☎ *0911 66463875 –*
www.einzimmerkuechebar.de –
Geschlossen Montag, mittags: Dienstag-Mittwoch, Sonntag

⊓○ **IU & ON**

THAILÄNDISCH · TRENDY X Ältestes thailändisches Restaurant Deutschlands und ein echter Familienbetrieb! Lecker z. B. "Yam Plamük" (fein-scharfer Oktopussalat nach Hausrezept) oder "Gai Ta Krai" (gebratenes Hähnchenbrustfilet mit Zitronengrassauce und Klebreis).

🏤 – Menü 30/60 €

Stadtplan: K1-p – *Roritzerstraße 10* ✉ *90419 –* ☎ *0911 336767 – www.iu-on.de –*
Geschlossen Montag, Dienstag, mittags: Mittwoch-Freitag

⊓○ **LE VIRAGE**

FRANZÖSISCH · FAMILIÄR X In dem charmanten kleinen Bistro erfährt man ein Stückchen französische Lebensart in Nürnberg! Es gibt traditionelle Gerichte, die in Menüform angeboten werden. Gekocht wird eher schlicht, aber mit Geschmack - und alles ist frisch!

Menü 43 € – Karte 11/25 €

Stadtplan: F2-b – *Helmstraße 19* ✉ *90419 –* ☎ *0911 9928957 –*
www.nefkom.net/le.virage –
Geschlossen Montag, Dienstag, mittags: Mittwoch-Sonntag

⊓○ **WÜRZHAUS**

MODERNE KÜCHE · GERADLINIG X Ein pfiffiges und interessantes Gasthaus! Mit hochwertigen Produkten kocht man hier moderne internationale Gerichte, und die werden ausgesprochen charmant serviert! Am Abend gibt es gehobene, ambitionierte Speisen wie z. B. "Hirschrücken, Mais, Basilikum", mittags ein einfacheres Angebot mit günstigem Menü.

🏤 – Menü 25 € (Mittags), 69/97 € – Karte 26/29 €

Stadtplan: F1-w – *Kirchenweg 3a* ✉ *90419 –* ☎ *0911 9373455 – www.wuerzhaus.info –*
Geschlossen 1.-11. Januar, Sonntag-Montag, mittags: Samstag

⊓○ **ZWEISINN MEIERS | BISTRO**

MODERNE KÜCHE · BISTRO X Zur Straße hin liegt das Bistro mit seiner markanten Theke und blanken Tischen, nett die Terrasse seitlich am Haus. Auf der Karte z. B. "Maishähnchen, Bohnencassoulet, Tomaten-Risoni". Mittags kommt der günstige Tagesteller gut an!

🕸 🏤 & – Karte 45/72 €

Stadtplan: H1-b – *ZweiSinn Meiers | Fine Dining, Äußere Sulzbacher Straße*
118 ✉ *90491 –* ☎ *0911 92300823 - www.meierszweisinn.de –*
Geschlossen 1.-12. Januar, 16. Mai-1. Juni, 22. August-14. September,
24.-27. Dezember, Montag, mittags: Samstag, Sonntag

Hotels

 DREI RABEN

URBAN · THEMENBEZOGEN Sie möchten die Geschichte Nürnbergs kennenlernen? In den schönen Themenzimmern kann man Wissenswertes nachlesen, außerdem liegt das kleine Hotel im Herzen der Stadt! Nicht zu vergessen das charmante, hilfsbereite Personal, das für eine angenehm persönliche Note sorgt. Praktisch: Sie können bis vors Haus fahren, das Parken übernimmt man für Sie.

🚭 🅰️ – 22 Zimmer

Stadtplan: L2-v – *Königstraße 63* ✉ *90402 –* ☎ *0911 274380 –*
www.hoteldreiraben.de

In Nürnberg-Großreuth bei Schweinau

❀ **WAIDWERK**

Chef: Valentin Rottner

MODERNE KÜCHE · CHIC ✕✕ Dies ist das kulinarische Aushängeschild im Hause Rottner. Junior Valentin Rottner und sein Team bieten im kleinen Gourmetrestaurant des traditionsreichen Familienbetriebs ein modernes Menü mit persönlicher Note. Dazu wird man unter der Leitung von Sommelier Thomas Wachter umsorgt, der professionell und freundlich mit Witz und Charme den Service leitet. Ebenso anspruchsvoll das Interieur: Richtig chic ist der geradlinige Stil in Kombination mit einem ländlichen Touch und Bezug zur Jagd - Letzteres kommt nicht von ungefähr: Der Küchenchef ist Jäger. Valentin Rottner hat so manch renommierte Adresse hinter sich, so kochte er u. a. im 2-Sterne-Restaurant "Söl'ring Hof" auf Sylt oder im "Gourmetrestaurant Lerbach" in Bergisch Gladbach.

Spezialitäten: Hamachi, Kohl, Ponzu. Reh, Zwiebel, Lauch, Miso. Vogelmiere, Litschi.

↩ 🅿 – Menü 125/350 €

Stadtplan: B2-c – *Winterstraße 15* ✉ *90403 –* ☎ *0911 612032 –*
www.rottner-hotel.de – Geschlossen Montag, Sonntag, mittags: Dienstag-Samstag

In Nürnberg-Worzeldorf

🍴 **ZIRBELSTUBE**

REGIONAL · RUSTIKAL ✕✕ Ein schmuckes Sandsteingebäude von 1860 mit ebenso schönem Interieur - charmant die Zirbelstube und das Gewölbe. Die Gerichte der verschiedenen Menüs können Sie auch variieren. Macht Ihnen z. B. "gebackener Kalbskopf, Kartoffel-Risotto, süßer Senf" Appetit? Reizend die Terrasse. Der freundlich geführte Familienbetrieb hat auch hübsche Gästezimmer.

↩ 🛋 ♻ 🅿 – Menü 55/95 €

Stadtplan: C3-z – *Friedrich-Overbeck-Straße 1* ✉ *90455 –* ☎ *0911 998820 –*
www.zirbelstube.com – Geschlossen 1.-18. Januar, 24. Mai-6. Juni,
29. August-14. September, Sonntag-Montag, nur Abendessen

NUTHETAL

Brandenburg – Regionalatlas **22**–O8 – Michelin Straßenkarte 542

In Nuthetal-Philippsthal Süd-Ost: 6 km über Potsdamer Straße

🍴 **PHILIPPSTHAL**

INTERNATIONAL · RUSTIKAL ✕ Der Weg zu diesem denkmalgeschützten Anwesen lohnt sich: schön das Ambiente mit seinem Mix aus Rustikalem und Modernem, reizend der Hofgarten und gekocht wird richtig gut - macht Ihnen z. B. "Fjord-Lachsfilet auf Rettich-Senfgemüse mit Kartoffel-Lauchpüree" Appetit?

🛋 🅿 🍽 – Menü 37/48 € – Karte 35/57 €

Philippsthaler Dorfstraße 35 ✉ *14558 –* ☎ *033200 524432 –*
www.restaurant-philippsthal.de – Geschlossen Dienstag

OBERAMMERGAU

Bayern – Regionalatlas **65**–K21 – Michelin Straßenkarte 546

🏨 MAXIMILIAN

LUXUS · DESIGN Das alpine Lifestyle- & Designhotel ist schon ein kleines Schmuckstück! Man wohnt wirklich schön: Moderner Luxus und ausgezeichneter Service werden groß geschrieben, es gibt ein sehr gutes Frühstück und einen hübschen Saunabereich hat man ebenfalls. Und dann ist da noch der Malzduft aus der eigenen Brauerei...

🏔 🛖 🖥 🕭 🏊 🅿 🚗 – 18 Zimmer – 2 Suiten

Ettaler Straße 5 ✉ 82487 – ☎ 08822 948740 – www.maximilian-oberammergau.de

OBERAUDORF

Bayern – Regionalatlas **66**–N21 – Michelin Straßenkarte 546

🍽 BERNHARD'S

MARKTKÜCHE · FREUNDLICH 🍴 Das Restaurant der Familie Bernhard liegt sehr zentral, ist gemütlich und lockt viele Stammgäste an. Tipp: Gerichte mit Schweizer Akzent - der Senior ist gebürtiger Graubündner! Lecker auch Regionales wie "geschmortes Audorfer Lamm, Bärlauch-Knödel-Terrine, Frühlingsgemüse, gebratene Pilze". Übernachten können Sie hier oder im "Seebacher Haus" unter gleicher Leitung.

🛋 🏡 🔧 🅿 🚗 – Menü 35/45 € – Karte 29/52 €

Marienplatz 2 ✉ 83080 – ☎ 08033 30570 – www.bernhards.biz –
Geschlossen 21.-24. Dezember, Donnerstag

OBERBOIHINGEN

Baden-Württemberg – Regionalatlas **55**–H19 – Michelin Straßenkarte 545

🎖 ZUR LINDE

REGIONAL · BÜRGERLICH 🍴 Seit Jahrzehnten ein bewährter Klassiker in der Region - hier bekommen Sie noch richtig traditionelle Küche. Die aus sehr guten Produkten zubereiteten Gerichte sind schmackhaft und zudem preislich sehr fair kalkuliert. Tipp: Vieles gibt es auch für zuhause: Maultaschen, Rouladen, Spätzle... Für Langzeitgäste hat man im Nebenhaus topmoderne Apartments.

Spezialitäten: Fischsuppe. Kalbsbäckle und -züngle in Riesling mit feinen Nudeln und Salat. Weintrauben in Traminerschaum.

🔧 🅿 🍷 – Menü 33/68 € – Karte 28/50 €

Nürtinger Straße 24 ✉ 72644 – ☎ 07022 61168 – www.linde-oberboihingen.de –
Geschlossen Montag, Dienstag

OBERHAUSEN

Nordrhein-Westfalen – Regionalatlas **26**–C11 – Michelin Straßenkarte 543

🍽 HACKBARTH'S RESTAURANT

MODERNE KÜCHE · MEDITERRANES AMBIENTE 🍴 Hinter der roten Eingangstür erwartet Sie ein trendig-schickes Ambiente, in dem Sie das herzliche Hackbarth-Team aufmerksam umsorgt. Man kocht modern-saisonal mit traditionellen und internationalen Einflüssen - wie wär's z. B. mit "Tapas Cross Over" oder "Maishuhn-Brust, Macadamia-Nüsse, Wacholderjus"? Gut sortierte Weinkarte. Schön die mediterran begrünte Terrasse.

🏡 🔧 🅿 – Menü 25 € (Mittags), 38/57 € – Karte 25/74 €

Im Lipperfeld 44 ✉ 46047 – ☎ 0208 22188 – www.hackbarths.de –
Geschlossen 1.-14. Januar, Sonntag, mittags: Montag und Samstag

OBERRIED

Baden-Württemberg – Regionalatlas **61**–D20 – Michelin Straßenkarte 545

😊 **GASTHAUS STERNEN POST**

REGIONAL · LÄNDLICH X In dem sympathischen Gasthaus von 1875 erwarten Sie neben netten, wohnlich-ländlichen Stuben auch ein charmanter Service und die geschmackvolle, frische Küche von Patron Bernd Lutz. Probieren Sie z. B. "Feldsalat mit Speck und Kracherle" oder "Schwarzfederhuhn in Rotweinsauce mit Rahmwirsing". Zum Übernachten hat man freundliche Zimmer und eine schicke Ferienwohnung.

Spezialitäten: Dreierlei vom gebeizten Saibling. Geschmorte Kalbsbäckle mit Senfkörner-Petersiliensauce, Mangold und handgeschabten Spätzle. Buttermilchmousse mit geschmortem Apfel und Mangosorbet.

🖙 🍴 ✿ 🅿 – Menü 42/74 € – Karte 34/67 €

Hauptstraße 30 ✉ 79254 – ☎ 07661 989849 – www.gasthaus-sternen-post.de – Geschlossen Dienstag, abends: Montag

In Oberried-Hofsgrund Süd-West: 11 km Richtung Schauinsland

😊 **DIE HALDE**

REGIONAL · RUSTIKAL XX Hier oben in über 1100 m Höhe ist mit diesem stilvollen Restaurant der Spagat zwischen Historie und Moderne geglückt! In gemütlichen Stuben serviert man z. B. "Pfifferlingsrahmsuppe mit Schnittlauch-Schmand und geröstetem Graubrot" oder "Boeuf Bourguignon vom Schwarzwälder Wagyurind". Gerne verwendet man regionale Produkte. Übrigens: Man jagt auch selbst!

Spezialitäten: Rote-Bete-Suppe, Frischkäse, Meerrettich. Rehragout, Gewürzrotkraut, Rahmwirsing, gebratene Pilze, Spätzle, Preiselbeeren. Bühler Zwetschgensorbet mit Zimtsoße und Mandelcrunch.

🐾 🖙 🍴 ⅙ 🔁 🅿 🚗 – Menü 37/54 € – Karte 36/67 €

Hotel Die Halde, Halde 2 ✉ 79254 – ☎ 07602 94470 – www.halde.com

🏨 **DIE HALDE**

SPA UND WELLNESS · MODERN Wandern Sie gerne? Der einstige Bauernhof liegt ruhig und abgeschieden in 1147 m Höhe, toll der Blick zum Feldberg und ins Tal! Die Einrichtung ist eine Mischung aus Modernem und Regionalem, hochwertig und wohnlich. Wellness gibt es u. a. in Form eines schönen Naturbadeteichs. HP inklusive.

🏋 🦢 ⪦ 👝 🎿 🖼 🧖 🕸 ⅙ 🔁 ⅙ 🅿 🚗 – 39 Zimmer – 2 Suiten

Halde 2 ✉ 79254 – ☎ 07602 94470 – www.halde.com

😊 **Die Halde** – Siehe Restaurantauswahl

OBERSTAUFEN

Bayern – Regionalatlas **64**–I22 – Michelin Straßenkarte 546

🍴O **ESSLUST**

MODERNE KÜCHE · GEMÜTLICH XX Richtig gemütlich hat man es in den charmanten Stuben. Gekocht wird frisch, saisonal und mit regionalen Einflüssen, so z. B. "Wirsingwickel vom Staufner Quell-Saibling, Linsenragout, Meerrettichsauce" oder "Schnitzel vom Allgäuer Milchkalb, Bratkartoffeln, Preiselbeeren".

🖙 👝 🔁 🅿 🚗 – Menü 47/87 € – Karte 37/75 €

Hotel Alpenkönig, Kalzhofer Straße 25 ✉ 87534 –
☎ 08386 93450 – www.hotel-alpenkoenig.de –
Geschlossen 6.-20. Juni, Montag, Dienstag, Sonntag, mittags: Mittwoch-Samstag

ⅱ○ DIE.SPEISEKAMMER

MODERNE KÜCHE · TRENDY ХХ Das trendig-wertige Design des Hotels setzt sich im Restaurant fort: Ein attraktiver Mix aus zeitgemäßer Geradlinigkeit und Bezug zur Natur. Passend dazu die Speisekarte: Hier spielen die Region und die Saison eine große Rolle und moderne Einflüsse finden sich ebenfalls. Lassen Sie sich ruhig auch auf die Weinempfehlungen ein!

⅏ ⇦ 🛋 ⅙ – Menü 75/105€ – Karte 53/86€

Hotel DAS.HOCHGRAT, Rothenfelsstraße 6 ⊠ 87534 – ℰ 08386 9914620 – www.die-speisekammer.de – Geschlossen Dienstag-Mittwoch, mittags: Montag, Donnerstag-Samstag

🏨 DAS.HOCHGRAT

LUXUS · MODERN Das ist modern-alpiner Chic! Das edle Interieur der Zimmer und Chalets vereint auf äußerst geschmackvolle Weise klare Linien, schöne wohnliche Stoffe und Naturmaterialien wie warmes Holz und Stein. Wie wär's mit dem "Panorama-Chalet"?

🏂 🛋 ⅏ 🛋 – 17 Suiten – 1 Zimmer

Rothenfelsstraße 6 ⊠ 87534 – ℰ 08386 9914620 – www.das-hochgrat.de

ⅱ○ **die.speisekammer** – Siehe Restaurantauswahl

🏨 ALPENKÖNIG

LANDHAUS · GEMÜTLICH Dass man sich in diesem schönen Hotel so wohlfühlt, liegt an der reizvollen Allgäuer Landschaft ringsum, an den geschmackvollen wohnlichen Zimmern, am attraktiven modernen Wellnessbereich und nicht zuletzt an Familie Bentele, die den "Alpenkönig" seit vielen Jahren herzlich und engagiert leitet.

🛋 🗔 ⅏ ⅏ 🅿 🛋 – 25 Zimmer

Kalzhofer Straße 25 ⊠ 87534 – ℰ 08386 93450 – www.hotel-alpenkoenig.de

ⅱ○ **Esslust** – Siehe Restaurantauswahl

OBERSTDORF

Bayern – Regionalatlas **64**–J22 – Michelin Straßenkarte 546

⅗ DAS MAXIMILIANS

FRANZÖSISCH-MODERN · GEMÜTLICH ХХ "Das Maximilians" ist das Aushängeschild der Fetz'schen Gastronomie! In dem kleinen Gourmetrestaurant des familiengeführten Hotels "Das Freiberg" verarbeitet ein engagiertes Küchenteam top Produkte zu klassisch-kreativen Speisen, die man in Form eines Degustationsmenüs bietet. Gekonnt bringt man hier den tollen Eigengeschmack der ausgesuchten Zutaten zur Geltung, gelungene Kontraste inklusive. Das wertigelegante Interieur trägt ebenso zu einem niveauvollen, aber dennoch angenehm entspannten Bild bei wie der geschulte Service samt Gastgeberin Margret Bolkart-Fetz - auch in Sachen Wein werden Sie trefflich beraten.

Spezialitäten: Langostino Royal, Schnittlauchsud, Imperial Kaviar, Stampfkartoffel. Dombes Ente im Ganzen gebraten, in 3 Gängen serviert. Baba au rhum, Ananas-Passionsfruchtsud, Kokosnusseis, Tahiti Vanille.

⇦ 🛋 � 🅿 – Menü 109/147€

Hotel Das Freiberg, Freibergstraße 21 ⊠ 87561 – ℰ 08322 96780 – www.das-maximilians.de – Geschlossen Sonntag-Dienstag, nur Abendessen

⅗ ESS ATELIER STRAUSS

KLASSISCHE KÜCHE · GEMÜTLICH ХХ Hochwertige Möbel aus Altholz, bequeme, mit schönen Karo-Stoffen bezogene Designerstühle, in die Decke eingelassene Edelweißleuchten und geradlinige, edle Tischkultur - so frisch und modern präsentiert sich das Restaurant. Aber nicht nur der chic-alpine Look gefällt den Gästen, alles, was Hausherr Peter A. Strauss hier auf den Teller bringt, begeistert ebenso. Man verwöhnt Sie mit klassischen Gerichten, die modern-kreativ beeinflusst sind und angenehm reduziert zubereitet werden. Die Produkte sind von ausgezeichneter Qualität. Blickfang ist der 18 qm große verglaste Weinklimaschrank! Rund 300 verschiedene Weine aus Deutschland, Frankreich, Österreich und Italien sind zu haben.

Spezialitäten: Trilogie vom Krustentier. Rehrücken, Spitzkohl, Schwarzwurzel, Buchenpilze. Heidelbeere, Ginger Beer, Zwetschge.

⇔ & 🅰 – Menü 79/180 €

Hotel Löwen & Strauss, Kirchstraße 1 ✉ *87561 –* ☎ *08322 800080 –*
www.loewen-strauss.de –
Geschlossen 15. April-14. Mai, 15. Oktober-16. Dezember, 15. Oktober-15. Dezember,
Montag, Dienstag, Mittwoch, mittags: Donnerstag-Sonntag

🕸 DAS FETZWERK

INTERNATIONAL · TRENDY ⅹ Ein witziges Konzept, das Jung und Alt gleichermaßen anspricht: Die trendig-ungezwungene "Genuss-Werkstatt" bietet regional-internationales "Fast Slow Food" im Weckglas! Da heißt es z. B. "Patriotische Poularde" oder "Kicher-Tofu".

Spezialitäten: Falafel, Auberginenbrandat, Pfefferminzjoghurt, Chilisauce. Gebackene Enten-Wantan, Spitzkrautsalat, Erdnussdip, Ingwer, Knoblauch. Chiasamen in Mandelmilch, Rote Grütze, Erdbeersorbet, Nüsse.

⇔ 🍴 🅿 – Karte 24/32 €

Hotel Das Freiberg, Freibergstraße 21 ✉ *87561 –* ☎ *08322 96780 –*
www.das-fetzwerk.de

🕸 DAS JAGDHAUS

REGIONAL · GASTHOF ⅹ Das charmante Holzhaus von 1856 mit seinen drei Stuben ist ein netter Ableger des Sternerestaurants "Das Maximilians". Auf den Tisch kommen nur Produkte aus der Region - Tipp: die Wildgerichte! Im schönen Biergarten gibt's typische Speisen unter Kastanien.

Spezialitäten: Selleriesuppe mit Wildschwein-Maultäschle. Tafelspitz vom Hirschkalb aus dem Wurzelsud mit Meerrettich auf Gemüse in Creme, Petersilienkartoffeln. Zwetschgen mit Schlagrahm, Streuseln und Milcheis.

🍴 ⟳ 🅿 – Menü 38/46 € – Karte 33/49 €

Ludwigstraße 13 ✉ *87561 –* ☎ *08322 987380 – www.das-jagdhaus.de –*
Geschlossen Mittwoch, Donnerstag

🕸 LÖWEN-WIRTSCHAFT

REGIONAL · GASTHOF ⅹ Der modern-rustikale Stil (schön die liebevollen Details wie alte Skier, Kuhglocken etc.) kommt ebenso gut an wie der freundliche Service und die schmackhafte regional-saisonale Küche. Letztere gibt's z. B. als "Wiener Schnitzel vom Allgäuer Milchkalb" oder "rosa Barbarie-Flugentenbrust mit Cassis-Blaukraut". Aktionsabende.

Spezialitäten: Essenz vom Reh, Sherry, Steinpilztascherl. Saibling in Aplbutter konfiert, Kartoffel- Gemüseragout, Meerrettich, Keta Kaviar. Kaiserschmarrn, Apfel-Birnenkompott, Almrahmeis.

⇔ 🍴 & 🅿 – Menü 36 € – Karte 27/54 €

Hotel Löwen & Strauss, Kirchstraße 1 ✉ *87561 –* ☎ *08322 800088 –*
www.loewen-strauss.de –
Geschlossen 15. April-9. Mai, 2.-30. November, Montag, Dienstag

🍴 ONDERSCH GENUSSWIRTSCHAFT

MODERNE KÜCHE · FREUNDLICH ⅹⅹ Unter dem Motto "Ondersch" (Dialekt für "Anders") bietet man hier im "LOFT" einen Mix aus Kino, Streetfood-Bar und Genusswirtschaft. In der oberen Etage gibt es in lebendig-urbaner Atmosphäre richtig schmackhafte moderne Küche mit regionalem und saisonalem Bezug.

& 🔼 – Menü 45/59 € – Karte 36/66 €

Ludwigstraße 7 ✉ *87561 –* ☎ *08322 3004885 – www.ondersch.de –*
Geschlossen 5.-21. April, 9.-29. November, Montag, Sonntag,
mittags: Dienstag-Samstag

EXQUISIT

SPA UND WELLNESS · ELEGANT Hier wurden nur wertigste Materialien verarbeitet, heimisches Holz und wohnliche Stoffe - behaglicher und geschmackvoller kann moderne Eleganz kaum sein! Auch kulinarisch fehlt es den Hausgästen an nichts dank des gehobenen Menüs. HP inklusive.

🦢 🐟 🖐 📺 ⊕ 🕏 ⅃ẞ 🖬 🕭 ⅍ 🅿 🚗 – 43 Zimmer – 9 Suiten

Lorettostraße 20 ✉ 87561 – 𝒞 08322 96330 – www.hotel-exquisit.de

DAS FREIBERG

LANDHAUS · MODERN Beeindruckend, was Familie Bolkart-Fetz hier geschaffen hat: richtig schöne, individuelle Zimmer, Suiten und Maisonetten. Lieben Sie es stylish mit extravaganten Details? Oder darf es ein schicker Mix aus modern und traditionell sein? Ebenso attraktiv: Sauna, Garten mit Pool, Massage. HP in der "Stube".

🕏 🦢 🖐 ⅃ 🕭 🖬 🅿 🚗 – 24 Zimmer – 3 Suiten

Freibergstraße 21 ✉ 87561 – 𝒞 08322 96780 – www.das-freiberg.de

🍽 **Das Fetzwerk** · 🍽 **Das Maximilians** – Siehe Restaurantauswahl

FRANKS

SPA UND WELLNESS · KLASSISCH Neben herzlichen Gastgebern erwarten Sie hier wohnliche Zimmer vom gemütlichen "Classic" bis zur Suite im alpenländischen Chic, dazu Spa-Vielfalt samt toller "WellÉtage", verglaster "Welle" und Naturpool im schönen Garten. Einladend auch die Restauranträume von rustikal bis geradlinig-modern. Samstags Themenbuffet.

🕏 🦢 🐟 🖐 ⅃ 📺 ⊕ 🕭 ⅃ẞ 🖬 🕭 ⅍ 🅿 🚗 – 81 Zimmer – 8 Suiten

Sachsenweg 11 ✉ 87561 – 𝒞 08322 7060 – www.hotel-franks.de

LÖWEN & STRAUSS

LANDHAUS · MODERN "AlpinLifeStyleHotel" im Herzen von Oberstdorf. Für den regionalen Bezug sorgen die Materialien ebenso wie die guten Produkte zum Frühstück! Schön der Saunabereich mit Jacuzzi und Dachterrasse. Tipp: Reservieren Sie zeitig einen Parkplatz.

🕏 🕭 🅿 – 25 Zimmer

Kirchstraße 1 (Zufahrt über Bachstraße 12) ✉ 87561 – 𝒞 08322 800080 –
www.loewen-strauss.de

🍽 **ESS ATELIER STRAUSS** · 🍽 **Löwen-Wirtschaft** – Siehe Restaurantauswahl

OBERSTENFELD

Baden-Württemberg – Regionalatlas **55**–H18 – Michelin Straßenkarte 545

🍽 ZUM OCHSEN

REGIONAL · LÄNDLICH 🍴 Bei der engagierten Familie Schick sitzt man in behaglichen Stuben bei schwäbischer, aber auch internationaler Küche. Lust auf Klassiker wie "Siedfleisch vom Ochsen-Bugblatt" oder "Chef's Maultaschen"? Oder lieber "schottischer Lachs vom Grill mit Spinat"? Schöne überdachte Terrasse! Das traditionsreiche Haus hat auch freundliche, moderne Gästezimmer.

Spezialitäten: Erbsenschaumsuppe mit Zander-Garnelenklößchen. Gaisburger Marsch mit Siedfleischwürfel, Kartoffelschnitz und Spätzle. Nougat-Grießknödel mit eingelegten Zwetschgen und Walnusseis.

🖐 🍴 🕭 🅿 – Menü 35€ – Karte 31/61€

Großbottwarer Straße 31 ✉ 71720 – 𝒞 07062 939101 –
www.hotel-gasthof-zum-ochsen.de –
Geschlossen 9.-26. August, 21. Dezember-8. Januar, Montag, Dienstag,
mittags: Mittwoch-Samstag

OBERTHAL

Saarland – Regionalatlas **46**–C16 – Michelin Straßenkarte 543

In Oberthal - Steinberg-Deckenhardt Nord-Ost: 5 km

🍽○ **ZUM BLAUEN FUCHS**

FRANZÖSISCH-KLASSISCH · LÄNDLICH 🋊🋊 In gemütlich-elegantem Ambiente lassen Sie sich mit guter klassischer Küche umsorgen, die in Form zweier Menüs angeboten wird - hier z. B. "Flankensteak mit getrüffeltem Kartoffelstampf". Dazu berät Sie die Chefin freundlich in Sachen Wein.

🌴 **P** – Menü 43/94 €

Walhausener Straße 1 ✉ *66649 – 𝒞 06852 6740 – www.zumblauenfuchs.de – Geschlossen 21.-29. September, 23. Dezember-7. Januar, Montag, Dienstag, mittags: Mittwoch-Samstag, abends: Sonntag*

OBERURSEL (TAUNUS)

Hessen – Regionalatlas **47**–F14 – Michelin Straßenkarte 543

🍽○ **KRAFTWERK**

ZEITGENÖSSISCH · TRENDY 🋊🋊 Das einstige Kraftwerk ist nicht nur eine schicke Location, man isst hier auch richtig gut! In zwei trendig-modernen Restaurants gibt es interessante Menüs, von österreichisch (inspiriert von der Heimat der Patrons) bis zum Tasting-Menü - ein schöner Mix von "Wiener Schnitzel" bis "Jakobsmuscheln & Garnelen, Kürbis, Romanesco, Kokosschaum". Sehr gute Weinempfehlungen.

🐝 🌴 **P** – Menü 50/109 € – Karte 36/90 €

Zimmersmühlenweg 2 (Gewerbegebiet) ✉ *61440 – 𝒞 06171 929982 – www.kraftwerkrestaurant.de – Geschlossen Montag-Dienstag, nur Abendessen*

OBERWESEL

Rheinland-Pfalz – Regionalatlas **46**–D15 – Michelin Straßenkarte 543

🍽○ **BURGRESTAURANT AUF SCHÖNBURG**

KLASSISCHE KÜCHE · ELEGANT 🋊🋊 Burgflair ist hier allgegenwärtig! Stilvoll die drei Stuben, herrlich die Terrassen, ob mit Rhein- oder Pfalzblick. Die Küche ist klassisch und saisonal beeinflusst, auf der Karte z. B. "warme Galantine vom Stubenküken mit Morchelfüllung, Rahmwirsing, Spätburgundersauce". Tagsüber zusätzliche Vesperkarte.

🔄 🍃 🌴 ⊡ ⇆ **P** – Menü 39/78 € – Karte 40/57 €

Schönburg 1 ✉ *55430 – 𝒞 06744 93930 – www.hotel-schoenburg.com – Geschlossen 10. Januar-12. März, Montag, mittags: Dienstag-Freitag*

ODENTHAL

Nordrhein-Westfalen – Regionalatlas **36**–C12 – Michelin Straßenkarte 543

🍽 **ZUR POST**

Chef: Alejandro und Christopher Wilbrand

MODERNE KÜCHE · ELEGANT 🋊🋊🋊 Das hat schon was: Von außen zeigt das historische Gasthaus seinen traditionellen Charakter, drinnen hat man ein elegantes Ambiente mit moderner Note geschaffen. Hier zeigen die Brüder Alejandro und Christopher Wilbrand mit produktorientierter kreativer Küche ihr Händchen für interessante Details und clevere, ausgesprochen originelle Kombinationen in Geschmack und Textur. Der Bezug zur Region findet sich auf der Karte ebenso wie andere europäische Einflüsse. Trefflich die Empfehlungen aus dem schönen Weinangebot. Sie möchten über Nacht bleiben? Kein Problem, denn neben dem Sterne-Restaurant und der legereren „Postschänke" hat man auch ein kleines Hotel mit komfortablen Zimmern. Zudem gibt es noch einen tollen Festsaal, der über eine topmoderne Küche verfügt.

Spezialitäten: Galantine vom Schwarzfederhuhn, Apfelkrapfen, Speck-Vanille-creme, schwarze Johannisbeere. Bergischer Hirschrücken, Holunderjus, Rettich, Mandel, Backpflaume, Brioche. Himbeercremeux, Opalys-Schokolade, Beeren, Getreide, Hibiskus.

🚗 🏧 ⇄ 🅿 – Menü 49€ (Mittags), 99/135€ – Karte 49/95€

Altenberger-Dom-Straße 23 ✉ 51519 – ℎ 02202 977780 – www.zurpost.eu –
Geschlossen Montag, Dienstag, mittags: Mittwoch-Freitag
🍴 **Postschänke** – Siehe Restaurantauswahl

🍴 **POSTSCHÄNKE**

MARKTKÜCHE · BISTRO 🍴 Gemütlich und sympathisch-lebhaft ist es hier. Das kommt ebenso an wie die schmackhafte saisonale Küche samt Tagesmenü. Auf der Karte macht z. B. "Filet vom bergischen Lax auf frischem Blattspinat mit Bandnudeln und Riesling-Buttersauce" Appetit.

🚗 🌱 🅿 – Menü 37/42€ – Karte 35/59€

Zur Post, Altenberger-Dom-Straße 23 ✉ 51519 – ℎ 02202 977780 –
www.zurpost.eu –
Geschlossen Montag, Dienstag

ÖHNINGEN

Baden-Württemberg – Regionalatlas **62**–F21 – Michelin Straßenkarte 545

In Öhningen-Schienen Nord: 2,5 km in Richtung Radolfzell

★ **FALCONERA**

Chef: Johannes Wuhrer

FRANZÖSISCH-KLASSISCH · FAMILIÄR 🍴🍴 Liebhaber klassischer Küche werden im "Falconera" ganz sicher nicht enttäuscht, dafür sorgt Patron und Küchenchef Johannes Wuhrer. Seit 2002 bringt er in der ehemaligen Mühle im Grünen Klassik auf den Teller. Und dabei bleibt er sich treu: Gekünstel und Spielerei sind nicht sein Ding, vielmehr erkennt man sein ausgezeichnetes Handwerk. Und damit verarbeitet er ausgesuchte Produkte beispielsweise zu "mit Zitronenthymian sautiertem Steinbuttfilet und gegrilltem Oktopus auf grünem Spargelgemüse". Und auch das Ambiente verdient Beachtung, denn mit Falken- und Mühlenstube hat man in dem jahrhundertealten Fachwerkhaus auf der schönen Halbinsel Höri einen geschmackvollen Mix aus elegant und rustikal geschaffen. Nicht zu vergessen der tolle Garten!

Spezialitäten: Kalbsbriesröschen auf einem Ragout von Kalbskopf und Kalbszunge. Gegrilltes Rinderfilet mit geräucherten Tomaten und Lorbeerjus. Ofenwarmer Milchrahmstrudel mit Akazienhonig aromatisiert.

🐒 🌱 ⇄ 🅿 – Menü 55€ (Mittags), 72/115€ – Karte 88/100€

Zum Mühlental 1 ✉ 78337 – ℎ 07735 2340 – www.falconera.de –
Geschlossen Montag, Dienstag, Sonntag

ÖHRINGEN

Baden-Württemberg – Regionalatlas **55**–H17 – Michelin Straßenkarte 545

🍴 **KLEINOD**

MODERNE KÜCHE · TRENDY 🍴🍴 In der schicken Orangerie im Hoftheater heißt das Motto "Orient trifft Okzident", das in Form eines ambitionierten kreativen Menüs umgesetzt wird - hier liest man z. B. "Manti, Jakobsmuschel, Steinpilze, Tarhana, Rosenkohl". Im Sommer sitzt man auf der herrlichen Terrasse mit separatem Angebot.

🌱 ᕃ ⇄ – Menü 119/149€ – Karte 75/79€

Uhlandstraße 27 ✉ 74613 – ℎ 07941 9894727 – www.restaurant-kleinod.de –
Geschlossen 1.-9. Januar, 25. Mai-5. Juni, 24. Juli-11. September, Sonntag-Montag,
nur Abendessen

ÖTISHEIM

Baden-Württemberg – Regionalatlas **55**–F18 – Michelin Straßenkarte 545

STERNENSCHANZ

BÜRGERLICHE KÜCHE · GASTHOF X Bei Familie Linck kann man richtig gut und preislich fair essen! Kein Wunder, dass man zahlreiche Stammgäste hat, und die mögen frische schwäbische Gerichte wie Kutteln, Maultäschle & Co. Im Sommer ist der schöne Garten beliebt.

Spezialitäten: Ricotta-Spinatravioli mit Basilikumbutter. Zwiebelrostbraten mit Bratkartoffeln und Salat. Sesamkrokantparfait mit Zwergorangen.

🛱 ⇔ 🅿 – Karte 27/57 €

Gottlob-Linck-Straße 2 ✉ *75443 –* ☏ *07041 6667 – www.sternenschanz.de – Geschlossen 19. August-1. September, Montag, Dienstag*

OEVENUM – Schleswig-Holstein ➜ Siehe Föhr (Insel)

OFFENBACH

Hessen – Regionalatlas **47**–F15 – Michelin Straßenkarte 543

⫚O SCHAUMAHL

KREATIV · GEMÜTLICH XX In dem Jugendstilhaus nicht weit von der Stadtmitte erwartet Sie kreative Küche, in die klassisch beeinflusst ist und auch dezent asiatische Aromen einbindet. Die Atmosphäre dazu ist richtig nett, leger und alles andere als steif. Kompetent und angenehm locker der Service, ambitioniert die Weinberatung - gut sortiert die europäisch geprägte Karte.

🛱 – Menü 57 € – Karte 69/78 €

Bismarckstraße 177 ✉ *63067 –* ☏ *069 82994300 – www.schaumahl.de – Geschlossen 19. Juli-26. August, 20. Dezember-6. Januar, mittags: Montag-Samstag, Sonntag*

OFFENBURG

Baden-Württemberg – Regionalatlas **53**–D19 – Michelin Straßenkarte 545

In Offenburg-Rammersweier Nord-Ost: 3 km

BLUME

REGIONAL · LÄNDLICH XX Seit Jahren ein beständiges Gasthaus in der Ortenau. Hinter der hübschen Fachwerkfassade hat man es richtig gemütlich bei schmackhafter klassisch-regionaler Küche mit Bezug zur Saison. Beliebt ist z. B. der "Blume"-Klassiker "Krammer's Fischsuppe Bouillabaisse". Gut auch die Weinauswahl. Zum Übernachten gibt es gepflegte, individuelle Zimmer.

Spezialitäten: Badisches Schneckenrahmsüppchen mit Kräutern. Rehrückenfilet rosa gebraten mit Pilzen, Wirsing, Spätzle, Preiselbeeren. Schokoladentraum mit Schokoladencannelloni und Mousse.

⇦ 🛱 ⇔ 🅿 – Menü 39/65 € – Karte 39/72 €

Weinstraße 160 ✉ *77654 –* ☏ *0781 33666 – www.gasthof-blume.de – Geschlossen 25. Mai-8. Juni, 30. Dezember-5. Januar, Montag, Sonntag*

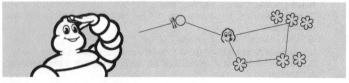

OFTERSCHWANG

Bayern – Regionalatlas **64**-I22 – Michelin Straßenkarte 546

🌼 SILBERDISTEL

KLASSISCHE KÜCHE · ELEGANT XxX Definitiv einen Besuch wert ist das seit 1919 von Familie Fäßler geführte "Sonnenalp Resort" auch von gastronomischer Seite. Die Chefs der "Silberdistel"-Küche Kai Schneller und Carsten Müller verarbeiten ausgesuchte saisonale Zutaten, wobei Produkte aus der Region im Fokus stehen. In ihrer "Alpine Cuisine" gibt es z. B. eine ausgezeichnete bayerische Garnele mit Krustentierfond und -schaum sowie fein-säuerlich abgeschmeckten Alblinsen und lockerem hausgemachtem Gugelhupf. Hier in der 4. Etage hat man übrigens eine wunderbare Aussicht, wählen Sie also am besten einen Fensterplatz! Doch auch das Restaurant selbst mit seinem Mix aus elegantem Stil und alpenländischem Charme kann sich sehen lassen. Dazu kommt das Bemühen um den Gast, das in diesem traditionsreichen Haus allgegenwärtig ist.

Spezialitäten: Edelkrebse vom Rottachsee, Kopfsalat, Zwiebel, Vogelbeere. Bergstätter Rehrücken, Dirndlkirsche, Kerbelwurzel, Schüttelbrot, Karnebitten. Süße Alpenmilch und Moosbeere, Wälder Sig, Zirbe.

🥢 ⇐ ♿ Ⓜ 🅿 ⇑ – Menü 99/138 € – Karte 75/113 €

Hotel Sonnenalp Resort, Sonnenalp 1 (Zufahrt über Schweineberg 10) ☒ 87527 –
☎ 08321 2720 - www.sonnenalp.de – Geschlossen Sonntag-Montag, nur Abendessen

🍴 FREISTIL

MODERNE KÜCHE · FREUNDLICH X Ein sympathisch-modernes Restaurant, in dem regional und saisonal gekocht wird - wie wär's z. B. mit "Gunzesrieder Alpensaibling, Erbse, Bärlauch, Möhre"? Es gibt auch Vegetarisches. Mittags reduziertes Angebot. Gepflegt übernachten kann man hier ebenfalls - fragen Sie nach den neueren Zimmern.

🌼 *Engagement des Küchenchefs: "Saisonalität und handverlesene Produktqualität stehen für mich an erster Stelle, das Allgäu hat hier viel zu bieten! Wir verarbeiten Tiere von A - Z, Wild aus der Umgebung, Fische aus regionaler Zucht, ich stehe für faire und gute Arbeitsbedingungen, Strom beziehen wir aus dem Blockheizkraftwerk."*

🥢 🛋 🅿 – Menü 33/65 € – Karte 26/58 €

Schweineberg 20 ☒ 87527 – ☎ 08321 7071 - www.kiehnes-freistil.de –
Geschlossen Donnerstag, Sonntag

🏨 SONNENALP RESORT

GROSSER LUXUS · ELEGANT Seit 1919 investiert Familie Fäßler (4. Generation) immer wieder und hat hier eines der führenden Ferienresorts in Deutschland, das Tradition und Moderne vereint. Top Service, alpiner Luxus und Freizeitangebote aller Art samt Wellness auf 20.000 qm, 42-Loch-Golfplatz und Shopping-Vergnügen dank zahlreicher Stores. HP inklusive. Trendig-rustikal: "Fäßlers Grillstube".

🏔 🐾 ⇐ 🛋 🖥 🏊 🔲 🕯 🏊 🛁 🔁 ♿ 🎿 🅿 ⇑ – 184 Zimmer – 34 Suiten

Sonnenalp 1 (Zufahrt über Schweineberg 10) ☒ 87527 –
☎ 08321 2720 - www.sonnenalp.de

🌼 **Silberdistel** – Siehe Restaurantauswahl

OSNABRÜCK

Niedersachsen – Regionalatlas **17**-E9 – Michelin Straßenkarte 541

🌼 KESSELHAUS

KREATIV · TRENDY XX Das hätte sich die einstige Event- und Party-Location im Gewerbegebiet etwas außerhalb des Stadtkerns auch nicht träumen lassen, dass sie mal ein Sternerestaurant beherbergen würde! Attraktiv der Rahmen: Industrie-Architektur, modernes Interieur, relaxte Atmosphäre. Sie sitzen unter einer hohen Decke, um Sie herum freiliegende Backsteinmauern, hohe Sprossenfenster und schicke Design-Elemente wie der mittige "Center Table" aus massivem Holz oder Comic-Kunst an der Wand. Man kocht modern und kreativ - gelungene Aromenspiele z. B. beim Bavette vom US-Rind mit Mais, Brombeere und Achiote. Küchenchef Randy de Jong sowie Restaurantleiterin und Inhaberin Thayarni Garthoff sind ein eingespieltes Duo, sie kennen sich - wie fast das gesamte Team - aus dem ehemaligen Osnabrücker 3-Sterne-Restaurant "La Vie".

Spezialitäten: Makrele, Choi Sum, Apfel, Pak Choi. Rübchen, Algen, Mandel, Pfirsich. Rind, Kürbis, Tomate, Mango.

P - Menü 78/115 €

Neulandstraße 12 ⊠ 49084 - ℰ 0541 97000072 - www.kesselhaus-os.de -
Geschlossen 13. Juli-3. August, Montag, Sonntag, mittags: Dienstag-Freitag

WALHALLA

MARKTKÜCHE · FREUNDLICH XX Gelungen hat man dem traditionellen Haus eine moderne Note gegeben. Gekocht wird richtig gut, mit regionalem und saisonalem Bezug - auf der Karte macht z. B. "Maispoulardenbrust, Ratatouille, Kartoffeln" Appetit. Tipp: Man hat auch schöne Plätze draußen im Hof.

Spezialitäten: Kürbiscrèmesuppe mit Kernöl. Gänsekeule mit Rotkohl und Maronen. Crème brûlée mit Zwetschgen.

🛋 🛖 ☷ ⇔ 🚗 - Karte 38/70 €

Hotel Walhalla, Bierstraße 24 ⊠ 49074 - ℰ 0541 34910 - www.hotel-walhalla.de

IKO

MODERNE KÜCHE · GERADLINIG X Unscheinbar liegt das Lokal in einer Wohngegend in einem Hinterhof - hier die charmante Terrasse. Drinnen speist man in modernem Ambiente an "normalen" Tischen oder Hochtischen. Interessant: die offene Küche und der Holzofen, in dem tolles Sauerteigbrot entsteht! Man kocht exakt, ohne Chichi und gerne mit frischen Kräutern! Serviert wird auf handgemachter Töpferware.

🛖 ⇔ ⛱ - Menü 85/115 €

Stadtweg 38a ⊠ 49086 - ℰ 0541 44018030 - www.iko-restaurant.de -
Geschlossen 1.-5. Januar, Montag, Dienstag, Sonntag, mittags: Mittwoch-Samstag

WALHALLA

HISTORISCH · GEMÜTLICH Ein Ensemble historischer Häuser mitten in der Altstadt. Zimmer von klassisch bis geradlinig-modern, ein wertiger Saunabereich (auch Massagen) und die "David Lounge" als luftig-lichter Wintergarten mit Zugang zum Innenhof. Im angeschlossenen Nachbarhaus: "Olle Use EssBar" mit trendigem "Sharing"-Konzept. Übrigens: Ihr Auto parkt man gerne für Sie.

🏋 🦿 ☷ 🦵 🚗 - 69 Zimmer

Bierstraße 24 ⊠ 49074 - ℰ 0541 34910 - www.hotel-walhalla.de

🍴 **Walhalla** - Siehe Restaurantauswahl

In Osnabrück-Stutthausen Süd-West: 6 km Richtung Hagen, jenseits der A 30

WILDE TRIEBE

REGIONAL · TRENDY XX Trendig-puristisch und ideenreich vereint das über 150 Jahre alte ehemalige Bahnhofsgebäude Kunst und Kulinarik. Wertiges Ambiente aus Backstein, Beton, Stahl und Holz, überaus charmanter Service und sehr produktbezogene Küche auf eigens gebranntem Ton-Geschirr. Besuchen Sie auch das "stille Örtchen": Durch eine Glasabdeckung schaut man hier in einen Brunnenschacht!

🛖 **P** - Menü 40/100 € - Karte 46/62 €

Am Sutthauser Bahnhof 5 ⊠ 49082 - ℰ 0541 60079033 - www.wilde-triebe.de -
Geschlossen Montag-Mittwoch, nur Abendessen

OSTRACH

Baden-Württemberg - Regionalatlas **63**-H20 - Michelin Straßenkarte 545

LANDHOTEL ZUM HIRSCH

BÜRGERLICHE KÜCHE · FREUNDLICH X In dem über 300 Jahre alten Gasthaus gibt es gute schnörkellose bürgerliche Küche. Wie wär's mit einem Klassiker? Vielleicht "Ochsenfleisch vom Bürgermeisterstück mit Meerrettichsößle"? Ebenfalls lecker die "Maultaschen im Eimantel gebraten mit Kartoffelsalat". Auch asiatische Einflüsse machen die Küche interessant. Zum Übernachten hat man wohnliche Zimmer.

Spezialitäten: Kürbissuppe mit Amaretto Muffin. Geschnetzelte Leber an Schalotten-Rotweinsoße mit Bratkartoffeln und Salat. Zwetschgenknödel mit Sorbet und Zimtsabayon.

⤺ 🏠 🚃 ♿ 🅿 🚗 – Menü 28/37 € – Karte 29/48 €

Hauptstraße 27 ⊠ 88356 – ℰ 07585 92490 – www.landhotel-hirsch.de –
Geschlossen mittags: Samstag

OTTOBEUREN

Bayern – Regionalatlas **64**–J21 – Michelin Straßenkarte 546

🏨 PARKHOTEL MAXIMILIAN

SPA UND WELLNESS · MODERN Das komfortable Hotel liegt ruhig oberhalb des Klosters am Waldrand und ist beliebt bei Individual-, Wellness- und Businessgästen. Die Zimmer sind wohnlich-modern, entspannen kann man bei Kosmetik, Massage & Co. oder am schönen Pool im Freien! Sonntags Langschläferfrühstück.

🕊 🌊 ⤺ 🛏 🧖 🛁 🚹 🅿 – 110 Zimmer – 1 Suite

Bannwaldweg 11 ⊠ 87724 – ℰ 08332 92370 – www.parkhotel-ottobeuren.de

PADERBORN

Nordrhein-Westfalen – Regionalatlas **28**–G10 – Michelin Straßenkarte 543

🟢 BALTHASAR

Chef: Elmar Simon

FRANZÖSISCH-MODERN · ELEGANT 🔾🔾🔾 Nicht ohne Grund finden Elmar und Laura Simon schon lange regen Zuspruch bei den Gästen: Seit 1999 ist das "Balthasar" mit einem Stern ausgezeichnet! Inhaber und Küchenchef Elmar Simon machte sich hier 1996 selbstständig, tatkräftig unterstützt wird er von seiner charmanten Frau Laura, ihres Zeichens Sommelière, die mit ihrem Team für einen angenehm lockeren und gleichermaßen professionellen Service sorgt. Schon auf dem Weg in das wertig-elegante Restaurant gewährt das Bullauge im Eingangsbereich einen Blick ins Herzstück des "Balthasar" - das steigert die Vorfreude auf die klassisch-moderne Küche. Und die gibt es z. B. als top Island-Kabeljau mit feinen Röstaromen, serviert mit Karotte in Form von Püree, gegarten Mini-Möhrchen und würzig-fruchtigem Chutney - klasse die Curryschaumsauce!

Spezialitäten: Lachs, Jakobsmuschel, Kaviar, Buchenrauch. Lammkotelett, Pfifferlinge, Süßkartoffel, Stielmus. Sauerrahmtarte, Maracuja, Minze, Zitrusfrüchte.

🏠 ♿ 🚹 ♿ 🅿 – Menü 99/155 € – Karte 78/100 €

Warburger Straße 28 ⊠ 33098 – ℰ 05251 24448 – www.restaurant-balthasar.de –
Geschlossen 1.-9. Januar, Montag, Sonntag, mittags: Dienstag-Samstag

PANKER

Schleswig-Holstein – Regionalatlas **3**–J3 – Michelin Straßenkarte 541

🟢 RESTAURANT 1797

FRANZÖSISCH-KREATIV · LÄNDLICH 🔾🔾 Wie gemalt liegt das jahrhundertealte Gut Panker in einer reizvollen Wald- und Wiesenlandschaft. Bekannt ist das herrliche Anwesen mit dem dörflichen Charme als Trakehner-Gestüt. Während um sich herum der Gutsbetrieb läuft, werden Sie von Küchenchef Volker M. Fuhrwerk mit einem kreativen saisonalen Menü verwöhnt. Dabei stellt er ausgesuchte Produkte aus Norddeutschland in den Mittelpunkt - Gemüse, Obst und Kräuter kommen sogar aus dem eigenen Garten. Umsorgt wird man sehr aufmerksam und geschult, schöne glasweise Weinempfehlungen inklusive. Mit dem Blick auf grüne Weiden und mit ihrer schattenspendenden alten Rotbuche ist die Terrasse prädestiniert, um die Seele baumeln zu lassen! Nicht minder einladend ist das ehemalige Jagdzimmer mit seinem äußerst stilvollen ländlich-eleganten Interieur.

Spezialitäten: Kabeljau mit Steinpilzen, jungem Spinat und dicken Bohnen. Huhn mit Topinambur, Blumenkohl und Petersilie. Birnen von unserer Streuobstwiese mit Mädesüß und Zitronenverbene.

⤺ 🍴 🏠 🅿 – Menü 119 €

Hotel Ole Liese, Gut Panker ⊠ 24321 – ℰ 04381 90690 – www.ole-liese.de –
Geschlossen 1. Januar-31. März, Montag, Dienstag, Sonntag,
mittags: Mittwoch-Samstag

⅊○ FORSTHAUS HESSENSTEIN

MARKTKÜCHE · GEMÜTLICH ⅍ Dass das ehemalige Forsthaus unterhalb des Aussichtsturms eine gefragte Adresse ist, liegt an den heimelig-charmanten Stuben, am freundlichen Service und nicht zuletzt an der guten Küche, die es z. B. in Form von Klassikern wie Wiener Schnitzel, Zwiebelrostbraten oder Crème brûlée gibt.

🍴 ✿ 🅿 ⇥ – Menü 41/53 € – Karte 36/55 €

Hessenstein 1 ✉ *24321 – ☎ 04381 9416 – www.forsthaus-hessenstein.com –*
Geschlossen 3.-9. Februar, 2.-15. Juni, 20. Oktober-2. November, Montag, Dienstag,
mittags: Mittwoch-Samstag

⅊○ OLE LIESE WIRTSCHAFT

REGIONAL · GEMÜTLICH ⅍ Eine sympathische Alternative zum Gourmetrestaurant "1797" ist die ländlich-gemütliche "Wirtschaft" mit ihrer schmackhaften regional-saisonalen Küche. Und die gibt es z. B. als "gedämpften Kabeljau, Spinat, gebratene Kartoffeln, Sauerkrautschaum". Lecker-unkompliziert z. B. Brotzeit oder Wiener Schnitzel.

⇦ 👜 🍴 ✿ 🅿 – Menü 45 € (Mittags)/55 € – Karte 35/55 €

Hotel Ole Liese, Gut Panker ✉ *24321 – ☎ 04381 90690 – www.ole-liese.de –*
Geschlossen Montag

🏠 OLE LIESE

LANDHAUS · ELEGANT Ein idyllisches Anwesen inmitten von Wald und Wiesen, nur zehn Minuten von der Ostsee entfernt. Geschmackvolle Zimmer (benannt nach Rebsorten), ein anspruchsvolles Frühstück, dazu sympathische und herzliche Gastgeber! Gut Panker ist übrigens bekannt für seine Trakehner-Zucht.

🎾 🐾 👜 🕮 ⚒ 🅿 – 19 Zimmer – 4 Suiten

Gut Panker ✉ *24321 – ☎ 04381 90690 – www.ole-liese.de*

✿ **Restaurant 1797** · ⅊○ **Ole Liese Wirtschaft** – Siehe Restaurantauswahl

PAPPENHEIM

Bayern – Regionalatlas **57**-K18 – Michelin Straßenkarte 546

🍷 ZUR SONNE

REGIONAL · GASTHOF ⅍ Bei Familie Glück kann man richtig gut essen! Darf es etwas Saisonales sein oder lieber ein regionaler Klassiker? Wildgerichte machen hier ebenso Appetit wie "Zwiebelrostbraten Hohenloher Art". Mittags speist man im lichten Wintergarten im Neubau, im Sommer lockt die Terrasse. Die "Sonne" hat auch schöne Gästezimmer, darunter Themenzimmer.

Spezialitäten: Galantine von Perlhuhn und Wildhase, Pfifferlinge, Rhabarber, Schwarzbrot-Granola. Filet und Hochrippe vom Demeter Jungbullen, Erbsen-Salbeipüree, Essigbeeren, Pilzmaultäschle. Vanillerahmeis mit heißen Rum-Kirschen und Schlagsahne.

⇦ 🍴 ✿ – Karte 23/44 €

Deisinger Straße 20 ✉ *91788 – ☎ 09143 837837 – www.sonne-pappenheim.de –*
Geschlossen 15.-26. Februar, Dienstag

PASSAU

Bayern – Regionalatlas **60**-P19 – Michelin Straßenkarte 546

🍷 WEINGUT

INTERNATIONAL · TRENDY ⅍ Nach einem Stadtbummel in chic-moderner Atmosphäre speisen? Die gute Küche gibt es z. B. als "Loinfilet vom Skrei, Rieslinggurken, Rote Bete, Butterkartoffeln, Meerrettichschaum". Dekorative Weinregale tragen zum schönen Ambiente bei, angeschlossen die Vinothek.

Spezialitäten: Tuna, Sushireis, Avocado, Koriander, Sojasauce. Gebratene Rinderfiletspitzen, Kürbis, Zuckerschoten, knuspriger Erdäpfelstrudel. Birne, Butterkeks-Walnusscrunch, Rahmeis, Schokolade.

🍴 – Karte 39/75 €

Theresienstraße 28 ✉ *94032 – ☎ 0851 37930500 – www.weingut-passau.de –*
Geschlossen Sonntag-Montag, nur Abendessen

PENZBERG
Bayern – Regionalatlas **65**–L21 – Michelin Straßenkarte 546

⅋○ **TROADSTADL**

MARKTKÜCHE · GEMÜTLICH ⅄ Saisonale Gerichte aus guten Produkten (z. B. "Lachsfilet aus Norwegen, Spinatpesto, Babyblattspinat, Gnocchi") bieten die freundlichen Gastgeber in dem ruhig gelegenen Haus a. d. 13. Jh. In den gemütlichen Stuben schaffen moderne Accessoires einen reizvollen Kontrast zum rustikalen Charakter des Restaurants.

🍽 ⇄ **P** – Menü 45/79 € – Karte 38/66 €

Kirnberger Straße 1 (nahe der BAB-Ausfahrt Penzberg) ✉ 82377 – ☎ 08856 9482 – www.troadstadl.com –
Geschlossen Montag, Dienstag, mittags: Mittwoch-Samstag, Sonntag

PERASDORF
Bayern – Regionalatlas **59**–O18 – Michelin Straßenkarte 546

In Perasdorf-Haigrub Nord-Ost: 3 km Richtung St. Englmar

❀ **GASTHAUS JAKOB**

Chef: Michael Klaus Ammon

KLASSISCHE KÜCHE · GEMÜTLICH ⅄ Man muss schon wissen, wo dieses kleine 250 Jahre alte Landgasthaus zu finden ist. Aber die Suche lohnt sich, denn hier sitzen Sie richtig gemütlich (im Sommer auch auf der Terrasse vor dem Haus) und werden wirklich charmant umsorgt. Geboten wird eine feine Küche, die man hier ab vom Schuss mitten im Bayerischen Wald nicht unbedingt erwarten würde! Küchenchef und Inhaber Michael Klaus Ammon kocht auf klassischer Basis, aber mit modernen Ideen - so entstehen z. B. eine ausdrucksstarke geröstete Hummersuppe mit gebackenem Hummer oder auch eine angenehm leichte Joghurt-Crème-brûlée. Zum Team des gebürtigen Oberfranken gehören übrigens auch seine Lebensgefährtin Mona Haka und sein Bruder Andreas, die zusammen den Service leiten - schön auch die offenen Weinempfehlungen.

Spezialitäten: Lachs, Gurke, Avocado, Yuzu. Huhn, Steinpilze, Strudel, Sellerie, Kirsche. Haselnuss, Kaffee, Kirschpflaume, Salzkaramell.

❀ 🍽 **P** – Menü 59/75 € – Karte 53/64 €

Haigrub 19 ✉ 94366 – ☎ 09965 80014 – www.genuss-jakob.de –
Geschlossen Montag, mittags: Dienstag-Samstag, abends: Sonntag

PERL
Saarland – Regionalatlas **45**–A16 – Michelin Straßenkarte 543

In Perl-Nennig Nord: 10 km über B 419

❀❀❀ **VICTOR'S FINE DINING BY CHRISTIAN BAU**

KREATIV · ELEGANT ⅄⅄⅄ Was macht die Küche von Christian Bau so brillant und ihn zum renommierten Spitzenkoch? Es sind sein Innovationsgeist und sein Streben nach Perfektionismus. Beides beweist der gebürtige Offenburger seit 1998 als Küchenchef des Gourmetrestaurants auf Schloss Berg. Seine ganze Passion fürs Kochen wird in der vollendeten Liaison klassischer und japanischer Küche deutlich. Was er in seinem Menü "Paris - Tokio" kreiert, ist an Ideen, Präzision und Details kaum zu überbieten. Eindrucksvoll, wie viel Finesse und gleichzeitig geschmackliche Wucht in seinen Gerichten stecken. In puncto Anspruch und Klasse ist der Service gewissermaßen ein Spiegelbild der Küche. Teil des charmant-professionellen Teams ist Sommelière Nina Mann, die in stilvoll-modernem Ambiente nicht nur Wein, sondern auch Sake empfiehlt.

Spezialitäten: Roter Gamberoni, Blumenkohl, Kombu, Yuzu. Taube, Pistazie, Boudin noir, Purple Curry. Verbena, Pfirsich, Himbeere, Champagner.

❀ ⇄ 🅰 ⊟ **P** – Menü 175/275 €

Schlossstraße 27 ✉ 66706 – ☎ 06866 79118 – www.victors-fine-dining.de –
Geschlossen 1.-20. Januar, 17. Mai-2. Juni, 20. September-6. Oktober, Montag, Dienstag, Mittwoch, mittags: Donnerstag-Freitag

VICTOR'S RESIDENZ - HOTEL SCHLOSS BERG

SPA UND WELLNESS · ELEGANT Nahe der Mosel liegt das elegante Hotel schön ruhig am Rande der Weinberge. Wer etwas Besonderes sucht, bucht z. B. eine der "Götter-Suiten"! Relaxen kann man im hübschen Wellnessbereich oder bei Anwendungen in "Victor's Spa". Mediterrane Küche im "Bacchus", Internationales in der rustikalen "Scheune". Tipp: ein Essen in "Victor's FINE DINING by Christian Bau"!

分 猫 ⪕ 🏠 🔲 ⊛ 🐾 ♨ 🗜 ⅃ ⚙ 🄿 – 90 Zimmer – 7 Suiten

Schlossstraße 27 ✉ 66706 – ☎ 06866 790 – www.victors.de

PETERSTAL-GRIESBACH, BAD

Baden-Württemberg – Regionalatlas **54**–E19 – Michelin Straßenkarte 545

Im Ortsteil Bad Griesbach

❀❀ **LE PAVILLON**

FRANZÖSISCH-KLASSISCH · KLASSISCHES AMBIENTE ✕✕✕ Nicht nur Naturliebhaber zieht es in die idyllische Schwarzwaldlandschaft, dafür sorgt der reizvoll gelegene Familienbetrieb „Dollenberg". Hier findet man neben dem wunderschönen Hotel-Resort ein fantastisches Gourmetrestaurant. Küchenchef Martin Herrmann zelebriert Klassik, ohne sich der Moderne zu verschließen. Geboten wird ein 8-Gänge-Menü, das Sie aber auch kürzen können. Angenehm klar und durchdacht wird z. B. Taube mit Senfcreme, Pfifferlingen und Essenz von roten Aromen zubereitet. Dazu gesellen sich ein gemütlich-elegantes Ambiente nebst herrlichem Blick durch die bodentiefen Fenster sowie ein ungezwungener und zugleich stilvoller Service samt sehr guter Weinberatung. Sommelier Christophe Meyer hat die ein oder andere Überraschung parat - darf es vielleicht mal ein hochwertiger Sake sein?

Spezialitäten: Carabineros, Basilikumeis, Fenchel, Chorizo. Rehrücken, Sellerie, Steinpilze, Preiselbeere. Zwetschgen, Mandeln, Sauerrahm.

⅋ ⪜ ⪕ ⚙ 🄿 ☕ – Menü 128/179 €

Hotel Dollenberg, Dollenberg 3 ✉ 77740 – ☎ 07806 780 - www.dollenberg.de –
Geschlossen 21. Februar-10. März, 20. Juni-7. Juli, Dienstag, Mittwoch,
mittags: Montag und Donnerstag-Sonntag

❀ **KAMIN- UND BAUERNSTUBE**

REGIONAL · LÄNDLICH ✕✕ Der aufmerksame Service ist Ihnen sowohl in der ländlich-rustikalen Bauernstube als auch in der eleganten Kaminstube und auf der tollen großen Terrasse gewiss, ebenso regional-internationale Küche wie "Zander, Sauerkraut, Trauben, Speck". Tipp: das Menü der Woche! Dienstags beliebte "Küchenparty"!

Spezialitäten: Kraftbrühe mit Markklößchen. Wolfsbarsch auf Artischoken-Zucchiniragout mit Balsamicosauce und Kerbelnudeln. Cheesecake mit Ananasconfit und Kaffeeeis.

⅋ ⪜ 🏠 ⚙ ⊞ 🄿 ☕ – Menü 28/59 € – Karte 37/71 €

Hotel Dollenberg, Dollenberg 3 ✉ 77740 – ☎ 07806 780 - www.dollenberg.de –
Geschlossen mittags: Montag

🏨 **DOLLENBERG**

SPA UND WELLNESS · ELEGANT Dieses fabelhafte Feriendomizil ist das Lebenswerk von Meinrad Schmiederer und eines der Top-Hotels in Deutschland. Wohnräume mit Stil und Geschmack, Spa-Vielfalt auf rund 5000 qm, ein 1A-Service und Gastronomie vom 2-Sterne-Restaurant bis zur rustikalen Hütte. Und all das in einmalig schöner Lage!

分 猫 ⪕ 🏠 ⅃ 🔲 ⊛ 🐾 ⊞ ⚙ 🄿 ☕ – 74 Zimmer – 27 Suiten

Dollenberg 3 ✉ 77740 – ☎ 07806 780 – www.dollenberg.de

❀❀ **Le Pavillon** · ❀ **Kamin- und Bauernstube** – Siehe Restaurantauswahl

PFAFFENWEILER

Baden-Württemberg – Regionalatlas **61**–D20 – Michelin Straßenkarte 545

☺ ZEHNER'S STUBE

FRANZÖSISCH-KLASSISCH · ELEGANT XX Sie suchen Klassik? Auf der Speisekarte? Bei der Präsentation auf dem Teller? Beim Ambiente? Dann sind Sie bei Fritz und Margret Zehner genau richtig! Seit 1988 zeigen die herzlichen Gastgeber sowohl in der Küche als im Service großes Engagement. Passend zum Rahmen werden die Speisen hier ohne Schnickschnack und Spielerei serviert. Ob Steinbutt mit Hummerschaum und Trüffel oder die Erdbeeren "Walterspiel" mit Sorbet, solch klassische Gerichte bekommt man nicht mehr oft angeboten! Die deutschen Weine auf der Karte schenkt man übrigens alle auch glasweise aus. Genießen darf man das Ganze im stilvollen ehemaligen Bürgersaal des historischen Rathauses a. d. 16. Jh. mit seinem tollen alten Gewölbe. Alternativ kann man auch – etwas legerer – im „Stubenkeller" speisen.

Spezialitäten: Loup de Mer auf ligurische Art. Taubenbrust aus dem Elsass mit Selleriepüree. Gestrudelte Himbeeren mit Sorbet.

P – Menü 79/135€ – Karte 87/102€

Weinstraße 39 ⊠ 79292 – ☏ 07664 6225 –
www.zehnersstube.de – Geschlossen Montag, mittags: Dienstag

PFINZTAL

Baden-Württemberg – Regionalatlas **54**–F18 – Michelin Straßenkarte 545

In Pfinztal-Söllingen

⑪○ VILLA HAMMERSCHMIEDE

KLASSISCHE KÜCHE · GEMÜTLICH XX Ob in behaglichen Stuben oder im lichten Pavillon, man serviert Ihnen klassisch-regionale Küche, vom interessanten "Villa Lunch" bis zum Feinschmecker-Menü am Abend. Auf der Karte liest man z. B. „Kleiner Sauerbraten von der Rehschulter an einem Kartoffel-Birnenpüree mit sautierten Rosenkohlblättern, Walnuss und einer Dattel-Auberginencreme". Reizvolle Terrasse.

⇗ ⇔ ⇘ ☆ ♿ ⓚ ⇧ P ⇘ – Menü 69/119€

Hauptstraße 162 ⊠ 76327 – ☏ 07240 6010 –
www.villa-hammerschmiede.de

PFORZHEIM

Baden-Württemberg – Regionalatlas **54**–F18 – Michelin Straßenkarte 545

⑪○ HOPPE'S

FRANZÖSISCH · FREUNDLICH X Man kommt immer wieder gerne hierher, denn das Restaurant ist gemütlich, charmant-lebendig und richtig sympathisch! Wer's elsässisch-badisch mag, darf sich z. B. auf "Coq au vin à la chef" oder "Flusszander mit Rieslingsauce" freuen. Sie können übrigens auch nach kleinen Portionen fragen.

☆ ♿ – Menü 32/50€ – Karte 32/50€

Weiherstraße 15 ⊠ 75175 – ☏ 07231 105776 –
www.hoppes-pforzheim.de – Geschlossen 1.-15. Februar, 15. Mai-1. Juni,
15. August-7. September, Montag, Sonntag, mittags: Dienstag-Samstag

PFRONTEN

Bayern – Regionalatlas **64**–J22 – Michelin Straßenkarte 546

In Pfronten-Obermeilingen Ost: 5 km, Richtung Füssen, dann rechts abbiegen

✿ PAVO IM BURGHOTEL FALKENSTEIN

MODERNE KÜCHE · INTIM ✕✕ "Sharing Experience" in 1250 m Höhe. Simon Schlachter, Sohn des traditionsreichen Familienbetriebs, begeistert mit moderner Küche als "Neuinterpretation von Altbewährtem". Es gibt ein Menü, dessen Gänge jeweils aus mehreren kleineren Gerichten bestehen - kreativ, durchdacht und perfekt zum Teilen! Geschult und auf herzlich-natürliche Art kümmert sich das Serviceteam um Sie und erklärt die einzelnen Gänge. "Pavo" ist übrigens das thailändische Wort für "Pfau" - Lieblingstier von König Ludwig II. In Anlehnung an den eindrucksvollen Vogel hat man hier ein edles Interieur geschaffen: wertige Materialien, königliches Blau, ein kunstvolles Gemälde an der Decke und Pfauenfedern als Deko. Zum schönen Look kommt noch eine angenehm intime Atmosphäre, denn das Restaurant hat nicht sehr viele Plätze.

Spezialitäten: Thunfisch, Avocado, Kren. "Die Kuh" - Filet, Schmorkraut, grüner Spargel, Kartoffel. Topfen, Banane, Ananas, Ingwer.

🗢 ⪕ 🅿 – Menü 130/140 €

Das Burghotel Falkenstein, Auf dem Falkenstein 1 (Höhe 1 250 m) ✉ 87459 – ☏ 08363 914540 - www.burghotel-falkenstein.de – Geschlossen 1.-10. März, 20.-31. Dezember, Montag, Dienstag, Mittwoch, mittags: Donnerstag-Sonntag

⭑○ BERGHOTEL SCHLOSSANGER ALP

REGIONAL · GEMÜTLICH ✕✕ "Kalbstafelspitz, Marktgemüse, Meerrettich-Schnittlauchsauce" ist nur eines der frischen, schmackhaften Gerichte aus der angenehm schnörkellosen naturorientierten Küche, die man hier in gemütlichen Stuben oder im Wintergarten genießt. Im Sommer lockt natürlich die Terrasse. Günstiges Mittagsmenü.

🗢 ⪕ 🏤 ✿ 🅿 – Menü 28 € (Mittags), 39/70 € – Karte 43/83 €

Am Schlossanger 1 (Höhe 1 130 m) ✉ 87459 – ☏ 08363 914550 - www.schlossanger.de

🏨 BERGHOTEL SCHLOSSANGER ALP

FAMILIÄR · GEMÜTLICH Erholen leicht gemacht: toller Service, charmantes Ambiente von der Kamin-Lounge mit Empore und Bibliothek bis in die individuellen Zimmer, Panoramasauna, Beautyprogramm, beheizter Außenpool und Naturbadeteich... und ringsum Bergkulisse! Tipp: die Giebel-Chalets!

⭑ ⮷ ⪕ 🏤 ⚒ 🔥 🖥 🛁 🅿 – 35 Zimmer

Am Schlossanger 1 (Höhe 1 130 m) ✉ 87459 – ☏ 08363 914550 - www.schlossanger.de

⭑○ **Berghotel Schlossanger Alp** – Siehe Restaurantauswahl

🏨 DAS BURGHOTEL FALKENSTEIN

FAMILIÄR · INDIVIDUELL Die Anfahrt hinauf auf über 1250 m Höhe lohnt sich schon wegen der gigantischen Aussicht auf Allgäu und Alpen! Und dann sind da noch die sympathisch-herzlichen Gastgeber, die individuellen, wertig-geschmackvollen Zimmer, der exklusive Saunabereich, das klasse Frühstück, das schicke traditionell-elegante Restaurant "Zu Pfronten"... Tipp: Wanderung zur Burgruine oder zur Mariengrotte.

⭑ ⮷ ⪕ 🏤 🔥 🛁 🅿 – 11 Zimmer – 5 Suiten

Auf dem Falkenstein 1 (Höhe 1 250 m) ✉ 87459 – ☏ 08363 914540 - www.burghotel-falkenstein.de

✿ **PAVO im Burghotel Falkenstein** – Siehe Restaurantauswahl

PIDING

Bayern – Regionalatlas **67**–O21 – Michelin Straßenkarte 546

🐝 LOHMAYR STUB'N

REGIONAL · LÄNDLICH XX Chef Sebastian Oberholzner ist Koch mit Leib und Seele, entsprechend gefragt sind seine leckeren Gerichte, bei denen er auf saisonale und regionale Zutaten setzt - man kennt seine Lieferanten und die Herkunft der Produkte. Charmant umsorgt wird man in dem schönen historischen Haus ebenfalls.

Spezialitäten: Gebeizter Lachs mit Bulgur und Wasabi-Crème. Geschmorte Kalbsbackerl in Cabernetreduktion mit Trüffelpüree. Mousse von der Tonkabohne mit Schokoladen-Whiskeyparfait und Schwarzkirschen.

🌣 🅿 – Menü 39/53 € – Karte 29/48 €

Salzburger Straße 13 ✉ 83451 – ✆ 08651 714478 – www.lohmayr.com –
Geschlossen Dienstag, Mittwoch

PIESPORT

Rheinland-Pfalz – Regionalatlas **45**-C15 – Michelin Straßenkarte 543

🏵 🏵 SCHANZ. RESTAURANT.

FRANZÖSISCH-MODERN · CHIC XXX Seit Thomas Schanz sein Restaurant betreibt, hat sich die für Spitzenweine bekannte Gemeinde Piesport auch noch zu einem wahren kulinarischen Magneten entwickelt! Der gebürtige Trierer, zu dessen Lehrherren unter anderem Klaus Erfort und Helmut Thieltges gehörten, setzt z. B. beim gegrillten Atlantik-Carabinero mit Fenchel, Orange und Ziegenricotta klassische Küche modern um. Interessant ist übrigens auch das Traubenkernöl, das man vorab zum Brot reicht! Sehr gut die Weinempfehlungen - die Region hält so manche Überraschung bereit, daneben gibt es auch Weine vom eigenen Weingut. Zum charmanten Service kommt noch das schicke Design des Restaurants. Der Patron, nicht nur gelernter Koch, sondern auch Hotelfachmann, bietet im einst elterlichen Betrieb auch richtig schöne Gästezimmer.

Spezialitäten: Tranche vom wilden Steinbutt mit geschmolzenem Ochsenmark, Tomatenkompott. Rehrücken mit Topinambur, schwarzer Arágon Olive und Zitronenmyrte-Jus. Flora von der Blaubeere mit Basilikumsorbet und heißer Bananenmilch.

🖐 🌣 ᚷ 🆎 🅿 🚗 – Menü 98/158 €

schanz. hotel., Bahnhofstraße 8a ✉ 54498 – ✆ 06507 92520 –
www.schanz-restaurant.de –
Geschlossen 24. Februar-16. März, 19. Juli-3. August, 16. November-1. Dezember, Montag, Dienstag, mittags: Mittwoch-Donnerstag und Samstag

🏨 SCHANZ. HOTEL.

FAMILIÄR · ELEGANT Das ansprechende Landhaus unweit der Mosel ist ein engagiert geführter Familienbetrieb, in dem man schön in modernen Zimmern übernachtet und sehr gut frühstückt. Für Weinliebhaber: Man hat ein eigenes kleines Weingut. Der freundliche Chef gibt auch gerne Insidertipps zu Weingütern in der Region.

🏖 🆎 🅿 🚗 – 12 Zimmer

Bahnhofstraße 8a ✉ 54498 – ✆ 06507 92520 – www.schanz-hotel.de

🏵 🏵 **schanz. restaurant.** – Siehe Restaurantauswahl

PILSACH

Bayern – Regionalatlas **51**-L17 – Michelin Straßenkarte 546

In Pilsach-Hilzhofen Süd-Ost: 9 km über B 299 Richtung Amberg, über Laaber, in Eschertshofen links

🐝 LANDGASTHOF MEIER

REGIONAL · LÄNDLICH X Herrlich die Lage im Grünen, toll der Garten und die Terrasse, gelungen der Mix aus Tradition und Moderne. Familie Meier bietet in ihrem schönen Haus richtig schmackhafte Küche aus Bio-Produkten, die aus der Region kommen oder sogar vom eigenen Gemüsefeld bzw. aus dem Kräutergarten. Sehr charmant der Service. Chic übernachten können Sie übrigens auch.

Spezialitäten: Gemüsesorten aus eigenem Anbau, geröstete Samen und Walnüsse. Kalbfleischwürfel, Karotten, Kartoffelknödel und Salzzitrone. Apfelstrudel mit Vanillesoße.

🍃 *Engagement des Küchenchefs: "In meiner Küche sind mir nicht nur Traditionen wichtig, sondern das natürliche Bewusstsein, dass man mit eigenem Bio-Gemüse, frischen Kräutern aus dem Garten, Fleisch vom Nachbarn aus artgerechter Haltung oder erstklassigen Bio-Kartoffeln aus einem nahen Kloster einfach geschmackvoll kochen kann."*

🍴 🌳 & ⇔ 🅿 – Menü 25/75€ – Karte 31/90€

Hilzhofen 18 ⊠ 92367 – 𝒞 09186 237 – www.landgasthof-meier.de –
Geschlossen Montag, Dienstag

PINNEBERG
Schleswig-Holstein – Regionalatlas **10**–I5 – Michelin Straßenkarte 541

🍴○ **ROLIN**

INTERNATIONAL • KLASSISCHES AMBIENTE ✖✖ Elegant das Ambiente, freundlich der Service, schmackhaft und ambitioniert die internationale, klassische und saisonale Küche - auf der Karte z. B. "Filet vom Nordsee-Kabeljau mit Kruste von Meerrettich, Honig und Rosmarin". Übrigens: "Rolin" ist der Name eines Schiffskapitäns. Zum Übernachten hat das Hotel "Cap Polonio" gepflegte Zimmer.

🍴 🌳 🔲 ⇔ 🅿 – Menü 37/53€ – Karte 39/63€

Hotel Cap Polonio, Fahltskamp 48 ⊠ 25421 – 𝒞 04101 5330 – www.cap-polonio.de –
Geschlossen Mittwoch, Donnerstag

PIRMASENS
Rheinland-Pfalz – Regionalatlas **53**–D17 – Michelin Straßenkarte 543

✿ **DIE BRASSERIE**

Chef: Vjekoslav Pavic

KLASSISCHE KÜCHE • BRASSERIE ✖✖ Hier trifft die unkomplizierte Atmosphäre einer Brasserie auf das Niveau eines Sternerestaurants! Hinter der auffallenden roten Fassade speisen Sie in schönem mediterranem Ambiente. Im vorderen Bistrobereich nimmt man an Hochtischen Platz, hinten im Restaurant unter einem dekorativen Deckengemälde auf bequemen Korbstühlen. Am Herd legt Patron und Küchenchef Vjekoslav Pavic Wert auf Produktqualität, Konzentration auf das Wesentliche und handwerkliche Präzision. Auf der Karte macht z. B. "Filet vom schottischen Ikarimi-Lachs auf Orangen-Fenchelmousseline mit Safransauce" Appetit. Auch auf richtig guten Service braucht man nicht zu verzichten: Überaus kompetent und aufmerksam werden die Gäste hier umsorgt.

Spezialitäten: Tatar von der Jakobsmuschel mit Avocado und Ingwer. Gegrillter Felsenoktopus mit Kartoffelrisotto, geschmorter Ochsenschwanz und Rucola. Eis von reduzierter Milch mit Rote Bete und Himbeeren.

🌳 & 🎴 ⇔ 🅿 🍷 – Menü 32€ (Mittags), 79/95€ – Karte 49/120€

Landauer Straße 105 ⊠ 66953 – 𝒞 06331 7255544 – www.diebrasserie-ps.de –
Geschlossen 1.-10. Januar, 25. Juli-13. August, Sonntag-Dienstag, mittags: Mittwoch

PLEISKIRCHEN
Bayern – Regionalatlas **59**–O20 – Michelin Straßenkarte 546

✿ **HUBERWIRT**

Chef: Alexander Huber

MODERNE KÜCHE • GASTHOF ✖ Seit 1612 ist der gestandene Gasthof nun in Familienhand und was Alexander Huber in den letzten Jahren aus dem Betrieb gemacht hat, ist aller Ehren wert! Er hat seinen Stil gefunden, und der bezieht bayerische Bodenständigkeit ebenso mit ein wie raffinierte Moderne. Dabei werden ausgezeichnete Produkte verarbeitet, die Gerichte haben Intensität und Kraft, aber eben auch Finesse. Die Gäste speisen in gemütlichen Stuben oder auf der wunderbaren, teilweise überdachten Terrasse. Der Service ist charmant, aufmerksam und angenehm unkompliziert, und er empfiehlt schöne offene Weine zum Essen. Oder darf es eine Flasche sein? Die Weinkarte zeigt sich hier weniger wirtshaustypisch, sondern durchaus niveauvoll. Erwähnenswert ist auch das richtig gute Preis-Leistungs-Verhältnis!

Spezialitäten: Gebeizte Goldforelle, Physalis, Kürbis, Ponzu. Taube, Topinambur, Petersilie. Bitterschokolade, Zwetschge, Cassis.

🏡 ♻ 🅿 – Menü 30 € (Mittags), 64/119 € – Karte 42/81 €

Hofmark 3 ✉ 84568 – 𝒞 08635 201 – www.huber-wirt.de –
Geschlossen 1.-12. Januar, 2.-11. Juni, 25. August-7. September, Montag, Dienstag

PLIEZHAUSEN

Baden-Württemberg – Regionalatlas **55**-G19 – Michelin Straßenkarte 545

⑩ SCHÖNBUCH

ZEITGENÖSSISCH • ELEGANT ☓☓ Im Restaurant des gleichnamigen Tagungshotels wird ambitioniert gekocht. Es gibt Modernes wie "Thunfisch, Salat Nicoise, Sojagel, Wasabi-Mayonnaise, Sesam", aber auch Klassiker wie Rostbraten. A-lacarte-Angebot von Mi. - Fr. abends sowie Sa. mittags und abends. So., Mo. und Di. sind Thementage. Schön die Weinkarte. Für Whisky-Liebhaber: rund 200 Positionen.

🐾 🔙 🔗 ⇱ ♿ ♻ 🅿 – Menü 20 € (Mittags), 39/79 € – Karte 33/50 €

Lichtensteinstraße 45 ✉ 72124 – 𝒞 07127 56070 – www.hotel-schoenbuch.de –
Geschlossen 1.-6. Januar, 23.-31. Dezember

PLOCHINGEN

Baden-Württemberg – Regionalatlas **55**-H18 – Michelin Straßenkarte 545

⑱ CERVUS

TRADITIONELLE KÜCHE • FREUNDLICH ☓ Zentral unweit des Bahnhofs liegt das nette Gasthaus, das auch bei Einheimischen beliebt ist. Die Atmosphäre ist unkompliziert, in der offenen Küche wird richtig schmackhaft und frisch gekocht. Neben ambitionierten Gerichten bestellen die Gäste hier auch gerne Klassiker wie Schnitzel oder Rostbraten. Mittags kleinere, einfachere Karte. Charmanter Innenhof.

Spezialitäten: Blattsalate mit sautierten Pilzen und Parmesan. Wiener Schnitzel mit Petersilienkartoffeln, Preiselbeeren und Salat. Apfelküchle mit Vanilleeis.

🏡 – Menü 64/68 € – Karte 36/52 €

Bergstraße 1 ✉ 73207 – 𝒞 07153 558869 – www.gasthaus-cervus.de –
Geschlossen Montag, Sonntag, mittags: Freitag-Samstag

In Plochingen-Stumpenhof Nord-Ost: 3 km Richtung Schorndorf

⑱ STUMPENHOF

REGIONAL • RUSTIKAL ☓☓ Wo man so herzlich umsorgt wird, kann man sich nur wohlfühlen! Der Service ist superfreundlich, auch die Chefin selbst hat immer ein offenes Ohr für die Wünsche der Gäste und versprüht gute Laune. Auf der Karte viele Klassiker der schwäbischen Küche wie z. B. Kuttelsuppe oder Kalbsrahmgulasch (Tipp: Fragen Sie nach handgeschabten Spätzle dazu!)

Spezialitäten: Spinatmaultäschle mit Parmesanschmelze, Kirschtomaten und Blattsalat. Rinderfilet mit Tomate, Oliven, Pilze, Kalbspraline, Madeirasauce, Nudeln. Mohnparfait mit Früchten.

🔗 🏡 ♻ 🅿 ⊟ – Menü 23 € (Mittags)/67 € – Karte 33/69 €

Am Stumpenhof 1 ✉ 73207 – 𝒞 07153 22425 – www.stumpenhof.de –
Geschlossen 15.-24. Februar, Montag, Dienstag, mittags: Mittwoch

POLLE

Niedersachsen – Regionalatlas **28**-H10 – Michelin Straßenkarte 541

⑱ GRAF EVERSTEIN

REGIONAL • FREUNDLICH ☓ Hier lockt nicht nur die wunderschöne Aussicht auf die Weser, bei Familie Multhoff wird auch noch richtig gut gekocht. Freundlich und aufmerksam umsorgt, lässt man sich frische Küche schmecken, bei der man auf saisonalen Bezug ebenso Wert legt wie auf ausgesuchte Produkte.

Spezialitäten: Weserbergland Tapas. Rehrücken, Kräuter-Kartoffelplätzchen, Pfifferlinge. Mango Trilogie.

≼ 🏠 ♻ 🅿 – Karte 34/56 €

Amtstraße ✉ 37647 – 𝒞 05535 999780 – www.graf-everstein.de –
Geschlossen 18.-27. Januar, Montag, Dienstag, mittags: Mittwoch-Donnerstag

POTSDAM

Brandenburg – Regionalatlas **22**-O8 – Michelin Straßenkarte 542

🕄 KABINETT F. W.

FRANZÖSISCH-MODERN · ELEGANT XxX Herrlich die ruhige Lage mitten im Wald, wunderschön das Gebäudeensemble um das "Bayrische Haus" a. d. J. 1847! In Sachen Gastronomie heißt es Klasse und Niveau. Dafür sorgt die - mit kurzer Unterbrechung - seit 2005 besternte Küche von Alexander Dressel. Dass er hier auch nach all den Jahren mit unverminderter Leidenschaft am Herd steht, beweist das moderne saisonale Menü mit gelungenen Kontrasten und tollen Aromen. Stimmig die glasweise Weinbegleitung. Umsorgt wird man geschult, engagiert und sehr aufmerksam, aber keineswegs aufdringlich. Das Gourmet-Angebot des "Kabinett F. W." serviert man übrigens auch im Zweitrestaurant, dem "Restaurant 1847".

Spezialitäten: Brandenburger Büffelmilch, Rohnen aus Uwes Garten, Stielmus, geräuchertes Eigelb. Étouffée Taube, Topinambur, Minzjoghurt, Feige, Kaffeerahm. Mirabelle, Erdnuss, Vanille, Original Beans Schokolade.

⇦ 🏠 ♻ 🅿 – Menü 90/155 €

außerhalb Stadtplan *– Hotel Bayrisches Haus, Elisenweg 2 (im Wildpark,*
Süd-West: 6 km über Zeppelinstraße A2) ✉ 14471 – 𝒞 0331 55050 –
www.bayrisches-haus.de – Geschlossen 4.-17. Januar, 24. Juni-18. August,
20.-31. Dezember, Montag, Dienstag, Sonntag, mittags: Mittwoch-Samstag

🕄 KOCHZIMMER IN DER GASTSTÄTTE ZUR RATSWAAGE

MODERNE KÜCHE · DESIGN XX Richtig stylish ist die Ratswaage a. d. 18. Jh.! Außen die historische Fassade, innen puristisches Interieur mit schicken Details wie silbergrauen Wänden, Leuchtern im 50er-Jahre-Stil und orange-roten Designer-Stühlen. Nach dem Umzug von Beelitz zurück in ihre Heimatstadt setzen Familie Frankenhäuser und ihr Team auf "neue preußische Küche". Unter der Leitung von David Schubert (schon zu Beelitzer Zeiten mitverantwortlich für die Küche und zuvor am Herd des "Louis C. Jacob" in Hamburg) werden top Produkte verarbeitet, gerne von Brandenburger Erzeugern. Sie können zwischen drei Menüs wählen oder sich einfach selbst Ihr eigenes Menü zusammenstellen. Dazu sollten Sie auf die Weinempfehlungen von Patron Jörg Frankenhäuser vertrauen! Tipp für den Sommer: der tolle Innenhof!

Spezialitäten: Zander, Rauchfond, Seealge, Dill. Broiler, Blutwurst, Erbse, Pilzauszug. Beeren, Schmand, Limone, Karamellsorbet.

🏠 ♻ – Menü 82/144 €

Stadtplan: A2-w *– Am Neuen Markt 10 ✉ 14467 – 𝒞 0331 20090666 –*
www.restaurant-kochzimmer.de – Geschlossen 24. Juli-14. August,
27. Dezember-9. Januar, Sonntag-Dienstag, nur Abendessen

🍴 VILLA KELLERMANN - TIM RAUE

DEUTSCH · ELEGANT XX Sehr geschmackvoll ist die 1914 erbaute Villa am Heiligen See - nach mehrjährigem Dornröschenschlaf von Günther Jauch zu neuem Leben erweckt. "Salon Alter Fritz", "Elefantensalon", "Grüner Salon" - jeder Raum hat seinen eigenen Charme! Deutsche Küche mit traditionellen Einflüssen aus Brandenburg und Potsdam, z. B. "Königsberger Klopse, Rote Bete, Kartoffelpüree". Kulinarischer Berater: Tim Raue.

🏠 ♿ ♻ – Menü 45/62 € – Karte 40/57 €

Stadtplan: B1-a *– Mangerstraße 34 ✉ 14467 – 𝒞 0331 20046540 –*
www.villakellermann.de – Geschlossen Montag, Dienstag, mittags: Mittwoch-Freitag

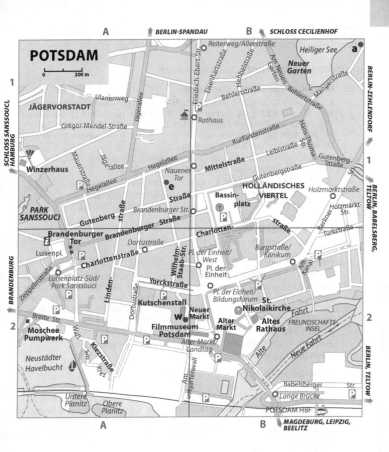

🍴 JULIETTE

FRANZÖSISCH-KLASSISCH · GEMÜTLICH 🗙 Sie suchen ein Stück französische Lebensart mitten in Potsdam? In dem wirklich liebenswerten Restaurant im Holländischen Viertel bietet man auf drei Ebenen bei dezenter Chansons-Begleitung ambitionierte klassische Küche. Wie wär's z. B. mit "Elsässer Saibling, Frühlingsgemüse, Pumpernickel"? Dazu die passenden Weine.

Menü 43/95€ – Karte 48/62€

Stadtplan: A1-e – *Jägerstraße 39* ✉ 14467 – ℰ 0331 2701791 – *www.restaurant-juliette.de* – Geschlossen 4.-10. Januar, Montag, Dienstag, mittags: Mittwoch-Freitag

🏨 BAYRISCHES HAUS

SPA UND WELLNESS · ELEGANT Ein "Stadthotel" mitten im Wald. Herrlich die ruhige Lage (Tipp: Führung durch den Wildpark), wunderschön das Gebäudeensemble - Herzstück ist das im Jahre 1847 erbaute Bayrische Haus. Wohnlich-wertige Zimmer mit kleinen Aufmerksamkeiten, freundliche Betreuung im attraktiven Spa. Frische saisonale Küche im "Restaurant 1847".

🏔 🐾 🛏 📺 ⛳ 🏊 🛁 ♿ 🏋 **P** – 41 Zimmer

außerhalb Stadtplan – *Elisenweg 2 (im Wildpark, Süd-West: 6 km über Zeppelinstraße A2)* ✉ 14471 – ℰ 0331 55050 – *www.bayrisches-haus.de*

❀ **Kabinett F. W.** – Siehe Restaurantauswahl

PRESSECK

Bayern – Regionalatlas **50**–L14 – Michelin Straßenkarte 546

In Presseck-Wartenfels Süd-West: 7,5 km

GASTHOF BERGHOF - URSPRUNG

REGIONAL • GASTHOF ░ "Tradition trifft Moderne" gilt sowohl fürs Ambiente als auch für die Küche. Da schmeckt die "Brodsuppn nach Oma Lottes Rezept" ebenso gut wie "rosa gebratener Hirschrücken, gegrillte Shiitake, Moosbeeren". Es gibt auch pfiffige Menüs und Brotzeiten. Den Wein wählt man per iPad. Gepflegt übernachten können Sie auch.

Spezialitäten: Gegrillte Garnelen mit mariniertem Glasnudelsalat. Kalbsleber mit Zwiebeln, Apfelspalten und Kartoffelstampf. Bananensplit.

⇔ 🛖 ۞ 🅿 – Menü 37/65 € – Karte 35/65 €

Wartenfels 85 ✉ 95355 – ℰ 09223 229 – www.berghof-wartenfels.de –
Geschlossen 11. Januar-4. Februar, 2.-13. August, Montag, Dienstag

PRIEN AM CHIEMSEE

Bayern – Regionalatlas **66**–N21 – Michelin Straßenkarte 546

🕽○ REINHART

ZEITGENÖSSISCH • GEMÜTLICH ░░ Was im Restaurant des "Garden Hotel Reinhart" serviert wird, sind schmackhafte ambitionierte Gerichte, für die man sehr gute Produkte verwendet. Darf es vielleicht "sauer eingelegte Chiemsee-Renke mit Rösti und Crème frâiche" sein? Oder lieber "Bavette vom Rind Café de Paris mit Süßkartoffel"? Im Sommer hat man eine schöne Terrasse.

⇔ 🛖 ۞ 🅿 – Menü 34/58 € – Karte 35/58 €

Erlenweg 16 ✉ 83209 – ℰ 08051 6940 – www.restaurant-reinhart.de –
Geschlossen nur Abendessen

🕽○ THOMAS MÜHLBERGER

KLASSISCHE KÜCHE • BISTRO ░ Thomas Mühlberger, Urgestein der gehobenen Chiemsee-Gastronomie, betreibt hier einen Mix aus Kochschule und Foodbar - trendige Atmosphäre inklusive! Aus der Küche kommt Leckeres wie "Skrei mit Chorizo-Tortellini und Safransauce". Auch Desserts wie "Ananas und Schokolade" sollte man nicht verpassen! Eine nette Alternative zu den klassischen Restaurants in der Region!

🛖 🅿 – Menü 32/58 € – Karte 43/62 €

Bernauer Straße 31 ✉ 83209 – ℰ 08051 966888 – www.kochstdunoch.de –
Geschlossen mittags: Mittwoch-Donnerstag, Freitag, Samstag

PULHEIM

Nordrhein-Westfalen – Regionalatlas **35**–B12 – Michelin Straßenkarte 543

In Pulheim-Stommeln Nord: 5 km Richtung Grevenbroich

✤ GUT LÄRCHENHOF

FRANZÖSISCH-MODERN • ELEGANT ░░░ Das wunderbare Anwesen des hochrangigen Golfplatzes bietet den perfekten Rahmen für die Gourmet-Kreationen von Küchenchef Torben Schuster. Seine Küche ist modern, mutig und kreativ und vergisst dennoch nicht ihre klassische Basis. Eine gelungene Mischung, aus der nicht alltägliche Speisen wie "Gänseleber & Taschenkrebs, Birne, Ziegenkäse, Sonnenblumen-Aromen" entstehen - da hat so manches Gericht das Zeug zum Signature Dish! Dazu werden Sie von Gastgeber Peter Hesseler und seinem Team sehr freundlich und kompetent betreut. Auf der deutlich über 1000 Positionen umfassenden Weinkarte wird jeder fündig, und das erfreulicherweise in fast jedem Budgetrahmen. Übrigens: Wenn Sie einen Platz auf der herrlichen Terrasse ergattern, kommt durchaus Urlaubsfeeling auf!

Spezialitäten: Jakobsmuschel, Secreto Rubia Gallega, Maiknolle, Ingwer und Trüffelponzu. Japanisches Wagyu Miyazaki, Steinpilze und schwarzer Knoblauch. Marille, Mandel, Tonkabohne und Turrón.

🦞 ⌂ ⇔ 🅿 – Menü 99/169 € – Karte 107/150 €

Hahnenstraße (im Golfclub Lärchenhof, Zufahrt über Am Steinwerk) ✉ 50259 –
☎ 02238 9231016 – www.restaurant-gutlaerchenhof.de –
Geschlossen 1.-15. Januar, 8.-16. Februar, Montag, Dienstag,
mittags: Mittwoch-Freitag
🍴 **Bistro** – Siehe Restaurantauswahl

🍴 BISTRO

MARKTKÜCHE · BISTRO ✕ Wer es gerne mal ein bisschen einfacher hat, für den ist das Bistro ideal. Hier gibt es in neuzeitlichem Ambiente Klassiker und Aktuelles. Nicht nur für Golfer eine interessante Adresse.

⌂ ⇔ 🅿 – Menü 44 € – Karte 25/70 €

Gut Lärchenhof, Hahnenstraße (im Golfclub Lärchenhof, Zufahrt über Am
Steinwerk) ✉ 50259 – ☎ 02238 9231016 – www.restaurant-gutlaerchenhof.de –
Geschlossen 1.-15. Januar, 8.-16. Februar

PULLACH

Bayern – Regionalatlas **65**–L20 – Michelin Straßenkarte 546

🏠 SEITNER HOF

LANDHAUS · GEMÜTLICH Wohnliche Zimmer, ein schöner Garten, die ruhige Lage und dennoch eine gute Anbindung nach München, dazu der freundliche Service - da kommen schon so einige Annehmlichkeiten zusammen. Natürlich sei auch die kleine Bibliothek erwähnt! Gehobene französische Küche im Restaurant "Alte Brennerei".

🏠 🔆 🦌 🅿 🚗 – 40 Zimmer

Habenschadenstraße 4 ✉ 82049 – ☎ 089 744320 – www.seitnerhof.de

QUEDLINBURG

Sachsen-Anhalt – Regionalatlas **30**–K10 – Michelin Straßenkarte 542

🍴 WEINSTUBE

REGIONAL · KLASSISCHES AMBIENTE ✕ Die ehemalige Stallung ist heute ein reizender Raum, in dem Terrakottafliesen, warme Töne und eine alte Backsteindecke für ein schönes Ambiente mit ländlichem Touch sorgen. Die Küche ist klassisch-regional und saisonbezogen, auf der Karte z. B. "Lammrücken, grüner Spargel, Kartoffel, Holunder".

⇦ ⌂ 🔆 ⇔ 🅿 – Menü 52 € – Karte 47/51 €

Hotel Am Brühl, Billungstraße 11 ✉ 06484 – ☎ 03946 96180 –
www.hotelambruehl.de –
Geschlossen mittags: Montag-Sonntag

🏠 HOTEL AM BRÜHL

HISTORISCH · GEMÜTLICH Hier hat man eine Gründerzeitvilla und ein historisches Fachwerkgebäude mit Liebe zum Detail restauriert und daraus ein charmant-elegantes Hotel gemacht. Sie wohnen in ausgesprochen geschmackvollen Zimmern unterschiedlicher Größe, am Morgen gibt es ein ausgezeichnetes Frühstück und in die schöne Altstadt sind es nur wenige Minuten zu Fuß.

🍽 🏠 🔆 🦌 🅿 – 42 Zimmer – 5 Suiten

Billungstraße 11 ✉ 06484 – ☎ 03946 96180 – www.hotelambruehl.de
🍴 **Weinstube** – Siehe Restaurantauswahl

RADEBEUL siehe Dresden (Umgebungsplan)

Sachsen – Regionalatlas **43**–Q12 – Michelin Straßenkarte 544

❁ ATELIER SANSSOUCI

KLASSISCHE KÜCHE · ELEGANT XX "Atelier Sanssouci" - schon der Name klingt stilvoll, und genau so ist das wundervolle Anwesen a. d. 18. Jh. auch! Nicht nur von außen ist die "Villa Sorgenfrei" samt herrlichem Garten eine Augenweide, absolut sehenswert auch das Interieur: ein mediterran-eleganter Saal mit markanten Lüstern, Wandmalerei und hoher Stuckdecke. Diesem Niveau ebenbürtig ist die Küche. Aus sehr guten Produkten entsteht ein gelungener Mix aus Klassik und Moderne, feine Kontraste und Harmonie inklusive. Zu Gerichten wie "Moritzburger Reh, Spitzkohl, Pfifferlinge, Wildjus" bietet man Weinliebhabern eine schöne Begleitung. Trefflich die Beratung durch den versierten Sommelier. Nachmittags bekommen Sie übrigens auch Kuchen und Snacks.

Spezialitäten: Tranche vom Lachs, sein Kaviar, schwarze Nuss und Karotte. Kalbsbries, Steinpilz, Hafer und Zuckerschote. Brombeere mit Karamell, Schokolade und Sesameis.

⅋ ⇚ 🍴 🅿 – Menü 89/129 €

Hotel Villa Sorgenfrei, Augustusweg 48 ✉ 01445 – ☎ 0351 7956660 –
www.atelier-sanssouci.de –
Geschlossen Dienstag, Mittwoch, mittags: Montag und Donnerstag-Sonntag

🏠 VILLA SORGENFREI

HERRENHAUS · GEMÜTLICH Wirklich bildschön ist dieses Herrenhaus a. d. 18. Jh. samt traumhaftem Garten. Stilvolle Möbel, helle Farben, Dielenböden, teilweise gemütliche Dachschrägen... Die Zimmer mischen äußerst geschmackvoll historischen Charme mit modernem Komfort. Ein Genuss ist auch das A-la-carte-Frühstück!

🌳 ⌖ ⇚ 🧖 🅿 – 14 Zimmer – 2 Suiten

Augustusweg 48 ✉ 01445 – ☎ 0351 7956660 – www.hotel-villa-sorgenfrei.de

❁ **Atelier Sanssouci** – Siehe Restaurantauswahl

RADOLFZELL

Baden-Württemberg – Regionalatlas **62**–G21 – Michelin Straßenkarte 545

🏠 BORA HOTSPARESORT

RESORT · DESIGN Urlauber, Wellnessgäste, Tagungen... Die Lage nur einen Steinwurf vom See entfernt und schickes wertiges Interieur im ganzen Haus spricht jeden an! Alle Zimmer mit Balkon. Sie möchten richtig schön entspannen? Skylounge mit toller Sicht, nebenan SPA samt textilfreiem Pool. Ambitionierte moderne Küche im "RUBIN".

🌳 🏋 ⊕ 🛋 🖥 ⚒ 🅰 🧖 🅿 ⇌ – 84 Zimmer

Karl-Wolf-Straße 35 ✉ 78315 – ☎ 07732 950400 – www.bora-hotsparesort.de

RAMMINGEN

Baden-Württemberg – Regionalatlas **56**–I19

⅋○ LANDGASTHOF ADLER

KLASSISCHE KÜCHE · ELEGANT XX In diesem charmanten Haus genießt man sehr guten Service, eine wohnliche und elegante Atmosphäre mit ländlichem Touch und richtig schön übernachten kann man hier ebenfalls. Aus der Küche kommt Klassisches - probieren Sie z. B. gebeizten Saibling, geschmorte Rinderroulade oder gratinierten Lammrücken! Der Chef selbst empfiehlt dazu gern die passenden Weine.

⅋ ⇌ 🍴 ⊕ 🅿 🚗 – Menü 39 € (Mittags), 59/108 € – Karte 40/80 €

Riegestraße 15 ✉ 89192 – ☎ 07345 96410 – www.adlerlandgasthof.de –
Geschlossen 1.-5. Januar, 7.-17. August, Montag, mittags: Dienstag-Donnerstag

RATEKAU

Schleswig-Holstein – Regionalatlas **11**–K4 – Michelin Straßenkarte 541

In Ratekau-Warnsdorf Nord-Ost: 9 km

⌂ LANDHAUS TÖPFERHOF

LANDHAUS · ELEGANT Sie mögen es individuell? Dieses schöne Anwesen bietet hochwertige und wohnliche Zimmer im Haupthaus und in der "Alten Scheune". Im "Café Tausendschön" lockt hausgemachter Kuchen, draußen der große Garten mit Ententeich. Gemütliches Restaurant mit hübschem Wintergarten. Kostenloser Fahrradverleih.

⌂ 🐾 🛏 🏠 🎢 ♨ P 🚗 – 31 Zimmer – 7 Suiten

Fuchsbergstraße 5 ⊠ 23626 – ℰ 04502 2124 – www.landhaus-toepferhof.de

RATINGEN

Nordrhein-Westfalen – Regionalatlas **26**–C11 – Michelin Straßenkarte 543

In Ratingen-Homberg Ost: 5 km jenseits der A3

⍭○ ESSGOLD

INTERNATIONAL · GEMÜTLICH XX In dem Fachwerkhaus von 1875 sitzt man in einem gemütlich-modernen Raum mit Kachelofen bei saisonal-mediterran beeinflusster Küche. Tipp: die Terrasse auf einem malerischen kleinen Platz mit Blick auf die Kirche! Gepflegt übernachten kann man übrigens auch: Man hat vier sehr hübsche Zimmer.

🍽 – Menü 25 € (Mittags), 49/69 € – Karte 29/57 €

Dorfstraße 33 ⊠ 40882 – ℰ 02102 5519070 – www.restaurant-essgold.de –
Geschlossen Montag, Sonntag

RATSHAUSEN

Baden-Württemberg – Regionalatlas **62**–F20 – Michelin Straßenkarte 545

🌼 ADLER

MARKTKÜCHE · RUSTIKAL X Gemütlich-rustikal ist es in dem historischen Gasthaus, herzlich der Service unter der Leitung der Chefin - die charmante Steirerin ist eine tolle Gastgeberin! In der Küche bereiten Vater und Sohn z. B. "Kutteln in Lemberger mit Bratkartoffeln", "Rehpfeffer" oder auch "Tarte Tatin" zu. Ob gehoben oder bürgerlich, man kocht richtig schmackhaft! Tipp: eigene Brände.

Spezialitäten: Blätterteig mit Kalbsbries und Entenleber auf Trüffelnage. Gegrilltes Rückenstück vom Rind und Wildwassergarnele mit Gemüse, Pfifferlinge. Mandelbiskuite mit Erdbeerragout, Vanilleeis und Portwein.

🍽 ⇔ P 🍴 – Menü 49/75 € – Karte 34/69 €

Hohnerstraße 3 ⊠ 72365 – ℰ 07427 2260 – www.adler-ratshausen.de –
Geschlossen 10.-18. Februar, 25. August-8. September, Montag, Dienstag

RAUHENEBRACH

Bayern – Regionalatlas **49**–J15 – Michelin Straßenkarte 546

In Rauhenebrach-Schindelsee Ost: 9 km

🌼 GASTHAUS HOFMANN

REGIONAL · GASTHOF X Nicht ohne Grund zieht es viele Stammgäste hier hinaus zu Bettina Hofmann, denn man hat es in den netten rustikalen Stuben nicht nur gemütlich, man isst auch gut. Gekocht wird regional-saisonal und mit modernen Einflüssen, dazu schöne Weine. Wohnliche Gästezimmer hat man auch. Die Eier fürs Frühstück stammen übrigens aus eigener Hühnerhaltung!

Spezialitäten: Frischlingcarpaccio, Steinpilzschaum, Portulak. Kalb, Pfifferlingsflan, gebratene Gelbe Rüben. Mirabellen, Bisquit, Haselnuss-Thymianeis.

⇔ 🍽 P 🍴 – Menü 40/70 € – Karte 25/65 €

Schindelsee 1 ⊠ 96181 – ℰ 09549 98760 – www.schindelsee.de –
Geschlossen 11. Januar-4. Februar, Montag, Dienstag, mittags: Mittwoch-Samstag

RAVENSBURG

Baden-Württemberg – Regionalatlas **63**–H21 – Michelin Straßenkarte 545

⫟○ LUMPERHOF

REGIONAL · LÄNDLICH ✗ Idyllisch liegt der familiengeführte Landgasthof im Grünen - reizvoll die Terrasse mit mächtiger alter Linde! Die schmackhaften regional-saisonalen Gerichte nennen sich z. B. "Rehragout mit Spätzle und Pilzen" oder "Ravensburger Spargel mit gebackenem Maischollenfilet und Sauce Hollandaise". Nur Barzahlung.

🍴 ⇄ **P** 🚭 – Menü 42/68 € – Karte 31/64 €

Lumper 1 ✉ 88212 – ☏ 0751 3525001 – www.lumperhof.de –
Geschlossen 25. Mai-9. Juni, Montag, Dienstag, mittags: Mittwoch-Freitag

REES

Nordrhein-Westfalen – Regionalatlas **25**–B10 – Michelin Straßenkarte 543

In Rees-Reeserward Nord-West: 4 km über Westring und Wardstraße

⫟○ LANDHAUS DREI RABEN

REGIONAL · GEMÜTLICH ✗✗ Seit 1995 steht Familie Koep für beständig gute Gastronomie, und die gibt es auf dem historischen Anwesen mit Landgut-Charakter in gemütlichen Räumen (im Winter mit wärmendem Kamin) oder auf der tollen Terrasse mit Blick zum Mahnensee. Man kocht international, regional und saisonal, z. B. "Entenbrust mit Portwein-Aprikosen". Tagsüber beliebt: Flammkuchen und Kuchen.

🍴 ⇄ **P** 🚭 – Menü 19/28 € – Karte 39/57 €

Reeserward 5 ✉ 46459 – ☏ 02851 1852 – www.landhaus-drei-raben.de –
Geschlossen Montag, Dienstag, Mittwoch

REGENSBURG

Bayern – Regionalatlas **58**–N18 – Michelin Straßenkarte 546

✽ STORSTAD

Chef: Anton Schmaus

KREATIV · TRENDY ✗✗ Schwedisch ist hier nicht nur der Name ("storstad" bedeutet "Großstadt" und nimmt Bezug auf die Zeit des Chefs in Stockholm), nordische Akzente finden sich auch im Design und in der Küche des chic-urbanen Restaurants im 5. Stock des Turmtheaters. Man hat hier oben im historischen Goliathhaus übrigens eine klasse Sicht auf den Dom - herrlich die Terrasse! Gekocht wird kreativ, ausdrucksstark und kontrastreich, das gilt für das "konventionelle" Menü ebenso wie für die vegetarische Alternative. Verantwortlich dafür sind Küchenchef Josef Weig und Patron Anton Schmaus. Letzterer ist übrigens auch offizieller Koch der deutschen Fußball-Nationalmannschaft. Geschult, aufmerksam und charmant empfiehlt man auch interessante Weinbegleitungen.

Spezialitäten: Beef Tatar, Kombu, Langustino, Grüner Apfel. Duroc Schwein, Fenchel, Pimento de Piquillo, Nduja. Tahiti Vanille, Alba Trüffel, Haselnuss.

⇲ 🍴 – Menü 45 € (Mittags), 100/145 €

Stadtplan: B1-s – *Watmarkt 5 (5. Etage)* ✉ 93047 – ☏ 0941 59993000 –
www.storstad.de – Geschlossen Montag, Sonntag

✽ **Aska** – Siehe Restaurantauswahl

✽ ROTER HAHN 🆕

Chef: Maximilian Schmidt

MODERNE KÜCHE · ENTSPANNT ✗✗ Eine richtig lange Geschichte hat dieses historische Stadthaus im Herzen von Regensburg hinter sich! Im 13. Jh. erstmals urkundlich erwähnt und seit Jahrhunderten als Gasthof bekannt, ist im Haus der Familie Schmidt bereits die 3. Generation am Ruder. Mit Sohn Maximilian bringt ein talentierter Küchenchef seine Erfahrungen ein, die er in erstklassigen internationalen Adressen gesammelt hat. In angenehm ungezwungener Atmosphäre serviert man eine moderne und geschmacksintensive Küche mit skandinavischen und asiatischen Einflüssen, aber auch Freunde von Klassikern aus der bürgerlichen Küche werden fündig. Mittags gibt es eine einfachere Lunchkarte. Und wenn Sie übernachten möchten: Im Hotelbereich erwarten Sie Zimmer mit individueller Note.

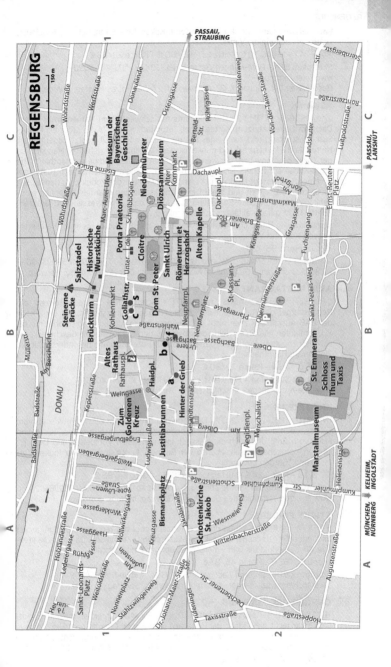

Spezialitäten: Languste, Kürbis, Tandoori, Kokos. Rehrücken, Sellerie, Haselnuss, Quitte. Pfirsich Melba, Vanille, Baiser.

↤ 🏠 ✿ – Menü 30 € (Mittags), 95/110 € – Karte 28/88 €

Stadtplan: B1-a – *Rote-Hahnen-Gasse 10* ✉ *93047 – ℰ 0941 595090 – www.roter-hahn.com – Geschlossen 1.-4. Januar, 7.-22. Februar, 24.-27. Dezember, Montag, Sonntag*

❀ ASKA ⓝ

JAPANISCH · INTIM 🍴 Zwei Restaurants mit schwedischem Namen unter einem Dach. Im Gegensatz zum Mutterbetrieb "Storstad" ist das "Aska" aber ein kleines Sushi-Restaurant, und zwar eines mit persönlicher Note. Übersetzt bedeutet der Name "Asche", entsprechend dunkel ist das klare Interieur gehalten. Man sitzt an der Theke oder an einem der wenigen Tische in Nischen und genießt authentische Sushi-Küche auf hohem Niveau. Meister Atsushi Sugimoto lernte sein Handwerk in seiner Heimatstadt Osaka und arbeitet hier nun top Produkte zu den besten klassischen Sushi weit und breit! Der aufmerksame und charmante Service empfiehlt die passende Sake-Begleitung zum Menü, dazu eine Wasser- und Grüntee-"Flat" - nicht gerade alltäglich in Deutschland!

Spezialitäten: Nigiri und Sashimi. Aal über der Holzkohle gegrillt. Kandierter Ingwer, Nori und Yuzu.

♿ 🔲 – Menü 95/120 €

Stadtplan: B1-c – *Storstad, Watmarkt 5 (5. Etage)* ✉ *93047 – ℰ 0941 59993000 – www.aska.restaurant – Geschlossen Montag, mittags: Dienstag-Samstag, Sonntag*

🍴○ AVIA RESTAURANT ⓝ

DEUTSCH · ZEITGEMÄSSES AMBIENTE 🍴🍴 Schon viele Jahre schätzen die Regensburger das Restaurant des gleichnamigen Businesshotels. Die Lage nahe der BAB-Ausfahrt ist zwar nicht die schönste, in die Altstadt sind es aber nur ca. 15 Gehminuten. Man bietet eine gehobene bürgerliche Küche mit Geschmack, die auf frischen, guten Produkten basiert. Tipp für Hotelgäste: die besonders schicken Zimmer im Haupthaus.

↤ 🏠 ♿ ✿ 🅿 – Karte 29/60 €

außerhalb Stadtplan – *Frankenstraße 1* ✉ *93059 – ℰ 0941 40980 – www.avia-restaurant.de – Geschlossen 1.-8. Januar*

🍴○ KREUTZER'S

INTERNATIONAL · TRENDY 🍴 Die Lage beim Westhafen ist zwar etwas ab vom Schuss, doch der Besuch lohnt sich, denn hier gibt es richtig gutes Fleisch und Fisch vom Grill! Und auch die klassisch-internationalen Vorspeisen und Desserts können sich sehen lassen, ebenso der Business Lunch. Im Sommer locken Terrasse und "Garden Lounge".

🏠 ♿ 🅿 – Menü 24 € (Mittags), 49/95 € – Karte 24/85 €

außerhalb Stadtplan – *Prinz-Ludwig-Straße 15a* ✉ *93055 – ℰ 0941 569565020 – www.kreutzers-restaurant.de – Geschlossen Sonntag, mittags: Samstag*

🍴○ STICKY FINGERS

KREATIV · HIP 🍴 Ein schön urbanes Konzept: cool das reduzierte Design, locker und leger die Atmosphäre, Musik zur akustischen Untermalung. Da passt die kreative Küche perfekt ins Bild - man speist übrigens mit Stäbchen.

Menü 50/65 € – Karte 45/83 €

Stadtplan: B1-f – *Unteren Bachgasse 9* ✉ *93047 – ℰ 0941 58658808 – www.stickyfingers.restaurant – Geschlossen Montag, Sonntag*

🏛 ORPHÉE GROßES HAUS

HISTORISCHES GEBÄUDE · INDIVIDUELL Für Autofahrer ist die Innenstadtlage zwar nicht ganz ideal, dafür stecken jede Menge Charme und Geschichte in diesem Haus! Wie könnte man attraktiver wohnen als in stilgerecht erhaltenen Räumen mit Stuck, Dielenböden, Kunst und Antiquitäten? Bistro mit Pariser Flair.

🔲 🛎 – 33 Zimmer – 1 Suite

Stadtplan: B1-b – *Untere Bachgasse 8* ✉ *93047 – ℰ 0941 596020 – www.hotel-orphee.de*

ORPHÉE ANDREASSTADEL

FAMILIÄR · INDIVIDUELL Das charmante ehemalige Salzstadel nahe der Steinernen Brücke besticht durch herzliche Gästebetreuung und geräumige, wertige Zimmer mit mediterraner Note, teils zu den Donauauen hin. Das Frühstück serviert man Ihnen auf dem Zimmer. Parkplatz in der Salzgasse.

🌿 **P** – 10 Zimmer

außerhalb Stadtplan – *Andreasstraße 26 (über Griersersteg C1)* ✉ 93059 –
☎ 0941 59602300 – *www.hotel-orphee.de*

REHLINGEN-SIERSBURG
Saarland – Regionalatlas **45**–B16 – Michelin Straßenkarte 543

Im Ortsteil Eimersdorf Nord-West: 2 km ab Siersburg

🍴 **NIEDMÜHLE**

FRANZÖSISCH ZEITGENÖSSISCH · LANDHAUS ✕✕ Wertig-elegant das Interieur, schön die Tischkultur, aufmerksam und geschult der Service. Dazu ambitionierte klassische Küche aus guten Produkten - und werfen Sie auch mal einen Blick in die fair kalkulierte Weinkarte. Gerne sitzt man im romantischen, zur Nied gelegenen Garten mit altem Baumbestand. Zum Übernachten: hell und wohnlich-modern eingerichtete Zimmer.

⇦ 🍴 🎐 **P** – Menü 28 € (Mittags), 49/90 € – Karte 28/75 €

Niedtalstraße 23 ✉ 66780 – ☎ 06835 67450 – *www.restaurant-niedmuehle.de* –
Geschlossen Montag, Sonntag, mittags: Samstag

REICHENAU (INSEL)
Baden-Württemberg – Regionalatlas **63**–G21 – Michelin Straßenkarte 545

Im Ortsteil Mittelzell

🍴 **GANTER RESTAURANT MOHREN**

INTERNATIONAL · GEMÜTLICH ✕✕ Ob in gemütlich-rustikalem oder chic-modernem Ambiente, im Restaurant des "Ganter Hotel Mohren" gibt es eine saisonal geprägte Küche sowie Klassiker - auf der Karte z. B. "gebratenes Saiblingsfilet mit Balsamico-Albinsen" oder auch "Original Wiener Schnitzel". Schön übernachten kann man im historischen Stammhaus oder im Neubau.

⇦ 🎐 🎐 ⇄ **P** – Karte 36/48 €

Pirminstraße 141 ✉ 78479 – ☎ 07534 9944607 – *www.mohren-bodensee.de* –
Geschlossen mittags: Montag-Samstag

REICHERTSHAUSEN
Bayern – Regionalatlas **58**–L19 – Michelin Straßenkarte 546

In Reichertshausen-Langwaid Süd-West: 6 km, Richtung Hilgertshausen, in Lausham rechts ab

🍴 **GASTHOF ZUM MAURERWIRT**

KLASSISCHE KÜCHE · LÄNDLICH ✕✕ Gemütlich sitzt man in geschmackvollen Stuben, der ländliche Charme passt schön zur langen Tradition des Gasthauses. Gekocht wird ambitioniert und mit internationalem Einfluss. Der freundliche Service empfiehlt dazu den passenden Wein.

🎐 🅺 **P** – Menü 44/72 € – Karte 38/58 €

Scheyerer Straße 3 ✉ 85293 – ☎ 08137 809066 – *www.maurerwirt.de* –
Geschlossen Montag, Dienstag, mittags: Mittwoch-Samstag

REICHSHOF

Nordrhein-Westfalen – Regionalatlas **37**–D12 – Michelin Straßenkarte 543

In Reichshof-Hespert

ⅰ○ BALLEBÄUSCHEN

FRANZÖSISCH-KLASSISCH · GEMÜTLICH XX Seit über 25 Jahren betreibt Familie Allmann dieses nette Restaurant - man lebt die Tradition und bleibt dennoch nicht stehen. Die Küche ist schmackhaft, frisch und ehrlich, sie reicht von regional bis klassisch und bietet auch Wild aus eigener Jagd. Mittags kleine Tageskarte. Schöne Terrasse hinterm Haus.

🍲 ✿ **P** – Menü 17 € (Mittags), 45/68 € – Karte 30/66 €

Hasseler Straße 10 ⌖ 51580 – ℰ 02265 9394 – www.ballebaeuschen.de –
Geschlossen Montag, Dienstag, Mittwoch

REIL

Rheinland-Pfalz – Regionalatlas **46**–C15 – Michelin Straßenkarte 543

⊛ HEIM'S RESTAURANT

TRADITIONELLE KÜCHE · FAMILIÄR XX In dem rund 300 Jahre alten Haus genießt man in geschmackvollem Ambiente frische saisonale Küche. Zu den regional geprägten Speisen gibt es auch den passenden Mosel-Wein. Tipp: Fensterplätze mit Blick auf Weinberge und Mosel. Küchen-Öffnungszeiten: 12 - 21 Uhr. Zum Übernachten hat der "Reiler Hof" schöne Zimmer.

Spezialitäten: Landei, Crèmespinat, Krabben, Parmaschinken. Schweinebauch, Rotweinschalotten, Schnippelbohnen. Passionsfruchttarte, Baiser, Kokos.

🖙 ≼ 🍲 ✿ **P** 🚗 – Menü 35/85 € – Karte 35/67 €

Hotel Reiler Hof, Moselstraße 27 ⌖ 56861 – ℰ 06542 2629 – www.reiler-hof.de –
Geschlossen 21. Dezember-18. März

REIT IM WINKL

Bayern – Regionalatlas **67**–N21 – Michelin Straßenkarte 546

In Reit im Winkl-Blindau Süd-Ost: 2 km

ⅰ○ GUT STEINBACH

REGIONAL · LANDHAUS XX "Heimat", "Auerhahn", "Bayern" oder "Tiroler Stube" - unterschiedliche Räume bietet das Restaurant des schmucken gleichnamigen Resorts, allesamt geschmackvoll und gemütlich. Die Speisekarte ist überall die gleiche. Probieren Sie z. B. "Beef Tatar vom Almochsen" oder auch "gebratenen Zander auf Szegediner Kraut".

🐾 *Engagement des Küchenchefs:* "Das Prinzip „Farm to table" geht mir über alles, daher auch meine Philosophie und das Credo des Hauses „80 Prozent aller Produkte aus maximal 80 km Entfernung". Dabei helfen sowohl Eigenanbau als auch handverlesene Produzenten, die zum ökologischen Fingerabdruck unseres Hauses passen."

🖙 🍲 ✿ **P** – Menü 37/45 € – Karte 35/77 €

Steinbachweg 10 ⌖ 83242 – ℰ 08640 8070 – www.gutsteinbach.de

🏨 GUT STEINBACH

LANDHAUS · MODERN Das Schwesterhotel der "Egerner Höfe" in Rottach-Egern ist ein wunderschönes Landresort mit Haupthaus und sieben herrlichen Chalets - da möchte man gar nicht mehr ausziehen! Wunderbar die ruhige Lage, toll das Anwesen samt gutseigenen Tieren, dazu Spa, ausgezeichneten Service und ein hervorragendes Frühstück. Das ist naturverbundener und unprätentiöser Luxus!

🕏 🦢 ≼ 🛏 📺 🕘 🛁 🔅 & 🛋 **P** 🚗 – 50 Zimmer – 13 Suiten

Steinbachweg 10 ⌖ 83242 – ℰ 08640 8070 – www.gutsteinbach.de

ⅰ○ **Gut Steinbach** – Siehe Restaurantauswahl

REMAGEN

Rheinland-Pfalz – Regionalatlas **36**–C13 – Michelin Straßenkarte 543

⫯○ ALTE REBE

INTERNATIONAL · GERADLINIG ✗ Eine hübsche Adresse direkt am Marktplatz etwas oberhalb des Rheins. Das Ambiente geradlinig-modern mit markanten Farbakzenten in Lila. Charmant der Service. Auf der internationalen Karte machen z. B. "gebratener Oktopus und Wildgarnele mit Orange und Fenchel" oder "Westerwälder Lachsforelle mit weißer Zwiebelcreme, Lauch und Reis" Appetit. Mittags kleinere Karte.

🛝 🍽 – Karte 30/64 €

Kirchstraße 4 ✉ 53424 – ☏ 02642 9029269 – www.alte-rebe-remagen.de –
Geschlossen 13.-28. September, Montag, Dienstag

REMCHINGEN

Baden-Württemberg – Regionalatlas **54**-F18 – Michelin Straßenkarte 545

In Remchingen-Wilferdingen

⫯○ ZUM HIRSCH

REGIONAL · RUSTIKAL ✗✗ Ein charmanter Fachwerk-Gasthof von 1688 - im Winter sitzt man gerne in der Ofenstube, im Sommer auf der schönen Terrasse. Sehr lecker sind z. B. "Tatar vom Schwarzwälder Färsenrind" oder "knusprig gebratener Flusszander, Weißburgundercreme, Apfel-Rahmsauerkraut". Mittags: "Eat & Talk". Das Haus ist auch eine praktische Übernachtungsadresse.

↩ 🛝 ✿ 🅿 – Menü 35 € (Mittags), 59/93 € – Karte 36/64 €

Hauptstraße 23 ✉ 75196 – ☏ 07232 79636 – www.hirsch-remchingen.de –
Geschlossen Montag, Sonntag

REMSCHEID

Nordrhein-Westfalen – Regionalatlas **36**-C12 – Michelin Straßenkarte 543

⫯○ HELDMANN & HERZHAFT

KLASSISCHE KÜCHE · GEMÜTLICH ✗✗ Das Konzept der Heldmanns kommt an: Man unterscheidet nicht mehr zwischen "Gourmet" und "Bistro", sondern bietet nur noch eine Karte. Hier liest man z. B. "Bergisches Kalbsfilet, Zuckerschoten, Pilzravioli, Pfeffersauce". Unverändert der attraktive Rahmen der schmucken Industriellenvilla a. d. 19. Jh.

🛝 ⴺ ✿ 🅿 – Menü 45/79 € – Karte 40/75 €

Brüderstraße 56 ✉ 42853 – ☏ 02191 291941 – www.heldmann-herzhaft.de –
Geschlossen 1.-12. Januar, 21. Juli-11. August, Sonntag-Dienstag, mittags: Samstag

RHEDA-WIEDENBRÜCK

Nordrhein-Westfalen – Regionalatlas **27**-F10 – Michelin Straßenkarte 543

Im Stadtteil Rheda

✿ REUTER

Chef: Iris Bettinger

FRANZÖSISCH-MODERN · ELEGANT ✗✗ Familientradition seit 1894 - da ist Ihnen echtes Engagement gewiss. In dem schönen wertig-eleganten Restaurant macht Iris Bettinger mit ihrem "interregiomediterraneurasischen" Menü von sich reden. Nach Stationen wie dem "Colombi" in Freiburg, der "Käfer-Schänke" und dem "Mandarin Oriental" in München hat sie hier im Jahre 2007 in 4. Generation die Küchenleitung übernommen. Produktorientiert und mit kreativer Note verbindet sie regionale und internationale Einflüsse. So kombiniert sie z. B. aromatische Jakobsmuscheln mit Karotte in verschiedenen Varianten und einem schmackhaften Sesamcracker. Dazu werden die Gäste angenehm professionell umsorgt. Auch der Sommelier berät Sie mit Herzblut - mit rund 250 Positionen hat man eine gut sortierte Weinauswahl.

Spezialitäten: Geflämmtes Sashimi von der Gelbschwanzmakrele, Clementinen-Yuzusud, spicy Kürbiseis und Aprikosenchutney. Eifler Prachthahn, junge Artischocken, cremig-knusprige Kartoffelschnitte, lange Bohnen und krosser Mimolette Käse. Zwetschgensablé von der Stromberger Pflaume mit Brombeer-Mascarponeeis.

🕸 ⇦ 🏮 ♿ 🔄 🅿 – Menü 93/144 €

Hotel Reuter, Bleichstraße 3 ✉ *33378 –* ☏ *05242 94520 – www.hotelreuter.de –*
Geschlossen 1.-13. Januar, 5. Juli-18. August, Montag, Dienstag, Sonntag,
mittags: Mittwoch-Samstag

GASTWIRTSCHAFT FERDINAND REUTER

MARKTKÜCHE • BISTRO 🍴 In dem traditionsreichen Familienbetrieb dürfen Sie sich auf richtig gute Küche aus frischen Produkten freuen, bei der man Wert legt auf saisonalen und regionalen Bezug. Das Ambiente dazu ist freundlich und modern, gerne macht man es sich in den kleinen Sitznischen bequem. Dekorativ: Alte Fotos erinnern an die Geschichte des "Reuters".

Spezialitäten: Kürbis-Brot-Salat mit Fetakäse und Aprikosen-Nusspesto. Paillard vom Kalb mit Kürbis-Graupenrisotto und Zucchini. Zwetschgencrumble mit Quarkmousse und Weinschaumsauce.

⇦ 🏮 ♿ 🅿 – Menü 40 € – Karte 39/56 €

Hotel Reuter, Bleichstraße 3 ✉ *33378 –* ☏ *05242 94520 – www.hotelreuter.de –*
Geschlossen Sonntag, mittags: Freitag-Samstag

🍴O EMSHAUS

MARKTKÜCHE • FREUNDLICH 🍴🍴 Schön liegt das schmucke Backsteinhaus von 1936 zwischen Rosengarten und Schlosspark. In dem geschmackvollen Restaurant erwarten Sie sympathische Gastgeber sowie regionale, mediterrane und saisonale Gerichte wie "Maishähnchenbrust, Grappa-Rahmsauce, Spargelragout mit Tomaten". Sa. und So. gibt es nachmittags Kuchen.

🏮 ✿ 🅿 – Menü 40/53 € – Karte 38/55 €

Gütersloher Straße 22 ✉ *33378 –* ☏ *05242 4060400 – www.emshaus-rheda.de –*
Geschlossen Montag, Dienstag

🏠 REUTER

FAMILIÄR • INDIVIDUELL Schon in 4. Generation betreibt die Familie mit Engagement dieses Haus, immer wieder wird investiert, alles ist topgepflegt, der Service aufmerksam. Die Zimmervielfalt reicht vom puristisch-praktischen kleinen Einzelzimmer bis zum schicken klimatisierten Komfortzimmer. Gut auch das Frühstück.

🐦 🛁 🔄 🏋 🅿 – 36 Zimmer

Bleichstraße 3 ✉ *33378 –* ☏ *05242 94520 – www.hotelreuter.de*

⚜ **Reuter** • 🍴 **Gastwirtschaft Ferdinand Reuter** – Siehe Restaurantauswahl

RHEINE

Nordrhein-Westfalen – Regionalatlas **16**-D8 – Michelin Straßenkarte 543

BEESTEN

KLASSISCHE KÜCHE • FREUNDLICH 🍴🍴 Mit Engagement und Herz betreibt Familie Beesten seit 1906, in 4. Generation, das Traditionsgasthaus mitten in Rheine. Der Chef steht selbst am Herd und bereitet klassisch-französische und deutsche Küche mit saisonalen Einflüssen zu. Das Ambiente ist gediegen-elegant, der Service charmant. Schön sitzt man auf der Terrasse unter alten Kastanien.

Spezialitäten: Thunfischwürfel mit geräuchertem Aal, Anchovis und Kapern an Blattsalat. Kalbsrückensteak mit Hummer an Estragonbutter, Staudensellerie-Karotten-Gemüse und gratinierte Kartoffeln. Himbeer-Vanille-Tarte mit Schokoladeneis.

🏮 ✿ 🅿 – Menü 37/65 € – Karte 32/56 €

Eichenstraße 3 ✉ *48431 –* ☏ *05971 3253 – www.restaurant-beesten.de –*
Geschlossen 1.-15. Juli, Mittwoch, Donnerstag

RIEDENBURG

Bayern – Regionalatlas **58**-M18 – Michelin Straßenkarte 546

Ⅰ○ FORST'S LANDHAUS

INTERNATIONAL · FREUNDLICH Ⅹ An einem kleinen Bach liegt dieses engagiert geführte Haus - da sind die Terrassenplätze zum Wasser hin natürlich
gefragt. Gekocht wird saisonal und mit internationalen Einflüssen. Dazu sorgt die
freundliche Chefin für guten Service mit persönlicher Note. Zum Übernachten stehen einfache, aber gepflegte Zimmer bereit.

⇔ 🏡 ✿ – Menü 28 € (Mittags), 37/85 € – Karte 40/60 €

Mühlstraße 37b ✉ *93339 –* ☏ *09442 9919399 – www.forsts-landhaus.de –*
Geschlossen 15. Februar-4. März, Montag, Dienstag, mittags: Mittwoch-Freitag

RIETBERG

Nordrhein-Westfalen – Regionalatlas **27**–F10 – Michelin Straßenkarte 543

In Rietberg-Mastholte Süd-West: 7 km über Mastholter Straße

⊛ DOMSCHENKE

REGIONAL · KLASSISCHES AMBIENTE ⅩⅩ Hier ist schon die 3. Generation im
Einsatz. Ob Gaststube, Wintergarten oder draußen unter alten Bäumen, man
umsorgt Sie herzlich mit regional-internationaler Küche von der "westfälischen
Hochzeitssuppe" bis zum "mediterranen Wildschweinragout". Dazu Tagesangebot
von der Tafel.

Spezialitäten: Hokkaido-Kürbiscrème mit Curry, Kokos, Ingwer, gerösteten Kernen und streirischem Öl. Gebratenes Filet vom Seesaibling, Blattspinat, gebackene Polenta und Rieslingschaumsauce. Gratin von Zwetschgen mit Walnusseis.

🏡 ᴧ ✿ 🅿 🍴 – Karte 32/66 €

Lippstädter Straße 1 ✉ *33397 –* ☏ *02944 318 – www.domschenke-mastholte.de –*
Geschlossen 27. März-11. April, 22. Juli-11. August, 16.-26. Oktober,
20.-29. Dezember, Dienstag-Mittwoch, mittags: Montag, Donnerstag-Samstag

RINGSHEIM

Baden-Württemberg – Regionalatlas **61**–D20 – Michelin Straßenkarte 545

⊛ HECKENROSE

INTERNATIONAL · TRENDY ⅩⅩ Dass man hier richtig gut isst, hat sich bis in
die Schweiz und ins Elsass herumgesprochen. Man sitzt in sympathisch-moder-
ner Atmosphäre und lässt sich Internationales aus hochwertigen Produkten
schmecken. Tipp: Auf der Website findet man unter "Chefkoch Vincent" kreative
Clips! Gepflegte, zeitgemäße Gästezimmer gibt es in dem engagiert geführten
Haus ebenfalls.

Spezialitäten: Gebratener Blumenkohl, Kichererbsen, Granatapfel. Rinderbacke,
Gemüse, Kartoffel-Röstzwiebelmousseline. Schokolade und Kalamansi.

⇔ 🏡 🅿 – Menü 34/46 € – Karte 37/58 €

Bundesstraße 24 ✉ *77975 –* ☏ *07822 789980 – www.hotel-heckenrose.de –*
Geschlossen 16.-26. Februar, Mittwoch, mittags: Montag-Dienstag und
Donnerstag-Samstag

RIPPOLDSAU-SCHAPBACH, BAD

Baden-Württemberg – Regionalatlas **54**–E19 – Michelin Straßenkarte 545

Im Ortsteil Bad Rippoldsau

⊛ KLÖSTERLE HOF

REGIONAL · FAMILIÄR Ⅹ Markus Klein kocht klassisch mit regional-saisonalem
Bezug, so z. B. "Schweinerücken mit Wirsing, Trüffelsoße und Kartoffelkrusteln"
oder "Bachsaibling mit Pinienkernen". Hier stimmen Geschmack und Preis, dazu
nettes ländliches Ambiente. Tipp für Übernachtungsgäste: die "Wohlfühl-" und
"Komfortzimmer".

Spezialitäten: Terrine von Zander und Garnele. Schweinemedaillons mit Sauerkirschen und grünem Pfeffer. Tannenhonigparfait mit Rumfrüchten.

⇦ 🎀 **P** 🚗 – Karte 25/60 €

Klösterleweg 2 ☒ 77776 – ☎ 07440 215 – www.kloesterle-hof.de –
Geschlossen 11. Januar-7. Februar, 30. August-5. September,
15. November-5. Dezember, Montag, mittags: Sonntag

RÖDENTAL
Bayern – Regionalatlas **40**–K14 – Michelin Straßenkarte 546

In Rödental-Oberwohlsbach Nord: 5 km

🍴○ **ALTE MÜHLE**

MEDITERRAN · GEMÜTLICH ✗✗ Freundlich und geradlinig kommt das Restaurant daher – angebaut an das historische Gebäude einer einstigen Kornmühle, in der man heute gepflegt übernachten kann. Gekocht wird mediterran, regional und saisonal, auf der Karte z. B. "Filet vom Steinbutt mit Safranschaum, gebratenem Gemüse und Kartoffelpüree".

⇦ 🎀 ⊡ **P** – Karte 28/58 €

Mühlgarten 5 ☒ 96472 – ☎ 09563 72380 – www.alte-muehle-hotel.com –
Geschlossen 1.-10. Januar, 15.-21. Februar, mittags: Montag-Samstag,
abends: Sonntag

RÖTZ
Bayern – Regionalatlas **52**–N17 – Michelin Straßenkarte 546

In Rötz-Hillstett West: 4 km in Richtung Seebarn

🟢 **GREGOR'S FINE DINING**

Chef: Gregor Hauer

KLASSISCHE KÜCHE · ELEGANT ✗✗ Seit über 125 Jahren ist das Resort-Hotel "Die Wutzschleife" in Familienbesitz und es wird neben Wellness-Fans, Tagungsgästen und Golfern auch Feinschmeckern gerecht! Dafür sorgen Junior Gregor Hauer und seine Küchenchefin Angela Deml mit international-klassischen Gerichten, für die das kleine Gourmetrestaurant seit 2012 mit einem Stern ausgezeichnet wird. Keine Frage, dass nur ausgesuchte Produkte zum Einsatz kommen. Und die finden sich in einem schönen Überraschungsmenü. Stimmig der Rahmen: wertig-elegantes Interieur in warmen Tönen sowie stilvoller Service samt versierter Weinberatung.

Spezialitäten: Wolfsbarsch und Seesaibling, Avocado, Mango, Gurke. Iberico Schwein, Zuckerschoten, confierte Tomaten, Kartoffel-Steinpilzterrine. Mandarine und Schokolade.

⇦ **P** – Menü 119/148 €

Hotel Resort Die Wutzschleife, Hillstett 40 ☒ 92444 – ☎ 09976 180 –
www.wutzschleife.com – Geschlossen 11. Januar-14. März, 31. März-6. April, Montag,
Dienstag, Sonntag, mittags: Mittwoch-Samstag

😊 **SPIEGELSTUBE**

REGIONAL · FREUNDLICH ✗✗ Auch in der schlichteren Alternative zum "Gregor's" kocht man geschmackvoll und ambitioniert. Bei den regional geprägten Gerichten legt man Wert auf Bezug zur Saison. Darf es vielleicht auch mal eine der beliebten Küchenpartys sein? Fragen Sie nach den Terminen.

Spezialitäten: Tomatenterrine mit Büffelmozzarella und Rucola. Gegrilltes Lachsfilet mit Gurkencurry und rotem Ingwerreis. Mango-Buttermilchmousse mit Stracciatellaeis.

⇦ ⪕ 🦽 🎀 ⊡ ↔ **P** – Menü 35/54 € – Karte 28/58 €

Hotel Resort Die Wutzschleife, Hillstett 40 ☒ 92444 – ☎ 09976 180 –
www.wutzschleife.com – Geschlossen mittags: Montag-Sonntag

🏨 RESORT DIE WUTZSCHLEIFE

SPA UND WELLNESS · FUNKTIONELL Ob Wellness, Tagung, Kurzurlaub, Golf oder kulinarischer Genuss, das Resort-Hotel (seit über 125 Jahren in Familienbesitz) wird jedem gerecht! Großzügig die Atriumhalle über mehrere Etagen, freundlich der Service, nicht zu vergessen die ruhige Lage!

🏌 🧖 ⛵ 🛎 📶 📺 ➰ 🛗 ⬆ 🚲 🅿 – 58 Zimmer – 1 Suite

Hillstett 40 ✉ 92444 – ☏ 09976 180 – www.wutzschleife.com

✿ **Gregor's Fine Dining** · 🍽 **Spiegelstube** – Siehe Restaurantauswahl

ROSSHAUPTEN

Bayern – Regionalatlas **64**–J21 – Michelin Straßenkarte 546

🏨 KAUFMANN

FAMILIÄR · MODERN Ehemals ein ländlicher Gasthof, heute ein modernes Ferienhotel unweit des Forggensees. Einige Zimmer muten fast schon puristisch an, andere sind traditioneller. Der chic designte Spa glänzt u. a. mit einer Panoramasauna und dem lichtdurchfluteten Poolhaus samt Wasserfall. Das Restaurant bietet für Hausgäste Saisonales und Regionales (bedingt auch für externe Gäste).

🏌 🧖 ⛵ 🛎 📺 📶 🛗 ➰ 🛗 ⬆ ⚙ 🅿 – 43 Zimmer – 4 Suiten

Füssener Straße 44 ✉ 87672 – ☏ 08367 91230 – www.hotel-kaufmann.de

ROSTOCK

Mecklenburg-Vorpommern – Regionalatlas **12**–M4 – Michelin Straßenkarte 542

In Rostock-Hohe Düne

✿ GOURMET-RESTAURANT DER BUTT

MODERNE KÜCHE · KLASSISCHES AMBIENTE XxX Was die beeindruckende "Yachthafenresidenz Hohe Düne" Hotelgästen an Wohnkomfort und Wellness bietet, findet sich im "Butt" als gastronomisches Pendant. Dass man hier präzises Handwerk, tolle geschmackliche Harmonie und erstklassige Produktqualität erwarten darf, ist der Verdienst von André Münch, der zuvor für die Küche des Wolfsburger "Saphir" verantwortliche war. Sein Stil: modern und angenehm klar. Das spiegelt sich z. B. bei "Hummer aus der Bretagne, Rote Bete, Kalbstafelspitz" wider, ebenso bei "Blumenkohl, Pflaume, Soja" - die vegetarische Menü-Alternative ist nicht minder interessant. Zum kulinarischen Genuss kommt noch ein optischer: Hier im obersten Stock eines Pavillons hat man eine fantastische Sicht über den Yachthafen - nicht zuletzt bei Sonnenuntergang ein echtes Highlight!

Spezialitäten: Carabinero, Pfahlmuschel, Erbse, Ananas. Wagyu-Rücken, Shiitake, Sushi-Reiscrème. Brombeere, Original Beans Edelweiß, Gurke-Gin-Tonic.

🍽 ⚙ 🅿 ⬆ 🅿 ➰ – Menü 139/189 €

Stadtplan: E1-y – *Hotel Yachthafenresidenz Hohe Düne, Am Yachthafen 1 ✉ 18119 – ☏ 0381 50400 – www.hohe-duene.de –*
Geschlossen 18.-31. Januar, 1.-21. November, Montag, Sonntag,
mittags: Dienstag-Samstag

🏨 YACHTHAFENRESIDENZ HOHE DÜNE

RESORT · MODERN Eine wirklich imposante Anlage am Meer - ideal für Wellness, Familien, Tagungen. Yachthafen direkt am Haus, die Zimmer klassisch-maritim, toller Spa auf über 4000 qm, Kinderclub samt Piratenschiff sowie Restaurantvielfalt von Pizza über Fisch bis Steakhouse.

🏌 🧖 ⛵ 🛎 📺 📶 🛗 ➰ ⬆ ⚙ 🅿 ➰ – 342 Zimmer – 26 Suiten

Stadtplan: E1-y – *Am Yachthafen 1 ✉ 18119 – ☏ 0381 50400 – www.hohe-duene.de*

✿ **Gourmet-Restaurant Der Butt** – Siehe Restaurantauswahl

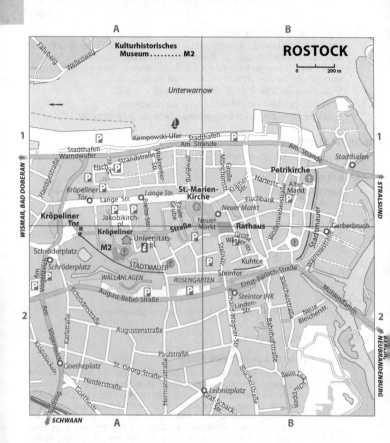

ROT AM SEE

Baden-Württemberg – Regionalatlas **56**–I17 – Michelin Straßenkarte 545

⊛ LANDHAUS HOHENLOHE

MEDITERRAN · ELEGANT XX Warum der langjährige Familienbetrieb so
beliebt ist? Bei Matthias Mack erwartet Sie neben freundlicher Atmosphäre
auch eine gute, frische Küche. Hier reicht die Auswahl vom Tapas-Menü über
regionale und mediterrane Gerichte bis zu Klassikern wie Schnitzel, Rostbraten
und Krautwickel. Oder lieber etwas Leckeres vom Grill? Gepflegt übernachten
kann man ebenfalls.

Spezialitäten: Gelbe Linsensuppe, Harissa, gebackener Spinat. Seeteufel aglio e
olio, Tomaten aus dem eigenen Garten. Dampfbiskuit, eingelegte Aprikosen,
Schildampfer Sorbet.

⇦ 🕭 ⇔ 🅿 – Menü 39/75 € – Karte 35/70 €

*Erlenweg 24 ⊠ 74585 – ℰ 07955 93100 – www.landhaus-hohenlohe.de –
Geschlossen 1.-16. Januar, Montag, mittags: Dienstag-Samstag, abends: Sonntag*

ROTENBURG (WÜMME)

Niedersachsen – Regionalatlas **18**–H6 – Michelin Straßenkarte 541

536

LANDHAUS WACHTELHOF

BOUTIQUE-HOTEL · ELEGANT Nicht ohne Grund fühlt man sich in diesem Haus richtig wohl: Die Zimmer sind geschmackvoll, wohnlich und mit luxuriöser Note eingerichtet, man hat einen schönen Spa und genießt ausgezeichneten Service, nicht zu vergessen das wirklich gute Frühstück! Tipp: Buchung von Kreuzfahrten möglich.

🔥 🛁 📺 ⑩ ⋒ ⅃⅃ ⊡ 🛎 **P** 🚗 – 38 Zimmer – 2 Suiten

Gerberstraße 6 ✉ 27356 – ℰ 04261 8530 – www.wachtelhof.de

ROTHENBURG OB DER TAUBER

Bayern – Regionalatlas **49**-I17 – Michelin Straßenkarte 546

🍽️ **MITTERMEIER**

MODERNE KÜCHE · HIP ፠፠ "Casual Dining" heißt es hier: trendig-legeres und zugleich elegantes Ambiente, dazu moderne Küche mit regionalem und saisonalem Bezug. Es gibt eine "Gastronomische Grundversorgung", die Sie mit frei von der Karte wählbaren Gerichten zu "Trip", "Experience" oder "Adventure" erweitern. Alternativ: "Ted Special" als Überraschungsmenü. Der Service locker und geschult.

⇦ 🏠 ⊹ **P** – Menü 55/106 €

Stadtplan: B1-v – *Hotel Villa Mittermeier, Vorm Würzburger Tor 7 ✉ 91541 – ℰ 09861 94540 – www.villamittermeier.de –*
Geschlossen 4. Januar-21. Februar, 2.-15. August, Montag, Sonntag, mittags: Dienstag-Samstag

 VILLA MITTERMEIER

FAMILIÄR · INDIVIDUELL Wo möchten Sie übernachten? In der hübschen Sandsteinvilla von 1892 oder in der Dependance "mittermeiers alter ego" nebenan? Hier wie dort wohnt man geschmackvoll, individuell und modern, im "alter ego" sind die Zimmer klimatisiert. Am Morgen gibt es ein gutes Frühstück, zum Relaxen eine schöne Wiese. Toll die Nähe zur Altstadt. Praktisch: Ladestation für E-Autos.

⊡ 🛎 **P** – 39 Zimmer

Stadtplan: B1-v – *Vorm Würzburger Tor 7 ✉ 91541 – ℰ 09861 94540 – www.villamittermeier.de*

🍽️ **Mittermeier** – Siehe Restaurantauswahl

ROTTACH-EGERN

Bayern – Regionalatlas **66**-M21 – Michelin Straßenkarte 546

❀❀❀ **RESTAURANT ÜBERFAHRT CHRISTIAN JÜRGENS**

KREATIV · ELEGANT ፠፠፠ Wie kaum ein anderer versteht es Christian Jürgens, seine Passion so ungezwungen und mit beeindruckender Leichtigkeit auf den Teller zu bringen und das Kochen regelrecht zur Kunst zu erheben! Das Spiel mit Texturen und Säure zählt zu seinen absoluten Stärken, seine Kreationen ergeben immer Sinn, nichts wirkt forciert oder schwer. In einem Menü mit fünf oder sieben Gängen werden beste Produkte zu angenehm klaren Kombinationen wie z. B. Huchen, Saiblingskaviar, Spitzkohl oder Vin Jaune. Dem ebenbürtig: Ambiente und Service, beides gleichermaßen stilvoll. Stets präsent und zugleich unaufdringlich, charmant-leger und mit Klasse begleitet Sie das Team um Restaurantleiter Peter Nasser und Sommelière Marie-Christin Baunach durch das Menü.

Spezialitäten: Mariniertes Rinderfilet, Pflaume, Kräuter. Steinbutt, Bouchot-Muscheln, Escabeche-Sud. Guanaja-Schokolade, Mandelsahne, Aprikosensorbet.

🕸️ ⇦ 🏠 ⅋ 🚗 – Menü 249/309 €

Althoff Seehotel Überfahrt, Überfahrtstraße 10 ✉ 83700 – ℰ 08022 6690 – www.althoffcollection.com –
Geschlossen 12. April-6. Mai, 18. Oktober-11. November, Montag, Dienstag, mittags: Mittwoch-Sonntag

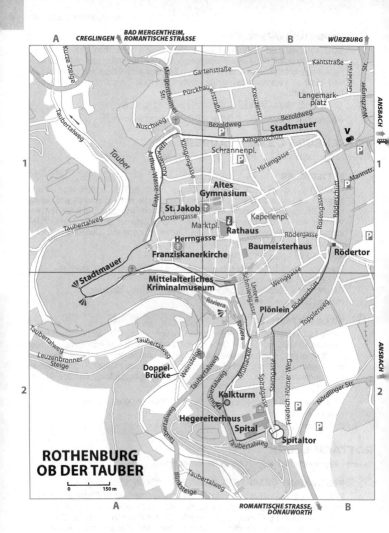

A · CREGLINGEN · BAD MERGENTHEIM, ROMANTISCHE STRASSE · B · WÜRZBURG

Kurze Steige
Kantstraße
Gartenstraße
Pürckhauerstraße
Langemark-platz
Kreuzerstr.
Gesnerstr.
Würzburger Str.
Taubertalweg
Mergentheimer Str.
Nuschweg
Bezoldweg
Bezoldweg
Stadtmauer
Klingenschütt
Tauber
Arthur-Wasse-Weg
Klingengasse
Schrannenpl.
Hirtengasse
Mannstr.
ANSBACH

1

Altes Gymnasium
St. Jakob
Klostergasse
Kapellenpl.
Röderschütt
Rödergasse
Marktpl.
Rathaus
Herrngasse
Franziskanerkirche
Baumeisterhaus
Rödertor
Taubertalweg
Stadtmauer
Mittelalterliches Kriminalmuseum
Untere Schmiedgasse
Wenggasse
Topplerweg
Riviera
Plönlein
Röderschütt
Taubertalweg
Leuzenbronner Steige
Taubertalweg
Weinsteige
Taubertalweg
Doppel-Brücke
Milchmarkt
Spitalgasse
Steingasse
Friedrich-Hörner-Weg
Nördlinger Str.
ANSBACH

2

Kalkturm
Hegereiterhaus
Spital
Taubertalweg
Spitaltor
ROTHENBURG OB DER TAUBER
0 — 150 m
Blinksteige

A · ROMANTISCHE STRASSE, DONAUWORTH · B

✿ **DICHTERSTUBN**

FRANZÖSISCH ZEITGENÖSSISCH · ELEGANT XXX Vielleicht ist sein Werdegang als Koch der Tatsache geschuldet, dass er einer Gastronomenfamilie ent-
stammt, auf jeden Fall beweist der Erfolg von Thomas Kellermann, dass dieser
berufliche Weg die richtige Entscheidung war. Im Juni 2018 kam der gebürtige
Oberbayer in die "Egerner Höfe" nach Rottach-Egern, nachdem er in diversen
Sternerestaurants tätig war und sich auch selbst bereits mit Sterneküche einen
Namen gemacht hat. Hier am Tegernsee gibt er in einem geschmackvoll-
wertig eingerichteten Restaurant ein aromareiches, kreativ-französisch inspiriertes Menü zum Besten. Aus hervorragenden Produkten (gerne aus der Region) entsteht z. B. "Tegernseer Reh, Rote Beete und Pfifferlinge". Und dazu
die passende Weinreise? Hinweis: 19. Dez. 2020 - 14. Mai 2021 wegen Umbau
geschlossen.

Spezialitäten: Tegernseer Saibling mit Erbse, Radieserl und Kokos. Ochsenmark gegrillt mit scharfer roter Zwiebel und Dattel. Pfirsich, salzige Mandel und Bronzefenchel.

⇦ ⅋ ⊡ **P** – Menü 128/218 €

Park-Hotel Egerner Höfe, Aribostraße 19 ⊠ 83700 – ℰ 08022 666582 –
www.egerner-hoefe.de – Geschlossen 1. Januar-14. Mai, 8.-17. November,
19.-31. Dezember, Montag, Dienstag, Sonntag, mittags: Mittwoch-Samstag

ॐ **HAUBENTAUCHER**

INTERNATIONAL · BISTRO ✗ Die tolle Lage direkt am See nebst wunderbarer Terrasse ist zweifelsfrei ein echtes Highlight, aber längst nicht alles, was den Gästen hier Freude macht. Dafür sorgt Inhaber und Küchenchef Alois Neuschmid, der übrigens Jahre zuvor mit seinem "Lois" hier im Ort bereits einen Stern hatte. Er kocht modern und konzentriert sich ganz auf die ausgezeichneten Produkte. Während man am Mittag Gerichte von der Tafel wählt, gibt es abends ein Überraschungsmenü, zu dem man eine sehr passende Weinreise empfiehlt. Zum hervorragenden Essen gesellt sich die angenehm unprätentiöse Atmosphäre samt ausgesprochen freundlichem Service - auch der Patron selbst ist in dem sympathischen, gemütlich-maritimen Restaurant präsent.

Spezialitäten: Bernsteinmakrele, Tomate, Polenta, Paprika. Presa Iberico, Spitzkohl, Gremolata. Geschmorter Weinbergpfirsich, Himbeergranité, Sauerrahmeis.

⇦ 斎 ⊭ – Menü 60/80 €

Seestraße 30 ⊠ 83700 – ℰ 08022 6615704 – www.haubentaucher-tegernsee.de –
Geschlossen 13.-23. April, 9. November-2. Dezember, Montag,
mittags: Dienstag-Samstag, Sonntag

⫯○ **HUBERTUSSTÜBERL & MALERSTUB'N**

REGIONAL · GEMÜTLICH ✗✗ Gemütlich sitzt man im bayerisch-eleganten "Hubertusstüberl" oder in der "Malerstub'n", hier wie dort serviert man am Abend regional-saisonale Gerichte wie "Lende von der bayerischen Färse, Kartoffelnocken, Lauch-Grillgemüse, Sauce Béarnaise". Mittags reicht man nur die kleine Brotzeitkarte (diese gibt es auch abends). Schön die ruhige Terrasse mit kleinem Brunnen.

⇦ 斎 ⅋ ⊡ **P** 🚗 – Karte 43/60 €

Park-Hotel Egerner Höfe, Aribostraße 19 ⊠ 83700 – ℰ 08022 666502 –
www.egerner-hoefe.de – Geschlossen 1. November-1. Mai

⫯○ **FÄHRHÜTTE 14**

INTERNATIONAL · RUSTIKAL ✗ Natur pur! Idyllisch liegt das Restaurant der "Überfahrt" am Seeufer. Das Ambiente modern mit maritim-rustikalem Touch, herzlich-leger und versiert der Service. Auf der international-saisonalen Karte z. B. "junges Huhn, schwarzer Knoblauch, Taggiasca-Olive". Tipp: Mieten Sie einen Liegestuhl am Strand! Hinweis: Nicht mit dem Auto erreichbar, 300 m Fußweg.

⇦ 斎 – Menü 42/58 € – Karte 41/62 €

Weißachdamm 50 ⊠ 83700 – ℰ 08022 188220 – www.faehrhuette14.de –
Geschlossen 19. Oktober-4. November, Montag, Dienstag, Mittwoch

⫯○ **KIRSCHNER STUBEN**

INTERNATIONAL · RUSTIKAL ✗ Heimelig-gemütlich und sympathisch-lebendig ist es hier, toll die Terrasse mit Seeblick. Dazu ein schöner Mix an guten, frischen Gerichten, von "Seeteufelmedaillons, junger Blattspinat, Gnocchi" bis "Lammcarré rosa gebraten, Ratatouillegemüse, Kartoffelgratin". Mittags Schmankerlkarte. Im Hotel "Maier zum Kirschner" hat man hübsche Zimmer mit alpenländischem Charme.

⇦ 斎 ✿ **P** ⊭ – Karte 37/81 €

Seestraße 23 ⊠ 83700 – ℰ 08022 273939 – www.kirschner-stuben.de –
Geschlossen Mittwoch

🏨 ALTHOFF SEEHOTEL ÜBERFAHRT

GROßER LUXUS · ELEGANT Die eleganten Zimmer in warmen Tönen wie auch der "4 elements spa" samt Spa-Suiten bieten Luxus, top die Lage direkt am See - hier kommt man in den Genuss eines eigenen Strandbades. Toll der Küchenpavillon für exklusive Kochkurse. Im Restaurant "Egerner Bucht" setzt man auf saisonale Produkte aus der Alpenregion. Charmant die "Bayernstube". Italienisches im "Il Barcaiolo".

🏔 🐾 ≼ 🛏 ⚒ 🔲 🕸 🐬 🕸 ⅃ƃ 🖃 ♿ 🎰 🏊 🚗 – 152 Zimmer – 24 Suiten

Überfahrtstraße 10 ✉ *83700* – ☎ *08022 6690* – *www.seehotel-ueberfahrt.com*

❀❀❀ **Restaurant Überfahrt Christian Jürgens** – Siehe Restaurantauswahl

🏨 PARK-HOTEL EGERNER HÖFE

LUXUS · INDIVIDUELL Hier fühlt man sich richtig wohl: Regionaler Charme und moderne Elemente in gelungenem Mix, das Personal auffallend zuvorkommend, jeder versteht sich als Gastgeber! Wer's ganz besonders individuell mag, bucht die "Alm"-Zimmer. Hochwertige Suiten und Premium-Doppelzimmer in den Höfen Valentina und Catherina.

🏔 ≼ 🛏 🔲 ⚒ 🕸 ⅃ƃ 🖃 ♿ 🎰 🅿 🚗 – 77 Zimmer – 21 Suiten

Aribostraße 19 ✉ *83700* – ☎ *08022 6660* – *www.egerner-hoefe.de*

🍴 **Hubertusstüberl & Malerstub'n** · ❀ **Dichterstubn** – Siehe Restaurantauswahl

🏠 HALTMAIR AM SEE

FAMILIÄR · GEMÜTLICH Direkt am See liegt das sympathische familiär geführte Haus. Wohnlich sind die Landhauszimmer, Appartements sowie die Seesuite, chic und modern ist der Spabereich. Und das gute Frühstück genießt man bei gemütlicher Atmosphäre und Seeblick.

≼ 🛏 🔲 ⚒ 🕸 ⅃ƃ 🖃 🅿 🚗 – 40 Zimmer – 3 Suiten

Seestraße 33 ✉ *83700* – ☎ *08022 2750* – *www.haltmair.de*

RÜGEN (INSEL)

Mecklenburg-Vorpommern – Regionalatlas **6**–P3 – Michelin Straßenkarte 542

Binz – Regionalatlas **6**–P3

❀ FREUSTIL

KREATIV · TRENDY ☓ Ein echter Glücksfall für das schöne Ostseebad Binz, dass es den gebürtigen Schwarzwälder Ralf Haug in den hohen Norden verschlagen hat. Von der besternten Rügener "niXe" kam er 2013 in das Hotel "Vier Jahreszeiten", wo er seither im Gourmetrestaurant mit bemerkenswerter Kreativität und ebensolcher Finesse begeistert. Erwähnt werden muss auch das tolle Preis-Leistungs-Verhältnis bei exzellenter Produktqualität! Gerichte wie "mixed pickles, quinoa, malz" oder "bavette, bbq flavour, cole slaw" lassen schon beim Lesen der Karte vermuten, dass hier ideenreich und modern gekocht wird. So unkompliziert wie die Küche ist auch die Atmosphäre. Das liegt nicht zuletzt am sehr sympathischen und aufmerksamen Service. Tipp: Mittags zusätzlicher günstiger Lunch.

Spezialitäten: Zwiebel, Apfel, Sellerie. Reh, Kerbel, Streuobst. Munster, Brioche, Tomate.

🍴 🏠 – Menü 66/99 €

Hotel Vier Jahreszeiten, Zeppelinstraße 8 ✉ *18609* – ☎ *038393 50444* – *www.freustil.de* – *Geschlossen Montag, Dienstag*

🍴 NIXE ⓝ

MODERNE KÜCHE · CHIC ☓☓ Zu finden ist das geschmackvolle, gemütlichmoderne Restaurant an der Strandpromenade im Boutique-Hotel "Villa niXe". Das Konzept nennt sich "Fine Dining Food Sharing": Man serviert Ihnen mehrere kleine Gerichte auf einmal - ideal zum Teilen. Alternativ können Sie auch das Gourmetmenü wählen. Freundlich der Service.

🍴 🅿 – Menü 75/89 € – Karte 34/47 €

Villa niXe, Strandpromenade 10 ✉ *18609* – ☎ *038393 6662042* – *www.nixe-hotel.de* – *Geschlossen 1. November-10. Dezember, 1.-30. November, Montag, mittags: Mittwoch-Sonntag*

KFF®

NEST
LOUNGE CHAIR

Design Volker Hundertmark

TRAVEL CHARME KURHAUS BINZ

SPA UND WELLNESS · KLASSISCH Seit 1908 existiert der beeindruckende Bau an der bekannten Seebrücke. Komfortabel und wertig die Zimmer, großzügig der Wellnessbereich. Dazu die geräumige Atrium-Lobby, das gemütliche Kaminzimmer und die schöne Lounge-Bar "Kakadu". Regional-internationale Küche im klassisch-stilvollen "Kurhaus" (Meerblick inklusive), Grillgerichte im "Steakhaus".

❖ ≼ ⌁ 🖾 🕸 🎎 ⌱ 🖃 ♿ 🎦 ⌱ 🅿 🚗 – 137 Zimmer – 6 Suiten

Strandpromenade 27 ✉ 18609 – ℰ 038393 6650 –
www.travelcharme.com/kurhaus-binz

CERÊS

LUXUS · DESIGN Der Eigentümer ist Architekt, daher das durchgestylte Interieur! Wertiges Design in Zimmern und Bädern (teilweise mit Seeblick von der Badewanne!), schicker kleiner Spa, modernes Restaurant "NEGRO", Innenhof mit Loungeflair. Tipp: Buchen Sie einen der hauseigenen Strandkörbe am Meer oder machen Sie einen Ausflug mit dem Porsche.

❖ ≼ ⌓ 🖾 🕸 ⌱ 🅿 🚗 – 44 Zimmer – 6 Suiten

Strandpromenade 24 ✉ 18609 – ℰ 038393 66670 – www.ceres-hotel.de

AM MEER & SPA

SPA UND WELLNESS · MODERN Ein Wellness-Hotel wie aus dem Bilderbuch! Wunderschön direkt am Meer gelegen, sehr chic und wertig die Ausstattung von den geschmackvollen, überaus wohnlichen Zimmern mit stylish-maritimem Touch bis zum tollen Spa. Im Restaurant verwendet man gerne regionale Produkte, darunter viel Fisch. Herrliche Terrasse zum Meer!

❖ ≼ 🖾 🕸 🎎 ⌱ 🖃 ♿ 🅿 – 60 Zimmer

Strandpromenade 34 ✉ 18609 – ℰ 038393 440 – www.hotel-am-meer.de

VILLA NIXE

BOUTIQUE-HOTEL · MODERN Die schmucke Villa von 1903 samt modernem Nebengebäude ist ein wahres Bijou - und Dependance des "HOTEL AM MEER & SPA". Sie wohnen in chic designten Zimmern (beeindruckend die mit Meerblick!), relaxen im kleinen Sauna- und Anwendungsbereich und genießen ein gutes Frühstück sowie angenehm persönlichen Service.

❖ ⌇ 🖃 🅿 – 14 Zimmer – 2 Suiten

Strandpromenade 10 ✉ 18609 – ℰ 038393 666200 – www.nixe-hotel.de
🍴 **niXe** – Siehe Restaurantauswahl

VIER JAHRESZEITEN

SPA UND WELLNESS · KLASSISCH Außen die ansprechende weiße Fassade im typischen Bäderstil, innen schön wohnliche Zimmer - wie wär's mit frischem modern-maritimem Stil? Zum Wohlfühlen auch der Spa. Im freundlichen Restaurant "Orangerie" gibt es das HP-Angebot.

❖ 🖾 🕸 🎎 ⌱ 🖃 🎦 🅿 🚗 – 78 Zimmer – 3 Suiten

Zeppelinstraße 8 ✉ 18609 – ℰ 038393 500 – www.vier-jahreszeiten.de
❀ **freustil** – Siehe Restaurantauswahl

Sassnitz

🍴 GASTMAHL DES MEERES

FISCH UND MEERESFRÜCHTE · GEMÜTLICH 𝕏 Eine sympathische Adresse für Fischliebhaber. Hier freut man sich z. B. auf "gebratenen Heilbutt mit Kräuterbutter, Blattsalaten und Petersilienkartoffeln" - gerne sitzt man dazu auf der Terrasse zur Strandpromenade. Und wer in einem der ländlich-wohnlichen Zimmer übernachtet, hat einen eigenen Parkplatz.

⌕ ≼ 🍴 – Menü 27/40 € – Karte 24/44 €

Strandpromenade 2 ✉ 18546 – ℰ 038392 5170 –
www.gastmahl-des-meeres-ruegen.de

Sehlen

In Sehlen-Klein Kubbelkow Nord-West: 3, 5 km, über die B 96 Richtung
Bergen

🍴○ **GUTSHAUS KUBBELKOW**

INTERNATIONAL · ELEGANT XX Schön liegt das schmucke denkmalgeschützte Gutshaus in einem Park. In den stilvollen Räumen spürt man die über 100-jährige Geschichte des Anwesens. Für Gerichte wie z. B. "gebratener Boddenzander auf Kubbelkower Gemüse- und Kräuter-Gazpacho" verwendet man gerne regionale und saisonale Produkte. Tipp: Dieses Idyll bietet auch geschmackvolle, individuelle Gästezimmer.

🛏️ 🍴 🏠 ✿ 🅿 – Menü 52/74 € – Karte 65/74 €

Im Dorfe 8 ✉ 18528 – ☎ 03838 8227777 – www.kubbelkow.de –
Geschlossen 1.-28. Februar, mittags: Montag, Dienstag, mittags: Mittwoch-Sonntag

Sellin – Regionalatlas 6–P3

🍴○ **AMBIANCE**

INTERNATIONAL · KLASSISCHES AMBIENTE XX Hier erwarten Sie ein ansprechender klassischer Rahmen, herzlicher und versierter Service sowie eine ambitionierte international-saisonal ausgerichtete Küche. Alternativ können Sie auch von der Karte des Restaurants "Clou" nebenan wählen. Schön sitzt man auch auf der Terrasse.

🦞 🍴 🏠 🅿 – Menü 39 € (Mittags), 49/81 € – Karte 46/58 €

Hotel ROEWERS Privathotel, Wilhelmstraße 34 ✉ 18586 – ☎ 038303 1220 –
www.roewers.de

🏨 **ROEWERS PRIVATHOTEL**

LUXUS · GEMÜTLICH Das hübsche Villen-Ensemble ist eine sehr engagiert geführte Adresse, die sich zum Wohl des Gastes stetig weiterentwickelt. Die Zimmer wohnlich-elegant, die Mitarbeiter aufmerksam. Zudem findet man auf dem 1 ha großen Grundstück unweit des Ostseestrandes einen herrlichen Privatpark samt schönem Spa. Neben dem "Ambiance" gibt es noch das freundliche Restaurant "Clou".

🍴 🛏️ 🎣 🖼️ 📶 🛁 🛗 ♨ 🏊 🅿 – 28 Zimmer – 24 Suiten

Wilhelmstraße 34 ✉ 18586 – ☎ 038303 1220 – www.roewers.de

🍴○ **Ambiance** – Siehe Restaurantauswahl

RÜTHEN
Nordrhein-Westfalen – Regionalatlas 27–F11 – Michelin Straßenkarte 543

In Rüthen-Kallenhardt Süd: 8 km über Suttrop

😊 **KNIPPSCHILD**

REGIONAL · FREUNDLICH XX Dorfstube, Bauernstube, Romantikstube - richtig gemütlich ist es hier, die Einrichtung steckt voller Charme und Liebe zum Detail! Man kocht saisonal und gerne mit regionalen Produkten, lecker z. B. der "Sauerbraten vom heimischen Überläufer (1-jähriges Wildschwein)". Der Service freundlich-leger. Tipp: Absacker im "Wirtshaus". Schöne Gästezimmer hat man ebenfalls.

Spezialitäten: Cremesuppe von Strauchtomaten mit Basilikumsahne. Wildragout in Rotwein-Preiselbeersauce, Rotkohl und Spätzle. Herrencreme.

🍴 🏠 ✿ 🅿 🚗 – Menü 28/49 € – Karte 30/54 €

Theodor-Ernst-Straße 3 ✉ 59602 – ☎ 02902 80330 – www.hotel-knippschild.de

RUPPERTSBERG
Rheinland-Pfalz – Regionalatlas 47–E16 – Michelin Straßenkarte 543

⁣🍴○ HOFGUT RUPPERTSBERG

REGIONAL · RUSTIKAL ⅀ Das historische Anwesen am Ortsrand ist eine der Keimzellen des Weinguts Bürklin-Wolf und heute ein charmantes Restaurant samt herrlichem Innenhof - perfekt für Hochzeiten! Gekocht wird französisch, regional und saisonal, z. B. "Tatar vom Altrheinhecht mit Ampfer-Spinatsalat" - man setzt übrigens auf Bio-Produkte. Tipp: Spaziergang durch die umliegenden Weinberge!

⚙ *Engagement des Küchenchefs: "In meiner Küche verwenden wir nur regionale und saisonale Bioprodukte und ich kenne alle Lieferanten, das Thema Nachhaltigkeit geht bei uns über die Küche hinaus, das Haus ist seit 2010 biozertifiziert, Müllvermeidung, Personalmanagement, eigener Bio-Hofladen, alles hat unsere volle Aufmerksamkeit!"*

🏡 ⇆ 🅿 – Menü 59/85 €

Obergasse 2 ✉ 67152 – ℰ 06326 982097 – www.dashofgut.com –
Geschlossen Montag, Dienstag, Sonntag

RUST

Baden-Württemberg – Regionalatlas **53**–D20 – Michelin Straßenkarte 545

⁣❀❀ AMMOLITE - THE LIGHTHOUSE RESTAURANT

MODERNE KÜCHE · DESIGN ⅀⅀⅀ Nur die „Euromaus" hat in dem exklusiven Restaurant im „Europa Park" keinen Zutritt. Ansonsten ist diese coole Abend-Adresse im Erdgeschoss des Leuchtturms für Groß und Klein ein Ort zum Wohlfühlen. Denn auch dort gehört das „Gute-Laune-Prinzip" des berühmten Freizeitparks zum Konzept und selbstverständlich gibt es auch für Kinder etwas Passendes zu essen. Richtig fein das mondäne Ambiente mit seiner eleganten Farbgestaltung, den schicken Samtsesseln, der raffinierten Beleuchtung, den edel eingedeckten Tischen... Dazu setzt Küchenchef Peter Hagen-Wiest auf klassische Küche mit mediterranen Einflüssen. Mit reichlich Aromen und Finesse kombiniert er z. B. Kaninchen, Trüffel, Karotte und Olive. Dem Niveau am Herd entspricht die gepflegte Auswahl auf der Weinkarte, die von Kennerschaft zeugt.

Spezialitäten: Hiramasa Kingfish, Blumenkohl, Nussbutter-Karotte, Vadouvan, Ingwer. Poltinger Lamm, Polenta, Paprika, Bärlauch-Rind, Markknödel, Spinat, Rotweinsauce. Kirsche, Rosmarin, Haselnuss-Pfirsich, Lavendel, Mandel.

⇦ 🏡 ♿ 🄰🄲 🅿 – Menü 109/163 €

Hotel Bell Rock, Peter-Thumb-Straße 6 ✉ 77977 – ℰ 07822 776699 –
www.ammolite-restaurant.de – Geschlossen Montag, Dienstag,
mittags: Mittwoch-Samstag

⁣🏨 BELL ROCK

RESORT · ELEGANT Entdecken Sie das historische Neuengland! Stilvolle Fassaden und geschmackvolles Interieur mit maritimem Touch auf 40 000 qm. Zahlreiche schöne Details von den großen Bildern in der Halle über originelle Kinder-Etagenbetten im Schiffs-Look bis zum Pooldeck "Mayflower" widmen sich den Pilgervätern in Amerika.

⛲ ⌕ 🖥 🌐 🐾 🏋 ⬚ ♿ 🄰🄲 ⚓ 🅿 – 191 Zimmer – 34 Suiten

Peter-Thumb-Straße 6 (im Europa-Park) ✉ 77977 – ℰ 07822 8600 –
www.europapark.de/bell-rock

❀❀ ammolite - The Lighthouse Restaurant – Siehe Restaurantauswahl

SAALEPLATTE

Thüringen – Regionalatlas **41**–L12 – Michelin Straßenkarte 544

Im Ortsteil Eckolstädt

🍴○ **VENERIUS**

INTERNATIONAL • TRENDY 🇽🇽 Das Restaurant liegt schon etwas ab vom Schuss, doch ein Besuch lohnt sich: Auf dem ehemaligen Kasernengelände erwarten Sie engagierte junge Gastgeber, modern-trendige Atmosphäre und international-saisonale Küche, und die macht z. B. als "Filet von der Gelbschwanzmakrele mit Rauch-Steckrüben-Gemüse" Appetit.

🍽 ⅏ ⇆ 🅿 – Menü 25/45 € – Karte 28/45 €

Darnstedter Straße 23 ⊠ *99510 –* ✆ *036421 35556 – www.restaurant-venerius.de – Geschlossen 9. August-1. September, 28. Dezember-13. Januar, Montag, Dienstag, Mittwoch, mittags: Donnerstag-Freitag*

SAARBRÜCKEN

Saarland – Regionalatlas **45**–C17 – Michelin Straßenkarte 543

✿✿ **GÄSTEHAUS KLAUS ERFORT**

FRANZÖSISCH-KLASSISCH • ELEGANT 🇽🇽🇽 Strahlend weiß und herrschaftlich-luxuriös, so steht die schöne Villa von Klaus Erfort in der Innenstadt von Saarbrücken. Was die Fassade an Niveau vermuten lässt, bewahrheitet sich im Inneren: Klassik und moderne Geradlinigkeit verbinden sich hier zu einem eleganten Bild. Und die Küche? Hier trifft klassischer Stil auf eine kreative Note, aus guten Produkten entsteht z. B. "Rehrücken mit Feige, sautierten Steinpilzen und Sellerie". Geschult und umsichtig kümmert sich das freundliche Serviceteam um Sie, trefflich auch die Empfehlungen aus der sehr guten Weinauswahl. Im Sommer sollten Sie übrigens draußen auf der herrlichen Terrasse zum englischen Park speisen!

Spezialitäten: Hummer mit Tomatengelee, Burrata und Basilikumöl. Königskrabbe auf Holzkohle gegart mit Bouillabaisse-Püree. Délice von der Mirabelle mit Kalamansi und Eisenkraut.

🐝 🛌 🍽 ⅏ ⇆ 🅿 – Menü 147/225 € – Karte 105/170 €

Mainzer Straße 95 ⊠ *66121 –* ✆ *0681 9582682 – www.gaestehaus-erfort.de – Geschlossen 24. Juli-10. August, 23. Dezember-5. Januar, 23. Dezember-4. Januar, Samstag, Sonntag*

✿✿ **ESPLANADE**

KLASSISCHE KÜCHE • FREUNDLICH 🇽🇽 Ein durch und durch geschmackvolles Haus ist die ehemalige Schule mitten im Zentrum von Saarbrücken, die nach umfassender Renovierung inzwischen auch ein kleines Boutique-Hotel mit 16 schmucken Zimmern der besonderen Art beherbergt. Im Mittelpunkt steht aber das Restaurant: chic-modernes, schön abgestimmtes Interieur und ein ausgezeichneter Service unter der Leitung von Mâitre Jérôme Pourchère, einem Gastgeber und Sommelier aus Leidenschaft! Nicht zu vergessen die Küche von Silio Del Fabro, den man getrost als echtes Talent bezeichnen kann. Er verbindet Klassisches mit modernen und mediterranen Einflüssen. Seine Gerichte sind klar strukturiert, finessenreich und wunderbar ausbalanciert. Es gibt zwei Menüs und zusätzliche Gerichte à la carte - da fällt die Wahl schwer!

Spezialitäten: Gebackenes Ei, Kaviar, Kartoffel, Spargelsalat. Rochenflügel, geschmolzener Kalbskopf, Tomatennage. Délice von Zitrusfrüchten, Kalamansi, Bergamotte, Orange.

⇔ 🍽 🅰🅺 🗘 ⇆ 🅿 – Menü 45 € (Mittags), 75/135 € – Karte 70/100 €

Nauwieserstraße 5 ⊠ *66111 –* ✆ *0681 8596566 – www.esplanade-sb.de – Geschlossen 11.-24. Januar, 12.-18. April, 19. Juli-1. August, 11.-17. Oktober, Montag, Dienstag*

🍃 **SCHLACHTHOF BRASSERIE**

FLEISCH • BRASSERIE 🇽 Mitten im Schlachthofviertel gelegen, steht in der charmanten Brasserie natürlich Fleisch im Mittelpunkt - an der "Schwamm sélection" mit ihrem Rind aus Trockenreifung kommt kein Steak-Liebhaber vorbei, aber auch "gebratener Pulpo mit Fenchel, Sellerie und Dill" ist lecker!

Spezialitäten: Weinbergschnecken mit Petersilienbutter gratiniert. Steak tartare, klassisch mit Dijonnaise und Pommes allumettes. Oeufs à la neige mit Crème anglaise und karamellisierten Mandeln.

🏠 ⇔ – Menü 22 € (Mittags), 39/59 € – Karte 39/65 €

Straße des 13. Januar 35 ✉ 66121 – ☏ 0681 6853332 – www.schlachthof-brasserie.de – Geschlossen 4.-10. Januar, Montag, mittags: Samstag, Sonntag

🍴○ ALBRECHTS CASINO AM STADEN

FRANZÖSISCH · KLASSISCHES AMBIENTE XX Ein "place to be" ist die schöne Jugendstilvilla etwas außerhalb des Zentrums an einer Grünanlage - ein Restaurant mit Charakter, im Stil einer luxuriösen Brasserie. Serviert werden interessante Gerichte wie "Duett Jakobsmuschel & saarländische Blutwurst, pochierte Birne, junger Lauch, Bergpfeffer, Süßkartoffelcreme".

🏠 ⇔ 🏠 ⇔ 🅿 – Menü 27 € (Mittags), 38/99 € – Karte 40/86 €

Bismarckstraße 47 ✉ 66121 – ☏ 0681 62364 – www.albrechts-casino.de – Geschlossen Montag

🍴○ LE COMPTOIR ○

FRANZÖSISCH ZEITGENÖSSISCH · BISTRO X In dem historischen Sandstein-Klinkerhaus im Nauwieser Viertel (Geburtshaus des Regisseurs Max Ophüls) erwartet Sie ein sympathisch-unkompliziertes Konzept mit Bistro-Lunch am Mittag und einem modern-französisch ausgerichteten Menü am Abend. Die Köche selbst servieren die Gerichte.

Menü 26 € (Mittags), 64/74 € – Karte 32/34 €

Försterstraße 15 ✉ 66111 – ☏ 0681 94727799 - www.lecomptoir-restaurant.de – Geschlossen Montag, Dienstag, Sonntag

🍴○ JOULIARD ○

KLASSISCHE KÜCHE · BISTRO X In einem gepflegten Stadthaus etwas außerhalb des Zentrums finden Sie dieses französische Bistro. Aus der Küche kommen klassische Speisen wie "konfiertes Huhn mit Kräutern und Kartoffelgratin", aber auch modernere Gerichte wie "Fjordforelle mit Kartoffelschaum, geschmorter Karotte und Passionsfrucht". Nett die Terrasse vor dem Haus.

🏠 – Menü 40/55 € – Karte 35/57 €

Scheidter Str. 66 ✉ 66123 – ☏ 0681 68615322 - www.jouliard.de – Geschlossen mittags: Montag-Sonntag

🏨 ESPLANADE ○

BOUTIQUE-HOTEL · DESIGN Mit toller Gastronomie hat sich das "Esplanade" im Herzen der Stadt bereits einen Namen gemacht, hinzugekommen ist ein kleines Boutique-Hotel. So finden sich in dem schönen Haus aus der Gründerzeit richtig chic und durchaus mit luxuriösem Touch designte Zimmer. Dazu liebevolle Betreuung und ein sehr gutes Frühstück.

🏠 ⇔ 🏠 🅰 – 16 Zimmer

Nauwieserstraße 5 ✉ 66111 – ☏ 0681 84499125

⚙️⚙️ **Esplanade** - Siehe Restaurantauswahl

SAARLOUIS

Saarland - Regionalatlas **45**–B17 – Michelin Straßenkarte 543

⚙️ LOUIS RESTAURANT

KREATIV · ELEGANT XXX Das überaus geschmackvolle Boutique-Hotel "LA MAISON" beherbergt nicht nur richtig schicke Zimmer und Suiten, sondern auch eines der Top-Restaurants des Saarlands! Der stilvoll-modern gestaltete kleine Raum mit hoher Decke ist durchaus luxuriös und wird von einem ausgezeichneten jugendlich-frischen Service belebt. Hier ist man mit Restaurantleiter Robert Jankowski auch weintechnisch in den besten Händen. Der eigentliche Hauptdarsteller in Sachen Genuss ist aber Küchenchef Martin Stopp, der zuvor u. a. Küchenchef im "Le Noir" in Saarbrücken war. Er und sein Team sorgen für moderne und sehr interessant komponierte, kraftvolle Gerichte, die immer auf einer ganz eigenen Idee basieren. Tipp für warme Tage: die sehr schöne Terrasse!

Spezialitäten: Thunfisch, Knochenmark, Sudachi und Salade Japonaise. Poularde, Tomaten, Oliven, Lardo, Schwarzkohl und Parmesan. Tamarinde und Erdnuss, Seidentofu, Karotte und Ingwerlimonade.

⌘ 🗘 🛆 **P** – Menü 89 € (Mittags), 94/169 €

Hotel LA MAISON, Prälat-Subtil-Ring 22 ✉ 66740 – ☏ 06831 89440440 –
www.lamaison-hotel.de –
Geschlossen 1.-14. Januar, 26. Juli-22. August, Montag-Mittwoch,
mittags: Donnerstag-Samstag, abends: Sonntag

🏠 LA MAISON

BOUTIQUE-HOTEL · INDIVIDUELL Hochwertig, individuell und mit stilvollmodernem Design, so zeigt sich die historische Villa nebst Neubau. Wie wär's mit einer schicken Themen-Suite? Die Bäder hier sind ein echtes Highlight! Und haben Sie das tolle Treppenhaus gesehen? Wunderbar auch der Garten. Dazu zuvorkommender Service. "PASTIS bistro" nur für Hotelgäste.

🕊 🛏 🛋 🖃 🛢 🔌 **P** 🛜 – 50 Zimmer – 5 Suiten

Prälat-Subtil-Ring 22 ✉ 66740 – ☏ 06831 89440440 – www.lamaison-hotel.de

🏵 **LOUIS restaurant** – Siehe Restaurantauswahl

SAAROW, BAD

Brandenburg – Regionalatlas **23**–Q8 – Michelin Straßenkarte 542

🍴 AS AM SEE

MODERNE KÜCHE · CHIC ✗ "AS" steht hier u. a. für "Am See" und "Andreas Staack" (Inhaber und Küchenchef). Der sympathische Patron empfiehlt in diesem einladenden, freundlichen Mix aus Vinothek und Bistro moderne Küche in Form eines Menüs mit frei wählbaren Gängen (z. B. "Kabeljaurücken mit Rote-Beete-Senf-Creme") sowie einige Snack-Klassiker.

🗘 **P** – Menü 42/92 €

Seestraße 9 ✉ 15526 – ☏ 033631 599244 – www.asamsee.de –
Geschlossen Montag, Dienstag

🏠 ESPLANADE RESORT & SPA

SPA UND WELLNESS · MODERN Die schöne Hotelanlage am Scharmützelsee bietet freundlich-moderne Zimmer, ein vielfältiges Angebot im ansprechenden Spa sowie eine eigene Marina. "Spa-Suite" mit Sauna. Italienische Küche im "O'Vino" in der Dependance. In der beliebten "Pechhütte" gibt's zünftige Speisen.

🕊 🛇 🛏 🛆 🖵 💮 🛁 🛋 🖃 🛢 🔌 **P** – 170 Zimmer

Seestraße 49 ✉ 15526 – ☏ 033631 4320 – www.esplanade-resort.de

SÄCKINGEN, BAD

Baden-Württemberg – Regionalatlas **61**–D21 – Michelin Straßenkarte 545

🏵 GENUSS-APOTHEKE

Chef: Raimar Pilz

KREATIV · TRENDY ✗ Von der einstigen Apotheke ist nur der Namenszusatz geblieben. Hinter den großen Fenstern erwartet Sie heute ein frisches, modernes Restaurantkonzept. Sie sitzen in einem hellen, geradlinig gehaltenen Raum an wertig eingedeckten Tischen, Blickfang ist die markante offene Küche. Hier kocht Patron Raimar Pilz kreativ und angenehm reduziert - top die Produkte, vom zarten Eifellamm bis zum aromatischen Taschenkrebs. Gelungen bindet man immer wieder würzige Kräuter in die saisonalen Gerichte ein. Jeden Abend serviert man ein Gourmetmenü mit fünf bis sieben Gängen. Mittagessen gibt es nur donnerstags in Form eines 2-gängigen Lunchmenüs. Dass man sich hier wohlfühlt, liegt auch mit am Service, der Sie herzlich und aufmerksam umsorgt und gut in Sachen Wein berät.

Spezialitäten: Kabeljau, Karotte und Muschel, Paprika, Miso. Rehbock, Kohlrabi, Pfifferlinge, Topinambur und Aprikose. Pflaume und Nougat, Bisquit.

Menü 51 € (Mittags), 109/149 €

Schönaugasse 11 ✉ 79713 – ☏ 07761 9333767 – www.genuss-apotheke.de –
Geschlossen 1.-11. Januar, 1.-16. August, 25.-30. Dezember, Sonntag-Montag,
mittags: Dienstag-Mittwoch und Freitag-Samstag

SAILAUF

Bayern – Regionalatlas **48**–G15

🏠 SCHLOSSHOTEL WEYBERHÖFE

HISTORISCHES GEBÄUDE · DESIGN Die historischen Weyberhöfe (ursprünglich Jagdschloss von 1265) wurden geschmackvoll, wertig und recht individuell gestaltet, gelungen die Verbindung von Klassik und Moderne. Zum Relaxen: verschiedene Saunen, Hamam und Pool. Das imposante Anwesen ist auch ideal für Feierlichkeiten. International-saisonale Küche im "Rumpolt". Dazu das Abendrestaurant "Fine Dining".

🍴 ⛶ 🕸 ⚒ 🅿 – 40 Zimmer – 2 Suiten

Weyberhöfe 9 ✉ 63877 – ☎ 06093 993320 –
www.schlosshotel-weyberhoefe.com

SALACH

Baden-Württemberg – Regionalatlas **56**–H18 – Michelin Straßenkarte 545

❀ GOURMETRESTAURANT "FINE DINING RS" 🅝

FRANZÖSISCH ZEITGENÖSSISCH · ELEGANT XxX Wunderbar die einsame, ruhige Lage hier oben auf Burg Staufeneck, herrlich der Blick über das Filstal! Den genießt man im Gourmetrestaurant des Burghotels dank großer Panoramafenster - bei schönem Wetter kann man sogar den Stuttgarter Flughafen und den Fernsehturm sehen! Sie sitzen in ausgesprochen geschmackvollem puristisch-elegantem Ambiente und werden überaus professionell und freundlich umsorgt. Serviert werden zwei moderne Menüs, eines davon vegetarisch. Hier begeistert das Team um Rolf Straubinger und seinen langjährigen Küchenchef Markus Waibel mit sehr aufwändigen Gerichten, die fein und angenehm leicht sind und interessante Kontraste zeigen. Alternativ gibt es übrigens noch das Burgrestaurant "oifach andersch" - hier kocht man schwäbisch, aber auch mit internationalen Einflüssen.

Spezialitäten: Kaviar, Gurke, Dill, Eismeersaibling. Steinbutt, Kalbskopf, Trüffel, Petersilienwurzel. Kaffee, Dulce de leche, Milch, Quitte.

🕸 ⇔ ≼ 🈁 🅿 – Menü 108/172 €

Burg Staufeneck 1 (Ost: 3 km, in der Ruine Staufeneck) ✉ 73084 –
☎ 07162 9334473 – www.burg-staufeneck.de –
Geschlossen 6.-12. September, 1.-7. November, Montag, Dienstag, Mittwoch,
mittags: Donnerstag-Freitag

SALEM

Baden-Württemberg – Regionalatlas **63**–G21 – Michelin Straßenkarte 545

In Salem-Neufrach Süd-Ost: 3 km über Schlossstraße und Neufracher Straße

😊 RECK'S

REGIONAL · GASTHOF XX Drei Schwestern leiten das Landhotel mit teils klassischen, teils stilvoll-modernen Zimmern sowie das Restaurant. Drinnen hat man drei behagliche Stuben, draußen sitzt man herrlich auf der Terrasse unter Platanen und schaut auf Streuobstwiesen! Probieren Sie die hausgemachte Fischterrine oder auch Klassiker wie Kalbsrahmgulasch! Schön: Kunst überall im Haus.

Spezialitäten: Rote Bete Carpaccio mit Rucoladressing, Ziegenfrischkäse und rotem Pfeffer. Lammkarree mit Kräutern gratiniert, Gemüse und Kartoffeln. Sauerrahm-Limoneneis mit frischen Beeren.

⇔ 🏠 ⚙ 🅿 🚗 – Menü 42/52 € – Karte 30/54 €

Bahnhofstraße 111 ✉ 88682 – ☎ 07553 201 – www.recks-hotel.de –
Geschlossen 15. Februar-5. März, 25. Oktober-15. November, Mittwoch,
mittags: Donnerstag

SAMERBERG

Bayern – Regionalatlas **66**–N21 – Michelin Straßenkarte 546

In Samerberg-Grainbach

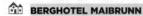 GASTHOF ALPENROSE

REGIONAL · GASTHOF ⅓ Bei der Kirche steht der schöne alteingesessene Gasthof (Familienbetrieb seit 1868). Drinnen gemütliche Stuben, draußen lauschiger Biergarten und Terrasse mit Aussicht. Gekocht wird bayerisch-saisonal und mit modernem Twist - da macht z. B. "Bavettesteak und Pulled Pork mit Schmorgemüsepüree und Ofenzwiebeln" Appetit. Tipp: die charmanten Gästezimmer im "Bauernstadl".

Spezialitäten: Renkenmatjes mit Liebstöcklpüree, Äpfel und Zwiebeln. Gamsbratl mit Kartoffelpüree und bayrischem Kraut. Schokoladenmousse mit Kokos-Ananaseis.

⇨ 🏠 ✿ 🅿 🖅 – Menü 39/90 € – Karte 25/44 €

Kirchplatz 2 ✉ 83122 – ☎ 08032 8263 – www.alpenrose-samerberg.de –
Geschlossen 1.-30. November, Montag, Dienstag

ST. ENGLMAR

Bayern – Regionalatlas **59**–O18 – Michelin Straßenkarte 546

In St. Englmar-Maibrunn Nord-West: 5 km über Grün

🏨 BERGHOTEL MAIBRUNN

SPA UND WELLNESS · GEMÜTLICH Ein wirklich herrlich gelegenes Ferienhotel - quasi mit Rundumsicht! Sie wohnen in individuellen und geschmackvollen Zimmern, vom Themenzimmer bis hin zu alpinem Lifestyle! Zum Wohlfühlen trägt neben dem einladenden Wellnessbereich auch die aufmerksame und freundliche Gästebetreuung bei. Gepflegte Halbpension mit gutem Frühstück und schönen Abendmenüs.

🏋 🧖 ⇐ 🛁 ⅃ 🖵 📶 🏖 ⊡ 🏊 🅿 🚗 – 50 Zimmer – 2 Suiten

Maibrunn 1 ✉ 94379 – ☎ 09965 8500 – www.berghotel-maibrunn.de

ST. INGBERT

Saarland – Regionalatlas **46**–C17 – Michelin Straßenkarte 543

🕸 DIE ALTE BRAUEREI

FRANZÖSISCH · FAMILIÄR ⅩⅩ Fast wie in Frankreich fühlt man sich in dem gemütlichen Restaurant von Eric und Isabelle Dauphin, entsprechend die Küche. "Ravioli mit Hasenfilet" kommt da ebenso gut an wie "Maispoularde mit Morcheln gefüllt". Das Restaurant samt individuellen Gästezimmern erreichen Sie übrigens über den Innenhof.

Spezialitäten: Ragoût von Calamarettis, Scampis und Feigen, Basilikumschaum, getrocknete Tomaten. Maispoularde gefüllt mit Blumenkohl-Trüffelpüree, Barolosoße, buntes Gemüse. Lavendeltörtchen auf Pistazien-Mandelbiskuit, eingelegter Pfirsich.

⇨ 🏠 🅿 – Menü 20/66 € – Karte 33/62 €

Kaiserstraße 101 ✉ 66386 – ☎ 06894 92860 – www.diealtebrauerei.com –
Geschlossen Dienstag, mittags: Samstag

ST. PETER-ORDING

Schleswig-Holstein – Regionalatlas **1**–G3 – Michelin Straßenkarte 541

Im Ortsteil St. Peter-Bad

🏨 AALERNHÜS HOTEL & SPA

SPA UND WELLNESS · MODERN Für Erholung sorgen hier komfortable Gästezimmer (wie wär's z. B. ganz frisch-modern in friesischem Blau?) sowie ein schöner Garten und der attraktive Spa auf 1000 qm! Im "Aalernhüs Grill" stehen Fleisch und Fisch vom Grill im Mittelpunkt. Tipp: Leihen Sie sich Fahrrad oder E-Scooter zum Erkunden der Gegend.

🏋 🧖 ⇐ ⅃ 🖵 📶 🏖 🄛 ⊡ 🏊 🅿 🚗 – 64 Zimmer – 17 Suiten

Friedrich-Hebbel-Straße 2 ✉ 25826 – ☎ 04863 7010 – www.aalernhues.de

Im Ortsteil St. Peter-Dorf

🕽○ STRANDHÜTTE AXELS RESTAURANT

INTERNATIONAL · FREUNDLICH X Was den sieben Meter hohen Pfahlbau am Südstrand so beliebt macht? Es ist das interessante Doppelkonzept: tagsüber "Strandhütte" als trendige Ausflugsadresse mit einfachem Angebot, am Abend "Axels Restaurant" mit wertig-modernem Ambiente und kreativen Gerichten wie "Tatar vom Holsteiner Galloway-Rind, geräucherter Heringskaviar, Knäckebrot, Trüffelmayonnaise".

� 🖙🍽 – Menü 25 € (Mittags), 51/71 € – Karte 30/60 €

Zum Südstrand ⊠ 25826 – ℰ 04863 4747011 – www.die-strandhuette.de –
Geschlossen 3. Januar-20. Februar, Montag, Dienstag

Im Ortsteil Ording

🏠 ZWEITE HEIMAT

FAMILIÄR · AUF DEM LAND "Kleine Stube", "Große Stube", "Gute Stube"... Alle Zimmer sind nordisch-modern eingerichtet, liebenswert die maritime Deko - mal für Familien, mal mit Meerblick oder auch mit Sauna. Kosmetik und Massage in der "Kleinen Flucht". Überall ist die Region in Form von schönen Bildern und Naturmaterialien gegenwärtig.

🏖 🦢 🛖 🖭 🅿 – 47 Zimmer – 1 Suite

Am Deich 41 ⊠ 25826 – ℰ 04863 474890 – www.hotel-zweiteheimat.de

ST. MÄRGEN

Baden-Württemberg – Regionalatlas **61**–E20 – Michelin Straßenkarte 545

😊 ZUM KREUZ

REGIONAL · GEMÜTLICH X Vater und Sohn kümmern sich hier um das leibliche Wohl der Gäste, da findet sich neben Bürgerlichem wie Kalbsrahmschnitzel oder Käsespätzle auch Moderneres. Wie wär's mit dem "Genussmenü"? Oder à la carte z. B. "Schwarzwald-Ochse: Rücken & Backe, Schwarzwurzel, Lauch, Kohlspätzle mit Ziegenkäse"? Der Familienbetrieb bietet auch wohnliche Zimmer und Appartements.

Spezialitäten: Ziegenkäse und Tomate, Liebstöckel. Rosa gebratene Rehkeule mit Sauerkirschsauce, cremigem Rosenkohl und Schupfnudeln. Karamell und Federweißer, Traube, Kürbiskerne.

🖙 🅿 – Menü 27/85 € – Karte 25/60 €

Hohlengraben 1 ⊠ 79274 – ℰ 07669 91010 – www.gasthaus-zum-kreuz.de –
Geschlossen 12.-22. April, 1.-9. November, Donnerstag, mittags: Freitag

ST. MARTIN

Rheinland-Pfalz – Regionalatlas **47**–E17 – Michelin Straßenkarte 543

🕽○ ST. MARTINER WEINHÄUSEL

REGIONAL · WEINSTUBE X Ein gemütliches Restaurant, das sympathische Pfälzer Bodenständigkeit mit einem modernen Touch verbindet - das gilt fürs Ambiente ebenso wie für die saisonale Karte mit viel Regionalem, aber auch internationalen Einflüssen. Die schönen Weine dazu wachsen praktisch vor der Tür. Das einstige Weingut mitten im Ort hat auch eine lauschige Terrasse.

🌫 🖙 – Menü 30/44 € – Karte 30/48 €

Hornbrücke 2 ⊠ 67487 – ℰ 06323 981387 – www.weinhaeusel.com –
Geschlossen Dienstag, Mittwoch, mittags: Montag und Donnerstag- Freitag

ST. PETER

Baden-Württemberg – Regionalatlas **61**–E20 – Michelin Straßenkarte 545

⅏◯ ZUR SONNE

REGIONAL · GASTHOF XX Hanspeter Rombach legt in seinem einladenden freundlichen Restaurant Wert auf Bioprodukte. Man kocht regional und klassisch, auf der Karte z. B. "Ragout vom heimischen Reh in Spätburgundersauce" oder "Bio-Lachsfilet und wilde Gambas auf Kürbissaftsauce". Dazu wohnliche Gästezimmer und ein hübscher Saunabereich.

⚒ *Engagement des Küchenchefs: "Nachhaltig arbeiten war für mich schon immer ein wichtiges Thema, daher ist mein Haus bereits seit 2006 Bio-zertifiziert, ich verarbeite am liebsten Fleisch von Rindern, die auf Schwarzwaldwiesen grasen, backe unser Bio-Brot selbst und angeschlossen an das Fernwärmenetz ist mein Haus klimaneutral."*

⇔ 🏠 **P** 🚗🏕 – Menü 39/74 € – Karte 41/82 €

Zähringerstraße 2 ✉ 79271 – ☏ 07660 94010 – www.sonneschwarzwald.de –
Geschlossen 8.-25. November, Montag

ST. WENDEL

Saarland – Regionalatlas **46**–C16 – Michelin Straßenkarte 543

In St. Wendel-Bliesen Nord-West: 5, 5 km über Sankt Annen Straße und Alsfassener Straße

⚒ KUNZ

FRANZÖSISCH-KLASSISCH · FAMILIÄR XXX Anke und Alexander Kunz sind ein eingespieltes Team, in 2. Generation leiten sie den Familienbetrieb. Sie ist Gastgeberin aus Leidenschaft, er und seine Küchencrew stehen für geradlinige Gerichte ohne Schnörkel, bei denen ganz klar der Geschmack und die hervorragenden Produkte im Vordergrund stehen, so z. B. beim zarten Müritz-Lamm mit fantastischem Püree von der La-Ratte-Kartoffel und köstlicher Knoblauch-Rosmarin-Jus. Neben den schön angerichteten Speisen gibt's noch mehr fürs Auge - toll ist nämlich auch der Blick auf den beachtlichen "Bliestaldom" St. Remigius, den die Glasfront des schicken modern-eleganten Wintergartens freigibt. Sie können neben dem Menü des Sternerestaurants auch von der Karte des "Kaminzimmers", dem zweiten Kunz'schen Restaurant, wählen - fragen Sie ruhig nach!

Spezialitäten: Rotgarnele und Sankt Jakobsmuschel, Ananas, Krustentiernage. Taube aus dem Josper Grill, Petersilienwurzel, Pommes Anna, Portwein-Kirschjus. Bühler Zwetschgen, Blätterteig, Crème Chantilly, Krokanteis.

🆎 **P** – Menü 78/125 €

Kirchstraße 22 ✉ 66606 – ☏ 06854 8145 – www.restaurant-kunz.de –
Geschlossen 1.-6. Januar, 26. Juli-11. August, Montag, Dienstag, Mittwoch,
mittags: Donnerstag-Samstag, abends: Sonntag

☻ **Kaminzimmer** – Siehe Restaurantauswahl

☻ KAMINZIMMER

FLEISCH · FREUNDLICH X Event-Catering, zwei tolle Restaurants, "Alexander Kunz Theatre" in Saarbrücken..., der Kunz'sche Unternehmergeist ist vielfältig! Hier wird auf klassischer Basis mit ausgesuchten Produkten gekocht, dazu freundlicher Service und ein geschmackvolles gemütlich-modernes Ambiente.

Spezialitäten: Fischsuppe mit Meeresfrüchten, Sauce Aioli und geriebenem Käse. Rinderfiletstreifen mit Champignons und Gurken, Pasta, Salat. Gratinierte Früchte mit Vanillecrème und Pistazieneis.

🏠 **P** – Menü 37 € – Karte 33/82 €

Kunz, Kirchstraße 22 ✉ 66606 – ☏ 06854 8145 – www.restaurant-kunz.de –
Geschlossen 26. Juli-11. August, 25. Dezember-6. Januar, Montag, Dienstag,
Mittwoch, mittags: Samstag

SASBACHWALDEN

Baden-Württemberg – Regionalatlas **54**–E19 – Michelin Straßenkarte 545

⊛ DER ENGEL

REGIONAL · LÄNDLICH ✗✗ Hier passt einfach alles zusammen: Familientradition seit 1764, charmante Stuben hinter historischen Fachwerkmauern, herzliche Atmosphäre und schmackhafte regionale Küche. Zur Wahl stehen Klassiker, Tagesgerichte oder auch Menüs. Schön übernachten können Sie übrigens ebenfalls.
Spezialitäten: Badische Kürbissuppe. Geschnetzelte Rinderfiletspitzen, Champignons und Spätzle. New York Style Cheesecake.

⇔ 🏠 ✿ 🅿 – Menü 32 € (Mittags), 30/50 € – Karte 35/66 €

Talstraße 14 ✉ 77887 – ☎ 07841 3000 – www.engel-sasbachwalden.de –
Geschlossen Montag

⊛ BADISCHE STUBEN

REGIONAL · RUSTIKAL ✗ Die regionale Küche hier kommt richtig gut an. Lust auf "Hechtklößle mit Rieslingsauce und Blattspinat" oder "Schwarzwälder Rehragout mit Wacholderrahm"? Oder lieber die "Versucherle"? Einladend auch die Stuben selbst mit ihrer gemütlichen Atmosphäre, ebenso die großzügige Terrasse.
Spezialitäten: Salat von Linsen und Schweinebäckle mit Senfsauce. Geschnetzelte Kalbsleber sauer, Bratkartoffel und Kopfsalat. Vanilleflan mit Zwetschgenröster und Karamelleis.

⇔ 🏠 🅿 – Menü 39/58 € – Karte 36/60 €

Fallert, Talstraße 36 ✉ 77887 – ☎ 07841 628290 – www.talmuehle.de –
Geschlossen 15. Februar-11. März, Dienstag, Mittwoch

ⅈ○ FALLERT

FRANZÖSISCH-KLASSISCH · FREUNDLICH ✗✗ Seit über 50 Jahren steht Gutbert Fallert im Dienste der Gastronomie. Seine klassische Küche verzichtet bewusst auf modische Trends, vielmehr stellt man gute Produkte in den Mittelpunkt. Im Sommer gibt es zusätzlich die regionale Karte. Man hat auch wohnliche Gästezimmer und einen schönen Garten.

⇔ 🏠 🅿 – Menü 39 € (Mittags)/96 € – Karte 48/84 €

Talstraße 36 ✉ 77887 – ☎ 07841 628290 – www.talmuehle.de –
Geschlossen 15. Februar-11. März, Dienstag, Mittwoch

⊛ **Badische Stuben** – Siehe Restaurantauswahl

SASSNITZ – Mecklenburg-Vorpommern ➜ Siehe Rügen (Insel)

SAULGAU, BAD

Baden-Württemberg – Regionalatlas **63**-H20 – Michelin Straßenkarte 545

ⅈ○ KLEBERS

INTERNATIONAL · CHIC ✗✗ Das geradlinig-elegante Interieur kann sich wirklich sehen lassen, ebenso die Terrasse samt Lounge. Gekocht wird international, saisonal und mit regionalen Einflüssen, von "Avocado mit Jakobsmuschel und Zitronencreme" bis "schwäbischer Rostbraten mit Zwiebelkruste". Das Restaurant befindet sich übrigens im stilvoll-modernen Hotel "Kleber Post".

⇔ 🏠 ⅍ 🄰🄲 ✿ 🍴 – Menü 17 € (Mittags), 49/79 €

Poststraße 1 ✉ 88348 – ☎ 07581 5010 – www.kleberpost.de – Geschlossen Dienstag

SAULHEIM

Rheinland-Pfalz – Regionalatlas **47**-E15 – Michelin Straßenkarte 543

⊛ MUNDART RESTAURANT

KLASSISCHE KÜCHE · LÄNDLICH ✗✗ Eine charmante Adresse ist das alte Dorfhaus mitten in dem kleinen Weinort. Es gibt frische klassisch geprägte Küche, die man sich drinnen in hübschem ländlich-modernem Ambiente oder draußen auf der Terrasse im reizenden Innenhof schmecken lässt. Ideal für Feierlichkeiten ist die umgebaute Scheune.

Spezialitäten: Rehmaultaschen mit Preiselbeeren und Morcheln. Weißer Heilbutt mit Bete, Kartoffelcrème und Apfel. Savarin mit Himbeeren, Sorbet und Salzkaramell.

🍴 ⇆ 🅿 – Menü 33/63 € – Karte 33/62 €

Weedengasse 8 ✉ 55291 – ☎ 06732 9322966 – www.mundart-restaurant.de –
Geschlossen 1.-8. Januar, Mittwoch, Donnerstag, mittags: Montag-Dienstag und
Freitag-Samstag

SCHALKHAM
Bayern – Regionalatlas **59**–N19 – Michelin Straßenkarte 546

In Schalkham-Johannesbrunn

🍴○ **SEBASTIANIHOF**

INTERNATIONAL · RUSTIKAL 💥 Ein wunderschönes Anwesen samt reizvollem Innenhof, das gelungen rustikal und modern verbindet. Geschmackvoll das Restaurant mit seiner luftigen Architektur, aufmerksam der Service, gut die Küche. Zu feinen Gerichten wie "Wildfang-Zander mit Speck, Wirsing und Sahnepüree" bietet man eine passende Weinbegleitung.

🍴 ⇆ 🅿 🚫 – Menü 37 € (Mittags), 50/78 € – Karte 42/53 €

Brunnenstraße 9 ✉ 84175 – ☎ 08744 919445 – www.sebastianihof.de –
Geschlossen 8.-19. August, Montag, Dienstag, Mittwoch

SCHARBEUTZ
Schleswig-Holstein – Regionalatlas **11**–K4 – Michelin Straßenkarte 541

🌼 **DIVA**

FRANZÖSISCH-MODERN · ELEGANT 💥💥 Die mediterrane Note des direkt am Ostseestrand gelegenen Hotels "BelVeder" findet sich auch im kleinen Gourmetrestaurant mit seinem eleganten, in warmen Tönen gehaltenen Interieur wieder. Hier genießt man bei aufmerksamem und kompetentem Service die Küche von Gunter Ehinger. Er kochte u. a. im "Hirschen" in Sulzburg, bei Dieter Müller in Bergisch Gladbach und in der "Bülow Residenz" in seiner Heimatstadt Dresden, und in Karlsruhe bescherte er der "Oberländer Weinstube" einen Stern. Das Restaurant bietet trotz der schönen Lage an der Lübecker Bucht zwar keinen Meerblick, doch die klassisch basierte Küche verdient ohnehin Ihre volle Aufmerksamkeit. Gekonnt setzt man z. B. beim Carabinero mit Hühnerflügel, Melone und Rübchen moderne Ideen um, die das richtige Maß an Raffinesse bringen.

Spezialitäten: Makrele Sylter Royal. Gegrilltes Wagyu Short Rib mit Basilikumspinat und confiertem Lauch. Sûpreme vom Champagner, Erdbeeren und Vanille.

⇆ 🍴 ♿ 🆒 🅿 🚗 – Menü 85/119 € – Karte 96/107 €

Hotel BelVeder, Strandallee 146 (Süd: 1,5 km über B 76, Richtung Timmendorfer
Strand) ✉ 23683 – ☎ 04503 3526600 – www.hotel-belveder.de –
Geschlossen 7.-17. April, 23. Juni-24. Juli, 6.-16. Oktober, Montag, Dienstag,
mittags: Mittwoch-Samstag, Sonntag

🏨 **BELVEDER**

LANDHAUS · ELEGANT Ihr Zimmer ist wohnlich-elegant und in warmen Tönen gehalten, auf Wunsch genießen Sie vom Balkon den Blick aufs Meer, die angeschlossene Ostsee-Therme nutzen Sie gratis und freundliche Gästebetreuung ist Ihnen ebenfalls gewiss - also beste Voraussetzungen für entspannte Urlaubstage!

🏊 ⬉ 🖥 ♿ 🅿 🚗 – 68 Zimmer – 15 Suiten

Strandallee 146 (Süd: 1,5 km über B 76, Richtung Timmendorfer Strand) ✉ 23683 –
☎ 04503 3526600 – www.hotel-belveder.de

🌼 **DiVa** – Siehe Restaurantauswahl

SCHEESSEL
Niedersachsen – Regionalatlas **18**–H6 – Michelin Straßenkarte 541

In Scheeßel-Oldenhöfen Nord-West: 7 km über Zevener Straße, in Hetzwege rechts

🏵 RAUCHFANG

REGIONAL · GEMÜTLICH XX "Waldpilze mit Semmelknödel", "Kabeljau mit Senfsauce"... Bekommen Sie da nicht Appetit? Leckere Gerichte wie diese gibt es in dem charmant eingerichteten Landgasthof, einem Häuslingshaus von 1800. Im Winter schafft der offene Kamin Behaglichkeit, im Sommer lockt die Terrasse mit Blick ins Grüne.

Spezialitäten: Bunte Blattsalate, Himbeerdressing, geröstete Kürbiskerne, Crôutons. Brust und Keule von der Ente, Balamico- Kirschsauce, Wirsing in Rahm, Kartoffelgratin. Apfelcrêpe, Calvados mit Vanilleeis.

🏡 ⇦ 🅿 – Karte 33/68 €

Oldenhöfen 3a ⊠ 27383 – ☏ 04263 602 – www.rauchfang-oldenhoefen.de – Geschlossen Montag, Dienstag, mittags: Mittwoch-Samstag

SCHEIDEGG
Bayern – Regionalatlas **63**-I21 – Michelin Straßenkarte 546

🍴 ZUM HIRSCHEN & GASTHAUS BEIM STÖCKELER

REGIONAL · RUSTIKAL X Eine feste Größe im Ort und in der Region ist dieser familiengeführte Gasthof. Gemütlich-rustikal die Räume, schön die Terrasse im Schatten der Kirche, regional-saisonal die Küche. Übernachtungsgäste dürfen sich auf schöne modern-alpine Zimmer und ein gutes Frühstück freuen - vielleicht auf der Balkonterrasse?

⇦ 🏡 ♿ ⇦ 🅿 – Menü 33/39 € – Karte 25/43 €

Kirchstraße 1 ⊠ 88175 – ☏ 08381 2119 – www.zumhirschenscheidegg.de – Geschlossen 9.-26. November, Dienstag, Mittwoch

SCHELKLINGEN
Baden-Württemberg – Regionalatlas **56**-H19 – Michelin Straßenkarte 545

🏨 HGS3 DAS KONZEPTHOTEL

BUSINESS · DESIGN So viel Chic erwartet man nicht unbedingt im Umland von Ulm. In den Zimmern schönes klares Design und sehr gute Technik, auf der Dachterrasse lässt es sich im Sommer gut relaxen und Kunstliebhaber freuen sich über interessante wechselnde Ausstellungen im Haus. Im Bistro gibt es internationale Küche. Dazu hat man noch eine Vinothek. Tipp: Leihen Sie sich ein E-Bike!

⇧ 🗐 ♿ 🖾 🛠 🅿 – 24 Zimmer

Heinrich-Günter-Straße 3 ⊠ 89601 – ☏ 07394 931490 – www.hgs3.de

SCHERMBECK
Nordrhein-Westfalen – Regionalatlas **26**-C10 – Michelin Straßenkarte 543

In Schermbeck-Weselerwald Nord-West: 13 km über B 58, bei Drevenack rechts Richtung Bocholt

🍴 LANDHOTEL VOSHÖVEL

MARKTKÜCHE · GEMÜTLICH XX Was in den unterschiedlichen hübschen Räumen und auf der schönen Terrasse serviert wird, ist schmackhaft und mit guten Produkten zubereitet: saisonale Küche mit regionalen und internationalen Einflüssen - auf der Karte z. B. "Kabeljau mit Düsseldorfer Senfsauce und Balsamicolinsen". Mo. - Fr. mittags nur Buffet, ansonsten können Sie das HP-Menü oder à la carte wählen.

⇦ 🏡 🗐 ⇦ 🅿 🍽 – Menü 45/56 € – Karte 25/61 €

Am Voshövel 1 ⊠ 46514 – ☏ 02856 91400 – www.landhotel.de – Geschlossen 22.-25. Dezember

🏨 LANDHOTEL VOSHÖVEL

LANDHAUS · MODERN Ein wirklich engagiert geführtes und tipp topp gepflegtes Hotel auf dem Land mit tollem "Livingroom Spa" auf über 2500 qm (Tipp: täglich Spa-Kino) und geschmackvollen, individuellen Themenzimmern - wie wär's z. B. mit "Bretz", "Landidyllchen", "Champagner" oder "Fuchsteufelswild"? Eigenes Standesamt "Confideum" im Park. Ermäßigung im Golfclub nebenan.

🏔 📶 🗱 🔟 🐾 🏠 🗂 🏊 🅿 🚗 – 75 Zimmer

Am Voshövel 1 ✉ *46514 –* 📞 *02856 91400 – www.landhotel.de*

🍴 **Landhotel Voshövel** – Siehe Restaurantauswahl

SCHIFFERSTADT

Rheinland-Pfalz – Regionalatlas **47**–F16 – Michelin Straßenkarte 543

🍴 MÖLLERS RESTAURANT

INTERNATIONAL · CHIC 💥 Das gemütliche Restaurant im Hotel "Salischer Hof" bietet Ihnen frische Marktküche mit regionalen, aber auch internationalen Einflüssen. Tipp: Kommen Sie mal zum fair kalkulierten 10-Gänge-"Amuse-Gueule-Menü" - das gibt es jeden 1. Freitag im Monat. Freundlich der Service. Sehr nett die Terrasse hinterm Haus. Schön übernachten kann man in wohnlichen Gästezimmern.

🔄 🏠 ♿ 🅿 – Karte 44/56 €

Burgstraße 12 ✉ *67105 –* 📞 *06235 9310 – www.salischer-hof.de –*
Geschlossen Dienstag-Mittwoch, Sonntag, nur Abendessen

SCHIRGISWALDE-KIRSCHAU

Sachsen – Regionalatlas **44**–R12 – Michelin Straßenkarte 544

🏵 JUWEL

FRANZÖSISCH-MODERN · CHIC 💥 Das Gourmetrestaurant im Hause Schumann trägt seinen Namen nicht umsonst, das beginnt schon beim wertigen Interieur in schickem Lila-Schwarz samt ausgesuchten Details wie Amethysten und Swarovski-Kristallen. Dazu kommt eine modern-kreativ inspirierte Küche mit klassischen Einflüssen. Ausgesuchte Produkte haben dabei einen hohen Stellenwert. Nicht unerwähnt bleiben darf auch die feine Patisserie von Beatrice Tobias! Zum guten Essen gesellt sich noch ein weiterer Wohlfühlfaktor: das überaus freundliche und geschulte Serviceteam um Patrick Grunewald, das Sie auch in Sachen Wein kompetent berät - Tipp: Man hat eine beachtliche Champagner-Auswahl!

Spezialitäten: Steinbutt, Aubergine, Grapefruit, Passepierre. Ferkel, Lauch, Cranberry. Quitte, Aceto Balsamico, Pumpernickel, Molke.

🍽 🔄 🅿 – Menü 130/157 €

Hotel BEI SCHUMANN, Bautzener Straße 74 ✉ *02681 –* 📞 *03592 5200 –*
www.bei-schumann.de –
Geschlossen 22.-28. März, 27. Juli-3. September, 13.-19. Dezember,
Montag-Mittwoch, Sonntag, mittags: Donnerstag-Samstag

🍴 WEBERSTUBE

MARKTKÜCHE · RUSTIKAL 💥 Holztäfelung, Kachelofen, hübsche Deko... Die gemütlich-rustikale Stube ist überaus charmant! Gekocht wird saisonal, dabei legt man Wert auf regionale Produkte. Auf der Karte z. B. "In Rotweinsauce geschmortes Schulterscherzel" oder "Tatar vom Oberlausitzer Weiderind". Umsorgt wird man herzlich und geschult.

🔄 🏠 🗂 🅿 – Karte 39/67 €

Hotel BEI SCHUMANN, Bautzener Straße 20 ✉ *02681 –* 📞 *03592 5200 –*
www.bei-schumann.de – Geschlossen 15.-21. März, 30. August-12. September,
Montag, Sonntag, mittags: Dienstag-Samstag

⁙○ **AL FORNO**

ITALIENISCH · FREUNDLICH ⅹ Richtig gemütlich hat man es hier bei authentischen italienischen Gerichten. Aus der offenen Küche kommen natürlich u. a. Klassiker wie Antipasti, Pasta und Pizza aus dem Steinofen! Schön sitzt man im Sommer auf der Terrasse mit Blick auf den "SEEWUNDERBAR".

⇐ 🏠 ⊡ 🅿 – Karte 33/57 €

Hotel BEI SCHUMANN, Bautzener Straße 74 ⊠ 02681 – ☏ 03592 5200 –
www.bei-schumann.de – Geschlossen 8.-14. März, 19. Juli-1. August,
Dienstag-Mittwoch, nur Abendessen

🏚 **BEI SCHUMANN**

SPA UND WELLNESS · INDIVIDUELL Ein wahres Erholungsrefugium und einzigartig in der Oberlausitz! Wie viel Herzblut in diesem Haus steckt, merkt man am tollen Spa-Tempel, an den wertig-wohnlichen Zimmern und edlen Suiten sowie an zahlreichen kleinen Aufmerksamkeiten. Sehr gut auch das Frühstück. Gespannt sein dürfen Sie auf den neuen chic-modernen "Seeflügel".

🤸 ⇐ 🏊 🔲 🌐 🐾 ⅃⑤ ⊡ Ⓜ 🛁 🅿 – 41 Zimmer – 22 Suiten

Bautzener Straße 74 ⊠ 02681 – ☏ 03592 5200 – www.bei-schumann.de
⁙○ **WEBERSTUBE** · ⁙○ **AL FORNO** · ✿ **JUWEL** – Siehe Restaurantauswahl

SCHLECHING

Bayern – Regionalatlas **66**–N21 – Michelin Straßenkarte 546

In Schleching-Raiten

⁙○ **RAIT'NER WIRT**

BAYRISCH · GEMÜTLICH ⅹ Das schön sanierte gestandene Wirtshaus a. d. 17. Jh. beherbergt heute hübsche, wohnliche Gästezimmer und richtig gemütliche Restauranträume - und draußen lockt im Sommer der herrliche Biergarten! Aus der Küche kommt Regionales, von der Leberknödelsuppe über den Schweinsbraten bis hin zum Backhendl.

⇐ 🏠 🅿 – Karte 21/49 €

Achentalstraße 8 ⊠ 83259 – ☏ 08641 5911170 – www.raitenerwirt.de –
Geschlossen Montag, Dienstag, mittags: Mittwoch-Freitag

SCHLUCHSEE

Baden-Württemberg – Regionalatlas **62**–E21 – Michelin Straßenkarte 545

✿ **OXALIS** 🅝

MODERNE KÜCHE · ENTSPANNT ⅹⅹ Schon äußerlich ein Augenschmaus ist das 1603 erbaute und damit älteste noch bestehende Gebäude des Ortes. Es ist das kleine Boutique-Hotel "Mühle", recht ruhig etwas abseits gelegen. Genau hier befindet sich das "Oxalis", sicher der neue kulinarische Hotspot im Schwarzwald! Das Restaurant ist charmant-ungezwungen, geschmackvoll und in keiner Weise steif. Der Service arbeitet ebenso effektiv wie freundlich-leger. Und dann ist da noch die Küche von Max Goldberg. Jeden Abend bietet er ein Kaiseki-Menü, allerdings nicht strikt japanisch, vielmehr verbindet er deutliche Einflüsse aus dem Land der aufgehenden Sonne geschickt mit regionalen Produkten. Das Ergebnis sind moderne Gerichte mit intensiven Aromen und schöner Balance. Tipp: Buchen Sie eines der schicken individuellen Gästezimmer!

Spezialitäten: Kabayaki, Leber und Rhabarber. Reh, Kohlrabi und Apfel. Matcha, Kirschen, Sake.

⇐ 🏠 ✿ 🅿 – Menü 69/99 €

Mühle, Unterer Mühlenweg 13 ⊠ 79859 – ☏ 07656 982192 –
www.muehle-schluchsee.de – Geschlossen 11.-27. Januar, mittags: Montag, Dienstag,
Mittwoch, mittags: Donnerstag-Sonntag

SCHMALLENBERG

Nordrhein-Westfalen – Regionalatlas **37**–F12 – Michelin Straßenkarte 543

In Schmallenberg-Oberkirchen Ost: 8 km über B 236

GASTHOF SCHÜTTE

REGIONAL • RUSTIKAL XX Bewusst hat man mit liebenswerten Dekorationen den rustikalen Charme des alten Stammhauses bewahrt. Gekocht wird regional und klassisch-international, schmackhaft z. B. "Rehragout mit Preiselbeeren, Spätzle und Rotkohl" oder "Seeteufel auf Morchelsauce".

Spezialitäten: Tatar vom Matjes mit Gurkenspaghetti und Pumpernickel. Westfälische Dicke Bohnen mit Kasseler und Röstkartoffeln. Schokoladenmousse mit eingelegten Kirschen.

🍴 ☺ 🅿 🚗 – Menü 28 € (Mittags), 34/75 € – Karte 39/64 €

Hotel Gasthof Schütte, Eggeweg 2 ✉ 57392 – ℰ 02975 820 –
www.gasthof-schuette.de – Geschlossen 28. November-26. Dezember

GASTHOF SCHÜTTE

GASTHOF • GEMÜTLICH Familientradition seit über 550 Jahren! Ein schönes Haus, in das stetig investiert wird. So hat man wohnliche Zimmer und gute Freizeitmöglichkeiten - ansprechend der Spa "Lenneborn". 300 m entfernt entspannt man im Garten mit Freibad!

🛁 🖳 ⊡ 🅿 🚗 – 47 Zimmer – 12 Suiten

Eggeweg 2 ✉ 57392 – ℰ 02975 820 – www.gasthof-schuette.de
Gasthof Schütte – Siehe Restaurantauswahl

In Schmallenberg-Ohlenbach Ost: 15 km über B 236, in Oberkirchen links
Richtung Winterberg

WALDHAUS OHLENBACH

LANDHAUS • INDIVIDUELL Das Hotel liegt herrlich ruhig und sonnenexponiert in 700 m Höhe - toll der Ausblick! Fragen Sie nach den neueren Zimmern in sehr schönem zeitgemäßem Stil. Auch der Spa hat einiges zu bieten. In der gemütlichen "Schneiderstube" gibt es modern beeinflusste Küche. Tipp: Nach Winterberg ist es nur ein Katzensprung.

🖳 ⊡ 🅿 🚗 – 47 Zimmer

Ohlenbach 10 ✉ 57392 – ℰ 02975 840 – www.waldhaus-ohlenbach.de

In Schmallenberg-Winkhausen Ost: 6 km über B 236

HOFSTUBE

MODERNE KÜCHE • CHIC XX Hier sticht sofort die tolle offene Showküche ins Auge! Sie erleben live mit, wie Küchenchef Felix Weber ein modern-saisonales Menü zubereitet. Nach ausgezeichneten Stationen wie dem "Waldhotel Sonnora" in Wittlich, dem "La Vie" in Osnabrück oder "Rüssel's Landhaus St. Urban" in Naurath (Wald) beweist er in der "Hofstube" sein Gefühl für top Produkte, die er gerne aus der Region bezieht. Untergebracht ist die Restaurant im Ferien- und Wellnesshotel "Deimann" - entstanden aus einem Herrenhaus von 1880 und seit 1917 im Besitz der Familie Deimann. Mit behaglichem Holz, klaren Linien und warmen Tönen hat man ein richtig schickes Design geschaffen, dazu sorgt die große, in den Raum integrierte Küche für eine attraktive Kochstudio-Atmosphäre.

Spezialitäten: Makrele, Auster, Grüner Apfel, Dashi-Yuzu-Vinaigrette. Rehrücken, eingelegte Kirschen, Pfifferlinge, Kartoffelblini. Pochierte Aprikose, weiße Schokolade, Mascarpone, Sorbet.

⅏ 🍴 🅿 🚗 – Menü 119/139 €

Hotel Deimann, Alte Handelsstraße 5 ✉ 57392 – ℰ 02975 810 – www.deimann.de –
Geschlossen Montag, Dienstag, Sonntag, mittags: Mittwoch-Samstag

🏚️ DEIMANN

SPA UND WELLNESS · INDIVIDUELL Das Herrenhaus von 1880 ist heute ein sehr komfortables Ferien- und Wellnesshotel. Geboten wird ein vielfältiger Spa, dazu individuelle Zimmer (meist zum Garten hin). Im Wintergarten serviert man bürgerlich-regionale Küche. Schöne Bar.

🏠 📶 🎿 🖥️ 🌐 💆 ⅃ʒ 🆒 🔧 **P** 🚗 – 120 Zimmer – 3 Suiten

Alte Handelsstraße 5 ✉ 57392 – 𝒞 02975 810 – www.deimann.de

🍃 **Hofstube** – Siehe Restaurantauswahl

SCHNEVERDINGEN

Niedersachsen – Regionalatlas **19**–I6 – Michelin Straßenkarte 541

🈁 RAMSTER

REGIONAL · FAMILIÄR ✗✗ Eine sympathisch-familiäre Adresse, die auf regional-saisonale Küche setzt. Aus frischen, oftmals lokalen Produkten entsteht z. B. "Schneverdinger Heidschnuckenkeule, Wacholdersauce, frische Pilze". Schön die Terrasse zum Garten. Übernachtungsgäste freuen sich über sehr wohnliche Zimmer, teilweise mit Balkon.

Spezialitäten: Senfsuppe mit Limonenöl verfeinert. Gebratenes Schweinefilet, Kalbssoße, Gemüse vom Markt und Kartoffelgratin. Warmes Schokoküchlein mit Vanilleeis und frischen Früchten.

🍃 *Engagement des Küchenchefs: "Das Thema Nachhaltigkeit beschäftigt mich schon lange, daher bin ich auch Gründungsmitglied bei „greentable", einer Non-Profit-Initiative für Nachhaltigkeit in der Gastronomie! Entsprechend gehe ich das Thema auch in meinem Haus an, Ökostrom, eigenes Blockheizkraftwerk, Waren aus direkter Umgebung!"*

🔄 🏠 🏡 **P** – Menü 26/34 € – Karte 26/46 €

Heberer Straße 16 ✉ 29640 – 𝒞 05193 6888 – www.hotel-ramster.de –
Geschlossen Montag, abends: Sonntag

SCHÖNWALD

Baden-Württemberg – Regionalatlas **62**–E20 – Michelin Straßenkarte 545

🍽️ ZUM OCHSEN

REGIONAL · FREUNDLICH ✗✗ Schön gemütlich hat man es in den Stuben mit ihren charmanten Dekorationen, die ganz typisch sind für die Region. Aus der Küche kommt Schmackhaftes wie "gebratenes Lachsforellenfilet mit Speckschaum, Rote-Beete-Jus und Zweierlei von Topinambur". Zum Übernachten stehen in dem traditionsreichen Familienbetrieb freundliche, wohnliche Zimmer bereit.

🔄 ≼ 🏠 🏡 🖥️ ♻️ **P** 🚗 – Menü 35/70 € – Karte 30/75 €

Ludwig-Uhland-Straße 18 ✉ 78141 – 𝒞 07722 866480 – www.ochsen.com

SCHOPFHEIM

Baden-Württemberg – Regionalatlas **61**–D21 – Michelin Straßenkarte 545

In Schopfheim-Gersbach Nord-Ost: 16 km über B 317 und Kürnberg

🈁 MÜHLE ZU GERSBACH

MARKTKÜCHE · GASTHOF ✗✗ Bei den Buchleithers darf man sich auf schmackhafte saisonale Küche und herzlich-familiären Service freuen. Es gibt klassische, traditionell-bürgerliche Gerichte sowie international ausgerichtete vegetarische Speisen, die man um Fisch oder Fleisch erweitern kann. In dem Haus in dörflich-ruhiger Lage kann man auch schön übernachten.

Spezialitäten: Zander und Rotbarbe auf Currylinsen. Kalbskotelett auf mediterranem Grillgemüse mit Kartoffelküchle. Himbeersorbet in weißer Schokolade mit Ananas und Pina Colada.

🔄 🏡 🖥️ **P** – Menü 22/52 € – Karte 29/64 €

Zum Bühl 4 ✉ 79650 – 𝒞 07620 90400 – www.muehle.de –
Geschlossen Montag, Dienstag, mittags: Mittwoch-Freitag

SCHORNDORF

Baden-Württemberg – Regionalatlas **55**–H18 – Michelin Straßenkarte 545

❀ **GOURMETRESTAURANT NICO BURKHARDT**

FRANZÖSISCH-MODERN · CHIC XX Sicher sagt Ihnen der Name Nico Burkhardt etwas, denn als Sterne-Koch hat er schon im Stuttgarter "Olivo" von sich reden gemacht. Seit Herbst 2018 kocht er nun im Gourmetrestaurant seines "Boutiquehotels Pfauen", einem sehenswerten historischen Fachwerkhaus in der Altstadt. Mit eigenem Stil und reichlich Details bereitet er hervorragende Produkte modern zu, von der schön saftigen Wachtelbrust über den feinen Atlantik-Kabeljau bis zum perfekt gereiften Rehrücken! Serviert wird in einem geschmackvoll und warm eingerichteten Raum mit gerademal vier Tischen. Hier fühlt man sich wirklich wohl, denn die Atmosphäre ist angenehm intim und man wird zudem noch richtig aufmerksam und herzlich umsorgt!

Spezialitäten: Geflämmte Makrele, Kürbis, Alge, Joghurt. Ente, Rote Bete, Estragon, Trüffel. Schokolade, Eierlikör, Atsina Kresse.

⇦ 🍴 ⅏ – Menü 109/150 €

Höllgasse 9 ✉ 73614 – ☎ 07181 6699010 – www.pfauen-schorndorf.de –
Geschlossen 1.-12. Januar, 1. August-14. September, Montag, Dienstag, Sonntag,
mittags: Mittwoch-Samstag

SCHRAMBERG

Baden-Württemberg – Regionalatlas **62**–E20 – Michelin Straßenkarte 545

⅋○ **GASTHOF HIRSCH**

KLASSISCHE KÜCHE · KLASSISCHES AMBIENTE XX Im Zentrum des Schwarzwaldortes liegt der hübsche Gasthof von 1748. Man kocht richtig gut, und zwar klassisch-regional, z. B. "Kalbsfilet mit Steinpilzen an Rahmsoße, junge Gemüse & handgemachte Spätzle". Für eine angenehme Atmosphäre sorgen das geschmackvolle Ambiente und die sehr freundliche, aufmerksame Gastgeberin. Tipp: individuelle, hochwertige Gästezimmer!

⇦ 🍴 ⅏ – Menü 32 € (Mittags), 37/75 € – Karte 32/85 €

Hauptstraße 11 (1. Etage) ✉ 78144 – ☎ 07422 280120 –
www.hotel-gasthof-hirsch.com –
Geschlossen Dienstag, Mittwoch

SCHWÄBISCH GMÜND

Baden-Württemberg – Regionalatlas **56**–I18 – Michelin Straßenkarte 545

⅏ **FUGGEREI**

MARKTKÜCHE · FREUNDLICH X Hier sitzt man gemütlich unter einer hohen historischen Gewölbedecke - oder speisen Sie lieber im schönen Garten? Auf der Karte zeigt sich der Bezug zur Region, aber auch mediterrane und asiatische Einflüsse finden sich. Mittags gibt es auch ein Tagesmenü. Übrigens: Direkt hinter dem Restaurant liegt das Münster, da bietet sich ein Besuch an!

Spezialitäten: Pilzravioli mit geschmolzenen Kirschtomaten. Loup de Mer mit Gnocchi, Chorizo und Pimentosauce. Pochierter Weinbergpfirsich mit Pistazie und Lavendeleis.

🍴 ⅖ ⅏ 🅿 – Menü 35 € – Karte 36/61 €

Münstergasse 2 ✉ 73525 – ☎ 07171 30003 – www.restaurant-fuggerei.de –
Geschlossen Montag

SCHWÄBISCH HALL

Baden-Württemberg – Regionalatlas **56**–H17 – Michelin Straßenkarte 545

In Schwäbisch Hall-Hessental Süd-Ost: 3 km, Richtung Crailsheim

✿ EISENBAHN

Chef: Josef und Thomas Wolf

FRANZÖSISCH-MODERN · ELEGANT ✗✗✗ Zwei Generationen gemeinsam am Herd? Im Hause Wolf funktioniert das wunderbar! Wenn Vater und Sohn hier zusammen kochen, beide bringen ihre Erfahrungen und Ideen ein. So ist die Küche sowohl klassisch als auch modern-international inspiriert. Zum Ausdruck kommt das z. B. beim "Atlantik-Hummer mit Couscous und Hummerbisque" oder auch beim "Lammrücken mit Bohnen, Aubergine und Karotte". Ausgesucht die Produkte, fein die Aromen, intensiv der Geschmack. Während Josef und Thomas Wolf in dem seit 1997 besternten Restaurant kochen, leitet Chefin Christa Wolf herzlich den Service. Einladend auch das wohnlich-elegante Ambiente und hübsche Terrasse hinterm Haus. Sie mögen Wein? Man hat eine tolle Auswahl an italienischen und französischen Rotweinen, aber auch deutsche Schätze finden sich hier.

Spezialitäten: Seeteufel, Beurre blanc, kleine Artischocken, Tomate und Steinpilze. Black Angus Rinderfilet, Zwiebelcrème, Kartoffelschaum, Trüffelglace. Windbeutel, Himbeeren, Passionsfruchtcrème, Schokolade.

🕸 ⇦ 🏠 🅰🅒 ⊞ ⇩ 🅿 – Menü 75/148 €

Karl-Kurz-Straße 2 ✉ 74523 – ☏ 0791 930660 – www.landhauswolf.eu –
Geschlossen Montag, Dienstag, Sonntag, mittags: Mittwoch-Samstag

In Schwäbisch Hall-Veinau Nord-Ost: 4, 5 km, Richtung Crailsheim

🏠 LANDHAUS ZUM RÖSSLE

MARKTKÜCHE · BÜRGERLICH ✗ Familientradition seit 1780! Da hat Gastfreundschaft einen ebenso hohen Stellenwert wie die schmackhafte Küche aus regionalen Produkten. Neben Klassikern serviert man auch ein Überraschungsmenü. Im Sommer ist der Garten ein herrliches Plätzchen! Für Feste hat man eine tolle Scheune. Gut übernachten kann man ebenfalls.

Spezialitäten: Kürbissuppe mit gerösteten Mandeln und Apfel. Frischlingsrücken und Wildfleischküchle aus heimischer Jagd mit Spätzle und Salat. Halbflüssiges Schokoladenküchle, Sauerrahmeis, Zwetschgenröster.

⇦ 🏠 ⅗ ⇩ 🅿 – Menü 35/49 € – Karte 33/53 €

Zeilwiesen 5 ✉ 74523 – ☏ 0791 2593 – www.roessle-veinau.de –
Geschlossen 1.-6. Januar, 15.-21. Februar, 30. August-6. September, Mittwoch

In Schwäbisch Hall-Weckrieden Süd-Ost: 3 km, Richtung Crailsheim

✿ REBERS PFLUG

MARKTKÜCHE · GEMÜTLICH ✗✗ Schon beim Betreten des Restaurants kommt man an der offenen Küche vorbei, das weckt die Vorfreude! Die Karte ist recht breit gefächert, da finden sich regionale Klassiker wie Tafelspitz oder Rostbraten, aber auch Gourmetmenüs, die man mit drei bis sechs Gängen wählen kann. Eine vegetarische Variante gibt es auch. Und dann sind da noch die hochwertigen Steaks! Das hervorragende Fleisch bezieht Patron und Küchenchef Hans-Harald Reber selbstverständlich vom Metzger seines Vertrauens, seinem Groß-Cousin! Schön sitzt man hier in freundlicher und angenehm ungezwungener Atmosphäre, dabei wird man aufmerksam und geschult umsorgt. Alternative für eilige Gäste: Di. - Sa. "Rebers Imbiss STADL" mit Burgern, Salaten, Stadl-Klassikern und Eis "to go" (keine Vorbestellung möglich).

Spezialitäten: Tataki vom Lachs mit Curry, Blumenkohlcrème, eingelegte Rübchen, Miso-Aioli und Lauchöl. Rehrücken mit roter Schalottenjus, Pfifferlinge, Spitzkohl-Maki und Petersilienspätzle. Vanilleparfait mit Allerlei vom Pfirsich, Luftschokolade und Himbeersorbet.

🕸 ⇦ 🏠 🅰🅒 ⇩ 🅿 – Menü 58/105 € – Karte 47/99 €

Hotel Rebers Pflug, Weckriedener Straße 2 ✉ 74523 –
☏ 0791 931230 – www.rebers-pflug.de –
Geschlossen 1.-15. Januar, Montag, mittags: Dienstag-Samstag, Sonntag

REBERS PFLUG

GASTHOF · AUF DEM LAND In dem traditionellen Landgasthaus der Familie Reber lässt es sich geschmackvoll wohnen. Tipp: Das neue "Wohn.Reich" mit gemütlichen, zeitgemäß und nachhaltig eingerichteten Zimmern und Suiten. Attraktiv auch die beiden fast schon luxuriösen "Parksuiten". Dazu gibt's am Morgen ein leckeres Frühstück. Einfacheres kleines Speiseangebot in der "Schwein & Weinbar".

⛲ 🅿 – 25 Zimmer – 2 Suiten

Weckriedener Straße 2 ✉ *74523 –* ☎ *0791 931230 – www.rebers-pflug.de*

🌸 **Rebers Pflug** – Siehe Restaurantauswahl

SCHWANGAU

Bayern – Regionalatlas **65**–K22 – Michelin Straßenkarte 546

In Schwangau-Hohenschwangau

🏨 AMERON NEUSCHWANSTEIN ALPSEE RESORT & SPA

RESORT · MODERN Idyllisch die Lage am Alpsee, umgeben von den Schlössern Neuschwanstein und Hohenschwangau. Das schicke Resort verbindet gelungen den Charme der historischen Gebäude "Alpenrose", "Jägerhaus" und "Lisl" mit den Neubauten "Seehaus" und "Galeria". Stilvoll-wohnliche Zimmer von klassisch-elegant bis modern, schöner Spa. Dazu die Restaurants "Bräustüberl" und "Lisl" mit regional-saisonaler Küche.

⛲ ≼ 🍴 🔟 ⊕ 🐟 ♨ 🅓 ⅙ 🄰 ♠ 🅿 – 137 Zimmer

Alpseestraße 21 ✉ *87645 –* ☎ *08362 30700 – www.ameron-neuschwanstein.de*

In Schwangau-Horn

🏨 DAS RÜBEZAHL

SPA UND WELLNESS · GEMÜTLICH Die Lage schön ruhig, die Gastgeber engagiert, die Zimmer wohnlich-elegant (z. B. hübsche Themen-Suiten), attraktiv der Spa mit diversen Saunen, Außenpool, Ruheräumen, Panorama-Deck... Ambitionierte Küche im "Gams & Gloria". Modern-saisonal speist man im "Louis II.", toll die Panoramaterrasse. Dazu die Bar-Lounge "AlpenRausch". Tipp: Wanderung zur eigenen Berghütte.

⛲ 🦢 ≼ 🍴 🔟 ⊕ 🐟 🄳 ♠ 🅿 – 54 Zimmer – 8 Suiten

Am Ehberg 31 ✉ *87645 –* ☎ *08362 8888 – www.hotelruebezahl.de*

SCHWARZACH AM MAIN

Bayern – Regionalatlas **49**–I15 – Michelin Straßenkarte 546

Im Ortsteil Stadtschwarzach

😊 SCHWAB'S LANDGASTHOF

REGIONAL · LÄNDLICH ✗ Bereits in 4. Generation leitet Joachim Schwab den hübschen, gemütlich-fränkischen Familienbetrieb. Seine Leidenschaft gilt neben dem Kochen auch der Jagd sowie seinem eigenen Weinberg. Die gute regionale Küche gibt es z. B. als "Ragout von Reh und Hirsch mit frischen Pilzen". Schön übernachten kann man hier ebenfalls.

Spezialitäten: Mus von Steigerwälder Ziegenkäse mit Orangengelee und Gurkencarpaccio. Schäufele vom Reh in Spätburgunder geschmort, Preiselbeerschmarrn und Wirsinggemüse. Fränkische Karthäuserklöße mit Weinschaumsoße.

🛵 🍴 ♻ 🅿 – Karte 33/50 €

Bamberger Straße 4 ✉ *97359 –* ☎ *09324 1251 – www.landgasthof-schwab.de –*
Geschlossen Montag, Dienstag, abends: Sonntag

SCHWARZENFELD

Bayern – Regionalatlas **51**–N17 – Michelin Straßenkarte 546

⊛ ESSKUNST

MODERNE KÜCHE · CHIC ✗ Früher der Schalterraum einer Bank, heute ein geradlinig-schickes Restaurant mit ambitionierter Küche. Schmackhaft verbindet man Altbewährtes mit Modernem. Wählen können Sie die Speisen in Menüform oder à la carte. Tipp: die hausgemachten Pralinen zum Kaffee. Dazu charmanter, aufmerksamer und versierter Service.

Spezialitäten: Scheiben vom Roastbeef, eingelegtes Gemüse, Pommery-Senf. Lammrücken, Aubergine, Zucchini, Polenta. Schokoladenknusperriegel, karamellisierte Banane, geröstete Mandeln, Yuzu, Papayasorbet.

🍽 🛵 – Menü 34/44 €

Hauptstraße 24 ✉ 92521 – ☏ 09435 6999610 – www.restaurant-esskunst.de –
Geschlossen 13.-26. Januar, 28. August-21. September, Montag-Dienstag,
mittags: Mittwoch-Samstag

SCHWEINFURT

Bayern – Regionalatlas **49**–J15 – Michelin Straßenkarte 546

⊛ KUGELMÜHLE

FRANZÖSISCH-KLASSISCH · TRENDY ✗✗ Seit 2001 führt Max Matreux nun schon dieses klar designte Restaurant in einem Seitenflügel einer Fabrik. Dabei legt er großen Wert auf Nachhaltigkeit, und das zeigt sich auch in seiner klassisch geprägten Küche, für die er gerne saisonale und regionale Produkte verwendet. Freundlich und geschult der Service.

Spezialitäten: Lauwarmer Pulpo mit weißem Tomatencappuccino und marinierten Wildkräutern. Rücken vom Spessart-Reh im Crêpemantel mit Pfifferlingen und Spätzle. Clafoutis von der fränkischen Kirsche mit weißem Schokoladeneis.

🅰🅲 ⇔ 🅿 – Menü 35/78 € – Karte 49/64 €

Georg-Schäfer-Straße 30 ✉ 97421 – ☏ 09721 914702 –
www.restaurant-kugelmuehle.de –
Geschlossen 2.-23. August, 23. Dezember-7. Januar, Samstag, Sonntag

⑩ KINGS AND QUEENS

INTERNATIONAL · FREUNDLICH ✗✗ Das kleine Restaurant hat viele Stammgäste. Das liegt an der modern-eleganten Atmosphäre, am engagierten, aufmerksamen Service und an der international-saisonalen Küche. Die gibt es z. B. als "Calamaretti, Kokos-Curry-Sud, Saubohne, Chili & Bulgur". Dazu schöne Weine - besonders gut sortiert die regionale Auswahl.

Menü 37/90 € – Karte 35/57 €

Bauerngasse 101 ✉ 97421 – ☏ 09721 533242 – www.kingsqueens.eu –
Geschlossen 3.-24. August, Montag, Sonntag, mittags: Dienstag-Samstag

SCHWENDI

Baden-Württemberg – Regionalatlas **64**–I20 – Michelin Straßenkarte 545

⊛ ESSZIMMER IM OBERSCHWÄBISCHEN HOF

MARKTKÜCHE · FREUNDLICH ✗✗ Hier darf man sich auf gute Küche freuen: Im eleganten "Esszimmer" serviert man Ihnen ein ansprechendes saisonal beeinflusstes Menü (auch als vegetarische Variante), in der "Lazarus-Stube" gibt es Klassiker wie Zwiebelrostbraten oder hausgemachte Maultaschen. Daneben bietet der "Oberschwäbische Hof" auch modern-funktionale Gästezimmer.

Spezialitäten: Hamachi, Aprikose, schwarzer Knoblauch, Pfifferlinge. Seeteufel, Thai Spargel, Erbse, Yuzu. Holunderblüte, Salzzitrone, Staudensellerie.

⇐ 🍽 ⅙ 🖥 ⇔ 🅿 🖨 – Menü 69/120 € – Karte 29/49 €

Hauptstraße 9 ✉ 88477 – ☏ 07353 98490 – www.oberschwaebischer-hof.de –
Geschlossen 28. März-11. April, 1.-15. August, Montag, Dienstag, abends: Sonntag

SCHWERIN

Mecklenburg-Vorpommern – Regionalatlas **11**–L5 – Michelin Straßenkarte 542

ⅼ◯ WEINHAUS UHLE

INTERNATIONAL · HISTORISCHES AMBIENTE ✕✕ In dem über 250 Jahre alten Weinhaus in der Altstadt speist man unter einer kunstvoll gearbeiteten hohen Gewölbedecke, die das historische Flair des klassisch-eleganten Raums unterstreicht. Für die ambitionierte Küche verwendet man gerne regionale Produkte. Richtig schön übernachten kann man ebenfalls - die Zimmer sind geschmackvoll, modern und wertig.

↩ 🛏 ⇧ – Menü 49/120 €

Schusterstraße 15 ✉ 19055 – ☎ 0385 48939430 – www.weinhaus-uhle.de –
Geschlossen Sonntag-Montag, nur Abendessen

ⅼ◯ LA BOUCHE

MEDITERRAN · BISTRO ✕ Schon der Name des freundlichen Bistros verrät die Vorliebe für Frankreich, und auch die mediterran ausgerichtete Speisekarte zeigt entsprechende Einflüsse. Schön sitzt man auf der Terrasse in der Fußgängerzone - der Dom ist nur einen Steinwurf entfernt.

🛏 – Karte 25/50 €

Buschstraße 9 ✉ 19053 – ☎ 0385 39456092 – www.bistrolabouche.de –
Geschlossen Montag, mittags: Dienstag-Freitag, Sonntag

ⅼ◯ GOURMETFABRIK

INTERNATIONAL · BISTRO ✕ Keine Frage, dank der Lage am Schweriner See sind hier die Terrassenplätze mit Blick aufs Wasser besonders gefragt! Modern und leger die Atmosphäre, frisch die internationale Küche - wie wär's z. B. mit einem Burger oder einem Tomahawk-Steak?

🛏 – Menü 35 € (Mittags), 36/65 € – Karte 43/62 €

Werderstraße 74B ✉ 19055 – ☎ 0385 76098570 – www.gourmetfabrik.de –
Geschlossen Montag, Sonntag

🏠 SPEICHER AM ZIEGELSEE

HISTORISCH · GEMÜTLICH Am Seeufer steht der markante ehemalige Getreidespeicher von 1939, aufwändig zum Hotel umgebaut. Die Zimmer sind wohnlich und zeitgemäß, teils mit tollem Seeblick, elegant das Restaurant mit hübscher Terrasse zum See - hier hat man einen Bootsanleger. Tipp: Mieten Sie ein Elektroauto oder Fahrräder/E-Bikes!

↩ 🛏 🎞 🛗 🦽 🅿 – 77 Zimmer

Speicherstraße 11 ✉ 19055 – ☎ 0385 50030 – www.speicher-hotel.com

SCHWERTE

Nordrhein-Westfalen – Regionalatlas **26**–D11 – Michelin Straßenkarte 543

ⅼ◯ ROHRMEISTEREI - GLASKASTEN

INTERNATIONAL · TRENDY ✕✕ Das sehenswerte Industriedenkmal aus rotem Backstein ist eine ehemalige Pumpstation von 1890. Mitten in der einstigen Werkshalle sitzt man im modernen Glaskasten bei international beeinflussten Speisen wie "Lammrücken, Zitronen-Polenta, Paprika, Apfelkapern". Tolle Eventhallen.

🦽 ⇧ 🅿 🚫 – Menü 29/49 € – Karte 38/50 €

Ruhrstraße 20 ✉ 58239 – ☎ 02304 2013001 – www.rohrmeisterei-schwerte.de –
Geschlossen Montag, mittags: Dienstag-Freitag

SCHWETZINGEN

Baden-Württemberg – Regionalatlas **47**–F17 – Michelin Straßenkarte 545

🏵 MÖBIUS

MODERNE KÜCHE · BISTRO ✕ Das Haus des gebürtigen Leipziger Tommy R. Möbius, übrigens kein Unbekannter in der Szene der Top-Köche, nennt sich "lebensmittel.punkt". Hier kann man direkt vor Ort genießen - das Angebot im Restaurant reicht von Mittagsgerichten bis zum Gourmetmenü - und auch Feinkost für daheim einkaufen.

Spezialitäten: Die beste Sardine! Geräuchert, Bohnentee, Martinique Chili, Ziegenfrischkäse. Iberico Bellota Pluma, Liebstöckel Creme, Himbeerjus. Der Kaiserschmaaarrrrn, Topfen, Röster, Vanilleeis.

🌿 ✧ – Menü 59/95 € – Karte 26/38 €

Kurfürstenstraße 22 ✉ 68723 – 𝒞 06202 6085020 – www.dermoebius.com –
Geschlossen abends: Montag-Mittwoch, abends: Samstag, Sonntag

SEHLEN – Mecklenburg-Vorpommern → Siehe Rügen (Insel)

SELLIN – Mecklenburg-Vorpommern → Siehe Rügen (Insel)

SELZEN
Rheinland-Pfalz – Regionalatlas **47**–E15 – Michelin Straßenkarte 543

✿ KAUPERS RESTAURANT IM KAPELLENHOF
MODERNE KÜCHE · INTIM XX Eine Adresse mit Potential zum Lieblingslokal! Dafür sorgen Nora Breyer und Sebastian Kauper (beide ausgebildete Köche) in dem über 300 Jahre alten Kapellenhof. Das sympathische Betreiberpaar hat unter dem offenen Dachgiebel ein ausgesprochen gemütliches Ambiente geschaffen. Hier umsorgt die Gastgeberin Sie herzlich und empfiehlt auch tolle Weine. Nicht zu vergessen die moderne Küche von Sebastian Kauper. Der gebürtige Münchner, der Sterne-Adressen wie "Burg Schwarzenstein" in Geisenheim oder "Amador" in Langen hinter sich hat, verwendet nur ausgesuchte Produkte und bereitet sie durchdacht und mit Gefühl zu. Tipp: die wunderbare, hübsch begrünte Dachterrasse - Urlaubsfeeling inklusive! Sonn- und feiertags "Late Lunch" ab 14 Uhr.
Spezialitäten: Anolinis von der Feldzwiebel mit salziger Sabayon. Lamm, Ochsenherzkarotte auf Salz gebacken, Urkarottencrème, junge Karottentriebe, Lammjus. Liebesgras-Savarin, Nougatschlotzcrème, eingelegte Brombeere, Brombeersorbet.

🌿 🅿 🍽 – Menü 107/125 €

Kapellenstraße 18a (Zufahrt über Kirschgartenstraße 13) ✉ 55278 –
𝒞 06737 8325 – www.kaupers-kapellenhof.de –
Geschlossen 1.-31. Januar, Montag-Donnerstag, mittags: Freitag-Samstag, abends: Sonntag

SENFTENBERG
Brandenburg – Regionalatlas **33**–Q11 – Michelin Straßenkarte 542

🏨 SEESCHLÖßCHEN
SPA UND WELLNESS · INDIVIDUELL Hier wird so einiges geboten: geschmackvolle individuelle Zimmer, stilvolle Lounge (Tipp: Teatime), elegantes Restaurant "Sandak", beeindruckender Spa mit umfangreichem Ayurveda-Angebot und tollem Außenbereich im herrlichen Garten! 200 m entfernt: Brasserie mit italienischer Küche direkt am Senftenberger See.

🏊 🦢 🚶 ⛵ 💮 🛁 🅿 – 50 Zimmer

Buchwalder Straße 77 ✉ 01968 – 𝒞 03573 37890 –
www.ayurveda-seeschloesschen.de

SIMMERATH
Nordrhein-Westfalen – Regionalatlas **35**–A13 – Michelin Straßenkarte 543

In Simmerath-Rurberg Ost: 8 km

ⅡO GENIEßER WIRTSHAUS
REGIONAL · GEMÜTLICH X Gemütlichkeit kommt auf, wenn man bei regionalen Gerichten wie "Döppekooche" in liebenswerten Stuben sitzt oder nach dem Abendessen in charmanten Themenzimmern (Motto "Genuss") in ein kuscheliges Bett sinkt! Und draußen: ein schöner Obstgarten mit eigenen Hühnern, Räucherhaus, Feuerstelle, Scheune mit Verkaufsladen.

↩ 🌿 🅿 🍽 – Menü 33/55 € – Karte 31/51 €

Hövel 15 ✉ 52152 – 𝒞 02473 3212 – www.geniesserwirtshaus.de –
Geschlossen Montag, Dienstag, Mittwoch, mittags: Donnerstag-Sonntag

SIMONSBERG

Schleswig-Holstein – Regionalatlas **1**–G3

In Simonsberg-Simonsbergerkoog

ⅠⅠO LUNDENBERGSAND

REGIONAL · FREUNDLICH ※ "Rosa gebratene Lammhüftsteaks, Rosmarinjus, Bohnenragout, Süßkartoffeln" oder lieber Klassiker wie "Husumer Kutterscholle"? So oder so ähnlich kommt die regional und saisonal geprägte Küche in diesem geschmackvollen Restaurant daher. Zum Übernachten gibt es in dem reetgedeckten Haus hübsche Zimmer in geradlinigem Design und frischen Farben.

⇦ 🛏 🍴 **P** – Menü 26/65 € – Karte 27/48 €

Lundenbergweg 3 ✉ 25813 – ☎ 04841 83930 – www.hotel-lundenbergsand.de

SIMONSWALD

Baden-Württemberg – Regionalatlas **61**–E20 – Michelin Straßenkarte 545

ⅠⅠO HUGENHOF

INTERNATIONAL · GEMÜTLICH ХХ Altes Gebälk, Kamin, charmante Einrichtung – da kommt Gemütlichkeit auf, während Chef Klaus Ditz Ihnen am Tisch sein ambitioniertes und schmackhaftes, täglich wechselndes 4-Gänge-Menü annonciert und Chefin Petra Ringwald freundlich-versiert die passenden Weine empfiehlt. Gegenüber die hübsche Raucherlounge.

🐾 ⇦ ← 🛏 **P** 🚭 – Menü 59 €

Am Neuenberg 14 ✉ 79263 – ☎ 07683 930066 – www.hugenhof.de – Geschlossen 8. Februar-4. März, 16. August-9. September, Montag, Dienstag, mittags: Mittwoch-Sonntag

SOBERNHEIM, BAD

Rheinland-Pfalz – Regionalatlas **46**–D15 – Michelin Straßenkarte 543

⅏ JUNGBORN

MODERNE KÜCHE · ELEGANT ХХХ Wertigkeit ist Trumpf in dem imposanten Hotelkomplex des "BollAnts", dem steht auch das "Jungborn" in nichts nach: elegant das Ambiente samt wunderbarem Sandstein-Tonnengewölbe, herzlich der Service, klasse die Küche von Philipp Helzle, der u. a. im "Aqua" in Wolfsburg und im "Ketschauer Hof" in Deidesheim am Herd stand. Sein Kochstil: modern und kreativ. Gerichte wie "Kaninchen, Blumenkohl, Haselnuss, Birne" sind technisch überaus anspruchsvoll gearbeitet, von der ausgezeichneten Qualität der Produkte ganz zu schweigen. Zu den beiden Menüs empfiehlt man gerne Wein aus der Region. Der Name "Jungborn" stammt übrigens aus der Gründerzeit des ehemaligen "Felke-Jungborn Kurhaus Dhonau", dem heutigen "BollAnts", und bezieht sich auf dessen Gesundheitsphilosophie.

Spezialitäten: Thunfisch, Ingwer-Karotten, Enoki Pilze. Schwarzer Knoblauch. Filet und Bries vom Kalb, Zucchini, Salbei, Parmaschinken. Fondant von Schokolade und Zimtblüte, Espressoeis, Pflaumen, Schlehe.

🍴 **P** – Menü 121/144 €

Hotel BollAnts - SPA im Park, Felkestraße 100 ✉ 55566 – ☎ 06751 93390 – www.bollants.de – Geschlossen 1.-14. Januar, 29. März-6. April, 18. Juli-17. August, 11.-26. Oktober, Montag, Sonntag, mittags: Dienstag-Samstag

ⅠⅠO HERMANNSHOF

MEDITERRAN · LÄNDLICH ХХ Das hübsche Gewölbe bestimmt auch im zweiten Restaurant des "BollAnts" das Ambiente, ebenso das ausgesprochen geschmackvolle Interieur im attraktiven Vintage-Look! Gekocht wird hier mediterran mit regionalen Einflüssen.

🍴 **P** – Menü 55 € – Karte 45/55 €

Hotel BollAnts - SPA im Park, Felkestraße 100 ✉ 55566 – ☎ 06751 93390 – www.bollants.de – Geschlossen Montag, Sonntag, mittags: Dienstag-Samstag

🏚 BOLLANTS - SPA IM PARK

SPA UND WELLNESS · INDIVIDUELL Ein Wellnesshotel par excellence! Auf dem 60 000 qm umfassenden Parkanwesen erwarten Sie u. a. spezielle "SPA-Lodges", exklusive "Heimat-Lodges" und schicke "Vintage"-Zimmer, eine tolle Dachsauna, geschmackvolle Ruheräume und Medical Wellness samt Felke-Kur, nicht zu vergessen der top Service. HP inklusive.

🛱 🐾 🗗 ⚒ 🖥 💯 🐿 🗗 🖻 🏋 🅿 – 120 Zimmer – 9 Suiten

Felkestraße 100 ✉ *55566 –* ☏ *06751 93390 – www.bollants.de*

🌼 **Jungborn** • 🍴 **Hermannshof** – Siehe Restaurantauswahl

SOLINGEN

Nordrhein-Westfalen – Regionalatlas **36**–C12 – Michelin Straßenkarte 543

In Solingen-Hästen Süd-Ost: 4 km

🍴 PFAFFENBERG

INTERNATIONAL · GERADLINIG 🟊🟊 Schön die Lage im Grünen, chic-modern das Interieur, toll die Terrasse mit Blick über die Landschaft. Auf der Karte liest man z. B. "gebratener Heilbutt, Schwarzwurzel, Chorizo, Belper Knolle". Täglich geöffnet: das Bistro - hier Burger, Steaks, internationale Gerichte, Waffeln.

🏡 ♿ 🖾 🅿 – Menü 44/89 €

Pfaffenberger Weg 284 ✉ *42659 –* ☏ *0212 42363 – www.pfaffenberg.com*

SOMMERHAUSEN

Bayern – Regionalatlas **49**–I16 – Michelin Straßenkarte 546

🌼 PHILIPP

FRANZÖSISCH-MODERN · GEMÜTLICH 🟊🟊 Seit über 20 Jahren kümmern sich Heike und Michael Philipp mit viel Herzlichkeit um ihre Gäste. Nach ihrer gemeinsamen Ausbildung in den legendären "Schweizer Stuben" in Wertheim-Bettingen hat es die beiden in die fränkische Heimatregion des Patrons verschlagen. Nicht nur Gäste von hier schätzen seine klassisch-moderne Küche, die z. B. bei den Perlhuhn-Ravioli mit Steinpilzen „trifolati" oder der Gelbschwanz-Makrele "Togarashi" auch mediterrane und asiatische Einflüsse zeigt. In Punkto Wein können Sie voll und ganz auf die Empfehlungen der Gastgeberin und Sommelière vertrauen! Erwähnenswert ist auch der Rahmen: ein stilvoll-gemütliches Restaurant mit historischem Flair, untergebracht in einem schmucken über 400 Jahre alten Renaissance-Palais mitten in dem malerischen Winzerörtchen.

Spezialitäten: Gelbschwanzmakrele, Papaya, Avocado, Bergamotte. Taube, Chicorée, Soja, Miso. Sommerhäuser Apfel, Brioche, Salzkaramell.

🔄 🏡 🔄 – Menü 49 € (Mittags), 115/145 €

Hauptstraße 12 ✉ *97286 –* ☏ *09333 1406 – www.restaurant-philipp.de –*
Geschlossen Montag, Dienstag, Mittwoch, Donnerstag, mittags: Freitag

SONNENBÜHL

Baden-Württemberg – Regionalatlas **55**–G19 – Michelin Straßenkarte 545

In Sonnenbühl-Erpfingen

🌼 HIRSCH

Chef: Gerd Windhösel

KLASSISCHE KÜCHE · FAMILIÄR 🟊🟊 Seit vielen Jahren eine gastronomische Institution auf der Schwäbischen Alb! Gäste aus nah und fern fühlen sich von der Herzlichkeit der sympathischen Gastgeber und dem gemütlichen Haus angezogen. Gerd und Silke Windhösel üben ihren Beruf mit großer Leidenschaft aus. Für den Patron, der selbst am Herd steht, ist es eine Selbstverständlichkeit, in seiner Küche ausschließlich die frischesten Zutaten zu verarbeiten. Und die bezieht er am liebsten aus der Umgebung, wie z. B das Wacholderheide-Lamm oder den feinen Rohmilchkäse von der Hohensteiner Hofkäserei. Gerd Windhösel setzt auf eine angenehm schnörkellose Küche ohne Spielerei. Er kocht saisonal-klassisch und auch gerne traditionsbewusst, und das so niveauvoll, dass er dafür seit 1995 mit einem MICHELIN Stern belohnt wird!

Spezialitäten: Saibling und Gewürzschweinebauch, Alblinsen. Roastbeef, Holundersauce, Ofengemüse. Crème brûlée vom Eisenkraut mit Crèmeeis, salziger Karamell.

🍴 ⅃ ✿ **P** – Menü 52/110 € – Karte 58/88 €

Hotel Hirsch, Im Dorf 12 ✉ 72820 – ☏ 07128 92910 – www.romantikhotel-hirsch.de –
Geschlossen 15.-24. Februar, 25. Mai-2. Juni, 1.-10. November, Montag, Dienstag,
Mittwoch, mittags: Donnerstag

😊 DORFSTUBE

REGIONAL · **GEMÜTLICH** ☒ Der "Hirsch" ist wirklich ein Refugium für "Schleckermäulchen"! Alternativ zum Gourmetrestaurant verwöhnt man Sie auch in der "Dorfstube". Hier kommt richtig gute schwäbisch-bürgerliche Küche auf den Tisch, z. B. in Form von "In Sonnenblumenkernbutter gebratenem Waller mit Roter Bete". Und vorab vielleicht die "süß-sauren Lamm-Nierchen mit Apfel und Rosmarin"?

Spezialitäten: Karamellisierter Ziegenfrischkäse auf Linsen und Birnen. Filets von der Forelle, Dinkelgraupen, Kürbis, Kernölsoße. Warmer Grießbrei vom Älbler Einkorn, Zwetschgen, Sauerrahm-Fencheleis.

🍂 🍴 ⅃ ✿ **P** – Karte 34/54 €

Hotel Hirsch, Im Dorf 12 ✉ 72820 – ☏ 07128 92910 – www.romantikhotel-hirsch.de –
Geschlossen 1.-10. November, mittags: Montag

🏠 HIRSCH

GASTHOF · **AUF DEM LAND** Die gute Küche im Hause Windhösel ist bekannt, aber wussten Sie auch, dass man hier schön übernachten kann? Sie werden persönlich-familiär umsorgt, wohnen in reizenden, gemütlichen Zimmern und genießen am Morgen im lichten Wintergarten ein sehr gutes Frühstück. Zum Relaxen hat man eine charmante Stubensauna.

🍵 🏠 ⊡ **P** – 14 Zimmer – 1 Suite

Im Dorf 12 ✉ 72820 – ☏ 07128 92910 – www.romantikhotel-hirsch.de

😊 **Dorfstube** · ❀ **Hirsch** – Siehe Restaurantauswahl

SPALT

Bayern – Regionalatlas **57**–K17 – Michelin Straßenkarte 546

In Spalt-Stiegelmühle Nord-West: 5 km, Richtung Wernfels

😊 GASTHOF BLUMENTHAL

REGIONAL · **GASTHOF** ☒ Ein Familienbetrieb in 5. Generation und ein fränkisches Gasthaus im besten Sinne! Gemütlich die Restauranträume, herrlich die Terrasse. In entspannter Atmosphäre wird man angenehm leger und überaus charmant umsorgt. Auf den Tisch kommt eine unkomplizierte, einfache und schmackhafte regionale Küche aus guten Produkten, Traditionsgerichte inklusive!

Spezialitäten: Tafelspitzbrühe, Grießnockerl. Saltimbocca vom Kalbsfilet, Parmaschinken, Merlotsauce, Pasta, Anti Pasti Gemüse. Vanilleeis, Himbeeren, Sahne.

❀ *Engagement des Küchenchefs:* *"Meine Chefs sind wirkliche Vorreiter, denn die eigene Fischzucht, eigene Obstsäfte, der Kräutergarten, das eigene Kraftwerk für Strom und Wärme, das Auge für die Mitarbeiter und die Möglichkeit, das Beste der Region kulinarisch zu verarbeiten, sorgt wirklich für nachhaltigen Spaß an der Arbeit."*

🍴 ✿ **P** 🍽 – Menü 25/45 € – Karte 26/50 €

Stiegelmühle 42 ✉ 91174 – ☏ 09873 332 – www.gasthof-blumenthal.de –
Geschlossen 1.-14. Januar, 15.-19. Februar, 22.-26. März, 30. August-9. September,
Montag, Dienstag

😊 GASTHOF HOFFMANNS-KELLER

REGIONAL · **FAMILIÄR** ☒ Bereits die 4. Generation betreibt dieses bürgerliche Gasthaus im schönen Spalter Hügelland. Geboten wird ein Mix aus fränkischen und österreichischen Gerichten, wobei man traditionell und zugleich modernkreativ kocht, und das mit guten Produkten. Bei Stammgästen ist z. B. "Krustenschäuferle" beliebt. Tipp: In der kleinen Vitrine findet man Leckeres für daheim.

Spezialitäten: Carpaccio vom hauseigenen Damwild, Haselnuss-Kräuterpesto, Holunder Kapern und Kräuter. Lachsforelle mit Quinoa, Basilikum-Crème, gegrillter Zucchini und eingelegter Zitrone. Mini Sacher Torte, Marillen-Röster und Heumilcheis.

🏠 ♿ ✿ 🅿 – Menü 32/55 € – Karte 21/47 €

Windsbacher Straße 21 ✉ 91174 – ☏ 09175 857 - www.hoffmanns-keller.de –
Geschlossen Dienstag, Mittwoch

SPEYER

Rheinland-Pfalz – Regionalatlas **47**–F17 – Michelin Straßenkarte 543

🍴○ CLYNE - DAS RESTAURANT

REGIONAL · FREUNDLICH 🏶 Nett und fast schon familiär ist es in dem kleinen Restaurant in Altstadtnähe. Gekocht wird regional, mediterran und klassisch, auf der Karte liest man z. B. "Hirschschnitzel auf Kürbis-Apfelgemüse" oder "Lachs in Zitrusbeize, Meerretticheis, Wacholdermousse". Freundlich und herzlich der Service.

🆊 – Menü 38/70 € – Karte 41/64 €

Große Greifengasse 5 ✉ 67346 – ☏ 06232 1008285 - www.restaurant-clyne.de –
Geschlossen 22. Februar-7. März, Montag, mittags: Dienstag-Samstag, Sonntag

In Speyer-Binshof Nord: 6 km

🏨 LINDNER HOTEL & SPA BINSHOF

SPA UND WELLNESS · INDIVIDUELL Highlight hier ist der Spa auf 5200 qm mit Haman, Rasul, Private Spa... Die Zimmer sind wohnlich und individuell (teils mit offenen Bädern), auch Maisonetten. Im Restaurant geradliniger Stil unter schöner Backsteindecke, nett der Wintergarten. Dazu die "Pfälzer Stube". Tipp: kleine Badeseen ganz in der Nähe.

🌿 🍴 ⚒ 🗔 🌐 🏊 🐎 🖥 🆊 🚿 🅿 🚗 – 131 Zimmer – 2 Suiten

Binshof 1 ✉ 67346 – ☏ 06232 6470 - www.lindner.de/binshof

SPROCKHÖVEL

Nordrhein-Westfalen – Regionalatlas **26**–C11 – Michelin Straßenkarte 543

In Sprockhövel-Haßlinghausen Süd-Ost: 8, 5 km, jenseits der A 43 und A 1, nahe Gevelsberg

🏶 HABBEL'S

INTERNATIONAL · GEMÜTLICH 🏶🏶 Was es hier Feines zu entdecken gibt? Internationale Gerichte wie "Thunfischcarpaccio mit Wasabi-Sesammantel" oder "Lammrücken in Thymianschaum mit Grillgemüse", dazu eine rund 1000 Positionen umfassende Weinkarte sowie Destillate aus der Habbel-Manufactur - darunter ein 77er Whisky!

Spezialitäten: Leicht geräucherte, gebeizte Lachstranche, Aprikosenmousse und Pastinakenpüree. Senfrostbraten, Rotweinsauce, Bohnenbandnudeln und getrüffeltes Kartoffelpüree. Lauwarmes Schokoküchlein, Salzkaramell und Mango-Chili-Eis.

🏶 🏠 🅿 – Menü 35/45 € – Karte 33/64 €

Gevelsberger Straße 127 ✉ 45549 – ☏ 02339 914312 - www.habbel.com –
Geschlossen Montag, mittags: Dienstag-Samstag

Im Stadtteil Niedersprockhövel

🏶 EGGERS

REGIONAL · GEMÜTLICH 🏶 Entsprechend dem Motto "Auf gut Deutsch, mit internationalen Einflüssen" reicht das Angebot hier von "Sprockhöveler Krüstchen" bis "Unser Vitello Tonnato". Gemütliche Räume von rustikal bis mediterran, schöne Terrasse. Tipp: "Hobbyraum" für Feste, Kochkurse sowie das sonntägliche Brunch "Müffet" (Menü-Buffet-Mix). Zum Übernachten hat man wertig-moderne Zimmer.

Spezialitäten: Rahmige Waldpilzsuppe, Trüffelteigtaschen und Backerbsen. Gebratene Kalbsleber, Rote Bete-Apfel-Püree, gebackene Petersilie, Rotwein-Perlzwiebeln und Salat. Warmer Milchreis, Mohn, Kardamom, Rote-Grütze-Sorbet und Honigkuchenchips.

🗨 🛱 ✿ 🅿 – Menü 35 € – Karte 30/62 €

Hauptstraße 78 ✉ 45549 – ✆ 02324 71780 – www.hotel-restaurant-eggers.de – Geschlossen 1.-10. Januar, Dienstag, Mittwoch

STADE
Niedersachsen – Regionalatlas **9**–H5 – Michelin Straßenkarte 541

🍴○ **KNECHTHAUSEN**

MARKTKÜCHE · GEMÜTLICH ✕✕ Das schmucke historische Fachwerkhaus im Stadtkern ist einen Besuch wert, denn hier sitzt man gemütlich, wird freundlich umsorgt und isst gut, und zwar schmackhafte saisonale Speisen wie "Ochsenbacke, Schwarzwurzel, Wirsing, Pancetta".

🛱 ✿ – Menü 47/53 € – Karte 23/56 €

Bungenstraße 20 ✉ 21682 – ✆ 04141 5296360 – www.knechthausen.de – Geschlossen Montag, Sonntag, mittags: Dienstag-Samstag

STARNBERG
Bayern – Regionalatlas **65**–L20 – Michelin Straßenkarte 546

🕄 **AUBERGINE**

KREATIV · CHIC ✕✕ Gehobene Gastronomie in einem Businesshotel? Im komfortablen "Vier Jahreszeiten Starnberg" kann man diese Erfahrung machen, genauer gesagt im Gourmetrestaurant des Hotels. Die "Aubergine" befindet sich in einem verglasten Anbau im Wintergartenstil. Das wertige modern-elegante Interieur findet hier mit der klaren kreativen Küche von Maximilian Moser sein kulinarisches Pendant. In seine Menüs bringt er internationale Einflüssen ebenso ein wie den Bezug zur Saison. Zu toller Produktqualität, sorgfältigem Handwerk und intensivem Geschmack gesellt sich eine optisch ansprechende Präsentation. Umsorgt wird man zuvorkommend und kompetent, gut auch die Weinberatung.

Spezialitäten: Wildlachs, Krabben, Gurke, Sanddorn. Lamm, Bohne, Minze, Paprika. Starnberger Kaskuchen.

🗨 ♿ 🍽 – Menü 99/119 €

Hotel Vier Jahreszeiten, Münchner Straße 17 ✉ 82319 – ✆ 08151 4470290 – www.aubergine-starnberg.de – Geschlossen 1.-11. Januar, 25. Mai-7. Juni, 1.-23. August, 27.-31. Dezember, Montag, Sonntag, mittags: Dienstag-Samstag

🏨 **VIER JAHRESZEITEN STARNBERG**

BUSINESS · FUNKTIONELL Ein modern-elegantes Businesshotel mit technisch gut ausgestatteten Zimmern. Eine schöne Sicht bietet der Saunabereich im obersten Stock mit kleiner Dachterrasse. International-regionale Karte im Restaurant "Oliv's".

🍽 🛏 🔢 ♿ 🎐 🛠 🍽 – 119 Zimmer – 3 Suiten

Münchner Straße 17 ✉ 82319 – ✆ 08151 44700 – www.vier-jahreszeiten-starnberg.de

🕄 **Aubergine** – Siehe Restaurantauswahl

STAUFEN
Baden-Württemberg – Regionalatlas **61**–D21 – Michelin Straßenkarte 545

😊 **DIE KRONE**

REGIONAL · GEMÜTLICH ✕ Es hat schon Charme, das mitten im Ort gelegene historische Gasthaus mit seinen gemütlichen Stuben. Gekocht wird schmackhaft und unkompliziert, klassisch und regional, von "Cordon bleu" bis "Zanderfilet mit Steinpilzrahmnudeln und Blattspinat". Man kann hier auch schön übernachten - einige Zimmer mit Schlossblick.

Spezialitäten: Lachs mit marinierten Artischocken und Senfsauce. Geschmortes Rinderbäckle mit Kartoffel-Karottenstampf und glasierten Maronen. Pochierter Pfirsich mit Himbeerespuma und Pinienkernkrokantrahmeis.

⇔ 🏠 **P** – Menü 35/45 € – Karte 33/56 €

Hauptstraße 30 ⊠ 79219 – ℰ 07633 5840 – www.die-krone.de –
Geschlossen Samstag, mittags: Freitag

In **Staufen-Grunern** Süd-West: 1 km

⅋○ **AMBIENTE**

MARKTKÜCHE · **FREUNDLICH** ⅀⅀ Man muss schon wissen, dass in dem unscheinbaren Gewerbegebiet solch ein geschmackvolles Restaurant zu finden ist! Die freundliche Chefin umsorgt sehr aufmerksam die Gäste, während der Patron selbst frische klassische Gerichte wie z. B. "Färsenrücken, Blattspinat, Gnocchi, Burgunderjus" zubereitet. Lecker auch Desserts wie "Quarkmousse mit Erdbeeren und Vanilleeis".

🏠 **P** – Menü 52/79 € – Karte 45/72 €

Ballrechterstraße 8 ⊠ 79219 – ℰ 07633 802442 – www.restaurant-ambiente.com –
Geschlossen Mittwoch, Donnerstag, mittags: Freitag-Samstag

STEINENBRONN

Baden-Württemberg – Regionalatlas **55**–G19 – Michelin Straßenkarte 545

⊛ **KRONE**

MARKTKÜCHE · **FREUNDLICH** ⅀ Hier trifft Moderne auf Tradition, das gilt fürs Ambiente ebenso wie für die Küche. Alternativ zum Restaurant gibt es das nette legere "Krönle" - empfehlenswert die preislich sehr fairen Gerichte von der Tafel. Toll ist übrigens die handgeschabten Spätzle hier im Haus! Zum Übernachten hat man funktionelle Gästezimmer.

Spezialitäten: Hummerrahmsuppe mit Cognac und Garnelentempura. Tranchen aus der Rehkeule auf Echterdinger Spitzkraut und gebratenen Serviettenknödel. Karamell Köpfle mit Beeren.

⇔ 🏠 ⊡ **P** – Karte 38/62 €

Stuttgarter Straße 45 ⊠ 71144 – ℰ 07157 7330 – www.krone-steinenbronn.de –
Geschlossen 16.-23. August, 23.-31. Dezember, Montag, Sonntag

STEPHANSKIRCHEN

Bayern – Regionalatlas **66**–N21 – Michelin Straßenkarte 546

In **Stephanskirchen-Baierbach** Ost: 7,5 km, jenseits des Inn

⅋○ **GOCKLWIRT**

BÜRGERLICHE KÜCHE · **RUSTIKAL** ⅀ Warum es Stammgäste und Ausflügler gleichermaßen hierher zieht? Die reichlich dekorierten Stuben sind schön urig und die beachtliche Sammlung an Landmaschinen ist schon sehenswert! Gekocht wird regional und klassisch-international, von "Spicy Lachsstatar" über "Böfflamott" bis zum 4-Gänge-Menü. Zum Übernachten: Doppelzimmer im Nachbarhaus.

🏠 ⇔ **P** – Menü 44/68 € – Karte 21/69 €

Weinbergstraße 9 ⊠ 83071 – ℰ 08036 1215 – www.gocklwirt.de –
Geschlossen 7.-24. Januar, Montag, Dienstag, mittags: Mittwoch-Donnerstag

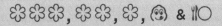

STOLPE

Mecklenburg-Vorpommern – Regionalatlas **14**–P4 – Michelin Straßenkarte 542

🕸 GUTSHAUS STOLPE

KREATIV · LANDHAUS ⅩⅩ Geradezu idyllisch, wie auf dem wunderschönen Anwesen in dem beschaulichen Dorf eine gepflasterte Allee zu dem sorgsam sanierten historischen Gutshaus führt. Dem stilvoll-charmanten Rahmen wird das Restaurant mit seinem eleganten englischen Landhausflair voll und ganz gerecht, ebenso die herrliche Terrasse zum Park! Im Juni 2019 hat Stephan Krogmann hier die Leitung der Küche übernommen, zuvor war er Souschef im 3-fach besternten "GästeHaus Klaus Erfort" in Saarbrücken. Gekocht wird klassisch und international, verarbeitet werden Produkte von sehr guter Qualität. Ein besonderes Händchen hat Stephan Krogmann für Saucen und Jus: wirklich hervorragend z. B. die Salzzitronenjus zu geschmortem Lammbauch und Artischocken oder auch die Vin-Jaune-Sauce zum frischen Steinbutt mit Lauch und Champignons!

Spezialitäten: Kaviar, gebeizter Lachs und Schnittlauchöl. Rehbock mit Sellerie, Haselnüssen und Sauce Rouennaise. Milchschokolade, karamellisierte Baby-Banane, Kokosnuss und Passionsfrucht.

🖙 🛏 🌴 🅿 – Menü 120/150 €

Hotel Gutshaus Stolpe, Peenstraße 33 ✉ 17391 – 𝒞 039721 5500 –
www.gutshaus-stolpe.de –
Geschlossen 2. Januar-21. März, 5.-11. April, 1.-14. November, Montag, Dienstag,
Sonntag

🏨 GUTSHAUS STOLPE

LANDHAUS · KLASSISCH Dieses wunderbare Anwesen mit Gutshaus und Remise liegt schön ruhig und bietet ein überaus geschmackvolles und stimmiges Ambiente - auch für Hochzeiten und Events ein idealer Rahmen. Zum Entspannen: hübscher Saunabereich und toller Park. Außerdem ist diese Adresse ein sehr guter Startpunkt für Ausflüge an der Peene.

🍴 ⚘ 🛏 🕸 🅟 🍸 🅿 – 32 Zimmer – 4 Suiten

Peenstraße 33 ✉ 17391 – 𝒞 039721 5500 – www.gutshaus-stolpe.de

🕸 **Gutshaus Stolpe** – Siehe Restaurantauswahl

STRALSUND

Mecklenburg-Vorpommern – Regionalatlas **6**–O3 – Michelin Straßenkarte 542

🏨 SCHEELEHOF

HISTORISCH · INDIVIDUELL Kein Hotel "von der Stange" ist das Geburtshaus des Chemikers Carl Wilhelm Scheele, ein historisches Häuser-Ensemble in der ältesten Straße Stralsunds. Liebenswerte Zimmer mit individuellen Details, immer wieder charmante Relikte von einst! Regional-saisonale Küche im "Zum Scheele", einfacher der Lunch. Gute Biere in der Kellerkneipe "scheels". Eigene Kaffeerösterei.

🍴 🕸 🕸 ⊡ 🍸 🚗 – 92 Zimmer

Fährstraße 23 ✉ 18439 – 𝒞 03831 283300 – www.scheelehof.de

STROMBERG (KREIS KREUZNACH)

Rheinland-Pfalz – Regionalatlas **46**–D15 – Michelin Straßenkarte 543

ⅱ○ LE DÉLICE

MARKTKÜCHE · ELEGANT ⅩⅩⅩ Elegante Atmosphäre und aufmerksamer Service kommen in diesem Restaurant ebenso gut an wie die ambitionierte Küche mit international inspirierten Gerichten. Geboten wird ein Menü mit vier bis sieben Gängen, dazu die passende Weinbegleitung.

🖙 🕸 ⊡ 🅿 – Menü 90/125 €

Land & Golf Hotel Stromberg, Am Buchenring 6 (Süd: 2 km in Schindeldorf, beim Golfplatz) ✉ 55442 – 𝒞 06724 6000 – www.golfhotel-stromberg.de –
Geschlossen 1. Januar-16. Februar, 18. Juli-17. August, 19.-31. Dezember, Montag,
Dienstag, Sonntag, mittags: Mittwoch-Samstag

🏚️ LAND & GOLF HOTEL STROMBERG

SPA UND WELLNESS · INDIVIDUELL Hier wird so einiges geboten: modern-elegantes Ambiente, einen schönen Spa auf 2500 qm, gute Veranstaltungsmöglichkeiten und den Golfplatz haben Sie direkt vor der Tür. Toll ist übrigens auch das Frühstücksbuffet. Und dann sind da noch die überaus freundlichen Mitarbeiter! Am Abend locken Bar und Smokers Lounge.

🏌️ 🦢 🛎️ 🖼️ ⛄ 🔲 🕸️ 🏋️ 🅵 🖥️ 🚲 🅿️ – 167 Zimmer – 7 Suiten

Am Buchenring 6 (Süd: 2 km in Schindeldorf, beim Golfplatz) ✉️ *55442 –*
☎️ *06724 6000 – www.golfhotel-stromberg.de*

🍴 **Le Délice** – Siehe Restaurantauswahl

STÜHLINGEN

Baden-Württemberg – Regionalatlas **62**-E21 – Michelin Straßenkarte 545

In Stühlingen-Mauchen West: 7 km

🏵️ GENGS LINDE

TRADITIONELLE KÜCHE · ZEITGEMÄßES AMBIENTE ⅀ Christian und Silvia Geng leiten das Haus in 4. Generation - er in der Küche, sie im Service. Gekocht wird überwiegend traditionell und mit saisonalem Bezug. Nicht fehlen dürfen auch die Vesperkarte und die "Karte für unsere Kids". Schön trendig das Ambiente: klare moderne Formen kombiniert mit warmem Holz. Attraktive Gästezimmer hat man ebenfalls.

Spezialitäten: Kalbsfleisch mit Thunfischsauce, Blattsalate. Dorade und Riesencrevetten mit Curryschaum, asiatisches Gemüse und Reis. Dunkles Schokoladenmousse, Frucht und Sorbet von der Mango.

🔄 🌭 🆔 🅿️ – Menü 40/42 € – Karte 27/50 €

St.-Gallus-Straße 37 ✉️ *79780 –* ☎️ *07744 1255 – www.gengslinde.de –*
Geschlossen 10.-20. März, 1.-13. September, Dienstag, mittags: Montag und
Mittwoch-Samstag

In Stühlingen-Schwaningen Nord-West: 7 km über B 314 und B 315,

Richtung Singen und Weizen

🏵️ GASTHAUS SCHWANEN

REGIONAL · GEMÜTLICH ⅀ In dem Gasthaus von 1912 passt alles: sympathisch-engagierte Gastgeber, liebenswerte Atmosphäre und richtig gutes Essen, z. B. "junges Wildschwein in Milch und Honig geschmort, Butterknöpfle, Feldsalat". Es gibt übrigens auch Schnaps von eigenen Streuobstwiesen. Tipp für Übernachtungsgäste: die besonders komfortable "Villa Pfarrhus" wenige Meter entfernt.

Spezialitäten: Mit Estragon marinierter Kalbskopf und Steinpilzvinaigrette. Confierte Koriander-Entenkeule, Holunderrotkraut und Landbrotknödelscheiben. Apfelküchle, Vanillesoße und Quarkeis.

🔄 🌭 🅿️ – Menü 39/75 € – Karte 30/63 €

Talstraße 9 ✉️ *79780 –* ☎️ *07744 5177 – www.gasthaus-schwanen.de –*
Geschlossen Mittwoch

Baden-Württemberg
Regionalatlas **55**–G18
Michelin Straßenkarte 545

STUTTGART

Lust auf echtes Fine Dining? Hier ist nach wie vor das **OLIVO** im luxuriösen Hotel **Steigenberger Graf Zeppelin** eine ausgezeichnete Wahl. Probieren sollten Sie aber auch das modern-kreative Angebot des stylischen **Ritzi Gourmet** - gut isst man übrigens auch in der angeschlossenen Brasserie **Ritzi**. Ebenfalls lohnenswert: das "Bib Gourmand"-Restaurant **Vetter.** Tipp für Auto-Liebhaber: Im **Christophorus** bei gutem Essen durch eine Glaswand die Ausstellungsstücke des Porsche Museums bewundern. Tolle unkomplizierte italienische Küche gibt's im außerhalb gelegenen **Nannina**. Eine hippe Übernachtungsadresse ist das Design-Hotel **Jaz Stuttgart**. Wer in der Shopping-Pause ein bisschen Grün sucht, sollte einen Spaziergang durch den Schlossgarten machen. Sie sind mit der Familie unterwegs? Dann auf zum „Höhenpark Killesberg"!

Restaurants

🕸🕸 **OLIVO**

MODERNE KÜCHE · ELEGANT 🕱🕱 Das "Steigenberger Graf Zeppelin" ist als echter Stuttgarter Hotel-Klassiker ebenso gefragt wie als Fine-Dining-Adresse. Ganz entspannt hat man es hier, während man das geschäftige Treiben am Hauptbahnhof direkt gegenüber beobachtet. Das Ambiente im Restaurant ist eher klassisch, ganz im Gegensatz zur Küche von Anton Gschwendtner. Der gebürtige Bayer, der zuletzt dem Restaurant "Das Loft" im Wiener Hotel "SO/Vienna" einen Stern bescherte, kocht modern-kreativ, technisch hoch anspruchsvoll und mit eigener Note. Die Produktqualität ist über jeden Zweifel erhaben. Sehr gelungen die wohlüberlegten Kontraste, die für einen besonderen Pfiff sorgen. Die Gästebetreuung ist ebenso niveauvoll, interessante Weinempfehlungen inklusive.

Spezialitäten: Geflämmter Hamachi, Grüner Apfel, Wasabi, Avocado. Lamm vom Gutshof Polting, Rote Bete, Bagna Cauda, Ziegen-Vacherin. Felchlin „Edelweiss", Himbeere, Calpis, Roter Shiso.

🖙 ᠰ 🄰 🖵 🕸 🖘 – Menü 120/195 €

Stadtplan: K1-v – *Hotel Steigenberger Graf Zeppelin, Arnulf-Klett-Platz 7* ⌧ *70173 –* ℰ *0711 2048277 – www.olivo-restaurant.de –* *Geschlossen 5.-11. April, 24. Mai-6. Juni, 2. August-5. September, Montag, mittags: Dienstag-Samstag, Sonntag*

⁂ DIE ZIRBELSTUBE

FRANZÖSISCH-MODERN · ELEGANT XXX Sternekoch Denis Feix zeichnet hier seit Januar 2017 für die modern-klassische Küche verantwortlich. Dabei bleibt er seiner Linie treu: geradlinig, technisch auf sehr hohem Niveau und nicht überladen. Sehr durchdacht und schön harmonisch werden erstklassige Zutaten zusammengestellt - hervorragend z. B. der Kaisergranat, der mit Auberginenragout und - als gelungener Kontrast - mit Sorbet von Kaffir-Limettenessig serviert wird. In Sachen Ambiente macht die "Zirbelstube" ihrem Namen alle Ehre: Komplett mit feinem Zirbelholz vertäfelte Wände verleihen dem Raum Wärme und Gemütlichkeit. Zusammen mit klaren Formen und dekorativen Bildern entsteht ein ausgesprochen attraktives modern-elegantes Bild. Kathrin Feix, die das professionelle Serviceteam leitet, sorgt noch für eine Extra-Portion Charme!

Spezialitäten: Wachtel, Petersilie, Trüffel. Rehbock, Sellerie, Mole. Schokolade, Passionsfrucht, Earl Grey.

⌘ ⬅ ⌂ AC ⊟ ⬦ ⬅ – Menü 97/169 €

Stadtplan: K1-u – *Althoff Hotel am Schlossgarten, Schillerstraße 23* ⊠ *70173 –* ☏ *0711 2026828 - www.hotelschlossgarten.com –* *Geschlossen Montag, Sonntag, mittags: Dienstag-Samstag*

⁂ DÉLICE

KREATIV · FREUNDLICH XX Zu schade, dass in dem schönen Tonnengewölbe nur recht wenige Gäste Platz finden! Doch das gehört ebenso zum besonderen Charme des Restaurants wie die überaus zuvorkommende und kompetente Gästebetreuung, und die ist Chefsache! Evangelos Pattas - übrigens gebürtiger Belgier griechischer Abstammung - ist ein bemerkenswerter Gastgeber, der jede Menge Herzblut an den Tag legt. Das gilt auch für die Weinberatung, denn der Patron ist Sommelier und gewissermaßen ein Weinlexikon auf zwei Beinen! In der offenen Küche führt Andreas Hettinger Regie. Aus sehr guten Produkten bereitet er ein Menü zu, das z. B. mit "Skrei, Grapefruit, Kresse, Sellerie, Flusskaviar, Olivenyuzu" klassische, mediterrane und kreative Einflüsse zeigt.

Spezialitäten: Steinbutt, Kartoffel, Paprika, Lauch, Kamille. Rinderfilet, Polenta, Chicorée, Belper Knolle, Topinambur. Schwarzwälder Kirschschnitte, Karamell, Kirschrahmeis.

⌘ AC – Menü 98/112 €

Stadtplan: J3-d – *Hauptstätter Straße 61* ⊠ *70178 –* ☏ *0711 6403222 –* *www.delice-restaurant.de –* *Geschlossen Samstag, Sonntag, mittags: Montag-Freitag*

⁂ DER ZAUBERLEHRLING

Chef: Fabian Heldmann

KREATIV · CHIC XX Weinliebhaber dürften sich freuen, wenn ihnen beim Betreten des Restaurants der begehbare verglaste Weinklimaschrank ins Auge sticht - hier bekommt man schon mal einen Vorgeschmack auf das rund 300 Positionen umfassende Angebot. Auch das schicke Interieur mit seinem stilvollen klaren Design und individuellen Details ist ein Eyecatcher. Das sorgt ebenso für eine angenehme Atmosphäre wie der sehr charmante und versierte Service. Dieser anspruchsvolle Rahmen ist die perfekte Untermalung für die modern-kreative Küche von Fabian Heldmann, der mit reichlich Sterneerfahrung ("Beckers" in Trier, "Überfahrt" in Rottach-Egern oder "Victor's Fine Dining" in Perl) in den Betrieb von Vater Axel Heldmann kam. Hinweis: Samstags bietet man nur "Candle Light Dinner".

Spezialitäten: Seeteufel, Artischocke, Sauce Paloise. Zweierlei Lamm, Mais, Bohnen, Chimichurri. Kokosnuss, Banane, Curry.

⌘ ⬅ AC ⬅ – Menü 85/140 €

Stadtplan: K2-c – *Hotel Der Zauberlehrling, Rosenstraße 38* ⊠ *70182 –* ☏ *0711 2377770 - www.zauberlehrling.de –* *Geschlossen 7.-22. August, Sonntag, mittags: Montag-Samstag*

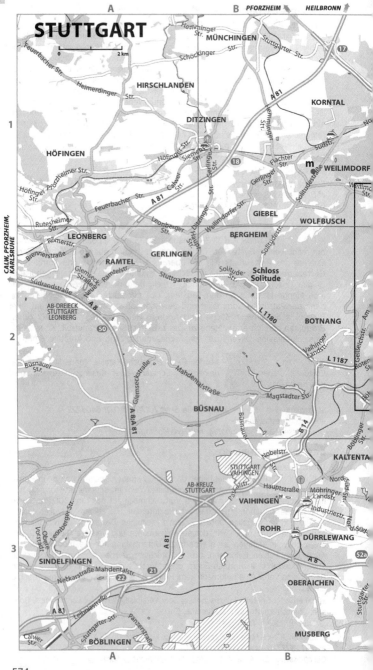

STUTTGART

0   2 km

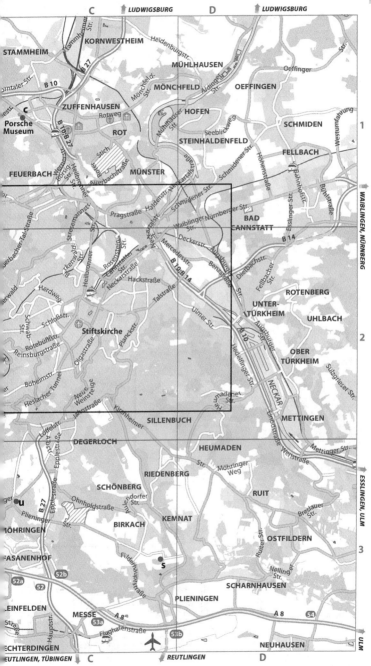

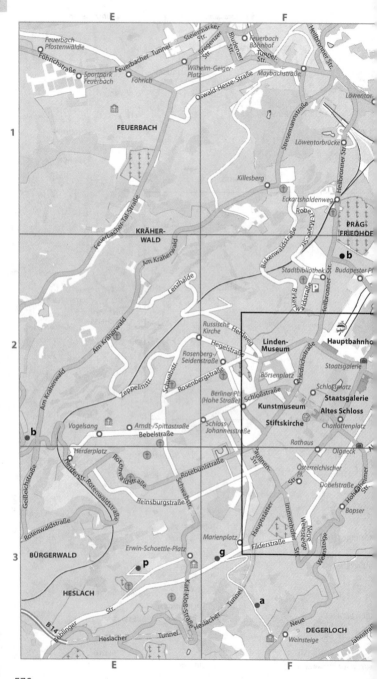

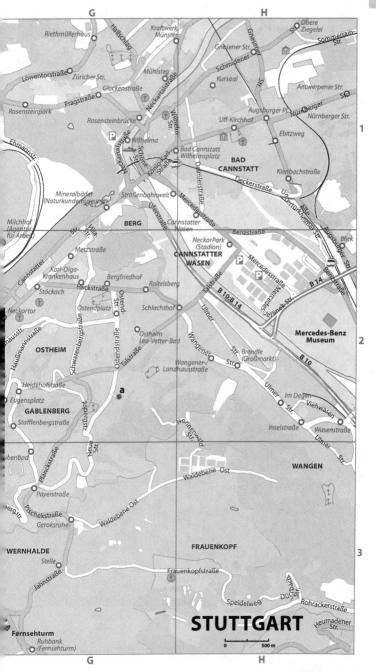

STUTTGART

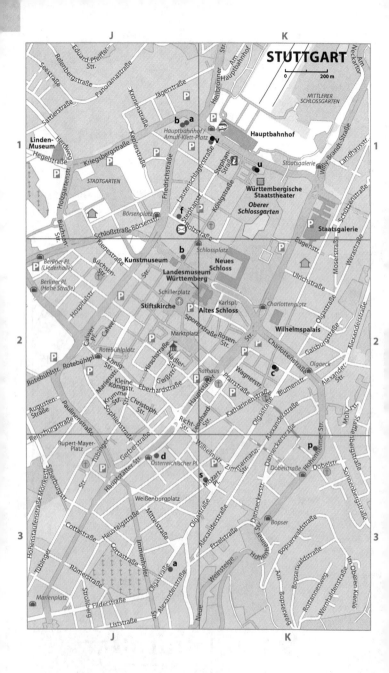

🕸 **5**

MODERNE KÜCHE · HIP ✗✗ Auch nach vielen Jahren ist das "5" noch "up to date"! Das liegt in erster Linie an der modernen Küche von Alexander Dinter. Seit 2018 ist er der kreative Chef am Herd und bringt z. B. bei "bretonischem Heilbutt, Spargel, Yuzu, Kartoffel, Malz, Buttermilch" gelungen eigene Ideen ein. Auch der Rahmen ist etwas Besonderes: In dem Bankgebäude nahe dem Schlossgarten sorgt ein leger-urbanes und dennoch stilvolles Lounge-Flair für eine spezielle Atmosphäre. Und die begleitet Sie von der stylischen Bar im EG bis zum "Casual Fine Dining"-Restaurant im 1. OG. Hier sitzen die Gäste auf schicken, individuell designten Stühlen an blanken Tischen und lassen sich sehr freundlich und zuvorkommend umsorgen.

Spezialitäten: Gemüsewald, Sauerampfer, Mixed Pickles, Zwiebelamaranth. Wagyu Flat Iron, Aubergine, Beef Tea, Couscous. Gebrannte Schokolade, Exotische Früchte, Weizengras.

🆊 – Menü 88/176 €

Stadtplan: J1-f – *Bolzstraße 8 (1. Etage)* ✉ *70173* – ☎ *0711 65557011* – *www.5.fo* – *Geschlossen 1.-17. Januar, 1.-31. August, Dienstag, Sonntag, mittags: Montag und Mittwoch-Samstag*

🕸 **GOLDENER ADLER**

REGIONAL · TRENDY ✗ Eine gefragte Adresse, denn gemütlich-lebendige Atmosphäre und gute, frische Küche sorgen hier für Freude beim Essen! Auf der Karte finden sich auch Klassiker wie hausgemachte Maultaschen oder geschmorte Kalbsbacken. Trotz der Lage an einer Straße sitzt man schön auf der großen Terrasse.

Spezialitäten: Roh marinierter Thunfisch mit Avocadomousse. Zwiebelrostbraten mit Spätzle. Crème brûlée mit marinierten Erdbeeren und Schokoladeneis.

� 🅿 – Menü 30/50 € – Karte 30/60 €

Stadtplan: F3-g – *Böheimstraße 38* ✉ *70173* – ☎ *0711 6338802* – *www.goldener-adler-stuttgart.de* – *Geschlossen mittags: Montag-Sonntag*

🕸 **VETTER.**

MARKTKÜCHE · FREUNDLICH ✗ In diesem beliebten Restaurant in einer Wohngegend sitzt man in netter Atmosphäre bei regionalen Klassikern oder mediterranen Gerichten. Gute, frische Produkte werden angenehm unkompliziert und handwerklich gekonnt zubereitet. Im Sommer ist die hübsche Terrasse gefragt.

Spezialitäten: Schwertfisch-Carpaccio mit Zitrone und Olivenöl. Tafelspitz, Meerrettich, Röstkartoffeln, Gemüse. Apfelstrudel mit Vanillesauce.

� – Karte 34/68 €

Stadtplan: K3-s – *Bopserstraße 18* ✉ *70180* – ☎ *0711 241916* – *www.vetter-essen-trinken.de* – *Geschlossen mittags: Montag-Samstag, Sonntag*

🍴○ **ZUR WEINSTEIGE**

SAISONAL · FREUNDLICH ✗✗ Hier spürt man das Engagement der Brüder Scherle. Geboten wird ein interessanter Mix aus Regionalem und Klassischem, vom "Schwäbischen Rostbraten" bis zu "pochierte Hummerroulade, Rote-Bete-Risotto, Kohlrabi-Sepiamousse". Sehr gut der Service mit persönlicher Note, toll die Weinkarte mit Schwerpunkt Deutschland. Im Hotel übernachtet man von rustikal bis elegant.

🕸 🍴 🌶 🆊 🔼 🅿 🚗 – Menü 47/120 € – Karte 49/81 €

Stadtplan: K3-p – *Hohenheimer Straße 30* ✉ *70184* – ☎ *0711 2367000* – *www.zur-weinsteige.de* – *Geschlossen 1.-17. Januar, Montag, Sonntag, mittags: Dienstag-Samstag*

🍴○ **CUBE**

INTERNATIONAL · TRENDY ✗✗ Die absolute Top-Lage ist hier ebenso interessant wie die Glas-Architektur, das Design und natürlich die ambitionierte Küche! Man ist weltoffen, was sich z. B. bei "scharfer Thai-Suppe, Pulled Chicken, Zitronengras, Ingwer" zeigt. Einfachere Mittagskarte.

🔽 🛧 🆊 🔼 – Menü 39 € (Mittags), 59/89 € – Karte 32/65 €

Stadtplan: J2-b – *Kleiner Schlossplatz 1 (im Kunstmuseum, 4. Etage)* ✉ *70173* – ☎ *0711 2804441* – *www.cube-restaurant.de*

ⓘO RITZI

ZEITGENÖSSISCH · BRASSERIE XX Nur einen Steinwurf von Hauptbahnhof und Zeppelin-Carré entfernt liegt diese schicke Brasserie mit recht stylischer und wertiger Einrichtung. Aus der Küche kommen modern-klassische Gerichte mit mediterraner Note, darunter z. B. "gegrillter Oktopus mit geschmorten Steckrüben" oder "Pot au feu von Edelfischen".

� 🗚 – Menü 38 € (Mittags), 68/175 € – Karte 43/88 €

Stadtplan: J1-a – *Friedrichstraße 6* ⊠ *70174* – ⚲ *0711 5050050* – *www.ritzi-stuttgart.de* – *Geschlossen Montag, Dienstag, Donnerstag, Freitag, abends: Samstag*

ⓘO **Ritzi Gourmet** – Siehe Restaurantauswahl

ⓘO RITZI GOURMET ⓝ

FRANZÖSISCH-KREATIV · CHIC XX Dieses elegante Gourmetrestaurant - auf einer kleinen Empore teilweise offen an die Brasserie angeschlossen - bietet ein kreativ-modernes 3- bis 7-Gänge-Menü auf französischer Basis mit Einflüssen aus dem Orient, zubereitet aus tollen Produkten. Dazu versierter Service samt guter Weinberatung.

Menü 75/145 €

Stadtplan: J1-b – *Richter's Fine Dining, Friedrichstraße 6* ⊠ *70174* – ⚲ *0711 5050050* – *www.ritzi-stuttgart.de* – *Geschlossen 1.-18. Januar, Montag, mittags: Dienstag, Mittwoch, mittags: Donnerstag-Samstag, Sonntag*

ⓘO SCHWEIZERS RESTAURANT

KLASSISCHE KÜCHE · ZEITGEMÄSSES AMBIENTE XX In dem sorgsam restaurierten Haus von 1902 nimmt man in schöner Jugendstil-Atmosphäre Platz und lässt sich vom aufmerksamen Service mit schmackhaften Gerichten wie "geschmortem Pulpo mit Erbsencreme, geräucherter Mayonnaise und confierten Kartoffeln" umsorgen. Sehr nett die ruhige Innenhofterrasse!

🌔 ⇆ – Menü 65/95 € – Karte 34/56 €

Stadtplan: J3-a – *Olgastraße 133 B* ⊠ *70180* – ⚲ *0711 60197540* – *www.schweizers-restaurant.de* – *Geschlossen 1.-11. Januar, 16. August-5. September, Sonntag-Montag, nur Abendessen*

Hotels

🏨 STEIGENBERGER GRAF ZEPPELIN

LUXUS · ELEGANT Das Businesshotel gegenüber dem Bahnhof wird gut geführt, das spürt und sieht man. In den geräumigen Zimmern wohnen Sie modern-elegant, im oberen Stock tun Sie sich etwas Gutes, z. B. bei Fitness mit Blick über Stuttgart! Regionale Küche im rustikalen "Zeppelin Stüble", Steaks vom Grill im "Zeppelino'S".

🏊 🖵 🕸 🛋 🗚 🐬 – 78 Zimmer

Stadtplan: K1-v – *Arnulf-Klett-Platz 7* ⊠ *70173* – ⚲ *0711 20480* – *www.stuttgart.steigenberger.de*

❀❀ **OLIVO** – Siehe Restaurantauswahl

🏨 ALTHOFF HOTEL AM SCHLOSSGARTEN

LUXUS · ELEGANT Die Lage ist ideal: zentral in Bahnhofsnähe und doch ruhig direkt am Schlossgarten! Und man wohnt richtig schön, dafür sorgen zeitgemäßelegante Zimmer und zuvorkommender Service. Nett die "Weinwirtschaft Franz Keller" (hier isst man regional, badisch, elsässisch) und das Café mit Terrasse zum Schlossgarten.

🏊 🖵 🗚 🐬 – 102 Zimmer – 4 Suiten

Stadtplan: K1-u – *Schillerstraße 23* ⊠ *70173* – ⚲ *0711 20260* – *www.althoffcollection.com*

❀ **Die Zirbelstube** – Siehe Restaurantauswahl

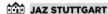 JAZ STUTTGART

URBAN · DESIGN Sicher mit das coolste Hotel der Stadt und ein wahrer Hotspot! Es liegt im Europaviertel, nebenan eine Shoppingmall. Puristisches Design und das Thema Musik sind allgegenwärtig. Abends wird das Restaurant (hier internationale Küche aus regionalen Produkten) zum Club mit Live-DJ! In der 6. Etage "Cloud No. 7 Bar & Lounge". Wellbeing im "Relaxercise".

⌖ 🛁 📶 🛗 ♿ 📠 🛎 🚗 – 166 Zimmer – 3 Suiten

Stadtplan: F2-b – *Wolframstraße 41* ✉ *70191* – ☎ *0711 969840* – *www.jaz-hotel.com*

DER ZAUBERLEHRLING

BOUTIQUE-HOTEL · THEMENBEZOGEN Das kleine Designhotel liegt nicht nur geschickt, man wohnt hier auch ganz individuell. Kein Zimmer gleicht dem anderen, jedes hat seinen ganz eigenen Stil! Geschmackvolles Interieur und das Herzblut der Gastgeber Karen und Axel Heldmann machen das Haus zu einem Kleinod der Stuttgarter Hotellerie. Tolles Frühstück.

⌖ 📶 🚗 – 17 Zimmer – 4 Suiten

Stadtplan: K2-c – *Rosenstraße 38* ✉ *70182* – ☎ *0711 2377770* – *www.zauberlehrling.de*

❀ **Der Zauberlehrling** – Siehe Restaurantauswahl

In Stuttgart-Botnang

🍴 BO'TECA DI VINO

MEDITERRAN · NACHBARSCHAFTLICH ✗ Wer in der kleinen "bo'teca" im Stuttgarter Westen speisen möchte, sollte das im Vorfeld planen, denn das sympathische Lokal hat leider nur recht wenige Plätze. Hier genießt man schöne Weine und leckere Gerichte wie "Carnaroli-Risotto mit geschmortem Pulpo".

🍷 – Menü 70/95 € – Karte 34/40 €

Stadtplan: E2-b – *Beethovenstraße 30* ✉ *70195* – ☎ *0711 6205163* – *www.boteca-stuttgart.de* – *Geschlossen Montag, Dienstag, mittags: Mittwoch-Samstag, Sonntag*

In Stuttgart-Degerloch

❀ WIELANDSHÖHE

Chef: Vincent Klink

FRANZÖSISCH-KLASSISCH · ELEGANT ✗✗ Stolz thront die „Wielandshöhe" von Koch-Urgestein Vincent Klink in exponierter Lage, umgeben von saftigen Reben, in einer der besten Wohngegenden Stuttgarts. Große Fenster geben in dem schlicht-elegant gehaltenen Restaurant den Blick über die Stadt frei. Patron Vincent Klink und sein Küchenchef Jörg Neth setzen auf Klassik und lassen sich auch von ihrer schwäbischen Heimat beeinflussen. Chichi und Effekthascherei werden Sie auf dem Teller nicht finden, stattdessen reizig gutes Handwerk und gelungen hervorgehobene Aromen bester Zutaten. Da ist es nicht verwunderlich, dass seit 1993 ein MICHELIN Stern über dem Lokal leuchtet.

Spezialitäten: Geröstete Ziegenkäsetasche mit karamellisiertem Gaishirtle. Riesengarnelen, grüner Spargel, Safranrisotto. Schokoladenpudding mit Vanillesauce.

🍷 ⛷ 🌿 🔄 – Menü 95/130 € – Karte 80/150 €

Stadtplan: F3-a – *Alte Weinsteige 71* ✉ *70597* – ☎ *0711 6408848* – *www.wielandshoehe.de* – *Geschlossen Montag, Sonntag*

🍴 FÄSSLE LE RESTAURANT

FRANZÖSISCH-KLASSISCH · NACHBARSCHAFTLICH ✗✗ Patrick Giboin bietet hier in gemütlichem Ambiente seine Version der klassisch-französischen Küche. Appetit macht z. B. "geschmorte Kalbsbacke mit Kräuterseitlingen, Risotto und wildem Brokkoli". Auch an Vegetarier ist gedacht. Kindermenüs gibt es ebenfalls.

🌿 📶 🔄 – Menü 27 € (Mittags), 48/76 € – Karte 30/68 €

Stadtplan: C2-a – *Löwenstraße 51* ✉ *70597* – ☎ *0711 760100* – *www.restaurant-faessle.de* – *Geschlossen Montag, Sonntag*

In Stuttgart-Gablenberg

🍴 **NANNINA**

ITALIENISCH · FREUNDLICH 𝕏𝕏 Gastgeberin Giovanna Di Tommaso (genannt Nannina) widmet sich in dem kleinen Restaurant ganz ihrer Leidenschaft, der italienischen Küche. Frisch und ambitioniert z. B. "gebratener Steinbutt, Kerbel, wilder Brokkoli, Marinda-Tomaten". Terrasse hinterm Haus.

🌳 **P** – Karte 59/74 €

Stadtplan: G2-a – *Gaishämmerstraße 14* ✉ *70186* – ☎ *0711 7775172* – *www.nannina.de* – *Geschlossen*
Montag, mittags: Dienstag-Donnerstag, mittags: Samstag

In Stuttgart-Heslach

⊛ **HUPPERTS**

KLASSISCHE KÜCHE · FREUNDLICH 𝕏𝕏 Man muss schon wissen, wo das sympathische kleine Restaurant zu finden ist, zufällig kommt man an dieser Adresse in einem Wohngebiet nämlich nicht vorbei. Doch der Weg lohnt sich! Zum einen sind die Gastgeber Marianne und Michael Huppert mit vollem Engagement bei der Sache und schaffen eine angenehm entspannte Atmosphäre, zum anderen isst man hier so gut, dass schon so mancher dieses Haus zu seinem Lieblingsrestaurant in Stuttgart erklärt hat. Nach Stationen in diversen Sternerestaurants (u. a. "Wald & Schlosshotel Friedrichsruhe", "Colombi" in Freiburg, "Grossfeld" in Friedberg) bietet Michael Huppert, übrigens Sohn einer Gastronomenfamilie, klassische Küche, die sich auf die sehr guten Produkten konzentriert und ohne Chichi für Finesse und jede Menge Ausdruck sorgt.

Spezialitäten: Gelbschwanzmakrele, Gurke, Pimpinelle, Melone. Kalb, Spargel, Tomate, Erbse. Erdbeere, Quark, Vanille, Pistazie.

🌳 **AC** ⊛ – Menü 94/119 €

Stadtplan: E3-p – *Gebelsbergstraße 97* ✉ *70199* – ☎ *0711 6406467* – *www.hupperts-restaurant.de* –
Geschlossen Montag, Sonntag, mittags: Dienstag-Samstag

In Stuttgart-Hohenheim

⊛ **SPEISEMEISTEREI**

MODERNE KÜCHE · CHIC 𝕏𝕏 Ambiente, Küche, Service..., anspruchsvoll ist hier alles. Gekocht wird modern-kreativ und handwerklich ausgezeichnet, die Gerichte sind aufwändig gearbeitet, aber dennoch angenehm klar. Sehr gut die frischen Produkte wie beispielsweise die bayerische Garnele oder das Kalb aus Göppingen. Seit 2008 steht Stefan Gschwendtner hier am Herd, 2016 wurde er vom Souschef zum Küchenchef und bestätigt seither gemeinsam mit seiner eingespielten Crew den MICHELIN Stern. Geboten wird ein Menü mit fünf oder sieben Gängen. Umsorgt wird man freundlich und geschult, dazu die schicke Location: der Kavaliersbau des Schlosses Hohenheim. Hier trifft Historie auf Moderne. Schön sitzt man auch auf der Terrasse.

Spezialitäten: Königskrabbe, fermentierte Erdbeere, Buttermilch, Basilikum. Kalbsfilet, Kohlrabi, Kimchi, Pfifferlinge, Aprikose. Kirsche, Pistazie, Schokolade.

🌳 ♿ ⊛ **P** – Menü 145/179 €

Stadtplan: C3-s – *Schloss Hohenheim 1B* ✉ *70599* –
☎ *0711 34217979* – *www.speisemeisterei.de* –
Geschlossen Dienstag-Mittwoch, mittags: Montag und Donnerstag-Samstag

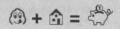

In Stuttgart-Möhringen

🏵️ ZUR LINDE

REGIONAL · GASTHOF ⅹ Engagiert betreiben die Brüder Trautwein die rund 300 Jahre alte ehemalige Poststation - charmant der Mix aus historisch und modern. Es gibt schwäbische Klassiker wie Gaisburger Marsch, Maultaschen oder Kalbskutteln mit geschmortem Ochsenschwanz, zudem Saisonales. Uriger Gewölbekeller für Veranstaltungen.

Spezialitäten: Flädlesuppe. Maultaschen mit Kartoffelsalat. Ofenschlupfer mit Vanillesauce und Vanilleeis.

🏠 ⇄ – Karte 31/63 €

Stadtplan: C3-u – *Sigmaringer Straße 49* ✉ *70567* – *☏ 0711 7199590* – *www.linde-stuttgart.de* – *Geschlossen 24. Dezember-10. Januar, Sonntag, mittags: Montag-Samstag*

In Stuttgart-Weilimdorf

🍴 MEISTER LAMPE

KLASSISCHE KÜCHE · FAMILIÄR ⅩⅩ Eine herzlich geführte, gemütlich-familiäre Adresse ist das hier und gut essen kann man auch noch. Man spürt, dass mit Freude gekocht wird und das überträgt sich auf den Gast! Unter den saisonalen Gerichten findet sich z. B. "gebratener Wolfsbarsch, Senf-Sud, Gelbe Rübe, Kartoffelterrine".

🕸️ 🏠 – Menü 50/80 € – Karte 37/63 €

Stadtplan: B1-m – *Solitudestraße 261* ✉ *70499* – *☏ 0711 9898980* – *www.restaurant-meisterlampe.de* – *Geschlossen 26. Oktober-2. November, Montag, mittags: Samstag, abends: Sonntag*

In Stuttgart-Zuffenhausen

🍴 CHRISTOPHORUS

MEDITERRAN · DESIGN ⅩⅩ Sie sind Auto-Enthusiast und Freund guter Küche? Mit Blick ins Porsche Museum oder auf den Porscheplatz speist man mediterran-international. Highlight und fast ein Muss: US-Prime-Beef! Und danach Digestif samt Zigarre in der Smokers Lounge?

🕸️ 🅰️ 🎥 🖃 ⇄ 🚗 – Menü 42 € (Mittags), 80/110 € – Karte 42/110 €

Stadtplan: C1-c – *Porscheplatz 5 (im Porsche Museum 3. OG)* ✉ *70435* – *☏ 0711 91125980* – *www.porsche.com* – *Geschlossen 3.-14. August, 23.-27. Dezember, Montag, Sonntag*

SULZBURG

Baden-Württemberg – Regionalatlas **61**-D21 – Michelin Straßenkarte 545

✿✿ HIRSCHEN

Chef: Douce Steiner

FRANZÖSISCH-KLASSISCH · ELEGANT ⅩⅩ Warum zahlreiche Gäste von nah und fern in das beschauliche Örtchen im Markgräflerland pilgern? Hier haben Douce Steiner und Udo Weiler ihren „Hirschen". 1995 hat sich das Paar bei Harald Wohlfahrt kennen- und lieben gelernt, 2008 übernahmen die beiden den „Hirschen" vom Vater Hans-Paul Steiner. In dem schmucken über 500 Jahre alten Haus sitzt man in charmant-eleganten Stuben, lebhaft und gemütlich die Atmosphäre, freundlich und flott der Service. Versuchen Sie ruhig mal, durch die Glasscheibe einen Blick in die Küche zu erhaschen - hier wird klassisch-französisch gekocht, aber keinesfalls altbacken. Exzellente Produkte kommen z. B. als Seezunge mit bretonischem Hummer, Krustentieressenz, Poveraden und Nektarinen zur Geltung. Tipp: Reservieren Sie! Parken kann man übrigens gut im Ort.

Spezialitäten: Rouget Barbet und rote Garnele, Coulis von Rote Bete, geeiste Crème von japanischem Meerrettich, Rucola. Gebratenes Reh mit Pistazien und Kornelkirschen, Jus von Wacholder, Pomelo und Orange, eingelegte Kumquats. Zartbitterschokolade, Orange und Basilikum.

🕸 🔁 🔄 – Menü 98/270 €

Hauptstraße 69 ✉ 79295 – 𝒞 07634 8208 – www.douce-steiner.de –
Geschlossen 31. Januar-23. Februar, 6.-15. Juni, 1.-24. August, Montag, Dienstag,
Sonntag

⑳ LANDGASTHOF REBSTOCK

REGIONAL · GEMÜTLICH ※ Gemütlich-ländlich kommt der jahrhundertealte Gasthof im Herzen des Weindorfs daher. Auf der Karte liest man Traditionelles wie "Ochsenbrust in Meerrettichsauce" sowie Feines wie "rosa gebratenes Rehnüsschen mit karamellisierten Maroni". Gut übernachten kann man ebenfalls.

Spezialitäten: Gutedelsüppchen mit kleinem Zwiebelkuchen. Kalbsbratwürste in Zwiebel-Senfsauce, Spätzle und Salat. Warme Birnentarte mit Quittenschaum und Apfelmostsorbet.

🔁 🏠 🅿 – Menü 20 € (Mittags), 42/50 € – Karte 34/66 €

Hauptstraße 77 ✉ 79295 – 𝒞 07634 503140 – www.kellers-rebstock.de –
Geschlossen 11.-21. Februar, Mittwoch, abends: Sonntag

🍴 LA MAISON ERIC

KLASSISCHE KÜCHE · GEMÜTLICH ✗✗ Ein wahres Schmuckstück ist das alte Fachwerkhaus, das etwas versteckt in einer Seitenstraße liegt. Drinnen geschmackvolles Interieur, draußen eine wunderbare Terrasse zum herrlichen Garten, nicht zu vergessen die gute Küche. Geboten wird ein kleines Menü mit Gerichten wie "eine gute Brühe mit Flädle" oder "Steinköhler mit Lauch, Kartoffelmousseline, Weißweinsauce".

🛏 🏠 🔄 🗓 – Menü 43 € (Mittags)/52 €

Im Brühl 7 ✉ 79295 – 𝒞 07634 6110 – www.la-maison-eric.de –
Geschlossen 7.-21. Januar, Montag, Dienstag

SUNDERN
Nordrhein-Westfalen – Regionalatlas **27**–E11 – Michelin Straßenkarte 543

In Sundern-Langscheid Nord-West: 4 km über Stemel

🍴 SEEGARTEN

MODERNE KÜCHE · KLASSISCHES AMBIENTE ✗✗ Im Restaurant bietet man eine frische moderne Küche, für die viele Produkte aus der Region verwendet werden. Macht Ihnen z. B. "geschmorte Rinderschaufel mit Kürbiskernkruste, Kürbiskrapfen und Pastinaken" Appetit? Übernachten kann man im ausgesprochen chic designten Neubau oder etwas einfacher im Stammhaus.

🍳 *Engagement des Küchenchefs: "Mein Team und ich verarbeiten am liebsten das süchtig machende Demeter-Gemüse von Röllingsen, Wild direkt aus der Umgebung, ebenso Forellen & Saiblinge oder Schickemooser Hähnchen. Nachhaltigkeit ist hier Firmenideologie, vom Blockheizkraftwerk bis zur Wärmerückgewinnung durchdenken wir alles!"*

🔁 ⟨ 🏠 🅰 🔲 🔄 🅿 – Menü 36 € – Karte 33/62 €

Zum Sorpedamm 71 ✉ 59846 – 𝒞 02935 96460 – www.hotel-seegarten.com

SYLT (INSEL)

Steht Ihnen der Sinn nach „sehen und gesehen werden"? Erleben können Sie das in der kultigen **Sansibar** in den Dünen von Rantum sowie im ebenso angesagten Kampener **Gogärtchen** mit seinem reizenden friesischen Flair. Mit dem **Söl'ring Hof** hat Rantum ein echtes gastronomisches Highlight und ein wunderschön gelegenes (und ebenso geschmackvolles) Hotel zu bieten. Im **Severin's** genießt man unter inseltypischem Reetdach friesisch-elegante Atmosphäre – machen Sie auch unbedingt einen Bummel durch das charmante einstige Kapitänsdorf Keitum, hier gibt es so manch malerischen Ort zu entdecken! Das chic-moderne **BUDERSAND Hotel** im Süden der Insel ist die Adresse schlechthin für Golfer. Auch wenn es sich eigentlich von selbst versteht: Lassen Sie sich auf gar keinen Fall einen ausgedehnten Spaziergang am Meer entgehen! Oder bei einer Wattwanderung das tolle UNESCO-Weltnaturerbe entdecken?

HÖRNUM

🍣 KAI3

KREATIV · TRENDY XxX Alles hier ist nordisch inspiriert, alles wird der wunderbaren Lage am Südende von Sylt gerecht: das schicke helle Interieur und die luftige Atmosphäre des Restaurants, der tolle Nordseeblick durch die raumhohen Fenster und nicht zuletzt die Küche von Felix Gabel, der zuvor schon Souschef im Gourmetrestaurant des exklusiven "BUDERSAND Hotels" war. Seine Küche nennt sich "Nordic Fusion" und passt wunderbar ins niveauvoll-moderne Bild des Hauses. Er verbindet hervorragende heimische Produkte mit internationalen Einflüssen und beweist dabei ein Gespür für interessante Details, das richtige Maß an Kreativität und eine angenehme Leichtigkeit. Es muss wohl kaum erwähnt werden, dass die Aussicht von der Terrasse ein besonderer Genuss ist!

Spezialitäten: Clam Chowder "Nur anders", Duett von Hummer und Taschenkrebs, Mais, Basilikum, Limette, Chorizo. "Pirates of the nordfriesien", Schleswig-Holsteiner Wagyu, Petersilie, Banane, Whisky, Ingwerjus. "Oriental Orange", Orange, Joghurt, Salz-Mandel, Langpfeffer.

 ↵ ≤ 🍴 ♿ ℵ **P** 🚘 – Menü 98/148 €

BUDERSAND Hotel - Golf & Spa, Am Kai 3 ✉ *25997 –* ☏ *04651 46070 – www.budersand.de –*
Geschlossen 5. Januar-5. Februar, Mittwoch, Donnerstag, mittags: Montag-Dienstag und Freitag-Sonntag

🏨 BUDERSAND HOTEL - GOLF & SPA

LUXUS · MODERN Außen aparte Architektur, innen edles Design - chic der nordische Stil der Zimmer. Dazu klasse Service. Das hervorragende Frühstück genießt man gerne auf der tollen Terrasse am Meer! Weiteres Highlight: die von Elke Heidenreich eingerichtete Bibliothek mit über 1000 Werken (teils in Lesungen vorgestellt).

🏌 🦢 ⪉ 🛏 ▦ 🖥 🌐 🛎 ♨ 🛗 ☝ ♿ 🧖 🅿 ☕ – 77 Zimmer – 6 Suiten

Am Kai 3 ✉ 25997 – ✆ 04651 46070 – www.budersand.de

❀ **KAI3** – Siehe Restaurantauswahl

KAMPEN

🏨 VILLAGE

LANDHAUS · GEMÜTLICH Das "Village ist schon ein kleines Luxushotel, und zwar eines mit Charme und Klasse. Mit seinem friesischen Stil ist das Haus schon von außen einladend, drinnen dann wertig-elegantes Interieur - viele schöne Details machen die Zimmer wohnlich und individuell. Attraktiv auch der kleine Schwimmbad- und Saunabereich. Tipp: Frühstück auf der Terrasse!

🏌 🦢 ⪉ 🖥 ♨ 🅿 – 7 Suiten – 3 Zimmer

Alte Dorfstraße 7 ✉ 25999 – ✆ 04651 46970 – www.village-kampen.de

KEITUM

🍽 TIPKEN´S

MEDITERRAN · ELEGANT XX Schön das wertige klare Design, frisch und modern die Küche, freundlich und geschult der Service. Die aus guten Produkten zubereiteten Gerichte gibt es à la carte oder als "Shared Dining"-Menü. Man hat auch eine sehr gut sortierte Weinkarte nebst trefflicher Beratung.

🏖 ⪉ 🛏 🎐 ❀ – Menü 65/80 € – Karte 71/99 €

*Hotel Severin*s, Am Tipkenhoog 18 ✉ 25980 – ✆ 04651 46066533 –*
www.severins-sylt.de – Geschlossen Montag, mittags: Dienstag-Samstag, Sonntag

🍽 BROT & BIER

KREATIV · FREUNDLICH X Das ist mal was anderes: Das "belegte Brote"-Konzept ist cool und trendig, setzt aber dennoch auf Qualität und Handwerk! Auf der Stullen-Karte liest man z. B. "Currywurst new Style" - durchdacht und aus sehr guten Zutaten! Tipp: Im Shop nebenan gibt's Sylter Produkte (u. a. das berühmte Meersalz).

Karte 29/62 €

Gurtstig 1 ✉ 25980 – ✆ 04651 9363743 – www.brot-und-bier.de –
Geschlossen 11. Januar-2. Februar, Montag, Dienstag

🏨 SEVERIN*S

LUXUS · ELEGANT Außen inseltypisch, innen stilvoll-modern. Einen Steinwurf vom Wasser entfernt beherbergen schöne Backsteinhäuser mit Reetdach luxuriöse Zimmer, einen weitläufigen Spa und zwei Restaurants - eines davon das gemütliche "Hoog" mit Sylter Küche, Snacks, Kaffee und Kuchen. Toll für Familien: ganztägige Kinderbetreuung.

🏌 ⪉ 🖥 🌐 ♨ 🛗 🅿 ☕ – 62 Zimmer – 33 Suiten

Am Tipkenhoog 18 ✉ 25980 – ✆ 04651 460660 – www.severins-sylt.de

🍽 **Tipken´s** – Siehe Restaurantauswahl

🏨 BENEN-DIKEN-HOF

LANDHAUS · INDIVIDUELL Das traditionsreiche Haus ist beliebt: Wer möchte nicht in schönen frischen Zimmern wohnen, sich gratis an der Minibar bedienen, im großen Spa relaxen? Exklusiv die Suiten in den Nebenhäusern. Für Langschläfer: Frühstücksbuffet bis 13 Uhr! Friesisch-modernes Ambiente und regionale Küche im Restaurant "KØKKEN".

🏌 🦢 ⪉ 🖥 🌐 ♨ 🛗 ☝ ♿ 🅿 – 48 Zimmer – 19 Suiten

Keitumer Süderstraße 3 ✉ 25980 – ✆ 04651 93830 – www.benen-diken-hof.de

AARNHOOG

LANDHAUS · GEMÜTLICH In dem reizenden kleinen Schwesterhaus des Munkmarscher "Fährhauses" ist Ihnen Diskretion ebenso gewiss wie schönes Ambiente: hochwertiges Interieur in wohnlichem nordisch-modernem Stil! Den exklusiven Service genießt man auch beim leckeren Frühstück. Nachmittags Kaffee und Kuchen.

🕭 🛏 🖵 📶 🅿 – 9 Zimmer – 7 Suiten

Gaat 13 ✉ 25980 – ℰ 04651 3990 – www.faehrhaus-hotel-collection.de

LIST

 KÖNIGSHAFEN

TRADITIONELLE KÜCHE · BÜRGERLICH ✕ Die Familientradition reicht hier bis ins Jahr 1881 zurück. Hinter der weißen Backsteinfassade sitzt man in klassischbürgerlich gehaltenen Stuben - oder auf der Gartenterrasse hinterm Haus - und lässt sich regional-saisonale Gerichte wie "Kapitänsscholle, Speck, Kartoffelsalat" schmecken.

Spezialitäten: Rote-Bete-Carpaccio mit Keitumer Ziegenkäse und karamellisierten Nüssen. Rotbarschfilet mit Kartoffelsalat und Salat. Schokoladenmousse mit Portweinpflaumen.

🕭 🅿 🗒 – Karte 32/66 €

Alte Dorfstraße 1 ✉ 25992 – ℰ 04651 870446 – www.koenigshafen.de – Geschlossen 18. Januar-7. Februar, Dienstag, mittags: Montag und Mittwoch-Samstag

 A-ROSA

LUXUS · MODERN Ein bemerkenswertes Haus in traumhafter Lage mit Blick auf Dünen, Watt und Meer. Alles hier ist überaus hochwertig und formschön in geradlinigem Design gestaltet. SPA-ROSA auf 3500 qm mit Meerwasserpool und exklusiven Anwendungen. Buffet-Angebot im "Dünenrestaurant".

🕭 🛏 🖵 📶 🅿 🚗 – 147 Zimmer – 30 Suiten

Listlandstraße 11 ✉ 25992 – ℰ 04651 96750700 – www.a-rosa-resorts.de

 STRAND AM KÖNIGSHAFEN

BOUTIQUE-HOTEL · AUF DEM LAND Das Hotel thront am Königshafen in der Bucht zwischen List und Sylter Ellenbogen. Wertigkeit zieht sich durchs ganze Haus, von den wohnlichen modern-eleganten Zimmern (meist mit Balkon/Terrasse) bis zum friesischen Frühstücksbuffet. Neben dem "STRAND" gibt es noch "Das kleine STRAND" mit schicken Wellness- und Juniorsuiten im Maisonette-Stil. Eigene Wassersportschule.

🕭 🖵 📶 🅿 🚗 – 41 Zimmer – 15 Suiten

Hafenstraße 41 ✉ 25992 – ℰ 04651 889750 – www.hotel-strand-sylt.de

MORSUM

 HOF GALERIE

LANDHAUS · ELEGANT Moderne Wohnkultur und Kunst vereint. Man hat schicke Suiten, einen netten Garten, Inselkünstler stellen ihre Werke aus und die Terrasse mit Brunnen unter alten Linden lädt zum Frühstücken ein. Nachmittags Kaffee und hausgemachten Kuchen, bis 18 Uhr kleine Gerichte in der eigenen Bäckerei gegenüber.

🛏 🖵 📶 🅿 – 18 Suiten – 2 Zimmer

Serkwai 1 ✉ 25980 – ℰ 04651 957050 – www.hotelhofgalerie.de

LANDHAUS SEVERIN*S MORSUM KLIFF

LANDHAUS · ELEGANT Nicht zu toppen ist hier die Lage mitten im Naturschutzgebiet mit wunderbarem Blick aufs Wattenmeer - da lockt natürlich auch die Terrasse! Aber auch das Interieur des hübschen reetgedeckten Hauses kann sich sehen lassen: Alles ist hochwertig und geschmackvoll-modern mit nordischem Touch gestaltet.

🕭 📶 🖵 🅿 – 13 Zimmer

Nösistig 13 ✉ 25980 – ℰ 04651 4606880 – www.landhaus-severins.de

MUNKMARSCH

🍴 KÄPT'N SELMER STUBE

INTERNATIONAL · LÄNDLICH XX Überall sieht man die Liebe zum Detail: original blau-weiße Kacheln, Antiquitäten, nordischer Stil, dazu eine traumhafte Terrasse... Aus der Küche kommen ambitionierte saisonale Gerichte wie "Heilbutt, Kräuter-Steckrüben-Risotto, Orangenbutter". Nachmittags locken Kaffee und Kuchen.

🛋 ⪪ 📰 🏛 ♿ 🔼 **P** 🚗 – Menü 55 € – Karte 40/84 €

Hotel Fährhaus, Bi Heef 1 ✉ 25980 – ☎ 04651 93970 – www.faehrhaus-sylt.de

🏨 FÄHRHAUS

LUXUS · GEMÜTLICH Ein Luxushotel ohne prätentiösen Rahmen, dafür aber mit exklusivem Wohnkomfort und nahezu perfektem Service! Auch angesichts des hochwertigen Spas und der tollen Lage mit Blick zum Wattenmeer verabschiedet man sich nur sehr ungern wieder!

🌳 ⪪ 🛋 📶 🏋 ♨ 🔼 🏊 **P** 🚗 – 32 Zimmer – 12 Suiten

Bi Heef 1 ✉ 25980 – ☎ 04651 93970 – www.faehrhaus-sylt.de

🍴 **Käpt'n Selmer Stube** – Siehe Restaurantauswahl

RANTUM

❀❀ SÖL'RING HOF

KREATIV · ELEGANT XXX Besser könnte die Lage kaum sein! Auf Ihr Klingeln öffnet sich das weiße Tor und über eine gepflasterte Auffahrt erreichen Sie das schöne reetgedeckte Landhaus, das am Rande von Rantum auf einer Düne thront - klasse Blick auf die Nordsee inklusive! Das wertige Interieur in nordischem Stil vereint Eleganz und Gemütlichkeit, der charmante und ebenso professionelle Service tut ein Übriges - hier sei auch die exzellente Weinberatung durch Restaurantleiterin und Sommelière Bärbel Ring erwähnt! Von den meisten Plätzen kann man in die Küche schauen, wo das Team um Patron Johannes King und Küchenchef Jan-Philipp Berner ein kreatives Menü zubereitet, für dessen fein ausbalancierte Gänge (z. B. Salzwiesenlamm mit Bete, Senf und Sauerrahm) nur beste - möglichst regionale - Produkte verarbeitet werden.

Spezialitäten: Salatgurke, Michel, Kerbel. Flusskrebse, Erbse, Pfifferling, Holunderblüte. Brombeere, Lakritztagetes, Zartbitterschokolade.

❀ *Engagement des Küchenchefs: "Mir ist es wichtig, die Regionalität hoch zu halten, kurze Lieferwege, eigens für uns abgefülltes Mineralwasser von der Insel und die Produkte aus Johannes Kings Garten in Keitum sind ebenso eine Hilfe, wie die herrlichen Produkte direkt aus dem Meer. Es ist schön, den Kreislauf der Natur zu leben!"*

🍸 🛋 ⪪ 🛋 ⇔ **P** – Menü 214/284 €

Hotel Söl'ring Hof, Am Sandwall 1 ✉ 25980 –
☎ 04651 836200 – www.soelring-hof.de –
Geschlossen 10.-31. Januar, nur Abendessen

🍴 COAST

MODERNE KÜCHE · FREUNDLICH XX Das charmante reetgedeckte Haus versprüht auch im Inneren friesisches Flair, dafür sorgt die modern-maritime Gestaltung samt dekorativer witziger Fischmotiv-Tapete. Schön auch der Wintergarten. Freundlich-leger serviert man regional-internationale Gerichte wie Seehecht, Lammfrikadellen und Rote-Bete-Risotto.

🛋 🏛 ♿ **P** – Karte 38/89 €

Hotel Duene, Stiindeelke 1 ✉ 25980 – ☎ 04651 1551 – www.restaurant-coast.de –
Geschlossen mittags: Montag, Dienstag, mittags: Mittwoch-Sonntag

⊪○ SANSIBAR

INTERNATIONAL · RUSTIKAL ⅹ Eine Adresse mit Kultstatus! Das Strandhütten-Flair ist sehr gefragt, da geht man gern fünf Minuten zu Fuß durch die Dünen - oder Sie nutzen den Shuttleservice. Lust auf einen Sansibar-Klassiker wie "Milchreis mir roter Grütze"? Oder lieber etwas Gehobeneres? Grandios die Weinkarte. Mittags keine Reservierung möglich.

🐾 🍴 **P** – Karte 33/120 €

Hörnumer Straße 80 ⊠ 25980 – ℰ 04651 964646 – www.sansibar.de –
Geschlossen 24. Dezember

🏨 SÖL'RING HOF

LUXUS · INDIVIDUELL Traumhaft die Lage in den Dünen! Nicht minder attraktiv das schmucke Friesenhaus: persönliche Atmosphäre, diskreter Service, schöne wertige Zimmer, ein schicker kleiner Spa, exklusives "Open End"-Frühstück. Tipp: das Dünenzimmer "Gret Palucca" - hier haben Sie auf Ihrer Terrasse einen eigenen beheizbaren Strandkorb!

🍽 🐾 ⇇ 🛁 🕯 **P** – 15 Zimmer

Am Sandwall 1 ⊠ 25980 – ℰ 04651 836200 – www.soelring-hof.de

❀❀ **Söl'ring Hof** – Siehe Restaurantauswahl

🏨 ALTE STRANDVOGTEI

LANDHAUS · INDIVIDUELL Hier wohnt man so richtig schön, alles ist hochwertig, Suiten mit Kitchenette, teils Maisonetten, charmant der Frühstücksraum mit altem Ofen und handbemalten Friesenkacheln, Garten mit Strandkörben, nachmittags gibt es Tee und Kuchenbuffet... Zum Strand sind es nur wenige Minuten zu Fuß.

🐾 ⇇ 🛁 🖥 🕯 **P** – 12 Suiten – 5 Zimmer

Merret-Lassen-Wai 6 ⊠ 25980 – ℰ 04651 92250 – www.alte-strandvogtei.de

TINNUM

❀ BODENDORF'S

FRANZÖSISCH-MODERN · ELEGANT ⅹⅹ Dass Holger Bodendorf und sein Team mit vollem Engagement bei der Sache sind, spürt man überall in dem hübschen reetgedeckten "Landhaus Stricker"! Die Leitung der Küche teilt sich der Patron inzwischen mit Philip Rümmele, der zuletzt für die Sterneküche der "Schwabenstube" in Asperg verantwortlich war. Wie gut die beiden zusammenarbeiten, beweisen kreative international geprägte Gerichte, bei denen das Produkt und dessen Eigengeschmack absolut im Fokus stehen. Kombinationen wie glacierter Rehrücken mit Sellerie aus dem Salzteig, Rhabarber und Wacholderjus sind durchdacht, haben schöne Kontraste und sind dennoch harmonisch. Darf es vielleicht ein Apero in der coolen "Miles Bar" sein, bevor Sie in dem stilvollmodernen kleinen Restaurant an einem der hochwertig eingedeckten Tische Platz nehmen?

Spezialitäten: Gepökelte Spanferkelhaxe, Languste, Kaviar, junge Erbsen. Kotelett von der Seezunge, Aubergine, Vongole, braune Tomate und Basilikum. Toskanische Erdmandel, Himbeere, Sorbet von Vanille, Joghurt und Himbeeressigemulsion.

🐾 ⇌ ♿ **P** – Menü 178/218 €

Hotel Landhaus Stricker, Boy-Nielsen-Straße 10 ⊠ 25980 –
ℰ 04651 88990 – www.landhaus-stricker.de –
Geschlossen 15. Januar-13. März, 31. Oktober-25. Dezember, Montag, Sonntag,
mittags: Dienstag-Samstag

⊪○ SIEBZEHN84

REGIONAL · LÄNDLICH ⅹⅹ Modern-friesisch, das trifft "Tenne" und "Kaminzimmer" am besten. Es gibt Steaks, aber auch "Zander, Fregola Sarda, Pak Choi" oder "Kalbsrücken, Chorizokruste, Polentacreme". Man bietet auch kleine Portionen - umso mehr kann man probieren!

⇌ 🛁 🍴 ♿ **P** – Menü 74/88 € – Karte 45/75 €

Hotel Landhaus Stricker, Boy-Nielsen-Straße 10 ⊠ 25980 –
ℰ 04651 88990 – www.landhaus-stricker.de

LANDHAUS STRICKER

LANDHAUS · GEMÜTLICH Kerstin und Holger Bodendorf sind beispielhafte Gastgeber, was sich in luxuriösen, ausgesprochen geschmackvollen Zimmern und erstklassigem Service äußert, und auch mit der schicken, nicht ganz alltäglichen "Wellness-Lounge" samt topmodernem Fitnessraum haben sie etwas richtig Tolles geschaffen!

🍽 🛁 🖼 🐾 ⛱ 🔲 🚌 🏋 🅿 – 38 Zimmer – 21 Suiten

Boy-Nielsen-Straße 10 ⊠ 25980 – ☎ 04651 88990 – www.landhaus-stricker.de

🍴 **SIEBZEHN84 · ❀ BODENDORF'S** – Siehe Restaurantauswahl

WESTERLAND

🍴 HARDY'S BAR & RESTAURANT

FRANZÖSISCH-KLASSISCH · ELEGANT XX Stilvoll verbindet das "Hardy's" (übrigens der Name des Familienhundes) klassisches Ambiente mit modernen Akzenten. In der Küche treffen französische Elemente auf hochwertige regionale Zutaten, so z. B. bei "Seeteufel, Langustinen-Tomatensalsa, Zucchiniblüte" oder "Sylter Lamm, Hummus, Auberginen-Chili-Chutney".

🕸 ⟺ ✿ 🍷 – Menü 50/154 € – Karte 52/82 €

Hotel Stadt Hamburg, Strandstraße 2 ⊠ 25980 – ☎ 04651 8580 –
www.hotelstadthamburg.com – Geschlossen abends: Sonntag

STADT HAMBURG

TRADITIONELL · KLASSISCH Ein Klassiker a. d. J. 1869 mit ganz eigenem Charme! Individuelle Zimmer in Stammhaus, Gartenflügel und Parkvilla, schön der Spa, engagiert das Personal, und das Frühstück wird am Tisch serviert! Sehenswert: die "Sylt-Lichtbilder" im Haus. Angenehm unkompliziert: "Bistro Stadt Hamburg".

🍽 🖼 🌐 🐾 ⛱ 🔲 🚌 🏋 🍷 – 45 Zimmer – 25 Suiten

Strandstraße 2 ⊠ 25980 – ☎ 04651 8580 – www.hotelstadthamburg.com

🍴 **Hardy's Bar & Restaurant** – Siehe Restaurantauswahl

TANGERMÜNDE

Sachsen-Anhalt – Regionalatlas **21**-M8 – Michelin Straßenkarte 542

🍴 SCHLOSSRESTAURANT STORKAU

KLASSISCHE KÜCHE · KLASSISCHES AMBIENTE XX Einen tollen Rahmen bietet das schöne Schlossanwesen samt Park. Das elegante Restaurant des Hotels "Schloss Storkau" bietet geschmackvolle klassische Gerichte, bei denen man Wert legt auf saisonale Produkte - viele davon stammen übrigens vom eigenen Hof. Im Sommer sitzt man herrlich auf der Terrasse!

⟺ 🛁 🚪 🔲 ✿ 🅿 – Menü 29 € (Mittags), 39/95 € – Karte 35/49 €

Im Park ⊠ 39590 – ☎ 039321 5210 – www.schloss-storkau.de –
Geschlossen 1.-10. Januar, 24. Dezember-6. Januar, Montag, Dienstag,
abends: Sonntag

TANGSTEDT

Schleswig-Holstein – Regionalatlas **10**-I5 – Michelin Straßenkarte 541

❀ GUTSKÜCHE

REGIONAL · TRENDY X "Gutsküche" trifft es genau, denn in der ehemaligen Scheune kocht man schmackhaft, unkompliziert und regional, sehr gut die frischen (Bio-) Zutaten - Appetit machen z. B. "Angus-Filetspitzen, Pfifferlinge, Schupfnudeln". Mittags kleineres Angebot. Tipp: Snacks im "GutsKaffee" , Bioprodukte im Hofladen nebenan.

Spezialitäten: Wulfsdorfer Bunte Bete, Ziegenfrischkäse-Mousse, Wildbeeren-Salsa, Kräutersalat. Zwiebelrostbraten vom Rothirschkalb, Hof-Hokkaido, Schupfnudeln, Schmorzwiebeljus. Glasierte Tarte vom Weinbergpfirsich "Melba", Himbeercoulis, Vanillerahmeis.

❀ *Engagement des Küchenchefs:* "Meine Küche kann ich guten Gewissens als „bedingungslos nachhaltig" bezeichnen. Bei uns geht es um pure Produktliebe und Zubereitung von Genuss mit gutem Gewissen. Eine ehrliche, leidenschaftliche Küche aus fairen Produkten und ökologischem Anbau, schließlich ist "bio" das normalste auf dieser Welt."

🏡 **P** – Menü 48/78€ – Karte 38/58€

Wulksfelder Damm 15 (im Gutshof Wulksfelde) ✉ 22889 – ☏ 040 64419441 – *www.gutskueche.de – Geschlossen Montag*

TAUFKIRCHEN (VILS)
Bayern – Regionalatlas **58**–N19 – Michelin Straßenkarte 546

In Taufkirchen-Hörgersdorf Süd-West: 8,5 km über B 15

⅋○ LANDGASTHOF FORSTER
INTERNATIONAL · LÄNDLICH X In diesem sympathischen Haus wird ohne große Schnörkel, aber mit Geschmack und frischen Produkten gekocht. Appetit macht da z. B. "Wildentenbrust im Pancettamantel, Bayrisch Spitzkraut, Rahmkartoffeln". Herzlich der Service, hübsch das ländliche Ambiente.

🏡 ✿ **P** 🍽 – Menü 30/65€ – Karte 33/57€

Hörgersdorf 23 ✉ 84416 – ☏ 08084 2357 – *www.landgasthof-forster.de –* *Geschlossen 30. August-15. September, Montag, Dienstag, Mittwoch, mittags: Donnerstag-Samstag*

TEINACH-ZAVELSTEIN, BAD
Baden-Württemberg – Regionalatlas **54**–F18 – Michelin Straßenkarte 545

Im Stadtteil Zavelstein

❀ GOURMETRESTAURANT BERLINS KRONE
FRANZÖSISCH-MODERN · GEMÜTLICH XX In gemütlicher Atmosphäre sitzen, sich überaus freundlich und kompetent umsorgen lassen und dann auch noch ausgezeichnet speisen? Das einstige "Gasthaus Krone" der Familie Berlin hat sich zu einer wahren Gourmetadresse gemausert und ist eine echte Bereicherung der baden-württembergischen Sterne-Gastronomie. Die Leitung der Küche teilt sich Patron Franz Berlin mit Sabrina Reimann. Somit sorgen gleich zwei ambitionierte Köche für kreativen Input. Und der kommt aufwändig und modern daher, aber dennoch stimmig und klar verständlich. In Sachen Wein kann man getrost den trefflichen Empfehlungen des Sommeliers folgen. Der gute Service trägt ebenso zum schönen Gesamtbild bei wie das geschmackvolle wertige Interieur, das ländlichen Charme mit einer eleganten Note verbindet.

Spezialitäten: Languste und Thunfisch, Limone, Avocado, Zuckerschote. Loup de Mer und Jakobsmuschel, Zuckermais, Gurke, Staudensellerie, Apfel, Basilikum. Aprikose, Mandel, Safran, Karamell.

⅋⅋ ⇦ ⇠ 🍴 ⊟ **P** – Menü 109/145€ – Karte 105€

Berlins Hotel KroneLamm, Marktplatz 2 ✉ 75385 – ☏ 07053 92940 – *www.kronelamm.de –* *Geschlossen 11.-26. Januar, 24. Mai-9. Juni, Montag, Dienstag, mittags: Mittwoch-Sonntag*

🏨 BERLINS HOTEL KRONELAMM
SPA UND WELLNESS · GEMÜTLICH Die engagierten Gastgeber bieten hier so einiges: Wellnessfans entspannen auf 1600 qm, Wohnkomfort gibt es von "Talblick" über "Katharinenplaisir" und "Burgherrengemach" bis hin zur "Jungbrunnensuite", und auch kulinarisch gibt es Abwechslung: von gehoben über schwäbisch im eleganten "Berlins Lamm" bis zur 1 km entfernten Wanderhütte.

🕉 🐾 ⇠ 🍴 ⤴ 🖥 ⊛ 🏇 ⅃ᴚ ⊟ 🕭 🛗 **P** 🍽 – 60 Zimmer – 3 Suiten

Marktplatz 2 ✉ 75385 – ☏ 07053 92940 – *www.kronelamm.de*

❀ **Gourmetrestaurant Berlins Krone** – Siehe Restaurantauswahl

TEISENDORF
Bayern – Regionalatlas **67**–O21 – Michelin Straßenkarte 546

In Teisendorf-Holzhausen

🍴⃝ **MUNDART2015 - BAUERNSTUBE1910**

REGIONAL · RUSTIKAL ⅹ Ob in der "Bauernstube1910", einer schön restaurierten gemütlich-rustikalen Stube a. d. 20. Jh., oder im modern-eleganten "MundArt2015", man speist klassisch-regional, so z. B. "sautiertes Filet vom Steinbutt, Tagliatelle, grüner Spargel" oder "Wiener Schnitzel, Petersilienkartoffeln, Preiselbeeren".

⚶ *Engagement des Küchenchefs: "Das Gut Edermann bietet mir die Möglichkeit, exzellente Produkte zu verarbeiten, meist aus Bio-Betrieben der UNESCO-Biosphärenregion Berchtesgadener Land, und wir betreiben biologischen Eigenanbau. Das ganze Hotel ist Bio-zertifiziert, 100 %iger Verzicht auf die Verbrennung fossiler Brennstoffe."*

⇦ � 🅿 – Menü 42/66 € – Karte 37/59 €
Hotel Gut Edermann, Holzhausen 2 ✉ 83317 – ☏ 08666 92730 –
www.gut-edermann.de

🏨 **GUT EDERMANN**

SPA UND WELLNESS · GEMÜTLICH Ein gelungenes Hotelkonzept: Hier locken die schöne erhöhte Lage nebst klasse Sicht über die Region, die geschmackvollen, individuellen Zimmer sowie der "AlpenSpa" auf 2500 qm samt Naturbadeteich und "PrivatSpa". Zum Gesamtpaket gehören u. a. auch Basenfasten und die "GenussHalbpension" (im Preis inkl.), die auf Regionalität, Kräuter und Bioprodukte setzt.

🏹 ⚶ ⇦ 🍴 ♨ 🖥 ☺ 🌀 ⅃⅝ ⊡ 🔔 🏋 🅿 – 50 Zimmer
Holzhausen 2 ✉ 83317 – ☏ 08666 92730 – www.gut-edermann.de
🍴⃝ **MundArt2015 - Bauernstube1910** – Siehe Restaurantauswahl

TEISNACH

Bayern – Regionalatlas **59**–O17 – Michelin Straßenkarte 546

In Teisnach-Kaikenried Süd-Ost: 4 km über Oed und Aschersdorf

⚶ **OSWALD'S GOURMETSTUBE**

FRANZÖSISCH-MODERN · ELEGANT ⅩⅩⅩ Das kulinarische Herzstück im Hause Oswald! Im Souterrain befindet sich eine edle Gourmetstube, wie man sie in dem rund 550 Einwohner zählenden Kaikenried im Bayerischen Wald kaum vermuten würde: großzügig, sehr chic und elegant, fast schon luxuriös! Hier ist Thomas Gerber Küchenchef - ein in Bayern inzwischen sehr heimisch gewordener gebürtiger Cottbuser, der zuvor viele Jahre bei Heinz Winkler in Aschau und davor bei Christian Bau in Perl als Souschef tätig war. Er bietet ein modern inspiriertes Menü, das ausgesprochen fein ausbalanciert ist und auf erstklassigen Produkten basiert. Begleitet wird das Ganze von einem aufmerksamen, sehr freundlichen und keineswegs steifen Service, der Sie auch in Sachen Wein überaus trefflich berät.

Spezialitäten: Hummer, Blumenkohl, Meertrauben, Limone. Lamm, Aubergine, Paprika, Zucchini, Salz-Zitrone. Schokolde, Kaffee, Kirsche.

⇦ 🎬 🅿 – Menü 69/145 €
Landromantik Wellnesshotel Oswald, Am Platzl 2 ✉ 94244 – ☏ 09923 84100 –
www.hotel-oswald.de – Geschlossen Sonntag-Dienstag, nur Abendessen

🏨 **LANDROMANTIK WELLNESSHOTEL OSWALD**

SPA UND WELLNESS · AUF DEM LAND Wirklich klasse, was Familie Oswald hier geschaffen hat: ein Haus mit absoluter Willkommens-Atmosphäre! Freuen Sie sich auf einen richtig tollen Spa, geschmackvolle Zimmer und aufwändige Suiten, einen wohnlichen Barbereich, ein erstklassiges Hausgast-Restaurant mit guter Halbpension (im Preis enthalten) und nicht zu vergessen die feine Gourmetstube!

🏹 ⇦ 🍴 🖥 ♨ 🌀 ⅃⅝ ⊡ 🏋 🅿 🍽 – 48 Zimmer – 1 Suite
Am Platzl 2 ✉ 94244 – ☏ 09923 84100 – www.hotel-oswald.de
⚶ **Oswald's Gourmetstube** – Siehe Restaurantauswahl

TENGEN

Baden-Württemberg – Regionalatlas **62**–F21 – Michelin Straßenkarte 545

In Tengen-Wiechs Süd: 7 km über Schwarzwaldstraße

⊛ **GASTHOF ZUR SONNE**

REGIONAL • GASTHOF ⅩⅩ Praktisch direkt an der Schweizer Grenze kann man hier in ländlicher Atmosphäre schmackhafte, frische Küche mit regionalen, aber auch mediterranen Einflüssen genießen. Probieren Sie z. B. "Emmer-Risotto, Trollinger, gegrillte Salami Calabrese" oder "Duett von Skrei und Wildlachs in Zitronensauce". Nicht nur für Weintrinker: drei einfache, gepflegte Gästezimmer.

Spezialitäten: Kalbstatar mit Limone, Olivenöl und Grana Padano auf Zucchinicarpaccio. Rehpfeffer mit sautierten Waldpilzen, Preiselbeeren in der Rotweinbirne, Kastaniennudeln, Rotkraut. Walnuss-Parfait mit Zwetschgen.

🕸 🎋 ✿ 🅿 – Menü 34/69 € – Karte 32/54 €

Hauptstraße 57 ✉ 78250 – ☏ 07736 7543 – www.sonne-wiechs.de – Geschlossen Montag, Dienstag

THUMBY

Schleswig-Holstein – Regionalatlas **2**–I2 – Michelin Straßenkarte 541

In Thumby-Sieseby West: 3 km

🍴○ **GASTHOF ALT SIESEBY**

MARKTKÜCHE • FREUNDLICH ⅩⅩ Jede Menge Herzblut steckt in dem Gasthof von 1867. Er wird mit Hingabe geführt, ist geschmackvoll dekoriert und hat einfach Charme. Tipp: der Sonntagsbraten! Wer über Nacht bleibt, darf sich auf gemütliche Zimmer und ein gutes Frühstück freuen. Die Schlei ist übrigens nur 100 m entfernt – das lädt zum Baden ein!

🖙 🎋 ⅙ – Menü 38/45 € – Karte 38/45 €

Dorfstraße 24 ✉ 24351 – ☏ 04352 9569933 – www.gasthof-alt-sieseby.de – Geschlossen 1. Februar-3. März, 1.-8. November, Montag

TIEFENBRONN

Baden-Württemberg – Regionalatlas **55**–F18 – Michelin Straßenkarte 545

⊛ **BAUERNSTUBEN**

REGIONAL • LÄNDLICH ⅩⅩ Urig-heimelig ist es hier, dazu freundlicher Service und gute Küche von Schnitzel über Gazpacho und hausgereifte Steaks bis zu regionalen Klassikern wie saure Kutteln. Viele Gerichte gibt es auch als kleinere Portion. Tipp: Das tolle Brot kann man auch für zuhause kaufen! Ruhig und schattig die Terrasse. Zum Übernachten hat das Hotel "Ochsen-Post" schöne Zimmer.

Spezialitäten: Gebundene Ochsenschwanzsuppe mit Markklößchen und Ochsenschwanzfleisch. Schwabenschmaus, Schweinelendchen-Fleischküchle, Maultasche auf Käsespätzle mit Röstzwiebeln, Rotweinsoße, kleiner Blattsalat. Beerengrütze mit flüssiger Sahne und Vanilleeis.

🖙 🎋 ✿ 🅿 – Menü 29 € (Mittags), 38/65 € – Karte 31/76 €

Franz-Josef-Gall-Straße 13 ✉ 75233 – ☏ 07234 95450 – www.ochsen-post.de – Geschlossen 1.-28. Februar, Sonntag, mittags: Montag

TIMMENDORFER STRAND

Schleswig-Holstein – Regionalatlas **11**–K4 – Michelin Straßenkarte 541

♧ ORANGERIE

FRANZÖSISCH-KLASSISCH · ELEGANT XxX Ein echter Ostsee-Klassiker ist das Restaurant in einem Seitenflügel des "Maritim Seehotels". Seit 1990 ist der im niedersächsischen Schöningen geborene Lutz Niemann hier Küchenchef. Mit einer eingespielten Küchenbrigade samt langjährigem Souschef an seiner Seite sorgt er für handwerklich exakt zubereitete klassische Gerichte aus sehr guten Produkten. Keine Frage, die Nähe zum Meer macht Lust auf Fisch (auch wenn dieser nicht immer aus der Ostsee kommt). Zur Wahl stehen das Orangerie-Menü, das Meeresfrüchte-Menü und ein vegetarisches Menü. Oder speisen Sie lieber à la carte? Dazu ein eleganter Rahmen: Zu stilvollem Mobiliar und stimmigem Dekor kommt der freundliche und professionelle Service um Restaurantleiter und Sommelier Ralf Brönner, der Sie auch in Sachen Wein vortrefflich berät.

Spezialitäten: Bretonischer Hummer mit Avocado, Charantaise Melone und Sauce Aurora. Zweierlei vom Holsteiner Kalb mit jungem Lauch und crèmiger Polenta. Feines von Mirabellen mit Cassis, Schokolade und Kürbiskernöl.

🕸 ⇔ 🍽 🅰 🅿 – Menü 85/129 € – Karte 73/99 €

Strandallee 73 ⌖ 23669 – ☏ 04503 6052424 –
www.orangerie-timmendorfer-strand.de –
Geschlossen 1. Februar-4. März, 15. November-2. Dezember, Montag, Dienstag,
Mittwoch, Donnerstag, mittags: Freitag-Sonntag

Ⅰ○ PANORAMA

FRANZÖSISCH-KLASSISCH · ELEGANT XX Was erwarten Sie von einem Restaurant mit diesem Namen? Drinnen in eleganter Atmosphäre wie auch draußen auf der Terrasse über dem Strand genießt man eine fantastische Aussicht! Die schmackhafte klassische Küche gibt es z. B. als "Filetspitzen vom Rind mit Pilzen, buntem Gemüse und Kartoffel-Mousseline". Komfortabel übernachten kann man im "Grand Hotel Seeschlösschen".

⇔ ⋞ 🍽 🅰 🔅 🅿 🚗 – Menü 45/49 € – Karte 35/75 €

Strandallee 141 ⌖ 23669 – ☏ 04503 6011 – www.seeschloesschen.de

🏠 BAREFOOT

LANDHAUS · TRENDIG Unkompliziert, wohnlich-chic, leger. Im Ferienhotel von Til Schweiger versprühen helle, warme Töne und natürliche Materialien maritimes Flair. Strand und Kurpromenade erreicht man bequem zu Fuß. Im Bistro gibt's morgens Frühstück, nachmittags hausgebackenen Kuchen, abends regional-internationale Küche von "Abendbrot" bis "Foods & Goods". Tipp: "Barefoot Shop".

⚘ 🛎 🛁 🔅 🏋 🅿 – 50 Zimmer – 6 Suiten

Schmilinskystraße 2 ⌖ 23669 – ☏ 04503 76091000 – www.barefoothotel.de

In Timmendorfer Strand-Niendorf Ost: 1, 5 km über B 76

♧ BALTHAZAR ⑩

INNOVATIV · ZEITGEMÄSSES AMBIENTE XxX Wer das "Balthazar" bereits aus Lübeck-Travemünde kennt, darf sich freuen, denn es hat - gar nicht so weit entfernt vom alten Standort - im Sommer 2020 seine Pforten wieder geöffnet. Das eingespielte Team um Küchenchef Oliver Pfahler ist gleich geblieben und bietet nun in einem etwas kleineren "Balthazar" im Hotel "Yachtclub" in Timmendorfer Strand ein kreatives Menü mit vier bis neun Gängen - allesamt spannend und voller Aromen. Die Produktqualität ist bei Jakobsmuschel, Kaisergranat & Co. ebenso ausgezeichnet wie z. B. bei Étouffée-Taube oder US-Beef. Für eine angenehme Atmosphäre sorgen zum einen das schicke Interieur aus modernen Formen und warmen Naturtönen, zum anderen die versierte und aufmerksame Gästebetreuung durch Restaurantleiterin Christin Nowakowski und ihr Serviceteam.

Spezialitäten: Carabinero, Mango, Kokos, Koriander. Étouffée-Taube, fermentierter Knoblauch, Linsen, Minzöl. Himbeere, Schokolade, Beeren, Baiser.

🅰 – Menü 99/159 €

Strandstraße 94 ⌖ 23669 – ☏ 04503 3560081 – www.restaurantbalthazar.de –
Geschlossen 10. Januar-5. Februar, Montag, mittags: Dienstag-Samstag, Sonntag

TITISEE-NEUSTADT
Baden-Württemberg – Regionalatlas **62**–E21 – Michelin Straßenkarte 545

Im Ortsteil Titisee

 SEEHOTEL WIESLER

SPA UND WELLNESS · GEMÜTLICH Die Seelage mit eigenem Strandbad ist optimal, die Zimmer sind geräumig, wohnlich-modern und bieten meist Seeblick (wie wär's z. B. mit einem Penthouse-Zimmer?), sehr schön der Spa samt Panorama-Pool. Zum Frühstück verwöhnt man Sie mit regionalen Bioprodukten und das Abendmenü kann sich auch sehen lassen!

✿ ⊗ ⇐ 🛏 ᴦ 🔲 ⑩ 🕉 ⊡ 🅿 🚗 – 36 Zimmer – 2 Suiten

Strandbadstraße 5 ✉ 79822 – ☏ 07651 98090 – www.seehotel-wiesler.de

TODTNAU
Baden-Württemberg – Regionalatlas **61**–D21 – Michelin Straßenkarte 545

In Todtnau-Herrenschwand Süd: 14 km über B 317 und Präg

😊 **DERWALDFRIEDEN**

REGIONAL · LÄNDLICH ✗ Es ist bekannt, dass man bei Familie Hupfer richtig gut isst! Am Herd steht Sohn Volker und setzt auf frische regional-saisonale Küche. So wird in den ländlichen "gastStuben" z. B. "Entrecôte vom Hinterwälder Weiderind, Waldkräuterbutter, glasiertes Gemüse, Kartoffelgratin" serviert. Gerne kommt man auch zum Vesper.

Spezialitäten: Schwarzwälder Sushi, Kürbischutney, Wasabi, Sesam. Rücken vom Herrenschwander Reh, Crêpe und Pistazie, Preiselbeerjus, Pfifferlinge, Pastinake, Spätzle vom Brett. Passionsfruchtmousse, Baumkuchen, Schokoladensorbet, Beeren.

✿ Engagement des Küchenchefs: "Als Gründungsmitglied der Naturparkwirte war mein Bestreben um Regionalität und Nachhaltigkeit schon immer zentral. Mein Haus ist EMAS-zertifiziert, wir führen interne Audits durch, um ständige Entwicklung zu garantieren, und mein Betrieb wird regelmäßig von unabhängigen Umweltgutachtern geprüft!"

⇦ 🛏 🍴 🅿 🚗 – Menü 36/58 € – Karte 28/60 €

Hotel der Waldfrieden, Dorfstraße 8 ✉ 79674 – ☏ 07674 920930 –
www.derwaldfrieden.de –
Geschlossen 12.-30. April, 8. November-17. Dezember, Montag, Dienstag

🏨 **DERWALDFRIEDEN**

SPA UND WELLNESS · GEMÜTLICH Ein Haus mit zwei Gesichtern! Da ist zum einen der typische Schwarzwaldgasthof mit seinen netten, wohnlichen Zimmern, zum anderen das tolle "spaHaus": Juniorsuiten und Suiten sowie "panoramaSpa", alles in schickem modern-regionalem Look!

✿ ⊗ 🛏 🔲 ⑩ 🕉 ⊡ ♿ 🅿 🚗 – 22 Zimmer – 4 Suiten

Dorfstrasse 8 ✉ 79674 – ☏ 07674 920930 – www.derwaldfrieden.de

😊 **derWaldfrieden** – Siehe Restaurantauswahl

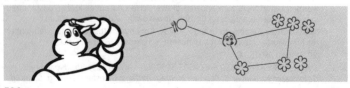

TÖLZ, BAD

Bayern – Regionalatlas **65**–L21 – Michelin Straßenkarte 546

In Bad Tölz-Kirchbichl Nord: 6, 5 km über Dietramszeller Straße

🕸 SCHWINGSHACKL ESSKULTUR GOURMET

FRANZÖSISCH-KLASSISCH • CHIC ✗✗ Erich und Katharina Schwingshackl sind engagierte Gastgeber und Gastronomen mit Herzblut! Das haben sie schon früher in der "Villa am See" in Tegernsee oder auch im Bayerischen Wald unter Beweis gestellt und auch in ihrer neuen Heimat direkt an der Isar, im Alten Fährhaus in Bad Tölz leben sie das weiter! Das Restaurant ist frisch, unkompliziert und dennoch chic. Gekocht wird strikt klassisch, immer mit ausgesuchten Produkten und geschmacklicher Tiefe - die Suppen und Saucen sind ein Gedicht! Neben dem Gourmetrestaurant gibt es noch "Schwingshackl HEIMATKÜCHE". Hier kann man auch zu Mittag essen, und zwar u. a. Gerichte aus Südtirol - von dort kommt der Chef. Zu diesem Zweitrestaurant gehört auch die herrliche Terrasse zum Fluss. Übernachten kann man ebenfalls: einfach, aber gepflegt.

Spezialitäten: Inspiration vom Bayerischen Wald mit Hagebutte, Fichtennadeln, Petersilie und Pumpernickel. Taube mit grünem Spargel, Pastinake und Gänseleberschnee. Variation von der Valrhona Schokolade.

🔄 ⇔ 🅿 – Menü 69/125 €

An der Isarlust 1 ✉ *83646* – ☎ *08041 6030* – *www.schwingshackl-esskultur.de* – *Geschlossen 25. Januar-7. Februar, 2.-15. November, Montag, Dienstag, mittags: Mittwoch-Sonntag*

🎐 **Schwingshackl HEIMATKÜCHE** – Siehe Restaurantauswahl

🎐 JÄGERWIRT

REGIONAL • LÄNDLICH ✗ Ein bayerisches Wirtshaus, wie man es sich wünscht: urig-gemütliche Atmosphäre, charmanter Service und unkomplizierte, schmackhafte Küche. Und die gibt es z. B. als "Rinderschmorbraten mit Egerlingen" oder "Lammbratwürste mit Speckwirsing". Auf Vorbestellung: die beliebten Kalbs- und Schweinshaxen vom Grill!

Spezialitäten: Saiblingsterrine mit Gurken-Dillschmand, Salatbouquet und Hausbrotchip. Gamslendchen mit Wacholdersoße, Steinpilzen, Preiselbeerapfel und gebuttertem Serviettenknödel. Krokantblätterteig glasiert mit Vanillecrème, Portweinbirne und Erdbeersorbert.

🕸 *Engagement des Küchenchefs: "Regionalität, kurze Wege und Kontakt zu den nah gelegenen Produzenten unserer Waren ist mir wichtig! Ob Rind, Wild, Lamm, Fisch oder Bauernbrot, alles direkt vom Erzeuger. Im Hausgarten sind Wildkräuter wie Bärlauch, Löwenzahn und Kresse feste Bestandteile, ebenso das regionale Bier im Wirtshaus."*

🎐 ⇔ 🅿 – Karte 23/52 €

Nikolaus-Rank-Straße 1 ✉ *83646* – ☎ *08041 9548* – *www.jaegerwirt.de* – *Geschlossen 26. Oktober-15. November, Dienstag, Mittwoch*

🎐 SCHWINGSHACKL HEIMATKÜCHE 🆕

MARKTKÜCHE • CHIC ✗ Auch das Zweitrestaurant des Ehepaars Schwingshackl ist einen Besuch wert. Man verwendet ausgesuchte saisonale Produkte und kocht mit richtig viel Geschmack, und das zu einem guten Preis-Leistungs-Verhältnis. Auf der Karte findet man u. a. auch Gerichte aus der Südtiroler Heimat des Chefs. Ganz wunderbar ist im Sommer die Terrasse zur Isar!

Spezialitäten: Semmelknödelcarpaccio, Pfifferlinge, Schnittlauchvinaigrette. Kalbsgeschnetzeltes, Spätzle, Pilze. "Apfelkücherl", Zimt-Zucker, Vanilleeis.

🎐 🅿 – Karte 30/42 €

Schwingshackl ESSKULTUR Gourmet, An der Isarlust 1 ✉ *83646* – ☎ *08041 6030* – *www.schwingshackl-esskultur.de* – *Geschlossen 25. Januar-7. Februar, 2.-15. November, Montag*

TRABEN-TRARBACH
Rheinland-Pfalz – Regionalatlas **46**–C15 – Michelin Straßenkarte 543

Im Ortsteil Traben

ⅰ○ BELLE EPOQUE

KLASSISCHE KÜCHE · **TRADITIONELLES AMBIENTE** ХХ Das Restaurant mit den schönen Jugendstilelementen kommt kulinarisch ambitioniert daher. Wer auf Top-Produkte Wert legt, wird z. B. "gebratene Jakobsmuscheln & Gillardeau-Austern mit Spargelspitzen" lieben! Tolle Weine von der Mosel und aus Frankreich harmonieren bestens. Für spezielle Anlässe: "Art Deco Salon".

⇔ 🏠 ✿ 🅿 – Menü 75/100 € – Karte 36/78 €

Jugendstilhotel Bellevue, An der Mosel 11 ✉ 56841 – ℰ 06541 7030 – www.bellevue-hotel.de – Geschlossen 24. Januar-7. Februar

🏛 JUGENDSTILHOTEL BELLEVUE

HISTORISCH · **ART DÉCO** Das hübsche Gebäudeensemble mit stilvollem Haupthaus von 1903 hat so einige Details, die Jugendstil-Charme versprühen. Wohnlich und individuell die Zimmer (toll z. B. die Lifestyle-Suiten oder die Romantik-Suite mit Kamin und Dachterrasse), chic der Spa, ausgezeichnet das Frühstück, und dann noch die Lage an der Mosel!

🍴 🐾 ⪕ 📺 ⓤ 🧖 🖃 🦽 🅿 – 58 Zimmer – 22 Suiten

An der Mosel 11 ✉ 56841 – ℰ 06541 7030 – www.bellevue-hotel.de

ⅰ○ **Belle Epoque** – Siehe Restaurantauswahl

Im Ortsteil Trarbach

ⅰ○ BAUER'S RESTAURANT

MARKTKÜCHE · **BISTRO** Х Hier wird gut gekocht, und zwar regional-saisonale Gerichte wie "Hunsrücker Hirschgulasch mit Pfifferlingen in Wacholdersauce" oder "geschmorte Lammkeule in Dornfelder Sauce mit Frühlingskräutern". Beliebt: die Terrasse mit Moselblick. Das Restaurant befindet sich im traditionsreichen Hotel "Moseltor" mit wohnlichen und individuellen Zimmern.

⇔ 🏠 – Menü 30/45 € – Karte 29/54 €

Moselstraße 1 ✉ 56841 – ℰ 06541 6551 – www.moseltor.de – Geschlossen Montag, Dienstag

TRECHTINGSHAUSEN
Rheinland-Pfalz – Regionalatlas **46**–D15 – Michelin Straßenkarte 543

ⅰ○ PURICELLI

SAISONAL · **FREUNDLICH** Х Hier genießt man in wunderbarer Lage eine saisonale, regionale und mediterrane Küche. Auf der Karte z. B. "Suprême vom Eifeler Prachthahn, Tagliatelle, Basilikumsauce, sautiertes grünes Gemüse". Drinnen freundliches geradlinig-modernes Ambiente mit rustikaler Note, von der Terrasse blickt man auf den Rhein. Schwerpunkt der Weinkarte ist die umliegende Region.

⇔ ⪕ 🏠 ♿ ✿ 🅿 – Menü 37/65 € – Karte 35/63 €

Burg Reichenstein, Burgweg 24 ✉ 55413 – ℰ 06721 6117 – www.burg-reichenstein.com – Geschlossen 1.-12. Januar, Montag, mittags: Dienstag-Samstag

🏠 BURG REICHENSTEIN

HISTORISCHES GEBÄUDE · **MODERN** Eine traumhafte Kulisse bietet die erhöht gelegene Burg Reichenstein - der Blick schweift über den Rhein. Modern und wohnlich-elegant das Ambiente, Burgflair inklusive. Die Zimmer sind baulich bedingt recht individuell geschnitten, einige sehr klein, aber charmant. Ein eigenes Museum (kostenpflichtig) gewährt Einblicke in die Burggeschichte.

🍴 🐾 ⪕ 🦽 🅿 – 24 Zimmer

Burgweg 24 ✉ 55413 – ℰ 06721 6117 – www.burg-reichenstein.com

ⅰ○ **Puricelli** – Siehe Restaurantauswahl

TREIS-KARDEN

Rheinland-Pfalz – Regionalatlas **46**–C14 – Michelin Straßenkarte 543

Im Ortsteil Karden

🍴◯ **WEIN- UND SCHLOßSTUBE**

REGIONAL · FREUNDLICH ✕✕ Ob in der klassisch-eleganten "Schloßstube" oder in der rustikaleren "Weinstube", serviert werden saisonal-regionale Gerichte wie z. B. "Schweinefilet unter der Brioche-Parmesankruste, Balsamicojus, grüner Spargel, Bärlauchgraupen, Strauchtomate". Das Restaurant befindet sich im "Schloß-Hotel Petry" mit schönen individuellen Zimmern.

↩ 🏡 ♻ 🅿 🚗 – Menü 14 € (Mittags), 54/60 € – Karte 32/67 €

St.-Castor-Straße 80 ✉ 56253 – ☏ 02672 9340 – www.schloss-hotel-petry.de

TRIBERG

Baden-Württemberg – Regionalatlas **62**–E20 – Michelin Straßenkarte 545

🍴◯ **PARKHOTEL WEHRLE**

REGIONAL · GEMÜTLICH ✕✕ Von klassisch bis rustikal reichen die schönen Restauranträume im traditionsreichen "Parkhotel Wehrle", historischer Charme inklusive. Neben der guten Küche am Abend gibt es jeden Tag ganztägig das unkomplizierte "Deli"-Konzept. Tipp: Eine Spezialität des Hauses ist die Schwarzwälder Kirschtorte "white edition"!

↩ 🛎 🏡 🖨 🅿 🚗 – Menü 36 € – Karte 28/69 €

Gartenstraße 24 ✉ 78098 – ☏ 07722 86020 – www.parkhotel-wehrle.de –
Geschlossen Montag, Sonntag, mittags: Dienstag-Samstag

TRIEFENSTEIN

Bayern – Regionalatlas **48**–H15 – Michelin Straßenkarte 546

In Triefenstein-Homburg am Main Süd-Ost: 2 km

🕸 **WEINHAUS ZUM RITTER**

REGIONAL · GEMÜTLICH ✕ Das 500 Jahre alte ehemalige Bauernhaus hat schon Charakter. Die vielen Stammgäste mögen die gemütliche Atmosphäre in der reizenden Stube und natürlich die frische regionale Küche von Thomas Hausin. Hier macht z. B. "Zwiebelrostbraten mit Maultäschle" Appetit. Und danach vielleicht hausgemachter Apfelkuchen? Hinweis: Im Sommer hat man andere Öffnungszeiten.

Spezialitäten: Coppa di Parma mit Rucola, Zitrone, Tomaten und Parmesan. Rinderrückensteak mit Pfefferrahmsauce, Gemüse und Berner Rösti. Zweierlei Schokoladenmousse mit Ananas.

↩ 🏡 🍽 – Karte 28/47 €

Rittergasse 2 ✉ 97855 – ☏ 09395 1506 – www.weinhaus-ritter.de –
Geschlossen Montag, mittags: Dienstag-Samstag

TRIER

Rheinland-Pfalz – Regionalatlas **45**–B15 – Michelin Straßenkarte 543

🍴◯ **GASTRAUM**

MODERNE KÜCHE · FREUNDLICH ✕✕ Geradlinig-elegant ist es hier im modernen Anbau der schmucken Villa, durch die raumhohe Fensterfront hat man eine schöne Aussicht auf Trier - die genießt man aber am besten von der tollen Terrasse! Mit guten Produkten wird saisonal inspiriert gekocht.

↩ 🏡 – Menü 36/95 € – Karte 29/37 €

Stadtplan: A2-s – *Hotel Villa Hügel, Bernhardstraße 14 ✉ 54295 –*
☏ 0651 937100 – www.hotel-villa-huegel.de –
Geschlossen 10.-24. Januar, Sonntag, mittags: Montag-Samstag

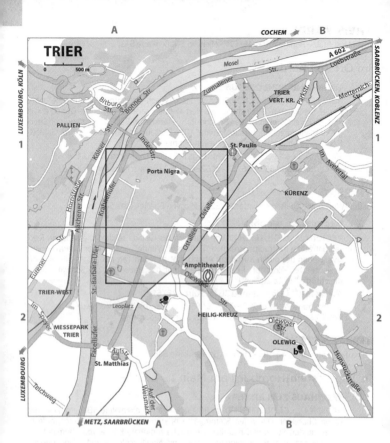

🍴 SCHLEMMEREULE

INTERNATIONAL · GEMÜTLICH X In dem einstigen Amts- und Regierungshaus a. d. 18. Jh. verbindet sich der klassisch-historische Rahmen mit modernem Stil - sehenswert die große Original-Statue der Kaiserin Helena sowie zwei Deckengemälde. Gekocht wird international-saisonal - interessant das Lunch-Angebot. Terrasse im Hof.

🍴 – Menü 25 € (Mittags)/60 € – Karte 34/60 €

Stadtplan: D1-b – *Domfreihof 1b (im Palais Walderdorff)* ✉ 54290 – ☎ 0651 73616 – *www.schlemmereule.de* – *Geschlossen 7.-19. Februar, Sonntag*

🏠 VILLA HÜGEL

PRIVATHAUS · GEMÜTLICH Sie suchen etwas mehr Stil und Charme als in einem "normalen" Stadthotel? Wie wär's mit dieser Villa von 1914? Relativ ruhig über Trier gelegen, komfortabel, wohnlich und technisch modern, dazu ein schöner Sauna- und Ruhebereich. Nicht zu vergessen Gastgeber mit Liebe zum Beruf! Zum leckeren Frühstück gibt's Stadtblick von der Panoramaterrasse.

🍴 ⇜ 🛋 ☒ 🏊 🔄 🅰️🅺 ⛎ 🅿️ 🚗 – 45 Zimmer

Stadtplan: A2-s – *Bernhardstraße 14* ✉ 54295 – ☎ 0651 937100 – *www.hotel-villa-huegel.de*

🍴 **Gastraum** – Siehe Restaurantauswahl

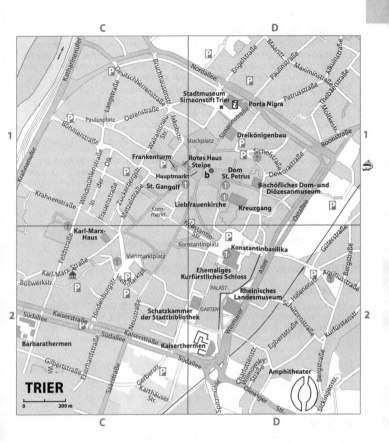

In Trier-Olewig

BECKER'S

KREATIV · CHIC XxX Aus einem urigen kleinen Weinlokal, das einmal seinen Eltern gehörte, machte Wolfgang Becker ein Gourmetrestaurant in puristisch-schickem Stil. In einem Ambiente aus ledernen Schalensesseln, edlem Parkettboden und grau verkleideten Wänden genießt man ein Menü mit fünf oder acht Gängen. In Sachen Produkte legt man Wert auf Qualität, schöne Aromen zeigt z. B. die Kombination von Jakobsmuschel, Erbse und Steinpilz. Wolfgang Becker ist übrigens nicht nur Koch, er hat auch ein Faible für gute Tropfen. So hat er auch das Winzer-Handwerk gelernt und bietet u. a. Weine aus eigenem Anbau.

Spezialitäten: Langoustine, Krustentiersud, Kaviar. Lamm auf zwei Arten, Gewürzbulgur, Minze. Allerlei Melone, Joghurt, Basilikum.

🖘 🄰🄲 🅿 – Menü 135/175 €

Stadtplan: B2-b – *Olewiger Straße 206* ✉ *54295* –
✆ *0651 938080* – *www.beckers-trier.de* –
Geschlossen 13. Januar-3. Februar, 28.-31. Juli, Montag, Dienstag, Sonntag, mittags: Mittwoch-Samstag

🍽○ **BECKER'S Weinhaus** – Siehe Restaurantauswahl

○ BECKER'S WEINHAUS

KLASSISCHE KÜCHE · WEINSTUBE ✗✗ Ein Kontrast zum modernen Neubau des Hotels ist das Stammhaus - hier befindet sich die Weinstube. Viel helles Holz macht es schön behaglich, während man zwischen Menü, Klassikern und saisonalen A-la-carte-Gerichten wählt. Hübsch auch die Terrasse.

⇔ 🛋 ⇔ 🅿 – Menü 30 € (Mittags), 48/64 € – Karte 30/75 €

Stadtplan: B2-b – BECKER'S, Olewiger Straße 206 ✉ 54295 –
℘ 0651 938080 – www.beckers-trier.de –
Geschlossen 13.-31. Januar, mittags: Montag, abends: Sonntag

○ BECKER'S HOTEL

URBAN · MODERN Bei Familie Becker heißt es wohnliche Atmosphäre und zuvorkommender Service. Die Zimmer sind minimalistisch designt, Frühstück gibt's in der trendig-modernen Weinbar oder im rustikalen Weinhaus - hier hat man übrigens auch einige Zimmer: kleiner und einfacher, aber gemütlich.

✿ 🖃 🄰🄲 🕹 🅿 – 22 Zimmer – 3 Suiten

Stadtplan: B2-b – Olewiger Straße 206 ✉ 54295 – ℘ 0651 938080 –
www.beckers-trier.de

○ BECKER'S Weinhaus · ✿ BECKER'S – Siehe Restaurantauswahl

In Trier-Zewen Süd-West: 7 km über A2, Richtung Luxemburg

○ SCHLOSS MONAISE

FRANZÖSISCH-KLASSISCH · HISTORISCHES AMBIENTE ✗✗ "Kabeljau, Blumenkohl, Waldpilze" oder "Rebhuhn, Sauerkraut, Weintraubensauce" sind schöne Beispiele für die klassische Küche aus top Produkten. Serviert wird - wie sollte es in dem 1783 erbauten Schlösschen an der Mosel auch anders sein - in stilvollen hohen Räumen.

🕸 🛋 ⇔ 🅿 – Menü 62/98 € – Karte 65/110 €

außerhalb Stadtplan – Schloss Monaise 7 ✉ 54294 –
℘ 0651 828670 – www.schlossmonaise.de –
Geschlossen 10.-28. Januar, Montag, Dienstag, mittags: Mittwoch

TRITTENHEIM

Rheinland-Pfalz – Regionalatlas **45**–B15 – Michelin Straßenkarte 543

✿ WEIN- UND TAFELHAUS

Chef: Alexander Oos

MARKTKÜCHE · FREUNDLICH ✗✗✗ Daniela und Alexander Oos haben in dem kleinen Weinort aus einem ehemaligen Winzerhaus von 1672 eine richtig schöne Gourmetadresse gemacht. Während der Chef mediterran inspiriert und saisonal-klassisch kocht, kümmert sich die Chefin sehr herzlich um die Gäste. Was auf den Teller kommt, ist durchdacht, klar und absolut stimmig, das Handwerk top, die Produkte vom Feinsten! Dazu ein Genuss der anderen Art: Man speist in einem verglasten Kubus, der den wunderbaren Blick auf die berühmte Weinlage "Trittenheimer Apotheke" auf der anderen Moselseite freigibt! Das Ambiente luftig und modern-elegant, draußen der hübsche Garten, an den sich ein kleiner Weinberg anschließt. Sie können übrigens auch geschmackvoll übernachten. Und nach dem guten Frühstück vielleicht eine Wanderung durch die Weinberge?

Spezialitäten: Hummer mit Passionsfrucht und Chicorée. Reh mit Karotte und Wasabi. Dessert von der Walnuss.

🕸 ⇔ ≼ 🛋 ⇔ 🅿 – Menü 90/160 €

Moselpromenade 4 ✉ 54349 – ℘ 06507 702803 – www.wein-tafelhaus.de –
Geschlossen 1. Januar-28. Februar, Montag, mittags: Dienstag-Samstag, Sonntag

○ **Weinhaus Leger** – Siehe Restaurantauswahl

ⅈ◯ WEINHAUS LEGER

MARKTKÜCHE • CHIC ✗ Mit legerer Atmosphäre und gutem Essen ist die chic-moderne Weinstube samt Gartenterrasse eine richtig nette Alternative zum Gourmetrestaurant! Es gibt marktfrische Küche, z. B. als "gebratenen Saibling mit Bärlauchrisotto". Auch hier treffliche Weinempfehlungen der charmanten Chefin.

❀ 🍴 – Menü 49/63 € – Karte 41/64 €

Wein- und Tafelhaus, Moselpromenade 4 ⊠ 54349 –
𝒸 06507 702803 – www.wein-tafelhaus.de –
Geschlossen Montag, Dienstag, abends: Samstag, mittags: Sonntag

TÜBINGEN

Baden-Württemberg – Regionalatlas **55**–G19 – Michelin Straßenkarte 545

🏨 LA CASA

BOUTIQUE-HOTEL • MEDITERRAN Sie mögen es hochwertig und chic mit spanisch-maurischem Touch? Tipp: ruhigere Zimmer zum Innenhof! Herzlich der Service, attraktiv der zweigeteilte Freizeitbereich: lichtes "Spa La Casa" unterm Dach sowie "Arabisches Bad & Hamam" mit dem Flair aus 1001 Nacht. Regional-mediterrane Küche im Restaurant.

🌿 🗔 🛁 🏋 🖃 ♿ 🛎 🚗 – 34 Zimmer – 3 Suiten

Hechinger Straße 59 ⊠ 72072 – 𝒸 07071 946660 – www.lacasa-tuebingen.de

In Tübingen-Bebenhausen Nord: 6 km

🏵 SCHRANNERS WALDHORN

KLASSISCHE KÜCHE • GEMÜTLICH ✗✗ Einfach zum Wohlfühlen: Schön und gemütlich hat man es bei Maximilian und Marie-Luise Schranner. Seit die beiden das traditionsreiche Gasthaus, das mit kurzer Unterbrechung seit 1985 einen MICHELIN Stern hat, Anfang 2014 übernommen haben, sind sie mit Leib und Seele Gastgeber. Mit viel Liebe haben sie dem Restaurant ein geschmackvolles Interieur verliehen. Maximilian Schranner bietet klassische Küche, die schmeckt und auf Schnickschnack verzichtet. Neben feinen Gerichten wie dem gebratenen Steinbutt mit Sepiatagliatelle und Hummerschaum sind auch Rostbraten oder geschmorte Kalbsbäckchen ein echter Genuss. Ein besonderes Highlight ist es, an warmen Tagen auf der herrlichen Terrasse am Seebach mit wunderschönem Blick Richtung Schloss zu sitzen. Hinweis: Mi. - Fr. mittags nur Lunchmenü.

Spezialitäten: Geflämmte Fjordforelle mit Roter Bete, Senf und Apfelchutney. Strudel vom Schwarzfederhuhn mit Sellerie-Liebstöckelcrème und Gnocchi. Törtchen von dunkler Schokolade mit Kirschen und Pistaziencrunch.

🍴 ⇔ 🅿 – Menü 25 € (Mittags), 55/89 € – Karte 50/75 €

Schönbuchstraße 49 ⊠ 72074 – 𝒸 07071 61270 – www.schranners-waldhorn.de –
Geschlossen 14.-21. Februar, 24. Mai-6. Juni, 8.-15. August, Montag, Dienstag

In Tübingen-Lustnau Nord-Ost: 4 km

ⅈ◯ BASILIKUM

ITALIENISCH • GEMÜTLICH ✗✗ Lust auf gute italienische Küche? In dem stilvoll-gemütlichen Restaurant heißt es "Cucina Casalinga", und die macht z. B. mit gegrilltem Wolfsbarsch, hausgemachter Pasta oder Panna Cotta Appetit. Interessant: günstiger Business Lunch.

🍴 – Menü 19 € (Mittags)/29 € – Karte 40/60 €

Kreuzstraße 24 ⊠ 72074 – 𝒸 07071 87549 – www.ristorantebasilikum.de –
Geschlossen Sonntag

TUNAU

Baden-Württemberg – Regionalatlas **61**–D21 – Michelin Straßenkarte 545

🕽○ **ZUR TANNE**

REGIONAL · RUSTIKAL ✗ Das hat Charme: außen historisches Bauernhaus, drinnen urige Gemütlichkeit! Auf den Tisch kommen regionale Speisen wie "glasierte Entenbrust mit Kartoffelküchlein und Gemüse". Gepflegte Gästezimmer hat man auch - TV gibt es nicht, aber hier genießt man sowieso lieber die Ruhe!

⇦ ⇐ ⇔ 🛋 🅿 – Menü 39/49 € – Karte 29/44 €

Alter Weg 4 ✉ *79677 –* ☎ *07673 310 – www.tanne-tunau.de –*
Geschlossen 10. Januar-15. März, Montag, Dienstag, mittags: Mittwoch-Samstag

TUTTLINGEN

Baden-Württemberg – Regionalatlas **62**–F20 – Michelin Straßenkarte 545

❀ **ANIMA**

Chef: Heiko Lacher

KREATIV · DESIGN ✗✗ "Anima" ist das lateinische Wort für "Seele" und genau die wird hier angesprochen - durch die Atmosphäre ebenso wie durch die Küche. Beides ist modern und setzt auf Bezug zur Natur. Das Restaurant ist hochwertig in geradlinigem Stil und natürlichen Farben und Materialien gehalten. Ebenso klar und modern sind auch die Gerichte, die vom Team um Heiko Lacher in der offenen Küche zubereitet werden. Mit ausgezeichneten Produkten gelingen schöne Kontraste und Aromenkombinationen. Das spiegelt sich z. B. bei "Kalbsbries, Buttermilchdashi, Pilzgremolata" wider. Begleitet wird das tolle Essen von einem angenehm ruhigen, versierten und aufmerksamen Service.

Spezialitäten: Gebeizter Seesaibling, Mojosauce, eingelegte Jalapeños, Vinaigrette aus Limettenblättern und Schlangengurke. Lamm, Auberginentarte, geräucherte Paprikacrème, Salzzitrone. Oma`s Ofenschlupfer, fermentierte Erdbeere, Rieslingschaum, Basilikumeis.

🛋 ⅙ – Menü 94/125 €

In Wöhrden 5 ✉ *78532 –* ☎ *07461 7803020 – www.restaurant-anima.de –*
Geschlossen 12. Januar-1. Februar, 10. August-1. September, Montag, Sonntag,
mittags: Dienstag-Samstag

TUTZING

Bayern – Regionalatlas **65**–L21 – Michelin Straßenkarte 546

In Tutzing-Oberzeismering Süd-West: 3km

🕽○ **FORSTHAUS ILKAHÖHE**

MARKTKÜCHE · REGIONALES AMBIENTE ✗ Mit Liebe hat man das ehemalige Forsthaus frisch, modern und wertig gestaltet - von Stube über Bistro-Stil bis Wintergarten-Flair. Es gibt saisonale Küche mit mediterran-internationalen Einflüssen sowie regionalen Klassikern. Idyllisch die erhöhte Lage mit Seeblick - da lockt natürlich die Terrasse! Dazu SB-Biergarten.

⇐ 🛋 ⇔ 🅿 – Karte 36/84 €

Oberzeismering 2 (auf der Ilkahöhe) ✉ *82327 –* ☎ *08158 8242 –*
www.restaurant-ilkahoehe.de – Geschlossen Dienstag

TWIST

Niedersachsen – Regionalatlas **16**–C7 – Michelin Straßenkarte 541

In Twist-Bült

☺ **LANDGASTHOF BACKERS**

REGIONAL · GASTHOF ✗✗ Dass man bei Familie Backers (übrigens bereits die 5. Generation) gerne isst, liegt am behaglichen Ambiente und natürlich an den frischen regional-saisonal geprägten Gerichten. Donnerstags bietet man das "Duett-Menü" für 2 Personen. Tipp: Zum Übernachten gibt es hier auch wohnlichmoderne Gästezimmer.

Spezialitäten: Geröstetes Dinkelbrot mit Steinpilzen in Olivenöl sautiert, pochiertes Landei, körnige Senfsoße. Lachsforellenfilet von der Nordhauser Mühle, Rollgerstenrisotto, Krustentiersoße. Zwetschgenkompott mit Joghurt-Verbeneeis.

🔄 🍴 🛋 ⚘ ⟷ **P** – Menü 30/40 € – Karte 35/49 €

Kirchstraße 25 ✉ 49767 – ☎ 05936 904770 – www.gasthof-backers.de –
Geschlossen 1.-8. Januar, Montag, Dienstag, mittags: Freitag-Samstag

ÜBERLINGEN

Baden-Württemberg – Regionalatlas **63**–G21 – Michelin Straßenkarte 545

⭘ BÜRGERBRÄU

MARKTKÜCHE · GASTHOF ⅩⅩ Das hübsche historische Fachwerkhaus in der Altstadt ist ein langjähriger Familienbetrieb, in dem man es bei modern beeinflusster saisonaler Küche schön behaglich hat. Topgepflegt wie das Restaurant sind übrigens auch die wohnlichen, freundlich gestalteten Gästezimmer.

🔄 ⟷ **P** – Karte 37/58 €

Aufkircher Straße 20 ✉ 88662 – ☎ 07551 92740 – www.bb-ueb.de –
Geschlossen 1.-13. Januar, 11.-24. Februar, Montag

In Überlingen-Andelshofen Ost: 3 km

⭘ JOHANNITER-KREUZ

KLASSISCHE KÜCHE · ROMANTISCH ⅩⅩ Aus dem über 350 Jahre alten ehemaligen Bauernhof ist nicht nur ein schönes Romantikhotel entstanden, im einstigen Stall befindet sich auch ein geschmackvoll-rustikales Restaurant mit altem Gebälk und mittigem Kamin. Gekocht wird klassisch-regional und mit saisonalen Einflüssen, so z. B. "Lammrücken, Bärlauch, junger Lauch, Jus von roter Paprika". Gut die Weinauswahl.

🔄 🍴 🛋 ▣ ⟷ **P** 🚗 – Menü 51/82 € – Karte 43/63 €

Johanniterweg 11 ✉ 88662 – ☎ 07551 937060 – www.johanniter-kreuz.de –
Geschlossen Montag, mittags: Dienstag

In Überlingen-Lippertsreute Nord-Ost: 9 km

⭘ LANDGASTHOF ZUM ADLER

REGIONAL · GASTHOF Ⅹ Eine charmante Adresse, von den gemütlichen Stuben im schönen alten Fachwerkhaus bis zu den hübschen, wohnlich-ländlichen Übernachtungszimmern (verteilt auf Haupthaus und Gästehaus). Serviert werden überwiegend regional geprägte Gerichte wie z. B. "Kalbszunge mit Rahmsauce, sautierten Pfifferlingen und hausgemachten Spätzle", aber auch ein Feinschmeckermenü.

🔄 🛋 ⟷ **P** 🚗 – Menü 24 € (Mittags), 35/45 € – Karte 34/58 €

Hauptstraße 44 ✉ 88662 – ☎ 07553 82550 – www.adler-lippertsreute.de –
Geschlossen Mittwoch, Donnerstag

UHINGEN

Baden-Württemberg – Regionalatlas **55**–H18 – Michelin Straßenkarte 545

✿ SCHLOSS FILSECK

MEDITERRAN · KLASSISCHES AMBIENTE ⅩⅩⅩ Schloss Filseck ist nicht nur ein Ort der Begegnung, Kunst und Bildung, sondern auch ein Treffpunkt für Feinschmecker! Das Restaurant mischt klassische Atmosphäre mit modernen Akzenten, dazu schaffen Holzdecke und Bruchsteinwände eine angenehme historisch-rustikale Note. Oder möchten Sie lieber auf der herrlichen Terrasse im Innenhof speisen? Die Küche ist stark mediterran und auch italienisch geprägt. Harmonisch und mit sicherer geschmacklicher Tiefe kombiniert Küchenchef Daniele Corona z. B. einen ausgezeichneten Rochenflügel mit der gelungenen Interpretation eines toskanischen Brotsalats. Dazu eine gut sortierte Weinkarte nebst versierter Beratung. Tipp: Für Mittagsgäste gibt es ein günstiges Lunchmenü. Praktisch: kostenfreier Shuttle-Service im Radius von ca. 20 km um Schloss Filseck.

Spezialitäten: La Pizza, Gambero Rosso und N25 Caviar, Mellilo Burrata, Ur-Toma-te. Faraona alla Cacciatora, Brust und Keule, Caponata, Rosmarinkartoffel. Il Mandarino, Mandarine in Texturen, Tasmanischer Pfeffer.

⫷ 🍴 🍽 ♻ 🅿 – Menü 24 € (Mittags), 85/155 €

Filseck 1 ⊠ 73066 – 𝒞 07161 28380 – www.restaurant-auf-schloss-filseck.de –
Geschlossen Montag, Sonntag, mittags: Samstag

UHLDINGEN-MÜHLHOFEN
Baden-Württemberg – Regionalatlas **63**–G21 – Michelin Straßenkarte 545

Im Ortsteil Maurach

🍴 SEEHALDE

REGIONAL · FREUNDLICH 🗙🗙 Das Haus der Brüder Gruler liegt nicht nur klasse, man isst hier auch richtig gut. Die frische, ambitionierte Küche gibt es z. B. als "Bodensee-Hecht mit Birne, Bohne und Speck". Dazu eine schöne Weinkarte. Im Sommer sitzt man am liebsten auf der wirklich herrlichen Terrasse am See! Zum Übernachten hat man gepflegte Zimmer, die meist tollen Seeblick bieten.

⇔ ⫷ 🍴 🍽 ♻ 🅿 🍽 – Menü 45/78 € – Karte 45/79 €

Birnau-Maurach 1 ⊠ 88690 – 𝒞 07556 92210 – www.seehalde.de –
Geschlossen 15. Januar-13. März, Dienstag, mittags: Mittwoch

Im Ortsteil Seefelden

🏨 LANDHOTEL FISCHERHAUS

HISTORISCH · GEMÜTLICH Ein klasse Ferienhotel, und noch dazu eines mit Charme! Hier gibt es das historische Stammhaus (hübsch die Fachwerkfassade) sowie zwei schöne Gästehäuser, umrahmt von einem herrlichen Garten mit beheiztem Pool und eigenem Zugang zum See (samt Ruderboot). Dazu sehr geschmackvolle Zimmer mit persönlicher Note und ein tolles Frühstück. HP-Abendmenü auf Wunsch zubuchbar.

🍴 🐟 ⫷ 🍴 ⚒ 🐾 🅿 – 23 Zimmer – 6 Suiten

Seefelden 3 ⊠ 88690 – 𝒞 07556 8563 – www.fischerhaus-seefelden.de

ULM (DONAU)
Baden-Württemberg – Regionalatlas **56**–I19 – Michelin Straßenkarte 545

❀ SEESTERN

FRANZÖSISCH-MODERN · CHIC 🗙🗙 Sie lassen den Blick über den See direkt vor Ihnen schweifen und genießen dabei Sterneküche - schöner geht's kaum! Im Gourmetrestaurant des Hotels "Lago" ist neben der Aussicht auch das Interieur ein Hingucker: warmes Holz und maritime Farben - wertig und nordisch-chic. Im Sommer lockt die Terrasse nebst Lounge und kleinem Sandstrand, im Winter sorgt der Kaminofen für Behaglichkeit. Im Mittelpunkt steht die moderne Küche von Klaus Buderath. Er war für die Sterneküche im "Landgasthof Adler" im Rammingen verantwortlich und bescherte auch dem Restaurant "Lago" einen Stern. Der gebürtige Böblinger kocht technisch anspruchsvoll, aufwändig und äußerst exakt, überzeugend die klare Linie und die Finesse. Tipp: Probieren Sie mal die alkoholfreie Getränkebegleitung!

Spezialitäten: Bretonischer Kaiergranat mit Himbeere und Löwenzahn. Schwarzfederhuhn aus der Bresse mit Pfifferlingen und gebeiztem Eigelb. Allgäuer Topfensoufflé mit Rhabarber und Sauerklee.

⇔ ⫷ 🍽 🅰🅲 🅿 – Menü 95/165 € – Karte 69/89 €

Hotel LAGO, Friedrichsau 50 (Donauhalle) ⊠ 89073 –
𝒞 0731 2064000 – www.lago-ulm.de –
Geschlossen 1.-18. Januar, 23. August-6. September, Montag, Sonntag,
mittags: Dienstag-Samstag

⊛ TREIBGUT

ZEITGENÖSSISCH · CHIC X Das "Treibgut" als niveauvolle Alternative zum "See-stern" macht das "Lago" nochmal mehr zum Gourmethotel! In trendiger und recht stylischer Atmosphäre serviert man moderne Küche, international sowie regional. Darf es vielleicht "Tatar vom Weiderind mit gepickeltem Gemüse, Kapern und Eigelb" sein? Oder lieber "Adlerfisch mit Tomatenragout und Salbeinudeln"?

Spezialitäten: Gebratene Garnele mit mariniertem Fenchel und Sonnenblumen-kernen. Schwäbischer Zwiebelrostbraten mit Bratkartoffeln, Röstzwiebeln und Bratenjus. Bienenstich mit Vanillecrème, Hefegebäck, Mandelkaramell und Rahm-eis vom Lago Honig.

⊛ *Engagement des Küchenchefs: "Unser als Klimahotel zertifiziertes LAGO ermöglicht mir nicht nur gute Küche zu bieten, sondern auch nachhaltig zu arbei-ten. Eigenanbau von Obst, eigene Metzgerei, Bäckerei, Brennerei, Kräutergarten, Honig aus unserer Imkerei usw. Die „Genusswerkstatt" hält ständig Kontakt zu ihren Lieferanten."*

↤ 🛋 🖾 **P** – Karte 29/54 €

*Hotel LAGO, Friedrichsau 50 ⊠ 89073 – ℰ 0731 2064000 – www.lago-ulm.de –
Geschlossen mittags: Montag-Sonntag*

🏠 LAGO

BUSINESS · MODERN Schön die Lage am See und nahe der Donau, hochwertig und geradlinig-modern das Interieur - in den Zimmern im 5. Stock finden sich Design-Elemente der Hochschule für Gestaltung (HfG) Ulm. Ansprechend auch der Freizeitbereich in der obersten Etage. Praktisch für Businessgäste: Messe gleich nebenan.

⊛ 🦢 ⇐ 🛏 ⋒ 🖃 ⅙ 🖾 🏋 **P** – 60 Zimmer

Friedrichsau 50 (Donauhalle) ⊠ 89073 – ℰ 0731 2064000 – www.lago-ulm.de

⊛ **Seestern** · ⊛ **Treibgut** – Siehe Restaurantauswahl

In Ulm-Böfingen Nord-Ost: 3 km über B 19 Richtung Heidenheim

⊛ SIEDEPUNKT

FRANZÖSISCH-MODERN · CHIC XXX Wer würde ein solches Restaurant in einem Businesshotel erwarten? Im verglasten Anbau des "Atrium" darf man sich auf sty-lish-elegantes Design in schicken Grautönen freuen. Man sitzt an wertig einge-deckten Tischen und lässt sich charmant und geschult umsorgen. Dank der erhöh-ten Lage des Hauses ist natürlich auch die Terrasse mit schöner Aussicht gefragt! Zum anspruchsvollen Rahmen gesellt sich die moderne Küche von Christoph Hor-mel. In saisonal geprägten Gerichten werden die feinen Aromen ausgesuchter Pro-dukte gelungen herausgearbeitet. Sie sind Vegetarier? Fragen Sie ruhig nach einer fleischlosen Alternative. Übrigens: Externe Gäste parken kostenlos.

Spezialitäten: Ente, Preiselbeere, Beerenauslese, Brioche. US-Short Rib, Süßkar-toffel, Zwiebel, Pilze. Granatapfel, Dattel, Sesam.

↤ 🛋 🖾 🖃 **P** – Menü 59/135 €

*Hotel Atrium, Eberhard-Finckh-Straße 17 ⊠ 89075 –
ℰ 0731 9271666 – www.siedepunkt-restaurant.de –
Geschlossen Montag, Sonntag, mittags: Dienstag-Samstag*

UMKIRCH
Baden-Württemberg – Regionalatlas **61**-D20 – Michelin Straßenkarte 545

🍴 VILLA THAI

THAILÄNDISCH · EXOTISCHES AMBIENTE XX Im Hotel Pfauen (hier einfache, aber gepflegte Zimmer) finden Sie dieses geschmackvoll-authentisch eingerich-tete Thai-Restaurant. Schwerpunkt der Küche liegt auf klassisch thailändischen Gerichten wie "knusprig gegrilltem Entenfleisch auf rotem Curry", es gibt aber auch hochwertiges Sushi aus Meisterhand!

↤ 🛋 🖾 **P** 🚗 – Menü 28 € (Mittags), 65/79 € – Karte 32/79 €

*Hugstetter Straße 2 ⊠ 79224 – ℰ 07665 93760 – www.hotel-pfauen-umkirch.de –
Geschlossen Dienstag, mittags: Montag und Mittwoch*

UNTERAMMERGAU

Bayern – Regionalatlas **65**–K21 – Michelin Straßenkarte 546

🍴○ **DORFWIRT**

REGIONAL · GEMÜTLICH ⅄ Bei aller Tradition wird in dem schönen alten Gasthaus mit der gemütlichen Atmosphäre doch recht modern gekocht. Es gibt ein
Überraschungsmenü mit sehr schmackhaften Gerichten wie "Forello Tonnato"
oder "Muscheln, Blutwurst, Linsen, Vulkanspargel". Man hat übrigens eigene Woll-
schweine - lecker der Mangalitza-Speck!

🍴 🔄 🅿 – Menü 59/119 €

Pürschlingstraße 2 ✉ *82497* – ☎ *08822 9496949* – *www.dorfwirt.bayern* –
Geschlossen mittags: Montag, Dienstag, Mittwoch, mittags: Donnerstag-Samstag

URACH, BAD

Baden-Württemberg – Regionalatlas **55**–H19 – Michelin Straßenkarte 545

🍴○ **KESSELHAUS**

REGIONAL · BISTRO ⅄ Das Bistro im Kesselhaus der ehemaligen Brauerei
Quenzer verbindet Industrie-Charme mit gemütlicher, trendig-rustikaler
Atmosphäre samt allerlei Brauerei-Deko. Serviert wird schwäbisches Soulfood
mit internationalen Einflüssen, z. B. "Pulled Beef Burger" oder "Zwiebelrost-
braten mit Spätzle". Daneben gibt es noch das Event-Restaurant "Wilder
Mann".

🔄 🍴 🔄 – Menü 29/35 € – Karte 26/40 €

Hotel Bischoffs, Pfählerstraße 7 ✉ *72574* – ☎ *07125 947330* –
www.bischoffs-badurach.de – *Geschlossen Sonntag*

🏨 **BISCHOFFS**

BUSINESS · MODERN Das Hotel liegt perfekt zur Altstadt mit ihren schönen
Fachwerkhäusern. Sehr geschmackvoll wohnt man hier. Es erwarten Sie Zim-
mer mit modern-funktioneller Ausstattung in schickem Design sowie guter
Service samt freundlicher Gästebetreuung. Gastronomisch gibt es neben dem
"Kesselhaus" noch das "Bräustüble" sowie den "Wilden Mann" als Event-Res-
taurant.

🍴 🛏 🔄 ♿ 🅿 – 18 Zimmer

Pfählerstraße 7 ✉ *72574* – ☎ *07125 947330* – *www.bischoffs-badurach.de*
🍴○ **Kesselhaus** – Siehe Restaurantauswahl

USEDOM (INSEL)

Mecklenburg-Vorpommern – Regionalatlas **14**–Q4 – Michelin Straßenkarte 542

Ahlbeck

😊 **KAISERS ECK**

INTERNATIONAL · FREUNDLICH ⅄ Direkt an der Ahlbecker Kirche ist dieses
freundlich gestaltete Restaurant zu finden. Die Küche ist regional-international
ausgerichtet, frisch und ausgesprochen schmackhaft - auf der Karte liest man z.
B. "Dorschfilet mit Kartoffel-Senfpüree und gebratenem Blumenkohl".

Spezialitäten: Zanderbäckchen auf Risotto mit Pfifferlingen, Pesto und marinierter Blattpetersilie. Dorschfilet mit Kartoffelgnocchi, Kohlrabi, Erbse, Fenchel und
Tomatenblanc. Mohnküchlein mit Stachelbeeren, weißes Schokoladen-Erdbeer-
mousse, Himbeerparfait und Krokant.

🚫 – Menü 37/57 € – Karte 36/49 €

Kaiserstraße 1 ✉ *17419* – ☎ *038378 30058* – *www.kaiserseck.de* –
Geschlossen 6. Januar-12. Februar, 1.-24. Dezember, 1.-24. Dezember,
mittags: Montag-Samstag, Sonntag

Heringsdorf

⚔️ THE O'ROOM

KREATIV · CHIC ✕✕ Das hat schon einen ganz besondern Charme und trifft absolut den Zeitgeist: "casual fine dining" unter einem Dach mit dem "Marc O'Polo Strandcasino"-Store. Küchenchef in dem stylischen kleinen Restaurant ist seit April 2019 André Kähler, der hier im Haus zuvor schon als Souschef kochte. Das junge Koch-Talent bietet modern-kreative Küche mit schön balancierten Aromen. Die Produkte dafür kommen größtenteils aus der Region. Man kombiniert gut und traut sich, eigene Ideen umzusetzen. Zum klasse Menü und zum schicken Design gesellt sich ein angenehm lockerer und gleichermaßen professioneller Service. Sie mögen es mal etwas legerer? Dann gibt es alternativ das "O'ne" mit modern-regionalem Angebot.

Spezialitäten: Pochierter Hummer, Kürbis, Kohl. Ferkelbäckchen, Blattsalate, Apfel. Braune Butter, Pflaume, Milch.

🅰🅲 – Menü 109/139 €

Kulmstraße 30 ✉ 17424 – ☎ 038378 183912 -
www.strandcasino-marc-o-polo.com – Geschlossen Montag, Dienstag,
mittags: Mittwoch-Samstag, Sonntag

⚔️ KULMECK BY TOM WICKBOLDT Ⓝ

MODERNE KÜCHE · ENTSPANNT ✕ Tom Wickboldt ist kein Unbekannter auf der Insel. Nun hat er mit dem "Kulmeck" eine Adresse mit Tradition wiederbelebt. Seine Gerichte sind auf das Wesentliche reduziert, der Geschmack der ausgesuchten Produkte steht absolut im Mittelpunkt. Hier wird mit Feingefühl gearbeitet, stimmig gewürzt und die Kreationen werden sehr schön arrangiert. Geboten wird das Ganze in Form eines Menüs. Das Ambiente dazu: modern, casual, freundlich - die Küche ist teilweise einsehbar. Der Service charmant und geschult, auch der Chef ist hier mit von der Partie.

Spezialitäten: Pochiertes Bio-Eigelb, Kartoffelschaum, Kaviar, Nussbutter. Usedomer Rehrücken, Waldpilze, geschmorter Sellerie, Wildpfefferjus. Waldbeeren, Sauerampfer, Thymiancrumble.

Menü 99/135 €

Kulmstraße 17 ✉ 17424 – ☎ 038378 488040 – www.kulmeck.de –
Geschlossen Montag, Dienstag, mittags: Mittwoch-Samstag, Sonntag

🍽️ BERNSTEIN

INTERNATIONAL · ELEGANT ✕✕ Einfach klasse der weite Blick über den Heringsdorfer Strand und die Ostsee! In dem freundlich-modernen Restaurant kommt internationale Küche auf den Tisch, gerne auch in Form eines Überraschungsmenüs. Mittags bietet man nur eine sehr kleine Karte.

↩ ≤ 🛋 🖽 🚗 – Menü 25 € (Mittags), 35/89 € – Karte 53/78 €

Strandhotel Ostseeblick, Kulmstraße 28 ✉ 17424 –
☎ 038378 54297 – www.restaurant-bernstein.de –
Geschlossen mittags: Montag-Sonntag

🏨 STEIGENBERGER GRANDHOTEL UND SPA

LUXUS · MODERN Ein Ferien-Grandhotel, wie man es sich wünscht: die Zimmer hochwertig und komfortabel, der Service aufmerksam, dazu ein großer Spa, Kinderbetreuung und direkte Nähe zum Strand! Für Hausgäste gibt es ein abendlich wechselndes Menü im "Lilienthal". Elegant-maritim das "Seaside Thai Cuisine". Wer's leger mag: Bistroküche im "Waterfront" samt Lounge-Terrasse.

🍴 ≤ 🏠 🎿 🖽 💯 🏊 ⅃⅄ 🖽 🧖 🅿 🚗 – 114 Zimmer – 55 Suiten

Liehrstraße 11 ✉ 17424 – ☎ 038378 4950 –
www.heringsdorf.steigenberger.de

STRANDHOTEL OSTSEEBLICK

SPA UND WELLNESS · MODERN Ein Haus mit Charme: Es liegt mitten im Ort und strahlt dennoch Ruhe und Geborgenheit aus. Der Service ist herzlich und aufmerksam, die Einrichtung wertig und geschmackvoll, dazu diverse kleine Extras und Wellness auf über 1000 qm. Einzigartiger Seeblick von den meisten Zimmern und der Lounge. Gegenüber das Gästehaus "BOJE06", daneben das Bistro "Alt Heringsdorf".

⌖ ⥢ ⛶ ⬚ ⥁ ⑆ ⊞ **P** ⇗ – 56 Zimmer – 4 Suiten

Kulmstraße 28 ✉ 17424 – ☎ 038378 540 – www.strandhotel-ostseeblick.de

🍴 **Bernstein** – Siehe Restaurantauswahl

USINGEN

Hessen – Regionalatlas **37**–F14 – Michelin Straßenkarte 543

🍴 **UWE & ULI - ZUHAUSE BEI UNS**

INTERNATIONAL · GEMÜTLICH ✗ Schon von außen ist das a. d. 17. Jh. stammende denkmalgeschützte Liefrink-Haus direkt am Marktplatz einladend. Auch unter neuem Namen (ehemals „essWebers - Küche am Markt") sitzt man hinter der hübschen Fachwerkfassade in charmant-modernem Ambiente. Gekocht wird international-saisonal. Neben dem "Chefmenü" gibt es auch Gerichte à la carte.

🍴 ⌖ – Menü 30 € (Mittags), 52/64 € – Karte 21/80 €

Marktplatz 21 ✉ 61250 – ☎ 06081 5763760 – www.uwe-uli.de –
Geschlossen Sonntag, mittags: Samstag

VAIHINGEN AN DER ENZ

Baden-Württemberg – Regionalatlas **55**–G18 – Michelin Straßenkarte 545

In Vaihingen-Rosswag West: 4 km über B 10 Richtung Pforzheim

 LAMM ROSSWAG

Chef: Steffen Ruggaber

MODERNE KÜCHE · GASTHOF ✗✗ Auch in einem beschaulichen kleinen Weinort wie diesem muss man nicht auf kreative Sterneküche verzichten! Die modernen Gerichte sind durchdachte, intelligente Kompositionen voller Harmonie, interessanter Details und bester Produkte - und der Chef hat eindeutig ein Händchen für intensive Saucen! Man arbeitet sehr exakt, würzt mit Gefühl und betont den Eigengeschmack der ausgesuchten Zutaten. Dank der sympathischen, herzlichen Gastgeber kommt auch die Atmosphäre im Hause Ruggaber nicht zu kurz. Der Service ist angenehm leger und zugleich professionell, kompetent die Weinberatung - man hat eine schöne deutsche Auswahl. Mittwochs und donnerstags ist das Abendmenü etwas kleiner als am Wochenende. Das Mittagsangebot ist ein bisschen einfacher. Und möchten Sie vielleicht auch übernachten?

Spezialitäten: Schwarzwaldforelle, Gurke, Erdnuss, Kefir, Dill. Hirschkalbsrücken, Purple Curry, bunte Bete, Blutwurst, Kokos, Cassis. Heidelbeere, Schokolade, Skyr, Lakritz.

⬚ ⇐ ⌖ **P** – Menü 46 € (Mittags), 95/130 €

Rathausstraße 4 (1. Etage) ✉ 71665 – ☎ 07042 21413 – www.lamm-rosswag.de –
Geschlossen 1.-5. Januar, 8.-28. Februar, 1.-26. August, 20.-30. Dezember,
Sonntag-Dienstag, mittags: Mittwoch-Freitag

VALLENDAR

Rheinland-Pfalz – Regionalatlas **36**–D14 – Michelin Straßenkarte 543

🍴 DIE TRAUBE

REGIONAL · RUSTIKAL 🛇 Gemütlich sitzt man in dem reizenden Fachwerkhaus von 1647 auf kleinen Bänken und lässt sich schmackhafte regionale Gerichte servieren. Dazu zählen z. B. "Variation vom Lamm" oder "Birnen-Bohnen-Speck". Auch der günstige Mittagstisch kommt gut an. Sehr nett die Terrasse vor der alten Scheune mit Glockenspiel.

🍴 ⇵ – Menü 10 € (Mittags), 39/85 € – Karte 37/75 €

Rathausplatz 12 ⊠ 56179 – ☎ 0261 61162 – www.dietraube-vallendar.de –
Geschlossen 11.-17. Februar, 1.-15. August, 22. Dezember-7. Januar, Montag, Sonntag

VALLEY

Bayern – Regionalatlas **66**–M21 – Michelin Straßenkarte 546

🍴 WALDRESTAURANT MAXLMÜHLE

REGIONAL · GEMÜTLICH 🛇 Mögen Sie Forellen? Die räuchert man hier selbst - auch Sülze und Pasteten sind aus eigener Herstellung! Ebenso lecker ist z. B. "gekochtes Rindfleisch mit Lauchsauce und böhmischem Knödel". Das Gasthaus liegt schön einsam am Ende der Straße direkt am Wasser - da kommt natürlich auch der Biergarten gut an.

🍴 🅿 🍽 – Karte 25/52 €

Maxlmühle ⊠ 83626 – ☎ 08020 1772 – www.maxlmuehle.de –
Geschlossen 8. Februar-5. März, 8.-19. November, Mittwoch, Donnerstag

VELBERT

Nordrhein-Westfalen – Regionalatlas **26**–C11 – Michelin Straßenkarte 543

In Velbert-Neviges Süd-Ost: 4 km über B 224, Abfahrt Velbert-Tönisheide

🌼 HAUS STEMBERG

Chef: Sascha Stemberg

MARKTKÜCHE · GASTHOF 🛇🛇 "Zwei Küchen von einem Herd" nennt sich hier das Konzept, und das umfasst Modernes ebenso wie Klassiker. Umgesetzt wird das Ganze von Sascha Stemberg, der den Familienbetrieb von 1864 schon in 5. Generation führt und seit 2014 den MICHELIN Stern bestätigt. Sein Stil: Die Verbindung von regionalen und modern-internationalen Einflüssen, und das mit hervorragenden Produkten. Für die guten Grillgerichte kommt der "Big Green Egg" zum Einsatz. Dazu bietet die Weinkarte mit über 200 Positionen auch interessante Raritäten. Die Tradition, die der Gasthof mit seiner Schieferfassade schon von außen vermittelt, ist auch im Inneren noch zu spüren: Von der gemütlichen Gaststube über das elegante Kaminzimmer bis zum Wintergarten finden sich ursprüngliche Details wie alte Holzbalken und Vertäfelungen.

Spezialitäten: Geräucherter Saibling, Buttermilchsud mit Ingwer. Lammkarree und geschmorte Keule, warmer Gemüsesalat mit Couscous, Kräuter, Salzzitrone. Gelierter Champagnersud mit Verbene, gestockte Vanillecrème und Himbeersorbet.

🥢 🍴 ⇵ 🅿 – Menü 42 € (Mittags), 76/98 € – Karte 42/86 €

Kuhlendahler Straße 295 ⊠ 42553 – ☎ 02053 5649 – www.haus-stemberg.de –
Geschlossen 24. März-1. April, 7.-30. Juli, Donnerstag, Freitag

VELDENZ

Rheinland-Pfalz – Regionalatlas **46**–C15 – Michelin Straßenkarte 543

🍴 RITTERSTURZ

KLASSISCHE KÜCHE · GEMÜTLICH 🛇 Das hat Charme: liebenswerte, gemütliche Räume, freundlicher und aufmerksamer Service und dazu die idyllische Lage im Grünen! Besonders gerne sitzt man da auf der Terrasse und genießt den Blick auf Schlossruine und Rittersturz-Fels. Die klassisch-saisonal geprägte Küche können Sie in Menüform oder à la carte wählen.

🍴 ⇵ 🅿 – Menü 47/53 € – Karte 48/58 €

Veldenzer Hammer 1a ⊠ 54472 – ☎ 06534 18292 – www.rendezvousmitgenuss.de –
Geschlossen Montag, Dienstag, mittags: Mittwoch-Samstag

VERDEN (ALLER)
Niedersachsen – Regionalatlas **18**–H7 – Michelin Straßenkarte 541

⊛ PADES RESTAURANT
REGIONAL · FREUNDLICH ✗✗ Wolfgang Pade bietet eine ständig wechselnde Karte, die sich an der Verfügbarkeit der Produkte orientiert und auf regionale Erzeuger setzt. Bitte beachten Sie, dass es nur zwei Servicezeiten gibt: 17.45 Uhr und 20.15 Uhr - reservieren Sie also rechtzeitig! Herrlich die Gartenterrasse hinter dem schmucken Patrizierhaus.

Spezialitäten: Österreichische Rahmsuppe mit Shiitake, Erbsen, Eiernudeln, Schwarzbrot-Croûtons und Topinambur. Schaufelstück von der Färse mit weißer Polenta, rotem Zwiebelconfit, gegrilltem Kürbis und Römersalatherzen. Apfel-Kirsch-Couscous, Apfelgelee, Mandeleis.

🕸 🍃 ⇄ – Menü 36/66 € – Karte 38/58 €

Grüne Straße 15 ✉ 27283 – ☏ 04231 3060 – www.pades.de –
Geschlossen mittags: Montag-Sonntag

VILLINGEN-SCHWENNINGEN
Baden-Württemberg – Regionalatlas **62**–F20 – Michelin Straßenkarte 545

Im Stadtteil Villingen

ⅡО RINDENMÜHLE
MARKTKÜCHE · FREUNDLICH ✗✗ Man sitzt hier gemütlich in ländlich-elegantem Ambiente - oder im Sommer auf der schönen Gartenterrasse - und wählt von einer saisonal geprägten Karte. Auch an Vegetarier ist gedacht. Für Übernachtungsgäste hat man wohnliche und zeitgemäße Zimmer.

⇄ 🍃 🍃 🅿 – Menü 39/79 € – Karte 34/68 €

Am Kneip-Bad 9 (am Kurpark) ✉ 78052 – ☏ 07721 88680 – www.rindenmuehle.de –
Geschlossen Montag, Sonntag

VÖHRINGEN
Bayern – Regionalatlas **64**–I20 – Michelin Straßenkarte 546

In Vöhringen-Illerberg Nord-Ost: 3 km nahe der A 7

⊛ SPEISEMEISTEREI BURGTHALSCHENKE
KLASSISCHE KÜCHE · FAMILIÄR ✗✗ Familie Großhammer ist seit vielen Jahren für gute Gastronomie bekannt! Möchten Sie in Menüform speisen oder wählen Sie lieber einen Klassiker? Die Küche ist der Saison angepasst, die Produkte kommen aus der Region. Das auf drei Ebenen angelegte Restaurant hat auch eine nette Terrasse. Praktisch: der große Parkplatz.

Spezialitäten: Waldpilzterrine, Liebstöckelpesto, Speckstrudel und Salat. Kalbsschnitzel mit Limonenbutter, Parmesan und Nudeln. Lavendel-Crème Brûlée mit Zwetschgeneis.

🍃 ⇄ 🅿 – Menü 29/55 € – Karte 29/55 €

Untere Hauptstraße 4 ✉ 89269 – ☏ 07306 5265 – www.burgthalschenke.de –
Geschlossen Montag

VÖRSTETTEN
Baden-Württemberg – Regionalatlas **61**–D20 – Michelin Straßenkarte 545

ⅡО SONNE
REGIONAL · GEMÜTLICH ✗ In dem historischen Gasthaus mit der schönen Fachwerkfassade bietet der junge Patron in gemütlich-ländlicher Atmosphäre z. B. "geschmorte Haxe vom Weidelamm mit Madeira" oder "Zanderfilt mit Pfifferlingen". Unter einer großen alten Kastanie hat man die Terrasse angelegt. Gepflegt übernachten kann man ebenfalls.

⇄ 🍃 🅿 – Menü 40 € (Mittags), 39/45 € – Karte 26/48 €

Freiburger Straße 4 ✉ 79279 – ☏ 07666 2326 – www.sonne-voerstetten.de –
Geschlossen Montag, mittags: Samstag

VOGTSBURG IM KAISERSTUHL

Baden-Württemberg – Regionalatlas **61**-D20 – Michelin Straßenkarte 545

In Vogtsburg-Achkarren

ᵗⒾO DIE ACHKARRER KRONE

REGIONAL · RUSTIKAL Ⅹ Bis 1561 reicht die gastronomische Tradition des Gasthofs zurück. Heute erfreut man sich an Kalbsnierle, Kutteln und Ochsenschwanz-
ragout oder im Sommer auch gerne mal an einem leckeren Wurstsalat. Badische
Küche und Weine gibt's in heimeligen Stuben oder auf der Terrasse. Man hat auch
wohnliche Gästezimmer.

⇦ 🛋 🅿 – Menü 10 € (Mittags), 25/49 € – Karte 29/100 €

Schlossbergstraße 15 ⊠ 79235 – ℰ 07662 93130 – www.krone-achkarren.de

In Vogtsburg-Bischoffingen

ᵗⒾO STEINBUCK STUBE

KLASSISCHE KÜCHE · ELEGANT ⅩⅩ Ein wahres Schmuckstück ist der aufwändig restaurierte über 400 Jahre alte ehemalige "Rebstock". Die Gäste werden
herzlich betreut, aus der Küche kommen schmackhafte klassische Gerichte wie
"gebratener Rochenflügel in Zitronen-Kapernbutter". Richtig schön übernachten
kann man ebenfalls.

⇦ 🛋 🅿 – Menü 48/59 € – Karte 41/68 €

Talstraße 2 ⊠ 79235 – ℰ 07662 911210 – www.steinbuck-stube.de –
Geschlossen Montag, Dienstag

ᵗⒾO KÖPFERS STEINBUCK

REGIONAL · LÄNDLICH ⅩⅩ Schon die wunderbare exponierte Lage mitten in den
Reben lockt einen hierher, aber auch die frische Küche ist einen Besuch wert.
Leckeres wie "Rückensteak vom Landschwein mit Herbsttrompeten" oder "heimischen Wildzander auf Sauerkraut" isst man natürlich am liebsten auf der traumhaften Terrasse! Schön übernachten kann man ebenfalls, teilweise mit Rebblick.

⇦ ⇐ 🛋 🛋 ⇧ 🅿 – Menü 39/68 € – Karte 37/68 €

Steinbuckstraße 20 ⊠ 79235 – ℰ 07662 9494650 – www.koepfers-steinbuck.de –
Geschlossen 8.-26. März, Dienstag-Mittwoch, mittags: Montag und
Donnerstag-Samstag

In Vogtsburg-Oberbergen

⍟ SCHWARZER ADLER

FRANZÖSISCH-KLASSISCH · KLASSISCHES AMBIENTE ⅩⅩⅩ Ein Haus mit Tradition! Seit Sommer 2018 ist Christian Baur der verantwortliche Mann am Herd
im legendären „Schwarzen Adler" - Patron Fritz Keller (seine Mutter Irma
erkochte übrigens bereits 1969 einen MICHELIN Stern) weiß um das Engagement
von Christian Baur, den klassisch-französischen Küchenstil des Hauses fortzuset-
zen. Für Weinliebhaber ist das gemütliche stilvoll-elegante Restaurant geradezu
ein Eldorado, denn der Keller ist mit rund 2700 Positionen bestückt, unter anderem aus dem hauseigenen Weingut, das sich bereits in der dritten Generation im
Besitz der Familie befindet. Wollen Sie da nicht vielleicht in einem der
geschmackvollen Gästezimmer übernachten? Als bodenständigere Restaurantal-
ternative hat man übrigens noch das "Winzerhaus Rebstock".

Spezialitäten: Gelierte Tomatenessenz mit Kaviar, Flusskrebsen und Basilikum.
Steinbutt mit Sauce Mornay, Blumenkohl und Beurre blanc. Variation für Liebhaber dunkler Valrhona Schokoladen 2.0.

⍟⍟ ⇦ 🛋 🅿 🚗 – Menü 105/135 € – Karte 84/99 €

Badbergstraße 23 ⊠ 79235 – ℰ 07662 933010 – www.franz-keller.de –
Geschlossen 31. Januar-25. Februar, mittags: Montag-Dienstag, Mittwoch,
Donnerstag, mittags: Freitag

ⅠⅠ◯ KELLERWIRTSCHAFT

KLASSISCHE KÜCHE • TRENDY ✗ Ein beeindruckendes Anwesen ist dieses in den Rebhang gebaute und topmodern designte Weingut! Mit Blick in den Weinkeller speist man in puristischem Ambiente an blanken Tischen. Auf der Karte z. B. "Kabeljau in Schnittlauchbutter".

猫 ⇐ 𝄐 ও ▣ ▣ – Menü 68 € – Karte 51/71 €

Badbergstraße 44 (1. Etage) ✉ 79235 –
☎ 07662 933080 – www.franz-keller.de –
Geschlossen 1. Januar-4. Februar, Montag, Dienstag, mittags: Mittwoch-Samstag

VOLKACH

Bayern – Regionalatlas **49**–I15 – Michelin Straßenkarte 546

❀ WEINSTOCK

KREATIV • CHIC ✗✗ Im traditionsreichen Hotel "Zur Schwane" erwartet Gourmets in der 1. Etage ein richtig schickes Ambiente - hier trifft Moderne auf schöne historische Bausubstanz. An lederbespannten Tischen wird man zuvorkommend umsorgt. Bei der Zubereitung der Gerichte beweist das engagierte Küchenteam ein Händchen für Kombinationen, bei denen regionale Produkte im Fokus stehen. Zum guten Essen werden ebenso gute heimische Weine ausgeschenkt, natürlich auch vom angeschlossenen eigenen Weingut - erfreulicherweise gibt es alle "Schwane"-Weine auch glasweise. Zum Übernachten stehen attraktive individuelle Gästezimmer zur Verfügung.

Spezialitäten: Stör von der Fischzucht Gerstner. Eichelschwein Iphofen. Pfirsich, Mandel, Sauerampfer.

⇦ – Menü 99/182 €

Hauptstraße 12 ✉ 97332 – ☎ 09381 80660 – www.schwane.de –
Geschlossen 4.-26. August, 22.-31. Dezember, Montag, Samstag, Sonntag,
mittags: Dienstag-Freitag

VREDEN

Nordrhein-Westfalen – Regionalatlas **26**–C9 – Michelin Straßenkarte 543

In Vreden-Ammeloe Nord-West: 8 km, über B 70 Richtung Gronau, dann links ab

⊛ BÜSCHKER'S STUBEN

TRADITIONELLE KÜCHE • LÄNDLICH ✗✗ Lust auf bürgerlich-regionale Gerichte wie "Münsterländer Zwiebelfleisch"? Serviert wird in der rustikalen Gaststube und im gemütlichen Kaminzimmer. Zudem bietet das Hotel "Am Kring" neuzeitliche Gästezimmer. Schön ist auch die Lage in dem ringförmig um die Kirche angelegten Dorf.

Spezialitäten: Forelle, Kürbis, alter Balsamico. Kalbsbäckchen auf luftigem Kartoffelpüree, Schmorzwiebeln und Salat. Vanillecreme, gekochte Früchte, Champagnerschaum.

⇦ 𝄐 ও Ⓜ ⇄ ▣ – Karte 30/53 €

Hotel Am Kring, Kring 6 ✉ 48691 – ☎ 02564 93080 – www.amkring.de –
Geschlossen mittags: Montag-Samstag, Sonntag

WACHENHEIM

Rheinland-Pfalz – Regionalatlas **47**–E16 – Michelin Straßenkarte 543

❀ THE IZAKAYA

MODERNE KÜCHE · TRENDY ※ Als "japanisch-pfälzische Kneipe" könnte man diese trendig-legere Adresse bezeichnen. Benjamin Peifer (er betreibt auch das "Intense" in Kallstadt) und Yannick Schilli bieten ein "Omakase"-Menü, mit dem ihnen eine ausgezeichnete Fusion aus heimischer und japanischer Küche gelingt. Sehr gute regionale Produkte werden zu kontrastreichen, schön balancierten Gerichten. Gerne bringt man den "Josper" zum Einsatz, der z. B. bei den in Soja glasierten Spareribs mit süßer Zwiebelcreme, Koshihikari und lauwarmem Bohnensalat für angenehme Grill-Aromen sorgt. Kompetent empfiehlt man dazu tolle Weine - auch zum Mitnehmen in der angeschlossenen Weinhandlung "Rohstoff". Übrigens: Wundern Sie sich nicht über die "Otoshi", eine in japanischen Izakaya-Bars typische Platzgebühr, die Wasser und einen Snack beinhaltet.

Spezialitäten: Bayrische Garnele „XOXO", gegrillter Zuckermais, Staudensellerie. Hohenloher Rinderbrust 24h bei 68°C gegart und geräuchert, Crème aus Baked Beans, Koshihikari, Wasabi-Gurkenpickles. Butterkuchen mit Sesam und Zitrus.

✿ ✿ – Menü 75/110 €

Weinstraße 36 ✉ 67157 – ☎ 06322 9593729 – www.the-izakaya.com –
Geschlossen 1.-14. Januar, 17.-26. August, Dienstag, Mittwoch, mittags: Montag und
Donnerstag-Sonntag

WACHTBERG
Nordrhein-Westfalen – Regionalatlas **36**–C13 – Michelin Straßenkarte 543

In Wachtberg-Adendorf West: 6 km Richtung Meckenheim

ⅈ◯ KRÄUTERGARTEN

KLASSISCHE KÜCHE · TRADITIONELLES AMBIENTE ※※ Bereits seit 1983 leiten die freundlichen Gastgeber das Restaurant mit dem netten Ambiente, und man hat viele Stammgäste. Geboten wird hier klassisch-saisonale Küche, bei der man auf Produktqualität und Frische setzt.

✿ – Menü 52/68 € – Karte 44/69 €

Töpferstraße 30 ✉ 53343 – ☎ 02225 7578 – www.gasthaus-kraeutergarten.de –
Geschlossen Montag, Dienstag, mittags: Mittwoch-Samstag, abends: Sonntag

WACKERSBERG
Bayern – Regionalatlas **65**–L21 – Michelin Straßenkarte 546

⊛ TÖLZER SCHIEßSTÄTTE - HAGER

REGIONAL · RUSTIKAL ※ Wer würde in der Schießstätte der Tölzer Schützen eine solch leckere Küche erwarten? Andreas und Michaela Hager sind ein eingespieltes Team, das merkt man nicht zuletzt an schmackhaften Gerichten wie "Rindsroulade mit Spätzle" oder "geschnetzelter Kalbsleber in Thymian-Rahm". Ein Gedicht: "geschmelzte Topfenknödel"!

Spezialitäten: Tomaten Carpaccio mit gebratenen Pfifferlingen und Parmesan. Medaillons vom Hirschrücken mit Wacholderrahmsoße, Preiselbeeren und Spätzle. Karamellisierte Mohnschupfnudeln mit Haselnusseis und Zwetschgenröster.

✿ 🅿 ⊘ – Menü 32/60 € – Karte 30/51 €

Kiefersau 138 (Zufahrt über Hans-Zantl-Weg) ✉ 83646 – ☎ 08041 3545 –
www.michaela-hager.de – Geschlossen Montag, Donnerstag, abends: Sonntag

WAGING AM SEE
Bayern – Regionalatlas **67**–O21 – Michelin Straßenkarte 546

⊛ LANDHAUS TANNER

REGIONAL · GEMÜTLICH ※※ Mit Stefanie und Franz Tanner sind Ihnen in dem langjährigen Familienbetrieb herzliche Gastgeber gewiss, die für eine schöne wohlige Atmosphäre sorgen. Das gilt sowohl für die schicken modern-alpenländischen Zimmer als auch für das geschmackvolle Restaurant, in dem man Ihnen saisonal geprägte Gerichte aus guten Produkten serviert - durchgehend von 12:30 - 21:00 Uhr.

Spezialitäten: Spanferklsülzerl mit Kräutervinaigrette und Vogerlsalat. Ochsenschulter mit Schwammerlgröstl, Wirsing und Grießstrudel. Töpfenknödel mit Zwetschgenröster und Vanilleeis.

⇔ 🛏 🔲 ⇕ 🅿 – Menü 46 € – Karte 30/59 €

Aglassing 1 ⊠ 83329 – 𝒞 08681 69750 – www.landhaustanner.de –
Geschlossen 8.-11. Januar, 19.-22. Februar, 10.-13. September, 22.-26. Dezember,
mittags: Montag, Sonntag

WAIBLINGEN
Baden-Württemberg – Regionalatlas **55**-H18 – Michelin Straßenkarte 545

✿ BACHOFER
KREATIV • FREUNDLICH XX Wussten Sie, dass das schöne Haus am Marktplatz das zweitälteste in Waiblingen ist? Es stammt von 1647 und war einst eine Apotheke. Der Rahmen ist aber auch alles, was hier historisch ist, der Rest ist modern, von der Einrichtung bis zur Küche. Patron Bernd Bachofer hat seinen ganz eigenen Stil, und der zeigt deutliche - und sehr stimmige - Einflüsse der großen asiatischen Küchen. Klasse die Produktqualität. Seeteufel mit würzigem Som Tam (grüner Papaya-Salat) oder Unagi vom Grill bieten ein nicht alltägliches Geschmackserlebnis! Das wertige Ambiente samt Tresen (von hier hat man den besten Blick in die Küche) passt da ebenso gut ins Bild wie das professionelle, eingespielte und sehr freundliche Serviceteam. Fair kalkulierter Lunch. Tipp: Über dem Restaurant hat man schicke Gästezimmer.

Spezialitäten: Räucheraal, Rote und Gelbe Bete, Ponzu, Shiso-Kresse-Eis. Karamellisierte Milchferkelschulter, Kürbis-Somen-Nudeln, gelbes Curry, Teriyaki. Gewürzkaffee in Texturen, geeistes Quittensüppchen, Haselnüsse.

⇔ 🛏 ⇕ – Menü 34 € (Mittags), 80/149 €

Marktplatz 6 ⊠ 71332 – 𝒞 07151 976430 – www.bachofer.info –
Geschlossen 1.-10. Januar, 17.-30. Mai, Montag, Sonntag,
mittags: Dienstag-Mittwoch und Freitag-Samstag

In Waiblingen-Beinstein Ost: 4 km

☺ BRUNNENSTUBEN
REGIONAL • FREUNDLICH XX Gastfreundschaft auf solch stilvolle Art würde man hier angesichts der unscheinbaren Fassade auf den ersten Blick eher nicht vermuten. Doch es wird richtig gut gekocht und der Ehemann der Chefin umsorgt Sie kompetent - auch in Sachen Wein hilft er gerne. Auf der Karte machen z. B. "Zwiebelrostbraten mit handgeschabten Spätzle" oder "hausgemachte Blutwurst" Appetit.

Spezialitäten: Rinderkraftbrühe. Ente mit Apfelrotkraut und Semmelknödel. Ofenschlupfer mit Cassiseis.

🛏 ⇕ 🅿 – Menü 39/99 € – Karte 35/69 €

Quellenstraße 14 ⊠ 71332 – 𝒞 07151 9441227 – www.brunnenstuben.de –
Geschlossen Montag, Dienstag, mittags: Mittwoch-Samstag

WALDBRONN
Baden-Württemberg – Regionalatlas **54**-F18 – Michelin Straßenkarte 545

In Waldbronn-Reichenbach

✿ SCHWITZER'S AM PARK
KLASSISCHE KÜCHE • ELEGANT XxX Im Hause Schwitzer heißt es klassisch und zugleich modern speisen. Inhaber und Küchenchef Cédric Schwitzer zeigt hier volles Engagement. Er kocht mit sehr hochwertigen Produkten und sorgt für eine Fülle an Aromen. Geboten wird ein Menü, das man in unterschiedlich langen Varianten wählen kann. Alternativ stellt man Ihnen aus den einzelnen Gängen dieses Menüs ein "Menu Surprise" zusammen - wer einen echten Überraschungseffekt möchte, schaut vorher also besser nicht auf die Karte! Eine gute Idee: Zu jedem Gericht bekommt man ein Kärtchen mit Foto und Beschreibung. Umsorgt wird man überaus freundlich, versierte Weinberatung inklusive. Und das Restaurant selbst? Hier sitzt man in elegantem Ambiente und genießt einen wirklich schönen Blick in den Park - der raumhohen Fensterfront sei Dank!

Spezialitäten: Roter Gamberoni, Pimientos de Padrón, Gurkeneis, Austern, Kaviar. Rehrücken, Purple Curry, Zitrus, Pilze. Schokolade, Pfirsich, Joghurt.

🕸 ⇦ 🕼 ⅋ 🔊 ⇧ 🅿 🚗 – Menü 99/189 €

Schwitzer's Hotel am Park, Etzenroterstraße 4 ⊠ 76337 – ☎ 07243 354850 – www.schwitzers.com – Geschlossen Montag, Sonntag, mittags: Dienstag-Samstag

⅋○ SCHWITZER'S BRASSERIE

INTERNATIONAL · BRASSERIE ⅋ Sie mögen leger-moderne Brasserie-Lounge-Atmosphäre? Im Zweitrestaurant des "Schwitzer's Hotel am Park" gleich nebenan im Kurhaus bietet man frische Küche aus guten Produkten, vom trendigen Burger bis zum "doppelten Entrecôte mit Sauce Béarnaise und Steinpilztagliolini".

⇦ 🕼 ⅋ – Menü 25 € (Mittags)/44 € – Karte 35/69 €

Schwitzer's Hotel am Park, Etzenroter Straße 2 ⊠ 76337 – ☎ 07243 354850 – www.schwitzers-brasserie.de

🏚 SCHWITZER'S HOTEL AM PARK

BUSINESS · MODERN Direkt am Park liegt das beeindruckende Hotel der Familie Schwitzer. Überall hochwertige Materialen, die Zimmer geräumig, chic, technisch "up to date". Turm- oder Parkzimmer? Letztere liegen ruhiger und bieten Balkon sowie Blick ins Grüne! Für Hotelgäste freier Eintritt in die Albtherme.

🕴 🛏 🎔 🚪 🕼 🛁 🅿 🚗 – 20 Zimmer – 2 Suiten

Etzenroter Straße 4 ⊠ 76337 – ☎ 07243 354850 – www.schwitzers.com

🕸 **Schwitzer's am Park** · ⅋○ **Schwitzer's Brasserie** – Siehe Restaurantauswahl

WALDENBUCH

Baden-Württemberg – Regionalatlas **55**–G19 – Michelin Straßenkarte 545

🕸 GASTHOF KRONE

Chef: Erik Metzger

KLASSISCHE KÜCHE · LÄNDLICH ⅋⅋ Wenn Erik Metzger klassisch-traditionelle Küche geschickt mit modern-internationalen Akzenten verbindet, entstehen angenehm reduzierte, harmonische Gerichte, die keine unnötige Spielerei brauchen. Produktqualität steht dabei natürlich völlig außer Frage. Vom Talent des Küchenchefs - der Mittzwanziger wurde 2017 übrigens zum jüngsten Sternekoch Deutschlands ernannt - kann man sich in gemütlich-historischem Ambiente überzeugen. Die Räume „Schiller-Salon" und „Goethe-Salon" tragen ihre Namen nicht umsonst: Auf der alten Tischplatte im Eingangsbereich haben sich im 18. Jh. die beiden Namengeber verewigt! Der Service stimmt ebenfalls. Sie werden kompetent umsorgt, auch in Sachen Wein. Tipp: der Mittagstisch - gute Qualität ist hier nämlich auch etwas preisgünstiger zu haben! Eine wirklich sympathische Adresse, die zu Recht gut besucht ist!

Spezialitäten: Duett von der Riesengarnele mit Rettich, Brombeere, Curry und Mango. Rücken und Braten vom Hirsch mit Birne, Walnuss, Selleriepüree und getrüffeltem Kartoffelgratin. Feines von Topfen, Honig, Pinienkernen und Feigen.

🕸 🛏 ⇧ 🅿 🚱 – Menü 61/99 € – Karte 59/78 €

Nürtinger Straße 14 ⊠ 71111 – ☎ 07157 408849 – www.krone-waldenbuch.de – Geschlossen 1.-12. Januar, 5.-20. April, 26. Juli-10. August, 27.-31. Dezember, Montag, Dienstag, mittags: Samstag

WALDKIRCH

Baden-Württemberg – Regionalatlas **61**–D20 – Michelin Straßenkarte 545

🕲 ZUM STORCHEN

MARKTKÜCHE · GEMÜTLICH ⅋⅋ Richtig gut isst man bei Familie Trienen in dem schön sanierten alten Stadthaus. Man kocht saisonal-regional und mit modern-internationalen Einflüssen. Tipp: Probieren Sie mal die Tagesempfehlung als Menü. Schöne Plätze im Freien bietet die Terrasse auf dem Gehsteig oder im ruhigeren Hinterhof.

Spezialitäten: Saiblingscarpaccio mit Kerbelsorbet, Sauerrahm und Salat. Gebratene Rehkeule mit Selleriepüree, Pfifferlingen und Spätzle. Zitronengras-Panna Cotta mit Pfirsich und Kirsch-Ingwereis.

🗪 🏠 ✿ 🍴 – Menü 39/62 € – Karte 37/57 €

Lange Straße 24 (Zufahrt über Runzweg) ✉ *79183 –*
☏ 07681 4749590 – www.storchen-waldkirch.de –
Geschlossen Montag, mittags: Dienstag-Samstag, Sonntag

WALDKIRCHEN

Bayern – Regionalatlas **60**–Q18 – Michelin Straßenkarte 546

🕸 JOHANNS

MODERNE KÜCHE • TRENDY 🍴🍴 Wer sein Einkaufserlebnis mit einem kulinarischen Erlebnis verbinden möchte, der ist in Waldkirchen gut aufgehoben, denn hier wird im 2. Stock des bekannten Modehauses „Garhammer" in schickem, fast schon urbanem Ambiente die ausdrucksstarke Küche von Patron Michael Simon Reis aufgetischt. Der gebürtige Passauer war vor seiner Rückkehr in die bayerische Heimat Souschef im „Steirereck" in Wien und arbeitete u. a. im „Tristan" auf Mallorca und im „Arzak" in San Sebastian. Er versteht es, Innovatives mit Traditionellem zu kombinieren, großen Wert legt er dabei auf Produkte aus der Region. Und noch etwas ist absolut erwähnenswert: Das Preis-Leistungs-Verhältnis ist unschlagbar!

Spezialitäten: Gedämpfter Salat mit aufgeschlagenem Sauerrahm, Sauerteig und geräucherter Entenbrust. Ziegenkitz gebraten und geschmort, Paprika, Hirse, Salzlimette, Brioche. Schweizer Edelbitter Schokolade mit gerösteten Erdnüssen, Malzbrot und Salzkaramell.

🍴 🏠 🚹 🎛 ⊟ 🅿 – Menü 29 € (Mittags), 62/82 € – Karte 35/65 €

Marktplatz 24 (2. Etage im Modehaus Garhammer) ✉ *94065 – ☏ 08581 2082000 –*
www.restaurant-johanns.de – Geschlossen Sonntag

WALDSEE, BAD

Baden-Württemberg – Regionalatlas **63**–H21 – Michelin Straßenkarte 545

🍴○ GASTHOF KREUZ

REGIONAL • GASTHOF 🍴 Ein sympathischer Gasthof bei der Kirche, in dem man in freundlich-rustikaler Atmosphäre regional-saisonal isst. Macht Ihnen z. B. "Zweierlei vom heimischen Reh mit Selleriepüree, Blaukraut und Spätzle" Appetit? Im Sommer sitzt man gerne im Freien vor dem Haus. Gepflegt übernachten kann man ebenfalls.

🗪 🏠 ✿ – Menü 19/39 € – Karte 22/44 €

Gut-Betha-Platz 1 ✉ *88339 – ☏ 07524 3927 – www.kreuz-gasthof.de –*
Geschlossen Montag, mittags: Dienstag, abends: Sonntag

🍴○ SCALA

ZEITGENÖSSISCH • TRENDY 🍴 Das moderne Restaurant mit dem schönen Blick zum See - herrlich die Terrasse! - bietet Ihnen eine ambitionierte international-saisonale Küche, z. B. in Form von "pochiertem Welsfilet mit Riesling-Rahmkraut und Petersilienkartoffeln" oder auch als "geschmorte Hirschkeule mit Wacholder-Preiselbeersauce". Dazu freundlicher Service und gepflegte Weine.

🍴 🏠 🚹 ✿ – Menü 45/65 € – Karte 28/55 €

Wurzacher Straße 55 ✉ *88339 – ☏ 07524 9787773 – www.restaurant-scala.de –*
Geschlossen Dienstag

WALLDORF

Baden-Württemberg – Regionalatlas **47**–F17 – Michelin Straßenkarte 545

🍴 **KAMINRESTAURANT & LOUNGE**

INTERNATIONAL · TRENDY XX Möchten Sie im chic-modernen Restaurant, auf der schönen Terrasse oder lieber in der Lounge speisen? Die frische und ambitionierte Küche gibt es z. B. als "Tafelspitzsalat, Meerrettichschaum, Kartoffel-Erbsenkompott" oder "Atlantik-Lachs, Basilikumkruste, Thai-Bami-Goreng". Das Restaurant befindet sich im Hotel "Vorfelder" mit geradlinig-funktionellen Zimmern.

⇖ 🍽 🅿 – Menü 40/60 € – Karte 33/57 €

Bahnhofstraße 28 ✉ 69190 – ☏ 06227 6990 – www.hotel-vorfelder.de –
Geschlossen Sonntag, mittags: Montag-Samstag

WALLERFANGEN
Saarland – Regionalatlas **45**–B17 – Michelin Straßenkarte 543

🕸 **LANDWERK**

MODERNE KÜCHE · TRENDY XX Hier hat man ein Haus mit bewegter Geschichte sorgsam saniert. Entstanden sind richtig schöne wertig-moderne Gästezimmer, eine nette Lounge mit Industrie-Flair und ein trendig-schickes Restaurant in klaren Linien. Letzteres bietet interessante geschmacksintensive Gerichte aus erstklassigen Produkten - eine angenehm leichte Küche, deren Harmonie und Eleganz sich z. B. beim leicht kross gebratenen Skrei mit Reis, aromatischen Erbsen in unterschiedlicher Form sowie feinem Gelee von der Salzzitrone zeigen. Marc Pink heißt der Mann, der hier als Küchenchef exaktes Handwerk beweist. Da erkennt man auch seine Stationen bei top Lehrmeistern wie z. B. den 3-Sterne-Köchen Klaus Erfort, Sven Elverfeld oder Christian Jürgens.

Spezialitäten: Carpaccio vom Zander. Stubenkücken, Saubohnen, Süßkartoffel. Pfirsich Melba.

⇖ 🍽 🆎 🅿 – Menü 79/145 €

Estherstraße 1 ✉ 66798 – ☏ 06831 62622 – www.land-werk.de –
Geschlossen 1.-15. Januar, Montag, Dienstag, mittags: Mittwoch

WALLUF
Hessen – Regionalatlas **47**–E15 – Michelin Straßenkarte 543

🍴 **ZUR SCHLUPP**

SAISONAL · GEMÜTLICH X Sehr engagiert leitet Familie Ehrhardt ihr charmantes kleines Restaurant in dem Haus a. d. J. 1608. Die Atmosphäre ist gemütlich, die Küche frisch und saisonal geprägt - und dazu einen der schönen Weine aus der Region? Vergessen Sie nicht, zu reservieren. Tipp: Romantisch ist im Sommer der Innenhof!

🍽 – Menü 39/55 € – Karte 33/55 €

Hauptstraße 25 ✉ 65396 – ☏ 06123 72638 – www.gasthauszurschlupp.de –
Geschlossen 3.-24. August, 27. Dezember-14. Januar, Dienstag-Donnerstag,
mittags: Montag und Freitag-Samstag

WALTROP
Nordrhein-Westfalen – Regionalatlas **26**–D10 – Michelin Straßenkarte 543

🕸 **GASTHAUS STROMBERG**

MARKTKÜCHE · TRENDY X In dem alteingesessenen Gasthaus in der Fußgängerzone (nett die Terrasse hier) trifft Tradition auf Moderne, das Ambiente ist puristisch und gemütlich zugleich. Man kocht saisonal-regional, so z. B. "Duo vom heimischen Reh, Fichtensprossen, Sellerie, Brombeeren". Oder lieber vegetarisch? Für Gesellschaften: die 1,5 km entfernte "Werkstatt".

Spezialitäten: Marinierter Kalbstafelspitz mit Kürbischutney und Feldsalat. Nordsee-Schollenfilet mit Kartoffelstampf, Pfifferlingen und wildem Pfirsich. Tarte von Pflaumen mit Rahmeis.

🍳 🍽 🅿 – Karte 26/51 €

Dortmunder Straße 5 ✉ 45731 – ☏ 02309 4228 – www.gasthaus-stromberg.de –
Geschlossen 1.-11. Januar, Montag, Sonntag, mittags: Dienstag-Samstag

WANGELS
Schleswig-Holstein – Regionalatlas **11**–K3 – Michelin Straßenkarte 541

In Wangels-Weissenhaus Nord: 5 km

❀❀ **COURTIER**

KREATIV · KLASSISCHES AMBIENTE XxxX Wunderbar dieses Schlossgut von 1896 samt romantischer Parkanlage mit altem Baumbestand, Schlossweiher und Blickschneise zur Ostsee. Mit etwas Glück sehen Sie vielleicht Damwild oder einen Fuchs... Keine Frage, dass man da im Sommer am liebsten auf der Terrasse mit traumhafter Aussicht sitzt! Küchenchef Christian Scharrer, zu dessen bedeutendsten Stationen u. a. das "Buddenbrooks" in Lübeck-Travemünde zählt, wählt die besten Produkte aus, die der Markt zu bieten hat, und verbindet sie zu kreativen Gerichten mit intensiven Aromen. Und wie sollte es bei diesem herrschaftlichen Anwesen anders sein, speist man in stilvollen Sälen mit glitzernden Kronleuchtern, wertvollen Wandgemälden, aufwändigen Stuckarbeiten und edlem Mobiliar. Den versierten und umsichtigen Service leitet Gastgeberin Nathalie Scharrer.

Spezialitäten: Jakobsmuschel, Kerbelrübchen, Marone, Trüffel. Lammrücken, Spitzpaprika, Kichererbsen. Apfel, Joghurt, Shiso.

❀ ⇦ 🍴🛏 ㅤ 🅿 – Menü 159/215 €

Hotel Weissenhaus Grand Village Resort & Spa am Meer, Parkallee 1 ✉ 23758 –
☎ 04382 92620 – www.weissenhaus.de –
Geschlossen 1.-18. März, 5.-21. Dezember, Montag, Sonntag,
mittags: Dienstag-Samstag

🏰 **WEISSENHAUS GRAND VILLAGE RESORT & SPA AM MEER**

LUXUS · GEMÜTLICH Ein Luxus-Hideaway ist das beeindruckende Anwesen auf 75 ha mit Wald, Naturstrand und zahlreichen schön sanierten historischen Gebäuden samt Schloss! Man wohnt stilvoll und individuell (vielleicht im "Badehäuschen" für zwei?), alles ist absolut wertig. Toller Spa, eigenes Kino und interessante Gastronomie. Nur für Hausgäste: Mo.-Fr. abends Sushi in der Gewölbe-Bar.

🏹 🐾 🍴 ㅤ 🖥 🕸 🏊 ㅤ 🔱 🅿 – 43 Zimmer – 17 Suiten

Parkallee 1 ✉ 23758 – ☎ 04382 92620 – www.weissenhaus.de

❀❀ **Courtier** – Siehe Restaurantauswahl

WANGEN IM ALLGÄU
Baden-Württemberg – Regionalatlas **63**–I21 – Michelin Straßenkarte 545

In Wangen-Deuchelried Ost: 1, 5 km

😊 **ADLER**

REGIONAL · GEMÜTLICH XX Sie mögen regionale Küche und auch asiatische Einflüsse hier und da? Die aus frischen, guten Produkten zubereiteten Gerichte nennen sich z. B. "Perlhuhnbrust mit Currynudeln und Kräutern" oder "Skrei auf Rote-Bete-Risotto mit Meerrettichschaum". Wirklich schön das gemütlich-elegante Ambiente und der Garten!

Spezialitäten: Warm geräucherte Forelle mit Meerrettichmousse und kleinem Linsensalat. Lammrücken in Rosmarin auf Steinpilzpolenta mit Parmesan und Kräuterjus. Mojito-Mousse mit gesulzten Himbeeren und Beerensorbet.

🍴 ⇔ 🅿 🚫 – Menü 48/61 € – Karte 34/52 €

Obere Dorfstraße 4 ✉ 88239 – ☎ 07522 707477 – www.adler-deuchelried.de –
Geschlossen Montag, Dienstag, Mittwoch, mittags: Donnerstag-Freitag

WAREN (MÜRITZ)
Mecklenburg-Vorpommern – Regionalatlas **13**–N5 – Michelin Straßenkarte 542

😊 **KLEINES MEER**

MARKTKÜCHE · GEMÜTLICH XX Nett sitzt man in dem freundlichen, auf zwei Ebenen angelegten Restaurant, der offene Dachstuhl macht es schön luftig. Vor dem Haus die Müritz - da ist die Terrasse mit kleinem Lounge-Bereich natürlich gefragt. Gekocht wird mit guten Produkten regionaler Lieferanten, auf Wunsch auch vegetarisch oder vegan.

Spezialitäten: Crèmesuppe von Steinpilzen. Rumpsteak, Wurzelgemüse und Rosmarinkartoffeln. Weiße Schokoladenmousse mit Früchten.

🖙 🛖 🕭 🔳 💠 🚗 – Karte 37/53 €

Hotel Kleines Meer, Alter Markt 7 (Auch über Strandstraße) ✉ 17192 –
☎ 03991 648200 – www.restaurant-kleinesmeer.de –
Geschlossen 11.-27. Januar, Dienstag, mittags: Montag und Mittwoch-Sonntag

WARTMANNSROTH

Bayern – Regionalatlas **49**–I14 – Michelin Straßenkarte 546

In Wartmannsroth-Neumühle West: 6 km über Hammelburg-Diebach

🏙 NEUMÜHLE

HISTORISCH · INDIVIDUELL Romantik pur und einen gelungenen Mix aus ländlichem Flair und Moderne verspricht das charmante Ensemble aus mehreren Fachwerkhäusern und einer historischen Mühle! Idyllisch die Lage am Fluss, Antiquitäten und ausgesuchte Kunst in den Räumen, freundlicher Service, nicht zu vergessen der schicke Spa und das gemütlich-rustikale Restaurant "Scheune".

🏵 🦢 🗠 🖥 🞕 ⓦ 🛖 🦽 🅰 🚲 🅿 – 29 Zimmer – 2 Suiten

Neumühle 54 ✉ 97797 – ☎ 09732 8030 – www.romantikhotel-neumuehle.de

WASSERBURG AM INN

Bayern – Regionalatlas **66**–N20 – Michelin Straßenkarte 546

🕲 HERRENHAUS

MARKTKÜCHE · CHIC XX Im Herzen der wunderschönen Altstadt finden Sie das "Herrenhaus", in dessen 1. Etage der historische Rahmen und die geschmackvolle moderne Einrichtung eine besondere Atmosphäre schaffen. Gut kommt auch die schmackhafte saisonal geprägte Küche an. Tipp: Probieren Sie mal das günstige Mittagsmenü!

Spezialitäten: Gebeizter Saibling mit Meerrettichmousse und Gurke. Rehkeule mit Steinpilzen, Zwetschgen und Selleriepüree. Crème brûlée von der Tonkabohne mit Heidelbeeren und Sauerrahmeis.

🛖 💠 – Menü 20 € (Mittags), 34/59 € – Karte 34/63 €

Herrengasse 17 ✉ 83512 – ☎ 08071 5971170 – www.restaurant-herrenhaus.de –
Geschlossen Montag, Sonntag

WASSERBURG AM BODENSEE

Bayern – Regionalatlas **63**–H22 – Michelin Straßenkarte 546

🕪 CARALEON

MODERNE KÜCHE · KLASSISCHES AMBIENTE XX Sehr geschmackvoll und wertig ist das Restaurant in dem toll gelegenen kleinen Boutique-Hotel, dazu die schöne Sicht auf den See! Geboten werden Klassiker wie Rindercarpaccio, Caesar Salad oder Wiener Schnitzel, am Abend zudem noch ein "Fine Dining"-Menü. Freundlich und kompetent der Service. Tipp: "Sunset Lounge" für einen Absacker direkt am See.

🖙 ⪕ 🛖 💠 🅿 – Menü 35 € (Mittags), 49/110 € – Karte 45/110 €

Halbinselstraße 70 ✉ 88142 – ☎ 08382 9800 – www.caraleon.de –
Geschlossen 2.-22. November, Montag, Dienstag, mittags: Mittwoch-Freitag

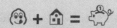

WEHR

Baden-Württemberg - Regionalatlas **61**–D21 - Michelin Straßenkarte 545

🍴○ LANDGASTHOF SONNE

TRADITIONELLE KÜCHE · GASTHOF 🍴 Warmes Holz, Kachelofen, dekorative Bilder... Richtig heimelig ist es hier! Dazu ambitionierte Küche: bürgerlich, aber auch gehobener, von "Cordon bleu" bis "flambierte Hummerschaumsuppe". Toll die Terrasse: Hier speist man beim Rauschen des Baches unter schattenspendenden Ahornbäumen! Zum Übernachten hat der familiengeführte Gasthof hübsche, topgepflegte Zimmer.

⇔ 🍽 🅿 – Menü 49/69 € – Karte 25/50 €

Enkendorfstraße 38 ⊠ 79664 - 𝒞 07762 8484 - www.hotel-sonne-wehr.de –
Geschlossen 13.-22. Februar, 21. Mai-6. Juni, 22.-31. August,
24. Oktober-8. November, Montag, mittags: Dienstag-Freitag

WEIKERSHEIM

Baden-Württemberg - Regionalatlas **49**–I16 - Michelin Straßenkarte 545

❁ LAURENTIUS

Chef: Jürgen Koch

REGIONAL · ELEGANT 🍴🍴 Das Haus der Familie Koch ist gewissermaßen ein "Rundum sorglos"-Paket, denn man kann hier am Marktplatz sehr schön wohnen, richtig gut essen und wird überaus zuvorkommend betreut. Die Gourmetvariante des gastronomischen Doppelkonzepts ist das "Laurentius". Patron Jürgen Koch und seine Frau Sabine haben sich in den aparten Natursteintonnengewölbe mit dem modern-eleganten Ambiente regionale Küche auf die Fahnen geschrieben. Man verarbeitet hochwertige saisonale Produkte. Statt Schnörkel und Chichi bieten die Gerichte Finesse, Harmonie und jede Menge Geschmack. Und dazu vielleicht eine schönen Wein aus dem Taubertal, Franken oder Baden-Württemberg? Daneben ist u. a. auch Frankreich vertreten. Tipp: Nehmen Sie sich gute Zutaten für daheim mit, die gibt's im "Hohenloher Märktle".

Spezialitäten: Zucchiniblüte mit Ricottafüllung und Kalbsbriesröschen. Wachtelbrust mit Burgundertrüffeljus. Beschwipster Mandelbiskuit mit Kokosblütenknusper, Beeren, Hafermilcheis und Blutorangensorbet.

🕸 ⇔ 🅰🅺 ⊟ 🅿 – Menü 55 € (Mittags), 75/126 €

Hotel Laurentius, Marktplatz 5 ⊠ 97990 - 𝒞 07934 91080 –
www.hotel-laurentius.de – Geschlossen 1. Februar-9. März, Montag, Dienstag,
mittags: Mittwoch-Samstag, abends: Sonntag

☺ LAURENTIUS - BISTRO

TRADITIONELLE KÜCHE · BISTRO 🍴 Wenn es mal keine Gourmetküche sein soll, sind Sie im angenehm legeren Bistro bei leckeren regionalen Gerichten bestens aufgehoben. Sehr gute Produkte werden hier handwerklich gekonnt und mit Anspruch zubereitet. Bei schönem Wetter ist natürlich die Terrasse auf dem Marktplatz gefragt.

Spezialitäten: Wiesensalat mit Wildschinken. Ochsenschulter in Tauberschwarz geschmort, Breite Bohnen und Grüne Knöpf. Waldmeisterschäumle mit Himbeer-Hasisorbet und Dickmilch.

⇔ 🍽 ⊟ 🅿 – Menü 26 € (Mittags), 37/68 € – Karte 32/58 €

Hotel Laurentius, Marktplatz 5 ⊠ 97990 - 𝒞 07934 91080 –
www.hotel-laurentius.de –
Geschlossen 1. Februar-9. März, Sonntag-Dienstag, nur Mittagessen

🏠 LAURENTIUS

FAMILIÄR · GEMÜTLICH Familie Koch steckt jede Menge Herzblut in ihr kleines Hotel. Schön liegt es am historischen Marktplatz beim Schloss samt Park. Hübsch die Zimmer: "Kabinett", "Cuvée" und "Grand Cru". Im eigenen Hohenloher Märktle gibt's "Obst, Gemüse, Schwein & Wein".

🏠 ⊟ 🅿 – 13 Zimmer

Marktplatz 5 ⊠ 97990 - 𝒞 07934 91080 - www.hotel-laurentius.de

❁ **Laurentius** · ☺ **Laurentius - Bistro** – Siehe Restaurantauswahl

WEIL AM RHEIN

Baden-Württemberg – Regionalatlas **61**–D21 – Michelin Straßenkarte 545

🍽️ **GASTHAUS ZUR KRONE RESTAURANT** ⓝ

KLASSISCHE KÜCHE · GEMÜTLICH XX Das Restaurant der alteingesessenen "Krone" hat ein interessantes Konzept: Im Winter sitzt man in den geschmackvollen und gemütlichen Stuben des historischen Gasthauses, im Sommer im modernen Anbau - und hier idealerweise auf der tollen Terrasse! Gekocht wird klassisch - mit sehr guten Produkten und viel Aroma.

⇔ 🌳 ⚭ ⇔ 🅿 🎐 – Menü 25 € (Mittags), 69/105 € – Karte 33/84 €

Gasthaus zur Krone, Hauptstraße 58 ✉ 79576 – ☏ 07621 71164 - www.kroneweil.de –
Geschlossen Montag, Sonntag

🏠 **GASTHAUS ZUR KRONE**

FAMILIÄR · DESIGN In dem familiengeführten kleinen Hotel mit angenehm persönlichem Service trifft Tradition auf Moderne. Richtig geschmackvoll die Designerzimmer im historischen Gasthaus, ebenso chic die wertig-puristischen Neubau-Zimmer (hier Tablet statt TV). Man hat auch noch ein recht ruhig gelegenes Gästehaus.

🕊 🗓 🎬 🦮 🅿 – 22 Zimmer

Hauptstraße 58 ✉ 79576 – ☏ 07621 71164 - www.kroneweil.de

🍽️ **Gasthaus zur Krone Restaurant** – Siehe Restaurantauswahl

WEILERBACH

Rheinland-Pfalz – Regionalatlas **46**–D16 – Michelin Straßenkarte 543

🍽️ **PUUR!**

ZEITGENÖSSISCH · GEMÜTLICH X Das wohl älteste Haus im Ort ist heute ein Mix aus Bar, Weinhandlung und Restaurant. Gemütlich-trendig das Ambiente aus klaren Formen, freiliegenden Sandsteinwänden und viel Holz. Auf der Karte modern-internationale Gerichte wie z. B. "Ravioli mit geräuchertem Burrata, Tomaten-Pulpo-Sud, gebratener Schweinebauch".

🌳 🅿 – Menü 37/76 € – Karte 46/64 €

Hauptstrasse 30 ✉ 67685 – ☏ 06374 9449100 - www.geniessen-puur.com –
Geschlossen 1.-12. Januar, Sonntag-Dienstag, nur Abendessen

WEILER-SIMMERBERG IM ALLGÄU

Bayern – Regionalatlas **64**–I21 – Michelin Straßenkarte 546

Im Ortsteil Weiler

🏘️ **TANNENHOF**

SPA UND WELLNESS · INDIVIDUELL Sport und Spa werden hier groß geschrieben: Wellnessvielfalt von Beauty über Yoga bis Physiotherapie, dazu beste Tennisbedingungen (drinnen und draußen) einschließlich Kurse. Und überall im Haus schickes modern-alpines Design - da sind die neueren Zimmer besonders gefragt. 3/4-Pension inklusive.

🕊 🌊 🛋 🎯 🗓 🌐 💈 🕎 🗓 🦮 🅿 ☕ – 100 Zimmer – 17 Suiten

Lindenberger Straße 33 ✉ 88171 – ☏ 08387 1235 - www.tannenhof.com

WEIMAR

Thüringen – Regionalatlas **40**–L12 – Michelin Straßenkarte 544

🍽️ **ANNA**

MODERNE KÜCHE · BRASSERIE XX In dem dank viel Glas herrlich lichtdurchfluteten Restaurant mit hoher Decke sitzt man in schönem geradlinigem Ambiente und lässt sich modern-kreative Regionalküche servieren. Darf es vielleicht "Landei 62° & Aal, Lammzunge, Dill" oder "Lachsforelle im Sud & Mandelmilch, Rettich" sein?

🕸 ⇔ 🌳 ⚭ 🎬 🗓 ⇔ 🅿 – Karte 49/79 €

Hotel Elephant, Markt 19 ✉ 99423 – ☏ 03643 8020 - www.hotelelephantweimar.de

Ⅰ○ **WEINBAR WEIMAR**

MEDITERRAN · WEINSTUBE ✗ Eine richtig charmante Weinbar am Rande der Altstadt! Hier genießt man über 100 offene Weine und gute mediterrane Küche. Zur Wahl stehen ein 5-Gänge-Menü (z. B. mit "Bärlauch-Ravioli, Jakobsmuschel, Morchelschaum") sowie ambitioniertes Barfood à la carte. Als passionierter Sommelier empfiehlt der Patron schön abgestimmte Weine! Hinweis: Das Menü muss man vorbestellen!

🍴 – Menü 85 € – Karte 32/38 €

Humboldtstraße 2 ✉ 99423 – ☎ 03643 4699533 – www.weinbar-weimar.de – Geschlossen 19. Januar-13. Februar, 2.-25. August, Montag, Sonntag, mittags: Dienstag-Samstag

🏨 **ELEPHANT**

TRADITIONELL · DESIGN Der Klassiker und Platzhirsch unter den Weimarer Hotels präsentiert sich nach intensiver Verjüngung eleganter und komfortabler denn je, doch auch die Historie des Hauses spürt man nach wie vor. Chic die wertigen Zimmer mit 20er-Jahre-Touch sowie die großzügige Hotelhalle. Kleine Snacks in der "Elephantenbar".

🍽 🐾 🛁 ⬆ 🎬 🛋 🅿 – 99 Zimmer – 6 Suiten

Markt 19 ✉ 99423 – ☎ 03643 8020 – www.hotelelephantweimar.de

Ⅰ○ **AnnA** – Siehe Restaurantauswahl

WEINGARTEN (KREIS KARLSRUHE)

Baden-Württemberg – Regionalatlas **54**–F17 – Michelin Straßenkarte 545

✿ **ZEIT|GEIST**

Chef: Sebastian Syrbe

KREATIV · GEMÜTLICH ✗✗ Das jahrhundertealte Walk'sche Haus im Herzen von Weingarten hat wirklich Charme: Außen sticht einem die hübsche Fachwerkfassade ins Auge, drinnen mischt sich elegante Geradlinigkeit mit Gemütlichkeit. Am Herd sorgt Küchenchef Sebastian Syrbe dafür, dass auf dem Teller die Moderne nicht zu kurz kommt. Bei seinen kreativen Gerichten steht das Produkt absolut im Mittelpunkt! Mit viel Fingerspitzengefühl hebt man den Eigengeschmack der ausgezeichneten Zutaten hervor, bringt angenehme Kontraste mit ein und schafft eine feine Balance. Das geschulte und aufmerksame Serviceteam sorgt zudem für einen reibungslosen Ablauf. Schön übernachten können Sie hier übrigens auch.

Spezialitäten: Gänseleber, Kirsche, Kokos. Entenbrust, Brokkoli, Lardo, Buchweizen. Schokoladentarte, Erdbeere, Ivoire, Himbeere.

🔄 🍴 ✿ 🅿 – Menü 49/99 € – Karte 49/77 €

Marktplatz 7 ✉ 76356 – ☎ 07244 70370 – www.walksches-haus.de – Geschlossen 1.-12. Januar, Montag, Sonntag, mittags: Dienstag-Samstag

WEINHEIM AN DER BERGSTRASSE

Baden-Württemberg – Regionalatlas **47**–F16 – Michelin Straßenkarte 545

🕸 **BISTRONAUTEN**

MARKTKÜCHE · BISTRO ✗ In dem ehemaligen OEG-Bahnhof von 1903 isst man richtig gut. In ungezwungen moderner Atmosphäre mit Industrie-Charme steht auf der Tafel ein saisonales Menü angeschrieben - beim Hauptgang wählt man zwischen Fleisch, Fisch und Vegi. Dazu gibt es deutsche Weine. Wer an der Theke speist, schaut in die offene Küche.

Spezialitäten: Rote Betesuppe. Lachsforelle, Rahmsauerkraut, Kartoffelkrapfen. Schokolade und Aprikose.

🍴 🅿 – Menü 32/44 € – Karte 32/39 €

Kopernikusstraße 43 ✉ 69469 – ☎ 06201 8461856 – www.bistronauten.de – Geschlossen 21. Dezember-5. Januar, Montag, Sonntag, mittags: Dienstag-Samstag

🍴○ ESSZIMMER IN DER ALTEN POST

MODERNE KÜCHE · FAMILIÄR XX Klare Linien, ruhige Töne, schöner alter Dielenboden... Trendig und zugleich wohnlich ist das Ambiente hier. Gekocht wird modern-kreativ. Auf der Karte finden sich klassisch-französische und auch asiatische Einflüsse - Appetit macht z. B. "Sankt Jakobsmuschel, Macadamianuss, Thaicurry, grüner Spargel, Koriander". Gut auch die Steaks vom Holzkohlegrill.

🍴 – Menü 49/85 €

Alte Postgasse 53 ✉ 69469 – ☏ 06201 8776787 – www.esszimmer-weinheim.de – Geschlossen 15. Februar-2. März, 13.-31. August, Montag, Dienstag, mittags: Mittwoch-Samstag, abends: Sonntag

WEISENHEIM AM BERG

Rheinland-Pfalz – Regionalatlas **47**–E16 – Michelin Straßenkarte 543

🍃 ADMIRAL

Chef: Holger Stehr

ZEITGENÖSSISCH · FAMILIÄR XX Tolle Qualität zu einem richtig guten Preis-Leistungs-Verhältnis! Ein wirklich charmantes Restaurant und zudem ein Klassiker in der Region, dem die engagierten Inhaber eine eigene Note verpasst haben. In der Küche sorgt Patron Holger Stehr für einen interessanten Mix aus Moderne und Klassik, geschmacklich intensiv und auch ein bisschen verspielt - da kommt der Pâtissier in ihm durch. Holger Stehr ist nämlich gelernter Konditor und war zuvor Chef-Pâtissier in verschiedenen Sternerestaurants. Lassen Sie sich also auf keinen Fall leckere Desserts wie z. B. Cheesecake mit Aprikosengelee und Mandelstreuseln entgehen! Gastgeberin Martina Kraemer-Stehr, ihres Zeichens Sommelière, ist für den freundlichen Service verantwortlich. Die offenen Weine gibt es zu den beiden Menüs auch als Weinreise.

Spezialitäten: Bachsaibling, Quinoa, Blumenkohl, Dörrsauerkirsch-Tapenade. Semerrolle vom US-Beef, Selleriecrème, süß-sauer eingelegter Muskatkürbis. Landmilch-Mousse, flüssige Schokoladenpraline, Erdnussbisquit und Crumble, Mango.

🍴 P 🍷 – Menü 76/130 €

Leistadter Straße 6 ✉ 67273 – ☏ 06353 4175 – www.admiral-weisenheim.de – Geschlossen 6.-19. September, Montag, Dienstag, mittags: Mittwoch-Freitag

WEISSENSTADT

Bayern – Regionalatlas **51**–M15 – Michelin Straßenkarte 546

😊 GASTHAUS EGERTAL

REGIONAL · BISTRO X Familie Rupprecht hat in ihrem hübschen traditionsreichen Gasthaus zwei Konzepte zu einem vereint: Im eleganten Restaurant und im Bistro bietet man dieselbe Karte. Hier finden sich frische Gerichte mit regionalen und klassischen Einflüssen. Tipp: das Tagesmenü zu besonders tollem Preis-Leistungs-Verhältnis. Schön im Sommer die Terrasse vor dem Haus.

Spezialitäten: Lachsfilet in Nussbutter confiert mit Schnittlauch und Zitrone. Lammrücken im Kräutermantel mit Schalottenjus, Rote Bete, Schafskäse und Polenta. Vanilleeis mit Kürbiskernöl.

🍴 ✿ P – Menü 30/59 € – Karte 23/64 €

Wunsiedler Straße 49 ✉ 95163 – ☏ 09253 237 – www.gasthausegertal.de – Geschlossen 3.-31. Januar, Dienstag, Mittwoch, mittags: Montag und Donnerstag-Samstag

625

WEITNAU

Bayern – Regionalatlas **64**–I21 – Michelin Straßenkarte 546

In Weitnau-Hellengerst Nord-Ost: 10 km über B 12

🏠 HANUSEL HOF

LANDHAUS · MODERN Umgeben vom satten Grün des hauseigenen Golfplatzes genießen Golfer, Urlauber und Wellnessgäste alpenländische Wohnlichkeit, Massage und Kosmetik sowie den Bergblick (sehr schön von der Terrasse!). Im Winter Loipen vor dem Haus. Das Restaurant bietet regional-traditionelle Küche, mittags reduziertes Angebot.

🐦 🦌 🛌 🎱 🎿 🎠 🛖 🔲 🎋 🅿 🚗 – 45 Zimmer – 8 Suiten

Helingerstraße 5 ✉ 87480 – ☏ 08378 92000 – www.hanusel-hof.de

WERDER (HAVEL)

Brandenburg – Regionalatlas **22**–O8 – Michelin Straßenkarte 542

ⅱ○ ALTE ÜBERFAHRT

MODERNE KÜCHE · CHIC ⅩⅩ Hier lockt zum einen die reizvolle Lage an der Havel (man hat auch einen Bootsanlager), zum anderen bietet man ambitionierte Küche in freundlich-moderner Atmosphäre. Sie möchten übernachten? Das Hotel "Prinz Heinrich" mit seinen gepflegten Zimmern befindet sich im selben Haus.

🎋 🅿 – Menü 55/99 €

Fischerstraße 48b ✉ 14542 – ☏ 03327 7313336 – www.alte-ueberfahrt.de –
Geschlossen Montag, Dienstag, mittags: Mittwoch-Freitag

WERDOHL

Nordrhein-Westfalen – Regionalatlas **27**–D11 – Michelin Straßenkarte 543

In Werdohl-Kleinhammer

ⅱ○ THUNS DORFKRUG

INTERNATIONAL · ZEITGEMÄSSES AMBIENTE ⅩⅩ Zeitgemäß und mit elegantem Touch kommt das Restaurant daher, schön die modernen Bilder und der Parkettboden. Geboten werden schmackhafte regionale und internationale Gerichte. Gepflegt übernachten kann man ebenfalls: Die Zimmer sind geradlinig und funktionell.

🛏 🎋 🅿 – Menü 36/55 € – Karte 35/55 €

Brauck 7 ✉ 58791 – ☏ 02392 97980 – www.thuns.de –
Geschlossen Sonntag, mittags: Freitag-Samstag

WERNBERG-KÖBLITZ

Bayern – Regionalatlas **51**–N16 – Michelin Straßenkarte 546

😊 WIRTSSTUBE

REGIONAL · RUSTIKAL Ⅹ Im zweiten Restaurant des "Landgasthofs Burkhard" geht es kulinarisch etwas schlichter zu, was der Qualität keinerlei Abbruch tut. Die Bandbreite reicht von "Cordon bleu" bis "Dorade mit Zitrone". Man speist in wohnlich-rustikalem Ambiente oder auf der netten Innenhofterrasse, die man sich mit der "Kaminstube" teilt.

Spezialitäten: Rote Bete Carpaccio, Burrata, Pinienkerne. Schweinsbrüstl in Jus Kartoffelknödel, Bayrisch Kraut. Topfennockerl, Zwetschgenröster.

🛏 🎋 🔲 🔄 🅿 – Menü 25 € (Mittags), 28/38 € – Karte 28/67 €

Kaminstube, Marktplatz 10 ✉ 92533 – ☏ 09604 92180 – www.hotel-burkhard.de –
Geschlossen 30. Juli-13. August, Freitag, mittags: Samstag, abends: Donnerstag und Sonntag

⫶○ KAMINSTUBE

FRANZÖSISCH · RUSTIKAL ※※ Zirbelholzvertäfelung, Ofen, charmante Deko...,
schön heimelig ist es hier! Gekocht wird französisch mit saisonalem und mediterranem Einfluss, z. B. "Lammcarré mit Kräuterkruste". Toll die Terrasse unter Kastanienbäumen! Sept. - April: samstags auf Reservierung nur "Fine Dining Stub'n Menü". Der "Landgasthof Burkhard" hat auch freundliche Gästezimmer.

⟵ 🛋 🖼 ⟳ 🅿 – Menü 25 € (Mittags), 35/84 € – Karte 26/84 €

Marktplatz 10 ✉ *92533 –* ☏ *09604 92180 – www.hotel-burkhard.de –*
Geschlossen 30. Juli-13. August, 28. Dezember-30. Januar, Freitag,
mittags: Samstag, abends: Donnerstag und Sonntag

🅦 Wirtsstube – Siehe Restaurantauswahl

WERNIGERODE
Sachsen-Anhalt – Regionalatlas **30**–K10 – Michelin Straßenkarte 542

✿ PIETSCH

KREATIV · GASTHOF ※ Ein interessantes modernes Gastro-Konzept: Pünktlich um 19 Uhr öffnet sich die Tür zu dem trendig-urbanen Tresen-Restaurant, das man eher in einer Großstadt vermuten würde als im beschaulichen Wernigerode. Man sitzt auf bequemen Barhockern an der Theke zur offenen Küche, kommunikativ die Atmosphäre. Gebannt verfolgt man das fast an eine Theateraufführung erinnernde Geschehen, die Zeit vergeht wie im Flug! Geboten wird ein kreatives Menü: französisch-japanische Crossover-Küche mit regionalen Einflüssen, die angenehm klar und ausgewogen ist. Schön die Weinbegleitung - oder lieber einen tollen selbst kreierten Saft?

Spezialitäten: Ei, Kartoffel, Trüffel. Schweinebacke, Topinambur, Buchweizen, Holunder. Geröstete Kokosnuss, Ananas.

Menü 115/125 €

Breite Straße 53a (Brunnenhof) ✉ *38855 –*
☏ *03943 5536053 – www.restaurantpietsch.de –*
Geschlossen Montag, Dienstag, Sonntag, mittags: Mittwoch-Samstag

✿ ZEITWERK

KREATIV · FREUNDLICH ※ Ein Menü - viele kleine Gänge. Und die bleiben in Erinnerung! Genau das ist das Ziel des jungen Teams um Inhaber und Küchenchef Robin Pietsch, der übrigens nicht nur Koch, sondern auch gelernter Konditor ist. Einen festen Küchenstil gibt es hier nicht, nur eines ist Ihnen gewiss: Kreativität. Ausgesuchte Produkte aus der Region werden sehr durchdacht und mit frischen Ideen zu angenehm reduzierten und ausgesprochen aromatischen Speisen zusammengestellt, die einfach Spaß machen! Man nennt sich selbst „Wohnzimmer-Restaurant", und das trifft es recht gut. Die Atmosphäre ist trendig und zugleich angenehm persönlich, der Service charmant und leger – ein wirklich schönes modernes Bild!

Spezialitäten: Senfei und Mohn. Wachtel in zwei Gängen serviert. Quarkkeulchen.

🛋 🖼 – Menü 115/125 €

Große Bergstraße 2 ✉ *38855 –* ☏ *03943 6947884 – www.dein-zeitwerk.com –*
Geschlossen Montag, Dienstag, Sonntag, mittags: Mittwoch-Samstag

🅖 GASTSTUBEN GOTISCHES HAUS

MARKTKÜCHE · KLASSISCHES AMBIENTE ※※ Im Restaurant des schicken "Travel Charme Hotels" sitzt man in hübschen Stuben und lässt sich saisonal-regional geprägte Speisen schmecken, dazu gibt es schöne Weine. Eine Besonderheit ist der Blick auf den historischen Marktplatz! Mittags kleinere Karte und preiswerte Tagesgerichte. Übernachten können Sie in klassisch-komfortablen Zimmern.

Spezialitäten: Riesling-Senfsuppe mit Weißwurst von geräuchertem Aal. Gegrilltes Kotelett vom Schwein, Senfsauce, Blumenkohl und Haselnüsse. Birne, Holunder, Beeren, Lavendel und Honig.

⟵ 🚹 🖼 🖃 🏡 – Menü 36/44 € – Karte 36/52 €

Marktplatz 2 ✉ *38855 –* ☏ *03943 6750 – www.travelcharme.com/gothisches-haus*

WERTHEIM

Baden-Württemberg – Regionalatlas **48**–H16 – Michelin Straßenkarte 545

In Wertheim-Bestenheid Nord-West: 3 km

BESTENHEIDER STUBEN

INTERNATIONAL · FREUNDLICH ✗✗ Es ist bekannt, dass Gastgeber Otto Hoh im Restaurant des gleichnamigen Hotels schmackhaft und unkompliziert kocht, ob "US-Rinderrücken, Bohnen, Kartoffeln, Sauce Béarnaise" oder "Steinbeißerfilet mit Pommerysenfsauce". Auch das Ambiente stimmt: hell und freundlich. Bar als Raucherbereich. Gepflegt und funktionell die Gästezimmer.

Spezialitäten: Rinderkraftbrühe mit Leberknödel. Geschmorte Kalbsbacke, Spätburgundersauce, Gemüse und Kartoffelstampf. Gebackenes Eis mit Kirschragout.

⇆ 🛏 ♤ 🅿 – Menü 48/62 € – Karte 35/65 €

Breslauer Straße 1 ✉ 97877 – ☎ 09342 96540 – www.bestenheider-stuben.de –
Geschlossen mittags: Montag-Freitag, abends: Sonntag

WERTINGEN

Bayern – Regionalatlas **57**–J19 – Michelin Straßenkarte 546

🍴◯ GÄNSWEID

REGIONAL · TRENDY ✗ Schön, was aus der einstigen Autowerkstatt geworden ist: ein hübsch dekoriertes, gemütlich-modernes Restaurant mit regional-internationalen Gerichten. Auf der Tafel liest man z. B. "Skreifilet mit Fenchel und Senfsoße" oder "geschmortes Rind mit Gemüse und Spätzle". Mittags ist das Angebot kleiner und einfacher.

🛏 ♿ – Menü 10 € (Mittags), 30/45 € – Karte 28/49 €

Gänsweid 1 ✉ 86637 – ☎ 08272 642132 – www.gaensweid.de –
Geschlossen 26. August-8. September, Dienstag, Mittwoch, mittags: Samstag

WETTENBERG

Hessen – Regionalatlas **37**–F13 – Michelin Straßenkarte 543

In Wettenberg - Krofdorf-Gleiberg Süd-West: 5 km

🍴◯ BURG GLEIBERG

KLASSISCHE KÜCHE · HISTORISCHES AMBIENTE ✗ Die Aussicht hier oben auf der Burg ist schon beeindruckend! Im charmanten geschmackvoll-rustikalen Restaurant serviert man klassisch-saisonale Küche mit mediterranen Einflüssen - gerne speist man auch auf der Terrasse. In der urigen "Albertusklause" samt tollem Biergarten ist das Angebot einfacher. Tipp: Besuchen Sie die historische Ruine!

⇆ 🛏 ♤ 🅿 – Karte 29/58 €

Burgstraße 90 ✉ 35435 – ☎ 0641 81444 – www.burggleiberg.de –
Geschlossen Montag, Dienstag, Mittwoch, mittags: Donnerstag

WICKEDE (RUHR)

Nordrhein-Westfalen – Regionalatlas **27**–E11 – Michelin Straßenkarte 543

🍴◯ HAUS GERBENS

INTERNATIONAL · ELEGANT ✗✗ Elegant oder lieber rustikal? In der ehemaligen Poststation (1838) wählen Sie zwischen Restaurant und Gaststube, um sich internationale Speisen wie "Lachsfilet, Dillschaum, Tomaten-Blattspinat, Kräuter-Risotto" schmecken zu lassen. Hübsche begrünte Terrasse. Zum Übernachten: schöne individuelle Zimmer.

⇆ 🛏 🅿 – Menü 36/46 € – Karte 27/63 €

Hauptstraße 211 ✉ 58739 – ☎ 02377 1013 – www.haus-gerbens.de –
Geschlossen 27. Dezember-18. Januar, Sonntag-Montag, nur Abendessen

WIEDEN

Baden-Württemberg – Regionalatlas **61**–D21 – Michelin Straßenkarte 545

ⅱ◯ BERGHOTEL WIEDENER ECK

REGIONAL · GASTHOF ⅹ Traditionelle Schwarzwaldstube oder lieber helles modernes Ambiente mit Panoramablick? Auch in der regional geprägten Küche bereichern moderne Einflüsse beliebte Klassiker wie "Geschnetzeltes aus der Rehkeule, Waldpilzsoße, Spätzle" - Wild kommt aus eigener Jagd. Übernachten kann man in hübschen wohnlich-warm eingerichteten Zimmern.

⇆ ≤ 🍴 🏠 🖥 🔄 🅿 🚗 – Karte 29/62 €

Oberwieden 15 (Höhe 1050 m) ⊠ 79695 – ℰ 07673 9090 – www.wiedener-eck.de –
Geschlossen 15.-28. März, 29. November-19. Dezember, Montag, Dienstag

WIESBADEN

Hessen – Regionalatlas **47**–E15 – Michelin Straßenkarte 543

⁢ ENTE

FRANZÖSISCH-KLASSISCH · ELEGANT ⅹⅹⅹ Klassischer geht es kaum! Der "Nassauer Hof", ein schmuckes Grandhotel von 1813, bildet den stilvollen Rahmen für die elegante "Ente". Auf zwei Ebenen - eine geschwungene Treppe mit schmiedeeisernem Geländer führt hinauf auf die Empore - sitzt man an wertig eingedeckten Tischen und wird aufmerksam und geschult umsorgt. So klassisch wie das Ambiente und die Servicebrigade ist auch die Küche von Michael Kammermeier. Dennoch finden sich auch moderne Elemente, angenehm dezent eingesetzt in Form von interessanten Kontrasten und Texturen. Der Klassiker schlechthin und nicht wegzudenken von der Karte ist die Ente in zwei Gängen. Bemerkenswert: Seit 1980 hält die "Ente" ohne Unterbrechung ihren MICHELIN Stern - seit 2006 unter der Leitung von Michael Kammermeier. Mittags "Ente Light Menü".

Spezialitäten: Gehobelte Entenleber, Birne, schwarze Nüsse, Sherry-Gelee, Brioche. Weißer Heilbutt, Nacho-Kruste, roter Mangold, Imperial Kaviar, Maissud. Bienenstich, Heumilcheis, Pollen, Nassauer Hof Bienenhonig.

🕸 ⇆ 🏠 ⅙ 🎬 🅿 – Menü 65 € (Mittags), 115/180 €

Stadtplan: B1-v *– Hotel Nassauer Hof, Kaiser-Friedrich-Platz 3 ⊠ 65183 –*
ℰ 0611 133666 – www.nassauer-hof.de –
Geschlossen Montag, Sonntag

ⅱ◯ DAS GOLDSTEIN BY GOLLNER'S

SAISONAL · CHIC ⅹⅹ Richtig stylish kommt das ehemalige Schützenhaus daher, wertig das geradlinig-schicke Design - viel Holz bewahrt den Bezug zur Natur. Die ambitionierte Küche bietet traditionelle Klassiker sowie Modernes und Internationales - von "heimischem Rehrücken mit Topfenspätzle" bis "Wildlachs im Teriyaki-Stil". Toll der begehbare Weinkeller sowie die Karte mit 500 Positionen.

🕸 🍴 🏠 ⅙ 🔄 🅿 – Menü 58/110 € – Karte 43/90 €

außerhalb Stadtplan *– Goldsteintal 50 ⊠ 65207 –*
ℰ 0611 541187 – www.gollners.de –
Geschlossen Montag, Dienstag

ⅱ◯ ENTE-BISTRO

FRANZÖSISCH-KLASSISCH · BISTRO ⅹ Der kleine Ableger der berühmten "Ente" ist ebenfalls eine feste Größe in der Stadt. Das Ambiente ist typisch für ein Bistro: eng, gemütlich, viele Fotos an den Wänden zeugen von bekannten Gästen. Bodentiefe Fenster machen es dazu schön hell. Man kocht klassisch-französisch mit saisonalen und mediterranen Einflüssen.

⇆ 🏠 🎬 – Karte 43/60 €

Stadtplan: B1-v *– Hotel Nassauer Hof, Kaiser-Friedrich-Platz 3 (Eingang Wilhelmstraße) ⊠ 65183 – ℰ 0611 133666 –*
www.hommage-hotels.com/nassauer-hof-wiesbaden/unser-hotel –
Geschlossen Montag

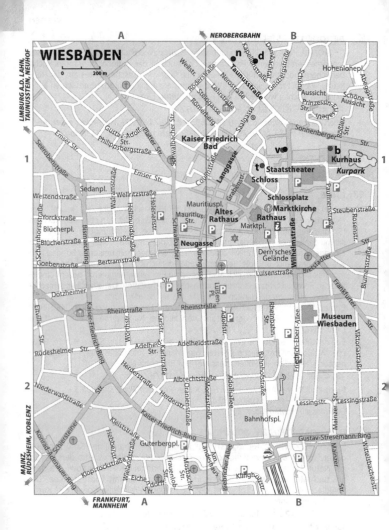

🍴 LAMBERTUS KURHAUS

INTERNATIONAL · BISTRO X In dem prächtigen Kurhaus von 1907 (hier auch die Spielbank) bestaunt man im Parfüm-Saal große Original-Flacons, in der Bel-étage Werke von Gunter Sachs und im Bistro unzählige Fotos (zählen Sie die Eif-felturm-Bilder!). Die Küche ist international geprägt. Gerne kommt man sonntags zum Brunch oder auch nach dem Theater.

🏡 ⇔ – Karte 42/73 €

Stadtplan: B1-b – *Kurhausplatz 1 (im Kurhaus)* ✉ 65189 –
📞 0611 536200 – www.kuffler.de

ⅈ○ MARTINO KITCHEN

SAISONAL · BISTRO ⅄ Ein sympathisches Bistro mit charmantem Service und mediterran beeinflusster Küche von handgemachter Pasta bis Zitronen-Hühnchen. Darf es vielleicht mal das "Carte blanche"-Menü am Chef's Table sein? Das Restaurant befindet sich im Hotel "Citta Trüffel" mit chic designten Zimmern und Feinkostladen.

🅐🅚 🔁🍴 – Menü 33/66 € – Karte 44/62 €

Stadtplan: B1-t – *Webergasse 6 ✉ 65183 – ℰ 0611 9905530 – www.martino.kitchen – Geschlossen Montag, Sonntag*

NASSAUER HOF

GROSSER LUXUS · KLASSISCH In dem schönen Grandhotel von 1813 pflegt man den klassischen Stil, ohne dabei stehenzubleiben. Das beweisen die zeitgemäß-eleganten und hochwertigen Zimmer ebenso wie der tolle Spa im 5. Stock - hier oben auch der 32°-Thermal-Pool mit Stadtblick!

🍴 🔲 ⓦ 🐾 ⅃🏋 🔁 🅐🅚 🕍 🚗 – 145 Zimmer – 14 Suiten

Stadtplan: B1-v – *Kaiser-Friedrich-Platz 3 ✉ 65183 – ℰ 0611 1330 – www.nassauer-hof.de*

ⅈ○ **Ente-Bistro** · ✿ **Ente** – Siehe Restaurantauswahl

⌂ KLEMM

HISTORISCH · INDIVIDUELL Ein richtig schöner Altbau von 1888, hübsche Jugendstilelemente wie Stuck oder Buntglasfenster, ein reizender Innenhof, liebevoll eingerichtete Zimmer, von denen keines dem anderen gleicht, und nicht zuletzt das tolle Frühstück. Darüber hinaus werden Sie hier auch noch überaus herzlich betreut!

🔁 🚗 – 62 Zimmer – 1 Suite

Stadtplan: B1-d – *Kapellenstraße 9 ✉ 65193 – ℰ 0611 5820 – www.hotel-klemm.de*

In Wiesbaden-Alt Klarenthal Nord-West: 5 km über Dotzheimer Straße A2

ⅈ○ LANDHAUS DIEDERT

SAISONAL · CHIC ⅄⅄ Überall zeigt sich das Engagement der Familie Diedert - von den schönen Zimmern im Gästehaus über das freundliche, wertige Interieur des Restaurants mit seinen schicken Design-Akzenten bis hin zur mediterranen sowie regional-deutschen Küche. Ein Klassiker des Hauses: "Gambas 'Sambal Oelek' , serviert in der 'Le Creuset'-Pfanne". Toll die Platanen-Terrasse.

🚗 👥 🌳 🅐🅚 ⇆ 🅿 – Menü 28 € (Mittags), 29/69 € – Karte 32/72 €

außerhalb Stadtplan – *Am Kloster Klarenthal 9 ✉ 65195 – ℰ 0611 1846600 – www.landhaus-diedert.de – Geschlossen Montag, mittags: Dienstag und Samstag*

WIESSEE, BAD

Bayern – Regionalatlas **66**–M21 – Michelin Straßenkarte 546

⊛ FREIHAUS BRENNER

REGIONAL · GEMÜTLICH ⅄⅄ Auf schmackhafte und frische regional-saisonale Küche darf man sich hier in sensationeller Lage oberhalb von Bad Wiessee freuen - nicht nur heimische Forellen oder Wiener Backhendl kommen gut an. Drinnen sitzt man in gemütlichen kleinen Stuben, draußen genießt man auf der Terrasse die fantastische Sicht auf den Tegernsee. Tipp: die schöne Ferien-Suite im DG.

Spezialitäten: Kürbiscarpaccio, Feldsalat, Ziegenkäse, Shiitake. Jungbullenfilet, Kräuterquark, Kartoffeldippers. Karamellisierter Kaiserschmarrn, Vanilleeis, Apfelmus.

🌳 🌳 ⇆ 🅿 – Karte 35/71 €

Freihaus 4 ✉ 83707 – ℰ 08022 86560 – www.freihaus-brenner.de – Geschlossen 11.-18. Januar

¡O **DA MIMMO**

ITALIENISCH · GEMÜTLICH ✗✗ Viele Stammgäste zieht es in das gemütlich-elegante Ristorante von Padrone Mimmo - sie mögen seine klassisch-italienische Küche. Pizza gibt es keine, dafür z. B. "hausgemachte Ravioli mit Butter, Kirschtomaten und Rucola-Pesto" oder "Filet vom Loup de mer auf Rote-Beete-Risotto". Charmant die begrünte Terrasse.

🛖 🅿 🍴 – Menü 50/90 € – Karte 46/64 €

Sanktjohanserstraße 82 ✉ *83707* – ✆ *08022 82250* –
www.ristorante-da-mimmo.com – *Geschlossen mittags: Montag, Sonntag*

🏠 **LANDHAUS MARINELLA**

LANDHAUS · INDIVIDUELL Ein wirklich geschmackvolles kleines Domizil am Tegernsee. Individuelle Zimmer mit schönem Parkettboden, von romantisch bis maritim, eines reizender als das andere - allesamt hell, frisch und wohnlich! Dazu wird man liebenswert persönlich umsorgt, und ein gutes Frühstück gibt es ebenfalls. Strandbad gleich gegenüber.

⬅ 🍴 🛖 🅿 – 8 Zimmer – 3 Suiten

Am Strandbad 7 ✉ *83707* – ✆ *08022 8599990* – *www.landhaus-marinella.de*

WILDBERG
Baden-Württemberg – Regionalatlas **54**–F19 – Michelin Straßenkarte 545

🏡 **TALBLICK**

REGIONAL · FREUNDLICH ✗✗ Bei den Weitbrechts wird geschmackvoll, frisch und mit sehr guten Produkten gekocht - wie wär's mit "Schollenfilets in Mandelbutter gebraten" oder "Filet & Bäckchen vom Landschwein mit Pommerysenf-Soße"? Auf Vorbestellung aufwändiges Menü im kleinen "Gourmet". Schön gepflegt übernachten kann man auch.

Spezialitäten: Ziegenkäse mit Nusschutney, Kirschessigglace und Blattsalaten. Gebratene Dorade Royale, Verveine-Nage, Wurzelgemüse und Kartoffel-Krapfen. Gebackene Apfeltarte mit Karamelleis und Fleur de Sel.

⬅ ⬅ 🛖 🅲 ⬩ 🅿 – Menü 34/99 € – Karte 22/53 €

Bahnhofsträßle 6 ✉ *72218* – ✆ *07054 5247* – *www.talblick-wildberg.de* –
Geschlossen 22. Februar-5. März, Dienstag

WILDEMANN
Niedersachsen – Regionalatlas **29**–J10 – Michelin Straßenkarte 541

¡O **RATHAUS**

REGIONAL · STUBE ✗ Wo einst das Rathaus stand, kann man heute gemütlich essen und gut übernachten. Gekocht wird frisch, mit regional-saisonalem Bezug und modernen Akzenten - auf der Karte kreative Bezeichnungen wie "Metamorphose" (Perlhuhn, Stubenküken, Ei, Verschiedenes vom Mais, Pfeffercreme). Schön sitzt man im Sommer draußen unter Linden. Tipp: die hausgemachten Pralinen!

⬅ 🛖 🅲 🅿 – Karte 46/71 €

Bohlweg 37 ✉ *38709* – ✆ *05323 6261* – *www.hotel-rathaus-wildemann.de* –
Geschlossen 6.-26. April, 2.-23. November, Donnerstag, mittags: Montag und Freitag

WILLINGEN (UPLAND)
Hessen – Regionalatlas **27**–F11 – Michelin Straßenkarte 543

In Willingen-Stryck Süd-Ost: 3, 5 km

¡O **GUTSHOF ITTERBACH**

FRANZÖSISCH-KLASSISCH · ELEGANT ✗✗ "Skrei, Balsamico-Linsen, Krustentierjus", "irisches Rinderfilet, Süßkartoffeln, Café-de-Paris-Butter"... Zur klassischen Küche kommen gemütliches Ambiente, eine Terrasse mit Blick ins Grüne und aufmerksamer Service. Sonntags Brunch.

⬅ 🛖 🅲 🅿 – Menü 38 € – Karte 38/58 €

Mühlenkopfstraße 7 ✉ *34508* – ✆ *05632 96940* – *www.gutshof-itterbach.de* –
Geschlossen Montag, Dienstag, Mittwoch, Donnerstag, mittags: Freitag-Samstag

WILTHEN
Sachsen – Regionalatlas **44**–R12 – Michelin Straßenkarte 544

In Wilthen-Tautewalde West: 2 km Richtung Neukirch

⊛ **ERBGERICHT TAUTEWALDE**
INTERNATIONAL · GEMÜTLICH XX Drinnen hübsche ländlich-moderne Räume, draußen ein herrlicher Innenhof mit Blick in die Küche. Gekocht wird saisonal, regional und international - da ist "Wasabi-Thunfisch auf grünem Curry und roten Linsen" genauso lecker wie "geschmorte Rindsroulade mit Rotkohl und Stupperche". Gut übernachten kann man hier auch.
Spezialitäten: Salat von bunten Tomaten, Pulpo, Basilikum-Espuma. Rumpsteak mit Rahmpfifferlingen, Schwenkkartoffeln. Dreierlei vom Bergpfirsich mit weißer Schokoladenmousse.
🖘 🛏 ✿ 🅿 – Menü 28/37 € – Karte 34/73 €

Tautewalde 61 ✉ 02681 – ☎ 03592 38300 – www.tautewalde.de –
Geschlossen 5.-15. Februar, Sonntag, mittags: Montag-Donnerstag

WIMPFEN, BAD
Baden-Württemberg – Regionalatlas **55**–G17 – Michelin Straßenkarte 545

⒑◯ **FRIEDRICH**
INTERNATIONAL · TRENDY X Verbinden Sie doch einen Bummel durch die beschauliche Altstadt mit einem Essen in dem charmanten Stadthaus a. d. 16. Jh.! Unten die liebenswert-rustikale Weinstube Feyerabend, oben das Restaurant mit saisonaler Küche - wie wär's z. B. mit einem "Weinmenü"? Mittags etwas reduzierte Karte. Tipp: Leckeres aus der eigenen Konditorei!
🛏 ✿ – Menü 38 € (Mittags), 50/75 € – Karte 34/59 €

Hauptstraße 74 (1. Etage) ✉ 74206 – ☎ 07063 245 – www.friedrich-feyerabend.de –
Geschlossen 1.-12. Januar, Montag, Dienstag

WINDELSBACH
Bayern – Regionalatlas **49**–I17 – Michelin Straßenkarte 546

⊛ **LANDHAUS LEBERT**
REGIONAL · GASTHOF XX Über 30 Jahre ist Manfred Lebert nun hier. Wer gern regional isst, wird z. B. "Rinderschmorbraten mit Dinkelspätzle" mögen - schmackhaft und preislich fair. Tipp: Im Schäferwagen verkauft man eigene Gewürze und Produkte aus der Region. Zum Feiern hat man die "Scheune", zum Übernachten nette Zimmer im Landhausstil.
Spezialitäten: Petersilienwurzelsuppe mit Blauschimmelkäse. Kalbsschnitzel, Pfifferlinge in Rahm, Dinkelspätzle, Salat. Trilogie von der Zwetschge.
🖘 🛏 ✿ 🅿 🍴 – Menü 37/97 € – Karte 31/71 €

Schloßstraße 8 ✉ 91635 – ☎ 09867 9570 – www.landhaus-rothenburg.de –
Geschlossen Montag, mittags: Dienstag-Freitag

WINDEN
Baden-Württemberg – Regionalatlas **61**–E20 – Michelin Straßenkarte 545

In Winden-Oberwinden Nord-Ost: 2 km über B 294

🏨 **ELZTALHOTEL**
SPA UND WELLNESS · GEMÜTLICH Die einstige kleine Pension in einem Schwarzwaldhof ist über die Jahre zu diesem gefragten zeitgemäß-komfortablen Urlaubshotel gewachsen. Zuvorkommender Service samt diverser Aufmerksamkeiten, Verwöhnpension, Spa auf 6000 qm mit "Schwarzwald-Saunahaus", Floatinganlage, Beauty- und Sportangebot...
🏋 🐾 ≼ 🍴 ⛲ 📺 🌐 🎠 🛗 🅿 🐕 🖘 🍴 – 90 Zimmer – 14 Suiten

Am Rüttlersberg 5 ✉ 79297 – ☎ 07682 91140 – www.elztalhotel.de

WINDORF
Bayern – Regionalatlas **60**–P19 – Michelin Straßenkarte 546

In Windorf-Schwarzhöring Nord: 7,5 km, in Rathsmannsdorf links abbiegen
Richtung Hofkirchen

🐝 **FEILMEIERS LANDLEBEN**

REGIONAL · GEMÜTLICH ✗ Gastlichkeit wird in den gemütlich-modernen Stuben groß geschrieben! Seine "Landleben"-Küche ist für Johann (genannt Hans) Feilmeier Heimatliebe und Verpflichtung zugleich. Man kocht regional und saisonal inspiriert. Sie können eines der verschiedenen Menüs oder à la carte wählen. Tipp: hausgemachte Marmeladen!

Spezialitäten: Rinderkraftbrühe mit Kalbfleisch-Pfannkuchenrolle, Röstzwiebeln und Schnittlauch. Rehgulasch in Preiselbeer-Rotweinjus geschmort, glasierte Balsamico-Steinchampignons, Brezen-Röstzwiebel-Knödeltörtchen. Geeiste Erdbeer-Yogurette mit confierten Senga Erdbeeren, Erdbeerluft, Pistaziensabayone und Landmilch-Softeis.

🌳 ✤ 🅿 🍴 – Menü 35/99 € – Karte 33/63 €

Schwarzhöring 14 ✉ 94575 – ☏ 08541 8293 – www.feilmeiers-landleben.de –
Geschlossen Montag, Dienstag, mittags: Mittwoch-Donnerstag

WINDSHEIM, BAD
Bayern – Regionalatlas **49**–J16 – Michelin Straßenkarte 546

🍴○ **WEINSTUBE ZU DEN 3 KRONEN**

REGIONAL · WEINSTUBE ✗ Das traditionsreiche Gasthaus bietet eine interessante fränkisch-japanische Fusionsküche. Es gibt das Klassik-Menü "Absolutely Free" und das Signature-Menü "The Grand Wazoo" sowie Klassiker und Saisongerichte. Neben Wein und Bier hat man eine große Auswahl an Rum, Whisky, Gin und Cocktails. Dazu sympathisch-herzlicher Service. Charmant: die holzgetäfelte alte Stube.

🌳 – Menü 35/48 € – Karte 29/41 €

Schüsselmarkt 7 ✉ 91438 – ☏ 09841 9199903 – www.weinstubedreikronen.de –
Geschlossen mittags: Montag, Dienstag, Mittwoch, mittags: Donnerstag-Sonntag

WINTERBACH
Baden-Württemberg – Regionalatlas **55**–H18 – Michelin Straßenkarte 545

In Winterbach-Manolzweiler Süd-West: 4 km

🐝 **LANDGASTHAUS HIRSCH**

REGIONAL · LÄNDLICH ✗ Bei Familie Waldenmaier (bereits die 4. Generation) wird richtig gut gekocht, und zwar regional-saisonal. Wild kommt übrigens aus eigener Jagd, Brot aus dem Backhäuschen nebenan und auch Schnaps brennt man selbst! Hübsch die Terrasse im 1. Stock. Und haben Sie auch den schönen rustikalen Biergarten gesehen?

Spezialitäten: Gebackener Kalbskopf, Kartoffel-Gurkensalat, Remoulade. Rehrücken aus eigener Jagd, gebratene Steinpilze, Selleriepüree, Portweinkirschen, Kartoffelkrapfen. Schwarzwälder Kirsch im Glas mit Rotwein-Buttereis.

🌳 ✤ 🅿 🍴 – Menü 35 € – Karte 29/61 €

Kaiserstraße 8 (1. Etage) ✉ 73650 – ☏ 07181 41515 – www.hirsch-manolzweiler.de –
Geschlossen Montag, Dienstag, Mittwoch

WIRSBERG
Bayern – Regionalatlas **51**–L15 – Michelin Straßenkarte 546

🌼🌼 **ALEXANDER HERRMANN BY TOBIAS BÄTZ**

KREATIV · CHIC ✗✗✗ Er ist Sterne-Koch, Gastronom, Kochbuchautor und zudem bekannt aus diversen TV-Kochsendungen. Die Rede ist von Alexander Herrmann. Im traditionsreichen Herrmann'schen Familienbetrieb, dem "Posthotel" in Wirsberg, hat er sich mit dem schicken modern-eleganten Gourmetrestaurant einen Namen gemacht. Am Herd bildet er zusammen mit Tobias Bätz ein eingespieltes

Küchenchef-Duo. Die kreativen Gerichte sind stimmige und durchdachte Kombinationen mit tollen Kontrasten, die von einer eigenen Idee zeugen. Dazu fühlt man sich richtig gut umsorgt: Der Service ist freundlich und souverän - die Köche sind hier ebenfalls mit von der Partie. Eine schöne Idee sind auch die kleinen Kärtchen mit interessanten Informationen zu den Produkten. Bei den Weinempfehlungen liegt der Fokus auf Franken.

Spezialitäten: Ikejime Zander, roh in Scheiben mariniert und als Tatar, Pilze, Calamondin-Salzmandarine. Hirschrücken in Heu geräuchert, gesalzene Kirsche, Hirschbeuscherl, Rotweinessig-Udonnudeln. Zwetschgensorbet, Zwetschgenröster, lauwarme Hefemilch, gehobelte Lakritz-Trüffel.

↩ 🆎 🔁 **P** – Menü 189/219 €

Herrmann's Posthotel, Marktplatz 11 ✉ *95339 –* ☎ *09227 2080 –*
www.herrmanns-posthotel.de –
Geschlossen 20. Dezember-14. Januar, Montag, Dienstag, Sonntag,
mittags: Mittwoch-Samstag

🍴 AH - DAS BISTRO

REGIONAL · BISTRO 🍴 Die Alternative zum Sternerestaurant ist angenehm leger und geschmackvoll-modern. Neben "Fränkischen Tapas" bietet man auch Gerichte wie "Wallerfilet in Nussbutter gegart, Schmorkraut, Safran", nicht zu vergessen den Fränkischen Schiefertrüffel (seit 1978)!

🐾 ↩ 🍴 🆎 ⇄ **P** – Menü 55/125 € – Karte 46/79 €

Herrmann's Posthotel, Marktplatz 11 ✉ *95339 –* ☎ *09227 2080 –*
www.herrmanns-posthotel.de – Geschlossen mittags: Montag-Freitag

🏨 HERRMANN'S POSTHOTEL

TRADITIONELL · GEMÜTLICH Im Laufe von 150 Jahren Familientradition haben die Herrmanns hier am Marktplatz von Wirsberg ein geschmackvolles Domizil geschaffen. Chic die "Lifestyle"-Zimmer und -Suiten mit wohnlich-moderner und individueller Einrichtung, attraktiv auch der kleine Wellnessbereich.

🏞 🖼 🛎 🔁 🧖 **P** – 37 Zimmer – 3 Suiten

Marktplatz 11 ✉ *95339 –* ☎ *09227 2080 – www.herrmanns-posthotel.de*

🍴 **AH - Das Bistro** · 🏵🏵 **Alexander Herrmann by Tobias Bätz** – Siehe Restaurantauswahl

WISMAR
Mecklenburg-Vorpommern – Regionalatlas **11**–L4 – Michelin Straßenkarte 542

🍴 TAFELHUUS

INTERNATIONAL · ELEGANT 🍴🍴 In dem chic und klar designten Restaurant gibt es mediterran-internationale Küche mit saisonalem Bezug - Appetit macht z. B. "gebratener Loup de mer, Bärlauch, Spargel, Risotto". Oder darf es vielleicht ein Steak sein? Tagsüber kleine Snackkarte.

↩ 🍴 🆎 **P** – Menü 35/39 € – Karte 37/59 €

Hotel WONNEMAR Resort, Bürgermeister-Haupt-Straße 36 ✉ *23966 –*
☎ *03841 3742 420 – www.tafelhuus-restaurant.de*

🏨 WONNEMAR RESORT

SPA UND WELLNESS · FUNKTIONELL Ein attraktives Hotel mit geradlinig-modernen Zimmern in warmen Tönen - auch Familienzimmer sind vorhanden. Der Clou: Über die Passerelle haben Sie direkten Zugang zum "WONNEMAR Erlebnisbad" mit seinen Wellness- und Sportmöglichkeiten.

🏞 🏊 🖼 💆 🛎 ⅙ 🔁 🧖 **P** – 90 Zimmer

Bürgermeister-Haupt-Straße 36 ✉ *23966 –* ☎ *03841 37420 –*
www.wonnemar-resorts.de

🍴 **Tafelhuus** – Siehe Restaurantauswahl

WÖRISHOFEN, BAD

Bayern – Regionalatlas **64**–J20 – Michelin Straßenkarte 546

🍴○ **CALLA**

ASIATISCH · ELEGANT XᵪX Sie essen gerne euro-asiatisch? Dann werden Sie mögen, was hier in der Showküche zubereitet wird: "Lammkarree mit Ingwer-Chili-Kruste, Tamarindensauce, Flower Sprouts und Quinoa mit Erdnüssen" kommt ebenso gut an wie "Variation vom Yellow Fin Tuna". Reizvoll der Blick in den Garten!

🛋 🕭 🖃 🚗 – Menü 94 € – Karte 69/103 €

Steigenberger Hotel Der Sonnenhof, Hermann-Aust-Straße 11 ✉ 86825 –
𝒞 08247 9590 - www.spahotel-sonnenhof.de –
Geschlossen Montag, Dienstag, mittags: Mittwoch-Sonntag

🍴○ **FONTENAY**

KLASSISCHE KÜCHE · ELEGANT XᵪX In dem eleganten Restaurant des komfortablen gleichnamigen Hotels bietet man klassische Speisen, darunter das sehr beliebte "am Tisch tranchierte Chateaubriand mit Sauce Béarnaise und Portweinjus" (für 2 Personen)! Dazu genießt man den freundlichen und aufmerksamen Service.

🖙 🛋 🖃 🚗 – Menü 12 € (Mittags), 39/79 € – Karte 33/90 €

Eichwaldstraße 10 ✉ 86825 – 𝒞 08247 3060 - www.kurhotel-fontenay.de

🏨 **STEIGENBERGER HOTEL DER SONNENHOF**

SPA UND WELLNESS · ELEGANT Ruhig die Lage am Ortsrand in einem hübschen Park, stilvoll die Zimmer (darunter Familiensuiten), großzügig der Spa (verschiedene Pools, schicke Ruheräume...). Gastronomisch sind die trendig-rustikale "König Ludwig Lounge" mit Allgäuer Küche sowie die Brasserie "Petit Plaisir" nette Alternativen zum "CALLA". Veranstaltungszentrum "Inspira".

🍸 🐾 🛏 🖥 📶 ⚙ 🕭 🖃 🕭 🖳 🧖 🚗 – 156 Zimmer – 13 Suiten

Hermann-Aust-Straße 11 ✉ 86825 – 𝒞 08247 9590 - www.spahotel-sonnenhof.de
🍴○ CALLA – Siehe Restaurantauswahl

WOLFSBURG

Niedersachsen – Regionalatlas **20**–K8 – Michelin Straßenkarte 541

❀❀❀ **AQUA**

KREATIV · ZEITGEMÄSSES AMBIENTE XXXX Mitten in der an sich schon beeindruckenden Autostadt von Volkswagen liegt das "The Ritz-Carlton", und hier - etwas versteckt im Erdgeschoss am Ende eines Korridors - ein wahrhaft lohnendes Ziel für alle Gourmets: Das „Aqua". Das Design edel und klar, der Service professionell und zugleich angenehm natürlich und entspannt, die Küche über jeden Zweifel erhaben. Sven Elverfeld versteht es auch nach seinem 20-jährigen Jubiläum am "Aqua"-Herd, seinen ungebrochenen Ideenreichtum intelligent und kreativ in einem spannenden Menü umzusetzen. Bemerkenswert, mit welcher Raffinesse und geschmacklicher Tiefe scheinbar unkomplizierte Gerichte überraschen.

Spezialitäten: Gänseleber, Kaffee und Physalis. Taube "orientalisch" mit Gewürz-Couscous, Granatapfel, Kefir und Sesam. Yogurette "Jubiläumsedition".

❀ 🖙 🕭 🖳 🅿 🚗🍽 – Menü 195/255 €

Hotel The Ritz-Carlton, Parkstraße 1 (Autostadt) ✉ 38440 –
𝒞 05361 606056 - www.restaurant-aqua.com –
Geschlossen 28. März - 4. April, 15. August - 7. September, 17. - 26. Oktober,
Sonntag-Dienstag, nur Abendessen

🍴○ **TERRA**

MODERNE KÜCHE · ZEITGEMÄSSES AMBIENTE XX In dem lichten modern-eleganten Restaurant hat man einen spannenden Blick auf die VW-Werke und das Hafenbecken. Geboten wird eine Karte im Brasserie-Stil, auf der sich ein ansprechender Mix aus internationalen und regionalen Einflüssen findet.

🖙 🗜 🖳 🖃 🅿 🚗 – Menü 65 € – Karte 35/64 €

Hotel The Ritz-Carlton, Parkstraße 1 ✉ 38440 – 𝒞 05361 607091 –
www.ritzcarlton.com – Geschlossen mittags: Montag-Sonntag

🏨 THE RITZ-CARLTON

LUXUS · MODERN Im Herzen der Autostadt liegt eines der Flaggschiffe der norddeutschen Hotellerie! Alles ist chic und edel, vom attraktiven öffentlichen Bereich über die intime Bar bis zu den wohnlich-wertigen Zimmern. Nach wie vor ein Eyecatcher: der schwimmende Außenpool!

🏊 🐾 🛋 📶 🏮 🛁 🔄 ♿ 🎦 🏋 🚗 – 147 Zimmer – 23 Suiten

Parkstraße 1 ✉ 38440 – 📞 05361 607000 – www.ritzcarlton.com

🍴 **Terra** · ✿✿✿ **Aqua** – Siehe Restaurantauswahl

In Wolfsburg-Fallersleben West: 6 km

✿ LA FONTAINE

FRANZÖSISCH-KLASSISCH · ELEGANT XxX Hier ist Klassik das Credo. Das gilt für das Restaurant selbst mit seinem wertigen Interieur aus stilvollem Mobiliar, warmen Cremetönen, schönem Holz und elegant eingedeckten Tischen ebenso wie für die Küche von Hartmut Leimeister. Er versteht es, seiner klassischen Linie treu zu bleiben und dennoch moderne Akzente einzubinden. Die richtige Dosis macht's - so sind die Gerichte schön harmonisch und klar im Aufbau. Ihr intensiver Geschmack zeigt deutlich, mit welch handwerklichem Geschick und Know-how der Küchenchef nur erstklassige Produkte verarbeitet. Umsorgt wird man überaus höflich und kompetent, sehr aufmerksam und zugleich angenehm zurückhaltend. Die Lage am Park lockt die Gäste im Sommer auf die Terrasse. Und nach dem guten Essen ein geschmackvolles Zimmer im Hotel "Ludwig im Park"?

Spezialitäten: Variation vom Thunfisch mit asiatischer Tapenade, Gurke und Avocado. Taube aus dem Gewürzsud mit Spinatpüree und gebratener Polenta. Törtchen von der Schokolade mit Mango-Passionsfruchtkompott und Tonkabohneneis.

🔄 🏮 🔲 ♻ 🅿 – Menü 78/110 €

Gifhorner Straße 25 ✉ 38442 – 📞 05362 9400 – www.ludwigimpark.de – Geschlossen 1.-12. Januar, 2.-22. August, Sonntag-Montag, nur Abendessen

In Wolfsburg-Nordsteimke

🍴 WILDFRISCH GUTSKÜCHE ⓝ

REGIONAL · ZEITGEMÄSSES AMBIENTE X Vor den Toren Wolfsburgs finden Sie das ehemalige Pförtnerhaus des Ritterguts der Familie von der Schulenburg. Hier hat man ein recht schlichtes, aber schickes modernes Restaurant eingerichtet - Mittelpunkt ist die komplett offene Küche. Gekocht wird unkompliziert und saisonal, gerne mit regionalen Produkten.

🏮 ♻ 🅿 – Menü 49/68 € – Karte 30/40 €

Schulenburgstraße,16 ✉ 38446 – 📞 05363 8133310 – www.wildfrisch.de – Geschlossen mittags: Montag-Samstag

WREMEN

Niedersachsen – Regionalatlas **8**-F5 – Michelin Straßenkarte 541

🍴 GASTHAUS WOLTERS - ZUR BÖRSE

REGIONAL · RUSTIKAL X Im Gasthaus der Familie Wolters, einer ehemaligen Viehbörse, sitzt man in netter ländlicher Atmosphäre und lässt sich frische und schmackhafte Küche aus guten Produkten servieren. Auf der Karte findet man z.B. ein Fischmenü oder auch Krabbengerichte sowie Klassiker.

Spezialitäten: Carpaccio vom Weiderind. Rehschnitzel mit Himbeerjus. Crème Brûlée mit Vanille und Rosmarin.

🏮 ♻ 🅿 – Menü 32 € (Mittags)/48 € – Karte 33/56 €

In der Langen Straße 22 ✉ 27639 – 📞 04705 1277 – www.zur-boerse.de – Geschlossen 7. April-10. Mai, 13. September-10. Oktober, Dienstag, Mittwoch

WÜRSELEN

Nordrhein-Westfalen – Regionalatlas **35**–A12 – Michelin Straßenkarte 543

🍽️○ ALTE FEUERWACHE

REGIONAL · TRENDY XX Das Engagement der herzlichen Gastgeber Kurt und Monika Podobnik zeigt sich nicht zuletzt in der ambitionierten Küche des Patrons. Auf der Karte z. B. "Filet vom Angelkabeljau auf Tomaten-Lauchzwiebel-Risotto mit Krustentierschaum", aber auch Klassiker wie "Wiener Schnitzel". Dazu schönes geradliniges Ambiente, legere Atmosphäre und geschulter Service.

P – Menü 59 € (Mittags), 62/75 € – Karte 40/56 €

Oppener Straße 115 ✉ 52146 – ☎ 02405 4290112 –
www.alte-feuerwache-wuerselen.de –
Geschlossen Montag, mittags: Samstag, Sonntag

WÜRZBURG

Bayern – Regionalatlas **49**–I15 – Michelin Straßenkarte 546

⁂ KUNO 1408

KREATIV · CHIC XXX Wirklich schön ist dieses im Zentrum der Barockstadt gelegene Restaurant, dessen Geschichte über 600 Jahre zurückreicht, genauer gesagt bis ins Jahr 1408. Zu dieser Zeit soll Kuno von Rebstock einer der ersten Besitzer des Anwesens „Zum Rebstock" gewesen sein – daher der Name. Heute dürfen sich Gäste hier auf eine produktorientierte Küche freuen. Dazu gesellt sich ein versiertes und freundlich-lockeres Serviceteam, das Ihnen auch die passenden Weine empfiehlt. Ein Hingucker ist auch das Restaurant selbst mit seinem modern-eleganten Interieur aus schicken Sesseln, Designerlampen und warmen Erdtönen.

Spezialitäten: Bio-Ei, Kartoffel, Saiblingskaviar, Nussbutter. Kalb, Apfel, Sellerie, Cidre. Weiße Schokolade, Brombeere, Karamell, Portwein.

⇦ 🕭 🎨 🖃 🚗 – Menü 89/126 €

Hotel Rebstock, Neubaustraße 7 ✉ 97070 –
☎ 0931 30931408 – www.restaurant-kuno.de –
Geschlossen 1.-13. Januar, 1. August-2. September, Montag, Dienstag, Sonntag,
mittags: Mittwoch-Samstag

⁂ REISERS AM STEIN

KREATIV · TRENDY XX Ein echtes Bijou, toll oberhalb der Stadt gelegen und von Weinreben umgeben! Sie sitzen wahlweise in der trendig-lebendigen Weinbar - hier mit Blick auf Würzburg - oder im eleganteren Restaurant. Die feine Küche von Patron Bernhard Reiser und seinem Team gibt es hier wie dort. Man kocht klassisch, bindet aber auch moderne Elemente ein. Wer das Menü „Freistil" wählt, kann sich die Zutaten aus einer vorgegebenen Liste selbst zusammenstellen. Die Gourmetküche gibt es von Donnerstag bis Samstag, an den ersten drei Tagen in der Woche zeigen die Auszubildenden mit unterschiedlichen fair kalkulierten 3-Gänge-Menüs ihr Können! Der Hausherr ist übrigens ein großer Liebhaber und Kenner des Frankenweins - da hat er natürlich auch Weine aus dem benachbarten "Weingut am Stein" im Sortiment.

Spezialitäten: Rote Bete, Cashewnüsse, Schweinebauch und Jakobsmuschel. Reh, Wacholder, Wirsing, Speck. Ananas, Basilikum, Sauerrahm.

≼ 🍴 ✿ **P** – Menü 39/125 €

Mittlerer Steinbergweg 5 ✉ 97080 – ☎ 0931 286901 – www.der-reiser.de –
Geschlossen 24.-27. Dezember, Sonntag, nur Abendessen

🏨 REBSTOCK

HISTORISCH · INDIVIDUELL Schon von außen ist das im Herzen der Stadt gelegene Hotel mit der denkmalgeschützten Rokokofassade hübsch anzuschauen. Es erwarten Sie individuelle und wohnlich-elegante Zimmer - besonders chic und modern sind die im Neubau. Tipp: Es gibt auch Zimmer mit Dachterrasse! Im "SALON" bekommt man regional-internationale Küche vom "Würz-Burger" bis zum Rumpsteak.

🕭 🖃 🕭 🚗 – 117 Zimmer – 9 Suiten

Neubaustraße 7 ✉ 97070 – ☎ 0931 30930 – www.rebstock.com

⁂ **KUNO 1408** – Siehe Restaurantauswahl

WUPPERTAL

Nordrhein-Westfalen – Regionalatlas **26**–C11 – Michelin Straßenkarte 543

🍴○ **79 °**

MARKTKÜCHE · **FARBENFROH** 🍸 Angenehm unprätentiös und trendig ist hier die Atmosphäre, freundlich-leger der Service, ambitioniert die Küche - das kommt an! Man orientiert sich an der Saison, auch Vegetarisches wird angeboten. Schön der Innenhof.

🌳 – Menü 41/79 € – Karte 41/53 €

Luisenstraße 61 ✉ *42103 – 𝒞 0202 27097070 – www.79grad.com –*
Geschlossen 24. Dezember-4. Januar, Montag, Sonntag,
mittags: Dienstag-Samstag

In Wuppertal-Ronsdorf

🏘 **PARK VILLA**

PRIVATHAUS · **DESIGN** An der Südhöhe von Wuppertal hat man mit der aufwändig sanierten Villa von 1907 und dem angebauten "Design House" einen aparten Kontrast geschaffen - hier wie dort ist alles sehr hochwertig und individuell, einschließlich des persönlichen Service. Zum Entspannen: hübscher Garten und Sauna.

🛎 🕯 ℔ 🖵 🕮 ♨ 🅿 – 32 Zimmer – 7 Suiten

Erich-Hoepner-Ring 5 ✉ *42369 – 𝒞 0202 28335400 – www.parkvilla-wuppertal.de*

In Wuppertal-Vohwinkel

🎏 **TRATTORIA**

ITALIENISCH · **KLASSISCHES AMBIENTE** 🍸 Kein Wunder, dass man hier viele Stammgäste hat, denn in der etwas legereren Restaurantvariante der Familie Scarpati bekommt man schmackhafte und frische italienische Gerichte, einschließlich beliebter Klassiker, von "geschmorten Kalbsbäckchen mit Safran-Spinatrisotto" bis "Vitello Tonnato". Mittags günstiger Lunch.

Spezialitäten: Burrata, Pfirsich, Kirschtomate, Gambas. Lachs mit Zitronenrisotto. Walnussparfait mit marinierten Früchten.

🌳 🕮 ⇆ 🅿 – Menü 40/48 € – Karte 38/56 €

Scarpati, Scheffelstraße 41 ✉ *42327 – 𝒞 0202 784074 – www.scarpati.de –*
Geschlossen Montag, mittags: Dienstag-Samstag, abends: Sonntag

🍴○ **SCARPATI**

ITALIENISCH · **ELEGANT** 🍸🍸 Schon seit 1982 haben die Scarpatis in dieser Jugendstilvilla ihr klassisch-elegantes Restaurant mit italienischer Küche. Richtig schön (und geschützt dank Markise) sitzt man auf der tollen Gartenterrasse. Tipp: An unterschiedlichen Tagen gibt es das "Amuse Bouche Menü" oder das "Menü Jerome" zu fairen Preisen.

⇆ 🌳 🕮 ⇆ 🅿 – Menü 40/48 € – Karte 52/84 €

Scheffelstraße 41 ✉ *42327 – 𝒞 0202 784074 – www.scarpati.de –*
Geschlossen Montag, mittags: Dienstag-Samstag, abends: Sonntag

🎏 **Trattoria** – Siehe Restaurantauswahl

WUSTROW

Mecklenburg-Vorpommern – Regionalatlas **5**–N3 – Michelin Straßenkarte 542

🎏 **SCHIMMEL'S**

REGIONAL · **FAMILIÄR** 🍸🍸 Viele Gäste zieht es in das hübsche Haus mit der markant roten Fassade, denn hier gibt es in charmanter Atmosphäre leckere regional-saisonale Gerichte wie "Ostseehering mit Avocado, Gurke und Stockfischkroketten". Und nachmittags hausgebackenen Kuchen? Tipp: Die Gästezimmer und Ferienwohnungen sind ebenso schön.

Spezialitäten: Gebratene Kalbsleber mit Erbsenpüree. Steinbutt mit Fenchelgemüse. Apfel-Zwetschgen-Kaltschale mit gebackenem Salbei.

⇦ 🏠 **P** 🚫 – Menü 37/64 €

Parkstraße 1 ⊠ 18347 – ☎ 038220 66500 – www.schimmels.de –
Geschlossen 16. Januar-25. März, mittags: Montag-Mittwoch, Donnerstag,
mittags: Freitag

XANTEN
Nordrhein-Westfalen – Regionalatlas **25**–B10 – Michelin Straßenkarte 543

In Xanten-Obermörmter Nord-West: 15 km über B 57, nach Marienbaum
rechts ab

☊ **LANDHAUS KÖPP**

FRANZÖSISCH-KLASSISCH · ELEGANT XxX Klassik pur, ohne großes Tamtam,
dafür handwerklich top und sehr produktorientiert - Jürgen Köpp bleibt seinem Stil
seit der Eröffnung des Restaurants im Jahr 1991 treu. Dass er zu einer festen Größe in
der Region geworden ist, liegt an seinem Geschick, Klassisches grundsolide, aber nie-
mals angestaubt auf den Teller zu bringen. Eine Küche, die keine modischen Trends
braucht! Gerne fährt man dafür auch in die tiefsten Provinz - denn das Köpp'sche Landhaus liegt zwischen Wiesen und Weiden in der Abgeschiedenheit des direkt am Rhein-
bogen gelegenen kleinen Obermörmter. Sie essen auch gern mal bürgerlicher? Als
Alternative zum Gourmet hat man noch das "Filius".

Spezialitäten: Langostinos in konfierten Gemüseblatt. Kalbsfilet und Basilikum
mit Rotkohlstrudel. Cannelloni vom Apfel mit Pralinenschaum.

P – Menü 74/98 € – Karte 66/78 €

Husenweg 147 ⊠ 46509 – ☎ 02804 1626 – www.landhauskoepp.de –
Geschlossen 1.-10. Januar, Montag, mittags: Samstag, abends: Sonntag

ZELL IM WIESENTAL
Baden-Württemberg – Regionalatlas **61**–D21 – Michelin Straßenkarte 545

In Zell im Wiesental - Pfaffenberg

☉ **BERGGASTHOF SCHLÜSSEL** 🅝

REGIONAL · GASTHOF X Der über 100 Jahre alte Berggasthof liegt im 700 m
hoch gelegenen Ortsteil Pfaffenberg. Hier bieten die engagierten Gastgeber in
verschiedenen Stuben mit ländlichem Flair eine frische, modern inspirierte und
sehr saisonal ausgerichtete Regionalküche. Wer dazu ein Fläschchen Wein genießen möchte, kann in gepflegten Gästezimmern übernachten.

Spezialitäten: Salat vom Schwarzen Venere-Reis mit Spargel, Avocado, Rauchlachs
und pochiertem Bio-Hühnerei. Rehragout aus der Wacholderbeize mit gebratenen
Pilzen, Spätzle und Preiselbeer-Birne. Warme marinierte Zwetschgen mit Vanilleis.

⇦ 🏠 ⌂ **P** – Menü 22 € (Mittags), 50/70 € – Karte 25/56 €

Pfaffenberg 2 ⊠ 79669 – ☎ 07625 375 – www.berggasthof-schluessel.de –
Geschlossen 1. Februar-4. März, Montag, mittags: Dienstag

ZELTINGEN-RACHTIG
Rheinland-Pfalz – Regionalatlas **46**–C15 – Michelin Straßenkarte 543

Im Ortsteil Zeltingen

⫮⊙ **SAXLERS RESTAURANT**

INTERNATIONAL · LÄNDLICH XX Im Restaurant des Hotels "St. Stephanus" an der
Uferpromenade unweit des alten Marktplatzes bieten die freundlich-engagierten Gast-
geber gehobene Gerichte wie "Zweierlei vom Salzgraslamm in Rosmarinjus, Wirsing,
Erbsen-Minzpüree", aber auch Rustikaleres wie "Rumpsteak mit Kräuterbutter und
Rösti". Im UG Braukeller mit Bier vom Kloster Machern. Wohnlich die Gästezimmer.

⇦ ⇦ 🏠 **P** ⌂ – Menü 35 € (Mittags)/73 € – Karte 29/70 €

Uferallee 9 ⊠ 54492 – ☎ 06532 680 – www.hotel-stephanus.de –
Geschlossen mittags: Montag-Samstag

ZERBST

Sachsen-Anhalt – Regionalatlas **31**–M9 – Michelin Straßenkarte 542

🍴○ PARK-RESTAURANT VOGELHERD

MARKTKÜCHE · LÄNDLICH ✕✕ Idyllisch liegt das einstige Gutshaus im Grünen. Das seit über 100 Jahren familiär geleitete Restaurant bietet saisonale Küche von "Rindergulasch" bis "Fasanenbrust mit Champagnerkraut und Püree". Gefragt ist auch die hübsche Terrasse bei einem kleinen Teich.

🌳 ⇔ 🅿 – Menü 35/70 € – Karte 32/60 €

Lindauer Straße 78 ✉ 39264 – ☏ 03923 780444 –
Geschlossen 23. August-8. September, Montag, Dienstag

ZIMMERN OB ROTTWEIL

Baden-Württemberg – Regionalatlas **62**–F20 – Michelin Straßenkarte 545

In **Zimmern-Horgen** Süd-West: 7, 5 km in Richtung Hausen jenseits der A81

🍴○ LINDE POST

REGIONAL · FAMILIÄR ✕✕ Seit Jahren ist Familie Kühn hier in der Gegend eine feste gastronomische Größe. Man kocht saisonal-regional (z. B. "Zwiebelrostbraten, Gemüse, Spätzle"), zudem eine schöne Vesperkarte. Serviert wird im klassischen Restaurant oder im vorgelagerten legeren Bistro samt Bar. Zum Übernachten: wohnliche, zeitgemäße Zimmer.

⇦ 🌳 🅿 🚗 – Karte 23/60 €

Alte Hausener Straße 8 ✉ 78658 – ☏ 0741 33333 – www.lindepost.de –
Geschlossen Donnerstag, mittags: Samstag

ZINGST

Mecklenburg-Vorpommern – Regionalatlas **5**–N3 – Michelin Straßenkarte 542

🍴○ MEERLUST

INTERNATIONAL · ELEGANT ✕✕✕ Was in dem eleganten Restaurant und auf der hübschen Terrasse aufgetischt wird, sind international beeinflusste Gerichte. Für Übernachtungsgäste stehen in dem gleichnamigen Hotel wohnliche, stilvollmoderne Zimmer bereit. Schön die Lage nahe Strand und Deich.

⇦ 🌳 🅿 🚗 – Karte 33/63 €

Seestraße 72 ✉ 18374 – ☏ 038232 8850 – www.hotelmeerlust.de

ZORNEDING

Bayern – Regionalatlas **66**–M20 – Michelin Straßenkarte 546

🏵 ALTE POSTHALTEREI

MARKTKÜCHE · GEMÜTLICH ✕✕ "Filet vom Bachsaibling auf Spargelragout"? Oder lieber "Wiener Schnitzel"? In den liebenswerten Stuben dieses gestandenen familiengeführten Gasthofs werden regional-saisonale Gerichte sowie Klassiker serviert. Lauschig der Biergarten unter Kastanien. Zum Übernachten stehen schöne großzügige Zimmer bereit.

Spezialitäten: Garnelen auf Avocado-Mango-Salat in Chilivinaigrette. Boeuf Bourgignon mit Champignons, Speck, Perlzwiebeln und Kartoffelpüree. Zwetschgenbavesen auf Zwetschgenröster mit Vanilleeis und Sahne.

⇦ 🌳 ⇔ 🅿 – Karte 31/65 €

Anton-Grandauer-Straße 9 ✉ 85604 – ☏ 08106 20007 –
www.alteposthalterei-zorneding.de – Geschlossen Montag, Dienstag

ZWEIBRÜCKEN

Rheinland-Pfalz – Regionalatlas **46**–C17 – Michelin Straßenkarte 543

Außerhalb Ost: 3 km

🍴 **ESSLIBRIS**

MEDITERRAN · ELEGANT XX Schön sitzt man in dem lichten modern-eleganten Restaurant, genießt den tollen Blick zum Garten und wird von einem herzlichen, geschulten Service umsorgt. Gekocht wird mediterran mit regionalem und saisonalem Bezug - auf der Karte liest man z. B. "Kabeljau-Rückenfilet, getrüffelter Rahmspinat, Safran-Kartoffeln".

⇦ 🛋 **P** – Menü 58/68 € – Karte 48/80 €

Hotel Landschloss Fasanerie, Fasanerie 1 ✉ *66482 –* ☎ *06332 973205 – www.landschloss-fasanerie.de*

🏨 **LANDSCHLOSS FASANERIE**

HISTORISCH · INDIVIDUELL Sie genießen den romantischen Park samt Rosengarten und Weiher, entspannen bei Massage und Kosmetik, bleiben fit beim Joggen und Wandern rund ums Hotel, feiern im stilvollen Saal... Tipp: große Ateliers und Maisonette. Regionale Küche und Südtiroler Spezialitäten im schönen gemütlichen "Landhaus".

🏛 🕊 🛏 🔲 🎿 ⚒ **P** – 50 Zimmer

Fasanerie 1 ✉ *66482 –* ☎ *06332 9730 – www.landschloss-fasanerie.de*
🍴 **ESSLIBRIS** – Siehe Restaurantauswahl

ZWEIFLINGEN

Baden-Württemberg – Regionalatlas **55**–H17 – Michelin Straßenkarte 545

In Zweiflingen-Friedrichsruhe Süd: 2 km

🌸🌸 **LE CERF**

FRANZÖSISCH-KLASSISCH · ELEGANT XXX Äußerst elegant und klassisch, geradezu opulent zeigt sich das kulinarische Herzstück des "Wald & Schlosshotel Friedrichsruhe"! Prächtige Seidentaftstoffe, mit hochwertigem Samt bezogene Stühle, luxuriöse Tapeten und glitzernde Kristallleuchter erinnern - passend zum historischen Schloss - durchaus an vergangene Zeiten! Auch die Küche hat eine klassische Basis, wird aber von Boris Rommel und seinem Team modern interpretiert. Dabei überzeugen überaus akkurates Handwerk und herausragende Produktqualität, präzise werden die einzelnen Komponenten bis ins kleinste Detail ausgearbeitet. Souverän die gut besetzte Servicebrigade um Dominique Metzger, einem Maître alter Schule mit Charme, Witz und fachlicher Kompetenz! Auch in Sachen Wein ist man bei ihm in besten Händen.

Spezialitäten: Kohlrabi, Schafskäse und Cashewkerne. Mäusdorfer Landgockel, Quitte, Steinpilze und Pastinake. Aprikose, Champagner und Verbene.

🌸 ⇦ 🛏 🛋 ⛓ 🔲 ⚒ **P** – Menü 98/152 € – Karte 75/114 €

Wald & Schlosshotel Friedrichsruhe, Kärcherstraße 11 ✉ *74639 –* ☎ *07941 60870 – www.schlosshotel-friedrichsruhe.de –*
Geschlossen 20. Januar-5. Februar, 18.-27. August, Sonntag-Dienstag, nur Abendessen

🏨 **WALD UND SCHLOSSHOTEL FRIEDRICHSRUHE**

LUXUS · KLASSISCH Ein "Landhotel de luxe": Zimmer von modern bis hin zu klassischem Schlossflair, top Service, ein 4400-qm-Spa, der nichts auslässt, Golfplätze direkt vor der Tür und ein Park, der wohl jeden zu einem Spaziergang verführt! Regionale Küche und Klassiker in der gemütlichen "Jägerstube". Sie mögen's rustikal? Dann vespern Sie in der "Waldschänke"!

🏛 🕊 🛏 🔲 ⛓ 🔲 ⚒ 🎿 🛗 🔲 🕊 ⚒ **P** – 59 Zimmer – 7 Suiten

Kärcherstraße 11 ✉ *74639 –* ☎ *07941 60870 – www.schlosshotel-friedrichsruhe.de*
🌸🌸 **Le Cerf** – Siehe Restaurantauswahl

ZWINGENBERG

Hessen – Regionalatlas **47**–F16 – Michelin Straßenkarte 543

🏵️ KALTWASSERS WOHNZIMMER

MODERNE KÜCHE • RUSTIKAL X Richtig nett sitzt man hier in gemütlicher Wohnzimmer-Atmosphäre, charmante nostalgische Details setzten hübsche Akzente. Sie speisen gerne draußen? Dann wird Ihnen das "Atrium" mit Innenhof-Flair und Blick in die verglaste Küche gefallen. Auf der Karte machen produktorientierte modern-regionale Gerichte Appetit.

Spezialitäten: Saibling, Gurkensud, Buttermilch. Kalbsbries und Kalbsbacke mit Steckrüben. Schokoladentarte, Schmandeis, Quitte.

🌳 ✿ 🖨 – Menü 39/59 € – Karte 38/58 €

Obergasse 15 ✉ 64673 – ☎ 06251 1058640 – www.kaltwassers-wohnzimmer.de – Geschlossen Montag, Dienstag, mittags: Mittwoch-Samstag

ZWISCHENAHN, BAD

Niedersachsen – Regionalatlas **17**–E6 – Michelin Straßenkarte 541

In Bad Zwischenahn-Aschhauserfeld Nord-Ost: 4 km Richtung

Wiefelstede

✿ APICIUS

FRANZÖSISCH-MODERN • ELEGANT XXX Richtig chic ist das Gourmetrestaurant des seit Generationen von Familie zur Brügge geführten "Jagdhaus Eiden", schön entspannt die Atmosphäre. Dazu trägt nicht zuletzt der kompetente, aufmerksame und angenehm ruhige Service bei. Ein toller Rahmen für die Küche von Tim Extra. Sie verbindet Klassik mit Moderne und setzt auf hochwertige regionale Erzeugnisse, die teilweise aus dem eigenen Garten oder Gewächshaus kommen. Man hält auch Schweine und Hühner und der heimische Aal wird im Ort geräuchert. Geboten wird ein 5- oder 6-Gänge-Menü, bei dessen Präsentation man förmlich spürt, wie stolz das Team auf all die ausgewählten Produkte ist! Erwähnenswert sind auch die diversen Snacks vorab sowie die süßen Leckereien vom toll bestückten "Petit Four"-Wagen!

Spezialitäten: Schottischer Lachs und Imperial Kaviar, Rote Beete, Dill, Sauerrahm. Nantaiser Ente, Aromen aus Asien, Spitzkohl, Sesam, Enoki. Waldspaziergang, Nüsse, Steinpilze, Fichte, Apfel, Wacholder.

🍃 ⇦ 🍽️ 🌳 ৬ 🖨 🅿 – Menü 85/128 €

Hotel Jagdhaus Eiden, Eiden 9 ✉ 26160 – ☎ 04403 698416 – www.jagdhaus-eiden.de – Geschlossen Sonntag-Dienstag, nur Abendessen

🍴 JÄGER- UND FISCHERSTUBE

REGIONAL • LÄNDLICH XX Die Lage des Jagdhauses in einem 10 ha großen Park ist fantastisch - da ist die herrliche Gartenterrasse natürlich besonders gefragt! Auch drinnen sitzt man schön bei regionalen Fisch- und Wildspezialitäten sowie internationalen Klassikern. Verbinden Sie Ihr Essen doch mit einem Besuch der Spielbank direkt im Haus.

⇦ 🌳 ✿ 🅿 🚗 – Menü 45/55 € – Karte 29/79 €

Hotel Jagdhaus Eiden, Eiden 9 ✉ 26160 – ☎ 04403 698000 – www.jagdhaus-eiden.de

🏨 JAGDHAUS EIDEN AM SEE

LANDHAUS • KLASSISCH Ein geschmackvolles familiengeführtes Ferienhotel in Seenähe. Wer es besonders komfortabel mag, bucht eines des schicken Zimmer im Gästehaus - hier eine der Wellness-Suiten. Lassen Sie sich auch nicht den schönen Spa auf über 1500 qm entgehen und genießen Sie u. a. Außenpool, Salzoase, loungige Ruhebereiche... Und zum Frühstück ein Ei aus eigener Hühnerhaltung?

🏊 🐕 🍽️ 🌲 🖥️ 🌐 ♨️ ⅃۶ 🖨 ৬ 🏋️ 🅿 🚗 – 100 Zimmer – 3 Suiten

Eiden 9 ✉ 26160 – ☎ 04403 698000 – www.jagdhaus-eiden.de

🍴 **Jäger- und Fischerstube** • ✿ **Apicius** – Siehe Restaurantauswahl

Auszeichnungen

Thematic index

STERNE-RESTAURANTS

STARRED RESTAURANTS

N *Neu ausgezeichnetes Haus*
N *Newly awarded distinction*

Baiersbronn	Restaurant Bareiss
Baiersbronn	temporaire - Schwarzwaldstube **N**
Bergisch Gladbach	Vendôme
Berlin	Rutz ❀
Dreis	Waldhotel Sonnora
Hamburg	The Table Kevin Fehling
München	Atelier
Perl	Victor's Fine Dining by christian bau
Rottach-Egern	Restaurant Überfahrt Christian Jürgens
Wolfsburg	Aqua

Andernach	PURS
Aschau im Chiemgau	Restaurant Heinz Winkler
Augsburg	AUGUST
Berlin	CODA Dessert Dining
Berlin	FACIL
Berlin	Horváth ❀
Berlin	Lorenz Adlon Esszimmer
Berlin	Tim Raue
Donaueschingen	Ösch Noir **N**
Dorsten	Rosin
Fellbach	Goldberg **N**
Frankfurt am Main	Gustav ❀
Frankfurt am Main	Lafleur
Glücksburg	Meierei Dirk Luther
Hamburg	bianc
Hamburg	Haerlin
Hannover	Jante
Heroldsberg	Sosein ❀
Köln	Le Moissonnier
Köln	Ox & Klee

Konstanz	Ophelia
Krün	Luce d'Oro
Leipzig	Falco
Mannheim	OPUS V
München	Alois - Dallmayr Fine Dining
München	Les Deux
München	EssZimmer
Neuenahr-Ahrweiler, Bad	Steinheuers Restaurant Zur Alten Post
Neunburg vorm Wald	Obendorfer's Eisvogel
Nürnberg	Essigbrätlein
Peterstal-Griesbach, Bad	Le Pavillon
Piesport	schanz. restaurant.
Rust	ammolite - The Lighthouse Restaurant
Saarbrücken	Esplanade **N**
Saarbrücken	GästeHaus Klaus Erfort
Stuttgart	OLIVO
Sulzburg	Hirschen
Sylt / Rantum	Söl'ring Hof
Wangels	Courtier
Wirsberg	Alexander Herrmann by Tobias Bätz
Zweiflingen	Le Cerf

BADEN-WÜRTTEMBERG

Baden-Württemberg	
Amtzell	Schattbuch
Asperg	Schwabenstube
Baden-Baden	Le Jardin de France
Baiersbronn	Schlossberg
Baiersbronn	temporaire - Köhlerstube **N**
Bietigheim-Bissingen	Maerz - Das Restaurant
Bodman-Ludwigshafen	s'Äpfle
Efringen-Kirchen	Traube
Ehningen	Landhaus Feckl
Endingen am Kaiserstuhl	Merkles Restaurant
Ettlingen	Erbprinz
Fellbach	Gourmet Restaurant avui
Fellbach	Oettinger's Restaurant
Freiburg im Breisgau	Wolfshöhle
Gernsbach	Werners Restaurant
Grenzach-Wyhlen	Eckert
Heidelberg	Le Gourmet
Heidelberg	Oben
Herrenberg	noVa

Horben	Gasthaus zum Raben
Karlsruhe	sein
Kernen im Remstal	Malathounis
Königsbronn	Ursprung ⊛
Konstanz	San Martino - Gourmet
Krozingen, Bad	Storchen
Kuppenheim	Raubs Landgasthof
Lahr	Adler
Langenargen	SEO Küchenhandwerk
Langenau	Gasthof zum Bad
Mannheim	Doblers
Mannheim	Emma Wolf since 1920
Mannheim	le Corange
Mannheim	Marly
Meersburg	Casala
Neuhausen (Enzkreis)	Alte Baiz
Öhningen	Falconera
Pfaffenweiler	Zehner's Stube
Säckingen, Bad	Genuss-Apotheke
Salach	Gourmetrestaurant «fine dining RS» **N**
Schluchsee	Oxalis **N**
Schorndorf	Gourmetrestaurant Nico Burkhardt
Schwäbisch Hall	Eisenbahn
Schwäbisch Hall	Rebers Pflug
Sonnenbühl	Hirsch
Stuttgart	Délice
Stuttgart	5 (Fünf)
Stuttgart	Hupperts
Stuttgart	Speisemeisterei
Stuttgart	Wielandshöhe
Stuttgart	Der Zauberlehrling
Stuttgart	Die Zirbelstube
Teinach-Zavelstein, Bad	Gourmetrestaurant Berlins Krone
Tübingen	Schranners Waldhorn
Tuttlingen	Anima
Uhingen	Schloss Filseck
Ulm	Seestern
Ulm	SIEDEPUNKT
Vaihingen an der Enz	Lamm Rosswag
Vogtsburg	Schwarzer Adler **N**
Waiblingen	Bachofer
Waldbronn	Schwitzer's am Park
Waldenbuch	Gasthof Krone
Weikersheim	Laurentius
Weingarten (Kreis Karlsruhe)	zeit|geist

BAYERN

Auerbach in der Oberpfalz	SoulFood
Augsburg	Sartory
Berchtesgaden	PUR **N**
Hohenkammer	Camers Schlossrestaurant
Illschwang	Cheval Blanc **N**
Kirchdorf (Kreis Mühldorf am Inn)	Christian's Restaurant - Gasthof Grainer
Kissingen, Bad	Laudensacks Gourmet Restaurant
Kötzting, Bad	Leos by Stephan Brandl
Langenzenn	Keidenzeller Hof
Lindau im Bodensee	VILLINO
Mittenwald	Das Marktrestaurant
Moos	[KOOK] 36 **N**
München	Acquarello
München	Gabelspiel
München	mural
München	Schwarzreiter
München	Showroom
München	Sparkling Bistro
München	Tian
Niederwinkling	Buchner
Nördlingen	Wirtshaus Meyers Keller
Nürnberg	Entenstuben
Nürnberg	Koch und Kellner
Nürnberg	Waidwerk
Nürnberg	ZweiSinn Meiers | Fine Dining
Oberstdorf	ESS ATELIER STRAUSS
Oberstdorf	Das Maximilians
Ofterschwang	Silberdistel
Perasdorf	Gasthaus Jakob
Pfronten	PAVO im Burghotel Falkenstein
Pleiskirchen	Huberwirt
Regensburg	Aska **N**
Regensburg	Roter Hahn **N**
Regensburg	Storstad
Rottach-Egern	Dichterstubn
Rottach-Egern	Haubentaucher **N**
Rötz	Gregor's Fine Dining
Sommerhausen	Philipp
Starnberg	Aubergine
Teisnach	Oswald's Gourmetstube
Tölz, Bad	Schwingshackl ESSKULTUR Gourmet
Volkach	Weinstock
Waldkirchen	Johanns
Würzburg	KUNO 1408 **N**
Würzburg	REISERS am Stein

BERLIN

Berlin	Bandol sur mer
Berlin	Bieberbau
Berlin	5 - Cinco by Paco Pérez
Berlin	Cookies Cream
Berlin	Cordo
Berlin	einsunternull
Berlin	ernst
Berlin	faelt **N**
Berlin	Frühsammers Restaurant
Berlin	GOLVET
Berlin	Hugos
Berlin	Irma la Douce **N**
Berlin	Kin Dee
Berlin	Nobelhart & Schmutzig ❀
Berlin	Pauly Saal
Berlin	prism
Berlin	Richard
Berlin	SKYKITCHEN
Berlin	tulus lotrek

BRANDENBURG

Potsdam	Kabinett F. W.
Potsdam	kochZIMMER in der Gaststätte zur Ratswaage

HAMBURG

Hamburg	100/200 Kitchen ❀
Hamburg	Lakeside **N**
Hamburg	Landhaus Scherrer ❀
Hamburg	Petit Amour
Hamburg	Piment
Hamburg	SE7EN OCEANS

HESSEN

Eltville am Rhein	Jean
Frankenberg (Eder)	Philipp Soldan
Frankfurt am Main	Carmelo Greco
Frankfurt am Main	Erno's Bistro
Frankfurt am Main	Français
Frankfurt am Main	Restaurant Villa Merton
Frankfurt am Main	Seven Swans ❀
Frankfurt am Main	Weinsinn

Fulda	Christian & Friends, Tastekitchen **N**
Herleshausen	La Vallée Verte
Hersfeld, Bad	L'étable
Kiedrich	Weinschänke Schloss Groenesteyn
Limburg an der Lahn	360°
Wiesbaden	Ente

MECKLENBURG-VORPOMMERN

Dierhagen	Ostseelounge
Doberan, Bad	Friedrich Franz
Feldberger Seenlandschaft	Alte Schule - Klassenzimmer
Krakow am See	Ich weiß ein Haus am See
Rostock	Gourmet-Restaurant Der Butt
Rügen / Binz	freustil
Stolpe	Gutshaus Stolpe
Usedom / Heringsdorf	Kulmeck by Tom Wickboldt **N**
Usedom / Heringsdorf	The O'ROOM

NIEDERSACHSEN

Aerzen	Gourmet Restaurant im Schlosshotel Münchhausen
Cuxhaven	Sterneck
Friedland	Genießer Stube
Norderney (Insel)	Seesteg
Osnabrück	Kesselhaus
Wolfsburg	La Fontaine
Zwischenahn, Bad	Apicius

NORDRHEIN-WESTFALEN

Aachen	La Bécasse
Aachen	Sankt Benedikt
Bonn	Halbedel's Gasthaus
Bonn	Yunico
Detmold	Jan´s Restaurant **N**
Dorsten	Goldener Anker
Dortmund	der Schneider **N**
Dortmund	Grammons Restaurant **N**
Dortmund	Iuma **N**
Dortmund	Palmgarden
Düsseldorf	Agata's
Düsseldorf	Berens am Kai
Düsseldorf	DR.KOSCH
Düsseldorf	Le Flair
Düsseldorf	Fritz's Frau Franzi

Düsseldorf	Im Schiffchen
Düsseldorf	Nagaya
Düsseldorf	Setzkasten
Düsseldorf	1876 Daniel Dal-Ben
Düsseldorf	Yoshi by Nagaya
Essen	Hannappel
Essen	Schote
Euskirchen	Bembergs Häuschen
Gummersbach	Mühlenhelle
Haltern am See	Ratsstuben
Köln	Alfredo
Köln	astrein
Köln	La Cuisine Rademacher N
Köln	maiBeck
Köln	Maître im Landhaus Kuckuck
Köln	maximilian lorenz
Köln	NeoBiota
Köln	Pottkind N
Köln	La Société
Köln	taku
Köln	Zur Tant
Meerbusch	Anthony's Kitchen
Münster	Coeur D'Artichaut
Münster	ferment
Nideggen	Burg Nideggen - Brockel Schlimbach
Niederkassel	Le Gourmet
Odenthal	Zur Post
Paderborn	Balthasar
Pulheim	Gut Lärchenhof
Rheda-Wiedenbrück	Reuter
Schmallenberg	Hofstube
Velbert	Haus Stemberg
Xanten	Landhaus Köpp

RHEINLAND-PFALZ

Andernach	YOSO
Darscheid	Kucher's Gourmet
Deidesheim	L.A. Jordan
Heidesheim am Rhein	Gourmetrestaurant Dirk Maus
Kallstadt	Intense
Kirchheim an der Weinstraße	Schwarz Gourmet
Koblenz	Da Vinci
Koblenz	Schiller's Manufaktur
Mainz	FAVORITE restaurant N
Mainz	Stein's Traube N
Naurath (Wald)	Rüssel's Landhaus
Neuenahr-Ahrweiler, Bad	Historisches Gasthaus Sanct Peter
	Restaurant Brogsitter

Neuhütten	Le temple
Neuleiningen	Alte Pfarrey
Neupotz	Zur Krone
Neustadt an der Weinstraße	Urgestein im Steinhäuser Hof
Pirmasens	Die Brasserie
Selzen	Kaupers Restaurant im Kapellenhof
Sobernheim, Bad	Jungborn
Trier	BECKER'S
Trittenheim	Wein- und Tafelhaus
Wachenheim an der Weinstraße	THE IZAKAYA
Weisenheim am Berg	Admiral

SAARLAND

Blieskastel	Hämmerle's Restaurant - Barrique
Saarlouis	LOUIS restaurant
Sankt Wendel	Kunz
Wallerfangen	Landwerk

SACHSEN

Dresden	Carousel
Dresden	Elements
Dresden	Genuss-Atelier
Leipzig	Frieda **N**
Leipzig	Stadtpfeiffer
Radebeul	Atelier Sanssouci
Schirgiswalde-Kirschau	JUWEL

SACHSEN-ANHALT

Wernigerode	Pietsch
Wernigerode	Zeitwerk

SCHLESWIG-HOLSTEIN

Föhr / Wyk	Alt Wyk
Kiel	Ahlmanns
Lübeck	Wullenwever
Panker	Restaurant 1797
Scharbeutz	DiVa
Sylt / Hörnum	KAI3
Sylt / Tinnum	BODENDORF'S
Timmendorfer Strand	Balthazar **N**
Timmendorfer Strand	Orangerie

THÜRINGEN

Dermbach	BjörnsOX
Erfurt	Clara - Restaurant im Kaisersaal

VORARLBERG

Kleinwalsertal / Hirschegg	Kilian Stuba

BIB GOURMAND 😊

BADEN-WÜRTTEMBERG

Baden-Württemberg

Achern	Chez Georges
Auenwald	Landgasthof Waldhorn
Baiersbronn	Dorfstuben
Bellingen, Bad	Landgasthof Schwanen
Berghaupten	Hirsch
Bonndorf im Schwarzwald	Sommerau 🌱
Brackenheim	Adler
Brühl	KRONE das gasthaus
Bühl	Pospisil's Gasthof Krone
Bühlertal	Bergfriedel 🌱
Bühlertal	Rebstock
Donaueschingen	Baader's Schützen
Donaueschingen	die burg **N**
Durbach	[maki:'dan] im Ritter
Eggenstein-Leopoldshafen	Zum Goldenen Anker
Elzach	Rössle
Elzach	Schäck's Adler
Endingen am Kaiserstuhl	Dutters Stube
Endingen am Kaiserstuhl	Die Pfarrwirtschaft
Feldberg	Adler Bärental
Fellbach	Aldingers
Fellbach	Gasthaus zum Hirschen
Freiamt	Zur Krone
Freiburg	Gasthaus zur Linde **N**
Freudenstadt	Warteck
Frickingen	Löwen
Friesenheim	Mühlenhof
Gengenbach	Ponyhof
Glottertal	Zum Goldenen Engel
Glottertal	Wirtshaus zur Sonne
Gottenheim	Zur Krone
Grenzach-Wyhlen	Rührberger Hof
Gschwend	Herrengass
Hardheim	Wohlfahrtsmühle
Hayingen	ROSE 🌱
Heitersheim	Landhotel Krone
Herrenalb, Bad	LAMM
Hüfingen	Landgasthof Hirschen

Ihringen	Holzöfele
Immenstaad am Bodensee	Heinzler
Immenstaad am Bodensee	Seehof
Inzlingen	Krone **N**
Isny im Allgäu	Allgäuer Stuben
Kandern	Pfaffenkeller
Kappelrodeck	Zum Rebstock
Kenzingen	Scheidels Restaurant zum Kranz
Kirchdorf an der Iller	Landgasthof Löwen
Kirchzarten	Sonne
Kleines Wiesental	Sennhütte
Klettgau	Landgasthof Mange
Köngen	Schwanen
Köngen	Tafelhaus
Königsbronn	Gasthaus Widmann's Löwen
Königsfeld im Schwarzwald	Café Rapp
Künzelsau	Anne-Sophie
Lahr	Gasthaus
Lauffen am Neckar	Elefanten
Lautenbach	Sonne
Lörrach	Wirtshaus Mättle **N**
March	Jauch's Löwen
Maselheim	Lamm
Muggensturm	Lamm
Mulfingen	Jagstmühle
Neckargemünd	Zum Rössel
Neuhausen (Enzkreis)	Grüner Wald
Oberboihingen	Zur Linde
Oberried	Gasthaus Sternen Post
Oberried	Die Halde
Oberstenfeld	Zum Ochsen
Offenburg	Blume
Ostrach	Landhotel zum Hirsch
Ötisheim	Sternenschanz
Peterstal-Griesbach, Bad	Kamin- und Bauernstube
Plochingen	Cervus
Plochingen	Stumpenhof
Ratshausen	Adler
Ringsheim	Heckenrose
Rippoldsau-Schapbach, Bad	Klösterle Hof
Rot am See	Landhaus Hohenlohe
Salem	Reck's
Sankt Märgen	Zum Kreuz
Sasbachwalden	Badische Stuben
Sasbachwalden	Der Engel
Schopfheim	Mühle zu Gersbach
Schwäbisch Gmünd	Fuggerei

Schwäbisch Hall	Landhaus Zum Rössle
Schwendi	Esszimmer im Oberschwäbischen Hof
Schwetzingen	möbius
Sonnenbühl	Dorfstube
Staufen im Breisgau	Die Krone
Steinenbronn	Krone
Stühlingen	Gasthaus Schwanen
Stühlingen	Gengs Linde
Stuttgart	Goldener Adler
Stuttgart	Zur Linde
Stuttgart	Vetter.
Sulzburg	Landgasthof Rebstock
Tengen	Gasthof zur Sonne
Tiefenbronn	Bauernstuben
Todtnau	derWaldfrieden 🌿
Ulm	Treibgut 🌿
Waiblingen	Brunnenstuben
Waldkirch	Zum Storchen
Wangen im Allgäu	Adler
Weikersheim	Laurentius - Bistro
Weinheim	bistronauten
Wertheim	Bestenheider Stuben
Wildberg	Talblick
Winterbach	Landgasthaus Hirsch
Zell im Wiesental	Berggasthof Schlüssel **N**

BAYERN

Abbach, Bad	Schwögler
Adelshofen	Zum Falken
Aldersbach	das asam
Ansbach	La Corona
Aschaffenburg	Oechsle
Bergkirchen	Gasthaus Weißenbeck
Bindlach	Landhaus Gräfenthal
Blankenbach	Brennhaus Behl
Bürgstadt	Weinhaus Stern
Cham	Gasthaus Ödenturm
Dachau	Schwarzberghof
Dießen am Ammersee	Seehaus
Dietramszell	Moarwirt 🌿 **N**
Dinkelsbühl	Altdeutsches Restaurant
Eibelstadt	Gambero Rosso da Domenico
Erlangen	Gasthaus Polster
Feldkirchen-Westerham	Aschbacher Hof
Feuchtwangen	Greifen-Post
Finning	Zum Staudenwirt

Forchheim	Zöllner's Weinstube
Forstinning	Zum Vaas
Frammersbach	Schwarzkopf
Frasdorf	Michael's Leitenberg
Fürstenfeldbruck	Fürstenfelder 🟢 **N**
Garmisch-Partenkirchen	Joseph Naus Stub'n
Gmund am Tegernsee	Ostiner Stub'n
Grönenbach, Bad	Charlys Topf-Gucker
Großheubach	Zur Krone
Hauzenberg	Anetseder
Hauzenberg	Landgasthaus Gidibauer-Hof
Heroldsberg	Freihardt
Heßdorf	Wirtschaft von Johann Gerner
Höchstädt an der Donau	Zur Glocke
Illertissen	Vier Jahreszeiten Restaurant Imhof
Illschwang	Weißes Roß
Kirchdorf an der Amper	Zum Caféwirt
Kirchlauter	Gutshof Andres
Kissingen, Bad	Schuberts Wein & Wirtschaft
Krün	Das Alpenglühn Restaurant
Küps	Werners Restaurant
Lenggries	Schweizer Wirt
Lichtenberg	Harmonie 🟢
Lindau im Bodensee	Schachener Hof
Marktbergel	Rotes Ross
Marktbreit	Alter Esel
Marktbreit	Michels Stern
Marktheidenfeld	Weinhaus Anker
Maxhütte-Haidhof	Kandlbinder Küche
Mintraching	Gasthaus zum Goldenen Krug
München	Bar Mural **N**
München	Le Cézanne
München	Freisinger Hof
München	Ménage Bar
Neubeuern	Auers Schlosswirtschaft 🟢
Neuburg am Inn	Hoftaferne Neuburg
Neuburg an der Donau	Zum Klosterbräu - Gaststube
Nonnenhorn	Torkel
Oberstdorf	Das Fetzwerk
Oberstdorf	Das Jagdhaus
Oberstdorf	Löwen-Wirtschaft
Pappenheim	Zur Sonne
Passau	Weingut
Piding	Lohmayr Stub'n
Pilsach	Landgasthof Meier 🟢

Presseck	Gasthof Berghof - Ursprung
Rauhenebrach	Gasthaus Hofmann
Rötz	Spiegelstube
Samerberg	Gasthof Alpenrose
Schwarzach am Main	Schwab's Landgasthof
Schwarzenfeld	esskunst
Schweinfurt	Kugelmühle
Spalt	Gasthof Blumenthal
Spalt	Gasthof Hoffmanns-Keller
Tölz, Bad	Jägerwirt
Tölz, Bad	Schwingshackl HEIMATKÜCHE **N**
Triefenstein	Weinhaus Zum Ritter
Vöhringen	Speisemeisterei Burgthalschenke
Wackersberg	Tölzer Schießstätte - Hager
Waging am See	Landhaus Tanner
Wasserburg am Inn	Herrenhaus
Weißenstadt	Gasthaus Egertal **N**
Wernberg-Köblitz	Wirtsstube
Wiessee, Bad	Freihaus Brenner
Windelsbach	Landhaus Lebert
Windorf	Feilmeiers Landleben
Zorneding	Alte Posthalterei

BERLIN

Berlin	Barra
Berlin	Chicha
Berlin	Gärtnerei
Berlin	Grundschlag
Berlin	Kochu Karu
Berlin	Lucky Leek
Berlin	Nußbaumerin
Berlin	Pastis Wilmersdorf
Berlin	TISK

HAMBURG

Hamburg	Brechtmanns Bistro
Hamburg	Zur Flottbeker Schmiede
Hamburg	Die Gute Botschaft
Hamburg	HYGGE Brasserie & Bar
Hamburg	Nil
Hamburg	philipps
Hamburg	Stocks Restaurant
Hamburg	Zipang

HESSEN

Birkenau	Drei Birken
Eltville am Rhein	Gutsausschank im Baiken
Frankenberg (Eder)	SonneStuben
Freiensteinau	Landgasthof Zur Post **N**
Höchst im Odenwald	Krone - Gaststube
Lauterbach	schuberts
Maintal	Fleur de Sel **N**
Marburg	MARBURGER Esszimmer
Zwingenberg	Kaltwassers Wohnzimmer

MECKLENBURG-VORPOMMERN

Greifswald	Tischlerei
Usedom / Ahlbeck	Kaisers Eck
Waren (Müritz)	Kleines Meer
Wustrow	Schimmel's

NIEDERSACHSEN

Dornum	Fährhaus
Einbeck	Genusswerkstatt
Gehrden	Berggasthaus Niedersachsen
Hann. Münden	Flux - Biorestaurant Werratal 🌿
Hannover	boca
Lüneburg	RÖHMS DELI
Meppen	von Euch **N**
Nenndorf, Bad	August
Nienstädt	Sülbecker Krug
Osnabrück	Walhalla
Polle	Graf Everstein
Scheeßel	Rauchfang
Schneverdingen	Ramster 🌿
Twist	Landgasthof Backers
Verden	Pades Restaurant
Wremen	Gasthaus Wolters - Zur Börse

NORDRHEIN-WESTFALEN

Aachen	Sankt Benedikt - Bistro
Arnsberg	Menge
Brilon	Almer Schlossmühle
Coesfeld	Freiberger im Gasthaus Schnieder-Bauland
Dortmund	der Lennhof

Düsseldorf	Bistro Fatal
Düsseldorf	EssBar **N**
Düsseldorf	Münstermanns Kontor
Emsdetten	Lindenhof
Euskirchen	Eiflers Zeiten
Gummersbach	Mühlenhelle - Bistro
Harsewinkel	Poppenborg's Stübchen
Hattingen	Diergardts Kühler Grund **N**
Herford	Am Osterfeuer
Horn-Meinberg, Bad	Die Windmühle
Hövelhof	Gasthof Brink
Köln	Capricorn [i] Aries Brasserie
Köln	Gasthaus Scherz
Köln	Piccolo
Kürten	Zur Mühle
Nettetal	Sonneck
Neukirchen-Vluyn	Little John's
Rheda-Wiedenbrück	Gastwirtschaft Ferdinand Reuter
Rheine	Beesten
Rietberg	Domschenke
Rüthen	Knippschild
Schmallenberg	Gasthof Schütte
Sprockhövel	Eggers
Sprockhövel	Habbel's
Vreden	Büschker's Stuben
Waltrop	Gasthaus Stromberg
Wuppertal	Scarparti - Trattoria

RHEINLAND-PFALZ

Altenahr	Gasthaus Assenmacher
Darscheid	Kucher's Weinwirtschaft
Deidesheim	St. Urban
Dernbach	Schneider
Dudeldorf	Torschänke
Frankweiler	Weinstube Brand
Freinsheim	WEINreich
Hardert	Corona - Hotel zur Post
Heßheim	Ellenbergs
Jugenheim	Weedenhof
Kandel	Zum Riesen
Koblenz	GERHARDS GENUSSGESELLSCHAFT
Kreuznach, Bad	Im Kittchen
Maikammer	Dorf-Chronik
Mainz	Geberts Weinstuben
Meddersheim	Landgasthof zur Traube

Meerfeld	Poststuben
Meisenheim	Meisenheimer Hof
Neuhütten	Le temple - Bistro
Neupotz	Gehrlein's Hardtwald
Neupotz	Zum Lamm
Niederweis	Schloss Niederweis
Reil	Heim's Restaurant
Saulheim	mundart Restaurant

SAARLAND

Blieskastel	Hämmerle's Restaurant - Landgenuss
Saarbrücken	Schlachthof Brasserie **N**
Sankt Ingbert	Die Alte Brauerei
Sankt Wendel	Kunz - Kaminzimmer

SACHSEN

Aue	Tausendgüldenstube
Auerbach (Vogtland)	Renoir
Chemnitz	Villa Esche
Dresden	Daniel
Dresden	DELI
Dresden	Heiderand **N**
Dresden	VEN
Görlitz	Schneider Stube
Hartmannsdorf	Laurus
Hoyerswerda	Westphalenhof
Wilthen	Erbgericht Tautewalde

SACHSEN-ANHALT

Magdeburg	Landhaus Hadrys
Wernigerode	Gaststuben Gotisches Haus

SCHLESWIG-HOLSTEIN

Fehmarn (Insel) / Burg	Margaretenhof
Lübeck	A-ROSA - Weinwirtschaft
Lütjensee	Fischerklause
Molfsee	Bärenkrug
Neuendorf bei Wilster	Zum Dückerstieg
Sylt / List	Königshafen
Tangstedt	Gutsküche

THÜRINGEN

Blankenhain	Zum güldenen Zopf
Eisenach	Weinrestaurant Turmschänke
Nordhausen	Feine Speiseschenke

VORARLBERG

Kleinwalsertal / Hirschegg	Carnozet
Kleinwalsertal / Riezlern	Humbachstube im Alpenhof Jäger

UNSERE ANGENEHMSTEN HÄUSER

THE MOST PLEASANT ACCOMMODATION

BADEN-WÜRTTEMBERG

Baden-Württemberg	
Baden-Baden	Brenners Park-Hotel & Spa 🏨
Baden-Baden	Der Kleine Prinz 🏨
Baden-Baden	Roomers 🏨 Tablet.PLUS
Baiersbronn	Bareiss 🏨
Baiersbronn	Traube Tonbach 🏨 Tablet.PLUS
Bodman-Ludwigshafen	Villa Linde 🏨
Donaueschingen	Öschberghof 🏨
Durbach	Rebstock 🏨
Durbach	Ritter 🏨
Endingen am Kaiserstuhl	Zollhaus 🏨
Fichtenau	Vital-Hotel Meiser 🏨
Freiamt	Ludinmühle 🏨
Freiburg im Breisgau	The Alex Hotel 🏨
Freiburg im Breisgau	Colombi Hotel 🏨
Gengenbach	Die Reichsstadt 🏨
Gernsbach	Schloss Eberstein 🏨
Hagnau am Bodensee	Burgunderhof 🏨
Häusern	Adler 🏨
Heidelberg	Arthotel 🏨
Heidelberg	Heidelberg Suites 🏨
Hinterzarten	Thomahof 🏨
Kehl	Grieshaber's Rebstock 🏨
Konstanz	RIVA 🏨
Kressbronn am Bodensee	Boutique-Hotel Friesinger 🏨
Lahr	Adler 🏨
Mannheim	Speicher 7 🏨
Meersburg	Residenz am See 🏨
Meersburg	Villa Seeschau 🏨
Oberried	Die Halde 🏨
Peterstal-Griesbach, Bad	Dollenberg 🏨
Sonnenbühl	Hirsch 🏨
Stuttgart	Althoff Hotel am Schlossgarten 🏨
Stuttgart	Der Zauberlehrling 🏨
Titisee-Neustadt	Seehotel Wiesler 🏨

Tübingen	La Casa 🏠
Uhldingen-Mühlhofen	Landhotel Fischerhaus 🏠
Weil am Rhein	Gasthaus zur Krone 🏠
Winden im Elztal	Elztalhotel 🏠
Zweiflingen	Wald und Schlosshotel Friedrichsruhe 🏠

BAYERN

Aschau im Chiemgau	Residenz Heinz Winkler 🏠
Aying	Brauereigasthof Hotel Aying 🏠
Bamberg	Villa Geyerswörth 🏠
Bayerisch Gmain	Klosterhof 🏠
Bayreuth	Goldener Anker 🏠
Berchtesgaden	Kempinski Hotel Berchtesgaden 🏠
Birnbach, Bad	Hofgut Hafnerleiten 🏠
Garmisch-Partenkirchen	Staudacherhof 🏠
Garmisch-Partenkirchen	Werdenfelserei 🏠
Johannesberg	Auberge de Temple 🏠
Kaisheim	Schloss Leitheim 🏠
Kissingen, Bad	Laudensacks Parkhotel 🏠
Kötzting, Bad	Bayerwaldhof 🏠
Krün	Das Kranzbach 🏠
Krün	Schloss Elmau 🏠 Tablet.PLUS
Landshut	Fürstenhof 🏠
Lindau im Bodensee	Adara 🏠
Lindau im Bodensee	Helvetia 🏠
Lindau im Bodensee	VILLINO 🏠
München	BEYOND by Geisel 🏠
München	Mandarin Oriental 🏠
München	Palace 🏠 Tablet.PLUS
Nürnberg	Drei Raben 🏠
Oberammergau	Maximilian 🏠
Oberstaufen	Alpenkönig 🏠
Oberstdorf	Exquisit 🏠
Oberstdorf	Franks 🏠
Oberstdorf	Das Freiberg 🏠
Oberstdorf	Löwen & Strauss 🏠
Ofterschwang	Sonnenalp Resort 🏠
Pfronten	Berghotel Schlossanger Alp 🏠
Pfronten	Das Burghotel Falkenstein 🏠
Pullach im Isartal	Seitner Hof 🏠
Regensburg	Orphée Andreasstadel 🏠
Regensburg	Orphée Großes Haus 🏠
Reit im Winkl	Gut Steinbach 🏠
Rothenburg ob der Tauber	Villa Mittermeier 🏠
Rottach-Egern	Park-Hotel Egerner Höfe 🏠
Sankt Englmar	Berghotel Maibrunn 🏠
Schwangau	Das Rübezahl 🏠
Teisnach	Landromantik Wellnesshotel Oswald 🏠
Wartmannsroth	Neumühle 🏠
Wiessee, Bad	Landhaus Marinella 🏠

BERLIN

Berlin	Adlon Kempinski 🏨
Berlin	Orania.Berlin 🏨 Tablet.PLUS
Berlin	The Ritz-Carlton 🏨
Berlin	SO/ Berlin Das Stue 🏨 Tablet.PLUS
Berlin	Am Steinplatz 🏨
Berlin	Zoo Berlin 🏨

BRANDENBURG

Briesen	Gut Klostermühle 🏨
Burg (Spreewald)	Bleiche Resort und Spa 🏨
Lübben	STRANDHAUS 🏨
Neuhardenberg	Schloss Neuhardenberg 🏨
Potsdam	Bayrisches Haus 🏨

HAMBURG

Hamburg	Fairmont Hotel Vier Jahreszeiten 🏨
Hamburg	The Fontenay 🏨
Hamburg	HENRI 🏨

HESSEN

Frankenau	Landhaus Bärenmühle 🏨
Frankenberg (Eder)	Die Sonne Frankenberg 🏨
Frankfurt am Main	Roomers 🏨 Tablet.PLUS
Frankfurt am Main	Sofitel Frankfurt Opera 🏨
Geisenheim	Burg Schwarzenstein 🏨
Groß-Umstadt	Farmerhaus Lodge 🏨
Herleshausen	Hohenhaus 🏨
Neu-Isenburg	Kempinski Hotel Frankfurt Gravenbruch 🏨
Wiesbaden	Klemm 🏨

MECKLENBURG-VORPOMMERN

Ahrenshoop	Künstlerquartier Seezeichen 🏨
Benz	Schloss Gamehl 🏨
Güstrow	Kurhaus am Inselsee 🏨
Malchow	Rosendomizil 🏨
Rügen / Binz	CERÊS 🏨
Rügen / Binz	Villa niXe 🏨
Rügen / Sellin	ROEWERS Privathotel 🏨
Stralsund	Scheelehof 🏨
Usedom / Heringsdorf	Strandhotel Ostseeblick 🏨

NIEDERSACHSEN

Aerzen	Schlosshotel Münchhausen 🏰🏰
Aurich	Hochzeitshaus 🏰
Bendestorf	Meinsbur Boutique Hotel 🏰
Celle	Althoff Hotel Fürstenhof 🏰🏰
Cuxhaven	Badhotel Sternhagen 🏰🏰
Groß Meckelsen	Zur Kloster-Mühle 🏰
Juist	Achterdiek 🏰🏰
Langeoog	Norderriff 🏰
Norderney (Insel)	Haus Norderney 🏰
Norderney (Insel)	Inselloft 🏰
Norderney (Insel)	Seesteg 🏰
Rotenburg (Wümme)	Landhaus Wachtelhof 🏰🏰
Wolfsburg	The Ritz-Carlton 🏰🏰

NORDRHEIN-WESTFALEN

Bergisch Gladbach	Althoff Grandhotel Schloss Bensberg 🏰🏰
Berleburg, Bad	Alte Schule 🏰
Düsseldorf	Breidenbacher Hof 🏰🏰
Düsseldorf	De Medici 🏰🏰
Essen	Schloss Hugenpoet 🏰🏰
Gummersbach	Mühlenhelle 🏰
Köln	Excelsior Hotel Ernst 🏰🏰 Tablet. PLUS
Köln	THE QVEST hideaway 🏰
Laasphe, Bad	Jagdhof Glashütte 🏰🏰
Lüdinghausen	Hotel No. 11 🏰
Schermbeck	Landhotel Voshövel 🏰🏰
Wuppertal	Park Villa 🏰🏰

RHEINLAND-PFALZ

Andernach	Purs 🏰🏰
Balduinstein	Landhotel Zum Bären 🏰
Deidesheim	Deidesheimer Hof 🏰🏰
Deidesheim	Ketschauer Hof 🏰🏰
Herxheim	Krone 🏰🏰
Hornbach	Kloster Hornbach 🏰🏰
Hornbach	Lösch für Freunde 🏰🏰
Kallstadt	Weinhaus Henninger 🏰
Koblenz	Fährhaus 🏰🏰
Mülheim (Mosel)	Weinromantikhotel Richtershof 🏰🏰
Neuenahr-Ahrweiler, Bad	Sanct Peter 🏰🏰
Sobernheim, Bad	BollAnts - SPA im Park 🏰🏰
Stromberg	Land & Golf Hotel Stromberg 🏰🏰
Trechtingshausen	Burg Reichenstein 🏰
Trier	Villa Hügel 🏰
Zweibrücken	Landschloss Fasanerie 🏰🏰

SAARLAND

Nohfelden	Seezeitlodge Hotel & Spa 🏨
Saarbrücken	Esplanade 🏨
Saarlouis	LA MAISON 🏨

SACHSEN

Dresden	Bülow Palais 🏨
Dresden	Hyperion Hotel Am Schloss 🏨
Dresden	Suitess 🏨
Radebeul	Villa Sorgenfrei 🏨
Schirgiswalde-Kirschau	BEI SCHUMANN 🏨

SACHSEN-ANHALT

Havelberg	Art Hotel Kiebitzberg 🏨
Ilsenburg	Landhaus Zu den Rothen Forellen 🏨
Naumburg	Gasthof Zufriedenheit 🏨
Quedlinburg	Hotel Am Brühl 🏨

SCHLESWIG-HOLSTEIN

Föhr / Oevenum	Rackmers Hof 🏨
Glücksburg	Vitalhotel Alter Meierhof 🏨
Lübeck	A-ROSA 🏨
Panker	Ole Liese 🏨
Ratekau	Landhaus Töpferhof 🏨
Sylt / Hörnum	BUDERSAND Hotel - Golf & Spa 🏨
Sylt / Kampen	Village 🏨
Sylt / Keitum	Aarnhoog 🏨
Sylt / Keitum	Benen-Diken-Hof 🏨
Sylt / Keitum	Severin*s 🏨
Sylt / List	Strand am Königshafen 🏨
Sylt / Morsum	Hof Galerie 🏨
Sylt / Morsum	Landhaus Severin*s Morsum Kliff 🏨
Sylt / Munkmarsch	Fährhaus 🏨
Sylt / Rantum	Alte Strandvogtei 🏨
Sylt / Rantum	Söl'ring Hof 🏨
Sylt / Tinnum	Landhaus Stricker 🏨
Sylt / Westerland	Stadt Hamburg 🏨
Wangels	Weissenhaus Grand Village Resort & Spa am Meer 🏨

THÜRINGEN

Eisenach	Auf der Wartburg 🏨

VORARLBERG

Kleinwalsertal / Hirschegg	Travel Charme Ifen Hotel 🏨

Spa

SPA
THE SPAS

BADEN-WÜRTTEMBERG

Baden-Baden	Brenners Park-Hotel & Spa 🏰
Baden-Baden	Roomers 🏰 Tablet.PLUS
Baiersbronn	Bareiss 🏰
Baiersbronn	Heselbacher Hof 🏰
Baiersbronn	Traube Tonbach 🏰 Tablet.PLUS
Donaueschingen	Öschberghof 🏰
Durbach	Ritter 🏰
Ettlingen	Erbprinz 🏰
Fichtenau	Vital-Hotel Meiser 🏰
Freiamt	Ludinmühle 🏰
Freiburg im Breisgau	Colombi Hotel 🏰
Freiburg im Breisgau	Schloss Reinach 🏰
Freudenstadt	Lauterbad 🏰
Häusern	Adler 🏰
Hinterzarten	Parkhotel Adler 🏰
Hinterzarten	Thomahof 🏰
Konstanz	RIVA 🏰
Oberried	Die Halde 🏰
Peterstal-Griesbach, Bad	Dollenberg 🏰
Radolfzell am Bodensee	bora HotSpaResort 🏰
Rust	Bell Rock 🏰
Stuttgart	Steigenberger Graf Zeppelin 🏰
Teinach-Zavelstein, Bad	Berlins Hotel KroneLamm 🏰
Titisee-Neustadt	Seehotel Wiesler 🏰
Todtnau	derWaldfrieden 🏰
Winden im Elztal	Elztalhotel 🏰
Zweiflingen	Wald und Schlosshotel Friedrichsruhe 🏰

BAYERN

Bayerisch Gmain	Klosterhof 🏰
Berchtesgaden	Kempinski Hotel Berchtesgaden 🏰
Chieming	Gut Ising 🏰
Erding	Victory Therme Erding 🏰
Fischen im Allgäu	Tanneck 🏰
Garmisch-Partenkirchen	Staudacherhof 🏰
Garmisch-Partenkirchen	Werdenfelserei 🏰
Kötzting, Bad	Bayerwaldhof 🏰
Kreuth	Bachmair Weissach 🏰 Tablet.PLUS

Krün	Das Kranzbach 🏨
Krün	Schloss Elmau 🏨 Tablet. PLUS
Lindau im Bodensee	Helvetia 🏨
Lindau im Bodensee	VILLINO 🏨
München	Andaz München Schwabinger Tor 🏨
München	Bayerischer Hof 🏨
München	The Charles 🏨
München	Sofitel Munich Bayerpost 🏨 Tablet. PLUS
Murnau am Staffelsee	Alpenhof Murnau 🏨
Neunburg vorm Wald	Der Birkenhof 🏨
Oberstaufen	Alpenkönig 🏨
Oberstdorf	Exquisit 🏨
Oberstdorf	Franks 🏨
Ofterschwang	Sonnenalp Resort 🏨
Ottobeuren	Parkhotel Maximilian 🏨
Reit im Winkl	Gut Steinbach 🏨
Roßhaupten	Kaufmann 🏨
Rottach-Egern	Haltmair am See 🏨
Rottach-Egern	Park-Hotel Egerner Höfe 🏨
Rottach-Egern	Althoff Seehotel Überfahrt 🏨
Rötz	Resort Die Wutzschleife 🏨
Sankt Englmar	Berghotel Maibrunn 🏨
Schwangau	AMERON Neuschwanstein Alpsee Resort & Spa 🏨
Schwangau	Das Rübezahl 🏨
Teisendorf	Gut Edermann 🏨
Teisnach	Landromantik Wellnesshotel Oswald 🏨
Wartmannsroth	Neumühle 🏨
Weiler-Simmerberg	Tannenhof 🏨
Wörishofen, Bad	Steigenberger Hotel Der Sonnenhof 🏨

BERLIN

Berlin	Adlon Kempinski 🏨
Berlin	Grand Hyatt Berlin 🏨
Berlin	THE MANDALA 🏨
Berlin	SO/ Berlin Das Stue 🏨 Tablet. PLUS

BRANDENBURG

Briesen	Gut Klostermühle 🏨
Burg (Spreewald)	Bleiche Resort und Spa 🏨
Potsdam	Bayrisches Haus 🏨
Saarow, Bad	Esplanade Resort & Spa 🏨
Senftenberg	Seeschlößchen 🏨

HAMBURG

Hamburg	Fairmont Hotel Vier Jahreszeiten 🏨
Hamburg	The Fontenay 🏨
Hamburg	Park Hyatt 🏨
Hamburg	SIDE 🏨
Hamburg	Sofitel Alter Wall 🏨
Hamburg	The Westin 🏨

HESSEN

Frankenberg (Eder)	Die Sonne Frankenberg 🏨
Frankfurt am Main	Villa Kennedy 🏨
Marburg	VILA VITA Hotel Rosenpark 🏨
Neu-Isenburg	Kempinski Hotel Frankfurt Gravenbruch 🏨
Wiesbaden	Nassauer Hof 🏨

MECKLENBURG-VORPOMMERN

Dierhagen	Strandhotel Fischland 🏨
Doberan, Bad	Grand Hotel Heiligendamm 🏨
Göhren-Lebbin	Schloss Fleesensee 🏨
Groß Nemerow	Bornmühle 🏨
Rostock	Yachthafenresidenz Hohe Düne 🏨
Rügen / Binz	AM MEER & SPA 🏨
Rügen / Binz	CERÊS 🏨
Rügen / Binz	Travel Charme Kurhaus Binz 🏨
Rügen / Binz	Vier Jahreszeiten 🏨
Rügen / Sellin	ROEWERS Privathotel 🏨
Stralsund	Scheelehof 🏨
Usedom / Heringsdorf	Steigenberger Grandhotel und Spa 🏨
Usedom / Heringsdorf	Strandhotel Ostseeblick 🏨
Wismar	WONNEMAR Resort 🏨

NIEDERSACHSEN

Aerzen	Schlosshotel Münchhausen 🏨
Cuxhaven	Badhotel Sternhagen 🏨
Juist	Achterdiek 🏨
Norderney (Insel)	Seesteg 🏨
Norderney (Insel)	Strandhotel Georgshöhe 🏨
Rotenburg (Wümme)	Landhaus Wachtelhof 🏨
Wolfsburg	The Ritz-Carlton 🏨
Zwischenahn, Bad	Jagdhaus Eiden am See 🏨

NORDRHEIN-WESTFALEN

Bergisch Gladbach	Althoff Grandhotel Schloss Bensberg 🏰🏰
Bonn	Kameha Grand 🏰🏰
Düsseldorf	Hyatt Regency 🏰🏰
Schermbeck	Landhotel Voshövel 🏰🏰
Schmallenberg	Deimann 🏰🏰
Schmallenberg	Gasthof Schütte 🏰🏰
Schmallenberg	Waldhaus Ohlenbach 🏰🏰

RHEINLAND-PFALZ

Bingen am Rhein	Papa Rhein Hotel 🏰🏰
Deidesheim	Kaisergarten Hotel & Spa 🏰
Koblenz	Fährhaus 🏰🏰
Sobernheim, Bad	BollAnts - SPA im Park 🏰🏰
Speyer	Lindner Hotel & Spa Binshof 🏰🏰
Stromberg	Land & Golf Hotel Stromberg 🏰🏰
Traben-Trarbach	Jugendstilhotel Bellevue 🏰🏰

SAARLAND

Nohfelden	Seezeitlodge Hotel & Spa 🏰🏰
Perl	Victor's Residenz - Hotel Schloss Berg 🏰🏰

SACHSEN

Schirgiswalde-Kirschau	BEI SCHUMANN 🏰🏰

SACHSEN-ANHALT

Ilsenburg	Landhaus Zu den Rothen Forellen 🏰🏰

SCHLESWIG-HOLSTEIN

Glücksburg	Vitalhotel Alter Meierhof 🏰🏰
Lübeck	A-ROSA 🏰🏰
Sankt Peter-Ording	Aalernhüs hotel & spa 🏰🏰
Sylt / Hörnum	BUDERSAND Hotel - Golf & Spa 🏰🏰
Sylt / Keitum	Benen-Diken-Hof 🏰🏰
Sylt / Keitum	Severin*s 🏰🏰
Sylt / List	A-ROSA 🏰🏰
Sylt / Munkmarsch	Fährhaus 🏰🏰
Sylt / Westerland	Stadt Hamburg 🏰🏰
Wangels	Weissenhaus Grand Village Resort & Spa am Meer 🏰🏰

THÜRINGEN

Blankenhain   Spa & Golf Hotel Weimarer Land

VORARLBERG

Kleinwalsertal / Hirschegg   Travel Charme Ifen Hotel

Was denken Sie über unsere Produkte?

Sagen Sie uns Ihre Meinung
satisfaction.michelin.com

MICHELIN TRAVEL PARTNER

Société par actions simplifiée au capital de 15 044 940 EUR
27 cours de L'Île Seguin – 92100 Boulogne Billancourt (France)
R.C.S. Nanterre 433 677 721

Höhenangaben : ATKIStm - GN250 - © Federal Agency for Cartography and
Geodesy (BKG)

Compograveur : JOUVE, Mayenne
Imprimeur-relieur : LEGO, Lavis

Town plan:

Données cartographiques © les contributeurs d'OpenStreetMap
http://www.openstreetmap.org
sous licence ODbL 1.0 http://opendatacommons.org/licenses/odbl/